IHRE VERBINDUNG ZUM STEUERRECHT

STOTAX
Stollfuß Medien

WETTEN, DASS ...

... Sie in diesem Lohnbüro die richtige Antwort finden?

- Grundausstattung des Lohnbüros
- Viele Praxisbeispiele zur Veranschaulichung
- Fundierte Erläuterungen
- Schnelles Finden statt langem Suchen
- Aktualität, z.B. Regelung der Pendlerpauschale nach der Entscheidung des BVerfG

Mit integrierter Online-Nutzung
www.stollfuss.de

Exklusive Leseproben und News-Service unter www.stollfuss.de

Rechtssichere Lösungen zu täglichen Praxisfragen

Abzüge an Lohnsteuer, Solidaritätszuschlag (SolZ) und Kirchensteuer (8%, 9%) in den Steuerklassen

Lohn/ Gehalt bis €*	I – VI	LSt	ohne Kinderfreibeträge SolZ	8%	9%	I, II, III, IV	LSt	mit Zahl der Kinderfreibeträge . . . 0,5 SolZ	0,5 8%	0,5 9%	1 SolZ	1 8%	1 9%	1,5 SolZ	1,5 8%	1,5 9%	2 SolZ	2 8%	2 9%	2,5 SolZ	2,5 8%	2,5 9%	3 SolZ	3 8%	3 9%
4 772,99	I,IV	1 187,33	65,30	94,98	106,85	I	1 187,33	59,56	86,63	97,46	54,01	78,56	88,38	48,64	70,76	79,60	43,47	63,24	71,14	38,49	55,99	62,99	33,70	49,02	55,15
	II	1 141,58	62,78	91,32	102,74	II	1 141,58	57,12	83,09	93,47	51,65	75,14	84,53	46,37	67,46	75,89	41,29	60,06	67,56	36,39	52,93	59,54	31,68	46,08	51,84
	III	742,33	40,82	59,38	66,80	III	742,33	36,75	53,46	60,14	32,77	47,66	53,62	28,89	42,02	47,27	25,09	36,50	41,06	21,40	31,13	35,02	17,81	25,90	29,14
	V	1 713,16	94,22	137,05	154,18	IV	1 187,33	62,41	90,78	102,12	59,56	86,63	97,46	56,76	82,56	92,88	54,01	78,56	88,38	51,30	74,62	83,95	48,64	70,76	79,60
	VI	1 745,33	95,99	139,62	157,07																				
4 775,99	I,IV	1 188,50	65,36	95,08	106,96	I	1 188,50	59,62	86,73	97,57	54,07	78,65	88,48	48,71	70,85	79,70	43,53	63,32	71,24	38,55	56,08	63,09	33,76	49,10	55,24
	II	1 142,83	62,85	91,42	102,85	II	1 142,83	57,19	83,18	93,58	51,72	75,23	84,63	46,43	67,54	75,98	41,35	60,14	67,66	36,44	53,01	59,63	31,73	46,16	51,93
	III	743,16	40,87	59,45	66,88	III	743,16	36,80	53,53	60,22	32,82	47,74	53,71	28,93	42,09	47,35	25,14	36,57	41,14	21,45	31,20	35,10	17,84	25,96	29,20
	V	1 714,41	94,29	137,15	154,29	IV	1 188,50	62,47	90,87	102,23	59,62	86,73	97,57	56,82	82,66	92,99	54,07	78,65	88,48	51,37	74,72	84,06	48,71	70,85	79,70
	VI	1 746,58	96,06	139,72	157,19																				
4 778,99	I,IV	1 189,75	65,43	95,18	107,07	I	1 189,75	59,69	86,82	97,67	54,13	78,74	88,58	48,77	70,94	79,80	43,59	63,40	71,33	38,61	56,16	63,18	33,81	49,18	55,33
	II	1 144,—	62,92	91,52	102,96	II	1 144,—	57,25	83,28	93,69	51,78	75,32	84,73	46,49	67,63	76,08	41,40	60,22	67,75	36,50	53,09	59,72	31,79	46,24	52,02
	III	744,16	40,92	59,53	66,97	III	744,16	36,85	53,60	60,30	32,86	47,80	53,77	28,97	42,14	47,41	25,19	36,64	41,22	21,49	31,26	35,17	17,89	26,02	29,27
	V	1 715,66	94,36	137,25	154,40	IV	1 189,75	62,53	90,96	102,33	59,69	86,82	97,67	56,88	82,74	93,08	54,13	78,74	88,58	51,42	74,80	84,15	48,77	70,94	79,80
	VI	1 747,83	96,13	139,82	157,30																				
4 781,99	I,IV	1 190,91	65,50	95,27	107,18	I	1 190,91	59,75	86,92	97,78	54,19	78,83	88,68	48,83	71,02	79,90	43,65	63,49	71,42	38,66	56,24	63,27	33,86	49,26	55,41
	II	1 145,16	62,98	91,61	103,06	II	1 145,16	57,31	83,37	93,79	51,84	75,41	84,83	46,55	67,72	76,18	41,46	60,31	67,85	36,55	53,17	59,81	31,84	46,32	52,11
	III	745,—	40,97	59,60	67,05	III	745,—	36,89	53,66	60,37	32,90	47,86	53,84	29,02	42,21	47,48	25,22	36,69	41,27	21,53	31,32	35,23	17,93	26,08	29,34
	V	1 716,91	94,43	137,35	154,52	IV	1 190,91	62,60	91,06	102,44	59,75	86,92	97,78	56,95	82,84	93,19	54,19	78,83	88,68	51,48	74,89	84,25	48,83	71,02	79,90
	VI	1 749,08	96,19	139,92	157,41																				
4 784,99	I,IV	1 192,16	65,56	95,37	107,29	I	1 192,16	59,82	87,01	97,88	54,26	78,92	88,79	48,89	71,11	80,—	43,71	63,58	71,52	38,72	56,32	63,36	33,92	49,34	55,50
	II	1 146,41	63,05	91,71	103,17	II	1 146,41	57,38	83,46	93,89	51,90	75,50	84,93	46,62	67,81	76,28	41,52	60,39	67,94	36,61	53,26	59,91	31,90	46,40	52,20
	III	745,83	41,02	59,66	67,12	III	745,83	36,94	53,73	60,44	32,95	47,93	53,92	29,06	42,28	47,56	25,27	36,76	41,35	21,57	31,38	35,30	17,97	26,14	29,41
	V	1 718,16	94,49	137,45	154,63	IV	1 192,16	62,67	91,16	102,55	59,82	87,01	97,88	57,02	82,94	93,30	54,26	78,92	88,79	51,55	74,98	84,35	48,89	71,11	80,—
	VI	1 750,33	96,26	140,02	157,52																				
4 787,99	I,IV	1 193,33	65,63	95,46	107,39	I	1 193,33	59,88	87,10	97,99	54,32	79,02	88,89	48,95	71,20	80,10	43,77	63,66	71,62	38,77	56,40	63,45	33,97	49,42	55,59
	II	1 147,58	63,11	91,80	103,28	II	1 147,58	57,44	83,56	94,—	51,96	75,58	85,03	46,67	67,89	76,37	41,58	60,48	68,04	36,67	53,34	60,—	31,95	46,47	52,28
	III	746,66	41,06	59,73	67,19	III	746,66	36,98	53,80	60,52	33,—	48,—	54,—	29,11	42,34	47,63	25,31	36,82	41,42	21,61	31,44	35,37	18,01	26,20	29,47
	V	1 719,41	94,56	137,55	154,74	IV	1 193,33	62,74	91,26	102,66	59,88	87,10	97,99	57,08	83,02	93,40	54,32	79,02	88,89	51,61	75,07	84,45	48,95	71,20	80,10
	VI	1 751,66	96,34	140,13	157,64																				
4 790,99	I,IV	1 194,58	65,70	95,56	107,51	I	1 194,58	59,95	87,20	98,10	54,38	79,10	88,99	49,01	71,29	80,20	43,83	63,75	71,72	38,83	56,48	63,54	34,03	49,50	55,68
	II	1 148,83	63,18	91,90	103,39	II	1 148,83	57,51	83,65	94,10	52,03	75,68	85,14	46,73	67,98	76,47	41,63	60,56	68,13	36,72	53,42	60,09	32,—	46,55	52,37
	III	747,50	41,11	59,80	67,27	III	747,50	37,03	53,86	60,59	33,04	48,06	54,07	29,15	42,41	47,71	25,36	36,89	41,50	21,66	31,50	35,44	18,04	26,25	29,53
	V	1 720,66	94,63	137,65	154,85	IV	1 194,58	62,80	91,35	102,77	59,95	87,20	98,10	57,14	83,12	93,51	54,38	79,10	88,99	51,67	75,16	84,56	49,01	71,29	80,20
	VI	1 752,91	96,41	140,23	157,76																				
4 793,99	I,IV	1 195,83	65,77	95,66	107,62	I	1 195,83	60,01	87,30	98,21	54,45	79,20	89,10	49,07	71,38	80,30	43,89	63,84	71,82	38,88	56,56	63,63	34,08	49,58	55,77
	II	1 150,—	63,25	92,—	103,50	II	1 150,—	57,57	83,74	94,21	52,09	75,77	85,24	46,80	68,07	76,58	41,69	60,64	68,22	36,78	53,50	60,18	32,05	46,62	52,45
	III	748,50	41,16	59,88	67,36	III	748,50	37,07	53,93	60,67	33,09	48,13	54,14	29,20	42,48	47,79	25,40	36,94	41,56	21,70	31,57	35,51	18,09	26,32	29,61
	V	1 721,91	94,70	137,75	154,97	IV	1 195,83	62,87	91,45	102,88	60,01	87,30	98,21	57,20	83,21	93,61	54,45	79,20	89,10	51,74	75,26	84,66	49,07	71,38	80,30
	VI	1 754,16	96,47	140,33	157,87																				
4 796,99	I,IV	1 197,—	65,83	95,76	107,73	I	1 197,—	60,08	87,39	98,31	54,51	79,29	89,20	49,13	71,47	80,40	43,94	63,92	71,91	38,94	56,65	63,73	34,14	49,66	55,86
	II	1 151,25	63,31	92,10	103,61	II	1 151,25	57,64	83,84	94,32	52,15	75,86	85,34	46,86	68,16	76,68	41,75	60,73	68,32	36,83	53,58	60,27	32,11	46,70	52,54
	III	749,33	41,21	59,94	67,43	III	749,33	37,12	54,—	60,75	33,13	48,20	54,22	29,24	42,53	47,84	25,44	37,01	41,63	21,74	31,62	35,57	18,13	26,37	29,66
	V	1 723,25	94,77	137,86	155,09	IV	1 197,—	62,93	91,54	102,98	60,08	87,39	98,31	57,27	83,31	93,72	54,51	79,29	89,20	51,80	75,34	84,76	49,13	71,47	80,40
	VI	1 755,41	96,54	140,43	157,98																				
4 799,99	I,IV	1 198,25	65,90	95,86	107,84	I	1 198,25	60,14	87,48	98,42	54,57	79,38	89,30	49,19	71,56	80,50	44,—	64,—	72,—	39,—	56,73	63,82	34,19	49,73	55,94
	II	1 152,41	63,38	92,19	103,71	II	1 152,41	57,70	83,93	94,42	52,21	75,95	85,44	46,91	68,24	76,77	41,80	60,81	68,41	36,89	53,66	60,36	32,16	46,78	52,63
	III	750,16	41,25	60,01	67,51	III	750,16	37,17	54,06	60,82	33,18	48,26	54,29	29,28	42,60	47,92	25,49	37,08	41,71	21,78	31,69	35,65	18,17	26,44	29,74
	V	1 724,50	94,84	137,96	155,20	IV	1 198,25	63,—	91,64	103,10	60,14	87,48	98,42	57,33	83,40	93,82	54,57	79,38	89,30	51,86	75,43	84,86	49,19	71,56	80,50
	VI	1 756,66	96,61	140,53	158,09																				
4 802,99	I,IV	1 199,41	65,96	95,95	107,94	I	1 199,41	60,21	87,58	98,53	54,64	79,48	89,41	49,25	71,64	80,60	44,06	64,09	72,10	39,05	56,81	63,91	34,24	49,81	56,03
	II	1 153,66	63,45	92,29	103,82	II	1 153,66	57,76	84,02	94,52	52,27	76,04	85,54	46,97	68,33	76,87	41,86	60,90	68,51	36,94	53,74	60,45	32,21	46,86	52,71
	III	751,—	41,30	60,08	67,59	III	751,—	37,21	54,13	60,89	33,22	48,33	54,37	29,33	42,66	47,99	25,53	37,14	41,78	21,82	31,74	35,71	18,22	26,50	29,81
	V	1 725,75	94,91	138,06	155,31	IV	1 199,41	63,07	91,74	103,20	60,21	87,58	98,53	57,40	83,49	93,92	54,64	79,48	89,41	51,92	75,52	84,96	49,25	71,64	80,60
	VI	1 757,91	96,68	140,63	158,21																				
4 805,99	I,IV	1 200,66	66,03	96,05	108,05	I	1 200,66	60,28	87,68	98,64	54,70	79,56	89,51	49,31	71,73	80,69	44,12	64,18	72,20	39,11	56,90	64,01	34,30	49,89	56,12
	II	1 154,91	63,52	92,39	103,94	II	1 154,91	57,83	84,12	94,64	52,34	76,13	85,64	47,03	68,42	76,97	41,92	60,98	68,60	37,—	53,82	60,55	32,27	46,94	52,80
	III	751,83	41,35	60,14	67,66	III	751,83	37,26	54,20	60,97	33,27	48,40	54,45	29,37	42,73	48,07	25,57	37,20	41,85	21,87	31,81	35,78	18,26	26,56	29,88
	V	1 727,—	94,98	138,16	155,43	IV	1 200,66	63,14	91,84	103,32	60,28	87,68	98,64	57,47	83,59	94,04	54,70	79,56	89,51	51,98	75,62	85,07	49,31	71,73	80,69
	VI	1 759,16	96,75	140,73	158,32																				
4 808,99	I,IV	1 201,83	66,10	96,14	108,16	I	1 201,83	60,34	87,77	98,74	54,76	79,66	89,61	49,37	71,82	80,79	44,17	64,26	72,29	39,17	56,98	64,10	34,35	49,97	56,21
	II	1 156,08	63,58	92,48	104,04	II	1 156,08	57,89	84,21	94,73	52,40	76,22	85,74	47,09	68,50	77,06	41,98	61,06	68,69	37,05	53,90	60,63	32,32	47,01	52,88
	III	752,66	41,39	60,21	67,73	III	752,66	37,30	54,26	61,04	33,32	48,46	54,52	29,42	42,80	48,15	25,62	37,26	41,92	21,90	31,86	35,84	18,29	26,61	29,93
	V	1 728,25	95,05	138,26	155,54	IV	1 201,83	63,20	91,93	103,42	60,34	87,77	98,74	57,53	83,68	94,14	54,76	79,66	89,61	52,04	75,70	85,16	49,37	71,82	80,79
	VI	1 760,41	96,82	140,83	158,43																				
4 811,99	I,IV	1 203,08	66,16	96,24	108,27	I	1 203,08	60,40	87,86	98,84	54,83	79,75	89,72	49,44	71,91	80,90	44,23	64,34	72,38	39,22	57,06	64,19	34,41	50,05	56,30
	II	1 157,33	63,65	92,58	104,15	II	1 157,33	57,96	84,31	94,85	52,46	76,31	85,85	47,15	68,59	77,16	42,04	61,15	68,79	37,11	53,98	60,73	32,37	47,09	52,97
	III	753,66	41,45	60,29	67,82	III	753,66	37,36	54,34	61,13	33,36	48,53	54,59	29,47	42,86	48,22	25,66	37,33	41,99	21,95	31,93	35,92	18,34	26,68	30,01
	V	1 729,50	95,12	138,36	155,65	IV	1 203,08	63,27	92,03	103,53	60,40	87,86	98,84	57,59	83,77	94,24	54,83	79,75	89,72	52,11	75,80	85,27	49,44	71,91	80,90
	VI	1 761,75	96,89	140,94	158,55																				
4 814,99	I,IV	1 204,33	66,23	96,34	108,38	I	1 204,33	60,47	87,96	98,96	54,89	79,84	89,82	49,50	72,—	81,—	44,29	64,43	72,48	39,28	57,14	64,28	34,46	50,13	56,39
	II	1 158,50	63,71	92,68	104,26	II	1 158,50	58,02	84,40	94,95	52,52	76,40	85,95	47,21	68,68	77,26	42,09	61,23	68,88	37,17	54,06	60,82	32,43	47,17	53,06
	III	754,50	41,49	60,36	67,90	III	754,50	37,40	54,41	61,21	33,41	48,60	54,67	29,50	42,92	48,28	25,70	37,38	42,05	22,—	32,—	36,—	18,37	26,73	30,07
	V	1 730,75	95,19	138,46	155,76	IV	1 204,33	63,33	92,12	103,64	60,47	87,96	98,96	57,66	83,87	94,35	54,89	79,84	89,82	52,17	75,88	85,37	49,50	72,—	81,—
	VI	1 763,—	96,96	141,04	158,67																				

*** Die ausgewiesenen Tabellenwerte sind amtlich. Siehe Erläuterungen auf der Umschlaginnenseite (U2).**

MONAT 4 815,–*

Lohn/Gehalt bis €*	Abzüge an Lohnsteuer, Solidaritätszuschlag (SolZ) und Kirchensteuer (8%, 9%) in den Steuerklassen	I – VI				I, II, III, IV		mit Zahl der Kinderfreibeträge . . .																	
			ohne Kinderfreibeträge					0,5			1			1,5			2			2,5			3		
		LSt	SolZ	8%	9%		LSt	SolZ	8%	9%	SolZ	8%	9%	SolZ	8%	9%	SolZ	8%	9%	SolZ	8%	9%	SolZ	8%	9%
4 817,99	I,IV	1 205,50	66,30	96,44	108,49	I	1 205,50	60,54	88,06	99,06	54,95	79,94	89,93	49,56	72,09	81,10	44,35	64,52	72,58	39,34	57,22	64,37	34,52	50,21	56,48
	II	1 159,75	63,78	92,78	104,37	II	1 159,75	58,09	84,50	95,06	52,58	76,49	86,05	47,28	68,77	77,36	42,15	61,32	68,98	37,22	54,14	60,91	32,48	47,25	53,15
	III	755,33	41,54	60,42	67,97	III	755,33	37,45	54,48	61,29	33,45	48,66	54,74	29,55	42,98	48,35	25,74	37,45	42,13	22,03	32,05	36,05	18,42	26,80	30,15
	V	1 732,—	95,26	138,56	155,88	IV	1 205,50	63,40	92,22	103,75	60,54	88,06	99,06	57,72	83,96	94,46	54,95	79,94	89,93	52,23	75,98	85,47	49,56	72,09	81,10
	VI	1 764,25	97,03	141,14	158,78																				
4 820,99	I,IV	1 206,75	66,37	96,54	108,60	I	1 206,75	60,60	88,15	99,17	55,01	80,02	90,02	49,62	72,18	81,20	44,41	64,60	72,68	39,39	57,30	64,46	34,57	50,29	56,57
	II	1 160,91	63,85	92,87	104,48	II	1 160,91	58,15	84,59	95,16	52,65	76,58	86,15	47,33	68,85	77,45	42,21	61,40	69,07	37,28	54,22	61,—	32,53	47,32	53,24
	III	756,16	41,58	60,49	68,05	III	756,16	37,50	54,54	61,36	33,50	48,73	54,82	29,59	43,05	48,43	25,79	37,52	42,21	22,08	32,12	36,13	18,46	26,85	30,20
	V	1 733,25	95,32	138,66	155,99	IV	1 206,75	63,47	92,32	103,86	60,60	88,15	99,17	57,78	84,05	94,55	55,01	80,02	90,02	52,29	76,06	85,57	49,62	72,18	81,20
	VI	1 765,50	97,10	141,24	158,89																				
4 823,99	I,IV	1 207,91	66,43	96,63	108,71	I	1 207,91	60,67	88,25	99,28	55,08	80,12	90,13	49,68	72,26	81,29	44,47	64,69	72,77	39,45	57,39	64,56	34,63	50,37	56,66
	II	1 162,16	63,91	92,97	104,59	II	1 162,16	58,22	84,68	95,27	52,71	76,67	86,25	47,40	68,94	77,56	42,27	61,48	69,17	37,33	54,30	61,09	32,59	47,40	53,33
	III	757,—	41,63	60,56	68,13	III	757,—	37,54	54,61	61,43	33,55	48,80	54,90	29,64	43,12	48,51	25,83	37,57	42,26	22,11	32,17	36,19	18,50	26,92	30,28
	V	1 734,58	95,40	138,76	156,11	IV	1 207,91	63,53	92,42	103,97	60,67	88,25	99,28	57,85	84,15	94,67	55,08	80,12	90,13	52,36	76,16	85,68	49,68	72,26	81,29
	VI	1 766,75	97,17	141,34	159,—																				
4 826,99	I,IV	1 209,16	66,50	96,73	108,82	I	1 209,16	60,73	88,34	99,38	55,14	80,21	90,23	49,74	72,36	81,40	44,53	64,78	72,87	39,51	57,47	64,65	34,68	50,45	56,75
	II	1 163,33	63,98	93,06	104,69	II	1 163,33	58,28	84,78	95,37	52,77	76,76	86,36	47,46	69,03	77,66	42,33	61,57	69,26	37,39	54,39	61,19	32,64	47,48	53,42
	III	758,—	41,69	60,64	68,22	III	758,—	37,59	54,68	61,51	33,59	48,86	54,97	29,69	43,18	48,58	25,87	37,64	42,34	22,16	32,24	36,27	18,54	26,97	30,34
	V	1 735,83	95,47	138,86	156,22	IV	1 209,16	63,60	92,51	104,07	60,73	88,34	99,38	57,91	84,24	94,77	55,14	80,21	90,23	52,42	76,25	85,78	49,74	72,36	81,40
	VI	1 768,—	97,24	141,44	159,12																				
4 829,99	I,IV	1 210,33	66,56	96,82	108,92	I	1 210,33	60,80	88,44	99,49	55,21	80,30	90,34	49,80	72,44	81,50	44,59	64,86	72,96	39,57	57,56	64,75	34,73	50,52	56,84
	II	1 164,58	64,05	93,16	104,81	II	1 164,58	58,35	84,87	95,48	52,84	76,86	86,46	47,52	69,12	77,76	42,38	61,65	69,35	37,45	54,47	61,28	32,69	47,56	53,50
	III	758,83	41,73	60,70	68,29	III	758,83	37,63	54,74	61,58	33,64	48,93	55,04	29,73	43,25	48,65	25,92	37,70	42,41	22,21	32,30	36,34	18,59	27,04	30,42
	V	1 737,08	95,53	138,96	156,33	IV	1 210,33	63,67	92,61	104,18	60,80	88,44	99,49	57,98	84,34	94,88	55,21	80,30	90,34	52,48	76,34	85,88	49,80	72,44	81,50
	VI	1 769,25	97,30	141,54	159,23																				
4 832,99	I,IV	1 211,58	66,63	96,92	109,04	I	1 211,58	60,86	88,53	99,59	55,27	80,40	90,45	49,86	72,53	81,59	44,65	64,94	73,06	39,62	57,64	64,84	34,79	50,60	56,93
	II	1 165,83	64,12	93,26	104,92	II	1 165,83	58,41	84,96	95,58	52,90	76,94	86,56	47,57	69,20	77,85	42,44	61,74	69,45	37,50	54,55	61,37	32,75	47,64	53,59
	III	759,66	41,78	60,77	68,36	III	759,66	37,68	54,81	61,66	33,68	49,—	55,12	29,77	43,30	48,71	25,96	37,77	42,49	22,24	32,36	36,40	18,62	27,09	30,47
	V	1 738,33	95,60	139,06	156,44	IV	1 211,58	63,73	92,70	104,29	60,86	88,53	99,59	58,04	84,43	94,98	55,27	80,40	90,45	52,54	76,43	85,98	49,86	72,53	81,59
	VI	1 770,50	97,37	141,64	159,34																				
4 835,99	I,IV	1 212,83	66,70	97,02	109,15	I	1 212,83	60,93	88,63	99,71	55,33	80,48	90,54	49,93	72,62	81,70	44,71	65,03	73,16	39,68	57,72	64,94	34,84	50,68	57,02
	II	1 167,—	64,18	93,36	105,03	II	1 167,—	58,47	85,06	95,69	52,96	77,04	86,67	47,63	69,29	77,95	42,50	61,82	69,55	37,56	54,63	61,46	32,80	47,72	53,68
	III	760,50	41,82	60,84	68,44	III	760,50	37,73	54,88	61,74	33,73	49,06	55,19	29,81	43,37	48,79	26,01	37,84	42,57	22,29	32,42	36,47	18,67	27,16	30,55
	V	1 739,58	95,67	139,16	156,56	IV	1 212,83	63,80	92,80	104,40	60,93	88,63	99,71	58,11	84,52	95,09	55,33	80,48	90,54	52,60	76,52	86,08	49,93	72,62	81,70
	VI	1 771,75	97,44	141,74	159,45																				
4 838,99	I,IV	1 214,08	66,77	97,12	109,26	I	1 214,08	60,99	88,72	99,81	55,39	80,58	90,65	49,99	72,71	81,80	44,77	65,12	73,26	39,74	57,80	65,03	34,90	50,76	57,11
	II	1 168,25	64,25	93,46	105,14	II	1 168,25	58,54	85,16	95,80	53,02	77,13	86,77	47,69	69,38	78,05	42,56	61,91	69,65	37,61	54,71	61,55	32,86	47,80	53,77
	III	761,50	41,88	60,92	68,53	III	761,50	37,77	54,94	61,81	33,77	49,13	55,27	29,86	43,44	48,87	26,05	37,89	42,62	22,33	32,49	36,55	18,70	27,21	30,61
	V	1 740,83	95,74	139,26	156,67	IV	1 214,08	63,87	92,90	104,51	60,99	88,72	99,81	58,17	84,62	95,19	55,39	80,58	90,65	52,67	76,61	86,18	49,99	72,71	81,80
	VI	1 773,08	97,51	141,84	159,57																				
4 841,99	I,IV	1 215,25	66,83	97,22	109,37	I	1 215,25	61,06	88,82	99,92	55,46	80,67	90,75	50,05	72,80	81,90	44,82	65,20	73,35	39,79	57,88	65,12	34,95	50,84	57,20
	II	1 169,41	64,31	93,55	105,24	II	1 169,41	58,60	85,24	95,90	53,08	77,22	86,87	47,75	69,46	78,14	42,62	61,99	69,74	37,67	54,79	61,64	32,91	47,87	53,85
	III	762,33	41,92	60,98	68,60	III	762,33	37,82	55,01	61,88	33,81	49,18	55,33	29,91	43,50	48,94	26,09	37,96	42,70	22,37	32,54	36,61	18,75	27,28	30,69
	V	1 742,08	95,81	139,36	156,78	IV	1 215,25	63,93	93,—	104,62	61,06	88,82	99,92	58,24	84,71	95,30	55,46	80,67	90,75	52,73	76,70	86,28	50,05	72,80	81,90
	VI	1 774,33	97,58	141,94	159,68																				
4 844,99	I,IV	1 216,50	66,90	97,32	109,48	I	1 216,50	61,13	88,92	100,03	55,52	80,76	90,86	50,11	72,89	82,—	44,88	65,29	73,45	39,85	57,97	65,21	35,01	50,92	57,29
	II	1 170,66	64,38	93,65	105,35	II	1 170,66	58,67	85,34	96,01	53,15	77,31	86,97	47,82	69,56	78,25	42,68	62,08	69,84	37,73	54,88	61,74	32,96	47,95	53,94
	III	763,16	41,97	61,05	68,68	III	763,16	37,87	55,09	61,97	33,87	49,26	55,42	29,95	43,57	49,01	26,14	38,02	42,77	22,42	32,61	36,68	18,79	27,33	30,74
	V	1 743,33	95,88	139,46	156,89	IV	1 216,50	64,—	93,10	104,73	61,13	88,92	100,03	58,30	84,80	95,40	55,52	80,76	90,86	52,79	76,79	86,39	50,11	72,89	82,—
	VI	1 775,58	97,65	142,04	159,80																				
4 847,99	I,IV	1 217,66	66,97	97,41	109,58	I	1 217,66	61,19	89,01	100,13	55,59	80,86	90,96	50,17	72,98	82,10	44,94	65,38	73,55	39,91	58,05	65,30	35,06	51,—	57,38
	II	1 171,91	64,45	93,75	105,47	II	1 171,91	58,74	85,44	96,12	53,21	77,40	87,08	47,88	69,64	78,35	42,73	62,16	69,93	37,78	54,96	61,83	33,02	48,03	54,03
	III	764,—	42,02	61,12	68,76	III	764,—	37,92	55,16	62,05	33,91	49,33	55,49	30,—	43,64	49,09	26,18	38,08	42,84	22,45	32,66	36,74	18,83	27,40	30,82
	V	1 744,66	95,95	139,57	157,01	IV	1 217,66	64,07	93,19	104,84	61,19	89,01	100,13	58,36	84,90	95,51	55,59	80,86	90,96	52,85	76,88	86,49	50,17	72,98	82,10
	VI	1 776,83	97,72	142,14	159,91																				
4 850,99	I,IV	1 218,83	67,03	97,50	109,69	I	1 218,83	61,26	89,10	100,24	55,65	80,95	91,07	50,23	73,06	82,19	45,—	65,46	73,64	39,96	58,13	65,39	35,12	51,08	57,47
	II	1 173,08	64,51	93,84	105,57	II	1 173,08	58,80	85,53	96,22	53,27	77,49	87,17	47,94	69,73	78,44	42,79	62,24	70,02	37,84	55,04	61,92	33,07	48,10	54,11
	III	764,83	42,06	61,18	68,83	III	764,83	37,96	55,22	62,12	33,95	49,38	55,55	30,04	43,70	49,16	26,22	38,14	42,91	22,50	32,73	36,82	18,87	27,45	30,88
	V	1 745,91	96,02	139,67	157,13	IV	1 218,83	64,13	93,29	104,95	61,26	89,10	100,24	58,43	84,99	95,61	55,65	80,95	91,07	52,91	76,97	86,59	50,23	73,06	82,19
	VI	1 778,08	97,79	142,24	160,02																				
4 853,99	I,IV	1 220,08	67,10	97,60	109,80	I	1 220,08	61,32	89,20	100,35	55,71	81,04	91,17	50,29	73,16	82,30	45,06	65,55	73,74	40,02	58,22	65,49	35,17	51,16	57,56
	II	1 174,33	64,58	93,94	105,68	II	1 174,33	58,86	85,62	96,32	53,34	77,58	87,28	48,—	69,82	78,54	42,85	62,33	70,12	37,89	55,12	62,01	33,12	48,18	54,20
	III	765,83	42,12	61,26	68,92	III	765,83	38,01	55,29	62,20	34,—	49,46	55,64	30,09	43,77	49,24	26,27	38,21	42,98	22,55	32,80	36,90	18,92	27,52	30,96
	V	1 747,16	96,09	139,77	157,24	IV	1 220,08	64,20	93,39	105,06	61,32	89,20	100,35	58,49	85,08	95,72	55,71	81,04	91,17	52,98	77,06	86,69	50,29	73,16	82,30
	VI	1 779,33	97,86	142,34	160,13																				
4 856,99	I,IV	1 221,33	67,17	97,70	109,91	I	1 221,33	61,39	89,30	100,46	55,77	81,13	91,27	50,35	73,24	82,40	45,12	65,64	73,84	40,08	58,30	65,58	35,23	51,24	57,65
	II	1 175,58	64,65	94,04	105,80	II	1 175,58	58,93	85,72	96,43	53,40	77,68	87,39	48,06	69,90	78,64	42,91	62,42	70,22	37,95	55,20	62,10	33,18	48,26	54,29
	III	766,66	42,16	61,33	68,99	III	766,66	38,06	55,36	62,28	34,04	49,52	55,71	30,13	43,82	49,30	26,31	38,28	43,06	22,58	32,85	36,95	18,95	27,57	31,01
	V	1 748,41	96,16	139,87	157,35	IV	1 221,33	64,27	93,48	105,17	61,39	89,30	100,46	58,56	85,18	95,83	55,77	81,13	91,27	53,04	77,16	86,80	50,35	73,24	82,40
	VI	1 780,58	97,93	142,44	160,25																				
4 859,99	I,IV	1 222,50	67,23	97,80	110,02	I	1 222,50	61,45	89,39	100,56	55,84	81,22	91,37	50,41	73,33	82,49	45,18	65,72	73,93	40,14	58,38	65,68	35,28	51,32	57,74
	II	1 176,75	64,72	94,14	105,90	II	1 176,75	58,99	85,81	96,53	53,46	77,76	87,48	48,12	69,99	78,74	42,96	62,50	70,31	38,—	55,28	62,19	33,23	48,34	54,38
	III	767,50	42,21	61,40	69,07	III	767,50	38,10	55,42	62,35	34,09	49,58	55,78	30,17	43,89	49,37	26,35	38,33	43,12	22,63	32,92	37,03	19,—	27,64	31,09
	V	1 749,66	96,23	139,97	157,46	IV	1 222,50	64,34	93,58	105,28	61,45	89,39	100,56	58,62	85,27	95,93	55,84	81,22	91,37	53,10	77,24	86,90	50,41	73,33	82,49
	VI	1 781,83	98,—	142,54	160,36																				

* Die ausgewiesenen Tabellenwerte sind amtlich. Siehe Erläuterungen auf der Umschlaginnenseite (U2).

Abzüge an Lohnsteuer, Solidaritätszuschlag (SolZ) und Kirchensteuer (8%, 9%) in den Steuerklassen

Lohn/ Gehalt bis €*	I – VI		ohne Kinderfreibeträge			I, II, III, IV		mit Zahl der Kinderfreibeträge . . . 0,5			1			1,5			2			2,5			3		
		LSt	SolZ	8%	9%		LSt	SolZ	8%	9%	SolZ	8%	9%	SolZ	8%	9%	SolZ	8%	9%	SolZ	8%	9%	SolZ	8%	9%
4 862,99	I,IV	1 223,75	67,30	97,90	110,13	I	1 223,75	61,52	89,49	100,67	55,90	81,32	91,48	50,48	73,42	82,60	45,24	65,80	74,03	40,19	58,46	65,77	35,34	51,40	57,83
	II	1 178,—	64,79	94,24	106,02	II	1 178,—	59,06	85,90	96,64	53,52	77,86	87,59	48,18	70,08	78,84	43,02	62,58	70,40	38,06	55,36	62,28	33,28	48,42	54,47
	III	768,33	42,25	61,46	69,14	III	768,33	38,15	55,49	62,42	34,13	49,65	55,85	30,22	43,96	49,45	26,40	38,40	43,20	22,67	32,98	37,10	19,03	27,69	31,15
	V	1 750,91	96,30	140,07	157,58	IV	1 223,75	64,40	93,68	105,39	61,52	89,49	100,67	58,69	85,37	96,04	55,90	81,32	91,48	53,17	77,34	87,—	50,48	73,42	82,60
	VI	1 783,16	98,07	142,65	160,48																				
4 865,99	I,IV	1 225,—	67,37	98,—	110,25	I	1 225,—	61,59	89,58	100,78	55,97	81,41	91,58	50,54	73,51	82,70	45,30	65,89	74,12	40,25	58,55	65,87	35,39	51,48	57,92
	II	1 179,16	64,85	94,33	106,12	II	1 179,16	59,12	86,—	96,75	53,59	77,95	87,69	48,24	70,17	78,94	43,08	62,67	70,50	38,11	55,44	62,37	33,34	48,50	54,56
	III	769,16	42,30	61,53	69,22	III	769,16	38,19	55,56	62,50	34,18	49,72	55,93	30,26	44,02	49,52	26,44	38,46	43,27	22,71	33,04	37,17	19,08	27,76	31,23
	V	1 752,16	96,36	140,17	157,69	IV	1 225,—	64,47	93,78	105,50	61,59	89,58	100,78	58,75	85,46	96,14	55,97	81,41	91,58	53,23	77,43	87,11	50,54	73,51	82,70
	VI	1 784,41	98,14	142,75	160,59																				
4 868,99	I,IV	1 226,16	67,43	98,09	110,35	I	1 226,16	61,65	89,68	100,89	56,03	81,50	91,69	50,60	73,60	82,80	45,36	65,98	74,22	40,31	58,63	65,96	35,45	51,56	58,01
	II	1 180,41	64,92	94,43	106,23	II	1 180,41	59,19	86,10	96,86	53,65	78,04	87,79	48,30	70,26	79,04	43,14	62,76	70,60	38,17	55,53	62,47	33,39	48,58	54,65
	III	770,16	42,35	61,61	69,31	III	770,16	38,24	55,62	62,57	34,23	49,80	56,02	30,31	44,09	49,60	26,49	38,53	43,34	22,76	33,10	37,24	19,12	27,81	31,28
	V	1 753,41	96,43	140,27	157,80	IV	1 226,16	64,54	93,88	105,61	61,65	89,68	100,89	58,82	85,56	96,25	56,03	81,50	91,69	53,29	77,52	87,21	50,60	73,60	82,80
	VI	1 785,66	98,21	142,85	160,70																				
4 871,99	I,IV	1 227,41	67,50	98,19	110,46	I	1 227,41	61,72	89,78	101,—	56,10	81,60	91,80	50,66	73,69	82,90	45,42	66,06	74,32	40,37	58,72	66,06	35,50	51,64	58,09
	II	1 181,58	64,98	94,52	106,34	II	1 181,58	59,25	86,19	96,96	53,71	78,13	87,89	48,36	70,34	79,13	43,20	62,84	70,69	38,23	55,61	62,56	33,45	48,66	54,74
	III	771,—	42,40	61,68	69,39	III	771,—	38,29	55,70	62,66	34,27	49,85	56,08	30,36	44,16	49,68	26,52	38,58	43,40	22,79	33,16	37,30	19,16	27,88	31,36
	V	1 754,75	96,51	140,38	157,92	IV	1 227,41	64,60	93,97	105,71	61,72	89,78	101,—	58,88	85,65	96,35	56,10	81,60	91,80	53,35	77,61	87,31	50,66	73,69	82,90
	VI	1 786,91	98,28	142,95	160,82																				
4 874,99	I,IV	1 228,58	67,57	98,28	110,57	I	1 228,58	61,78	89,87	101,10	56,16	81,69	91,90	50,72	73,78	83,—	45,48	66,15	74,42	40,42	58,80	66,15	35,56	51,72	58,19
	II	1 182,83	65,05	94,62	106,45	II	1 182,83	59,32	86,28	97,07	53,78	78,22	88,—	48,42	70,44	79,24	43,26	62,92	70,79	38,28	55,69	62,65	33,50	48,74	54,83
	III	771,83	42,45	61,74	69,46	III	771,83	38,34	55,77	62,74	34,32	49,92	56,16	30,39	44,21	49,73	26,57	38,65	43,48	22,84	33,22	37,37	19,20	27,93	31,42
	V	1 756,—	96,58	140,48	158,04	IV	1 228,58	64,67	94,07	105,83	61,78	89,87	101,10	58,95	85,74	96,46	56,16	81,69	91,90	53,42	77,70	87,41	50,72	73,78	83,—
	VI	1 788,16	98,34	143,05	160,93																				
4 877,99	I,IV	1 229,83	67,64	98,38	110,68	I	1 229,83	61,85	89,97	101,21	56,22	81,78	92,—	50,78	73,87	83,10	45,54	66,24	74,52	40,48	58,88	66,24	35,61	51,80	58,28
	II	1 184,08	65,12	94,72	106,56	II	1 184,08	59,38	86,38	97,17	53,84	78,31	88,10	48,48	70,52	79,34	43,32	63,01	70,88	38,34	55,77	62,74	33,55	48,81	54,91
	III	772,83	42,50	61,82	69,55	III	772,83	38,39	55,84	62,82	34,36	49,98	56,23	30,45	44,29	49,82	26,62	38,72	43,56	22,88	33,29	37,45	19,25	28,—	31,50
	V	1 757,25	96,64	140,58	158,15	IV	1 229,83	64,73	94,16	105,93	61,85	89,97	101,21	59,01	85,84	96,57	56,22	81,78	92,—	53,48	77,79	87,51	50,78	73,87	83,10
	VI	1 789,41	98,41	143,15	161,04																				
4 880,99	I,IV	1 231,—	67,70	98,48	110,79	I	1 231,—	61,92	90,06	101,32	56,28	81,87	92,10	50,84	73,96	83,20	45,59	66,32	74,61	40,53	58,96	66,33	35,66	51,88	58,36
	II	1 185,25	65,18	94,82	106,67	II	1 185,25	59,45	86,47	97,28	53,90	78,40	88,20	48,54	70,61	79,43	43,37	63,09	70,97	38,39	55,85	62,83	33,61	48,89	55,—
	III	773,66	42,55	61,89	69,62	III	773,66	38,43	55,90	62,89	34,41	50,05	56,30	30,48	44,34	49,88	26,66	38,78	43,63	22,92	33,34	37,51	19,28	28,05	31,55
	V	1 758,50	96,71	140,68	158,26	IV	1 231,—	64,80	94,26	106,04	61,92	90,06	101,32	59,07	85,93	96,67	56,28	81,87	92,10	53,54	77,88	87,62	50,84	73,96	83,20
	VI	1 790,66	98,48	143,25	161,15																				
4 883,99	I,IV	1 232,25	67,77	98,58	110,90	I	1 232,25	61,98	90,16	101,43	56,35	81,96	92,21	50,91	74,05	83,30	45,65	66,41	74,71	40,59	59,05	66,43	35,72	51,96	58,46
	II	1 186,50	65,25	94,92	106,78	II	1 186,50	59,51	86,57	97,39	53,96	78,50	88,31	48,60	70,70	79,53	43,43	63,18	71,07	38,45	55,94	62,93	33,66	48,97	55,09
	III	774,50	42,59	61,96	69,70	III	774,50	38,48	55,97	62,96	34,45	50,12	56,38	30,53	44,41	49,96	26,70	38,84	43,69	22,97	33,41	37,58	19,33	28,12	31,63
	V	1 759,75	96,78	140,78	158,37	IV	1 232,25	64,87	94,36	106,15	61,98	90,16	101,43	59,14	86,03	96,78	56,35	81,96	92,21	53,60	77,97	87,71	50,91	74,05	83,30
	VI	1 791,91	98,55	143,35	161,27																				
4 886,99	I,IV	1 233,50	67,84	98,68	111,01	I	1 233,50	62,05	90,26	101,54	56,41	82,06	92,31	50,97	74,14	83,40	45,71	66,50	74,81	40,65	59,13	66,52	35,78	52,04	58,55
	II	1 187,66	65,32	95,01	106,88	II	1 187,66	59,58	86,66	97,49	54,02	78,58	88,40	48,67	70,79	79,64	43,49	63,26	71,17	38,51	56,02	63,02	33,72	49,05	55,18
	III	775,33	42,64	62,02	69,77	III	775,33	38,52	56,04	63,04	34,50	50,18	56,45	30,58	44,48	50,04	26,74	38,90	43,76	23,01	33,48	37,66	19,36	28,17	31,69
	V	1 761,—	96,85	140,88	158,49	IV	1 233,50	64,94	94,46	106,26	62,05	90,26	101,54	59,21	86,12	96,89	56,41	82,06	92,31	53,67	78,06	87,82	50,97	74,14	83,40
	VI	1 793,25	98,62	143,46	161,39																				
4 889,99	I,IV	1 234,66	67,90	98,77	111,11	I	1 234,66	62,11	90,35	101,64	56,48	82,15	92,42	51,03	74,23	83,51	45,77	66,58	74,90	40,71	59,22	66,62	35,83	52,12	58,64
	II	1 188,91	65,39	95,11	107,—	II	1 188,91	59,64	86,76	97,60	54,09	78,68	88,51	48,73	70,88	79,74	43,55	63,35	71,27	38,57	56,10	63,11	33,77	49,13	55,27
	III	776,16	42,68	62,09	69,85	III	776,16	38,57	56,10	63,11	34,54	50,25	56,53	30,62	44,54	50,11	26,79	38,97	43,84	23,05	33,53	37,72	19,41	28,24	31,77
	V	1 762,25	96,92	140,98	158,60	IV	1 234,66	65,01	94,56	106,38	62,11	90,35	101,64	59,27	86,22	96,99	56,48	82,15	92,42	53,73	78,16	87,93	51,03	74,23	83,51
	VI	1 794,50	98,69	143,56	161,50																				
4 892,99	I,IV	1 235,91	67,97	98,87	111,23	I	1 235,91	62,18	90,45	101,75	56,54	82,24	92,52	51,09	74,32	83,61	45,83	66,67	75,—	40,76	59,30	66,71	35,89	52,20	58,73
	II	1 190,08	65,45	95,20	107,10	II	1 190,08	59,71	86,85	97,70	54,15	78,77	88,61	48,78	70,96	79,83	43,61	63,43	71,36	38,62	56,18	63,20	33,82	49,20	55,35
	III	777,—	42,73	62,16	69,93	III	777,—	38,61	56,17	63,19	34,59	50,32	56,61	30,67	44,61	50,18	26,84	39,04	43,92	23,10	33,60	37,80	19,45	28,29	31,82
	V	1 763,50	96,99	141,08	158,71	IV	1 235,91	65,07	94,65	106,48	62,18	90,45	101,75	59,34	86,31	97,10	56,54	82,24	92,52	53,79	78,25	88,03	51,09	74,32	83,61
	VI	1 795,75	98,76	143,66	161,61																				
4 895,99	I,IV	1 237,08	68,03	98,96	111,33	I	1 237,08	62,25	90,54	101,86	56,60	82,34	92,63	51,15	74,41	83,71	45,89	66,76	75,10	40,82	59,38	66,80	35,94	52,28	58,82
	II	1 191,33	65,52	95,30	107,21	II	1 191,33	59,77	86,94	97,81	54,22	78,86	88,72	48,84	71,05	79,93	43,67	63,52	71,46	38,68	56,26	63,29	33,88	49,28	55,44
	III	778,—	42,79	62,24	70,02	III	778,—	38,66	56,24	63,27	34,64	50,38	56,68	30,71	44,68	50,26	26,87	39,09	43,97	23,14	33,66	37,87	19,49	28,36	31,90
	V	1 764,75	97,06	141,18	158,82	IV	1 237,08	65,14	94,75	106,59	62,25	90,54	101,86	59,40	86,40	97,20	56,60	82,34	92,63	53,85	78,34	88,13	51,15	74,41	83,71
	VI	1 797,—	98,83	143,76	161,73																				
4 898,99	I,IV	1 238,33	68,10	99,06	111,44	I	1 238,33	62,31	90,64	101,97	56,67	82,43	92,73	51,21	74,50	83,81	45,95	66,84	75,20	40,88	59,46	66,89	36,—	52,36	58,91
	II	1 192,58	65,59	95,40	107,33	II	1 192,58	59,84	87,04	97,92	54,28	78,95	88,82	48,91	71,14	80,03	43,72	63,60	71,55	38,73	56,34	63,38	33,93	49,36	55,53
	III	778,83	42,83	62,30	70,09	III	778,83	38,71	56,30	63,34	34,68	50,45	56,75	30,76	44,74	50,33	26,92	39,16	44,05	23,18	33,72	37,93	19,53	28,41	31,96
	V	1 766,08	97,13	141,28	158,94	IV	1 238,33	65,20	94,84	106,70	62,31	90,64	101,97	59,47	86,50	97,31	56,67	82,43	92,73	53,92	78,43	88,23	51,21	74,50	83,81
	VI	1 798,25	98,90	143,86	161,84																				
4 901,99	I,IV	1 239,50	68,17	99,16	111,55	I	1 239,50	62,38	90,74	102,08	56,73	82,52	92,84	51,28	74,59	83,91	46,01	66,93	75,29	40,93	59,54	66,98	36,05	52,44	59,—
	II	1 193,75	65,65	95,50	107,43	II	1 193,75	59,90	87,14	98,03	54,34	79,04	88,92	48,97	71,23	80,13	43,78	63,69	71,65	38,79	56,42	63,47	33,99	49,44	55,62
	III	779,66	42,88	62,37	70,16	III	779,66	38,75	56,37	63,41	34,73	50,52	56,83	30,80	44,80	50,40	26,96	39,22	44,12	23,22	33,78	38,—	19,58	28,48	32,04
	V	1 767,33	97,20	141,38	159,05	IV	1 239,50	65,27	94,94	106,81	62,38	90,74	102,08	59,53	86,60	97,42	56,73	82,52	92,84	53,98	78,52	88,34	51,28	74,59	83,91
	VI	1 799,50	98,97	143,96	161,95																				
4 904,99	I,IV	1 240,75	68,24	99,26	111,66	I	1 240,75	62,44	90,83	102,18	56,80	82,62	92,94	51,34	74,68	84,01	46,07	67,02	75,39	40,99	59,63	67,08	36,11	52,52	59,09
	II	1 195,—	65,72	95,60	107,55	II	1 195,—	59,97	87,23	98,13	54,40	79,14	89,03	49,03	71,32	80,23	43,84	63,78	71,75	38,85	56,51	63,57	34,04	49,52	55,71
	III	780,66	42,93	62,45	70,25	III	780,66	38,81	56,45	63,50	34,77	50,58	56,90	30,84	44,86	50,47	27,01	39,29	44,20	23,26	33,84	38,07	19,62	28,54	32,11
	V	1 768,58	97,27	141,48	159,17	IV	1 240,75	65,34	95,04	106,92	62,44	90,83	102,18	59,60	86,69	97,52	56,80	82,62	92,94	54,04	78,61	88,43	51,34	74,68	84,01
	VI	1 800,75	99,04	144,06	162,06																				

*** Die ausgewiesenen Tabellenwerte sind amtlich. Siehe Erläuterungen auf der Umschlaginnenseite (U2).**

MONAT **4 905,–***

Abzüge an Lohnsteuer, Solidaritätszuschlag (SolZ) und Kirchensteuer (8%, 9%) in den Steuerklassen

Lohn/ Gehalt bis €*		I – VI	ohne Kinderfreibeträge			I, II, III, IV	mit Zahl der Kinderfreibeträge . . .	0,5			1			1,5			2			2,5			3		
		LSt	SolZ	8%	9%		LSt	SolZ	8%	9%	SolZ	8%	9%	SolZ	8%	9%	SolZ	8%	9%	SolZ	8%	9%	SolZ	8%	9%
4 907,99	I,IV	1 242,—	68,31	99,36	111,78	I	1 242,—	62,51	90,93	102,29	56,86	82,71	93,05	51,40	74,77	84,11	46,13	67,10	75,49	41,05	59,72	67,18	36,16	52,60	59,18
	II	1 196,16	65,78	95,69	107,65	II	1 196,16	60,03	87,32	98,24	54,47	79,23	89,13	49,09	71,40	80,33	43,90	63,86	71,84	38,90	56,59	63,66	34,10	49,60	55,80
	III	781,50	42,98	62,52	70,33	III	781,50	38,85	56,52	63,58	34,82	50,65	56,98	30,89	44,93	50,54	27,05	39,34	44,26	23,31	33,90	38,14	19,66	28,60	32,17
	V	1 769,83	97,34	141,58	159,28	IV	1 242,—	65,40	95,14	107,03	62,51	90,93	102,29	59,66	86,78	97,63	56,86	82,71	93,05	54,11	78,70	88,54	51,40	74,77	84,11
	VI	1 802,—	99,11	144,16	162,18																				
4 910,99	I,IV	1 243,16	68,37	99,45	111,88	I	1 243,16	62,58	91,02	102,40	56,92	82,80	93,15	51,46	74,86	84,21	46,19	67,19	75,59	41,11	59,80	67,27	36,22	52,68	59,27
	II	1 197,41	65,85	95,79	107,76	II	1 197,41	60,10	87,42	98,35	54,53	79,32	89,24	49,15	71,50	80,43	43,96	63,95	71,94	38,96	56,68	63,76	34,15	49,68	55,89
	III	782,33	43,02	62,58	70,40	III	782,33	38,90	56,58	63,65	34,87	50,72	57,06	30,93	45,—	50,62	27,09	39,41	44,33	23,35	33,97	38,21	19,70	28,66	32,24
	V	1 771,08	97,40	141,68	159,39	IV	1 243,16	65,47	95,24	107,14	62,58	91,02	102,40	59,73	86,88	97,74	56,92	82,80	93,15	54,17	78,80	88,65	51,46	74,86	84,21
	VI	1 803,25	99,17	144,26	162,29																				
4 913,99	I,IV	1 244,41	68,44	99,55	111,99	I	1 244,41	62,64	91,12	102,51	56,99	82,90	93,26	51,53	74,95	84,32	46,25	67,28	75,69	41,17	59,88	67,37	36,27	52,76	59,36
	II	1 198,58	65,92	95,88	107,87	II	1 198,58	60,17	87,52	98,46	54,59	79,41	89,33	49,21	71,58	80,53	44,02	64,03	72,03	39,02	56,76	63,85	34,21	49,76	55,98
	III	783,16	43,07	62,65	70,48	III	783,16	38,94	56,65	63,73	34,91	50,78	57,13	30,98	45,06	50,69	27,14	39,48	44,41	23,39	34,02	38,27	19,74	28,72	32,31
	V	1 772,33	97,47	141,78	159,50	IV	1 244,41	65,54	95,33	107,24	62,64	91,12	102,51	59,79	86,98	97,85	56,99	82,90	93,26	54,23	78,89	88,75	51,53	74,95	84,32
	VI	1 804,58	99,25	144,36	162,41																				
4 916,99	I,IV	1 245,58	68,50	99,64	112,10	I	1 245,58	62,71	91,22	102,62	57,05	82,99	93,36	51,59	75,04	84,42	46,31	67,36	75,78	41,22	59,96	67,46	36,33	52,84	59,45
	II	1 199,83	65,99	95,98	107,98	II	1 199,83	60,23	87,61	98,56	54,66	79,50	89,44	49,27	71,67	80,63	44,08	64,12	72,13	39,07	56,84	63,94	34,26	49,84	56,07
	III	784,—	43,12	62,72	70,56	III	784,—	38,99	56,72	63,81	34,96	50,85	57,20	31,02	45,13	50,77	27,18	39,54	44,48	23,43	34,09	38,35	19,79	28,78	32,38
	V	1 773,58	97,54	141,88	159,62	IV	1 245,58	65,61	95,43	107,36	62,71	91,22	102,62	59,86	87,07	97,95	57,05	82,99	93,36	54,29	78,98	88,85	51,59	75,04	84,42
	VI	1 805,83	99,32	144,46	162,52																				
4 919,99	I,IV	1 246,83	68,57	99,74	112,21	I	1 246,83	62,78	91,32	102,73	57,12	83,08	93,47	51,65	75,13	84,52	46,37	67,45	75,88	41,28	60,05	67,55	36,38	52,92	59,54
	II	1 201,08	66,05	96,08	108,09	II	1 201,08	60,30	87,71	98,67	54,72	79,60	89,55	49,33	71,76	80,73	44,14	64,20	72,23	39,13	56,92	64,04	34,32	49,92	56,16
	III	785,—	43,17	62,80	70,65	III	785,—	39,05	56,80	63,90	35,01	50,93	57,29	31,07	45,20	50,85	27,23	39,61	44,56	23,48	34,16	38,43	19,82	28,84	32,44
	V	1 774,83	97,61	141,98	159,73	IV	1 246,83	65,67	95,53	107,47	62,78	91,32	102,73	59,92	87,16	98,06	57,12	83,08	93,47	54,36	79,07	88,95	51,65	75,13	84,52
	VI	1 807,08	99,38	144,56	162,63																				
4 922,99	I,IV	1 248,—	68,64	99,84	112,32	I	1 248,—	62,84	91,41	102,83	57,18	83,18	93,57	51,71	75,22	84,62	46,43	67,54	75,98	41,34	60,13	67,64	36,44	53,—	59,63
	II	1 202,25	66,12	96,18	108,20	II	1 202,25	60,36	87,80	98,77	54,78	79,68	89,64	49,39	71,85	80,83	44,19	64,28	72,32	39,19	57,—	64,13	34,37	50,—	56,25
	III	785,83	43,22	62,86	70,72	III	785,83	39,09	56,86	63,97	35,05	50,98	57,35	31,12	45,26	50,92	27,27	39,66	44,62	23,52	34,21	38,48	19,87	28,90	32,51
	V	1 776,16	97,68	142,09	159,85	IV	1 248,—	65,74	95,62	107,57	62,84	91,41	102,83	59,99	87,26	98,16	57,18	83,18	93,57	54,42	79,16	89,06	51,71	75,22	84,62
	VI	1 808,33	99,45	144,66	162,74																				
4 925,99	I,IV	1 249,25	68,70	99,94	112,43	I	1 249,25	62,91	91,51	102,95	57,25	83,27	93,68	51,77	75,31	84,72	46,49	67,62	76,07	41,40	60,22	67,74	36,49	53,08	59,72
	II	1 203,50	66,19	96,28	108,31	II	1 203,50	60,43	87,90	98,88	54,84	79,78	89,75	49,45	71,94	80,93	44,25	64,37	72,41	39,24	57,08	64,22	34,43	50,08	56,34
	III	786,66	43,26	62,93	70,79	III	786,66	39,14	56,93	64,04	35,09	51,05	57,43	31,15	45,32	50,98	27,31	39,73	44,69	23,56	34,28	38,56	19,91	28,96	32,58
	V	1 777,41	97,75	142,19	159,96	IV	1 249,25	65,81	95,72	107,69	62,91	91,51	102,95	60,06	87,36	98,28	57,25	83,27	93,68	54,49	79,26	89,16	51,77	75,31	84,72
	VI	1 809,58	99,52	144,76	162,86																				
4 928,99	I,IV	1 250,50	68,77	100,04	112,54	I	1 250,50	62,97	91,60	103,05	57,31	83,36	93,78	51,83	75,40	84,82	46,55	67,71	76,17	41,46	60,30	67,84	36,55	53,16	59,81
	II	1 204,66	66,25	96,37	108,41	II	1 204,66	60,49	87,99	98,99	54,91	79,87	89,85	49,52	72,03	81,03	44,31	64,46	72,51	39,30	57,17	64,31	34,48	50,16	56,43
	III	787,66	43,32	63,01	70,88	III	787,66	39,18	57,—	64,12	35,15	51,13	57,52	31,21	45,40	51,07	27,36	39,80	44,77	23,61	34,34	38,63	19,95	29,02	32,65
	V	1 778,66	97,82	142,29	160,07	IV	1 250,50	65,87	95,82	107,79	62,97	91,60	103,05	60,12	87,45	98,38	57,31	83,36	93,78	54,55	79,35	89,27	51,83	75,40	84,82
	VI	1 810,83	99,59	144,86	162,97																				
4 931,99	I,IV	1 251,66	68,84	100,13	112,64	I	1 251,66	63,04	91,70	103,16	57,37	83,46	93,89	51,90	75,49	84,92	46,61	67,80	76,27	41,51	60,38	67,93	36,61	53,25	59,90
	II	1 205,91	66,32	96,47	108,53	II	1 205,91	60,56	88,09	99,10	54,97	79,96	89,96	49,58	72,12	81,13	44,37	64,54	72,61	39,36	57,25	64,40	34,54	50,24	56,52
	III	788,50	43,36	63,08	70,96	III	788,50	39,23	57,06	64,19	35,19	51,18	57,58	31,24	45,45	51,13	27,40	39,86	44,84	23,65	34,40	38,70	19,99	29,08	32,71
	V	1 779,91	97,89	142,39	160,19	IV	1 251,66	65,94	95,92	107,91	63,04	91,70	103,16	60,18	87,54	98,48	57,37	83,46	93,89	54,61	79,44	89,37	51,90	75,49	84,92
	VI	1 812,08	99,66	144,96	163,08																				
4 934,99	I,IV	1 252,91	68,91	100,23	112,76	I	1 252,91	63,11	91,80	103,27	57,44	83,55	93,99	51,96	75,58	85,02	46,67	67,88	76,37	41,57	60,47	68,03	36,66	53,32	59,99
	II	1 207,08	66,38	96,56	108,63	II	1 207,08	60,62	88,18	99,20	55,04	80,06	90,06	49,64	72,20	81,23	44,43	64,63	72,71	39,41	57,33	64,49	34,59	50,31	56,60
	III	789,33	43,41	63,14	71,03	III	789,33	39,27	57,13	64,27	35,23	51,25	57,65	31,29	45,52	51,21	27,44	39,92	44,91	23,69	34,46	38,77	20,03	29,14	32,78
	V	1 781,16	97,96	142,49	160,30	IV	1 252,91	66,—	96,01	108,01	63,11	91,80	103,27	60,25	87,64	98,59	57,44	83,55	93,99	54,67	79,53	89,47	51,96	75,58	85,02
	VI	1 813,33	99,73	145,06	163,19																				
4 937,99	I,IV	1 254,08	68,97	100,32	112,86	I	1 254,08	63,18	91,90	103,38	57,50	83,64	94,10	52,02	75,67	85,13	46,73	67,97	76,46	41,63	60,55	68,12	36,72	53,41	60,08
	II	1 208,33	66,45	96,66	108,74	II	1 208,33	60,69	88,28	99,31	55,10	80,14	90,16	49,70	72,29	81,32	44,49	64,72	72,81	39,47	57,42	64,59	34,64	50,39	56,69
	III	790,16	43,45	63,21	71,11	III	790,16	39,32	57,20	64,35	35,29	51,33	57,74	31,34	45,58	51,28	27,49	39,98	44,98	23,74	34,53	38,84	20,07	29,20	32,85
	V	1 782,41	98,03	142,59	160,41	IV	1 254,08	66,07	96,11	108,12	63,18	91,90	103,38	60,32	87,74	98,70	57,50	83,64	94,10	54,74	79,62	89,57	52,02	75,67	85,13
	VI	1 814,66	99,80	145,17	163,31																				
4 940,99	I,IV	1 255,33	69,04	100,42	112,97	I	1 255,33	63,24	91,99	103,49	57,57	83,74	94,20	52,08	75,76	85,23	46,79	68,06	76,57	41,69	60,64	68,22	36,77	53,49	60,17
	II	1 209,58	66,52	96,76	108,86	II	1 209,58	60,75	88,37	99,41	55,16	80,24	90,27	49,76	72,38	81,43	44,55	64,80	72,90	39,53	57,50	64,68	34,70	50,47	56,78
	III	791,16	43,51	63,29	71,20	III	791,16	39,37	57,26	64,42	35,32	51,38	57,80	31,38	45,65	51,35	27,53	40,05	45,05	23,77	34,58	38,90	20,12	29,26	32,92
	V	1 783,66	98,10	142,69	160,52	IV	1 255,33	66,14	96,21	108,23	63,24	91,99	103,49	60,38	87,83	98,81	57,57	83,74	94,20	54,80	79,72	89,68	52,08	75,76	85,23
	VI	1 815,91	99,87	145,27	163,43																				
4 943,99	I,IV	1 256,50	69,10	100,52	113,08	I	1 256,50	63,30	92,08	103,59	57,63	83,83	94,31	52,14	75,85	85,33	46,85	68,14	76,66	41,74	60,72	68,31	36,83	53,57	60,26
	II	1 210,75	66,59	96,86	108,96	II	1 210,75	60,82	88,46	99,52	55,22	80,33	90,37	49,82	72,47	81,53	44,60	64,88	72,99	39,58	57,58	64,77	34,75	50,55	56,87
	III	792,—	43,56	63,36	71,28	III	792,—	39,41	57,33	64,49	35,37	51,45	57,88	31,43	45,72	51,43	27,58	40,12	45,13	23,82	34,65	38,98	20,15	29,32	32,98
	V	1 784,91	98,17	142,79	160,64	IV	1 256,50	66,21	96,30	108,34	63,30	92,08	103,59	60,44	87,92	98,91	57,63	83,83	94,31	54,86	79,80	89,78	52,14	75,85	85,33
	VI	1 817,16	99,94	145,37	163,54																				
4 946,99	I,IV	1 257,75	69,17	100,62	113,19	I	1 257,75	63,37	92,18	103,70	57,69	83,92	94,41	52,21	75,94	85,43	46,91	68,24	76,77	41,80	60,80	68,40	36,88	53,65	60,35
	II	1 212,—	66,66	96,96	109,08	II	1 212,—	60,88	88,56	99,63	55,29	80,42	90,47	49,88	72,56	81,63	44,66	64,97	73,09	39,64	57,66	64,87	34,81	50,63	56,96
	III	792,83	43,60	63,42	71,35	III	792,83	39,47	57,41	64,58	35,42	51,53	57,97	31,47	45,78	51,50	27,62	40,18	45,20	23,87	34,72	39,06	20,20	29,38	33,05
	V	1 786,25	98,24	142,90	160,76	IV	1 257,75	66,27	96,40	108,45	63,37	92,18	103,70	60,51	88,02	99,02	57,69	83,92	94,41	54,93	79,90	89,88	52,21	75,94	85,43
	VI	1 818,41	100,01	145,47	163,65																				
4 949,99	I,IV	1 259,—	69,24	100,72	113,31	I	1 259,—	63,44	92,28	103,82	57,76	84,02	94,52	52,27	76,03	85,53	46,97	68,32	76,86	41,86	60,89	68,50	36,94	53,73	60,44
	II	1 213,16	66,72	97,05	109,18	II	1 213,16	60,95	88,66	99,74	55,35	80,52	90,58	49,94	72,65	81,73	44,72	65,06	73,19	39,70	57,74	64,96	34,86	50,71	57,05
	III	793,66	43,65	63,49	71,42	III	793,66	39,51	57,48	64,66	35,47	51,60	58,05	31,52	45,85	51,58	27,66	40,24	45,27	23,90	34,77	39,11	20,24	29,45	33,13
	V	1 787,50	98,31	143,—	160,87	IV	1 259,—	66,34	96,50	108,56	63,44	92,28	103,82	60,58	88,12	99,13	57,76	84,02	94,52	54,99	79,99	89,99	52,27	76,03	85,53
	VI	1 819,66	100,08	145,57	163,76																				

* Die ausgewiesenen Tabellenwerte sind amtlich. Siehe Erläuterungen auf der Umschlaginnenseite (U2).

Abzüge an Lohnsteuer, Solidaritätszuschlag (SolZ) und Kirchensteuer (8%, 9%) in den Steuerklassen

Lohn/ Gehalt bis €*	I – VI					I, II, III, IV																			
			ohne Kinderfreibeträge					mit Zahl der Kinderfreibeträge . . .																	
								0,5			1			1,5			2			2,5			3		
		LSt	SolZ	8%	9%		LSt	SolZ	8%	9%	SolZ	8%	9%	SolZ	8%	9%	SolZ	8%	9%	SolZ	8%	9%	SolZ	8%	9%
4 952,99	I,IV	1 260,25	69,31	100,82	113,42	I	1 260,25	63,51	92,38	103,92	57,82	84,11	94,62	52,33	76,12	85,64	47,03	68,41	76,96	41,91	60,97	68,59	36,99	53,81	60,53
	II	1 214,41	66,79	97,15	109,29	II	1 214,41	61,02	88,76	99,85	55,42	80,61	90,68	50,—	72,74	81,83	44,78	65,14	73,28	39,76	57,83	65,06	34,92	50,79	57,14
	III	794,66	43,70	63,57	71,51	III	794,66	39,56	57,54	64,73	35,52	51,66	58,12	31,57	45,92	51,66	27,71	40,30	45,34	23,95	34,84	39,19	20,28	29,50	33,19
	V	1 788,75	98,38	143,10	160,98	IV	1 260,25	66,41	96,60	108,67	63,51	92,38	103,92	60,64	88,21	99,23	57,82	84,11	94,62	55,05	80,08	90,09	52,33	76,12	85,64
	VI	1 820,91	100,15	145,67	163,88																				
4 955,99	I,IV	1 261,41	69,37	100,91	113,52	I	1 261,41	63,58	92,48	104,04	57,89	84,20	94,73	52,39	76,21	85,73	47,09	68,50	77,06	41,97	61,06	68,69	37,05	53,89	60,62
	II	1 215,58	66,85	97,24	109,40	II	1 215,58	61,08	88,85	99,95	55,48	80,70	90,78	50,06	72,82	81,92	44,84	65,23	73,38	39,81	57,91	65,15	34,97	50,87	57,23
	III	795,50	43,75	63,64	71,59	III	795,50	39,60	57,61	64,81	35,56	51,73	58,19	31,61	45,98	51,73	27,75	40,37	45,41	23,99	34,90	39,26	20,33	29,57	33,26
	V	1 790,—	98,45	143,20	161,10	IV	1 261,41	66,47	96,69	108,77	63,58	92,48	104,04	60,71	88,30	99,34	57,89	84,20	94,73	55,11	80,17	90,19	52,39	76,21	85,73
	VI	1 822,16	100,21	145,77	163,99																				
4 958,99	I,IV	1 262,58	69,44	101,—	113,63	I	1 262,58	63,64	92,57	104,14	57,95	84,30	94,83	52,46	76,30	85,84	47,15	68,58	77,15	42,03	61,14	68,78	37,11	53,98	60,72
	II	1 216,83	66,92	97,34	109,51	II	1 216,83	61,15	88,94	100,06	55,54	80,79	90,89	50,13	72,92	82,03	44,90	65,32	73,48	39,87	58,—	65,25	35,03	50,95	57,32
	III	796,33	43,79	63,70	71,66	III	796,33	39,65	57,68	64,89	35,61	51,80	58,27	31,65	46,04	51,79	27,80	40,44	45,49	24,03	34,96	39,33	20,36	29,62	33,32
	V	1 791,25	98,51	143,30	161,21	IV	1 262,58	66,54	96,79	108,89	63,64	92,57	104,14	60,77	88,40	99,45	57,95	84,30	94,83	55,18	80,26	90,29	52,46	76,30	85,84
	VI	1 823,41	100,28	145,87	164,10																				
4 961,99	I,IV	1 263,83	69,51	101,10	113,74	I	1 263,83	63,71	92,67	104,25	58,02	84,39	94,94	52,52	76,40	85,95	47,21	68,67	77,25	42,09	61,22	68,87	37,16	54,06	60,81
	II	1 218,08	66,99	97,44	109,62	II	1 218,08	61,21	89,04	100,17	55,60	80,88	90,99	50,19	73,—	82,13	44,96	65,40	73,58	39,93	58,08	65,34	35,08	51,03	57,41
	III	797,33	43,85	63,78	71,75	III	797,33	39,70	57,74	64,96	35,65	51,86	58,34	31,70	46,12	51,88	27,84	40,50	45,56	24,08	35,02	39,40	20,41	29,69	33,40
	V	1 792,50	98,58	143,40	161,32	IV	1 263,83	66,61	96,89	109,—	63,71	92,67	104,25	60,84	88,50	99,56	58,02	84,39	94,94	55,24	80,36	90,40	52,52	76,40	85,95
	VI	1 824,75	100,36	145,98	164,22																				
4 964,99	I,IV	1 265,—	69,57	101,20	113,85	I	1 265,—	63,77	92,76	104,36	58,08	84,48	95,04	52,58	76,48	86,04	47,27	68,76	77,35	42,15	61,31	68,97	37,22	54,14	60,90
	II	1 219,25	67,05	97,54	109,73	II	1 219,25	61,28	89,14	100,28	55,67	80,98	91,10	50,25	73,10	82,23	45,02	65,49	73,67	39,98	58,16	65,43	35,13	51,10	57,49
	III	798,16	43,89	63,85	71,83	III	798,16	39,75	57,82	65,05	35,70	51,93	58,42	31,74	46,17	51,94	27,88	40,56	45,63	24,12	35,09	39,47	20,45	29,74	33,46
	V	1 793,75	98,65	143,50	161,43	IV	1 265,—	66,67	96,98	109,10	63,77	92,76	104,36	60,90	88,59	99,66	58,08	84,48	95,04	55,31	80,45	90,50	52,58	76,48	86,04
	VI	1 826,—	100,43	146,08	164,34																				
4 967,99	I,IV	1 266,25	69,64	101,30	113,96	I	1 266,25	63,84	92,86	104,47	58,14	84,58	95,15	52,64	76,58	86,15	47,33	68,84	77,45	42,20	61,39	69,06	37,27	54,22	60,99
	II	1 220,50	67,12	97,64	109,84	II	1 220,50	61,34	89,23	100,38	55,73	81,07	91,20	50,31	73,18	82,33	45,08	65,58	73,77	40,04	58,24	65,52	35,19	51,19	57,59
	III	799,—	43,94	63,92	71,91	III	799,—	39,80	57,89	65,12	35,75	52,—	58,50	31,79	46,24	52,02	27,93	40,62	45,70	24,16	35,14	39,53	20,49	29,81	33,53
	V	1 795,—	98,72	143,60	161,55	IV	1 266,25	66,74	97,08	109,22	63,84	92,86	104,47	60,97	88,68	99,77	58,14	84,58	95,15	55,37	80,54	90,61	52,64	76,58	86,15
	VI	1 827,25	100,49	146,18	164,45																				
4 970,99	I,IV	1 267,50	69,71	101,40	114,07	I	1 267,50	63,91	92,96	104,58	58,21	84,68	95,26	52,70	76,66	86,24	47,39	68,93	77,54	42,26	61,48	69,16	37,33	54,30	61,08
	II	1 221,75	67,19	97,74	109,95	II	1 221,75	61,41	89,33	100,49	55,80	81,16	91,31	50,38	73,28	82,44	45,14	65,66	73,87	40,09	58,32	65,61	35,25	51,27	57,68
	III	799,83	43,99	63,98	71,98	III	799,83	39,84	57,96	65,20	35,79	52,06	58,57	31,83	46,30	52,09	27,97	40,69	45,77	24,20	35,21	39,61	20,54	29,88	33,61
	V	1 796,25	98,79	143,70	161,66	IV	1 267,50	66,81	97,18	109,32	63,91	92,96	104,58	61,04	88,78	99,88	58,21	84,68	95,26	55,44	80,64	90,72	52,70	76,66	86,24
	VI	1 828,50	100,56	146,28	164,56																				
4 973,99	I,IV	1 268,66	69,77	101,49	114,17	I	1 268,66	63,97	93,06	104,69	58,27	84,76	95,36	52,77	76,76	86,35	47,45	69,02	77,64	42,32	61,56	69,26	37,38	54,38	61,17
	II	1 222,91	67,26	97,83	110,06	II	1 222,91	61,48	89,42	100,60	55,86	81,25	91,40	50,43	73,36	82,53	45,20	65,74	73,96	40,15	58,41	65,71	35,30	51,34	57,76
	III	800,66	44,03	64,05	72,05	III	800,66	39,89	58,02	65,27	35,84	52,13	58,64	31,88	46,37	52,16	28,02	40,76	45,85	24,25	35,28	39,69	20,57	29,93	33,67
	V	1 797,58	98,86	143,80	161,78	IV	1 268,66	66,88	97,28	109,44	63,97	93,06	104,69	61,10	88,88	99,99	58,27	84,76	95,36	55,49	80,72	90,81	52,77	76,76	86,35
	VI	1 829,75	100,63	146,38	164,67																				
4 976,99	I,IV	1 269,91	69,84	101,59	114,29	I	1 269,91	64,04	93,15	104,79	58,34	84,86	95,47	52,83	76,84	86,45	47,51	69,11	77,75	42,38	61,64	69,35	37,44	54,46	61,27
	II	1 224,08	67,32	97,92	110,16	II	1 224,08	61,54	89,52	100,71	55,92	81,34	91,51	50,49	73,45	82,63	45,26	65,83	74,06	40,21	58,49	65,80	35,35	51,42	57,85
	III	801,66	44,09	64,13	72,14	III	801,66	39,93	58,09	65,35	35,88	52,20	58,72	31,92	46,44	52,24	28,05	40,81	45,91	24,29	35,33	39,74	20,61	29,98	33,73
	V	1 798,83	98,93	143,90	161,89	IV	1 269,91	66,94	97,37	109,54	64,04	93,15	104,79	61,16	88,97	100,09	58,34	84,86	95,47	55,56	80,82	90,92	52,83	76,84	86,45
	VI	1 831,—	100,70	146,48	164,79																				
4 979,99	I,IV	1 271,16	69,91	101,69	114,40	I	1 271,16	64,11	93,25	104,90	58,41	84,96	95,58	52,89	76,94	86,55	47,57	69,20	77,85	42,44	61,73	69,44	37,50	54,54	61,36
	II	1 225,33	67,39	98,02	110,27	II	1 225,33	61,61	89,62	100,82	55,99	81,44	91,62	50,56	73,54	82,73	45,32	65,92	74,16	40,27	58,58	65,90	35,41	51,50	57,94
	III	802,50	44,13	64,20	72,22	III	802,50	39,98	58,16	65,43	35,93	52,26	58,79	31,97	46,50	52,31	28,10	40,88	45,99	24,33	35,40	39,82	20,66	30,05	33,80
	V	1 800,08	99,—	144,—	162,—	IV	1 271,16	67,01	97,47	109,65	64,11	93,25	104,90	61,23	89,07	100,20	58,41	84,96	95,58	55,62	80,91	91,02	52,89	76,94	86,55
	VI	1 832,25	100,77	146,58	164,90																				
4 982,99	I,IV	1 272,33	69,97	101,78	114,50	I	1 272,33	64,18	93,35	105,02	58,47	85,05	95,68	52,96	77,03	86,66	47,63	69,28	77,94	42,50	61,82	69,54	37,55	54,62	61,45
	II	1 226,58	67,46	98,12	110,39	II	1 226,58	61,67	89,71	100,92	56,05	81,53	91,72	50,62	73,63	82,83	45,38	66,01	74,26	40,32	58,66	65,99	35,47	51,59	58,04
	III	803,33	44,18	64,26	72,29	III	803,33	40,03	58,22	65,50	35,97	52,33	58,87	32,01	46,57	52,39	28,15	40,94	46,06	24,38	35,46	39,89	20,70	30,12	33,88
	V	1 801,33	99,07	144,10	162,11	IV	1 272,33	67,08	97,57	109,76	64,18	93,35	105,02	61,30	89,16	100,31	58,47	85,05	95,68	55,69	81,—	91,13	52,96	77,03	86,66
	VI	1 833,50	100,84	146,68	165,01																				
4 985,99	I,IV	1 273,58	70,04	101,88	114,62	I	1 273,58	64,24	93,44	105,12	58,53	85,14	95,78	53,02	77,12	86,76	47,69	69,37	78,04	42,55	61,90	69,63	37,61	54,70	61,54
	II	1 227,75	67,52	98,22	110,49	II	1 227,75	61,74	89,80	101,03	56,11	81,62	91,82	50,68	73,72	82,93	45,43	66,09	74,35	40,38	58,74	66,08	35,52	51,66	58,12
	III	804,16	44,22	64,33	72,37	III	804,16	40,07	58,29	65,57	36,02	52,40	58,95	32,06	46,64	52,47	28,19	41,01	46,13	24,42	35,52	39,96	20,74	30,17	33,94
	V	1 802,58	99,14	144,20	162,23	IV	1 273,58	67,14	97,66	109,87	64,24	93,44	105,12	61,36	89,26	100,41	58,53	85,14	95,78	55,75	81,10	91,23	53,02	77,12	86,76
	VI	1 834,75	100,91	146,78	165,12																				
4 988,99	I,IV	1 274,75	70,11	101,98	114,72	I	1 274,75	64,31	93,54	105,23	58,60	85,24	95,89	53,08	77,21	86,86	47,75	69,46	78,14	42,61	61,98	69,73	37,66	54,78	61,63
	II	1 229,—	67,59	98,32	110,61	II	1 229,—	61,81	89,90	101,14	56,18	81,72	91,93	50,74	73,81	83,03	45,49	66,18	74,45	40,44	58,82	66,17	35,57	51,74	58,21
	III	805,16	44,28	64,41	72,46	III	805,16	40,13	58,37	65,66	36,07	52,46	59,02	32,11	46,70	52,54	28,24	41,08	46,21	24,46	35,58	40,03	20,79	30,24	34,02
	V	1 803,83	99,21	144,30	162,34	IV	1 274,75	67,21	97,76	109,98	64,31	93,54	105,23	61,43	89,36	100,53	58,60	85,24	95,89	55,82	81,19	91,34	53,08	77,21	86,86
	VI	1 836,08	100,98	146,88	165,24																				
4 991,99	I,IV	1 276,—	70,18	102,08	114,84	I	1 276,—	64,38	93,64	105,35	58,66	85,33	95,99	53,14	77,30	86,96	47,81	69,55	78,24	42,67	62,07	69,83	37,72	54,87	61,73
	II	1 230,25	67,66	98,42	110,72	II	1 230,25	61,87	90,—	101,25	56,24	81,81	92,03	50,80	73,90	83,13	45,55	66,26	74,54	40,50	58,91	66,27	35,63	51,82	58,30
	III	806,—	44,33	64,48	72,54	III	806,—	40,17	58,44	65,74	36,11	52,53	59,09	32,15	46,77	52,61	28,27	41,13	46,27	24,51	35,65	40,10	20,82	30,29	34,07
	V	1 805,08	99,27	144,40	162,45	IV	1 276,—	67,27	97,86	110,09	64,38	93,64	105,35	61,49	89,45	100,63	58,66	85,33	95,99	55,88	81,28	91,44	53,14	77,30	86,96
	VI	1 837,33	101,05	146,98	165,35																				
4 994,99	I,IV	1 277,16	70,24	102,17	114,94	I	1 277,16	64,44	93,74	105,45	58,73	85,42	96,10	53,20	77,39	87,06	47,87	69,63	78,33	42,73	62,15	69,92	37,78	54,95	61,82
	II	1 231,41	67,72	98,51	110,82	II	1 231,41	61,93	90,09	101,35	56,31	81,90	92,14	50,87	73,99	83,24	45,61	66,35	74,64	40,55	58,99	66,36	35,68	51,90	58,39
	III	806,83	44,37	64,54	72,61	III	806,83	40,22	58,50	65,81	36,16	52,60	59,17	32,19	46,82	52,67	28,32	41,20	46,35	24,54	35,70	40,16	20,87	30,36	34,15
	V	1 806,33	99,34	144,50	162,56	IV	1 277,16	67,34	97,96	110,20	64,44	93,74	105,45	61,56	89,54	100,73	58,73	85,42	96,10	55,94	81,37	91,54	53,20	77,39	87,06
	VI	1 838,58	101,12	147,08	165,47																				

* Die ausgewiesenen Tabellenwerte sind amtlich. Siehe Erläuterungen auf der Umschlaginnenseite (U2).

Abzüge an Lohnsteuer, Solidaritätszuschlag (SolZ) und Kirchensteuer (8%, 9%) in den Steuerklassen

Lohn/ Gehalt bis €*		I – VI				I, II, III, IV		mit Zahl der Kinderfreibeträge . . . 0,5			1			1,5			2			2,5			3		
		LSt	ohne Kinderfreibeträge SolZ	8%	9%		LSt	SolZ	8%	9%	SolZ	8%	9%	SolZ	8%	9%	SolZ	8%	9%	SolZ	8%	9%	SolZ	8%	9%
4 997,99	I,IV	1 278,41	70,31	102,27	115,05	I	1 278,41	64,51	93,84	105,57	58,79	85,52	96,21	53,27	77,48	87,17	47,93	69,72	78,44	42,79	62,24	70,02	37,83	55,03	61,91
	II	1 232,66	67,79	98,61	110,93	II	1 232,66	62,–	90,19	101,46	56,37	82,–	92,25	50,93	74,08	83,34	45,67	66,44	74,74	40,61	59,07	66,45	35,74	51,98	58,48
	III	807,83	44,43	64,62	72,70	III	807,83	40,26	58,57	65,89	36,20	52,66	59,24	32,23	46,89	52,75	28,37	41,26	46,42	24,59	35,77	40,24	20,91	30,42	34,22
	V	1 807,66	99,42	144,61	162,68	IV	1 278,41	67,41	98,05	110,30	64,51	93,84	105,57	61,63	89,64	100,85	58,79	85,52	96,21	56,–	81,46	91,64	53,27	77,48	87,17
	VI	1 839,83	101,19	147,18	165,58																				
5 000,99	I,IV	1 279,66	70,38	102,37	115,16	I	1 279,66	64,58	93,94	105,68	58,86	85,62	96,32	53,33	77,58	87,27	47,99	69,81	78,53	42,84	62,32	70,11	37,89	55,11	62,–
	II	1 233,83	67,86	98,70	111,04	II	1 233,83	62,07	90,28	101,57	56,43	82,09	92,35	50,99	74,17	83,44	45,73	66,52	74,84	40,67	59,16	66,55	35,79	52,06	58,57
	III	808,66	44,47	64,69	72,77	III	808,66	40,31	58,64	65,97	36,25	52,73	59,32	32,28	46,96	52,83	28,41	41,33	46,49	24,64	35,84	40,32	20,95	30,48	34,29
	V	1 808,91	99,49	144,71	162,80	IV	1 279,66	67,48	98,15	110,42	64,58	93,94	105,68	61,69	89,74	100,95	58,86	85,62	96,32	56,07	81,56	91,75	53,33	77,58	87,27
	VI	1 841,08	101,25	147,28	165,69																				
5 003,99	I,IV	1 280,83	70,44	102,46	115,27	I	1 280,83	64,64	94,03	105,78	58,92	85,71	96,42	53,39	77,66	87,37	48,05	69,90	78,63	42,90	62,41	70,21	37,95	55,20	62,10
	II	1 235,08	67,92	98,80	111,15	II	1 235,08	62,14	90,38	101,68	56,50	82,18	92,45	51,05	74,26	83,54	45,79	66,61	74,93	40,73	59,24	66,65	35,85	52,15	58,67
	III	809,50	44,52	64,76	72,85	III	809,50	40,37	58,72	66,06	36,30	52,80	59,40	32,33	47,02	52,90	28,46	41,40	46,57	24,68	35,90	40,39	21,–	30,54	34,36
	V	1 810,16	99,55	144,81	162,91	IV	1 280,83	67,54	98,25	110,53	64,64	94,03	105,78	61,76	89,84	101,07	58,92	85,71	96,42	56,14	81,66	91,86	53,39	77,66	87,37
	VI	1 842,33	101,32	147,38	165,80																				
5 006,99	I,IV	1 282,08	70,51	102,56	115,38	I	1 282,08	64,71	94,13	105,89	58,99	85,80	96,53	53,46	77,76	87,48	48,11	69,98	78,73	42,96	62,49	70,30	38,–	55,28	62,19
	II	1 236,25	67,99	98,90	111,26	II	1 236,25	62,20	90,48	101,79	56,56	82,28	92,56	51,11	74,35	83,64	45,85	66,70	75,03	40,78	59,32	66,74	35,90	52,22	58,75
	III	810,50	44,57	64,84	72,94	III	810,50	40,41	58,78	66,13	36,34	52,86	59,47	32,37	47,09	52,97	28,50	41,46	46,64	24,72	35,96	40,45	21,03	30,60	34,42
	V	1 811,41	99,62	144,91	163,02	IV	1 282,08	67,61	98,34	110,63	64,71	94,13	105,89	61,82	89,93	101,17	58,99	85,80	96,53	56,20	81,74	91,96	53,46	77,76	87,48
	VI	1 843,58	101,39	147,48	165,92																				
5 009,99	I,IV	1 283,25	70,57	102,66	115,49	I	1 283,25	64,78	94,22	106,–	59,05	85,90	96,63	53,52	77,85	87,58	48,18	70,08	78,84	43,02	62,58	70,40	38,06	55,36	62,28
	II	1 237,50	68,06	99,–	111,37	II	1 237,50	62,27	90,58	101,90	56,63	82,37	92,66	51,17	74,44	83,74	45,91	66,78	75,13	40,84	59,41	66,83	35,96	52,31	58,85
	III	811,33	44,62	64,90	73,01	III	811,33	40,46	58,85	66,20	36,39	52,93	59,54	32,42	47,16	53,05	28,54	41,52	46,71	24,76	36,02	40,52	21,08	30,66	34,49
	V	1 812,66	99,69	145,01	163,13	IV	1 283,25	67,68	98,44	110,75	64,78	94,22	106,–	61,89	90,02	101,27	59,05	85,90	96,63	56,26	81,84	92,07	53,52	77,85	87,58
	VI	1 844,83	101,46	147,58	166,03																				
5 012,99	I,IV	1 284,50	70,64	102,76	115,60	I	1 284,50	64,84	94,32	106,11	59,12	85,99	96,74	53,58	77,94	87,68	48,23	70,16	78,93	43,08	62,66	70,49	38,11	55,44	62,37
	II	1 238,75	68,13	99,10	111,48	II	1 238,75	62,33	90,67	102,–	56,69	82,46	92,77	51,24	74,53	83,84	45,97	66,87	75,23	40,90	59,49	66,92	36,02	52,39	58,94
	III	812,16	44,66	64,97	73,09	III	812,16	40,50	58,92	66,28	36,43	53,–	59,62	32,46	47,22	53,12	28,59	41,58	46,78	24,81	36,09	40,60	21,12	30,72	34,56
	V	1 813,91	99,76	145,11	163,25	IV	1 284,50	67,74	98,54	110,85	64,84	94,32	106,11	61,96	90,12	101,39	59,12	85,99	96,74	56,32	81,93	92,17	53,58	77,94	87,68
	VI	1 846,16	101,53	147,69	166,15																				
5 015,99	I,IV	1 285,66	70,71	102,85	115,70	I	1 285,66	64,91	94,42	106,22	59,18	86,08	96,84	53,64	78,03	87,78	48,29	70,25	79,03	43,13	62,74	70,58	38,17	55,52	62,46
	II	1 239,91	68,19	99,19	111,59	II	1 239,91	62,40	90,76	102,11	56,75	82,55	92,87	51,30	74,62	83,94	46,03	66,96	75,33	40,95	59,57	67,01	36,07	52,46	59,02
	III	813,–	44,71	65,04	73,17	III	813,–	40,55	58,98	66,35	36,48	53,06	59,69	32,51	47,29	53,20	28,63	41,65	46,85	24,85	36,14	40,66	21,16	30,78	34,63
	V	1 815,16	99,83	145,21	163,36	IV	1 285,66	67,81	98,64	110,97	64,91	94,42	106,22	62,02	90,22	101,49	59,18	86,08	96,84	56,39	82,02	92,27	53,64	78,03	87,78
	VI	1 847,41	101,60	147,79	166,26																				
5 018,99	I,IV	1 286,91	70,78	102,95	115,82	I	1 286,91	64,98	94,52	106,33	59,25	86,18	96,95	53,71	78,12	87,89	48,35	70,34	79,13	43,19	62,83	70,68	38,22	55,60	62,55
	II	1 241,16	68,26	99,29	111,70	II	1 241,16	62,47	90,86	102,22	56,81	82,64	92,97	51,36	74,70	84,04	46,09	67,04	75,42	41,01	59,66	67,11	36,13	52,55	59,12
	III	814,–	44,77	65,12	73,26	III	814,–	40,59	59,05	66,43	36,52	53,13	59,77	32,56	47,36	53,28	28,68	41,72	46,93	24,89	36,21	40,73	21,20	30,84	34,69
	V	1 816,41	99,90	145,31	163,47	IV	1 286,91	67,87	98,73	111,07	64,98	94,52	106,33	62,09	90,32	101,61	59,25	86,18	96,95	56,45	82,12	92,38	53,71	78,12	87,89
	VI	1 848,66	101,67	147,89	166,37																				
5 021,99	I,IV	1 288,16	70,84	103,05	115,93	I	1 288,16	65,05	94,62	106,44	59,31	86,28	97,06	53,77	78,21	87,98	48,41	70,42	79,22	43,25	62,92	70,78	38,28	55,68	62,64
	II	1 242,33	68,32	99,38	111,80	II	1 242,33	62,53	90,96	102,33	56,88	82,74	93,08	51,42	74,80	84,15	46,15	67,13	75,52	41,07	59,74	67,21	36,18	52,63	59,21
	III	814,83	44,81	65,18	73,33	III	814,83	40,65	59,13	66,52	36,58	53,21	59,86	32,60	47,42	53,35	28,72	41,78	47,–	24,94	36,28	40,81	21,24	30,90	34,76
	V	1 817,75	99,97	145,42	163,59	IV	1 288,16	67,94	98,83	111,18	65,05	94,62	106,44	62,15	90,41	101,71	59,31	86,28	97,06	56,52	82,21	92,48	53,77	78,21	87,98
	VI	1 849,91	101,74	147,99	166,49																				
5 024,99	I,IV	1 289,33	70,91	103,14	116,03	I	1 289,33	65,11	94,71	106,55	59,38	86,37	97,16	53,83	78,30	88,09	48,48	70,52	79,33	43,31	63,–	70,88	38,33	55,76	62,73
	II	1 243,58	68,39	99,48	111,92	II	1 243,58	62,60	91,06	102,44	56,95	82,84	93,19	51,48	74,89	84,25	46,21	67,22	75,62	41,13	59,82	67,30	36,24	52,71	59,30
	III	815,66	44,86	65,25	73,40	III	815,66	40,70	59,20	66,60	36,63	53,28	59,94	32,65	47,49	53,42	28,76	41,84	47,07	24,97	36,33	40,87	21,29	30,97	34,84
	V	1 819,–	100,04	145,52	163,71	IV	1 289,33	68,01	98,93	111,29	65,11	94,71	106,55	62,22	90,51	101,82	59,38	86,37	97,16	56,58	82,30	92,59	53,83	78,30	88,09
	VI	1 851,16	101,81	148,09	166,60																				
5 027,99	I,IV	1 290,58	70,98	103,24	116,15	I	1 290,58	65,18	94,81	106,66	59,44	86,46	97,27	53,90	78,40	88,20	48,54	70,60	79,43	43,37	63,08	70,97	38,39	55,84	62,82
	II	1 244,75	68,46	99,58	112,02	II	1 244,75	62,66	91,15	102,54	57,01	82,92	93,29	51,54	74,98	84,35	46,27	67,30	75,71	41,19	59,91	67,40	36,29	52,79	59,39
	III	816,66	44,91	65,33	73,49	III	816,66	40,74	59,26	66,67	36,67	53,34	60,01	32,69	47,56	53,50	28,81	41,90	47,14	25,02	36,40	40,95	21,33	31,02	34,90
	V	1 820,25	100,11	145,62	163,82	IV	1 290,58	68,08	99,02	111,40	65,18	94,81	106,66	62,29	90,60	101,93	59,44	86,46	97,27	56,65	82,40	92,70	53,90	78,40	88,20
	VI	1 852,41	101,88	148,19	166,71																				
5 030,99	I,IV	1 291,75	71,04	103,34	116,25	I	1 291,75	65,24	94,90	106,76	59,51	86,56	97,38	53,95	78,48	88,29	48,60	70,69	79,52	43,43	63,17	71,06	38,45	55,93	62,92
	II	1 246,–	68,53	99,68	112,14	II	1 246,–	62,73	91,25	102,65	57,07	83,02	93,39	51,61	75,07	84,45	46,33	67,39	75,81	41,24	59,99	67,49	36,35	52,87	59,48
	III	817,50	44,96	65,40	73,57	III	817,50	40,79	59,33	66,74	36,72	53,41	60,08	32,74	47,62	53,57	28,85	41,97	47,21	25,07	36,46	41,02	21,37	31,09	34,97
	V	1 821,50	100,18	145,72	163,93	IV	1 291,75	68,14	99,12	111,51	65,24	94,90	106,76	62,35	90,70	102,03	59,51	86,56	97,38	56,71	82,49	92,80	53,95	78,48	88,29
	VI	1 853,66	101,95	148,29	166,82																				
5 033,99	I,IV	1 293,–	71,11	103,44	116,37	I	1 293,–	65,31	95,–	106,88	59,57	86,66	97,49	54,02	78,58	88,40	48,66	70,78	79,62	43,49	63,26	71,16	38,50	56,01	63,01
	II	1 247,25	68,59	99,78	112,25	II	1 247,25	62,80	91,34	102,76	57,14	83,12	93,51	51,67	75,16	84,55	46,39	67,48	75,91	41,30	60,08	67,59	36,40	52,95	59,57
	III	818,33	45,–	65,46	73,64	III	818,33	40,83	59,40	66,82	36,76	53,48	60,16	32,78	47,69	53,65	28,90	42,04	47,29	25,10	36,52	41,08	21,41	31,14	35,03
	V	1 822,75	100,25	145,82	164,04	IV	1 293,–	68,21	99,22	111,62	65,31	95,–	106,88	62,42	90,80	102,15	59,57	86,66	97,49	56,77	82,58	92,90	54,02	78,58	88,40
	VI	1 854,91	102,02	148,39	166,94																				
5 036,99	I,IV	1 294,16	71,17	103,53	116,47	I	1 294,16	65,38	95,10	106,98	59,64	86,75	97,59	54,08	78,67	88,50	48,72	70,86	79,72	43,55	63,34	71,26	38,56	56,09	63,10
	II	1 248,41	68,66	99,87	112,35	II	1 248,41	62,86	91,44	102,87	57,20	83,20	93,60	51,73	75,24	84,65	46,45	67,56	76,01	41,36	60,16	67,68	36,46	53,03	59,66
	III	819,16	45,05	65,53	73,72	III	819,16	40,88	59,46	66,89	36,81	53,54	60,23	32,82	47,74	53,71	28,94	42,10	47,36	25,15	36,58	41,15	21,45	31,21	35,11
	V	1 824,–	100,32	145,92	164,16	IV	1 294,16	68,28	99,32	111,73	65,38	95,10	106,98	62,48	90,89	102,25	59,64	86,75	97,59	56,83	82,67	93,–	54,08	78,67	88,50
	VI	1 856,25	102,09	148,50	167,06																				
5 039,99	I,IV	1 295,41	71,24	103,63	116,58	I	1 295,41	65,45	95,20	107,10	59,70	86,84	97,70	54,15	78,76	88,61	48,78	70,96	79,83	43,60	63,42	71,35	38,62	56,18	63,20
	II	1 249,66	68,73	99,97	112,46	II	1 249,66	62,93	91,54	102,98	57,26	83,30	93,71	51,79	75,34	84,75	46,51	67,65	76,10	41,41	60,24	67,77	36,51	53,11	59,75
	III	820,16	45,10	65,61	73,81	III	820,16	40,93	59,54	66,98	36,85	53,61	60,31	32,88	47,82	53,80	28,99	42,17	47,44	25,19	36,65	41,23	21,50	31,28	35,19
	V	1 825,25	100,38	146,02	164,27	IV	1 295,41	68,35	99,42	111,84	65,45	95,20	107,10	62,55	90,99	102,36	59,70	86,84	97,70	56,90	82,77	93,11	54,15	78,76	88,61
	VI	1 857,50	102,16	148,60	167,17																				

* **Die ausgewiesenen Tabellenwerte sind amtlich. Siehe Erläuterungen auf der Umschlaginnenseite (U2).**

Abzüge an Lohnsteuer, Solidaritätszuschlag (SolZ) und Kirchensteuer (8%, 9%) in den Steuerklassen

Lohn/ Gehalt bis €*	I – VI	LSt	ohne Kinderfreibeträge SolZ	8%	9%	I, II, III, IV	LSt	0,5 SolZ	0,5 8%	0,5 9%	1 SolZ	1 8%	1 9%	1,5 SolZ	1,5 8%	1,5 9%	2 SolZ	2 8%	2 9%	2,5 SolZ	2,5 8%	2,5 9%	3 SolZ	3 8%	3 9%
5 042,99	I,IV	1 296,66	71,31	103,73	116,69	I	1 296,66	65,51	95,30	107,21	59,77	86,94	97,80	54,21	78,85	88,70	48,84	71,04	79,92	43,66	63,51	71,45	38,67	56,26	63,29
	II	1 250,83	68,79	100,06	112,57	II	1 250,83	63,—	91,64	103,09	57,33	83,39	93,81	51,86	75,43	84,86	46,57	67,74	76,20	41,47	60,33	67,87	36,57	53,19	59,84
	III	821,—	45,15	65,68	73,89	III	821,—	40,98	59,61	67,06	36,90	53,68	60,39	32,91	47,88	53,86	29,03	42,22	47,50	25,24	36,72	41,31	21,54	31,33	35,24
	V	1 826,50	100,45	146,12	164,38	IV	1 296,66	68,41	99,51	111,95	65,51	95,30	107,21	62,62	91,08	102,47	59,77	86,94	97,80	56,97	82,86	93,22	54,21	78,85	88,70
	VI	1 858,75	102,23	148,70	167,28																				
5 045,99	I,IV	1 297,83	71,38	103,82	116,80	I	1 297,83	65,58	95,39	107,31	59,84	87,04	97,92	54,27	78,94	88,81	48,90	71,13	80,02	43,72	63,60	71,55	38,73	56,34	63,38
	II	1 252,08	68,86	100,16	112,68	II	1 252,08	63,06	91,73	103,19	57,40	83,49	93,92	51,92	75,52	84,96	46,63	67,83	76,31	41,53	60,41	67,96	36,62	53,27	59,93
	III	822,—	45,21	65,76	73,98	III	822,—	41,03	59,68	67,14	36,95	53,74	60,46	32,97	47,96	53,95	29,07	42,29	47,57	25,28	36,77	41,36	21,58	31,40	35,32
	V	1 827,75	100,52	146,22	164,49	IV	1 297,83	68,48	99,61	112,06	65,58	95,39	107,31	62,69	91,18	102,58	59,84	87,04	97,92	57,03	82,96	93,33	54,27	78,94	88,81
	VI	1 860,—	102,30	148,80	167,40																				
5 048,99	I,IV	1 299,08	71,44	103,92	116,91	I	1 299,08	65,65	95,49	107,42	59,90	87,13	98,02	54,34	79,04	88,92	48,96	71,22	80,12	43,78	63,68	71,64	38,78	56,42	63,47
	II	1 253,25	68,92	100,26	112,79	II	1 253,25	63,13	91,83	103,31	57,46	83,58	94,02	51,98	75,61	85,06	46,69	67,91	76,40	41,59	60,50	68,06	36,68	53,35	60,02
	III	822,83	45,25	65,82	74,05	III	822,83	41,07	59,74	67,21	36,99	53,81	60,53	33,—	48,01	54,01	29,12	42,36	47,65	25,32	36,84	41,44	21,62	31,45	35,38
	V	1 829,08	100,59	146,32	164,61	IV	1 299,08	68,54	99,70	112,16	65,65	95,49	107,42	62,75	91,28	102,69	59,90	87,13	98,02	57,09	83,04	93,42	54,34	79,04	88,92
	VI	1 861,25	102,36	148,90	167,51																				
5 051,99	I,IV	1 300,25	71,51	104,02	117,02	I	1 300,25	65,71	95,58	107,53	59,96	87,22	98,12	54,40	79,13	89,02	49,02	71,31	80,22	43,84	63,77	71,74	38,84	56,50	63,56
	II	1 254,50	68,99	100,36	112,90	II	1 254,50	63,19	91,92	103,41	57,52	83,67	94,13	52,04	75,70	85,16	46,75	68,—	76,50	41,64	60,58	68,15	36,74	53,44	60,12
	III	823,66	45,30	65,89	74,12	III	823,66	41,12	59,81	67,28	37,04	53,88	60,61	33,05	48,08	54,09	29,16	42,42	47,72	25,37	36,90	41,51	21,67	31,52	35,46
	V	1 830,33	100,66	146,42	164,72	IV	1 300,25	68,61	99,80	112,28	65,71	95,58	107,53	62,82	91,38	102,80	59,96	87,22	98,12	57,16	83,14	93,53	54,40	79,13	89,02
	VI	1 862,50	102,43	149,—	167,62																				
5 054,99	I,IV	1 301,50	71,58	104,12	117,13	I	1 301,50	65,78	95,68	107,64	60,03	87,32	98,23	54,46	79,22	89,12	49,08	71,40	80,32	43,90	63,86	71,84	38,90	56,58	63,65
	II	1 255,75	69,06	100,46	113,01	II	1 255,75	63,26	92,02	103,52	57,59	83,77	94,24	52,10	75,79	85,26	46,81	68,09	76,60	41,70	60,66	68,24	36,79	53,52	60,21
	III	824,66	45,35	65,97	74,21	III	824,66	41,17	59,89	67,37	37,08	53,94	60,68	33,10	48,14	54,16	29,21	42,49	47,80	25,41	36,97	41,59	21,71	31,58	35,53
	V	1 831,58	100,73	146,52	164,84	IV	1 301,50	68,68	99,90	112,39	65,78	95,68	107,64	62,88	91,47	102,90	60,03	87,32	98,23	57,22	83,24	93,64	54,46	79,22	89,12
	VI	1 863,75	102,50	149,10	167,73																				
5 057,99	I,IV	1 302,66	71,64	104,21	117,23	I	1 302,66	65,84	95,78	107,75	60,09	87,41	98,33	54,52	79,31	89,22	49,14	71,48	80,42	43,95	63,94	71,93	38,95	56,66	63,74
	II	1 256,91	69,13	100,55	113,12	II	1 256,91	63,33	92,12	103,63	57,65	83,86	94,34	52,16	75,88	85,36	46,86	68,17	76,69	41,76	60,74	68,33	36,85	53,60	60,30
	III	825,50	45,40	66,04	74,29	III	825,50	41,22	59,96	67,45	37,13	54,01	60,76	33,14	48,21	54,23	29,25	42,54	47,86	25,45	37,02	41,65	21,75	31,64	35,59
	V	1 832,83	100,80	146,62	164,95	IV	1 302,66	68,75	100,—	112,50	65,84	95,78	107,75	62,95	91,56	103,01	60,09	87,41	98,33	57,28	83,32	93,74	54,52	79,31	89,22
	VI	1 865,—	102,57	149,20	167,85																				
5 060,99	I,IV	1 303,91	71,71	104,31	117,35	I	1 303,91	65,91	95,88	107,86	60,16	87,51	98,45	54,59	79,40	89,33	49,21	71,58	80,52	44,01	64,02	72,02	39,01	56,75	63,84
	II	1 258,16	69,19	100,65	113,23	II	1 258,16	63,40	92,22	103,74	57,71	83,95	94,44	52,23	75,97	85,46	46,93	68,26	76,79	41,82	60,83	68,43	36,90	53,68	60,39
	III	826,33	45,44	66,10	74,36	III	826,33	41,26	60,02	67,52	37,18	54,08	60,84	33,19	48,28	54,31	29,29	42,61	47,93	25,50	37,09	41,72	21,79	31,70	35,66
	V	1 834,08	100,87	146,72	165,06	IV	1 303,91	68,81	100,10	112,61	65,91	95,88	107,86	63,02	91,66	103,12	60,16	87,51	98,45	57,35	83,42	93,84	54,59	79,40	89,33
	VI	1 866,25	102,64	149,30	167,96																				
5 063,99	I,IV	1 305,16	71,78	104,41	117,46	I	1 305,16	65,98	95,98	107,97	60,22	87,60	98,55	54,65	79,50	89,43	49,27	71,66	80,62	44,07	64,11	72,12	39,07	56,83	63,93
	II	1 259,33	69,26	100,74	113,33	II	1 259,33	63,46	92,31	103,85	57,78	84,05	94,55	52,29	76,06	85,57	46,99	68,35	76,89	41,88	60,92	68,53	36,96	53,76	60,48
	III	827,16	45,49	66,17	74,44	III	827,16	41,31	60,09	67,60	37,23	54,16	60,93	33,23	48,34	54,38	29,34	42,68	48,01	25,54	37,16	41,80	21,83	31,76	35,73
	V	1 835,33	100,94	146,82	165,17	IV	1 305,16	68,88	100,19	112,71	65,98	95,98	107,97	63,08	91,76	103,23	60,22	87,60	98,55	57,42	83,52	93,96	54,65	79,50	89,43
	VI	1 867,58	102,71	149,40	168,08																				
5 066,99	I,IV	1 306,33	71,84	104,50	117,56	I	1 306,33	66,05	96,07	108,08	60,29	87,70	98,66	54,72	79,59	89,54	49,33	71,75	80,72	44,13	64,20	72,22	39,13	56,92	64,03
	II	1 260,58	69,33	100,84	113,45	II	1 260,58	63,53	92,41	103,96	57,85	84,14	94,66	52,35	76,15	85,67	47,05	68,44	76,99	41,93	61,—	68,62	37,01	53,84	60,57
	III	828,16	45,54	66,25	74,53	III	828,16	41,36	60,16	67,68	37,28	54,22	61,—	33,28	48,41	54,46	29,38	42,74	48,08	25,58	37,21	41,86	21,88	31,82	35,80
	V	1 836,58	101,01	146,92	165,29	IV	1 306,33	68,95	100,29	112,82	66,05	96,07	108,08	63,15	91,86	103,34	60,29	87,70	98,66	57,48	83,61	94,06	54,72	79,59	89,54
	VI	1 868,83	102,78	149,50	168,19																				
5 069,99	I,IV	1 307,58	71,91	104,60	117,68	I	1 307,58	66,11	96,17	108,19	60,35	87,79	98,76	54,78	79,68	89,64	49,39	71,84	80,82	44,19	64,28	72,31	39,18	57,—	64,12
	II	1 261,75	69,39	100,94	113,55	II	1 261,75	63,59	92,50	104,06	57,91	84,24	94,77	52,41	76,24	85,77	47,11	68,52	77,09	41,99	61,08	68,72	37,07	53,92	60,66
	III	829,—	45,59	66,32	74,61	III	829,—	41,41	60,24	67,77	37,32	54,29	61,07	33,33	48,48	54,54	29,43	42,81	48,16	25,63	37,28	41,94	21,91	31,88	35,86
	V	1 837,83	101,08	147,02	165,40	IV	1 307,58	69,01	100,38	112,93	66,11	96,17	108,19	63,21	91,95	103,44	60,35	87,79	98,76	57,54	83,70	94,16	54,78	79,68	89,64
	VI	1 870,08	102,85	149,60	168,30																				
5 072,99	I,IV	1 308,75	71,98	104,70	117,78	I	1 308,75	66,18	96,26	108,29	60,42	87,89	98,87	54,84	79,77	89,74	49,45	71,93	80,92	44,25	64,36	72,41	39,24	57,08	64,21
	II	1 263,—	69,46	101,04	113,67	II	1 263,—	63,66	92,60	104,18	57,97	84,33	94,87	52,47	76,33	85,87	47,17	68,61	77,18	42,05	61,17	68,81	37,12	54,—	60,75
	III	829,83	45,64	66,38	74,68	III	829,83	41,46	60,30	67,84	37,37	54,36	61,15	33,37	48,54	54,61	29,48	42,88	48,24	25,67	37,34	42,01	21,96	31,94	35,93
	V	1 839,16	101,15	147,13	165,52	IV	1 308,75	69,08	100,48	113,04	66,18	96,26	108,29	63,28	92,05	103,55	60,42	87,89	98,87	57,61	83,80	94,27	54,84	79,77	89,74
	VI	1 871,33	102,92	149,70	168,41																				
5 075,99	I,IV	1 310,—	72,05	104,80	117,90	I	1 310,—	66,25	96,36	108,41	60,49	87,98	98,98	54,90	79,86	89,84	49,51	72,02	81,02	44,31	64,45	72,50	39,30	57,16	64,31
	II	1 264,25	69,53	101,14	113,78	II	1 264,25	63,73	92,70	104,29	58,04	84,42	94,97	52,54	76,42	85,97	47,23	68,70	77,28	42,11	61,25	68,90	37,18	54,08	60,84
	III	830,83	45,69	66,46	74,77	III	830,83	41,50	60,37	67,91	37,41	54,42	61,22	33,42	48,61	54,68	29,51	42,93	48,29	25,71	37,40	42,07	22,—	32,01	36,01
	V	1 840,41	101,22	147,23	165,63	IV	1 310,—	69,15	100,58	113,15	66,25	96,36	108,41	63,35	92,15	103,67	60,49	87,98	98,98	57,67	83,89	94,37	54,90	79,86	89,84
	VI	1 872,58	102,99	149,80	168,53																				
5 078,99	I,IV	1 311,16	72,11	104,89	118,—	I	1 311,16	66,31	96,46	108,51	60,55	88,08	99,09	54,96	79,95	89,94	49,57	72,10	81,11	44,37	64,54	72,60	39,35	57,24	64,40
	II	1 265,41	69,59	101,23	113,88	II	1 265,41	63,80	92,80	104,40	58,10	84,52	95,08	52,60	76,51	86,07	47,29	68,78	77,38	42,17	61,34	69,—	37,23	54,16	60,93
	III	831,66	45,74	66,53	74,84	III	831,66	41,55	60,44	67,99	37,46	54,49	61,30	33,46	48,68	54,76	29,56	43,—	48,37	25,75	37,46	42,14	22,04	32,06	36,07
	V	1 841,66	101,29	147,33	165,74	IV	1 311,16	69,21	100,68	113,26	66,31	96,46	108,51	63,41	92,24	103,77	60,55	88,08	99,09	57,74	83,98	94,48	54,96	79,95	89,94
	VI	1 873,83	103,06	149,90	168,64																				
5 081,99	I,IV	1 312,41	72,18	104,99	118,11	I	1 312,41	66,38	96,56	108,63	60,61	88,17	99,19	55,03	80,04	90,05	49,63	72,20	81,22	44,43	64,62	72,70	39,41	57,32	64,49
	II	1 266,66	69,66	101,33	113,99	II	1 266,66	63,86	92,89	104,50	58,17	84,61	95,18	52,66	76,60	86,18	47,35	68,87	77,48	42,22	61,42	69,09	37,29	54,24	61,02
	III	832,50	45,78	66,60	74,92	III	832,50	41,59	60,50	68,06	37,51	54,56	61,38	33,51	48,74	54,83	29,60	43,06	48,44	25,80	37,53	42,22	22,09	32,13	36,14
	V	1 842,91	101,36	147,43	165,86	IV	1 312,41	69,28	100,78	113,37	66,38	96,56	108,63	63,48	92,34	103,88	60,61	88,17	99,19	57,80	84,08	94,59	55,03	80,04	90,05
	VI	1 875,08	103,12	150,—	168,75																				
5 084,99	I,IV	1 313,66	72,25	105,09	118,22	I	1 313,66	66,45	96,66	108,74	60,68	88,27	99,30	55,09	80,14	90,15	49,69	72,28	81,32	44,49	64,71	72,80	39,47	57,41	64,58
	II	1 267,83	69,73	101,42	114,10	II	1 267,83	63,93	92,99	104,61	58,23	84,70	95,29	52,73	76,70	86,28	47,41	68,96	77,58	42,28	61,50	69,19	37,34	54,32	61,11
	III	833,50	45,84	66,68	75,01	III	833,50	41,65	60,58	68,15	37,55	54,62	61,45	33,55	48,81	54,91	29,65	43,13	48,52	25,85	37,60	42,30	22,12	32,18	36,20
	V	1 844,16	101,42	147,53	165,97	IV	1 313,66	69,35	100,87	113,48	66,45	96,66	108,74	63,55	92,44	103,99	60,68	88,27	99,30	57,86	84,17	94,69	55,09	80,14	90,15
	VI	1 876,33	103,19	150,10	168,86																				

*** Die ausgewiesenen Tabellenwerte sind amtlich. Siehe Erläuterungen auf der Umschlaginnenseite (U2).**

Lohn/ Gehalt bis €*		I – VI					I, II, III, IV																		
			ohne Kinderfreibeträge					mit Zahl der Kinderfreibeträge . . .																	
								0,5			1			1,5			2			2,5			3		
		LSt	SolZ	8%	9%		LSt	SolZ	8%	9%	SolZ	8%	9%	SolZ	8%	9%	SolZ	8%	9%	SolZ	8%	9%	SolZ	8%	9%
5 087,99	I,IV	1 314,83	72,31	105,18	118,33	I	1 314,83	66,51	96,75	108,84	60,75	88,36	99,41	55,16	80,23	90,26	49,75	72,37	81,41	44,54	64,79	72,89	39,52	57,49	64,67
	II	1 269,08	69,79	101,52	114,21	II	1 269,08	63,99	93,08	104,72	58,30	84,80	95,40	52,79	76,78	86,38	47,47	69,05	77,68	42,34	61,59	69,29	37,40	54,40	61,20
	III	834,33	45,88	66,74	75,08	III	834,33	41,69	60,65	68,23	37,60	54,69	61,52	33,60	48,88	54,99	29,70	43,20	48,60	25,88	37,65	42,35	22,17	32,25	36,28
	V	1 845,41	101,49	147,63	166,08	IV	1 314,83	69,41	100,97	113,59	66,51	96,75	108,84	63,61	92,53	104,09	60,75	88,36	99,41	57,93	84,26	94,79	55,16	80,23	90,26
	VI	1 877,66	103,27	150,21	168,98																				
5 090,99	I,IV	1 316,08	72,38	105,28	118,44	I	1 316,08	66,58	96,85	108,95	60,81	88,46	99,51	55,22	80,32	90,36	49,82	72,46	81,52	44,60	64,88	72,99	39,58	57,57	64,76
	II	1 270,25	69,86	101,62	114,32	II	1 270,25	64,06	93,18	104,83	58,36	84,89	95,50	52,85	76,88	86,49	47,53	69,14	77,78	42,40	61,67	69,38	37,45	54,48	61,29
	III	835,16	45,93	66,81	75,16	III	835,16	41,74	60,72	68,31	37,64	54,76	61,60	33,65	48,94	55,06	29,74	43,26	48,67	25,93	37,72	42,43	22,22	32,32	36,36
	V	1 846,66	101,56	147,73	166,19	IV	1 316,08	69,48	101,06	113,69	66,58	96,85	108,95	63,68	92,63	104,21	60,81	88,46	99,51	57,99	84,36	94,90	55,22	80,32	90,36
	VI	1 878,91	103,34	150,31	169,10																				
5 093,99	I,IV	1 317,33	72,45	105,38	118,55	I	1 317,33	66,65	96,94	109,06	60,88	88,56	99,63	55,28	80,42	90,47	49,88	72,55	81,62	44,66	64,96	73,08	39,64	57,66	64,86
	II	1 271,50	69,93	101,72	114,43	II	1 271,50	64,13	93,28	104,94	58,42	84,98	95,60	52,91	76,96	86,58	47,59	69,22	77,87	42,46	61,76	69,48	37,51	54,57	61,39
	III	836,16	45,98	66,89	75,25	III	836,16	41,79	60,78	68,38	37,69	54,82	61,67	33,69	49,01	55,13	29,79	43,33	48,74	25,97	37,78	42,50	22,25	32,37	36,41
	V	1 847,91	101,63	147,83	166,31	IV	1 317,33	69,55	101,16	113,81	66,65	96,94	109,06	63,75	92,73	104,32	60,88	88,56	99,63	58,06	84,45	95,—	55,28	80,42	90,47
	VI	1 880,16	103,40	150,41	169,21																				
5 096,99	I,IV	1 318,50	72,51	105,48	118,66	I	1 318,50	66,71	97,04	109,17	60,94	88,65	99,73	55,35	80,51	90,57	49,94	72,64	81,72	44,72	65,05	73,18	39,69	57,74	64,95
	II	1 272,75	70,—	101,82	114,54	II	1 272,75	64,20	93,38	105,05	58,49	85,08	95,72	52,97	77,06	86,69	47,65	69,31	77,97	42,51	61,84	69,57	37,57	54,65	61,48
	III	837,—	46,03	66,96	75,33	III	837,—	41,84	60,86	68,47	37,74	54,90	61,76	33,74	49,08	55,21	29,83	43,40	48,82	26,02	37,85	42,58	22,30	32,44	36,49
	V	1 849,25	101,70	147,94	166,43	IV	1 318,50	69,62	101,26	113,92	66,71	97,04	109,17	63,81	92,82	104,42	60,94	88,65	99,73	58,12	84,54	95,11	55,35	80,51	90,57
	VI	1 881,41	103,47	150,51	169,32																				
5 099,99	I,IV	1 319,75	72,58	105,58	118,77	I	1 319,75	66,78	97,14	109,28	61,01	88,74	99,83	55,41	80,60	90,67	50,—	72,73	81,82	44,78	65,14	73,28	39,75	57,82	65,05
	II	1 273,91	70,06	101,91	114,65	II	1 273,91	64,26	93,48	105,16	58,55	85,17	95,81	53,04	77,15	86,79	47,71	69,40	78,07	42,57	61,92	69,66	37,62	54,73	61,57
	III	837,83	46,08	67,02	75,40	III	837,83	41,89	60,93	68,54	37,79	54,97	61,84	33,78	49,14	55,28	29,87	43,45	48,88	26,06	37,90	42,64	22,34	32,50	36,56
	V	1 850,50	101,77	148,04	166,54	IV	1 319,75	69,68	101,36	114,03	66,78	97,14	109,28	63,88	92,92	104,54	61,01	88,74	99,83	58,19	84,64	95,22	55,41	80,60	90,67
	VI	1 882,66	103,54	150,61	169,43																				
5 102,99	I,IV	1 320,91	72,65	105,67	118,88	I	1 320,91	66,85	97,24	109,39	61,08	88,84	99,95	55,47	80,69	90,77	50,06	72,82	81,92	44,84	65,22	73,37	39,81	57,90	65,14
	II	1 275,16	70,13	102,01	114,76	II	1 275,16	64,33	93,58	105,27	58,62	85,27	95,93	53,10	77,24	86,89	47,77	69,48	78,17	42,63	62,01	69,76	37,68	54,81	61,66
	III	838,66	46,12	67,09	75,47	III	838,66	41,93	61,—	68,62	37,84	55,04	61,92	33,83	49,21	55,36	29,92	43,52	48,96	26,10	37,97	42,71	22,38	32,56	36,63
	V	1 851,75	101,84	148,14	166,65	IV	1 320,91	69,75	101,46	114,14	66,85	97,24	109,39	63,95	93,02	104,64	61,08	88,84	99,95	58,25	84,73	95,32	55,47	80,69	90,77
	VI	1 883,91	103,61	150,71	169,55																				
5 105,99	I,IV	1 322,16	72,71	105,77	118,99	I	1 322,16	66,92	97,34	109,50	61,14	88,94	100,05	55,54	80,78	90,88	50,12	72,91	82,02	44,90	65,31	73,47	39,87	57,99	65,24
	II	1 276,41	70,20	102,11	114,87	II	1 276,41	64,40	93,68	105,39	58,68	85,36	96,03	53,16	77,33	86,99	47,83	69,58	78,27	42,69	62,10	69,86	37,74	54,90	61,76
	III	839,66	46,18	67,17	75,56	III	839,66	41,98	61,06	68,69	37,88	55,10	61,99	33,88	49,28	55,44	29,96	43,58	49,03	26,15	38,04	42,79	22,43	32,62	36,70
	V	1 853,—	101,91	148,24	166,77	IV	1 322,16	69,81	101,55	114,24	66,92	97,34	109,50	64,02	93,12	104,76	61,14	88,94	100,05	58,31	84,82	95,42	55,54	80,78	90,88
	VI	1 885,16	103,68	150,81	169,66																				
5 108,99	I,IV	1 323,33	72,78	105,86	119,09	I	1 323,33	66,98	97,43	109,61	61,21	89,03	100,16	55,60	80,88	90,99	50,18	73,—	82,12	44,96	65,40	73,57	39,92	58,07	65,33
	II	1 277,58	70,26	102,20	114,98	II	1 277,58	64,46	93,77	105,49	58,75	85,46	96,14	53,22	77,42	87,09	47,89	69,66	78,37	42,74	62,18	69,95	37,79	54,97	61,84
	III	840,50	46,22	67,24	75,64	III	840,50	42,02	61,13	68,77	37,93	55,17	62,06	33,92	49,34	55,51	30,01	43,65	49,10	26,18	38,09	42,85	22,46	32,68	36,76
	V	1 854,25	101,98	148,34	166,88	IV	1 323,33	69,88	101,65	114,35	66,98	97,43	109,61	64,08	93,21	104,86	61,21	89,03	100,16	58,38	84,92	95,53	55,60	80,88	90,99
	VI	1 886,41	103,75	150,91	169,77																				
5 111,99	I,IV	1 324,58	72,85	105,96	119,21	I	1 324,58	67,05	97,53	109,72	61,27	89,13	100,27	55,66	80,97	91,09	50,24	73,08	82,22	45,02	65,48	73,67	39,98	58,15	65,42
	II	1 278,83	70,33	102,30	115,09	II	1 278,83	64,53	93,86	105,59	58,81	85,55	96,24	53,29	77,51	87,20	47,95	69,75	78,47	42,80	62,26	70,04	37,85	55,06	61,94
	III	841,33	46,27	67,30	75,71	III	841,33	42,07	61,20	68,85	37,97	55,24	62,14	33,97	49,41	55,58	30,05	43,72	49,18	26,23	38,16	42,93	22,51	32,74	36,83
	V	1 855,50	102,05	148,44	166,99	IV	1 324,58	69,95	101,74	114,46	67,05	97,53	109,72	64,15	93,31	104,97	61,27	89,13	100,27	58,44	85,01	95,63	55,66	80,97	91,09
	VI	1 887,75	103,82	151,02	169,89																				
5 114,99	I,IV	1 325,83	72,92	106,06	119,32	I	1 325,83	67,12	97,63	109,83	61,34	89,22	100,37	55,73	81,06	91,19	50,31	73,18	82,32	45,08	65,57	73,76	40,04	58,24	65,52
	II	1 280,—	70,40	102,40	115,20	II	1 280,—	64,60	93,96	105,71	58,88	85,64	96,35	53,35	77,60	87,30	48,01	69,84	78,57	42,86	62,35	70,14	37,90	55,14	62,03
	III	842,33	46,32	67,38	75,80	III	842,33	42,13	61,28	68,94	38,02	55,30	62,21	34,01	49,48	55,66	30,10	43,78	49,25	26,28	38,22	43,—	22,55	32,81	36,91
	V	1 856,75	102,12	148,54	167,10	IV	1 325,83	70,01	101,84	114,57	67,12	97,63	109,83	64,22	93,41	105,08	61,34	89,22	100,37	58,51	85,11	95,75	55,73	81,06	91,19
	VI	1 889,—	103,89	151,12	170,01																				
5 117,99	I,IV	1 327,—	72,98	106,16	119,43	I	1 327,—	67,18	97,72	109,94	61,40	89,32	100,48	55,79	81,16	91,30	50,37	73,26	82,42	45,14	65,66	73,86	40,09	58,32	65,61
	II	1 281,25	70,46	102,50	115,31	II	1 281,25	64,67	94,06	105,82	58,94	85,74	96,45	53,41	77,70	87,41	48,07	69,92	78,66	42,92	62,44	70,24	37,96	55,22	62,12
	III	843,16	46,37	67,45	75,88	III	843,16	42,17	61,34	69,01	38,06	55,37	62,29	34,06	49,54	55,73	30,14	43,84	49,32	26,32	38,29	43,07	22,59	32,86	36,97
	V	1 858,—	102,19	148,64	167,22	IV	1 327,—	70,08	101,94	114,68	67,18	97,72	109,94	64,29	93,51	105,20	61,40	89,32	100,48	58,57	85,20	95,85	55,79	81,16	91,30
	VI	1 890,25	103,96	151,22	170,12																				
5 120,99	I,IV	1 328,25	73,05	106,26	119,54	I	1 328,25	67,25	97,82	110,05	61,47	89,42	100,59	55,85	81,24	91,40	50,43	73,36	82,53	45,19	65,74	73,95	40,15	58,40	65,70
	II	1 282,41	70,53	102,59	115,41	II	1 282,41	64,73	94,16	105,93	59,01	85,83	96,56	53,47	77,78	87,50	48,13	70,01	78,76	42,98	62,52	70,33	38,01	55,30	62,21
	III	844,—	46,42	67,52	75,96	III	844,—	42,22	61,41	69,08	38,11	55,44	62,37	34,10	49,60	55,80	30,18	43,90	49,39	26,36	38,34	43,13	22,64	32,93	37,04
	V	1 859,25	102,25	148,74	167,33	IV	1 328,25	70,15	102,04	114,79	67,25	97,82	110,05	64,35	93,60	105,30	61,47	89,42	100,59	58,64	85,30	95,96	55,85	81,24	91,40
	VI	1 891,50	104,03	151,32	170,23																				
5 123,99	I,IV	1 329,41	73,11	106,35	119,64	I	1 329,41	67,32	97,92	110,16	61,54	89,51	100,70	55,92	81,34	91,50	50,49	73,44	82,62	45,25	65,82	74,05	40,20	58,48	65,79
	II	1 283,66	70,60	102,69	115,52	II	1 283,66	64,80	94,26	106,04	59,07	85,93	96,67	53,54	77,88	87,61	48,19	70,10	78,86	43,04	62,60	70,43	38,07	55,38	62,30
	III	845,—	46,47	67,60	76,05	III	845,—	42,27	61,49	69,17	38,16	55,50	62,44	34,15	49,68	55,89	30,23	43,97	49,46	26,40	38,41	43,21	22,68	33,—	37,12
	V	1 860,58	102,33	148,84	167,45	IV	1 329,41	70,22	102,14	114,90	67,32	97,92	110,16	64,42	93,70	105,41	61,54	89,51	100,70	58,70	85,39	96,06	55,92	81,34	91,50
	VI	1 892,75	104,10	151,42	170,34																				
5 126,99	I,IV	1 330,66	73,18	106,45	119,75	I	1 330,66	67,38	98,02	110,27	61,60	89,60	100,80	55,98	81,43	91,61	50,55	73,54	82,73	45,31	65,91	74,15	40,26	58,57	65,89
	II	1 284,91	70,67	102,79	115,64	II	1 284,91	64,87	94,36	106,15	59,14	86,02	96,77	53,60	77,97	87,71	48,25	70,19	78,96	43,10	62,69	70,52	38,13	55,46	62,39
	III	845,83	46,52	67,66	76,12	III	845,83	42,32	61,56	69,25	38,20	55,57	62,51	34,20	49,74	55,96	30,27	44,04	49,54	26,45	38,48	43,29	22,72	33,05	37,18
	V	1 861,83	102,40	148,94	167,56	IV	1 330,66	70,28	102,23	115,01	67,38	98,02	110,27	64,48	93,80	105,52	61,60	89,60	100,80	58,77	85,48	96,17	55,98	81,43	91,61
	VI	1 894,—	104,17	151,52	170,46																				
5 129,99	I,IV	1 331,83	73,25	106,54	119,86	I	1 331,83	67,45	98,11	110,37	61,67	89,70	100,91	56,04	81,52	91,71	50,61	73,62	82,82	45,37	66,—	74,25	40,32	58,65	65,98
	II	1 286,08	70,73	102,88	115,74	II	1 286,08	64,93	94,45	106,25	59,20	86,12	96,88	53,66	78,06	87,81	48,31	70,28	79,06	43,15	62,77	70,61	38,18	55,54	62,48
	III	846,66	46,56	67,73	76,19	III	846,66	42,36	61,62	69,32	38,25	55,64	62,59	34,23	49,80	56,02	30,32	44,10	49,61	26,50	38,54	43,36	22,77	33,12	37,26
	V	1 863,08	102,46	149,04	167,67	IV	1 331,83	70,35	102,33	115,12	67,45	98,11	110,37	64,55	93,90	105,63	61,67	89,70	100,91	58,83	85,58	96,27	56,04	81,52	91,71
	VI	1 895,25	104,23	151,62	170,57																				

Abzüge an Lohnsteuer, Solidaritätszuschlag (SolZ) und Kirchensteuer (8%, 9%) in den Steuerklassen

* Die ausgewiesenen Tabellenwerte sind amtlich. Siehe Erläuterungen auf der Umschlaginnenseite (U2).

Abzüge an Lohnsteuer, Solidaritätszuschlag (SolZ) und Kirchensteuer (8%, 9%) in den Steuerklassen

mit Zahl der Kinderfreibeträge . . .

Lohn/Gehalt bis €*	I – VI		ohne Kinderfreibeträge			I, II, III, IV		0,5			1			1,5			2			2,5			3		
		LSt	SolZ	8%	9%		LSt	SolZ	8%	9%	SolZ	8%	9%	SolZ	8%	9%	SolZ	8%	9%	SolZ	8%	9%	SolZ	8%	9%
5 132,99	I,IV	1 333,08	73,31	106,64	119,97	I	1 333,08	67,52	98,21	110,48	61,73	89,80	101,02	56,11	81,62	91,82	50,67	73,71	82,92	45,43	66,08	74,34	40,37	58,73	66,07
	II	1 287,33	70,80	102,98	115,85	II	1 287,33	65,—	94,55	106,37	59,27	86,21	96,98	53,73	78,15	87,92	48,37	70,36	79,16	43,21	62,86	70,71	38,24	55,62	62,57
	III	847,66	46,62	67,81	76,28	III	847,66	42,41	61,69	69,40	38,30	55,72	62,68	34,29	49,88	56,11	30,36	44,17	49,69	26,53	38,60	43,42	22,80	33,17	37,31
	V	1 864,33	102,53	149,14	167,78	IV	1 333,08	70,41	102,42	115,22	67,52	98,21	110,48	64,62	93,99	105,74	61,73	89,80	101,02	58,90	85,67	96,38	56,11	81,62	91,82
	VI	1 896,50	104,30	151,72	170,68																				
5 135,99	I,IV	1 334,33	73,38	106,74	120,08	I	1 334,33	67,59	98,31	110,60	61,80	89,90	101,13	56,17	81,71	91,92	50,74	73,80	83,03	45,49	66,17	74,44	40,43	58,82	66,17
	II	1 288,50	70,86	103,08	115,96	II	1 288,50	65,06	94,64	106,47	59,33	86,30	97,09	53,79	78,24	88,02	48,44	70,46	79,26	43,27	62,94	70,81	38,30	55,71	62,67
	III	848,50	46,66	67,88	76,36	III	848,50	42,46	61,76	69,48	38,35	55,78	62,75	34,32	49,93	56,17	30,41	44,24	49,77	26,58	38,66	43,49	22,85	33,24	37,39
	V	1 865,58	102,60	149,24	167,90	IV	1 334,33	70,48	102,52	115,34	67,59	98,31	110,60	64,68	94,09	105,85	61,80	89,90	101,13	58,96	85,77	96,49	56,17	81,71	91,92
	VI	1 897,75	104,37	151,82	170,79																				
5 138,99	I,IV	1 335,50	73,45	106,84	120,19	I	1 335,50	67,65	98,40	110,70	61,87	89,99	101,24	56,24	81,80	92,03	50,80	73,89	83,12	45,55	66,26	74,54	40,49	58,90	66,26
	II	1 289,75	70,93	103,18	116,07	II	1 289,75	65,13	94,74	106,58	59,40	86,40	97,20	53,85	78,34	88,13	48,50	70,54	79,36	43,33	63,03	70,91	38,35	55,79	62,76
	III	849,50	46,72	67,96	76,45	III	849,50	42,51	61,84	69,57	38,39	55,85	62,83	34,38	50,01	56,26	30,46	44,30	49,84	26,62	38,73	43,57	22,89	33,30	37,46
	V	1 866,83	102,67	149,34	168,01	IV	1 335,50	70,55	102,62	115,45	67,65	98,40	110,70	64,75	94,19	105,96	61,87	89,99	101,24	59,03	85,86	96,59	56,24	81,80	92,03
	VI	1 899,08	104,44	151,92	170,91																				
5 141,99	I,IV	1 336,75	73,52	106,94	120,30	I	1 336,75	67,72	98,50	110,81	61,93	90,08	101,34	56,30	81,90	92,13	50,86	73,98	83,22	45,61	66,34	74,63	40,55	58,98	66,35
	II	1 290,91	71,—	103,27	116,18	II	1 290,91	65,20	94,84	106,69	59,46	86,50	97,31	53,91	78,42	88,22	48,56	70,63	79,46	43,39	63,11	71,—	38,41	55,87	62,85
	III	850,33	46,76	68,02	76,52	III	850,33	42,56	61,90	69,64	38,44	55,92	62,91	34,43	50,08	56,34	30,49	44,36	49,90	26,67	38,80	43,65	22,93	33,36	37,53
	V	1 868,08	102,74	149,44	168,12	IV	1 336,75	70,62	102,72	115,56	67,72	98,50	110,81	64,82	94,28	106,07	61,93	90,08	101,34	59,09	85,96	96,70	56,30	81,90	92,13
	VI	1 900,33	104,51	152,02	171,02																				
5 144,99	I,IV	1 337,91	73,58	107,03	120,41	I	1 337,91	67,78	98,60	110,92	62,—	90,18	101,45	56,37	81,99	92,24	50,92	74,07	83,33	45,67	66,43	74,73	40,60	59,06	66,44
	II	1 292,16	71,06	103,37	116,29	II	1 292,16	65,27	94,94	106,80	59,53	86,59	97,41	53,98	78,52	88,33	48,62	70,72	79,56	43,45	63,20	71,10	38,47	55,96	62,95
	III	851,16	46,81	68,09	76,60	III	851,16	42,60	61,97	69,71	38,49	55,98	62,98	34,46	50,13	56,39	30,54	44,42	49,97	26,71	38,85	43,70	22,98	33,42	37,60
	V	1 869,33	102,81	149,54	168,23	IV	1 337,91	70,68	102,82	115,67	67,78	98,60	110,92	64,89	94,38	106,18	62,—	90,18	101,45	59,16	86,05	96,80	56,37	81,99	92,24
	VI	1 901,58	104,58	152,12	171,14																				
5 147,99	I,IV	1 339,16	73,65	107,13	120,52	I	1 339,16	67,85	98,70	111,03	62,06	90,28	101,56	56,43	82,08	92,34	50,98	74,16	83,43	45,73	66,52	74,83	40,66	59,15	66,54
	II	1 293,41	71,13	103,47	116,40	II	1 293,41	65,34	95,04	106,92	59,59	86,68	97,52	54,04	78,61	88,43	48,68	70,81	79,66	43,50	63,28	71,19	38,52	56,04	63,04
	III	852,16	46,86	68,17	76,69	III	852,16	42,65	62,04	69,79	38,53	56,05	63,05	34,52	50,21	56,48	30,58	44,49	50,05	26,75	38,92	43,78	23,02	33,49	37,67
	V	1 870,66	102,88	149,65	168,35	IV	1 339,16	70,75	102,92	115,78	67,85	98,70	111,03	64,95	94,48	106,29	62,06	90,28	101,56	59,22	86,14	96,91	56,43	82,08	92,34
	VI	1 902,83	104,65	152,22	171,25																				
5 150,99	I,IV	1 340,33	73,71	107,22	120,62	I	1 340,33	67,92	98,79	111,14	62,13	90,37	101,66	56,49	82,17	92,44	51,04	74,25	83,53	45,79	66,60	74,93	40,72	59,23	66,63
	II	1 294,58	71,20	103,56	116,51	II	1 294,58	65,40	95,13	107,02	59,66	86,78	97,62	54,10	78,70	88,53	48,74	70,90	79,76	43,56	63,37	71,29	38,58	56,12	63,13
	III	853,—	46,91	68,24	76,77	III	853,—	42,70	62,12	69,88	38,58	56,12	63,13	34,55	50,26	56,54	30,63	44,56	50,13	26,80	38,98	43,85	23,06	33,54	37,73
	V	1 871,91	102,95	149,75	168,47	IV	1 340,33	70,82	103,01	115,88	67,92	98,79	111,14	65,02	94,58	106,40	62,13	90,37	101,66	59,29	86,24	97,02	56,49	82,17	92,44
	VI	1 904,08	104,72	152,32	171,36																				
5 153,99	I,IV	1 341,58	73,78	107,32	120,74	I	1 341,58	67,98	98,89	111,25	62,20	90,47	101,78	56,55	82,26	92,54	51,10	74,34	83,63	45,85	66,69	75,02	40,78	59,32	66,73
	II	1 295,83	71,27	103,66	116,62	II	1 295,83	65,47	95,23	107,13	59,72	86,87	97,73	54,17	78,79	88,64	48,80	70,98	79,85	43,62	63,45	71,38	38,63	56,20	63,22
	III	853,83	46,96	68,30	76,84	III	853,83	42,75	62,18	69,95	38,62	56,18	63,20	34,60	50,33	56,62	30,68	44,62	50,20	26,84	39,05	43,93	23,10	33,61	37,81
	V	1 873,16	103,02	149,85	168,58	IV	1 341,58	70,88	103,10	115,99	67,98	98,89	111,25	65,08	94,67	106,50	62,20	90,47	101,78	59,35	86,33	97,12	56,55	82,26	92,54
	VI	1 905,33	104,79	152,42	171,47																				
5 156,99	I,IV	1 342,83	73,85	107,42	120,85	I	1 342,83	68,05	98,99	111,36	62,26	90,56	101,88	56,62	82,36	92,65	51,17	74,43	83,73	45,91	66,78	75,12	40,83	59,40	66,82
	II	1 297,—	71,33	103,76	116,73	II	1 297,—	65,53	95,32	107,24	59,79	86,97	97,84	54,23	78,88	88,74	48,86	71,07	79,95	43,68	63,54	71,48	38,69	56,28	63,32
	III	854,83	47,01	68,38	76,93	III	854,83	42,79	62,25	70,03	38,68	56,26	63,29	34,65	50,41	56,71	30,72	44,69	50,27	26,89	39,12	44,01	23,15	33,68	37,89
	V	1 874,41	103,09	149,95	168,69	IV	1 342,83	70,95	103,20	116,10	68,05	98,99	111,36	65,15	94,77	106,61	62,26	90,56	101,88	59,42	86,43	97,23	56,62	82,36	92,65
	VI	1 906,58	104,86	152,52	171,59																				
5 159,99	I,IV	1 344,—	73,92	107,52	120,96	I	1 344,—	68,12	99,08	111,47	62,33	90,66	101,99	56,68	82,45	92,75	51,23	74,52	83,84	45,97	66,86	75,22	40,89	59,48	66,92
	II	1 298,25	71,40	103,86	116,84	II	1 298,25	65,60	95,42	107,35	59,85	87,06	97,94	54,29	78,98	88,85	48,92	71,16	80,06	43,74	63,62	71,57	38,75	56,36	63,41
	III	855,66	47,06	68,45	77,—	III	855,66	42,84	62,32	70,11	38,72	56,33	63,37	34,69	50,46	56,77	30,77	44,76	50,35	26,93	39,17	44,06	23,19	33,73	37,94
	V	1 875,66	103,16	150,05	168,80	IV	1 344,—	71,02	103,30	116,21	68,12	99,08	111,47	65,22	94,87	106,73	62,33	90,66	101,99	59,48	86,52	97,34	56,68	82,45	92,75
	VI	1 907,83	104,93	152,62	171,70																				
5 162,99	I,IV	1 345,25	73,98	107,62	121,07	I	1 345,25	68,19	99,18	111,58	62,39	90,76	102,10	56,75	82,54	92,86	51,29	74,61	83,93	46,03	66,95	75,32	40,95	59,56	67,01
	II	1 299,41	71,46	103,95	116,94	II	1 299,41	65,67	95,52	107,46	59,92	87,16	98,05	54,35	79,06	88,94	48,98	71,25	80,15	43,80	63,71	71,67	38,80	56,44	63,50
	III	856,50	47,10	68,52	77,08	III	856,50	42,89	62,38	70,18	38,77	56,40	63,45	34,74	50,53	56,84	30,80	44,81	50,41	26,97	39,24	44,14	23,23	33,80	38,02
	V	1 876,91	103,23	150,15	168,92	IV	1 345,25	71,08	103,40	116,32	68,19	99,18	111,58	65,28	94,96	106,83	62,39	90,76	102,10	59,55	86,62	97,44	56,75	82,54	92,86
	VI	1 909,16	105,—	152,73	171,82																				
5 165,99	I,IV	1 346,41	74,05	107,71	121,17	I	1 346,41	68,25	99,28	111,69	62,46	90,86	102,21	56,81	82,64	92,97	51,35	74,70	84,03	46,09	67,04	75,42	41,01	59,65	67,10
	II	1 300,66	71,53	104,05	117,05	II	1 300,66	65,73	95,62	107,57	59,98	87,25	98,15	54,42	79,16	89,05	49,04	71,34	80,25	43,86	63,80	71,77	38,86	56,53	63,59
	III	857,50	47,16	68,60	77,17	III	857,50	42,94	62,46	70,27	38,82	56,46	63,52	34,79	50,61	56,93	30,86	44,89	50,50	27,02	39,30	44,21	23,28	33,86	38,09
	V	1 878,16	103,29	150,25	169,03	IV	1 346,41	71,15	103,50	116,43	68,25	99,28	111,69	65,35	95,06	106,94	62,46	90,86	102,21	59,61	86,71	97,55	56,81	82,64	92,97
	VI	1 910,41	105,07	152,83	171,93																				
5 168,99	I,IV	1 347,66	74,12	107,81	121,28	I	1 347,66	68,32	99,38	111,80	62,53	90,95	102,32	56,87	82,73	93,07	51,42	74,79	84,14	46,14	67,12	75,51	41,07	59,74	67,20
	II	1 301,91	71,60	104,15	117,17	II	1 301,91	65,80	95,72	107,68	60,05	87,35	98,27	54,48	79,25	89,15	49,10	71,42	80,35	43,92	63,88	71,87	38,92	56,61	63,68
	III	858,33	47,20	68,66	77,24	III	858,33	42,99	62,53	70,34	38,86	56,53	63,59	34,83	50,66	56,99	30,90	44,94	50,56	27,06	39,36	44,28	23,32	33,92	38,16
	V	1 879,41	103,36	150,35	169,14	IV	1 347,66	71,22	103,60	116,55	68,32	99,38	111,80	65,42	95,16	107,06	62,53	90,95	102,32	59,68	86,81	97,66	56,87	82,73	93,07
	VI	1 911,66	105,14	152,93	172,04																				
5 171,99	I,IV	1 348,83	74,18	107,90	121,39	I	1 348,83	68,38	99,47	111,90	62,59	91,04	102,42	56,94	82,82	93,17	51,48	74,88	84,24	46,20	67,21	75,61	41,12	59,82	67,29
	II	1 303,08	71,66	104,24	117,27	II	1 303,08	65,87	95,81	107,78	60,11	87,44	98,37	54,54	79,34	89,25	49,16	71,51	80,45	43,97	63,96	71,96	38,97	56,69	63,77
	III	859,16	47,25	68,73	77,32	III	859,16	43,03	62,60	70,42	38,91	56,60	63,67	34,87	50,73	57,07	30,94	45,01	50,63	27,10	39,42	44,35	23,36	33,98	38,23
	V	1 880,75	103,44	150,46	169,26	IV	1 348,83	71,28	103,69	116,65	68,38	99,47	111,90	65,49	95,26	107,16	62,59	91,04	102,42	59,74	86,90	97,76	56,94	82,82	93,17
	VI	1 912,91	105,21	153,03	172,16																				
5 174,99	I,IV	1 350,08	74,25	108,—	121,50	I	1 350,08	68,45	99,57	112,01	62,66	91,14	102,53	57,—	82,92	93,28	51,54	74,97	84,34	46,26	67,30	75,71	41,18	59,90	67,39
	II	1 304,33	71,73	104,34	117,38	II	1 304,33	65,94	95,91	107,90	60,18	87,54	98,48	54,61	79,43	89,36	49,22	71,60	80,55	44,03	64,05	72,05	39,03	56,78	63,87
	III	860,16	47,30	68,81	77,41	III	860,16	43,09	62,68	70,51	38,95	56,66	63,74	34,93	50,81	57,16	30,99	45,08	50,71	27,15	39,49	44,42	23,40	34,04	38,29
	V	1 882,—	103,51	150,56	169,38	IV	1 350,08	71,35	103,79	116,76	68,45	99,57	112,01	65,56	95,36	107,28	62,66	91,14	102,53	59,81	87,—	97,87	57,—	82,92	93,28
	VI	1 914,16	105,27	153,13	172,27																				

* Die ausgewiesenen Tabellenwerte sind amtlich. Siehe Erläuterungen auf der Umschlaginnenseite (U2).

MONAT 5 175,–*

Abzüge an Lohnsteuer, Solidaritätszuschlag (SolZ) und Kirchensteuer (8%, 9%) in den Steuerklassen

Lohn/ Gehalt bis €*	I – VI		ohne Kinderfreibeträge			I, II, III, IV		mit Zahl der Kinderfreibeträge . . . 0,5			1			1,5			2			2,5			3		
		LSt	SolZ	8%	9%		LSt	SolZ	8%	9%	SolZ	8%	9%	SolZ	8%	9%	SolZ	8%	9%	SolZ	8%	9%	SolZ	8%	9%
5 177,99	I,IV	1 351,33	74,32	108,10	121,61	I	1 351,33	68,52	99,67	112,13	62,73	91,24	102,65	57,07	83,01	93,38	51,60	75,06	84,44	46,32	67,38	75,80	41,24	59,98	67,48
	II	1 305,50	71,80	104,44	117,49	II	1 305,50	66,—	96,—	108,—	60,24	87,63	98,58	54,67	79,52	89,46	49,28	71,69	80,65	44,09	64,14	72,15	39,09	56,86	63,96
	III	861,—	47,35	68,88	77,49	III	861,—	43,13	62,74	70,58	39,—	56,73	63,82	34,97	50,86	57,22	31,03	45,14	50,78	27,19	39,56	44,50	23,44	34,10	38,36
	V	1 883,25	103,57	150,66	169,49	IV	1 351,33	71,42	103,88	116,87	68,52	99,67	112,13	65,62	95,45	107,38	62,73	91,24	102,65	59,87	87,09	97,97	57,07	83,01	93,38
	VI	1 915,41	105,34	153,23	172,38																				
5 180,99	I,IV	1 352,50	74,38	108,20	121,72	I	1 352,50	68,58	99,76	112,23	62,79	91,34	102,75	57,13	83,10	93,49	51,66	75,15	84,54	46,38	67,47	75,90	41,30	60,07	67,58
	II	1 306,75	71,87	104,54	117,60	II	1 306,75	66,07	96,10	108,11	60,31	87,73	98,69	54,73	79,62	89,57	49,35	71,78	80,75	44,15	64,22	72,25	39,15	56,94	64,06
	III	862,—	47,41	68,96	77,58	III	862,—	43,18	62,81	70,66	39,05	56,81	63,91	35,02	50,94	57,31	31,08	45,21	50,86	27,24	39,62	44,57	23,49	34,17	38,44
	V	1 884,50	103,64	150,76	169,60	IV	1 352,50	71,49	103,98	116,98	68,58	99,76	112,23	65,69	95,55	107,49	62,79	91,34	102,75	59,94	87,19	98,09	57,13	83,10	93,49
	VI	1 916,66	105,41	153,33	172,49																				
5 183,99	I,IV	1 353,75	74,45	108,30	121,83	I	1 353,75	68,65	99,86	112,34	62,86	91,43	102,86	57,20	83,20	93,60	51,72	75,24	84,64	46,44	67,56	76,—	41,35	60,15	67,67
	II	1 307,91	71,93	104,63	117,71	II	1 307,91	66,13	96,20	108,22	60,38	87,82	98,80	54,79	79,70	89,66	49,41	71,87	80,85	44,21	64,30	72,34	39,20	57,02	64,15
	III	862,83	47,45	69,02	77,65	III	862,83	43,23	62,88	70,74	39,10	56,88	63,99	35,07	51,01	57,38	31,13	45,28	50,94	27,28	39,68	44,64	23,53	34,22	38,50
	V	1 885,75	103,71	150,86	169,71	IV	1 353,75	71,55	104,08	117,09	68,65	99,86	112,34	65,75	95,64	107,60	62,86	91,43	102,86	60,—	87,28	98,19	57,20	83,20	93,60
	VI	1 917,91	105,48	153,43	172,61																				
5 186,99	I,IV	1 354,91	74,52	108,39	121,94	I	1 354,91	68,72	99,96	112,45	62,92	91,53	102,97	57,26	83,29	93,70	51,79	75,33	84,74	46,50	67,64	76,10	41,41	60,24	67,77
	II	1 309,16	72,—	104,73	117,82	II	1 309,16	66,20	96,30	108,33	60,44	87,92	98,91	54,86	79,80	89,77	49,47	71,96	80,95	44,27	64,39	72,44	39,26	57,10	64,24
	III	863,66	47,50	69,09	77,72	III	863,66	43,27	62,94	70,81	39,15	56,94	64,06	35,10	51,06	57,44	31,17	45,34	51,01	27,32	39,74	44,71	23,57	34,29	38,57
	V	1 887,—	103,78	150,96	169,83	IV	1 354,91	71,62	104,18	117,20	68,72	99,96	112,45	65,82	95,74	107,71	62,92	91,53	102,97	60,07	87,38	98,30	57,26	83,29	93,70
	VI	1 919,25	105,55	153,54	172,73																				
5 189,99	I,IV	1 356,16	74,58	108,49	122,05	I	1 356,16	68,79	100,06	112,56	62,99	91,63	103,08	57,32	83,38	93,80	51,85	75,42	84,84	46,56	67,73	76,19	41,47	60,32	67,86
	II	1 310,41	72,07	104,83	117,93	II	1 310,41	66,27	96,40	108,45	60,51	88,02	99,02	54,92	79,89	89,87	49,53	72,05	81,05	44,33	64,48	72,54	39,32	57,19	64,34
	III	864,66	47,55	69,17	77,81	III	864,66	43,33	63,02	70,90	39,19	57,01	64,13	35,16	51,14	57,53	31,22	45,41	51,08	27,37	39,81	44,78	23,62	34,36	38,65
	V	1 888,25	103,85	151,06	169,94	IV	1 356,16	71,69	104,28	117,31	68,79	100,06	112,56	65,89	95,84	107,82	62,99	91,63	103,08	60,13	87,47	98,40	57,32	83,38	93,80
	VI	1 920,50	105,62	153,64	172,84																				
5 192,99	I,IV	1 357,33	74,65	108,58	122,15	I	1 357,33	68,85	100,15	112,67	63,06	91,72	103,19	57,39	83,48	93,91	51,91	75,51	84,95	46,62	67,82	76,29	41,52	60,40	67,95
	II	1 311,58	72,13	104,92	118,04	II	1 311,58	66,33	96,49	108,55	60,57	88,11	99,12	54,99	79,98	89,98	49,59	72,14	81,15	44,38	64,56	72,63	39,37	57,27	64,43
	III	865,50	47,60	69,24	77,89	III	865,50	43,37	63,09	70,97	39,24	57,08	64,21	35,20	51,21	57,61	31,25	45,46	51,14	27,41	39,88	44,86	23,65	34,41	38,71
	V	1 889,50	103,92	151,16	170,05	IV	1 357,33	71,75	104,37	117,41	68,85	100,15	112,67	65,95	95,94	107,93	63,06	91,72	103,19	60,20	87,56	98,51	57,39	83,48	93,91
	VI	1 921,75	105,69	153,74	172,95																				
5 195,99	I,IV	1 358,58	74,72	108,68	122,27	I	1 358,58	68,92	100,25	112,78	63,12	91,82	103,29	57,45	83,57	94,01	51,97	75,60	85,05	46,68	67,90	76,39	41,58	60,48	68,04
	II	1 312,83	72,20	105,02	118,15	II	1 312,83	66,40	96,59	108,66	60,64	88,20	99,23	55,05	80,08	90,09	49,65	72,22	81,25	44,44	64,65	72,73	39,43	57,35	64,52
	III	866,33	47,64	69,30	77,96	III	866,33	43,42	63,16	71,05	39,28	57,14	64,28	35,25	51,28	57,69	31,30	45,53	51,22	27,45	39,93	44,92	23,70	34,48	38,79
	V	1 890,75	103,99	151,26	170,16	IV	1 358,58	71,82	104,47	117,53	68,92	100,25	112,78	66,02	96,04	108,04	63,12	91,82	103,29	60,27	87,66	98,62	57,45	83,57	94,01
	VI	1 923,—	105,76	153,84	173,07																				
5 198,99	I,IV	1 359,83	74,79	108,78	122,38	I	1 359,83	68,99	100,35	112,89	63,19	91,92	103,41	57,52	83,66	94,12	52,03	75,69	85,15	46,74	67,99	76,49	41,64	60,57	68,14
	II	1 314,—	72,27	105,12	118,26	II	1 314,—	66,47	96,68	108,77	60,70	88,30	99,33	55,11	80,17	90,19	49,72	72,32	81,36	44,50	64,74	72,83	39,49	57,44	64,62
	III	867,33	47,70	69,38	78,05	III	867,33	43,47	63,24	71,14	39,33	57,21	64,36	35,30	51,34	57,76	31,35	45,60	51,30	27,50	40,—	45,—	23,75	34,54	38,86
	V	1 892,08	104,06	151,36	170,28	IV	1 359,83	71,88	104,56	117,63	68,99	100,35	112,89	66,09	96,13	108,14	63,19	91,92	103,41	60,33	87,76	98,73	57,52	83,66	94,12
	VI	1 924,25	105,83	153,94	173,18																				
5 201,99	I,IV	1 361,—	74,85	108,88	122,49	I	1 361,—	69,05	100,44	113,—	63,25	92,01	103,51	57,58	83,76	94,23	52,09	75,78	85,25	46,80	68,08	76,59	41,70	60,66	68,24
	II	1 315,25	72,33	105,22	118,37	II	1 315,25	66,54	96,78	108,88	60,77	88,39	99,44	55,17	80,26	90,29	49,77	72,40	81,45	44,56	64,82	72,92	39,54	57,52	64,71
	III	868,16	47,74	69,45	78,13	III	868,16	43,52	63,30	71,21	39,38	57,28	64,44	35,34	51,41	57,83	31,39	45,66	51,37	27,54	40,06	45,07	23,78	34,60	38,92
	V	1 893,33	104,13	151,46	170,39	IV	1 361,—	71,95	104,66	117,74	69,05	100,44	113,—	66,16	96,23	108,26	63,25	92,01	103,51	60,39	87,85	98,83	57,58	83,76	94,23
	VI	1 925,50	105,90	154,04	173,29																				
5 204,99	I,IV	1 362,25	74,92	108,98	122,60	I	1 362,25	69,12	100,54	113,11	63,32	92,11	103,62	57,64	83,85	94,33	52,16	75,87	85,35	46,86	68,16	76,68	41,75	60,74	68,33
	II	1 316,41	72,40	105,31	118,47	II	1 316,41	66,60	96,88	108,99	60,83	88,49	99,55	55,24	80,35	90,39	49,83	72,49	81,55	44,62	64,90	73,01	39,60	57,60	64,80
	III	869,16	47,80	69,53	78,22	III	869,16	43,56	63,37	71,29	39,43	57,36	64,53	35,39	51,48	57,91	31,44	45,73	51,44	27,59	40,13	45,14	23,83	34,66	38,99
	V	1 894,58	104,20	151,56	170,51	IV	1 362,25	72,02	104,76	117,85	69,12	100,54	113,11	66,22	96,32	108,36	63,32	92,11	103,62	60,46	87,94	98,93	57,64	83,85	94,33
	VI	1 926,75	105,97	154,14	173,40																				
5 207,99	I,IV	1 363,50	74,99	109,08	122,71	I	1 363,50	69,19	100,64	113,22	63,39	92,20	103,73	57,71	83,94	94,43	52,22	75,96	85,46	46,92	68,26	76,79	41,81	60,82	68,42
	II	1 317,66	72,47	105,41	118,58	II	1 317,66	66,67	96,98	109,10	60,90	88,58	99,65	55,30	80,44	90,50	49,89	72,58	81,65	44,68	64,99	73,11	39,65	57,68	64,89
	III	870,—	47,85	69,60	78,30	III	870,—	43,61	63,44	71,37	39,48	57,42	64,60	35,43	51,54	57,98	31,48	45,80	51,52	27,63	40,20	45,22	23,87	34,73	39,07
	V	1 895,83	104,27	151,66	170,62	IV	1 363,50	72,09	104,86	117,96	69,19	100,64	113,22	66,29	96,42	108,47	63,39	92,20	103,73	60,53	88,04	99,05	57,71	83,94	94,43
	VI	1 928,—	106,04	154,24	173,52																				
5 210,99	I,IV	1 364,66	75,05	109,17	122,81	I	1 364,66	69,25	100,74	113,33	63,46	92,30	103,84	57,77	84,04	94,54	52,28	76,05	85,55	46,98	68,34	76,88	41,87	60,91	68,52
	II	1 318,91	72,54	105,51	118,70	II	1 318,91	66,74	97,08	109,21	60,97	88,68	99,77	55,37	80,54	90,60	49,96	72,67	81,75	44,74	65,08	73,21	39,71	57,76	64,98
	III	870,83	47,89	69,66	78,37	III	870,83	43,66	63,50	71,44	39,52	57,49	64,67	35,48	51,61	58,06	31,53	45,86	51,59	27,67	40,25	45,28	23,91	34,78	39,13
	V	1 897,08	104,33	151,76	170,73	IV	1 364,66	72,16	104,96	118,08	69,25	100,74	113,33	66,36	96,52	108,59	63,46	92,30	103,84	60,59	88,14	99,15	57,77	84,04	94,54
	VI	1 929,25	106,10	154,34	173,63																				
5 213,99	I,IV	1 365,83	75,12	109,26	122,92	I	1 365,83	69,32	100,83	113,43	63,52	92,40	103,95	57,84	84,13	94,64	52,35	76,14	85,66	47,04	68,43	76,98	41,93	60,99	68,61
	II	1 320,08	72,60	105,60	118,80	II	1 320,08	66,80	97,17	109,31	61,03	88,78	99,87	55,43	80,63	90,71	50,02	72,76	81,85	44,80	65,16	73,31	39,76	57,84	65,07
	III	871,83	47,95	69,74	78,46	III	871,83	43,71	63,58	71,53	39,57	57,56	64,75	35,53	51,68	58,14	31,57	45,93	51,67	27,72	40,32	45,36	23,96	34,85	39,20
	V	1 898,33	104,40	151,86	170,84	IV	1 365,83	72,22	105,05	118,18	69,32	100,83	113,43	66,42	96,62	108,69	63,52	92,40	103,95	60,66	88,23	99,26	57,84	84,13	94,64
	VI	1 930,58	106,18	154,44	173,75																				
5 216,99	I,IV	1 367,08	75,18	109,36	123,03	I	1 367,08	69,39	100,93	113,54	63,59	92,50	104,06	57,90	84,22	94,75	52,41	76,23	85,76	47,10	68,52	77,08	41,99	61,08	68,71
	II	1 321,33	72,67	105,70	118,91	II	1 321,33	66,87	97,27	109,43	61,10	88,87	99,98	55,49	80,72	90,81	50,08	72,85	81,95	44,86	65,25	73,40	39,82	57,93	65,17
	III	872,66	47,99	69,81	78,53	III	872,66	43,76	63,65	71,60	39,61	57,62	64,82	35,57	51,74	58,21	31,62	46,—	51,75	27,76	40,38	45,43	24,—	34,92	39,28
	V	1 899,58	104,47	151,96	170,96	IV	1 367,08	72,29	105,15	118,29	69,39	100,93	113,54	66,49	96,72	108,81	63,59	92,50	104,06	60,72	88,32	99,36	57,90	84,22	94,75
	VI	1 931,83	106,25	154,54	173,86																				
5 219,99	I,IV	1 368,33	75,25	109,46	123,14	I	1 368,33	69,46	101,03	113,66	63,66	92,60	104,17	57,97	84,32	94,86	52,47	76,32	85,86	47,16	68,60	77,18	42,04	61,16	68,80
	II	1 322,58	72,74	105,80	119,03	II	1 322,58	66,93	97,36	109,53	61,16	88,97	100,09	55,56	80,82	90,92	50,14	72,94	82,05	44,92	65,34	73,50	39,88	58,02	65,27
	III	873,66	48,05	69,89	78,62	III	873,66	43,80	63,72	71,68	39,66	57,69	64,90	35,62	51,81	58,28	31,67	46,06	51,82	27,81	40,45	45,50	24,04	34,97	39,34
	V	1 900,83	104,54	152,06	171,07	IV	1 368,33	72,35	105,24	118,40	69,46	101,03	113,66	66,55	96,81	108,91	63,66	92,60	104,17	60,79	88,42	99,47	57,97	84,32	94,86
	VI	1 933,08	106,31	154,64	173,97																				

* Die ausgewiesenen Tabellenwerte sind amtlich. Siehe Erläuterungen auf der Umschlaginnenseite (U2).

Abzüge an Lohnsteuer, Solidaritätszuschlag (SolZ) und Kirchensteuer (8%, 9%) in den Steuerklassen

Lohn/ Gehalt bis €*	I – VI					I, II, III, IV																			
			ohne Kinderfreibeträge					mit Zahl der Kinderfreibeträge . . .																	
								0,5			1			1,5			2			2,5			3		
		LSt	SolZ	8%	9%		LSt	SolZ	8%	9%	SolZ	8%	9%	SolZ	8%	9%	SolZ	8%	9%	SolZ	8%	9%	SolZ	8%	9%
5 222,99	I,IV	1 369,50	75,32	109,56	123,25	I	1 369,50	69,52	101,12	113,76	63,72	92,69	104,27	58,03	84,41	94,96	52,53	76,41	85,96	47,22	68,69	77,27	42,10	61,24	68,90
	II	1 323,75	72,80	105,90	119,13	II	1 323,75	67,—	97,46	109,64	61,23	89,06	100,19	55,62	80,90	91,01	50,20	73,02	82,15	44,98	65,42	73,60	39,94	58,10	65,36
	III	874,50	48,09	69,96	78,70	III	874,50	43,85	63,78	71,75	39,71	57,76	64,98	35,66	51,88	58,36	31,70	46,12	51,88	27,84	40,50	45,56	24,09	35,04	39,42
	V	1 902,16	104,61	152,17	171,19	IV	1 369,50	72,42	105,34	118,51	69,52	101,12	113,76	66,62	96,91	109,02	63,72	92,69	104,27	60,85	88,52	99,58	58,03	84,41	94,96
	VI	1 934,33	106,38	154,74	174,08																				
5 225,99	I,IV	1 370,75	75,39	109,66	123,36	I	1 370,75	69,59	101,22	113,87	63,79	92,79	104,39	58,10	84,51	95,07	52,59	76,50	86,06	47,28	68,78	77,37	42,16	61,33	68,99
	II	1 325,—	72,87	106,—	119,25	II	1 325,—	67,07	97,56	109,75	61,29	89,16	100,30	55,68	81,—	91,12	50,27	73,12	82,26	45,04	65,51	73,70	39,99	58,18	65,45
	III	875,33	48,14	70,02	78,77	III	875,33	43,90	63,86	71,84	39,76	57,84	65,07	35,71	51,94	58,43	31,75	46,18	51,95	27,89	40,57	45,64	24,13	35,10	39,49
	V	1 903,41	104,68	152,27	171,30	IV	1 370,75	72,49	105,44	118,62	69,59	101,22	113,87	66,69	97,—	109,13	63,79	92,79	104,39	60,92	88,61	99,68	58,10	84,51	95,07
	VI	1 935,58	106,45	154,84	174,20																				
5 228,99	I,IV	1 372,—	75,46	109,76	123,48	I	1 372,—	69,66	101,32	113,99	63,85	92,88	104,49	58,16	84,60	95,18	52,66	76,60	86,17	47,34	68,86	77,47	42,22	61,41	69,08
	II	1 326,16	72,93	106,09	119,35	II	1 326,16	67,14	97,66	109,86	61,36	89,26	100,41	55,75	81,09	91,22	50,32	73,20	82,35	45,10	65,60	73,80	40,05	58,26	65,54
	III	876,33	48,19	70,10	78,86	III	876,33	43,95	63,93	71,92	39,81	57,90	65,14	35,75	52,01	58,51	31,79	46,25	52,03	27,94	40,64	45,72	24,17	35,16	39,55
	V	1 904,66	104,75	152,37	171,41	IV	1 372,—	72,55	105,54	118,73	69,66	101,32	113,99	66,76	97,10	109,24	63,85	92,88	104,49	60,99	88,71	99,80	58,16	84,60	95,18
	VI	1 936,83	106,52	154,94	174,31																				
5 231,99	I,IV	1 373,16	75,52	109,85	123,58	I	1 373,16	69,72	101,42	114,09	63,92	92,98	104,60	58,23	84,70	95,28	52,72	76,68	86,27	47,41	68,96	77,58	42,28	61,50	69,18
	II	1 327,41	73,—	106,19	119,46	II	1 327,41	67,21	97,76	109,98	61,43	89,35	100,52	55,81	81,18	91,33	50,39	73,30	82,46	45,15	65,68	73,89	40,11	58,34	65,63
	III	877,16	48,24	70,17	78,94	III	877,16	44,—	64,01	72,01	39,85	57,97	65,21	35,80	52,08	58,59	31,84	46,32	52,11	27,98	40,70	45,79	24,21	35,22	39,62
	V	1 905,91	104,82	152,47	171,53	IV	1 373,16	72,62	105,64	118,84	69,72	101,42	114,09	66,82	97,20	109,35	63,92	92,98	104,60	61,05	88,80	99,90	58,23	84,70	95,28
	VI	1 938,08	106,59	155,04	174,42																				
5 234,99	I,IV	1 374,41	75,59	109,95	123,69	I	1 374,41	69,79	101,52	114,21	63,99	93,08	104,71	58,29	84,79	95,39	52,78	76,78	86,37	47,46	69,04	77,67	42,33	61,58	69,27
	II	1 328,58	73,07	106,28	119,57	II	1 328,58	67,27	97,85	110,08	61,49	89,44	100,62	55,88	81,28	91,44	50,45	73,38	82,55	45,21	65,76	73,98	40,16	58,42	65,72
	III	878,16	48,29	70,25	79,03	III	878,16	44,05	64,08	72,09	39,90	58,04	65,29	35,85	52,14	58,66	31,89	46,38	52,18	28,03	40,77	45,86	24,26	35,29	39,70
	V	1 907,16	104,89	152,57	171,64	IV	1 374,41	72,69	105,73	118,94	69,79	101,52	114,21	66,89	97,30	109,46	63,99	93,08	104,71	61,11	88,90	100,01	58,29	84,79	95,39
	VI	1 939,33	106,66	155,14	174,53																				
5 237,99	I,IV	1 375,58	75,65	110,04	123,80	I	1 375,58	69,85	101,61	114,31	64,06	93,18	104,82	58,35	84,88	95,49	52,85	76,87	86,48	47,52	69,13	77,77	42,39	61,66	69,37
	II	1 329,83	73,14	106,38	119,68	II	1 329,83	67,34	97,95	110,19	61,56	89,54	100,73	55,94	81,37	91,54	50,51	73,47	82,65	45,27	65,85	74,08	40,22	58,51	65,82
	III	879,—	48,34	70,32	79,11	III	879,—	44,10	64,14	72,16	39,94	58,10	65,36	35,89	52,21	58,73	31,93	46,45	52,25	28,06	40,82	45,92	24,30	35,34	39,76
	V	1 908,41	104,96	152,67	171,75	IV	1 375,58	72,76	105,83	119,06	69,85	101,61	114,31	66,96	97,40	109,57	64,06	93,18	104,82	61,18	89,—	100,12	58,35	84,88	95,49
	VI	1 940,66	106,73	155,25	174,65																				
5 240,99	I,IV	1 376,83	75,72	110,14	123,91	I	1 376,83	69,92	101,71	114,42	64,13	93,28	104,94	58,42	84,98	95,60	52,91	76,96	86,58	47,58	69,22	77,87	42,45	61,75	69,47
	II	1 331,08	73,20	106,48	119,79	II	1 331,08	67,41	98,05	110,30	61,62	89,64	100,84	56,—	81,46	91,64	50,57	73,56	82,76	45,33	65,94	74,18	40,28	58,60	65,92
	III	880,—	48,40	70,40	79,20	III	880,—	44,14	64,21	72,23	40,—	58,18	65,45	35,94	52,28	58,81	31,98	46,52	52,33	28,11	40,89	46,—	24,34	35,41	39,83
	V	1 909,66	105,03	152,77	171,86	IV	1 376,83	72,82	105,92	119,16	69,92	101,71	114,42	67,02	97,49	109,67	64,13	93,28	104,94	61,25	89,09	100,22	58,42	84,98	95,60
	VI	1 941,91	106,80	155,35	174,77																				
5 243,99	I,IV	1 378,—	75,79	110,24	124,02	I	1 378,—	69,99	101,80	114,53	64,19	93,37	105,04	58,48	85,07	95,70	52,97	77,05	86,68	47,64	69,30	77,96	42,51	61,83	69,56
	II	1 332,25	73,27	106,58	119,90	II	1 332,25	67,47	98,14	110,41	61,69	89,73	100,94	56,06	81,55	91,74	50,63	73,65	82,85	45,39	66,02	74,27	40,34	58,68	66,01
	III	880,83	48,44	70,46	79,27	III	880,83	44,20	64,29	72,32	40,04	58,25	65,53	35,98	52,34	58,88	32,02	46,58	52,40	28,16	40,96	46,08	24,39	35,48	39,91
	V	1 910,91	105,10	152,87	171,98	IV	1 378,—	72,89	106,02	119,27	69,99	101,80	114,53	67,09	97,59	109,79	64,19	93,37	105,04	61,31	89,18	100,33	58,48	85,07	95,70
	VI	1 943,16	106,87	155,45	174,88																				
5 246,99	I,IV	1 379,25	75,85	110,34	124,13	I	1 379,25	70,06	101,90	114,64	64,26	93,47	105,15	58,55	85,16	95,81	53,03	77,14	86,78	47,70	69,39	78,06	42,57	61,92	69,66
	II	1 333,50	73,34	106,68	120,01	II	1 333,50	67,54	98,24	110,52	61,76	89,83	101,06	56,13	81,64	91,85	50,69	73,74	82,95	45,45	66,11	74,37	40,39	58,76	66,10
	III	881,66	48,49	70,53	79,34	III	881,66	44,24	64,36	72,40	40,09	58,32	65,61	36,03	52,41	58,96	32,07	46,65	52,48	28,20	41,02	46,15	24,42	35,53	39,97
	V	1 912,25	105,17	152,98	172,10	IV	1 379,25	72,95	106,12	119,38	70,06	101,90	114,64	67,15	97,68	109,89	64,26	93,47	105,15	61,38	89,28	100,44	58,55	85,16	95,81
	VI	1 944,41	106,94	155,55	174,99																				
5 249,99	I,IV	1 380,50	75,92	110,44	124,24	I	1 380,50	70,12	102,—	114,75	64,33	93,57	105,26	58,61	85,26	95,91	53,09	77,23	86,88	47,76	69,48	78,16	42,62	62,—	69,75
	II	1 334,66	73,40	106,77	120,11	II	1 334,66	67,60	98,34	110,63	61,82	89,92	101,16	56,19	81,74	91,95	50,76	73,83	83,06	45,51	66,20	74,47	40,45	58,84	66,20
	III	882,66	48,54	70,61	79,43	III	882,66	44,29	64,42	72,47	40,14	58,38	65,68	36,08	52,48	59,04	32,12	46,72	52,56	28,25	41,09	46,22	24,47	35,60	40,05
	V	1 913,50	105,24	153,08	172,21	IV	1 380,50	73,02	106,22	119,49	70,12	102,—	114,75	67,22	97,78	110,—	64,33	93,57	105,26	61,44	89,38	100,55	58,61	85,26	95,91
	VI	1 945,66	107,01	155,65	175,10																				
5 252,99	I,IV	1 381,66	75,99	110,53	124,34	I	1 381,66	70,19	102,10	114,86	64,39	93,66	105,37	58,68	85,36	96,03	53,16	77,32	86,99	47,83	69,57	78,26	42,68	62,09	69,85
	II	1 335,91	73,47	106,87	120,23	II	1 335,91	67,67	98,44	110,74	61,89	90,02	101,27	56,26	81,83	92,06	50,82	73,92	83,16	45,57	66,28	74,57	40,51	58,93	66,29
	III	883,50	48,59	70,68	79,51	III	883,50	44,33	64,49	72,55	40,18	58,45	65,75	36,12	52,54	59,11	32,16	46,78	52,63	28,29	41,16	46,30	24,52	35,66	40,12
	V	1 914,75	105,31	153,18	172,32	IV	1 381,66	73,09	106,32	119,61	70,19	102,10	114,86	67,29	97,88	110,12	64,39	93,66	105,37	61,51	89,48	100,66	58,68	85,36	96,03
	VI	1 946,91	107,08	155,75	175,22																				
5 255,99	I,IV	1 382,91	76,06	110,63	124,46	I	1 382,91	70,26	102,20	114,97	64,46	93,76	105,48	58,74	85,44	96,12	53,22	77,41	87,08	47,88	69,65	78,35	42,74	62,17	69,94
	II	1 337,08	73,53	106,96	120,33	II	1 337,08	67,74	98,53	110,84	61,95	90,12	101,38	56,32	81,92	92,16	50,88	74,01	83,26	45,63	66,37	74,66	40,57	59,01	66,38
	III	884,33	48,63	70,74	79,58	III	884,33	44,39	64,57	72,64	40,23	58,52	65,83	36,17	52,61	59,18	32,20	46,84	52,69	28,33	41,21	46,36	24,55	35,72	40,18
	V	1 916,—	105,38	153,28	172,44	IV	1 382,91	73,15	106,41	119,71	70,26	102,20	114,97	67,36	97,98	110,22	64,46	93,76	105,48	61,58	89,57	100,76	58,74	85,44	96,12
	VI	1 948,16	107,14	155,85	175,33																				
5 258,99	I,IV	1 384,08	76,12	110,72	124,56	I	1 384,08	70,32	102,29	115,07	64,52	93,86	105,59	58,81	85,54	96,23	53,28	77,50	87,19	47,95	69,74	78,46	42,80	62,26	70,04
	II	1 338,33	73,60	107,06	120,44	II	1 338,33	67,81	98,63	110,96	62,02	90,21	101,48	56,38	82,02	92,27	50,94	74,10	83,36	45,69	66,46	74,76	40,62	59,09	66,47
	III	885,33	48,69	70,82	79,67	III	885,33	44,44	64,64	72,72	40,27	58,58	65,90	36,21	52,68	59,26	32,25	46,92	52,78	28,38	41,28	46,44	24,60	35,78	40,25
	V	1 917,25	105,44	153,38	172,55	IV	1 384,08	73,22	106,51	119,82	70,32	102,29	115,07	67,43	98,08	110,34	64,52	93,86	105,59	61,64	89,66	100,87	58,81	85,54	96,23
	VI	1 949,41	107,21	155,95	175,44																				
5 261,99	I,IV	1 385,33	76,19	110,82	124,67	I	1 385,33	70,39	102,39	115,19	64,59	93,96	105,70	58,87	85,64	96,34	53,35	77,60	87,30	48,01	69,83	78,56	42,86	62,34	70,13
	II	1 339,58	73,67	107,16	120,56	II	1 339,58	67,87	98,73	111,07	62,09	90,31	101,60	56,45	82,11	92,37	51,—	74,19	83,46	45,75	66,54	74,86	40,68	59,18	66,57
	III	886,16	48,73	70,89	79,75	III	886,16	44,48	64,70	72,79	40,33	58,66	65,99	36,26	52,74	59,33	32,29	46,97	52,84	28,42	41,34	46,51	24,64	35,85	40,33
	V	1 918,50	105,51	153,48	172,66	IV	1 385,33	73,29	106,60	119,93	70,39	102,39	115,19	67,49	98,17	110,44	64,59	93,96	105,70	61,71	89,76	100,98	58,87	85,64	96,34
	VI	1 950,75	107,29	156,06	175,56																				
5 264,99	I,IV	1 386,50	76,25	110,92	124,78	I	1 386,50	70,45	102,48	115,29	64,66	94,05	105,80	58,94	85,73	96,44	53,40	77,68	87,39	48,07	69,92	78,66	42,91	62,42	70,22
	II	1 340,75	73,74	107,26	120,66	II	1 340,75	67,94	98,82	111,17	62,15	90,40	101,70	56,51	82,20	92,48	51,06	74,28	83,56	45,81	66,63	74,96	40,74	59,26	66,66
	III	887,—	48,78	70,96	79,83	III	887,—	44,53	64,77	72,86	40,37	58,73	66,07	36,30	52,81	59,41	32,34	47,04	52,92	28,47	41,41	46,58	24,68	35,90	40,39
	V	1 919,75	105,58	153,58	172,77	IV	1 386,50	73,36	106,70	120,04	70,45	102,48	115,29	67,56	98,27	110,55	64,66	94,05	105,80	61,77	89,86	101,09	58,94	85,73	96,44
	VI	1 952,—	107,36	156,16	175,68																				

* Die ausgewiesenen Tabellenwerte sind amtlich. Siehe Erläuterungen auf der Umschlaginnenseite (U2).

MONAT **5 265,–***

Abzüge an Lohnsteuer, Solidaritätszuschlag (SolZ) und Kirchensteuer (8%, 9%) in den Steuerklassen

Lohn/ Gehalt bis €*	I – VI					I, II, III, IV		mit Zahl der Kinderfreibeträge . . . 0,5			1			1,5			2			2,5			3		
		LSt	ohne Kinderfreibeträge SolZ	8%	9%		LSt	SolZ	8%	9%	SolZ	8%	9%	SolZ	8%	9%	SolZ	8%	9%	SolZ	8%	9%	SolZ	8%	9%
5 267,99	I,IV	1 387,75	76,32	111,02	124,89	I	1 387,75	70,52	102,58	115,40	64,73	94,15	105,92	59,—	85,82	96,55	53,47	77,78	87,50	48,12	70,—	78,75	42,97	62,51	70,32
	II	1 342,—	73,81	107,36	120,78	II	1 342,—	68,01	98,92	111,29	62,21	90,50	101,81	56,58	82,30	92,58	51,13	74,37	83,66	45,87	66,72	75,06	40,80	59,34	66,76
	III	888,—	48,84	71,04	79,92	III	888,—	44,58	64,85	72,95	40,42	58,80	66,15	36,35	52,88	59,49	32,38	47,10	52,99	28,51	41,48	46,66	24,73	35,97	40,46
	V	1 921,—	105,65	153,68	172,89	IV	1 387,75	73,42	106,80	120,15	70,52	102,58	115,40	67,62	98,36	110,66	64,73	94,15	105,92	61,84	89,95	101,19	59,—	85,82	96,55
	VI	1 953,25	107,42	156,26	175,79																				
5 270,99	I,IV	1 389,—	76,39	111,12	125,01	I	1 389,—	70,59	102,68	115,52	64,79	94,25	106,03	59,07	85,92	96,66	53,53	77,87	87,60	48,19	70,10	78,86	43,03	62,60	70,42
	II	1 343,16	73,87	107,45	120,88	II	1 343,16	68,07	99,02	111,39	62,28	90,60	101,92	56,64	82,39	92,69	51,19	74,46	83,76	45,92	66,80	75,15	40,85	59,42	66,85
	III	888,83	48,88	71,10	79,99	III	888,83	44,63	64,92	73,03	40,47	58,86	66,22	36,40	52,94	59,56	32,43	47,17	53,06	28,55	41,53	46,72	24,77	36,04	40,54
	V	1 922,25	105,72	153,78	173,—	IV	1 389,—	73,49	106,90	120,26	70,59	102,68	115,52	67,69	98,46	110,77	64,79	94,25	106,03	61,91	90,05	101,30	59,07	85,92	96,66
	VI	1 954,50	107,49	156,36	175,90																				
5 273,99	I,IV	1 390,16	76,45	111,21	125,11	I	1 390,16	70,66	102,78	115,62	64,86	94,34	106,13	59,13	86,02	96,77	53,60	77,96	87,71	48,25	70,18	78,95	43,09	62,68	70,52
	II	1 344,41	73,94	107,55	120,99	II	1 344,41	68,14	99,12	111,51	62,35	90,70	102,03	56,70	82,48	92,79	51,25	74,55	83,87	45,98	66,89	75,25	40,91	59,51	66,95
	III	889,83	48,94	71,18	80,08	III	889,83	44,68	65,—	73,12	40,51	58,93	66,29	36,45	53,02	59,65	32,47	47,24	53,14	28,60	41,60	46,80	24,82	36,10	40,61
	V	1 923,58	105,79	153,88	173,12	IV	1 390,16	73,56	107,—	120,37	70,66	102,78	115,62	67,76	98,56	110,88	64,86	94,34	106,13	61,97	90,14	101,41	59,13	86,02	96,77
	VI	1 955,75	107,56	156,46	176,01																				
5 276,99	I,IV	1 391,41	76,52	111,31	125,22	I	1 391,41	70,73	102,88	115,74	64,93	94,44	106,25	59,20	86,11	96,87	53,66	78,05	87,80	48,31	70,27	79,05	43,15	62,76	70,61
	II	1 345,58	74,—	107,64	121,10	II	1 345,58	68,20	99,21	111,61	62,42	90,79	102,14	56,77	82,58	92,90	51,31	74,64	83,97	46,04	66,98	75,35	40,97	59,59	67,04
	III	890,66	48,98	71,25	80,15	III	890,66	44,73	65,06	73,19	40,56	59,—	66,37	36,50	53,09	59,72	32,52	47,30	53,21	28,64	41,66	46,87	24,86	36,16	40,68
	V	1 924,83	105,86	153,98	173,23	IV	1 391,41	73,62	107,09	120,47	70,73	102,88	115,74	67,82	98,66	110,99	64,93	94,44	106,25	62,04	90,24	101,52	59,20	86,11	96,87
	VI	1 957,—	107,63	156,56	176,13																				
5 279,99	I,IV	1 392,58	76,59	111,40	125,33	I	1 392,58	70,79	102,97	115,84	64,99	94,54	106,35	59,26	86,20	96,98	53,72	78,14	87,91	48,37	70,36	79,15	43,21	62,85	70,70
	II	1 346,83	74,07	107,74	121,21	II	1 346,83	68,27	99,31	111,72	62,48	90,88	102,24	56,83	82,67	93,—	51,37	74,73	84,07	46,10	67,06	75,44	41,03	59,68	67,14
	III	891,66	49,04	71,33	80,24	III	891,66	44,77	65,13	73,27	40,61	59,08	66,46	36,54	53,16	59,80	32,56	47,37	53,29	28,69	41,73	46,94	24,90	36,22	40,75
	V	1 926,08	105,93	154,08	173,34	IV	1 392,58	73,69	107,19	120,59	70,79	102,97	115,84	67,89	98,76	111,10	64,99	94,54	106,35	62,10	90,34	101,63	59,26	86,20	96,98
	VI	1 958,25	107,70	156,66	176,24																				
5 282,99	I,IV	1 393,83	76,66	111,50	125,44	I	1 393,83	70,86	103,07	115,95	65,06	94,64	106,47	59,33	86,30	97,08	53,79	78,24	88,02	48,43	70,44	79,25	43,27	62,94	70,80
	II	1 348,08	74,14	107,84	121,32	II	1 348,08	68,34	99,41	111,83	62,55	90,98	102,35	56,90	82,76	93,11	51,43	74,82	84,17	46,16	67,15	75,54	41,08	59,76	67,23
	III	892,50	49,08	71,40	80,32	III	892,50	44,82	65,20	73,35	40,66	59,14	66,53	36,59	53,22	59,87	32,61	47,44	53,37	28,73	41,80	47,02	24,95	36,29	40,82
	V	1 927,33	106,—	154,18	173,45	IV	1 393,83	73,76	107,29	120,70	70,86	103,07	115,95	67,96	98,86	111,21	65,06	94,64	106,47	62,17	90,43	101,73	59,33	86,30	97,08
	VI	1 959,50	107,77	156,76	176,35																				
5 285,99	I,IV	1 395,—	76,72	111,60	125,55	I	1 395,—	70,92	103,16	116,06	65,12	94,73	106,57	59,39	86,39	97,19	53,84	78,32	88,11	48,49	70,53	79,34	43,32	63,02	70,89
	II	1 349,25	74,20	107,94	121,43	II	1 349,25	68,41	99,50	111,94	62,61	91,08	102,46	56,96	82,85	93,20	51,49	74,90	84,26	46,22	67,24	75,64	41,14	59,84	67,32
	III	893,50	49,14	71,48	80,41	III	893,50	44,88	65,28	73,44	40,70	59,21	66,61	36,63	53,29	59,95	32,66	47,50	53,44	28,77	41,85	47,08	24,98	36,34	40,88
	V	1 928,58	106,07	154,28	173,57	IV	1 395,—	73,82	107,38	120,80	70,92	103,16	116,06	68,03	98,95	111,32	65,12	94,73	106,57	62,24	90,53	101,84	59,39	86,39	97,19
	VI	1 960,75	107,84	156,86	176,46																				
5 288,99	I,IV	1 396,25	76,79	111,70	125,66	I	1 396,25	70,99	103,26	116,17	65,19	94,83	106,68	59,45	86,48	97,29	53,91	78,42	88,22	48,55	70,62	79,45	43,38	63,10	70,99
	II	1 350,50	74,27	108,04	121,54	II	1 350,50	68,47	99,60	112,05	62,68	91,18	102,57	57,03	82,95	93,32	51,56	75,—	84,37	46,28	67,32	75,74	41,19	59,92	67,41
	III	894,33	49,18	71,54	80,48	III	894,33	44,92	65,34	73,51	40,75	59,28	66,69	36,68	53,36	60,03	32,70	47,57	53,51	28,82	41,92	47,16	25,03	36,41	40,96
	V	1 929,83	106,14	154,38	173,68	IV	1 396,25	73,89	107,48	120,92	70,99	103,26	116,17	68,09	99,04	111,42	65,19	94,83	106,68	62,30	90,62	101,95	59,45	86,48	97,29
	VI	1 962,08	107,91	156,96	176,58																				
5 291,99	I,IV	1 397,50	76,86	111,80	125,77	I	1 397,50	71,06	103,36	116,28	65,26	94,93	106,79	59,52	86,58	97,40	53,97	78,51	88,32	48,61	70,71	79,55	43,44	63,19	71,09
	II	1 351,66	74,34	108,13	121,64	II	1 351,66	68,54	99,70	112,16	62,75	91,27	102,68	57,09	83,04	93,42	51,62	75,09	84,47	46,34	67,41	75,83	41,25	60,01	67,51
	III	895,16	49,23	71,61	80,56	III	895,16	44,97	65,41	73,58	40,80	59,34	66,76	36,73	53,42	60,10	32,75	47,64	53,59	28,86	41,98	47,23	25,08	36,48	41,04
	V	1 931,08	106,20	154,48	173,79	IV	1 397,50	73,96	107,58	121,02	71,06	103,36	116,28	68,16	99,14	111,53	65,26	94,93	106,79	62,37	90,72	102,06	59,52	86,58	97,40
	VI	1 963,33	107,98	157,06	176,69																				
5 294,99	I,IV	1 398,66	76,92	111,89	125,87	I	1 398,66	71,12	103,46	116,39	65,33	95,02	106,90	59,59	86,68	97,51	54,03	78,60	88,42	48,67	70,80	79,65	43,50	63,28	71,19
	II	1 352,91	74,41	108,23	121,76	II	1 352,91	68,61	99,80	112,27	62,81	91,37	102,79	57,15	83,14	93,53	51,68	75,18	84,57	46,40	67,50	75,93	41,31	60,10	67,61
	III	896,16	49,28	71,69	80,65	III	896,16	45,01	65,48	73,66	40,84	59,41	66,83	36,77	53,49	60,17	32,79	47,70	53,66	28,91	42,05	47,30	25,11	36,53	41,09
	V	1 932,33	106,27	154,58	173,90	IV	1 398,66	74,03	107,68	121,14	71,12	103,46	116,39	68,23	99,24	111,65	65,33	95,02	106,90	62,43	90,82	102,17	59,59	86,68	97,51
	VI	1 964,58	108,05	157,16	176,81																				
5 297,99	I,IV	1 399,91	76,99	111,99	125,99	I	1 399,91	71,19	103,56	116,50	65,39	95,12	107,01	59,65	86,77	97,61	54,10	78,69	88,52	48,73	70,88	79,74	43,56	63,36	71,28
	II	1 354,08	74,47	108,32	121,86	II	1 354,08	68,67	99,89	112,37	62,88	91,46	102,89	57,21	83,22	93,62	51,74	75,26	84,67	46,46	67,58	76,03	41,37	60,18	67,70
	III	897,—	49,33	71,76	80,73	III	897,—	45,07	65,56	73,75	40,90	59,49	66,92	36,82	53,56	60,25	32,84	47,77	53,74	28,95	42,12	47,38	25,16	36,60	41,17
	V	1 933,66	106,35	154,69	174,02	IV	1 399,91	74,09	107,77	121,24	71,19	103,56	116,50	68,29	99,34	111,75	65,39	95,12	107,01	62,50	90,91	102,27	59,65	86,77	97,61
	VI	1 965,83	108,12	157,26	176,92																				
5 300,99	I,IV	1 401,08	77,05	112,08	126,09	I	1 401,08	71,26	103,65	116,60	65,46	95,22	107,12	59,72	86,86	97,72	54,16	78,78	88,63	48,79	70,98	79,85	43,61	63,44	71,37
	II	1 355,33	74,54	108,42	121,97	II	1 355,33	68,74	99,99	112,49	62,94	91,56	103,—	57,28	83,32	93,74	51,81	75,36	84,78	46,52	67,67	76,13	41,43	60,26	67,79
	III	898,—	49,39	71,84	80,82	III	898,—	45,11	65,62	73,82	40,94	59,56	67,—	36,86	53,62	60,32	32,89	47,84	53,82	29,—	42,18	47,45	25,20	36,66	41,24
	V	1 934,91	106,42	154,79	174,14	IV	1 401,08	74,16	107,87	121,35	71,26	103,65	116,60	68,36	99,44	111,87	65,46	95,22	107,12	62,57	91,01	102,38	59,72	86,86	97,72
	VI	1 967,08	108,18	157,36	177,03																				
5 303,99	I,IV	1 402,33	77,12	112,18	126,20	I	1 402,33	71,33	103,75	116,72	65,53	95,32	107,23	59,78	86,96	97,83	54,23	78,88	88,74	48,85	71,06	79,94	43,67	63,53	71,47
	II	1 356,58	74,61	108,52	122,09	II	1 356,58	68,81	100,09	112,60	63,01	91,66	103,11	57,35	83,42	93,84	51,87	75,45	84,88	46,58	67,76	76,23	41,48	60,34	67,88
	III	898,83	49,43	71,90	80,89	III	898,83	45,16	65,69	73,90	40,99	59,62	67,07	36,91	53,69	60,40	32,93	47,90	53,89	29,04	42,24	47,52	25,25	36,73	41,32
	V	1 936,16	106,48	154,89	174,25	IV	1 402,33	74,23	107,97	121,46	71,33	103,75	116,72	68,43	99,54	111,98	65,53	95,32	107,23	62,64	91,11	102,50	59,78	86,96	97,83
	VI	1 968,33	108,25	157,46	177,14																				
5 306,99	I,IV	1 403,50	77,19	112,28	126,31	I	1 403,50	71,39	103,84	116,82	65,59	95,41	107,33	59,84	87,05	97,93	54,28	78,96	88,83	48,91	71,15	80,04	43,73	63,62	71,57
	II	1 357,75	74,67	108,62	122,19	II	1 357,75	68,87	100,18	112,70	63,08	91,75	103,22	57,41	83,50	93,94	51,93	75,54	84,98	46,64	67,84	76,32	41,54	60,43	67,98
	III	899,66	49,48	71,97	80,96	III	899,66	45,21	65,77	73,99	41,03	59,69	67,15	36,96	53,76	60,48	32,97	47,96	53,95	29,08	42,30	47,59	25,29	36,78	41,38
	V	1 937,41	106,55	154,99	174,36	IV	1 403,50	74,29	108,06	121,57	71,39	103,84	116,82	68,49	99,63	112,08	65,59	95,41	107,33	62,70	91,20	102,60	59,84	87,05	97,93
	VI	1 969,58	108,32	157,56	177,26																				
5 309,99	I,IV	1 404,75	77,26	112,38	126,42	I	1 404,75	71,46	103,94	116,93	65,66	95,51	107,45	59,91	87,15	98,04	54,35	79,06	88,94	48,98	71,24	80,15	43,79	63,70	71,66
	II	1 359,—	74,74	108,72	122,31	II	1 359,—	68,94	100,28	112,82	63,14	91,85	103,33	57,47	83,60	94,05	51,99	75,63	85,08	46,70	67,93	76,42	41,60	60,51	68,07
	III	900,66	49,53	72,05	81,05	III	900,66	45,26	65,84	74,07	41,08	59,76	67,23	37,—	53,82	60,55	33,02	48,04	54,04	29,13	42,37	47,66	25,33	36,85	41,45
	V	1 938,66	106,62	155,09	174,47	IV	1 404,75	74,36	108,16	121,68	71,46	103,94	116,93	68,56	99,73	112,19	65,66	95,51	107,45	62,76	91,30	102,71	59,91	87,15	98,04
	VI	1 970,83	108,39	157,66	177,37																				

* Die ausgewiesenen Tabellenwerte sind amtlich. Siehe Erläuterungen auf der Umschlaginnenseite (U2).

Abzüge an Lohnsteuer, Solidaritätszuschlag (SolZ) und Kirchensteuer (8%, 9%) in den Steuerklassen

Lohn/ Gehalt bis €*	I – VI					I, II, III, IV		mit Zahl der Kinderfreibeträge . . . 0,5			1			1,5			2			2,5			3		
		LSt	ohne Kinderfreibeträge SolZ	8%	9%		LSt	SolZ	8%	9%	SolZ	8%	9%	SolZ	8%	9%	SolZ	8%	9%	SolZ	8%	9%	SolZ	8%	9%
5 312,99	I,IV	1 406,—	77,33	112,48	126,54	I	1 406,—	71,53	104,04	117,05	65,73	95,61	107,56	59,98	87,24	98,15	54,41	79,15	89,04	49,04	71,33	80,24	43,85	63,79	71,76
	II	1 360,16	74,80	108,81	122,41	II	1 360,16	69,01	100,38	112,92	63,21	91,95	103,44	57,54	83,70	94,16	52,05	75,72	85,18	46,76	68,02	76,52	41,66	60,60	68,17
	III	901,50	49,58	72,12	81,13	III	901,50	45,31	65,90	74,14	41,14	59,84	67,32	37,05	53,89	60,62	33,06	48,09	54,10	29,17	42,44	47,74	25,38	36,92	41,53
	V	1 939,91	106,69	155,19	174,59	IV	1 406,—	74,42	108,26	121,79	71,53	104,04	117,05	68,63	99,82	112,30	65,73	95,61	107,56	62,83	91,40	102,82	59,98	87,24	98,15
	VI	1 972,16	108,46	157,77	177,49																				
5 315,99	I,IV	1 407,16	77,39	112,57	126,64	I	1 407,16	71,59	104,14	117,15	65,79	95,70	107,66	60,04	87,34	98,25	54,47	79,24	89,14	49,10	71,42	80,34	43,91	63,87	71,85
	II	1 361,41	74,87	108,91	122,52	II	1 361,41	69,08	100,48	113,04	63,28	92,04	103,55	57,60	83,78	94,25	52,12	75,81	85,28	46,82	68,10	76,61	41,72	60,68	68,27
	III	902,50	49,63	72,20	81,22	III	902,50	45,35	65,97	74,21	41,18	59,90	67,39	37,09	53,96	60,70	33,11	48,16	54,18	29,22	42,50	47,81	25,41	36,97	41,59
	V	1 941,16	106,76	155,29	174,70	IV	1 407,16	74,49	108,36	121,90	71,59	104,14	117,15	68,69	99,92	112,41	65,79	95,70	107,66	62,90	91,49	102,92	60,04	87,34	98,25
	VI	1 973,41	108,53	157,87	177,60																				
5 318,99	I,IV	1 408,41	77,46	112,67	126,75	I	1 408,41	71,66	104,24	117,27	65,86	95,80	107,78	60,11	87,43	98,36	54,54	79,33	89,24	49,16	71,50	80,44	43,97	63,96	71,95
	II	1 362,58	74,94	109,—	122,63	II	1 362,58	69,14	100,57	113,14	63,34	92,14	103,65	57,67	83,88	94,37	52,18	75,90	85,38	46,88	68,19	76,71	41,77	60,76	68,36
	III	903,33	49,68	72,26	81,29	III	903,33	45,41	66,05	74,30	41,23	59,97	67,46	37,15	54,04	60,79	33,15	48,22	54,25	29,26	42,57	47,89	25,46	37,04	41,67
	V	1 942,41	106,83	155,39	174,81	IV	1 408,41	74,56	108,45	122,—	71,66	104,24	117,27	68,76	100,02	112,52	65,86	95,80	107,78	62,97	91,59	103,04	60,11	87,43	98,36
	VI	1 974,66	108,60	157,97	177,71																				
5 321,99	I,IV	1 409,58	77,52	112,76	126,86	I	1 409,58	71,72	104,33	117,37	65,93	95,90	107,88	60,17	87,53	98,47	54,60	79,42	89,35	49,22	71,60	80,55	44,03	64,04	72,05
	II	1 363,83	75,01	109,10	122,74	II	1 363,83	69,21	100,67	113,25	63,41	92,24	103,77	57,73	83,98	94,47	52,24	75,99	85,49	46,94	68,28	76,82	41,83	60,85	68,45
	III	904,33	49,73	72,34	81,38	III	904,33	45,45	66,12	74,38	41,27	60,04	67,54	37,18	54,09	60,85	33,20	48,29	54,32	29,30	42,62	47,95	25,51	37,10	41,74
	V	1 943,75	106,90	155,50	174,93	IV	1 409,58	74,63	108,55	122,12	71,72	104,33	117,37	68,83	100,12	112,63	65,93	95,90	107,88	63,03	91,68	103,14	60,17	87,53	98,47
	VI	1 975,91	108,67	158,07	177,83																				
5 324,99	I,IV	1 410,83	77,59	112,86	126,97	I	1 410,83	71,79	104,43	117,48	66,—	96,—	108,—	60,24	87,62	98,57	54,67	79,52	89,46	49,28	71,68	80,64	44,09	64,13	72,14
	II	1 365,08	75,07	109,20	122,85	II	1 365,08	69,28	100,77	113,36	63,48	92,34	103,88	57,80	84,07	94,58	52,30	76,08	85,59	47,—	68,37	76,91	41,89	60,94	68,55
	III	905,16	49,78	72,41	81,46	III	905,16	45,51	66,20	74,47	41,33	60,12	67,63	37,24	54,17	60,94	33,24	48,36	54,40	29,35	42,69	48,02	25,55	37,17	41,81
	V	1 945,—	106,97	155,60	175,05	IV	1 410,83	74,69	108,65	122,23	71,79	104,43	117,48	68,90	100,22	112,74	66,—	96,—	108,—	63,10	91,78	103,25	60,24	87,62	98,57
	VI	1 977,16	108,74	158,17	177,94																				
5 327,99	I,IV	1 412,—	77,66	112,96	127,08	I	1 412,—	71,86	104,52	117,59	66,06	96,09	108,10	60,30	87,72	98,68	54,72	79,60	89,55	49,34	71,77	80,74	44,14	64,21	72,23
	II	1 366,25	75,14	109,30	122,96	II	1 366,25	69,34	100,86	113,47	63,54	92,43	103,98	57,86	84,16	94,68	52,36	76,17	85,69	47,06	68,46	77,01	41,95	61,02	68,64
	III	906,16	49,83	72,49	81,55	III	906,16	45,55	66,26	74,54	41,37	60,18	67,70	37,29	54,24	61,02	33,29	48,42	54,47	29,39	42,76	48,10	25,59	37,22	41,87
	V	1 946,25	107,04	155,70	175,16	IV	1 412,—	74,76	108,74	122,33	71,86	104,52	117,59	68,96	100,31	112,85	66,06	96,09	108,10	63,16	91,88	103,36	60,30	87,72	98,68
	VI	1 978,41	108,81	158,27	178,05																				
5 330,99	I,IV	1 413,25	77,72	113,06	127,19	I	1 413,25	71,93	104,62	117,70	66,13	96,19	108,21	60,37	87,82	98,79	54,79	79,70	89,66	49,40	71,86	80,84	44,20	64,30	72,33
	II	1 367,50	75,21	109,40	123,07	II	1 367,50	69,41	100,96	113,58	63,61	92,53	104,09	57,92	84,26	94,79	52,43	76,26	85,79	47,12	68,54	77,11	42,01	61,10	68,74
	III	907,—	49,88	72,56	81,63	III	907,—	45,60	66,33	74,62	41,42	60,25	67,78	37,33	54,30	61,09	33,33	48,49	54,55	29,44	42,82	48,17	25,63	37,29	41,95
	V	1 947,50	107,11	155,80	175,27	IV	1 413,25	74,83	108,84	122,45	71,93	104,62	117,70	69,03	100,41	112,96	66,13	96,19	108,21	63,23	91,98	103,47	60,37	87,82	98,79
	VI	1 979,66	108,88	158,37	178,16																				
5 333,99	I,IV	1 414,50	77,79	113,16	127,30	I	1 414,50	71,99	104,72	117,81	66,20	96,29	108,32	60,44	87,91	98,90	54,85	79,79	89,76	49,46	71,95	80,94	44,26	64,38	72,43
	II	1 368,75	75,28	109,50	123,18	II	1 368,75	69,47	101,06	113,69	63,68	92,62	104,20	57,99	84,35	94,89	52,49	76,35	85,89	47,18	68,63	77,21	42,06	61,18	68,83
	III	907,83	49,93	72,62	81,70	III	907,83	45,65	66,41	74,71	41,47	60,32	67,86	37,38	54,37	61,16	33,38	48,56	54,63	29,48	42,89	48,25	25,68	37,36	42,03
	V	1 948,75	107,18	155,90	175,38	IV	1 414,50	74,89	108,94	122,55	71,99	104,72	117,81	69,09	100,50	113,06	66,20	96,29	108,32	63,30	92,07	103,58	60,44	87,91	98,90
	VI	1 980,91	108,95	158,47	178,28																				
5 336,99	I,IV	1 415,66	77,86	113,25	127,40	I	1 415,66	72,06	104,82	117,92	66,26	96,38	108,43	60,50	88,—	99,—	54,92	79,88	89,87	49,52	72,04	81,04	44,32	64,47	72,53
	II	1 369,91	75,34	109,59	123,29	II	1 369,91	69,54	101,16	113,80	63,74	92,72	104,31	58,05	84,44	95,—	52,55	76,44	86,—	47,24	68,72	77,31	42,12	61,27	68,93
	III	908,83	49,98	72,70	81,79	III	908,83	45,70	66,48	74,79	41,51	60,38	67,93	37,42	54,44	61,24	33,43	48,62	54,70	29,53	42,96	48,33	25,72	37,41	42,08
	V	1 950,—	107,25	156,—	175,50	IV	1 415,66	74,96	109,04	122,67	72,06	104,82	117,92	69,16	100,60	113,18	66,26	96,38	108,43	63,36	92,17	103,69	60,50	88,—	99,—
	VI	1 982,25	109,02	158,58	178,40																				
5 339,99	I,IV	1 416,91	77,93	113,35	127,52	I	1 416,91	72,13	104,92	118,03	66,33	96,48	108,54	60,56	88,10	99,11	54,98	79,98	89,97	49,58	72,12	81,14	44,38	64,56	72,63
	II	1 371,08	75,40	109,68	123,39	II	1 371,08	69,61	101,25	113,90	63,81	92,82	104,42	58,12	84,54	95,10	52,61	76,53	86,09	47,30	68,80	77,40	42,18	61,36	69,03
	III	909,66	50,03	72,77	81,86	III	909,66	45,75	66,54	74,86	41,56	60,45	68,—	37,47	54,50	61,31	33,47	48,69	54,77	29,57	43,01	48,38	25,76	37,48	42,16
	V	1 951,25	107,31	156,10	175,61	IV	1 416,91	75,02	109,13	122,77	72,13	104,92	118,03	69,23	100,70	113,28	66,33	96,48	108,54	63,43	92,26	103,79	60,56	88,10	99,11
	VI	1 983,50	109,09	158,68	178,51																				
5 342,99	I,IV	1 418,16	77,99	113,45	127,63	I	1 418,16	72,20	105,02	118,14	66,39	96,58	108,65	60,63	88,20	99,22	55,05	80,07	90,08	49,65	72,22	81,24	44,44	64,64	72,72
	II	1 372,33	75,47	109,78	123,50	II	1 372,33	69,68	101,35	114,02	63,88	92,92	104,53	58,18	84,63	95,21	52,68	76,62	86,20	47,36	68,89	77,50	42,24	61,44	69,12
	III	910,66	50,08	72,85	81,95	III	910,66	45,80	66,62	74,95	41,61	60,53	68,09	37,51	54,57	61,39	33,52	48,76	54,85	29,61	43,08	48,46	25,81	37,54	42,23
	V	1 952,50	107,38	156,20	175,72	IV	1 418,16	75,09	109,23	122,88	72,20	105,02	118,14	69,30	100,80	113,40	66,39	96,58	108,65	63,50	92,36	103,91	60,63	88,20	99,22
	VI	1 984,75	109,16	158,78	178,62																				
5 345,99	I,IV	1 419,33	78,06	113,54	127,73	I	1 419,33	72,26	105,11	118,25	66,46	96,68	108,76	60,70	88,29	99,32	55,11	80,16	90,18	49,71	72,30	81,34	44,50	64,73	72,82
	II	1 373,58	75,54	109,88	123,62	II	1 373,58	69,74	101,45	114,13	63,94	93,01	104,63	58,24	84,72	95,31	52,74	76,72	86,31	47,42	68,98	77,60	42,29	61,52	69,21
	III	911,50	50,13	72,92	82,03	III	911,50	45,85	66,69	75,02	41,66	60,60	68,17	37,56	54,64	61,47	33,56	48,82	54,92	29,66	43,14	48,53	25,85	37,61	42,31
	V	1 953,75	107,45	156,30	175,83	IV	1 419,33	75,16	109,33	122,99	72,26	105,11	118,25	69,36	100,90	113,51	66,46	96,68	108,76	63,56	92,46	104,01	60,70	88,29	99,32
	VI	1 986,—	109,23	158,88	178,74																				
5 348,99	I,IV	1 420,58	78,13	113,64	127,85	I	1 420,58	72,32	105,20	118,35	66,53	96,77	108,86	60,76	88,38	99,43	55,17	80,25	90,28	49,77	72,39	81,44	44,55	64,81	72,91
	II	1 374,75	75,61	109,98	123,72	II	1 374,75	69,81	101,54	114,23	64,01	93,11	104,75	58,31	84,82	95,42	52,80	76,80	86,40	47,48	69,07	77,70	42,35	61,60	69,30
	III	912,33	50,17	72,98	82,10	III	912,33	45,89	66,76	75,10	41,70	60,66	68,24	37,61	54,70	61,54	33,61	48,89	55,—	29,70	43,21	48,61	25,89	37,66	42,37
	V	1 955,08	107,52	156,40	175,95	IV	1 420,58	75,23	109,42	123,10	72,32	105,20	118,35	69,43	100,99	113,61	66,53	96,77	108,86	63,63	92,56	104,13	60,76	88,38	99,43
	VI	1 987,25	109,29	158,98	178,85																				
5 351,99	I,IV	1 421,75	78,19	113,74	127,95	I	1 421,75	72,39	105,30	118,46	66,60	96,87	108,98	60,83	88,48	99,54	55,23	80,34	90,38	49,83	72,48	81,54	44,61	64,90	73,01
	II	1 376,—	75,68	110,08	123,84	II	1 376,—	69,88	101,64	114,35	64,07	93,20	104,85	58,37	84,91	95,52	52,86	76,90	86,51	47,54	69,16	77,80	42,41	61,69	69,40
	III	913,33	50,23	73,06	82,19	III	913,33	45,95	66,84	75,19	41,75	60,73	68,32	37,65	54,77	61,61	33,66	48,96	55,08	29,75	43,28	48,69	25,94	37,73	42,44
	V	1 956,33	107,59	156,50	176,06	IV	1 421,75	75,29	109,52	123,21	72,39	105,30	118,46	69,50	101,09	113,72	66,60	96,87	108,98	63,69	92,65	104,23	60,83	88,48	99,54
	VI	1 988,50	109,36	159,08	178,96																				
5 354,99	I,IV	1 423,—	78,26	113,84	128,07	I	1 423,—	72,46	105,40	118,58	66,66	96,97	109,09	60,89	88,58	99,65	55,30	80,44	90,49	49,89	72,57	81,64	44,67	64,98	73,10
	II	1 377,25	75,74	110,18	123,95	II	1 377,25	69,95	101,74	114,46	64,14	93,30	104,96	58,44	85,01	95,63	52,93	76,99	86,61	47,60	69,24	77,90	42,47	61,78	69,50
	III	914,16	50,27	73,13	82,27	III	914,16	45,99	66,90	75,26	41,80	60,80	68,40	37,70	54,84	61,69	33,70	49,02	55,15	29,80	43,34	48,76	25,98	37,80	42,52
	V	1 957,58	107,66	156,60	176,18	IV	1 423,—	75,36	109,62	123,32	72,46	105,40	118,58	69,56	101,18	113,83	66,66	96,97	109,09	63,76	92,75	104,34	60,89	88,58	99,65
	VI	1 989,75	109,43	159,18	179,07																				

*** Die ausgewiesenen Tabellenwerte sind amtlich. Siehe Erläuterungen auf der Umschlaginnenseite (U2).**

Abzüge an Lohnsteuer, Solidaritätszuschlag (SolZ) und Kirchensteuer (8%, 9%) in den Steuerklassen

Lohn/ Gehalt bis €*	I – VI	LSt	ohne Kinderfreibeträge SolZ	8%	9%	I, II, III, IV	LSt	mit Zahl der Kinderfreibeträge . . . 0,5 SolZ	0,5 8%	0,5 9%	1 SolZ	1 8%	1 9%	1,5 SolZ	1,5 8%	1,5 9%	2 SolZ	2 8%	2 9%	2,5 SolZ	2,5 8%	2,5 9%	3 SolZ	3 8%	3 9%
5 357,99	I,IV	1 424,16	78,32	113,93	128,17	I	1 424,16	72,53	105,50	118,68	66,73	97,06	109,19	60,96	88,67	99,75	55,36	80,52	90,59	49,95	72,66	81,74	44,73	65,07	73,20
	II	1 378,41	75,81	110,27	124,05	II	1 378,41	70,01	101,84	114,57	64,21	93,40	105,08	58,50	85,10	95,73	52,99	77,08	86,71	47,66	69,33	77,99	42,52	61,86	69,59
	III	915,16	50,33	73,21	82,36	III	915,16	46,04	66,97	75,34	41,85	60,88	68,49	37,74	54,90	61,76	33,75	49,09	55,22	29,83	43,40	48,82	26,02	37,85	42,58
	V	1 958,83	107,73	156,70	176,29	IV	1 424,16	75,43	109,72	123,43	72,53	105,50	118,68	69,63	101,28	113,94	66,73	97,06	109,19	63,83	92,84	104,45	60,96	88,67	99,75
	VI	1 991,–	109,50	159,28	179,19																				
5 360,99	I,IV	1 425,41	78,39	114,03	128,28	I	1 425,41	72,60	105,60	118,80	66,80	97,16	109,31	61,02	88,76	99,86	55,42	80,62	90,69	50,01	72,75	81,84	44,79	65,16	73,30
	II	1 379,66	75,88	110,37	124,16	II	1 379,66	70,08	101,94	114,68	64,28	93,50	105,18	58,57	85,20	95,85	53,05	77,17	86,81	47,72	69,42	78,09	42,58	61,94	69,68
	III	916,–	50,38	73,28	82,44	III	916,–	46,09	67,04	75,42	41,90	60,94	68,56	37,80	54,98	61,85	33,79	49,16	55,30	29,88	43,46	48,89	26,07	37,92	42,66
	V	1 960,08	107,80	156,80	176,40	IV	1 425,41	75,49	109,81	123,53	72,60	105,60	118,80	69,69	101,38	114,05	66,80	97,16	109,31	63,90	92,94	104,56	61,02	88,76	99,86
	VI	1 992,25	109,57	159,38	179,30																				
5 363,99	I,IV	1 426,66	78,46	114,13	128,39	I	1 426,66	72,66	105,70	118,91	66,87	97,26	109,42	61,09	88,86	99,97	55,49	80,71	90,80	50,07	72,84	81,94	44,85	65,24	73,40
	II	1 380,83	75,94	110,46	124,27	II	1 380,83	70,14	102,03	114,78	64,35	93,60	105,30	58,63	85,29	95,95	53,11	77,26	86,91	47,78	69,50	78,19	42,64	62,03	69,78
	III	917,–	50,43	73,36	82,53	III	917,–	46,14	67,12	75,51	41,94	61,01	68,63	37,84	55,05	61,93	33,84	49,22	55,37	29,92	43,53	48,97	26,11	37,98	42,73
	V	1 961,33	107,87	156,90	176,51	IV	1 426,66	75,56	109,91	123,65	72,66	105,70	118,91	69,76	101,48	114,16	66,87	97,26	109,42	63,96	93,04	104,67	61,09	88,86	99,97
	VI	1 993,58	109,64	159,48	179,42																				
5 366,99	I,IV	1 427,83	78,53	114,22	128,50	I	1 427,83	72,73	105,79	119,01	66,93	97,36	109,53	61,16	88,96	100,08	55,55	80,80	90,90	50,14	72,93	82,04	44,91	65,33	73,49
	II	1 382,08	76,01	110,56	124,38	II	1 382,08	70,21	102,13	114,89	64,41	93,70	105,41	58,70	85,38	96,05	53,18	77,35	87,02	47,85	69,60	78,30	42,70	62,12	69,88
	III	917,83	50,48	73,42	82,60	III	917,83	46,19	67,18	75,58	41,99	61,08	68,71	37,89	55,12	62,01	33,88	49,29	55,45	29,97	43,60	49,05	26,16	38,05	42,80
	V	1 962,58	107,94	157,–	176,63	IV	1 427,83	75,63	110,01	123,76	72,73	105,79	119,01	69,83	101,58	114,27	66,93	97,36	109,53	64,03	93,14	104,78	61,16	88,96	100,08
	VI	1 994,83	109,71	159,58	179,53																				
5 369,99	I,IV	1 429,08	78,59	114,32	128,61	I	1 429,08	72,80	105,89	119,12	67,–	97,46	109,64	61,22	89,05	100,18	55,61	80,90	91,01	50,20	73,02	82,14	44,97	65,42	73,59
	II	1 383,25	76,07	110,66	124,49	II	1 383,25	70,28	102,22	115,–	64,48	93,79	105,51	58,76	85,48	96,16	53,24	77,44	87,12	47,90	69,68	78,39	42,76	62,20	69,97
	III	918,83	50,53	73,50	82,69	III	918,83	46,23	67,25	75,65	42,04	61,16	68,80	37,94	55,18	62,08	33,93	49,36	55,53	30,02	43,66	49,12	26,20	38,12	42,88
	V	1 963,83	108,01	157,10	176,74	IV	1 429,08	75,69	110,10	123,86	72,80	105,89	119,12	69,90	101,67	114,38	67,–	97,46	109,64	64,10	93,24	104,89	61,22	89,05	100,18
	VI	1 996,08	109,78	159,68	179,64																				
5 372,99	I,IV	1 430,25	78,66	114,42	128,72	I	1 430,25	72,86	105,98	119,23	67,06	97,55	109,74	61,29	89,15	100,29	55,68	80,99	91,11	50,26	73,10	82,24	45,03	65,50	73,69
	II	1 384,50	76,14	110,76	124,60	II	1 384,50	70,34	102,32	115,11	64,55	93,89	105,62	58,83	85,57	96,26	53,30	77,53	87,22	47,96	69,77	78,49	42,82	62,28	70,07
	III	919,66	50,58	73,57	82,76	III	919,66	46,29	67,33	75,74	42,09	61,22	68,87	37,98	55,25	62,15	33,98	49,42	55,60	30,06	43,73	49,19	26,24	38,17	42,94
	V	1 965,16	108,08	157,21	176,86	IV	1 430,25	75,76	110,20	123,98	72,86	105,98	119,23	69,96	101,77	114,49	67,06	97,55	109,74	64,17	93,34	105,–	61,29	89,15	100,29
	VI	1 997,33	109,85	159,78	179,75																				
5 375,99	I,IV	1 431,50	78,73	114,52	128,83	I	1 431,50	72,93	106,08	119,34	67,13	97,65	109,85	61,35	89,24	100,40	55,74	81,08	91,22	50,32	73,20	82,35	45,09	65,59	73,79
	II	1 385,75	76,21	110,86	124,71	II	1 385,75	70,41	102,42	115,22	64,62	93,99	105,74	58,89	85,66	96,37	53,36	77,62	87,32	48,02	69,86	78,59	42,88	62,37	70,16
	III	920,66	50,63	73,65	82,85	III	920,66	46,33	67,40	75,82	42,13	61,29	68,95	38,03	55,32	62,23	34,02	49,49	55,67	30,11	43,80	49,27	26,29	38,24	43,02
	V	1 966,41	108,15	157,31	176,97	IV	1 431,50	75,83	110,30	124,08	72,93	106,08	119,34	70,03	101,86	114,59	67,13	97,65	109,85	64,23	93,43	105,11	61,35	89,24	100,40
	VI	1 998,58	109,92	159,88	179,87																				
5 378,99	I,IV	1 432,66	78,79	114,61	128,93	I	1 432,66	72,99	106,18	119,45	67,20	97,74	109,96	61,42	89,34	100,50	55,80	81,17	91,31	50,38	73,28	82,44	45,15	65,67	73,88
	II	1 386,91	76,28	110,95	124,82	II	1 386,91	70,48	102,52	115,33	64,68	94,08	105,84	58,96	85,76	96,48	53,42	77,71	87,42	48,08	69,94	78,68	42,93	62,45	70,25
	III	921,50	50,68	73,72	82,93	III	921,50	46,38	67,46	75,89	42,18	61,36	69,03	38,07	55,38	62,30	34,07	49,56	55,75	30,15	43,86	49,34	26,33	38,30	43,09
	V	1 967,66	108,22	157,41	177,08	IV	1 432,66	75,90	110,40	124,20	72,99	106,18	119,45	70,10	101,96	114,71	67,20	97,74	109,96	64,30	93,53	105,22	61,42	89,34	100,50
	VI	1 999,83	109,99	159,98	179,98																				
5 381,99	I,IV	1 433,91	78,86	114,71	129,05	I	1 433,91	73,06	106,28	119,56	67,26	97,84	110,07	61,49	89,44	100,62	55,87	81,26	91,42	50,44	73,38	82,55	45,21	65,76	73,98
	II	1 388,16	76,34	111,05	124,93	II	1 388,16	70,55	102,62	115,44	64,75	94,18	105,95	59,02	85,86	96,59	53,49	77,80	87,53	48,14	70,03	78,78	42,99	62,54	70,35
	III	922,33	50,72	73,78	83,–	III	922,33	46,43	67,54	75,98	42,23	61,42	69,10	38,12	55,45	62,38	34,11	49,62	55,82	30,19	43,92	49,41	26,37	38,36	43,15
	V	1 968,91	108,29	157,51	177,20	IV	1 433,91	75,96	110,49	124,30	73,06	106,28	119,56	70,16	102,06	114,81	67,26	97,84	110,07	64,36	93,62	105,32	61,49	89,44	100,62
	VI	2 001,08	110,05	160,08	180,09																				
5 384,99	I,IV	1 435,16	78,93	114,81	129,16	I	1 435,16	73,13	106,38	119,67	67,33	97,94	110,18	61,55	89,53	100,72	55,93	81,36	91,53	50,50	73,46	82,64	45,26	65,84	74,07
	II	1 389,33	76,41	111,14	125,03	II	1 389,33	70,61	102,71	115,55	64,81	94,28	106,06	59,09	85,95	96,69	53,55	77,90	87,63	48,21	70,12	78,89	43,05	62,62	70,45
	III	923,33	50,78	73,86	83,09	III	923,33	46,48	67,61	76,06	42,28	61,50	69,19	38,17	55,53	62,47	34,16	49,69	55,90	30,24	43,98	49,48	26,41	38,42	43,22
	V	1 970,16	108,35	157,61	177,31	IV	1 435,16	76,03	110,59	124,41	73,13	106,38	119,67	70,23	102,16	114,93	67,33	97,94	110,18	64,43	93,72	105,44	61,55	89,53	100,72
	VI	2 002,33	110,12	160,18	180,20																				
5 387,99	I,IV	1 436,33	78,99	114,90	129,26	I	1 436,33	73,20	106,47	119,78	67,40	98,04	110,29	61,62	89,63	100,83	55,99	81,45	91,63	50,57	73,56	82,75	45,32	65,93	74,17
	II	1 390,58	76,48	111,24	125,15	II	1 390,58	70,68	102,81	115,66	64,88	94,38	106,17	59,15	86,04	96,80	53,62	77,99	87,74	48,27	70,21	78,98	43,11	62,71	70,55
	III	924,33	50,83	73,94	83,18	III	924,33	46,53	67,68	76,14	42,33	61,57	69,26	38,22	55,60	62,55	34,21	49,76	55,98	30,28	44,05	49,55	26,46	38,49	43,30
	V	1 971,41	108,42	157,71	177,42	IV	1 436,33	76,10	110,69	124,52	73,20	106,47	119,78	70,30	102,26	115,04	67,40	98,04	110,29	64,50	93,82	105,55	61,62	89,63	100,83
	VI	2 003,66	110,20	160,29	180,32																				
5 390,99	I,IV	1 437,58	79,06	115,–	129,38	I	1 437,58	73,26	106,57	119,89	67,47	98,14	110,40	61,68	89,72	100,94	56,06	81,54	91,73	50,63	73,64	82,85	45,38	66,02	74,27
	II	1 391,75	76,54	111,34	125,25	II	1 391,75	70,74	102,90	115,76	64,95	94,47	106,28	59,22	86,14	96,90	53,68	78,08	87,84	48,33	70,30	79,08	43,17	62,79	70,64
	III	925,16	50,88	74,01	83,26	III	925,16	46,58	67,76	76,23	42,37	61,64	69,34	38,27	55,66	62,62	34,25	49,82	56,05	30,33	44,12	49,63	26,51	38,56	43,38
	V	1 972,66	108,49	157,81	177,53	IV	1 437,58	76,16	110,78	124,63	73,26	106,57	119,89	70,36	102,35	115,14	67,47	98,14	110,40	64,57	93,92	105,66	61,68	89,72	100,94
	VI	2 004,91	110,27	160,39	180,44																				
5 393,99	I,IV	1 438,75	79,13	115,10	129,48	I	1 438,75	73,33	106,66	119,99	67,53	98,23	110,51	61,75	89,82	101,04	56,12	81,64	91,84	50,69	73,73	82,94	45,44	66,10	74,36
	II	1 393,–	76,61	111,44	125,37	II	1 393,–	70,81	103,–	115,88	65,01	94,57	106,39	59,28	86,23	97,01	53,74	78,17	87,94	48,39	70,38	79,18	43,23	62,88	70,74
	III	926,16	50,93	74,09	83,35	III	926,16	46,63	67,82	76,30	42,42	61,70	69,41	38,31	55,73	62,69	34,30	49,89	56,12	30,37	44,18	49,70	26,55	38,62	43,45
	V	1 973,91	108,56	157,91	177,65	IV	1 438,75	76,23	110,88	124,74	73,33	106,66	119,99	70,43	102,45	115,25	67,53	98,23	110,51	64,63	94,02	105,77	61,75	89,82	101,04
	VI	2 006,16	110,33	160,49	180,55																				
5 396,99	I,IV	1 440,–	79,20	115,20	129,60	I	1 440,–	73,40	106,76	120,11	67,60	98,33	110,62	61,82	89,92	101,16	56,19	81,73	91,94	50,75	73,82	83,05	45,50	66,19	74,46
	II	1 394,25	76,68	111,54	125,48	II	1 394,25	70,88	103,10	115,99	65,08	94,67	106,50	59,35	86,33	97,12	53,80	78,26	88,04	48,45	70,48	79,29	43,28	62,96	70,83
	III	927,–	50,98	74,16	83,43	III	927,–	46,67	67,89	76,37	42,46	61,77	69,49	38,36	55,80	62,77	34,34	49,96	56,20	30,42	44,25	49,78	26,59	38,68	43,51
	V	1 975,25	108,63	158,02	177,77	IV	1 440,–	76,30	110,98	124,85	73,40	106,76	120,11	70,50	102,54	115,36	67,60	98,33	110,62	64,70	94,11	105,87	61,82	89,92	101,16
	VI	2 007,41	110,40	160,59	180,66																				
5 399,99	I,IV	1 441,16	79,26	115,29	129,70	I	1 441,16	73,46	106,86	120,21	67,66	98,42	110,72	61,88	90,01	101,26	56,25	81,82	92,05	50,81	73,91	83,15	45,56	66,28	74,56
	II	1 395,41	76,74	111,63	125,58	II	1 395,41	70,95	103,20	116,10	65,15	94,76	106,61	59,41	86,42	97,22	53,86	78,35	88,14	48,51	70,56	79,38	43,34	63,04	70,92
	III	927,83	51,03	74,22	83,50	III	927,83	46,73	67,97	76,46	42,52	61,85	69,58	38,40	55,86	62,84	34,38	50,01	56,26	30,46	44,30	49,84	26,63	38,74	43,58
	V	1 976,50	108,70	158,12	177,88	IV	1 441,16	76,36	111,08	124,96	73,46	106,86	120,21	70,56	102,64	115,47	67,66	98,42	110,72	64,77	94,21	105,98	61,88	90,01	101,26
	VI	2 008,66	110,47	160,69	180,77																				

* **Die ausgewiesenen Tabellenwerte sind amtlich. Siehe Erläuterungen auf der Umschlaginnenseite (U2).**

Abzüge an Lohnsteuer, Solidaritätszuschlag (SolZ) und Kirchensteuer (8%, 9%) in den Steuerklassen

Lohn/ Gehalt bis €*	I – VI	LSt	ohne Kinderfreibeträge SolZ	8%	9%	I, II, III, IV	LSt	mit Zahl der Kinderfreibeträge ... 0,5 SolZ	0,5 8%	0,5 9%	1 SolZ	1 8%	1 9%	1,5 SolZ	1,5 8%	1,5 9%	2 SolZ	2 8%	2 9%	2,5 SolZ	2,5 8%	2,5 9%	3 SolZ	3 8%	3 9%
5 402,99	I,IV	1 442,41	79,33	115,39	129,81	I	1 442,41	73,53	106,96	120,33	67,73	98,52	110,84	61,95	90,11	101,37	56,32	81,92	92,16	50,87	74,—	83,25	45,62	66,36	74,66
	II	1 396,66	76,81	111,73	125,69	II	1 396,66	71,01	103,30	116,21	65,22	94,86	106,72	59,48	86,52	97,33	53,93	78,45	88,25	48,57	70,65	79,48	43,40	63,14	71,03
	III	928,83	51,08	74,30	83,59	III	928,83	46,77	68,04	76,54	42,57	61,92	69,66	38,45	55,93	62,92	34,43	50,09	56,35	30,51	44,38	49,93	26,68	38,81	43,66
	V	1 977,75	108,77	158,22	177,99	IV	1 442,41	76,43	111,18	125,07	73,53	106,96	120,33	70,63	102,74	115,58	67,73	98,52	110,84	64,84	94,31	106,10	61,95	90,11	101,37
	VI	2 009,91	110,54	160,79	180,89																				
5 405,99	I,IV	1 443,75	79,40	115,50	129,93	I	1 443,75	73,60	107,06	120,44	67,80	98,62	110,95	62,02	90,21	101,48	56,38	82,02	92,27	50,94	74,10	83,36	45,69	66,46	74,76
	II	1 397,91	76,88	111,83	125,81	II	1 397,91	71,08	103,40	116,32	65,28	94,96	106,83	59,55	86,62	97,44	54,—	78,54	88,36	48,63	70,74	79,58	43,46	63,22	71,12
	III	929,83	51,14	74,38	83,68	III	929,83	46,83	68,12	76,63	42,61	61,98	69,73	38,50	56,—	63,—	34,48	50,16	56,43	30,56	44,45	50,—	26,73	38,88	43,74
	V	1 979,—	108,84	158,32	178,11	IV	1 443,75	76,50	111,28	125,19	73,60	107,06	120,44	70,70	102,84	115,70	67,80	98,62	110,95	64,90	94,41	106,21	62,02	90,21	101,48
	VI	2 011,16	110,61	160,89	181,—																				
5 408,99	I,IV	1 445,—	79,47	115,60	130,05	I	1 445,—	73,67	107,16	120,56	67,87	98,73	111,07	62,09	90,31	101,60	56,45	82,11	92,37	51,—	74,19	83,46	45,75	66,54	74,86
	II	1 399,16	76,95	111,93	125,92	II	1 399,16	71,15	103,50	116,43	65,35	95,06	106,94	59,62	86,72	97,56	54,06	78,64	88,47	48,70	70,84	79,69	43,52	63,31	71,22
	III	930,66	51,18	74,45	83,75	III	930,66	46,87	68,18	76,70	42,67	62,06	69,82	38,55	56,08	63,09	34,53	50,22	56,50	30,60	44,52	50,08	26,77	38,94	43,81
	V	1 980,25	108,91	158,42	178,22	IV	1 445,—	76,57	111,38	125,30	73,67	107,16	120,56	70,77	102,94	115,81	67,87	98,73	111,07	64,97	94,51	106,32	62,09	90,31	101,60
	VI	2 012,41	110,68	160,99	181,11																				
5 411,99	I,IV	1 446,25	79,54	115,70	130,16	I	1 446,25	73,74	107,26	120,67	67,94	98,83	111,18	62,15	90,41	101,71	56,52	82,21	92,48	51,07	74,28	83,57	45,81	66,64	74,97
	II	1 400,41	77,02	112,03	126,03	II	1 400,41	71,22	103,60	116,55	65,42	95,16	107,06	59,68	86,81	97,66	54,12	78,73	88,57	48,76	70,93	79,79	43,58	63,40	71,32
	III	931,66	51,24	74,53	83,84	III	931,66	46,93	68,26	76,79	42,71	62,13	69,89	38,60	56,14	63,16	34,57	50,29	56,57	30,65	44,58	50,15	26,82	39,01	43,88
	V	1 981,50	108,98	158,52	178,33	IV	1 446,25	76,64	111,48	125,41	73,74	107,26	120,67	70,84	103,04	115,92	67,94	98,83	111,18	65,04	94,61	106,43	62,15	90,41	101,71
	VI	2 013,75	110,75	161,10	181,23																				
5 414,99	I,IV	1 447,50	79,61	115,80	130,27	I	1 447,50	73,81	107,36	120,78	68,01	98,93	111,29	62,22	90,51	101,82	56,58	82,30	92,59	51,13	74,38	83,67	45,87	66,72	75,06
	II	1 401,75	77,09	112,14	126,15	II	1 401,75	71,29	103,70	116,66	65,49	95,26	107,17	59,75	86,91	97,77	54,19	78,82	88,67	48,82	71,02	79,89	43,65	63,49	71,42
	III	932,66	51,29	74,61	83,93	III	932,66	46,98	68,34	76,88	42,77	62,21	69,98	38,64	56,21	63,23	34,62	50,36	56,65	30,69	44,65	50,23	26,86	39,08	43,96
	V	1 982,75	109,05	158,62	178,44	IV	1 447,50	76,71	111,58	125,52	73,81	107,36	120,78	70,91	103,14	116,03	68,01	98,93	111,29	65,11	94,71	106,55	62,22	90,51	101,82
	VI	2 015,—	110,82	161,20	181,35																				
5 417,99	I,IV	1 448,75	79,68	115,90	130,38	I	1 448,75	73,88	107,46	120,89	68,08	99,03	111,41	62,29	90,61	101,93	56,65	82,40	92,70	51,20	74,47	83,78	45,93	66,82	75,17
	II	1 403,—	77,16	112,24	126,27	II	1 403,—	71,36	103,80	116,78	65,56	95,37	107,29	59,82	87,01	97,88	54,26	78,92	88,79	48,89	71,11	80,—	43,71	63,58	71,52
	III	933,50	51,34	74,68	84,01	III	933,50	47,03	68,41	76,96	42,81	62,28	70,06	38,70	56,29	63,32	34,67	50,44	56,74	30,74	44,72	50,31	26,90	39,13	44,02
	V	1 984,—	109,12	158,72	178,56	IV	1 448,75	76,78	111,68	125,64	73,88	107,46	120,89	70,98	103,24	116,15	68,08	99,03	111,41	65,18	94,81	106,66	62,29	90,61	101,93
	VI	2 016,25	110,89	161,30	181,46																				
5 420,99	I,IV	1 450,—	79,75	116,—	130,50	I	1 450,—	73,95	107,56	121,01	68,15	99,13	111,52	62,36	90,71	102,05	56,71	82,50	92,81	51,26	74,56	83,88	45,99	66,90	75,26
	II	1 404,25	77,23	112,34	126,38	II	1 404,25	71,43	103,90	116,89	65,63	95,47	107,40	59,89	87,11	98,—	54,32	79,02	88,89	48,95	71,20	80,10	43,77	63,66	71,62
	III	934,50	51,39	74,76	84,10	III	934,50	47,08	68,49	77,05	42,87	62,36	70,15	38,74	56,36	63,40	34,72	50,50	56,81	30,79	44,78	50,38	26,95	39,20	44,10
	V	1 985,25	109,18	158,82	178,67	IV	1 450,—	76,85	111,78	125,75	73,95	107,56	121,01	71,05	103,35	116,27	68,15	99,13	111,52	65,25	94,92	106,78	62,36	90,71	102,05
	VI	2 017,50	110,96	161,40	181,57																				
5 423,99	I,IV	1 451,25	79,81	116,10	130,61	I	1 451,25	74,02	107,66	121,12	68,22	99,23	111,63	62,43	90,81	102,16	56,78	82,59	92,91	51,32	74,66	83,99	46,06	67,—	75,37
	II	1 405,50	77,30	112,44	126,49	II	1 405,50	71,50	104,—	117,—	65,70	95,57	107,51	59,95	87,20	98,10	54,39	79,11	89,—	49,01	71,30	80,21	43,83	63,75	71,72
	III	935,50	51,45	74,84	84,19	III	935,50	47,13	68,56	77,13	42,91	62,42	70,22	38,79	56,42	63,47	34,76	50,57	56,89	30,83	44,85	50,45	26,99	39,26	44,17
	V	1 986,58	109,26	158,92	178,79	IV	1 451,25	76,92	111,88	125,87	74,02	107,66	121,12	71,12	103,45	116,38	68,22	99,23	111,63	65,32	95,02	106,89	62,43	90,81	102,16
	VI	2 018,75	111,03	161,50	181,68																				
5 426,99	I,IV	1 452,50	79,88	116,20	130,72	I	1 452,50	74,08	107,76	121,23	68,29	99,33	111,74	62,50	90,91	102,27	56,85	82,69	93,02	51,39	74,75	84,09	46,12	67,08	75,47
	II	1 406,75	77,37	112,54	126,60	II	1 406,75	71,57	104,10	117,11	65,77	95,67	107,63	60,02	87,30	98,21	54,45	79,20	89,10	49,07	71,38	80,30	43,89	63,84	71,82
	III	936,33	51,49	74,90	84,26	III	936,33	47,19	68,64	77,22	42,97	62,50	70,31	38,84	56,50	63,56	34,81	50,64	56,97	30,88	44,92	50,53	27,04	39,33	44,24
	V	1 987,83	109,33	159,02	178,90	IV	1 452,50	76,99	111,98	125,98	74,08	107,76	121,23	71,19	103,55	116,49	68,29	99,33	111,74	65,39	95,12	107,01	62,50	90,91	102,27
	VI	2 020,—	111,10	161,60	181,80																				
5 429,99	I,IV	1 453,83	79,96	116,30	130,84	I	1 453,83	74,15	107,86	121,34	68,36	99,43	111,86	62,57	91,01	102,38	56,91	82,78	93,13	51,45	74,84	84,20	46,18	67,17	75,56
	II	1 408,—	77,44	112,64	126,72	II	1 408,—	71,64	104,20	117,23	65,84	95,77	107,74	60,09	87,40	98,33	54,52	79,30	89,21	49,14	71,48	80,41	43,95	63,93	71,92
	III	937,33	51,55	74,98	84,35	III	937,33	47,23	68,70	77,29	43,01	62,57	70,39	38,89	56,57	63,64	34,86	50,70	57,04	30,92	44,98	50,60	27,08	39,40	44,32
	V	1 989,08	109,39	159,12	179,01	IV	1 453,83	77,05	112,08	126,09	74,15	107,86	121,34	71,26	103,65	116,60	68,36	99,43	111,86	65,46	95,22	107,12	62,57	91,01	102,38
	VI	2 021,25	111,16	161,70	181,91																				
5 432,99	I,IV	1 455,08	80,02	116,40	130,95	I	1 455,08	74,23	107,97	121,46	68,43	99,54	111,98	62,64	91,11	102,50	56,98	82,88	93,24	51,52	74,94	84,30	46,24	67,26	75,67
	II	1 409,25	77,50	112,74	126,83	II	1 409,25	71,71	104,30	117,34	65,91	95,87	107,85	60,16	87,50	98,44	54,58	79,40	89,32	49,20	71,57	80,51	44,01	64,02	72,02
	III	938,33	51,60	75,06	84,44	III	938,33	47,29	68,78	77,38	43,06	62,64	70,47	38,94	56,64	63,72	34,91	50,78	57,13	30,97	45,05	50,68	27,13	39,46	44,39
	V	1 990,33	109,46	159,22	179,12	IV	1 455,08	77,12	112,18	126,20	74,23	107,97	121,46	71,33	103,75	116,72	68,43	99,54	111,98	65,53	95,32	107,23	62,64	91,11	102,50
	VI	2 022,50	111,23	161,80	182,02																				
5 435,99	I,IV	1 456,33	80,09	116,50	131,06	I	1 456,33	74,30	108,07	121,58	68,50	99,64	112,09	62,70	91,21	102,61	57,04	82,98	93,35	51,58	75,03	84,41	46,31	67,36	75,78
	II	1 410,50	77,57	112,84	126,94	II	1 410,50	71,77	104,40	117,45	65,98	95,97	107,96	60,22	87,60	98,55	54,65	79,49	89,42	49,27	71,66	80,62	44,07	64,11	72,12
	III	939,16	51,65	75,13	84,52	III	939,16	47,33	68,85	77,45	43,12	62,72	70,56	38,99	56,72	63,81	34,96	50,85	57,20	31,02	45,12	50,76	27,17	39,53	44,47
	V	1 991,58	109,53	159,32	179,24	IV	1 456,33	77,19	112,28	126,32	74,30	108,07	121,58	71,39	103,85	116,83	68,50	99,64	112,09	65,60	95,42	107,34	62,70	91,21	102,61
	VI	2 023,75	111,30	161,90	182,13																				
5 438,99	I,IV	1 457,58	80,16	116,60	131,18	I	1 457,58	74,36	108,17	121,69	68,57	99,74	112,20	62,77	91,31	102,72	57,11	83,08	93,46	51,64	75,12	84,51	46,36	67,44	75,87
	II	1 411,83	77,65	112,94	127,06	II	1 411,83	71,84	104,50	117,56	66,05	96,07	108,08	60,29	87,70	98,66	54,72	79,59	89,54	49,33	71,75	80,72	44,13	64,20	72,22
	III	940,16	51,70	75,21	84,61	III	940,16	47,39	68,93	77,54	43,16	62,78	70,63	39,04	56,78	63,88	35,—	50,92	57,28	31,06	45,18	50,83	27,22	39,60	44,55
	V	1 992,83	109,60	159,42	179,35	IV	1 457,58	77,26	112,38	126,43	74,36	108,17	121,69	71,46	103,95	116,94	68,57	99,74	112,20	65,67	95,52	107,46	62,77	91,31	102,72
	VI	2 025,08	111,37	162,—	182,25																				
5 441,99	I,IV	1 458,83	80,23	116,70	131,29	I	1 458,83	74,43	108,27	121,80	68,64	99,84	112,32	62,84	91,41	102,83	57,18	83,17	93,56	51,71	75,22	84,62	46,43	67,54	75,98
	II	1 413,08	77,71	113,04	127,17	II	1 413,08	71,92	104,61	117,68	66,12	96,18	108,20	60,36	87,80	98,77	54,78	79,68	89,64	49,39	71,84	80,82	44,19	64,28	72,32
	III	941,16	51,76	75,29	84,70	III	941,16	47,44	69,01	77,63	43,22	62,86	70,72	39,08	56,85	63,95	35,05	50,98	57,35	31,11	45,25	50,90	27,27	39,66	44,62
	V	1 994,08	109,67	159,52	179,46	IV	1 458,83	77,33	112,48	126,54	74,43	108,27	121,80	71,53	104,05	117,05	68,64	99,84	112,32	65,73	95,62	107,57	62,84	91,41	102,83
	VI	2 026,33	111,44	162,10	182,36																				
5 444,99	I,IV	1 460,08	80,30	116,80	131,40	I	1 460,08	74,50	108,37	121,91	68,70	99,94	112,43	62,91	91,51	102,95	57,25	83,27	93,68	51,77	75,31	84,72	46,49	67,62	76,07
	II	1 414,33	77,78	113,14	127,28	II	1 414,33	71,99	104,71	117,80	66,19	96,28	108,31	60,43	87,90	98,88	54,84	79,78	89,75	49,45	71,94	80,93	44,25	64,37	72,41
	III	942,16	51,81	75,37	84,79	III	942,16	47,49	69,08	77,71	43,26	62,93	70,79	39,14	56,93	64,04	35,09	51,05	57,43	31,15	45,32	50,98	27,31	39,73	44,69
	V	1 995,33	109,74	159,62	179,57	IV	1 460,08	77,40	112,59	126,66	74,50	108,37	121,91	71,61	104,16	117,18	68,70	99,94	112,43	65,81	95,72	107,69	62,91	91,51	102,95
	VI	2 027,58	111,51	162,20	182,48																				

*** Die ausgewiesenen Tabellenwerte sind amtlich. Siehe Erläuterungen auf der Umschlaginnenseite (U2).**

MONAT 5 445,–*

Lohn/Gehalt bis €*		I – VI LSt	ohne Kinderfreibeträge SolZ	8%	9%	I, II, III, IV	LSt	mit Zahl der Kinderfreibeträge … 0,5 SolZ	8%	9%	1 SolZ	8%	9%	1,5 SolZ	8%	9%	2 SolZ	8%	9%	2,5 SolZ	8%	9%	3 SolZ	8%	9%
5 447,99	I,IV	1 461,33	80,37	116,90	131,51	I	1 461,33	74,57	108,47	122,03	68,77	100,04	112,54	62,98	91,61	103,06	57,31	83,36	93,78	51,84	75,40	84,83	46,55	67,72	76,18
	II	1 415,58	77,85	113,24	127,40	II	1 415,58	72,05	104,81	117,91	66,26	96,38	108,42	60,50	88,–	99,–	54,91	79,88	89,86	49,52	72,03	81,03	44,32	64,46	72,52
	III	943,–	51,86	75,44	84,87	III	943,–	47,54	69,16	77,80	43,32	63,01	70,88	39,18	57,–	64,12	35,15	51,13	57,52	31,21	45,40	51,07	27,36	39,80	44,77
	V	1 996,66	109,81	159,73	179,69	IV	1 461,33	77,47	112,69	126,77	74,57	108,47	122,03	71,67	104,26	117,29	68,77	100,04	112,54	65,88	95,82	107,80	62,98	91,61	103,06
	VI	2 028,83	111,58	162,30	182,59																				
5 450,99	I,IV	1 462,58	80,44	117,–	131,63	I	1 462,58	74,64	108,57	122,14	68,84	100,14	112,65	63,05	91,71	103,17	57,38	83,46	93,89	51,90	75,50	84,93	46,61	67,80	76,28
	II	1 416,83	77,92	113,34	127,51	II	1 416,83	72,12	104,91	118,02	66,33	96,48	108,54	60,56	88,09	99,10	54,98	79,97	89,96	49,58	72,12	81,14	44,38	64,55	72,62
	III	944,–	51,92	75,52	84,96	III	944,–	47,59	69,22	77,87	43,36	63,08	70,96	39,23	57,06	64,19	35,20	51,20	57,60	31,25	45,46	51,14	27,40	39,86	44,84
	V	1 997,91	109,88	159,83	179,81	IV	1 462,58	77,54	112,79	126,89	74,64	108,57	122,14	71,74	104,36	117,40	68,84	100,14	112,65	65,94	95,92	107,91	63,05	91,71	103,17
	VI	2 030,08	111,65	162,40	182,70																				
5 453,99	I,IV	1 463,83	80,51	117,10	131,74	I	1 463,83	74,71	108,67	122,25	68,91	100,24	112,77	63,12	91,81	103,28	57,44	83,56	94,–	51,97	75,59	85,04	46,68	67,90	76,38
	II	1 418,08	77,99	113,44	127,62	II	1 418,08	72,19	105,01	118,13	66,39	96,58	108,65	60,63	88,19	99,21	55,04	80,06	90,07	49,65	72,22	81,24	44,44	64,64	72,72
	III	945,–	51,97	75,60	85,05	III	945,–	47,64	69,30	77,96	43,42	63,16	71,05	39,28	57,14	64,28	35,24	51,26	57,67	31,30	45,53	51,22	27,45	39,93	44,92
	V	1 999,16	109,95	159,93	179,92	IV	1 463,83	77,61	112,89	127,–	74,71	108,67	122,25	71,81	104,46	117,51	68,91	100,24	112,77	66,01	96,02	108,02	63,12	91,81	103,28
	VI	2 031,33	111,72	162,50	182,81																				
5 456,99	I,IV	1 465,16	80,58	117,21	131,86	I	1 465,16	74,78	108,78	122,37	68,98	100,34	112,88	63,19	91,91	103,40	57,51	83,66	94,11	52,03	75,68	85,14	46,74	67,98	76,48
	II	1 419,33	78,06	113,54	127,73	II	1 419,33	72,26	105,11	118,25	66,46	96,68	108,76	60,70	88,29	99,32	55,11	80,16	90,18	49,71	72,30	81,34	44,50	64,73	72,82
	III	945,83	52,02	75,66	85,12	III	945,83	47,69	69,37	78,04	43,46	63,22	71,12	39,33	57,21	64,36	35,29	51,33	57,74	31,35	45,60	51,30	27,50	40,–	45,–
	V	2 000,41	110,02	160,03	180,03	IV	1 465,16	77,68	112,99	127,11	74,78	108,78	122,37	71,88	104,56	117,63	68,98	100,34	112,88	66,08	96,12	108,14	63,19	91,91	103,40
	VI	2 032,58	111,79	162,60	182,93																				
5 459,99	I,IV	1 466,41	80,65	117,31	131,97	I	1 466,41	74,85	108,88	122,49	69,05	100,44	113,–	63,25	92,01	103,51	57,58	83,76	94,23	52,09	75,78	85,25	46,80	68,08	76,59
	II	1 420,58	78,13	113,64	127,85	II	1 420,58	72,33	105,21	118,36	66,53	96,78	108,87	60,77	88,39	99,44	55,17	80,26	90,29	49,77	72,40	81,45	44,56	64,82	72,92
	III	946,83	52,07	75,74	85,21	III	946,83	47,74	69,45	78,13	43,51	63,29	71,20	39,38	57,28	64,44	35,33	51,40	57,82	31,39	45,66	51,37	27,54	40,06	45,07
	V	2 001,66	110,09	160,13	180,14	IV	1 466,41	77,75	113,09	127,22	74,85	108,88	122,49	71,95	104,66	117,74	69,05	100,44	113,–	66,15	96,22	108,25	63,25	92,01	103,51
	VI	2 033,83	111,86	162,70	183,04																				
5 462,99	I,IV	1 467,66	80,72	117,41	132,08	I	1 467,66	74,92	108,98	122,60	69,12	100,54	113,11	63,32	92,11	103,62	57,64	83,85	94,33	52,16	75,87	85,35	46,86	68,16	76,68
	II	1 421,83	78,20	113,74	127,96	II	1 421,83	72,40	105,31	118,47	66,60	96,88	108,99	60,83	88,49	99,55	55,24	80,35	90,39	49,83	72,49	81,55	44,62	64,90	73,01
	III	947,83	52,13	75,82	85,30	III	947,83	47,80	69,53	78,22	43,56	63,37	71,29	39,43	57,36	64,53	35,39	51,48	57,91	31,44	45,73	51,44	27,59	40,13	45,14
	V	2 002,91	110,16	160,23	180,26	IV	1 467,66	77,82	113,19	127,34	74,92	108,98	122,60	72,02	104,76	117,85	69,12	100,54	113,11	66,22	96,32	108,36	63,32	92,11	103,62
	VI	2 035,16	111,93	162,81	183,16																				
5 465,99	I,IV	1 468,91	80,79	117,51	132,20	I	1 468,91	74,99	109,08	122,71	69,19	100,64	113,22	63,39	92,21	103,73	57,71	83,95	94,44	52,22	75,96	85,46	46,92	68,26	76,79
	II	1 423,16	78,27	113,85	128,08	II	1 423,16	72,47	105,42	118,59	66,67	96,98	109,10	60,90	88,59	99,66	55,30	80,44	90,50	49,90	72,58	81,65	44,68	65,–	73,12
	III	948,66	52,17	75,89	85,37	III	948,66	47,85	69,60	78,30	43,61	63,44	71,37	39,48	57,42	64,60	35,43	51,54	57,98	31,48	45,80	51,52	27,63	40,20	45,22
	V	2 004,16	110,22	160,33	180,37	IV	1 468,91	77,88	113,29	127,45	74,99	109,08	122,71	72,09	104,86	117,96	69,19	100,64	113,22	66,29	96,42	108,47	63,39	92,21	103,73
	VI	2 036,41	112,–	162,91	183,27																				
5 468,99	I,IV	1 470,16	80,85	117,61	132,31	I	1 470,16	75,06	109,18	122,82	69,26	100,74	113,33	63,46	92,31	103,85	57,78	84,04	94,55	52,29	76,06	85,56	46,98	68,34	76,88
	II	1 424,41	78,34	113,95	128,19	II	1 424,41	72,54	105,52	118,71	66,74	97,08	109,22	60,97	88,68	99,77	55,37	80,54	90,61	49,96	72,68	81,76	44,74	65,08	73,22
	III	949,66	52,23	75,97	85,46	III	949,66	47,90	69,68	78,39	43,67	63,52	71,46	39,52	57,49	64,67	35,48	51,61	58,06	31,53	45,86	51,59	27,68	40,26	45,29
	V	2 005,41	110,29	160,43	180,48	IV	1 470,16	77,96	113,40	127,57	75,06	109,18	122,82	72,16	104,96	118,08	69,26	100,74	113,33	66,36	96,52	108,59	63,46	92,31	103,85
	VI	2 037,66	112,07	163,01	183,38																				
5 471,99	I,IV	1 471,41	80,92	117,71	132,42	I	1 471,41	75,13	109,28	122,94	69,33	100,84	113,45	63,53	92,41	103,96	57,85	84,14	94,66	52,35	76,15	85,67	47,05	68,44	76,99
	II	1 425,66	78,41	114,05	128,30	II	1 425,66	72,61	105,62	118,82	66,81	97,18	109,33	61,04	88,78	99,88	55,44	80,64	90,72	50,03	72,77	81,86	44,80	65,17	73,31
	III	950,66	52,28	76,05	85,55	III	950,66	47,95	69,74	78,46	43,71	63,58	71,53	39,58	57,57	64,76	35,53	51,68	58,14	31,57	45,93	51,67	27,72	40,33	45,37
	V	2 006,75	110,37	160,54	180,60	IV	1 471,41	78,03	113,50	127,68	75,13	109,28	122,94	72,23	105,06	118,19	69,33	100,84	113,45	66,43	96,63	108,71	63,53	92,41	103,96
	VI	2 038,91	112,14	163,11	183,50																				
5 474,99	I,IV	1 472,66	80,99	117,81	132,53	I	1 472,66	75,19	109,38	123,05	69,40	100,94	113,56	63,60	92,51	104,07	57,91	84,24	94,77	52,41	76,24	85,77	47,11	68,53	77,09
	II	1 426,91	78,48	114,15	128,42	II	1 426,91	72,68	105,72	118,93	66,88	97,28	109,44	61,10	88,88	99,99	55,50	80,74	90,83	50,09	72,86	81,96	44,87	65,26	73,42
	III	951,66	52,34	76,13	85,64	III	951,66	48,–	69,82	78,55	43,77	63,66	71,62	39,62	57,64	64,84	35,57	51,74	58,21	31,62	46,–	51,75	27,77	40,40	45,45
	V	2 008,–	110,44	160,64	180,72	IV	1 472,66	78,10	113,60	127,80	75,19	109,38	123,05	72,30	105,16	118,31	69,40	100,94	113,56	66,50	96,73	108,82	63,60	92,51	104,07
	VI	2 040,16	112,20	163,21	183,61																				
5 477,99	I,IV	1 473,91	81,06	117,91	132,65	I	1 473,91	75,26	109,48	123,16	69,46	101,04	113,67	63,67	92,61	104,18	57,98	84,34	94,88	52,48	76,34	85,88	47,17	68,62	77,19
	II	1 428,16	78,54	114,25	128,53	II	1 428,16	72,75	105,82	119,04	66,95	97,38	109,55	61,17	88,98	100,10	55,57	80,83	90,93	50,15	72,95	82,07	44,93	65,35	73,52
	III	952,50	52,38	76,20	85,72	III	952,50	48,06	69,90	78,64	43,81	63,73	71,69	39,67	57,70	64,91	35,63	51,82	58,30	31,67	46,06	51,82	27,82	40,46	45,52
	V	2 009,25	110,50	160,74	180,83	IV	1 473,91	78,16	113,70	127,91	75,26	109,48	123,16	72,37	105,26	118,42	69,46	101,04	113,67	66,57	96,83	108,93	63,67	92,61	104,18
	VI	2 041,41	112,27	163,31	183,72																				
5 480,99	I,IV	1 475,25	81,13	118,02	132,77	I	1 475,25	75,34	109,58	123,28	69,53	101,14	113,78	63,74	92,71	104,30	58,05	84,44	94,99	52,54	76,43	85,98	47,24	68,71	77,30
	II	1 429,41	78,61	114,35	128,64	II	1 429,41	72,82	105,92	119,16	67,02	97,48	109,67	61,24	89,08	100,22	55,63	80,92	91,04	50,21	73,04	82,17	44,99	65,44	73,62
	III	953,50	52,44	76,28	85,81	III	953,50	48,10	69,97	78,71	43,87	63,81	71,78	39,72	57,78	65,–	35,67	51,89	58,37	31,71	46,13	51,89	27,86	40,53	45,59
	V	2 010,50	110,57	160,84	180,94	IV	1 475,25	78,23	113,80	128,02	75,34	109,58	123,28	72,43	105,36	118,53	69,53	101,14	113,78	66,64	96,93	109,04	63,74	92,71	104,30
	VI	2 042,66	112,34	163,41	183,83																				
5 483,99	I,IV	1 476,50	81,20	118,12	132,88	I	1 476,50	75,40	109,68	123,39	69,61	101,25	113,90	63,80	92,81	104,41	58,11	84,53	95,09	52,61	76,53	86,09	47,30	68,80	77,40
	II	1 430,66	78,68	114,45	128,75	II	1 430,66	72,88	106,02	119,27	67,09	97,58	109,78	61,31	89,18	100,33	55,70	81,02	91,15	50,28	73,14	82,28	45,05	65,53	73,72
	III	954,50	52,49	76,36	85,90	III	954,50	48,16	70,05	78,80	43,91	63,88	71,86	39,77	57,85	65,08	35,72	51,96	58,45	31,77	46,21	51,98	27,90	40,58	45,65
	V	2 011,75	110,64	160,94	181,05	IV	1 476,50	78,30	113,90	128,13	75,40	109,68	123,39	72,50	105,46	118,64	69,61	101,25	113,90	66,71	97,03	109,16	63,80	92,81	104,41
	VI	2 043,91	112,41	163,51	183,95																				
5 486,99	I,IV	1 477,75	81,27	118,22	132,99	I	1 477,75	75,47	109,78	123,50	69,68	101,35	114,02	63,87	92,91	104,52	58,18	84,63	95,21	52,68	76,62	86,20	47,36	68,89	77,50
	II	1 431,91	78,75	114,55	128,87	II	1 431,91	72,95	106,12	119,38	67,15	97,68	109,89	61,38	89,28	100,44	55,77	81,12	91,26	50,34	73,23	82,38	45,11	65,62	73,82
	III	955,33	52,54	76,42	85,97	III	955,33	48,20	70,12	78,88	43,97	63,96	71,95	39,82	57,92	65,16	35,76	52,02	58,52	31,81	46,28	52,06	27,94	40,65	45,73
	V	2 013,–	110,71	161,04	181,17	IV	1 477,75	78,37	114,–	128,25	75,47	109,78	123,50	72,57	105,56	118,76	69,68	101,35	114,02	66,77	97,13	109,27	63,87	92,91	104,52
	VI	2 045,25	112,48	163,62	184,07																				
5 489,99	I,IV	1 479,–	81,34	118,32	133,11	I	1 479,–	75,54	109,88	123,62	69,74	101,45	114,13	63,94	93,01	104,63	58,24	84,72	95,31	52,74	76,72	86,31	47,42	68,98	77,60
	II	1 433,25	78,82	114,66	128,99	II	1 433,25	73,03	106,22	119,50	67,22	97,78	110,–	61,45	89,38	100,55	55,83	81,21	91,36	50,41	73,32	82,49	45,17	65,71	73,92
	III	956,33	52,59	76,50	86,06	III	956,33	48,26	70,20	78,97	44,01	64,02	72,02	39,87	58,–	65,25	35,81	52,09	58,60	31,86	46,34	52,13	27,99	40,72	45,81
	V	2 014,25	110,78	161,14	181,28	IV	1 479,–	78,44	114,10	128,36	75,54	109,88	123,62	72,64	105,66	118,87	69,74	101,45	114,13	66,84	97,23	109,38	63,94	93,01	104,63
	VI	2 046,50	112,55	163,72	184,18																				

Table heading: Abzüge an Lohnsteuer, Solidaritätszuschlag (SolZ) und Kirchensteuer (8%, 9%) in den Steuerklassen

* Die ausgewiesenen Tabellenwerte sind amtlich. Siehe Erläuterungen auf der Umschlaginnenseite (U2).

Lohn/ Gehalt bis €*	Abzüge an Lohnsteuer, Solidaritätszuschlag (SolZ) und Kirchensteuer (8%, 9%) in den Steuerklassen																								
	I – VI					I, II, III, IV																			
			ohne Kinderfreibeträge					mit Zahl der Kinderfreibeträge . . .																	
								0,5			1			1,5			2			2,5			3		
		LSt	SolZ	8%	9%		LSt	SolZ	8%	9%	SolZ	8%	9%	SolZ	8%	9%	SolZ	8%	9%	SolZ	8%	9%	SolZ	8%	9%
5 492,99	I,IV	1 480,25	81,41	118,42	133,22	I	1 480,25	75,61	109,98	123,73	69,81	101,55	114,24	64,02	93,12	104,76	58,31	84,82	95,42	52,80	76,81	86,41	47,48	69,07	77,70
	II	1 434,50	78,89	114,76	129,10	II	1 434,50	73,09	106,32	119,61	67,30	97,89	110,12	61,51	89,48	100,66	55,90	81,31	91,47	50,47	73,42	82,59	45,23	65,80	74,02
	III	957,33	52,65	76,58	86,15	III	957,33	48,30	70,26	79,04	44,07	64,10	72,11	39,92	58,06	65,32	35,86	52,17	58,69	31,90	46,41	52,21	28,04	40,78	45,88
	V	2 015,50	110,85	161,24	181,39	IV	1 480,25	78,51	114,20	128,48	75,61	109,98	123,73	72,71	105,76	118,98	69,81	101,55	114,24	66,91	97,33	109,49	64,02	93,12	104,76
	VI	2 047,75	112,62	163,82	184,29																				
5 495,99	I,IV	1 481,50	81,48	118,52	133,33	I	1 481,50	75,68	110,08	123,84	69,88	101,65	114,35	64,08	93,22	104,87	58,38	84,92	95,54	52,87	76,90	86,51	47,55	69,16	77,81
	II	1 435,75	78,96	114,86	129,21	II	1 435,75	73,16	106,42	119,72	67,37	97,99	110,24	61,58	89,58	100,77	55,96	81,40	91,58	50,54	73,51	82,70	45,30	65,89	74,12
	III	958,33	52,70	76,66	86,24	III	958,33	48,36	70,34	79,13	44,11	64,17	72,19	39,96	58,13	65,39	35,91	52,24	58,77	31,95	46,48	52,29	28,08	40,85	45,95
	V	2 016,75	110,92	161,34	181,50	IV	1 481,50	78,58	114,30	128,59	75,68	110,08	123,84	72,78	105,87	119,10	69,88	101,65	114,35	66,99	97,44	109,62	64,08	93,22	104,87
	VI	2 049,—	112,69	163,92	184,41																				
5 498,99	I,IV	1 482,75	81,55	118,62	133,44	I	1 482,75	75,75	110,18	123,95	69,95	101,75	114,47	64,15	93,32	104,98	58,45	85,02	95,64	52,93	77,—	86,62	47,61	69,26	77,91
	II	1 437,—	79,03	114,96	129,33	II	1 437,—	73,23	106,52	119,84	67,43	98,09	110,35	61,65	89,68	100,89	56,03	81,50	91,69	50,60	73,60	82,80	45,36	65,98	74,22
	III	959,16	52,75	76,73	86,32	III	959,16	48,41	70,42	79,22	44,16	64,24	72,27	40,02	58,21	65,48	35,96	52,30	58,84	32,—	46,54	52,36	28,13	40,92	46,03
	V	2 018,08	110,99	161,44	181,62	IV	1 482,75	78,65	114,40	128,70	75,75	110,18	123,95	72,85	105,97	119,21	69,95	101,75	114,47	67,05	97,54	109,73	64,15	93,32	104,98
	VI	2 050,25	112,76	164,02	184,52																				
5 501,99	I,IV	1 484,—	81,62	118,72	133,56	I	1 484,—	75,82	110,28	124,07	70,02	101,85	114,58	64,22	93,42	105,09	58,52	85,12	95,76	53,—	77,09	86,72	47,67	69,34	78,01
	II	1 438,25	79,10	115,06	129,44	II	1 438,25	73,30	106,62	119,95	67,50	98,19	110,46	61,72	89,78	101,—	56,10	81,60	91,80	50,66	73,70	82,91	45,42	66,06	74,32
	III	960,16	52,80	76,81	86,41	III	960,16	48,46	70,49	79,30	44,22	64,32	72,36	40,06	58,28	65,56	36,—	52,37	58,91	32,04	46,61	52,43	28,17	40,98	46,10
	V	2 019,33	111,06	161,54	181,73	IV	1 484,—	78,72	114,50	128,81	75,82	110,28	124,07	72,92	106,07	119,33	70,02	101,85	114,58	67,12	97,64	109,84	64,22	93,42	105,09
	VI	2 051,50	112,83	164,12	184,63																				
5 504,99	I,IV	1 485,33	81,69	118,82	133,67	I	1 485,33	75,89	110,38	124,18	70,09	101,95	114,69	64,29	93,52	105,21	58,58	85,21	95,86	53,06	77,18	86,83	47,74	69,44	78,12
	II	1 439,50	79,17	115,16	129,55	II	1 439,50	73,37	106,72	120,06	67,57	98,29	110,57	61,79	89,88	101,11	56,16	81,70	91,91	50,72	73,78	83,—	45,48	66,16	74,43
	III	961,16	52,86	76,89	86,50	III	961,16	48,51	70,57	79,39	44,26	64,38	72,43	40,11	58,34	65,63	36,06	52,45	59,—	32,09	46,68	52,51	28,22	41,05	46,18
	V	2 020,58	111,13	161,64	181,85	IV	1 485,33	78,79	114,60	128,93	75,89	110,38	124,18	72,99	106,17	119,44	70,09	101,95	114,69	67,19	97,74	109,95	64,29	93,52	105,21
	VI	2 052,75	112,90	164,22	184,74																				
5 507,99	I,IV	1 486,58	81,76	118,92	133,79	I	1 486,58	75,96	110,49	124,30	70,16	102,06	114,81	64,36	93,62	105,32	58,65	85,31	95,97	53,13	77,28	86,94	47,79	69,52	78,21
	II	1 440,75	79,24	115,26	129,66	II	1 440,75	73,44	106,82	120,17	67,64	98,39	110,69	61,86	89,98	101,22	56,23	81,79	92,01	50,79	73,88	83,11	45,54	66,24	74,52
	III	962,—	52,91	76,96	86,58	III	962,—	48,56	70,64	79,47	44,32	64,46	72,52	40,16	58,42	65,72	36,10	52,52	59,08	32,13	46,74	52,58	28,27	41,12	46,26
	V	2 021,83	111,20	161,74	181,96	IV	1 486,58	78,86	114,70	129,04	75,96	110,49	124,30	73,06	106,27	119,55	70,16	102,06	114,81	67,26	97,84	110,07	64,36	93,62	105,32
	VI	2 054,—	112,97	164,32	184,86																				
5 510,99	I,IV	1 487,83	81,83	119,02	133,90	I	1 487,83	76,03	110,59	124,41	70,23	102,16	114,93	64,43	93,72	105,44	58,72	85,41	96,08	53,19	77,38	87,05	47,86	69,62	78,32
	II	1 442,—	79,31	115,36	129,78	II	1 442,—	73,51	106,92	120,29	67,71	98,49	110,80	61,93	90,08	101,34	56,29	81,88	92,12	50,85	73,97	83,21	45,60	66,34	74,63
	III	963,—	52,96	77,04	86,67	III	963,—	48,62	70,72	79,56	44,36	64,53	72,59	40,21	58,49	65,80	36,15	52,58	59,15	32,18	46,81	52,66	28,31	41,18	46,33
	V	2 023,08	111,26	161,84	182,07	IV	1 487,83	78,92	114,80	129,15	76,03	110,59	124,41	73,13	106,37	119,66	70,23	102,16	114,93	67,33	97,94	110,18	64,43	93,72	105,44
	VI	2 055,25	113,03	164,42	184,97																				
5 513,99	I,IV	1 489,08	81,89	119,12	134,01	I	1 489,08	76,10	110,69	124,52	70,30	102,26	115,04	64,50	93,82	105,55	58,78	85,50	96,19	53,26	77,47	87,15	47,92	69,71	78,42
	II	1 443,33	79,38	115,46	129,89	II	1 443,33	73,58	107,02	120,40	67,78	98,59	110,91	61,99	90,18	101,45	56,36	81,98	92,23	50,92	74,06	83,32	45,66	66,42	74,72
	III	964,—	53,02	77,12	86,76	III	964,—	48,67	70,80	79,65	44,42	64,61	72,68	40,26	58,56	65,88	36,19	52,65	59,23	32,23	46,89	52,75	28,36	41,25	46,40
	V	2 024,33	111,33	161,94	182,18	IV	1 489,08	78,99	114,90	129,26	76,10	110,69	124,52	73,20	106,47	119,78	70,30	102,26	115,04	67,40	98,04	110,29	64,50	93,82	105,55
	VI	2 056,58	113,11	164,52	185,09																				
5 516,99	I,IV	1 490,33	81,96	119,22	134,12	I	1 490,33	76,17	110,79	124,64	70,37	102,36	115,15	64,57	93,92	105,66	58,85	85,60	96,30	53,32	77,56	87,26	47,98	69,80	78,52
	II	1 444,58	79,45	115,56	130,01	II	1 444,58	73,65	107,13	120,52	67,85	98,70	111,03	62,06	90,28	101,56	56,43	82,08	92,34	50,98	74,16	83,43	45,73	66,52	74,83
	III	965,—	53,07	77,20	86,85	III	965,—	48,72	70,86	79,72	44,46	64,68	72,76	40,31	58,64	65,97	36,25	52,73	59,32	32,28	46,96	52,83	28,40	41,32	46,48
	V	2 025,58	111,40	162,04	182,30	IV	1 490,33	79,06	115,—	129,38	76,17	110,79	124,64	73,26	106,57	119,89	70,37	102,36	115,15	67,47	98,14	110,40	64,57	93,92	105,66
	VI	2 057,83	113,18	164,62	185,20																				
5 519,99	I,IV	1 491,58	82,03	119,32	134,24	I	1 491,58	76,23	110,89	124,75	70,44	102,46	115,26	64,64	94,02	105,77	58,92	85,70	96,41	53,39	77,66	87,36	48,05	69,89	78,62
	II	1 445,83	79,52	115,66	130,12	II	1 445,83	73,72	107,23	120,63	67,92	98,80	111,15	62,13	90,38	101,67	56,49	82,18	92,45	51,04	74,25	83,53	45,79	66,60	74,93
	III	965,83	53,12	77,26	86,92	III	965,83	48,77	70,94	79,81	44,52	64,76	72,85	40,36	58,70	66,04	36,30	52,80	59,40	32,33	47,02	52,90	28,45	41,38	46,55
	V	2 026,83	111,47	162,14	182,41	IV	1 491,58	79,14	115,11	129,50	76,23	110,89	124,75	73,34	106,68	120,01	70,44	102,46	115,26	67,54	98,24	110,52	64,64	94,02	105,77
	VI	2 059,08	113,24	164,72	185,31																				
5 522,99	I,IV	1 492,83	82,10	119,42	134,35	I	1 492,83	76,30	110,99	124,86	70,51	102,56	115,38	64,71	94,12	105,89	58,98	85,80	96,52	53,45	77,75	87,47	48,11	69,98	78,73
	II	1 447,08	79,58	115,76	130,23	II	1 447,08	73,79	107,33	120,74	67,99	98,90	111,26	62,20	90,48	101,79	56,56	82,27	92,55	51,11	74,34	83,63	45,85	66,70	75,03
	III	966,83	53,17	77,34	87,01	III	966,83	48,83	71,02	79,90	44,56	64,82	72,92	40,40	58,77	66,11	36,34	52,86	59,47	32,37	47,09	52,97	28,49	41,45	46,63
	V	2 028,16	111,54	162,25	182,53	IV	1 492,83	79,20	115,21	129,61	76,30	110,99	124,86	73,41	106,78	120,12	70,51	102,56	115,38	67,61	98,34	110,63	64,71	94,12	105,89
	VI	2 060,33	113,31	164,82	185,42																				
5 525,99	I,IV	1 494,08	82,17	119,52	134,46	I	1 494,08	76,37	111,09	124,97	70,57	102,66	115,49	64,78	94,22	106,—	59,05	85,90	96,63	53,52	77,85	87,58	48,18	70,08	78,84
	II	1 448,33	79,65	115,86	130,34	II	1 448,33	73,86	107,43	120,86	68,06	99,—	111,37	62,27	90,58	101,90	56,63	82,37	92,66	51,17	74,44	83,74	45,91	66,78	75,13
	III	967,83	53,23	77,42	87,10	III	967,83	48,87	71,09	79,97	44,62	64,90	73,01	40,46	58,85	66,20	36,39	52,93	59,54	32,42	47,16	53,05	28,54	41,52	46,71
	V	2 029,41	111,61	162,35	182,64	IV	1 494,08	79,27	115,31	129,72	76,37	111,09	124,97	73,48	106,88	120,24	70,57	102,66	115,49	67,68	98,44	110,75	64,78	94,22	106,—
	VI	2 061,58	113,38	164,92	185,54																				
5 528,99	I,IV	1 495,33	82,24	119,62	134,57	I	1 495,33	76,44	111,19	125,09	70,64	102,76	115,60	64,84	94,32	106,11	59,12	86,—	96,75	53,58	77,94	87,68	48,23	70,16	78,93
	II	1 449,58	79,72	115,96	130,46	II	1 449,58	73,92	107,53	120,97	68,13	99,10	111,48	62,34	90,68	102,01	56,69	82,46	92,77	51,24	74,53	83,84	45,98	66,88	75,24
	III	968,83	53,28	77,50	87,19	III	968,83	48,93	71,17	80,06	44,66	64,97	73,09	40,50	58,92	66,28	36,43	53,—	59,62	32,46	47,22	53,12	28,59	41,58	46,78
	V	2 030,66	111,68	162,45	182,75	IV	1 495,33	79,34	115,41	129,83	76,44	111,19	125,09	73,54	106,98	120,35	70,64	102,76	115,60	67,75	98,54	110,86	64,84	94,32	106,11
	VI	2 062,83	113,45	165,02	185,65																				
5 531,99	I,IV	1 496,66	82,31	119,73	134,69	I	1 496,66	76,51	111,30	125,21	70,72	102,86	115,72	64,91	94,42	106,22	59,18	86,09	96,85	53,65	78,04	87,79	48,30	70,26	79,04
	II	1 450,83	79,79	116,06	130,57	II	1 450,83	73,99	107,63	121,08	68,20	99,20	111,60	62,41	90,78	102,12	56,76	82,56	92,88	51,30	74,62	83,95	46,03	66,96	75,33
	III	969,66	53,33	77,57	87,26	III	969,66	48,97	71,24	80,14	44,72	65,05	73,18	40,56	59,—	66,37	36,49	53,08	59,71	32,51	47,29	53,20	28,63	41,65	46,85
	V	2 031,91	111,75	162,55	182,87	IV	1 496,66	79,41	115,51	129,95	76,51	111,30	125,21	73,61	107,08	120,46	70,72	102,86	115,72	67,81	98,64	110,97	64,91	94,42	106,22
	VI	2 064,08	113,52	165,12	185,76																				
5 534,99	I,IV	1 497,91	82,38	119,83	134,81	I	1 497,91	76,58	111,40	125,32	70,78	102,96	115,83	64,99	94,53	106,34	59,25	86,19	96,96	53,71	78,13	87,89	48,36	70,35	79,14
	II	1 452,08	79,86	116,16	130,68	II	1 452,08	74,06	107,73	121,19	68,26	99,30	111,71	62,48	90,88	102,24	56,82	82,66	92,99	51,37	74,72	84,06	46,10	67,06	75,44
	III	970,66	53,38	77,65	87,35	III	970,66	49,03	71,32	80,23	44,77	65,12	73,26	40,60	59,06	66,44	36,53	53,14	59,78	32,56	47,36	53,28	28,68	41,72	46,93
	V	2 033,16	111,82	162,65	182,98	IV	1 497,91	79,48	115,61	130,06	76,58	111,40	125,32	73,68	107,18	120,57	70,78	102,96	115,83	67,88	98,74	111,08	64,99	94,53	106,34
	VI	2 065,33	113,59	165,22	185,87																				

*** Die ausgewiesenen Tabellenwerte sind amtlich. Siehe Erläuterungen auf der Umschlaginnenseite (U2).**

MONAT 5 535,–*

Lohn/Gehalt bis €*	Abzüge an Lohnsteuer, Solidaritätszuschlag (SolZ) und Kirchensteuer (8%, 9%) in den Steuerklassen I – VI					I, II, III, IV																			
			ohne Kinderfreibeträge					mit Zahl der Kinderfreibeträge . . .																	
								0,5			1			1,5			2			2,5			3		
		LSt	SolZ	8%	9%		LSt	SolZ	8%	9%	SolZ	8%	9%	SolZ	8%	9%	SolZ	8%	9%	SolZ	8%	9%	SolZ	8%	9%
5 537,99	I,IV	1 499,16	82,45	119,93	134,92	I	1 499,16	76,65	111,50	125,43	70,85	103,06	115,94	65,06	94,63	106,46	59,32	86,29	97,07	53,78	78,22	88,—	48,42	70,44	79,24
	II	1 453,33	79,93	116,26	130,79	II	1 453,33	74,13	107,83	121,31	68,33	99,40	111,82	62,54	90,98	102,35	56,89	82,76	93,10	51,43	74,81	84,16	46,16	67,14	75,53
	III	971,66	53,44	77,73	87,44	III	971,66	49,08	71,40	80,32	44,82	65,20	73,35	40,65	59,13	66,52	36,58	53,21	59,86	32,61	47,44	53,37	28,72	41,78	47,—
	V	2 034,41	111,89	162,75	183,09	IV	1 499,16	79,55	115,71	130,17	76,65	111,50	125,43	73,75	107,28	120,69	70,85	103,06	115,94	67,95	98,84	111,20	65,06	94,63	106,46
	VI	2 066,66	113,66	165,33	185,99																				
5 540,99	I,IV	1 500,41	82,52	120,03	135,03	I	1 500,41	76,72	111,60	125,55	70,92	103,16	116,06	65,12	94,73	106,57	59,39	86,39	97,19	53,84	78,32	88,11	48,49	70,53	79,34
	II	1 454,66	80,—	116,37	130,91	II	1 454,66	74,20	107,94	121,43	68,41	99,50	111,94	62,61	91,08	102,46	56,96	82,85	93,20	51,49	74,90	84,26	46,22	67,23	75,63
	III	972,66	53,49	77,81	87,53	III	972,66	49,13	71,46	80,39	44,87	65,26	73,42	40,70	59,21	66,61	36,63	53,28	59,94	32,66	47,50	53,44	28,77	41,85	47,08
	V	2 035,66	111,96	162,85	183,20	IV	1 500,41	79,62	115,81	130,28	76,72	111,60	125,55	73,82	107,38	120,80	70,92	103,16	116,06	68,02	98,94	111,31	65,12	94,73	106,57
	VI	2 067,91	113,73	165,43	186,11																				
5 543,99	I,IV	1 501,66	82,59	120,13	135,14	I	1 501,66	76,79	111,70	125,66	70,99	103,26	116,17	65,19	94,83	106,68	59,45	86,48	97,29	53,91	78,42	88,22	48,55	70,62	79,45
	II	1 455,91	80,07	116,47	131,03	II	1 455,91	74,27	108,04	121,54	68,47	99,60	112,05	62,68	91,18	102,57	57,03	82,95	93,32	51,56	75,—	84,37	46,28	67,32	75,74
	III	973,50	53,54	77,88	87,61	III	973,50	49,18	71,54	80,48	44,92	65,34	73,51	40,75	59,28	66,69	36,68	53,36	60,03	32,70	47,57	53,51	28,82	41,92	47,16
	V	2 036,91	112,03	162,95	183,32	IV	1 501,66	79,69	115,92	130,41	76,79	111,70	125,66	73,89	107,48	120,92	70,99	103,26	116,17	68,09	99,04	111,42	65,19	94,83	106,68
	VI	2 069,16	113,80	165,53	186,22																				
5 546,99	I,IV	1 502,91	82,66	120,23	135,26	I	1 502,91	76,86	111,80	125,77	71,06	103,36	116,28	65,26	94,93	106,79	59,52	86,58	97,40	53,97	78,51	88,32	48,61	70,71	79,55
	II	1 457,16	80,14	116,57	131,14	II	1 457,16	74,34	108,14	121,65	68,54	99,70	112,16	62,75	91,28	102,69	57,09	83,04	93,42	51,62	75,09	84,47	46,35	67,42	75,84
	III	974,50	53,59	77,96	87,70	III	974,50	49,23	71,61	80,56	44,97	65,41	73,58	40,80	59,34	66,76	36,73	53,42	60,10	32,75	47,64	53,59	28,86	41,98	47,23
	V	2 038,25	112,10	163,06	183,44	IV	1 502,91	79,76	116,02	130,52	76,86	111,80	125,77	73,96	107,58	121,03	71,06	103,36	116,28	68,16	99,15	111,54	65,26	94,93	106,79
	VI	2 070,41	113,87	165,63	186,33																				
5 549,99	I,IV	1 504,16	82,72	120,33	135,37	I	1 504,16	76,93	111,90	125,88	71,13	103,46	116,39	65,33	95,03	106,91	59,59	86,68	97,52	54,04	78,60	88,43	48,67	70,80	79,65
	II	1 458,41	80,21	116,67	131,25	II	1 458,41	74,41	108,24	121,77	68,61	99,80	112,28	62,82	91,38	102,80	57,16	83,14	93,53	51,69	75,18	84,58	46,41	67,50	75,94
	III	975,50	53,65	78,04	87,79	III	975,50	49,28	71,69	80,65	45,02	65,49	73,67	40,85	59,42	66,85	36,77	53,49	60,17	32,79	47,70	53,66	28,91	42,05	47,30
	V	2 039,50	112,17	163,16	183,55	IV	1 504,16	79,83	116,12	130,63	76,93	111,90	125,88	74,03	107,68	121,14	71,13	103,46	116,39	68,23	99,25	111,65	65,33	95,03	106,91
	VI	2 071,66	113,94	165,73	186,44																				
5 552,99	I,IV	1 505,41	82,79	120,43	135,48	I	1 505,41	77,—	112,—	126,—	71,20	103,56	116,51	65,40	95,13	107,02	59,66	86,78	97,62	54,10	78,70	88,53	48,74	70,90	79,76
	II	1 459,66	80,28	116,77	131,36	II	1 459,66	74,48	108,34	121,88	68,68	99,90	112,39	62,89	91,48	102,91	57,22	83,24	93,64	51,75	75,28	84,69	46,47	67,60	76,05
	III	976,50	53,70	78,12	87,88	III	976,50	49,34	71,77	80,74	45,07	65,56	73,75	40,90	59,49	66,92	36,82	53,56	60,25	32,84	47,77	53,74	28,95	42,12	47,38
	V	2 040,75	112,24	163,26	183,66	IV	1 505,41	79,90	116,22	130,74	77,—	112,—	126,—	74,10	107,78	121,25	71,20	103,56	116,51	68,30	99,35	111,77	65,40	95,13	107,02
	VI	2 072,91	114,01	165,83	186,56																				
5 555,99	I,IV	1 506,75	82,87	120,54	135,60	I	1 506,75	77,07	112,10	126,11	71,27	103,66	116,62	65,47	95,23	107,13	59,73	86,88	97,74	54,17	78,80	88,65	48,80	70,99	79,86
	II	1 460,91	80,35	116,87	131,48	II	1 460,91	74,55	108,44	121,99	68,75	100,—	112,50	62,96	91,58	103,02	57,29	83,34	93,75	51,81	75,37	84,79	46,53	67,68	76,14
	III	977,33	53,75	78,18	87,95	III	977,33	49,39	71,84	80,82	45,12	65,64	73,84	40,95	59,57	67,01	36,87	53,64	60,34	32,89	47,84	53,82	29,—	42,18	47,45
	V	2 042,—	112,31	163,36	183,78	IV	1 506,75	79,97	116,32	130,86	77,07	112,10	126,11	74,17	107,88	121,37	71,27	103,66	116,62	68,37	99,45	111,88	65,47	95,23	107,13
	VI	2 074,16	114,07	165,93	186,67																				
5 558,99	I,IV	1 508,—	82,94	120,64	135,72	I	1 508,—	77,14	112,20	126,23	71,34	103,77	116,74	65,54	95,34	107,25	59,79	86,98	97,85	54,23	78,89	88,75	48,86	71,08	79,96
	II	1 462,16	80,41	116,97	131,59	II	1 462,16	74,62	108,54	122,11	68,82	100,10	112,61	63,03	91,68	103,14	57,36	83,43	93,86	51,88	75,46	84,89	46,59	67,78	76,25
	III	978,33	53,80	78,26	88,04	III	978,33	49,44	71,92	80,91	45,17	65,70	73,91	41,—	59,64	67,09	36,92	53,70	60,41	32,93	47,90	53,89	29,04	42,25	47,53
	V	2 043,25	112,37	163,46	183,89	IV	1 508,—	80,03	116,42	130,97	77,14	112,20	126,23	74,24	107,98	121,48	71,34	103,77	116,74	68,44	99,55	111,99	65,54	95,34	107,25
	VI	2 075,41	114,14	166,03	186,78																				
5 561,99	I,IV	1 509,25	83,—	120,74	135,83	I	1 509,25	77,21	112,30	126,34	71,41	103,87	116,85	65,61	95,44	107,37	59,86	87,08	97,96	54,30	78,98	88,85	48,93	71,17	80,06
	II	1 463,41	80,48	117,07	131,70	II	1 463,41	74,69	108,64	122,22	68,89	100,20	112,73	63,09	91,78	103,25	57,42	83,53	93,97	51,94	75,56	85,—	46,65	67,86	76,34
	III	979,33	53,86	78,34	88,13	III	979,33	49,50	72,—	81,—	45,22	65,78	74,—	41,04	59,70	67,16	36,96	53,77	60,49	32,99	47,98	53,98	29,09	42,32	47,61
	V	2 044,50	112,44	163,56	184,—	IV	1 509,25	80,10	116,52	131,08	77,21	112,30	126,34	74,30	108,08	121,59	71,41	103,87	116,85	68,51	99,65	112,10	65,61	95,44	107,37
	VI	2 076,75	114,22	166,14	186,90																				
5 564,99	I,IV	1 510,50	83,07	120,84	135,94	I	1 510,50	77,27	112,40	126,45	71,48	103,97	116,96	65,68	95,54	107,48	59,93	87,17	98,06	54,36	79,08	88,96	48,99	71,26	80,17
	II	1 464,75	80,56	117,18	131,82	II	1 464,75	74,76	108,74	122,33	68,96	100,30	112,84	63,16	91,88	103,36	57,49	83,62	94,07	52,01	75,65	85,10	46,72	67,96	76,45
	III	980,33	53,91	78,42	88,22	III	980,33	49,54	72,06	81,07	45,27	65,85	74,08	41,10	59,78	67,25	37,01	53,84	60,57	33,03	48,05	54,05	29,14	42,38	47,68
	V	2 045,75	112,51	163,66	184,11	IV	1 510,50	80,17	116,62	131,19	77,27	112,40	126,45	74,37	108,18	121,70	71,48	103,97	116,96	68,58	99,75	112,22	65,68	95,54	107,48
	VI	2 078,—	114,29	166,24	187,02																				
5 567,99	I,IV	1 511,75	83,14	120,94	136,05	I	1 511,75	77,34	112,50	126,56	71,55	104,07	117,08	65,75	95,64	107,59	60,—	87,27	98,18	54,43	79,18	89,07	49,06	71,36	80,28
	II	1 466,—	80,63	117,28	131,94	II	1 466,—	74,83	108,84	122,45	69,03	100,41	112,96	63,23	91,98	103,47	57,56	83,72	94,19	52,07	75,74	85,21	46,78	68,04	76,55
	III	981,16	53,96	78,49	88,30	III	981,16	49,60	72,14	81,16	45,32	65,93	74,17	41,14	59,85	67,33	37,07	53,92	60,66	33,08	48,12	54,13	29,18	42,45	47,75
	V	2 047,—	112,58	163,76	184,23	IV	1 511,75	80,24	116,72	131,31	77,34	112,50	126,56	74,44	108,28	121,82	71,55	104,07	117,08	68,64	99,85	112,33	65,75	95,64	107,59
	VI	2 079,25	114,35	166,34	187,13																				
5 570,99	I,IV	1 513,—	83,21	121,04	136,17	I	1 513,—	77,41	112,60	126,68	71,61	104,17	117,19	65,82	95,74	107,70	60,06	87,37	98,29	54,50	79,27	89,18	49,12	71,45	80,38
	II	1 467,25	80,69	117,38	132,05	II	1 467,25	74,90	108,94	122,56	69,10	100,51	113,07	63,30	92,08	103,59	57,62	83,82	94,29	52,14	75,84	85,32	46,84	68,14	76,65
	III	982,16	54,01	78,57	88,39	III	982,16	49,64	72,21	81,23	45,37	66,—	74,25	41,19	59,92	67,41	37,11	53,98	60,73	33,12	48,18	54,20	29,23	42,52	47,83
	V	2 048,25	112,65	163,86	184,34	IV	1 513,—	80,31	116,82	131,42	77,41	112,60	126,68	74,52	108,39	121,94	71,61	104,17	117,19	68,72	99,96	112,45	65,82	95,74	107,70
	VI	2 080,50	114,42	166,44	187,24																				
5 573,99	I,IV	1 514,25	83,28	121,14	136,28	I	1 514,25	77,48	112,70	126,79	71,68	104,27	117,30	65,89	95,84	107,82	60,13	87,47	98,40	54,56	79,36	89,28	49,18	71,54	80,48
	II	1 468,50	80,76	117,48	132,16	II	1 468,50	74,96	109,04	122,67	69,17	100,61	113,18	63,37	92,18	103,70	57,69	83,92	94,41	52,20	75,93	85,42	46,90	68,22	76,75
	III	983,16	54,07	78,65	88,48	III	983,16	49,70	72,29	81,32	45,43	66,08	74,34	41,25	60,—	67,50	37,16	54,05	60,80	33,17	48,25	54,28	29,27	42,58	47,90
	V	2 049,58	112,72	163,96	184,46	IV	1 514,25	80,38	116,92	131,54	77,48	112,70	126,79	74,58	108,49	122,05	71,68	104,27	117,30	68,79	100,06	112,56	65,89	95,84	107,82
	VI	2 081,75	114,49	166,54	187,35																				
5 576,99	I,IV	1 515,50	83,35	121,24	136,39	I	1 515,50	77,55	112,80	126,90	71,75	104,37	117,41	65,95	95,94	107,93	60,20	87,57	98,51	54,63	79,46	89,39	49,24	71,63	80,58
	II	1 469,75	80,83	117,58	132,27	II	1 469,75	75,03	109,14	122,78	69,24	100,71	113,30	63,44	92,28	103,81	57,75	84,01	94,51	52,26	76,02	85,52	46,97	68,32	76,86
	III	984,16	54,12	78,73	88,57	III	984,16	49,75	72,37	81,41	45,47	66,14	74,41	41,29	60,06	67,57	37,21	54,13	60,89	33,22	48,32	54,36	29,32	42,65	47,98
	V	2 050,83	112,79	164,06	184,57	IV	1 515,50	80,45	117,02	131,65	77,55	112,80	126,90	74,65	108,59	122,16	71,75	104,37	117,41	68,86	100,16	112,68	65,95	95,94	107,93
	VI	2 083,—	114,56	166,64	187,47																				
5 579,99	I,IV	1 516,83	83,42	121,34	136,51	I	1 516,83	77,62	112,90	127,01	71,82	104,47	117,53	66,02	96,04	108,04	60,27	87,66	98,62	54,69	79,56	89,50	49,31	71,72	80,69
	II	1 471,—	80,90	117,68	132,39	II	1 471,—	75,10	109,24	122,90	69,30	100,81	113,41	63,51	92,38	103,92	57,82	84,11	94,62	52,33	76,12	85,64	47,03	68,41	76,96
	III	985,—	54,17	78,80	88,65	III	985,—	49,80	72,44	81,49	45,53	66,22	74,50	41,35	60,14	67,66	37,26	54,20	60,97	33,26	48,38	54,43	29,37	42,72	48,06
	V	2 052,08	112,86	164,16	184,68	IV	1 516,83	80,52	117,12	131,76	77,62	112,90	127,01	74,72	108,69	122,27	71,82	104,47	117,53	68,92	100,26	112,79	66,02	96,04	108,04
	VI	2 084,25	114,63	166,74	187,58																				

* Die ausgewiesenen Tabellenwerte sind amtlich. Siehe Erläuterungen auf der Umschlaginnenseite (U2).

Abzüge an Lohnsteuer, Solidaritätszuschlag (SolZ) und Kirchensteuer (8%, 9%) in den Steuerklassen

Lohn/ Gehalt bis €*	I – VI		ohne Kinderfreibeträge			I, II, III, IV		mit Zahl der Kinderfreibeträge . . . 0,5			1			1,5			2			2,5			3		
		LSt	SolZ	8%	9%		LSt	SolZ	8%	9%	SolZ	8%	9%	SolZ	8%	9%	SolZ	8%	9%	SolZ	8%	9%	SolZ	8%	9%
5 582,99	I,IV	1 518,08	83,49	121,44	136,62	I	1 518,08	77,69	113,01	127,13	71,89	104,58	117,65	66,10	96,14	108,16	60,33	87,76	98,73	54,76	79,65	89,60	49,37	71,82	80,79
	II	1 472,25	80,97	117,78	132,50	II	1 472,25	75,17	109,34	123,01	69,37	100,91	113,52	63,58	92,48	104,04	57,89	84,21	94,73	52,40	76,22	85,74	47,09	68,50	77,06
	III	986,—	54,23	78,88	88,74	III	986,—	49,85	72,52	81,58	45,57	66,29	74,57	41,39	60,21	67,73	37,30	54,26	61,04	33,32	48,46	54,52	29,41	42,78	48,13
	V	2 053,33	112,93	164,26	184,79	IV	1 518,08	80,59	117,22	131,87	77,69	113,01	127,13	74,79	108,79	122,39	71,89	104,58	117,65	68,99	100,36	112,90	66,10	96,14	108,16
	VI	2 085,50	114,70	166,84	187,69																				
5 585,99	I,IV	1 519,33	83,56	121,54	136,73	I	1 519,33	77,76	113,11	127,25	71,96	104,68	117,76	66,16	96,24	108,27	60,40	87,86	98,84	54,82	79,74	89,71	49,43	71,90	80,89
	II	1 473,50	81,04	117,88	132,61	II	1 473,50	75,24	109,44	123,12	69,44	101,01	113,63	63,64	92,58	104,15	57,96	84,30	94,84	52,46	76,31	85,85	47,15	68,59	77,16
	III	987,—	54,28	78,96	88,83	III	987,—	49,91	72,60	81,67	45,63	66,37	74,66	41,44	60,28	67,81	37,35	54,33	61,12	33,36	48,53	54,59	29,46	42,85	48,20
	V	2 054,58	113,—	164,36	184,91	IV	1 519,33	80,66	117,32	131,99	77,76	113,11	127,25	74,86	108,89	122,50	71,96	104,68	117,76	69,06	100,46	113,01	66,16	96,24	108,27
	VI	2 086,75	114,77	166,94	187,80																				
5 588,99	I,IV	1 520,58	83,63	121,64	136,85	I	1 520,58	77,83	113,21	127,36	72,03	104,78	117,87	66,23	96,34	108,38	60,47	87,96	98,96	54,89	79,84	89,82	49,50	72,—	81,—
	II	1 474,83	81,11	117,98	132,73	II	1 474,83	75,31	109,54	123,23	69,51	101,11	113,75	63,71	92,68	104,26	58,02	84,40	94,95	52,52	76,40	85,95	47,21	68,68	77,26
	III	988,—	54,34	79,04	88,92	III	988,—	49,95	72,66	81,74	45,67	66,44	74,74	41,49	60,36	67,90	37,40	54,41	61,21	33,41	48,60	54,67	29,50	42,92	48,28
	V	2 055,83	113,07	164,46	185,02	IV	1 520,58	80,73	117,42	132,10	77,83	113,21	127,36	74,93	108,99	122,61	72,03	104,78	117,87	69,13	100,56	113,13	66,23	96,34	108,38
	VI	2 088,08	114,84	167,04	187,92																				
5 591,99	I,IV	1 521,83	83,70	121,74	136,96	I	1 521,83	77,90	113,31	127,47	72,10	104,88	117,99	66,30	96,44	108,50	60,54	88,06	99,07	54,95	79,94	89,93	49,56	72,09	81,10
	II	1 476,08	81,18	118,08	132,84	II	1 476,08	75,38	109,65	123,35	69,58	101,22	113,87	63,78	92,78	104,37	58,09	84,50	95,06	52,59	76,50	86,06	47,28	68,77	77,36
	III	988,83	54,38	79,10	88,99	III	988,83	50,01	72,74	81,83	45,73	66,52	74,83	41,54	60,42	67,97	37,45	54,48	61,29	33,45	48,66	54,74	29,55	42,98	48,35
	V	2 057,08	113,13	164,56	185,13	IV	1 521,83	80,79	117,52	132,21	77,90	113,31	127,47	75,—	109,09	122,72	72,10	104,88	117,99	69,20	100,66	113,24	66,30	96,44	108,50
	VI	2 089,33	114,91	167,14	188,03																				
5 594,99	I,IV	1 523,08	83,76	121,84	137,07	I	1 523,08	77,97	113,41	127,58	72,17	104,98	118,10	66,37	96,54	108,61	60,61	88,16	99,18	55,02	80,03	90,03	49,62	72,18	81,20
	II	1 477,33	81,25	118,18	132,95	II	1 477,33	75,45	109,75	123,47	69,65	101,32	113,98	63,85	92,88	104,49	58,16	84,60	95,17	52,65	76,59	86,16	47,34	68,86	77,47
	III	989,83	54,44	79,18	89,08	III	989,83	50,06	72,82	81,92	45,77	66,58	74,90	41,59	60,50	68,06	37,50	54,54	61,36	33,50	48,73	54,82	29,59	43,05	48,43
	V	2 058,33	113,20	164,66	185,24	IV	1 523,08	80,87	117,63	132,33	77,97	113,41	127,58	75,07	109,20	122,85	72,17	104,98	118,10	69,27	100,76	113,36	66,37	96,54	108,61
	VI	2 090,58	114,98	167,24	188,15																				
5 597,99	I,IV	1 524,33	83,83	121,94	137,18	I	1 524,33	78,04	113,51	127,70	72,24	105,08	118,21	66,44	96,64	108,72	60,67	88,26	99,29	55,09	80,13	90,14	49,69	72,28	81,31
	II	1 478,58	81,32	118,28	133,07	II	1 478,58	75,52	109,85	123,58	69,72	101,42	114,09	63,92	92,98	104,60	58,23	84,70	95,28	52,72	76,68	86,27	47,40	68,95	77,57
	III	990,83	54,49	79,26	89,17	III	990,83	50,11	72,89	82,—	45,83	66,66	74,99	41,64	60,57	68,14	37,54	54,61	61,43	33,55	48,80	54,90	29,64	43,12	48,51
	V	2 059,66	113,28	164,77	185,36	IV	1 524,33	80,94	117,73	132,44	78,04	113,51	127,70	75,14	109,30	122,96	72,24	105,08	118,21	69,34	100,86	113,47	66,44	96,64	108,72
	VI	2 091,83	115,05	167,34	188,26																				
5 600,99	I,IV	1 525,58	83,90	122,04	137,30	I	1 525,58	78,10	113,61	127,81	72,31	105,18	118,32	66,51	96,74	108,83	60,74	88,36	99,40	55,15	80,22	90,25	49,75	72,37	81,41
	II	1 479,83	81,39	118,38	133,18	II	1 479,83	75,59	109,95	123,69	69,79	101,52	114,21	63,99	93,08	104,72	58,29	84,79	95,39	52,78	76,78	86,37	47,46	69,04	77,67
	III	991,83	54,55	79,34	89,26	III	991,83	50,16	72,97	82,09	45,87	66,73	75,07	41,69	60,64	68,22	37,60	54,69	61,52	33,59	48,86	54,97	29,69	43,18	48,58
	V	2 060,91	113,35	164,87	185,48	IV	1 525,58	81,01	117,83	132,56	78,10	113,61	127,81	75,21	109,40	123,07	72,31	105,18	118,32	69,41	100,96	113,58	66,51	96,74	108,83
	VI	2 093,08	115,11	167,44	188,37																				
5 603,99	I,IV	1 526,83	83,97	122,14	137,41	I	1 526,83	78,17	113,71	127,92	72,38	105,28	118,44	66,58	96,84	108,95	60,81	88,46	99,51	55,22	80,32	90,36	49,81	72,46	81,51
	II	1 481,08	81,45	118,48	133,29	II	1 481,08	75,66	110,05	123,80	69,86	101,62	114,32	64,06	93,18	104,83	58,36	84,89	95,50	52,85	76,87	86,48	47,52	69,13	77,77
	III	992,66	54,59	79,41	89,33	III	992,66	50,22	73,05	82,18	45,93	66,81	75,16	41,74	60,72	68,31	37,64	54,76	61,60	33,65	48,94	55,06	29,74	43,26	48,67
	V	2 062,16	113,41	164,97	185,59	IV	1 526,83	81,07	117,93	132,67	78,17	113,71	127,92	75,28	109,50	123,18	72,38	105,28	118,44	69,48	101,06	113,69	66,58	96,84	108,95
	VI	2 094,33	115,18	167,54	188,48																				
5 606,99	I,IV	1 528,16	84,04	122,25	137,53	I	1 528,16	78,25	113,82	128,04	72,45	105,38	118,55	66,65	96,94	109,06	60,88	88,56	99,63	55,28	80,42	90,47	49,88	72,55	81,62
	II	1 482,33	81,52	118,58	133,40	II	1 482,33	75,73	110,15	123,92	69,93	101,72	114,43	64,13	93,28	104,94	58,42	84,98	95,60	52,91	76,96	86,58	47,59	69,22	77,87
	III	993,66	54,65	79,49	89,42	III	993,66	50,27	73,12	82,26	45,98	66,89	75,25	41,79	60,78	68,38	37,69	54,82	61,67	33,69	49,01	55,13	29,79	43,33	48,74
	V	2 063,41	113,48	165,07	185,70	IV	1 528,16	81,14	118,03	132,78	78,25	113,82	128,04	75,35	109,60	123,30	72,45	105,38	118,55	69,55	101,16	113,81	66,65	96,94	109,06
	VI	2 095,58	115,25	167,64	188,60																				
5 609,99	I,IV	1 529,41	84,11	122,35	137,64	I	1 529,41	78,32	113,92	128,16	72,52	105,48	118,67	66,72	97,05	109,18	60,95	88,66	99,74	55,35	80,51	90,57	49,94	72,64	81,72
	II	1 483,58	81,59	118,68	133,52	II	1 483,58	75,79	110,25	124,03	70,—	101,82	114,54	64,20	93,38	105,05	58,49	85,08	95,72	52,98	77,06	86,69	47,65	69,32	77,98
	III	994,66	54,70	79,57	89,51	III	994,66	50,32	73,20	82,35	46,03	66,96	75,33	41,84	60,86	68,47	37,74	54,90	61,76	33,74	49,08	55,21	29,83	43,40	48,82
	V	2 064,66	113,55	165,17	185,81	IV	1 529,41	81,21	118,13	132,89	78,32	113,92	128,16	75,41	109,70	123,41	72,52	105,48	118,67	69,62	101,26	113,92	66,72	97,05	109,18
	VI	2 096,83	115,32	167,74	188,71																				
5 612,99	I,IV	1 530,66	84,18	122,45	137,75	I	1 530,66	78,38	114,02	128,27	72,59	105,58	118,78	66,79	97,15	109,29	61,01	88,75	99,84	55,41	80,60	90,68	50,—	72,74	81,83
	II	1 484,83	81,66	118,78	133,63	II	1 484,83	75,86	110,35	124,14	70,07	101,92	114,66	64,27	93,48	105,17	58,56	85,18	95,83	53,04	77,16	86,80	47,71	69,40	78,08
	III	995,66	54,76	79,65	89,60	III	995,66	50,37	73,26	82,42	46,09	67,04	75,42	41,89	60,93	68,54	37,79	54,97	61,84	33,78	49,14	55,28	29,88	43,46	48,89
	V	2 065,91	113,62	165,27	185,93	IV	1 530,66	81,28	118,23	133,01	78,38	114,02	128,27	75,48	109,80	123,52	72,59	105,58	118,78	69,68	101,36	114,03	66,79	97,15	109,29
	VI	2 098,16	115,39	167,85	188,83																				
5 615,99	I,IV	1 531,91	84,25	122,55	137,87	I	1 531,91	78,45	114,12	128,38	72,65	105,68	118,89	66,86	97,25	109,40	61,08	88,85	99,95	55,48	80,70	90,79	50,07	72,83	81,93
	II	1 486,16	81,73	118,89	133,75	II	1 486,16	75,94	110,46	124,26	70,14	102,02	114,77	64,34	93,58	105,28	58,63	85,28	95,94	53,11	77,25	86,90	47,78	69,50	78,18
	III	996,66	54,81	79,73	89,69	III	996,66	50,42	73,34	82,51	46,13	67,10	75,49	41,93	61,—	68,62	37,84	55,04	61,92	33,83	49,21	55,36	29,92	43,53	48,97
	V	2 067,16	113,69	165,37	186,04	IV	1 531,91	81,35	118,33	133,12	78,45	114,12	128,38	75,55	109,90	123,63	72,65	105,68	118,89	69,75	101,46	114,14	66,86	97,25	109,40
	VI	2 099,41	115,46	167,95	188,94																				
5 618,99	I,IV	1 533,16	84,32	122,65	137,98	I	1 533,16	78,52	114,22	128,49	72,72	105,78	119,—	66,93	97,35	109,52	61,15	88,95	100,07	55,55	80,80	90,90	50,13	72,92	82,04
	II	1 487,41	81,80	118,99	133,86	II	1 487,41	76,01	110,56	124,38	70,21	102,12	114,89	64,41	93,69	105,40	58,69	85,38	96,05	53,17	77,34	87,01	47,84	69,59	78,29
	III	997,50	54,86	79,80	89,77	III	997,50	50,48	73,42	82,60	46,19	67,18	75,58	41,99	61,08	68,71	37,88	55,10	61,99	33,88	49,28	55,44	29,97	43,60	49,05
	V	2 068,41	113,76	165,47	186,15	IV	1 533,16	81,42	118,44	133,24	78,52	114,22	128,49	75,62	110,—	123,75	72,72	105,78	119,—	69,82	101,56	114,26	66,93	97,35	109,52
	VI	2 100,66	115,53	168,05	189,05																				
5 621,99	I,IV	1 534,41	84,39	122,75	138,09	I	1 534,41	78,59	114,32	128,61	72,79	105,88	119,12	66,99	97,45	109,63	61,22	89,05	100,18	55,61	80,90	91,01	50,20	73,02	82,14
	II	1 488,66	81,87	119,09	133,97	II	1 488,66	76,07	110,66	124,49	70,28	102,22	115,—	64,48	93,79	105,51	58,76	85,48	96,16	53,24	77,44	87,12	47,90	69,68	78,39
	III	998,50	54,91	79,88	89,86	III	998,50	50,52	73,49	82,67	46,23	67,25	75,65	42,03	61,14	68,78	37,94	55,18	62,08	33,93	49,36	55,53	30,02	43,66	49,12
	V	2 069,75	113,83	165,58	186,27	IV	1 534,41	81,49	118,54	133,35	78,59	114,32	128,61	75,69	110,10	123,86	72,79	105,88	119,12	69,90	101,67	114,38	66,99	97,45	109,63
	VI	2 101,91	115,60	168,15	189,17																				
5 624,99	I,IV	1 535,66	84,46	122,85	138,20	I	1 535,66	78,66	114,42	128,72	72,86	105,98	119,23	67,06	97,55	109,74	61,29	89,15	100,29	55,68	80,99	91,11	50,26	73,10	82,24
	II	1 489,91	81,94	119,19	134,09	II	1 489,91	76,14	110,76	124,60	70,34	102,32	115,11	64,55	93,89	105,62	58,83	85,57	96,26	53,30	77,53	87,22	47,96	69,77	78,49
	III	999,50	54,97	79,96	89,95	III	999,50	50,58	73,57	82,76	46,29	67,33	75,74	42,09	61,22	68,87	37,98	55,25	62,15	33,98	49,42	55,60	30,06	43,73	49,19
	V	2 071,—	113,90	165,68	186,39	IV	1 535,66	81,56	118,64	133,47	78,66	114,42	128,72	75,76	110,20	123,98	72,86	105,98	119,23	69,96	101,77	114,49	67,06	97,55	109,74
	VI	2 103,16	115,67	168,25	189,28																				

* Die ausgewiesenen Tabellenwerte sind amtlich. Siehe Erläuterungen auf der Umschlaginnenseite (U2).

MONAT 5 625,–*

Abzüge an Lohnsteuer, Solidaritätszuschlag (SolZ) und Kirchensteuer (8%, 9%) in den Steuerklassen

Lohn/ Gehalt bis €*		I – VI	ohne Kinderfreibeträge				I, II, III, IV	mit Zahl der Kinderfreibeträge . . . 0,5			1			1,5			2			2,5			3		
		LSt	SolZ	8%	9%		LSt	SolZ	8%	9%	SolZ	8%	9%	SolZ	8%	9%	SolZ	8%	9%	SolZ	8%	9%	SolZ	8%	9%
5 627,99	I,IV	1 536,91	84,53	122,95	138,32	I	1 536,91	78,73	114,52	128,83	72,93	106,08	119,34	67,13	97,65	109,85	61,36	89,25	100,40	55,74	81,08	91,22	50,32	73,20	82,35
	II	1 491,16	82,01	119,29	134,20	II	1 491,16	76,21	110,86	124,71	70,41	102,42	115,22	64,62	93,99	105,74	58,90	85,67	96,38	53,36	77,62	87,32	48,03	69,86	78,59
	III	1 000,50	55,02	80,04	90,04	III	1 000,50	50,63	73,65	82,85	46,33	67,40	75,82	42,13	61,29	68,95	38,03	55,32	62,23	34,02	49,49	55,67	30,11	43,80	49,27
	V	2 072,25	113,97	165,78	186,50	IV	1 536,91	81,63	118,74	133,58	78,73	114,52	128,83	75,83	110,30	124,09	72,93	106,08	119,34	70,03	101,87	114,60	67,13	97,65	109,85
	VI	2 104,41	115,74	168,35	189,39																				
5 630,99	I,IV	1 538,25	84,60	123,06	138,44	I	1 538,25	78,80	114,62	128,95	73,—	106,18	119,45	67,20	97,75	109,97	61,43	89,35	100,52	55,81	81,18	91,33	50,38	73,29	82,45
	II	1 492,41	82,08	119,39	134,31	II	1 492,41	76,28	110,96	124,83	70,48	102,52	115,34	64,68	94,09	105,85	58,96	85,77	96,49	53,43	77,72	87,44	48,09	69,95	78,69
	III	1 001,33	55,07	80,10	90,11	III	1 001,33	50,68	73,72	82,93	46,39	67,48	75,91	42,18	61,36	69,03	38,08	55,40	62,32	34,07	49,56	55,75	30,15	43,86	49,34
	V	2 073,50	114,04	165,88	186,61	IV	1 538,25	81,70	118,84	133,69	78,80	114,62	128,95	75,90	110,40	124,20	73,—	106,18	119,45	70,10	101,97	114,71	67,20	97,75	109,97
	VI	2 105,66	115,81	168,45	189,50																				
5 633,99	I,IV	1 539,50	84,67	123,16	138,55	I	1 539,50	78,87	114,72	129,06	73,07	106,29	119,57	67,27	97,86	110,09	61,49	89,44	100,62	55,88	81,28	91,44	50,45	73,38	82,55
	II	1 493,66	82,15	119,49	134,42	II	1 493,66	76,35	111,06	124,94	70,55	102,62	115,45	64,75	94,19	105,96	59,03	85,86	96,59	53,50	77,82	87,54	48,15	70,04	78,80
	III	1 002,33	55,12	80,18	90,20	III	1 002,33	50,73	73,80	83,02	46,43	67,54	75,98	42,24	61,44	69,12	38,13	55,46	62,39	34,11	49,62	55,82	30,20	43,93	49,42
	V	2 074,75	114,11	165,98	186,72	IV	1 539,50	81,77	118,94	133,80	78,87	114,72	129,06	75,97	110,50	124,31	73,07	106,29	119,57	70,17	102,07	114,83	67,27	97,86	110,09
	VI	2 106,91	115,88	168,55	189,62																				
5 636,99	I,IV	1 540,75	84,74	123,26	138,66	I	1 540,75	78,94	114,82	129,17	73,14	106,39	119,69	67,34	97,96	110,20	61,56	89,54	100,73	55,94	81,37	91,54	50,51	73,48	82,66
	II	1 494,91	82,22	119,59	134,54	II	1 494,91	76,42	111,16	125,05	70,62	102,72	115,56	64,82	94,29	106,07	59,10	85,96	96,71	53,56	77,91	87,65	48,22	70,14	78,90
	III	1 003,33	55,18	80,26	90,29	III	1 003,33	50,79	73,88	83,11	46,49	67,62	76,07	42,28	61,50	69,19	38,17	55,53	62,47	34,16	49,69	55,90	30,25	44,—	49,50
	V	2 076,—	114,18	166,08	186,84	IV	1 540,75	81,84	119,04	133,92	78,94	114,82	129,17	76,04	110,60	124,43	73,14	106,39	119,69	70,24	102,17	114,94	67,34	97,96	110,20
	VI	2 108,25	115,95	168,66	189,74																				
5 639,99	I,IV	1 542,—	84,81	123,36	138,78	I	1 542,—	79,01	114,92	129,29	73,21	106,49	119,80	67,41	98,06	110,31	61,63	89,64	100,85	56,01	81,47	91,65	50,58	73,57	82,76
	II	1 496,25	82,29	119,70	134,66	II	1 496,25	76,49	111,26	125,17	70,69	102,82	115,67	64,89	94,39	106,19	59,17	86,06	96,82	53,62	78,—	87,75	48,28	70,22	79,—
	III	1 004,33	55,23	80,34	90,38	III	1 004,33	50,83	73,94	83,18	46,53	67,69	76,15	42,34	61,58	69,28	38,22	55,60	62,55	34,21	49,77	55,99	30,29	44,06	49,57
	V	2 077,25	114,24	166,18	186,95	IV	1 542,—	81,90	119,14	134,03	79,01	114,92	129,29	76,11	110,70	124,54	73,21	106,49	119,80	70,31	102,27	115,05	67,41	98,06	110,31
	VI	2 109,50	116,02	168,76	189,85																				
5 642,99	I,IV	1 543,25	84,87	123,46	138,89	I	1 543,25	79,08	115,02	129,40	73,28	106,59	119,91	67,48	98,16	110,43	61,70	89,74	100,96	56,07	81,56	91,76	50,64	73,66	82,87
	II	1 497,50	82,36	119,80	134,77	II	1 497,50	76,56	111,36	125,28	70,76	102,93	115,79	64,96	94,50	106,31	59,23	86,16	96,93	53,69	78,10	87,86	48,34	70,32	79,11
	III	1 005,33	55,29	80,42	90,47	III	1 005,33	50,89	74,02	83,27	46,59	67,77	76,24	42,38	61,65	69,35	38,28	55,68	62,64	34,26	49,84	56,07	30,34	44,13	49,64
	V	2 078,50	114,31	166,28	187,06	IV	1 543,25	81,98	119,24	134,15	79,08	115,02	129,40	76,17	110,80	124,65	73,28	106,59	119,91	70,38	102,37	115,16	67,48	98,16	110,43
	VI	2 110,75	116,09	168,86	189,96																				
5 645,99	I,IV	1 544,50	84,94	123,56	139,—	I	1 544,50	79,14	115,12	129,51	73,35	106,69	120,02	67,55	98,26	110,54	61,76	89,84	101,07	56,14	81,66	91,87	50,71	73,76	82,98
	II	1 498,75	82,43	119,90	134,88	II	1 498,75	76,63	111,46	125,39	70,83	103,03	115,91	65,03	94,60	106,42	59,30	86,26	97,04	53,76	78,20	87,97	48,40	70,41	79,21
	III	1 006,16	55,33	80,49	90,55	III	1 006,16	50,94	74,10	83,36	46,64	67,84	76,32	42,44	61,73	69,44	38,32	55,74	62,71	34,31	49,90	56,14	30,38	44,20	49,72
	V	2 079,75	114,38	166,38	187,17	IV	1 544,50	82,05	119,34	134,26	79,14	115,12	129,51	76,25	110,91	124,77	73,35	106,69	120,02	70,45	102,48	115,29	67,55	98,26	110,54
	VI	2 112,—	116,16	168,96	190,08																				
5 648,99	I,IV	1 545,75	85,01	123,66	139,11	I	1 545,75	79,21	115,22	129,62	73,42	106,79	120,14	67,62	98,36	110,65	61,83	89,94	101,18	56,21	81,76	91,98	50,77	73,85	83,08
	II	1 500,—	82,50	120,—	135,—	II	1 500,—	76,70	111,56	125,51	70,90	103,13	116,02	65,10	94,70	106,53	59,37	86,36	97,15	53,82	78,29	88,07	48,46	70,50	79,31
	III	1 007,16	55,39	80,57	90,64	III	1 007,16	50,99	74,17	83,44	46,69	67,92	76,41	42,48	61,80	69,52	38,37	55,81	62,78	34,35	49,97	56,21	30,43	44,26	49,79
	V	2 081,08	114,45	166,48	187,29	IV	1 545,75	82,11	119,44	134,37	79,21	115,22	129,62	76,32	111,01	124,88	73,42	106,79	120,14	70,52	102,58	115,40	67,62	98,36	110,65
	VI	2 113,25	116,22	169,06	190,19																				
5 651,99	I,IV	1 547,—	85,08	123,76	139,23	I	1 547,—	79,28	115,32	129,74	73,48	106,89	120,25	67,69	98,46	110,76	61,90	90,04	101,30	56,27	81,86	92,09	50,83	73,94	83,18
	II	1 501,25	82,56	120,10	135,11	II	1 501,25	76,77	111,66	125,62	70,97	103,23	116,13	65,17	94,80	106,65	59,43	86,45	97,25	53,89	78,38	88,18	48,53	70,59	79,41
	III	1 008,16	55,44	80,65	90,73	III	1 008,16	51,04	74,25	83,53	46,75	68,—	76,50	42,53	61,86	69,59	38,42	55,89	62,87	34,40	50,04	56,29	30,47	44,33	49,87
	V	2 082,33	114,52	166,58	187,40	IV	1 547,—	82,18	119,54	134,48	79,28	115,32	129,74	76,39	111,11	125,—	73,48	106,89	120,25	70,59	102,68	115,51	67,69	98,46	110,76
	VI	2 114,50	116,29	169,16	190,30																				
5 654,99	I,IV	1 548,33	85,15	123,86	139,34	I	1 548,33	79,35	115,42	129,85	73,55	106,99	120,36	67,76	98,56	110,88	61,97	90,14	101,41	56,34	81,95	92,19	50,90	74,04	83,29
	II	1 502,50	82,63	120,20	135,22	II	1 502,50	76,83	111,76	125,73	71,04	103,33	116,24	65,24	94,90	106,76	59,50	86,55	97,37	53,95	78,48	88,29	48,59	70,68	79,52
	III	1 009,16	55,50	80,73	90,82	III	1 009,16	51,10	74,33	83,62	46,79	68,06	76,57	42,58	61,94	69,68	38,47	55,96	62,95	34,44	50,10	56,36	30,52	44,40	49,95
	V	2 083,58	114,59	166,68	187,52	IV	1 548,33	82,25	119,64	134,60	79,35	115,42	129,85	76,45	111,21	125,11	73,55	106,99	120,36	70,66	102,78	115,62	67,76	98,56	110,88
	VI	2 115,75	116,36	169,26	190,41																				
5 657,99	I,IV	1 549,58	85,22	123,96	139,46	I	1 549,58	79,42	115,53	129,97	73,63	107,10	120,48	67,83	98,66	110,99	62,04	90,24	101,52	56,40	82,04	92,30	50,96	74,13	83,39
	II	1 503,75	82,70	120,30	135,33	II	1 503,75	76,90	111,86	125,84	71,11	103,43	116,36	65,31	95,—	106,87	59,57	86,65	97,48	54,01	78,57	88,39	48,66	70,78	79,62
	III	1 010,16	55,55	80,81	90,91	III	1 010,16	51,15	74,40	83,70	46,85	68,14	76,66	42,63	62,01	69,76	38,51	56,02	63,02	34,50	50,18	56,45	30,57	44,46	50,02
	V	2 084,83	114,66	166,78	187,63	IV	1 549,58	82,32	119,74	134,71	79,42	115,53	129,97	76,52	111,31	125,22	73,63	107,10	120,48	70,73	102,88	115,74	67,83	98,66	110,99
	VI	2 117,—	116,43	169,36	190,53																				
5 660,99	I,IV	1 550,83	85,29	124,06	139,57	I	1 550,83	79,49	115,63	130,08	73,70	107,20	120,60	67,90	98,76	111,11	62,11	90,34	101,63	56,47	82,14	92,41	51,03	74,22	83,50
	II	1 505,—	82,77	120,40	135,45	II	1 505,—	76,97	111,96	125,96	71,17	103,53	116,47	65,38	95,10	106,98	59,64	86,75	97,59	54,08	78,67	88,50	48,72	70,86	79,72
	III	1 011,—	55,60	80,88	90,99	III	1 011,—	51,20	74,48	83,79	46,89	68,21	76,73	42,68	62,09	69,85	38,57	56,10	63,11	34,54	50,25	56,53	30,61	44,53	50,09
	V	2 086,08	114,73	166,88	187,74	IV	1 550,83	82,39	119,84	134,82	79,49	115,63	130,08	76,59	111,41	125,33	73,70	107,20	120,60	70,79	102,98	115,85	67,90	98,76	111,11
	VI	2 118,25	116,50	169,46	190,64																				
5 663,99	I,IV	1 552,08	85,36	124,16	139,68	I	1 552,08	79,56	115,73	130,19	73,76	107,30	120,71	67,97	98,86	111,22	62,18	90,44	101,75	56,54	82,24	92,52	51,09	74,31	83,60
	II	1 506,33	82,84	120,50	135,56	II	1 506,33	77,04	112,06	126,07	71,24	103,63	116,58	65,45	95,20	107,10	59,70	86,84	97,70	54,15	78,76	88,61	48,78	70,96	79,83
	III	1 012,—	55,66	80,96	91,08	III	1 012,—	51,26	74,56	83,88	46,95	68,29	76,82	42,73	62,16	69,93	38,61	56,17	63,19	34,59	50,32	56,61	30,66	44,60	50,17
	V	2 087,33	114,80	166,98	187,85	IV	1 552,08	82,46	119,94	134,93	79,56	115,73	130,19	76,66	111,51	125,45	73,76	107,30	120,71	70,86	103,08	115,96	67,97	98,86	111,22
	VI	2 119,58	116,57	169,56	190,76																				
5 666,99	I,IV	1 553,33	85,43	124,26	139,79	I	1 553,33	79,63	115,83	130,31	73,83	107,40	120,82	68,03	98,96	111,33	62,25	90,54	101,86	56,60	82,34	92,63	51,15	74,40	83,70
	II	1 507,58	82,91	120,60	135,68	II	1 507,58	77,11	112,17	126,19	71,32	103,74	116,70	65,52	95,30	107,21	59,77	86,94	97,81	54,21	78,86	88,71	48,84	71,05	79,93
	III	1 013,—	55,71	81,04	91,17	III	1 013,—	51,31	74,64	83,97	46,99	68,36	76,90	42,79	62,24	70,02	38,66	56,24	63,27	34,64	50,38	56,68	30,70	44,66	50,24
	V	2 088,58	114,87	167,08	187,97	IV	1 553,33	82,53	120,04	135,05	79,63	115,83	130,31	76,73	111,61	125,56	73,83	107,40	120,82	70,93	103,18	116,07	68,03	98,96	111,33
	VI	2 120,83	116,64	169,66	190,87																				
5 669,99	I,IV	1 554,58	85,50	124,36	139,91	I	1 554,58	79,70	115,93	130,42	73,90	107,50	120,93	68,10	99,06	111,44	62,31	90,64	101,97	56,67	82,43	92,73	51,21	74,50	83,81
	II	1 508,83	82,98	120,70	135,79	II	1 508,83	77,18	112,27	126,30	71,39	103,84	116,82	65,59	95,40	107,33	59,84	87,04	97,92	54,28	78,95	88,82	48,91	71,14	80,03
	III	1 014,—	55,77	81,12	91,26	III	1 014,—	51,36	74,70	84,04	47,05	68,44	76,99	42,83	62,30	70,09	38,71	56,30	63,34	34,68	50,45	56,75	30,76	44,74	50,33
	V	2 090,83	114,94	167,18	188,08	IV	1 554,58	82,60	120,15	135,17	79,70	115,93	130,42	76,80	111,72	125,68	73,90	107,50	120,93	71,—	103,28	116,19	68,10	99,06	111,44
	VI	2 122,08	116,71	169,76	190,98																				

* Die ausgewiesenen Tabellenwerte sind amtlich. Siehe Erläuterungen auf der Umschlaginnenseite (U2).

Lohn/ Gehalt bis €*		I – VI ohne Kinderfreibeträge				Abzüge an Lohnsteuer, Solidaritätszuschlag (SolZ) und Kirchensteuer (8%, 9%) in den Steuerklassen I, II, III, IV		mit Zahl der Kinderfreibeträge . . . 0,5			1			1,5			2			2,5			3		
		LSt	SolZ	8%	9%		LSt	SolZ	8%	9%	SolZ	8%	9%	SolZ	8%	9%	SolZ	8%	9%	SolZ	8%	9%	SolZ	8%	9%
5 672,99	I,IV	1 555,83	85,57	124,46	140,02	I	1 555,83	79,77	116,03	130,53	73,97	107,60	121,05	68,17	99,16	111,56	62,38	90,74	102,08	56,74	82,53	92,84	51,28	74,59	83,91
	II	1 510,08	83,05	120,80	135,90	II	1 510,08	77,25	112,37	126,41	71,45	103,94	116,93	65,66	95,50	107,44	59,91	87,14	98,03	54,34	79,05	88,93	48,97	71,23	80,13
	III	1 015,—	55,82	81,20	91,35	III	1 015,—	51,41	74,78	84,13	47,09	68,50	77,06	42,88	62,37	70,16	38,76	56,38	63,43	34,74	50,53	56,84	30,80	44,81	50,41
	V	2 091,16	115,01	167,29	188,20	IV	1 555,83	82,67	120,25	135,28	79,77	116,03	130,53	76,87	111,82	125,79	73,97	107,60	121,05	71,07	103,38	116,30	68,17	99,16	111,56
	VI	2 123,33	116,78	169,86	191,09																				
5 675,99	I,IV	1 557,08	85,63	124,56	140,13	I	1 557,08	79,84	116,13	130,64	74,04	107,70	121,16	68,24	99,26	111,67	62,45	90,84	102,20	56,80	82,62	92,95	51,34	74,68	84,02
	II	1 511,33	83,12	120,90	136,01	II	1 511,33	77,32	112,47	126,53	71,52	104,04	117,04	65,72	95,60	107,55	59,97	87,24	98,14	54,41	79,14	89,03	49,03	71,32	80,24
	III	1 015,83	55,87	81,26	91,42	III	1 015,83	51,47	74,86	84,22	47,15	68,58	77,15	42,93	62,45	70,25	38,81	56,45	63,50	34,78	50,60	56,92	30,85	44,88	50,49
	V	2 092,41	115,08	167,39	188,31	IV	1 557,08	82,74	120,35	135,39	79,84	116,13	130,64	76,94	111,92	125,91	74,04	107,70	121,16	71,14	103,48	116,42	68,24	99,26	111,67
	VI	2 124,58	116,85	169,96	191,21																				
5 678,99	I,IV	1 558,33	85,70	124,66	140,24	I	1 558,33	79,91	116,23	130,76	74,11	107,80	121,27	68,31	99,36	111,78	62,52	90,94	102,31	56,87	82,72	93,06	51,41	74,78	84,12
	II	1 512,58	83,19	121,—	136,13	II	1 512,58	77,39	112,57	126,64	71,59	104,14	117,15	65,79	95,70	107,66	60,04	87,34	98,25	54,47	79,24	89,14	49,10	71,42	80,34
	III	1 016,83	55,92	81,34	91,51	III	1 016,83	51,51	74,93	84,29	47,20	68,66	77,24	42,98	62,52	70,33	38,85	56,52	63,58	34,83	50,66	56,99	30,90	44,94	50,56
	V	2 093,66	115,15	167,49	188,42	IV	1 558,33	82,81	120,45	135,50	79,91	116,23	130,76	77,01	112,02	126,02	74,11	107,80	121,27	71,21	103,58	116,53	68,31	99,36	111,78
	VI	2 125,83	116,92	170,06	191,32																				
5 681,99	I,IV	1 559,66	85,78	124,77	140,36	I	1 559,66	79,98	116,34	130,88	74,18	107,90	121,39	68,38	99,46	111,89	62,59	91,04	102,42	56,93	82,82	93,17	51,47	74,87	84,23
	II	1 513,83	83,26	121,10	136,24	II	1 513,83	77,46	112,67	126,75	71,66	104,24	117,27	65,86	95,80	107,78	60,11	87,44	98,37	54,54	79,34	89,25	49,16	71,51	80,45
	III	1 017,83	55,98	81,42	91,60	III	1 017,83	51,57	75,01	84,38	47,25	68,73	77,32	43,03	62,60	70,42	38,91	56,60	63,67	34,87	50,73	57,07	30,94	45,01	50,63
	V	2 094,91	115,22	167,59	188,54	IV	1 559,66	82,88	120,55	135,62	79,98	116,34	130,88	77,08	112,12	126,13	74,18	107,90	121,39	71,28	103,68	116,64	68,38	99,46	111,89
	VI	2 127,08	116,98	170,16	191,43																				
5 684,99	I,IV	1 560,91	85,85	124,87	140,48	I	1 560,91	80,05	116,44	130,99	74,25	108,—	121,50	68,45	99,57	112,01	62,66	91,14	102,53	57,—	82,92	93,28	51,53	74,96	84,33
	II	1 515,08	83,32	121,20	136,35	II	1 515,08	77,53	112,77	126,86	71,73	104,34	117,38	65,93	95,90	107,89	60,18	87,54	98,48	54,61	79,43	89,36	49,22	71,60	80,55
	III	1 018,83	56,03	81,50	91,69	III	1 018,83	51,62	75,09	84,47	47,30	68,81	77,41	43,08	62,66	70,49	38,95	56,66	63,74	34,92	50,80	57,15	30,99	45,08	50,71
	V	2 096,16	115,28	167,69	188,65	IV	1 560,91	82,94	120,65	135,73	80,05	116,44	130,99	77,15	112,22	126,24	74,25	108,—	121,50	71,35	103,78	116,75	68,45	99,57	112,01
	VI	2 128,33	117,05	170,26	191,54																				
5 687,99	I,IV	1 562,16	85,91	124,97	140,59	I	1 562,16	80,12	116,54	131,10	74,32	108,10	121,61	68,52	99,67	112,13	62,73	91,24	102,65	57,07	83,01	93,38	51,60	75,06	84,44
	II	1 516,33	83,39	121,30	136,46	II	1 516,33	77,60	112,87	126,98	71,80	104,44	117,49	66,—	96,—	108,—	60,24	87,63	98,58	54,67	79,52	89,46	49,28	71,69	80,65
	III	1 019,83	56,09	81,58	91,78	III	1 019,83	51,67	75,16	84,55	47,35	68,88	77,49	43,13	62,74	70,58	39,—	56,73	63,82	34,97	50,86	57,22	31,03	45,14	50,78
	V	2 097,41	115,35	167,79	188,76	IV	1 562,16	83,01	120,75	135,84	80,12	116,54	131,10	77,22	112,32	126,36	74,32	108,10	121,61	71,42	103,88	116,87	68,52	99,67	112,13
	VI	2 129,66	117,13	170,37	191,66																				
5 690,99	I,IV	1 563,41	85,98	125,07	140,70	I	1 563,41	80,19	116,64	131,22	74,39	108,20	121,73	68,59	99,77	112,24	62,80	91,34	102,76	57,14	83,11	93,50	51,66	75,15	84,54
	II	1 517,66	83,47	121,41	136,58	II	1 517,66	77,67	112,98	127,10	71,87	104,54	117,61	66,07	96,10	108,11	60,31	87,73	98,69	54,73	79,62	89,57	49,35	71,78	80,75
	III	1 020,83	56,14	81,66	91,87	III	1 020,83	51,72	75,24	84,64	47,41	68,96	77,58	43,18	62,81	70,66	39,05	56,81	63,91	35,02	50,94	57,31	31,08	45,21	50,86
	V	2 098,66	115,42	167,89	188,87	IV	1 563,41	83,08	120,85	135,95	80,19	116,64	131,22	77,28	112,42	126,47	74,39	108,20	121,73	71,49	103,98	116,98	68,59	99,77	112,24
	VI	2 130,91	117,20	170,47	191,78																				
5 693,99	I,IV	1 564,66	86,05	125,17	140,81	I	1 564,66	80,25	116,74	131,33	74,46	108,30	121,84	68,66	99,87	112,35	62,86	91,44	102,87	57,20	83,20	93,60	51,73	75,24	84,65
	II	1 518,91	83,54	121,51	136,70	II	1 518,91	77,74	113,08	127,21	71,94	104,64	117,72	66,14	96,21	108,23	60,38	87,83	98,81	54,80	79,72	89,68	49,41	71,88	80,86
	III	1 021,66	56,19	81,73	91,94	III	1 021,66	51,78	75,32	84,73	47,45	69,02	77,65	43,23	62,89	70,75	39,10	56,88	63,99	35,07	51,01	57,38	31,13	45,28	50,94
	V	2 099,91	115,49	167,99	188,99	IV	1 564,66	83,16	120,96	136,08	80,25	116,74	131,33	77,36	112,52	126,59	74,46	108,30	121,84	71,55	104,08	117,09	68,66	99,87	112,35
	VI	2 132,16	117,26	170,57	191,89																				
5 696,99	I,IV	1 565,91	86,12	125,27	140,93	I	1 565,91	80,32	116,84	131,44	74,52	108,40	121,95	68,73	99,97	112,46	62,93	91,54	102,98	57,27	83,30	93,71	51,79	75,34	84,75
	II	1 520,16	83,60	121,61	136,81	II	1 520,16	77,81	113,18	127,32	72,01	104,74	117,83	66,21	96,31	108,35	60,45	87,93	98,92	54,87	79,81	89,78	49,48	71,97	80,96
	III	1 022,66	56,24	81,81	92,03	III	1 022,66	51,82	75,38	84,80	47,51	69,10	77,74	43,28	62,96	70,83	39,15	56,94	64,06	35,11	51,08	57,46	31,17	45,34	51,01
	V	2 101,25	115,56	168,10	189,11	IV	1 565,91	83,22	121,06	136,19	80,32	116,84	131,44	77,43	112,62	126,70	74,52	108,40	121,95	71,63	104,19	117,21	68,73	99,97	112,46
	VI	2 133,41	117,33	170,67	192,—																				
5 699,99	I,IV	1 567,16	86,19	125,37	141,04	I	1 567,16	80,39	116,94	131,55	74,59	108,50	122,06	68,80	100,07	112,58	63,—	91,64	103,10	57,33	83,40	93,82	51,86	75,43	84,86
	II	1 521,41	83,67	121,71	136,92	II	1 521,41	77,88	113,28	127,44	72,08	104,84	117,95	66,28	96,41	108,46	60,52	88,03	99,03	54,93	79,90	89,89	49,54	72,06	81,06
	III	1 023,66	56,30	81,89	92,12	III	1 023,66	51,88	75,46	84,89	47,56	69,18	77,83	43,33	63,02	70,90	39,20	57,02	64,15	35,16	51,14	57,53	31,22	45,41	51,08
	V	2 102,50	115,63	168,20	189,22	IV	1 567,16	83,29	121,16	136,30	80,39	116,94	131,55	77,49	112,72	126,81	74,59	108,50	122,06	71,70	104,29	117,32	68,80	100,07	112,58
	VI	2 134,66	117,40	170,77	192,11																				
5 702,99	I,IV	1 568,41	86,26	125,47	141,15	I	1 568,41	80,46	117,04	131,67	74,66	108,60	122,18	68,86	100,17	112,69	63,07	91,74	103,21	57,40	83,50	93,93	51,92	75,52	84,96
	II	1 522,66	83,74	121,81	137,03	II	1 522,66	77,94	113,38	127,55	72,15	104,94	118,06	66,35	96,51	108,57	60,58	88,12	99,14	55,—	80,—	90,—	49,60	72,15	81,17
	III	1 024,66	56,35	81,97	92,21	III	1 024,66	51,93	75,54	84,98	47,61	69,25	77,90	43,38	63,10	70,99	39,25	57,09	64,22	35,20	51,21	57,61	31,26	45,48	51,16
	V	2 103,75	115,70	168,30	189,33	IV	1 568,41	83,36	121,26	136,41	80,46	117,04	131,67	77,56	112,82	126,92	74,66	108,60	122,18	71,77	104,39	117,44	68,86	100,17	112,69
	VI	2 135,91	117,47	170,87	192,23																				
5 705,99	I,IV	1 569,75	86,33	125,58	141,27	I	1 569,75	80,53	117,14	131,78	74,73	108,70	122,29	68,93	100,27	112,80	63,14	91,84	103,32	57,47	83,59	94,04	51,99	75,62	85,07
	II	1 523,91	83,81	121,91	137,15	II	1 523,91	78,01	113,48	127,66	72,21	105,04	118,17	66,42	96,61	108,68	60,65	88,22	99,25	55,06	80,10	90,11	49,66	72,24	81,27
	III	1 025,66	56,41	82,05	92,30	III	1 025,66	51,99	75,62	85,07	47,66	69,33	77,99	43,43	63,17	71,06	39,29	57,16	64,30	35,26	51,29	57,70	31,31	45,54	51,23
	V	2 105,—	115,77	168,40	189,45	IV	1 569,75	83,43	121,36	136,53	80,53	117,14	131,78	77,63	112,92	127,04	74,73	108,70	122,29	71,83	104,49	117,55	68,93	100,27	112,80
	VI	2 137,16	117,54	170,97	192,34																				
5 708,99	I,IV	1 571,—	86,40	125,68	141,39	I	1 571,—	80,60	117,24	131,90	74,80	108,81	122,41	69,01	100,38	112,92	63,21	91,94	103,43	57,53	83,69	94,15	52,05	75,72	85,18
	II	1 525,16	83,88	122,01	137,26	II	1 525,16	78,08	113,58	127,77	72,28	105,14	118,28	66,49	96,71	108,80	60,72	88,32	99,36	55,13	80,19	90,21	49,73	72,34	81,38
	III	1 026,50	56,45	82,12	92,38	III	1 026,50	52,03	75,69	85,15	47,71	69,40	78,07	43,48	63,25	71,15	39,35	57,24	64,39	35,31	51,36	57,78	31,35	45,61	51,31
	V	2 106,25	115,84	168,50	189,56	IV	1 571,—	83,50	121,46	136,64	80,60	117,24	131,90	77,70	113,02	127,15	74,80	108,81	122,41	71,90	104,59	117,66	69,01	100,38	112,92
	VI	2 138,41	117,61	171,07	192,45																				
5 711,99	I,IV	1 572,25	86,47	125,78	141,50	I	1 572,25	80,67	117,34	132,01	74,87	108,91	122,52	69,08	100,48	113,04	63,28	92,04	103,55	57,60	83,78	94,25	52,12	75,81	85,28
	II	1 526,41	83,95	122,11	137,37	II	1 526,41	78,15	113,68	127,89	72,35	105,24	118,40	66,55	96,81	108,91	60,79	88,42	99,47	55,20	80,29	90,32	49,79	72,43	81,48
	III	1 027,50	56,51	82,20	92,47	III	1 027,50	52,09	75,77	85,24	47,76	69,48	78,16	43,53	63,32	71,23	39,39	57,30	64,46	35,35	51,42	57,85	31,41	45,69	51,40
	V	2 107,50	115,91	168,60	189,67	IV	1 572,25	83,57	121,56	136,75	80,67	117,34	132,01	77,77	113,12	127,26	74,87	108,91	122,52	71,97	104,69	117,77	69,08	100,48	113,04
	VI	2 139,75	117,68	171,18	192,57																				
5 714,99	I,IV	1 573,50	86,54	125,88	141,61	I	1 573,50	80,74	117,44	132,12	74,94	109,01	122,63	69,14	100,58	113,15	63,35	92,14	103,66	57,67	83,88	94,37	52,18	75,90	85,39
	II	1 527,75	84,02	122,22	137,49	II	1 527,75	78,22	113,78	128,—	72,42	105,34	118,51	66,62	96,91	109,02	60,86	88,52	99,59	55,26	80,38	90,43	49,86	72,52	81,59
	III	1 028,50	56,56	82,28	92,56	III	1 028,50	52,14	75,85	85,33	47,81	69,54	78,23	43,58	63,40	71,32	39,44	57,37	64,54	35,40	51,49	57,92	31,46	45,76	51,48
	V	2 108,75	115,98	168,70	189,78	IV	1 573,50	83,64	121,66	136,86	80,74	117,44	132,12	77,84	113,22	127,37	74,94	109,01	122,63	72,04	104,79	117,89	69,14	100,58	113,15
	VI	2 141,—	117,75	171,28	192,69																				

*** Die ausgewiesenen Tabellenwerte sind amtlich. Siehe Erläuterungen auf der Umschlaginnenseite (U2).**

MONAT **5 715,–***

Lohn/ Gehalt bis €*	Abzüge an Lohnsteuer, Solidaritätszuschlag (SolZ) und Kirchensteuer (8%, 9%) in den Steuerklassen																								
	I – VI					I, II, III, IV																			
			ohne Kinder-freibeträge					mit Zahl der Kinderfreibeträge . . .																	
								0,5			1			1,5			2			2,5			3		
		LSt	SolZ	8%	9%		LSt	SolZ	8%	9%	SolZ	8%	9%	SolZ	8%	9%	SolZ	8%	9%	SolZ	8%	9%	SolZ	8%	9%
5 717,99	I,IV	1 574,75	86,61	125,98	141,72	I	1 574,75	80,81	117,54	132,23	75,01	109,11	122,75	69,21	100,68	113,26	63,41	92,24	103,77	57,74	83,98	94,48	52,25	76,—	85,50
	II	1 529,—	84,09	122,32	137,61	II	1 529,—	78,29	113,88	128,12	72,49	105,45	118,63	66,70	97,02	109,14	60,93	88,62	99,70	55,33	80,48	90,54	49,92	72,62	81,69
	III	1 029,50	56,62	82,36	92,65	III	1 029,50	52,19	75,92	85,41	47,86	69,62	78,32	43,63	63,46	71,39	39,49	57,45	64,63	35,44	51,56	58,—	31,50	45,82	51,55
	V	2 110,—	116,05	168,80	189,90	IV	1 574,75	83,71	121,76	136,98	80,81	117,54	132,23	77,91	113,32	127,49	75,01	109,11	122,75	72,11	104,89	118,—	69,21	100,68	113,26
	VI	2 142,25	117,82	171,38	192,80																				
5 720,99	I,IV	1 576,—	86,68	126,08	141,84	I	1 576,—	80,88	117,64	132,35	75,08	109,21	122,86	69,28	100,78	113,37	63,48	92,34	103,88	57,80	84,08	94,59	52,31	76,09	85,60
	II	1 530,25	84,16	122,42	137,72	II	1 530,25	78,36	113,98	128,23	72,56	105,55	118,74	66,77	97,12	109,26	60,99	88,72	99,81	55,39	80,58	90,65	49,98	72,70	81,79
	III	1 030,50	56,67	82,44	92,74	III	1 030,50	52,25	76,—	85,50	47,92	69,70	78,41	43,68	63,54	71,48	39,54	57,52	64,71	35,50	51,64	58,09	31,55	45,89	51,62
	V	2 111,25	116,11	168,90	190,01	IV	1 576,—	83,78	121,86	137,09	80,88	117,64	132,35	77,98	113,43	127,61	75,08	109,21	122,86	72,18	105,—	118,12	69,28	100,78	113,37
	VI	2 143,50	117,89	171,48	192,91																				
5 723,99	I,IV	1 577,25	86,74	126,18	141,95	I	1 577,25	80,95	117,74	132,46	75,15	109,31	122,97	69,35	100,88	113,49	63,55	92,44	104,—	57,87	84,18	94,70	52,37	76,18	85,70
	II	1 531,50	84,23	122,52	137,83	II	1 531,50	78,43	114,08	128,34	72,63	105,65	118,85	66,83	97,22	109,37	61,06	88,82	99,92	55,46	80,67	90,75	50,05	72,80	81,90
	III	1 031,50	56,73	82,52	92,83	III	1 031,50	52,30	76,08	85,59	47,96	69,77	78,49	43,73	63,61	71,56	39,59	57,58	64,78	35,54	51,70	58,16	31,59	45,96	51,70
	V	2 112,58	116,19	169,—	190,13	IV	1 577,25	83,85	121,96	137,21	80,95	117,74	132,46	78,05	113,53	127,72	75,15	109,31	122,97	72,25	105,10	118,23	69,35	100,88	113,49
	VI	2 144,75	117,96	171,58	193,02																				
5 726,99	I,IV	1 578,50	86,81	126,28	142,06	I	1 578,50	81,01	117,84	132,57	75,22	109,41	123,08	69,42	100,98	113,60	63,62	92,54	104,11	57,93	84,27	94,80	52,44	76,28	85,81
	II	1 532,75	84,30	122,62	137,94	II	1 532,75	78,50	114,18	128,45	72,70	105,75	118,97	66,90	97,32	109,48	61,13	88,92	100,03	55,52	80,76	90,86	50,11	72,89	82,—
	III	1 032,33	56,77	82,58	92,90	III	1 032,33	52,35	76,14	85,66	48,02	69,85	78,58	43,78	63,69	71,65	39,64	57,66	64,87	35,59	51,77	58,24	31,64	46,02	51,77
	V	2 113,83	116,26	169,10	190,24	IV	1 578,50	83,92	122,06	137,32	81,01	117,84	132,57	78,12	113,63	127,83	75,22	109,41	123,08	72,32	105,20	118,35	69,42	100,98	113,60
	VI	2 146,—	118,03	171,68	193,14																				
5 729,99	I,IV	1 579,83	86,89	126,38	142,18	I	1 579,83	81,08	117,94	132,68	75,29	109,51	123,20	69,49	101,08	113,71	63,69	92,64	104,22	58,—	84,37	94,91	52,50	76,37	85,91
	II	1 534,—	84,37	122,72	138,06	II	1 534,—	78,57	114,28	128,57	72,77	105,85	119,08	66,97	97,42	109,59	61,20	89,02	100,14	55,59	80,86	90,97	50,17	72,98	82,10
	III	1 033,33	56,83	82,66	92,99	III	1 033,33	52,40	76,22	85,75	48,07	69,92	78,66	43,83	63,76	71,73	39,69	57,73	64,94	35,64	51,84	58,32	31,68	46,09	51,85
	V	2 115,08	116,32	169,20	190,35	IV	1 579,83	83,98	122,16	137,43	81,08	117,94	132,68	78,19	113,73	127,94	75,29	109,51	123,20	72,39	105,30	118,46	69,49	101,08	113,71
	VI	2 147,25	118,09	171,78	193,25																				
5 732,99	I,IV	1 581,08	86,95	126,48	142,29	I	1 581,08	81,16	118,05	132,80	75,36	109,62	123,32	69,56	101,18	113,83	63,76	92,74	104,33	58,07	84,46	95,02	52,57	76,46	86,02
	II	1 535,25	84,43	122,82	138,17	II	1 535,25	78,64	114,38	128,68	72,84	105,95	119,19	67,04	97,52	109,71	61,27	89,12	100,26	55,66	80,96	91,08	50,24	73,08	82,21
	III	1 034,33	56,88	82,74	93,08	III	1 034,33	52,46	76,30	85,84	48,12	70,—	78,75	43,88	63,82	71,80	39,73	57,80	65,02	35,69	51,92	58,41	31,73	46,16	51,93
	V	2 116,33	116,39	169,30	190,46	IV	1 581,08	84,05	122,26	137,54	81,16	118,05	132,80	78,26	113,83	128,06	75,36	109,62	123,32	72,46	105,40	118,57	69,56	101,18	113,83
	VI	2 148,50	118,16	171,88	193,36																				
5 735,99	I,IV	1 582,33	87,02	126,58	142,40	I	1 582,33	81,23	118,15	132,92	75,43	109,72	123,43	69,63	101,28	113,94	63,83	92,84	104,45	58,13	84,56	95,13	52,63	76,56	86,13
	II	1 536,50	84,50	122,92	138,28	II	1 536,50	78,70	114,48	128,79	72,91	106,05	119,30	67,11	97,62	109,82	61,33	89,22	100,37	55,72	81,05	91,18	50,30	73,17	82,31
	III	1 035,33	56,94	82,82	93,17	III	1 035,33	52,51	76,38	85,93	48,18	70,08	78,84	43,93	63,90	71,89	39,79	57,88	65,11	35,74	51,98	58,48	31,78	46,22	52,—
	V	2 117,58	116,46	169,40	190,58	IV	1 582,33	84,12	122,36	137,66	81,23	118,15	132,92	78,32	113,93	128,17	75,43	109,72	123,43	72,53	105,50	118,68	69,63	101,28	113,94
	VI	2 149,75	118,23	171,98	193,47																				
5 738,99	I,IV	1 583,58	87,09	126,68	142,52	I	1 583,58	81,29	118,25	133,03	75,50	109,82	123,54	69,70	101,38	114,05	63,90	92,94	104,56	58,20	84,66	95,24	52,69	76,65	86,23
	II	1 537,83	84,58	123,02	138,40	II	1 537,83	78,77	114,58	128,90	72,98	106,15	119,42	67,18	97,72	109,93	61,40	89,32	100,48	55,79	81,15	91,29	50,37	73,26	82,42
	III	1 036,33	56,99	82,90	93,26	III	1 036,33	52,56	76,45	86,—	48,22	70,14	78,91	43,98	63,97	71,96	39,83	57,94	65,18	35,78	52,05	58,55	31,82	46,29	52,07
	V	2 118,83	116,53	169,50	190,69	IV	1 583,58	84,19	122,46	137,77	81,29	118,25	133,03	78,39	114,03	128,28	75,50	109,82	123,54	72,60	105,60	118,80	69,70	101,38	114,05
	VI	2 151,08	118,30	172,08	193,59																				
5 741,99	I,IV	1 584,83	87,16	126,78	142,63	I	1 584,83	81,36	118,35	133,14	75,57	109,92	123,66	69,77	101,48	114,17	63,97	93,05	104,68	58,27	84,76	95,35	52,76	76,74	86,33
	II	1 539,08	84,64	123,12	138,51	II	1 539,08	78,85	114,69	129,02	73,05	106,26	119,54	67,25	97,82	110,05	61,47	89,42	100,59	55,85	81,24	91,40	50,43	73,36	82,53
	III	1 037,33	57,05	82,98	93,35	III	1 037,33	52,61	76,53	86,09	48,28	70,22	79,—	44,03	64,05	72,05	39,88	58,01	65,26	35,83	52,12	58,63	31,87	46,36	52,15
	V	2 120,08	116,60	169,60	190,80	IV	1 584,83	84,26	122,56	137,88	81,36	118,35	133,14	78,46	114,13	128,39	75,57	109,92	123,66	72,66	105,70	118,91	69,77	101,48	114,17
	VI	2 152,33	118,37	172,18	193,70																				
5 744,99	I,IV	1 586,08	87,23	126,88	142,74	I	1 586,08	81,43	118,45	133,25	75,63	110,02	123,77	69,84	101,58	114,28	64,04	93,15	104,79	58,34	84,86	95,46	52,83	76,84	86,45
	II	1 540,33	84,71	123,22	138,62	II	1 540,33	78,92	114,79	129,14	73,12	106,36	119,65	67,32	97,92	110,16	61,54	89,51	100,70	55,92	81,34	91,51	50,49	73,44	82,62
	III	1 038,33	57,10	83,06	93,44	III	1 038,33	52,67	76,61	86,18	48,32	70,29	79,07	44,08	64,12	72,13	39,93	58,09	65,35	35,87	52,18	58,70	31,92	46,44	52,24
	V	2 121,33	116,67	169,70	190,91	IV	1 586,08	84,33	122,67	138,—	81,43	118,45	133,25	78,54	114,24	128,52	75,63	110,02	123,77	72,74	105,80	119,03	69,84	101,58	114,28
	VI	2 153,58	118,44	172,28	193,82																				
5 747,99	I,IV	1 587,33	87,30	126,98	142,85	I	1 587,33	81,50	118,55	133,37	75,70	110,12	123,88	69,90	101,68	114,39	64,11	93,25	104,90	58,40	84,95	95,57	52,89	76,94	86,55
	II	1 541,58	84,78	123,32	138,74	II	1 541,58	78,98	114,89	129,25	73,19	106,46	119,76	67,39	98,02	110,27	61,60	89,61	100,81	55,99	81,44	91,62	50,55	73,54	82,73
	III	1 039,16	57,15	83,13	93,52	III	1 039,16	52,71	76,68	86,26	48,38	70,37	79,16	44,13	64,20	72,22	39,98	58,16	65,43	35,93	52,26	58,79	31,97	46,50	52,31
	V	2 122,66	116,74	169,81	191,03	IV	1 587,33	84,40	122,77	138,11	81,50	118,55	133,37	78,60	114,34	128,63	75,70	110,12	123,88	72,81	105,90	119,14	69,90	101,68	114,39
	VI	2 154,83	118,51	172,38	193,93																				
5 750,99	I,IV	1 588,58	87,37	127,08	142,97	I	1 588,58	81,57	118,65	133,48	75,77	110,22	123,99	69,97	101,78	114,50	64,18	93,35	105,02	58,47	85,05	95,68	52,96	77,03	86,66
	II	1 542,83	84,85	123,42	138,85	II	1 542,83	79,05	114,99	129,36	73,26	106,56	119,88	67,46	98,12	110,39	61,67	89,71	100,92	56,05	81,53	91,72	50,62	73,63	82,83
	III	1 040,16	57,20	83,21	93,61	III	1 040,16	52,77	76,76	86,35	48,43	70,45	79,25	44,18	64,26	72,29	40,03	58,22	65,50	35,97	52,33	58,87	32,01	46,57	52,39
	V	2 123,91	116,81	169,91	191,15	IV	1 588,58	84,47	122,87	138,23	81,57	118,65	133,48	78,67	114,44	128,74	75,77	110,22	123,99	72,87	106,—	119,25	69,97	101,78	114,50
	VI	2 156,08	118,58	172,48	194,04																				
5 753,99	I,IV	1 589,83	87,44	127,18	143,08	I	1 589,83	81,64	118,75	133,59	75,84	110,32	124,11	70,04	101,88	114,62	64,24	93,45	105,13	58,54	85,15	95,79	53,02	77,12	86,76
	II	1 544,08	84,92	123,52	138,96	II	1 544,08	79,12	115,09	129,47	73,32	106,66	119,99	67,53	98,22	110,50	61,74	89,81	101,03	56,12	81,63	91,83	50,68	73,72	82,94
	III	1 041,16	57,26	83,29	93,70	III	1 041,16	52,82	76,84	86,44	48,48	70,52	79,33	44,23	64,34	72,38	40,08	58,30	65,59	36,02	52,40	58,95	32,06	46,64	52,47
	V	2 125,16	116,88	170,01	191,26	IV	1 589,83	84,54	122,97	138,34	81,64	118,75	133,59	78,74	114,54	128,85	75,84	110,32	124,11	72,94	106,10	119,36	70,04	101,88	114,62
	VI	2 157,33	118,65	172,58	194,15																				
5 756,99	I,IV	1 591,16	87,51	127,29	143,20	I	1 591,16	81,71	118,86	133,71	75,91	110,42	124,22	70,11	101,98	114,73	64,31	93,55	105,24	58,60	85,24	95,90	53,08	77,22	86,87
	II	1 545,33	84,99	123,62	139,07	II	1 545,33	79,19	115,19	129,59	73,39	106,76	120,10	67,59	98,32	110,61	61,81	89,91	101,15	56,18	81,72	91,94	50,75	73,82	83,04
	III	1 042,16	57,31	83,37	93,79	III	1 042,16	52,88	76,92	86,53	48,53	70,60	79,42	44,28	64,41	72,46	40,13	58,37	65,66	36,07	52,46	59,02	32,11	46,70	52,54
	V	2 126,41	116,95	170,11	191,37	IV	1 591,16	84,61	123,07	138,45	81,71	118,86	133,71	78,81	114,64	128,97	75,91	110,42	124,22	73,01	106,20	119,48	70,11	101,98	114,73
	VI	2 158,58	118,72	172,68	194,27																				
5 759,99	I,IV	1 592,41	87,58	127,39	143,31	I	1 592,41	81,78	118,96	133,83	75,98	110,52	124,34	70,18	102,09	114,85	64,39	93,66	105,36	58,67	85,34	96,01	53,15	77,31	86,97
	II	1 546,58	85,06	123,72	139,19	II	1 546,58	79,26	115,29	129,70	73,46	106,86	120,21	67,66	98,42	110,72	61,88	90,01	101,26	56,25	81,82	92,05	50,81	73,91	83,15
	III	1 043,16	57,37	83,45	93,88	III	1 043,16	52,92	76,98	86,60	48,58	70,66	79,49	44,33	64,49	72,55	40,17	58,44	65,74	36,12	52,54	59,11	32,15	46,77	52,61
	V	2 127,66	117,02	170,21	191,48	IV	1 592,41	84,68	123,17	138,56	81,78	118,96	133,83	78,88	114,74	129,08	75,98	110,52	124,34	73,08	106,30	119,59	70,18	102,09	114,85
	VI	2 159,83	118,79	172,78	194,38																				

* **Die ausgewiesenen Tabellenwerte sind amtlich. Siehe Erläuterungen auf der Umschlaginnenseite (U2).**

Lohn/ Gehalt bis €*	Abzüge an Lohnsteuer, Solidaritätszuschlag (SolZ) und Kirchensteuer (8%, 9%) in den Steuerklassen I – VI					I, II, III, IV		mit Zahl der Kinderfreibeträge . . . 0,5			1			1,5			2			2,5			3		
		LSt	ohne Kinderfreibeträge SolZ	8%	9%		LSt	SolZ	8%	9%	SolZ	8%	9%	SolZ	8%	9%	SolZ	8%	9%	SolZ	8%	9%	SolZ	8%	9%
5 762,99	I,IV	1 593,66	87,65	127,49	143,42	I	1 593,66	81,85	119,06	133,94	76,05	110,62	124,45	70,25	102,19	114,96	64,46	93,76	105,48	58,74	85,44	96,12	53,21	77,40	87,08
	II	1 547,83	85,13	123,82	139,30	II	1 547,83	79,33	115,39	129,81	73,53	106,96	120,33	67,73	98,52	110,84	61,95	90,11	101,37	56,32	81,92	92,16	50,87	74,—	83,25
	III	1 044,16	57,42	83,53	93,97	III	1 044,16	52,98	77,06	86,69	48,63	70,74	79,58	44,38	64,56	72,63	40,23	58,52	65,83	36,17	52,61	59,18	32,20	46,84	52,69
	V	2 128,91	117,09	170,31	191,60	IV	1 593,66	84,75	123,27	138,68	81,85	119,06	133,94	78,95	114,84	129,19	76,05	110,62	124,45	73,15	106,40	119,70	70,25	102,19	114,96
	VI	2 161,16	118,86	172,89	194,50																				
5 765,99	I,IV	1 594,91	87,72	127,59	143,54	I	1 594,91	81,92	119,16	134,05	76,12	110,72	124,56	70,32	102,29	115,07	64,52	93,86	105,59	58,80	85,54	96,23	53,28	77,50	87,19
	II	1 549,16	85,20	123,93	139,42	II	1 549,16	79,40	115,50	129,93	73,60	107,06	120,44	67,80	98,62	110,95	62,02	90,21	101,48	56,38	82,02	92,27	50,94	74,10	83,36
	III	1 045,—	57,47	83,60	94,05	III	1 045,—	53,03	77,14	86,78	48,69	70,82	79,67	44,44	64,64	72,72	40,27	58,58	65,90	36,21	52,68	59,26	32,24	46,90	52,76
	V	2 130,16	117,15	170,41	191,71	IV	1 594,91	84,81	123,37	138,79	81,92	119,16	134,05	79,02	114,94	129,30	76,12	110,72	124,56	73,22	106,50	119,81	70,32	102,29	115,07
	VI	2 162,41	118,93	172,99	194,61																				
5 768,99	I,IV	1 596,16	87,78	127,69	143,65	I	1 596,16	81,99	119,26	134,16	76,19	110,82	124,67	70,39	102,39	115,19	64,59	93,96	105,70	58,87	85,64	96,34	53,35	77,60	87,30
	II	1 550,41	85,27	124,03	139,53	II	1 550,41	79,47	115,60	130,05	73,67	107,16	120,56	67,87	98,73	111,07	62,09	90,31	101,60	56,45	82,11	92,37	51,—	74,19	83,46
	III	1 046,—	57,53	83,68	94,14	III	1 046,—	53,09	77,22	86,87	48,73	70,89	79,75	44,48	64,70	72,79	40,33	58,66	65,99	36,26	52,74	59,33	32,29	46,97	52,84
	V	2 131,41	117,22	170,51	191,82	IV	1 596,16	84,89	123,48	138,91	81,99	119,26	134,16	79,09	115,04	129,42	76,19	110,82	124,67	73,29	106,60	119,93	70,39	102,39	115,19
	VI	2 163,66	119,—	173,09	194,72																				
5 771,99	I,IV	1 597,41	87,85	127,79	143,76	I	1 597,41	82,06	119,36	134,28	76,26	110,92	124,79	70,46	102,49	115,30	64,66	94,06	105,81	58,94	85,74	96,45	53,41	77,69	87,40
	II	1 551,66	85,34	124,13	139,64	II	1 551,66	79,54	115,70	130,16	73,74	107,26	120,67	67,94	98,83	111,18	62,15	90,41	101,71	56,52	82,21	92,48	51,07	74,28	83,57
	III	1 047,—	57,58	83,76	94,23	III	1 047,—	53,13	77,29	86,95	48,79	70,97	79,84	44,54	64,78	72,88	40,37	58,73	66,07	36,31	52,82	59,42	32,34	47,05	52,93
	V	2 132,75	117,30	170,62	191,94	IV	1 597,41	84,96	123,58	139,02	82,06	119,36	134,28	79,16	115,14	129,53	76,26	110,92	124,79	73,36	106,71	120,05	70,46	102,49	115,30
	VI	2 164,91	119,07	173,19	194,84																				
5 774,99	I,IV	1 598,66	87,92	127,89	143,87	I	1 598,66	82,12	119,46	134,39	76,33	111,02	124,90	70,53	102,59	115,41	64,73	94,16	105,93	59,01	85,83	96,56	53,47	77,78	87,50
	II	1 552,91	85,41	124,23	139,76	II	1 552,91	79,61	115,80	130,27	73,81	107,36	120,78	68,01	98,93	111,29	62,22	90,51	101,82	56,58	82,30	92,59	51,13	74,38	83,67
	III	1 048,—	57,64	83,84	94,32	III	1 048,—	53,19	77,37	87,04	48,84	71,04	79,92	44,58	64,85	72,95	40,42	58,80	66,15	36,36	52,89	59,50	32,39	47,12	53,01
	V	2 134,—	117,37	170,72	192,06	IV	1 598,66	85,03	123,68	139,14	82,12	119,46	134,39	79,23	115,24	129,65	76,33	111,02	124,90	73,43	106,81	120,16	70,53	102,59	115,41
	VI	2 166,16	119,13	173,29	194,95																				
5 777,99	I,IV	1 599,91	87,99	127,99	143,99	I	1 599,91	82,19	119,56	134,50	76,39	111,12	125,01	70,60	102,69	115,52	64,80	94,26	106,04	59,07	85,93	96,67	53,54	77,88	87,61
	II	1 554,16	85,47	124,33	139,87	II	1 554,16	79,68	115,90	130,38	73,88	107,46	120,89	68,08	99,03	111,41	62,29	90,61	101,93	56,65	82,40	92,70	51,20	74,47	83,78
	III	1 049,—	57,69	83,92	94,41	III	1 049,—	53,24	77,45	87,13	48,89	71,12	80,01	44,64	64,93	73,04	40,48	58,88	66,24	36,41	52,96	59,58	32,44	47,18	53,08
	V	2 135,25	117,43	170,82	192,17	IV	1 599,91	85,09	123,78	139,25	82,19	119,56	134,50	79,30	115,34	129,76	76,39	111,12	125,01	73,50	106,91	120,27	70,60	102,69	115,52
	VI	2 167,41	119,20	173,39	195,06																				
5 780,99	I,IV	1 601,25	88,06	128,10	144,11	I	1 601,25	82,27	119,66	134,62	76,46	111,22	125,12	70,67	102,79	115,64	64,87	94,36	106,15	59,14	86,03	96,78	53,60	77,97	87,71
	II	1 555,41	85,54	124,43	139,98	II	1 555,41	79,75	116,—	130,50	73,95	107,56	121,01	68,15	99,13	111,52	62,36	90,71	102,05	56,71	82,50	92,81	51,26	74,56	83,88
	III	1 050,—	57,75	84,—	94,50	III	1 050,—	53,29	77,52	87,21	48,95	71,20	80,10	44,68	65,—	73,12	40,52	58,94	66,31	36,45	53,02	59,65	32,48	47,25	53,15
	V	2 136,50	117,50	170,92	192,28	IV	1 601,25	85,16	123,88	139,36	82,27	119,66	134,62	79,36	115,44	129,87	76,46	111,22	125,12	73,57	107,01	120,38	70,67	102,79	115,64
	VI	2 168,66	119,27	173,49	195,17																				
5 783,99	I,IV	1 602,50	88,13	128,20	144,22	I	1 602,50	82,33	119,76	134,73	76,54	111,33	125,24	70,74	102,90	115,76	64,94	94,46	106,27	59,21	86,12	96,89	53,67	78,07	87,83
	II	1 556,66	85,61	124,53	140,09	II	1 556,66	79,81	116,10	130,61	74,02	107,66	121,12	68,22	99,23	111,63	62,43	90,81	102,16	56,78	82,59	92,91	51,32	74,66	83,99
	III	1 051,—	57,80	84,08	94,59	III	1 051,—	53,35	77,60	87,30	48,99	71,26	80,17	44,74	65,08	73,21	40,57	59,01	66,38	36,50	53,09	59,72	32,53	47,32	53,23
	V	2 137,75	117,57	171,02	192,39	IV	1 602,50	85,23	123,98	139,47	82,33	119,76	134,73	79,43	115,54	129,98	76,54	111,33	125,24	73,64	107,11	120,50	70,74	102,90	115,76
	VI	2 169,91	119,34	173,59	195,29																				
5 786,99	I,IV	1 603,75	88,20	128,30	144,33	I	1 603,75	82,40	119,86	134,84	76,61	111,43	125,36	70,81	103,—	115,87	65,01	94,56	106,38	59,28	86,22	97,—	53,73	78,16	87,93
	II	1 557,91	85,68	124,63	140,21	II	1 557,91	79,88	116,20	130,72	74,08	107,76	121,23	68,29	99,33	111,74	62,50	90,91	102,27	56,85	82,69	93,02	51,39	74,75	84,09
	III	1 051,83	57,85	84,14	94,66	III	1 051,83	53,40	77,68	87,39	49,05	71,34	80,26	44,78	65,14	73,28	40,62	59,09	66,47	36,55	53,17	59,81	32,57	47,38	53,30
	V	2 139,—	117,64	171,12	192,51	IV	1 603,75	85,30	124,08	139,59	82,40	119,86	134,84	79,50	115,64	130,10	76,61	111,43	125,36	73,70	107,21	120,61	70,81	103,—	115,87
	VI	2 171,25	119,41	173,70	195,41																				
5 789,99	I,IV	1 605,—	88,27	128,40	144,45	I	1 605,—	82,47	119,96	134,96	76,67	111,53	125,47	70,88	103,10	115,98	65,08	94,66	106,49	59,34	86,32	97,11	53,80	78,26	88,04
	II	1 559,25	85,75	124,74	140,33	II	1 559,25	79,96	116,30	130,84	74,15	107,86	121,34	68,36	99,43	111,86	62,57	91,01	102,38	56,91	82,78	93,13	51,45	74,84	84,20
	III	1 052,83	57,90	84,22	94,75	III	1 052,83	53,46	77,76	87,48	49,09	71,41	80,33	44,84	65,22	73,37	40,67	59,16	66,55	36,60	53,24	59,89	32,62	47,45	53,38
	V	2 140,25	117,71	171,22	192,62	IV	1 605,—	85,37	124,18	139,70	82,47	119,96	134,96	79,57	115,74	130,21	76,67	111,53	125,47	73,77	107,31	120,72	70,88	103,10	115,98
	VI	2 172,50	119,48	173,80	195,52																				
5 792,99	I,IV	1 606,25	88,34	128,50	144,56	I	1 606,25	82,54	120,06	135,07	76,74	111,63	125,58	70,95	103,20	116,10	65,15	94,76	106,61	59,41	86,42	97,22	53,86	78,35	88,14
	II	1 560,50	85,82	124,84	140,44	II	1 560,50	80,02	116,40	130,95	74,23	107,97	121,46	68,43	99,54	111,98	62,64	91,11	102,50	56,98	82,88	93,24	51,52	74,94	84,30
	III	1 053,83	57,96	84,30	94,84	III	1 053,83	53,50	77,82	87,55	49,15	71,49	80,42	44,88	65,29	73,45	40,71	59,22	66,62	36,64	53,30	59,96	32,67	47,52	53,46
	V	2 141,50	117,78	171,32	192,73	IV	1 606,25	85,44	124,28	139,82	82,54	120,06	135,07	79,64	115,84	130,32	76,74	111,63	125,58	73,84	107,41	120,83	70,95	103,20	116,10
	VI	2 173,75	119,55	173,90	195,63																				
5 795,99	I,IV	1 607,50	88,41	128,60	144,67	I	1 607,50	82,61	120,16	135,18	76,81	111,73	125,69	71,01	103,30	116,21	65,22	94,86	106,72	59,48	86,52	97,33	53,93	78,45	88,25
	II	1 561,75	85,89	124,94	140,55	II	1 561,75	80,09	116,50	131,06	74,30	108,07	121,58	68,50	99,64	112,09	62,70	91,21	102,61	57,04	82,98	93,35	51,58	75,03	84,41
	III	1 054,83	58,01	84,38	94,93	III	1 054,83	53,56	77,90	87,64	49,20	71,57	80,51	44,94	65,37	73,54	40,77	59,30	66,71	36,69	53,37	60,04	32,71	47,58	53,53
	V	2 142,75	117,85	171,42	192,84	IV	1 607,50	85,51	124,38	139,93	82,61	120,16	135,18	79,71	115,95	130,44	76,81	111,73	125,69	73,92	107,52	120,96	71,01	103,30	116,21
	VI	2 175,—	119,62	174,—	195,75																				
5 798,99	I,IV	1 608,75	88,48	128,70	144,78	I	1 608,75	82,68	120,26	135,29	76,88	111,83	125,81	71,08	103,40	116,32	65,28	94,96	106,83	59,55	86,62	97,44	54,—	78,54	88,36
	II	1 563,—	85,96	125,04	140,67	II	1 563,—	80,16	116,60	131,18	74,36	108,17	121,69	68,57	99,74	112,20	62,77	91,31	102,72	57,11	83,08	93,46	51,64	75,12	84,51
	III	1 055,83	58,07	84,46	95,02	III	1 055,83	53,61	77,98	87,73	49,25	71,64	80,59	44,99	65,44	73,62	40,81	59,37	66,79	36,74	53,45	60,13	32,77	47,66	53,62
	V	2 144,08	117,92	171,52	192,96	IV	1 608,75	85,58	124,48	140,04	82,68	120,26	135,29	79,78	116,05	130,55	76,88	111,83	125,81	73,98	107,62	121,07	71,08	103,40	116,32
	VI	2 176,25	119,69	174,10	195,86																				
5 801,99	I,IV	1 610,—	88,55	128,80	144,90	I	1 610,—	82,75	120,36	135,41	76,95	111,93	125,92	71,15	103,50	116,43	65,35	95,06	106,94	59,62	86,72	97,56	54,06	78,64	88,47
	II	1 564,25	86,03	125,14	140,78	II	1 564,25	80,23	116,70	131,29	74,43	108,27	121,80	68,64	99,84	112,32	62,84	91,41	102,83	57,18	83,17	93,56	51,71	75,22	84,62
	III	1 056,83	58,12	84,54	95,11	III	1 056,83	53,67	78,06	87,82	49,30	71,72	80,68	45,04	65,52	73,71	40,87	59,45	66,88	36,79	53,52	60,21	32,81	47,73	53,69
	V	2 145,33	117,99	171,62	193,07	IV	1 610,—	85,65	124,58	140,15	82,75	120,36	135,41	79,85	116,15	130,67	76,95	111,93	125,92	74,05	107,72	121,18	71,15	103,50	116,43
	VI	2 177,50	119,76	174,20	195,97																				
5 804,99	I,IV	1 611,33	88,62	128,90	145,01	I	1 611,33	82,82	120,46	135,52	77,02	112,03	126,03	71,22	103,60	116,55	65,42	95,16	107,06	59,68	86,81	97,66	54,12	78,73	88,57
	II	1 565,50	86,10	125,24	140,89	II	1 565,50	80,30	116,80	131,40	74,50	108,37	121,91	68,70	99,94	112,43	62,91	91,51	102,95	57,25	83,27	93,68	51,77	75,31	84,72
	III	1 057,83	58,18	84,62	95,20	III	1 057,83	53,71	78,13	87,89	49,36	71,80	80,77	45,09	65,58	73,78	40,92	59,52	66,96	36,84	53,58	60,28	32,86	47,80	53,77
	V	2 146,58	118,06	171,72	193,19	IV	1 611,33	85,72	124,68	140,27	82,82	120,46	135,52	79,92	116,25	130,78	77,02	112,03	126,03	74,12	107,82	121,29	71,22	103,60	116,55
	VI	2 178,75	119,83	174,30	196,08																				

* Die ausgewiesenen Tabellenwerte sind amtlich. Siehe Erläuterungen auf der Umschlaginnenseite (U2).

Lohn/ Gehalt bis €*	Abzüge an Lohnsteuer, Solidaritätszuschlag (SolZ) und Kirchensteuer (8%, 9%) in den Steuerklassen I – VI					I, II, III, IV		mit Zahl der Kinderfreibeträge ... 0,5			1			1,5			2			2,5			3		
		LSt	ohne Kinderfreibeträge SolZ	8%	9%		LSt	SolZ	8%	9%	SolZ	8%	9%	SolZ	8%	9%	SolZ	8%	9%	SolZ	8%	9%	SolZ	8%	9%
5 807,99	I,IV	1 612,58	88,69	129,—	145,13	I	1 612,58	82,89	120,57	135,64	77,09	112,14	126,15	71,29	103,70	116,66	65,49	95,26	107,17	59,75	86,91	97,77	54,19	78,82	88,67
	II	1 566,75	86,17	125,34	141,—	II	1 566,75	80,37	116,90	131,51	74,57	108,47	122,03	68,77	100,04	112,54	62,98	91,61	103,06	57,31	83,36	93,78	51,84	75,40	84,83
	III	1 058,83	58,23	84,70	95,29	III	1 058,83	53,77	78,21	87,98	49,40	71,86	80,84	45,14	65,66	73,87	40,96	59,58	67,03	36,88	53,65	60,35	32,90	47,86	53,84
	V	2 147,83	118,13	171,82	193,30	IV	1 612,58	85,79	124,78	140,38	82,89	120,57	135,64	79,99	116,35	130,89	77,09	112,14	126,15	74,19	107,92	121,41	71,29	103,70	116,66
	VI	2 180,—	119,90	174,40	196,20																				
5 810,99	I,IV	1 613,83	88,76	129,10	145,24	I	1 613,83	82,96	120,67	135,75	77,16	112,24	126,27	71,36	103,80	116,78	65,56	95,37	107,29	59,82	87,01	97,88	54,26	78,92	88,79
	II	1 568,—	86,24	125,44	141,12	II	1 568,—	80,44	117,—	131,63	74,64	108,57	122,14	68,84	100,14	112,65	63,05	91,71	103,17	57,38	83,46	93,89	51,90	75,50	84,93
	III	1 059,66	58,28	84,77	95,36	III	1 059,66	53,82	78,29	88,07	49,46	71,94	80,93	45,19	65,73	73,94	41,02	59,66	67,12	36,94	53,73	60,44	32,95	47,93	53,92
	V	2 149,08	118,19	171,92	193,41	IV	1 613,83	85,85	124,88	140,49	82,96	120,67	135,75	80,06	116,45	131,—	77,16	112,24	126,27	74,26	108,02	121,52	71,36	103,80	116,78
	VI	2 181,25	119,96	174,50	196,31																				
5 813,99	I,IV	1 615,08	88,82	129,20	145,35	I	1 615,08	83,03	120,77	135,86	77,23	112,34	126,38	71,43	103,90	116,89	65,63	95,47	107,40	59,89	87,11	98,—	54,32	79,02	88,89
	II	1 569,33	86,31	125,54	141,23	II	1 569,33	80,51	117,10	131,74	74,71	108,67	122,25	68,91	100,24	112,77	63,12	91,81	103,28	57,44	83,56	94,—	51,97	75,59	85,04
	III	1 060,66	58,33	84,85	95,45	III	1 060,66	53,88	78,37	88,16	49,50	72,01	81,01	45,24	65,81	74,03	41,06	59,73	67,19	36,98	53,80	60,52	33,—	48,—	54,—
	V	2 150,33	118,26	172,02	193,52	IV	1 615,08	85,92	124,98	140,60	83,03	120,77	135,86	80,13	116,55	131,12	77,23	112,34	126,38	74,33	108,12	121,63	71,43	103,90	116,89
	VI	2 182,58	120,04	174,60	196,43																				
5 816,99	I,IV	1 616,33	88,89	129,30	145,46	I	1 616,33	83,10	120,87	135,98	77,30	112,44	126,49	71,50	104,—	117,—	65,70	95,57	107,51	59,95	87,20	98,10	54,39	79,11	89,—
	II	1 570,58	86,38	125,64	141,35	II	1 570,58	80,58	117,21	131,86	74,78	108,78	122,37	68,98	100,34	112,88	63,19	91,91	103,40	57,51	83,66	94,11	52,03	75,68	85,14
	III	1 061,66	58,39	84,93	95,54	III	1 061,66	53,92	78,44	88,24	49,56	72,09	81,10	45,29	65,88	74,11	41,11	59,80	67,27	37,03	53,86	60,59	33,04	48,06	54,07
	V	2 151,58	118,33	172,12	193,64	IV	1 616,33	85,99	125,08	140,72	83,10	120,87	135,98	80,19	116,65	131,23	77,30	112,44	126,49	74,40	108,22	121,74	71,50	104,—	117,—
	VI	2 183,83	120,11	174,70	196,54																				
5 819,99	I,IV	1 617,58	88,96	129,40	145,58	I	1 617,58	83,16	120,97	136,09	77,37	112,54	126,60	71,57	104,10	117,11	65,77	95,67	107,63	60,02	87,30	98,21	54,45	79,20	89,10
	II	1 571,83	86,45	125,74	141,46	II	1 571,83	80,65	117,31	131,97	74,85	108,88	122,49	69,05	100,44	113,—	63,25	92,01	103,51	57,58	83,76	94,23	52,09	75,78	85,25
	III	1 062,66	58,44	85,01	95,63	III	1 062,66	53,98	78,52	88,33	49,61	72,17	81,19	45,34	65,96	74,20	41,16	59,88	67,36	37,08	53,94	60,68	33,10	48,14	54,16
	V	2 152,83	118,40	172,22	193,75	IV	1 617,58	86,07	125,19	140,84	83,16	120,97	136,09	80,27	116,76	131,35	77,37	112,54	126,60	74,47	108,32	121,86	71,57	104,10	117,11
	VI	2 185,08	120,17	174,80	196,65																				
5 822,99	I,IV	1 618,83	89,03	129,50	145,69	I	1 618,83	83,23	121,07	136,20	77,44	112,64	126,72	71,64	104,20	117,23	65,84	95,77	107,74	60,09	87,40	98,33	54,52	79,30	89,21
	II	1 573,08	86,51	125,84	141,57	II	1 573,08	80,72	117,41	132,08	74,92	108,98	122,60	69,12	100,54	113,11	63,32	92,11	103,62	57,64	83,85	94,33	52,16	75,87	85,35
	III	1 063,66	58,50	85,09	95,72	III	1 063,66	54,03	78,60	88,42	49,66	72,24	81,27	45,39	66,02	74,27	41,21	59,94	67,43	37,13	54,01	60,76	33,14	48,21	54,23
	V	2 154,16	118,47	172,33	193,87	IV	1 618,83	86,13	125,29	140,95	83,23	121,07	136,20	80,34	116,86	131,46	77,44	112,64	126,72	74,54	108,42	121,97	71,64	104,20	117,23
	VI	2 186,33	120,24	174,90	196,76																				
5 825,99	I,IV	1 620,08	89,10	129,60	145,80	I	1 620,08	83,30	121,17	136,31	77,50	112,74	126,83	71,71	104,30	117,34	65,91	95,87	107,85	60,16	87,50	98,44	54,58	79,40	89,32
	II	1 574,33	86,58	125,94	141,68	II	1 574,33	80,79	117,51	132,20	74,99	109,08	122,71	69,19	100,64	113,22	63,39	92,21	103,73	57,71	83,95	94,44	52,22	75,96	85,46
	III	1 064,66	58,55	85,17	95,81	III	1 064,66	54,09	78,68	88,51	49,72	72,32	81,36	45,44	66,10	74,36	41,26	60,02	67,52	37,18	54,08	60,84	33,19	48,28	54,31
	V	2 155,41	118,54	172,43	193,98	IV	1 620,08	86,20	125,39	141,06	83,30	121,17	136,31	80,41	116,96	131,58	77,50	112,74	126,83	74,61	108,52	122,09	71,71	104,30	117,34
	VI	2 187,58	120,31	175,—	196,88																				
5 828,99	I,IV	1 621,33	89,17	129,70	145,91	I	1 621,33	83,37	121,27	136,43	77,57	112,84	126,94	71,77	104,40	117,45	65,98	95,97	107,96	60,22	87,60	98,55	54,65	79,49	89,42
	II	1 575,58	86,65	126,04	141,80	II	1 575,58	80,85	117,61	132,31	75,06	109,18	122,82	69,26	100,74	113,33	63,46	92,31	103,85	57,78	84,04	94,55	52,29	76,06	85,56
	III	1 065,66	58,61	85,25	95,90	III	1 065,66	54,13	78,74	88,58	49,77	72,40	81,45	45,49	66,17	74,44	41,31	60,09	67,60	37,22	54,14	60,91	33,23	48,34	54,38
	V	2 156,66	118,61	172,53	194,09	IV	1 621,33	86,27	125,49	141,17	83,37	121,27	136,43	80,47	117,06	131,69	77,57	112,84	126,94	74,68	108,62	122,20	71,77	104,40	117,45
	VI	2 188,83	120,38	175,10	196,99																				
5 831,99	I,IV	1 622,66	89,24	129,81	146,03	I	1 622,66	83,44	121,38	136,55	77,65	112,94	127,06	71,84	104,50	117,56	66,05	96,07	108,08	60,29	87,70	98,66	54,72	79,59	89,54
	II	1 576,83	86,72	126,14	141,91	II	1 576,83	80,92	117,71	132,42	75,13	109,28	122,94	69,33	100,84	113,45	63,53	92,41	103,96	57,85	84,14	94,66	52,35	76,15	85,67
	III	1 066,66	58,66	85,33	95,99	III	1 066,66	54,19	78,82	88,67	49,82	72,46	81,52	45,54	66,25	74,53	41,36	60,16	67,68	37,28	54,22	61,—	33,28	48,41	54,46
	V	2 157,91	118,68	172,63	194,21	IV	1 622,66	86,34	125,59	141,29	83,44	121,38	136,55	80,54	117,16	131,80	77,65	112,94	127,06	74,74	108,72	122,31	71,84	104,50	117,56
	VI	2 190,08	120,45	175,20	197,10																				
5 834,99	I,IV	1 623,91	89,31	129,91	146,15	I	1 623,91	83,51	121,48	136,66	77,71	113,04	127,17	71,92	104,61	117,68	66,12	96,18	108,20	60,36	87,80	98,77	54,78	79,68	89,64
	II	1 578,08	86,79	126,24	142,02	II	1 578,08	80,99	117,81	132,53	75,19	109,38	123,05	69,40	100,94	113,56	63,60	92,51	104,07	57,91	84,24	94,77	52,41	76,24	85,77
	III	1 067,50	58,71	85,40	96,07	III	1 067,50	54,24	78,90	88,76	49,87	72,54	81,61	45,59	66,32	74,61	41,41	60,24	67,77	37,32	54,29	61,07	33,33	48,48	54,54
	V	2 159,16	118,75	172,73	194,32	IV	1 623,91	86,41	125,69	141,40	83,51	121,48	136,66	80,61	117,26	131,91	77,71	113,04	127,17	74,81	108,82	122,42	71,92	104,61	117,68
	VI	2 191,33	120,52	175,30	197,21																				
5 837,99	I,IV	1 625,16	89,38	130,01	146,26	I	1 625,16	83,58	121,58	136,77	77,78	113,14	127,28	71,99	104,71	117,80	66,19	96,28	108,31	60,43	87,90	98,88	54,84	79,78	89,75
	II	1 579,33	86,86	126,34	142,13	II	1 579,33	81,06	117,91	132,65	75,26	109,48	123,16	69,46	101,04	113,67	63,67	92,61	104,18	57,98	84,34	94,88	52,48	76,34	85,88
	III	1 068,50	58,76	85,48	96,16	III	1 068,50	54,30	78,98	88,85	49,93	72,62	81,70	45,65	66,40	74,70	41,46	60,30	67,84	37,37	54,36	61,15	33,37	48,54	54,61
	V	2 160,41	118,82	172,83	194,43	IV	1 625,16	86,48	125,79	141,51	83,58	121,58	136,77	80,68	117,36	132,03	77,78	113,14	127,28	74,88	108,92	122,54	71,99	104,71	117,80
	VI	2 192,66	120,59	175,41	197,33																				
5 840,99	I,IV	1 626,41	89,45	130,11	146,37	I	1 626,41	83,65	121,68	136,89	77,85	113,24	127,40	72,05	104,81	117,91	66,26	96,38	108,42	60,50	88,—	99,—	54,91	79,88	89,86
	II	1 580,66	86,93	126,45	142,25	II	1 580,66	81,13	118,02	132,77	75,34	109,58	123,28	69,53	101,14	113,78	63,74	92,71	104,30	58,05	84,44	94,99	52,54	76,43	85,98
	III	1 069,50	58,82	85,56	96,25	III	1 069,50	54,35	79,06	88,94	49,97	72,69	81,77	45,69	66,46	74,77	41,51	60,38	67,93	37,41	54,42	61,22	33,43	48,62	54,70
	V	2 161,66	118,89	172,93	194,54	IV	1 626,41	86,55	125,89	141,62	83,65	121,68	136,89	80,75	117,46	132,14	77,85	113,24	127,40	74,95	109,02	122,65	72,05	104,81	117,91
	VI	2 193,91	120,66	175,51	197,45																				
5 843,99	I,IV	1 627,66	89,52	130,21	146,48	I	1 627,66	83,72	121,78	137,—	77,92	113,34	127,51	72,12	104,91	118,02	66,33	96,48	108,54	60,56	88,09	99,10	54,98	79,97	89,96
	II	1 581,91	87,—	126,55	142,37	II	1 581,91	81,20	118,12	132,88	75,40	109,68	123,39	69,61	101,25	113,90	63,80	92,81	104,41	58,11	84,53	95,09	52,61	76,53	86,09
	III	1 070,50	58,87	85,64	96,34	III	1 070,50	54,40	79,13	89,02	50,03	72,77	81,86	45,75	66,54	74,86	41,56	60,45	68,—	37,47	54,50	61,31	33,47	48,69	54,77
	V	2 162,91	118,96	173,03	194,66	IV	1 627,66	86,62	126,—	141,75	83,72	121,78	137,—	80,82	117,56	132,26	77,92	113,34	127,51	75,02	109,12	122,76	72,12	104,91	118,02
	VI	2 195,16	120,73	175,61	197,56																				
5 846,99	I,IV	1 628,91	89,59	130,31	146,60	I	1 628,91	83,79	121,88	137,11	77,99	113,44	127,62	72,19	105,01	118,13	66,39	96,58	108,65	60,63	88,19	99,21	55,04	80,06	90,07
	II	1 583,16	87,07	126,65	142,48	II	1 583,16	81,27	118,22	132,99	75,47	109,78	123,50	69,68	101,35	114,02	63,87	92,91	104,52	58,18	84,63	95,21	52,68	76,62	86,20
	III	1 071,50	58,93	85,72	96,43	III	1 071,50	54,45	79,21	89,11	50,07	72,84	81,94	45,79	66,61	74,93	41,60	60,52	68,08	37,51	54,57	61,39	33,52	48,76	54,85
	V	2 164,25	119,03	173,14	194,78	IV	1 628,91	86,69	126,10	141,86	83,79	121,88	137,11	80,89	117,66	132,37	77,99	113,44	127,62	75,09	109,23	122,88	72,19	105,01	118,13
	VI	2 196,41	120,80	175,71	197,67																				
5 849,99	I,IV	1 630,16	89,65	130,41	146,71	I	1 630,16	83,86	121,98	137,22	78,06	113,54	127,73	72,26	105,11	118,25	66,46	96,68	108,76	60,70	88,29	99,32	55,11	80,16	90,18
	II	1 584,41	87,14	126,75	142,59	II	1 584,41	81,34	118,32	133,11	75,54	109,88	123,62	69,74	101,45	114,13	63,94	93,01	104,63	58,24	84,72	95,31	52,74	76,72	86,31
	III	1 072,50	58,98	85,80	96,52	III	1 072,50	54,51	79,29	89,20	50,13	72,92	82,03	45,85	66,69	75,02	41,66	60,60	68,17	37,56	54,64	61,47	33,56	48,82	54,92
	V	2 165,50	119,10	173,24	194,89	IV	1 630,16	86,76	126,20	141,97	83,86	121,98	137,22	80,96	117,76	132,48	78,06	113,54	127,73	75,16	109,33	122,99	72,26	105,11	118,25
	VI	2 197,66	120,87	175,81	197,78																				

* Die ausgewiesenen Tabellenwerte sind amtlich. Siehe Erläuterungen auf der Umschlaginnenseite (U2).

Abzüge an Lohnsteuer, Solidaritätszuschlag (SolZ) und Kirchensteuer (8%, 9%) in den Steuerklassen

Lohn/ Gehalt bis €*	I – VI					I, II, III, IV																			
			ohne Kinderfreibeträge					mit Zahl der Kinderfreibeträge . . . 0,5			1			1,5			2			2,5			3		
		LSt	SolZ	8%	9%		LSt	SolZ	8%	9%	SolZ	8%	9%	SolZ	8%	9%	SolZ	8%	9%	SolZ	8%	9%	SolZ	8%	9%
5 852,99	I,IV	1 631,41	89,72	130,51	146,82	I	1 631,41	83,93	122,08	137,34	78,13	113,64	127,85	72,33	105,21	118,36	66,53	96,78	108,87	60,77	88,39	99,44	55,17	80,26	90,29
	II	1 585,66	87,21	126,85	142,70	II	1 585,66	81,41	118,42	133,22	75,61	109,98	123,73	69,81	101,55	114,24	64,02	93,12	104,76	58,31	84,82	95,42	52,80	76,81	86,41
	III	1 073,50	59,04	85,88	96,61	III	1 073,50	54,56	79,37	89,29	50,18	73,—	82,12	45,89	66,76	75,10	41,70	60,66	68,24	37,61	54,70	61,54	33,61	48,89	55,—
	V	2 166,75	119,17	173,34	195,—	IV	1 631,41	86,83	126,30	142,08	83,93	122,08	137,34	81,03	117,86	132,59	78,13	113,64	127,85	75,23	109,43	123,11	72,33	105,21	118,36
	VI	2 198,91	120,94	175,91	197,90																				
5 855,99	I,IV	1 632,75	89,80	130,62	146,94	I	1 632,75	84,—	122,18	137,45	78,20	113,74	127,96	72,40	105,31	118,47	66,60	96,88	108,99	60,83	88,49	99,55	55,24	80,35	90,39
	II	1 586,91	87,28	126,95	142,82	II	1 586,91	81,48	118,52	133,33	75,68	110,08	123,84	69,88	101,65	114,35	64,08	93,22	104,87	58,38	84,92	95,54	52,87	76,90	86,51
	III	1 074,50	59,09	85,96	96,70	III	1 074,50	54,61	79,44	89,37	50,23	73,06	82,19	45,95	66,84	75,19	41,76	60,74	68,33	37,66	54,78	61,63	33,66	48,96	55,08
	V	2 168,—	119,24	173,44	195,12	IV	1 632,75	86,90	126,40	142,20	84,—	122,18	137,45	81,10	117,96	132,71	78,20	113,74	127,96	75,30	109,53	123,22	72,40	105,31	118,47
	VI	2 200,16	121,—	176,01	198,01																				
5 858,99	I,IV	1 634,—	89,87	130,72	147,06	I	1 634,—	84,07	122,28	137,57	78,27	113,85	128,08	72,47	105,42	118,59	66,67	96,98	109,10	60,90	88,59	99,66	55,30	80,44	90,50
	II	1 588,16	87,34	127,05	142,93	II	1 588,16	81,55	118,62	133,44	75,75	110,18	123,95	69,95	101,75	114,47	64,15	93,32	104,98	58,45	85,02	95,64	52,93	77,—	86,62
	III	1 075,50	59,15	86,04	96,79	III	1 075,50	54,67	79,52	89,46	50,28	73,14	82,28	45,99	66,90	75,26	41,80	60,81	68,41	37,71	54,85	61,70	33,70	49,02	55,15
	V	2 169,25	119,30	173,54	195,23	IV	1 634,—	86,96	126,50	142,31	84,07	122,28	137,57	81,17	118,06	132,82	78,27	113,85	128,08	75,37	109,63	123,33	72,47	105,42	118,59
	VI	2 201,41	121,07	176,11	198,12																				
5 861,99	I,IV	1 635,25	89,93	130,82	147,17	I	1 635,25	84,14	122,38	137,68	78,34	113,95	128,19	72,54	105,52	118,71	66,74	97,08	109,22	60,97	88,68	99,77	55,37	80,54	90,61
	II	1 589,41	87,41	127,15	143,04	II	1 589,41	81,62	118,72	133,56	75,82	110,28	124,07	70,02	101,85	114,58	64,22	93,42	105,09	58,52	85,12	95,76	53,—	77,09	86,72
	III	1 076,50	59,20	86,12	96,88	III	1 076,50	54,72	79,60	89,55	50,34	73,22	82,37	46,05	66,98	75,35	41,85	60,88	68,49	37,75	54,92	61,78	33,76	49,10	55,24
	V	2 170,50	119,37	173,64	195,34	IV	1 635,25	87,03	126,60	142,42	84,14	122,38	137,68	81,23	118,16	132,93	78,34	113,95	128,19	75,44	109,73	123,44	72,54	105,52	118,71
	VI	2 202,75	121,15	176,22	198,24																				
5 864,99	I,IV	1 636,50	90,—	130,92	147,28	I	1 636,50	84,20	122,48	137,79	78,41	114,05	128,30	72,61	105,62	118,82	66,81	97,18	109,33	61,04	88,78	99,88	55,44	80,64	90,72
	II	1 590,75	87,49	127,26	143,16	II	1 590,75	81,69	118,82	133,67	75,89	110,38	124,18	70,09	101,95	114,69	64,29	93,52	105,21	58,58	85,21	95,86	53,06	77,18	86,83
	III	1 077,33	59,25	86,18	96,95	III	1 077,33	54,78	79,68	89,64	50,38	73,29	82,45	46,09	67,05	75,43	41,91	60,96	68,58	37,81	55,—	61,87	33,80	49,17	55,31
	V	2 171,75	119,44	173,74	195,45	IV	1 636,50	87,10	126,70	142,53	84,20	122,48	137,79	81,30	118,26	133,04	78,41	114,05	128,30	75,51	109,83	123,56	72,61	105,62	118,82
	VI	2 204,—	121,22	176,32	198,36																				
5 867,99	I,IV	1 637,75	90,07	131,02	147,39	I	1 637,75	84,27	122,58	137,90	78,48	114,15	128,42	72,68	105,72	118,93	66,88	97,28	109,44	61,10	88,88	99,99	55,50	80,74	90,83
	II	1 592,—	87,56	127,36	143,28	II	1 592,—	81,76	118,92	133,79	75,96	110,49	124,30	70,16	102,06	114,81	64,36	93,62	105,32	58,65	85,31	95,97	53,13	77,28	86,94
	III	1 078,33	59,30	86,26	97,04	III	1 078,33	54,83	79,76	89,73	50,44	73,37	82,54	46,15	67,13	75,52	41,95	61,02	68,65	37,85	55,06	61,94	33,85	49,24	55,39
	V	2 173,—	119,51	173,84	195,57	IV	1 637,75	87,17	126,80	142,65	84,27	122,58	137,90	81,37	118,36	133,16	78,48	114,15	128,42	75,57	109,93	123,67	72,68	105,72	118,93
	VI	2 205,25	121,28	176,42	198,47																				
5 870,99	I,IV	1 639,—	90,14	131,12	147,51	I	1 639,—	84,34	122,68	138,02	78,54	114,25	128,53	72,75	105,82	119,04	66,95	97,38	109,55	61,17	88,98	100,10	55,57	80,83	90,93
	II	1 593,25	87,62	127,46	143,39	II	1 593,25	81,83	119,02	133,90	76,03	110,59	124,41	70,23	102,16	114,93	64,43	93,72	105,44	58,72	85,41	96,08	53,19	77,38	87,05
	III	1 079,33	59,36	86,34	97,13	III	1 079,33	54,88	79,82	89,80	50,49	73,45	82,63	46,20	67,20	75,60	42,01	61,10	68,74	37,90	55,13	62,02	33,89	49,30	55,46
	V	2 174,25	119,58	173,94	195,68	IV	1 639,—	87,24	126,90	142,76	84,34	122,68	138,02	81,45	118,47	133,28	78,54	114,25	128,53	75,65	110,04	123,79	72,75	105,82	119,04
	VI	2 206,50	121,35	176,52	198,58																				
5 873,99	I,IV	1 640,25	90,21	131,22	147,62	I	1 640,25	84,41	122,78	138,13	78,61	114,35	128,64	72,82	105,92	119,16	67,02	97,48	109,67	61,24	89,08	100,22	55,63	80,92	91,04
	II	1 594,50	87,69	127,56	143,50	II	1 594,50	81,89	119,12	134,01	76,10	110,69	124,52	70,30	102,26	115,04	64,50	93,82	105,55	58,78	85,50	96,19	53,26	77,47	87,15
	III	1 080,33	59,41	86,42	97,22	III	1 080,33	54,93	79,90	89,89	50,54	73,52	82,71	46,25	67,28	75,69	42,05	61,17	68,81	37,95	55,20	62,10	33,94	49,37	55,54
	V	2 175,58	119,65	174,04	195,80	IV	1 640,25	87,31	127,—	142,88	84,41	122,78	138,13	81,51	118,57	133,39	78,61	114,35	128,64	75,72	110,14	123,90	72,82	105,92	119,16
	VI	2 207,75	121,42	176,62	198,69																				
5 876,99	I,IV	1 641,50	90,28	131,32	147,73	I	1 641,50	84,48	122,88	138,24	78,68	114,45	128,75	72,88	106,02	119,27	67,09	97,58	109,78	61,31	89,18	100,33	55,70	81,02	91,15
	II	1 595,75	87,76	127,66	143,61	II	1 595,75	81,96	119,22	134,12	76,17	110,79	124,64	70,37	102,36	115,15	64,57	93,92	105,66	58,85	85,60	96,30	53,32	77,56	87,26
	III	1 081,33	59,47	86,50	97,31	III	1 081,33	54,99	79,98	89,98	50,60	73,60	82,80	46,31	67,36	75,78	42,10	61,24	68,89	38,—	55,28	62,19	33,99	49,44	55,62
	V	2 176,83	119,72	174,14	195,91	IV	1 641,50	87,38	127,10	142,99	84,48	122,88	138,24	81,58	118,67	133,50	78,68	114,45	128,75	75,79	110,24	124,02	72,88	106,02	119,27
	VI	2 209,—	121,49	176,72	198,81																				
5 879,99	I,IV	1 642,83	90,35	131,42	147,85	I	1 642,83	84,55	122,98	138,35	78,75	114,55	128,87	72,95	106,12	119,38	67,15	97,68	109,89	61,38	89,28	100,44	55,77	81,12	91,26
	II	1 597,—	87,83	127,76	143,73	II	1 597,—	82,03	119,32	134,24	76,23	110,89	124,75	70,44	102,46	115,26	64,64	94,02	105,77	58,92	85,70	96,41	53,39	77,66	87,36
	III	1 082,33	59,52	86,58	97,40	III	1 082,33	55,04	80,06	90,07	50,65	73,68	82,89	46,35	67,42	75,85	42,15	61,32	68,98	38,05	55,34	62,26	34,04	49,52	55,71
	V	2 178,08	119,79	174,24	196,02	IV	1 642,83	87,45	127,20	143,10	84,55	122,98	138,35	81,65	118,77	133,61	78,75	114,55	128,87	75,85	110,34	124,13	72,95	106,12	119,38
	VI	2 210,25	121,56	176,82	198,92																				
5 882,99	I,IV	1 644,08	90,42	131,52	147,96	I	1 644,08	84,62	123,09	138,47	78,82	114,66	128,99	73,03	106,22	119,50	67,22	97,78	110,—	61,45	89,38	100,55	55,83	81,21	91,36
	II	1 598,25	87,90	127,86	143,84	II	1 598,25	82,10	119,42	134,35	76,30	110,99	124,86	70,51	102,56	115,38	64,71	94,12	105,89	58,98	85,80	96,52	53,45	77,75	87,47
	III	1 083,33	59,58	86,66	97,49	III	1 083,33	55,09	80,13	90,14	50,70	73,74	82,96	46,41	67,50	75,94	42,20	61,38	69,05	38,09	55,41	62,33	34,09	49,58	55,78
	V	2 179,33	119,86	174,34	196,13	IV	1 644,08	87,52	127,30	143,21	84,62	123,09	138,47	81,72	118,87	133,73	78,82	114,66	128,99	75,92	110,44	124,24	73,03	106,22	119,50
	VI	2 211,50	121,63	176,92	199,03																				
5 885,99	I,IV	1 645,33	90,49	131,62	148,07	I	1 645,33	84,69	123,19	138,59	78,89	114,76	129,10	73,09	106,32	119,61	67,30	97,89	110,12	61,51	89,48	100,66	55,90	81,31	91,47
	II	1 599,50	87,97	127,96	143,95	II	1 599,50	82,17	119,52	134,46	76,37	111,09	124,97	70,57	102,66	115,49	64,78	94,22	106,—	59,05	85,90	96,63	53,52	77,85	87,58
	III	1 084,33	59,63	86,74	97,58	III	1 084,33	55,14	80,21	90,23	50,75	73,82	83,05	46,45	67,57	76,01	42,25	61,46	69,14	38,15	55,49	62,42	34,13	49,65	55,85
	V	2 180,58	119,93	174,44	196,25	IV	1 645,33	87,59	127,40	143,33	84,69	123,19	138,59	81,79	118,97	133,84	78,89	114,76	129,10	75,99	110,54	124,35	73,09	106,32	119,61
	VI	2 212,75	121,70	177,02	199,14																				
5 888,99	I,IV	1 646,58	90,56	131,72	148,19	I	1 646,58	84,76	123,29	138,70	78,96	114,86	129,21	73,16	106,42	119,72	67,37	97,99	110,24	61,58	89,58	100,77	55,96	81,40	91,58
	II	1 600,83	88,04	128,06	144,07	II	1 600,83	82,24	119,62	134,57	76,44	111,19	125,09	70,64	102,76	115,60	64,84	94,32	106,11	59,12	86,—	96,75	53,58	77,94	87,68
	III	1 085,33	59,69	86,82	97,67	III	1 085,33	55,20	80,29	90,32	50,81	73,90	83,14	46,51	67,65	76,10	42,30	61,53	69,22	38,19	55,56	62,50	34,18	49,72	55,93
	V	2 181,83	120,—	174,54	196,36	IV	1 646,58	87,66	127,50	143,44	84,76	123,29	138,70	81,86	119,07	133,95	78,96	114,86	129,21	76,06	110,64	124,47	73,16	106,42	119,72
	VI	2 214,08	121,77	177,12	199,26																				
5 891,99	I,IV	1 647,83	90,63	131,82	148,30	I	1 647,83	84,83	123,39	138,81	79,03	114,96	129,33	73,23	106,52	119,84	67,43	98,09	110,35	61,65	89,68	100,89	56,03	81,50	91,69
	II	1 602,08	88,11	128,16	144,18	II	1 602,08	82,31	119,73	134,69	76,51	111,30	125,21	70,72	102,86	115,72	64,91	94,42	106,22	59,18	86,09	96,85	53,65	78,04	87,79
	III	1 086,33	59,74	86,90	97,76	III	1 086,33	55,25	80,37	90,41	50,85	73,97	83,21	46,55	67,72	76,18	42,35	61,61	69,31	38,24	55,62	62,57	34,22	49,78	56,—
	V	2 183,08	120,06	174,64	196,47	IV	1 647,83	87,72	127,60	143,55	84,83	123,39	138,81	81,93	119,17	134,06	79,03	114,96	129,33	76,13	110,74	124,58	73,23	106,52	119,84
	VI	2 215,33	121,84	177,22	199,37																				
5 894,99	I,IV	1 649,08	90,69	131,92	148,41	I	1 649,08	84,90	123,49	138,92	79,10	115,06	129,44	73,30	106,62	119,95	67,50	98,19	110,46	61,72	89,78	101,—	56,10	81,60	91,80
	II	1 603,33	88,18	128,26	144,29	II	1 603,33	82,38	119,83	134,81	76,58	111,40	125,32	70,78	102,96	115,83	64,99	94,53	106,34	59,25	86,19	96,96	53,71	78,13	87,89
	III	1 087,33	59,80	86,98	97,85	III	1 087,33	55,31	80,45	90,50	50,91	74,05	83,30	46,61	67,80	76,27	42,40	61,68	69,39	38,29	55,70	62,66	34,27	49,85	56,08
	V	2 184,33	120,13	174,74	196,58	IV	1 649,08	87,80	127,71	143,67	84,90	123,49	138,92	82,—	119,28	134,19	79,10	115,06	129,44	76,20	110,84	124,70	73,30	106,62	119,95
	VI	2 216,58	121,91	177,32	199,49																				

* Die ausgewiesenen Tabellenwerte sind amtlich. Siehe Erläuterungen auf der Umschlaginnenseite (U2).

Lohn/ Gehalt bis €*	Abzüge an Lohnsteuer, Solidaritätszuschlag (SolZ) und Kirchensteuer (8%, 9%) in den Steuerklassen I – VI					I, II, III, IV		mit Zahl der Kinderfreibeträge . . . 0,5			1			1,5			2			2,5			3		
		LSt	ohne Kinderfreibeträge SolZ	8%	9%		LSt	SolZ	8%	9%	SolZ	8%	9%	SolZ	8%	9%	SolZ	8%	9%	SolZ	8%	9%	SolZ	8%	9%
5 897,99	I,IV	1 650,33	90,76	132,02	148,52	I	1 650,33	84,97	123,59	139,04	79,17	115,16	129,55	73,37	106,72	120,06	67,57	98,29	110,57	61,79	89,88	101,11	56,16	81,70	91,91
	II	1 604,58	88,25	128,36	144,41	II	1 604,58	82,45	119,93	134,92	76,65	111,50	125,43	70,85	103,06	115,94	65,06	94,63	106,46	59,32	86,29	97,07	53,78	78,22	88,—
	III	1 088,16	59,84	87,05	97,93	III	1 088,16	55,35	80,52	90,58	50,96	74,13	83,39	46,65	67,86	76,34	42,45	61,74	69,46	38,34	55,77	62,74	34,32	49,93	56,17
	V	2 185,66	120,21	174,85	196,70	IV	1 650,33	87,87	127,81	143,78	84,97	123,59	139,04	82,07	119,38	134,30	79,17	115,16	129,55	76,27	110,94	124,81	73,37	106,72	120,06
	VI	2 217,83	121,98	177,42	199,60																				
5 900,99	I,IV	1 651,58	90,83	132,12	148,64	I	1 651,58	85,03	123,69	139,15	79,24	115,26	129,66	73,44	106,82	120,17	67,64	98,39	110,69	61,86	89,98	101,22	56,23	81,79	92,01
	II	1 605,83	88,32	128,46	144,52	II	1 605,83	82,52	120,03	135,03	76,72	111,60	125,55	70,92	103,16	116,06	65,12	94,73	106,57	59,39	86,39	97,19	53,84	78,32	88,11
	III	1 089,16	59,90	87,13	98,02	III	1 089,16	55,41	80,60	90,67	51,01	74,20	83,47	46,71	67,94	76,43	42,50	61,82	69,55	38,39	55,84	62,82	34,37	50,—	56,25
	V	2 186,91	120,28	174,95	196,82	IV	1 651,58	87,94	127,91	143,90	85,03	123,69	139,15	82,14	119,48	134,41	79,24	115,26	129,66	76,34	111,04	124,92	73,44	106,82	120,17
	VI	2 219,08	122,04	177,52	199,71																				
5 903,99	I,IV	1 652,83	90,90	132,22	148,75	I	1 652,83	85,10	123,79	139,26	79,31	115,36	129,78	73,51	106,92	120,29	67,71	98,49	110,80	61,93	90,08	101,34	56,29	81,88	92,12
	II	1 607,08	88,38	128,56	144,63	II	1 607,08	82,59	120,13	135,14	76,79	111,70	125,66	70,99	103,26	116,17	65,19	94,83	106,68	59,45	86,48	97,29	53,91	78,42	88,22
	III	1 090,16	59,95	87,21	98,11	III	1 090,16	55,46	80,68	90,76	51,06	74,28	83,56	46,75	68,01	76,51	42,55	61,89	69,62	38,43	55,90	62,89	34,42	50,06	56,32
	V	2 188,16	120,34	175,05	196,93	IV	1 652,83	88,—	128,01	144,01	85,10	123,79	139,26	82,21	119,58	134,52	79,31	115,36	129,78	76,41	111,14	125,03	73,51	106,92	120,29
	VI	2 220,33	122,11	177,62	199,82																				
5 906,99	I,IV	1 654,16	90,97	132,33	148,87	I	1 654,16	85,18	123,90	139,38	79,38	115,46	129,89	73,58	107,02	120,40	67,78	98,59	110,91	61,99	90,18	101,45	56,36	81,98	92,23
	II	1 608,33	88,45	128,66	144,74	II	1 608,33	82,66	120,23	135,26	76,86	111,80	125,77	71,06	103,36	116,28	65,26	94,93	106,79	59,52	86,58	97,40	53,97	78,51	88,32
	III	1 091,16	60,01	87,29	98,20	III	1 091,16	55,52	80,76	90,85	51,12	74,36	83,65	46,81	68,09	76,60	42,60	61,97	69,71	38,49	55,98	62,98	34,46	50,13	56,39
	V	2 189,41	120,41	175,15	197,04	IV	1 654,16	88,07	128,11	144,12	85,18	123,90	139,38	82,28	119,68	134,64	79,38	115,46	129,89	76,48	111,24	125,15	73,58	107,02	120,40
	VI	2 221,58	122,18	177,72	199,94																				
5 909,99	I,IV	1 655,41	91,04	132,43	148,98	I	1 655,41	85,25	124,—	139,50	79,45	115,56	130,01	73,65	107,13	120,52	67,85	98,70	111,03	62,06	90,28	101,56	56,43	82,08	92,34
	II	1 609,58	88,52	128,76	144,86	II	1 609,58	82,72	120,33	135,37	76,93	111,90	125,88	71,13	103,46	116,39	65,33	95,03	106,91	59,59	86,68	97,52	54,04	78,60	88,43
	III	1 092,16	60,06	87,37	98,29	III	1 092,16	55,57	80,84	90,94	51,16	74,42	83,72	46,86	68,17	76,69	42,65	62,04	69,79	38,53	56,05	63,05	34,51	50,20	56,47
	V	2 190,66	120,48	175,25	197,15	IV	1 655,41	88,14	128,21	144,23	85,25	124,—	139,50	82,34	119,78	134,75	79,45	115,56	130,01	76,55	111,34	125,26	73,65	107,13	120,52
	VI	2 222,83	122,25	177,82	200,05																				
5 912,99	I,IV	1 656,66	91,11	132,53	149,09	I	1 656,66	85,31	124,10	139,61	79,52	115,66	130,12	73,72	107,23	120,63	67,92	98,80	111,15	62,13	90,38	101,67	56,49	82,18	92,45
	II	1 610,83	88,59	128,86	144,97	II	1 610,83	82,79	120,43	135,48	77,—	112,—	126,—	71,20	103,56	116,51	65,40	95,13	107,02	59,66	86,78	97,62	54,10	78,70	88,53
	III	1 093,16	60,12	87,45	98,38	III	1 093,16	55,62	80,90	91,01	51,22	74,50	83,81	46,91	68,24	76,77	42,70	62,12	69,88	38,58	56,12	63,13	34,55	50,26	56,54
	V	2 191,91	120,55	175,35	197,27	IV	1 656,66	88,21	128,31	144,35	85,31	124,10	139,61	82,41	119,88	134,86	79,52	115,66	130,12	76,61	111,44	125,37	73,72	107,23	120,63
	VI	2 224,16	122,32	177,93	200,17																				
5 915,99	I,IV	1 657,91	91,18	132,63	149,21	I	1 657,91	85,38	124,20	139,72	79,58	115,76	130,23	73,79	107,33	120,74	67,99	98,90	111,26	62,20	90,48	101,79	56,56	82,27	92,55
	II	1 612,16	88,66	128,97	145,09	II	1 612,16	82,87	120,54	135,60	77,07	112,10	126,11	71,27	103,66	116,62	65,47	95,23	107,13	59,73	86,88	97,74	54,17	78,80	88,65
	III	1 094,16	60,17	87,53	98,47	III	1 094,16	55,67	80,98	91,10	51,27	74,58	83,90	46,97	68,32	76,86	42,75	62,18	69,95	38,63	56,20	63,22	34,61	50,34	56,63
	V	2 193,16	120,62	175,45	197,38	IV	1 657,91	88,28	128,41	144,46	85,38	124,20	139,72	82,48	119,98	134,97	79,58	115,76	130,23	76,68	111,54	125,48	73,79	107,33	120,74
	VI	2 225,41	122,39	178,03	200,28																				
5 918,99	I,IV	1 659,16	91,25	132,73	149,32	I	1 659,16	85,45	124,30	139,83	79,65	115,86	130,34	73,86	107,43	120,86	68,06	99,—	111,37	62,27	90,58	101,90	56,63	82,37	92,66
	II	1 613,41	88,73	129,07	145,20	II	1 613,41	82,94	120,64	135,72	77,14	112,20	126,23	71,34	103,77	116,74	65,54	95,34	107,25	59,79	86,98	97,85	54,23	78,89	88,75
	III	1 095,16	60,23	87,61	98,56	III	1 095,16	55,73	81,06	91,19	51,32	74,65	83,98	47,01	68,38	76,93	42,79	62,25	70,03	38,68	56,26	63,29	34,65	50,41	56,71
	V	2 194,41	120,69	175,55	197,49	IV	1 659,16	88,35	128,52	144,58	85,45	124,30	139,83	82,55	120,08	135,09	79,65	115,86	130,34	76,75	111,64	125,60	73,86	107,43	120,86
	VI	2 226,66	122,46	178,13	200,39																				
5 921,99	I,IV	1 660,41	91,32	132,83	149,43	I	1 660,41	85,52	124,40	139,95	79,72	115,96	130,46	73,92	107,53	120,97	68,13	99,10	111,48	62,34	90,68	102,01	56,69	82,46	92,77
	II	1 614,66	88,80	129,17	145,31	II	1 614,66	83,—	120,74	135,83	77,21	112,30	126,34	71,41	103,87	116,85	65,61	95,44	107,37	59,86	87,08	97,96	54,30	78,98	88,85
	III	1 096,16	60,28	87,69	98,65	III	1 096,16	55,78	81,14	91,28	51,37	74,73	84,07	47,07	68,46	77,02	42,85	62,33	70,12	38,72	56,33	63,37	34,70	50,48	56,79
	V	2 195,75	120,76	175,66	197,61	IV	1 660,41	88,42	128,62	144,69	85,52	124,40	139,95	82,62	120,18	135,20	79,72	115,96	130,46	76,83	111,75	125,72	73,92	107,53	120,97
	VI	2 227,91	122,53	178,23	200,51																				
5 924,99	I,IV	1 661,66	91,39	132,93	149,54	I	1 661,66	85,59	124,50	140,06	79,79	116,06	130,57	73,99	107,63	121,08	68,20	99,20	111,60	62,41	90,78	102,12	56,76	82,56	92,88
	II	1 615,91	88,87	129,27	145,43	II	1 615,91	83,07	120,84	135,94	77,27	112,40	126,45	71,48	103,97	116,96	65,68	95,54	107,48	59,93	87,17	98,06	54,36	79,08	88,96
	III	1 097,16	60,34	87,77	98,74	III	1 097,16	55,84	81,22	91,37	51,43	74,81	84,16	47,11	68,53	77,09	42,90	62,40	70,20	38,78	56,41	63,46	34,75	50,54	56,86
	V	2 197,—	120,83	175,76	197,73	IV	1 661,66	88,49	128,72	144,81	85,59	124,50	140,06	82,69	120,28	135,32	79,79	116,06	130,57	76,89	111,85	125,83	73,99	107,63	121,08
	VI	2 229,16	122,60	178,33	200,62																				
5 927,99	I,IV	1 662,91	91,46	133,03	149,66	I	1 662,91	85,66	124,60	140,17	79,86	116,16	130,68	74,06	107,73	121,19	68,26	99,30	111,71	62,48	90,88	102,24	56,82	82,66	92,99
	II	1 617,16	88,94	129,37	145,54	II	1 617,16	83,14	120,94	136,05	77,34	112,50	126,56	71,55	104,07	117,08	65,75	95,64	107,59	60,—	87,27	98,18	54,43	79,18	89,07
	III	1 098,16	60,39	87,85	98,83	III	1 098,16	55,88	81,29	91,45	51,48	74,88	84,24	47,17	68,61	77,18	42,95	62,48	70,29	38,83	56,48	63,54	34,79	50,61	56,93
	V	2 198,25	120,90	175,86	197,84	IV	1 662,91	88,56	128,82	144,92	85,66	124,60	140,17	82,76	120,38	135,43	79,86	116,16	130,68	76,96	111,95	125,94	74,06	107,73	121,19
	VI	2 230,41	122,67	178,43	200,73																				
5 930,99	I,IV	1 664,25	91,53	133,14	149,78	I	1 664,25	85,73	124,70	140,29	79,93	116,26	130,79	74,13	107,83	121,31	68,33	99,40	111,82	62,54	90,98	102,35	56,89	82,76	93,10
	II	1 618,41	89,01	129,47	145,65	II	1 618,41	83,21	121,04	136,17	77,41	112,60	126,68	71,61	104,17	117,19	65,82	95,74	107,70	60,06	87,37	98,29	54,50	79,27	89,18
	III	1 099,16	60,45	87,93	98,92	III	1 099,16	55,94	81,37	91,54	51,53	74,96	84,33	47,21	68,68	77,26	43,—	62,54	70,36	38,87	56,54	63,61	34,85	50,69	57,02
	V	2 199,50	120,97	175,96	197,95	IV	1 664,25	88,63	128,92	145,03	85,73	124,70	140,29	82,83	120,48	135,54	79,93	116,26	130,79	77,03	112,05	126,05	74,13	107,83	121,31
	VI	2 231,66	122,74	178,53	200,84																				
5 933,99	I,IV	1 665,50	91,60	133,24	149,89	I	1 665,50	85,80	124,80	140,40	80,—	116,37	130,91	74,20	107,94	121,43	68,41	99,50	111,94	62,61	91,08	102,46	56,96	82,85	93,20
	II	1 619,66	89,08	129,57	145,76	II	1 619,66	83,28	121,14	136,28	77,48	112,70	126,79	71,68	104,27	117,30	65,89	95,84	107,82	60,13	87,47	98,40	54,56	79,36	89,28
	III	1 100,16	60,50	88,01	99,01	III	1 100,16	55,99	81,45	91,63	51,59	75,04	84,42	47,27	68,76	77,35	43,05	62,62	70,45	38,93	56,62	63,70	34,89	50,76	57,10
	V	2 200,75	121,04	176,06	198,06	IV	1 665,50	88,70	129,02	145,14	85,80	124,80	140,40	82,90	120,58	135,65	80,—	116,37	130,91	77,10	112,15	126,17	74,20	107,94	121,43
	VI	2 232,91	122,81	178,63	200,96																				
5 936,99	I,IV	1 666,75	91,67	133,34	150,—	I	1 666,75	85,87	124,90	140,51	80,07	116,47	131,03	74,27	108,04	121,54	68,47	99,60	112,05	62,68	91,18	102,57	57,03	82,95	93,32
	II	1 620,91	89,15	129,67	145,88	II	1 620,91	83,35	121,24	136,39	77,55	112,80	126,90	71,75	104,37	117,41	65,95	95,94	107,93	60,20	87,57	98,51	54,63	79,46	89,39
	III	1 101,16	60,56	88,09	99,10	III	1 101,16	56,05	81,53	91,72	51,64	75,12	84,51	47,32	68,84	77,44	43,10	62,69	70,52	38,97	56,69	63,77	34,94	50,82	57,17
	V	2 202,—	121,11	176,16	198,18	IV	1 666,75	88,77	129,12	145,26	85,87	124,90	140,51	82,97	120,68	135,77	80,07	116,47	131,03	77,17	112,25	126,28	74,27	108,04	121,54
	VI	2 234,25	122,88	178,74	201,08																				
5 939,99	I,IV	1 668,—	91,74	133,44	150,12	I	1 668,—	85,94	125,—	140,63	80,14	116,57	131,14	74,34	108,14	121,65	68,54	99,70	112,16	62,75	91,28	102,69	57,09	83,04	93,42
	II	1 622,25	89,22	129,78	146,—	II	1 622,25	83,42	121,34	136,51	77,62	112,90	127,01	71,82	104,47	117,53	66,02	96,04	108,04	60,27	87,66	98,62	54,69	79,56	89,50
	III	1 102,—	60,61	88,16	99,18	III	1 102,—	56,10	81,61	91,81	51,69	75,18	84,58	47,37	68,90	77,51	43,14	62,76	70,60	39,02	56,76	63,85	34,98	50,89	57,25
	V	2 203,25	121,17	176,26	198,29	IV	1 668,—	88,83	129,22	145,37	85,94	125,—	140,63	83,04	120,78	135,88	80,14	116,57	131,14	77,24	112,35	126,39	74,34	108,14	121,65
	VI	2 235,50	122,95	178,84	201,19																				

* Die ausgewiesenen Tabellenwerte sind amtlich. Siehe Erläuterungen auf der Umschlaginnenseite (U2).

Abzüge an Lohnsteuer, Solidaritätszuschlag (SolZ) und Kirchensteuer (8%, 9%) in den Steuerklassen

Lohn/ Gehalt bis €*	I – VI					I, II, III, IV mit Zahl der Kinderfreibeträge . . .																			
			ohne Kinderfreibeträge					0,5			1			1,5			2			2,5			3		
		LSt	SolZ	8%	9%		LSt	SolZ	8%	9%	SolZ	8%	9%	SolZ	8%	9%	SolZ	8%	9%	SolZ	8%	9%	SolZ	8%	9%
5 942,99	I,IV	1 669,25	91,80	133,54	150,23	I	1 669,25	86,01	125,10	140,74	80,21	116,67	131,25	74,41	108,24	121,77	68,61	99,80	112,28	62,82	91,38	102,80	57,16	83,14	93,53
	II	1 623,50	89,29	129,88	146,11	II	1 623,50	83,49	121,44	136,62	77,69	113,01	127,13	71,89	104,58	117,65	66,10	96,14	108,16	60,33	87,76	98,73	54,76	79,65	89,60
	III	1 103,—	60,66	88,24	99,27	III	1 103,—	56,15	81,68	91,89	51,74	75,26	84,67	47,42	68,98	77,60	43,20	62,84	70,69	39,06	56,82	63,92	35,03	50,96	57,33
	V	2 204,50	121,24	176,36	198,40	IV	1 669,25	88,91	129,32	145,49	86,01	125,10	140,74	83,10	120,88	135,99	80,21	116,67	131,25	77,31	112,45	126,50	74,41	108,24	121,77
	VI	2 236,75	123,02	178,94	201,30																				
5 945,99	I,IV	1 670,50	91,87	133,64	150,34	I	1 670,50	86,07	125,20	140,85	80,28	116,77	131,36	74,48	108,34	121,88	68,68	99,90	112,39	62,89	91,48	102,91	57,22	83,24	93,64
	II	1 624,75	89,36	129,98	146,22	II	1 624,75	83,56	121,54	136,73	77,76	113,11	127,25	71,96	104,68	117,76	66,16	96,24	108,27	60,40	87,86	98,84	54,82	79,74	89,71
	III	1 104,—	60,72	88,32	99,36	III	1 104,—	56,21	81,76	91,98	51,80	75,34	84,76	47,47	69,05	77,68	43,24	62,90	70,76	39,12	56,90	64,01	35,09	51,04	57,42
	V	2 205,75	121,31	176,46	198,51	IV	1 670,50	88,98	129,42	145,60	86,07	125,20	140,85	83,18	120,99	136,11	80,28	116,77	131,36	77,38	112,56	126,63	74,48	108,34	121,88
	VI	2 238,—	123,09	179,04	201,42																				
5 948,99	I,IV	1 671,75	91,94	133,74	150,45	I	1 671,75	86,14	125,30	140,96	80,35	116,87	131,48	74,55	108,44	121,99	68,75	100,—	112,50	62,96	91,58	103,02	57,29	83,34	93,75
	II	1 626,—	89,43	130,08	146,34	II	1 626,—	83,63	121,64	136,85	77,83	113,21	127,36	72,03	104,78	117,87	66,23	96,34	108,38	60,47	87,96	98,96	54,89	79,84	89,82
	III	1 105,—	60,77	88,40	99,45	III	1 105,—	56,26	81,84	92,07	51,84	75,41	84,83	47,52	69,13	77,77	43,30	62,98	70,85	39,16	56,97	64,09	35,13	51,10	57,49
	V	2 207,08	121,38	176,56	198,63	IV	1 671,75	89,04	129,52	145,71	86,14	125,30	140,96	83,25	121,09	136,22	80,35	116,87	131,48	77,45	112,66	126,74	74,55	108,44	121,99
	VI	2 239,25	123,15	179,14	201,53																				
5 951,99	I,IV	1 673,—	92,01	133,84	150,57	I	1 673,—	86,21	125,40	141,08	80,41	116,97	131,59	74,62	108,54	122,10	68,82	100,10	112,61	63,03	91,68	103,14	57,36	83,43	93,86
	II	1 627,25	89,49	130,18	146,45	II	1 627,25	83,70	121,74	136,96	77,90	113,31	127,47	72,10	104,88	117,99	66,30	96,44	108,50	60,54	88,06	99,07	54,95	79,94	89,93
	III	1 106,—	60,83	88,48	99,54	III	1 106,—	56,32	81,92	92,16	51,90	75,49	84,92	47,57	69,20	77,85	43,34	63,05	70,93	39,21	57,04	64,17	35,18	51,17	57,56
	V	2 208,33	121,45	176,66	198,74	IV	1 673,—	89,11	129,62	145,82	86,21	125,40	141,08	83,32	121,19	136,34	80,41	116,97	131,59	77,52	112,76	126,85	74,62	108,54	122,10
	VI	2 240,50	123,22	179,24	201,64																				
5 954,99	I,IV	1 674,33	92,08	133,94	150,68	I	1 674,33	86,28	125,50	141,19	80,48	117,07	131,70	74,69	108,64	122,22	68,89	100,20	112,73	63,09	91,78	103,25	57,42	83,53	93,97
	II	1 628,50	89,56	130,28	146,56	II	1 628,50	83,76	121,84	137,07	77,97	113,41	127,58	72,17	104,98	118,10	66,37	96,54	108,61	60,61	88,16	99,18	55,02	80,03	90,03
	III	1 107,—	60,88	88,56	99,63	III	1 107,—	56,37	82,—	92,25	51,95	75,57	85,01	47,63	69,28	77,94	43,40	63,13	71,02	39,27	57,12	64,26	35,22	51,24	57,64
	V	2 209,58	121,52	176,76	198,86	IV	1 674,33	89,18	129,72	145,94	86,28	125,50	141,19	83,38	121,29	136,45	80,48	117,07	131,70	77,59	112,86	126,96	74,69	108,64	122,22
	VI	2 241,75	123,29	179,34	201,75																				
5 957,99	I,IV	1 675,58	92,15	134,04	150,80	I	1 675,58	86,35	125,61	141,31	80,56	117,18	131,82	74,76	108,74	122,33	68,96	100,30	112,84	63,16	91,88	103,36	57,49	83,62	94,07
	II	1 629,75	89,63	130,38	146,67	II	1 629,75	83,83	121,94	137,18	78,04	113,51	127,70	72,24	105,08	118,21	66,44	96,64	108,72	60,67	88,26	99,29	55,09	80,13	90,14
	III	1 108,—	60,94	88,64	99,72	III	1 108,—	56,43	82,08	92,34	52,—	75,64	85,09	47,68	69,36	78,03	43,45	63,20	71,10	39,31	57,18	64,33	35,27	51,30	57,71
	V	2 210,83	121,59	176,86	198,97	IV	1 675,58	89,25	129,82	146,05	86,35	125,61	141,31	83,45	121,39	136,56	80,56	117,18	131,82	77,66	112,96	127,08	74,76	108,74	122,33
	VI	2 243,—	123,36	179,44	201,87																				
5 960,99	I,IV	1 676,83	92,22	134,14	150,91	I	1 676,83	86,42	125,71	141,42	80,63	117,28	131,94	74,83	108,84	122,45	69,03	100,41	112,96	63,23	91,98	103,47	57,56	83,72	94,19
	II	1 631,—	89,70	130,48	146,79	II	1 631,—	83,90	122,04	137,30	78,10	113,61	127,81	72,31	105,18	118,32	66,51	96,74	108,83	60,74	88,36	99,40	55,15	80,22	90,25
	III	1 109,—	60,99	88,72	99,81	III	1 109,—	56,47	82,14	92,41	52,05	75,72	85,18	47,73	69,42	78,10	43,50	63,28	71,19	39,36	57,25	64,40	35,32	51,38	57,80
	V	2 212,08	121,66	176,96	199,08	IV	1 676,83	89,32	129,92	146,16	86,42	125,71	141,42	83,52	121,49	136,67	80,63	117,28	131,94	77,72	113,06	127,19	74,83	108,84	122,45
	VI	2 244,25	123,43	179,54	201,98																				
5 963,99	I,IV	1 678,08	92,29	134,24	151,02	I	1 678,08	86,49	125,81	141,53	80,69	117,38	132,05	74,90	108,94	122,56	69,10	100,51	113,07	63,30	92,08	103,59	57,62	83,82	94,29
	II	1 632,33	89,77	130,58	146,90	II	1 632,33	83,97	122,14	137,41	78,17	113,71	127,92	72,38	105,28	118,44	66,58	96,84	108,95	60,81	88,46	99,51	55,22	80,32	90,36
	III	1 110,—	61,05	88,80	99,90	III	1 110,—	56,53	82,22	92,50	52,11	75,80	85,27	47,78	69,50	78,19	43,55	63,34	71,26	39,41	57,33	64,49	35,37	51,45	57,88
	V	2 213,33	121,73	177,06	199,19	IV	1 678,08	89,39	130,02	146,27	86,49	125,81	141,53	83,59	121,59	136,79	80,69	117,38	132,05	77,79	113,16	127,30	74,90	108,94	122,56
	VI	2 245,58	123,50	179,64	202,10																				
5 966,99	I,IV	1 679,33	92,36	134,34	151,13	I	1 679,33	86,56	125,91	141,65	80,76	117,48	132,16	74,96	109,04	122,67	69,17	100,61	113,18	63,37	92,18	103,70	57,69	83,92	94,41
	II	1 633,58	89,84	130,68	147,02	II	1 633,58	84,04	122,25	137,53	78,25	113,82	128,04	72,45	105,38	118,55	66,65	96,94	109,06	60,88	88,56	99,63	55,28	80,42	90,47
	III	1 111,—	61,10	88,88	99,99	III	1 111,—	56,58	82,30	92,59	52,16	75,88	85,36	47,83	69,57	78,26	43,60	63,42	71,35	39,46	57,40	64,57	35,42	51,52	57,96
	V	2 214,58	121,80	177,16	199,31	IV	1 679,33	89,46	130,12	146,39	86,56	125,91	141,65	83,66	121,69	136,90	80,76	117,48	132,16	77,86	113,26	127,41	74,96	109,04	122,67
	VI	2 246,83	123,57	179,74	202,21																				
5 969,99	I,IV	1 680,58	92,43	134,44	151,25	I	1 680,58	86,63	126,01	141,76	80,83	117,58	132,27	75,03	109,14	122,78	69,24	100,71	113,30	63,44	92,28	103,81	57,75	84,01	94,51
	II	1 634,83	89,91	130,78	147,13	II	1 634,83	84,11	122,35	137,64	78,32	113,92	128,16	72,52	105,48	118,67	66,72	97,05	109,18	60,95	88,66	99,74	55,35	80,51	90,57
	III	1 112,—	61,16	88,96	100,08	III	1 112,—	56,64	82,38	92,68	52,21	75,94	85,43	47,88	69,65	78,35	43,65	63,49	71,42	39,50	57,46	64,64	35,46	51,58	58,03
	V	2 215,83	121,87	177,26	199,42	IV	1 680,58	89,53	130,23	146,51	86,63	126,01	141,76	83,73	121,80	137,02	80,83	117,58	132,27	77,93	113,36	127,53	75,03	109,14	122,78
	VI	2 248,08	123,64	179,84	202,32																				
5 972,99	I,IV	1 681,83	92,50	134,54	151,36	I	1 681,83	86,70	126,11	141,87	80,90	117,68	132,39	75,10	109,24	122,90	69,30	100,81	113,41	63,51	92,38	103,92	57,82	84,11	94,62
	II	1 636,08	89,98	130,88	147,24	II	1 636,08	84,18	122,45	137,75	78,38	114,02	128,27	72,59	105,58	118,78	66,79	97,15	109,29	61,01	88,75	99,84	55,41	80,60	90,68
	III	1 113,—	61,21	89,04	100,17	III	1 113,—	56,69	82,46	92,77	52,26	76,02	85,52	47,93	69,72	78,43	43,69	63,56	71,50	39,56	57,54	64,73	35,51	51,65	58,10
	V	2 217,16	121,94	177,37	199,54	IV	1 681,83	89,60	130,33	146,62	86,70	126,11	141,87	83,80	121,90	137,13	80,90	117,68	132,39	78,—	113,46	127,64	75,10	109,24	122,90
	VI	2 249,33	123,71	179,94	202,43																				
5 975,99	I,IV	1 683,08	92,56	134,64	151,47	I	1 683,08	86,77	126,21	141,98	80,97	117,78	132,50	75,17	109,34	123,01	69,37	100,91	113,52	63,58	92,48	104,04	57,89	84,21	94,73
	II	1 637,33	90,05	130,98	147,35	II	1 637,33	84,25	122,55	137,87	78,45	114,12	128,38	72,65	105,68	118,89	66,86	97,25	109,40	61,08	88,85	99,95	55,48	80,70	90,79
	III	1 114,—	61,27	89,12	100,26	III	1 114,—	56,75	82,54	92,86	52,32	76,10	85,61	47,98	69,80	78,52	43,75	63,64	71,59	39,60	57,61	64,81	35,56	51,73	58,19
	V	2 218,41	122,01	177,47	199,65	IV	1 683,08	89,67	130,43	146,73	86,77	126,21	141,98	83,87	122,—	137,25	80,97	117,78	132,50	78,07	113,56	127,76	75,17	109,34	123,01
	VI	2 250,58	123,78	180,04	202,55																				
5 978,99	I,IV	1 684,33	92,63	134,74	151,58	I	1 684,33	86,84	126,31	142,10	81,04	117,88	132,61	75,24	109,44	123,12	69,44	101,01	113,63	63,64	92,58	104,15	57,96	84,30	94,84
	II	1 638,58	90,12	131,08	147,47	II	1 638,58	84,32	122,65	137,98	78,52	114,22	128,49	72,72	105,78	119,—	66,93	97,35	109,52	61,15	88,95	100,07	55,55	80,80	90,90
	III	1 115,—	61,32	89,20	100,35	III	1 115,—	56,79	82,61	92,93	52,36	76,17	85,69	48,04	69,88	78,61	43,79	63,70	71,66	39,65	57,68	64,89	35,61	51,80	58,27
	V	2 219,66	122,08	177,57	199,76	IV	1 684,33	89,74	130,53	146,84	86,84	126,31	142,10	83,94	122,10	137,36	81,04	117,88	132,61	78,14	113,66	127,87	75,24	109,44	123,12
	VI	2 251,83	123,85	180,14	202,66																				
5 981,99	I,IV	1 685,66	92,71	134,85	151,70	I	1 685,66	86,91	126,42	142,22	81,11	117,98	132,73	75,31	109,54	123,23	69,51	101,11	113,75	63,71	92,68	104,26	58,02	84,40	94,95
	II	1 639,83	90,19	131,18	147,58	II	1 639,83	84,39	122,75	138,09	78,59	114,32	128,61	72,79	105,88	119,12	66,99	97,45	109,63	61,22	89,05	100,18	55,61	80,90	91,01
	III	1 116,—	61,38	89,28	100,44	III	1 116,—	56,85	82,69	93,02	52,42	76,25	85,78	48,08	69,94	78,68	43,85	63,78	71,75	39,71	57,76	64,98	35,65	51,86	58,34
	V	2 220,91	122,15	177,67	199,88	IV	1 685,66	89,81	130,63	146,96	86,91	126,42	142,22	84,01	122,20	137,47	81,11	117,98	132,73	78,21	113,76	127,98	75,31	109,54	123,23
	VI	2 253,08	123,91	180,24	202,77																				
5 984,99	I,IV	1 686,91	92,78	134,95	151,82	I	1 686,91	86,98	126,52	142,33	81,18	118,08	132,84	75,38	109,65	123,35	69,58	101,22	113,87	63,78	92,78	104,37	58,09	84,50	95,06
	II	1 641,08	90,25	131,28	147,69	II	1 641,08	84,46	122,85	138,20	78,66	114,42	128,72	72,86	105,98	119,23	67,06	97,55	109,74	61,29	89,15	100,29	55,68	80,99	91,11
	III	1 117,—	61,43	89,36	100,53	III	1 117,—	56,90	82,77	93,11	52,47	76,33	85,87	48,14	70,02	78,77	43,89	63,85	71,83	39,75	57,82	65,05	35,70	51,93	58,42
	V	2 222,16	122,21	177,77	199,99	IV	1 686,91	89,87	130,73	147,07	86,98	126,52	142,33	84,08	122,30	137,58	81,18	118,08	132,84	78,28	113,86	128,09	75,38	109,65	123,35
	VI	2 254,33	123,98	180,34	202,88																				

* Die ausgewiesenen Tabellenwerte sind amtlich. Siehe Erläuterungen auf der Umschlaginnenseite (U2).

Abzüge an Lohnsteuer, Solidaritätszuschlag (SolZ) und Kirchensteuer (8%, 9%) in den Steuerklassen

Lohn/ Gehalt bis €*	I – VI		ohne Kinderfreibeträge			I, II, III, IV		mit Zahl der Kinderfreibeträge . . . 0,5			1			1,5			2			2,5			3		
		LSt	SolZ	8%	9%		LSt	SolZ	8%	9%	SolZ	8%	9%	SolZ	8%	9%	SolZ	8%	9%	SolZ	8%	9%	SolZ	8%	9%
5 987,99	I,IV	1 688,16	92,84	135,05	151,93	I	1 688,16	87,05	126,62	142,44	81,25	118,18	132,95	75,45	109,75	123,47	69,65	101,32	113,98	63,85	92,88	104,49	58,16	84,60	95,17
	II	1 642,33	90,32	131,38	147,80	II	1 642,33	84,53	122,95	138,32	78,73	114,52	128,83	72,93	106,08	119,34	67,13	97,65	109,85	61,36	89,25	100,40	55,74	81,08	91,22
	III	1 118,–	61,49	89,44	100,62	III	1 118,–	56,96	82,85	93,20	52,52	76,40	85,95	48,18	70,09	78,85	43,95	63,93	71,92	39,80	57,89	65,12	35,75	52,01	58,51
	V	2 223,41	122,28	177,87	200,10	IV	1 688,16	89,94	130,83	147,18	87,05	126,62	142,44	84,15	122,40	137,70	81,25	118,18	132,95	78,35	113,96	128,21	75,45	109,75	123,47
	VI	2 255,66	124,06	180,45	203,–																				
5 990,99	I,IV	1 689,41	92,91	135,15	152,04	I	1 689,41	87,12	126,72	142,56	81,32	118,28	133,07	75,52	109,85	123,58	69,72	101,42	114,09	63,92	92,98	104,60	58,23	84,70	95,28
	II	1 643,66	90,40	131,49	147,92	II	1 643,66	84,60	123,06	138,44	78,80	114,62	128,95	73,–	106,18	119,45	67,20	97,75	109,97	61,43	89,35	100,52	55,81	81,18	91,33
	III	1 119,–	61,54	89,52	100,71	III	1 119,–	57,01	82,93	93,29	52,58	76,48	86,04	48,24	70,17	78,94	44,–	64,–	72,–	39,85	57,97	65,21	35,80	52,08	58,59
	V	2 224,66	122,35	177,97	200,21	IV	1 689,41	90,01	130,93	147,29	87,12	126,72	142,56	84,21	122,50	137,81	81,32	118,28	133,07	78,42	114,06	128,32	75,52	109,85	123,58
	VI	2 256,91	124,13	180,55	203,12																				
5 993,99	I,IV	1 690,66	92,98	135,25	152,15	I	1 690,66	87,18	126,82	142,67	81,39	118,38	133,18	75,59	109,95	123,69	69,79	101,52	114,21	63,99	93,08	104,72	58,29	84,79	95,39
	II	1 644,91	90,47	131,59	148,04	II	1 644,91	84,67	123,16	138,55	78,87	114,72	129,06	73,07	106,29	119,57	67,27	97,86	110,09	61,49	89,44	100,62	55,88	81,28	91,44
	III	1 120,–	61,60	89,60	100,80	III	1 120,–	57,07	83,01	93,38	52,63	76,56	86,13	48,29	70,25	79,03	44,05	64,08	72,09	39,90	58,04	65,29	35,85	52,14	58,66
	V	2 225,91	122,42	178,07	200,33	IV	1 690,66	90,09	131,04	147,42	87,18	126,82	142,67	84,29	122,60	137,93	81,39	118,38	133,18	78,48	114,16	128,43	75,59	109,95	123,69
	VI	2 258,16	124,19	180,65	203,23																				
5 996,99	I,IV	1 691,91	93,05	135,35	152,27	I	1 691,91	87,25	126,92	142,78	81,45	118,48	133,29	75,66	110,05	123,80	69,86	101,62	114,32	64,06	93,18	104,83	58,36	84,89	95,50
	II	1 646,16	90,53	131,69	148,15	II	1 646,16	84,74	123,26	138,66	78,94	114,82	129,17	73,14	106,39	119,69	67,34	97,96	110,20	61,56	89,54	100,73	55,94	81,37	91,54
	III	1 121,–	61,65	89,68	100,89	III	1 121,–	57,11	83,08	93,46	52,69	76,64	86,22	48,34	70,32	79,11	44,10	64,14	72,16	39,94	58,10	65,36	35,89	52,21	58,73
	V	2 227,25	122,49	178,18	200,45	IV	1 691,91	90,15	131,14	147,53	87,25	126,92	142,78	84,36	122,70	138,04	81,45	118,48	133,29	78,56	114,27	128,55	75,66	110,05	123,80
	VI	2 259,41	124,26	180,75	203,34																				
5 999,99	I,IV	1 693,16	93,12	135,45	152,38	I	1 693,16	87,32	127,02	142,89	81,52	118,58	133,40	75,73	110,15	123,92	69,93	101,72	114,43	64,13	93,28	104,94	58,42	84,98	95,60
	II	1 647,41	90,60	131,79	148,26	II	1 647,41	84,81	123,36	138,78	79,01	114,92	129,29	73,21	106,49	119,80	67,41	98,06	110,31	61,63	89,64	100,85	56,01	81,47	91,65
	III	1 122,–	61,71	89,76	100,98	III	1 122,–	57,17	83,16	93,55	52,73	76,70	86,29	48,40	70,40	79,20	44,15	64,22	72,25	40,–	58,18	65,45	35,94	52,28	58,81
	V	2 228,50	122,56	178,28	200,56	IV	1 693,16	90,22	131,24	147,64	87,32	127,02	142,89	84,42	122,80	138,15	81,52	118,58	133,40	78,63	114,37	128,66	75,73	110,15	123,92
	VI	2 260,66	124,33	180,85	203,45																				
6 002,99	I,IV	1 694,41	93,19	135,55	152,49	I	1 694,41	87,39	127,12	143,01	81,59	118,68	133,52	75,79	110,25	124,03	70,–	101,82	114,54	64,20	93,38	105,05	58,49	85,08	95,72
	II	1 648,66	90,67	131,89	148,37	II	1 648,66	84,87	123,46	138,89	79,08	115,02	129,40	73,28	106,59	119,91	67,48	98,16	110,43	61,70	89,74	100,96	56,07	81,56	91,76
	III	1 123,–	61,76	89,84	101,07	III	1 123,–	57,22	83,24	93,64	52,79	76,78	86,38	48,44	70,46	79,27	44,20	64,29	72,32	40,04	58,25	65,53	35,99	52,36	58,90
	V	2 229,75	122,63	178,38	200,67	IV	1 694,41	90,29	131,34	147,75	87,39	127,12	143,01	84,49	122,90	138,26	81,59	118,68	133,52	78,70	114,47	128,78	75,79	110,25	124,03
	VI	2 261,91	124,40	180,95	203,57																				
6 005,99	I,IV	1 695,75	93,26	135,66	152,61	I	1 695,75	87,46	127,22	143,12	81,66	118,78	133,63	75,86	110,35	124,14	70,07	101,92	114,66	64,27	93,48	105,17	58,56	85,18	95,83
	II	1 649,91	90,74	131,99	148,49	II	1 649,91	84,94	123,56	139,–	79,14	115,12	129,51	73,35	106,69	120,02	67,55	98,26	110,54	61,76	89,84	101,07	56,14	81,66	91,87
	III	1 124,–	61,82	89,92	101,16	III	1 124,–	57,28	83,32	93,73	52,84	76,86	86,47	48,50	70,54	79,36	44,25	64,37	72,41	40,10	58,33	65,62	36,04	52,42	58,97
	V	2 231,–	122,70	178,48	200,79	IV	1 695,75	90,36	131,44	147,87	87,46	127,22	143,12	84,56	123,–	138,38	81,66	118,78	133,63	78,76	114,57	128,89	75,86	110,35	124,14
	VI	2 263,16	124,47	181,05	203,68																				
6 008,99	I,IV	1 697,–	93,33	135,76	152,73	I	1 697,–	87,53	127,32	143,24	81,73	118,89	133,75	75,94	110,46	124,26	70,14	102,02	114,77	64,34	93,58	105,28	58,63	85,28	95,94
	II	1 651,16	90,81	132,09	148,60	II	1 651,16	85,01	123,66	139,11	79,21	115,22	129,62	73,42	106,79	120,14	67,62	98,36	110,65	61,83	89,94	101,18	56,21	81,76	91,98
	III	1 125,–	61,87	90,–	101,25	III	1 125,–	57,33	83,40	93,82	52,90	76,94	86,56	48,55	70,62	79,45	44,30	64,44	72,49	40,15	58,40	65,70	36,08	52,49	59,05
	V	2 232,25	122,77	178,58	200,90	IV	1 697,–	90,43	131,54	147,98	87,53	127,32	143,24	84,63	123,10	138,49	81,73	118,89	133,75	78,83	114,67	129,–	75,94	110,46	124,26
	VI	2 264,41	124,54	181,15	203,79																				
6 011,99	I,IV	1 698,25	93,40	135,86	152,84	I	1 698,25	87,60	127,42	143,35	81,80	118,99	133,86	76,01	110,56	124,38	70,21	102,12	114,89	64,41	93,69	105,40	58,69	85,38	96,05
	II	1 652,41	90,88	132,19	148,71	II	1 652,41	85,08	123,76	139,23	79,28	115,32	129,74	73,48	106,89	120,25	67,69	98,46	110,76	61,90	90,04	101,30	56,27	81,86	92,09
	III	1 125,83	61,92	90,06	101,32	III	1 125,83	57,39	83,48	93,91	52,94	77,01	86,63	48,60	70,69	79,52	44,35	64,52	72,58	40,19	58,46	65,77	36,13	52,56	59,13
	V	2 233,50	122,84	178,68	201,01	IV	1 698,25	90,50	131,64	148,09	87,60	127,42	143,35	84,70	123,20	138,60	81,80	118,99	133,86	78,90	114,77	129,11	76,01	110,56	124,38
	VI	2 265,75	124,61	181,26	203,91																				
6 014,99	I,IV	1 699,50	93,47	135,96	152,95	I	1 699,50	87,67	127,52	143,46	81,87	119,09	133,97	76,07	110,66	124,49	70,28	102,22	115,–	64,48	93,79	105,51	58,76	85,48	96,16
	II	1 653,75	90,95	132,30	148,83	II	1 653,75	85,15	123,86	139,34	79,35	115,42	129,85	73,55	106,99	120,36	67,76	98,56	110,88	61,97	90,14	101,41	56,34	81,95	92,19
	III	1 126,83	61,97	90,14	101,41	III	1 126,83	57,44	83,56	94,–	53,–	77,09	86,72	48,65	70,77	79,61	44,40	64,58	72,65	40,25	58,54	65,86	36,19	52,64	59,22
	V	2 234,75	122,91	178,78	201,12	IV	1 699,50	90,57	131,74	148,20	87,67	127,52	143,46	84,77	123,30	138,71	81,87	119,09	133,97	78,97	114,87	129,23	76,07	110,66	124,49
	VI	2 267,–	124,68	181,36	204,03																				
6 017,99	I,IV	1 700,75	93,54	136,06	153,06	I	1 700,75	87,74	127,62	143,57	81,94	119,19	134,09	76,14	110,76	124,60	70,34	102,32	115,11	64,55	93,89	105,62	58,83	85,57	96,26
	II	1 655,–	91,02	132,40	148,95	II	1 655,–	85,22	123,96	139,46	79,42	115,53	129,97	73,63	107,10	120,48	67,83	98,66	110,99	62,04	90,24	101,52	56,40	82,04	92,30
	III	1 127,83	62,03	90,22	101,50	III	1 127,83	57,49	83,62	94,07	53,05	77,17	86,81	48,70	70,84	79,69	44,45	64,66	72,74	40,29	58,61	65,93	36,23	52,70	59,29
	V	2 236,–	122,98	178,88	201,24	IV	1 700,75	90,64	131,84	148,32	87,74	127,62	143,57	84,84	123,40	138,83	81,94	119,19	134,09	79,04	114,97	129,34	76,14	110,76	124,60
	VI	2 268,25	124,75	181,46	204,14																				
6 020,99	I,IV	1 702,–	93,61	136,16	153,18	I	1 702,–	87,81	127,72	143,69	82,01	119,29	134,20	76,21	110,86	124,71	70,41	102,42	115,22	64,62	93,99	105,74	58,90	85,67	96,38
	II	1 656,25	91,09	132,50	149,06	II	1 656,25	85,29	124,06	139,57	79,49	115,63	130,08	73,70	107,20	120,60	67,90	98,76	111,11	62,11	90,34	101,63	56,47	82,14	92,41
	III	1 128,83	62,08	90,30	101,59	III	1 128,83	57,54	83,70	94,16	53,10	77,24	86,89	48,75	70,92	79,78	44,50	64,73	72,82	40,34	58,68	66,01	36,28	52,77	59,36
	V	2 237,25	123,04	178,98	201,35	IV	1 702,–	90,71	131,94	148,43	87,81	127,72	143,69	84,91	123,51	138,95	82,01	119,29	134,20	79,11	115,08	129,46	76,21	110,86	124,71
	VI	2 269,50	124,82	181,56	204,25																				
6 023,99	I,IV	1 703,25	93,67	136,26	153,29	I	1 703,25	87,88	127,82	143,80	82,08	119,39	134,31	76,28	110,96	124,83	70,48	102,52	115,34	64,68	94,09	105,85	58,96	85,77	96,49
	II	1 657,50	91,16	132,60	149,17	II	1 657,50	85,36	124,16	139,68	79,56	115,73	130,19	73,76	107,30	120,71	67,97	98,86	111,22	62,18	90,44	101,75	56,54	82,24	92,52
	III	1 129,83	62,14	90,38	101,68	III	1 129,83	57,60	83,78	94,25	53,15	77,32	86,98	48,81	71,–	79,87	44,55	64,80	72,90	40,39	58,76	66,10	36,32	52,84	59,44
	V	2 238,58	123,12	179,08	201,47	IV	1 703,25	90,78	132,04	148,55	87,88	127,82	143,80	84,98	123,61	139,06	82,08	119,39	134,31	79,18	115,18	129,57	76,28	110,96	124,83
	VI	2 270,75	124,89	181,66	204,36																				
6 026,99	I,IV	1 704,50	93,74	136,36	153,40	I	1 704,50	87,94	127,92	143,91	82,15	119,49	134,42	76,35	111,06	124,94	70,55	102,62	115,45	64,75	94,19	105,96	59,03	85,86	96,59
	II	1 658,75	91,23	132,70	149,28	II	1 658,75	85,43	124,26	139,79	79,63	115,83	130,31	73,83	107,40	120,82	68,03	98,96	111,33	62,25	90,54	101,86	56,60	82,34	92,63
	III	1 130,83	62,19	90,46	101,77	III	1 130,83	57,65	83,86	94,34	53,21	77,40	87,07	48,85	71,06	79,94	44,60	64,88	72,99	40,44	58,82	66,17	36,38	52,92	59,53
	V	2 239,83	123,19	179,18	201,58	IV	1 704,50	90,85	132,14	148,66	87,94	127,92	143,91	85,05	123,71	139,17	82,15	119,49	134,42	79,25	115,28	129,69	76,35	111,06	124,94
	VI	2 272,–	124,96	181,76	204,48																				
6 029,99	I,IV	1 705,83	93,82	136,46	153,52	I	1 705,83	88,01	128,02	144,02	82,22	119,59	134,54	76,42	111,16	125,05	70,62	102,72	115,56	64,82	94,29	106,07	59,10	85,96	96,71
	II	1 660,–	91,30	132,80	149,40	II	1 660,–	85,50	124,36	139,91	79,70	115,93	130,42	73,90	107,50	120,93	68,10	99,06	111,44	62,31	90,64	101,97	56,67	82,43	92,73
	III	1 131,83	62,25	90,54	101,86	III	1 131,83	57,71	83,94	94,43	53,26	77,48	87,16	48,91	71,14	80,03	44,65	64,94	73,06	40,48	58,89	66,25	36,42	52,98	59,60
	V	2 241,08	123,25	179,28	201,69	IV	1 705,83	90,91	132,24	148,77	88,01	128,02	144,02	85,12	123,81	139,28	82,22	119,59	134,54	79,32	115,38	129,80	76,42	111,16	125,05
	VI	2 273,25	125,02	181,86	204,59																				

* Die ausgewiesenen Tabellenwerte sind amtlich. Siehe Erläuterungen auf der Umschlaginnenseite (U2).

Abzüge an Lohnsteuer, Solidaritätszuschlag (SolZ) und Kirchensteuer (8%, 9%) in den Steuerklassen

Lohn/ Gehalt bis €*	I – VI					I, II, III, IV		mit Zahl der Kinderfreibeträge . . . 0,5			1			1,5			2			2,5			3		
		LSt	ohne Kinderfreibeträge SolZ	8%	9%		LSt	SolZ	8%	9%	SolZ	8%	9%	SolZ	8%	9%	SolZ	8%	9%	SolZ	8%	9%	SolZ	8%	9%
6 032,99	I,IV	1 707,08	93,88	136,56	153,63	I	1 707,08	88,09	128,13	144,14	82,29	119,70	134,66	76,49	111,26	125,17	70,69	102,82	115,67	64,89	94,39	106,19	59,17	86,06	96,82
	II	1 661,25	91,36	132,90	149,51	II	1 661,25	85,57	124,46	140,02	79,77	116,03	130,53	73,97	107,60	121,05	68,17	99,16	111,56	62,38	90,74	102,08	56,74	82,53	92,84
	III	1 132,83	62,30	90,62	101,95	III	1 132,83	57,76	84,02	94,52	53,31	77,54	87,23	48,95	71,21	80,11	44,70	65,02	73,15	40,54	58,97	66,34	36,47	53,05	59,68
	V	2 242,33	123,32	179,38	201,80	IV	1 707,08	90,98	132,34	148,88	88,09	128,13	144,14	85,19	123,91	139,40	82,29	119,70	134,66	79,39	115,48	129,91	76,49	111,26	125,17
	VI	2 274,50	125,09	181,96	204,70																				
6 035,99	I,IV	1 708,33	93,95	136,66	153,74	I	1 708,33	88,16	128,23	144,26	82,36	119,80	134,77	76,56	111,36	125,28	70,76	102,93	115,79	64,96	94,50	106,31	59,23	86,16	96,93
	II	1 662,50	91,43	133,—	149,62	II	1 662,50	85,63	124,56	140,13	79,84	116,13	130,64	74,04	107,70	121,16	68,24	99,26	111,67	62,45	90,84	102,20	56,80	82,62	92,95
	III	1 133,83	62,36	90,70	102,04	III	1 133,83	57,82	84,10	94,61	53,36	77,62	87,32	49,01	71,29	80,20	44,75	65,09	73,22	40,59	59,04	66,42	36,52	53,12	59,76
	V	2 243,58	123,39	179,48	201,92	IV	1 708,33	91,05	132,44	149,—	88,16	128,23	144,26	85,25	124,01	139,51	82,36	119,80	134,77	79,46	115,58	130,02	76,56	111,36	125,28
	VI	2 275,75	125,16	182,06	204,81																				
6 038,99	I,IV	1 709,58	94,02	136,76	153,86	I	1 709,58	88,22	128,33	144,37	82,43	119,90	134,88	76,63	111,46	125,39	70,83	103,03	115,91	65,03	94,60	106,42	59,30	86,26	97,04
	II	1 663,83	91,51	133,10	149,74	II	1 663,83	85,70	124,66	140,24	79,91	116,23	130,76	74,11	107,80	121,27	68,31	99,36	111,78	62,52	90,94	102,31	56,87	82,72	93,06
	III	1 134,83	62,41	90,78	102,13	III	1 134,83	57,86	84,17	94,69	53,42	77,70	87,41	49,06	71,37	80,29	44,80	65,17	73,31	40,64	59,12	66,51	36,56	53,18	59,83
	V	2 244,83	123,46	179,58	202,03	IV	1 709,58	91,12	132,54	149,11	88,22	128,33	144,37	85,32	124,11	139,62	82,43	119,90	134,88	79,53	115,68	130,14	76,63	111,46	125,39
	VI	2 277,08	125,23	182,16	204,93																				
6 041,99	I,IV	1 710,83	94,09	136,86	153,97	I	1 710,83	88,29	128,43	144,48	82,50	120,—	135,—	76,70	111,56	125,51	70,90	103,13	116,02	65,10	94,70	106,53	59,37	86,36	97,15
	II	1 665,08	91,57	133,20	149,85	II	1 665,08	85,78	124,77	140,36	79,98	116,34	130,88	74,18	107,90	121,39	68,38	99,46	111,89	62,59	91,04	102,42	56,93	82,82	93,17
	III	1 135,83	62,47	90,86	102,22	III	1 135,83	57,92	84,25	94,78	53,47	77,78	87,50	49,11	71,44	80,37	44,85	65,24	73,39	40,69	59,18	66,58	36,62	53,26	59,92
	V	2 246,08	123,53	179,68	202,14	IV	1 710,83	91,19	132,64	149,22	88,29	128,43	144,48	85,39	124,21	139,73	82,50	120,—	135,—	79,59	115,78	130,25	76,70	111,56	125,51
	VI	2 278,33	125,30	182,26	205,04																				
6 044,99	I,IV	1 712,08	94,16	136,96	154,08	I	1 712,08	88,36	128,53	144,59	82,56	120,10	135,11	76,77	111,66	125,62	70,97	103,23	116,13	65,17	94,80	106,65	59,43	86,45	97,25
	II	1 666,33	91,64	133,30	149,96	II	1 666,33	85,85	124,87	140,48	80,05	116,44	130,99	74,25	108,—	121,50	68,45	99,57	112,01	62,66	91,14	102,53	57,—	82,92	93,28
	III	1 136,83	62,52	90,94	102,31	III	1 136,83	57,97	84,33	94,87	53,52	77,85	87,58	49,17	71,52	80,46	44,90	65,32	73,48	40,73	59,25	66,65	36,66	53,33	59,99
	V	2 247,33	123,60	179,78	202,25	IV	1 712,08	91,26	132,75	149,34	88,36	128,53	144,59	85,47	124,32	139,86	82,56	120,10	135,11	79,67	115,88	130,37	76,77	111,66	125,62
	VI	2 279,58	125,37	182,36	205,16																				
6 047,99	I,IV	1 713,33	94,23	137,06	154,19	I	1 713,33	88,43	128,63	144,71	82,63	120,20	135,22	76,83	111,76	125,73	71,04	103,33	116,24	65,24	94,90	106,76	59,50	86,55	97,37
	II	1 667,58	91,71	133,40	150,08	II	1 667,58	85,91	124,97	140,59	80,12	116,54	131,10	74,32	108,10	121,61	68,52	99,67	112,13	62,73	91,24	102,65	57,07	83,01	93,38
	III	1 137,83	62,58	91,02	102,40	III	1 137,83	58,03	84,41	94,96	53,57	77,93	87,67	49,22	71,60	80,55	44,95	65,38	73,55	40,79	59,33	66,74	36,71	53,40	60,07
	V	2 248,66	123,67	179,89	202,37	IV	1 713,33	91,33	132,85	149,45	88,43	128,63	144,71	85,53	124,42	139,97	82,63	120,20	135,22	79,74	115,98	130,48	76,83	111,76	125,73
	VI	2 280,83	125,44	182,46	205,27																				
6 050,99	I,IV	1 714,58	94,30	137,16	154,31	I	1 714,58	88,50	128,73	144,82	82,70	120,30	135,33	76,90	111,86	125,84	71,11	103,43	116,36	65,31	95,—	106,87	59,57	86,65	97,48
	II	1 668,83	91,78	133,50	150,19	II	1 668,83	85,98	125,07	140,70	80,19	116,64	131,22	74,39	108,20	121,73	68,59	99,77	112,24	62,80	91,34	102,76	57,14	83,11	93,50
	III	1 138,83	62,63	91,10	102,49	III	1 138,83	58,08	84,49	95,05	53,63	78,01	87,76	49,27	71,66	80,62	45,—	65,46	73,64	40,83	59,40	66,82	36,75	53,46	60,14
	V	2 249,91	123,74	179,99	202,49	IV	1 714,58	91,40	132,95	149,57	88,50	128,73	144,82	85,60	124,52	140,08	82,70	120,30	135,33	79,80	116,08	130,59	76,90	111,86	125,84
	VI	2 282,08	125,51	182,56	205,38																				
6 053,99	I,IV	1 715,83	94,37	137,26	154,42	I	1 715,83	88,57	128,83	144,93	82,77	120,40	135,45	76,97	111,96	125,96	71,17	103,53	116,47	65,38	95,10	106,98	59,64	86,75	97,59
	II	1 670,08	91,85	133,60	150,30	II	1 670,08	86,05	125,17	140,81	80,25	116,74	131,33	74,46	108,30	121,84	68,66	99,87	112,35	62,86	91,44	102,87	57,20	83,20	93,60
	III	1 139,83	62,69	91,18	102,58	III	1 139,83	58,14	84,57	95,14	53,68	78,09	87,85	49,32	71,74	80,71	45,05	65,53	73,72	40,88	59,46	66,89	36,81	53,54	60,23
	V	2 251,16	123,81	180,09	202,60	IV	1 715,83	91,47	133,05	149,68	88,57	128,83	144,93	85,67	124,62	140,19	82,77	120,40	135,45	79,87	116,18	130,70	76,97	111,96	125,96
	VI	2 283,33	125,58	182,66	205,49																				
6 056,99	I,IV	1 717,16	94,44	137,37	154,54	I	1 717,16	88,64	128,94	145,05	82,84	120,50	135,56	77,04	112,06	126,07	71,24	103,63	116,58	65,45	95,20	107,10	59,70	86,84	97,70
	II	1 671,33	91,92	133,70	150,41	II	1 671,33	86,12	125,27	140,93	80,32	116,84	131,44	74,52	108,40	121,95	68,73	99,97	112,46	62,93	91,54	102,98	57,27	83,30	93,71
	III	1 140,83	62,74	91,26	102,67	III	1 140,83	58,19	84,65	95,23	53,73	78,16	87,93	49,37	71,81	80,78	45,10	65,61	73,81	40,93	59,54	66,98	36,85	53,61	60,31
	V	2 252,41	123,88	180,19	202,71	IV	1 717,16	91,54	133,15	149,79	88,64	128,94	145,05	85,74	124,72	140,31	82,84	120,50	135,56	79,94	116,28	130,82	77,04	112,06	126,07
	VI	2 284,58	125,65	182,76	205,61																				
6 059,99	I,IV	1 718,41	94,51	137,47	154,65	I	1 718,41	88,71	129,04	145,17	82,91	120,60	135,68	77,11	112,17	126,19	71,32	103,74	116,70	65,52	95,30	107,21	59,77	86,94	97,81
	II	1 672,58	91,99	133,80	150,53	II	1 672,58	86,19	125,37	141,04	80,39	116,94	131,55	74,59	108,50	122,06	68,80	100,07	112,58	63,—	91,64	103,10	57,33	83,40	93,82
	III	1 141,83	62,80	91,34	102,76	III	1 141,83	58,25	84,73	95,32	53,79	78,24	88,02	49,42	71,89	80,87	45,15	65,68	73,89	40,98	59,61	67,06	36,90	53,68	60,39
	V	2 253,66	123,95	180,29	202,82	IV	1 718,41	91,61	133,25	149,90	88,71	129,04	145,17	85,81	124,82	140,42	82,91	120,60	135,68	80,01	116,38	130,93	77,11	112,17	126,19
	VI	2 285,83	125,72	182,86	205,72																				
6 062,99	I,IV	1 719,66	94,58	137,57	154,76	I	1 719,66	88,78	129,14	145,28	82,98	120,70	135,79	77,18	112,27	126,30	71,39	103,84	116,82	65,59	95,40	107,33	59,84	87,04	97,92
	II	1 673,83	92,06	133,90	150,64	II	1 673,83	86,26	125,47	141,15	80,46	117,04	131,67	74,66	108,60	122,18	68,86	100,17	112,69	63,07	91,74	103,21	57,40	83,50	93,93
	III	1 142,83	62,85	91,42	102,85	III	1 142,83	58,30	84,80	95,40	53,84	78,32	88,11	49,48	71,97	80,96	45,21	65,76	73,98	41,03	59,69	67,15	36,95	53,74	60,46
	V	2 254,91	124,02	180,39	202,94	IV	1 719,66	91,68	133,35	150,02	88,78	129,14	145,28	85,88	124,92	140,53	82,98	120,70	135,79	80,08	116,48	131,04	77,18	112,27	126,30
	VI	2 287,16	125,79	182,97	205,84																				
6 065,99	I,IV	1 720,91	94,65	137,67	154,88	I	1 720,91	88,85	129,24	145,39	83,05	120,80	135,90	77,25	112,37	126,41	71,45	103,94	116,93	65,66	95,50	107,44	59,91	87,14	98,03
	II	1 675,16	92,13	134,01	150,76	II	1 675,16	86,33	125,58	141,27	80,53	117,14	131,78	74,73	108,70	122,29	68,93	100,27	112,80	63,14	91,84	103,32	57,47	83,59	94,04
	III	1 143,83	62,91	91,50	102,94	III	1 143,83	58,35	84,88	95,49	53,90	78,40	88,20	49,52	72,04	81,04	45,25	65,82	74,05	41,08	59,76	67,23	37,—	53,82	60,55
	V	2 256,16	124,08	180,49	203,05	IV	1 720,91	91,74	133,45	150,13	88,85	129,24	145,39	85,95	125,02	140,64	83,05	120,80	135,90	80,15	116,58	131,15	77,25	112,37	126,41
	VI	2 288,41	125,86	183,07	205,95																				
6 068,99	I,IV	1 722,16	94,71	137,77	154,99	I	1 722,16	88,92	129,34	145,50	83,12	120,90	136,01	77,32	112,47	126,53	71,52	104,04	117,04	65,72	95,60	107,55	59,97	87,24	98,14
	II	1 676,41	92,20	134,11	150,87	II	1 676,41	86,40	125,68	141,39	80,60	117,24	131,90	74,80	108,81	122,41	69,01	100,38	112,92	63,21	91,94	103,43	57,53	83,69	94,15
	III	1 144,83	62,96	91,58	103,03	III	1 144,83	58,41	84,96	95,58	53,94	78,46	88,27	49,58	72,12	81,13	45,31	65,90	74,14	41,13	59,82	67,30	37,05	53,89	60,62
	V	2 257,41	124,15	180,59	203,16	IV	1 722,16	91,82	133,56	150,25	88,92	129,34	145,50	86,02	125,12	140,76	83,12	120,90	136,01	80,22	116,68	131,27	77,32	112,47	126,53
	VI	2 289,66	125,93	183,17	206,06																				
6 071,99	I,IV	1 723,41	94,78	137,87	155,10	I	1 723,41	88,99	129,44	145,62	83,19	121,—	136,13	77,39	112,57	126,64	71,59	104,14	117,15	65,79	95,70	107,66	60,04	87,34	98,25
	II	1 677,66	92,27	134,21	150,98	II	1 677,66	86,47	125,78	141,50	80,67	117,34	132,01	74,87	108,91	122,52	69,08	100,48	113,04	63,28	92,04	103,55	57,60	83,78	94,25
	III	1 145,83	63,02	91,66	103,12	III	1 145,83	58,46	85,04	95,67	54,—	78,54	88,36	49,63	72,20	81,22	45,35	65,97	74,21	41,18	59,90	67,39	37,09	53,96	60,70
	V	2 258,75	124,23	180,70	203,28	IV	1 723,41	91,89	133,66	150,36	88,99	129,44	145,62	86,09	125,22	140,87	83,19	121,—	136,13	80,29	116,79	131,39	77,39	112,57	126,64
	VI	2 290,91	126,—	183,27	206,18																				
6 074,99	I,IV	1 724,66	94,85	137,97	155,21	I	1 724,66	89,05	129,54	145,73	83,26	121,10	136,24	77,46	112,67	126,75	71,66	104,24	117,27	65,86	95,80	107,78	60,11	87,44	98,37
	II	1 678,91	92,34	134,31	151,10	II	1 678,91	86,54	125,88	141,61	80,74	117,44	132,12	74,94	109,01	122,63	69,14	100,58	113,15	63,35	92,14	103,66	57,67	83,88	94,37
	III	1 146,83	63,07	91,74	103,21	III	1 146,83	58,52	85,12	95,76	54,05	78,62	88,45	49,68	72,26	81,29	45,41	66,05	74,30	41,23	59,97	67,46	37,15	54,04	60,79
	V	2 260,—	124,30	180,80	203,40	IV	1 724,66	91,96	133,76	150,48	89,05	129,54	145,73	86,16	125,32	140,99	83,26	121,10	136,24	80,36	116,89	131,50	77,46	112,67	126,75
	VI	2 292,16	126,06	183,37	206,29																				

* Die ausgewiesenen Tabellenwerte sind amtlich. Siehe Erläuterungen auf der Umschlaginnenseite (U2).

MONAT 6 075,–*

Abzüge an Lohnsteuer, Solidaritätszuschlag (SolZ) und Kirchensteuer (8%, 9%) in den Steuerklassen

Lohn/ Gehalt	I – VI					I, II, III, IV		mit Zahl der Kinderfreibeträge . . .																	
			ohne Kinder-freibeträge					0,5			1			1,5			2			2,5			3		
bis €*		LSt	SolZ	8%	9%		LSt	SolZ	8%	9%	SolZ	8%	9%	SolZ	8%	9%	SolZ	8%	9%	SolZ	8%	9%	SolZ	8%	9%
6 077,99	I,IV	1 725,91	94,92	138,07	155,33	I	1 725,91	89,12	129,64	145,84	83,32	121,20	136,35	77,53	112,77	126,86	71,73	104,34	117,38	65,93	95,90	107,89	60,18	87,54	98,48
	II	1 680,16	92,40	134,41	151,21	II	1 680,16	86,61	125,98	141,72	80,81	117,54	132,23	75,01	109,11	122,75	69,21	100,68	113,26	63,41	92,24	103,77	57,74	83,98	94,48
	III	1 147,83	63,13	91,82	103,30	III	1 147,83	58,57	85,20	95,85	54,11	78,70	88,54	49,73	72,34	81,38	45,45	66,12	74,38	41,27	60,04	67,54	37,19	54,10	60,86
	V	2 261,25	124,36	180,90	203,51	IV	1 725,91	92,02	133,86	150,59	89,12	129,64	145,84	86,23	125,42	141,10	83,32	121,20	136,35	80,43	116,99	131,61	77,53	112,77	126,86
	VI	2 293,41	126,13	183,47	206,40																				
6 080,99	I,IV	1 727,25	94,99	138,18	155,45	I	1 727,25	89,20	129,74	145,96	83,39-	121,30	136,46	77,60	112,87	126,98	71,80	104,44	117,49	66,–	96,–	108,–	60,24	87,63	98,58
	II	1 681,41	92,47	134,51	151,32	II	1 681,41	86,68	126,08	141,84	80,88	117,64	132,35	75,08	109,21	122,86	69,28	100,78	113,37	63,48	92,34	103,88	57,80	84,08	94,59
	III	1 148,83	63,18	91,90	103,39	III	1 148,83	58,63	85,28	95,94	54,15	78,77	88,61	49,79	72,42	81,47	45,51	66,20	74,47	41,33	60,12	67,63	37,24	54,17	60,94
	V	2 262,50	124,43	181,–	203,62	IV	1 727,25	92,09	133,96	150,70	89,20	129,74	145,96	86,29	125,52	141,21	83,39	121,30	136,46	80,50	117,09	131,72	77,60	112,87	126,98
	VI	2 294,66	126,20	183,57	206,51																				
6 083,99	I,IV	1 728,50	95,06	138,28	155,56	I	1 728,50	89,26	129,84	146,07	83,47	121,41	136,58	77,67	112,98	127,10	71,87	104,54	117,61	66,07	96,10	108,11	60,31	87,73	98,69
	II	1 682,66	92,54	134,61	151,43	II	1 682,66	86,74	126,18	141,95	80,95	117,74	132,46	75,15	109,31	122,97	69,35	100,88	113,49	63,55	92,44	104,–	57,87	84,18	94,70
	III	1 149,83	63,24	91,98	103,48	III	1 149,83	58,68	85,36	96,03	54,21	78,85	88,70	49,83	72,49	81,55	45,55	66,26	74,54	41,37	60,18	67,70	37,29	54,24	61,02
	V	2 263,75	124,50	181,10	203,73	IV	1 728,50	92,16	134,06	150,81	89,26	129,84	146,07	86,36	125,62	141,32	83,47	121,41	136,58	80,57	117,19	131,84	77,67	112,98	127,10
	VI	2 295,91	126,27	183,67	206,63																				
6 086,99	I,IV	1 729,75	95,13	138,38	155,67	I	1 729,75	89,33	129,94	146,18	83,54	121,51	136,70	77,74	113,08	127,21	71,94	104,64	117,72	66,14	96,21	108,23	60,38	87,83	98,81
	II	1 683,91	92,61	134,71	151,55	II	1 683,91	86,81	126,28	142,06	81,01	117,84	132,57	75,22	109,41	123,08	69,42	100,98	113,60	63,62	92,54	104,11	57,93	84,27	94,80
	III	1 150,83	63,29	92,06	103,57	III	1 150,83	58,73	85,42	96,10	54,26	78,93	88,79	49,89	72,57	81,64	45,61	66,34	74,63	41,43	60,26	67,79	37,34	54,32	61,11
	V	2 265,–	124,57	181,20	203,85	IV	1 729,75	92,23	134,16	150,93	89,33	129,94	146,18	86,43	125,72	141,44	83,54	121,51	136,70	80,63	117,29	131,95	77,74	113,08	127,21
	VI	2 297,25	126,34	183,78	206,75																				
6 089,99	I,IV	1 731,–	95,20	138,48	155,79	I	1 731,–	89,40	130,04	146,30	83,60	121,61	136,81	77,81	113,18	127,32	72,01	104,74	117,83	66,21	96,31	108,35	60,45	87,93	98,92
	II	1 685,25	92,68	134,82	151,67	II	1 685,25	86,89	126,38	142,18	81,08	117,94	132,68	75,29	109,51	123,20	69,49	101,08	113,71	63,69	92,64	104,22	58,–	84,37	94,91
	III	1 151,83	63,35	92,14	103,66	III	1 151,83	58,78	85,50	96,19	54,32	79,01	88,88	49,94	72,64	81,72	45,66	66,42	74,72	41,47	60,33	67,87	37,39	54,38	61,18
	V	2 266,25	124,64	181,30	203,96	IV	1 731,–	92,30	134,26	151,04	89,40	130,04	146,30	86,50	125,82	141,55	83,60	121,61	136,81	80,70	117,39	132,06	77,81	113,18	127,32
	VI	2 298,50	126,41	183,88	206,86																				
6 092,99	I,IV	1 732,25	95,27	138,58	155,90	I	1 732,25	89,47	130,14	146,41	83,67	121,71	136,92	77,88	113,28	127,44	72,08	104,84	117,95	66,28	96,41	108,46	60,52	88,03	99,03
	II	1 686,50	92,75	134,92	151,78	II	1 686,50	86,95	126,48	142,29	81,16	118,05	132,80	75,36	109,62	123,32	69,56	101,18	113,83	63,76	92,74	104,33	58,07	84,46	95,02
	III	1 152,83	63,40	92,22	103,75	III	1 152,83	58,84	85,58	96,28	54,36	79,08	88,96	49,99	72,72	81,81	45,71	66,49	74,80	41,52	60,40	67,95	37,43	54,45	61,25
	V	2 267,50	124,71	181,40	204,07	IV	1 732,25	92,37	134,36	151,16	89,47	130,14	146,41	86,57	125,92	141,66	83,67	121,71	136,92	80,77	117,49	132,17	77,88	113,28	127,44
	VI	2 299,75	126,48	183,98	206,97																				
6 095,99	I,IV	1 733,50	95,34	138,68	156,01	I	1 733,50	89,54	130,24	146,52	83,74	121,81	137,03	77,94	113,38	127,55	72,15	104,94	118,06	66,35	96,51	108,57	60,58	88,12	99,14
	II	1 687,75	92,82	135,02	151,89	II	1 687,75	87,02	126,58	142,40	81,23	118,15	132,92	75,43	109,72	123,43	69,63	101,28	113,94	63,83	92,84	104,45	58,13	84,56	95,13
	III	1 153,83	63,46	92,30	103,84	III	1 153,83	58,89	85,66	96,37	54,42	79,16	89,05	50,05	72,80	81,90	45,76	66,57	74,89	41,58	60,48	68,04	37,48	54,52	61,33
	V	2 268,75	124,78	181,50	204,18	IV	1 733,50	92,44	134,46	151,27	89,54	130,24	146,52	86,64	126,03	141,78	83,74	121,81	137,03	80,85	117,60	132,30	77,94	113,38	127,55
	VI	2 301,–	126,55	184,08	207,09																				
6 098,99	I,IV	1 734,75	95,41	138,78	156,12	I	1 734,75	89,61	130,34	146,63	83,81	121,91	137,15	78,01	113,48	127,66	72,21	105,04	118,17	66,42	96,61	108,68	60,65	88,22	99,25
	II	1 689,–	92,89	135,12	152,01	II	1 689,–	87,09	126,68	142,52	81,29	118,25	133,03	75,50	109,82	123,54	69,70	101,38	114,05	63,90	92,94	104,56	58,20	84,66	95,24
	III	1 154,83	63,51	92,38	103,93	III	1 154,83	58,95	85,74	96,46	54,47	79,24	89,14	50,09	72,86	81,97	45,81	66,64	74,97	41,62	60,54	68,11	37,53	54,60	61,42
	V	2 270,08	124,85	181,60	204,30	IV	1 734,75	92,51	134,56	151,38	89,61	130,34	146,63	86,71	126,13	141,89	83,81	121,91	137,15	80,91	117,70	132,41	78,01	113,48	127,66
	VI	2 302,25	126,62	184,18	207,20																				
6 101,99	I,IV	1 736,–	95,48	138,88	156,24	I	1 736,–	89,68	130,44	146,75	83,88	122,01	137,26	78,08	113,58	127,77	72,28	105,14	118,28	66,49	96,71	108,80	60,72	88,32	99,36
	II	1 690,25	92,96	135,22	152,12	II	1 690,25	87,16	126,78	142,63	81,36	118,35	133,14	75,57	109,92	123,66	69,77	101,48	114,17	63,97	93,05	104,68	58,27	84,76	95,35
	III	1 155,83	63,57	92,46	104,02	III	1 155,83	59,–	85,82	96,55	54,53	79,32	89,23	50,15	72,94	82,06	45,87	66,72	75,06	41,68	60,62	68,20	37,58	54,66	61,49
	V	2 271,33	124,92	181,70	204,41	IV	1 736,–	92,58	134,66	151,49	89,68	130,44	146,75	86,78	126,23	142,01	83,88	122,01	137,26	80,98	117,80	132,52	78,08	113,58	127,77
	VI	2 303,50	126,69	184,28	207,31																				
6 104,99	I,IV	1 737,33	95,55	138,98	156,35	I	1 737,33	89,75	130,54	146,86	83,95	122,11	137,37	78,15	113,68	127,89	72,35	105,24	118,40	66,55	96,81	108,91	60,79	88,42	99,47
	II	1 691,50	93,03	135,32	152,23	II	1 691,50	87,23	126,88	142,74	81,43	118,45	133,25	75,63	110,02	123,77	69,84	101,58	114,28	64,04	93,15	104,79	58,34	84,86	95,46
	III	1 156,83	63,62	92,54	104,11	III	1 156,83	59,06	85,90	96,64	54,58	79,40	89,32	50,20	73,02	82,15	45,91	66,78	75,13	41,72	60,69	68,27	37,62	54,73	61,57
	V	2 272,58	124,99	181,80	204,53	IV	1 737,33	92,65	134,76	151,61	89,75	130,54	146,86	86,85	126,33	142,12	83,95	122,11	137,37	81,05	117,90	132,63	78,15	113,68	127,89
	VI	2 304,75	126,76	184,38	207,42																				
6 107,99	I,IV	1 738,58	95,62	139,08	156,47	I	1 738,58	89,82	130,65	146,98	84,02	122,22	137,49	78,22	113,78	128,–	72,42	105,34	118,51	66,62	96,91	109,02	60,86	88,52	99,59
	II	1 692,75	93,10	135,42	152,34	II	1 692,75	87,30	126,98	142,85	81,50	118,55	133,37	75,70	110,12	123,88	69,90	101,68	114,39	64,11	93,25	104,90	58,40	84,95	95,57
	III	1 157,83	63,68	92,62	104,20	III	1 157,83	59,11	85,98	96,73	54,63	79,46	89,39	50,25	73,09	82,22	45,97	66,86	75,22	41,77	60,76	68,35	37,68	54,81	61,66
	V	2 273,83	125,06	181,90	204,64	IV	1 738,58	92,72	134,86	151,72	89,82	130,65	146,98	86,92	126,43	142,23	84,02	122,22	137,49	81,12	118,–	132,75	78,22	113,78	128,–
	VI	2 306,–	126,83	184,48	207,54																				
6 110,99	I,IV	1 739,83	95,69	139,18	156,58	I	1 739,83	89,89	130,75	147,09	84,09	122,32	137,61	78,29	113,88	128,12	72,49	105,45	118,63	66,70	97,02	109,14	60,93	88,62	99,70
	II	1 694,–	93,17	135,52	152,46	II	1 694,–	87,37	127,08	142,97	81,57	118,65	133,48	75,77	110,22	123,99	69,97	101,78	114,50	64,18	93,35	105,02	58,47	85,05	95,68
	III	1 159,–	63,74	92,72	104,31	III	1 159,–	59,17	86,06	96,82	54,68	79,54	89,48	50,30	73,17	82,31	46,01	66,93	75,29	41,82	60,84	68,44	37,73	54,88	61,74
	V	2 275,08	125,12	182,–	204,75	IV	1 739,83	92,78	134,96	151,83	89,89	130,75	147,09	86,99	126,53	142,34	84,09	122,32	137,61	81,19	118,10	132,86	78,29	113,88	128,12
	VI	2 307,25	126,89	184,58	207,65																				
6 113,99	I,IV	1 741,08	95,75	139,28	156,69	I	1 741,08	89,96	130,85	147,20	84,16	122,42	137,72	78,36	113,98	128,23	72,56	105,55	118,74	66,77	97,12	109,26	60,99	88,72	99,81
	II	1 695,33	93,24	135,62	152,57	II	1 695,33	87,44	127,18	143,08	81,64	118,75	133,59	75,84	110,32	124,11	70,04	101,88	114,62	64,24	93,45	105,13	58,54	85,15	95,79
	III	1 160,–	63,80	92,80	104,40	III	1 160,–	59,22	86,14	96,91	54,74	79,62	89,57	50,36	73,25	82,40	46,07	67,01	75,38	41,87	60,90	68,51	37,77	54,94	61,81
	V	2 276,33	125,19	182,10	204,86	IV	1 741,08	92,85	135,06	151,94	89,96	130,85	147,20	87,06	126,63	142,46	84,16	122,42	137,72	81,26	118,20	132,97	78,36	113,98	128,23
	VI	2 308,58	126,97	184,68	207,77																				
6 116,99	I,IV	1 742,33	95,82	139,38	156,80	I	1 742,33	90,03	130,95	147,32	84,23	122,52	137,83	78,43	114,08	128,34	72,63	105,65	118,85	66,83	97,22	109,37	61,06	88,82	99,92
	II	1 696,58	93,31	135,72	152,69	II	1 696,58	87,51	127,29	143,20	81,71	118,86	133,71	75,91	110,42	124,22	70,11	101,98	114,73	64,31	93,55	105,24	58,60	85,24	95,90
	III	1 161,–	63,85	92,88	104,49	III	1 161,–	59,27	86,21	96,98	54,79	79,70	89,66	50,40	73,32	82,48	46,11	67,08	75,46	41,92	60,98	68,60	37,82	55,01	61,88
	V	2 277,58	125,26	182,20	204,98	IV	1 742,33	92,92	135,16	152,06	90,03	130,95	147,32	87,12	126,73	142,57	84,23	122,52	137,83	81,33	118,30	133,08	78,43	114,08	128,34
	VI	2 309,83	127,04	184,78	207,88																				
6 119,99	I,IV	1 743,58	95,89	139,48	156,92	I	1 743,58	90,09	131,05	147,43	84,30	122,62	137,94	78,50	114,18	128,45	72,70	105,75	118,97	66,90	97,32	109,48	61,13	88,92	100,03
	II	1 697,83	93,38	135,82	152,80	II	1 697,83	87,58	127,39	143,31	81,78	118,96	133,83	75,98	110,52	124,34	70,18	102,09	114,85	64,39	93,66	105,36	58,67	85,34	96,01
	III	1 162,–	63,91	92,96	104,58	III	1 162,–	59,32	86,29	97,07	54,84	79,77	89,74	50,46	73,40	82,57	46,17	67,16	75,55	41,97	61,05	68,68	37,87	55,09	61,97
	V	2 278,83	125,33	182,30	205,09	IV	1 743,58	93,–	135,27	152,18	90,09	131,05	147,43	87,20	126,84	142,69	84,30	122,62	137,94	81,40	118,40	133,20	78,50	114,18	128,45
	VI	2 311,08	127,10	184,88	207,99																				

* Die ausgewiesenen Tabellenwerte sind amtlich. Siehe Erläuterungen auf der Umschlaginnenseite (U2).

Abzüge an Lohnsteuer, Solidaritätszuschlag (SolZ) und Kirchensteuer (8%, 9%) in den Steuerklassen

Lohn/ Gehalt bis €*	I – VI	ohne Kinderfreibeträge LSt	SolZ	8%	9%	I, II, III, IV	LSt	0,5 SolZ	0,5 8%	0,5 9%	1 SolZ	1 8%	1 9%	1,5 SolZ	1,5 8%	1,5 9%	2 SolZ	2 8%	2 9%	2,5 SolZ	2,5 8%	2,5 9%	3 SolZ	3 8%	3 9%
6 122,99	I,IV	1 744,83	95,96	139,58	157,03	I	1 744,83	90,16	131,15	147,54	84,37	122,72	138,06	78,57	114,28	128,57	72,77	105,85	119,08	66,97	97,42	109,59	61,20	89,02	100,14
	II	1 699,08	93,44	135,92	152,91	II	1 699,08	87,65	127,49	143,42	81,85	119,06	133,94	76,05	110,62	124,45	70,25	102,19	114,96	64,46	93,76	105,48	58,74	85,44	96,12
	III	1 163,—	63,96	93,04	104,67	III	1 163,—	59,38	86,37	97,16	54,89	79,85	89,83	50,51	73,48	82,66	46,21	67,22	75,62	42,02	61,12	68,76	37,92	55,16	62,05
	V	2 280,16	125,40	182,41	205,21	IV	1 744,83	93,06	135,37	152,29	90,16	131,15	147,54	87,27	126,94	142,80	84,37	122,72	138,06	81,47	118,50	133,31	78,57	114,28	128,57
	VI	2 312,33	127,17	184,98	208,10																				
6 125,99	I,IV	1 746,08	96,03	139,68	157,14	I	1 746,08	90,23	131,25	147,65	84,43	122,82	138,17	78,64	114,38	128,68	72,84	105,95	119,19	67,04	97,52	109,71	61,27	89,12	100,26
	II	1 700,33	93,51	136,02	153,02	II	1 700,33	87,72	127,59	143,54	81,92	119,16	134,05	76,12	110,72	124,56	70,32	102,29	115,07	64,52	93,86	105,59	58,80	85,54	96,23
	III	1 164,—	64,02	93,12	104,76	III	1 164,—	59,43	86,45	97,25	54,95	79,93	89,92	50,56	73,54	82,73	46,27	67,30	75,71	42,07	61,20	68,85	37,96	55,22	62,12
	V	2 281,41	125,47	182,51	205,32	IV	1 746,08	93,13	135,47	152,40	90,23	131,25	147,65	87,34	127,04	142,92	84,43	122,82	138,17	81,54	118,60	133,43	78,64	114,38	128,68
	VI	2 313,58	127,24	185,08	208,22																				
6 128,99	I,IV	1 747,33	96,10	139,78	157,25	I	1 747,33	90,30	131,35	147,77	84,50	122,92	138,28	78,70	114,48	128,79	72,91	106,05	119,30	67,11	97,62	109,82	61,33	89,22	100,37
	II	1 701,58	93,58	136,12	153,14	II	1 701,58	87,78	127,69	143,65	81,99	119,26	134,16	76,19	110,82	124,67	70,39	102,39	115,19	64,59	93,96	105,70	58,87	85,64	96,34
	III	1 165,—	64,07	93,20	104,85	III	1 165,—	59,49	86,53	97,34	55,—	80,01	90,01	50,61	73,62	82,82	46,31	67,37	75,79	42,12	61,26	68,92	38,02	55,30	62,21
	V	2 282,66	125,54	182,61	205,43	IV	1 747,33	93,20	135,57	152,51	90,30	131,35	147,77	87,40	127,14	143,03	84,50	122,92	138,28	81,61	118,70	133,54	78,70	114,48	128,79
	VI	2 314,83	127,31	185,18	208,33																				
6 131,99	I,IV	1 748,66	96,17	139,89	157,37	I	1 748,66	90,37	131,46	147,89	84,58	123,02	138,40	78,77	114,58	128,90	72,98	106,15	119,42	67,18	97,72	109,93	61,40	89,32	100,48
	II	1 702,83	93,65	136,22	153,25	II	1 702,83	87,85	127,79	143,76	82,06	119,36	134,28	76,26	110,92	124,79	70,46	102,49	115,30	64,66	94,06	105,81	58,94	85,74	96,45
	III	1 166,—	64,13	93,28	104,94	III	1 166,—	59,54	86,61	97,43	55,06	80,09	90,10	50,67	73,70	82,91	46,37	67,45	75,88	42,17	61,34	69,01	38,06	55,37	62,29
	V	2 283,91	125,61	182,71	205,55	IV	1 748,66	93,27	135,67	152,63	90,37	131,46	147,89	87,47	127,24	143,14	84,58	123,02	138,40	81,67	118,80	133,65	78,77	114,58	128,90
	VI	2 316,08	127,38	185,28	208,44																				
6 134,99	I,IV	1 749,91	96,24	139,99	157,49	I	1 749,91	90,44	131,56	148,—	84,64	123,12	138,51	78,85	114,69	129,02	73,05	106,26	119,54	67,25	97,82	110,05	61,47	89,42	100,59
	II	1 704,08	93,72	136,32	153,36	II	1 704,08	87,92	127,89	143,87	82,12	119,46	134,39	76,33	111,02	124,90	70,53	102,59	115,41	64,73	94,16	105,93	59,01	85,83	96,56
	III	1 167,—	64,18	93,36	105,03	III	1 167,—	59,60	86,69	97,52	55,11	80,16	90,18	50,71	73,77	82,99	46,42	67,52	75,96	42,22	61,41	69,08	38,11	55,44	62,37
	V	2 285,16	125,68	182,81	205,66	IV	1 749,91	93,34	135,77	152,74	90,44	131,56	148,—	87,54	127,34	143,25	84,64	123,12	138,51	81,74	118,90	133,76	78,85	114,69	129,02
	VI	2 317,33	127,45	185,38	208,55																				
6 137,99	I,IV	1 751,16	96,31	140,09	157,60	I	1 751,16	90,51	131,66	148,11	84,71	123,22	138,62	78,92	114,79	129,14	73,12	106,36	119,65	67,32	97,92	110,16	61,54	89,51	100,70
	II	1 705,33	93,79	136,42	153,47	II	1 705,33	87,99	127,99	143,99	82,19	119,56	134,50	76,39	111,12	125,01	70,60	102,69	115,52	64,80	94,26	106,04	59,07	85,93	96,67
	III	1 168,—	64,24	93,44	105,12	III	1 168,—	59,65	86,77	97,61	55,16	80,24	90,27	50,77	73,85	83,08	46,47	67,60	76,05	42,27	61,49	69,17	38,16	55,50	62,44
	V	2 286,41	125,75	182,91	205,77	IV	1 751,16	93,41	135,87	152,85	90,51	131,66	148,11	87,61	127,44	143,37	84,71	123,22	138,62	81,81	119,—	133,88	78,92	114,79	129,14
	VI	2 318,66	127,52	185,49	208,67																				
6 140,99	I,IV	1 752,41	96,38	140,19	157,71	I	1 752,41	90,58	131,76	148,23	84,78	123,32	138,74	78,98	114,89	129,25	73,19	106,46	119,76	67,39	98,02	110,27	61,60	89,61	100,81
	II	1 706,66	93,86	136,53	153,59	II	1 706,66	88,06	128,10	144,11	82,27	119,66	134,62	76,46	111,22	125,12	70,67	102,79	115,64	64,87	94,36	106,15	59,14	86,03	96,78
	III	1 169,—	64,29	93,52	105,21	III	1 169,—	59,71	86,85	97,70	55,22	80,32	90,36	50,82	73,93	83,17	46,53	67,68	76,14	42,32	61,56	69,25	38,21	55,58	62,53
	V	2 287,66	125,82	183,01	205,88	IV	1 752,41	93,48	135,97	152,96	90,58	131,76	148,23	87,68	127,54	143,48	84,78	123,32	138,74	81,88	119,10	133,99	78,98	114,89	129,25
	VI	2 319,91	127,59	185,59	208,79																				
6 143,99	I,IV	1 753,66	96,45	140,29	157,82	I	1 753,66	90,65	131,86	148,34	84,85	123,42	138,85	79,05	114,99	129,36	73,26	106,56	119,88	67,46	98,12	110,39	61,67	89,71	100,92
	II	1 707,91	93,93	136,63	153,71	II	1 707,91	88,13	128,20	144,22	82,33	119,76	134,73	76,54	111,33	125,24	70,74	102,90	115,76	64,94	94,46	106,27	59,21	86,12	96,89
	III	1 170,—	64,35	93,60	105,30	III	1 170,—	59,76	86,93	97,79	55,27	80,40	90,45	50,87	74,—	83,25	46,57	67,74	76,21	42,36	61,62	69,32	38,26	55,65	62,60
	V	2 288,91	125,89	183,11	206,—	IV	1 753,66	93,55	136,08	153,09	90,65	131,86	148,34	87,75	127,64	143,60	84,85	123,42	138,85	81,95	119,20	134,10	79,05	114,99	129,36
	VI	2 321,16	127,66	185,69	208,90																				
6 146,99	I,IV	1 754,91	96,52	140,39	157,94	I	1 754,91	90,72	131,96	148,45	84,92	123,52	138,96	79,12	115,09	129,47	73,32	106,66	119,99	67,53	98,22	110,50	61,74	89,81	101,03
	II	1 709,16	94,—	136,73	153,82	II	1 709,16	88,20	128,30	144,33	82,40	119,86	134,84	76,61	111,43	125,36	70,81	103,—	115,87	65,01	94,56	106,38	59,28	86,22	97,—
	III	1 171,—	64,40	93,68	105,39	III	1 171,—	59,82	87,01	97,88	55,33	80,48	90,54	50,93	74,08	83,34	46,63	67,82	76,30	42,42	61,70	69,41	38,30	55,72	62,68
	V	2 290,25	125,96	183,22	206,12	IV	1 754,91	93,62	136,18	153,20	90,72	131,96	148,45	87,82	127,74	143,71	84,92	123,52	138,96	82,02	119,31	134,22	79,12	115,09	129,47
	VI	2 322,41	127,73	185,79	209,01																				
6 149,99	I,IV	1 756,16	96,58	140,49	158,05	I	1 756,16	90,79	132,06	148,56	84,99	123,62	139,07	79,19	115,19	129,59	73,39	106,76	120,10	67,59	98,32	110,61	61,81	89,91	101,15
	II	1 710,41	94,07	136,83	153,93	II	1 710,41	88,27	128,40	144,45	82,47	119,96	134,96	76,67	111,53	125,47	70,88	103,10	115,98	65,08	94,66	106,49	59,34	86,32	97,11
	III	1 172,—	64,46	93,76	105,48	III	1 172,—	59,86	87,08	97,96	55,37	80,54	90,61	50,98	74,16	83,43	46,67	67,89	76,37	42,46	61,77	69,49	38,36	55,80	62,77
	V	2 291,50	126,03	183,32	206,23	IV	1 756,16	93,69	136,28	153,31	90,79	132,06	148,56	87,89	127,84	143,82	84,99	123,62	139,07	82,09	119,41	134,33	79,19	115,19	129,59
	VI	2 323,66	127,80	185,89	209,12																				
6 152,99	I,IV	1 757,41	96,65	140,59	158,16	I	1 757,41	90,86	132,16	148,68	85,06	123,72	139,19	79,26	115,29	129,70	73,46	106,86	120,21	67,66	98,42	110,72	61,88	90,01	101,26
	II	1 711,66	94,14	136,93	154,04	II	1 711,66	88,34	128,50	144,56	82,54	120,06	135,07	76,74	111,63	125,58	70,95	103,20	116,10	65,15	94,76	106,61	59,41	86,42	97,22
	III	1 173,—	64,51	93,84	105,57	III	1 173,—	59,92	87,16	98,05	55,43	80,62	90,70	51,03	74,22	83,50	46,73	67,97	76,46	42,52	61,85	69,58	38,40	55,86	62,84
	V	2 292,75	126,10	183,42	206,34	IV	1 757,41	93,76	136,38	153,42	90,86	132,16	148,68	87,96	127,94	143,93	85,06	123,72	139,19	82,16	119,51	134,45	79,26	115,29	129,70
	VI	2 324,91	127,87	185,99	209,24																				
6 155,99	I,IV	1 758,75	96,73	140,70	158,28	I	1 758,75	90,93	132,26	148,79	85,13	123,82	139,30	79,33	115,39	129,81	73,53	106,96	120,33	67,73	98,52	110,84	61,95	90,11	101,37
	II	1 712,91	94,21	137,03	154,16	II	1 712,91	88,41	128,60	144,67	82,61	120,16	135,18	76,81	111,73	125,69	71,01	103,30	116,21	65,22	94,86	106,72	59,48	86,52	97,33
	III	1 174,—	64,57	93,92	105,66	III	1 174,—	59,97	87,24	98,14	55,48	80,70	90,79	51,08	74,30	83,59	46,77	68,04	76,54	42,57	61,92	69,66	38,45	55,93	62,92
	V	2 294,—	126,17	183,52	206,46	IV	1 758,75	93,83	136,48	153,54	90,93	132,26	148,79	88,03	128,04	144,05	85,13	123,82	139,30	82,23	119,61	134,56	79,33	115,39	129,81
	VI	2 326,16	127,93	186,09	209,35																				
6 158,99	I,IV	1 760,—	96,80	140,80	158,40	I	1 760,—	91,—	132,36	148,91	85,20	123,93	139,42	79,40	115,50	129,93	73,60	107,06	120,44	67,80	98,62	110,95	62,02	90,21	101,48
	II	1 714,16	94,27	137,13	154,27	II	1 714,16	88,48	128,70	144,78	82,68	120,26	135,29	76,88	111,83	125,81	71,08	103,40	116,32	65,28	94,96	106,83	59,55	86,62	97,44
	III	1 175,—	64,62	94,—	105,75	III	1 175,—	60,03	87,32	98,23	55,54	80,78	90,88	51,14	74,38	83,68	46,83	68,12	76,63	42,61	61,98	69,73	38,50	56,—	63,—
	V	2 295,25	126,23	183,62	206,57	IV	1 760,—	93,89	136,58	153,65	91,—	132,36	148,91	88,10	128,14	144,16	85,20	123,93	139,42	82,30	119,71	134,67	79,40	115,50	129,93
	VI	2 327,41	128,—	186,19	209,46																				
6 161,99	I,IV	1 761,25	96,86	140,90	158,51	I	1 761,25	91,07	132,46	149,02	85,27	124,03	139,53	79,47	115,60	130,05	73,67	107,16	120,56	67,87	98,73	111,07	62,09	90,31	101,60
	II	1 715,41	94,34	137,23	154,38	II	1 715,41	88,55	128,80	144,90	82,75	120,36	135,41	76,95	111,93	125,92	71,15	103,50	116,43	65,35	95,06	106,94	59,62	86,72	97,56
	III	1 176,—	64,68	94,08	105,84	III	1 176,—	60,08	87,40	98,32	55,59	80,86	90,97	51,18	74,45	83,75	46,87	68,18	76,70	42,67	62,06	69,82	38,55	56,08	63,09
	V	2 296,50	126,30	183,72	206,68	IV	1 761,25	93,96	136,68	153,76	91,07	132,46	149,02	88,16	128,24	144,27	85,27	124,03	139,53	82,37	119,81	134,78	79,47	115,60	130,05
	VI	2 328,75	128,08	186,30	209,58																				
6 164,99	I,IV	1 762,50	96,93	141,—	158,62	I	1 762,50	91,13	132,56	149,13	85,34	124,13	139,64	79,54	115,70	130,16	73,74	107,26	120,67	67,94	98,83	111,18	62,15	90,41	101,71
	II	1 716,75	94,42	137,34	154,50	II	1 716,75	88,62	128,90	145,01	82,82	120,46	135,52	77,02	112,03	126,03	71,22	103,60	116,55	65,42	95,16	107,06	59,68	86,81	97,66
	III	1 177,—	64,73	94,16	105,93	III	1 177,—	60,14	87,48	98,41	55,64	80,93	91,04	51,24	74,53	83,84	46,93	68,26	76,79	42,71	62,13	69,89	38,60	56,14	63,16
	V	2 297,75	126,37	183,82	206,79	IV	1 762,50	94,03	136,78	153,87	91,13	132,56	149,13	88,23	128,34	144,38	85,34	124,13	139,64	82,44	119,91	134,90	79,54	115,70	130,16
	VI	2 330,—	128,15	186,40	209,70																				

(Column groups 0,5 / 1 / 1,5 / 2 / 2,5 / 3: mit Zahl der Kinderfreibeträge . . .)

* **Die ausgewiesenen Tabellenwerte sind amtlich. Siehe Erläuterungen auf der Umschlaginnenseite (U2).**

Lohn/ Gehalt bis €*	I – VI	LSt	ohne Kinderfreibeträge SolZ	8%	9%	I, II, III, IV	LSt	0,5 SolZ	8%	9%	1 SolZ	8%	9%	1,5 SolZ	8%	9%	2 SolZ	8%	9%	2,5 SolZ	8%	9%	3 SolZ	8%	9%
6 167,99	I,IV	1 763,75	97,—	141,10	158,73	I	1 763,75	91,20	132,66	149,24	85,41	124,23	139,76	79,61	115,80	130,27	73,81	107,36	120,78	68,01	98,93	111,29	62,22	90,51	101,82
	II	1 718,—	94,49	137,44	154,62	II	1 718,—	88,69	129,—	145,13	82,89	120,57	135,64	77,09	112,14	126,15	71,29	103,70	116,66	65,49	95,26	107,17	59,75	86,91	97,77
	III	1 178,—	64,79	94,24	106,02	III	1 178,—	60,19	87,56	98,50	55,69	81,01	91,13	51,29	74,61	83,93	46,98	68,34	76,88	42,77	62,21	69,98	38,64	56,21	63,23
	V	2 299,—	126,44	183,92	206,91	IV	1 763,75	94,10	136,88	153,99	91,20	132,66	149,24	88,30	128,44	144,50	85,41	124,23	139,76	82,50	120,01	135,01	79,61	115,80	130,27
	VI	2 331,25	128,21	186,50	209,81																				
6 170,99	I,IV	1 765,—	97,07	141,20	158,85	I	1 765,—	91,27	132,76	149,36	85,47	124,33	139,87	79,68	115,90	130,38	73,88	107,46	120,89	68,08	99,03	111,41	62,29	90,61	101,93
	II	1 719,25	94,55	137,54	154,73	II	1 719,25	88,76	129,10	145,24	82,96	120,67	135,75	77,16	112,24	126,27	71,36	103,80	116,78	65,56	95,37	107,29	59,82	87,01	97,88
	III	1 179,—	64,84	94,32	106,11	III	1 179,—	60,25	87,64	98,59	55,75	81,09	91,22	51,34	74,68	84,01	47,03	68,41	76,96	42,81	62,28	70,06	38,70	56,29	63,32
	V	2 300,25	126,51	184,02	207,02	IV	1 765,—	94,17	136,98	154,10	91,27	132,76	149,36	88,38	128,55	144,62	85,47	124,33	139,87	82,58	120,12	135,13	79,68	115,90	130,38
	VI	2 332,50	128,28	186,60	209,92																				
6 173,99	I,IV	1 766,25	97,14	141,30	158,96	I	1 766,25	91,34	132,86	149,47	85,54	124,43	139,98	79,75	116,—	130,50	73,95	107,56	121,01	68,15	99,13	111,52	62,36	90,71	102,05
	II	1 720,50	94,62	137,64	154,84	II	1 720,50	88,82	129,20	145,35	83,03	120,77	135,86	77,23	112,34	126,38	71,43	103,90	116,89	65,63	95,47	107,40	59,89	87,11	98,—
	III	1 180,—	64,90	94,40	106,20	III	1 180,—	60,30	87,72	98,68	55,80	81,17	91,31	51,39	74,76	84,10	47,08	68,49	77,05	42,87	62,36	70,15	38,74	56,36	63,40
	V	2 301,58	126,58	184,12	207,14	IV	1 766,25	94,24	137,08	154,22	91,34	132,86	149,47	88,44	128,65	144,73	85,54	124,43	139,98	82,65	120,22	135,24	79,75	116,—	130,50
	VI	2 333,75	128,35	186,70	210,03																				
6 176,99	I,IV	1 767,50	97,21	141,40	159,07	I	1 767,50	91,41	132,96	149,58	85,61	124,53	140,09	79,81	116,10	130,61	74,02	107,66	121,12	68,22	99,23	111,63	62,43	90,81	102,16
	II	1 721,75	94,69	137,74	154,95	II	1 721,75	88,89	129,30	145,46	83,10	120,87	135,98	77,30	112,44	126,49	71,50	104,—	117,—	65,70	95,57	107,51	59,95	87,20	98,10
	III	1 181,—	64,95	94,48	106,29	III	1 181,—	60,36	87,80	98,77	55,86	81,25	91,40	51,45	74,84	84,19	47,13	68,56	77,13	42,91	62,42	70,22	38,79	56,42	63,47
	V	2 302,83	126,65	184,22	207,25	IV	1 767,50	94,31	137,18	154,33	91,41	132,96	149,58	88,51	128,75	144,84	85,61	124,53	140,09	82,72	120,32	135,36	79,81	116,10	130,61
	VI	2 335,—	128,42	186,80	210,15																				
6 179,99	I,IV	1 768,83	97,28	141,50	159,19	I	1 768,83	91,48	133,06	149,69	85,68	124,63	140,21	79,88	116,20	130,72	74,08	107,76	121,23	68,29	99,33	111,74	62,50	90,91	102,27
	II	1 723,—	94,76	137,84	155,07	II	1 723,—	88,96	129,40	145,58	83,16	120,97	136,09	77,37	112,54	126,60	71,57	104,10	117,11	65,77	95,67	107,63	60,02	87,30	98,21
	III	1 182,—	65,01	94,56	106,38	III	1 182,—	60,41	87,88	98,86	55,90	81,32	91,48	51,49	74,90	84,26	47,19	68,64	77,22	42,97	62,50	70,31	38,84	56,50	63,56
	V	2 304,08	126,72	184,32	207,36	IV	1 768,83	94,38	137,28	154,44	91,48	133,06	149,69	88,58	128,85	144,95	85,68	124,63	140,21	82,78	120,42	135,47	79,88	116,20	130,72
	VI	2 336,25	128,49	186,90	210,26																				
6 182,99	I,IV	1 770,08	97,35	141,60	159,30	I	1 770,08	91,55	133,17	149,81	85,75	124,74	140,33	79,96	116,30	130,84	74,15	107,86	121,34	68,36	99,43	111,86	62,57	91,01	102,38
	II	1 724,25	94,83	137,94	155,18	II	1 724,25	89,03	129,50	145,69	83,23	121,07	136,20	77,44	112,64	126,72	71,64	104,20	117,23	65,84	95,77	107,74	60,09	87,40	98,33
	III	1 183,16	65,07	94,65	106,48	III	1 183,16	60,47	87,96	98,95	55,96	81,40	91,57	51,55	74,98	84,35	47,23	68,70	77,29	43,01	62,57	70,39	38,89	56,57	63,64
	V	2 305,33	126,79	184,42	207,47	IV	1 770,08	94,45	137,38	154,55	91,55	133,17	149,81	88,65	128,95	145,07	85,75	124,74	140,33	82,85	120,52	135,58	79,96	116,30	130,84
	VI	2 337,50	128,56	187,—	210,37																				
6 185,99	I,IV	1 771,33	97,42	141,70	159,41	I	1 771,33	91,62	133,27	149,93	85,82	124,84	140,44	80,02	116,40	130,95	74,23	107,97	121,46	68,43	99,54	111,98	62,64	91,11	102,50
	II	1 725,50	94,90	138,04	155,29	II	1 725,50	89,10	129,60	145,80	83,30	121,17	136,31	77,50	112,74	126,83	71,71	104,30	117,34	65,91	95,87	107,85	60,16	87,50	98,44
	III	1 184,16	65,12	94,73	106,57	III	1 184,16	60,52	88,04	99,04	56,01	81,48	91,66	51,60	75,06	84,44	47,29	68,78	77,38	43,06	62,64	70,47	38,94	56,64	63,72
	V	2 306,58	126,86	184,52	207,59	IV	1 771,33	94,52	137,48	154,67	91,62	133,27	149,93	88,72	129,05	145,18	85,82	124,84	140,44	82,92	120,62	135,69	80,02	116,40	130,95
	VI	2 338,75	128,63	187,10	210,48																				
6 188,99	I,IV	1 772,58	97,49	141,80	159,53	I	1 772,58	91,69	133,37	150,04	85,89	124,94	140,55	80,09	116,50	131,06	74,30	108,07	121,58	68,50	99,64	112,09	62,70	91,21	102,61
	II	1 726,83	94,97	138,14	155,41	II	1 726,83	89,17	129,70	145,91	83,37	121,27	136,43	77,57	112,84	126,94	71,77	104,40	117,45	65,98	95,97	107,96	60,22	87,60	98,55
	III	1 185,16	65,18	94,81	106,66	III	1 185,16	60,58	88,12	99,13	56,07	81,56	91,75	51,65	75,13	84,52	47,33	68,85	77,45	43,12	62,72	70,56	38,99	56,72	63,81
	V	2 307,83	126,93	184,62	207,70	IV	1 772,58	94,59	137,58	154,78	91,69	133,37	150,04	88,79	129,15	145,29	85,89	124,94	140,55	82,99	120,72	135,81	80,09	116,50	131,06
	VI	2 340,08	128,70	187,20	210,60																				
6 191,99	I,IV	1 773,83	97,56	141,90	159,64	I	1 773,83	91,76	133,47	150,15	85,96	125,04	140,67	80,16	116,60	131,18	74,36	108,17	121,69	68,57	99,74	112,20	62,77	91,31	102,72
	II	1 728,08	95,04	138,24	155,52	II	1 728,08	89,24	129,81	146,03	83,44	121,38	136,55	77,65	112,94	127,06	71,84	104,50	117,56	66,05	96,07	108,08	60,29	87,70	98,66
	III	1 186,16	65,23	94,89	106,75	III	1 186,16	60,62	88,18	99,20	56,12	81,64	91,84	51,70	75,21	84,61	47,39	68,93	77,54	43,16	62,78	70,63	39,04	56,78	63,88
	V	2 309,08	126,99	184,72	207,81	IV	1 773,83	94,65	137,68	154,89	91,76	133,47	150,15	88,86	129,25	145,40	85,96	125,04	140,67	83,06	120,82	135,92	80,16	116,60	131,18
	VI	2 341,33	128,77	187,30	210,71																				
6 194,99	I,IV	1 775,08	97,62	142,—	159,75	I	1 775,08	91,83	133,57	150,26	86,03	125,14	140,78	80,23	116,70	131,29	74,43	108,27	121,80	68,64	99,84	112,32	62,84	91,41	102,83
	II	1 729,33	95,11	138,34	155,63	II	1 729,33	89,31	129,91	146,15	83,51	121,48	136,66	77,71	113,04	127,17	71,92	104,61	117,68	66,12	96,18	108,20	60,36	87,80	98,77
	III	1 187,16	65,29	94,97	106,84	III	1 187,16	60,68	88,26	99,29	56,17	81,70	91,91	51,76	75,29	84,70	47,44	69,01	77,63	43,22	62,86	70,72	39,08	56,85	63,95
	V	2 310,33	127,06	184,82	207,92	IV	1 775,08	94,73	137,79	155,01	91,83	133,57	150,26	88,93	129,36	145,53	86,03	125,14	140,78	83,13	120,92	136,04	80,23	116,70	131,29
	VI	2 342,58	128,84	187,40	210,83																				
6 197,99	I,IV	1 776,33	97,69	142,10	159,86	I	1 776,33	91,90	133,67	150,38	86,10	125,24	140,89	80,30	116,80	131,40	74,50	108,37	121,91	68,70	99,94	112,43	62,91	91,51	102,95
	II	1 730,58	95,18	138,44	155,75	II	1 730,58	89,38	130,01	146,26	83,58	121,58	136,77	77,78	113,14	127,28	71,99	104,71	117,80	66,19	96,28	108,31	60,43	87,90	98,88
	III	1 188,16	65,34	95,05	106,93	III	1 188,16	60,73	88,34	99,38	56,22	81,78	92,—	51,81	75,37	84,79	47,49	69,08	77,71	43,26	62,93	70,79	39,14	56,93	64,04
	V	2 311,66	127,14	184,93	208,04	IV	1 776,33	94,80	137,89	155,12	91,90	133,67	150,38	89,—	129,46	145,64	86,10	125,24	140,89	83,20	121,02	136,15	80,30	116,80	131,40
	VI	2 343,83	128,91	187,50	210,94																				
6 200,99	I,IV	1 777,58	97,76	142,20	159,98	I	1 777,58	91,96	133,77	150,49	86,17	125,34	141,—	80,37	116,90	131,51	74,57	108,47	122,03	68,77	100,04	112,54	62,98	91,61	103,06
	II	1 731,83	95,25	138,54	155,86	II	1 731,83	89,45	130,11	146,37	83,65	121,68	136,89	77,85	113,24	127,40	72,05	104,81	117,91	66,26	96,38	108,42	60,50	88,—	99,—
	III	1 189,16	65,40	95,13	107,02	III	1 189,16	60,79	88,42	99,47	56,28	81,86	92,09	51,86	75,44	84,87	47,54	69,16	77,80	43,32	63,01	70,88	39,18	57,—	64,12
	V	2 312,91	127,21	185,03	208,16	IV	1 777,58	94,87	137,99	155,24	91,96	133,77	150,49	89,07	129,56	145,75	86,17	125,34	141,—	83,27	121,12	136,26	80,37	116,90	131,51
	VI	2 345,08	128,97	187,60	211,05																				
6 203,99	I,IV	1 778,83	97,83	142,30	160,09	I	1 778,83	92,03	133,87	150,60	86,24	125,44	141,12	80,44	117,—	131,63	74,64	108,57	122,14	68,84	100,14	112,65	63,05	91,71	103,17
	II	1 733,08	95,31	138,64	155,97	II	1 733,08	89,52	130,21	146,48	83,72	121,78	137,—	77,92	113,34	127,51	72,12	104,91	118,02	66,33	96,48	108,54	60,56	88,09	99,10
	III	1 190,16	65,45	95,21	107,11	III	1 190,16	60,84	88,50	99,56	56,33	81,94	92,18	51,92	75,52	84,96	47,59	69,22	77,87	43,36	63,08	70,96	39,23	57,06	64,19
	V	2 314,16	127,27	185,13	208,27	IV	1 778,83	94,93	138,09	155,35	92,03	133,87	150,60	89,14	129,66	145,86	86,24	125,44	141,12	83,34	121,22	136,37	80,44	117,—	131,63
	VI	2 346,33	129,04	187,70	211,16																				
6 206,99	I,IV	1 780,16	97,90	142,41	160,21	I	1 780,16	92,11	133,98	150,72	86,31	125,54	141,23	80,51	117,10	131,74	74,71	108,67	122,25	68,91	100,24	112,77	63,12	91,81	103,28
	II	1 734,33	95,38	138,74	156,08	II	1 734,33	89,59	130,31	146,60	83,79	121,88	137,11	77,99	113,44	127,62	72,19	105,01	118,13	66,39	96,58	108,65	60,63	88,19	99,21
	III	1 191,16	65,51	95,29	107,20	III	1 191,16	60,90	88,58	99,65	56,39	82,02	92,27	51,97	75,60	85,05	47,64	69,30	77,96	43,42	63,16	71,05	39,28	57,14	64,28
	V	2 315,41	127,34	185,23	208,38	IV	1 780,16	95,—	138,19	155,46	92,11	133,98	150,72	89,21	129,76	145,98	86,31	125,54	141,23	83,41	121,32	136,49	80,51	117,10	131,74
	VI	2 347,58	129,11	187,80	211,28																				
6 209,99	I,IV	1 781,41	97,97	142,51	160,32	I	1 781,41	92,18	134,08	150,84	86,38	125,64	141,35	80,58	117,21	131,86	74,78	108,78	122,37	68,98	100,34	112,88	63,19	91,91	103,40
	II	1 735,58	95,45	138,84	156,20	II	1 735,58	89,65	130,41	146,71	83,86	121,98	137,22	78,06	113,54	127,73	72,26	105,11	118,25	66,46	96,68	108,76	60,70	88,29	99,32
	III	1 192,16	65,56	95,37	107,29	III	1 192,16	60,95	88,66	99,74	56,44	82,10	92,36	52,02	75,66	85,12	47,69	69,37	78,04	43,46	63,22	71,12	39,33	57,21	64,36
	V	2 316,66	127,41	185,33	208,49	IV	1 781,41	95,07	138,29	155,57	92,18	134,08	150,84	89,27	129,86	146,09	86,38	125,64	141,35	83,48	121,42	136,60	80,58	117,21	131,86
	VI	2 348,83	129,18	187,90	211,39																				

Table heading: Abzüge an Lohnsteuer, Solidaritätszuschlag (SolZ) und Kirchensteuer (8%, 9%) in den Steuerklassen; columns for I, II, III, IV: mit Zahl der Kinderfreibeträge . . .

* **Die ausgewiesenen Tabellenwerte sind amtlich. Siehe Erläuterungen auf der Umschlaginnenseite (U2).**

Abzüge an Lohnsteuer, Solidaritätszuschlag (SolZ) und Kirchensteuer (8%, 9%) in den Steuerklassen

Lohn/ Gehalt bis €*	I – VI	LSt	ohne Kinderfreibeträge SolZ	8%	9%	I, II, III, IV	LSt	mit Zahl der Kinderfreibeträge . . . 0,5 SolZ	8%	9%	1 SolZ	8%	9%	1,5 SolZ	8%	9%	2 SolZ	8%	9%	2,5 SolZ	8%	9%	3 SolZ	8%	9%
6 212,99	I,IV	1 782,66	98,04	142,61	160,43	I	1 782,66	92,24	134,18	150,95	86,45	125,74	141,46	80,65	117,31	131,97	74,85	108,88	122,49	69,05	100,44	113,—	63,25	92,01	103,51
	II	1 736,83	95,52	138,94	156,31	II	1 736,83	89,72	130,51	146,82	83,93	122,08	137,34	78,13	113,64	127,85	72,33	105,21	118,36	66,53	96,78	108,87	60,77	88,39	99,44
	III	1 193,16	65,62	95,45	107,38	III	1 193,16	61,01	88,74	99,83	56,49	82,17	92,44	52,07	75,74	85,21	47,74	69,45	78,13	43,51	63,29	71,20	39,38	57,28	64,44
	V	2 317,91	127,48	185,43	208,61	IV	1 782,66	95,14	138,39	155,69	92,24	134,18	150,95	89,34	129,96	146,20	86,45	125,74	141,46	83,54	121,52	136,71	80,65	117,31	131,97
	VI	2 350,16	129,25	188,01	211,51																				
6 215,99	I,IV	1 783,91	98,11	142,71	160,55	I	1 783,91	92,31	134,28	151,06	86,51	125,84	141,57	80,72	117,41	132,08	74,92	108,98	122,60	69,12	100,54	113,11	63,32	92,11	103,62
	II	1 738,16	95,59	139,05	156,43	II	1 738,16	89,80	130,62	146,94	84,—	122,18	137,45	78,20	113,74	127,96	72,40	105,31	118,47	66,60	96,88	108,99	60,83	88,49	99,55
	III	1 194,16	65,67	95,53	107,47	III	1 194,16	61,06	88,82	99,92	56,54	82,25	92,53	52,13	75,82	85,30	47,80	69,53	78,22	43,56	63,37	71,29	39,43	57,36	64,53
	V	2 319,16	127,55	185,53	208,72	IV	1 783,91	95,21	138,49	155,80	92,31	134,28	151,06	89,41	130,06	146,31	86,51	125,84	141,57	83,61	121,62	136,82	80,72	117,41	132,08
	VI	2 351,41	129,32	188,11	211,62																				
6 218,99	I,IV	1 785,16	98,18	142,81	160,66	I	1 785,16	92,38	134,38	151,17	86,58	125,94	141,68	80,79	117,51	132,20	74,99	109,08	122,71	69,19	100,64	113,22	63,39	92,21	103,73
	II	1 739,41	95,66	139,15	156,54	II	1 739,41	89,87	130,72	147,06	84,07	122,28	137,57	78,27	113,85	128,08	72,47	105,42	118,59	66,67	96,98	109,10	60,90	88,59	99,66
	III	1 195,16	65,73	95,61	107,56	III	1 195,16	61,12	88,90	100,01	56,60	82,33	92,62	52,17	75,89	85,37	47,85	69,60	78,30	43,61	63,44	71,37	39,48	57,42	64,60
	V	2 320,41	127,62	185,63	208,83	IV	1 785,16	95,28	138,60	155,92	92,38	134,38	151,17	89,48	130,16	146,43	86,58	125,94	141,68	83,68	121,72	136,94	80,79	117,51	132,20
	VI	2 352,66	129,39	188,21	211,73																				
6 221,99	I,IV	1 786,41	98,25	142,91	160,77	I	1 786,41	92,45	134,48	151,29	86,65	126,04	141,80	80,85	117,61	132,31	75,06	109,18	122,82	69,26	100,74	113,33	63,46	92,31	103,85
	II	1 740,66	95,73	139,25	156,65	II	1 740,66	89,93	130,82	147,17	84,14	122,38	137,68	78,34	113,95	128,19	72,54	105,52	118,71	66,74	97,08	109,22	60,97	88,68	99,77
	III	1 196,16	65,78	95,69	107,65	III	1 196,16	61,17	88,98	100,10	56,65	82,41	92,71	52,23	75,97	85,46	47,90	69,68	78,39	43,67	63,52	71,46	39,52	57,49	64,67
	V	2 321,75	127,69	185,74	208,95	IV	1 786,41	95,35	138,70	156,03	92,45	134,48	151,29	89,55	130,26	146,54	86,65	126,04	141,80	83,76	121,83	137,06	80,85	117,61	132,31
	VI	2 353,91	129,46	188,31	211,85																				
6 224,99	I,IV	1 787,66	98,32	143,01	160,88	I	1 787,66	92,52	134,58	151,40	86,72	126,14	141,91	80,92	117,71	132,42	75,13	109,28	122,94	69,33	100,84	113,45	63,53	92,41	103,96
	II	1 741,91	95,80	139,35	156,77	II	1 741,91	90,—	130,92	147,28	84,20	122,48	137,79	78,41	114,05	128,30	72,61	105,62	118,82	66,81	97,18	109,33	61,04	88,78	99,88
	III	1 197,33	65,85	95,78	107,75	III	1 197,33	61,23	89,06	100,19	56,71	82,49	92,80	52,28	76,05	85,55	47,95	69,74	78,46	43,71	63,58	71,53	39,58	57,57	64,76
	V	2 323,—	127,76	185,84	209,07	IV	1 787,66	95,42	138,80	156,15	92,52	134,58	151,40	89,62	130,36	146,66	86,72	126,14	141,91	83,82	121,93	137,17	80,92	117,71	132,42
	VI	2 355,16	129,53	188,41	211,96																				
6 227,99	I,IV	1 788,91	98,39	143,11	161,—	I	1 788,91	92,59	134,68	151,51	86,79	126,24	142,02	80,99	117,81	132,53	75,19	109,38	123,05	69,40	100,94	113,56	63,60	92,51	104,07
	II	1 743,16	95,87	139,45	156,88	II	1 743,16	90,07	131,02	147,39	84,27	122,58	137,90	78,48	114,15	128,42	72,68	105,72	118,93	66,88	97,28	109,44	61,10	88,88	99,99
	III	1 198,33	65,90	95,86	107,84	III	1 198,33	61,28	89,14	100,28	56,76	82,57	92,89	52,34	76,13	85,64	48,—	69,82	78,55	43,77	63,66	71,62	39,62	57,64	64,84
	V	2 324,25	127,83	185,94	209,18	IV	1 788,91	95,49	138,90	156,26	92,59	134,68	151,51	89,69	130,46	146,77	86,79	126,24	142,02	83,89	122,03	137,28	80,99	117,81	132,53
	VI	2 356,41	129,60	188,51	212,07																				
6 230,99	I,IV	1 790,25	98,46	143,22	161,12	I	1 790,25	92,66	134,78	151,63	86,86	126,34	142,13	81,06	117,91	132,65	75,26	109,48	123,16	69,46	101,04	113,67	63,67	92,61	104,18
	II	1 744,41	95,94	139,55	156,99	II	1 744,41	90,14	131,12	147,51	84,34	122,68	138,02	78,54	114,25	128,53	72,75	105,82	119,04	66,95	97,38	109,55	61,17	88,98	100,10
	III	1 199,33	65,96	95,94	107,93	III	1 199,33	61,34	89,22	100,37	56,81	82,64	92,97	52,38	76,20	85,72	48,06	69,90	78,64	43,81	63,73	71,69	39,67	57,70	64,91
	V	2 325,50	127,90	186,04	209,29	IV	1 790,25	95,56	139,—	156,37	92,66	134,78	151,63	89,76	130,56	146,88	86,86	126,34	142,13	83,96	122,13	137,39	81,06	117,91	132,65
	VI	2 357,66	129,67	188,61	212,18																				
6 233,99	I,IV	1 791,50	98,53	143,32	161,23	I	1 791,50	92,73	134,88	151,74	86,93	126,45	142,25	81,13	118,02	132,77	75,34	109,58	123,28	69,53	101,14	113,78	63,74	92,71	104,30
	II	1 745,66	96,01	139,65	157,10	II	1 745,66	90,21	131,22	147,62	84,41	122,78	138,13	78,61	114,35	128,64	72,82	105,92	119,16	67,02	97,48	109,67	61,24	89,08	100,22
	III	1 200,33	66,01	96,02	108,02	III	1 200,33	61,39	89,30	100,46	56,87	82,72	93,06	52,44	76,28	85,81	48,10	69,97	78,71	43,87	63,81	71,78	39,72	57,78	65,—
	V	2 326,75	127,97	186,14	209,40	IV	1 791,50	95,63	139,10	156,48	92,73	134,88	151,74	89,83	130,66	146,99	86,93	126,45	142,25	84,03	122,23	137,51	81,13	118,02	132,77
	VI	2 358,91	129,74	188,71	212,30																				
6 236,99	I,IV	1 792,75	98,60	143,42	161,34	I	1 792,75	92,80	134,98	151,85	87,—	126,55	142,37	81,20	118,12	132,88	75,40	109,68	123,39	69,61	101,25	113,90	63,80	92,81	104,41
	II	1 746,91	96,08	139,75	157,22	II	1 746,91	90,28	131,32	147,73	84,48	122,88	138,24	78,68	114,45	128,75	72,88	106,02	119,27	67,09	97,58	109,78	61,31	89,18	100,33
	III	1 201,33	66,07	96,10	108,11	III	1 201,33	61,45	89,38	100,55	56,92	82,80	93,15	52,49	76,36	85,90	48,16	70,05	78,80	43,91	63,88	71,86	39,77	57,85	65,08
	V	2 328,—	128,04	186,24	209,52	IV	1 792,75	95,70	139,20	156,60	92,80	134,98	151,85	89,90	130,76	147,11	87,—	126,55	142,37	84,10	122,33	137,62	81,20	118,12	132,88
	VI	2 360,25	129,81	188,82	212,42																				
6 239,99	I,IV	1 794,—	98,67	143,52	161,46	I	1 794,—	92,87	135,08	151,97	87,07	126,65	142,48	81,27	118,22	132,99	75,47	109,78	123,50	69,68	101,35	114,02	63,87	92,91	104,52
	II	1 748,25	96,15	139,86	157,34	II	1 748,25	90,35	131,42	147,85	84,55	122,98	138,35	78,75	114,55	128,87	72,95	106,12	119,38	67,15	97,68	109,89	61,38	89,28	100,44
	III	1 202,33	66,12	96,18	108,20	III	1 202,33	61,50	89,46	100,64	56,98	82,88	93,24	52,54	76,42	85,97	48,20	70,12	78,88	43,97	63,96	71,95	39,82	57,92	65,16
	V	2 329,25	128,10	186,34	209,63	IV	1 794,—	95,76	139,30	156,71	92,87	135,08	151,97	89,97	130,86	147,22	87,07	126,65	142,48	84,17	122,43	137,73	81,27	118,22	132,99
	VI	2 361,50	129,88	188,92	212,53																				
6 242,99	I,IV	1 795,25	98,73	143,62	161,57	I	1 795,25	92,94	135,18	152,08	87,14	126,75	142,59	81,34	118,32	133,11	75,54	109,88	123,62	69,74	101,45	114,13	63,94	93,01	104,63
	II	1 749,50	96,22	139,96	157,45	II	1 749,50	90,42	131,52	147,96	84,62	123,09	138,47	78,82	114,66	128,99	73,03	106,22	119,50	67,22	97,78	110,—	61,45	89,38	100,55
	III	1 203,33	66,18	96,26	108,29	III	1 203,33	61,56	89,54	100,73	57,03	82,96	93,33	52,59	76,50	86,06	48,26	70,20	78,97	44,01	64,02	72,02	39,87	58,—	65,25
	V	2 330,50	128,17	186,44	209,74	IV	1 795,25	95,84	139,40	156,83	92,94	135,18	152,08	90,03	130,96	147,33	87,14	126,75	142,59	84,24	122,53	137,84	81,34	118,32	133,11
	VI	2 362,75	129,95	189,02	212,64																				
6 245,99	I,IV	1 796,50	98,80	143,72	161,68	I	1 796,50	93,—	135,28	152,19	87,21	126,85	142,70	81,41	118,42	133,22	75,61	109,98	123,73	69,81	101,55	114,24	64,02	93,12	104,76
	II	1 750,75	96,29	140,06	157,56	II	1 750,75	90,49	131,62	148,07	84,69	123,19	138,59	78,89	114,76	129,10	73,09	106,32	119,61	67,30	97,89	110,12	61,51	89,48	100,66
	III	1 204,33	66,23	96,34	108,38	III	1 204,33	61,61	89,62	100,82	57,09	83,04	93,42	52,65	76,58	86,15	48,30	70,26	79,04	44,07	64,10	72,11	39,92	58,06	65,32
	V	2 331,75	128,24	186,54	209,85	IV	1 796,50	95,91	139,50	156,94	93,—	135,28	152,19	90,11	131,07	147,45	87,21	126,85	142,70	84,31	122,64	137,97	81,41	118,42	133,22
	VI	2 364,—	130,02	189,12	212,76																				
6 248,99	I,IV	1 797,75	98,87	143,82	161,79	I	1 797,75	93,07	135,38	152,30	87,28	126,95	142,82	81,48	118,52	133,33	75,68	110,08	123,84	69,88	101,65	114,35	64,08	93,22	104,87
	II	1 752,—	96,36	140,16	157,68	II	1 752,—	90,56	131,72	148,19	84,76	123,29	138,70	78,96	114,86	129,21	73,16	106,42	119,72	67,37	97,99	110,24	61,58	89,58	100,77
	III	1 205,33	66,29	96,42	108,47	III	1 205,33	61,67	89,70	100,91	57,13	83,10	93,49	52,70	76,66	86,24	48,36	70,34	79,13	44,11	64,17	72,19	39,96	58,13	65,39
	V	2 333,08	128,31	186,64	209,97	IV	1 797,75	95,97	139,60	157,05	93,07	135,38	152,30	90,18	131,17	147,56	87,28	126,95	142,82	84,38	122,74	138,08	81,48	118,52	133,33
	VI	2 365,25	130,08	189,22	212,87																				
6 251,99	I,IV	1 799,—	98,94	143,92	161,91	I	1 799,—	93,14	135,48	152,42	87,34	127,05	142,93	81,55	118,62	133,44	75,75	110,18	123,95	69,95	101,75	114,47	64,15	93,32	104,98
	II	1 753,25	96,42	140,26	157,79	II	1 753,25	90,63	131,82	148,30	84,83	123,39	138,81	79,03	114,96	129,33	73,23	106,52	119,84	67,43	98,09	110,35	61,65	89,68	100,89
	III	1 206,33	66,34	96,50	108,56	III	1 206,33	61,72	89,78	101,—	57,19	83,18	93,58	52,75	76,73	86,32	48,41	70,42	79,22	44,16	64,24	72,27	40,02	58,21	65,48
	V	2 334,33	128,38	186,74	210,08	IV	1 799,—	96,04	139,70	157,16	93,14	135,48	152,42	90,25	131,27	147,68	87,34	127,05	142,93	84,45	122,84	138,19	81,55	118,62	133,44
	VI	2 366,50	130,15	189,32	212,98																				
6 254,99	I,IV	1 800,33	99,01	144,02	162,02	I	1 800,33	93,21	135,58	152,53	87,41	127,15	143,04	81,62	118,72	133,56	75,82	110,28	124,07	70,02	101,85	114,58	64,22	93,42	105,09
	II	1 754,50	96,49	140,36	157,90	II	1 754,50	90,69	131,92	148,41	84,90	123,49	138,92	79,10	115,06	129,44	73,30	106,62	119,95	67,50	98,19	110,46	61,72	89,78	101,—
	III	1 207,33	66,40	96,58	108,65	III	1 207,33	61,78	89,86	101,09	57,24	83,26	93,67	52,80	76,81	86,41	48,46	70,49	79,30	44,22	64,32	72,36	40,06	58,28	65,56
	V	2 335,58	128,45	186,84	210,20	IV	1 800,33	96,11	139,80	157,28	93,21	135,58	152,53	90,31	131,37	147,79	87,41	127,15	143,04	84,52	122,94	138,30	81,62	118,72	133,56
	VI	2 367,75	130,22	189,42	213,09																				

* Die ausgewiesenen Tabellenwerte sind amtlich. Siehe Erläuterungen auf der Umschlaginnenseite (U2).

Abzüge an Lohnsteuer, Solidaritätszuschlag (SolZ) und Kirchensteuer (8%, 9%) in den Steuerklassen

Lohn/Gehalt bis €*	I – VI		ohne Kinderfreibeträge			I, II, III, IV		mit Zahl der Kinderfreibeträge . . . 0,5			1			1,5			2			2,5			3		
		LSt	SolZ	8%	9%		LSt	SolZ	8%	9%	SolZ	8%	9%	SolZ	8%	9%	SolZ	8%	9%	SolZ	8%	9%	SolZ	8%	9%
6 257,99	I,IV	1 801,58	99,08	144,12	162,14	I	1 801,58	93,28	135,69	152,65	87,49	127,26	143,16	81,69	118,82	133,67	75,89	110,38	124,18	70,09	101,95	114,69	64,29	93,52	105,21
	II	1 755,75	96,56	140,46	158,01	II	1 755,75	90,76	132,02	148,52	84,97	123,59	139,04	79,17	115,16	129,55	73,37	106,72	120,06	67,57	98,29	110,57	61,79	89,88	101,11
	III	1 208,33	66,45	96,66	108,74	III	1 208,33	61,83	89,94	101,18	57,30	83,34	93,76	52,86	76,89	86,50	48,51	70,57	79,39	44,26	64,38	72,43	40,11	58,34	65,63
	V	2 336,83	128,52	186,94	210,31	IV	1 801,58	96,18	139,90	157,39	93,28	135,69	152,65	90,38	131,47	147,90	87,49	127,26	143,16	84,59	123,04	138,42	81,69	118,82	133,67
	VI	2 369,—	130,29	189,52	213,21																				
6 260,99	I,IV	1 802,83	99,15	144,22	162,25	I	1 802,83	93,35	135,79	152,76	87,56	127,36	143,28	81,76	118,92	133,79	75,96	110,49	124,30	70,16	102,06	114,81	64,36	93,62	105,32
	II	1 757,—	96,63	140,56	158,13	II	1 757,—	90,83	132,12	148,64	85,03	123,69	139,15	79,24	115,26	129,66	73,44	106,82	120,17	67,64	98,39	110,69	61,86	89,98	101,22
	III	1 209,50	66,52	96,76	108,85	III	1 209,50	61,89	90,02	101,27	57,35	83,42	93,85	52,91	76,96	86,58	48,56	70,64	79,47	44,32	64,46	72,52	40,16	58,42	65,72
	V	2 338,08	128,59	187,04	210,42	IV	1 802,83	96,25	140,—	157,50	93,35	135,79	152,76	90,45	131,57	148,01	87,56	127,36	143,28	84,65	123,14	138,53	81,76	118,92	133,79
	VI	2 370,25	130,36	189,62	213,32																				
6 263,99	I,IV	1 804,08	99,22	144,32	162,36	I	1 804,08	93,42	135,89	152,87	87,62	127,46	143,39	81,83	119,02	133,90	76,03	110,59	124,41	70,23	102,16	114,93	64,43	93,72	105,44
	II	1 758,33	96,70	140,66	158,24	II	1 758,33	90,90	132,22	148,75	85,10	123,79	139,26	79,31	115,36	129,78	73,51	106,92	120,29	67,71	98,49	110,80	61,93	90,08	101,34
	III	1 210,50	66,57	96,84	108,94	III	1 210,50	61,93	90,09	101,35	57,41	83,50	93,94	52,96	77,04	86,67	48,62	70,72	79,56	44,36	64,53	72,59	40,21	58,49	65,80
	V	2 339,33	128,66	187,14	210,53	IV	1 804,08	96,32	140,10	157,61	93,42	135,89	152,87	90,52	131,67	148,13	87,62	127,46	143,39	84,72	123,24	138,64	81,83	119,02	133,90
	VI	2 371,58	130,43	189,72	213,44																				
6 266,99	I,IV	1 805,33	99,29	144,42	162,47	I	1 805,33	93,49	135,99	152,99	87,69	127,56	143,50	81,89	119,12	134,01	76,10	110,69	124,52	70,30	102,26	115,04	64,50	93,82	105,55
	II	1 759,58	96,77	140,76	158,36	II	1 759,58	90,97	132,33	148,87	85,18	123,90	139,38	79,38	115,46	129,89	73,58	107,02	120,40	67,78	98,59	110,91	61,99	90,18	101,45
	III	1 211,50	66,63	96,92	109,03	III	1 211,50	61,99	90,17	101,44	57,45	83,57	94,01	53,02	77,12	86,76	48,67	70,80	79,65	44,42	64,61	72,68	40,26	58,56	65,88
	V	2 340,58	128,73	187,24	210,65	IV	1 805,33	96,39	140,20	157,73	93,49	135,99	152,99	90,59	131,77	148,24	87,69	127,56	143,50	84,79	123,34	138,75	81,89	119,12	134,01
	VI	2 372,83	130,50	189,82	213,55																				
6 269,99	I,IV	1 806,58	99,36	144,52	162,59	I	1 806,58	93,56	136,09	153,10	87,76	127,66	143,61	81,96	119,22	134,12	76,17	110,79	124,64	70,37	102,36	115,15	64,57	93,92	105,66
	II	1 760,83	96,84	140,86	158,47	II	1 760,83	91,04	132,43	148,98	85,25	124,—	139,50	79,45	115,56	130,01	73,65	107,13	120,52	67,85	98,70	111,03	62,06	90,28	101,56
	III	1 212,50	66,68	97,—	109,12	III	1 212,50	62,04	90,25	101,53	57,51	83,65	94,10	53,07	77,20	86,85	48,72	70,86	79,72	44,46	64,68	72,76	40,31	58,64	65,97
	V	2 341,83	128,80	187,34	210,76	IV	1 806,58	96,46	140,31	157,85	93,56	136,09	153,10	90,66	131,88	148,36	87,76	127,66	143,61	84,86	123,44	138,87	81,96	119,22	134,12
	VI	2 374,08	130,57	189,92	213,66																				
6 272,99	I,IV	1 807,83	99,43	144,62	162,70	I	1 807,83	93,63	136,19	153,21	87,83	127,76	143,73	82,03	119,32	134,24	76,23	110,89	124,75	70,44	102,46	115,26	64,64	94,02	105,77
	II	1 762,08	96,91	140,96	158,58	II	1 762,08	91,11	132,53	149,09	85,31	124,10	139,61	79,52	115,66	130,12	73,72	107,23	120,63	67,92	98,80	111,15	62,13	90,38	101,67
	III	1 213,50	66,74	97,08	109,21	III	1 213,50	62,10	90,33	101,62	57,56	83,73	94,19	53,12	77,26	86,92	48,77	70,94	79,81	44,52	64,76	72,85	40,36	58,70	66,04
	V	2 343,16	128,87	187,45	210,88	IV	1 807,83	96,53	140,41	157,96	93,63	136,19	153,21	90,73	131,98	148,47	87,83	127,76	143,73	84,93	123,54	138,98	82,03	119,32	134,24
	VI	2 375,33	130,64	190,02	213,77																				
6 275,99	I,IV	1 809,08	99,49	144,72	162,81	I	1 809,08	93,70	136,29	153,32	87,90	127,86	143,84	82,10	119,42	134,35	76,30	110,99	124,86	70,51	102,56	115,38	64,71	94,12	105,89
	II	1 763,33	96,98	141,06	158,69	II	1 763,33	91,18	132,63	149,21	85,38	124,20	139,72	79,58	115,76	130,23	73,79	107,33	120,74	67,99	98,90	111,26	62,20	90,48	101,79
	III	1 214,50	66,79	97,16	109,30	III	1 214,50	62,15	90,41	101,71	57,62	83,81	94,28	53,17	77,34	87,01	48,83	71,02	79,90	44,56	64,82	72,92	40,40	58,77	66,11
	V	2 344,41	128,94	187,55	210,99	IV	1 809,08	96,60	140,51	158,07	93,70	136,29	153,32	90,80	132,08	148,59	87,90	127,86	143,84	85,—	123,64	139,10	82,10	119,42	134,35
	VI	2 376,58	130,71	190,12	213,89																				
6 278,99	I,IV	1 810,33	99,56	144,82	162,92	I	1 810,33	93,77	136,39	153,44	87,97	127,96	143,95	82,17	119,52	134,46	76,37	111,09	124,97	70,57	102,66	115,49	64,78	94,22	106,—
	II	1 764,58	97,05	141,16	158,81	II	1 764,58	91,25	132,73	149,32	85,45	124,30	139,83	79,65	115,86	130,34	73,86	107,43	120,86	68,06	99,—	111,37	62,27	90,58	101,90
	III	1 215,50	66,85	97,24	109,39	III	1 215,50	62,21	90,49	101,80	57,67	83,89	94,37	53,23	77,42	87,10	48,87	71,09	79,97	44,62	64,90	73,01	40,46	58,85	66,20
	V	2 345,66	129,01	187,65	211,10	IV	1 810,33	96,67	140,61	158,18	93,77	136,39	153,44	90,87	132,18	148,70	87,97	127,96	143,95	85,07	123,74	139,21	82,17	119,52	134,46
	VI	2 377,83	130,78	190,22	214,—																				
6 281,99	I,IV	1 811,66	99,64	144,93	163,04	I	1 811,66	93,84	136,50	153,56	88,04	128,06	144,07	82,24	119,62	134,57	76,44	111,19	125,09	70,64	102,76	115,60	64,84	94,32	106,11
	II	1 765,83	97,12	141,26	158,92	II	1 765,83	91,32	132,83	149,43	85,52	124,40	139,95	79,72	115,96	130,46	73,92	107,53	120,97	68,13	99,10	111,48	62,34	90,68	102,01
	III	1 216,50	66,90	97,32	109,48	III	1 216,50	62,26	90,57	101,89	57,73	83,97	94,46	53,28	77,50	87,19	48,93	71,17	80,06	44,66	64,97	73,09	40,50	58,92	66,28
	V	2 346,91	129,08	187,75	211,22	IV	1 811,66	96,74	140,71	158,30	93,84	136,50	153,56	90,94	132,28	148,81	88,04	128,06	144,07	85,14	123,84	139,32	82,24	119,62	134,57
	VI	2 379,08	130,84	190,32	214,11																				
6 284,99	I,IV	1 812,91	99,71	145,03	163,16	I	1 812,91	93,91	136,60	153,67	88,11	128,16	144,18	82,31	119,73	134,69	76,51	111,30	125,21	70,72	102,86	115,72	64,91	94,42	106,22
	II	1 767,08	97,18	141,36	159,03	II	1 767,08	91,39	132,93	149,54	85,59	124,50	140,06	79,79	116,06	130,57	73,99	107,63	121,08	68,20	99,20	111,60	62,41	90,78	102,12
	III	1 217,50	66,96	97,40	109,57	III	1 217,50	62,32	90,65	101,98	57,78	84,05	94,55	53,33	77,57	87,26	48,97	71,24	80,14	44,72	65,05	73,18	40,56	59,—	66,37
	V	2 348,16	129,14	187,85	211,33	IV	1 812,91	96,80	140,81	158,41	93,91	136,60	153,67	91,01	132,38	148,92	88,11	128,16	144,18	85,21	123,94	139,43	82,31	119,73	134,69
	VI	2 380,33	130,91	190,42	214,22																				
6 287,99	I,IV	1 814,16	99,77	145,13	163,27	I	1 814,16	93,98	136,70	153,78	88,18	128,26	144,29	82,38	119,83	134,81	76,58	111,40	125,32	70,78	102,96	115,83	64,99	94,53	106,34
	II	1 768,33	97,25	141,46	159,14	II	1 768,33	91,46	133,03	149,66	85,66	124,60	140,17	79,86	116,16	130,68	74,06	107,73	121,19	68,26	99,30	111,71	62,48	90,88	102,24
	III	1 218,66	67,02	97,49	109,67	III	1 218,66	62,37	90,73	102,07	57,84	84,13	94,64	53,38	77,65	87,35	49,03	71,32	80,23	44,77	65,12	73,26	40,60	59,06	66,44
	V	2 349,41	129,21	187,95	211,44	IV	1 814,16	96,87	140,91	158,52	93,98	136,70	153,78	91,08	132,48	149,04	88,18	128,26	144,29	85,28	124,04	139,55	82,38	119,83	134,81
	VI	2 381,66	130,99	190,53	214,34																				
6 290,99	I,IV	1 815,41	99,84	145,23	163,38	I	1 815,41	94,05	136,80	153,90	88,25	128,36	144,41	82,45	119,93	134,92	76,65	111,50	125,43	70,85	103,06	115,94	65,06	94,63	106,46
	II	1 769,66	97,33	141,57	159,26	II	1 769,66	91,53	133,14	149,78	85,73	124,70	140,29	79,93	116,26	130,79	74,13	107,83	121,31	68,33	99,40	111,82	62,54	90,98	102,35
	III	1 219,66	67,08	97,57	109,76	III	1 219,66	62,43	90,81	102,16	57,88	84,20	94,72	53,44	77,73	87,44	49,08	71,40	80,32	44,82	65,20	73,35	40,65	59,13	66,52
	V	2 350,66	129,28	188,05	211,55	IV	1 815,41	96,94	141,01	158,63	94,05	136,80	153,90	91,14	132,58	149,15	88,25	128,36	144,41	85,35	124,14	139,66	82,45	119,93	134,92
	VI	2 382,91	131,06	190,63	214,46																				
6 293,99	I,IV	1 816,66	99,91	145,33	163,49	I	1 816,66	94,11	136,90	154,01	88,32	128,46	144,52	82,52	120,03	135,03	76,72	111,60	125,55	70,92	103,16	116,06	65,12	94,73	106,57
	II	1 770,91	97,40	141,67	159,38	II	1 770,91	91,60	133,24	149,90	85,80	124,80	140,40	80,—	116,37	130,91	74,20	107,94	121,43	68,41	99,50	111,94	62,61	91,08	102,46
	III	1 220,66	67,13	97,65	109,85	III	1 220,66	62,48	90,89	102,25	57,94	84,28	94,81	53,49	77,81	87,53	49,13	71,46	80,39	44,87	65,26	73,42	40,70	59,21	66,61
	V	2 351,91	129,35	188,15	211,67	IV	1 816,66	97,02	141,12	158,76	94,11	136,90	154,01	91,22	132,68	149,27	88,32	128,46	144,52	85,41	124,24	139,77	82,52	120,03	135,03
	VI	2 384,16	131,12	190,73	214,57																				
6 296,99	I,IV	1 817,91	99,98	145,43	163,61	I	1 817,91	94,18	137,—	154,12	88,38	128,56	144,63	82,59	120,13	135,14	76,79	111,70	125,66	70,99	103,26	116,17	65,19	94,83	106,68
	II	1 772,16	97,46	141,77	159,49	II	1 772,16	91,67	133,34	150,—	85,87	124,90	140,51	80,07	116,47	131,03	74,27	108,04	121,54	68,47	99,60	112,05	62,68	91,18	102,57
	III	1 221,66	67,19	97,73	109,94	III	1 221,66	62,54	90,97	102,34	57,99	84,36	94,90	53,54	77,88	87,61	49,18	71,54	80,48	44,92	65,34	73,51	40,75	59,28	66,69
	V	2 353,25	129,42	188,26	211,79	IV	1 817,91	97,08	141,22	158,87	94,18	137,—	154,12	91,29	132,78	149,38	88,38	128,56	144,63	85,49	124,35	139,89	82,59	120,13	135,14
	VI	2 385,41	131,19	190,83	214,68																				
6 299,99	I,IV	1 819,16	100,05	145,53	163,72	I	1 819,16	94,25	137,10	154,23	88,45	128,66	144,74	82,66	120,23	135,26	76,86	111,80	125,77	71,06	103,36	116,28	65,26	94,93	106,79
	II	1 773,41	97,53	141,87	159,60	II	1 773,41	91,74	133,44	150,12	85,94	125,—	140,63	80,14	116,57	131,14	74,34	108,14	121,65	68,54	99,70	112,16	62,75	91,28	102,69
	III	1 222,66	67,24	97,81	110,03	III	1 222,66	62,59	91,05	102,43	58,05	84,44	94,99	53,59	77,96	87,70	49,23	71,61	80,56	44,97	65,41	73,58	40,80	59,34	66,76
	V	2 354,50	129,49	188,36	211,90	IV	1 819,16	97,15	141,32	158,98	94,25	137,10	154,23	91,35	132,88	149,49	88,45	128,66	144,74	85,56	124,45	140,—	82,66	120,23	135,26
	VI	2 386,66	131,26	190,93	214,79																				

*** Die ausgewiesenen Tabellenwerte sind amtlich. Siehe Erläuterungen auf der Umschlaginnenseite (U2).**

Lohn/ Gehalt bis €*	StKl	LSt (I–VI)	SolZ ohne Kinderfreibeträge	8%	9%	StKl	LSt (I, II, III, IV)	0,5 SolZ	0,5 8%	0,5 9%	1 SolZ	1 8%	1 9%	1,5 SolZ	1,5 8%	1,5 9%	2 SolZ	2 8%	2 9%	2,5 SolZ	2,5 8%	2,5 9%	3 SolZ	3 8%	3 9%
6 302,99	I,IV	1 820,41	100,12	145,63	163,83	I	1 820,41	94,32	137,20	154,35	88,52	128,76	144,86	82,72	120,33	135,37	76,93	111,90	125,88	71,13	103,46	116,39	65,33	95,03	106,91
	II	1 774,66	97,60	141,97	159,71	II	1 774,66	91,80	133,54	150,23	86,01	125,10	140,74	80,21	116,67	131,25	74,41	108,24	121,77	68,61	99,80	112,28	62,82	91,38	102,80
	III	1 223,66	67,30	97,89	110,12	III	1 223,66	62,65	91,13	102,52	58,10	84,52	95,08	53,65	78,04	87,79	49,28	71,69	80,65	45,02	65,49	73,67	40,85	59,42	66,85
	V	2 355,75	129,56	188,46	212,01	IV	1 820,41	97,22	141,42	159,09	94,32	137,20	154,35	91,42	132,98	149,60	88,52	128,76	144,86	85,63	124,55	140,12	82,72	120,33	135,37
	VI	2 387,91	131,33	191,03	214,91																				
6 305,99	I,IV	1 821,75	100,19	145,74	163,95	I	1 821,75	94,39	137,30	154,46	88,59	128,86	144,97	82,79	120,43	135,48	77,—	112,—	126,—	71,20	103,56	116,51	65,40	95,13	107,02
	II	1 775,91	97,67	142,07	159,83	II	1 775,91	91,87	133,64	150,34	86,07	125,20	140,85	80,28	116,77	131,36	74,48	108,34	121,88	68,68	99,90	112,39	62,89	91,48	102,91
	III	1 224,66	67,35	97,97	110,21	III	1 224,66	62,70	91,21	102,61	58,16	84,60	95,17	53,70	78,12	87,88	49,34	71,77	80,74	45,07	65,56	73,75	40,90	59,49	66,92
	V	2 357,—	129,63	188,56	212,13	IV	1 821,75	97,29	141,52	159,21	94,39	137,30	154,46	91,49	133,08	149,72	88,59	128,86	144,97	85,69	124,65	140,23	82,79	120,43	135,48
	VI	2 389,16	131,40	191,13	215,02																				
6 308,99	I,IV	1 823,—	100,26	145,84	164,07	I	1 823,—	94,46	137,40	154,58	88,66	128,97	145,09	82,87	120,54	135,60	77,07	112,10	126,11	71,27	103,66	116,62	65,47	95,23	107,13
	II	1 777,16	97,74	142,17	159,94	II	1 777,16	91,94	133,74	150,45	86,14	125,30	140,96	80,35	116,87	131,48	74,55	108,44	121,99	68,75	100,—	112,50	62,96	91,58	103,02
	III	1 225,66	67,41	98,05	110,30	III	1 225,66	62,76	91,29	102,70	58,21	84,68	95,26	53,75	78,18	87,95	49,39	71,84	80,82	45,12	65,64	73,84	40,95	59,57	67,01
	V	2 358,25	129,70	188,66	212,24	IV	1 823,—	97,36	141,62	159,32	94,46	137,40	154,58	91,56	133,18	149,83	88,66	128,97	145,09	85,76	124,75	140,34	82,87	120,54	135,60
	VI	2 390,41	131,47	191,23	215,13																				
6 311,99	I,IV	1 824,25	100,33	145,94	164,18	I	1 824,25	94,53	137,50	154,69	88,73	129,07	145,20	82,94	120,64	135,72	77,14	112,20	126,23	71,34	103,77	116,74	65,54	95,34	107,25
	II	1 778,41	97,81	142,27	160,05	II	1 778,41	92,01	133,84	150,57	86,21	125,40	141,08	80,41	116,97	131,59	74,62	108,54	122,10	68,82	100,10	112,61	63,03	91,68	103,14
	III	1 226,66	67,46	98,13	110,39	III	1 226,66	62,81	91,37	102,79	58,26	84,74	95,33	53,80	78,26	88,04	49,44	71,92	80,91	45,17	65,70	73,91	41,—	59,64	67,09
	V	2 359,50	129,77	188,76	212,35	IV	1 824,25	97,43	141,72	159,43	94,53	137,50	154,69	91,63	133,28	149,94	88,73	129,07	145,20	85,83	124,85	140,45	82,94	120,64	135,72
	VI	2 391,75	131,54	191,34	215,25																				
6 314,99	I,IV	1 825,50	100,40	146,04	164,29	I	1 825,50	94,60	137,60	154,80	88,80	129,17	145,31	83,—	120,74	135,83	77,21	112,30	126,34	71,41	103,87	116,85	65,61	95,44	107,37
	II	1 779,75	97,88	142,38	160,17	II	1 779,75	92,08	133,94	150,68	86,28	125,50	141,19	80,48	117,07	131,70	74,69	108,64	122,22	68,89	100,20	112,73	63,09	91,78	103,25
	III	1 227,83	67,53	98,22	110,50	III	1 227,83	62,87	91,45	102,88	58,31	84,82	95,42	53,86	78,34	88,13	49,50	72,—	81,—	45,22	65,78	74,—	41,04	59,70	67,16
	V	2 360,75	129,84	188,86	212,46	IV	1 825,50	97,50	141,82	159,54	94,60	137,60	154,80	91,70	133,38	150,05	88,80	129,17	145,31	85,90	124,95	140,57	83,—	120,74	135,83
	VI	2 393,—	131,61	191,44	215,37																				
6 317,99	I,IV	1 826,75	100,47	146,14	164,40	I	1 826,75	94,67	137,70	154,91	88,87	129,27	145,43	83,07	120,84	135,94	77,27	112,40	126,45	71,48	103,97	116,96	65,68	95,54	107,48
	II	1 781,—	97,95	142,48	160,29	II	1 781,—	92,15	134,04	150,80	86,35	125,61	141,31	80,56	117,18	131,82	74,76	108,74	122,33	68,96	100,30	112,84	63,16	91,88	103,36
	III	1 228,83	67,58	98,30	110,59	III	1 228,83	62,92	91,53	102,97	58,37	84,90	95,51	53,91	78,42	88,22	49,54	72,06	81,07	45,27	65,85	74,08	41,10	59,78	67,25
	V	2 362,—	129,91	188,96	212,58	IV	1 826,75	97,57	141,92	159,66	94,67	137,70	154,91	91,77	133,48	150,17	88,87	129,27	145,43	85,97	125,05	140,68	83,07	120,84	135,94
	VI	2 394,25	131,68	191,54	215,48																				
6 320,99	I,IV	1 828,—	100,54	146,24	164,52	I	1 828,—	94,74	137,80	155,03	88,94	129,37	145,54	83,14	120,94	136,05	77,34	112,50	126,56	71,55	104,07	117,08	65,75	95,64	107,59
	II	1 782,25	98,02	142,58	160,40	II	1 782,25	92,22	134,14	150,91	86,42	125,71	141,42	80,63	117,28	131,94	74,83	108,84	122,45	69,03	100,41	112,96	63,23	91,98	103,47
	III	1 229,83	67,64	98,38	110,68	III	1 229,83	62,98	91,61	103,06	58,42	84,98	95,60	53,96	78,49	88,30	49,60	72,14	81,16	45,32	65,93	74,17	41,14	59,85	67,33
	V	2 363,25	129,97	189,06	212,69	IV	1 828,—	97,64	142,02	159,77	94,74	137,80	155,03	91,84	133,59	150,29	88,94	129,37	145,54	86,04	125,16	140,80	83,14	120,94	136,05
	VI	2 395,50	131,75	191,64	215,59																				
6 323,99	I,IV	1 829,25	100,60	146,34	164,63	I	1 829,25	94,81	137,90	155,14	89,01	129,47	145,65	83,21	121,04	136,17	77,41	112,60	126,68	71,61	104,17	117,19	65,82	95,74	107,70
	II	1 783,50	98,09	142,68	160,51	II	1 783,50	92,29	134,24	151,02	86,49	125,81	141,53	80,69	117,38	132,05	74,90	108,94	122,56	69,10	100,51	113,07	63,30	92,08	103,59
	III	1 230,83	67,69	98,46	110,77	III	1 230,83	63,03	91,69	103,15	58,48	85,06	95,69	54,01	78,57	88,39	49,64	72,21	81,23	45,37	66,—	74,25	41,19	59,92	67,41
	V	2 364,58	130,05	189,16	212,81	IV	1 829,25	97,71	142,12	159,89	94,81	137,90	155,14	91,91	133,69	150,40	89,01	129,47	145,65	86,11	125,26	140,91	83,21	121,04	136,17
	VI	2 396,75	131,82	191,74	215,70																				
6 326,99	I,IV	1 830,50	100,67	146,44	164,74	I	1 830,50	94,87	138,—	155,25	89,08	129,57	145,76	83,28	121,14	136,28	77,48	112,70	126,79	71,68	104,27	117,30	65,89	95,84	107,82
	II	1 784,75	98,16	142,78	160,62	II	1 784,75	92,36	134,34	151,13	86,56	125,91	141,65	80,76	117,48	132,16	74,96	109,04	122,67	69,17	100,61	113,18	63,37	92,18	103,70
	III	1 231,83	67,75	98,54	110,86	III	1 231,83	63,09	91,77	103,24	58,53	85,14	95,78	54,07	78,65	88,48	49,70	72,29	81,32	45,43	66,08	74,34	41,25	60,—	67,50
	V	2 365,83	130,12	189,26	212,92	IV	1 830,50	97,78	142,22	160,—	94,87	138,—	155,25	91,98	133,79	150,51	89,08	129,57	145,76	86,18	125,36	141,03	83,28	121,14	136,28
	VI	2 398,—	131,89	191,84	215,82																				
6 329,99	I,IV	1 831,83	100,75	146,54	164,86	I	1 831,83	94,94	138,10	155,36	89,15	129,67	145,88	83,35	121,24	136,39	77,55	112,80	126,90	71,75	104,37	117,41	65,95	95,94	107,93
	II	1 786,—	98,23	142,88	160,74	II	1 786,—	92,43	134,44	151,25	86,63	126,01	141,76	80,83	117,58	132,27	75,03	109,14	122,78	69,24	100,71	113,30	63,44	92,28	103,81
	III	1 232,83	67,80	98,62	110,95	III	1 232,83	63,14	91,85	103,33	58,59	85,22	95,87	54,12	78,73	88,57	49,75	72,37	81,41	45,47	66,14	74,41	41,29	60,06	67,57
	V	2 367,08	130,18	189,36	213,03	IV	1 831,83	97,84	142,32	160,11	94,94	138,10	155,36	92,05	133,89	150,62	89,15	129,67	145,88	86,25	125,46	141,14	83,35	121,24	136,39
	VI	2 399,25	131,95	191,94	215,93																				
6 332,99	I,IV	1 833,08	100,81	146,64	164,97	I	1 833,08	95,02	138,21	155,48	89,22	129,78	146,—	83,42	121,34	136,51	77,62	112,90	127,01	71,82	104,47	117,53	66,02	96,04	108,04
	II	1 787,25	98,29	142,98	160,85	II	1 787,25	92,50	134,54	151,36	86,70	126,11	141,87	80,90	117,68	132,39	75,10	109,24	122,90	69,30	100,81	113,41	63,51	92,38	103,92
	III	1 233,83	67,86	98,70	111,04	III	1 233,83	63,20	91,93	103,42	58,64	85,30	95,96	54,17	78,80	88,65	49,80	72,44	81,49	45,53	66,22	74,50	41,35	60,14	67,66
	V	2 368,33	130,25	189,46	213,14	IV	1 833,08	97,91	142,42	160,22	95,02	138,21	155,48	92,12	133,99	150,74	89,22	129,78	146,—	86,32	125,56	141,25	83,42	121,34	136,51
	VI	2 400,50	132,02	192,04	216,04																				
6 335,99	I,IV	1 834,33	100,88	146,74	165,08	I	1 834,33	95,09	138,31	155,60	89,29	129,88	146,11	83,49	121,44	136,62	77,69	113,01	127,13	71,89	104,58	117,65	66,10	96,14	108,16
	II	1 788,50	98,36	143,08	160,96	II	1 788,50	92,56	134,64	151,47	86,77	126,21	141,98	80,97	117,78	132,50	75,17	109,34	123,01	69,37	100,91	113,52	63,58	92,48	104,04
	III	1 235,—	67,92	98,80	111,15	III	1 235,—	63,25	92,01	103,51	58,70	85,38	96,05	54,23	78,88	88,74	49,85	72,52	81,58	45,57	66,29	74,57	41,39	60,21	67,73
	V	2 369,58	130,32	189,56	213,26	IV	1 834,33	97,98	142,52	160,34	95,09	138,31	155,60	92,18	134,09	150,85	89,29	129,88	146,11	86,39	125,66	141,36	83,49	121,44	136,62
	VI	2 401,75	132,09	192,14	216,15																				
6 338,99	I,IV	1 835,58	100,95	146,84	165,20	I	1 835,58	95,15	138,41	155,71	89,36	129,98	146,22	83,56	121,54	136,73	77,76	113,11	127,25	71,96	104,68	117,76	66,16	96,24	108,27
	II	1 789,83	98,44	143,18	161,08	II	1 789,83	92,63	134,74	151,58	86,84	126,31	142,10	81,04	117,88	132,61	75,24	109,44	123,12	69,44	101,01	113,63	63,64	92,58	104,15
	III	1 236,—	67,98	98,88	111,24	III	1 236,—	63,31	92,09	103,60	58,74	85,45	96,13	54,28	78,96	88,83	49,91	72,60	81,67	45,63	66,37	74,66	41,44	60,28	67,81
	V	2 370,83	130,39	189,66	213,37	IV	1 835,58	98,05	142,62	160,45	95,15	138,41	155,71	92,25	134,19	150,96	89,36	129,98	146,22	86,46	125,76	141,48	83,56	121,54	136,73
	VI	2 403,08	132,16	192,24	216,27																				
6 341,99	I,IV	1 836,83	101,02	146,94	165,31	I	1 836,83	95,22	138,51	155,82	89,43	130,08	146,34	83,63	121,64	136,85	77,83	113,21	127,36	72,03	104,78	117,87	66,23	96,34	108,38
	II	1 791,08	98,50	143,28	161,19	II	1 791,08	92,71	134,85	151,70	86,91	126,42	142,22	81,11	117,98	132,73	75,31	109,54	123,23	69,51	101,11	113,75	63,71	92,68	104,26
	III	1 237,—	68,03	98,96	111,33	III	1 237,—	63,36	92,17	103,69	58,80	85,53	96,22	54,34	79,04	88,92	49,95	72,66	81,74	45,67	66,44	74,74	41,49	60,36	67,90
	V	2 372,08	130,46	189,76	213,48	IV	1 836,83	98,12	142,72	160,56	95,22	138,51	155,82	92,32	134,29	151,07	89,43	130,08	146,34	86,52	125,86	141,59	83,63	121,64	136,85
	VI	2 404,33	132,23	192,34	216,38																				
6 344,99	I,IV	1 838,08	101,09	147,04	165,42	I	1 838,08	95,29	138,61	155,93	89,49	130,18	146,45	83,70	121,74	136,96	77,90	113,31	127,47	72,10	104,88	117,99	66,30	96,44	108,50
	II	1 792,33	98,57	143,38	161,30	II	1 792,33	92,78	134,95	151,82	86,98	126,52	142,33	81,18	118,08	132,84	75,38	109,65	123,35	69,58	101,22	113,87	63,78	92,78	104,37
	III	1 238,—	68,09	99,04	111,42	III	1 238,—	63,42	92,25	103,78	58,85	85,61	96,31	54,38	79,10	88,99	50,01	72,74	81,83	45,73	66,52	74,83	41,54	60,42	67,97
	V	2 373,33	130,53	189,86	213,59	IV	1 838,08	98,19	142,83	160,68	95,29	138,61	155,93	92,40	134,40	151,20	89,49	130,18	146,45	86,60	125,96	141,71	83,70	121,74	136,96
	VI	2 405,58	132,30	192,44	216,50																				

Table heading: Abzüge an Lohnsteuer, Solidaritätszuschlag (SolZ) und Kirchensteuer (8%, 9%) in den Steuerklassen I – VI (ohne Kinderfreibeträge) und I, II, III, IV (mit Zahl der Kinderfreibeträge . . .)

*** Die ausgewiesenen Tabellenwerte sind amtlich. Siehe Erläuterungen auf der Umschlaginnenseite (U2).**

Abzüge an Lohnsteuer, Solidaritätszuschlag (SolZ) und Kirchensteuer (8%, 9%) in den Steuerklassen

Lohn/ Gehalt bis €*	I – VI		ohne Kinderfreibeträge			I, II, III, IV		mit Zahl der Kinderfreibeträge . . . 0,5			1			1,5			2			2,5			3		
		LSt	SolZ	8%	9%		LSt	SolZ	8%	9%	SolZ	8%	9%	SolZ	8%	9%	SolZ	8%	9%	SolZ	8%	9%	SolZ	8%	9%
6 347,99	I,IV	1 839,33	101,16	147,14	165,53	I	1 839,33	95,36	138,71	156,05	89,56	130,28	146,56	83,76	121,84	137,07	77,97	113,41	127,58	72,17	104,98	118,10	66,37	96,54	108,6
	II	1 793,58	98,64	143,48	161,42	II	1 793,58	92,84	135,05	151,93	87,05	126,62	142,44	81,25	118,18	132,95	75,45	109,75	123,47	69,65	101,32	113,98	63,85	92,88	104,4
	III	1 239,—	68,14	99,12	111,51	III	1 239,—	63,47	92,33	103,87	58,91	85,69	96,40	54,44	79,18	89,08	50,06	72,82	81,92	45,77	66,58	74,90	41,59	60,50	68,0
	V	2 374,66	130,60	189,97	213,71	IV	1 839,33	98,26	142,93	160,79	95,36	138,71	156,05	92,46	134,50	151,31	89,56	130,28	146,56	86,67	126,06	141,82	83,76	121,84	137,0
	VI	2 406,83	132,37	192,54	216,61																				
6 350,99	I,IV	1 840,58	101,23	147,24	165,65	I	1 840,58	95,43	138,81	156,16	89,63	130,38	146,67	83,83	121,94	137,18	78,04	113,51	127,70	72,24	105,08	118,21	66,44	96,64	108,7
	II	1 794,83	98,71	143,58	161,53	II	1 794,83	92,91	135,15	152,04	87,12	126,72	142,56	81,32	118,28	133,07	75,52	109,85	123,58	69,72	101,42	114,09	63,92	92,98	104,6
	III	1 240,—	68,20	99,20	111,60	III	1 240,—	63,53	92,41	103,96	58,96	85,77	96,49	54,49	79,26	89,17	50,11	72,89	82,—	45,83	66,66	74,99	41,64	60,57	68,1
	V	2 375,91	130,67	190,07	213,83	IV	1 840,58	98,33	143,03	160,91	95,43	138,81	156,16	92,53	134,60	151,42	89,63	130,38	146,67	86,73	126,16	141,93	83,83	121,94	137,1
	VI	2 408,08	132,44	192,64	216,72																				
6 353,99	I,IV	1 841,83	101,30	147,34	165,76	I	1 841,83	95,50	138,91	156,27	89,70	130,48	146,79	83,90	122,04	137,30	78,10	113,61	127,81	72,31	105,18	118,32	66,51	96,74	108,8
	II	1 796,08	98,78	143,68	161,64	II	1 796,08	92,98	135,25	152,15	87,18	126,82	142,67	81,39	118,38	133,18	75,59	109,95	123,69	69,79	101,52	114,21	63,99	93,08	104,7
	III	1 241,—	68,25	99,28	111,69	III	1 241,—	63,58	92,49	104,05	59,02	85,85	96,58	54,55	79,34	89,26	50,16	72,97	82,09	45,87	66,73	75,07	41,69	60,64	68,2
	V	2 377,16	130,74	190,17	213,94	IV	1 841,83	98,40	143,13	161,02	95,50	138,91	156,27	92,60	134,70	151,53	89,70	130,48	146,79	86,80	126,26	142,04	83,90	122,04	137,3
	VI	2 409,33	132,51	192,74	216,83																				
6 356,99	I,IV	1 843,16	101,37	147,45	165,88	I	1 843,16	95,57	139,02	156,39	89,77	130,58	146,90	83,97	122,14	137,41	78,17	113,71	127,92	72,38	105,28	118,44	66,58	96,84	108,9
	II	1 797,33	98,85	143,78	161,75	II	1 797,33	93,05	135,35	152,27	87,25	126,92	142,78	81,45	118,48	133,29	75,66	110,05	123,80	69,86	101,62	114,32	64,06	93,18	104,8
	III	1 242,16	68,31	99,37	111,79	III	1 242,16	63,64	92,57	104,14	59,07	85,93	96,67	54,59	79,41	89,33	50,22	73,05	82,18	45,93	66,81	75,16	41,74	60,72	68,3
	V	2 378,41	130,81	190,27	214,05	IV	1 843,16	98,47	143,23	161,13	95,57	139,02	156,39	92,67	134,80	151,65	89,77	130,58	146,90	86,87	126,36	142,16	83,97	122,14	137,4
	VI	2 410,58	132,58	192,84	216,95																				
6 359,99	I,IV	1 844,41	101,44	147,55	165,99	I	1 844,41	95,64	139,12	156,51	89,84	130,68	147,02	84,04	122,25	137,53	78,25	113,82	128,04	72,45	105,38	118,55	66,65	96,94	109,0
	II	1 798,58	98,92	143,88	161,87	II	1 798,58	93,12	135,45	152,38	87,32	127,02	142,89	81,52	118,58	133,40	75,73	110,15	123,92	69,93	101,72	114,43	64,13	93,28	104,9
	III	1 243,16	68,37	99,45	111,88	III	1 243,16	63,69	92,65	104,23	59,13	86,01	96,76	54,65	79,49	89,42	50,27	73,12	82,26	45,98	66,89	75,25	41,79	60,78	68,3
	V	2 379,66	130,88	190,37	214,16	IV	1 844,41	98,54	143,33	161,24	95,64	139,12	156,51	92,74	134,90	151,76	89,84	130,68	147,02	86,94	126,46	142,27	84,04	122,25	137,5
	VI	2 411,83	132,65	192,94	217,06																				
6 362,99	I,IV	1 845,66	101,51	147,65	166,10	I	1 845,66	95,71	139,22	156,62	89,91	130,78	147,13	84,11	122,35	137,64	78,32	113,92	128,16	72,52	105,48	118,67	66,72	97,05	109,1
	II	1 799,83	98,99	143,98	161,98	II	1 799,83	93,19	135,55	152,49	87,39	127,12	143,01	81,59	118,68	133,52	75,79	110,25	124,03	70,—	101,82	114,54	64,20	93,38	105,0
	III	1 244,16	68,42	99,53	111,97	III	1 244,16	63,76	92,74	104,33	59,18	86,09	96,85	54,70	79,57	89,51	50,32	73,20	82,35	46,03	66,96	75,33	41,84	60,86	68,4
	V	2 380,91	130,95	190,47	214,28	IV	1 845,66	98,61	143,43	161,36	95,71	139,22	156,62	92,81	135,—	151,87	89,91	130,78	147,13	87,01	126,56	142,38	84,11	122,35	137,6
	VI	2 413,16	132,72	193,05	217,18																				
6 365,99	I,IV	1 846,91	101,58	147,75	166,22	I	1 846,91	95,78	139,32	156,73	89,98	130,88	147,24	84,18	122,45	137,75	78,38	114,02	128,27	72,59	105,58	118,78	66,79	97,15	109,2
	II	1 801,16	99,06	144,09	162,10	II	1 801,16	93,26	135,66	152,61	87,46	127,22	143,12	81,66	118,78	133,63	75,86	110,35	124,14	70,07	101,92	114,66	64,27	93,48	105,1
	III	1 245,16	68,48	99,61	112,06	III	1 245,16	63,81	92,82	104,42	59,23	86,16	96,93	54,76	79,65	89,60	50,37	73,26	82,42	46,09	67,04	75,42	41,89	60,93	68,5
	V	2 382,16	131,01	190,57	214,39	IV	1 846,91	98,67	143,53	161,47	95,78	139,32	156,73	92,88	135,10	151,98	89,98	130,88	147,24	87,08	126,66	142,49	84,18	122,45	137,7
	VI	2 414,41	132,79	193,15	217,29																				
6 368,99	I,IV	1 848,16	101,64	147,85	166,33	I	1 848,16	95,85	139,42	156,84	90,05	130,98	147,35	84,25	122,55	137,87	78,45	114,12	128,38	72,65	105,68	118,89	66,86	97,25	109,4
	II	1 802,41	99,13	144,19	162,21	II	1 802,41	93,33	135,76	152,73	87,53	127,32	143,24	81,73	118,89	133,75	75,94	110,46	124,26	70,14	102,02	114,77	64,34	93,58	105,2
	III	1 246,16	68,53	99,69	112,15	III	1 246,16	63,87	92,90	104,51	59,29	86,24	97,02	54,81	79,73	89,69	50,42	73,34	82,51	46,13	67,10	75,49	41,93	61,—	68,6
	V	2 383,41	131,08	190,67	214,50	IV	1 848,16	98,75	143,64	161,59	95,85	139,42	156,84	92,95	135,20	152,10	90,05	130,98	147,35	87,15	126,76	142,61	84,25	122,55	137,8
	VI	2 415,66	132,86	193,25	217,40																				
6 371,99	I,IV	1 849,41	101,71	147,95	166,44	I	1 849,41	95,92	139,52	156,96	90,12	131,08	147,47	84,32	122,65	137,98	78,52	114,22	128,49	72,72	105,78	119,—	66,93	97,35	109,5
	II	1 803,66	99,20	144,29	162,32	II	1 803,66	93,40	135,86	152,84	87,60	127,42	143,35	81,80	118,99	133,86	76,01	110,56	124,38	70,21	102,12	114,89	64,41	93,69	105,4
	III	1 247,16	68,59	99,77	112,24	III	1 247,16	63,92	92,98	104,60	59,34	86,32	97,11	54,86	79,80	89,77	50,48	73,42	82,60	46,19	67,18	75,58	41,99	61,08	68,7
	V	2 384,75	131,16	190,78	214,62	IV	1 849,41	98,82	143,74	161,70	95,92	139,52	156,96	93,02	135,30	152,21	90,12	131,08	147,47	87,22	126,87	142,73	84,32	122,65	137,9
	VI	2 416,91	132,93	193,35	217,52																				
6 374,99	I,IV	1 850,66	101,78	148,05	166,55	I	1 850,66	95,98	139,62	157,07	90,19	131,18	147,58	84,39	122,75	138,09	78,59	114,32	128,61	72,79	105,88	119,12	66,99	97,45	109,6
	II	1 804,91	99,27	144,39	162,44	II	1 804,91	93,47	135,96	152,95	87,67	127,52	143,46	81,87	119,09	133,97	76,07	110,66	124,49	70,28	102,22	115,—	64,48	93,79	105,5
	III	1 248,16	68,64	99,85	112,33	III	1 248,16	63,98	93,06	104,69	59,40	86,40	97,20	54,91	79,88	89,86	50,52	73,49	82,67	46,23	67,25	75,65	42,03	61,14	68,7
	V	2 386,—	131,23	190,88	214,74	IV	1 850,66	98,89	143,84	161,82	95,98	139,62	157,07	93,09	135,40	152,33	90,19	131,18	147,58	87,29	126,97	142,84	84,39	122,75	138,0
	VI	2 418,16	132,99	193,45	217,63																				
6 377,99	I,IV	1 851,91	101,85	148,15	166,67	I	1 851,91	96,05	139,72	157,18	90,25	131,28	147,69	84,46	122,85	138,20	78,66	114,42	128,72	72,86	105,98	119,23	67,06	97,55	109,7
	II	1 806,16	99,33	144,49	162,55	II	1 806,16	93,54	136,06	153,06	87,74	127,62	143,57	81,94	119,19	134,09	76,14	110,76	124,60	70,34	102,32	115,11	64,55	93,89	105,6
	III	1 249,33	68,71	99,94	112,43	III	1 249,33	64,03	93,14	104,78	59,45	86,48	97,29	54,97	79,96	89,95	50,58	73,57	82,76	46,29	67,33	75,74	42,09	61,22	68,8
	V	2 387,25	131,29	190,98	214,85	IV	1 851,91	98,95	143,94	161,93	96,05	139,72	157,18	93,16	135,50	152,44	90,25	131,28	147,69	87,36	127,07	142,95	84,46	122,85	138,2
	VI	2 419,41	133,06	193,55	217,74																				
6 380,99	I,IV	1 853,25	101,92	148,26	166,79	I	1 853,25	96,13	139,82	157,30	90,32	131,38	147,80	84,53	122,95	138,32	78,73	114,52	128,83	72,93	106,08	119,34	67,13	97,65	109,8
	II	1 807,41	99,40	144,59	162,66	II	1 807,41	93,61	136,16	153,18	87,81	127,72	143,69	82,01	119,29	134,20	76,21	110,86	124,71	70,41	102,42	115,22	64,62	93,99	105,7
	III	1 250,33	68,76	100,02	112,52	III	1 250,33	64,09	93,22	104,87	59,51	86,56	97,38	55,02	80,04	90,04	50,63	73,65	82,85	46,33	67,40	75,82	42,13	61,29	68,9
	V	2 388,50	131,36	191,08	214,96	IV	1 853,25	99,02	144,04	162,04	96,13	139,82	157,30	93,22	135,60	152,55	90,32	131,38	147,80	87,43	127,17	143,06	84,53	122,95	138,3
	VI	2 420,66	133,13	193,65	217,85																				
6 383,99	I,IV	1 854,50	101,99	148,36	166,90	I	1 854,50	96,19	139,92	157,41	90,40	131,49	147,92	84,60	123,06	138,44	78,80	114,62	128,95	73,—	106,18	119,45	67,20	97,75	109,9
	II	1 808,66	99,47	144,69	162,77	II	1 808,66	93,67	136,26	153,29	87,88	127,82	143,80	82,08	119,39	134,31	76,28	110,96	124,83	70,48	102,52	115,34	64,68	94,09	105,8
	III	1 251,33	68,82	100,10	112,61	III	1 251,33	64,14	93,30	104,96	59,56	86,64	97,47	55,07	80,10	90,11	50,68	73,72	82,93	46,39	67,48	75,91	42,18	61,36	69,0
	V	2 389,75	131,43	191,18	215,07	IV	1 854,50	99,09	144,14	162,15	96,19	139,92	157,41	93,29	135,70	152,66	90,40	131,49	147,92	87,50	127,27	143,18	84,60	123,06	138,4
	VI	2 421,91	133,20	193,75	217,97																				
6 386,99	I,IV	1 855,75	102,06	148,46	167,01	I	1 855,75	96,26	140,02	157,52	90,47	131,59	148,04	84,67	123,16	138,55	78,87	114,72	129,06	73,07	106,29	119,57	67,27	97,86	110,0
	II	1 809,91	99,54	144,79	162,89	II	1 809,91	93,74	136,36	153,40	87,94	127,92	143,91	82,15	119,49	134,42	76,35	111,06	124,94	70,55	102,62	115,45	64,75	94,19	105,9
	III	1 252,33	68,87	100,18	112,70	III	1 252,33	64,20	93,38	105,05	59,62	86,72	97,56	55,12	80,18	90,20	50,73	73,80	83,02	46,43	67,54	75,98	42,24	61,44	69,1
	V	2 391,—	131,50	191,28	215,19	IV	1 855,75	99,16	144,24	162,27	96,26	140,02	157,52	93,36	135,80	152,78	90,47	131,59	148,04	87,56	127,37	143,29	84,67	123,16	138,5
	VI	2 423,25	133,27	193,86	218,09																				
6 389,99	I,IV	1 857,—	102,13	148,56	167,13	I	1 857,—	96,33	140,12	157,64	90,53	131,69	148,15	84,74	123,26	138,66	78,94	114,82	129,17	73,14	106,39	119,69	67,34	97,96	110,2
	II	1 811,25	99,61	144,90	163,01	II	1 811,25	93,82	136,46	153,52	88,01	128,02	144,02	82,22	119,59	134,54	76,42	111,16	125,05	70,62	102,72	115,56	64,82	94,29	106,0
	III	1 253,33	68,93	100,26	112,79	III	1 253,33	64,25	93,46	105,14	59,67	86,80	97,65	55,18	80,26	90,29	50,79	73,88	83,11	46,49	67,62	76,07	42,28	61,50	69,1
	V	2 392,25	131,57	191,38	215,30	IV	1 857,—	99,23	144,34	162,38	96,33	140,12	157,64	93,43	135,90	152,89	90,53	131,69	148,15	87,63	127,47	143,40	84,74	123,26	138,6
	VI	2 424,50	133,34	193,96	218,20																				

* Die ausgewiesenen Tabellenwerte sind amtlich. Siehe Erläuterungen auf der Umschlaginnenseite (U2).

Lohn/ Gehalt bis €*	Abzüge an Lohnsteuer, Solidaritätszuschlag (SolZ) und Kirchensteuer (8%, 9%) in den Steuerklassen — I – VI					I, II, III, IV		mit Zahl der Kinderfreibeträge . . . 0,5			1			1,5			2			2,5			3		
		LSt	ohne Kinderfreibeträge SolZ	8%	9%		LSt	SolZ	8%	9%	SolZ	8%	9%	SolZ	8%	9%	SolZ	8%	9%	SolZ	8%	9%	SolZ	8%	9%
6 392,99	I,IV	1 858,25	102,20	148,66	167,24	I	1 858,25	96,40	140,22	157,75	90,60	131,79	148,26	84,81	123,36	138,78	79,01	114,92	129,29	73,21	106,49	119,80	67,41	98,06	110,31
	II	1 812,50	99,68	145,—	163,12	II	1 812,50	93,88	136,56	153,63	88,09	128,13	144,14	82,29	119,70	134,66	76,49	111,26	125,17	70,69	102,82	115,67	64,89	94,39	106,19
	III	1 254,33	68,98	100,34	112,88	III	1 254,33	64,31	93,54	105,23	59,73	86,88	97,74	55,23	80,34	90,38	50,83	73,94	83,18	46,53	67,69	76,15	42,34	61,58	69,28
	V	2 393,50	131,64	191,48	215,41	IV	1 858,25	99,30	144,44	162,50	96,40	140,22	157,75	93,50	136,—	153,—	90,60	131,79	148,26	87,70	127,57	143,51	84,81	123,36	138,78
	VI	2 425,75	133,41	194,06	218,31																				
6 395,99	I,IV	1 859,50	102,27	148,76	167,35	I	1 859,50	96,47	140,32	157,86	90,67	131,89	148,37	84,87	123,46	138,89	79,08	115,02	129,40	73,28	106,59	119,91	67,48	98,16	110,43
	II	1 813,75	99,75	145,10	163,23	II	1 813,75	93,95	136,66	153,74	88,16	128,23	144,26	82,36	119,80	134,77	76,56	111,36	125,28	70,76	102,93	115,79	64,96	94,50	106,31
	III	1 255,50	69,05	100,44	112,99	III	1 255,50	64,36	93,62	105,32	59,78	86,96	97,83	55,29	80,42	90,47	50,89	74,02	83,27	46,59	67,77	76,24	42,38	61,65	69,35
	V	2 394,75	131,71	191,58	215,52	IV	1 859,50	99,37	144,54	162,61	96,47	140,32	157,86	93,57	136,11	153,12	90,67	131,89	148,37	87,78	127,68	143,64	84,87	123,46	138,89
	VI	2 427,—	133,48	194,16	218,43																				
6 398,99	I,IV	1 860,75	102,34	148,86	167,46	I	1 860,75	96,54	140,42	157,97	90,74	131,99	148,49	84,94	123,56	139,—	79,14	115,12	129,51	73,35	106,69	120,02	67,55	98,26	110,54
	II	1 815,—	99,82	145,20	163,35	II	1 815,—	94,02	136,76	153,86	88,22	128,33	144,37	82,43	119,90	134,88	76,63	111,46	125,39	70,83	103,03	115,91	65,03	94,60	106,42
	III	1 256,50	69,10	100,52	113,08	III	1 256,50	64,42	93,70	105,41	59,84	87,04	97,92	55,33	80,49	90,55	50,94	74,10	83,36	46,64	67,84	76,32	42,44	61,73	69,44
	V	2 396,08	131,78	191,68	215,64	IV	1 860,75	99,44	144,64	162,72	96,54	140,42	157,97	93,64	136,21	153,23	90,74	131,99	148,49	87,84	127,78	143,75	84,94	123,56	139,—
	VI	2 428,25	133,55	194,26	218,54																				
6 401,99	I,IV	1 862,—	102,41	148,96	167,58	I	1 862,—	96,61	140,52	158,09	90,81	132,09	148,60	85,01	123,66	139,11	79,21	115,22	129,62	73,42	106,79	120,14	67,62	98,36	110,65
	II	1 816,25	99,89	145,30	163,46	II	1 816,25	94,09	136,86	153,97	88,29	128,43	144,48	82,50	120,—	135,—	76,70	111,56	125,51	70,90	103,13	116,02	65,10	94,70	106,53
	III	1 257,50	69,16	100,60	113,17	III	1 257,50	64,47	93,78	105,50	59,88	87,10	97,99	55,39	80,57	90,64	50,99	74,17	83,44	46,69	67,92	76,41	42,48	61,80	69,52
	V	2 397,33	131,85	191,78	215,75	IV	1 862,—	99,51	144,74	162,83	96,61	140,52	158,09	93,71	136,31	153,35	90,81	132,09	148,60	87,91	127,88	143,86	85,01	123,66	139,11
	VI	2 429,50	133,62	194,36	218,65																				
6 404,99	I,IV	1 863,33	102,48	149,06	167,69	I	1 863,33	96,68	140,62	158,20	90,88	132,19	148,71	85,08	123,76	139,23	79,28	115,32	129,74	73,48	106,89	120,25	67,69	98,46	110,76
	II	1 817,50	99,96	145,40	163,57	II	1 817,50	94,16	136,96	154,08	88,36	128,53	144,59	82,56	120,10	135,11	76,77	111,66	125,62	70,97	103,23	116,13	65,17	94,80	106,65
	III	1 258,50	69,21	100,68	113,26	III	1 258,50	64,53	93,86	105,59	59,94	87,18	98,08	55,44	80,65	90,73	51,04	74,25	83,53	46,75	68,—	76,50	42,53	61,86	69,59
	V	2 398,58	131,92	191,88	215,87	IV	1 863,33	99,58	144,84	162,95	96,68	140,62	158,20	93,78	136,41	153,46	90,88	132,19	148,71	87,98	127,98	143,97	85,08	123,76	139,23
	VI	2 430,75	133,69	194,46	218,76																				
6 407,99	I,IV	1 864,58	102,55	149,16	167,81	I	1 864,58	96,75	140,73	158,32	90,95	132,30	148,83	85,15	123,86	139,34	79,35	115,42	129,85	73,55	106,99	120,36	67,76	98,56	110,88
	II	1 818,75	100,03	145,50	163,68	II	1 818,75	94,23	137,06	154,19	88,43	128,63	144,71	82,63	120,20	135,22	76,83	111,76	125,73	71,04	103,33	116,24	65,24	94,90	106,76
	III	1 259,50	69,27	100,76	113,35	III	1 259,50	64,58	93,94	105,68	59,99	87,26	98,17	55,50	80,73	90,82	51,10	74,33	83,62	46,79	68,06	76,57	42,58	61,94	69,68
	V	2 399,83	131,99	191,98	215,98	IV	1 864,58	99,65	144,94	163,06	96,75	140,73	158,32	93,85	136,51	153,57	90,95	132,30	148,83	88,05	128,08	144,09	85,15	123,86	139,34
	VI	2 432,—	133,76	194,56	218,88																				
6 410,99	I,IV	1 865,83	102,62	149,26	167,92	I	1 865,83	96,82	140,83	158,43	91,02	132,40	148,95	85,22	123,96	139,46	79,42	115,53	129,97	73,63	107,10	120,48	67,83	98,66	110,99
	II	1 820,—	100,10	145,60	163,80	II	1 820,—	94,30	137,16	154,31	88,50	128,73	144,82	82,70	120,30	135,33	76,90	111,86	125,84	71,11	103,43	116,36	65,31	95,—	106,87
	III	1 260,50	69,32	100,84	113,44	III	1 260,50	64,64	94,02	105,77	60,05	87,34	98,26	55,55	80,81	90,91	51,15	74,40	83,70	46,85	68,14	76,66	42,63	62,01	69,76
	V	2 401,08	132,05	192,08	216,09	IV	1 865,83	99,71	145,04	163,17	96,82	140,83	158,43	93,92	136,61	153,68	91,02	132,40	148,95	88,12	128,18	144,20	85,22	123,96	139,46
	VI	2 433,25	133,82	194,66	218,99																				
6 413,99	I,IV	1 867,08	102,68	149,36	168,03	I	1 867,08	96,89	140,93	158,54	91,09	132,50	149,06	85,29	124,06	139,57	79,49	115,63	130,08	73,70	107,20	120,60	67,90	98,76	111,11
	II	1 821,33	100,17	145,70	163,91	II	1 821,33	94,37	137,26	154,42	88,57	128,83	144,93	82,77	120,40	135,45	76,97	111,96	125,96	71,17	103,53	116,47	65,38	95,10	106,98
	III	1 261,66	69,39	100,93	113,54	III	1 261,66	64,69	94,10	105,86	60,10	87,42	98,35	55,60	80,88	90,99	51,20	74,48	83,79	46,89	68,21	76,73	42,68	62,09	69,85
	V	2 402,33	132,12	192,18	216,20	IV	1 867,08	99,78	145,14	163,28	96,89	140,93	158,54	93,99	136,71	153,80	91,09	132,50	149,06	88,19	128,28	144,31	85,29	124,06	139,57
	VI	2 434,58	133,90	194,76	219,11																				
6 416,99	I,IV	1 868,33	102,75	149,46	168,14	I	1 868,33	96,96	141,03	158,66	91,16	132,60	149,17	85,36	124,16	139,68	79,56	115,73	130,19	73,76	107,30	120,71	67,97	98,86	111,22
	II	1 822,58	100,24	145,80	164,03	II	1 822,58	94,44	137,37	154,54	88,64	128,94	145,05	82,84	120,50	135,56	77,04	112,06	126,07	71,24	103,63	116,58	65,45	95,20	107,10
	III	1 262,66	69,44	101,01	113,63	III	1 262,66	64,75	94,18	105,95	60,16	87,50	98,44	55,66	80,96	91,08	51,26	74,56	83,88	46,95	68,29	76,82	42,73	62,16	69,93
	V	2 403,58	132,19	192,28	216,32	IV	1 868,33	99,85	145,24	163,40	96,96	141,03	158,66	94,05	136,81	153,91	91,16	132,60	149,17	88,26	128,38	144,42	85,36	124,16	139,68
	VI	2 435,83	133,97	194,86	219,22																				
6 419,99	I,IV	1 869,58	102,82	149,56	168,26	I	1 869,58	97,02	141,13	158,77	91,23	132,70	149,28	85,43	124,26	139,79	79,63	115,83	130,31	73,83	107,40	120,82	68,03	98,96	111,33
	II	1 823,83	100,31	145,90	164,14	II	1 823,83	94,51	137,47	154,65	88,71	129,04	145,17	82,91	120,60	135,68	77,11	112,17	126,19	71,32	103,74	116,70	65,52	95,30	107,21
	III	1 263,66	69,50	101,09	113,72	III	1 263,66	64,80	94,26	106,04	60,21	87,58	98,53	55,71	81,04	91,17	51,31	74,64	83,97	46,99	68,36	76,90	42,79	62,24	70,02
	V	2 404,83	132,26	192,38	216,43	IV	1 869,58	99,93	145,35	163,52	97,02	141,13	158,77	94,13	136,92	154,03	91,23	132,70	149,28	88,33	128,48	144,54	85,43	124,26	139,79
	VI	2 437,08	134,03	194,96	219,33																				
6 422,99	I,IV	1 870,83	102,89	149,66	168,37	I	1 870,83	97,09	141,23	158,88	91,30	132,80	149,40	85,50	124,36	139,91	79,70	115,93	130,42	73,90	107,50	120,93	68,10	99,06	111,44
	II	1 825,08	100,37	146,—	164,25	II	1 825,08	94,58	137,57	154,76	88,78	129,14	145,28	82,98	120,70	135,79	77,18	112,27	126,30	71,39	103,84	116,82	65,59	95,40	107,33
	III	1 264,66	69,55	101,17	113,81	III	1 264,66	64,86	94,34	106,13	60,27	87,66	98,62	55,77	81,12	91,26	51,36	74,70	84,04	47,05	68,44	76,99	42,83	62,30	70,09
	V	2 406,16	132,33	192,49	216,55	IV	1 870,83	99,99	145,45	163,63	97,09	141,23	158,88	94,20	137,02	154,14	91,30	132,80	149,40	88,40	128,58	144,65	85,50	124,36	139,91
	VI	2 438,33	134,10	195,06	219,44																				
6 425,99	I,IV	1 872,08	102,96	149,76	168,48	I	1 872,08	97,16	141,33	158,99	91,36	132,90	149,51	85,57	124,46	140,02	79,77	116,03	130,53	73,97	107,60	121,05	68,17	99,16	111,56
	II	1 826,33	100,44	146,10	164,36	II	1 826,33	94,65	137,67	154,88	88,85	129,24	145,39	83,05	120,80	135,90	77,25	112,37	126,41	71,45	103,94	116,93	65,66	95,50	107,44
	III	1 265,66	69,61	101,25	113,90	III	1 265,66	64,91	94,42	106,22	60,32	87,74	98,71	55,82	81,20	91,35	51,41	74,78	84,13	47,09	68,50	77,06	42,88	62,37	70,16
	V	2 407,41	132,40	192,59	216,66	IV	1 872,08	100,06	145,55	163,74	97,16	141,33	158,99	94,27	137,12	154,26	91,36	132,90	149,51	88,47	128,68	144,77	85,57	124,46	140,02
	VI	2 439,58	134,17	195,16	219,56																				
6 428,99	I,IV	1 873,33	103,03	149,86	168,59	I	1 873,33	97,23	141,43	159,11	91,43	133,—	149,62	85,63	124,56	140,13	79,84	116,13	130,64	74,04	107,70	121,16	68,24	99,26	111,67
	II	1 827,58	100,51	146,20	164,48	II	1 827,58	94,71	137,77	154,99	88,92	129,34	145,50	83,12	120,90	136,01	77,32	112,47	126,53	71,52	104,04	117,04	65,72	95,60	107,55
	III	1 266,66	69,66	101,33	113,99	III	1 266,66	64,97	94,50	106,31	60,38	87,82	98,80	55,87	81,26	91,42	51,47	74,86	84,22	47,15	68,58	77,15	42,93	62,45	70,25
	V	2 408,66	132,47	192,69	216,77	IV	1 873,33	100,13	145,65	163,85	97,23	141,43	159,11	94,33	137,22	154,37	91,43	133,—	149,62	88,54	128,78	144,88	85,63	124,56	140,13
	VI	2 440,83	134,24	195,26	219,67																				
6 431,99	I,IV	1 874,66	103,10	149,97	168,71	I	1 874,66	97,30	141,54	159,23	91,51	133,10	149,74	85,70	124,66	140,24	79,91	116,23	130,76	74,11	107,80	121,27	68,31	99,36	111,78
	II	1 828,83	100,58	146,30	164,59	II	1 828,83	94,78	137,87	155,10	88,99	129,44	145,62	83,19	121,—	136,13	77,39	112,57	126,64	71,59	104,14	117,15	65,79	95,70	107,66
	III	1 267,83	69,73	101,42	114,10	III	1 267,83	65,02	94,58	106,40	60,43	87,90	98,89	55,92	81,34	91,51	51,51	74,93	84,29	47,20	68,66	77,24	42,98	62,52	70,33
	V	2 409,91	132,54	192,79	216,89	IV	1 874,66	100,20	145,75	163,97	97,30	141,54	159,23	94,40	137,32	154,48	91,51	133,10	149,74	88,60	128,88	144,99	85,70	124,66	140,24
	VI	2 442,08	134,31	195,36	219,78																				
6 434,99	I,IV	1 875,91	103,17	150,07	168,83	I	1 875,91	97,37	141,64	159,34	91,57	133,20	149,85	85,78	124,77	140,36	79,98	116,34	130,88	74,18	107,90	121,39	68,38	99,46	111,89
	II	1 830,08	100,65	146,40	164,70	II	1 830,08	94,85	137,97	155,21	89,05	129,54	145,73	83,26	121,10	136,24	77,46	112,67	126,75	71,66	104,24	117,27	65,86	95,80	107,78
	III	1 268,83	69,78	101,50	114,19	III	1 268,83	65,09	94,68	106,51	60,49	87,98	98,98	55,98	81,42	91,60	51,57	75,01	84,38	47,25	68,73	77,32	43,03	62,60	70,42
	V	2 411,16	132,61	192,89	217,—	IV	1 875,91	100,27	145,85	164,08	97,37	141,64	159,34	94,47	137,42	154,59	91,57	133,20	149,85	88,67	128,98	145,10	85,78	124,77	140,36
	VI	2 443,33	134,38	195,46	219,89																				

*** Die ausgewiesenen Tabellenwerte sind amtlich. Siehe Erläuterungen auf der Umschlaginnenseite (U2).**

Abzüge an Lohnsteuer, Solidaritätszuschlag (SolZ) und Kirchensteuer (8%, 9%) in den Steuerklassen

Lohn/ Gehalt bis €*		I – VI					I, II, III, IV																		
			ohne Kinder-freibeträge					mit Zahl der Kinderfreibeträge . . .																	
								0,5			1			1,5			2			2,5			3		
		LSt	SolZ	8%	9%		LSt	SolZ	8%	9%	SolZ	8%	9%	SolZ	8%	9%	SolZ	8%	9%	SolZ	8%	9%	SolZ	8%	9%
6 437,99	I,IV	1 877,16	103,24	150,17	168,94	I	1 877,16	97,44	141,74	159,45	91,64	133,30	149,96	85,85	124,87	140,48	80,05	116,44	130,99	74,25	108,—	121,50	68,45	99,57	112,01
	II	1 831,33	100,72	146,50	164,81	II	1 831,33	94,92	138,07	155,33	89,12	129,64	145,84	83,32	121,20	136,35	77,53	112,77	126,86	71,73	104,34	117,38	65,93	95,90	107,89
	III	1 269,83	69,84	101,58	114,28	III	1 269,83	65,14	94,76	106,60	60,54	88,06	99,07	56,03	81,50	91,69	51,62	75,09	84,47	47,30	68,81	77,41	43,08	62,66	70,49
	V	2 412,41	132,68	192,99	217,11	IV	1 877,16	100,34	145,95	164,19	97,44	141,74	159,45	94,54	137,52	154,71	91,64	133,30	149,96	88,74	129,08	145,22	85,85	124,87	140,48
	VI	2 444,66	134,45	195,57	220,01																				
6 440,99	I,IV	1 878,41	103,31	150,27	169,05	I	1 878,41	97,51	141,84	159,57	91,71	133,40	150,08	85,91	124,97	140,59	80,12	116,54	131,10	74,32	108,10	121,61	68,52	99,67	112,13
	II	1 832,66	100,79	146,61	164,93	II	1 832,66	94,99	138,18	155,45	89,20	129,74	145,96	83,39	121,30	136,46	77,60	112,87	126,98	71,80	104,44	117,49	66,—	96,—	108,—
	III	1 270,83	69,89	101,66	114,37	III	1 270,83	65,20	94,84	106,69	60,60	88,14	99,16	56,09	81,58	91,78	51,67	75,16	84,55	47,35	68,88	77,49	43,13	62,74	70,58
	V	2 413,66	132,75	193,09	217,22	IV	1 878,41	100,41	146,05	164,30	97,51	141,84	159,57	94,61	137,62	154,82	91,71	133,40	150,08	88,81	129,18	145,33	85,91	124,97	140,59
	VI	2 445,91	134,52	195,67	220,13																				
6 443,99	I,IV	1 879,66	103,38	150,37	169,16	I	1 879,66	97,58	141,94	159,68	91,78	133,50	150,19	85,98	125,07	140,70	80,19	116,64	131,22	74,39	108,20	121,73	68,59	99,77	112,24
	II	1 833,91	100,86	146,71	165,05	II	1 833,91	95,06	138,28	155,56	89,26	129,84	146,07	83,47	121,41	136,58	77,67	112,98	127,10	71,87	104,54	117,61	66,07	96,10	108,11
	III	1 271,83	69,95	101,74	114,46	III	1 271,83	65,25	94,92	106,78	60,64	88,21	99,23	56,14	81,66	91,87	51,72	75,24	84,64	47,41	68,96	77,58	43,18	62,81	70,66
	V	2 414,91	132,82	193,19	217,34	IV	1 879,66	100,48	146,16	164,43	97,58	141,94	159,68	94,68	137,72	154,94	91,78	133,50	150,19	88,88	129,28	145,44	85,98	125,07	140,70
	VI	2 447,16	134,59	195,77	220,24																				
6 446,99	I,IV	1 880,91	103,45	150,47	169,28	I	1 880,91	97,65	142,04	159,79	91,85	133,60	150,30	86,05	125,17	140,81	80,25	116,74	131,33	74,46	108,30	121,84	68,66	99,87	112,35
	II	1 835,16	100,93	146,81	165,16	II	1 835,16	95,13	138,38	155,67	89,33	129,94	146,18	83,54	121,51	136,70	77,74	113,08	127,21	71,94	104,64	117,72	66,14	96,21	108,23
	III	1 273,—	70,01	101,84	114,57	III	1 273,—	65,31	95,—	106,87	60,70	88,29	99,32	56,19	81,73	91,94	51,78	75,32	84,73	47,45	69,02	77,65	43,23	62,89	70,75
	V	2 416,25	132,89	193,30	217,46	IV	1 880,91	100,55	146,26	164,54	97,65	142,04	159,79	94,75	137,82	155,05	91,85	133,60	150,30	88,95	129,39	145,56	86,05	125,17	140,81
	VI	2 448,41	134,66	195,87	220,35																				
6 449,99	I,IV	1 882,16	103,51	150,57	169,39	I	1 882,16	97,72	142,14	159,90	91,92	133,70	150,41	86,12	125,27	140,93	80,32	116,84	131,44	74,52	108,40	121,95	68,73	99,97	112,46
	II	1 836,41	101,—	146,91	165,27	II	1 836,41	95,20	138,48	155,79	89,40	130,04	146,30	83,60	121,61	136,81	77,81	113,18	127,32	72,01	104,74	117,83	66,21	96,31	108,35
	III	1 274,—	70,07	101,92	114,66	III	1 274,—	65,36	95,08	106,96	60,75	88,37	99,41	56,24	81,81	92,03	51,82	75,38	84,80	47,51	69,10	77,74	43,28	62,96	70,83
	V	2 417,50	132,96	193,40	217,57	IV	1 882,16	100,62	146,36	164,65	97,72	142,14	159,90	94,82	137,92	155,16	91,92	133,70	150,41	89,02	129,49	145,67	86,12	125,27	140,93
	VI	2 449,66	134,73	195,97	220,46																				
6 452,99	I,IV	1 883,41	103,58	150,67	169,50	I	1 883,41	97,79	142,24	160,02	91,99	133,80	150,53	86,19	125,37	141,04	80,39	116,94	131,55	74,59	108,50	122,06	68,80	100,07	112,58
	II	1 837,66	101,07	147,01	165,38	II	1 837,66	95,27	138,58	155,90	89,47	130,14	146,41	83,67	121,71	136,92	77,88	113,28	127,44	72,08	104,84	117,95	66,28	96,41	108,46
	III	1 275,—	70,12	102,—	114,75	III	1 275,—	65,42	95,16	107,05	60,81	88,45	99,50	56,30	81,89	92,12	51,88	75,46	84,89	47,56	69,18	77,83	43,33	63,02	70,90
	V	2 418,75	133,03	193,50	217,68	IV	1 883,41	100,69	146,46	164,76	97,79	142,24	160,02	94,89	138,02	155,27	91,99	133,80	150,53	89,09	129,59	145,79	86,19	125,37	141,04
	VI	2 450,91	134,80	196,07	220,58																				
6 455,99	I,IV	1 884,75	103,66	150,78	169,62	I	1 884,75	97,86	142,34	160,13	92,06	133,90	150,64	86,26	125,47	141,15	80,46	117,04	131,67	74,66	108,60	122,18	68,86	100,17	112,69
	II	1 838,91	101,14	147,11	165,50	II	1 838,91	95,34	138,68	156,01	89,54	130,24	146,52	83,74	121,81	137,03	77,94	113,38	127,55	72,15	104,94	118,06	66,35	96,51	108,57
	III	1 276,—	70,18	102,08	114,84	III	1 276,—	65,47	95,24	107,14	60,86	88,53	99,59	56,35	81,97	92,21	51,93	75,54	84,98	47,61	69,25	77,90	43,38	63,10	70,99
	V	2 420,—	133,10	193,60	217,80	IV	1 884,75	100,76	146,56	164,88	97,86	142,34	160,13	94,96	138,12	155,39	92,06	133,90	150,64	89,16	129,69	145,90	86,26	125,47	141,15
	VI	2 452,16	134,86	196,17	220,69																				
6 458,99	I,IV	1 886,—	103,73	150,88	169,74	I	1 886,—	97,93	142,44	160,25	92,13	134,01	150,76	86,33	125,58	141,27	80,53	117,14	131,78	74,73	108,70	122,29	68,93	100,27	112,80
	II	1 840,16	101,20	147,21	165,61	II	1 840,16	95,41	138,78	156,12	89,61	130,34	146,63	83,81	121,91	137,15	78,01	113,48	127,66	72,21	105,04	118,17	66,42	96,61	108,68
	III	1 277,—	70,23	102,16	114,93	III	1 277,—	65,53	95,32	107,23	60,92	88,61	99,68	56,41	82,05	92,30	51,99	75,62	85,07	47,66	69,33	77,99	43,43	63,17	71,06
	V	2 421,25	133,16	193,70	217,91	IV	1 886,—	100,82	146,66	164,99	97,93	142,44	160,25	95,03	138,22	155,50	92,13	134,01	150,76	89,23	129,79	146,01	86,33	125,58	141,27
	VI	2 453,41	134,93	196,27	220,80																				
6 461,99	I,IV	1 887,25	103,79	150,98	169,85	I	1 887,25	98,—	142,54	160,36	92,20	134,11	150,87	86,40	125,68	141,39	80,60	117,24	131,90	74,80	108,81	122,41	69,01	100,38	112,92
	II	1 841,41	101,27	147,31	165,72	II	1 841,41	95,48	138,88	156,24	89,68	130,44	146,75	83,88	122,01	137,26	78,08	113,58	127,77	72,28	105,14	118,28	66,49	96,71	108,80
	III	1 278,16	70,29	102,25	115,03	III	1 278,16	65,58	95,40	107,32	60,97	88,69	99,77	56,45	82,12	92,38	52,03	75,69	85,15	47,71	69,40	78,07	43,48	63,25	71,15
	V	2 422,50	133,23	193,80	218,02	IV	1 887,25	100,89	146,76	165,10	98,—	142,54	160,36	95,09	138,32	155,61	92,20	134,11	150,87	89,30	129,89	146,12	86,40	125,68	141,39
	VI	2 454,75	135,01	196,38	220,92																				
6 464,99	I,IV	1 888,50	103,86	151,08	169,96	I	1 888,50	98,06	142,64	160,47	92,27	134,21	150,98	86,47	125,78	141,50	80,67	117,34	132,01	74,87	108,91	122,52	69,08	100,48	113,04
	II	1 842,75	101,35	147,42	165,84	II	1 842,75	95,55	138,98	156,35	89,75	130,54	146,86	83,95	122,11	137,37	78,15	113,68	127,89	72,35	105,24	118,40	66,55	96,81	108,91
	III	1 279,16	70,35	102,33	115,12	III	1 279,16	65,64	95,48	107,41	61,03	88,77	99,86	56,51	82,20	92,47	52,09	75,77	85,24	47,76	69,48	78,16	43,53	63,32	71,23
	V	2 423,75	133,30	193,90	218,13	IV	1 888,50	100,96	146,86	165,21	98,06	142,64	160,47	95,16	138,42	155,72	92,27	134,21	150,98	89,37	129,99	146,24	86,47	125,78	141,50
	VI	2 456,—	135,08	196,48	221,04																				
6 467,99	I,IV	1 889,75	103,93	151,18	170,07	I	1 889,75	98,13	142,74	160,58	92,34	134,31	151,10	86,54	125,88	141,61	80,74	117,44	132,12	74,94	109,01	122,63	69,14	100,58	113,15
	II	1 844,—	101,42	147,52	165,96	II	1 844,—	95,62	139,08	156,47	89,82	130,65	146,98	84,02	122,22	137,49	78,22	113,78	128,—	72,42	105,34	118,51	66,62	96,91	109,02
	III	1 280,16	70,40	102,41	115,21	III	1 280,16	65,69	95,56	107,50	61,08	88,85	99,95	56,56	82,28	92,56	52,14	75,85	85,33	47,81	69,54	78,23	43,58	63,40	71,32
	V	2 425,—	133,37	194,—	218,25	IV	1 889,75	101,03	146,96	165,33	98,13	142,74	160,58	95,23	138,52	155,84	92,34	134,31	151,10	89,43	130,09	146,35	86,54	125,88	141,61
	VI	2 457,25	135,14	196,58	221,15																				
6 470,99	I,IV	1 891,—	104,—	151,28	170,19	I	1 891,—	98,20	142,84	160,70	92,40	134,41	151,21	86,61	125,98	141,72	80,81	117,54	132,23	75,01	109,11	122,75	69,21	100,68	113,26
	II	1 845,25	101,48	147,62	166,07	II	1 845,25	95,69	139,18	156,58	89,89	130,75	147,09	84,09	122,32	137,61	78,29	113,88	128,12	72,49	105,45	118,63	66,70	97,02	109,14
	III	1 281,16	70,46	102,49	115,30	III	1 281,16	65,75	95,64	107,59	61,14	88,93	100,04	56,62	82,36	92,65	52,19	75,92	85,41	47,86	69,62	78,32	43,63	63,46	71,39
	V	2 426,25	133,44	194,10	218,36	IV	1 891,—	101,10	147,06	165,44	98,20	142,84	160,70	95,31	138,63	155,96	92,40	134,41	151,21	89,51	130,20	146,47	86,61	125,98	141,72
	VI	2 458,50	135,21	196,68	221,26																				
6 473,99	I,IV	1 892,25	104,07	151,38	170,30	I	1 892,25	98,27	142,94	160,81	92,47	134,51	151,32	86,68	126,08	141,84	80,88	117,64	132,35	75,08	109,21	122,86	69,28	100,78	113,37
	II	1 846,50	101,55	147,72	166,18	II	1 846,50	95,75	139,28	156,69	89,96	130,85	147,20	84,16	122,42	137,72	78,36	113,98	128,23	72,56	105,55	118,74	66,77	97,12	109,26
	III	1 282,16	70,51	102,57	115,39	III	1 282,16	65,80	95,72	107,68	61,19	89,01	100,13	56,67	82,44	92,74	52,25	76,—	85,50	47,92	69,70	78,41	43,68	63,54	71,48
	V	2 427,58	133,51	194,20	218,48	IV	1 892,25	101,17	147,16	165,56	98,27	142,94	160,81	95,37	138,73	156,07	92,47	134,51	151,32	89,58	130,30	146,58	86,68	126,08	141,84
	VI	2 459,75	135,28	196,78	221,37																				
6 476,99	I,IV	1 893,50	104,14	151,48	170,41	I	1 893,50	98,34	143,04	160,92	92,54	134,61	151,43	86,74	126,18	141,95	80,95	117,74	132,46	75,15	109,31	122,97	69,35	100,88	113,49
	II	1 847,75	101,62	147,82	166,29	II	1 847,75	95,82	139,38	156,80	90,03	130,95	147,32	84,23	122,52	137,83	78,43	114,08	128,34	72,63	105,65	118,85	66,83	97,22	109,37
	III	1 283,33	70,58	102,66	115,49	III	1 283,33	65,87	95,81	107,78	61,25	89,09	100,22	56,73	82,52	92,83	52,30	76,08	85,59	47,96	69,77	78,49	43,73	63,61	71,56
	V	2 428,83	133,58	194,30	218,59	IV	1 893,50	101,24	147,26	165,67	98,34	143,04	160,92	95,44	138,83	156,18	92,54	134,61	151,43	89,65	130,40	146,70	86,74	126,18	141,95
	VI	2 461,—	135,35	196,88	221,49																				
6 479,99	I,IV	1 894,83	104,21	151,58	170,53	I	1 894,83	98,41	143,14	161,03	92,61	134,71	151,55	86,81	126,28	142,06	81,01	117,84	132,57	75,22	109,41	123,08	69,42	100,98	113,60
	II	1 849,—	101,69	147,92	166,41	II	1 849,—	95,89	139,48	156,92	90,09	131,05	147,43	84,30	122,62	137,94	78,50	114,18	128,45	72,70	105,75	118,97	66,90	97,32	109,48
	III	1 284,33	70,63	102,74	115,58	III	1 284,33	65,92	95,89	107,87	61,30	89,17	100,31	56,77	82,58	92,90	52,35	76,14	85,66	48,02	69,85	78,58	43,78	63,69	71,65
	V	2 430,08	133,65	194,40	218,70	IV	1 894,83	101,31	147,36	165,78	98,41	143,14	161,03	95,51	138,93	156,29	92,61	134,71	151,55	89,71	130,50	146,81	86,81	126,28	142,06
	VI	2 462,25	135,42	196,98	221,60																				

* Die ausgewiesenen Tabellenwerte sind amtlich. Siehe Erläuterungen auf der Umschlaginnenseite (U2).

Abzüge an Lohnsteuer, Solidaritätszuschlag (SolZ) und Kirchensteuer (8%, 9%) in den Steuerklassen

Lohn/ Gehalt bis €*	I – VI	ohne Kinderfreibeträge				I, II, III, IV	mit Zahl der Kinderfreibeträge . . . 0,5			1			1,5			2			2,5			3		
		LSt	SolZ	8%	9%		LSt	SolZ	8%	9%	SolZ	8%	9%	SolZ	8%	9%	SolZ	8%	9%	SolZ	8%	9%	SolZ	8%	9%
6 482,99	I,IV	1 896,08	104,28	151,68	170,64	I	1 896,08	98,48	143,25	161,15	92,68	134,82	151,67	86,89	126,38	142,18	81,08	117,94	132,68	75,29	109,51	123,20	69,49	101,08	113,71
	II	1 850,25	101,76	148,02	166,52	II	1 850,25	95,96	139,58	157,03	90,16	131,15	147,54	84,37	122,72	138,06	78,57	114,28	128,57	72,77	105,85	119,08	66,97	97,42	109,59
	III	1 285,33	70,69	102,82	115,67	III	1 285,33	65,98	95,97	107,96	61,36	89,25	100,40	56,83	82,66	92,99	52,40	76,22	85,75	48,07	69,92	78,66	43,83	63,76	71,73
	V	2 431,33	133,72	194,50	218,81	IV	1 896,08	101,38	147,46	165,89	98,48	143,25	161,15	95,58	139,03	156,41	92,68	134,82	151,67	89,78	130,60	146,92	86,89	126,38	142,18
	VI	2 463,50	135,49	197,08	221,71																				
6 485,99	I,IV	1 897,33	104,35	151,78	170,75	I	1 897,33	98,55	143,35	161,27	92,75	134,92	151,78	86,95	126,48	142,29	81,16	118,05	132,80	75,36	109,62	123,32	69,56	101,18	113,83
	II	1 851,50	101,83	148,12	166,63	II	1 851,50	96,03	139,68	157,14	90,23	131,25	147,65	84,43	122,82	138,17	78,64	114,38	128,68	72,84	105,95	119,19	67,04	97,52	109,71
	III	1 286,33	70,74	102,90	115,76	III	1 286,33	66,03	96,05	108,05	61,41	89,33	100,49	56,88	82,74	93,08	52,46	76,30	85,84	48,12	70,—	78,75	43,88	63,82	71,80
	V	2 432,58	133,79	194,60	218,93	IV	1 897,33	101,45	147,56	166,01	98,55	143,35	161,27	95,65	139,13	156,52	92,75	134,92	151,78	89,85	130,70	147,03	86,95	126,48	142,29
	VI	2 464,75	135,56	197,18	221,82																				
6 488,99	I,IV	1 898,58	104,42	151,88	170,87	I	1 898,58	98,62	143,45	161,38	92,82	135,02	151,89	87,02	126,58	142,40	81,23	118,15	132,92	75,43	109,72	123,43	69,63	101,28	113,94
	II	1 852,83	101,90	148,22	166,75	II	1 852,83	96,10	139,78	157,25	90,30	131,35	147,77	84,50	122,92	138,28	78,70	114,48	128,79	72,91	106,05	119,30	67,11	97,62	109,82
	III	1 287,33	70,80	102,98	115,85	III	1 287,33	66,09	96,13	108,14	61,47	89,41	100,58	56,94	82,82	93,17	52,51	76,38	85,93	48,18	70,08	78,84	43,93	63,90	71,89
	V	2 433,83	133,86	194,70	219,04	IV	1 898,58	101,52	147,66	166,12	98,62	143,45	161,38	95,72	139,23	156,63	92,82	135,02	151,89	89,92	130,80	147,15	87,02	126,58	142,40
	VI	2 466,08	135,63	197,28	221,94																				
6 491,99	I,IV	1 899,83	104,49	151,98	170,98	I	1 899,83	98,69	143,55	161,49	92,89	135,12	152,01	87,09	126,68	142,52	81,29	118,25	133,03	75,50	109,82	123,54	69,70	101,38	114,05
	II	1 854,08	101,97	148,32	166,86	II	1 854,08	96,17	139,89	157,37	90,37	131,46	147,89	84,58	123,02	138,40	78,77	114,58	128,90	72,98	106,15	119,42	67,18	97,72	109,93
	III	1 288,50	70,86	103,08	115,96	III	1 288,50	66,14	96,21	108,23	61,52	89,49	100,67	56,99	82,90	93,26	52,56	76,45	86,—	48,22	70,14	78,91	43,98	63,97	71,96
	V	2 435,08	133,92	194,80	219,15	IV	1 899,83	101,58	147,76	166,23	98,69	143,55	161,49	95,79	139,33	156,74	92,89	135,12	152,01	89,99	130,90	147,26	87,09	126,68	142,52
	VI	2 467,33	135,70	197,38	222,05																				
6 494,99	I,IV	1 901,08	104,55	152,08	171,09	I	1 901,08	98,76	143,65	161,60	92,96	135,22	152,12	87,16	126,78	142,63	81,36	118,35	133,14	75,57	109,92	123,66	69,77	101,48	114,17
	II	1 855,33	102,04	148,42	166,97	II	1 855,33	96,24	139,99	157,49	90,44	131,56	148,—	84,64	123,12	138,51	78,85	114,69	129,02	73,05	106,26	119,54	67,25	97,82	110,05
	III	1 289,50	70,92	103,16	116,05	III	1 289,50	66,20	96,29	108,32	61,58	89,57	100,76	57,05	82,98	93,35	52,61	76,53	86,09	48,28	70,22	79,—	44,03	64,05	72,05
	V	2 436,33	133,99	194,90	219,26	IV	1 901,08	101,66	147,87	166,35	98,76	143,65	161,60	95,86	139,44	156,87	92,96	135,22	152,12	90,06	131,—	147,38	87,16	126,78	142,63
	VI	2 468,58	135,77	197,48	222,17																				
6 497,99	I,IV	1 902,33	104,62	152,18	171,20	I	1 902,33	98,83	143,75	161,72	93,03	135,32	152,23	87,23	126,88	142,74	81,43	118,45	133,25	75,63	110,02	123,77	69,84	101,58	114,28
	II	1 856,58	102,11	148,52	167,09	II	1 856,58	96,31	140,09	157,60	90,51	131,66	148,11	84,71	123,22	138,62	78,92	114,79	129,14	73,12	106,36	119,65	67,32	97,92	110,16
	III	1 290,50	70,97	103,24	116,14	III	1 290,50	66,25	96,37	108,41	61,63	89,65	100,85	57,10	83,06	93,44	52,67	76,61	86,18	48,32	70,29	79,07	44,08	64,12	72,13
	V	2 437,66	134,07	195,01	219,38	IV	1 902,33	101,73	147,97	166,46	98,83	143,75	161,72	95,93	139,54	156,98	93,03	135,32	152,23	90,13	131,10	147,49	87,23	126,88	142,74
	VI	2 469,83	135,84	197,58	222,28																				
6 500,99	I,IV	1 903,58	104,69	152,28	171,32	I	1 903,58	98,89	143,85	161,83	93,10	135,42	152,34	87,30	126,98	142,85	81,50	118,55	133,37	75,70	110,12	123,88	69,90	101,68	114,39
	II	1 857,83	102,18	148,62	167,20	II	1 857,83	96,38	140,19	157,71	90,58	131,76	148,23	84,78	123,32	138,74	78,98	114,89	129,25	73,19	106,46	119,76	67,39	98,02	110,27
	III	1 291,50	71,03	103,32	116,23	III	1 291,50	66,31	96,45	108,50	61,69	89,73	100,94	57,15	83,13	93,52	52,71	76,68	86,26	48,38	70,37	79,16	44,13	64,20	72,22
	V	2 438,91	134,14	195,11	219,50	IV	1 903,58	101,80	148,07	166,58	98,89	143,85	161,83	96,—	139,64	157,09	93,10	135,42	152,34	90,20	131,20	147,60	87,30	126,98	142,85
	VI	2 471,08	135,90	197,68	222,39																				
6 503,99	I,IV	1 904,83	104,76	152,38	171,43	I	1 904,83	98,96	143,95	161,94	93,17	135,52	152,46	87,37	127,08	142,97	81,57	118,65	133,48	75,77	110,22	123,99	69,97	101,78	114,50
	II	1 859,08	102,24	148,72	167,31	II	1 859,08	96,45	140,29	157,82	90,65	131,86	148,34	84,85	123,42	138,85	79,05	114,99	129,36	73,26	106,56	119,88	67,46	98,12	110,39
	III	1 292,50	71,08	103,40	116,32	III	1 292,50	66,36	96,53	108,59	61,74	89,81	101,03	57,20	83,21	93,61	52,77	76,76	86,35	48,43	70,45	79,25	44,18	64,26	72,29
	V	2 440,16	134,20	195,21	219,61	IV	1 904,83	101,86	148,17	166,69	98,96	143,95	161,94	96,07	139,74	157,20	93,17	135,52	152,46	90,27	131,30	147,71	87,37	127,08	142,97
	VI	2 472,33	135,97	197,78	222,50																				
6 506,99	I,IV	1 906,16	104,83	152,49	171,55	I	1 906,16	99,04	144,06	162,06	93,24	135,62	152,57	87,44	127,18	143,08	81,64	118,75	133,59	75,84	110,32	124,11	70,04	101,88	114,62
	II	1 860,33	102,31	148,82	167,42	II	1 860,33	96,52	140,39	157,94	90,72	131,96	148,45	84,92	123,52	138,96	79,12	115,09	129,47	73,32	106,66	119,99	67,53	98,22	110,50
	III	1 293,66	71,15	103,49	116,42	III	1 293,66	66,42	96,61	108,68	61,80	89,89	101,12	57,26	83,29	93,70	52,82	76,84	86,44	48,48	70,52	79,33	44,23	64,34	72,38
	V	2 441,41	134,27	195,31	219,72	IV	1 906,16	101,93	148,27	166,80	99,04	144,06	162,06	96,14	139,84	157,32	93,24	135,62	152,57	90,34	131,40	147,83	87,44	127,18	143,08
	VI	2 473,58	136,04	197,88	222,62																				
6 509,99	I,IV	1 907,41	104,90	152,59	171,66	I	1 907,41	99,11	144,16	162,18	93,31	135,72	152,69	87,51	127,29	143,20	81,71	118,86	133,71	75,91	110,42	124,22	70,11	101,98	114,73
	II	1 861,58	102,38	148,92	167,54	II	1 861,58	96,58	140,49	158,05	90,79	132,06	148,56	84,99	123,62	139,07	79,19	115,19	129,59	73,39	106,76	120,10	67,59	98,32	110,61
	III	1 294,66	71,20	103,57	116,51	III	1 294,66	66,48	96,70	108,79	61,85	89,97	101,21	57,31	83,37	93,79	52,88	76,92	86,53	48,53	70,60	79,42	44,28	64,41	72,46
	V	2 442,66	134,34	195,41	219,83	IV	1 907,41	102,—	148,37	166,91	99,11	144,16	162,18	96,20	139,94	157,43	93,31	135,72	152,69	90,41	131,50	147,94	87,51	127,29	143,20
	VI	2 474,83	136,11	197,98	222,73																				
6 512,99	I,IV	1 908,66	104,97	152,69	171,77	I	1 908,66	99,17	144,26	162,29	93,38	135,82	152,80	87,58	127,39	143,31	81,78	118,96	133,83	75,98	110,52	124,34	70,18	102,09	114,85
	II	1 862,83	102,45	149,02	167,65	II	1 862,83	96,65	140,59	158,16	90,86	132,16	148,68	85,06	123,72	139,19	79,26	115,29	129,70	73,46	106,86	120,21	67,66	98,42	110,72
	III	1 295,66	71,26	103,65	116,60	III	1 295,66	66,54	96,78	108,88	61,90	90,04	101,29	57,37	83,45	93,88	52,92	76,98	86,60	48,58	70,66	79,49	44,33	64,49	72,55
	V	2 443,91	134,41	195,51	219,95	IV	1 908,66	102,07	148,47	167,03	99,17	144,26	162,29	96,27	140,04	157,54	93,38	135,82	152,80	90,47	131,60	148,05	87,58	127,39	143,31
	VI	2 476,16	136,18	198,09	222,85																				
6 515,99	I,IV	1 909,91	105,04	152,79	171,89	I	1 909,91	99,24	144,36	162,40	93,44	135,92	152,91	87,65	127,49	143,42	81,85	119,06	133,94	76,05	110,62	124,45	70,25	102,19	114,96
	II	1 864,16	102,52	149,13	167,77	II	1 864,16	96,73	140,70	158,28	90,93	132,26	148,79	85,13	123,82	139,30	79,33	115,39	129,81	73,53	106,96	120,33	67,73	98,52	110,84
	III	1 296,66	71,31	103,73	116,69	III	1 296,66	66,59	96,86	108,97	61,95	90,12	101,38	57,42	83,53	93,97	52,98	77,06	86,69	48,63	70,74	79,58	44,38	64,56	72,63
	V	2 445,16	134,48	195,61	220,06	IV	1 909,91	102,14	148,57	167,14	99,24	144,36	162,40	96,34	140,14	157,65	93,44	135,92	152,91	90,54	131,70	148,16	87,65	127,49	143,42
	VI	2 477,41	136,25	198,19	222,96																				
6 518,99	I,IV	1 911,16	105,11	152,89	172,—	I	1 911,16	99,31	144,46	162,51	93,51	136,02	153,02	87,72	127,59	143,54	81,92	119,16	134,05	76,12	110,72	124,56	70,32	102,29	115,07
	II	1 865,41	102,59	149,23	167,88	II	1 865,41	96,80	140,80	158,40	91,—	132,36	148,91	85,20	123,93	139,42	79,40	115,50	129,93	73,60	107,06	120,44	67,80	98,62	110,95
	III	1 297,83	71,38	103,82	116,80	III	1 297,83	66,65	96,94	109,06	62,01	90,20	101,47	57,47	83,60	94,05	53,03	77,14	86,78	48,69	70,82	79,67	44,44	64,64	72,72
	V	2 446,41	134,55	195,71	220,17	IV	1 911,16	102,21	148,68	167,26	99,31	144,46	162,51	96,41	140,24	157,77	93,51	136,02	153,02	90,61	131,80	148,28	87,72	127,59	143,54
	VI	2 478,66	136,32	198,29	223,07																				
6 521,99	I,IV	1 912,41	105,18	152,99	172,11	I	1 912,41	99,38	144,56	162,63	93,58	136,12	153,14	87,78	127,69	143,65	81,99	119,26	134,16	76,19	110,82	124,67	70,39	102,39	115,19
	II	1 866,66	102,66	149,33	167,99	II	1 866,66	96,86	140,90	158,51	91,07	132,46	149,02	85,27	124,03	139,53	79,47	115,60	130,05	73,67	107,16	120,56	67,87	98,73	111,07
	III	1 298,83	71,43	103,90	116,89	III	1 298,83	66,70	97,02	109,15	62,06	90,28	101,56	57,53	83,68	94,14	53,09	77,22	86,87	48,73	70,89	79,75	44,48	64,70	72,79
	V	2 447,75	134,62	195,82	220,29	IV	1 912,41	102,28	148,78	167,37	99,38	144,56	162,63	96,48	140,34	157,88	93,58	136,12	153,14	90,69	131,91	148,40	87,78	127,69	143,65
	VI	2 479,91	136,39	198,39	223,19																				
6 524,99	I,IV	1 913,66	105,25	153,09	172,22	I	1 913,66	99,45	144,66	162,74	93,65	136,22	153,25	87,85	127,79	143,76	82,06	119,36	134,28	76,26	110,92	124,79	70,46	102,49	115,30
	II	1 867,91	102,73	149,43	168,11	II	1 867,91	96,93	141,—	158,62	91,13	132,56	149,13	85,34	124,13	139,64	79,54	115,70	130,16	73,74	107,26	120,67	67,94	98,83	111,18
	III	1 299,83	71,49	103,98	116,98	III	1 299,83	66,76	97,10	109,24	62,12	90,36	101,65	57,58	83,76	94,23	53,13	77,29	86,95	48,79	70,97	79,84	44,54	64,78	72,88
	V	2 449,—	134,69	195,92	220,41	IV	1 913,66	102,35	148,88	167,49	99,45	144,66	162,74	96,55	140,44	158,—	93,65	136,22	153,25	90,75	132,01	148,51	87,85	127,79	143,76
	VI	2 481,16	136,46	198,49	223,30																				

* Die ausgewiesenen Tabellenwerte sind amtlich. Siehe Erläuterungen auf der Umschlaginnenseite (U2).

Abzüge an Lohnsteuer, Solidaritätszuschlag (SolZ) und Kirchensteuer (8%, 9%) in den Steuerklassen

Lohn/ Gehalt bis €*		I – VI	ohne Kinderfreibeträge			I, II, III, IV		mit Zahl der Kinderfreibeträge . . . 0,5			1			1,5			2			2,5			3		
		LSt	SolZ	8%	9%		LSt	SolZ	8%	9%	SolZ	8%	9%	SolZ	8%	9%	SolZ	8%	9%	SolZ	8%	9%	SolZ	8%	9%
6 527,99	I,IV	1 914,91	105,32	153,19	172,34	I	1 914,91	99,52	144,76	162,85	93,72	136,32	153,36	87,92	127,89	143,87	82,12	119,46	134,39	76,33	111,02	124,90	70,53	102,59	115,41
	II	1 869,16	102,80	149,53	168,22	II	1 869,16	97,—	141,10	158,73	91,20	132,66	149,24	85,41	124,23	139,76	79,61	115,80	130,27	73,81	107,36	120,78	68,01	98,93	111,29
	III	1 300,83	71,54	104,06	117,07	III	1 300,83	66,81	97,18	109,33	62,17	90,44	101,74	57,64	83,84	94,32	53,19	77,37	87,04	48,84	71,04	79,92	44,58	64,85	72,95
	V	2 450,25	134,76	196,02	220,52	IV	1 914,91	102,42	148,98	167,60	99,52	144,76	162,85	96,62	140,54	158,11	93,72	136,32	153,36	90,82	132,11	148,62	87,92	127,89	143,87
	VI	2 482,41	136,53	198,59	223,41																				
6 530,99	I,IV	1 916,25	105,39	153,30	172,46	I	1 916,25	99,59	144,86	162,97	93,79	136,42	153,47	87,99	127,99	143,99	82,19	119,56	134,50	76,39	111,12	125,01	70,60	102,69	115,52
	II	1 870,41	102,87	149,63	168,33	II	1 870,41	97,07	141,20	158,85	91,27	132,76	149,36	85,47	124,33	139,87	79,68	115,90	130,38	73,88	107,46	120,89	68,08	99,03	111,41
	III	1 302,—	71,61	104,16	117,18	III	1 302,—	66,87	97,26	109,42	62,23	90,52	101,83	57,69	83,92	94,41	53,24	77,45	87,13	48,89	71,12	80,01	44,64	64,93	73,04
	V	2 451,50	134,83	196,12	220,63	IV	1 916,25	102,49	149,08	167,71	99,59	144,86	162,97	96,69	140,64	158,22	93,79	136,42	153,47	90,89	132,21	148,73	87,99	127,99	143,99
	VI	2 483,66	136,60	198,69	223,52																				
6 533,99	I,IV	1 917,50	105,46	153,40	172,57	I	1 917,50	99,66	144,96	163,08	93,86	136,53	153,59	88,06	128,10	144,11	82,27	119,66	134,62	76,46	111,22	125,12	70,67	102,79	115,64
	II	1 871,66	102,94	149,73	168,44	II	1 871,66	97,14	141,30	158,96	91,34	132,86	149,47	85,54	124,43	139,98	79,75	116,—	130,50	73,95	107,56	121,01	68,15	99,13	111,52
	III	1 303,—	71,66	104,24	117,27	III	1 303,—	66,92	97,34	109,51	62,28	90,60	101,92	57,75	84,—	94,50	53,29	77,52	87,21	48,95	71,20	80,10	44,68	65,—	73,12
	V	2 452,75	134,90	196,22	220,74	IV	1 917,50	102,56	149,18	167,82	99,66	144,96	163,08	96,76	140,74	158,33	93,86	136,53	153,59	90,96	132,31	148,85	88,06	128,10	144,11
	VI	2 484,91	136,67	198,79	223,64																				
6 536,99	I,IV	1 918,75	105,53	153,50	172,68	I	1 918,75	99,73	145,06	163,19	93,93	136,63	153,71	88,13	128,20	144,22	82,33	119,76	134,73	76,54	111,33	125,24	70,74	102,90	115,76
	II	1 872,91	103,01	149,83	168,56	II	1 872,91	97,21	141,40	159,07	91,41	132,96	149,58	85,61	124,53	140,09	79,81	116,10	130,61	74,02	107,66	121,12	68,22	99,23	111,63
	III	1 304,—	71,72	104,32	117,36	III	1 304,—	66,98	97,42	109,60	62,34	90,68	102,01	57,80	84,08	94,59	53,35	77,60	87,30	48,99	71,26	80,17	44,74	65,08	73,21
	V	2 454,—	134,97	196,32	220,86	IV	1 918,75	102,63	149,28	167,94	99,73	145,06	163,19	96,83	140,84	158,45	93,93	136,63	153,71	91,03	132,41	148,96	88,13	128,20	144,22
	VI	2 486,25	136,74	198,90	223,76																				
6 539,99	I,IV	1 920,—	105,60	153,60	172,80	I	1 920,—	99,80	145,16	163,31	94,—	136,73	153,82	88,20	128,30	144,33	82,40	119,86	134,84	76,61	111,43	125,36	70,81	103,—	115,87
	II	1 874,25	103,08	149,94	168,68	II	1 874,25	97,28	141,50	159,19	91,48	133,06	149,69	85,68	124,63	140,21	79,88	116,20	130,72	74,08	107,76	121,23	68,29	99,33	111,74
	III	1 305,—	71,77	104,40	117,45	III	1 305,—	67,04	97,52	109,71	62,39	90,76	102,10	57,85	84,14	94,66	53,40	77,68	87,39	49,05	71,34	80,26	44,78	65,14	73,28
	V	2 455,25	135,03	196,42	220,97	IV	1 920,—	102,69	149,38	168,05	99,80	145,16	163,31	96,90	140,94	158,56	94,—	136,73	153,82	91,10	132,51	149,07	88,20	128,30	144,33
	VI	2 487,50	136,81	199,—	223,87																				
6 542,99	I,IV	1 921,25	105,66	153,70	172,91	I	1 921,25	99,87	145,26	163,42	94,07	136,83	153,93	88,27	128,40	144,45	82,47	119,96	134,96	76,67	111,53	125,47	70,88	103,10	115,98
	II	1 875,50	103,15	150,04	168,79	II	1 875,50	97,35	141,60	159,30	91,55	133,17	149,81	85,75	124,74	140,33	79,96	116,30	130,84	74,15	107,86	121,34	68,36	99,43	111,86
	III	1 306,—	71,83	104,48	117,54	III	1 306,—	67,10	97,60	109,80	62,45	90,84	102,19	57,90	84,22	94,75	53,46	77,76	87,48	49,09	71,41	80,33	44,84	65,22	73,37
	V	2 456,50	135,10	196,52	221,08	IV	1 921,25	102,77	149,48	168,17	99,87	145,26	163,42	96,96	141,04	158,67	94,07	136,83	153,93	91,17	132,61	149,18	88,27	128,40	144,45
	VI	2 488,75	136,88	199,10	223,98																				
6 545,99	I,IV	1 922,50	105,73	153,80	173,02	I	1 922,50	99,93	145,36	163,53	94,14	136,93	154,04	88,34	128,50	144,56	82,54	120,06	135,07	76,74	111,63	125,58	70,95	103,20	116,10
	II	1 876,75	103,22	150,14	168,90	II	1 876,75	97,42	141,70	159,41	91,62	133,27	149,93	85,82	124,84	140,44	80,02	116,40	130,95	74,23	107,97	121,46	68,43	99,54	111,98
	III	1 307,16	71,89	104,57	117,64	III	1 307,16	67,15	97,68	109,89	62,50	90,92	102,28	57,96	84,30	94,84	53,50	77,82	87,55	49,15	71,49	80,42	44,88	65,29	73,45
	V	2 457,75	135,17	196,62	221,19	IV	1 922,50	102,84	149,58	168,28	99,93	145,36	163,53	97,04	141,15	158,79	94,14	136,93	154,04	91,24	132,72	149,31	88,34	128,50	144,56
	VI	2 490,—	136,95	199,20	224,10																				
6 548,99	I,IV	1 923,75	105,80	153,90	173,13	I	1 923,75	100,—	145,46	163,64	94,21	137,03	154,16	88,41	128,60	144,67	82,61	120,16	135,18	76,81	111,73	125,69	71,01	103,30	116,21
	II	1 878,—	103,29	150,24	169,02	II	1 878,—	97,49	141,80	159,53	91,69	133,37	150,04	85,89	124,94	140,55	80,09	116,50	131,06	74,30	108,07	121,58	68,50	99,64	112,09
	III	1 308,16	71,94	104,65	117,73	III	1 308,16	67,21	97,76	109,98	62,56	91,—	102,37	58,01	84,38	94,93	53,56	77,90	87,64	49,20	71,57	80,51	44,94	65,37	73,54
	V	2 459,08	135,24	196,72	221,31	IV	1 923,75	102,90	149,68	168,39	100,—	145,46	163,64	97,11	141,25	158,90	94,21	137,03	154,16	91,31	132,82	149,42	88,41	128,60	144,67
	VI	2 491,25	137,01	199,30	224,21																				
6 551,99	I,IV	1 925,—	105,87	154,—	173,25	I	1 925,—	100,07	145,56	163,76	94,27	137,13	154,27	88,48	128,70	144,78	82,68	120,26	135,29	76,88	111,83	125,81	71,08	103,40	116,32
	II	1 879,25	103,35	150,34	169,13	II	1 879,25	97,56	141,90	159,64	91,76	133,47	150,15	85,96	125,04	140,67	80,16	116,60	131,18	74,36	108,17	121,69	68,57	99,74	112,20
	III	1 309,16	72,—	104,73	117,82	III	1 309,16	67,26	97,84	110,07	62,61	91,08	102,46	58,07	84,46	95,02	53,61	77,98	87,73	49,25	71,64	80,59	44,99	65,44	73,62
	V	2 460,33	135,31	196,82	221,42	IV	1 925,—	102,97	149,78	168,50	100,07	145,56	163,76	97,18	141,35	159,02	94,27	137,13	154,27	91,38	132,92	149,53	88,48	128,70	144,78
	VI	2 492,50	137,08	199,40	224,32																				
6 554,99	I,IV	1 926,33	105,94	154,10	173,36	I	1 926,33	100,14	145,66	163,87	94,34	137,23	154,38	88,55	128,80	144,90	82,75	120,36	135,41	76,95	111,93	125,92	71,15	103,50	116,43
	II	1 880,50	103,42	150,44	169,24	II	1 880,50	97,62	142,—	159,75	91,83	133,57	150,26	86,03	125,14	140,78	80,23	116,70	131,29	74,43	108,27	121,80	68,64	99,84	112,32
	III	1 310,16	72,05	104,81	117,91	III	1 310,16	67,32	97,92	110,16	62,67	91,16	102,55	58,12	84,54	95,11	53,67	78,06	87,82	49,30	71,72	80,68	45,04	65,52	73,71
	V	2 461,58	135,38	196,92	221,54	IV	1 926,33	103,04	149,88	168,62	100,14	145,66	163,87	97,24	141,45	159,13	94,34	137,23	154,38	91,45	133,02	149,64	88,55	128,80	144,90
	VI	2 493,75	137,15	199,50	224,43																				
6 557,99	I,IV	1 927,58	106,01	154,20	173,48	I	1 927,58	100,21	145,77	163,99	94,42	137,34	154,50	88,62	128,90	145,01	82,82	120,46	135,52	77,02	112,03	126,03	71,22	103,60	116,55
	II	1 881,75	103,49	150,54	169,35	II	1 881,75	97,69	142,10	159,86	91,90	133,67	150,38	86,10	125,24	140,89	80,30	116,80	131,40	74,50	108,37	121,91	68,70	99,94	112,43
	III	1 311,33	72,12	104,90	118,01	III	1 311,33	67,37	98,—	110,25	62,72	91,24	102,64	58,18	84,62	95,20	53,71	78,13	87,89	49,36	71,80	80,77	45,09	65,58	73,78
	V	2 462,83	135,45	197,02	221,65	IV	1 927,58	103,11	149,98	168,73	100,21	145,77	163,99	97,31	141,55	159,24	94,42	137,34	154,50	91,52	133,12	149,76	88,62	128,90	145,01
	VI	2 495,—	137,22	199,60	224,55																				
6 560,99	I,IV	1 928,83	106,08	154,30	173,59	I	1 928,83	100,28	145,87	164,10	94,49	137,44	154,62	88,69	129,—	145,13	82,89	120,57	135,64	77,09	112,14	126,15	71,29	103,70	116,66
	II	1 883,—	103,56	150,64	169,47	II	1 883,—	97,76	142,20	159,98	91,96	133,77	150,49	86,17	125,34	141,—	80,37	116,90	131,51	74,57	108,47	122,03	68,77	100,04	112,54
	III	1 312,33	72,17	104,98	118,10	III	1 312,33	67,43	98,08	110,34	62,78	91,32	102,73	58,23	84,70	95,29	53,77	78,21	87,98	49,40	71,86	80,84	45,14	65,66	73,87
	V	2 464,08	135,52	197,12	221,76	IV	1 928,83	103,18	150,08	168,84	100,28	145,87	164,10	97,38	141,65	159,35	94,49	137,44	154,62	91,58	133,22	149,87	88,69	129,—	145,13
	VI	2 496,25	137,29	199,70	224,66																				
6 563,99	I,IV	1 930,08	106,15	154,40	173,70	I	1 930,08	100,35	145,97	164,21	94,55	137,54	154,73	88,76	129,10	145,24	82,96	120,67	135,75	77,16	112,24	126,27	71,36	103,80	116,78
	II	1 884,33	103,63	150,74	169,58	II	1 884,33	97,83	142,30	160,09	92,03	133,87	150,60	86,24	125,44	141,12	80,44	117,—	131,63	74,64	108,57	122,14	68,84	100,14	112,65
	III	1 313,33	72,23	105,06	118,19	III	1 313,33	67,49	98,17	110,44	62,83	91,40	102,82	58,28	84,77	95,36	53,82	78,29	88,07	49,46	71,94	80,93	45,19	65,73	73,94
	V	2 465,33	135,59	197,22	221,87	IV	1 930,08	103,25	150,18	168,95	100,35	145,97	164,21	97,45	141,75	159,47	94,55	137,54	154,73	91,65	133,32	149,98	88,76	129,10	145,24
	VI	2 497,58	137,36	199,80	224,78																				
6 566,99	I,IV	1 931,33	106,22	154,50	173,81	I	1 931,33	100,42	146,07	164,33	94,62	137,64	154,84	88,82	129,20	145,35	83,03	120,77	135,86	77,23	112,34	126,38	71,43	103,90	116,89
	II	1 885,58	103,70	150,84	169,70	II	1 885,58	97,90	142,41	160,21	92,11	133,98	150,72	86,31	125,54	141,23	80,51	117,10	131,74	74,71	108,67	122,25	68,91	100,24	112,77
	III	1 314,33	72,28	105,14	118,28	III	1 314,33	67,54	98,25	110,53	62,89	91,48	102,91	58,33	84,85	95,45	53,88	78,37	88,16	49,50	72,01	81,01	45,24	65,81	74,03
	V	2 466,58	135,66	197,32	221,99	IV	1 931,33	103,32	150,28	169,07	100,42	146,07	164,33	97,52	141,85	159,58	94,62	137,64	154,84	91,72	133,42	150,09	88,82	129,20	145,35
	VI	2 498,83	137,43	199,90	224,89																				
6 569,99	I,IV	1 932,58	106,29	154,60	173,93	I	1 932,58	100,49	146,17	164,44	94,69	137,74	154,95	88,89	129,30	145,46	83,10	120,87	135,98	77,30	112,44	126,49	71,50	104,—	117,—
	II	1 886,83	103,77	150,94	169,81	II	1 886,83	97,97	142,51	160,32	92,18	134,08	150,84	86,38	125,64	141,35	80,58	117,21	131,86	74,78	108,78	122,37	68,98	100,34	112,88
	III	1 315,50	72,35	105,24	118,39	III	1 315,50	67,60	98,33	110,62	62,94	91,56	103,—	58,39	84,93	95,54	53,92	78,44	88,24	49,56	72,09	81,10	45,29	65,88	74,11
	V	2 467,83	135,73	197,42	222,10	IV	1 932,58	103,39	150,39	169,19	100,49	146,17	164,44	97,59	141,96	159,70	94,69	137,74	154,95	91,79	133,52	150,21	88,89	129,30	145,46
	VI	2 500,08	137,50	200,—	225,—																				

* **Die ausgewiesenen Tabellenwerte sind amtlich. Siehe Erläuterungen auf der Umschlaginnenseite (U2).**

Abzüge an Lohnsteuer, Solidaritätszuschlag (SolZ) und Kirchensteuer (8%, 9%) in den Steuerklassen

Lohn/ Gehalt bis €*	I – VI	ohne Kinderfreibeträge				I, II, III, IV	mit Zahl der Kinderfreibeträge . . . 0,5			1			1,5			2			2,5			3		
		LSt	SolZ	8%	9%		LSt	SolZ	8%	9%	SolZ	8%	9%	SolZ	8%	9%	SolZ	8%	9%	SolZ	8%	9%	SolZ	8%	9%
6 572,99	I,IV	1 933,83	106,36	154,70	174,04	I	1 933,83	100,56	146,27	164,55	94,76	137,84	155,07	88,96	129,40	145,58	83,16	120,97	136,09	77,37	112,54	126,60	71,57	104,10	117,11
	II	1 888,08	103,84	151,04	169,92	II	1 888,08	98,04	142,61	160,43	92,24	134,18	150,95	86,45	125,74	141,46	80,65	117,31	131,97	74,85	108,88	122,49	69,05	100,44	113,—
	III	1 316,50	72,40	105,32	118,48	III	1 316,50	67,65	98,41	110,71	63,—	91,64	103,09	58,44	85,01	95,63	53,98	78,52	88,33	49,61	72,17	81,19	45,34	65,96	74,20
	V	2 469,16	135,80	197,53	222,22	IV	1 933,83	103,46	150,49	169,30	100,56	146,27	164,55	97,66	142,06	159,81	94,76	137,84	155,07	91,86	133,62	150,32	88,96	129,40	145,58
	VI	2 501,33	137,57	200,10	225,11																				
6 575,99	I,IV	1 935,08	106,42	154,80	174,15	I	1 935,08	100,63	146,37	164,66	94,83	137,94	155,18	89,03	129,50	145,69	83,23	121,07	136,20	77,44	112,64	126,72	71,64	104,20	117,23
	II	1 889,33	103,91	151,14	170,03	II	1 889,33	98,11	142,71	160,55	92,31	134,28	151,06	86,51	125,84	141,57	80,72	117,41	132,08	74,92	108,98	122,60	69,12	100,54	113,11
	III	1 317,50	72,46	105,40	118,57	III	1 317,50	67,71	98,49	110,80	63,05	91,72	103,18	58,50	85,09	95,72	54,03	78,60	88,42	49,66	72,24	81,27	45,39	66,02	74,27
	V	2 470,41	135,87	197,63	222,33	IV	1 935,08	103,53	150,59	169,41	100,63	146,37	164,66	97,73	142,16	159,93	94,83	137,94	155,18	91,93	133,72	150,44	89,03	129,50	145,69
	VI	2 502,58	137,64	200,20	225,23																				
6 578,99	I,IV	1 936,33	106,49	154,90	174,26	I	1 936,33	100,70	146,47	164,78	94,90	138,04	155,29	89,10	129,60	145,80	83,30	121,17	136,31	77,50	112,74	126,83	71,71	104,30	117,34
	II	1 890,58	103,98	151,24	170,15	II	1 890,58	98,18	142,81	160,66	92,38	134,38	151,17	86,58	125,94	141,68	80,79	117,51	132,20	74,99	109,08	122,71	69,19	100,64	113,22
	III	1 318,50	72,51	105,48	118,66	III	1 318,50	67,76	98,57	110,89	63,11	91,80	103,27	58,55	85,17	95,81	54,09	78,68	88,51	49,72	72,32	81,36	45,44	66,10	74,36
	V	2 471,66	135,94	197,73	222,44	IV	1 936,33	103,60	150,69	169,52	100,70	146,47	164,78	97,80	142,26	160,04	94,90	138,04	155,29	92,—	133,82	150,55	89,10	129,60	145,80
	VI	2 503,83	137,71	200,30	225,34																				
6 581,99	I,IV	1 937,66	106,57	155,01	174,38	I	1 937,66	100,77	146,58	164,90	94,97	138,14	155,41	89,17	129,70	145,91	83,37	121,27	136,43	77,57	112,84	126,94	71,77	104,40	117,45
	II	1 891,83	104,05	151,34	170,26	II	1 891,83	98,25	142,91	160,77	92,45	134,48	151,29	86,65	126,04	141,80	80,85	117,61	132,31	75,06	109,18	122,82	69,26	100,74	113,33
	III	1 319,66	72,58	105,57	118,76	III	1 319,66	67,82	98,65	110,98	63,16	91,88	103,36	58,61	85,25	95,90	54,13	78,74	88,58	49,77	72,40	81,45	45,49	66,17	74,44
	V	2 472,91	136,01	197,83	222,56	IV	1 937,66	103,67	150,79	169,64	100,77	146,58	164,90	97,87	142,36	160,15	94,97	138,14	155,41	92,07	133,92	150,66	89,17	129,70	145,91
	VI	2 505,08	137,77	200,40	225,45																				
6 584,99	I,IV	1 938,91	106,64	155,11	174,50	I	1 938,91	100,84	146,68	165,01	95,04	138,24	155,52	89,24	129,81	146,03	83,44	121,38	136,55	77,65	112,94	127,06	71,84	104,50	117,56
	II	1 893,08	104,11	151,44	170,37	II	1 893,08	98,32	143,01	160,88	92,52	134,58	151,40	86,72	126,14	141,91	80,92	117,71	132,42	75,13	109,28	122,94	69,33	100,84	113,45
	III	1 320,66	72,63	105,65	118,85	III	1 320,66	67,87	98,73	111,07	63,22	91,96	103,45	58,66	85,33	95,99	54,19	78,82	88,67	49,82	72,46	81,52	45,54	66,25	74,53
	V	2 474,16	136,07	197,93	222,67	IV	1 938,91	103,73	150,89	169,75	100,84	146,68	165,01	97,94	142,46	160,26	95,04	138,24	155,52	92,14	134,02	150,77	89,24	129,81	146,03
	VI	2 506,33	137,84	200,50	225,56																				
6 587,99	I,IV	1 940,16	106,70	155,21	174,61	I	1 940,16	100,91	146,78	165,12	95,11	138,34	155,63	89,31	129,91	146,15	83,51	121,48	136,66	77,71	113,04	127,17	71,92	104,61	117,68
	II	1 894,33	104,18	151,54	170,48	II	1 894,33	98,39	143,11	161,—	92,59	134,68	151,51	86,79	126,24	142,02	80,99	117,81	132,53	75,19	109,38	123,05	69,40	100,94	113,56
	III	1 321,66	72,69	105,73	118,94	III	1 321,66	67,94	98,82	111,17	63,27	92,04	103,54	58,71	85,40	96,07	54,24	78,90	88,76	49,87	72,54	81,61	45,59	66,32	74,61
	V	2 475,41	136,14	198,03	222,78	IV	1 940,16	103,80	150,99	169,86	100,91	146,78	165,12	98,01	142,56	160,38	95,11	138,34	155,63	92,21	134,12	150,89	89,31	129,91	146,15
	VI	2 507,66	137,92	200,61	225,68																				
6 590,99	I,IV	1 941,41	106,77	155,31	174,72	I	1 941,41	100,98	146,88	165,24	95,18	138,44	155,75	89,38	130,01	146,26	83,58	121,58	136,77	77,78	113,14	127,28	71,99	104,71	117,80
	II	1 895,66	104,26	151,65	170,60	II	1 895,66	98,46	143,22	161,12	92,66	134,78	151,63	86,86	126,34	142,13	81,06	117,91	132,65	75,26	109,48	123,16	69,46	101,04	113,67
	III	1 322,66	72,74	105,81	119,03	III	1 322,66	67,99	98,90	111,26	63,33	92,12	103,63	58,76	85,48	96,16	54,30	78,98	88,85	49,93	72,62	81,70	45,65	66,40	74,70
	V	2 476,66	136,21	198,13	222,89	IV	1 941,41	103,87	151,09	169,97	100,98	146,88	165,24	98,07	142,66	160,49	95,18	138,44	155,75	92,28	134,22	151,—	89,38	130,01	146,26
	VI	2 508,91	137,99	200,71	225,80																				
6 593,99	I,IV	1 942,66	106,84	155,41	174,83	I	1 942,66	101,04	146,98	165,35	95,25	138,54	155,86	89,45	130,11	146,37	83,65	121,68	136,89	77,85	113,24	127,40	72,05	104,81	117,91
	II	1 896,91	104,33	151,75	170,72	II	1 896,91	98,53	143,32	161,23	92,73	134,88	151,74	86,93	126,45	142,25	81,13	118,02	132,77	75,34	109,58	123,28	69,53	101,14	113,78
	III	1 323,83	72,81	105,90	119,14	III	1 323,83	68,05	98,98	111,35	63,38	92,20	103,72	58,82	85,56	96,25	54,35	79,06	88,94	49,97	72,69	81,77	45,69	66,46	74,77
	V	2 477,91	136,28	198,23	223,01	IV	1 942,66	103,95	151,20	170,10	101,04	146,98	165,35	98,15	142,76	160,61	95,25	138,54	155,86	92,34	134,32	151,11	89,45	130,11	146,37
	VI	2 510,16	138,05	200,81	225,91																				
6 596,99	I,IV	1 943,91	106,91	155,51	174,95	I	1 943,91	101,11	147,08	165,46	95,31	138,64	155,97	89,52	130,21	146,48	83,72	121,78	137,—	77,92	113,34	127,51	72,12	104,91	118,02
	II	1 898,16	104,39	151,85	170,83	II	1 898,16	98,60	143,42	161,34	92,80	134,98	151,85	87,—	126,55	142,37	81,20	118,12	132,88	75,40	109,68	123,39	69,61	101,25	113,90
	III	1 324,83	72,86	105,98	119,23	III	1 324,83	68,10	99,06	111,44	63,44	92,28	103,81	58,87	85,64	96,34	54,40	79,13	89,02	50,03	72,77	81,86	45,75	66,54	74,86
	V	2 479,25	136,35	198,34	223,13	IV	1 943,91	104,01	151,30	170,21	101,11	147,08	165,46	98,22	142,86	160,72	95,31	138,64	155,97	92,42	134,43	151,23	89,52	130,21	146,48
	VI	2 511,41	138,12	200,91	226,02																				
6 599,99	I,IV	1 945,16	106,98	155,61	175,06	I	1 945,16	101,18	147,18	165,57	95,38	138,74	156,08	89,59	130,31	146,60	83,79	121,88	137,11	77,99	113,44	127,62	72,19	105,01	118,13
	II	1 899,41	104,46	151,95	170,94	II	1 899,41	98,67	143,52	161,46	92,87	135,08	151,97	87,07	126,65	142,48	81,27	118,22	132,99	75,47	109,78	123,50	69,68	101,35	114,02
	III	1 325,83	72,92	106,06	119,32	III	1 325,83	68,16	99,14	111,53	63,49	92,36	103,90	58,93	85,72	96,43	54,45	79,21	89,11	50,07	72,84	81,94	45,79	66,61	74,93
	V	2 480,50	136,42	198,44	223,24	IV	1 945,16	104,08	151,40	170,32	101,18	147,18	165,57	98,28	142,96	160,83	95,38	138,74	156,08	92,49	134,53	151,34	89,59	130,31	146,60
	VI	2 512,66	138,19	201,01	226,13																				
6 602,99	I,IV	1 946,41	107,05	155,71	175,17	I	1 946,41	101,25	147,28	165,69	95,45	138,84	156,20	89,65	130,41	146,71	83,86	121,98	137,22	78,06	113,54	127,73	72,26	105,11	118,25
	II	1 900,66	104,53	152,05	171,05	II	1 900,66	98,73	143,62	161,57	92,94	135,18	152,08	87,14	126,75	142,59	81,34	118,32	133,11	75,54	109,88	123,62	69,74	101,45	114,13
	III	1 327,—	72,98	106,16	119,43	III	1 327,—	68,21	99,22	111,62	63,55	92,44	103,99	58,98	85,80	96,52	54,51	79,29	89,20	50,13	72,92	82,03	45,85	66,69	75,02
	V	2 481,75	136,49	198,54	223,35	IV	1 946,41	104,15	151,50	170,43	101,25	147,28	165,69	98,35	143,06	160,94	95,45	138,84	156,20	92,56	134,63	151,46	89,65	130,41	146,71
	VI	2 513,91	138,26	201,11	226,25																				
6 605,99	I,IV	1 947,75	107,12	155,82	175,29	I	1 947,75	101,32	147,38	165,80	95,52	138,94	156,31	89,72	130,51	146,82	83,93	122,08	137,34	78,13	113,64	127,85	72,33	105,21	118,36
	II	1 901,91	104,60	152,15	171,17	II	1 901,91	98,80	143,72	161,68	93,—	135,28	152,19	87,21	126,85	142,70	81,41	118,42	133,22	75,61	109,98	123,73	69,81	101,55	114,24
	III	1 328,—	73,04	106,24	119,52	III	1 328,—	68,27	99,30	111,71	63,60	92,52	104,08	59,04	85,88	96,61	54,56	79,37	89,29	50,18	73,—	82,12	45,89	66,76	75,10
	V	2 483,—	136,56	198,64	223,47	IV	1 947,75	104,22	151,60	170,55	101,32	147,38	165,80	98,42	143,16	161,06	95,52	138,94	156,31	92,62	134,73	151,57	89,72	130,51	146,82
	VI	2 515,16	138,33	201,21	226,36																				
6 608,99	I,IV	1 949,—	107,19	155,92	175,41	I	1 949,—	101,39	147,48	165,92	95,59	139,05	156,43	89,80	130,62	146,94	84,—	122,18	137,45	78,20	113,74	127,96	72,40	105,31	118,47
	II	1 903,16	104,67	152,25	171,28	II	1 903,16	98,87	143,82	161,79	93,07	135,38	152,30	87,28	126,95	142,82	81,48	118,52	133,33	75,68	110,08	123,84	69,88	101,65	114,35
	III	1 329,—	73,09	106,32	119,61	III	1 329,—	68,33	99,40	111,82	63,66	92,60	104,17	59,09	85,96	96,70	54,61	79,44	89,37	50,23	73,06	82,19	45,95	66,84	75,19
	V	2 484,25	136,63	198,74	223,58	IV	1 949,—	104,29	151,70	170,66	101,39	147,48	165,92	98,49	143,26	161,17	95,59	139,05	156,43	92,69	134,83	151,68	89,80	130,62	146,94
	VI	2 516,41	138,40	201,31	226,47																				
6 611,99	I,IV	1 950,25	107,26	156,02	175,52	I	1 950,25	101,46	147,58	166,03	95,66	139,15	156,54	89,87	130,72	147,06	84,07	122,28	137,57	78,27	113,85	128,08	72,47	105,42	118,59
	II	1 904,41	104,74	152,35	171,39	II	1 904,41	98,94	143,92	161,91	93,14	135,48	152,42	87,34	127,05	142,93	81,55	118,62	133,44	75,75	110,18	123,95	69,95	101,75	114,47
	III	1 330,—	73,15	106,40	119,70	III	1 330,—	68,39	99,48	111,91	63,71	92,68	104,26	59,15	86,04	96,79	54,67	79,52	89,46	50,28	73,14	82,28	45,99	66,90	75,26
	V	2 485,50	136,70	198,84	223,69	IV	1 950,25	104,36	151,80	170,77	101,46	147,58	166,03	98,56	143,36	161,28	95,66	139,15	156,54	92,76	134,93	151,79	89,87	130,72	147,06
	VI	2 517,75	138,47	201,42	226,59																				
6 614,99	I,IV	1 951,50	107,33	156,12	175,63	I	1 951,50	101,53	147,68	166,14	95,73	139,25	156,65	89,93	130,82	147,17	84,14	122,38	137,68	78,34	113,95	128,19	72,54	105,52	118,71
	II	1 905,75	104,81	152,46	171,51	II	1 905,75	99,01	144,02	162,02	93,21	135,58	152,53	87,41	127,15	143,04	81,62	118,72	133,56	75,82	110,28	124,07	70,02	101,85	114,58
	III	1 331,16	73,21	106,49	119,80	III	1 331,16	68,44	99,56	112,—	63,78	92,77	104,36	59,20	86,12	96,88	54,72	79,60	89,55	50,34	73,22	82,37	46,05	66,98	75,35
	V	2 486,75	136,77	198,94	223,80	IV	1 951,50	104,43	151,90	170,88	101,53	147,68	166,14	98,63	143,46	161,39	95,73	139,25	156,65	92,83	135,03	151,91	89,93	130,82	147,17
	VI	2 519,—	138,54	201,52	226,71																				

* Die ausgewiesenen Tabellenwerte sind amtlich. Siehe Erläuterungen auf der Umschlaginnenseite (U2).

Lohn/Gehalt bis €*	I – VI	LSt	ohne Kinderfreibeträge SolZ	8%	9%	I, II, III, IV	LSt	0,5 SolZ	8%	9%	1 SolZ	8%	9%	1,5 SolZ	8%	9%	2 SolZ	8%	9%	2,5 SolZ	8%	9%	3 SolZ	8%	9%
6 617,99	I,IV	1 952,75	107,40	156,22	175,74	I	1 952,75	101,60	147,78	166,25	95,80	139,35	156,77	90,—	130,92	147,28	84,20	122,48	137,79	78,41	114,05	128,30	72,61	105,62	118,82
	II	1 907,—	104,88	152,56	171,63	II	1 907,—	99,08	144,12	162,14	93,28	135,69	152,65	87,49	127,26	143,16	81,69	118,82	133,67	75,89	110,38	124,18	70,09	101,95	114,69
	III	1 332,16	73,26	106,57	119,89	III	1 332,16	68,50	99,64	112,09	63,83	92,85	104,45	59,25	86,18	96,95	54,78	79,68	89,64	50,38	73,29	82,45	46,09	67,05	75,43
	V	2 488,—	136,84	199,04	223,92	IV	1 952,75	104,50	152,—	171,—	101,60	147,78	166,25	98,70	143,56	161,51	95,80	139,35	156,77	92,90	135,13	152,02	90,—	130,92	147,28
	VI	2 520,25	138,61	201,62	226,82																				
6 620,99	I,IV	1 954,—	107,47	156,32	175,86	I	1 954,—	101,67	147,88	166,37	95,87	139,45	156,88	90,07	131,02	147,39	84,27	122,58	137,90	78,48	114,15	128,42	72,68	105,72	118,93
	II	1 908,25	104,95	152,66	171,74	II	1 908,25	99,15	144,22	162,25	93,35	135,79	152,76	87,56	127,36	143,28	81,76	118,92	133,79	75,96	110,49	124,30	70,16	102,06	114,81
	III	1 333,16	73,32	106,65	119,98	III	1 333,16	68,55	99,72	112,18	63,89	92,93	104,54	59,30	86,26	97,04	54,83	79,76	89,73	50,44	73,37	82,54	46,15	67,13	75,52
	V	2 489,25	136,90	199,14	224,03	IV	1 954,—	104,57	152,10	171,11	101,67	147,88	166,37	98,77	143,67	161,63	95,87	139,45	156,88	92,97	135,24	152,14	90,07	131,02	147,39
	VI	2 521,50	138,68	201,72	226,93																				
6 623,99	I,IV	1 955,25	107,53	156,42	175,97	I	1 955,25	101,74	147,98	166,48	95,94	139,55	156,99	90,14	131,12	147,51	84,34	122,68	138,02	78,54	114,25	128,53	72,75	105,82	119,04
	II	1 909,50	105,02	152,76	171,85	II	1 909,50	99,22	144,32	162,36	93,42	135,89	152,87	87,62	127,46	143,39	81,83	119,02	133,90	76,03	110,59	124,41	70,23	102,16	114,93
	III	1 334,16	73,37	106,73	120,07	III	1 334,16	68,61	99,80	112,27	63,94	93,01	104,63	59,36	86,34	97,13	54,88	79,82	89,80	50,49	73,45	82,63	46,20	67,20	75,60
	V	2 490,58	136,98	199,24	224,15	IV	1 955,25	104,64	152,20	171,23	101,74	147,98	166,48	98,84	143,77	161,74	95,94	139,55	156,99	93,04	135,34	152,25	90,14	131,12	147,51
	VI	2 522,75	138,75	201,82	227,04																				
6 626,99	I,IV	1 956,50	107,60	156,52	176,08	I	1 956,50	101,80	148,08	166,59	96,01	139,65	157,10	90,21	131,22	147,62	84,41	122,78	138,13	78,61	114,35	128,64	72,82	105,92	119,16
	II	1 910,75	105,09	152,86	171,96	II	1 910,75	99,29	144,42	162,47	93,49	135,99	152,99	87,69	127,56	143,50	81,89	119,12	134,01	76,10	110,69	124,52	70,30	102,26	115,04
	III	1 335,33	73,44	106,82	120,17	III	1 335,33	68,66	99,88	112,36	64,—	93,09	104,72	59,41	86,42	97,22	54,93	79,90	89,89	50,54	73,52	82,71	46,25	67,28	75,69
	V	2 491,83	137,05	199,34	224,26	IV	1 956,50	104,71	152,30	171,34	101,80	148,08	166,59	98,91	143,87	161,85	96,01	139,65	157,10	93,11	135,44	152,37	90,21	131,22	147,62
	VI	2 524,—	138,82	201,92	227,16																				
6 629,99	I,IV	1 957,83	107,68	156,62	176,20	I	1 957,83	101,87	148,18	166,70	96,08	139,75	157,22	90,28	131,32	147,73	84,48	122,88	138,24	78,68	114,45	128,75	72,88	106,02	119,27
	II	1 912,—	105,16	152,96	172,08	II	1 912,—	99,36	144,52	162,59	93,56	136,09	153,10	87,76	127,66	143,61	81,96	119,22	134,12	76,17	110,79	124,64	70,37	102,36	115,15
	III	1 336,33	73,49	106,90	120,26	III	1 336,33	68,73	99,97	112,46	64,05	93,17	104,81	59,47	86,50	97,31	54,99	79,98	89,98	50,60	73,60	82,80	46,31	67,36	75,78
	V	2 493,08	137,11	199,44	224,37	IV	1 957,83	104,77	152,40	171,45	101,87	148,18	166,70	98,98	143,97	161,96	96,08	139,75	157,22	93,18	135,54	152,48	90,28	131,32	147,73
	VI	2 525,25	138,88	202,02	227,27																				
6 632,99	I,IV	1 959,08	107,74	156,72	176,31	I	1 959,08	101,95	148,29	166,82	96,15	139,86	157,34	90,35	131,42	147,85	84,55	122,98	138,35	78,75	114,55	128,87	72,95	106,12	119,38
	II	1 913,25	105,22	153,06	172,19	II	1 913,25	99,43	144,62	162,70	93,63	136,19	153,21	87,83	127,76	143,73	82,03	119,32	134,24	76,23	110,89	124,75	70,44	102,46	115,26
	III	1 337,33	73,55	106,98	120,35	III	1 337,33	68,78	100,05	112,55	64,11	93,25	104,90	59,52	86,58	97,40	55,04	80,06	90,07	50,65	73,68	82,89	46,35	67,42	75,85
	V	2 494,33	137,18	199,54	224,48	IV	1 959,08	104,84	152,50	171,56	101,95	148,29	166,82	99,05	144,07	162,08	96,15	139,86	157,34	93,25	135,64	152,59	90,35	131,42	147,85
	VI	2 526,50	138,95	202,12	227,38																				
6 635,99	I,IV	1 960,33	107,81	156,82	176,42	I	1 960,33	102,02	148,39	166,94	96,22	139,96	157,45	90,42	131,52	147,96	84,62	123,09	138,47	78,82	114,66	128,99	73,03	106,22	119,50
	II	1 914,50	105,29	153,16	172,30	II	1 914,50	99,49	144,72	162,81	93,70	136,29	153,32	87,90	127,86	143,84	82,10	119,42	134,35	76,30	110,99	124,86	70,51	102,56	115,38
	III	1 338,50	73,61	107,08	120,46	III	1 338,50	68,84	100,13	112,64	64,16	93,33	104,99	59,58	86,66	97,49	55,09	80,13	90,14	50,70	73,74	82,96	46,41	67,50	75,94
	V	2 495,58	137,25	199,64	224,60	IV	1 960,33	104,91	152,60	171,68	102,02	148,39	166,94	99,11	144,17	162,19	96,22	139,96	157,45	93,32	135,74	152,70	90,42	131,52	147,96
	VI	2 527,75	139,02	202,22	227,49																				
6 638,99	I,IV	1 961,58	107,88	156,92	176,54	I	1 961,58	102,08	148,49	167,05	96,29	140,06	157,56	90,49	131,62	148,07	84,69	123,19	138,59	78,89	114,76	129,10	73,09	106,32	119,61
	II	1 915,83	105,37	153,26	172,42	II	1 915,83	99,56	144,82	162,92	93,77	136,39	153,44	87,97	127,96	143,95	82,17	119,52	134,46	76,37	111,09	124,97	70,57	102,66	115,49
	III	1 339,50	73,67	107,16	120,55	III	1 339,50	68,89	100,21	112,73	64,22	93,41	105,08	59,63	86,74	97,58	55,14	80,21	90,23	50,75	73,82	83,05	46,45	67,57	76,01
	V	2 496,83	137,32	199,74	224,71	IV	1 961,58	104,98	152,70	171,79	102,08	148,49	167,05	99,18	144,27	162,30	96,29	140,06	157,56	93,39	135,84	152,82	90,49	131,62	148,07
	VI	2 529,08	139,09	202,32	227,61																				
6 641,99	I,IV	1 962,83	107,95	157,02	176,65	I	1 962,83	102,15	148,59	167,16	96,36	140,16	157,68	90,56	131,72	148,19	84,76	123,29	138,70	78,96	114,86	129,21	73,16	106,42	119,72
	II	1 917,08	105,43	153,36	172,53	II	1 917,08	99,64	144,93	163,04	93,84	136,50	153,56	88,04	128,06	144,07	82,24	119,62	134,57	76,44	111,19	125,09	70,64	102,76	115,60
	III	1 340,50	73,72	107,24	120,64	III	1 340,50	68,95	100,29	112,82	64,27	93,49	105,17	59,69	86,82	97,67	55,20	80,29	90,32	50,81	73,90	83,14	46,51	67,65	76,10
	V	2 498,08	137,39	199,84	224,82	IV	1 962,83	105,05	152,80	171,90	102,15	148,59	167,16	99,25	144,37	162,41	96,36	140,16	157,68	93,45	135,94	152,93	90,56	131,72	148,19
	VI	2 530,33	139,16	202,42	227,72																				
6 644,99	I,IV	1 964,08	108,02	157,12	176,76	I	1 964,08	102,22	148,69	167,27	96,42	140,26	157,79	90,63	131,82	148,30	84,83	123,39	138,81	79,03	114,96	129,33	73,23	106,52	119,84
	II	1 918,33	105,50	153,46	172,64	II	1 918,33	99,71	145,03	163,16	93,91	136,60	153,67	88,11	128,16	144,18	82,31	119,73	134,69	76,51	111,30	125,21	70,72	102,86	115,72
	III	1 341,50	73,78	107,32	120,73	III	1 341,50	69,—	100,37	112,91	64,33	93,57	105,26	59,74	86,90	97,76	55,25	80,37	90,41	50,85	73,97	83,21	46,55	67,72	76,18
	V	2 499,33	137,46	199,94	224,93	IV	1 964,08	105,12	152,91	172,02	102,22	148,69	167,27	99,33	144,48	162,54	96,42	140,26	157,79	93,53	136,04	153,05	90,63	131,82	148,30
	VI	2 531,58	139,23	202,52	227,84																				
6 647,99	I,IV	1 965,33	108,09	157,22	176,87	I	1 965,33	102,29	148,79	167,39	96,49	140,36	157,90	90,69	131,92	148,41	84,90	123,49	138,92	79,10	115,06	129,44	73,30	106,62	119,95
	II	1 919,58	105,57	153,56	172,76	II	1 919,58	99,77	145,13	163,27	93,98	136,70	153,78	88,18	128,26	144,29	82,38	119,83	134,81	76,58	111,40	125,32	70,78	102,96	115,83
	III	1 342,66	73,84	107,41	120,83	III	1 342,66	69,07	100,46	113,02	64,38	93,65	105,35	59,80	86,98	97,85	55,31	80,45	90,50	50,91	74,05	83,30	46,61	67,80	76,27
	V	2 500,66	137,53	200,05	225,05	IV	1 965,33	105,19	153,01	172,13	102,29	148,79	167,39	99,39	144,58	162,65	96,49	140,36	157,90	93,60	136,14	153,16	90,69	131,92	148,41
	VI	2 532,83	139,30	202,62	227,95																				
6 650,99	I,IV	1 966,58	108,16	157,32	176,99	I	1 966,58	102,36	148,89	167,50	96,56	140,46	158,01	90,76	132,02	148,52	84,97	123,59	139,04	79,17	115,16	129,55	73,37	106,72	120,06
	II	1 920,83	105,64	153,66	172,87	II	1 920,83	99,84	145,23	163,38	94,05	136,80	153,90	88,25	128,36	144,41	82,45	119,93	134,92	76,65	111,50	125,43	70,85	103,06	115,94
	III	1 343,66	73,90	107,49	120,92	III	1 343,66	69,12	100,54	113,11	64,44	93,73	105,44	59,84	87,05	97,93	55,35	80,52	90,58	50,96	74,13	83,39	46,65	67,86	76,34
	V	2 501,91	137,60	200,15	225,17	IV	1 966,58	105,26	153,11	172,25	102,36	148,89	167,50	99,46	144,68	162,76	96,56	140,46	158,01	93,66	136,24	153,27	90,76	132,02	148,52
	VI	2 534,08	139,37	202,72	228,06																				
6 653,99	I,IV	1 967,83	108,23	157,42	177,10	I	1 967,83	102,43	148,99	167,61	96,63	140,56	158,13	90,83	132,12	148,64	85,03	123,69	139,15	79,24	115,26	129,66	73,44	106,82	120,17
	II	1 922,08	105,71	153,76	172,98	II	1 922,08	99,91	145,33	163,49	94,11	136,90	154,01	88,32	128,46	144,52	82,52	120,03	135,03	76,72	111,60	125,55	70,92	103,16	116,06
	III	1 344,66	73,95	107,57	121,01	III	1 344,66	69,18	100,62	113,20	64,49	93,81	105,53	59,90	87,13	98,02	55,41	80,60	90,67	51,01	74,20	83,47	46,71	67,94	76,43
	V	2 503,16	137,67	200,25	225,28	IV	1 967,83	105,33	153,21	172,36	102,43	148,99	167,61	99,53	144,78	162,87	96,63	140,56	158,13	93,73	136,34	153,38	90,83	132,12	148,64
	VI	2 535,33	139,44	202,82	228,17																				
6 656,99	I,IV	1 969,16	108,30	157,53	177,22	I	1 969,16	102,50	149,10	167,73	96,70	140,66	158,24	90,90	132,22	148,75	85,10	123,79	139,26	79,31	115,36	129,78	73,51	106,92	120,29
	II	1 923,33	105,78	153,86	173,09	II	1 923,33	99,98	145,43	163,61	94,18	137,—	154,12	88,38	128,56	144,63	82,59	120,13	135,14	76,79	111,70	125,66	70,99	103,26	116,17
	III	1 345,83	74,02	107,66	121,12	III	1 345,83	69,23	100,70	113,29	64,55	93,89	105,62	59,95	87,21	98,11	55,46	80,68	90,76	51,06	74,28	83,56	46,75	68,01	76,51
	V	2 504,41	137,74	200,35	225,39	IV	1 969,16	105,40	153,31	172,47	102,50	149,10	167,73	99,60	144,88	162,99	96,70	140,66	158,24	93,80	136,44	153,50	90,90	132,22	148,75
	VI	2 536,58	139,51	202,92	228,29																				
6 659,99	I,IV	1 970,41	108,37	157,63	177,33	I	1 970,41	102,57	149,20	167,85	96,77	140,76	158,36	90,97	132,33	148,87	85,18	123,90	139,38	79,38	115,46	129,89	73,58	107,02	120,40
	II	1 924,58	105,85	153,96	173,21	II	1 924,58	100,05	145,53	163,72	94,25	137,10	154,23	88,45	128,66	144,74	82,66	120,23	135,26	76,86	111,80	125,77	71,06	103,36	116,28
	III	1 346,83	74,07	107,74	121,21	III	1 346,83	69,29	100,78	113,38	64,60	93,97	105,71	60,01	87,29	98,20	55,52	80,76	90,85	51,12	74,36	83,65	46,81	68,09	76,60
	V	2 505,66	137,81	200,45	225,50	IV	1 970,41	105,47	153,41	172,58	102,57	149,20	167,85	99,67	144,98	163,10	96,77	140,76	158,36	93,87	136,54	153,61	90,97	132,33	148,87
	VI	2 537,83	139,58	203,02	228,40																				

Table heading: Abzüge an Lohnsteuer, Solidaritätszuschlag (SolZ) und Kirchensteuer (8%, 9%) in den Steuerklassen; I, II, III, IV mit Zahl der Kinderfreibeträge . . .

* Die ausgewiesenen Tabellenwerte sind amtlich. Siehe Erläuterungen auf der Umschlaginnenseite (U2).

Abzüge an Lohnsteuer, Solidaritätszuschlag (SolZ) und Kirchensteuer (8%, 9%) in den Steuerklassen

Lohn/ Gehalt bis €*	I – VI		ohne Kinderfreibeträge			I, II, III, IV		mit Zahl der Kinderfreibeträge . . . 0,5			1			1,5			2			2,5			3		
		LSt	SolZ	8%	9%		LSt	SolZ	8%	9%	SolZ	8%	9%	SolZ	8%	9%	SolZ	8%	9%	SolZ	8%	9%	SolZ	8%	9%
6 662,99	I,IV	1 971,66	108,44	157,73	177,44	I	1 971,66	102,64	149,30	167,96	96,84	140,86	158,47	91,04	132,43	148,98	85,25	124,—	139,50	79,45	115,56	130,01	73,65	107,13	120,52
	II	1 925,83	105,92	154,06	173,32	II	1 925,83	100,12	145,63	163,83	94,32	137,20	154,35	88,52	128,76	144,86	82,72	120,33	135,37	76,93	111,90	125,88	71,13	103,46	116,39
	III	1 347,83	74,13	107,82	121,30	III	1 347,83	69,34	100,86	113,47	64,66	94,05	105,80	60,06	87,37	98,29	55,57	80,84	90,94	51,16	74,42	83,72	46,86	68,17	76,69
	V	2 506,91	137,88	200,55	225,62	IV	1 971,66	105,54	153,51	172,70	102,64	149,30	167,96	99,74	145,08	163,21	96,84	140,86	158,47	93,94	136,64	153,72	91,04	132,43	148,98
	VI	2 539,16	139,65	203,13	228,52																				
6 665,99	I,IV	1 972,91	108,51	157,83	177,56	I	1 972,91	102,71	149,40	168,07	96,91	140,96	158,58	91,11	132,53	149,09	85,31	124,10	139,61	79,52	115,66	130,12	73,72	107,23	120,63
	II	1 927,16	105,99	154,17	173,44	II	1 927,16	100,19	145,74	163,95	94,39	137,30	154,46	88,59	128,86	144,97	82,79	120,43	135,48	77,—	112,—	126,—	71,20	103,56	116,51
	III	1 348,83	74,18	107,90	121,39	III	1 348,83	69,41	100,96	113,58	64,71	94,13	105,89	60,12	87,45	98,38	55,62	80,90	91,01	51,22	74,50	83,81	46,91	68,24	76,77
	V	2 508,16	137,94	200,65	225,73	IV	1 972,91	105,60	153,61	172,81	102,71	149,40	168,07	99,81	145,18	163,32	96,91	140,96	158,58	94,01	136,74	153,83	91,11	132,53	149,09
	VI	2 540,41	139,72	203,23	228,63																				
6 668,99	I,IV	1 974,16	108,57	157,93	177,67	I	1 974,16	102,78	149,50	168,18	96,98	141,06	158,69	91,18	132,63	149,21	85,38	124,20	139,72	79,58	115,76	130,23	73,79	107,33	120,74
	II	1 928,41	106,06	154,27	173,55	II	1 928,41	100,26	145,84	164,07	94,46	137,40	154,58	88,66	128,97	145,09	82,87	120,54	135,60	77,07	112,10	126,11	71,27	103,66	116,62
	III	1 350,—	74,25	108,—	121,50	III	1 350,—	69,46	101,04	113,67	64,77	94,21	105,98	60,17	87,53	98,47	55,67	80,98	91,10	51,27	74,58	83,90	46,97	68,32	76,86
	V	2 509,41	138,01	200,75	225,84	IV	1 974,16	105,68	153,72	172,93	102,78	149,50	168,18	99,88	145,28	163,44	96,98	141,06	158,69	94,08	136,84	153,95	91,18	132,63	149,21
	VI	2 541,66	139,79	203,33	228,74																				
6 671,99	I,IV	1 975,41	108,64	158,03	177,78	I	1 975,41	102,85	149,60	168,30	97,05	141,16	158,81	91,25	132,73	149,32	85,45	124,30	139,83	79,65	115,86	130,34	73,86	107,43	120,86
	II	1 929,66	106,13	154,37	173,66	II	1 929,66	100,33	145,94	164,18	94,53	137,50	154,69	88,73	129,07	145,20	82,94	120,64	135,72	77,14	112,20	126,23	71,34	103,77	116,74
	III	1 351,—	74,30	108,08	121,59	III	1 351,—	69,52	101,12	113,76	64,82	94,29	106,07	60,23	87,61	98,56	55,73	81,06	91,19	51,32	74,65	83,98	47,01	68,38	76,93
	V	2 510,75	138,09	200,86	225,96	IV	1 975,41	105,75	153,82	173,04	102,85	149,60	168,30	99,95	145,38	163,55	97,05	141,16	158,81	94,15	136,95	154,07	91,25	132,73	149,32
	VI	2 542,91	139,86	203,43	228,86																				
6 674,99	I,IV	1 976,66	108,71	158,13	177,89	I	1 976,66	102,91	149,70	168,41	97,12	141,26	158,92	91,32	132,83	149,43	85,52	124,40	139,95	79,72	115,96	130,46	73,92	107,53	120,97
	II	1 930,91	106,20	154,47	173,78	II	1 930,91	100,40	146,04	164,29	94,60	137,60	154,80	88,80	129,17	145,31	83,—	120,74	135,83	77,21	112,30	126,34	71,41	103,87	116,85
	III	1 352,—	74,36	108,16	121,68	III	1 352,—	69,57	101,20	113,85	64,88	94,37	106,16	60,28	87,69	98,65	55,78	81,14	91,28	51,37	74,73	84,07	47,07	68,46	77,02
	V	2 512,—	138,16	200,96	226,08	IV	1 976,66	105,82	153,92	173,16	102,91	149,70	168,41	100,02	145,48	163,67	97,12	141,26	158,92	94,22	137,05	154,18	91,32	132,83	149,43
	VI	2 544,16	139,92	203,53	228,97																				
6 677,99	I,IV	1 977,91	108,78	158,23	178,01	I	1 977,91	102,98	149,80	168,52	97,18	141,36	159,03	91,39	132,93	149,54	85,59	124,50	140,06	79,79	116,06	130,57	73,99	107,63	121,08
	II	1 932,16	106,26	154,57	173,89	II	1 932,16	100,47	146,14	164,40	94,67	137,70	154,91	88,87	129,27	145,43	83,07	120,84	135,94	77,27	112,40	126,45	71,48	103,97	116,96
	III	1 353,16	74,42	108,25	121,78	III	1 353,16	69,63	101,28	113,94	64,93	94,45	106,25	60,34	87,77	98,74	55,84	81,22	91,37	51,43	74,81	84,16	47,11	68,53	77,09
	V	2 513,25	138,22	201,06	226,19	IV	1 977,91	105,88	154,02	173,27	102,98	149,80	168,52	100,09	145,58	163,78	97,18	141,36	159,03	94,29	137,15	154,29	91,39	132,93	149,54
	VI	2 545,41	139,99	203,63	229,08																				
6 680,99	I,IV	1 979,25	108,85	158,34	178,13	I	1 979,25	103,06	149,90	168,64	97,25	141,46	159,14	91,46	133,03	149,66	85,66	124,60	140,17	79,86	116,16	130,68	74,06	107,73	121,19
	II	1 933,41	106,33	154,67	174,—	II	1 933,41	100,54	146,24	164,52	94,74	137,80	155,03	88,94	129,37	145,54	83,14	120,94	136,05	77,34	112,50	126,56	71,55	104,07	117,08
	III	1 354,16	74,47	108,33	121,87	III	1 354,16	69,69	101,37	114,04	64,99	94,53	106,34	60,39	87,85	98,83	55,88	81,29	91,45	51,48	74,88	84,24	47,17	68,61	77,18
	V	2 514,50	138,29	201,16	226,30	IV	1 979,25	105,95	154,12	173,38	103,06	149,90	168,64	100,15	145,68	163,89	97,25	141,46	159,14	94,36	137,25	154,40	91,46	133,03	149,66
	VI	2 546,66	140,06	203,73	229,19																				
6 683,99	I,IV	1 980,50	108,92	158,44	178,24	I	1 980,50	103,12	150,—	168,75	97,33	141,57	159,26	91,53	133,14	149,78	85,73	124,70	140,29	79,93	116,26	130,79	74,13	107,83	121,31
	II	1 934,66	106,40	154,77	174,11	II	1 934,66	100,60	146,34	164,63	94,81	137,90	155,14	89,01	129,47	145,65	83,21	121,04	136,17	77,41	112,60	126,68	71,61	104,17	117,19
	III	1 355,16	74,53	108,41	121,96	III	1 355,16	69,74	101,45	114,13	65,05	94,62	106,45	60,45	87,93	98,92	55,94	81,37	91,54	51,53	74,96	84,33	47,21	68,68	77,26
	V	2 515,75	138,36	201,26	226,41	IV	1 980,50	106,02	154,22	173,49	103,12	150,—	168,75	100,22	145,78	164,—	97,33	141,57	159,26	94,43	137,35	154,52	91,53	133,14	149,78
	VI	2 547,91	140,13	203,83	229,31																				
6 686,99	I,IV	1 981,75	108,99	158,54	178,35	I	1 981,75	103,19	150,10	168,86	97,40	141,67	159,38	91,60	133,24	149,89	85,80	124,80	140,40	80,—	116,37	130,91	74,20	107,94	121,43
	II	1 935,91	106,47	154,87	174,23	II	1 935,91	100,67	146,44	164,74	94,87	138,—	155,25	89,08	129,57	145,76	83,28	121,14	136,28	77,48	112,70	126,79	71,68	104,27	117,30
	III	1 356,33	74,59	108,50	122,06	III	1 356,33	69,80	101,53	114,22	65,11	94,70	106,54	60,50	88,01	99,01	55,99	81,45	91,63	51,59	75,04	84,42	47,27	68,76	77,35
	V	2 517,—	138,43	201,36	226,53	IV	1 981,75	106,09	154,32	173,61	103,19	150,10	168,86	100,29	145,88	164,12	97,40	141,67	159,38	94,49	137,45	154,63	91,60	133,24	149,89
	VI	2 549,25	140,20	203,94	229,43																				
6 689,99	I,IV	1 983,—	109,06	158,64	178,47	I	1 983,—	103,26	150,20	168,98	97,46	141,77	159,49	91,67	133,34	150,—	85,87	124,90	140,51	80,07	116,47	131,03	74,27	108,04	121,54
	II	1 937,25	106,54	154,98	174,35	II	1 937,25	100,75	146,54	164,86	94,94	138,10	155,36	89,15	129,67	145,88	83,35	121,24	136,39	77,55	112,80	126,90	71,75	104,37	117,41
	III	1 357,33	74,65	108,58	122,15	III	1 357,33	69,85	101,61	114,31	65,16	94,78	106,63	60,56	88,09	99,10	56,05	81,53	91,72	51,64	75,12	84,51	47,32	68,84	77,44
	V	2 518,25	138,50	201,46	226,64	IV	1 983,—	106,16	154,42	173,72	103,26	150,20	168,98	100,36	145,98	164,23	97,46	141,77	159,49	94,56	137,55	154,74	91,67	133,34	150,—
	VI	2 550,50	140,27	204,04	229,54																				
6 692,99	I,IV	1 984,25	109,13	158,74	178,58	I	1 984,25	103,33	150,30	169,09	97,53	141,87	159,60	91,74	133,44	150,12	85,94	125,—	140,63	80,14	116,57	131,14	74,34	108,14	121,65
	II	1 938,50	106,61	155,08	174,46	II	1 938,50	100,81	146,64	164,97	95,02	138,21	155,48	89,22	129,78	146,—	83,42	121,34	136,51	77,62	112,90	127,01	71,82	104,47	117,53
	III	1 358,33	74,70	108,66	122,24	III	1 358,33	69,91	101,69	114,40	65,22	94,86	106,72	60,61	88,16	99,18	56,10	81,61	91,81	51,69	75,18	84,58	47,37	68,90	77,51
	V	2 519,50	138,57	201,56	226,75	IV	1 984,25	106,23	154,52	173,84	103,33	150,30	169,09	100,43	146,08	164,34	97,53	141,87	159,60	94,63	137,65	154,85	91,74	133,44	150,12
	VI	2 551,75	140,34	204,14	229,65																				
6 695,99	I,IV	1 985,50	109,20	158,84	178,69	I	1 985,50	103,40	150,40	169,20	97,60	141,97	159,71	91,80	133,54	150,23	86,01	125,10	140,74	80,21	116,67	131,25	74,41	108,24	121,77
	II	1 939,75	106,68	155,18	174,57	II	1 939,75	100,88	146,74	165,08	95,09	138,31	155,60	89,29	129,88	146,11	83,49	121,44	136,62	77,69	113,01	127,13	71,89	104,58	117,65
	III	1 359,50	74,77	108,76	122,35	III	1 359,50	69,96	101,77	114,49	65,27	94,94	106,81	60,66	88,24	99,27	56,15	81,68	91,89	51,74	75,26	84,67	47,42	68,98	77,60
	V	2 520,75	138,64	201,66	226,86	IV	1 985,50	106,30	154,62	173,95	103,40	150,40	169,20	100,50	146,19	164,46	97,60	141,97	159,71	94,71	137,76	154,98	91,80	133,54	150,23
	VI	2 553,—	140,41	204,24	229,77																				
6 698,99	I,IV	1 986,75	109,27	158,94	178,80	I	1 986,75	103,47	150,50	169,31	97,67	142,07	159,83	91,87	133,64	150,34	86,07	125,20	140,85	80,28	116,77	131,36	74,48	108,34	121,88
	II	1 941,—	106,75	155,28	174,69	II	1 941,—	100,95	146,84	165,20	95,15	138,41	155,71	89,36	129,98	146,22	83,56	121,54	136,73	77,76	113,11	127,25	71,96	104,68	117,76
	III	1 360,50	74,82	108,84	122,44	III	1 360,50	70,03	101,86	114,59	65,33	95,02	106,90	60,72	88,32	99,36	56,21	81,76	91,98	51,80	75,34	84,76	47,47	69,05	77,68
	V	2 522,08	138,71	201,76	226,98	IV	1 986,75	106,37	154,72	174,06	103,47	150,50	169,31	100,57	146,29	164,57	97,67	142,07	159,83	94,77	137,86	155,09	91,87	133,64	150,34
	VI	2 554,25	140,48	204,34	229,88																				
6 701,99	I,IV	1 988,—	109,34	159,04	178,92	I	1 988,—	103,54	150,60	169,43	97,74	142,17	159,94	91,94	133,74	150,45	86,14	125,30	140,96	80,35	116,87	131,48	74,55	108,44	121,99
	II	1 942,25	106,82	155,38	174,80	II	1 942,25	101,02	146,94	165,31	95,22	138,51	155,82	89,43	130,08	146,34	83,63	121,64	136,85	77,83	113,21	127,36	72,03	104,78	117,87
	III	1 361,50	74,88	108,92	122,53	III	1 361,50	70,08	101,94	114,68	65,38	95,10	106,99	60,77	88,40	99,45	56,26	81,84	92,07	51,84	75,41	84,83	47,52	69,13	77,77
	V	2 523,33	138,78	201,86	227,09	IV	1 988,—	106,44	154,82	174,17	103,54	150,60	169,43	100,64	146,39	164,69	97,74	142,17	159,94	94,84	137,96	155,20	91,94	133,74	150,45
	VI	2 555,50	140,55	204,44	229,99																				
6 704,99	I,IV	1 989,33	109,41	159,14	179,03	I	1 989,33	103,61	150,70	169,54	97,81	142,27	160,05	92,01	133,84	150,57	86,21	125,40	141,08	80,41	116,97	131,59	74,62	108,54	122,10
	II	1 943,50	106,89	155,48	174,91	II	1 943,50	101,09	147,04	165,42	95,29	138,61	155,93	89,49	130,18	146,45	83,70	121,74	136,96	77,90	113,31	127,47	72,10	104,88	117,99
	III	1 362,50	74,93	109,—	122,62	III	1 362,50	70,14	102,02	114,77	65,44	95,18	107,08	60,83	88,48	99,54	56,32	81,92	92,16	51,90	75,49	84,92	47,57	69,20	77,85
	V	2 524,58	138,85	201,96	227,21	IV	1 989,33	106,51	154,92	174,29	103,61	150,70	169,54	100,71	146,49	164,80	97,81	142,27	160,05	94,91	138,06	155,31	92,01	133,84	150,57
	VI	2 556,75	140,62	204,54	230,10																				

* Die ausgewiesenen Tabellenwerte sind amtlich. Siehe Erläuterungen auf der Umschlaginnenseite (U2).

MONAT 6 705,–*

Lohn/ Gehalt bis €*	Abzüge an Lohnsteuer, Solidaritätszuschlag (SolZ) und Kirchensteuer (8%, 9%) in den Steuerklassen																								
	I – VI					I, II, III, IV																			
			ohne Kinderfreibeträge					mit Zahl der Kinderfreibeträge . . .																	
								0,5			1			1,5			2			2,5			3		
		LSt	SolZ	8%	9%		LSt	SolZ	8%	9%	SolZ	8%	9%	SolZ	8%	9%	SolZ	8%	9%	SolZ	8%	9%	SolZ	8%	9%
6 707,99	I,IV	1 990,58	109,48	159,24	179,15	I	1 990,58	103,68	150,81	169,66	97,88	142,38	160,17	92,08	133,94	150,68	86,28	125,50	141,19	80,48	117,07	131,70	74,69	108,64	122,22
	II	1 944,75	106,96	155,58	175,02	II	1 944,75	101,16	147,14	165,53	95,36	138,71	156,05	89,56	130,28	146,56	83,76	121,84	137,07	77,97	113,41	127,58	72,17	104,98	118,10
	III	1 363,66	75,—	109,09	122,72	III	1 363,66	70,19	102,10	114,86	65,49	95,26	107,17	60,88	88,56	99,63	56,37	82,—	92,25	51,95	75,57	85,01	47,63	69,28	77,94
	V	2 525,83	138,92	202,06	227,32	IV	1 990,58	106,58	155,02	174,40	103,68	150,81	169,66	100,78	146,59	164,91	97,88	142,38	160,17	94,98	138,16	155,43	92,08	133,94	150,68
	VI	2 558,—	140,69	204,64	230,22																				
6 710,99	I,IV	1 991,83	109,55	159,34	179,26	I	1 991,83	103,75	150,91	169,77	97,95	142,48	160,29	92,15	134,04	150,80	86,35	125,61	141,31	80,56	117,18	131,82	74,76	108,74	122,33
	II	1 946,—	107,03	155,68	175,14	II	1 946,—	101,23	147,24	165,65	95,43	138,81	156,16	89,63	130,38	146,67	83,83	121,94	137,18	78,04	113,51	127,70	72,24	105,08	118,21
	III	1 364,66	75,05	109,17	122,81	III	1 364,66	70,25	102,18	114,95	65,55	95,34	107,26	60,94	88,64	99,72	56,43	82,08	92,34	52,—	75,64	85,09	47,68	69,36	78,03
	V	2 527,08	138,98	202,16	227,43	IV	1 991,83	106,64	155,12	174,51	103,75	150,91	169,77	100,85	146,69	165,02	97,95	142,48	160,29	95,05	138,26	155,54	92,15	134,04	150,80
	VI	2 559,25	140,75	204,74	230,33																				
6 713,99	I,IV	1 993,08	109,61	159,44	179,37	I	1 993,08	103,82	151,01	169,88	98,02	142,58	160,40	92,22	134,14	150,91	86,42	125,71	141,42	80,63	117,28	131,94	74,83	108,84	122,45
	II	1 947,33	107,10	155,78	175,25	II	1 947,33	101,30	147,34	165,76	95,50	138,91	156,27	89,70	130,48	146,79	83,90	122,04	137,30	78,10	113,61	127,81	72,31	105,18	118,32
	III	1 365,66	75,11	109,25	122,90	III	1 365,66	70,31	102,28	115,06	65,60	95,42	107,35	60,99	88,72	99,81	56,47	82,14	92,41	52,05	75,72	85,18	47,73	69,42	78,10
	V	2 528,33	139,05	202,26	227,54	IV	1 993,08	106,71	155,22	174,62	103,82	151,01	169,88	100,92	146,79	165,14	98,02	142,58	160,40	95,12	138,36	155,65	92,22	134,14	150,91
	VI	2 560,58	140,83	204,84	230,45																				
6 716,99	I,IV	1 994,33	109,68	159,54	179,48	I	1 994,33	103,89	151,11	170,—	98,09	142,68	160,51	92,29	134,24	151,02	86,49	125,81	141,53	80,69	117,38	132,05	74,90	108,94	122,56
	II	1 948,58	107,17	155,88	175,37	II	1 948,58	101,37	147,45	165,88	95,57	139,02	156,39	89,77	130,58	146,90	83,97	122,14	137,41	78,17	113,71	127,92	72,38	105,28	118,44
	III	1 366,83	75,17	109,34	123,01	III	1 366,83	70,37	102,36	115,15	65,66	95,50	107,44	61,05	88,80	99,90	56,53	82,22	92,50	52,11	75,80	85,27	47,78	69,50	78,19
	V	2 529,58	139,12	202,36	227,66	IV	1 994,33	106,78	155,32	174,74	103,89	151,11	170,—	100,98	146,89	165,25	98,09	142,68	160,51	95,19	138,46	155,76	92,29	134,24	151,02
	VI	2 561,83	140,90	204,94	230,56																				
6 719,99	I,IV	1 995,58	109,75	159,64	179,60	I	1 995,58	103,95	151,21	170,11	98,16	142,78	160,62	92,36	134,34	151,13	86,56	125,91	141,65	80,76	117,48	132,16	74,96	109,04	122,67
	II	1 949,83	107,24	155,98	175,48	II	1 949,83	101,44	147,55	165,99	95,64	139,12	156,51	89,84	130,68	147,02	84,04	122,25	137,53	78,25	113,82	128,04	72,45	105,38	118,55
	III	1 367,83	75,23	109,42	123,10	III	1 367,83	70,42	102,44	115,24	65,71	95,58	107,53	61,10	88,88	99,99	56,58	82,30	92,59	52,16	75,88	85,36	47,83	69,57	78,26
	V	2 530,83	139,19	202,46	227,77	IV	1 995,58	106,86	155,43	174,86	103,95	151,21	170,11	101,06	147,—	165,37	98,16	142,78	160,62	95,26	138,56	155,88	92,36	134,34	151,13
	VI	2 563,08	140,96	205,04	230,67																				
6 722,99	I,IV	1 996,83	109,82	159,74	179,71	I	1 996,83	104,02	151,31	170,22	98,23	142,88	160,74	92,43	134,44	151,25	86,63	126,01	141,76	80,83	117,58	132,27	75,03	109,14	122,78
	II	1 951,08	107,30	156,08	175,59	II	1 951,08	101,51	147,65	166,10	95,71	139,22	156,62	89,91	130,78	147,13	84,11	122,35	137,64	78,32	113,92	128,16	72,52	105,48	118,67
	III	1 368,83	75,28	109,50	123,19	III	1 368,83	70,48	102,52	115,33	65,77	95,66	107,62	61,16	88,96	100,08	56,64	82,38	92,68	52,21	75,94	85,43	47,88	69,65	78,35
	V	2 532,16	139,26	202,57	227,89	IV	1 996,83	106,92	155,53	174,97	104,02	151,31	170,22	101,13	147,10	165,48	98,23	142,88	160,74	95,33	138,66	155,99	92,43	134,44	151,25
	VI	2 564,33	141,03	205,14	230,78																				
6 725,99	I,IV	1 998,08	109,89	159,84	179,82	I	1 998,08	104,09	151,41	170,33	98,29	142,98	160,85	92,50	134,54	151,36	86,70	126,11	141,87	80,90	117,68	132,39	75,10	109,24	122,90
	II	1 952,33	107,37	156,18	175,70	II	1 952,33	101,58	147,75	166,22	95,78	139,32	156,73	89,98	130,88	147,24	84,18	122,45	137,75	78,38	114,02	128,27	72,59	105,58	118,78
	III	1 370,—	75,35	109,60	123,30	III	1 370,—	70,53	102,60	115,42	65,82	95,74	107,71	61,21	89,04	100,17	56,69	82,46	92,77	52,26	76,02	85,52	47,93	69,72	78,43
	V	2 533,41	139,33	202,67	228,—	IV	1 998,08	106,99	155,63	175,08	104,09	151,41	170,33	101,20	147,20	165,60	98,29	142,98	160,85	95,40	138,76	156,11	92,50	134,54	151,36
	VI	2 565,58	141,10	205,24	230,90																				
6 728,99	I,IV	1 999,33	109,96	159,94	179,93	I	1 999,33	104,16	151,51	170,45	98,36	143,08	160,96	92,56	134,64	151,47	86,77	126,21	141,98	80,97	117,78	132,50	75,17	109,34	123,01
	II	1 953,58	107,44	156,28	175,82	II	1 953,58	101,64	147,85	166,33	95,85	139,42	156,84	90,05	130,98	147,35	84,25	122,55	137,87	78,45	114,12	128,38	72,65	105,68	118,89
	III	1 371,—	75,40	109,68	123,39	III	1 371,—	70,60	102,69	115,52	65,89	95,84	107,82	61,27	89,12	100,26	56,75	82,54	92,86	52,32	76,10	85,61	47,98	69,80	78,52
	V	2 534,66	139,40	202,77	228,11	IV	1 999,33	107,06	155,73	175,19	104,16	151,51	170,45	101,26	147,30	165,71	98,36	143,08	160,96	95,47	138,86	156,22	92,56	134,64	151,47
	VI	2 566,83	141,17	205,34	231,01																				
6 731,99	I,IV	2 000,66	110,03	160,05	180,05	I	2 000,66	104,23	151,62	170,57	98,44	143,18	161,08	92,63	134,74	151,58	86,84	126,31	142,10	81,04	117,88	132,61	75,24	109,44	123,12
	II	1 954,83	107,51	156,38	175,93	II	1 954,83	101,71	147,95	166,44	95,92	139,52	156,96	90,12	131,08	147,47	84,32	122,65	137,98	78,52	114,22	128,49	72,72	105,78	119,—
	III	1 372,—	75,46	109,76	123,48	III	1 372,—	70,65	102,77	115,61	65,94	95,92	107,91	61,32	89,20	100,35	56,79	82,61	92,93	52,36	76,17	85,69	48,04	69,88	78,61
	V	2 535,91	139,47	202,87	228,23	IV	2 000,66	107,13	155,83	175,31	104,23	151,62	170,57	101,33	147,40	165,82	98,44	143,18	161,08	95,53	138,96	156,33	92,63	134,74	151,58
	VI	2 568,08	141,24	205,44	231,12																				
6 734,99	I,IV	2 001,91	110,10	160,15	180,17	I	2 001,91	104,30	151,72	170,68	98,50	143,28	161,19	92,71	134,85	151,70	86,91	126,42	142,22	81,11	117,98	132,73	75,31	109,54	123,23
	II	1 956,08	107,58	156,48	176,04	II	1 956,08	101,78	148,05	166,55	95,98	139,62	157,07	90,19	131,18	147,58	84,39	122,75	138,09	78,59	114,32	128,61	72,79	105,88	119,12
	III	1 373,16	75,52	109,85	123,58	III	1 373,16	70,71	102,85	115,70	66,—	96,—	108,—	61,38	89,28	100,44	56,85	82,69	93,02	52,42	76,25	85,78	48,08	69,94	78,68
	V	2 537,16	139,54	202,97	228,34	IV	2 001,91	107,20	155,93	175,42	104,30	151,72	170,68	101,40	147,50	165,93	98,50	143,28	161,19	95,60	139,06	156,44	92,71	134,85	151,70
	VI	2 569,33	141,31	205,54	231,23																				
6 737,99	I,IV	2 003,16	110,17	160,25	180,28	I	2 003,16	104,37	151,82	170,79	98,57	143,38	161,30	92,78	134,95	151,82	86,98	126,52	142,33	81,18	118,08	132,84	75,38	109,65	123,35
	II	1 957,33	107,65	156,58	176,15	II	1 957,33	101,85	148,15	166,67	96,05	139,72	157,18	90,25	131,28	147,69	84,46	122,85	138,20	78,66	114,42	128,72	72,86	105,98	119,23
	III	1 374,16	75,57	109,93	123,67	III	1 374,16	70,76	102,93	115,79	66,05	96,08	108,09	61,43	89,36	100,53	56,90	82,77	93,11	52,47	76,33	85,87	48,14	70,02	78,77
	V	2 538,41	139,61	203,07	228,45	IV	2 003,16	107,27	156,03	175,53	104,37	151,82	170,79	101,47	147,60	166,05	98,57	143,38	161,30	95,67	139,16	156,56	92,78	134,95	151,82
	VI	2 570,66	141,38	205,65	231,35																				
6 740,99	I,IV	2 004,41	110,24	160,35	180,39	I	2 004,41	104,44	151,92	170,91	98,64	143,48	161,42	92,84	135,05	151,93	87,05	126,62	142,44	81,25	118,18	132,95	75,45	109,75	123,47
	II	1 958,66	107,72	156,69	176,27	II	1 958,66	101,92	148,26	166,79	96,13	139,82	157,30	90,32	131,38	147,80	84,53	122,95	138,32	78,73	114,52	128,83	72,93	106,08	119,34
	III	1 375,16	75,63	110,01	123,76	III	1 375,16	70,82	103,01	115,88	66,11	96,16	108,18	61,49	89,44	100,62	56,96	82,85	93,20	52,52	76,40	85,95	48,18	70,09	78,85
	V	2 539,66	139,68	203,17	228,56	IV	2 004,41	107,34	156,13	175,64	104,44	151,92	170,91	101,54	147,70	166,16	98,64	143,48	161,42	95,74	139,26	156,67	92,84	135,05	151,93
	VI	2 571,91	141,45	205,75	231,47																				
6 743,99	I,IV	2 005,66	110,31	160,45	180,50	I	2 005,66	104,51	152,02	171,02	98,71	143,58	161,53	92,91	135,15	152,04	87,12	126,72	142,56	81,32	118,28	133,07	75,52	109,85	123,58
	II	1 959,91	107,79	156,79	176,39	II	1 959,91	101,99	148,36	166,90	96,19	139,92	157,41	90,40	131,49	147,92	84,60	123,06	138,44	78,80	114,62	128,95	73,—	106,18	119,45
	III	1 376,33	75,69	110,10	123,86	III	1 376,33	70,88	103,10	115,99	66,16	96,24	108,27	61,54	89,52	100,71	57,01	82,93	93,29	52,58	76,48	86,04	48,24	70,17	78,94
	V	2 540,91	139,75	203,27	228,68	IV	2 005,66	107,41	156,24	175,77	104,51	152,02	171,02	101,61	147,80	166,28	98,71	143,58	161,53	95,81	139,36	156,78	92,91	135,15	152,04
	VI	2 573,16	141,52	205,85	231,58																				
6 746,99	I,IV	2 006,91	110,38	160,55	180,62	I	2 006,91	104,58	152,12	171,13	98,78	143,68	161,64	92,98	135,25	152,15	87,18	126,82	142,67	81,39	118,38	133,18	75,59	109,95	123,69
	II	1 961,16	107,86	156,89	176,50	II	1 961,16	102,06	148,46	167,01	96,26	140,02	157,52	90,47	131,59	148,04	84,67	123,16	138,55	78,87	114,72	129,06	73,07	106,29	119,57
	III	1 377,33	75,75	110,18	123,95	III	1 377,33	70,94	103,18	116,08	66,22	96,32	108,36	61,60	89,60	100,80	57,07	83,01	93,38	52,63	76,56	86,13	48,29	70,25	79,03
	V	2 542,25	139,82	203,38	228,80	IV	2 006,91	107,48	156,34	175,88	104,58	152,12	171,13	101,68	147,90	166,39	98,78	143,68	161,64	95,88	139,47	156,90	92,98	135,25	152,15
	VI	2 574,41	141,59	205,95	231,69																				
6 749,99	I,IV	2 008,16	110,44	160,65	180,73	I	2 008,16	104,65	152,22	171,24	98,85	143,78	161,75	93,05	135,35	152,27	87,25	126,92	142,78	81,45	118,48	133,29	75,66	110,05	123,80
	II	1 962,41	107,93	156,99	176,61	II	1 962,41	102,13	148,56	167,13	96,33	140,12	157,64	90,53	131,69	148,15	84,74	123,26	138,66	78,94	114,82	129,17	73,14	106,39	119,69
	III	1 378,33	75,80	110,26	124,04	III	1 378,33	70,99	103,26	116,17	66,27	96,40	108,45	61,65	89,68	100,89	57,11	83,08	93,46	52,69	76,64	86,22	48,34	70,32	79,11
	V	2 543,50	139,89	203,48	228,91	IV	2 008,16	107,55	156,44	175,99	104,65	152,22	171,24	101,75	148,—	166,50	98,85	143,78	161,75	95,95	139,57	157,01	93,05	135,35	152,27
	VI	2 575,66	141,66	206,05	231,80																				

* Die ausgewiesenen Tabellenwerte sind amtlich. Siehe Erläuterungen auf der Umschlaginnenseite (U2).

Abzüge an Lohnsteuer, Solidaritätszuschlag (SolZ) und Kirchensteuer (8%, 9%) in den Steuerklassen

Lohn/ Gehalt bis €*	I – VI					I, II, III, IV																			
			ohne Kinder-freibeträge					mit Zahl der Kinderfreibeträge . . .																	
								0,5			1			1,5			2			2,5			3		
		LSt	SolZ	8%	9%		LSt	SolZ	8%	9%	SolZ	8%	9%	SolZ	8%	9%	SolZ	8%	9%	SolZ	8%	9%	SolZ	8%	9%
6 752,99	I,IV	2 009,41	110,51	160,75	180,84	I	2 009,41	104,72	152,32	171,36	98,92	143,88	161,87	93,12	135,45	152,38	87,32	127,02	142,89	81,52	118,58	133,40	75,73	110,15	123,92
	II	1 963,66	108,—	157,09	176,72	II	1 963,66	102,20	148,66	167,24	96,40	140,22	157,75	90,60	131,79	148,26	84,81	123,36	138,78	79,01	114,92	129,29	73,21	106,49	119,80
	III	1 379,50	75,87	110,36	124,15	III	1 379,50	71,05	103,34	116,26	66,33	96,48	108,54	61,71	89,76	100,98	57,17	83,16	93,55	52,73	76,70	86,29	48,40	70,40	79,20
	V	2 544,75	139,96	203,58	229,02	IV	2 009,41	107,62	156,54	176,10	104,72	152,32	171,36	101,82	148,10	166,61	98,92	143,88	161,87	96,02	139,67	157,13	93,12	135,45	152,38
	VI	2 576,91	141,73	206,15	231,92																				
6 755,99	I,IV	2 010,75	110,59	160,86	180,96	I	2 010,75	104,79	152,42	171,47	98,99	143,98	161,98	93,19	135,55	152,49	87,39	127,12	143,01	81,59	118,68	133,52	75,79	110,25	124,03
	II	1 964,91	108,07	157,19	176,84	II	1 964,91	102,27	148,76	167,35	96,47	140,32	157,86	90,67	131,89	148,37	84,87	123,46	138,89	79,08	115,02	129,40	73,28	106,59	119,91
	III	1 380,50	75,92	110,44	124,24	III	1 380,50	71,11	103,44	116,37	66,38	96,56	108,63	61,76	89,84	101,07	57,22	83,24	93,64	52,79	76,78	86,38	48,44	70,46	79,27
	V	2 546,—	140,03	203,68	229,14	IV	2 010,75	107,69	156,64	176,22	104,79	152,42	171,47	101,89	148,20	166,73	98,99	143,98	161,98	96,09	139,77	157,24	93,19	135,55	152,49
	VI	2 578,16	141,79	206,25	232,03																				
6 758,99	I,IV	2 012,—	110,66	160,96	181,08	I	2 012,—	104,86	152,52	171,59	99,06	144,09	162,10	93,26	135,66	152,61	87,46	127,22	143,12	81,66	118,78	133,63	75,86	110,35	124,14
	II	1 966,16	108,13	157,29	176,95	II	1 966,16	102,34	148,86	167,46	96,54	140,42	157,97	90,74	131,99	148,49	84,94	123,56	139,—	79,14	115,12	129,51	73,35	106,69	120,02
	III	1 381,50	75,98	110,52	124,33	III	1 381,50	71,17	103,52	116,46	66,44	96,64	108,72	61,82	89,92	101,16	57,28	83,32	93,73	52,84	76,86	86,47	48,50	70,54	79,36
	V	2 547,25	140,09	203,78	229,25	IV	2 012,—	107,75	156,74	176,33	104,86	152,52	171,59	101,96	148,30	166,84	99,06	144,09	162,10	96,16	139,87	157,35	93,26	135,66	152,61
	VI	2 579,41	141,86	206,35	232,14																				
6 761,99	I,IV	2 013,25	110,72	161,06	181,19	I	2 013,25	104,93	152,62	171,70	99,13	144,19	162,21	93,33	135,76	152,73	87,53	127,32	143,24	81,73	118,89	133,75	75,94	110,46	124,26
	II	1 967,41	108,20	157,39	177,06	II	1 967,41	102,41	148,96	167,58	96,61	140,52	158,09	90,81	132,09	148,60	85,01	123,66	139,11	79,21	115,22	129,62	73,42	106,79	120,14
	III	1 382,66	76,04	110,61	124,43	III	1 382,66	71,22	103,60	116,55	66,50	96,73	108,82	61,87	90,—	101,25	57,33	83,40	93,82	52,90	76,94	86,56	48,55	70,62	79,45
	V	2 548,50	140,16	203,88	229,36	IV	2 013,25	107,82	156,84	176,44	104,93	152,62	171,70	102,02	148,40	166,95	99,13	144,19	162,21	96,23	139,97	157,46	93,33	135,76	152,73
	VI	2 580,75	141,94	206,46	232,26																				
6 764,99	I,IV	2 014,50	110,79	161,16	181,30	I	2 014,50	104,99	152,72	171,81	99,20	144,29	162,32	93,40	135,86	152,84	87,60	127,42	143,35	81,80	118,99	133,86	76,01	110,56	124,38
	II	1 968,75	108,28	157,50	177,18	II	1 968,75	102,48	149,06	167,69	96,68	140,62	158,20	90,88	132,19	148,71	85,08	123,76	139,23	79,28	115,32	129,74	73,48	106,89	120,25
	III	1 383,66	76,10	110,69	124,52	III	1 383,66	71,28	103,68	116,64	66,55	96,81	108,91	61,92	90,06	101,32	57,39	83,48	93,91	52,94	77,01	86,63	48,60	70,69	79,52
	V	2 549,75	140,23	203,98	229,47	IV	2 014,50	107,89	156,94	176,55	104,99	152,72	171,81	102,09	148,50	167,06	99,20	144,29	162,32	96,30	140,07	157,58	93,40	135,86	152,84
	VI	2 582,—	142,01	206,56	232,38																				
6 767,99	I,IV	2 015,75	110,86	161,26	181,41	I	2 015,75	105,06	152,82	171,92	99,27	144,39	162,44	93,47	135,96	152,95	87,67	127,52	143,46	81,87	119,09	133,97	76,07	110,66	124,49
	II	1 970,—	108,35	157,60	177,30	II	1 970,—	102,55	149,16	167,81	96,75	140,73	158,32	90,95	132,30	148,83	85,15	123,86	139,34	79,35	115,42	129,85	73,55	106,99	120,36
	III	1 384,66	76,15	110,77	124,61	III	1 384,66	71,33	103,76	116,73	66,61	96,89	109,—	61,97	90,14	101,41	57,44	83,56	94,—	53,—	77,09	86,72	48,65	70,77	79,61
	V	2 551,—	140,30	204,08	229,59	IV	2 015,75	107,96	157,04	176,67	105,06	152,82	171,92	102,16	148,60	167,18	99,27	144,39	162,44	96,36	140,17	157,69	93,47	135,96	152,95
	VI	2 583,25	142,07	206,66	232,49																				
6 770,99	I,IV	2 017,—	110,93	161,36	181,53	I	2 017,—	105,13	152,92	172,04	99,33	144,49	162,55	93,54	136,06	153,06	87,74	127,62	143,57	81,94	119,19	134,09	76,14	110,76	124,60
	II	1 971,25	108,41	157,70	177,41	II	1 971,25	102,62	149,26	167,92	96,82	140,83	158,43	91,02	132,40	148,95	85,22	123,96	139,46	79,42	115,53	129,97	73,63	107,10	120,48
	III	1 385,83	76,22	110,86	124,72	III	1 385,83	71,39	103,85	116,83	66,66	96,97	109,09	62,03	90,22	101,50	57,49	83,62	94,07	53,05	77,17	86,81	48,70	70,84	79,69
	V	2 552,25	140,37	204,18	229,70	IV	2 017,—	108,03	157,14	176,78	105,13	152,92	172,04	102,24	148,71	167,30	99,33	144,49	162,55	96,44	140,28	157,81	93,54	136,06	153,06
	VI	2 584,50	142,14	206,76	232,60																				
6 773,99	I,IV	2 018,25	111,—	161,46	181,64	I	2 018,25	105,20	153,02	172,15	99,40	144,59	162,66	93,61	136,16	153,18	87,81	127,72	143,69	82,01	119,29	134,20	76,21	110,86	124,71
	II	1 972,50	108,48	157,80	177,52	II	1 972,50	102,68	149,36	168,03	96,89	140,93	158,54	91,09	132,50	149,06	85,29	124,06	139,57	79,49	115,63	130,08	73,70	107,20	120,60
	III	1 386,83	76,27	110,94	124,81	III	1 386,83	71,45	103,93	116,92	66,72	97,05	109,18	62,08	90,30	101,59	57,54	83,70	94,16	53,10	77,24	86,89	48,75	70,92	79,78
	V	2 553,58	140,44	204,28	229,82	IV	2 018,25	108,10	157,24	176,90	105,20	153,02	172,15	102,30	148,81	167,41	99,40	144,59	162,66	96,51	140,38	157,92	93,61	136,16	153,18
	VI	2 585,75	142,21	206,86	232,71																				
6 776,99	I,IV	2 019,50	111,07	161,56	181,75	I	2 019,50	105,27	153,12	172,26	99,47	144,69	162,77	93,67	136,26	153,29	87,88	127,82	143,80	82,08	119,39	134,31	76,28	110,96	124,83
	II	1 973,75	108,55	157,90	177,63	II	1 973,75	102,75	149,46	168,14	96,96	141,03	158,66	91,16	132,60	149,17	85,36	124,16	139,68	79,56	115,73	130,19	73,76	107,30	120,71
	III	1 388,—	76,34	111,04	124,92	III	1 388,—	71,50	104,01	117,01	66,77	97,13	109,27	62,14	90,38	101,68	57,60	83,78	94,25	53,15	77,32	86,98	48,81	71,—	79,87
	V	2 554,83	140,51	204,38	229,93	IV	2 019,50	108,17	157,34	177,01	105,27	153,12	172,26	102,37	148,91	167,52	99,47	144,69	162,77	96,58	140,48	158,04	93,67	136,26	153,29
	VI	2 587,—	142,28	206,96	232,83																				
6 779,99	I,IV	2 020,83	111,14	161,66	181,87	I	2 020,83	105,34	153,22	172,37	99,54	144,79	162,89	93,74	136,36	153,40	87,94	127,92	143,91	82,15	119,49	134,42	76,35	111,06	124,94
	II	1 975,—	108,62	158,—	177,75	II	1 975,—	102,82	149,56	168,26	97,02	141,13	158,77	91,23	132,70	149,28	85,43	124,26	139,79	79,63	115,83	130,31	73,83	107,40	120,82
	III	1 389,—	76,39	111,12	125,01	III	1 389,—	71,56	104,09	117,10	66,83	97,21	109,36	62,19	90,46	101,77	57,65	83,86	94,34	53,21	77,40	87,07	48,85	71,06	79,94
	V	2 556,08	140,58	204,48	230,04	IV	2 020,83	108,24	157,44	177,12	105,34	153,22	172,37	102,44	149,01	167,63	99,54	144,79	162,89	96,64	140,58	158,15	93,74	136,36	153,40
	VI	2 588,25	142,35	207,06	232,94																				
6 782,99	I,IV	2 022,08	111,21	161,76	181,98	I	2 022,08	105,41	153,33	172,49	99,61	144,90	163,01	93,82	136,46	153,52	88,01	128,02	144,02	82,22	119,59	134,54	76,42	111,16	125,05
	II	1 976,25	108,69	158,10	177,86	II	1 976,25	102,89	149,66	168,37	97,09	141,23	158,88	91,30	132,80	149,40	85,50	124,36	139,91	79,70	115,93	130,42	73,90	107,50	120,93
	III	1 390,—	76,45	111,20	125,10	III	1 390,—	71,62	104,18	117,20	66,88	97,29	109,45	62,25	90,54	101,86	57,71	83,94	94,43	53,26	77,48	87,16	48,91	71,14	80,03
	V	2 557,33	140,65	204,58	230,15	IV	2 022,08	108,31	157,54	177,23	105,41	153,33	172,49	102,51	149,11	167,75	99,61	144,90	163,01	96,71	140,68	158,26	93,82	136,46	153,52
	VI	2 589,50	142,42	207,16	233,05																				
6 785,99	I,IV	2 023,33	111,28	161,86	182,09	I	2 023,33	105,48	153,43	172,61	99,68	145,—	163,12	93,88	136,56	153,63	88,09	128,13	144,14	82,29	119,70	134,66	76,49	111,26	125,17
	II	1 977,50	108,76	158,20	177,97	II	1 977,50	102,96	149,76	168,48	97,16	141,33	158,99	91,36	132,90	149,51	85,57	124,46	140,02	79,77	116,03	130,53	73,97	107,60	121,05
	III	1 391,16	76,51	111,29	125,20	III	1 391,16	71,68	104,26	117,29	66,94	97,37	109,54	62,30	90,62	101,95	57,76	84,02	94,52	53,31	77,54	87,23	48,95	71,21	80,11
	V	2 558,58	140,72	204,68	230,27	IV	2 023,33	108,38	157,64	177,35	105,48	153,43	172,61	102,58	149,21	167,86	99,68	145,—	163,12	96,78	140,78	158,37	93,88	136,56	153,63
	VI	2 590,75	142,49	207,26	233,16																				
6 788,99	I,IV	2 024,58	111,35	161,96	182,21	I	2 024,58	105,55	153,53	172,72	99,75	145,10	163,23	93,95	136,66	153,74	88,16	128,23	144,26	82,36	119,80	134,77	76,56	111,36	125,28
	II	1 978,83	108,83	158,30	178,09	II	1 978,83	103,03	149,86	168,59	97,23	141,43	159,11	91,43	133,—	149,62	85,63	124,56	140,13	79,84	116,13	130,64	74,04	107,70	121,16
	III	1 392,16	76,56	111,37	125,29	III	1 392,16	71,73	104,34	117,38	67,—	97,46	109,64	62,36	90,70	102,04	57,82	84,10	94,61	53,36	77,62	87,32	49,01	71,29	80,20
	V	2 559,83	140,79	204,78	230,38	IV	2 024,58	108,45	157,74	177,46	105,55	153,53	172,72	102,65	149,31	167,97	99,75	145,10	163,23	96,85	140,88	158,49	93,95	136,66	153,74
	VI	2 592,08	142,56	207,36	233,28																				
6 791,99	I,IV	2 025,83	111,42	162,06	182,32	I	2 025,83	105,62	153,63	172,83	99,82	145,20	163,35	94,02	136,76	153,86	88,22	128,33	144,37	82,43	119,90	134,88	76,63	111,46	125,39
	II	1 980,08	108,90	158,40	178,20	II	1 980,08	103,10	149,97	168,71	97,30	141,54	159,23	91,51	133,10	149,74	85,70	124,66	140,24	79,91	116,23	130,76	74,11	107,80	121,27
	III	1 393,16	76,62	111,45	125,38	III	1 393,16	71,79	104,42	117,47	67,06	97,54	109,73	62,41	90,78	102,13	57,86	84,17	94,69	53,42	77,70	87,41	49,06	71,37	80,29
	V	2 561,08	140,85	204,88	230,49	IV	2 025,83	108,51	157,84	177,57	105,62	153,63	172,83	102,72	149,41	168,08	99,82	145,20	163,35	96,92	140,98	158,60	94,02	136,76	153,86
	VI	2 593,33	142,63	207,46	233,39																				
6 794,99	I,IV	2 027,08	111,48	162,16	182,43	I	2 027,08	105,69	153,73	172,94	99,89	145,30	163,46	94,09	136,86	153,97	88,29	128,43	144,48	82,50	120,—	135,—	76,70	111,56	125,51
	II	1 981,33	108,97	158,50	178,31	II	1 981,33	103,17	150,07	168,83	97,37	141,64	159,34	91,57	133,20	149,85	85,78	124,77	140,36	79,98	116,34	130,88	74,18	107,90	121,39
	III	1 394,33	76,68	111,54	125,48	III	1 394,33	71,85	104,52	117,58	67,11	97,62	109,82	62,47	90,86	102,22	57,92	84,25	94,78	53,47	77,78	87,50	49,11	71,44	80,37
	V	2 562,33	140,92	204,98	230,60	IV	2 027,08	108,59	157,95	177,69	105,69	153,73	172,94	102,79	149,52	168,21	99,89	145,30	163,46	96,99	141,08	158,72	94,09	136,86	153,97
	VI	2 594,58	142,70	207,56	233,51																				

* Die ausgewiesenen Tabellenwerte sind amtlich. Siehe Erläuterungen auf der Umschlaginnenseite (U2).

MONAT 6 795,–*

Abzüge an Lohnsteuer, Solidaritätszuschlag (SolZ) und Kirchensteuer (8%, 9%) in den Steuerklassen

Lohn/Gehalt bis €*	I – VI	LSt	ohne Kinderfreibeträge SolZ	8%	9%	I, II, III, IV	LSt	mit Zahl der Kinderfreibeträge . . . 0,5 SolZ	0,5 8%	0,5 9%	1 SolZ	1 8%	1 9%	1,5 SolZ	1,5 8%	1,5 9%	2 SolZ	2 8%	2 9%	2,5 SolZ	2,5 8%	2,5 9%	3 SolZ	3 8%	3 9%
6 797,99	I,IV	2 028,33	111,55	162,26	182,54	I	2 028,33	105,76	153,83	173,06	99,96	145,40	163,57	94,16	136,96	154,08	88,36	128,53	144,59	82,56	120,10	135,11	76,77	111,66	125,62
	II	1 982,58	109,04	158,60	178,43	II	1 982,58	103,24	150,17	168,94	97,44	141,74	159,45	91,64	133,30	149,96	85,85	124,87	140,48	80,05	116,44	130,99	74,25	108,–	121,50
	III	1 395,33	76,74	111,62	125,57	III	1 395,33	71,91	104,60	117,67	67,17	97,70	109,91	62,52	90,94	102,31	57,97	84,33	94,87	53,52	77,85	87,58	49,17	71,52	80,46
	V	2 563,66	141,–	205,09	230,72	IV	2 028,33	108,66	158,05	177,80	105,76	153,83	173,06	102,86	149,62	168,32	99,96	145,40	163,57	97,06	141,18	158,83	94,16	136,96	154,08
	VI	2 595,83	142,77	207,66	233,62																				
6 800,99	I,IV	2 029,58	111,62	162,36	182,66	I	2 029,58	105,82	153,93	173,17	100,03	145,50	163,68	94,23	137,06	154,19	88,43	128,63	144,71	82,63	120,20	135,22	76,83	111,76	125,73
	II	1 983,83	109,11	158,70	178,54	II	1 983,83	103,31	150,27	169,05	97,51	141,84	159,57	91,71	133,40	150,08	85,91	124,97	140,59	80,12	116,54	131,10	74,32	108,10	121,61
	III	1 396,33	76,79	111,70	125,66	III	1 396,33	71,96	104,68	117,76	67,22	97,78	110,–	62,58	91,02	102,40	58,03	84,41	94,96	53,57	77,93	87,67	49,22	71,60	80,55
	V	2 564,91	141,07	205,19	230,84	IV	2 029,58	108,73	158,15	177,92	105,82	153,93	173,17	102,93	149,72	168,43	100,03	145,50	163,68	97,13	141,28	158,94	94,23	137,06	154,19
	VI	2 597,08	142,83	207,76	233,73																				
6 803,99	I,IV	2 030,83	111,69	162,46	182,77	I	2 030,83	105,89	154,03	173,28	100,10	145,60	163,80	94,30	137,16	154,31	88,50	128,73	144,82	82,70	120,30	135,33	76,90	111,86	125,84
	II	1 985,08	109,17	158,80	178,65	II	1 985,08	103,38	150,37	169,16	97,58	141,94	159,68	91,78	133,50	150,19	85,98	125,07	140,70	80,19	116,64	131,22	74,39	108,20	121,73
	III	1 397,50	76,86	111,80	125,77	III	1 397,50	72,02	104,76	117,85	67,28	97,86	110,09	62,63	91,10	102,49	58,08	84,49	95,05	53,63	78,01	87,76	49,27	71,66	80,62
	V	2 566,16	141,13	205,29	230,95	IV	2 030,83	108,79	158,25	178,03	105,89	154,03	173,28	103,–	149,82	168,54	100,10	145,60	163,80	97,20	141,38	159,05	94,30	137,16	154,31
	VI	2 598,33	142,90	207,86	233,84																				
6 806,99	I,IV	2 032,16	111,76	162,57	182,89	I	2 032,16	105,97	154,14	173,40	100,17	145,70	163,91	94,37	137,26	154,42	88,57	128,83	144,93	82,77	120,40	135,45	76,97	111,96	125,96
	II	1 986,33	109,24	158,90	178,76	II	1 986,33	103,45	150,47	169,28	97,65	142,04	159,79	91,85	133,60	150,30	86,05	125,17	140,81	80,25	116,74	131,33	74,46	108,30	121,84
	III	1 398,50	76,91	111,88	125,86	III	1 398,50	72,07	104,84	117,94	67,33	97,94	110,18	62,69	91,18	102,58	58,14	84,57	95,14	53,68	78,09	87,85	49,32	71,74	80,71
	V	2 567,41	141,20	205,39	231,06	IV	2 032,16	108,86	158,35	178,14	105,97	154,14	173,40	103,07	149,92	168,66	100,17	145,70	163,91	97,27	141,48	159,17	94,37	137,26	154,42
	VI	2 599,58	142,97	207,96	233,96																				
6 809,99	I,IV	2 033,41	111,83	162,67	183,–	I	2 033,41	106,04	154,24	173,52	100,24	145,80	164,03	94,44	137,37	154,54	88,64	128,94	145,05	82,84	120,50	135,56	77,04	112,06	126,07
	II	1 987,58	109,31	159,–	178,88	II	1 987,58	103,51	150,57	169,39	97,72	142,14	159,90	91,92	133,70	150,41	86,12	125,27	140,93	80,32	116,84	131,44	74,52	108,40	121,95
	III	1 399,66	76,98	111,97	125,96	III	1 399,66	72,14	104,93	118,04	67,39	98,02	110,27	62,74	91,26	102,67	58,19	84,65	95,23	53,73	78,16	87,93	49,37	71,81	80,78
	V	2 568,66	141,27	205,49	231,17	IV	2 033,41	108,93	158,45	178,25	106,04	154,24	173,52	103,13	150,02	168,77	100,24	145,80	164,03	97,34	141,58	159,28	94,44	137,37	154,54
	VI	2 600,83	143,04	208,06	234,07																				
6 812,99	I,IV	2 034,66	111,90	162,77	183,11	I	2 034,66	106,10	154,34	173,63	100,31	145,90	164,14	94,51	137,47	154,65	88,71	129,04	145,17	82,91	120,60	135,68	77,11	112,17	126,19
	II	1 988,83	109,38	159,10	178,99	II	1 988,83	103,58	150,67	169,50	97,79	142,24	160,02	91,99	133,80	150,53	86,19	125,37	141,04	80,39	116,94	131,55	74,59	108,50	122,06
	III	1 400,66	77,03	112,05	126,05	III	1 400,66	72,19	105,01	118,13	67,44	98,10	110,36	62,80	91,34	102,76	58,25	84,73	95,32	53,79	78,24	88,02	49,42	71,89	80,87
	V	2 569,91	141,34	205,59	231,29	IV	2 034,66	109,–	158,55	178,37	106,10	154,34	173,63	103,20	150,12	168,88	100,31	145,90	164,14	97,40	141,68	159,39	94,51	137,47	154,65
	VI	2 602,16	143,11	208,17	234,19																				
6 815,99	I,IV	2 035,91	111,97	162,87	183,23	I	2 035,91	106,17	154,44	173,74	100,37	146,–	164,25	94,58	137,57	154,76	88,78	129,14	145,28	82,98	120,70	135,79	77,18	112,27	126,30
	II	1 990,16	109,45	159,21	179,11	II	1 990,16	103,66	150,78	169,62	97,86	142,34	160,13	92,06	133,90	150,64	86,26	125,47	141,15	80,46	117,04	131,67	74,66	108,60	122,18
	III	1 401,66	77,09	112,13	126,14	III	1 401,66	72,25	105,09	118,22	67,51	98,20	110,47	62,85	91,42	102,85	58,30	84,80	95,40	53,84	78,32	88,11	49,48	71,97	80,96
	V	2 571,16	141,41	205,69	231,40	IV	2 035,91	109,07	158,65	178,48	106,17	154,44	173,74	103,27	150,22	168,99	100,37	146,–	164,25	97,47	141,78	159,50	94,58	137,57	154,76
	VI	2 603,41	143,18	208,27	234,30																				
6 818,99	I,IV	2 037,16	112,04	162,97	183,34	I	2 037,16	106,24	154,54	173,85	100,44	146,10	164,36	94,65	137,67	154,88	88,85	129,24	145,39	83,05	120,80	135,90	77,25	112,37	126,41
	II	1 991,41	109,52	159,31	179,22	II	1 991,41	103,73	150,88	169,74	97,93	142,44	160,25	92,13	134,01	150,76	86,33	125,58	141,27	80,53	117,14	131,78	74,73	108,70	122,29
	III	1 402,83	77,15	112,22	126,25	III	1 402,83	72,30	105,17	118,31	67,56	98,28	110,56	62,91	91,50	102,94	58,35	84,88	95,49	53,90	78,40	88,20	49,52	72,04	81,04
	V	2 572,41	141,48	205,79	231,51	IV	2 037,16	109,14	158,76	178,60	106,24	154,54	173,85	103,34	150,32	169,11	100,44	146,10	164,36	97,54	141,88	159,62	94,65	137,67	154,88
	VI	2 604,66	143,25	208,37	234,41																				
6 821,99	I,IV	2 038,41	112,11	163,07	183,45	I	2 038,41	106,31	154,64	173,97	100,51	146,20	164,48	94,71	137,77	154,99	88,92	129,34	145,50	83,12	120,90	136,01	77,32	112,47	126,53
	II	1 992,66	109,59	159,41	179,33	II	1 992,66	103,79	150,98	169,85	98,–	142,54	160,36	92,20	134,11	150,87	86,40	125,68	141,39	80,60	117,24	131,90	74,80	108,81	122,41
	III	1 403,83	77,21	112,30	126,34	III	1 403,83	72,37	105,26	118,42	67,62	98,36	110,65	62,96	91,58	103,03	58,41	84,96	95,58	53,94	78,46	88,27	49,58	72,12	81,13
	V	2 573,75	141,55	205,90	231,63	IV	2 038,41	109,21	158,86	178,71	106,31	154,64	173,97	103,41	150,42	169,22	100,51	146,20	164,48	97,62	141,99	159,74	94,71	137,77	154,99
	VI	2 605,91	143,32	208,47	234,53																				
6 824,99	I,IV	2 039,66	112,18	163,17	183,56	I	2 039,66	106,38	154,74	174,08	100,58	146,30	164,59	94,78	137,87	155,10	88,99	129,44	145,62	83,19	121,–	136,13	77,39	112,57	126,64
	II	1 993,91	109,66	159,51	179,45	II	1 993,91	103,86	151,08	169,96	98,06	142,64	160,47	92,27	134,21	150,98	86,47	125,78	141,50	80,67	117,34	132,01	74,87	108,91	122,52
	III	1 404,83	77,26	112,38	126,43	III	1 404,83	72,42	105,34	118,51	67,67	98,44	110,74	63,02	91,66	103,12	58,46	85,04	95,67	54,–	78,54	88,36	49,63	72,20	81,22
	V	2 575,–	141,62	206,–	231,75	IV	2 039,66	109,28	158,96	178,83	106,38	154,74	174,08	103,48	150,52	169,34	100,58	146,30	164,59	97,68	142,09	159,85	94,78	137,87	155,10
	VI	2 607,16	143,39	208,57	234,64																				
6 827,99	I,IV	2 040,91	112,25	163,27	183,68	I	2 040,91	106,45	154,84	174,19	100,65	146,40	164,70	94,85	137,97	155,21	89,05	129,54	145,73	83,26	121,10	136,24	77,46	112,67	126,75
	II	1 995,16	109,73	159,61	179,56	II	1 995,16	103,93	151,18	170,07	98,13	142,74	160,58	92,34	134,31	151,10	86,54	125,88	141,61	80,74	117,44	132,12	74,94	109,01	122,63
	III	1 406,–	77,33	112,48	126,54	III	1 406,–	72,48	105,42	118,60	67,73	98,52	110,83	63,07	91,74	103,21	58,52	85,12	95,76	54,05	78,62	88,45	49,68	72,26	81,29
	V	2 576,25	141,69	206,10	231,86	IV	2 040,91	109,35	159,06	178,94	106,45	154,84	174,19	103,55	150,62	169,45	100,65	146,40	164,70	97,75	142,19	159,96	94,85	137,97	155,21
	VI	2 608,41	143,46	208,67	234,75																				
6 830,99	I,IV	2 042,25	112,32	163,38	183,80	I	2 042,25	106,52	154,94	174,31	100,72	146,50	164,81	94,92	138,07	155,33	89,12	129,64	145,84	83,32	121,20	136,35	77,53	112,77	126,86
	II	1 996,41	109,80	159,71	179,67	II	1 996,41	104,–	151,28	170,19	98,20	142,84	160,70	92,40	134,41	151,21	86,61	125,98	141,72	80,81	117,54	132,23	75,01	109,11	122,75
	III	1 407,–	77,38	112,56	126,63	III	1 407,–	72,54	105,52	118,71	67,78	98,60	110,92	63,13	91,82	103,30	58,57	85,20	95,85	54,11	78,70	88,54	49,73	72,34	81,38
	V	2 577,50	141,76	206,20	231,97	IV	2 042,25	109,42	159,16	179,05	106,52	154,94	174,31	103,62	150,72	169,56	100,72	146,50	164,81	97,82	142,29	160,07	94,92	138,07	155,33
	VI	2 609,66	143,53	208,77	234,86																				
6 833,99	I,IV	2 043,50	112,39	163,48	183,91	I	2 043,50	106,59	155,04	174,42	100,79	146,61	164,93	94,99	138,18	155,45	89,20	129,74	145,96	83,39	121,30	136,46	77,60	112,87	126,98
	II	1 997,66	109,87	159,81	179,78	II	1 997,66	104,07	151,38	170,30	98,27	142,94	160,81	92,47	134,51	151,32	86,68	126,08	141,84	80,88	117,64	132,35	75,08	109,21	122,86
	III	1 408,16	77,44	112,65	126,73	III	1 408,16	72,60	105,60	118,80	67,84	98,68	111,01	63,18	91,90	103,39	58,63	85,28	95,94	54,15	78,77	88,61	49,79	72,42	81,47
	V	2 578,75	141,83	206,30	232,08	IV	2 043,50	109,49	159,26	179,16	106,59	155,04	174,42	103,69	150,82	169,67	100,79	146,61	164,93	97,89	142,39	160,19	94,99	138,18	155,45
	VI	2 610,91	143,60	208,87	234,98																				
6 836,99	I,IV	2 044,75	112,46	163,58	184,02	I	2 044,75	106,66	155,14	174,53	100,86	146,71	165,05	95,06	138,28	155,56	89,26	129,84	146,07	83,47	121,41	136,58	77,67	112,98	127,10
	II	1 998,91	109,94	159,91	179,90	II	1 998,91	104,14	151,48	170,41	98,34	143,04	160,92	92,54	134,61	151,43	86,74	126,18	141,95	80,95	117,74	132,46	75,15	109,31	122,97
	III	1 409,16	77,50	112,73	126,82	III	1 409,16	72,65	105,68	118,89	67,89	98,76	111,10	63,24	91,98	103,48	58,68	85,36	96,03	54,21	78,85	88,70	49,83	72,49	81,55
	V	2 580,–	141,90	206,40	232,20	IV	2 044,75	109,56	159,36	179,28	106,66	155,14	174,53	103,76	150,92	169,79	100,86	146,71	165,05	97,96	142,49	160,30	95,06	138,28	155,56
	VI	2 612,25	143,67	208,98	235,10																				
6 839,99	I,IV	2 046,–	112,53	163,68	184,14	I	2 046,–	106,73	155,24	174,65	100,93	146,81	165,16	95,13	138,38	155,67	89,33	129,94	146,18	83,54	121,51	136,70	77,74	113,08	127,21
	II	2 000,25	110,01	160,02	180,02	II	2 000,25	104,21	151,58	170,53	98,41	143,14	161,03	92,61	134,71	151,55	86,81	126,28	142,06	81,01	117,84	132,57	75,22	109,41	123,08
	III	1 410,16	77,55	112,81	126,91	III	1 410,16	72,71	105,76	118,98	67,96	98,85	111,20	63,29	92,06	103,57	58,73	85,42	96,10	54,26	78,93	88,79	49,89	72,57	81,64
	V	2 581,25	141,96	206,50	232,31	IV	2 046,–	109,62	159,46	179,39	106,73	155,24	174,65	103,83	151,02	169,90	100,93	146,81	165,16	98,03	142,59	160,41	95,13	138,38	155,67
	VI	2 613,50	143,74	209,08	235,21																				

* Die ausgewiesenen Tabellenwerte sind amtlich. Siehe Erläuterungen auf der Umschlaginnenseite (U2).

Abzüge an Lohnsteuer, Solidaritätszuschlag (SolZ) und Kirchensteuer (8%, 9%) in den Steuerklassen

Lohn/ Gehalt bis €*	I – VI		ohne Kinderfreibeträge			I, II, III, IV		mit Zahl der Kinderfreibeträge . . . 0,5			1			1,5			2			2,5			3		
		LSt	SolZ	8%	9%		LSt	SolZ	8%	9%	SolZ	8%	9%	SolZ	8%	9%	SolZ	8%	9%	SolZ	8%	9%	SolZ	8%	9%
6 842,99	I,IV	2 047,25	112,59	163,78	184,25	I	2 047,25	106,80	155,34	174,76	101,—	146,91	165,27	95,20	138,48	155,79	89,40	130,04	146,30	83,60	121,61	136,81	77,81	113,18	127,32
	II	2 001,50	110,08	160,12	180,13	II	2 001,50	104,28	151,68	170,64	98,48	143,25	161,15	92,68	134,82	151,67	86,89	126,38	142,18	81,08	117,94	132,68	75,29	109,51	123,20
	III	1 411,33	77,62	112,90	127,01	III	1 411,33	72,77	105,85	119,08	68,01	98,93	111,29	63,35	92,14	103,66	58,78	85,50	96,19	54,32	79,01	88,88	49,94	72,64	81,72
	V	2 582,50	142,03	206,60	232,42	IV	2 047,25	109,70	159,56	179,51	106,80	155,34	174,76	103,89	151,12	170,01	101,—	146,91	165,27	98,10	142,69	160,52	95,20	138,48	155,79
	VI	2 614,75	143,81	209,18	235,32																				
6 845,99	I,IV	2 048,50	112,66	163,88	184,36	I	2 048,50	106,86	155,44	174,87	101,07	147,01	165,38	95,27	138,58	155,90	89,47	130,14	146,41	83,67	121,71	136,92	77,88	113,28	127,44
	II	2 002,75	110,15	160,22	180,24	II	2 002,75	104,35	151,78	170,75	98,55	143,35	161,27	92,75	134,92	151,78	86,95	126,48	142,29	81,16	118,05	132,80	75,36	109,62	123,32
	III	1 412,33	77,67	112,98	127,10	III	1 412,33	72,82	105,93	119,17	68,07	99,01	111,38	63,40	92,22	103,75	58,84	85,58	96,28	54,36	79,08	88,96	49,99	72,72	81,81
	V	2 583,75	142,10	206,70	232,53	IV	2 048,50	109,77	159,66	179,62	106,86	155,44	174,87	103,97	151,23	170,13	101,07	147,01	165,38	98,17	142,80	160,65	95,27	138,58	155,90
	VI	2 616,—	143,88	209,28	235,44																				
6 848,99	I,IV	2 049,75	112,73	163,98	184,47	I	2 049,75	106,93	155,54	174,98	101,14	147,11	165,50	95,34	138,68	156,01	89,54	130,24	146,52	83,74	121,81	137,03	77,94	113,38	127,55
	II	2 004,—	110,22	160,32	180,36	II	2 004,—	104,42	151,88	170,87	98,62	143,45	161,38	92,82	135,02	151,89	87,02	126,58	142,40	81,23	118,15	132,92	75,43	109,72	123,43
	III	1 413,33	77,73	113,06	127,19	III	1 413,33	72,88	106,01	119,26	68,12	99,09	111,47	63,46	92,30	103,84	58,89	85,66	96,37	54,42	79,16	89,05	50,05	72,80	81,90
	V	2 585,08	142,17	206,80	232,65	IV	2 049,75	109,83	159,76	179,73	106,93	155,54	174,98	104,04	151,33	170,24	101,14	147,11	165,50	98,24	142,90	160,76	95,34	138,68	156,01
	VI	2 617,25	143,94	209,38	235,55																				
6 851,99	I,IV	2 051,—	112,80	164,08	184,59	I	2 051,—	107,—	155,64	175,10	101,20	147,21	165,61	95,41	138,78	156,12	89,61	130,34	146,63	83,81	121,91	137,15	78,01	113,48	127,66
	II	2 005,25	110,28	160,42	180,47	II	2 005,25	104,49	151,98	170,98	98,69	143,55	161,49	92,89	135,12	152,01	87,09	126,68	142,52	81,29	118,25	133,03	75,50	109,82	123,54
	III	1 414,50	77,79	113,16	127,30	III	1 414,50	72,93	106,09	119,35	68,18	99,17	111,56	63,51	92,38	103,93	58,95	85,74	96,46	54,47	79,24	89,14	50,09	72,86	81,97
	V	2 586,33	142,24	206,90	232,76	IV	2 051,—	109,90	159,86	179,84	107,—	155,64	175,10	104,11	151,43	170,36	101,20	147,21	165,61	98,31	143,—	160,87	95,41	138,78	156,12
	VI	2 618,50	144,01	209,48	235,66																				
6 854,99	I,IV	2 052,33	112,87	164,18	184,70	I	2 052,33	107,07	155,74	175,21	101,27	147,31	165,72	95,48	138,88	156,24	89,68	130,44	146,75	83,88	122,01	137,26	78,08	113,58	127,77
	II	2 006,50	110,35	160,52	180,58	II	2 006,50	104,55	152,08	171,09	98,76	143,65	161,60	92,96	135,22	152,12	87,16	126,78	142,63	81,36	118,35	133,14	75,57	109,92	123,66
	III	1 415,50	77,85	113,24	127,39	III	1 415,50	73,—	106,18	119,45	68,23	99,25	111,65	63,57	92,46	104,02	59,—	85,82	96,55	54,53	79,32	89,23	50,15	72,94	82,06
	V	2 587,58	142,31	207,—	232,88	IV	2 052,33	109,97	159,96	179,96	107,07	155,74	175,21	104,17	151,53	170,47	101,27	147,31	165,72	98,38	143,10	160,98	95,48	138,88	156,24
	VI	2 619,75	144,08	209,58	235,77																				
6 857,99	I,IV	2 053,58	112,94	164,28	184,82	I	2 053,58	107,14	155,85	175,33	101,35	147,42	165,84	95,55	138,98	156,35	89,75	130,54	146,86	83,95	122,11	137,37	78,15	113,68	127,89
	II	2 007,75	110,42	160,62	180,69	II	2 007,75	104,62	152,18	171,20	98,83	143,75	161,72	93,03	135,32	152,23	87,23	126,88	142,74	81,43	118,45	133,25	75,63	110,02	123,77
	III	1 416,66	77,91	113,33	127,49	III	1 416,66	73,05	106,26	119,54	68,29	99,33	111,74	63,62	92,54	104,11	59,06	85,90	96,64	54,58	79,40	89,32	50,20	73,02	82,15
	V	2 588,83	142,38	207,10	232,99	IV	2 053,58	110,04	160,06	180,07	107,14	155,85	175,33	104,24	151,63	170,58	101,35	147,42	165,84	98,45	143,20	161,10	95,55	138,98	156,35
	VI	2 621,—	144,15	209,68	235,89																				
6 860,99	I,IV	2 054,83	113,01	164,38	184,93	I	2 054,83	107,21	155,95	175,44	101,42	147,52	165,96	95,62	139,08	156,47	89,82	130,65	146,98	84,02	122,22	137,49	78,22	113,78	128,—
	II	2 009,—	110,49	160,72	180,81	II	2 009,—	104,69	152,28	171,32	98,89	143,85	161,83	93,10	135,42	152,34	87,30	126,98	142,85	81,50	118,55	133,37	75,70	110,12	123,88
	III	1 417,66	77,97	113,41	127,58	III	1 417,66	73,11	106,34	119,63	68,35	99,42	111,85	63,68	92,62	104,20	59,11	85,98	96,73	54,63	79,46	89,39	50,25	73,09	82,22
	V	2 590,08	142,45	207,20	233,10	IV	2 054,83	110,11	160,16	180,18	107,21	155,95	175,44	104,31	151,73	170,69	101,42	147,52	165,96	98,51	143,30	161,21	95,62	139,08	156,47
	VI	2 622,25	144,22	209,78	236,—																				
6 863,99	I,IV	2 056,08	113,08	164,48	185,04	I	2 056,08	107,28	156,05	175,55	101,48	147,62	166,07	95,69	139,18	156,58	89,89	130,75	147,09	84,09	122,32	137,61	78,29	113,88	128,12
	II	2 010,33	110,56	160,82	180,92	II	2 010,33	104,76	152,38	171,43	98,96	143,95	161,94	93,17	135,52	152,46	87,37	127,08	142,97	81,57	118,65	133,48	75,77	110,22	123,99
	III	1 418,66	78,02	113,49	127,67	III	1 418,66	73,16	106,42	119,72	68,41	99,50	111,94	63,74	92,72	104,31	59,17	86,06	96,82	54,68	79,54	89,48	50,30	73,17	82,31
	V	2 591,33	142,52	207,30	233,21	IV	2 056,08	110,18	160,26	180,29	107,28	156,05	175,55	104,38	151,83	170,81	101,48	147,62	166,07	98,58	143,40	161,32	95,69	139,18	156,58
	VI	2 623,58	144,29	209,88	236,12																				
6 866,99	I,IV	2 057,33	113,15	164,58	185,15	I	2 057,33	107,35	156,15	175,67	101,55	147,72	166,18	95,75	139,28	156,69	89,96	130,85	147,20	84,16	122,42	137,72	78,36	113,98	128,23
	II	2 011,58	110,63	160,92	181,04	II	2 011,58	104,83	152,49	171,55	99,04	144,06	162,06	93,24	135,62	152,57	87,44	127,18	143,08	81,64	118,75	133,59	75,84	110,32	124,11
	III	1 419,83	78,09	113,58	127,78	III	1 419,83	73,23	106,52	119,83	68,46	99,58	112,03	63,80	92,80	104,40	59,22	86,14	96,91	54,74	79,62	89,57	50,36	73,25	82,40
	V	2 592,58	142,59	207,40	233,33	IV	2 057,33	110,25	160,36	180,41	107,35	156,15	175,67	104,45	151,93	170,92	101,55	147,72	166,18	98,65	143,50	161,43	95,75	139,28	156,69
	VI	2 624,83	144,36	209,98	236,23																				
6 869,99	I,IV	2 058,58	113,22	164,68	185,27	I	2 058,58	107,42	156,25	175,78	101,62	147,82	166,29	95,82	139,38	156,80	90,03	130,95	147,32	84,23	122,52	137,83	78,43	114,08	128,34
	II	2 012,83	110,70	161,02	181,15	II	2 012,83	104,90	152,59	171,66	99,11	144,16	162,18	93,31	135,72	152,69	87,51	127,29	143,20	81,71	118,86	133,71	75,91	110,42	124,22
	III	1 420,83	78,14	113,66	127,87	III	1 420,83	73,28	106,60	119,92	68,52	99,66	112,12	63,85	92,88	104,49	59,27	86,21	96,98	54,79	79,70	89,66	50,40	73,32	82,48
	V	2 593,83	142,66	207,50	233,44	IV	2 058,58	110,32	160,47	180,53	107,42	156,25	175,78	104,52	152,04	171,04	101,62	147,82	166,29	98,72	143,60	161,55	95,82	139,38	156,80
	VI	2 626,08	144,43	210,08	236,34																				
6 872,99	I,IV	2 059,83	113,29	164,78	185,38	I	2 059,83	107,49	156,35	175,89	101,69	147,92	166,41	95,89	139,48	156,92	90,09	131,05	147,43	84,30	122,62	137,94	78,50	114,18	128,45
	II	2 014,08	110,77	161,12	181,26	II	2 014,08	104,97	152,69	171,77	99,17	144,26	162,29	93,38	135,82	152,80	87,58	127,39	143,31	81,78	118,96	133,83	75,98	110,52	124,34
	III	1 422,—	78,21	113,76	127,98	III	1 422,—	73,34	106,68	120,01	68,57	99,74	112,21	63,91	92,96	104,58	59,32	86,29	97,07	54,84	79,77	89,74	50,46	73,40	82,57
	V	2 595,16	142,73	207,61	233,56	IV	2 059,83	110,39	160,57	180,64	107,49	156,35	175,89	104,59	152,14	171,15	101,69	147,92	166,41	98,79	143,70	161,66	95,89	139,48	156,92
	VI	2 627,33	144,50	210,18	236,45																				
6 875,99	I,IV	2 061,08	113,35	164,88	185,49	I	2 061,08	107,56	156,45	176,—	101,76	148,02	166,52	95,96	139,58	157,03	90,16	131,15	147,54	84,37	122,72	138,06	78,57	114,28	128,57
	II	2 015,33	110,84	161,22	181,37	II	2 015,33	105,04	152,79	171,89	99,24	144,36	162,40	93,44	135,92	152,91	87,65	127,49	143,42	81,85	119,06	133,94	76,05	110,62	124,45
	III	1 423,—	78,26	113,84	128,07	III	1 423,—	73,40	106,77	120,11	68,63	99,82	112,30	63,96	93,04	104,67	59,38	86,37	97,16	54,89	79,85	89,83	50,51	73,48	82,66
	V	2 596,41	142,80	207,71	233,67	IV	2 061,08	110,46	160,67	180,75	107,56	156,45	176,—	104,66	152,24	171,27	101,76	148,02	166,52	98,86	143,80	161,78	95,96	139,58	157,03
	VI	2 628,58	144,57	210,28	236,57																				
6 878,99	I,IV	2 062,33	113,42	164,98	185,60	I	2 062,33	107,63	156,55	176,12	101,83	148,12	166,63	96,03	139,68	157,14	90,23	131,25	147,65	84,43	122,82	138,17	78,64	114,38	128,68
	II	2 016,58	110,91	161,32	181,49	II	2 016,58	105,11	152,89	172,—	99,31	144,46	162,51	93,51	136,02	153,02	87,72	127,59	143,54	81,92	119,16	134,05	76,12	110,72	124,56
	III	1 424,—	78,32	113,92	128,16	III	1 424,—	73,46	106,85	120,20	68,69	99,92	112,41	64,02	93,12	104,76	59,43	86,45	97,25	54,95	79,93	89,92	50,56	73,54	82,73
	V	2 597,66	142,87	207,81	233,78	IV	2 062,33	110,53	160,77	180,86	107,63	156,55	176,12	104,73	152,34	171,38	101,83	148,12	166,63	98,93	143,90	161,89	96,03	139,68	157,14
	VI	2 629,83	144,64	210,38	236,68																				
6 881,99	I,IV	2 063,66	113,50	165,09	185,72	I	2 063,66	107,70	156,66	176,24	101,90	148,22	166,75	96,10	139,78	157,25	90,30	131,35	147,77	84,50	122,92	138,28	78,70	114,48	128,79
	II	2 017,83	110,98	161,42	181,60	II	2 017,83	105,18	152,99	172,11	99,38	144,56	162,63	93,58	136,12	153,14	87,78	127,69	143,65	81,99	119,26	134,16	76,19	110,82	124,67
	III	1 425,16	78,38	114,01	128,26	III	1 425,16	73,51	106,93	120,29	68,75	100,—	112,50	64,07	93,20	104,85	59,49	86,53	97,34	55,—	80,01	90,01	50,61	73,62	82,82
	V	2 598,91	142,94	207,91	233,90	IV	2 063,66	110,60	160,87	180,98	107,70	156,66	176,24	104,80	152,44	171,49	101,90	148,22	166,75	99,—	144,—	162,—	96,10	139,78	157,25
	VI	2 631,08	144,70	210,48	236,79																				
6 884,99	I,IV	2 064,91	113,57	165,19	185,84	I	2 064,91	107,77	156,76	176,35	101,97	148,32	166,86	96,17	139,89	157,37	90,37	131,46	147,89	84,58	123,02	138,40	78,77	114,58	128,90
	II	2 019,08	111,04	161,52	181,71	II	2 019,08	105,25	153,09	172,22	99,45	144,66	162,74	93,65	136,22	153,25	87,85	127,79	143,76	82,06	119,36	134,28	76,26	110,92	124,79
	III	1 426,16	78,43	114,09	128,35	III	1 426,16	73,57	107,01	120,38	68,80	100,08	112,59	64,13	93,28	104,94	59,54	86,61	97,43	55,06	80,09	90,10	50,67	73,70	82,91
	V	2 600,16	143,—	208,01	234,01	IV	2 064,91	110,66	160,97	181,09	107,77	156,76	176,35	104,87	152,54	171,60	101,97	148,32	166,86	99,07	144,10	162,11	96,17	139,89	157,37
	VI	2 632,33	144,77	210,58	236,90																				

* Die ausgewiesenen Tabellenwerte sind amtlich. Siehe Erläuterungen auf der Umschlaginnenseite (U2).

MONAT **6 885,–***

Lohn/ Gehalt bis €*	Abzüge an Lohnsteuer, Solidaritätszuschlag (SolZ) und Kirchensteuer (8%, 9%) in den Steuerklassen I – VI					I, II, III, IV mit Zahl der Kinderfreibeträge . . .																			
			ohne Kinderfreibeträge					0,5			1			1,5			2			2,5			3		
		LSt	SolZ	8%	9%		LSt	SolZ	8%	9%	SolZ	8%	9%	SolZ	8%	9%	SolZ	8%	9%	SolZ	8%	9%	SolZ	8%	9%
6 887,99	I,IV	2 066,16	113,63	165,29	185,95	I	2 066,16	107,84	156,86	176,46	102,04	148,42	166,97	96,24	139,99	157,49	90,44	131,56	148,—	84,64	123,12	138,51	78,85	114,69	129,02
	II	2 020,33	111,11	161,62	181,82	II	2 020,33	105,32	153,19	172,34	99,52	144,76	162,85	93,72	136,32	153,36	87,92	127,89	143,87	82,12	119,46	134,39	76,33	111,02	124,90
	III	1 427,33	78,50	114,18	128,45	III	1 427,33	73,63	107,10	120,49	68,86	100,16	112,68	64,18	93,36	105,03	59,60	86,69	97,52	55,11	80,16	90,18	50,71	73,77	82,99
	V	2 601,41	143,07	208,11	234,12	IV	2 066,16	110,73	161,07	181,20	107,84	156,86	176,46	104,94	152,64	171,72	102,04	148,42	166,97	99,14	144,20	162,23	96,24	139,99	157,49
	VI	2 633,66	144,85	210,69	237,02																				
6 890,99	I,IV	2 067,41	113,70	165,39	186,06	I	2 067,41	107,91	156,96	176,58	102,11	148,52	167,09	96,31	140,09	157,60	90,51	131,66	148,11	84,71	123,22	138,62	78,92	114,79	129,14
	II	2 021,66	111,19	161,73	181,94	II	2 021,66	105,39	153,30	172,46	99,59	144,86	162,97	93,79	136,42	153,47	87,99	127,99	143,99	82,19	119,56	134,50	76,39	111,12	125,01
	III	1 428,33	78,55	114,26	128,54	III	1 428,33	73,69	107,18	120,58	68,91	100,24	112,77	64,24	93,44	105,12	59,65	86,77	97,61	55,16	80,24	90,27	50,77	73,85	83,08
	V	2 602,66	143,14	208,21	234,23	IV	2 067,41	110,80	161,17	181,31	107,91	156,96	176,58	105,—	152,74	171,83	102,11	148,52	167,09	99,21	144,30	162,34	96,31	140,09	157,60
	VI	2 634,91	144,92	210,79	237,14																				
6 893,99	I,IV	2 068,66	113,77	165,49	186,17	I	2 068,66	107,97	157,06	176,69	102,18	148,62	167,20	96,38	140,19	157,71	90,58	131,76	148,23	84,78	123,32	138,74	78,98	114,89	129,25
	II	2 022,91	111,26	161,83	182,06	II	2 022,91	105,46	153,40	172,57	99,66	144,96	163,08	93,86	136,53	153,59	88,06	128,10	144,11	82,27	119,66	134,62	76,46	111,22	125,12
	III	1 429,33	78,61	114,34	128,63	III	1 429,33	73,74	107,26	120,67	68,97	100,32	112,86	64,29	93,52	105,21	59,71	86,85	97,70	55,22	80,32	90,36	50,82	73,93	83,17
	V	2 603,91	143,21	208,31	234,35	IV	2 068,66	110,88	161,28	181,44	107,97	157,06	176,69	105,08	152,84	171,95	102,18	148,62	167,20	99,27	144,40	162,45	96,38	140,19	157,71
	VI	2 636,16	144,98	210,89	237,25																				
6 896,99	I,IV	2 069,91	113,84	165,59	186,29	I	2 069,91	108,04	157,16	176,80	102,24	148,72	167,31	96,45	140,29	157,82	90,65	131,86	148,34	84,85	123,42	138,85	79,05	114,99	129,36
	II	2 024,16	111,32	161,93	182,17	II	2 024,16	105,53	153,50	172,68	99,73	145,06	163,19	93,93	136,63	153,71	88,13	128,20	144,22	82,33	119,76	134,73	76,54	111,33	125,24
	III	1 430,50	78,67	114,44	128,74	III	1 430,50	73,81	107,36	120,78	69,02	100,40	112,95	64,35	93,60	105,30	59,76	86,93	97,79	55,27	80,40	90,45	50,87	74,—	83,25
	V	2 605,25	143,28	208,42	234,47	IV	2 069,91	110,94	161,38	181,55	108,04	157,16	176,80	105,15	152,94	172,06	102,24	148,72	167,31	99,35	144,51	162,57	96,45	140,29	157,82
	VI	2 637,41	145,05	210,99	237,36																				
6 899,99	I,IV	2 071,16	113,91	165,69	186,40	I	2 071,16	108,11	157,26	176,91	102,31	148,82	167,42	96,52	140,39	157,94	90,72	131,96	148,45	84,92	123,52	138,96	79,12	115,09	129,47
	II	2 025,41	111,39	162,03	182,28	II	2 025,41	105,60	153,60	172,80	99,80	145,16	163,31	94,—	136,73	153,82	88,20	128,30	144,33	82,40	119,86	134,84	76,61	111,43	125,36
	III	1 431,50	78,73	114,52	128,83	III	1 431,50	73,86	107,44	120,87	69,08	100,49	113,05	64,40	93,68	105,39	59,82	87,01	97,88	55,33	80,48	90,54	50,93	74,08	83,34
	V	2 606,50	143,35	208,52	234,58	IV	2 071,16	111,01	161,48	181,66	108,11	157,26	176,91	105,21	153,04	172,17	102,31	148,82	167,42	99,42	144,61	162,68	96,52	140,39	157,94
	VI	2 638,66	145,12	211,09	237,47																				
6 902,99	I,IV	2 072,41	113,98	165,79	186,51	I	2 072,41	108,18	157,36	177,03	102,38	148,92	167,54	96,58	140,49	158,05	90,79	132,06	148,56	84,99	123,62	139,07	79,19	115,19	129,59
	II	2 026,66	111,46	162,13	182,39	II	2 026,66	105,66	153,70	172,91	99,87	145,26	163,42	94,07	136,83	153,93	88,27	128,40	144,45	82,47	119,96	134,96	76,67	111,53	125,47
	III	1 432,66	78,79	114,61	128,93	III	1 432,66	73,92	107,52	120,96	69,14	100,57	113,14	64,46	93,76	105,48	59,86	87,08	97,96	55,37	80,54	90,61	50,98	74,16	83,43
	V	2 607,75	143,42	208,62	234,69	IV	2 072,41	111,08	161,58	181,77	108,18	157,36	177,03	105,28	153,14	172,28	102,38	148,92	167,54	99,49	144,71	162,80	96,58	140,49	158,05
	VI	2 639,91	145,19	211,19	237,59																				
6 905,99	I,IV	2 073,75	114,05	165,90	186,63	I	2 073,75	108,25	157,46	177,14	102,45	149,02	167,65	96,65	140,59	158,16	90,86	132,16	148,68	85,06	123,72	139,19	79,26	115,29	129,70
	II	2 027,91	111,53	162,23	182,51	II	2 027,91	105,73	153,80	173,02	99,93	145,36	163,53	94,14	136,93	154,04	88,34	128,50	144,56	82,54	120,06	135,07	76,74	111,63	125,58
	III	1 433,66	78,85	114,69	129,02	III	1 433,66	73,97	107,60	121,05	69,19	100,65	113,23	64,51	93,84	105,57	59,92	87,16	98,05	55,43	80,62	90,70	51,03	74,22	83,50
	V	2 609,—	143,49	208,72	234,81	IV	2 073,75	111,15	161,68	181,89	108,25	157,46	177,14	105,35	153,24	172,40	102,45	149,02	167,65	99,55	144,81	162,91	96,65	140,59	158,16
	VI	2 641,16	145,26	211,29	237,70																				
6 908,99	I,IV	2 075,—	114,12	166,—	186,75	I	2 075,—	108,32	157,56	177,26	102,52	149,13	167,77	96,73	140,70	158,28	90,93	132,26	148,79	85,13	123,82	139,30	79,33	115,39	129,81
	II	2 029,16	111,60	162,33	182,62	II	2 029,16	105,80	153,90	173,13	100,—	145,46	163,64	94,21	137,03	154,16	88,41	128,60	144,67	82,61	120,16	135,18	76,81	111,73	125,69
	III	1 434,83	78,91	114,78	129,13	III	1 434,83	74,03	107,69	121,15	69,25	100,73	113,32	64,57	93,92	105,66	59,97	87,24	98,14	55,48	80,70	90,79	51,08	74,30	83,59
	V	2 610,25	143,56	208,82	234,92	IV	2 075,—	111,22	161,78	182,—	108,32	157,56	177,26	105,42	153,34	172,51	102,52	149,13	167,77	99,62	144,91	163,02	96,73	140,70	158,28
	VI	2 642,41	145,33	211,39	237,81																				
6 911,99	I,IV	2 076,25	114,19	166,10	186,86	I	2 076,25	108,39	157,66	177,37	102,59	149,23	167,88	96,80	140,80	158,40	91,—	132,36	148,91	85,20	123,93	139,42	79,40	115,50	129,93
	II	2 030,41	111,67	162,43	182,73	II	2 030,41	105,87	154,—	173,25	100,07	145,56	163,76	94,27	137,13	154,27	88,48	128,70	144,78	82,68	120,26	135,29	76,88	111,83	125,81
	III	1 435,83	78,97	114,86	129,22	III	1 435,83	74,09	107,77	121,24	69,30	100,81	113,41	64,62	94,—	105,75	60,03	87,32	98,23	55,54	80,78	90,88	51,14	74,38	83,68
	V	2 611,50	143,63	208,92	235,03	IV	2 076,25	111,29	161,88	182,11	108,39	157,66	177,37	105,49	153,44	172,62	102,59	149,23	167,88	99,69	145,01	163,13	96,80	140,80	158,40
	VI	2 643,75	145,40	211,50	237,93																				
6 914,99	I,IV	2 077,50	114,26	166,20	186,97	I	2 077,50	108,46	157,76	177,48	102,66	149,33	167,99	96,86	140,90	158,51	91,07	132,46	149,02	85,27	124,03	139,53	79,47	115,60	130,05
	II	2 031,75	111,74	162,54	182,85	II	2 031,75	105,94	154,10	173,36	100,14	145,66	163,87	94,34	137,23	154,38	88,55	128,80	144,90	82,75	120,36	135,41	76,95	111,93	125,92
	III	1 436,83	79,02	114,94	129,31	III	1 436,83	74,14	107,85	121,33	69,37	100,90	113,51	64,68	94,08	105,84	60,08	87,40	98,32	55,59	80,86	90,97	51,18	74,45	83,75
	V	2 612,75	143,70	209,02	235,14	IV	2 077,50	111,36	161,98	182,22	108,46	157,76	177,48	105,56	153,54	172,73	102,66	149,33	167,99	99,76	145,11	163,25	96,86	140,90	158,51
	VI	2 645,—	145,47	211,60	238,05																				
6 917,99	I,IV	2 078,75	114,33	166,30	187,08	I	2 078,75	108,53	157,86	177,59	102,73	149,43	168,11	96,93	141,—	158,62	91,13	132,56	149,13	85,34	124,13	139,64	79,54	115,70	130,16
	II	2 033,—	111,81	162,64	182,97	II	2 033,—	106,01	154,20	173,48	100,21	145,77	163,99	94,42	137,34	154,50	88,62	128,90	145,01	82,82	120,46	135,52	77,02	112,03	126,03
	III	1 438,—	79,09	115,04	129,42	III	1 438,—	74,21	107,94	121,43	69,42	100,98	113,60	64,73	94,16	105,93	60,14	87,48	98,41	55,64	80,93	91,04	51,24	74,53	83,84
	V	2 614,—	143,77	209,12	235,26	IV	2 078,75	111,43	162,08	182,34	108,53	157,86	177,59	105,63	153,64	172,85	102,73	149,43	168,11	99,83	145,21	163,36	96,93	141,—	158,62
	VI	2 646,25	145,54	211,70	238,16																				
6 920,99	I,IV	2 080,—	114,40	166,40	187,20	I	2 080,—	108,60	157,96	177,71	102,80	149,53	168,22	97,—	141,10	158,73	91,20	132,66	149,24	85,41	124,23	139,76	79,61	115,80	130,27
	II	2 034,25	111,88	162,74	183,08	II	2 034,25	106,08	154,30	173,59	100,28	145,87	164,10	94,49	137,44	154,62	88,69	129,—	145,13	82,89	120,57	135,64	77,09	112,14	126,15
	III	1 439,—	79,14	115,12	129,51	III	1 439,—	74,26	108,02	121,52	69,48	101,06	113,69	64,79	94,24	106,02	60,19	87,56	98,50	55,69	81,01	91,13	51,29	74,61	83,93
	V	2 615,25	143,83	209,22	235,37	IV	2 080,—	111,50	162,18	182,45	108,60	157,96	177,71	105,70	153,75	172,97	102,80	149,53	168,22	99,90	145,32	163,48	97,—	141,10	158,73
	VI	2 647,50	145,61	211,80	238,27																				
6 923,99	I,IV	2 081,25	114,46	166,50	187,31	I	2 081,25	108,67	158,06	177,82	102,87	149,63	168,33	97,07	141,20	158,85	91,27	132,76	149,36	85,47	124,33	139,87	79,68	115,90	130,38
	II	2 035,50	111,95	162,84	183,19	II	2 035,50	106,15	154,40	173,70	100,35	145,97	164,21	94,55	137,54	154,73	88,76	129,10	145,24	82,96	120,67	135,75	77,16	112,24	126,27
	III	1 440,16	79,20	115,21	129,61	III	1 440,16	74,32	108,10	121,61	69,53	101,14	113,78	64,84	94,32	106,11	60,25	87,64	98,59	55,75	81,09	91,22	51,34	74,68	84,01
	V	2 616,58	143,91	209,32	235,49	IV	2 081,25	111,57	162,28	182,57	108,67	158,06	177,82	105,77	153,85	173,08	102,87	149,63	168,33	99,97	145,42	163,59	97,07	141,20	158,85
	VI	2 648,75	145,68	211,90	238,38																				
6 926,99	I,IV	2 082,50	114,53	166,60	187,42	I	2 082,50	108,73	158,16	177,93	102,94	149,73	168,44	97,14	141,30	158,96	91,34	132,86	149,47	85,54	124,43	139,98	79,75	116,—	130,50
	II	2 036,75	112,02	162,94	183,30	II	2 036,75	106,22	154,50	173,81	100,42	146,07	164,33	94,62	137,64	154,84	88,82	129,20	145,35	83,03	120,77	135,86	77,23	112,34	126,38
	III	1 441,16	79,26	115,29	129,70	III	1 441,16	74,37	108,18	121,70	69,59	101,22	113,87	64,90	94,40	106,20	60,30	87,72	98,68	55,80	81,17	91,31	51,39	74,76	84,10
	V	2 617,83	143,98	209,42	235,60	IV	2 082,50	111,64	162,38	182,68	108,73	158,16	177,93	105,84	153,95	173,19	102,94	149,73	168,44	100,04	145,52	163,71	97,14	141,30	158,96
	VI	2 650,—	145,75	212,—	238,50																				
6 929,99	I,IV	2 083,83	114,61	166,70	187,54	I	2 083,83	108,80	158,26	178,04	103,01	149,83	168,56	97,21	141,40	159,07	91,41	132,96	149,58	85,61	124,53	140,09	79,81	116,10	130,61
	II	2 038,—	112,09	163,04	183,42	II	2 038,—	106,29	154,60	173,93	100,49	146,17	164,44	94,69	137,74	154,95	88,89	129,30	145,46	83,10	120,87	135,98	77,30	112,44	126,49
	III	1 442,33	79,32	115,38	129,80	III	1 442,33	74,44	108,28	121,81	69,64	101,30	113,96	64,95	94,48	106,29	60,36	87,80	98,77	55,86	81,25	91,40	51,45	74,84	84,19
	V	2 619,08	144,04	209,52	235,71	IV	2 083,83	111,70	162,48	182,79	108,80	158,26	178,04	105,91	154,05	173,30	103,01	149,83	168,56	100,11	145,62	163,82	97,21	141,40	159,07
	VI	2 651,25	145,81	212,10	238,61																				

*** Die ausgewiesenen Tabellenwerte sind amtlich. Siehe Erläuterungen auf der Umschlaginnenseite (U2).**

Lohn/ Gehalt bis €*		I – VI LSt	ohne Kinderfreibeträge SolZ	8%	9%	I, II, III, IV	LSt	0,5 SolZ	0,5 8%	0,5 9%	1 SolZ	1 8%	1 9%	1,5 SolZ	1,5 8%	1,5 9%	2 SolZ	2 8%	2 9%	2,5 SolZ	2,5 8%	2,5 9%	3 SolZ	3 8%	3 9%
6 932,99	I,IV	2 085,08	114,67	166,80	187,65	I	2 085,08	108,88	158,37	178,16	103,08	149,94	168,68	97,28	141,50	159,19	91,48	133,06	149,69	85,68	124,63	140,21	79,88	116,20	130,72
	II	2 039,25	112,15	163,14	183,53	II	2 039,25	106,36	154,70	174,04	100,56	146,27	164,55	94,76	137,84	155,07	88,96	129,40	145,58	83,16	120,97	136,09	77,37	112,54	126,60
	III	1 443,33	79,38	115,46	129,89	III	1 443,33	74,49	108,36	121,90	69,71	101,40	114,07	65,01	94,56	106,38	60,41	87,88	98,86	55,90	81,32	91,48	51,49	74,90	84,26
	V	2 620,33	144,11	209,62	235,82	IV	2 085,08	111,77	162,58	182,90	108,88	158,37	178,16	105,98	154,15	173,42	103,08	149,94	168,68	100,18	145,72	163,93	97,28	141,50	159,19
	VI	2 652,50	145,88	212,20	238,72																				
6 935,99	I,IV	2 086,33	114,74	166,90	187,76	I	2 086,33	108,95	158,47	178,28	103,15	150,04	168,79	97,35	141,60	159,30	91,55	133,17	149,81	85,75	124,74	140,33	79,96	116,30	130,84
	II	2 040,50	112,22	163,24	183,64	II	2 040,50	106,42	154,80	174,15	100,63	146,37	164,66	94,83	137,94	155,18	89,03	129,50	145,69	83,23	121,07	136,20	77,44	112,64	126,72
	III	1 444,33	79,43	115,54	129,98	III	1 444,33	74,55	108,44	121,99	69,76	101,48	114,16	65,07	94,65	106,48	60,47	87,96	98,95	55,96	81,40	91,57	51,55	74,98	84,35
	V	2 621,58	144,18	209,72	235,94	IV	2 086,33	111,84	162,68	183,02	108,95	158,47	178,28	106,04	154,25	173,53	103,15	150,04	168,79	100,25	145,82	164,04	97,35	141,60	159,30
	VI	2 653,75	145,95	212,30	238,83																				
6 938,99	I,IV	2 087,58	114,81	167,—	187,88	I	2 087,58	109,01	158,57	178,39	103,22	150,14	168,90	97,42	141,70	159,41	91,62	133,27	149,93	85,82	124,84	140,44	80,02	116,40	130,95
	II	2 041,83	112,30	163,34	183,76	II	2 041,83	106,49	154,90	174,26	100,70	146,47	164,78	94,90	138,04	155,29	89,10	129,60	145,80	83,30	121,17	136,31	77,50	112,74	126,83
	III	1 445,50	79,50	115,64	130,09	III	1 445,50	74,61	108,53	122,09	69,82	101,56	114,25	65,12	94,73	106,57	60,52	88,04	99,04	56,01	81,48	91,66	51,60	75,06	84,44
	V	2 622,83	144,25	209,82	236,05	IV	2 087,58	111,91	162,78	183,13	109,01	158,57	178,39	106,11	154,35	173,64	103,22	150,14	168,90	100,32	145,92	164,16	97,42	141,70	159,41
	VI	2 655,08	146,02	212,40	238,95																				
6 941,99	I,IV	2 088,83	114,88	167,10	187,99	I	2 088,83	109,08	158,67	178,50	103,29	150,24	169,02	97,49	141,80	159,53	91,69	133,37	150,04	85,89	124,94	140,55	80,09	116,50	131,06
	II	2 043,08	112,36	163,44	183,87	II	2 043,08	106,57	155,01	174,38	100,77	146,58	164,90	94,97	138,14	155,41	89,17	129,70	145,91	83,37	121,27	136,43	77,57	112,84	126,94
	III	1 446,50	79,55	115,72	130,18	III	1 446,50	74,67	108,61	122,18	69,87	101,64	114,34	65,18	94,81	106,66	60,58	88,12	99,13	56,07	81,56	91,75	51,65	75,13	84,52
	V	2 624,08	144,32	209,92	236,16	IV	2 088,83	111,98	162,88	183,24	109,08	158,67	178,50	106,18	154,45	173,75	103,29	150,24	169,02	100,38	146,02	164,27	97,49	141,80	159,53
	VI	2 656,33	146,09	212,50	239,06																				
6 944,99	I,IV	2 090,08	114,95	167,20	188,10	I	2 090,08	109,15	158,77	178,61	103,35	150,34	169,13	97,56	141,90	159,64	91,76	133,47	150,15	85,96	125,04	140,67	80,16	116,60	131,18
	II	2 044,33	112,43	163,54	183,98	II	2 044,33	106,64	155,11	174,50	100,84	146,68	165,01	95,04	138,24	155,52	89,24	129,81	146,03	83,44	121,38	136,55	77,65	112,94	127,06
	III	1 447,66	79,62	115,81	130,28	III	1 447,66	74,72	108,69	122,27	69,93	101,72	114,43	65,23	94,89	106,75	60,62	88,18	99,20	56,12	81,64	91,84	51,70	75,21	84,61
	V	2 625,33	144,39	210,02	236,27	IV	2 090,08	112,05	162,99	183,36	109,15	158,77	178,61	106,26	154,56	173,88	103,35	150,34	169,13	100,46	146,12	164,39	97,56	141,90	159,64
	VI	2 657,58	146,16	212,60	239,18																				
6 947,99	I,IV	2 091,33	115,02	167,30	188,21	I	2 091,33	109,22	158,87	178,73	103,42	150,44	169,24	97,62	142,—	159,75	91,83	133,57	150,26	86,03	125,14	140,78	80,23	116,70	131,29
	II	2 045,58	112,50	163,64	184,10	II	2 045,58	106,70	155,21	174,61	100,91	146,78	165,12	95,11	138,34	155,63	89,31	129,91	146,15	83,51	121,48	136,66	77,71	113,04	127,17
	III	1 448,66	79,67	115,89	130,37	III	1 448,66	74,79	108,78	122,38	69,99	101,81	114,53	65,29	94,97	106,84	60,68	88,26	99,29	56,17	81,70	91,91	51,76	75,29	84,70
	V	2 626,66	144,46	210,13	236,39	IV	2 091,33	112,12	163,09	183,47	109,22	158,87	178,73	106,32	154,66	173,99	103,42	150,44	169,24	100,53	146,22	164,50	97,62	142,—	159,75
	VI	2 658,83	146,23	212,70	239,29																				
6 950,99	I,IV	2 092,58	115,09	167,40	188,33	I	2 092,58	109,29	158,97	178,84	103,49	150,54	169,35	97,69	142,10	159,86	91,90	133,67	150,38	86,10	125,24	140,89	80,30	116,80	131,40
	II	2 046,83	112,57	163,74	184,21	II	2 046,83	106,77	155,31	174,72	100,98	146,88	165,24	95,18	138,44	155,75	89,38	130,01	146,26	83,58	121,58	136,77	77,78	113,14	127,28
	III	1 449,83	79,74	115,98	130,48	III	1 449,83	74,84	108,86	122,47	70,05	101,89	114,62	65,34	95,05	106,93	60,73	88,34	99,38	56,22	81,78	92,—	51,81	75,37	84,79
	V	2 627,91	144,53	210,23	236,51	IV	2 092,58	112,19	163,19	183,59	109,29	158,97	178,84	106,39	154,76	174,10	103,49	150,54	169,35	100,59	146,32	164,61	97,69	142,10	159,86
	VI	2 660,08	146,30	212,80	239,40																				
6 953,99	I,IV	2 093,83	115,16	167,50	188,44	I	2 093,83	109,36	159,07	178,95	103,56	150,64	169,47	97,76	142,20	159,98	91,96	133,77	150,49	86,17	125,34	141,—	80,37	116,90	131,51
	II	2 048,08	112,64	163,84	184,32	II	2 048,08	106,84	155,41	174,83	101,04	146,98	165,35	95,25	138,54	155,86	89,45	130,11	146,37	83,65	121,68	136,89	77,85	113,24	127,40
	III	1 450,83	79,79	116,06	130,57	III	1 450,83	74,90	108,94	122,56	70,10	101,97	114,71	65,40	95,13	107,02	60,79	88,42	99,47	56,28	81,86	92,09	51,86	75,44	84,87
	V	2 629,16	144,60	210,33	236,62	IV	2 093,83	112,26	163,29	183,70	109,36	159,07	178,95	106,46	154,86	174,21	103,56	150,64	169,47	100,66	146,42	164,72	97,76	142,20	159,98
	VI	2 661,33	146,37	212,90	239,51																				
6 956,99	I,IV	2 095,16	115,23	167,61	188,56	I	2 095,16	109,43	159,18	179,07	103,63	150,74	169,58	97,83	142,30	160,09	92,03	133,87	150,60	86,24	125,44	141,12	80,44	117,—	131,63
	II	2 049,33	112,71	163,94	184,43	II	2 049,33	106,91	155,51	174,95	101,11	147,08	165,46	95,31	138,64	155,97	89,52	130,21	146,48	83,72	121,78	137,—	77,92	113,34	127,51
	III	1 451,83	79,85	116,14	130,66	III	1 451,83	74,96	109,04	122,67	70,16	102,05	114,80	65,45	95,21	107,11	60,84	88,50	99,56	56,33	81,94	92,18	51,92	75,52	84,96
	V	2 630,41	144,67	210,43	236,73	IV	2 095,16	112,33	163,39	183,81	109,43	159,18	179,07	106,53	154,96	174,33	103,63	150,74	169,58	100,73	146,52	164,84	97,83	142,30	160,09
	VI	2 662,58	146,44	213,—	239,63																				
6 959,99	I,IV	2 096,41	115,30	167,71	188,67	I	2 096,41	109,50	159,28	179,19	103,70	150,84	169,70	97,90	142,41	160,21	92,11	133,98	150,72	86,31	125,54	141,23	80,51	117,10	131,74
	II	2 050,58	112,78	164,04	184,55	II	2 050,58	106,98	155,61	175,06	101,18	147,18	165,57	95,38	138,74	156,08	89,59	130,31	146,60	83,79	121,88	137,11	77,99	113,44	127,62
	III	1 453,—	79,91	116,24	130,77	III	1 453,—	75,02	109,12	122,76	70,21	102,13	114,89	65,51	95,29	107,20	60,90	88,58	99,65	56,39	82,02	92,27	51,97	75,60	85,05
	V	2 631,66	144,74	210,53	236,84	IV	2 096,41	112,40	163,49	183,92	109,50	159,28	179,19	106,60	155,06	174,44	103,70	150,84	169,70	100,80	146,62	164,95	97,90	142,41	160,21
	VI	2 663,83	146,51	213,10	239,74																				
6 962,99	I,IV	2 097,66	115,37	167,81	188,78	I	2 097,66	109,57	159,38	179,30	103,77	150,94	169,81	97,97	142,51	160,32	92,18	134,08	150,84	86,38	125,64	141,35	80,58	117,21	131,86
	II	2 051,83	112,85	164,14	184,66	II	2 051,83	107,05	155,71	175,17	101,25	147,28	165,69	95,45	138,84	156,20	89,65	130,41	146,71	83,86	121,98	137,22	78,06	113,54	127,73
	III	1 454,—	79,97	116,32	130,86	III	1 454,—	75,07	109,20	122,85	70,27	102,21	114,98	65,56	95,37	107,29	60,95	88,66	99,74	56,44	82,10	92,36	52,02	75,66	85,12
	V	2 632,91	144,81	210,63	236,96	IV	2 097,66	112,47	163,59	184,04	109,57	159,38	179,30	106,67	155,16	174,55	103,77	150,94	169,81	100,87	146,72	165,06	97,97	142,51	160,32
	VI	2 665,16	146,58	213,21	239,86																				
6 965,99	I,IV	2 098,91	115,44	167,91	188,90	I	2 098,91	109,64	159,48	179,41	103,84	151,04	169,92	98,04	142,61	160,43	92,24	134,18	150,95	86,45	125,74	141,46	80,65	117,31	131,97
	II	2 053,16	112,92	164,25	184,78	II	2 053,16	107,12	155,82	175,29	101,32	147,38	165,80	95,52	138,94	156,31	89,72	130,51	146,82	83,93	122,08	137,34	78,13	113,64	127,85
	III	1 455,16	80,03	116,41	130,96	III	1 455,16	75,13	109,29	122,95	70,33	102,30	115,09	65,62	95,45	107,38	61,01	88,74	99,83	56,49	82,17	92,44	52,07	75,74	85,21
	V	2 634,16	144,87	210,73	237,07	IV	2 098,91	112,53	163,69	184,15	109,64	159,48	179,41	106,74	155,26	174,66	103,84	151,04	169,92	100,94	146,82	165,17	98,04	142,61	160,43
	VI	2 666,41	146,65	213,31	239,97																				
6 968,99	I,IV	2 100,16	115,50	168,01	189,01	I	2 100,16	109,71	159,58	179,52	103,91	151,14	170,03	98,11	142,71	160,55	92,31	134,28	151,06	86,51	125,84	141,57	80,72	117,41	132,08
	II	2 054,41	112,99	164,35	184,89	II	2 054,41	107,19	155,92	175,41	101,39	147,48	165,92	95,59	139,05	156,43	89,80	130,62	146,94	84,—	122,18	137,45	78,20	113,74	127,96
	III	1 456,16	80,08	116,49	131,05	III	1 456,16	75,19	109,37	123,04	70,39	102,38	115,18	65,67	95,53	107,47	61,06	88,82	99,92	56,54	82,25	92,53	52,13	75,82	85,30
	V	2 635,41	144,94	210,83	237,18	IV	2 100,16	112,61	163,80	184,27	109,71	159,58	179,52	106,81	155,36	174,78	103,91	151,14	170,03	101,01	146,92	165,29	98,11	142,71	160,55
	VI	2 667,66	146,72	213,41	240,08																				
6 971,99	I,IV	2 101,41	115,57	168,11	189,12	I	2 101,41	109,78	159,68	179,64	103,98	151,24	170,15	98,18	142,81	160,66	92,38	134,38	151,17	86,58	125,94	141,68	80,79	117,51	132,20
	II	2 055,66	113,06	164,45	185,—	II	2 055,66	107,26	156,02	175,52	101,46	147,58	166,03	95,66	139,15	156,54	89,87	130,72	147,06	84,07	122,28	137,57	78,27	113,85	128,08
	III	1 457,33	80,15	116,58	131,15	III	1 457,33	75,24	109,45	123,13	70,44	102,46	115,27	65,73	95,61	107,56	61,12	88,90	100,01	56,60	82,33	92,62	52,17	75,89	85,37
	V	2 636,75	145,02	210,94	237,30	IV	2 101,41	112,68	163,90	184,38	109,78	159,68	179,64	106,88	155,46	174,89	103,98	151,24	170,15	101,08	147,03	165,41	98,18	142,81	160,66
	VI	2 668,91	146,79	213,51	240,20																				
6 974,99	I,IV	2 102,66	115,64	168,21	189,23	I	2 102,66	109,84	159,78	179,75	104,05	151,34	170,26	98,25	142,91	160,77	92,45	134,48	151,29	86,65	126,04	141,80	80,85	117,61	132,31
	II	2 056,91	113,13	164,55	185,12	II	2 056,91	107,33	156,12	175,63	101,53	147,68	166,14	95,73	139,25	156,65	89,93	130,82	147,17	84,14	122,38	137,68	78,34	113,95	128,19
	III	1 458,33	80,20	116,66	131,24	III	1 458,33	75,31	109,54	123,23	70,50	102,54	115,36	65,78	95,69	107,65	61,17	88,98	100,10	56,65	82,41	92,71	52,23	75,97	85,46
	V	2 638,—	145,09	211,04	237,42	IV	2 102,66	112,75	164,—	184,50	109,84	159,78	179,75	106,95	155,56	175,01	104,05	151,34	170,26	101,15	147,13	165,52	98,25	142,91	160,77
	VI	2 670,16	146,85	213,61	240,31																				

Abzüge an Lohnsteuer, Solidaritätszuschlag (SolZ) und Kirchensteuer (8%, 9%) in den Steuerklassen I – VI (ohne Kinderfreibeträge) und I, II, III, IV (mit Zahl der Kinderfreibeträge . . . 0,5 / 1 / 1,5 / 2 / 2,5 / 3)

* Die ausgewiesenen Tabellenwerte sind amtlich. Siehe Erläuterungen auf der Umschlaginnenseite (U2).

MONAT 6 975,–*

Lohn/Gehalt bis €*	I – VI (ohne Kinderfreibeträge)					I, II, III, IV (mit Zahl der Kinderfreibeträge . . .)		0,5			1			1,5			2			2,5			3		
		LSt	SolZ	8%	9%		LSt	SolZ	8%	9%	SolZ	8%	9%	SolZ	8%	9%	SolZ	8%	9%	SolZ	8%	9%	SolZ	8%	9%
6 977,99	I,IV	2 103,91	115,71	168,31	189,35	I	2 103,91	109,91	159,88	179,86	104,11	151,44	170,37	98,32	143,01	160,88	92,52	134,58	151,40	86,72	126,14	141,91	80,92	117,71	132,42
	II	2 058,16	113,19	164,65	185,23	II	2 058,16	107,40	156,22	175,74	101,60	147,78	166,25	95,80	139,35	156,77	90,—	130,92	147,28	84,20	122,48	137,79	78,41	114,05	128,30
	III	1 459,50	80,27	116,76	131,35	III	1 459,50	75,36	109,62	123,32	70,55	102,62	115,45	65,85	95,78	107,75	61,23	89,06	100,19	56,71	82,49	92,80	52,28	76,05	85,55
	V	2 639,25	145,15	211,14	237,53	IV	2 103,91	112,81	164,10	184,61	109,91	159,88	179,86	107,02	155,66	175,12	104,11	151,44	170,37	101,22	147,23	165,63	98,32	143,01	160,88
	VI	2 671,41	146,92	213,71	240,42																				
6 980,99	I,IV	2 105,25	115,78	168,42	189,47	I	2 105,25	109,99	159,98	179,98	104,18	151,54	170,48	98,39	143,11	161,—	92,59	134,68	151,51	86,79	126,24	142,02	80,99	117,81	132,53
	II	2 059,41	113,26	164,75	185,34	II	2 059,41	107,47	156,32	175,86	101,67	147,88	166,37	95,87	139,45	156,88	90,07	131,02	147,39	84,27	122,58	137,90	78,48	114,15	128,42
	III	1 460,50	80,32	116,84	131,44	III	1 460,50	75,42	109,70	123,41	70,62	102,72	115,56	65,90	95,86	107,84	61,28	89,14	100,28	56,76	82,57	92,89	52,34	76,13	85,64
	V	2 640,50	145,22	211,24	237,64	IV	2 105,25	112,88	164,20	184,72	109,99	159,98	179,98	107,08	155,76	175,23	104,18	151,54	170,48	101,29	147,33	165,74	98,39	143,11	161,—
	VI	2 672,66	146,99	213,81	240,53																				
6 983,99	I,IV	2 106,50	115,85	168,52	189,58	I	2 106,50	110,05	160,08	180,09	104,26	151,65	170,60	98,46	143,22	161,12	92,66	134,78	151,63	86,86	126,34	142,13	81,06	117,91	132,65
	II	2 060,66	113,33	164,85	185,45	II	2 060,66	107,53	156,42	175,97	101,74	147,98	166,48	95,94	139,55	156,99	90,14	131,12	147,51	84,34	122,68	138,02	78,54	114,25	128,53
	III	1 461,50	80,38	116,92	131,53	III	1 461,50	75,48	109,80	123,52	70,67	102,80	115,65	65,96	95,94	107,93	61,34	89,22	100,37	56,81	82,64	92,97	52,38	76,20	85,72
	V	2 641,75	145,29	211,34	237,75	IV	2 106,50	112,95	164,30	184,83	110,05	160,08	180,09	107,15	155,86	175,34	104,26	151,65	170,60	101,36	147,43	165,86	98,46	143,22	161,12
	VI	2 673,91	147,06	213,91	240,65																				
6 986,99	I,IV	2 107,75	115,92	168,62	189,69	I	2 107,75	110,12	160,18	180,20	104,33	151,75	170,72	98,53	143,32	161,23	92,73	134,88	151,74	86,93	126,45	142,25	81,13	118,02	132,77
	II	2 061,91	113,40	164,95	185,57	II	2 061,91	107,60	156,52	176,08	101,80	148,08	166,59	96,01	139,65	157,10	90,21	131,22	147,62	84,41	122,78	138,13	78,61	114,35	128,64
	III	1 462,66	80,44	117,01	131,63	III	1 462,66	75,54	109,88	123,61	70,73	102,88	115,74	66,01	96,02	108,02	61,39	89,30	100,46	56,87	82,72	93,06	52,44	76,28	85,81
	V	2 643,—	145,36	211,44	237,87	IV	2 107,75	113,02	164,40	184,95	110,12	160,18	180,20	107,22	155,96	175,46	104,33	151,75	170,72	101,42	147,53	165,97	98,53	143,32	161,23
	VI	2 675,25	147,13	214,02	240,77																				
6 989,99	I,IV	2 109,—	115,99	168,72	189,81	I	2 109,—	110,19	160,28	180,32	104,39	151,85	170,83	98,60	143,42	161,34	92,80	134,98	151,85	87,—	126,55	142,37	81,20	118,12	132,88
	II	2 063,25	113,47	165,06	185,69	II	2 063,25	107,68	156,62	176,20	101,87	148,18	166,70	96,08	139,75	157,22	90,28	131,32	147,73	84,48	122,88	138,24	78,68	114,45	128,75
	III	1 463,66	80,50	117,09	131,72	III	1 463,66	75,59	109,96	123,70	70,78	102,96	115,83	66,07	96,10	108,11	61,45	89,38	100,55	56,92	82,80	93,15	52,49	76,36	85,90
	V	2 644,25	145,43	211,54	237,98	IV	2 109,—	113,09	164,50	185,06	110,19	160,28	180,32	107,29	156,06	175,57	104,39	151,85	170,83	101,49	147,63	166,08	98,60	143,42	161,34
	VI	2 676,50	147,20	214,12	240,88																				
6 992,99	I,IV	2 110,25	116,06	168,82	189,92	I	2 110,25	110,26	160,38	180,43	104,46	151,95	170,94	98,67	143,52	161,46	92,87	135,08	151,97	87,07	126,65	142,48	81,27	118,22	132,99
	II	2 064,50	113,54	165,16	185,80	II	2 064,50	107,74	156,72	176,31	101,95	148,29	166,82	96,15	139,86	157,34	90,35	131,42	147,85	84,55	122,98	138,35	78,75	114,55	128,87
	III	1 464,83	80,56	117,18	131,83	III	1 464,83	75,66	110,05	123,80	70,84	103,05	115,93	66,12	96,18	108,20	61,50	89,46	100,64	56,98	82,88	93,24	52,54	76,42	85,97
	V	2 645,50	145,50	211,64	238,09	IV	2 110,25	113,16	164,60	185,18	110,26	160,38	180,43	107,36	156,16	175,68	104,46	151,95	170,94	101,56	147,73	166,19	98,67	143,52	161,46
	VI	2 677,75	147,27	214,22	240,99																				
6 995,99	I,IV	2 111,50	116,13	168,92	190,03	I	2 111,50	110,33	160,48	180,54	104,53	152,05	171,05	98,73	143,62	161,57	92,94	135,18	152,08	87,14	126,75	142,59	81,34	118,32	133,11
	II	2 065,75	113,61	165,26	185,91	II	2 065,75	107,81	156,82	176,42	102,02	148,39	166,94	96,22	139,96	157,45	90,42	131,52	147,96	84,62	123,09	138,47	78,82	114,66	128,99
	III	1 465,83	80,62	117,26	131,92	III	1 465,83	75,71	110,13	123,89	70,90	103,13	116,02	66,18	96,26	108,29	61,56	89,54	100,73	57,03	82,96	93,33	52,59	76,50	86,06
	V	2 646,75	145,57	211,74	238,20	IV	2 111,50	113,23	164,70	185,29	110,33	160,48	180,54	107,43	156,27	175,80	104,53	152,05	171,05	101,64	147,84	166,32	98,73	143,62	161,57
	VI	2 679,—	147,34	214,32	241,11																				
6 998,99	I,IV	2 112,75	116,20	169,02	190,14	I	2 112,75	110,40	160,58	180,65	104,60	152,15	171,17	98,80	143,72	161,68	93,—	135,28	152,19	87,21	126,85	142,70	81,41	118,42	133,22
	II	2 067,—	113,68	165,36	186,03	II	2 067,—	107,88	156,92	176,54	102,08	148,49	167,05	96,29	140,06	157,56	90,49	131,62	148,07	84,69	123,19	138,59	78,89	114,76	129,10
	III	1 467,—	80,68	117,36	132,03	III	1 467,—	75,77	110,21	123,98	70,95	103,21	116,11	66,23	96,34	108,38	61,61	89,62	100,82	57,09	83,04	93,42	52,65	76,58	86,15
	V	2 648,08	145,64	211,84	238,32	IV	2 112,75	113,30	164,80	185,40	110,40	160,58	180,65	107,50	156,37	175,91	104,60	152,15	171,17	101,70	147,94	166,43	98,80	143,72	161,68
	VI	2 680,25	147,41	214,42	241,22																				
7 001,99	I,IV	2 114,—	116,27	169,12	190,26	I	2 114,—	110,47	160,68	180,77	104,67	152,25	171,28	98,87	143,82	161,79	93,07	135,38	152,30	87,28	126,95	142,82	81,48	118,52	133,33
	II	2 068,25	113,75	165,46	186,14	II	2 068,25	107,95	157,02	176,65	102,15	148,59	167,16	96,36	140,16	157,68	90,56	131,72	148,19	84,76	123,29	138,70	78,96	114,86	129,21
	III	1 468,—	80,74	117,44	132,12	III	1 468,—	75,83	110,30	124,09	71,01	103,29	116,20	66,29	96,42	108,47	61,67	89,70	100,91	57,13	83,10	93,49	52,70	76,66	86,24
	V	2 649,33	145,71	211,94	238,43	IV	2 114,—	113,37	164,90	185,51	110,47	160,68	180,77	107,57	156,47	176,03	104,67	152,25	171,28	101,77	148,04	166,54	98,87	143,82	161,79
	VI	2 681,50	147,48	214,52	241,33																				
7 004,99	I,IV	2 115,33	116,34	169,22	190,37	I	2 115,33	110,54	160,78	180,88	104,74	152,35	171,39	98,94	143,92	161,91	93,14	135,48	152,42	87,34	127,05	142,93	81,55	118,62	133,44
	II	2 069,50	113,82	165,56	186,25	II	2 069,50	108,02	157,12	176,76	102,22	148,69	167,27	96,42	140,26	157,79	90,63	131,82	148,30	84,83	123,39	138,81	79,03	114,96	129,33
	III	1 469,16	80,80	117,53	132,22	III	1 469,16	75,89	110,38	124,18	71,06	103,37	116,29	66,34	96,50	108,56	61,72	89,78	101,—	57,19	83,18	93,58	52,75	76,73	86,32
	V	2 650,58	145,78	212,04	238,55	IV	2 115,33	113,44	165,—	185,63	110,54	160,78	180,88	107,64	156,57	176,14	104,74	152,35	171,39	101,84	148,14	166,65	98,94	143,92	161,91
	VI	2 682,75	147,55	214,62	241,44																				
7 007,99	I,IV	2 116,58	116,41	169,32	190,49	I	2 116,58	110,61	160,89	181,—	104,81	152,46	171,51	99,01	144,02	162,02	93,21	135,58	152,53	87,41	127,15	143,04	81,62	118,72	133,56
	II	2 070,75	113,89	165,66	186,36	II	2 070,75	108,09	157,22	176,87	102,29	148,79	167,39	96,49	140,36	157,90	90,69	131,92	148,41	84,90	123,49	138,92	79,10	115,06	129,44
	III	1 470,16	80,85	117,61	132,31	III	1 470,16	75,94	110,46	124,27	71,13	103,46	116,39	66,40	96,58	108,65	61,78	89,86	101,09	57,24	83,26	93,67	52,80	76,81	86,41
	V	2 651,83	145,85	212,14	238,66	IV	2 116,58	113,51	165,10	185,74	110,61	160,89	181,—	107,71	156,67	176,25	104,81	152,46	171,51	101,91	148,24	166,77	99,01	144,02	162,02
	VI	2 684,—	147,62	214,72	241,56																				
7 010,99	I,IV	2 117,83	116,48	169,42	190,60	I	2 117,83	110,68	160,99	181,11	104,88	152,56	171,63	99,08	144,12	162,14	93,28	135,69	152,65	87,49	127,26	143,16	81,69	118,82	133,67
	II	2 072,—	113,96	165,76	186,48	II	2 072,—	108,16	157,32	176,99	102,36	148,89	167,50	96,56	140,46	158,01	90,76	132,02	148,52	84,97	123,59	139,04	79,17	115,16	129,55
	III	1 471,33	80,92	117,70	132,41	III	1 471,33	76,01	110,56	124,38	71,18	103,54	116,48	66,45	96,66	108,74	61,83	89,94	101,18	57,30	83,34	93,76	52,86	76,89	86,50
	V	2 653,08	145,91	212,24	238,77	IV	2 117,83	113,57	165,20	185,85	110,68	160,99	181,11	107,78	156,77	176,36	104,88	152,56	171,63	101,98	148,34	166,88	99,08	144,12	162,14
	VI	2 685,25	147,68	214,82	241,67																				
7 013,99	I,IV	2 119,08	116,54	169,52	190,71	I	2 119,08	110,75	161,09	181,22	104,95	152,66	171,74	99,15	144,22	162,25	93,35	135,79	152,76	87,56	127,36	143,28	81,76	118,92	133,79
	II	2 073,33	114,03	165,86	186,59	II	2 073,33	108,23	157,42	177,10	102,43	148,99	167,61	96,63	140,56	158,13	90,83	132,12	148,64	85,03	123,69	139,15	79,24	115,26	129,66
	III	1 472,33	80,97	117,78	132,50	III	1 472,33	76,06	110,64	124,47	71,24	103,62	116,57	66,52	96,76	108,85	61,89	90,02	101,27	57,35	83,42	93,85	52,91	76,96	86,58
	V	2 654,33	145,98	212,34	238,88	IV	2 119,08	113,64	165,30	185,96	110,75	161,09	181,22	107,85	156,87	176,48	104,95	152,66	171,74	102,05	148,44	166,99	99,15	144,22	162,25
	VI	2 686,58	147,76	214,92	241,79																				
7 016,99	I,IV	2 120,33	116,61	169,62	190,82	I	2 120,33	110,82	161,19	181,34	105,02	152,76	171,85	99,22	144,32	162,36	93,42	135,89	152,87	87,62	127,46	143,39	81,83	119,02	133,90
	II	2 074,58	114,10	165,96	186,71	II	2 074,58	108,30	157,53	177,22	102,50	149,10	167,73	96,70	140,66	158,24	90,90	132,22	148,75	85,10	123,79	139,26	79,31	115,36	129,78
	III	1 473,50	81,04	117,88	132,61	III	1 473,50	76,12	110,72	124,56	71,29	103,70	116,66	66,57	96,84	108,94	61,93	90,09	101,35	57,41	83,50	93,94	52,96	77,04	86,67
	V	2 655,58	146,05	212,44	239,—	IV	2 120,33	113,71	165,40	186,08	110,82	161,19	181,34	107,91	156,97	176,59	105,02	152,76	171,85	102,12	148,54	167,10	99,22	144,32	162,36
	VI	2 687,83	147,83	215,02	241,90																				
7 019,99	I,IV	2 121,58	116,68	169,72	190,94	I	2 121,58	110,88	161,29	181,45	105,09	152,86	171,96	99,29	144,42	162,47	93,49	135,99	152,99	87,69	127,56	143,50	81,89	119,12	134,01
	II	2 075,83	114,17	166,06	186,82	II	2 075,83	108,37	157,63	177,33	102,57	149,20	167,85	96,77	140,76	158,36	90,97	132,33	148,87	85,18	123,90	139,38	79,38	115,46	129,89
	III	1 474,50	81,09	117,96	132,70	III	1 474,50	76,18	110,81	124,66	71,36	103,80	116,77	66,63	96,92	109,03	61,99	90,17	101,44	57,45	83,57	94,01	53,02	77,12	86,76
	V	2 656,83	146,12	212,54	239,11	IV	2 121,58	113,79	165,51	186,20	110,88	161,29	181,45	107,99	157,08	176,71	105,09	152,86	171,96	102,19	148,64	167,22	99,29	144,42	162,47
	VI	2 689,08	147,89	215,12	242,01																				

Abzüge an Lohnsteuer, Solidaritätszuschlag (SolZ) und Kirchensteuer (8%, 9%) in den Steuerklassen

* Die ausgewiesenen Tabellenwerte sind amtlich. Siehe Erläuterungen auf der Umschlaginnenseite (U2).

Lohn/ Gehalt bis €*	Abzüge an Lohnsteuer, Solidaritätszuschlag (SolZ) und Kirchensteuer (8%, 9%) in den Steuerklassen I – VI					I, II, III, IV		mit Zahl der Kinderfreibeträge ... 0,5			1			1,5			2			2,5			3		
		LSt	ohne Kinderfreibeträge SolZ	8%	9%		LSt	SolZ	8%	9%	SolZ	8%	9%	SolZ	8%	9%	SolZ	8%	9%	SolZ	8%	9%	SolZ	8%	9%
7 022,99	I,IV	2 122,83	116,75	169,82	191,05	I	2 122,83	110,95	161,39	181,56	105,16	152,96	172,08	99,36	144,52	162,59	93,56	136,09	153,10	87,76	127,66	143,61	81,96	119,22	134,12
	II	2 077,08	114,23	166,16	186,93	II	2 077,08	108,44	157,73	177,44	102,64	149,30	167,96	96,84	140,86	158,47	91,04	132,43	148,98	85,25	124,—	139,50	79,45	115,56	130,01
	III	1 475,66	81,16	118,05	132,80	III	1 475,66	76,23	110,89	124,75	71,41	103,88	116,86	66,68	97,—	109,12	62,04	90,25	101,53	57,51	83,65	94,10	53,07	77,20	86,85
	V	2 658,16	146,19	212,65	239,23	IV	2 122,83	113,85	165,61	186,31	110,95	161,39	181,56	108,06	157,18	176,82	105,16	152,96	172,08	102,26	148,74	167,33	99,36	144,52	162,59
	VI	2 690,33	147,96	215,22	242,12																				
7 025,99	I,IV	2 124,08	116,82	169,92	191,16	I	2 124,08	111,02	161,49	181,67	105,22	153,06	172,19	99,43	144,62	162,70	93,63	136,19	153,21	87,83	127,76	143,73	82,03	119,32	134,24
	II	2 078,33	114,30	166,26	187,04	II	2 078,33	108,51	157,83	177,56	102,71	149,40	168,07	96,91	140,96	158,58	91,11	132,53	149,09	85,31	124,10	139,61	79,52	115,66	130,12
	III	1 476,66	81,21	118,13	132,89	III	1 476,66	76,29	110,97	124,84	71,47	103,96	116,95	66,74	97,08	109,21	62,10	90,33	101,62	57,56	83,73	94,19	53,12	77,26	86,92
	V	2 659,41	146,26	212,75	239,34	IV	2 124,08	113,92	165,71	186,42	111,02	161,49	181,67	108,13	157,28	176,94	105,22	153,06	172,19	102,33	148,84	167,45	99,43	144,62	162,70
	VI	2 691,58	148,03	215,32	242,24																				
7 028,99	I,IV	2 125,33	116,89	170,02	191,27	I	2 125,33	111,09	161,59	181,79	105,29	153,16	172,30	99,49	144,72	162,81	93,70	136,29	153,32	87,90	127,86	143,84	82,10	119,42	134,35
	II	2 079,58	114,37	166,36	187,16	II	2 079,58	108,57	157,93	177,67	102,78	149,50	168,18	96,98	141,06	158,69	91,18	132,63	149,21	85,38	124,20	139,72	79,58	115,76	130,23
	III	1 477,83	81,28	118,22	133,—	III	1 477,83	76,35	111,06	124,94	71,52	104,04	117,04	66,79	97,16	109,30	62,15	90,41	101,71	57,62	83,81	94,28	53,17	77,34	87,01
	V	2 660,66	146,33	212,85	239,45	IV	2 125,33	113,99	165,81	186,53	111,09	161,59	181,79	108,19	157,38	177,05	105,29	153,16	172,30	102,40	148,94	167,56	99,49	144,72	162,81
	VI	2 692,83	148,10	215,42	242,35																				
7 031,99	I,IV	2 126,66	116,96	170,13	191,39	I	2 126,66	111,16	161,70	181,91	105,37	153,26	172,42	99,56	144,82	162,92	93,77	136,39	153,44	87,97	127,96	143,95	82,17	119,52	134,46
	II	2 080,83	114,44	166,46	187,27	II	2 080,83	108,64	158,03	177,78	102,85	149,60	168,30	97,05	141,16	158,81	91,25	132,73	149,32	85,45	124,30	139,83	79,65	115,86	130,34
	III	1 478,83	81,33	118,30	133,09	III	1 478,83	76,41	111,14	125,03	71,58	104,12	117,13	66,85	97,24	109,39	62,21	90,49	101,80	57,67	83,89	94,37	53,23	77,42	87,10
	V	2 661,91	146,40	212,95	239,57	IV	2 126,66	114,06	165,91	186,65	111,16	161,70	181,91	108,26	157,48	177,16	105,37	153,26	172,42	102,46	149,04	167,67	99,56	144,82	162,92
	VI	2 694,08	148,17	215,52	242,46																				
7 034,99	I,IV	2 127,91	117,03	170,23	191,51	I	2 127,91	111,23	161,80	182,02	105,43	153,36	172,53	99,64	144,93	163,04	93,84	136,50	153,56	88,04	128,06	144,07	82,24	119,62	134,57
	II	2 082,08	114,51	166,56	187,38	II	2 082,08	108,71	158,13	177,89	102,91	149,70	168,41	97,12	141,26	158,92	91,32	132,83	149,43	85,52	124,40	139,95	79,72	115,96	130,46
	III	1 479,83	81,39	118,38	133,18	III	1 479,83	76,46	111,22	125,12	71,64	104,21	117,23	66,90	97,32	109,48	62,26	90,57	101,89	57,73	83,97	94,46	53,28	77,50	87,19
	V	2 663,16	146,47	213,05	239,68	IV	2 127,91	114,13	166,01	186,76	111,23	161,80	182,02	108,33	157,58	177,27	105,43	153,36	172,53	102,53	149,14	167,78	99,64	144,93	163,04
	VI	2 695,33	148,24	215,62	242,57																				
7 037,99	I,IV	2 129,16	117,10	170,33	191,62	I	2 129,16	111,30	161,90	182,13	105,50	153,46	172,64	99,71	145,03	163,16	93,91	136,60	153,67	88,11	128,16	144,18	82,31	119,73	134,69
	II	2 083,33	114,58	166,66	187,49	II	2 083,33	108,78	158,23	178,01	102,98	149,80	168,52	97,18	141,36	159,03	91,39	132,93	149,54	85,59	124,50	140,06	79,79	116,06	130,57
	III	1 481,—	81,45	118,48	133,29	III	1 481,—	76,53	111,32	125,23	71,70	104,29	117,32	66,96	97,40	109,57	62,32	90,65	101,98	57,78	84,05	94,55	53,33	77,57	87,26
	V	2 664,41	146,54	213,15	239,79	IV	2 129,16	114,20	166,11	186,87	111,30	161,90	182,13	108,40	157,68	177,39	105,50	153,46	172,64	102,60	149,24	167,90	99,71	145,03	163,16
	VI	2 696,66	148,31	215,73	242,69																				
7 040,99	I,IV	2 130,41	117,17	170,43	191,73	I	2 130,41	111,37	162,—	182,25	105,57	153,56	172,76	99,77	145,13	163,27	93,98	136,70	153,78	88,18	128,26	144,29	82,38	119,83	134,81
	II	2 084,66	114,65	166,77	187,61	II	2 084,66	108,85	158,34	178,13	103,06	149,90	168,64	97,25	141,46	159,14	91,46	133,03	149,66	85,66	124,60	140,17	79,86	116,16	130,68
	III	1 482,—	81,51	118,56	133,38	III	1 482,—	76,58	111,40	125,32	71,75	104,37	117,41	67,02	97,49	109,67	62,37	90,73	102,07	57,84	84,13	94,64	53,38	77,65	87,35
	V	2 665,66	146,61	213,25	239,90	IV	2 130,41	114,27	166,21	186,98	111,37	162,—	182,25	108,47	157,78	177,50	105,57	153,56	172,76	102,67	149,34	168,01	99,77	145,13	163,27
	VI	2 697,91	148,38	215,83	242,81																				
7 043,99	I,IV	2 131,66	117,24	170,53	191,84	I	2 131,66	111,44	162,10	182,36	105,64	153,66	172,87	99,84	145,23	163,38	94,05	136,80	153,90	88,25	128,36	144,41	82,45	119,93	134,92
	II	2 085,91	114,72	166,87	187,73	II	2 085,91	108,92	158,44	178,24	103,12	150,—	168,75	97,33	141,57	159,26	91,53	133,14	149,78	85,73	124,70	140,29	79,93	116,26	130,79
	III	1 483,16	81,57	118,65	133,48	III	1 483,16	76,64	111,48	125,41	71,81	104,45	117,50	67,08	97,57	109,76	62,43	90,81	102,16	57,88	84,20	94,72	53,44	77,73	87,44
	V	2 666,91	146,68	213,35	240,02	IV	2 131,66	114,34	166,32	187,11	111,44	162,10	182,36	108,54	157,88	177,62	105,64	153,66	172,87	102,74	149,44	168,12	99,84	145,23	163,38
	VI	2 699,16	148,45	215,93	242,92																				
7 046,99	I,IV	2 132,91	117,31	170,63	191,96	I	2 132,91	111,51	162,20	182,47	105,71	153,76	172,98	99,91	145,33	163,49	94,11	136,90	154,01	88,32	128,46	144,52	82,52	120,03	135,03
	II	2 087,16	114,79	166,97	187,84	II	2 087,16	108,99	158,54	178,35	103,19	150,10	168,86	97,40	141,67	159,38	91,60	133,24	149,89	85,80	124,80	140,40	80,—	116,37	130,91
	III	1 484,16	81,62	118,73	133,57	III	1 484,16	76,70	111,57	125,51	71,87	104,54	117,61	67,13	97,65	109,85	62,48	90,89	102,25	57,94	84,28	94,81	53,49	77,81	87,53
	V	2 668,25	146,75	213,46	240,14	IV	2 132,91	114,41	166,42	187,22	111,51	162,20	182,47	108,61	157,98	177,73	105,71	153,76	172,98	102,81	149,55	168,24	99,91	145,33	163,49
	VI	2 700,41	148,52	216,03	243,03																				
7 049,99	I,IV	2 134,16	117,37	170,73	192,07	I	2 134,16	111,58	162,30	182,58	105,78	153,86	173,09	99,98	145,43	163,61	94,18	137,—	154,12	88,38	128,56	144,63	82,59	120,13	135,14
	II	2 088,41	114,86	167,07	187,95	II	2 088,41	109,06	158,64	178,47	103,26	150,20	168,98	97,46	141,77	159,49	91,67	133,34	150,—	85,87	124,90	140,51	80,07	116,47	131,03
	III	1 485,33	81,69	118,82	133,67	III	1 485,33	76,76	111,65	125,60	71,93	104,62	117,70	67,19	97,73	109,94	62,54	90,97	102,34	57,99	84,36	94,90	53,54	77,88	87,61
	V	2 669,50	146,82	213,56	240,25	IV	2 134,16	114,48	166,52	187,33	111,58	162,30	182,58	108,68	158,08	177,84	105,78	153,86	173,09	102,88	149,65	168,35	99,98	145,43	163,61
	VI	2 701,66	148,59	216,13	243,14																				
7 052,99	I,IV	2 135,41	117,44	170,83	192,18	I	2 135,41	111,65	162,40	182,70	105,85	153,96	173,21	100,05	145,53	163,72	94,25	137,10	154,23	88,45	128,66	144,74	82,66	120,23	135,26
	II	2 089,66	114,93	167,17	188,06	II	2 089,66	109,13	158,74	178,58	103,33	150,30	169,09	97,53	141,87	159,60	91,74	133,44	150,12	85,94	125,—	140,63	80,14	116,57	131,14
	III	1 486,33	81,74	118,90	133,76	III	1 486,33	76,82	111,74	125,71	71,98	104,70	117,79	67,24	97,81	110,03	62,59	91,05	102,43	58,05	84,44	94,99	53,59	77,96	87,70
	V	2 670,75	146,89	213,66	240,36	IV	2 135,41	114,55	166,62	187,44	111,65	162,40	182,70	108,75	158,18	177,95	105,85	153,96	173,21	102,95	149,75	168,47	100,05	145,53	163,72
	VI	2 702,91	148,66	216,23	243,26																				
7 055,99	I,IV	2 136,75	117,52	170,94	192,30	I	2 136,75	111,72	162,50	182,81	105,92	154,06	173,32	100,12	145,63	163,83	94,32	137,20	154,35	88,52	128,76	144,86	82,72	120,33	135,37
	II	2 090,91	115,—	167,27	188,18	II	2 090,91	109,20	158,84	178,69	103,40	150,40	169,20	97,60	141,97	159,71	91,80	133,54	150,23	86,01	125,10	140,74	80,21	116,67	131,25
	III	1 487,50	81,81	119,—	133,87	III	1 487,50	76,88	111,82	125,80	72,04	104,78	117,88	67,30	97,89	110,12	62,65	91,13	102,52	58,10	84,52	95,08	53,65	78,04	87,79
	V	2 672,—	146,96	213,76	240,48	IV	2 136,75	114,62	166,72	187,56	111,72	162,50	182,81	108,82	158,28	178,07	105,92	154,06	173,32	103,02	149,85	168,58	100,12	145,63	163,83
	VI	2 704,16	148,72	216,33	243,37																				
7 058,99	I,IV	2 138,—	117,59	171,04	192,42	I	2 138,—	111,79	162,60	182,93	105,99	154,17	173,44	100,19	145,74	163,95	94,39	137,30	154,46	88,59	128,86	144,97	82,79	120,43	135,48
	II	2 092,16	115,06	167,37	188,29	II	2 092,16	109,27	158,94	178,80	103,47	150,50	169,31	97,67	142,07	159,83	91,87	133,64	150,34	86,07	125,20	140,85	80,28	116,77	131,36
	III	1 488,50	81,86	119,08	133,96	III	1 488,50	76,93	111,90	125,89	72,10	104,88	117,99	67,35	97,97	110,21	62,70	91,21	102,61	58,16	84,60	95,17	53,70	78,12	87,88
	V	2 673,25	147,02	213,86	240,59	IV	2 138,—	114,68	166,82	187,67	111,79	162,60	182,93	108,89	158,38	178,18	105,99	154,17	173,44	103,09	149,95	168,69	100,19	145,74	163,95
	VI	2 705,41	148,79	216,43	243,48																				
7 061,99	I,IV	2 139,25	117,65	171,14	192,53	I	2 139,25	111,86	162,70	183,04	106,06	154,27	173,55	100,26	145,84	164,07	94,46	137,40	154,58	88,66	128,97	145,09	82,87	120,54	135,60
	II	2 093,41	115,13	167,47	188,40	II	2 093,41	109,34	159,04	178,92	103,54	150,60	169,43	97,74	142,17	159,94	91,94	133,74	150,45	86,14	125,30	140,96	80,35	116,87	131,48
	III	1 489,66	81,93	119,17	134,06	III	1 489,66	77,—	112,—	126,—	72,16	104,96	118,08	67,41	98,05	110,30	62,76	91,29	102,70	58,21	84,68	95,26	53,75	78,18	87,95
	V	2 674,50	147,09	213,96	240,70	IV	2 139,25	114,75	166,92	187,78	111,86	162,70	183,04	108,95	158,48	178,29	106,06	154,27	173,55	103,16	150,05	168,80	100,26	145,84	164,07
	VI	2 706,75	148,87	216,54	243,60																				
7 064,99	I,IV	2 140,50	117,72	171,24	192,64	I	2 140,50	111,92	162,80	183,15	106,13	154,37	173,66	100,33	145,94	164,18	94,53	137,50	154,69	88,73	129,07	145,20	82,94	120,64	135,72
	II	2 094,75	115,21	167,58	188,52	II	2 094,75	109,41	159,14	179,03	103,61	150,70	169,54	97,81	142,27	160,05	92,01	133,84	150,57	86,21	125,40	141,08	80,41	116,97	131,59
	III	1 490,66	81,98	119,25	134,15	III	1 490,66	77,05	112,08	126,09	72,21	105,04	118,17	67,46	98,13	110,39	62,81	91,37	102,79	58,26	84,74	95,33	53,80	78,26	88,04
	V	2 675,75	147,16	214,06	240,81	IV	2 140,50	114,82	167,02	187,89	111,92	162,80	183,15	109,02	158,58	178,40	106,13	154,37	173,66	103,23	150,15	168,92	100,33	145,94	164,18
	VI	2 708,—	148,94	216,64	243,72																				

* Die ausgewiesenen Tabellenwerte sind amtlich. Siehe Erläuterungen auf der Umschlaginnenseite (U2).

MONAT 7 065,–*

Lohn/Gehalt bis €*		I – VI				I, II, III, IV																			
			ohne Kinderfreibeträge					mit Zahl der Kinderfreibeträge . . . 0,5			1			1,5			2			2,5			3		
		LSt	SolZ	8%	9%		LSt	SolZ	8%	9%	SolZ	8%	9%	SolZ	8%	9%	SolZ	8%	9%	SolZ	8%	9%	SolZ	8%	9%
7 067,99	I,IV	2 141,75	117,79	171,34	192,75	I	2 141,75	111,99	162,90	183,26	106,20	154,47	173,78	100,40	146,04	164,29	94,60	137,60	154,80	88,80	129,17	145,31	83,—	120,74	135,83
	II	2 096,—	115,28	167,68	188,64	II	2 096,—	109,48	159,24	179,15	103,68	150,81	169,66	97,88	142,38	160,17	92,08	133,94	150,68	86,28	125,50	141,19	80,48	117,07	131,70
	III	1 491,83	82,05	119,34	134,26	III	1 491,83	77,11	112,16	126,18	72,27	105,12	118,26	67,53	98,22	110,50	62,87	91,45	102,88	58,31	84,82	95,42	53,86	78,34	88,13
	V	2 677,—	147,23	214,16	240,93	IV	2 141,75	114,89	167,12	188,01	111,99	162,90	183,26	109,09	158,68	178,52	106,20	154,47	173,78	103,29	150,25	169,03	100,40	146,04	164,29
	VI	2 709,25	149,—	216,74	243,83																				
7 070,99	I,IV	2 143,—	117,86	171,44	192,87	I	2 143,—	112,06	163,—	183,38	106,26	154,57	173,89	100,47	146,14	164,40	94,67	137,70	154,91	88,87	129,27	145,43	83,07	120,84	135,94
	II	2 097,25	115,34	167,78	188,75	II	2 097,25	109,55	159,34	179,26	103,75	150,91	169,77	97,95	142,48	160,29	92,15	134,04	150,80	86,35	125,61	141,31	80,56	117,18	131,82
	III	1 492,83	82,10	119,42	134,35	III	1 492,83	77,17	112,25	126,28	72,33	105,21	118,36	67,58	98,30	110,59	62,92	91,53	102,97	58,37	84,90	95,51	53,91	78,42	88,22
	V	2 678,25	147,30	214,26	241,04	IV	2 143,—	114,96	167,22	188,12	112,06	163,—	183,38	109,17	158,79	178,64	106,26	154,57	173,89	103,37	150,36	169,15	100,47	146,14	164,40
	VI	2 710,50	149,07	216,84	243,94																				
7 073,99	I,IV	2 144,25	117,93	171,54	192,98	I	2 144,25	112,13	163,10	183,49	106,33	154,67	174,—	100,54	146,24	164,52	94,74	137,80	155,03	88,94	129,37	145,54	83,14	120,94	136,05
	II	2 098,50	115,41	167,88	188,86	II	2 098,50	109,61	159,44	179,37	103,82	151,01	169,88	98,02	142,58	160,40	92,22	134,14	150,91	86,42	125,71	141,42	80,63	117,28	131,94
	III	1 494,—	82,17	119,52	134,46	III	1 494,—	77,22	112,33	126,37	72,38	105,29	118,45	67,64	98,38	110,68	62,98	91,61	103,06	58,42	84,98	95,60	53,96	78,49	88,30
	V	2 679,58	147,37	214,36	241,16	IV	2 144,25	115,03	167,32	188,24	112,13	163,10	183,49	109,23	158,89	178,75	106,33	154,67	174,—	103,44	150,46	169,26	100,54	146,24	164,52
	VI	2 711,75	149,14	216,94	244,05																				
7 076,99	I,IV	2 145,50	118,—	171,64	193,09	I	2 145,50	112,20	163,20	183,60	106,40	154,77	174,11	100,60	146,34	164,63	94,81	137,90	155,14	89,01	129,47	145,65	83,21	121,04	136,17
	II	2 099,75	115,48	167,98	188,97	II	2 099,75	109,68	159,54	179,48	103,89	151,11	170,—	98,09	142,68	160,51	92,29	134,24	151,02	86,49	125,81	141,53	80,69	117,38	132,05
	III	1 495,—	82,22	119,60	134,55	III	1 495,—	77,29	112,42	126,47	72,44	105,37	118,54	67,69	98,46	110,77	63,03	91,69	103,15	58,48	85,06	95,69	54,01	78,57	88,39
	V	2 680,83	147,44	214,46	241,27	IV	2 145,50	115,10	167,42	188,35	112,20	163,20	183,60	109,30	158,99	178,86	106,40	154,77	174,11	103,51	150,56	169,38	100,60	146,34	164,63
	VI	2 713,—	149,21	217,04	244,17																				
7 079,99	I,IV	2 146,83	118,07	171,74	193,21	I	2 146,83	112,27	163,30	183,71	106,47	154,87	174,23	100,67	146,44	164,74	94,87	138,—	155,25	89,08	129,57	145,76	83,28	121,14	136,28
	II	2 101,—	115,55	168,08	189,09	II	2 101,—	109,75	159,64	179,60	103,95	151,21	170,11	98,16	142,78	160,62	92,36	134,34	151,13	86,56	125,91	141,65	80,76	117,48	132,16
	III	1 496,16	82,28	119,69	134,65	III	1 496,16	77,34	112,50	126,56	72,49	105,45	118,63	67,75	98,54	110,86	63,09	91,77	103,24	58,53	85,14	95,78	54,07	78,65	88,48
	V	2 682,08	147,51	214,56	241,38	IV	2 146,83	115,17	167,52	188,46	112,27	163,30	183,71	109,37	159,09	178,97	106,47	154,87	174,23	103,57	150,66	169,49	100,67	146,44	164,74
	VI	2 714,25	149,28	217,14	244,28																				
7 082,99	I,IV	2 148,08	118,14	171,84	193,32	I	2 148,08	112,34	163,41	183,83	106,54	154,98	174,35	100,75	146,54	164,86	94,94	138,10	155,36	89,15	129,67	145,88	83,35	121,24	136,39
	II	2 102,25	115,62	168,18	189,20	II	2 102,25	109,82	159,74	179,71	104,02	151,31	170,22	98,23	142,88	160,74	92,43	134,44	151,25	86,63	126,01	141,76	80,83	117,58	132,27
	III	1 497,16	82,34	119,77	134,74	III	1 497,16	77,40	112,58	126,65	72,56	105,54	118,73	67,80	98,62	110,95	63,14	91,85	103,33	58,59	85,22	95,87	54,12	78,73	88,57
	V	2 683,33	147,58	214,66	241,49	IV	2 148,08	115,24	167,62	188,57	112,34	163,41	183,83	109,44	159,19	179,09	106,54	154,98	174,35	103,64	150,76	169,60	100,75	146,54	164,86
	VI	2 715,50	149,35	217,24	244,39																				
7 085,99	I,IV	2 149,33	118,21	171,94	193,43	I	2 149,33	112,41	163,51	183,95	106,61	155,08	174,46	100,81	146,64	164,97	95,02	138,21	155,48	89,22	129,78	146,—	83,42	121,34	136,51
	II	2 103,50	115,69	168,28	189,31	II	2 103,50	109,89	159,84	179,82	104,09	151,41	170,33	98,29	142,98	160,85	92,50	134,54	151,36	86,70	126,11	141,87	80,90	117,68	132,39
	III	1 498,33	82,40	119,86	134,84	III	1 498,33	77,46	112,68	126,76	72,61	105,62	118,82	67,86	98,70	111,04	63,20	91,93	103,42	58,64	85,30	95,96	54,17	78,80	88,65
	V	2 684,58	147,65	214,76	241,61	IV	2 149,33	115,31	167,72	188,69	112,41	163,51	183,95	109,51	159,29	179,20	106,61	155,08	174,46	103,71	150,86	169,71	100,81	146,64	164,97
	VI	2 716,75	149,42	217,34	244,50																				
7 088,99	I,IV	2 150,58	118,28	172,04	193,55	I	2 150,58	112,48	163,61	184,06	106,68	155,18	174,57	100,88	146,74	165,08	95,09	138,31	155,60	89,29	129,88	146,11	83,49	121,44	136,62
	II	2 104,83	115,76	168,38	189,43	II	2 104,83	109,96	159,94	179,93	104,16	151,51	170,45	98,36	143,08	160,96	92,56	134,64	151,47	86,77	126,21	141,98	80,97	117,78	132,50
	III	1 499,33	82,46	119,94	134,93	III	1 499,33	77,52	112,76	126,85	72,67	105,70	118,91	67,92	98,80	111,15	63,25	92,01	103,51	58,70	85,38	96,05	54,23	78,88	88,74
	V	2 685,83	147,72	214,86	241,72	IV	2 150,58	115,38	167,82	188,80	112,48	163,61	184,06	109,58	159,39	179,31	106,68	155,18	174,57	103,78	150,96	169,83	100,88	146,74	165,08
	VI	2 718,08	149,49	217,44	244,62																				
7 091,99	I,IV	2 151,83	118,35	172,14	193,66	I	2 151,83	112,55	163,71	184,17	106,75	155,28	174,69	100,95	146,84	165,20	95,15	138,41	155,71	89,36	129,98	146,22	83,56	121,54	136,73
	II	2 106,08	115,83	168,48	189,54	II	2 106,08	110,03	160,05	180,05	104,23	151,62	170,57	98,44	143,18	161,08	92,63	134,74	151,58	86,84	126,31	142,10	81,04	117,88	132,61
	III	1 500,50	82,52	120,04	135,04	III	1 500,50	77,57	112,84	126,94	72,72	105,78	119,—	67,98	98,88	111,24	63,31	92,09	103,60	58,74	85,45	96,13	54,28	78,96	88,83
	V	2 687,08	147,78	214,96	241,83	IV	2 151,83	115,44	167,92	188,91	112,55	163,71	184,17	109,65	159,49	179,42	106,75	155,28	174,69	103,85	151,06	169,94	100,95	146,84	165,20
	VI	2 719,33	149,56	217,54	244,73																				
7 094,99	I,IV	2 153,08	118,41	172,24	193,77	I	2 153,08	112,62	163,81	184,28	106,82	155,38	174,80	101,02	146,94	165,31	95,22	138,51	155,82	89,43	130,08	146,34	83,63	121,64	136,85
	II	2 107,33	115,90	168,58	189,65	II	2 107,33	110,10	160,15	180,17	104,30	151,72	170,68	98,50	143,28	161,19	92,71	134,85	151,70	86,91	126,42	142,22	81,11	117,98	132,73
	III	1 501,50	82,58	120,12	135,13	III	1 501,50	77,64	112,93	127,04	72,79	105,88	119,11	68,03	98,96	111,33	63,36	92,17	103,69	58,80	85,53	96,22	54,34	79,04	88,92
	V	2 688,33	147,85	215,06	241,94	IV	2 153,08	115,52	168,03	189,03	112,62	163,81	184,28	109,72	159,60	179,55	106,82	155,38	174,80	103,92	151,16	170,06	101,02	146,94	165,31
	VI	2 720,58	149,63	217,64	244,85																				
7 097,99	I,IV	2 154,33	118,48	172,34	193,88	I	2 154,33	112,69	163,91	184,40	106,89	155,48	174,91	101,09	147,04	165,42	95,29	138,61	155,93	89,49	130,18	146,45	83,70	121,74	136,96
	II	2 108,58	115,97	168,68	189,77	II	2 108,58	110,17	160,25	180,28	104,37	151,82	170,79	98,57	143,38	161,30	92,78	134,95	151,82	86,98	126,52	142,33	81,18	118,08	132,84
	III	1 502,66	82,64	120,21	135,23	III	1 502,66	77,69	113,01	127,13	72,84	105,96	119,20	68,09	99,04	111,42	63,42	92,25	103,78	58,85	85,61	96,31	54,38	79,10	88,99
	V	2 689,66	147,93	215,17	242,06	IV	2 154,33	115,59	168,13	189,14	112,69	163,91	184,40	109,79	159,70	179,66	106,89	155,48	174,91	103,99	151,26	170,17	101,09	147,04	165,42
	VI	2 721,83	149,70	217,74	244,96																				
7 100,99	I,IV	2 155,58	118,55	172,44	194,—	I	2 155,58	112,75	164,01	184,51	106,96	155,58	175,02	101,16	147,14	165,53	95,36	138,71	156,05	89,56	130,28	146,56	83,76	121,84	137,07
	II	2 109,83	116,04	168,78	189,88	II	2 109,83	110,24	160,35	180,39	104,44	151,92	170,91	98,64	143,48	161,42	92,84	135,05	151,93	87,05	126,62	142,44	81,25	118,18	132,95
	III	1 503,66	82,70	120,29	135,32	III	1 503,66	77,76	113,10	127,24	72,90	106,04	119,29	68,14	99,12	111,51	63,47	92,33	103,87	58,91	85,69	96,40	54,44	79,18	89,08
	V	2 690,91	148,—	215,27	242,18	IV	2 155,58	115,66	168,23	189,26	112,75	164,01	184,51	109,86	159,80	179,77	106,96	155,58	175,02	104,06	151,36	170,28	101,16	147,14	165,53
	VI	2 723,08	149,76	217,84	245,07																				
7 103,99	I,IV	2 156,83	118,62	172,54	194,11	I	2 156,83	112,82	164,11	184,62	107,03	155,68	175,14	101,23	147,24	165,65	95,43	138,81	156,16	89,63	130,38	146,67	83,83	121,94	137,18
	II	2 111,08	116,10	168,88	189,99	II	2 111,08	110,31	160,45	180,50	104,51	152,02	171,02	98,71	143,58	161,53	92,91	135,15	152,04	87,12	126,72	142,56	81,32	118,28	133,07
	III	1 504,83	82,76	120,38	135,43	III	1 504,83	77,81	113,18	127,33	72,95	106,12	119,38	68,20	99,20	111,60	63,53	92,41	103,96	58,96	85,77	96,49	54,49	79,26	89,17
	V	2 692,16	148,06	215,37	242,29	IV	2 156,83	115,72	168,33	189,37	112,82	164,11	184,62	109,93	159,90	179,88	107,03	155,68	175,14	104,13	151,46	170,39	101,23	147,24	165,65
	VI	2 724,33	149,83	217,94	245,18																				
7 106,99	I,IV	2 158,16	118,69	172,65	194,23	I	2 158,16	112,90	164,22	184,74	107,10	155,78	175,25	101,30	147,34	165,76	95,50	138,91	156,27	89,70	130,48	146,79	83,90	122,04	137,30
	II	2 112,33	116,17	168,98	190,10	II	2 112,33	110,38	160,55	180,62	104,58	152,12	171,13	98,78	143,68	161,64	92,98	135,25	152,15	87,18	126,82	142,67	81,39	118,38	133,18
	III	1 505,83	82,82	120,46	135,52	III	1 505,83	77,87	113,26	127,42	73,02	106,21	119,48	68,25	99,28	111,69	63,58	92,49	104,05	59,02	85,85	96,58	54,55	79,34	89,26
	V	2 693,41	148,13	215,47	242,40	IV	2 158,16	115,79	168,43	189,48	112,90	164,22	184,74	110,—	160,—	180,—	107,10	155,78	175,25	104,20	151,56	170,51	101,30	147,34	165,76
	VI	2 725,58	149,90	218,04	245,30																				
7 109,99	I,IV	2 159,41	118,76	172,75	194,34	I	2 159,41	112,97	164,32	184,86	107,17	155,88	175,37	101,37	147,45	165,88	95,57	139,02	156,39	89,77	130,58	146,90	83,97	122,14	137,41
	II	2 113,58	116,24	169,08	190,22	II	2 113,58	110,44	160,65	180,73	104,65	152,22	171,24	98,85	143,78	161,75	93,05	135,35	152,27	87,25	126,92	142,78	81,45	118,48	133,29
	III	1 507,—	82,88	120,56	135,63	III	1 507,—	77,93	113,36	127,53	73,07	106,29	119,57	68,31	99,37	111,79	63,64	92,57	104,14	59,07	85,93	96,67	54,59	79,41	89,33
	V	2 694,66	148,20	215,57	242,51	IV	2 159,41	115,86	168,53	189,59	112,97	164,32	184,86	110,06	160,10	180,11	107,17	155,88	175,37	104,27	151,66	170,62	101,37	147,45	165,88
	VI	2 726,83	149,97	218,14	245,41																				

Abzüge an Lohnsteuer, Solidaritätszuschlag (SolZ) und Kirchensteuer (8%, 9%) in den Steuerklassen

* Die ausgewiesenen Tabellenwerte sind amtlich. Siehe Erläuterungen auf der Umschlaginnenseite (U2).

Abzüge an Lohnsteuer, Solidaritätszuschlag (SolZ) und Kirchensteuer (8%, 9%) in den Steuerklassen

I – VI: ohne Kinderfreibeträge | I, II, III, IV: mit Zahl der Kinderfreibeträge . . . 0,5 / 1 / 1,5 / 2 / 2,5 / 3

Lohn/Gehalt bis €*		I – VI LSt	ohne Kinderfreibeträge SolZ	8%	9%		I, II, III, IV LSt	0,5 SolZ	8%	9%	1 SolZ	8%	9%	1,5 SolZ	8%	9%	2 SolZ	8%	9%	2,5 SolZ	8%	9%	3 SolZ	8%	9%
7 112,99	I,IV	2 160,66	118,83	172,85	194,45	I	2 160,66	113,03	164,42	184,97	107,24	155,98	175,48	101,44	147,55	165,99	95,64	139,12	156,51	89,84	130,68	147,02	84,04	122,25	137,53
	II	2 114,83	116,31	169,18	190,33	II	2 114,83	110,51	160,75	180,84	104,72	152,32	171,36	98,92	143,88	161,87	93,12	135,45	152,38	87,32	127,02	142,89	81,52	118,58	133,40
	III	1 508,—	82,94	120,64	135,72	III	1 508,—	77,99	113,44	127,62	73,13	106,37	119,66	68,37	99,45	111,88	63,69	92,65	104,23	59,13	86,01	96,76	54,65	79,49	89,42
	V	2 695,91	148,27	215,67	242,63	IV	2 160,66	115,93	168,63	189,71	113,03	164,42	184,97	110,13	160,20	180,22	107,24	155,98	175,48	104,33	151,76	170,73	101,44	147,55	165,99
	VI	2 728,16	150,04	218,25	245,53																				
7 115,99	I,IV	2 161,91	118,90	172,95	194,57	I	2 161,91	113,10	164,52	185,08	107,30	156,08	175,59	101,51	147,65	166,10	95,71	139,22	156,62	89,91	130,78	147,13	84,11	122,35	137,64
	II	2 116,16	116,38	169,29	190,45	II	2 116,16	110,59	160,86	180,96	104,79	152,42	171,47	98,99	143,98	161,98	93,19	135,55	152,49	87,39	127,12	143,01	81,59	118,68	133,52
	III	1 509,16	83,—	120,73	135,82	III	1 509,16	78,05	113,53	127,72	73,19	106,46	119,77	68,42	99,53	111,97	63,76	92,74	104,33	59,18	86,09	96,85	54,70	79,57	89,51
	V	2 697,16	148,34	215,77	242,74	IV	2 161,91	116,—	168,73	189,82	113,10	164,52	185,08	110,20	160,30	180,33	107,30	156,08	175,59	104,40	151,86	170,84	101,51	147,65	166,10
	VI	2 729,41	150,11	218,35	245,64																				
7 118,99	I,IV	2 163,16	118,97	173,05	194,68	I	2 163,16	113,17	164,62	185,19	107,37	156,18	175,70	101,58	147,75	166,22	95,78	139,32	156,73	89,98	130,88	147,24	84,18	122,45	137,75
	II	2 117,41	116,45	169,39	190,56	II	2 117,41	110,66	160,96	181,08	104,86	152,52	171,59	99,06	144,09	162,10	93,26	135,66	152,61	87,46	127,22	143,12	81,66	118,78	133,63
	III	1 510,33	83,06	120,82	135,92	III	1 510,33	78,10	113,61	127,81	73,25	106,54	119,86	68,48	99,61	112,06	63,81	92,82	104,42	59,23	86,16	96,93	54,76	79,65	89,60
	V	2 698,41	148,41	215,87	242,85	IV	2 163,16	116,07	168,84	189,94	113,17	164,62	185,19	110,27	160,40	180,45	107,37	156,18	175,70	104,47	151,96	170,96	101,58	147,75	166,22
	VI	2 730,66	150,18	218,45	245,75																				
7 121,99	I,IV	2 164,41	119,04	173,15	194,79	I	2 164,41	113,24	164,72	185,31	107,44	156,28	175,82	101,64	147,85	166,33	95,85	139,42	156,84	90,05	130,98	147,35	84,25	122,55	137,87
	II	2 118,66	116,52	169,49	190,67	II	2 118,66	110,72	161,06	181,19	104,93	152,62	171,70	99,13	144,19	162,21	93,33	135,76	152,73	87,53	127,32	143,24	81,73	118,89	133,75
	III	1 511,33	83,12	120,90	136,01	III	1 511,33	78,16	113,69	127,90	73,30	106,62	119,95	68,53	99,69	112,15	63,87	92,90	104,51	59,29	86,24	97,02	54,81	79,73	89,69
	V	2 699,75	148,48	215,98	242,97	IV	2 164,41	116,14	168,94	190,05	113,24	164,72	185,31	110,34	160,50	180,56	107,44	156,28	175,82	104,55	152,07	171,08	101,64	147,85	166,33
	VI	2 731,91	150,25	218,55	245,87																				
7 124,99	I,IV	2 165,66	119,11	173,25	194,90	I	2 165,66	113,31	164,82	185,42	107,51	156,38	175,93	101,71	147,95	166,44	95,92	139,52	156,96	90,12	131,08	147,47	84,32	122,65	137,98
	II	2 119,91	116,59	169,59	190,79	II	2 119,91	110,79	161,16	181,30	104,99	152,72	171,81	99,20	144,29	162,32	93,40	135,86	152,84	87,60	127,42	143,35	81,80	118,99	133,86
	III	1 512,50	83,18	121,—	136,12	III	1 512,50	78,22	113,78	128,—	73,36	106,70	120,04	68,59	99,77	112,24	63,92	92,98	104,60	59,34	86,32	97,11	54,86	79,80	89,77
	V	2 701,—	148,55	216,08	243,09	IV	2 165,66	116,21	169,04	190,17	113,31	164,82	185,42	110,41	160,60	180,68	107,51	156,38	175,93	104,61	152,17	171,19	101,71	147,95	166,44
	VI	2 733,16	150,32	218,65	245,98																				
7 127,99	I,IV	2 166,91	119,18	173,35	195,02	I	2 166,91	113,38	164,92	185,53	107,58	156,48	176,04	101,78	148,05	166,55	95,98	139,62	157,07	90,19	131,18	147,58	84,39	122,75	138,09
	II	2 121,16	116,66	169,69	190,90	II	2 121,16	110,86	161,26	181,41	105,06	152,82	171,92	99,27	144,39	162,44	93,47	135,96	152,95	87,67	127,52	143,46	81,87	119,09	133,97
	III	1 513,50	83,24	121,08	136,21	III	1 513,50	78,28	113,86	128,09	73,42	106,80	120,15	68,64	99,85	112,33	63,98	93,06	104,69	59,40	86,40	97,20	54,91	79,88	89,86
	V	2 702,25	148,62	216,18	243,20	IV	2 166,91	116,28	169,14	190,28	113,38	164,92	185,53	110,48	160,70	180,79	107,58	156,48	176,04	104,68	152,27	171,30	101,78	148,05	166,55
	VI	2 734,41	150,39	218,75	246,09																				
7 130,99	I,IV	2 168,25	119,25	173,46	195,14	I	2 168,25	113,45	165,02	185,65	107,65	156,58	176,15	101,85	148,15	166,67	96,05	139,72	157,18	90,25	131,28	147,69	84,46	122,85	138,20
	II	2 122,41	116,73	169,79	191,01	II	2 122,41	110,93	161,36	181,53	105,13	152,92	172,04	99,33	144,49	162,55	93,54	136,06	153,06	87,74	127,62	143,57	81,94	119,19	134,09
	III	1 514,66	83,30	121,17	136,31	III	1 514,66	78,34	113,96	128,20	73,48	106,88	120,24	68,71	99,94	112,43	64,03	93,14	104,78	59,45	86,48	97,29	54,97	79,96	89,95
	V	2 703,50	148,69	216,28	243,31	IV	2 168,25	116,35	169,24	190,39	113,45	165,02	185,65	110,55	160,80	180,90	107,65	156,58	176,15	104,75	152,37	171,41	101,85	148,15	166,67
	VI	2 735,66	150,46	218,85	246,20																				
7 133,99	I,IV	2 169,50	119,32	173,56	195,25	I	2 169,50	113,52	165,12	185,76	107,72	156,69	176,27	101,92	148,26	166,79	96,13	139,82	157,30	90,32	131,38	147,80	84,53	122,95	138,32
	II	2 123,66	116,80	169,89	191,12	II	2 123,66	111,—	161,46	181,64	105,20	153,02	172,15	99,40	144,59	162,66	93,61	136,16	153,18	87,81	127,72	143,69	82,01	119,29	134,20
	III	1 515,66	83,36	121,25	136,40	III	1 515,66	78,40	114,04	128,29	73,53	106,96	120,33	68,76	100,02	112,52	64,09	93,22	104,87	59,51	86,56	97,38	55,02	80,04	90,04
	V	2 704,75	148,76	216,38	243,42	IV	2 169,50	116,42	169,34	190,50	113,52	165,12	185,76	110,62	160,90	181,01	107,72	156,69	176,27	104,82	152,47	171,53	101,92	148,26	166,79
	VI	2 736,91	150,53	218,95	246,32																				
7 136,99	I,IV	2 170,75	119,39	173,66	195,36	I	2 170,75	113,59	165,22	185,87	107,79	156,79	176,39	101,99	148,36	166,90	96,19	139,92	157,41	90,40	131,49	147,92	84,60	123,06	138,44
	II	2 124,91	116,87	169,99	191,24	II	2 124,91	111,07	161,56	181,75	105,27	153,12	172,26	99,47	144,69	162,77	93,67	136,26	153,29	87,88	127,82	143,80	82,08	119,39	134,31
	III	1 516,83	83,42	121,34	136,51	III	1 516,83	78,45	114,12	128,38	73,59	107,04	120,42	68,82	100,10	112,61	64,14	93,30	104,96	59,56	86,64	97,47	55,07	80,10	90,11
	V	2 706,—	148,83	216,48	243,54	IV	2 170,75	116,49	169,44	190,62	113,59	165,22	185,87	110,69	161,—	181,13	107,79	156,79	176,39	104,89	152,57	171,64	101,99	148,36	166,90
	VI	2 738,25	150,60	219,06	246,44																				
7 139,99	I,IV	2 172,—	119,46	173,76	195,48	I	2 172,—	113,66	165,32	185,99	107,86	156,89	176,50	102,06	148,46	167,01	96,26	140,02	157,52	90,47	131,59	148,04	84,67	123,16	138,55
	II	2 126,25	116,94	170,10	191,36	II	2 126,25	111,14	161,66	181,87	105,34	153,22	172,37	99,54	144,79	162,89	93,74	136,36	153,40	87,94	127,92	143,91	82,15	119,49	134,42
	III	1 517,83	83,48	121,42	136,60	III	1 517,83	78,52	114,21	128,48	73,65	107,13	120,52	68,87	100,18	112,70	64,20	93,38	105,05	59,62	86,72	97,56	55,12	80,18	90,20
	V	2 707,25	148,89	216,58	243,65	IV	2 172,—	116,55	169,54	190,73	113,66	165,32	185,99	110,76	161,10	181,24	107,86	156,89	176,50	104,96	152,67	171,75	102,06	148,46	167,01
	VI	2 739,50	150,67	219,16	246,55																				
7 142,99	I,IV	2 173,25	119,52	173,86	195,59	I	2 173,25	113,73	165,42	186,10	107,93	156,99	176,61	102,13	148,56	167,13	96,33	140,12	157,64	90,53	131,69	148,15	84,74	123,26	138,66
	II	2 127,50	117,01	170,20	191,47	II	2 127,50	111,21	161,76	181,98	105,41	153,33	172,49	99,61	144,90	163,01	93,82	136,46	153,52	88,01	128,02	144,02	82,22	119,59	134,54
	III	1 519,—	83,54	121,52	136,71	III	1 519,—	78,57	114,29	128,57	73,70	107,21	120,61	68,93	100,26	112,79	64,25	93,46	105,14	59,67	86,80	97,65	55,18	80,26	90,29
	V	2 708,50	148,96	216,68	243,76	IV	2 173,25	116,63	169,64	190,85	113,73	165,42	186,10	110,82	161,20	181,35	107,93	156,99	176,61	105,03	152,77	171,86	102,13	148,56	167,13
	VI	2 740,75	150,74	219,26	246,66																				
7 145,99	I,IV	2 174,50	119,59	173,96	195,70	I	2 174,50	113,79	165,52	186,21	108,—	157,09	176,72	102,20	148,66	167,24	96,40	140,22	157,75	90,60	131,79	148,26	84,81	123,36	138,78
	II	2 128,75	117,08	170,30	191,58	II	2 128,75	111,28	161,86	182,09	105,48	153,43	172,61	99,68	145,—	163,12	93,88	136,56	153,63	88,09	128,13	144,14	82,29	119,70	134,66
	III	1 520,—	83,60	121,60	136,80	III	1 520,—	78,64	114,38	128,68	73,76	107,29	120,70	68,98	100,34	112,88	64,31	93,54	105,23	59,73	86,88	97,74	55,23	80,34	90,38
	V	2 709,75	149,03	216,78	243,87	IV	2 174,50	116,70	169,74	190,96	113,79	165,52	186,21	110,90	161,31	181,47	108,—	157,09	176,72	105,10	152,88	171,99	102,20	148,66	167,24
	VI	2 742,—	150,81	219,36	246,78																				
7 148,99	I,IV	2 175,75	119,66	174,06	195,81	I	2 175,75	113,86	165,62	186,32	108,07	157,19	176,84	102,27	148,76	167,35	96,47	140,32	157,86	90,67	131,89	148,37	84,87	123,46	138,89
	II	2 130,—	117,15	170,40	191,70	II	2 130,—	111,35	161,96	182,21	105,55	153,53	172,72	99,75	145,10	163,23	93,95	136,66	153,74	88,16	128,23	144,26	82,36	119,80	134,77
	III	1 521,16	83,66	121,69	136,90	III	1 521,16	78,69	114,46	128,77	73,82	107,38	120,80	69,05	100,44	112,99	64,36	93,62	105,32	59,78	86,96	97,83	55,29	80,42	90,47
	V	2 711,08	149,10	216,88	243,99	IV	2 175,75	116,76	169,84	191,07	113,86	165,62	186,32	110,97	161,41	181,58	108,07	157,19	176,84	105,17	152,98	172,10	102,27	148,76	167,35
	VI	2 743,25	150,87	219,46	246,89																				
7 151,99	I,IV	2 177,—	119,73	174,16	195,93	I	2 177,—	113,93	165,72	186,44	108,13	157,29	176,95	102,34	148,86	167,46	96,54	140,42	157,97	90,74	131,99	148,49	84,94	123,56	139,—
	II	2 131,25	117,21	170,50	191,81	II	2 131,25	111,42	162,06	182,32	105,62	153,63	172,83	99,82	145,20	163,35	94,02	136,76	153,86	88,22	128,33	144,37	82,43	119,90	134,88
	III	1 522,16	83,71	121,77	136,99	III	1 522,16	78,75	114,54	128,86	73,88	107,46	120,89	69,10	100,52	113,08	64,42	93,70	105,41	59,84	87,04	97,92	55,33	80,49	90,55
	V	2 712,33	149,17	216,98	244,10	IV	2 177,—	116,83	169,94	191,18	113,93	165,72	186,44	111,04	161,51	181,70	108,13	157,29	176,95	105,24	153,08	172,21	102,34	148,86	167,46
	VI	2 744,50	150,94	219,56	247,—																				
7 154,99	I,IV	2 178,33	119,80	174,26	196,04	I	2 178,33	114,—	165,82	186,55	108,20	157,39	177,06	102,41	148,96	167,58	96,61	140,52	158,09	90,81	132,09	148,60	85,01	123,66	139,11
	II	2 132,50	117,28	170,60	191,92	II	2 132,50	111,48	162,16	182,43	105,69	153,73	172,94	99,89	145,30	163,46	94,09	136,86	153,97	88,29	128,43	144,48	82,50	120,—	135,—
	III	1 523,33	83,78	121,86	137,09	III	1 523,33	78,81	114,64	128,97	73,93	107,54	120,98	69,16	100,60	113,17	64,47	93,78	105,50	59,88	87,10	97,99	55,39	80,57	90,64
	V	2 713,58	149,24	217,08	244,22	IV	2 178,33	116,90	170,04	191,30	114,—	165,82	186,55	111,10	161,61	181,81	108,20	157,39	177,06	105,31	153,18	172,32	102,41	148,96	167,58
	VI	2 745,75	151,01	219,66	247,11																				

* Die ausgewiesenen Tabellenwerte sind amtlich. Siehe Erläuterungen auf der Umschlaginnenseite (U2).

MONAT **7 155,–***

Abzüge an Lohnsteuer, Solidaritätszuschlag (SolZ) und Kirchensteuer (8%, 9%) in den Steuerklassen

Lohn/Gehalt bis €*	I – VI					I, II, III, IV mit Zahl der Kinderfreibeträge . . .																			
	ohne Kinderfreibeträge							0,5			1			1,5			2			2,5			3		
		LSt	SolZ	8%	9%		LSt	SolZ	8%	9%	SolZ	8%	9%	SolZ	8%	9%	SolZ	8%	9%	SolZ	8%	9%	SolZ	8%	9%
7 157,99	I,IV	2 179,58	119,87	174,36	196,16	I	2 179,58	114,07	165,93	186,67	108,28	157,50	177,18	102,48	149,06	167,69	96,68	140,62	158,20	90,88	132,19	148,71	85,08	123,76	139,23
	II	2 133,75	117,35	170,70	192,03	II	2 133,75	111,55	162,26	182,54	105,76	153,83	173,06	99,96	145,40	163,57	94,16	136,96	154,08	88,36	128,53	144,59	82,56	120,10	135,11
	III	1 524,33	83,83	121,94	137,18	III	1 524,33	78,87	114,72	129,06	73,99	107,62	121,07	69,21	100,68	113,26	64,53	93,86	105,59	59,94	87,18	98,08	55,44	80,65	90,73
	V	2 714,83	149,31	217,18	244,33	IV	2 179,58	116,97	170,14	191,41	114,07	165,93	186,67	111,17	161,71	181,92	108,28	157,50	177,18	105,38	153,28	172,44	102,48	149,06	167,69
	VI	2 747,—	151,08	219,76	247,23																				
7 160,99	I,IV	2 180,83	119,94	174,46	196,27	I	2 180,83	114,14	166,03	186,78	108,35	157,60	177,30	102,55	149,16	167,81	96,75	140,73	158,32	90,95	132,30	148,83	85,15	123,86	139,34
	II	2 135,—	117,42	170,80	192,15	II	2 135,—	111,62	162,36	182,66	105,82	153,93	173,17	100,03	145,50	163,68	94,23	137,06	154,19	88,43	128,63	144,71	82,63	120,20	135,22
	III	1 525,50	83,90	122,04	137,29	III	1 525,50	78,93	114,81	129,16	74,05	107,72	121,18	69,27	100,76	113,35	64,58	93,94	105,68	59,99	87,26	98,17	55,50	80,73	90,82
	V	2 716,08	149,38	217,28	244,44	IV	2 180,83	117,04	170,24	191,52	114,14	166,03	186,78	111,24	161,81	182,03	108,35	157,60	177,30	105,44	153,38	172,55	102,55	149,16	167,81
	VI	2 748,25	151,15	219,86	247,34																				
7 163,99	I,IV	2 182,08	120,01	174,56	196,38	I	2 182,08	114,21	166,13	186,89	108,41	157,70	177,41	102,62	149,26	167,92	96,82	140,83	158,43	91,02	132,40	148,95	85,22	123,96	139,46
	II	2 136,33	117,49	170,90	192,26	II	2 136,33	111,69	162,46	182,77	105,89	154,03	173,28	100,10	145,60	163,80	94,30	137,16	154,31	88,50	128,73	144,82	82,70	120,30	135,33
	III	1 526,66	83,96	122,13	137,39	III	1 526,66	78,98	114,89	129,25	74,11	107,80	121,27	69,32	100,84	113,44	64,64	94,02	105,77	60,05	87,34	98,26	55,55	80,81	90,91
	V	2 717,33	149,45	217,38	244,55	IV	2 182,08	117,11	170,34	191,63	114,21	166,13	186,89	111,31	161,91	182,15	108,41	157,70	177,41	105,51	153,48	172,66	102,62	149,26	167,92
	VI	2 749,58	151,22	219,96	247,46																				
7 166,99	I,IV	2 183,33	120,08	174,66	196,49	I	2 183,33	114,28	166,23	187,01	108,48	157,80	177,52	102,68	149,36	168,03	96,89	140,93	158,54	91,09	132,50	149,06	85,29	124,06	139,57
	II	2 137,58	117,56	171,—	192,38	II	2 137,58	111,76	162,57	182,89	105,97	154,14	173,40	100,17	145,70	163,91	94,37	137,26	154,42	88,57	128,83	144,93	82,77	120,40	135,45
	III	1 527,66	84,02	122,21	137,48	III	1 527,66	79,05	114,98	129,35	74,16	107,88	121,36	69,39	100,93	113,54	64,69	94,10	105,86	60,10	87,42	98,35	55,60	80,88	90,99
	V	2 718,58	149,52	217,48	244,67	IV	2 183,33	117,18	170,44	191,75	114,28	166,23	187,01	111,38	162,01	182,26	108,48	157,80	177,52	105,58	153,58	172,77	102,68	149,36	168,03
	VI	2 750,83	151,29	220,06	247,57																				
7 169,99	I,IV	2 184,58	120,15	174,76	196,61	I	2 184,58	114,35	166,33	187,12	108,55	157,90	177,63	102,75	149,46	168,14	96,96	141,03	158,66	91,16	132,60	149,17	85,36	124,16	139,68
	II	2 138,83	117,63	171,10	192,49	II	2 138,83	111,83	162,67	183,—	106,04	154,24	173,52	100,24	145,80	164,03	94,44	137,37	154,54	88,64	128,94	145,05	82,84	120,50	135,56
	III	1 528,83	84,08	122,30	137,59	III	1 528,83	79,10	115,06	129,44	74,23	107,97	121,46	69,44	101,01	113,63	64,75	94,18	105,95	60,16	87,50	98,44	55,66	80,96	91,08
	V	2 719,83	149,59	217,58	244,78	IV	2 184,58	117,25	170,55	191,87	114,35	166,33	187,12	111,45	162,12	182,38	108,55	157,90	177,63	105,65	153,68	172,89	102,75	149,46	168,14
	VI	2 752,08	151,36	220,16	247,68																				
7 172,99	I,IV	2 185,83	120,22	174,86	196,72	I	2 185,83	114,42	166,43	187,23	108,62	158,—	177,75	102,82	149,56	168,26	97,02	141,13	158,77	91,23	132,70	149,28	85,43	124,26	139,79
	II	2 140,08	117,70	171,20	192,60	II	2 140,08	111,90	162,77	183,11	106,10	154,34	173,63	100,31	145,90	164,14	94,51	137,47	154,65	88,71	129,04	145,17	82,91	120,60	135,68
	III	1 529,83	84,14	122,38	137,68	III	1 529,83	79,16	115,14	129,53	74,28	108,05	121,55	69,50	101,09	113,72	64,80	94,26	106,04	60,21	87,58	98,53	55,71	81,04	91,17
	V	2 721,16	149,66	217,69	244,90	IV	2 185,83	117,32	170,65	191,98	114,42	166,43	187,23	111,52	162,22	182,49	108,62	158,—	177,75	105,72	153,78	173,—	102,82	149,56	168,26
	VI	2 753,33	151,43	220,26	247,79																				
7 175,99	I,IV	2 187,08	120,28	174,96	196,83	I	2 187,08	114,49	166,53	187,34	108,69	158,10	177,86	102,89	149,66	168,37	97,09	141,23	158,88	91,30	132,80	149,40	85,50	124,36	139,91
	II	2 141,33	117,77	171,30	192,71	II	2 141,33	111,97	162,87	183,23	106,17	154,44	173,74	100,37	146,—	164,25	94,58	137,57	154,76	88,78	129,14	145,28	82,98	120,70	135,79
	III	1 531,—	84,20	122,48	137,79	III	1 531,—	79,22	115,24	129,64	74,34	108,13	121,64	69,55	101,17	113,81	64,86	94,34	106,13	60,27	87,66	98,62	55,77	81,12	91,26
	V	2 722,41	149,73	217,79	245,01	IV	2 187,08	117,39	170,75	192,09	114,49	166,53	187,34	111,59	162,32	182,61	108,69	158,10	177,86	105,79	153,88	173,12	102,89	149,66	168,37
	VI	2 754,58	151,50	220,36	247,91																				
7 178,99	I,IV	2 188,33	120,35	175,06	196,94	I	2 188,33	114,56	166,63	187,46	108,76	158,20	177,97	102,96	149,76	168,48	97,16	141,33	158,99	91,36	132,90	149,51	85,57	124,46	140,02
	II	2 142,58	117,84	171,40	192,83	II	2 142,58	112,04	162,97	183,34	106,24	154,54	173,85	100,44	146,10	164,36	94,65	137,67	154,88	88,85	129,24	145,39	83,05	120,80	135,90
	III	1 532,—	84,26	122,56	137,88	III	1 532,—	79,28	115,32	129,73	74,40	108,22	121,75	69,61	101,25	113,90	64,91	94,42	106,22	60,32	87,74	98,71	55,82	81,20	91,35
	V	2 723,66	149,80	217,89	245,12	IV	2 188,33	117,46	170,85	192,20	114,56	166,63	187,46	111,66	162,42	182,72	108,76	158,20	177,97	105,86	153,98	173,23	102,96	149,76	168,48
	VI	2 755,83	151,57	220,46	248,02																				
7 181,99	I,IV	2 189,66	120,43	175,17	197,06	I	2 189,66	114,63	166,74	187,58	108,83	158,30	178,09	103,03	149,86	168,59	97,23	141,43	159,11	91,43	133,—	149,62	85,63	124,56	140,13
	II	2 143,83	117,91	171,50	192,94	II	2 143,83	112,11	163,07	183,45	106,31	154,64	173,97	100,51	146,20	164,48	94,71	137,77	154,99	88,92	129,34	145,50	83,12	120,90	136,01
	III	1 533,16	84,32	122,65	137,98	III	1 533,16	79,34	115,41	129,83	74,46	108,30	121,84	69,66	101,33	113,99	64,97	94,50	106,31	60,38	87,82	98,80	55,87	81,26	91,42
	V	2 724,91	149,87	217,99	245,24	IV	2 189,66	117,53	170,95	192,32	114,63	166,74	187,58	111,73	162,52	182,83	108,83	158,30	178,09	105,93	154,08	173,34	103,03	149,86	168,59
	VI	2 757,08	151,63	220,56	248,13																				
7 184,99	I,IV	2 190,91	120,50	175,27	197,18	I	2 190,91	114,70	166,84	187,69	108,90	158,40	178,20	103,10	149,97	168,71	97,30	141,54	159,23	91,51	133,10	149,74	85,70	124,66	140,24
	II	2 145,08	117,97	171,60	193,05	II	2 145,08	112,18	163,17	183,56	106,38	154,74	174,08	100,58	146,30	164,59	94,78	137,87	155,10	88,99	129,44	145,62	83,19	121,—	136,13
	III	1 534,16	84,37	122,73	138,07	III	1 534,16	79,40	115,49	129,92	74,51	108,38	121,93	69,73	101,42	114,10	65,02	94,58	106,40	60,43	87,90	98,89	55,92	81,34	91,51
	V	2 726,16	149,93	218,09	245,35	IV	2 190,91	117,59	171,05	192,43	114,70	166,84	187,69	111,80	162,62	182,94	108,90	158,40	178,20	106,—	154,18	173,45	103,10	149,97	168,71
	VI	2 758,33	151,70	220,66	248,24																				
7 187,99	I,IV	2 192,16	120,56	175,37	197,29	I	2 192,16	114,77	166,94	187,80	108,97	158,50	178,31	103,17	150,07	168,83	97,37	141,64	159,34	91,57	133,20	149,85	85,78	124,77	140,36
	II	2 146,33	118,04	171,70	193,16	II	2 146,33	112,25	163,27	183,68	106,45	154,84	174,19	100,65	146,40	164,70	94,85	137,97	155,21	89,05	129,54	145,73	83,26	121,10	136,24
	III	1 535,33	84,44	122,82	138,17	III	1 535,33	79,46	115,58	130,03	74,57	108,46	122,02	69,78	101,50	114,19	65,09	94,68	106,51	60,49	87,98	98,98	55,98	81,42	91,60
	V	2 727,41	150,—	218,19	245,46	IV	2 192,16	117,66	171,15	192,54	114,77	166,94	187,80	111,87	162,72	183,06	108,97	158,50	178,31	106,07	154,28	173,57	103,17	150,07	168,83
	VI	2 759,66	151,78	220,77	248,36																				
7 190,99	I,IV	2 193,41	120,63	175,47	197,40	I	2 193,41	114,84	167,04	187,92	109,04	158,60	178,43	103,24	150,17	168,94	97,44	141,74	159,45	91,64	133,30	149,96	85,85	124,87	140,48
	II	2 147,66	118,12	171,81	193,28	II	2 147,66	112,32	163,38	183,80	106,52	154,94	174,31	100,72	146,50	164,81	94,92	138,07	155,33	89,12	129,64	145,84	83,32	121,20	136,35
	III	1 536,33	84,49	122,90	138,26	III	1 536,33	79,52	115,66	130,12	74,63	108,56	122,13	69,84	101,58	114,28	65,14	94,76	106,60	60,54	88,06	99,07	56,03	81,50	91,69
	V	2 728,66	150,07	218,29	245,57	IV	2 193,41	117,73	171,25	192,65	114,84	167,04	187,92	111,93	162,82	183,17	109,04	158,60	178,43	106,14	154,38	173,68	103,24	150,17	168,94
	VI	2 760,91	151,85	220,87	248,48																				
7 193,99	I,IV	2 194,66	120,70	175,57	197,51	I	2 194,66	114,90	167,14	188,03	109,11	158,70	178,54	103,31	150,27	169,05	97,51	141,84	159,57	91,71	133,40	150,08	85,91	124,97	140,59
	II	2 148,91	118,19	171,91	193,40	II	2 148,91	112,39	163,48	183,91	106,59	155,04	174,42	100,79	146,61	164,93	94,99	138,18	155,45	89,20	129,74	145,96	83,39	121,30	136,46
	III	1 537,50	84,56	123,—	138,37	III	1 537,50	79,57	115,74	130,21	74,69	108,64	122,22	69,89	101,66	114,37	65,20	94,84	106,69	60,60	88,14	99,16	56,09	81,58	91,78
	V	2 729,91	150,14	218,39	245,69	IV	2 194,66	117,81	171,36	192,78	114,90	167,14	188,03	112,01	162,92	183,29	109,11	158,70	178,54	106,20	154,48	173,79	103,31	150,27	169,05
	VI	2 762,16	151,91	220,97	248,59																				
7 196,99	I,IV	2 195,91	120,77	175,67	197,63	I	2 195,91	114,97	167,24	188,14	109,17	158,80	178,65	103,38	150,37	169,16	97,58	141,94	159,68	91,78	133,50	150,19	85,98	125,07	140,70
	II	2 150,16	118,25	172,01	193,51	II	2 150,16	112,46	163,58	184,02	106,66	155,14	174,53	100,86	146,71	165,05	95,06	138,28	155,56	89,26	129,84	146,07	83,47	121,41	136,58
	III	1 538,66	84,62	123,09	138,47	III	1 538,66	79,64	115,84	130,32	74,74	108,72	122,31	69,95	101,74	114,46	65,25	94,92	106,78	60,64	88,21	99,23	56,14	81,66	91,87
	V	2 731,25	150,21	218,50	245,81	IV	2 195,91	117,87	171,46	192,89	114,97	167,24	188,14	112,08	163,02	183,40	109,17	158,80	178,65	106,28	154,59	173,91	103,38	150,37	169,16
	VI	2 763,41	151,98	221,07	248,70																				
7 199,99	I,IV	2 197,16	120,84	175,77	197,74	I	2 197,16	115,04	167,34	188,25	109,24	158,90	178,76	103,45	150,47	169,28	97,65	142,04	159,79	91,85	133,60	150,30	86,05	125,17	140,81
	II	2 151,41	118,32	172,11	193,62	II	2 151,41	112,53	163,68	184,14	106,73	155,24	174,65	100,93	146,81	165,16	95,13	138,38	155,67	89,33	129,94	146,18	83,54	121,51	136,70
	III	1 539,66	84,68	123,17	138,56	III	1 539,66	79,69	115,92	130,41	74,80	108,81	122,41	70,01	101,84	114,57	65,31	95,—	106,87	60,70	88,29	99,32	56,19	81,73	91,94
	V	2 732,50	150,28	218,60	245,92	IV	2 197,16	117,94	171,56	193,—	115,04	167,34	188,25	112,14	163,12	183,51	109,24	158,90	178,76	106,35	154,69	174,02	103,45	150,47	169,28
	VI	2 764,66	152,05	221,17	248,81																				

* Die ausgewiesenen Tabellenwerte sind amtlich. Siehe Erläuterungen auf der Umschlaginnenseite (U2).

Lohn/ Gehalt bis €*	Abzüge an Lohnsteuer, Solidaritätszuschlag (SolZ) und Kirchensteuer (8%, 9%) in den Steuerklassen																								
	I – VI					I, II, III, IV																			
			ohne Kinderfreibeträge					mit Zahl der Kinderfreibeträge . . .																	
								0,5			1			1,5			2			2,5			3		
		LSt	SolZ	8%	9%		LSt	SolZ	8%	9%	SolZ	8%	9%	SolZ	8%	9%	SolZ	8%	9%	SolZ	8%	9%	SolZ	8%	9%
7 202,99	I,IV	2 198,41	120,91	175,87	197,85	I	2 198,41	115,11	167,44	188,37	109,31	159,—	178,88	103,51	150,57	169,39	97,72	142,14	159,90	91,92	133,70	150,41	86,12	125,27	140,93
	II	2 152,66	118,39	172,21	193,73	II	2 152,66	112,59	163,78	184,25	106,80	155,34	174,76	101,—	146,91	165,27	95,20	138,48	155,79	89,40	130,04	146,30	83,60	121,61	136,81
	III	1 540,83	84,74	123,26	138,67	III	1 540,83	79,75	116,01	130,51	74,86	108,89	122,50	70,07	101,92	114,66	65,36	95,08	106,96	60,75	88,37	99,41	56,24	81,81	92,03
	V	2 733,75	150,35	218,70	246,03	IV	2 198,41	118,01	171,66	193,11	115,11	167,44	188,37	112,21	163,22	183,62	109,31	159,—	178,88	106,42	154,79	174,14	103,51	150,57	169,39
	VI	2 765,91	152,12	221,27	248,93																				
7 205,99	I,IV	2 199,75	120,98	175,98	197,97	I	2 199,75	115,18	167,54	188,48	109,38	159,10	178,99	103,58	150,67	169,50	97,79	142,24	160,02	91,99	133,80	150,53	86,19	125,37	141,04
	II	2 153,91	118,46	172,31	193,85	II	2 153,91	112,66	163,88	184,36	106,86	155,44	174,87	101,07	147,01	165,38	95,27	138,58	155,90	89,47	130,14	146,41	83,67	121,71	136,92
	III	1 541,83	84,80	123,34	138,76	III	1 541,83	79,81	116,09	130,60	74,91	108,97	122,59	70,12	102,—	114,75	65,42	95,16	107,05	60,81	88,45	99,50	56,30	81,89	92,12
	V	2 735,—	150,42	218,80	246,15	IV	2 199,75	118,08	171,76	193,23	115,18	167,54	188,48	112,28	163,32	183,74	109,38	159,10	178,99	106,48	154,89	174,25	103,58	150,67	169,50
	VI	2 767,16	152,19	221,37	249,04																				
7 208,99	I,IV	2 201,—	121,05	176,08	198,09	I	2 201,—	115,25	167,64	188,60	109,45	159,21	179,11	103,66	150,78	169,62	97,86	142,34	160,13	92,06	133,90	150,64	86,26	125,47	141,15
	II	2 155,16	118,53	172,41	193,96	II	2 155,16	112,73	163,98	184,47	106,93	155,54	174,98	101,14	147,11	165,50	95,34	138,68	156,01	89,54	130,24	146,52	83,74	121,81	137,03
	III	1 543,—	84,86	123,44	138,87	III	1 543,—	79,87	116,18	130,70	74,98	109,06	122,69	70,18	102,08	114,84	65,47	95,24	107,14	60,86	88,53	99,59	56,35	81,97	92,21
	V	2 736,25	150,49	218,90	246,26	IV	2 201,—	118,15	171,86	193,34	115,25	167,64	188,60	112,35	163,42	183,85	109,45	159,21	179,11	106,55	154,99	174,36	103,66	150,78	169,62
	VI	2 768,41	152,26	221,47	249,15																				
7 211,99	I,IV	2 202,25	121,12	176,18	198,20	I	2 202,25	115,32	167,74	188,71	109,52	159,31	179,22	103,73	150,88	169,74	97,93	142,44	160,25	92,13	134,01	150,76	86,33	125,58	141,27
	II	2 156,41	118,60	172,51	194,07	II	2 156,41	112,80	164,08	184,59	107,—	155,64	175,10	101,20	147,21	165,61	95,41	138,78	156,12	89,61	130,34	146,63	83,81	121,91	137,15
	III	1 544,—	84,92	123,52	138,96	III	1 544,—	79,93	116,26	130,79	75,03	109,14	122,78	70,23	102,16	114,93	65,53	95,32	107,23	60,92	88,61	99,68	56,41	82,05	92,30
	V	2 737,50	150,56	219,—	246,37	IV	2 202,25	118,22	171,96	193,45	115,32	167,74	188,71	112,42	163,52	183,96	109,52	159,31	179,22	106,62	155,09	174,47	103,73	150,88	169,74
	VI	2 769,75	152,33	221,58	249,27																				
7 214,99	I,IV	2 203,50	121,19	176,28	198,31	I	2 203,50	115,39	167,84	188,82	109,59	159,41	179,33	103,79	150,98	169,85	98,—	142,54	160,36	92,20	134,11	150,87	86,40	125,68	141,39
	II	2 157,75	118,67	172,62	194,19	II	2 157,75	112,87	164,18	184,70	107,07	155,74	175,21	101,27	147,31	165,72	95,48	138,88	156,24	89,68	130,44	146,75	83,88	122,01	137,26
	III	1 545,16	84,98	123,61	139,06	III	1 545,16	79,98	116,34	130,88	75,09	109,22	122,87	70,29	102,25	115,03	65,58	95,40	107,32	60,97	88,69	99,77	56,45	82,12	92,38
	V	2 738,75	150,63	219,10	246,48	IV	2 203,50	118,29	172,06	193,56	115,39	167,84	188,82	112,49	163,62	184,07	109,59	159,41	179,33	106,69	155,19	174,59	103,79	150,98	169,85
	VI	2 771,—	152,40	221,68	249,39																				
7 217,99	I,IV	2 204,75	121,26	176,38	198,42	I	2 204,75	115,46	167,94	188,93	109,66	159,51	179,45	103,86	151,08	169,96	98,06	142,64	160,47	92,27	134,21	150,98	86,47	125,78	141,50
	II	2 159,—	118,74	172,72	194,31	II	2 159,—	112,94	164,28	184,82	107,14	155,85	175,33	101,35	147,42	165,84	95,55	138,98	156,35	89,75	130,54	146,86	83,95	122,11	137,37
	III	1 546,33	85,04	123,70	139,16	III	1 546,33	80,05	116,44	130,99	75,15	109,32	122,98	70,35	102,33	115,12	65,64	95,48	107,41	61,03	88,77	99,86	56,51	82,20	92,47
	V	2 740,—	150,70	219,20	246,60	IV	2 204,75	118,36	172,16	193,68	115,46	167,94	188,93	112,56	163,72	184,19	109,66	159,51	179,45	106,76	155,29	174,70	103,86	151,08	169,96
	VI	2 772,25	152,47	221,78	249,50																				
7 220,99	I,IV	2 206,—	121,33	176,48	198,54	I	2 206,—	115,53	168,04	189,05	109,73	159,61	179,56	103,93	151,18	170,07	98,13	142,74	160,58	92,34	134,31	151,10	86,54	125,88	141,61
	II	2 160,25	118,81	172,82	194,42	II	2 160,25	113,01	164,38	184,93	107,21	155,95	175,44	101,42	147,52	165,96	95,62	139,08	156,47	89,82	130,65	146,98	84,02	122,22	137,49
	III	1 547,33	85,10	123,78	139,25	III	1 547,33	80,10	116,52	131,08	75,21	109,40	123,07	70,40	102,41	115,21	65,69	95,56	107,50	61,08	88,85	99,95	56,56	82,28	92,56
	V	2 741,25	150,76	219,30	246,71	IV	2 206,—	118,43	172,26	193,79	115,53	168,04	189,05	112,63	163,83	184,31	109,73	159,61	179,56	106,83	155,40	174,82	103,93	151,18	170,07
	VI	2 773,50	152,54	221,88	249,61																				
7 223,99	I,IV	2 207,25	121,39	176,58	198,65	I	2 207,25	115,60	168,14	189,16	109,80	159,71	179,67	104,—	151,28	170,19	98,20	142,84	160,70	92,40	134,41	151,21	86,61	125,98	141,72
	II	2 161,50	118,88	172,92	194,53	II	2 161,50	113,08	164,48	185,04	107,28	156,05	175,55	101,48	147,62	166,07	95,69	139,18	156,58	89,89	130,75	147,09	84,09	122,32	137,61
	III	1 548,50	85,16	123,88	139,36	III	1 548,50	80,17	116,61	131,18	75,26	109,48	123,16	70,46	102,49	115,30	65,75	95,64	107,59	61,14	88,93	100,04	56,62	82,36	92,65
	V	2 742,58	150,84	219,40	246,83	IV	2 207,25	118,50	172,36	193,91	115,60	168,14	189,16	112,70	163,93	184,42	109,80	159,71	179,67	106,90	155,50	174,93	104,—	151,28	170,19
	VI	2 774,75	152,61	221,98	249,72																				
7 226,99	I,IV	2 208,50	121,46	176,68	198,76	I	2 208,50	115,66	168,24	189,27	109,87	159,81	179,78	104,07	151,38	170,30	98,27	142,94	160,81	92,47	134,51	151,32	86,68	126,08	141,84
	II	2 162,75	118,95	173,02	194,64	II	2 162,75	113,15	164,58	185,15	107,35	156,15	175,67	101,55	147,72	166,18	95,75	139,28	156,69	89,96	130,85	147,20	84,16	122,42	137,72
	III	1 549,50	85,22	123,96	139,45	III	1 549,50	80,22	116,69	131,27	75,33	109,57	123,26	70,51	102,57	115,39	65,80	95,72	107,68	61,19	89,01	100,13	56,67	82,44	92,74
	V	2 743,83	150,91	219,50	246,94	IV	2 208,50	118,57	172,46	194,02	115,66	168,24	189,27	112,77	164,03	184,53	109,87	159,81	179,78	106,97	155,60	175,05	104,07	151,38	170,30
	VI	2 776,—	152,68	222,08	249,84																				
7 229,99	I,IV	2 209,83	121,54	176,78	198,88	I	2 209,83	115,73	168,34	189,38	109,94	159,91	179,90	104,14	151,48	170,41	98,34	143,04	160,92	92,54	134,61	151,43	86,74	126,18	141,95
	II	2 164,—	119,02	173,12	194,76	II	2 164,—	113,22	164,68	185,27	107,42	156,25	175,78	101,62	147,82	166,29	95,82	139,38	156,80	90,03	130,95	147,32	84,23	122,52	137,83
	III	1 550,66	85,28	124,05	139,55	III	1 550,66	80,29	116,78	131,38	75,38	109,65	123,35	70,58	102,66	115,49	65,87	95,81	107,78	61,25	89,09	100,22	56,73	82,52	92,83
	V	2 745,08	150,97	219,60	247,05	IV	2 209,83	118,63	172,56	194,13	115,73	168,34	189,38	112,84	164,13	184,64	109,94	159,91	179,90	107,04	155,70	175,16	104,14	151,48	170,41
	VI	2 777,25	152,74	222,18	249,95																				
7 232,99	I,IV	2 211,08	121,60	176,88	198,99	I	2 211,08	115,81	168,45	189,50	110,01	160,02	180,02	104,21	151,58	170,53	98,41	143,14	161,03	92,61	134,71	151,55	86,81	126,28	142,06
	II	2 165,25	119,08	173,22	194,87	II	2 165,25	113,29	164,78	185,38	107,49	156,35	175,89	101,69	147,92	166,41	95,89	139,48	156,92	90,09	131,05	147,43	84,30	122,62	137,94
	III	1 551,66	85,34	124,13	139,64	III	1 551,66	80,34	116,86	131,47	75,44	109,73	123,44	70,63	102,74	115,58	65,92	95,89	107,87	61,30	89,17	100,31	56,77	82,58	92,90
	V	2 746,33	151,04	219,70	247,16	IV	2 211,08	118,70	172,66	194,24	115,81	168,45	189,50	112,91	164,23	184,76	110,01	160,02	180,02	107,11	155,80	175,27	104,21	151,58	170,53
	VI	2 778,50	152,81	222,28	250,06																				
7 235,99	I,IV	2 212,33	121,67	176,98	199,10	I	2 212,33	115,88	168,55	189,62	110,08	160,12	180,13	104,28	151,68	170,64	98,48	143,25	161,15	92,68	134,82	151,67	86,89	126,38	142,18
	II	2 166,50	119,15	173,32	194,98	II	2 166,50	113,35	164,88	185,49	107,56	156,45	176,—	101,76	148,02	166,52	95,96	139,58	157,03	90,16	131,15	147,54	84,37	122,72	138,06
	III	1 552,83	85,40	124,22	139,75	III	1 552,83	80,41	116,96	131,58	75,50	109,82	123,55	70,69	102,82	115,67	65,98	95,97	107,96	61,36	89,25	100,40	56,83	82,66	92,99
	V	2 747,58	151,11	219,80	247,28	IV	2 212,33	118,77	172,76	194,36	115,88	168,55	189,62	112,97	164,33	184,87	110,08	160,12	180,13	107,18	155,90	175,38	104,28	151,68	170,64
	VI	2 779,75	152,88	222,38	250,17																				
7 238,99	I,IV	2 213,58	121,74	177,08	199,22	I	2 213,58	115,94	168,65	189,73	110,15	160,22	180,24	104,35	151,78	170,75	98,55	143,35	161,27	92,75	134,92	151,78	86,95	126,48	142,29
	II	2 167,83	119,23	173,42	195,10	II	2 167,83	113,42	164,98	185,60	107,63	156,55	176,12	101,83	148,12	166,63	96,03	139,68	157,14	90,23	131,25	147,65	84,43	122,82	138,17
	III	1 554,—	85,47	124,32	139,86	III	1 554,—	80,46	117,04	131,67	75,56	109,90	123,64	70,74	102,90	115,76	66,03	96,05	108,05	61,41	89,33	100,49	56,88	82,74	93,08
	V	2 748,83	151,18	219,90	247,39	IV	2 213,58	118,84	172,86	194,47	115,94	168,65	189,73	113,04	164,43	184,98	110,15	160,22	180,24	107,25	156,—	175,50	104,35	151,78	170,75
	VI	2 781,08	152,95	222,48	250,29																				
7 241,99	I,IV	2 214,83	121,81	177,18	199,33	I	2 214,83	116,01	168,75	189,84	110,22	160,32	180,36	104,42	151,88	170,87	98,62	143,45	161,38	92,82	135,02	151,89	87,02	126,58	142,40
	II	2 169,08	119,29	173,52	195,21	II	2 169,08	113,50	165,09	185,72	107,70	156,66	176,24	101,90	148,22	166,75	96,10	139,78	157,25	90,30	131,35	147,77	84,50	122,92	138,28
	III	1 555,—	85,52	124,40	139,95	III	1 555,—	80,52	117,13	131,77	75,61	109,98	123,73	70,80	102,98	115,85	66,09	96,13	108,14	61,47	89,41	100,58	56,94	82,82	93,17
	V	2 750,08	151,25	220,—	247,50	IV	2 214,83	118,91	172,96	194,58	116,01	168,75	189,84	113,11	164,53	185,09	110,22	160,32	180,36	107,31	156,10	175,61	104,42	151,88	170,87
	VI	2 782,33	153,02	222,58	250,40																				
7 244,99	I,IV	2 216,08	121,88	177,28	199,44	I	2 216,08	116,08	168,85	189,95	110,28	160,42	180,47	104,49	151,98	170,98	98,69	143,55	161,49	92,89	135,12	152,01	87,09	126,68	142,52
	II	2 170,33	119,36	173,62	195,32	II	2 170,33	113,57	165,19	185,84	107,77	156,76	176,35	101,97	148,32	166,86	96,17	139,89	157,37	90,37	131,46	147,89	84,58	123,02	138,40
	III	1 556,16	85,58	124,49	140,05	III	1 556,16	80,58	117,21	131,86	75,68	110,08	123,84	70,86	103,08	115,96	66,14	96,21	108,23	61,52	89,49	100,67	56,99	82,90	93,26
	V	2 751,33	151,32	220,10	247,61	IV	2 216,08	118,98	173,07	194,70	116,08	168,85	189,95	113,19	164,64	185,22	110,28	160,42	180,47	107,39	156,20	175,73	104,49	151,98	170,98
	VI	2 783,58	153,09	222,68	250,52																				

* Die ausgewiesenen Tabellenwerte sind amtlich. Siehe Erläuterungen auf der Umschlaginnenseite (U2).

MONAT 7 245,–*

Lohn/ Gehalt bis €*		I – VI				I, II, III, IV																			
			ohne Kinderfreibeträge					mit Zahl der Kinderfreibeträge . . .																	
								0,5			1			1,5			2			2,5			3		
		LSt	SolZ	8%	9%		LSt	SolZ	8%	9%	SolZ	8%	9%	SolZ	8%	9%	SolZ	8%	9%	SolZ	8%	9%	SolZ	8%	9%
7 247,99	I,IV	2 217,33	121,95	177,38	199,55	I	2 217,33	116,15	168,95	190,07	110,35	160,52	180,58	104,55	152,08	171,09	98,76	143,65	161,60	92,96	135,22	152,12	87,16	126,78	142,63
	II	2 171,58	119,43	173,72	195,44	II	2 171,58	113,63	165,29	185,95	107,84	156,86	176,46	102,04	148,42	166,97	96,24	139,99	157,49	90,44	131,56	148,—	84,64	123,12	138,51
	III	1 557,16	85,64	124,57	140,14	III	1 557,16	80,63	117,29	131,95	75,73	110,16	123,93	70,92	103,16	116,05	66,20	96,29	108,32	61,58	89,57	100,76	57,05	82,98	93,35
	V	2 752,66	151,39	220,21	247,73	IV	2 217,33	119,05	173,17	194,81	116,15	168,95	190,07	113,25	164,74	185,33	110,35	160,52	180,58	107,46	156,30	175,84	104,55	152,08	171,09
	VI	2 784,83	153,16	222,78	250,63																				
7 250,99	I,IV	2 218,58	122,02	177,48	199,67	I	2 218,58	116,22	169,05	190,18	110,42	160,62	180,69	104,62	152,18	171,20	98,83	143,75	161,72	93,03	135,32	152,23	87,23	126,88	142,74
	II	2 172,83	119,50	173,82	195,55	II	2 172,83	113,70	165,39	186,06	107,91	156,96	176,58	102,11	148,52	167,09	96,31	140,09	157,60	90,51	131,66	148,11	84,71	123,22	138,62
	III	1 558,33	85,70	124,66	140,24	III	1 558,33	80,70	117,38	132,05	75,79	110,24	124,02	70,97	103,24	116,14	66,25	96,37	108,41	61,63	89,65	100,85	57,10	83,06	93,44
	V	2 753,91	151,46	220,31	247,85	IV	2 218,58	119,12	173,27	194,93	116,22	169,05	190,18	113,32	164,84	185,44	110,42	160,62	180,69	107,52	156,40	175,95	104,62	152,18	171,20
	VI	2 786,08	153,23	222,88	250,74																				
7 253,99	I,IV	2 219,83	122,09	177,58	199,78	I	2 219,83	116,29	169,15	190,29	110,49	160,72	180,81	104,69	152,28	171,32	98,89	143,85	161,83	93,10	135,42	152,34	87,30	126,98	142,85
	II	2 174,08	119,57	173,92	195,66	II	2 174,08	113,77	165,49	186,17	107,97	157,06	176,69	102,18	148,62	167,20	96,38	140,19	157,71	90,58	131,76	148,23	84,78	123,32	138,74
	III	1 559,50	85,77	124,76	140,35	III	1 559,50	80,75	117,46	132,14	75,85	110,33	124,12	71,03	103,32	116,23	66,31	96,45	108,50	61,69	89,73	100,94	57,15	83,13	93,52
	V	2 755,16	151,53	220,41	247,96	IV	2 219,83	119,19	173,37	195,04	116,29	169,15	190,29	113,39	164,94	185,55	110,49	160,72	180,81	107,59	156,50	176,06	104,69	152,28	171,32
	VI	2 787,33	153,30	222,98	250,85																				
7 256,99	I,IV	2 221,16	122,16	177,69	199,90	I	2 221,16	116,36	169,26	190,41	110,56	160,82	180,92	104,76	152,38	171,43	98,96	143,95	161,94	93,17	135,52	152,46	87,37	127,08	142,97
	II	2 175,33	119,64	174,02	195,77	II	2 175,33	113,84	165,59	186,29	108,04	157,16	176,80	102,24	148,72	167,31	96,45	140,29	157,82	90,65	131,86	148,34	84,85	123,42	138,85
	III	1 560,50	85,82	124,84	140,44	III	1 560,50	80,82	117,56	132,25	75,90	110,41	124,21	71,08	103,40	116,32	66,36	96,53	108,59	61,74	89,81	101,03	57,20	83,21	93,61
	V	2 756,41	151,60	220,51	248,07	IV	2 221,16	119,26	173,47	195,15	116,36	169,26	190,41	113,46	165,04	185,67	110,56	160,82	180,92	107,66	156,60	176,18	104,76	152,38	171,43
	VI	2 788,58	153,37	223,08	250,97																				
7 259,99	I,IV	2 222,41	122,23	177,79	200,01	I	2 222,41	116,43	169,36	190,53	110,63	160,92	181,04	104,83	152,49	171,55	99,04	144,06	162,06	93,24	135,62	152,57	87,44	127,18	143,08
	II	2 176,58	119,71	174,12	195,89	II	2 176,58	113,91	165,69	186,40	108,11	157,26	176,91	102,31	148,82	167,42	96,52	140,39	157,94	90,72	131,96	148,45	84,92	123,52	138,96
	III	1 561,66	85,89	124,93	140,54	III	1 561,66	80,87	117,64	132,34	75,96	110,49	124,30	71,15	103,49	116,42	66,42	96,61	108,68	61,80	89,89	101,12	57,26	83,29	93,70
	V	2 757,66	151,67	220,61	248,18	IV	2 222,41	119,33	173,57	195,26	116,43	169,36	190,53	113,53	165,14	185,78	110,63	160,92	181,04	107,73	156,70	176,29	104,83	152,49	171,55
	VI	2 789,83	153,44	223,18	251,08																				
7 262,99	I,IV	2 223,66	122,30	177,89	200,12	I	2 223,66	116,50	169,46	190,64	110,70	161,02	181,15	104,90	152,59	171,66	99,11	144,16	162,18	93,31	135,72	152,69	87,51	127,29	143,20
	II	2 177,83	119,78	174,22	196,—	II	2 177,83	113,98	165,79	186,51	108,18	157,36	177,03	102,38	148,92	167,54	96,58	140,49	158,05	90,79	132,06	148,56	84,99	123,62	139,07
	III	1 562,66	85,94	125,01	140,63	III	1 562,66	80,94	117,73	132,44	76,02	110,58	124,40	71,20	103,57	116,51	66,48	96,70	108,79	61,85	89,97	101,21	57,31	83,37	93,79
	V	2 758,91	151,74	220,71	248,30	IV	2 223,66	119,40	173,67	195,38	116,50	169,46	190,64	113,60	165,24	185,89	110,70	161,02	181,15	107,80	156,80	176,40	104,90	152,59	171,66
	VI	2 791,16	153,51	223,29	251,20																				
7 265,99	I,IV	2 224,91	122,37	177,99	200,24	I	2 224,91	116,57	169,56	190,75	110,77	161,12	181,26	104,97	152,69	171,77	99,17	144,26	162,29	93,38	135,82	152,80	87,58	127,39	143,31
	II	2 179,16	119,85	174,33	196,12	II	2 179,16	114,05	165,90	186,63	108,25	157,46	177,14	102,45	149,02	167,65	96,65	140,59	158,16	90,86	132,16	148,68	85,06	123,72	139,19
	III	1 563,83	86,01	125,10	140,74	III	1 563,83	80,99	117,81	132,53	76,08	110,66	124,49	71,26	103,65	116,60	66,54	96,78	108,88	61,90	90,04	101,29	57,37	83,45	93,88
	V	2 760,16	151,80	220,81	248,41	IV	2 224,91	119,46	173,77	195,49	116,57	169,56	190,75	113,67	165,34	186,—	110,77	161,12	181,26	107,87	156,90	176,51	104,97	152,69	171,77
	VI	2 792,41	153,58	223,39	251,31																				
7 268,99	I,IV	2 226,16	122,43	178,09	200,35	I	2 226,16	116,64	169,66	190,86	110,84	161,22	181,37	105,04	152,79	171,89	99,24	144,36	162,40	93,44	135,92	152,91	87,65	127,49	143,42
	II	2 180,41	119,92	174,43	196,23	II	2 180,41	114,12	166,—	186,75	108,32	157,56	177,26	102,52	149,13	167,77	96,73	140,70	158,28	90,93	132,26	148,79	85,13	123,82	139,30
	III	1 565,—	86,07	125,20	140,85	III	1 565,—	81,06	117,90	132,64	76,13	110,74	124,58	71,31	103,73	116,69	66,59	96,86	108,97	61,95	90,12	101,38	57,42	83,53	93,97
	V	2 761,41	151,87	220,91	248,52	IV	2 226,16	119,54	173,88	195,61	116,64	169,66	190,86	113,74	165,44	186,12	110,84	161,22	181,37	107,94	157,—	176,63	105,04	152,79	171,89
	VI	2 793,66	153,65	223,49	251,42																				
7 271,99	I,IV	2 227,41	122,50	178,19	200,46	I	2 227,41	116,71	169,76	190,98	110,91	161,32	181,49	105,11	152,89	172,—	99,31	144,46	162,51	93,51	136,02	153,02	87,72	127,59	143,54
	II	2 181,66	119,99	174,53	196,34	II	2 181,66	114,19	166,10	186,86	108,39	157,66	177,37	102,59	149,23	167,88	96,80	140,80	158,40	91,—	132,36	148,91	85,20	123,93	139,42
	III	1 566,—	86,13	125,28	140,94	III	1 566,—	81,11	117,98	132,73	76,20	110,84	124,69	71,38	103,82	116,80	66,65	96,94	109,06	62,01	90,20	101,47	57,47	83,60	94,05
	V	2 762,75	151,95	221,02	248,64	IV	2 227,41	119,61	173,98	195,72	116,71	169,76	190,98	113,81	165,54	186,23	110,91	161,32	181,49	108,01	157,11	176,75	105,11	152,89	172,—
	VI	2 794,91	153,72	223,59	251,54																				
7 274,99	I,IV	2 228,66	122,57	178,29	200,57	I	2 228,66	116,77	169,86	191,09	110,98	161,42	181,60	105,18	152,99	172,11	99,38	144,56	162,63	93,58	136,12	153,14	87,78	127,69	143,65
	II	2 182,91	120,06	174,63	196,46	II	2 182,91	114,26	166,20	186,97	108,46	157,76	177,48	102,66	149,33	167,99	96,86	140,90	158,51	91,07	132,46	149,02	85,27	124,03	139,53
	III	1 567,16	86,19	125,37	141,04	III	1 567,16	81,18	118,08	132,84	76,25	110,92	124,78	71,43	103,90	116,89	66,70	97,02	109,15	62,06	90,28	101,56	57,53	83,68	94,14
	V	2 764,—	152,02	221,12	248,76	IV	2 228,66	119,68	174,08	195,84	116,77	169,86	191,09	113,88	165,64	186,35	110,98	161,42	181,60	108,08	157,21	176,86	105,18	152,99	172,11
	VI	2 796,16	153,78	223,69	251,65																				
7 277,99	I,IV	2 229,91	122,64	178,39	200,69	I	2 229,91	116,84	169,96	191,20	111,04	161,52	181,71	105,25	153,09	172,22	99,45	144,66	162,74	93,65	136,22	153,25	87,85	127,79	143,76
	II	2 184,16	120,12	174,73	196,57	II	2 184,16	114,33	166,30	187,08	108,53	157,86	177,59	102,73	149,43	168,11	96,93	141,—	158,62	91,13	132,56	149,13	85,34	124,13	139,64
	III	1 568,16	86,24	125,45	141,13	III	1 568,16	81,23	118,16	132,93	76,31	111,—	124,87	71,49	103,98	116,98	66,76	97,10	109,24	62,12	90,36	101,65	57,58	83,76	94,23
	V	2 765,25	152,08	221,22	248,87	IV	2 229,91	119,74	174,18	195,95	116,84	169,96	191,20	113,95	165,74	186,46	111,04	161,52	181,71	108,15	157,31	176,97	105,25	153,09	172,22
	VI	2 797,41	153,85	223,79	251,76																				
7 280,99	I,IV	2 231,25	122,71	178,50	200,81	I	2 231,25	116,92	170,06	191,32	111,11	161,62	181,82	105,32	153,19	172,34	99,52	144,76	162,85	93,72	136,32	153,36	87,92	127,89	143,87
	II	2 185,41	120,19	174,83	196,68	II	2 185,41	114,40	166,40	187,20	108,60	157,96	177,71	102,80	149,53	168,22	97,—	141,10	158,73	91,20	132,66	149,24	85,41	124,23	139,76
	III	1 569,33	86,31	125,54	141,23	III	1 569,33	81,29	118,25	133,03	76,37	111,09	124,97	71,54	104,06	117,07	66,81	97,18	109,33	62,17	90,44	101,74	57,64	83,84	94,32
	V	2 766,50	152,15	221,32	248,98	IV	2 231,25	119,81	174,28	196,06	116,92	170,06	191,32	114,01	165,84	186,57	111,11	161,62	181,82	108,22	157,41	177,08	105,32	153,19	172,34
	VI	2 798,66	153,92	223,89	251,87																				
7 283,99	I,IV	2 232,50	122,78	178,60	200,92	I	2 232,50	116,98	170,16	191,43	111,19	161,73	181,94	105,39	153,30	172,46	99,59	144,86	162,97	93,79	136,42	153,47	87,99	127,99	143,99
	II	2 186,66	120,26	174,93	196,79	II	2 186,66	114,46	166,50	187,31	108,67	158,06	177,82	102,87	149,63	168,33	97,07	141,20	158,85	91,27	132,76	149,36	85,47	124,33	139,87
	III	1 570,50	86,37	125,64	141,34	III	1 570,50	81,35	118,33	133,12	76,43	111,17	125,06	71,61	104,16	117,18	66,87	97,26	109,42	62,23	90,52	101,83	57,69	83,92	94,41
	V	2 767,75	152,22	221,42	249,09	IV	2 232,50	119,88	174,38	196,17	116,98	170,16	191,43	114,08	165,94	186,68	111,19	161,73	181,94	108,29	157,51	177,20	105,39	153,30	172,46
	VI	2 799,91	153,99	223,99	251,99																				
7 286,99	I,IV	2 233,75	122,85	178,70	201,03	I	2 233,75	117,05	170,26	191,54	111,26	161,83	182,06	105,46	153,40	172,57	99,66	144,96	163,08	93,86	136,53	153,59	88,06	128,10	144,11
	II	2 187,91	120,33	175,03	196,91	II	2 187,91	114,53	166,60	187,42	108,73	158,16	177,93	102,94	149,73	168,44	97,14	141,30	158,96	91,34	132,86	149,47	85,54	124,43	139,98
	III	1 571,50	86,43	125,72	141,43	III	1 571,50	81,41	118,42	133,22	76,48	111,25	125,15	71,66	104,24	117,27	66,92	97,34	109,51	62,28	90,60	101,92	57,75	84,—	94,50
	V	2 769,—	152,29	221,52	249,21	IV	2 233,75	119,95	174,48	196,29	117,05	170,26	191,54	114,15	166,04	186,80	111,26	161,83	182,06	108,35	157,61	177,31	105,46	153,40	172,57
	VI	2 801,25	154,06	224,10	252,11																				
7 289,99	I,IV	2 235,—	122,92	178,80	201,15	I	2 235,—	117,12	170,36	191,66	111,32	161,93	182,17	105,53	153,50	172,68	99,73	145,06	163,19	93,93	136,63	153,71	88,13	128,20	144,22
	II	2 189,25	120,40	175,14	197,03	II	2 189,25	114,61	166,70	187,54	108,80	158,26	178,04	103,01	149,83	168,56	97,21	141,40	159,07	91,41	132,96	149,58	85,61	124,53	140,09
	III	1 572,66	86,49	125,81	141,53	III	1 572,66	81,47	118,50	133,31	76,55	111,34	125,26	71,72	104,32	117,36	66,98	97,42	109,60	62,34	90,68	102,01	57,80	84,08	94,59
	V	2 770,25	152,36	221,62	249,32	IV	2 235,—	120,02	174,58	196,40	117,12	170,36	191,66	114,22	166,14	186,91	111,32	161,93	182,17	108,42	157,71	177,42	105,53	153,50	172,68
	VI	2 802,50	154,13	224,20	252,22																				

Abzüge an Lohnsteuer, Solidaritätszuschlag (SolZ) und Kirchensteuer (8%, 9%) in den Steuerklassen

*** Die ausgewiesenen Tabellenwerte sind amtlich. Siehe Erläuterungen auf der Umschlaginnenseite (U2).**

Lohn/ Gehalt bis €*		I – VI LSt	ohne Kinderfreibeträge SolZ	8%	9%		I, II, III, IV LSt	mit Zahl der Kinderfreibeträge ... 0,5 SolZ	8%	9%	1 SolZ	8%	9%	1,5 SolZ	8%	9%	2 SolZ	8%	9%	2,5 SolZ	8%	9%	3 SolZ	8%	9%
7 292,99	I,IV	2 236,25	122,99	178,90	201,26	I	2 236,25	117,19	170,46	191,77	111,39	162,03	182,28	105,60	153,60	172,80	99,80	145,16	163,31	94,—	136,73	153,82	88,20	128,30	144,33
	II	2 190,50	120,47	175,24	197,14	II	2 190,50	114,67	166,80	187,65	108,88	158,37	178,16	103,08	149,94	168,68	97,28	141,50	159,19	91,48	133,06	149,69	85,68	124,63	140,21
	III	1 573,66	86,55	125,89	141,62	III	1 573,66	81,53	118,60	133,42	76,60	111,42	125,35	71,77	104,40	117,45	67,04	97,52	109,71	62,39	90,76	102,10	57,85	84,14	94,66
	V	2 771,50	152,43	221,72	249,43	IV	2 236,25	120,09	174,68	196,52	117,19	170,46	191,77	114,29	166,24	187,02	111,39	162,03	182,28	108,49	157,81	177,53	105,60	153,60	172,80
	VI	2 803,75	154,20	224,30	252,33																				
7 295,99	I,IV	2 237,50	123,06	179,—	201,37	I	2 237,50	117,26	170,56	191,88	111,46	162,13	182,39	105,66	153,70	172,91	99,87	145,26	163,42	94,07	136,83	153,93	88,27	128,40	144,45
	II	2 191,75	120,54	175,34	197,25	II	2 191,75	114,74	166,90	187,76	108,95	158,47	178,28	103,15	150,04	168,79	97,35	141,60	159,30	91,55	133,17	149,81	85,75	124,74	140,33
	III	1 574,83	86,61	125,98	141,73	III	1 574,83	81,59	118,68	133,51	76,67	111,52	125,46	71,83	104,48	117,54	67,10	97,60	109,80	62,45	90,84	102,19	57,90	84,22	94,75
	V	2 772,75	152,50	221,82	249,54	IV	2 237,50	120,16	174,78	196,63	117,26	170,56	191,88	114,36	166,35	187,14	111,46	162,13	182,39	108,57	157,92	177,66	105,66	153,70	172,91
	VI	2 805,—	154,27	224,40	252,45																				
7 298,99	I,IV	2 238,75	123,13	179,10	201,48	I	2 238,75	117,33	170,66	191,99	111,53	162,23	182,51	105,73	153,80	173,02	99,93	145,36	163,53	94,14	136,93	154,04	88,34	128,50	144,56
	II	2 193,—	120,61	175,44	197,37	II	2 193,—	114,81	167,—	187,88	109,01	158,57	178,39	103,22	150,14	168,90	97,42	141,70	159,41	91,62	133,27	149,93	85,82	124,84	140,44
	III	1 576,—	86,68	126,08	141,84	III	1 576,—	81,65	118,77	133,61	76,72	111,60	125,55	71,89	104,57	117,64	67,15	97,68	109,89	62,50	90,92	102,28	57,96	84,30	94,84
	V	2 774,08	152,57	221,92	249,66	IV	2 238,75	120,23	174,88	196,74	117,33	170,66	191,99	114,43	166,45	187,25	111,53	162,23	182,51	108,63	158,02	177,77	105,73	153,80	173,02
	VI	2 806,25	154,34	224,50	252,56																				
7 301,99	I,IV	2 240,—	123,20	179,20	201,60	I	2 240,—	117,40	170,76	192,11	111,60	162,33	182,62	105,80	153,90	173,13	100,—	145,46	163,64	94,21	137,03	154,16	88,41	128,60	144,67
	II	2 194,25	120,68	175,54	197,48	II	2 194,25	114,88	167,10	187,99	109,08	158,67	178,50	103,29	150,24	169,02	97,49	141,80	159,53	91,69	133,37	150,04	85,89	124,94	140,55
	III	1 577,—	86,73	126,16	141,93	III	1 577,—	81,71	118,85	133,70	76,78	111,68	125,64	71,94	104,65	117,73	67,21	97,76	109,98	62,56	91,—	102,37	58,01	84,38	94,93
	V	2 775,33	152,64	222,02	249,77	IV	2 240,—	120,30	174,98	196,85	117,40	170,76	192,11	114,50	166,55	187,37	111,60	162,33	182,62	108,70	158,12	177,88	105,80	153,90	173,13
	VI	2 807,50	154,41	224,60	252,67																				
7 304,99	I,IV	2 241,33	123,27	179,30	201,71	I	2 241,33	117,47	170,86	192,22	111,67	162,43	182,73	105,87	154,—	173,25	100,07	145,56	163,76	94,27	137,13	154,27	88,48	128,70	144,78
	II	2 195,50	120,75	175,64	197,59	II	2 195,50	114,95	167,20	188,10	109,15	158,77	178,61	103,35	150,34	169,13	97,56	141,90	159,64	91,76	133,47	150,15	85,96	125,04	140,67
	III	1 578,16	86,79	126,25	142,03	III	1 578,16	81,77	118,94	133,81	76,84	111,77	125,74	72,—	104,73	117,82	67,26	97,84	110,07	62,61	91,08	102,46	58,07	84,46	95,02
	V	2 776,58	152,71	222,12	249,89	IV	2 241,33	120,37	175,08	196,97	117,47	170,86	192,22	114,57	166,65	187,48	111,67	162,43	182,73	108,77	158,22	177,99	105,87	154,—	173,25
	VI	2 808,75	154,48	224,70	252,78																				
7 307,99	I,IV	2 242,58	123,34	179,40	201,83	I	2 242,58	117,54	170,97	192,34	111,74	162,54	182,85	105,94	154,10	173,36	100,14	145,66	163,87	94,34	137,23	154,38	88,55	128,80	144,90
	II	2 196,75	120,82	175,74	197,70	II	2 196,75	115,02	167,30	188,21	109,22	158,87	178,73	103,42	150,44	169,24	97,62	142,—	159,75	91,83	133,57	150,26	86,03	125,14	140,78
	III	1 579,16	86,85	126,33	142,12	III	1 579,16	81,83	119,02	133,90	76,89	111,85	125,83	72,05	104,81	117,91	67,32	97,92	110,16	62,67	91,16	102,55	58,12	84,54	95,11
	V	2 777,83	152,78	222,22	250,—	IV	2 242,58	120,44	175,18	197,08	117,54	170,97	192,34	114,64	166,75	187,59	111,74	162,54	182,85	108,84	158,32	178,11	105,94	154,10	173,36
	VI	2 810,—	154,55	224,80	252,90																				
7 310,99	I,IV	2 243,83	123,41	179,50	201,94	I	2 243,83	117,61	171,07	192,45	111,81	162,64	182,97	106,01	154,20	173,48	100,21	145,77	163,99	94,42	137,34	154,50	88,62	128,90	145,01
	II	2 198,—	120,89	175,84	197,82	II	2 198,—	115,09	167,40	188,33	109,29	158,97	178,84	103,49	150,54	169,35	97,69	142,10	159,86	91,90	133,67	150,38	86,10	125,24	140,89
	III	1 580,33	86,91	126,42	142,22	III	1 580,33	81,89	119,12	134,01	76,95	111,93	125,92	72,12	104,90	118,01	67,37	98,—	110,25	62,72	91,24	102,64	58,18	84,62	95,20
	V	2 779,08	152,84	222,32	250,11	IV	2 243,83	120,50	175,28	197,19	117,61	171,07	192,45	114,71	166,85	187,70	111,81	162,64	182,97	108,91	158,42	178,22	106,01	154,20	173,48
	VI	2 811,25	154,61	224,90	253,01																				
7 313,99	I,IV	2 245,08	123,47	179,60	202,05	I	2 245,08	117,68	171,17	192,56	111,88	162,74	183,08	106,08	154,30	173,59	100,28	145,87	164,10	94,49	137,44	154,62	88,69	129,—	145,13
	II	2 199,33	120,96	175,94	197,93	II	2 199,33	115,16	167,50	188,44	109,36	159,07	178,95	103,56	150,64	169,47	97,76	142,20	159,98	91,96	133,77	150,49	86,17	125,34	141,—
	III	1 581,50	86,98	126,52	142,33	III	1 581,50	81,95	119,20	134,10	77,01	112,02	126,02	72,17	104,98	118,10	67,43	98,08	110,34	62,78	91,32	102,73	58,23	84,70	95,29
	V	2 780,33	152,91	222,42	250,22	IV	2 245,08	120,57	175,38	197,30	117,68	171,17	192,56	114,78	166,95	187,82	111,88	162,74	183,08	108,98	158,52	178,33	106,08	154,30	173,59
	VI	2 812,58	154,69	225,—	253,13																				
7 316,99	I,IV	2 246,33	123,54	179,70	202,16	I	2 246,33	117,75	171,27	192,68	111,95	162,84	183,19	106,15	154,40	173,70	100,35	145,97	164,21	94,55	137,54	154,73	88,76	129,10	145,24
	II	2 200,58	121,03	176,04	198,05	II	2 200,58	115,23	167,61	188,56	109,43	159,18	179,07	103,63	150,74	169,58	97,83	142,30	160,09	92,03	133,87	150,60	86,24	125,44	141,12
	III	1 582,50	87,03	126,60	142,42	III	1 582,50	82,01	119,29	134,20	77,07	112,10	126,11	72,23	105,06	118,19	67,49	98,17	110,44	62,83	91,40	102,82	58,28	84,77	95,36
	V	2 781,58	152,98	222,52	250,34	IV	2 246,33	120,64	175,48	197,42	117,75	171,27	192,68	114,84	167,05	187,93	111,95	162,84	183,19	109,05	158,62	178,44	106,15	154,40	173,70
	VI	2 813,83	154,76	225,10	253,24																				
7 319,99	I,IV	2 247,58	123,61	179,80	202,28	I	2 247,58	117,81	171,37	192,79	112,02	162,94	183,30	106,22	154,50	173,81	100,42	146,07	164,33	94,62	137,64	154,84	88,82	129,20	145,35
	II	2 201,83	121,10	176,14	198,16	II	2 201,83	115,30	167,71	188,67	109,50	159,28	179,19	103,70	150,84	169,70	97,90	142,41	160,21	92,11	133,98	150,72	86,31	125,54	141,23
	III	1 583,66	87,10	126,69	142,52	III	1 583,66	82,06	119,37	134,29	77,13	112,20	126,22	72,28	105,14	118,28	67,54	98,25	110,53	62,89	91,48	102,91	58,33	84,85	95,45
	V	2 782,83	153,05	222,62	250,45	IV	2 247,58	120,72	175,59	197,54	117,81	171,37	192,79	114,92	167,16	188,05	112,02	162,94	183,30	109,12	158,72	178,56	106,22	154,50	173,81
	VI	2 815,08	154,82	225,20	253,35																				
7 322,99	I,IV	2 248,83	123,68	179,90	202,39	I	2 248,83	117,88	171,47	192,90	112,09	163,04	183,42	106,29	154,60	173,93	100,49	146,17	164,44	94,69	137,74	154,95	88,89	129,30	145,46
	II	2 203,08	121,16	176,24	198,27	II	2 203,08	115,37	167,81	188,78	109,57	159,38	179,30	103,77	150,94	169,81	97,97	142,51	160,32	92,18	134,08	150,84	86,38	125,64	141,35
	III	1 584,83	87,16	126,78	142,63	III	1 584,83	82,13	119,46	134,39	77,19	112,28	126,31	72,35	105,24	118,39	67,60	98,33	110,62	62,94	91,56	103,—	58,39	84,93	95,54
	V	2 784,16	153,12	222,73	250,57	IV	2 248,83	120,78	175,69	197,65	117,88	171,47	192,90	114,99	167,26	188,16	112,09	163,04	183,42	109,19	158,82	178,67	106,29	154,60	173,93
	VI	2 816,33	154,89	225,30	253,46																				
7 325,99	I,IV	2 250,08	123,75	180,—	202,50	I	2 250,08	117,95	171,57	193,01	112,15	163,14	183,53	106,36	154,70	174,04	100,56	146,27	164,55	94,76	137,84	155,07	88,96	129,40	145,58
	II	2 204,33	121,23	176,34	198,38	II	2 204,33	115,44	167,91	188,90	109,64	159,48	179,41	103,84	151,04	169,92	98,04	142,61	160,43	92,24	134,18	150,95	86,45	125,74	141,46
	III	1 585,83	87,22	126,86	142,72	III	1 585,83	82,18	119,54	134,48	77,24	112,36	126,40	72,40	105,32	118,48	67,65	98,41	110,71	63,—	91,64	103,09	58,44	85,01	95,63
	V	2 785,41	153,19	222,83	250,68	IV	2 250,08	120,85	175,79	197,76	117,95	171,57	193,01	115,06	167,36	188,28	112,15	163,14	183,53	109,26	158,92	178,79	106,36	154,70	174,04
	VI	2 817,58	154,96	225,40	253,58																				
7 328,99	I,IV	2 251,33	123,82	180,10	202,61	I	2 251,33	118,02	171,67	193,13	112,22	163,24	183,64	106,42	154,80	174,15	100,63	146,37	164,66	94,83	137,94	155,18	89,03	129,50	145,69
	II	2 205,58	121,30	176,44	198,50	II	2 205,58	115,50	168,01	189,01	109,71	159,58	179,52	103,91	151,14	170,03	98,11	142,71	160,55	92,31	134,28	151,06	86,51	125,84	141,57
	III	1 587,—	87,28	126,96	142,83	III	1 587,—	82,25	119,64	134,59	77,31	112,45	126,50	72,46	105,40	118,57	67,71	98,49	110,80	63,05	91,72	103,18	58,50	85,09	95,72
	V	2 786,66	153,26	222,93	250,79	IV	2 251,33	120,92	175,89	197,87	118,02	171,67	193,13	115,12	167,46	188,39	112,22	163,24	183,64	109,33	159,02	178,90	106,42	154,80	174,15
	VI	2 818,83	155,03	225,50	253,69																				
7 331,99	I,IV	2 252,66	123,89	180,21	202,73	I	2 252,66	118,09	171,78	193,25	112,30	163,34	183,76	106,49	154,90	174,26	100,70	146,47	164,78	94,90	138,04	155,29	89,10	129,60	145,80
	II	2 206,83	121,37	176,54	198,61	II	2 206,83	115,57	168,11	189,12	109,78	159,68	179,64	103,98	151,24	170,15	98,18	142,81	160,66	92,38	134,38	151,17	86,58	125,94	141,68
	III	1 588,—	87,34	127,04	142,92	III	1 588,—	82,30	119,72	134,68	77,36	112,53	126,59	72,51	105,48	118,66	67,76	98,57	110,89	63,11	91,80	103,27	58,55	85,17	95,81
	V	2 787,91	153,33	223,03	250,91	IV	2 252,66	120,99	175,99	197,99	118,09	171,78	193,25	115,19	167,56	188,50	112,30	163,34	183,76	109,39	159,12	179,01	106,49	154,90	174,26
	VI	2 820,08	155,10	225,60	253,80																				
7 334,99	I,IV	2 253,91	123,96	180,31	202,85	I	2 253,91	118,16	171,88	193,36	112,36	163,44	183,87	106,57	155,01	174,38	100,77	146,58	164,90	94,97	138,14	155,41	89,17	129,70	145,91
	II	2 208,08	121,44	176,64	198,72	II	2 208,08	115,64	168,21	189,23	109,84	159,78	179,75	104,05	151,34	170,26	98,25	142,91	160,77	92,45	134,48	151,29	86,65	126,04	141,80
	III	1 589,16	87,40	127,13	143,02	III	1 589,16	82,37	119,81	134,78	77,42	112,61	126,68	72,58	105,57	118,76	67,82	98,65	110,98	63,16	91,88	103,36	58,61	85,25	95,90
	V	2 789,16	153,40	223,13	251,02	IV	2 253,91	121,06	176,09	198,10	118,16	171,88	193,36	115,26	167,66	188,61	112,36	163,44	183,87	109,46	159,22	179,12	106,57	155,01	174,38
	VI	2 821,33	155,17	225,70	253,91																				

Abzüge an Lohnsteuer, Solidaritätszuschlag (SolZ) und Kirchensteuer (8%, 9%) in den Steuerklassen

* Die ausgewiesenen Tabellenwerte sind amtlich. Siehe Erläuterungen auf der Umschlaginnenseite (U2).

Lohn/ Gehalt bis €*		I – VI LSt	I – VI ohne Kinderfreibeträge SolZ	8%	9%		I, II, III, IV LSt	0,5 SolZ	8%	9%	1 SolZ	8%	9%	1,5 SolZ	8%	9%	2 SolZ	8%	9%	2,5 SolZ	8%	9%	3 SolZ	8%	9%
7 337,99	I,IV	2 255,16	124,03	180,41	202,96	I	2 255,16	118,23	171,98	193,47	112,43	163,54	183,98	106,64	155,11	174,50	100,84	146,68	165,01	95,04	138,24	155,52	89,24	129,81	146,03
	II	2 209,33	121,51	176,74	198,83	II	2 209,33	115,71	168,31	189,35	109,91	159,88	179,86	104,11	151,44	170,37	98,32	143,01	160,88	92,52	134,58	151,40	86,72	126,14	141,91
	III	1 590,33	87,46	127,22	143,12	III	1 590,33	82,42	119,89	134,87	77,48	112,70	126,79	72,63	105,65	118,85	67,87	98,73	111,07	63,22	91,96	103,45	58,66	85,33	95,99
	V	2 790,41	153,47	223,23	251,13	IV	2 255,16	121,13	176,19	198,21	118,23	171,98	193,47	115,33	167,76	188,73	112,43	163,54	183,98	109,53	159,32	179,24	106,64	155,11	174,50
	VI	2 822,66	155,24	225,81	254,03																				
7 340,99	I,IV	2 256,41	124,10	180,51	203,07	I	2 256,41	118,30	172,08	193,59	112,50	163,64	184,10	106,70	155,21	174,61	100,91	146,78	165,12	95,11	138,34	155,63	89,31	129,91	146,15
	II	2 210,66	121,58	176,85	198,95	II	2 210,66	115,78	168,42	189,47	109,99	159,98	179,98	104,18	151,54	170,48	98,39	143,11	161,—	92,59	134,68	151,51	86,79	126,24	142,02
	III	1 591,33	87,52	127,30	143,21	III	1 591,33	82,49	119,98	134,98	77,54	112,78	126,88	72,69	105,73	118,94	67,94	98,82	111,17	63,27	92,04	103,54	58,71	85,40	96,07
	V	2 791,66	153,54	223,33	251,24	IV	2 256,41	121,20	176,29	198,32	118,30	172,08	193,59	115,40	167,86	188,84	112,50	163,64	184,10	109,60	159,42	179,35	106,70	155,21	174,61
	VI	2 823,91	155,31	225,91	254,15																				
7 343,99	I,IV	2 257,66	124,17	180,61	203,18	I	2 257,66	118,37	172,18	193,70	112,57	163,74	184,21	106,77	155,31	174,72	100,98	146,88	165,24	95,18	138,44	155,75	89,38	130,01	146,26
	II	2 211,91	121,65	176,95	199,07	II	2 211,91	115,85	168,52	189,58	110,05	160,08	180,09	104,26	151,65	170,60	98,46	143,22	161,12	92,66	134,78	151,63	86,86	126,34	142,13
	III	1 592,50	87,58	127,40	143,32	III	1 592,50	82,54	120,06	135,07	77,60	112,88	126,99	72,74	105,81	119,03	67,99	98,90	111,26	63,33	92,12	103,63	58,76	85,48	96,16
	V	2 792,91	153,61	223,43	251,36	IV	2 257,66	121,27	176,40	198,45	118,37	172,18	193,70	115,47	167,96	188,96	112,57	163,74	184,21	109,67	159,52	179,46	106,77	155,31	174,72
	VI	2 825,16	155,38	226,01	254,26																				
7 346,99	I,IV	2 258,91	124,24	180,71	203,30	I	2 258,91	118,44	172,28	193,81	112,64	163,84	184,32	106,84	155,41	174,83	101,04	146,98	165,35	95,25	138,54	155,86	89,45	130,11	146,37
	II	2 213,16	121,72	177,05	199,18	II	2 213,16	115,92	168,62	189,69	110,12	160,18	180,20	104,33	151,75	170,72	98,53	143,32	161,23	92,73	134,88	151,74	86,93	126,45	142,25
	III	1 593,66	87,65	127,49	143,42	III	1 593,66	82,61	120,16	135,18	77,66	112,96	127,08	72,81	105,90	119,14	68,05	98,98	111,35	63,38	92,20	103,72	58,82	85,56	96,25
	V	2 794,25	153,68	223,54	251,48	IV	2 258,91	121,34	176,50	198,56	118,44	172,28	193,81	115,54	168,06	189,07	112,64	163,84	184,32	109,74	159,63	179,58	106,84	155,41	174,83
	VI	2 826,41	155,45	226,11	254,37																				
7 349,99	I,IV	2 260,16	124,30	180,81	203,41	I	2 260,16	118,51	172,38	193,92	112,71	163,94	184,43	106,91	155,51	174,95	101,11	147,08	165,46	95,31	138,64	155,97	89,52	130,21	146,48
	II	2 214,41	121,79	177,15	199,29	II	2 214,41	115,99	168,72	189,81	110,19	160,28	180,32	104,39	151,85	170,83	98,60	143,42	161,34	92,80	134,98	151,85	87,—	126,55	142,37
	III	1 594,66	87,70	127,57	143,51	III	1 594,66	82,66	120,24	135,27	77,71	113,04	127,17	72,86	105,98	119,23	68,10	99,06	111,44	63,44	92,28	103,81	58,87	85,64	96,34
	V	2 795,50	153,75	223,64	251,59	IV	2 260,16	121,41	176,60	198,67	118,51	172,38	193,92	115,61	168,16	189,18	112,71	163,94	184,43	109,81	159,73	179,69	106,91	155,51	174,95
	VI	2 827,66	155,52	226,21	254,48																				
7 352,99	I,IV	2 261,41	124,37	180,91	203,52	I	2 261,41	118,58	172,48	194,04	112,78	164,04	184,55	106,98	155,61	175,06	101,18	147,18	165,57	95,38	138,74	156,08	89,59	130,31	146,60
	II	2 215,66	121,86	177,25	199,40	II	2 215,66	116,06	168,82	189,92	110,26	160,38	180,43	104,46	151,95	170,94	98,67	143,52	161,46	92,87	135,08	151,97	87,07	126,65	142,48
	III	1 595,83	87,77	127,66	143,62	III	1 595,83	82,72	120,33	135,37	77,77	113,13	127,27	72,92	106,06	119,32	68,16	99,14	111,53	63,49	92,36	103,90	58,93	85,72	96,43
	V	2 796,75	153,82	223,74	251,70	IV	2 261,41	121,48	176,70	198,78	118,58	172,48	194,04	115,68	168,26	189,29	112,78	164,04	184,55	109,88	159,83	179,81	106,98	155,61	175,06
	VI	2 828,91	155,59	226,31	254,60																				
7 355,99	I,IV	2 262,75	124,45	181,02	203,64	I	2 262,75	118,65	172,58	194,15	112,85	164,14	184,66	107,05	155,71	175,17	101,25	147,28	165,69	95,45	138,84	156,20	89,65	130,41	146,71
	II	2 216,91	121,93	177,35	199,52	II	2 216,91	116,13	168,92	190,03	110,33	160,48	180,54	104,53	152,05	171,05	98,73	143,62	161,57	92,94	135,18	152,08	87,14	126,75	142,59
	III	1 596,83	87,82	127,74	143,71	III	1 596,83	82,78	120,41	135,46	77,83	113,21	127,36	72,98	106,16	119,43	68,21	99,22	111,62	63,55	92,44	103,99	58,98	85,80	96,52
	V	2 798,—	153,89	223,84	251,82	IV	2 262,75	121,55	176,80	198,90	118,65	172,58	194,15	115,75	168,36	189,41	112,85	164,14	184,66	109,95	159,93	179,92	107,05	155,71	175,17
	VI	2 830,16	155,65	226,41	254,71																				
7 358,99	I,IV	2 264,—	124,52	181,12	203,76	I	2 264,—	118,72	172,68	194,27	112,92	164,25	184,78	107,12	155,82	175,29	101,32	147,38	165,80	95,52	138,94	156,31	89,72	130,51	146,82
	II	2 218,16	121,99	177,45	199,63	II	2 218,16	116,20	169,02	190,14	110,40	160,58	180,65	104,60	152,15	171,17	98,80	143,72	161,68	93,—	135,28	152,19	87,21	126,85	142,70
	III	1 598,—	87,89	127,84	143,82	III	1 598,—	82,84	120,50	135,56	77,89	113,30	127,46	73,04	106,24	119,52	68,27	99,30	111,71	63,60	92,52	104,08	59,04	85,88	96,61
	V	2 799,25	153,95	223,94	251,93	IV	2 264,—	121,61	176,90	199,01	118,72	172,68	194,27	115,82	168,46	189,52	112,92	164,25	184,78	110,02	160,03	180,03	107,12	155,82	175,29
	VI	2 831,41	155,72	226,51	254,82																				
7 361,99	I,IV	2 265,25	124,58	181,22	203,87	I	2 265,25	118,79	172,78	194,38	112,99	164,35	184,89	107,19	155,92	175,41	101,39	147,48	165,92	95,59	139,05	156,43	89,80	130,62	146,94
	II	2 219,41	122,06	177,55	199,74	II	2 219,41	116,27	169,12	190,26	110,47	160,68	180,77	104,67	152,25	171,28	98,87	143,82	161,79	93,07	135,38	152,30	87,28	126,95	142,82
	III	1 599,16	87,95	127,93	143,92	III	1 599,16	82,90	120,58	135,65	77,95	113,38	127,55	73,09	106,32	119,61	68,33	99,40	111,82	63,66	92,60	104,17	59,09	85,96	96,70
	V	2 800,50	154,02	224,04	252,04	IV	2 265,25	121,68	177,—	199,12	118,79	172,78	194,38	115,88	168,56	189,63	112,99	164,35	184,89	110,09	160,13	180,14	107,19	155,92	175,41
	VI	2 832,75	155,80	226,62	254,94																				
7 364,99	I,IV	2 266,50	124,65	181,32	203,98	I	2 266,50	118,85	172,88	194,49	113,06	164,45	185,—	107,26	156,02	175,52	101,46	147,58	166,03	95,66	139,15	156,54	89,87	130,72	147,06
	II	2 220,75	122,14	177,66	199,86	II	2 220,75	116,34	169,22	190,37	110,54	160,78	180,88	104,74	152,35	171,39	98,94	143,92	161,91	93,14	135,48	152,42	87,34	127,05	142,93
	III	1 600,16	88,—	128,01	144,01	III	1 600,16	82,96	120,68	135,76	78,—	113,46	127,64	73,15	106,40	119,70	68,39	99,48	111,91	63,71	92,68	104,26	59,15	86,04	96,79
	V	2 801,75	154,09	224,14	252,15	IV	2 266,50	121,75	177,10	199,23	118,85	172,88	194,49	115,95	168,66	189,74	113,06	164,45	185,—	110,16	160,23	180,26	107,26	156,02	175,52
	VI	2 834,—	155,87	226,72	255,06																				
7 367,99	I,IV	2 267,75	124,72	181,42	204,09	I	2 267,75	118,92	172,98	194,60	113,13	164,55	185,12	107,33	156,12	175,63	101,53	147,68	166,14	95,73	139,25	156,65	89,93	130,82	147,17
	II	2 222,—	122,21	177,76	199,98	II	2 222,—	116,41	169,32	190,49	110,61	160,89	181,—	104,81	152,46	171,51	99,01	144,02	162,02	93,21	135,58	152,53	87,41	127,15	143,04
	III	1 601,33	88,07	128,10	144,11	III	1 601,33	83,02	120,76	135,85	78,07	113,56	127,75	73,21	106,49	119,80	68,44	99,56	112,—	63,78	92,77	104,36	59,20	86,12	96,88
	V	2 803,—	154,16	224,24	252,27	IV	2 267,75	121,82	177,20	199,35	118,92	172,98	194,60	116,02	168,76	189,86	113,13	164,55	185,12	110,22	160,33	180,37	107,33	156,12	175,63
	VI	2 835,25	155,93	226,82	255,17																				
7 370,99	I,IV	2 269,—	124,79	181,52	204,21	I	2 269,—	118,99	173,08	194,72	113,19	164,65	185,23	107,40	156,22	175,74	101,60	147,78	166,25	95,80	139,35	156,77	90,—	130,92	147,28
	II	2 223,25	122,27	177,86	200,09	II	2 223,25	116,48	169,42	190,60	110,68	160,99	181,11	104,88	152,56	171,63	99,08	144,12	162,14	93,28	135,69	152,65	87,49	127,26	143,16
	III	1 602,50	88,13	128,20	144,22	III	1 602,50	83,08	120,85	135,95	78,12	113,64	127,84	73,26	106,57	119,89	68,50	99,64	112,09	63,83	92,85	104,45	59,25	86,18	96,95
	V	2 804,25	154,23	224,34	252,38	IV	2 269,—	121,89	177,30	199,46	118,99	173,08	194,72	116,10	168,87	189,98	113,19	164,65	185,23	110,30	160,44	180,49	107,40	156,22	175,74
	VI	2 836,50	156,—	226,92	255,28																				
7 373,99	I,IV	2 270,25	124,86	181,62	204,32	I	2 270,25	119,06	173,18	194,83	113,26	164,75	185,34	107,47	156,32	175,86	101,67	147,88	166,37	95,87	139,45	156,88	90,07	131,02	147,39
	II	2 224,50	122,34	177,96	200,20	II	2 224,50	116,54	169,52	190,71	110,75	161,09	181,22	104,95	152,66	171,74	99,15	144,22	162,25	93,35	135,79	152,76	87,56	127,36	143,28
	III	1 603,50	88,19	128,28	144,31	III	1 603,50	83,14	120,93	136,04	78,18	113,72	127,93	73,32	106,65	119,98	68,55	99,72	112,18	63,89	92,93	104,54	59,30	86,26	97,04
	V	2 805,58	154,30	224,44	252,50	IV	2 270,25	121,96	177,40	199,58	119,06	173,18	194,83	116,16	168,97	190,09	113,26	164,75	185,34	110,37	160,54	180,60	107,47	156,32	175,86
	VI	2 837,75	156,07	227,02	255,39																				
7 376,99	I,IV	2 271,50	124,93	181,72	204,43	I	2 271,50	119,13	173,28	194,94	113,33	164,85	185,45	107,53	156,42	175,97	101,74	147,98	166,48	95,94	139,55	156,99	90,14	131,12	147,51
	II	2 225,75	122,41	178,06	200,31	II	2 225,75	116,61	169,62	190,82	110,82	161,19	181,34	105,02	152,76	171,85	99,22	144,32	162,36	93,42	135,89	152,87	87,62	127,46	143,39
	III	1 604,66	88,25	128,37	144,41	III	1 604,66	83,20	121,02	136,15	78,24	113,81	128,03	73,37	106,73	120,07	68,61	99,80	112,27	63,94	93,01	104,63	59,36	86,34	97,13
	V	2 806,83	154,37	224,54	252,61	IV	2 271,50	122,03	177,50	199,69	119,13	173,28	194,94	116,23	169,07	190,20	113,33	164,85	185,45	110,44	160,64	180,72	107,53	156,42	175,97
	VI	2 839,—	156,14	227,12	255,51																				
7 379,99	I,IV	2 272,83	125,—	181,82	204,55	I	2 272,83	119,20	173,38	195,05	113,40	164,95	185,57	107,60	156,52	176,08	101,80	148,08	166,59	96,01	139,65	157,10	90,21	131,22	147,62
	II	2 227,—	122,48	178,16	200,43	II	2 227,—	116,68	169,72	190,94	110,88	161,29	181,45	105,09	152,86	171,96	99,29	144,42	162,47	93,49	135,99	152,99	87,69	127,56	143,50
	III	1 605,83	88,32	128,46	144,52	III	1 605,83	83,26	121,10	136,24	78,30	113,89	128,12	73,44	106,82	120,17	68,66	99,88	112,36	64,—	93,09	104,72	59,41	86,42	97,22
	V	2 808,08	154,44	224,64	252,72	IV	2 272,83	122,10	177,60	199,80	119,20	173,38	195,05	116,30	169,17	190,31	113,40	164,95	185,57	110,50	160,74	180,83	107,60	156,52	176,08
	VI	2 840,25	156,21	227,22	255,62																				

Abzüge an Lohnsteuer, Solidaritätszuschlag (SolZ) und Kirchensteuer (8%, 9%) in den Steuerklassen; I, II, III, IV: mit Zahl der Kinderfreibeträge . . .

* Die ausgewiesenen Tabellenwerte sind amtlich. Siehe Erläuterungen auf der Umschlaginnenseite (U2).

Lohn/ Gehalt bis €*		I – VI LSt	ohne Kinderfreibeträge SolZ	8%	9%		I, II, III, IV LSt	0,5 SolZ	0,5 8%	0,5 9%	1 SolZ	1 8%	1 9%	1,5 SolZ	1,5 8%	1,5 9%	2 SolZ	2 8%	2 9%	2,5 SolZ	2,5 8%	2,5 9%	3 SolZ	3 8%	3 9%
7 382,99	I,IV	2 274,08	125,07	181,92	204,66	I	2 274,08	119,27	173,49	195,17	113,47	165,06	185,69	107,68	156,62	176,20	101,87	148,18	166,70	96,08	139,75	157,22	90,28	131,32	147,73
	II	2 228,25	122,55	178,26	200,54	II	2 228,25	116,75	169,82	191,05	110,95	161,39	181,56	105,16	152,96	172,08	99,36	144,52	162,59	93,56	136,09	153,10	87,76	127,66	143,61
	III	1 606,83	88,37	128,54	144,61	III	1 606,83	83,32	121,20	136,35	78,36	113,98	128,23	73,49	106,90	120,26	68,73	99,97	112,46	64,05	93,17	104,81	59,47	86,50	97,31
	V	2 809,33	154,51	224,74	252,83	IV	2 274,08	122,17	177,70	199,91	119,27	173,49	195,17	116,37	169,27	190,43	113,47	165,06	185,69	110,57	160,84	180,94	107,68	156,62	176,20
	VI	2 841,50	156,28	227,32	255,73																				
7 385,99	I,IV	2 275,33	125,14	182,02	204,77	I	2 275,33	119,34	173,59	195,29	113,54	165,16	185,80	107,74	156,72	176,31	101,95	148,29	166,82	96,15	139,86	157,34	90,35	131,42	147,85
	II	2 229,50	122,62	178,36	200,65	II	2 229,50	116,82	169,92	191,16	111,02	161,49	181,67	105,22	153,06	172,19	99,43	144,62	162,70	93,63	136,19	153,21	87,83	127,76	143,73
	III	1 608,—	88,44	128,64	144,72	III	1 608,—	83,38	121,28	136,44	78,42	114,06	128,32	73,55	106,98	120,35	68,78	100,05	112,55	64,11	93,25	104,90	59,52	86,58	97,40
	V	2 810,58	154,58	224,84	252,95	IV	2 275,33	122,24	177,80	200,03	119,34	173,59	195,29	116,44	169,37	190,54	113,54	165,16	185,80	110,64	160,94	181,05	107,74	156,72	176,31
	VI	2 842,75	156,35	227,42	255,84																				
7 388,99	I,IV	2 276,58	125,21	182,12	204,89	I	2 276,58	119,41	173,69	195,40	113,61	165,26	185,91	107,81	156,82	176,42	102,02	148,39	166,94	96,22	139,96	157,45	90,42	131,52	147,96
	II	2 230,83	122,69	178,46	200,77	II	2 230,83	116,89	170,02	191,27	111,09	161,59	181,79	105,29	153,16	172,30	99,49	144,72	162,81	93,70	136,29	153,32	87,90	127,86	143,84
	III	1 609,16	88,50	128,73	144,82	III	1 609,16	83,44	121,37	136,54	78,48	114,16	128,43	73,61	107,08	120,46	68,84	100,13	112,64	64,16	93,33	104,99	59,58	86,66	97,49
	V	2 811,83	154,65	224,94	253,06	IV	2 276,58	122,31	177,90	200,14	119,41	173,69	195,40	116,51	169,47	190,65	113,61	165,26	185,91	110,71	161,04	181,17	107,81	156,82	176,42
	VI	2 844,08	156,42	227,52	255,96																				
7 391,99	I,IV	2 277,83	125,28	182,22	205,—	I	2 277,83	119,48	173,79	195,51	113,68	165,36	186,03	107,88	156,92	176,54	102,08	148,49	167,05	96,29	140,06	157,56	90,49	131,62	148,07
	II	2 232,08	122,76	178,56	200,88	II	2 232,08	116,96	170,13	191,39	111,16	161,70	181,91	105,37	153,26	172,42	99,56	144,82	162,92	93,77	136,39	153,44	87,97	127,96	143,95
	III	1 610,16	88,55	128,81	144,91	III	1 610,16	83,49	121,45	136,63	78,54	114,24	128,52	73,67	107,16	120,55	68,89	100,21	112,73	64,22	93,41	105,08	59,63	86,74	97,58
	V	2 813,08	154,71	225,04	253,17	IV	2 277,83	122,37	178,—	200,25	119,48	173,79	195,51	116,58	169,57	190,76	113,68	165,36	186,03	110,78	161,14	181,28	107,88	156,92	176,54
	VI	2 845,33	156,49	227,62	256,07																				
7 394,99	I,IV	2 279,08	125,34	182,32	205,11	I	2 279,08	119,55	173,89	195,62	113,75	165,46	186,14	107,95	157,02	176,65	102,15	148,59	167,16	96,36	140,16	157,68	90,56	131,72	148,19
	II	2 233,33	122,83	178,66	200,99	II	2 233,33	117,03	170,23	191,51	111,23	161,80	182,02	105,43	153,36	172,53	99,64	144,93	163,04	93,84	136,50	153,56	88,04	128,06	144,07
	III	1 611,33	88,62	128,90	145,01	III	1 611,33	83,56	121,54	136,73	78,59	114,32	128,61	73,72	107,24	120,64	68,95	100,29	112,82	64,27	93,49	105,17	59,69	86,82	97,67
	V	2 814,33	154,78	225,14	253,28	IV	2 279,08	122,45	178,11	200,37	119,55	173,89	195,62	116,65	169,68	190,89	113,75	165,46	186,14	110,85	161,24	181,40	107,95	157,02	176,65
	VI	2 846,58	156,56	227,72	256,19																				
7 397,99	I,IV	2 280,33	125,41	182,42	205,22	I	2 280,33	119,62	173,99	195,74	113,82	165,56	186,25	108,02	157,12	176,76	102,22	148,69	167,27	96,42	140,26	157,79	90,63	131,82	148,30
	II	2 234,58	122,90	178,76	201,11	II	2 234,58	117,10	170,33	191,62	111,30	161,90	182,13	105,50	153,46	172,64	99,71	145,03	163,16	93,91	136,60	153,67	88,11	128,16	144,18
	III	1 612,50	88,68	129,—	145,12	III	1 612,50	83,61	121,62	136,82	78,65	114,41	128,71	73,78	107,32	120,73	69,—	100,37	112,91	64,33	93,57	105,26	59,74	86,90	97,76
	V	2 815,66	154,86	225,25	253,40	IV	2 280,33	122,52	178,21	200,48	119,62	173,99	195,74	116,72	169,78	191,—	113,82	165,56	186,25	110,92	161,34	181,51	108,02	157,12	176,76
	VI	2 847,83	156,63	227,82	256,30																				
7 400,99	I,IV	2 281,58	125,48	182,52	205,34	I	2 281,58	119,68	174,09	195,85	113,89	165,66	186,36	108,09	157,22	176,87	102,29	148,79	167,39	96,49	140,36	157,90	90,69	131,92	148,41
	II	2 235,83	122,97	178,86	201,22	II	2 235,83	117,17	170,43	191,73	111,37	162,—	182,25	105,57	153,56	172,76	99,77	145,13	163,27	93,98	136,70	153,78	88,18	128,26	144,29
	III	1 613,50	88,74	129,08	145,21	III	1 613,50	83,68	121,72	136,93	78,71	114,49	128,80	73,84	107,41	120,83	69,07	100,46	113,02	64,38	93,65	105,35	59,80	86,98	97,85
	V	2 816,91	154,93	225,35	253,52	IV	2 281,58	122,59	178,31	200,60	119,68	174,09	195,85	116,79	169,88	191,11	113,89	165,66	186,36	110,99	161,44	181,62	108,09	157,22	176,87
	VI	2 849,08	156,69	227,92	256,41																				
7 403,99	I,IV	2 282,83	125,55	182,62	205,45	I	2 282,83	119,75	174,19	195,96	113,96	165,76	186,48	108,16	157,32	176,99	102,36	148,89	167,50	96,56	140,46	158,01	90,76	132,02	148,52
	II	2 237,08	123,03	178,96	201,33	II	2 237,08	117,24	170,53	191,84	111,44	162,10	182,36	105,64	153,66	172,87	99,84	145,23	163,38	94,05	136,80	153,90	88,25	128,36	144,41
	III	1 614,66	88,80	129,17	145,31	III	1 614,66	83,74	121,81	137,03	78,77	114,58	128,90	73,90	107,49	120,92	69,12	100,54	113,11	64,44	93,73	105,44	59,84	87,05	97,93
	V	2 818,16	154,99	225,45	253,63	IV	2 282,83	122,65	178,41	200,71	119,75	174,19	195,96	116,86	169,98	191,22	113,96	165,76	186,48	111,06	161,54	181,73	108,16	157,32	176,99
	VI	2 850,33	156,76	228,02	256,52																				
7 406,99	I,IV	2 284,16	125,62	182,73	205,57	I	2 284,16	119,83	174,30	196,08	114,03	165,86	186,59	108,23	157,42	177,10	102,43	148,99	167,61	96,63	140,56	158,13	90,83	132,12	148,64
	II	2 238,33	123,10	179,06	201,44	II	2 238,33	117,31	170,63	191,96	111,51	162,20	182,47	105,71	153,76	172,98	99,91	145,33	163,49	94,11	136,90	154,01	88,32	128,46	144,52
	III	1 615,83	88,87	129,26	145,42	III	1 615,83	83,80	121,89	137,12	78,83	114,66	128,99	73,95	107,57	121,01	69,18	100,62	113,20	64,49	93,81	105,53	59,90	87,13	98,02
	V	2 819,41	155,06	225,55	253,74	IV	2 284,16	122,72	178,51	200,82	119,83	174,30	196,08	116,93	170,08	191,34	114,03	165,86	186,59	111,13	161,64	181,85	108,23	157,42	177,10
	VI	2 851,58	156,83	228,12	256,64																				
7 409,99	I,IV	2 285,41	125,69	182,83	205,68	I	2 285,41	119,90	174,40	196,20	114,10	165,96	186,71	108,30	157,53	177,22	102,50	149,10	167,73	96,70	140,66	158,24	90,90	132,22	148,75
	II	2 239,58	123,17	179,16	201,56	II	2 239,58	117,37	170,73	192,07	111,58	162,30	182,58	105,78	153,86	173,09	99,98	145,43	163,61	94,18	137,—	154,12	88,38	128,56	144,63
	III	1 616,83	88,92	129,34	145,51	III	1 616,83	83,86	121,98	137,23	78,88	114,74	129,08	74,02	107,66	121,12	69,23	100,70	113,29	64,55	93,89	105,62	59,95	87,21	98,11
	V	2 820,66	155,13	225,65	253,85	IV	2 285,41	122,79	178,61	200,93	119,90	174,40	196,20	116,99	170,18	191,45	114,10	165,96	186,71	111,20	161,74	181,96	108,30	157,53	177,22
	VI	2 852,83	156,90	228,22	256,75																				
7 412,99	I,IV	2 286,66	125,76	182,93	205,79	I	2 286,66	119,96	174,50	196,31	114,17	166,06	186,82	108,37	157,63	177,33	102,57	149,20	167,85	96,77	140,76	158,36	90,97	132,33	148,87
	II	2 240,83	123,24	179,26	201,67	II	2 240,83	117,44	170,83	192,18	111,65	162,40	182,70	105,85	153,96	173,21	100,05	145,53	163,72	94,25	137,10	154,23	88,45	128,66	144,74
	III	1 618,—	88,99	129,44	145,62	III	1 618,—	83,92	122,06	137,32	78,95	114,84	129,19	74,07	107,74	121,21	69,29	100,78	113,38	64,60	93,97	105,71	60,01	87,29	98,20
	V	2 821,91	155,20	225,75	253,97	IV	2 286,66	122,86	178,71	201,05	119,96	174,50	196,31	117,06	170,28	191,56	114,17	166,06	186,82	111,26	161,84	182,07	108,37	157,63	177,33
	VI	2 854,16	156,97	228,33	256,87																				
7 415,99	I,IV	2 287,91	125,83	183,03	205,91	I	2 287,91	120,03	174,60	196,42	114,23	166,16	186,93	108,44	157,73	177,44	102,64	149,30	167,96	96,84	140,86	158,47	91,04	132,43	148,98
	II	2 242,16	123,31	179,37	201,79	II	2 242,16	117,52	170,94	192,30	111,72	162,50	182,81	105,92	154,06	173,32	100,12	145,63	163,83	94,32	137,20	154,35	88,52	128,76	144,86
	III	1 619,16	89,05	129,53	145,72	III	1 619,16	83,98	122,16	137,43	79,—	114,92	129,28	74,13	107,82	121,30	69,34	100,86	113,47	64,66	94,05	105,80	60,06	87,37	98,29
	V	2 823,16	155,27	225,85	254,08	IV	2 287,91	122,93	178,81	201,16	120,03	174,60	196,42	117,13	170,38	191,67	114,23	166,16	186,93	111,33	161,94	182,18	108,44	157,73	177,44
	VI	2 855,41	157,04	228,43	256,98																				
7 418,99	I,IV	2 289,16	125,90	183,13	206,02	I	2 289,16	120,10	174,70	196,53	114,30	166,26	187,04	108,51	157,83	177,56	102,71	149,40	168,07	96,91	140,96	158,58	91,11	132,53	149,09
	II	2 243,41	123,38	179,47	201,90	II	2 243,41	117,59	171,04	192,42	111,79	162,60	182,93	105,99	154,17	173,44	100,19	145,74	163,95	94,39	137,30	154,46	88,59	128,86	144,97
	III	1 620,16	89,10	129,61	145,81	III	1 620,16	84,04	122,24	137,52	79,07	115,01	129,38	74,18	107,90	121,39	69,41	100,96	113,58	64,71	94,13	105,89	60,12	87,45	98,38
	V	2 824,41	155,34	225,95	254,19	IV	2 289,16	123,—	178,92	201,28	120,10	174,70	196,53	117,20	170,48	191,79	114,30	166,26	187,04	111,40	162,04	182,30	108,51	157,83	177,56
	VI	2 856,66	157,11	228,53	257,09																				
7 421,99	I,IV	2 290,41	125,97	183,23	206,13	I	2 290,41	120,17	174,80	196,65	114,37	166,36	187,16	108,57	157,93	177,67	102,78	149,50	168,18	96,98	141,06	158,69	91,18	132,63	149,21
	II	2 244,66	123,45	179,57	202,01	II	2 244,66	117,65	171,14	192,53	111,86	162,70	183,04	106,06	154,27	173,55	100,26	145,84	164,07	94,46	137,40	154,58	88,66	128,97	145,09
	III	1 621,33	89,17	129,70	145,91	III	1 621,33	84,10	122,33	137,62	79,12	115,09	129,47	74,25	108,—	121,50	69,46	101,04	113,67	64,77	94,21	105,98	60,17	87,53	98,47
	V	2 825,75	155,41	226,06	254,31	IV	2 290,41	123,07	179,02	201,39	120,17	174,80	196,65	117,27	170,58	191,90	114,37	166,36	187,16	111,48	162,15	182,42	108,57	157,93	177,67
	VI	2 857,91	157,18	228,63	257,21																				
7 424,99	I,IV	2 291,66	126,04	183,33	206,24	I	2 291,66	120,24	174,90	196,76	114,44	166,46	187,27	108,64	158,03	177,78	102,85	149,60	168,30	97,05	141,16	158,81	91,25	132,73	149,32
	II	2 245,91	123,52	179,67	202,13	II	2 245,91	117,72	171,24	192,64	111,92	162,80	183,15	106,13	154,37	173,66	100,33	145,94	164,18	94,53	137,50	154,69	88,73	129,07	145,20
	III	1 622,50	89,23	129,80	146,02	III	1 622,50	84,15	122,41	137,71	79,19	115,18	129,58	74,30	108,08	121,59	69,52	101,12	113,76	64,82	94,29	106,07	60,23	87,61	98,56
	V	2 827,—	155,48	226,16	254,43	IV	2 291,66	123,14	179,12	201,51	120,24	174,90	196,76	117,34	170,68	192,02	114,44	166,46	187,27	111,54	162,25	182,53	108,64	158,03	177,78
	VI	2 859,16	157,25	228,73	257,32																				

Abzüge an Lohnsteuer, Solidaritätszuschlag (SolZ) und Kirchensteuer (8%, 9%) in den Steuerklassen; I, II, III, IV: mit Zahl der Kinderfreibeträge . . .

* Die ausgewiesenen Tabellenwerte sind amtlich. Siehe Erläuterungen auf der Umschlaginnenseite (U2).

MONAT 7 425,–*

Abzüge an Lohnsteuer, Solidaritätszuschlag (SolZ) und Kirchensteuer (8%, 9%) in den Steuerklassen

Lohn/Gehalt bis €*	I – VI		ohne Kinderfreibeträge			I, II, III, IV		mit Zahl der Kinderfreibeträge . . . 0,5			1			1,5			2			2,5			3		
		LSt	SolZ	8%	9%		LSt	SolZ	8%	9%	SolZ	8%	9%	SolZ	8%	9%	SolZ	8%	9%	SolZ	8%	9%	SolZ	8%	9%
7 427,99	I,IV	2 292,91	126,11	183,43	206,36	I	2 292,91	120,31	175,—	196,87	114,51	166,56	187,38	108,71	158,13	177,89	102,91	149,70	168,41	97,12	141,26	158,92	91,32	132,83	149,43
	II	2 247,16	123,59	179,77	202,24	II	2 247,16	117,79	171,34	192,75	111,99	162,90	183,26	106,20	154,47	173,78	100,40	146,04	164,29	94,60	137,60	154,80	88,80	129,17	145,31
	III	1 623,50	89,29	129,88	146,11	III	1 623,50	84,22	122,50	137,81	79,24	115,26	129,67	74,36	108,16	121,68	69,57	101,20	113,85	64,88	94,37	106,16	60,28	87,69	98,65
	V	2 828,25	155,55	226,26	254,54	IV	2 292,91	123,21	179,22	201,62	120,31	175,—	196,87	117,41	170,78	192,13	114,51	166,56	187,38	111,61	162,35	182,64	108,71	158,13	177,89
	VI	2 860,41	157,32	228,83	257,43																				
7 430,99	I,IV	2 294,25	126,18	183,54	206,48	I	2 294,25	120,38	175,10	196,99	114,58	166,66	187,49	108,78	158,23	178,01	102,98	149,80	168,52	97,18	141,36	159,03	91,39	132,93	149,54
	II	2 248,41	123,66	179,87	202,35	II	2 248,41	117,86	171,44	192,87	112,06	163,—	183,38	106,26	154,57	173,89	100,47	146,14	164,40	94,67	137,70	154,91	88,87	129,27	145,43
	III	1 624,66	89,35	129,97	146,21	III	1 624,66	84,27	122,58	137,90	79,30	115,34	129,76	74,42	108,25	121,78	69,63	101,28	113,94	64,93	94,45	106,25	60,34	87,77	98,74
	V	2 829,50	155,62	226,36	254,65	IV	2 294,25	123,28	179,32	201,73	120,38	175,10	196,99	117,48	170,88	192,24	114,58	166,66	187,49	111,68	162,45	182,75	108,78	158,23	178,01
	VI	2 861,66	157,39	228,93	257,54																				
7 433,99	I,IV	2 295,50	126,25	183,64	206,59	I	2 295,50	120,45	175,20	197,10	114,65	166,77	187,61	108,85	158,34	178,13	103,06	149,90	168,64	97,25	141,46	159,14	91,46	133,03	149,66
	II	2 249,66	123,73	179,97	202,46	II	2 249,66	117,93	171,54	192,98	112,13	163,10	183,49	106,33	154,67	174,—	100,54	146,24	164,52	94,74	137,80	155,03	88,94	129,37	145,54
	III	1 625,83	89,42	130,06	146,32	III	1 625,83	84,34	122,68	138,01	79,36	115,44	129,87	74,47	108,33	121,87	69,69	101,37	114,04	64,99	94,53	106,34	60,39	87,85	98,83
	V	2 830,75	155,69	226,46	254,76	IV	2 295,50	123,35	179,42	201,84	120,45	175,20	197,10	117,55	170,98	192,35	114,65	166,77	187,61	111,75	162,55	182,87	108,85	158,34	178,13
	VI	2 862,91	157,46	229,03	257,66																				
7 436,99	I,IV	2 296,75	126,32	183,74	206,70	I	2 296,75	120,52	175,30	197,21	114,72	166,87	187,73	108,92	158,44	178,24	103,12	150,—	168,75	97,33	141,57	159,26	91,53	133,14	149,78
	II	2 250,91	123,80	180,07	202,58	II	2 250,91	118,—	171,64	193,09	112,20	163,20	183,60	106,40	154,77	174,11	100,60	146,34	164,63	94,81	137,90	155,14	89,01	129,47	145,65
	III	1 626,83	89,47	130,14	146,41	III	1 626,83	84,40	122,77	138,11	79,42	115,52	129,96	74,53	108,41	121,96	69,74	101,45	114,13	65,05	94,62	106,45	60,45	87,93	98,92
	V	2 832,—	155,76	226,56	254,88	IV	2 296,75	123,42	179,52	201,96	120,52	175,30	197,21	117,62	171,08	192,47	114,72	166,87	187,73	111,82	162,65	182,98	108,92	158,44	178,24
	VI	2 864,25	157,53	229,14	257,78																				
7 439,99	I,IV	2 298,—	126,39	183,84	206,82	I	2 298,—	120,59	175,40	197,33	114,79	166,97	187,84	108,99	158,54	178,35	103,19	150,10	168,86	97,40	141,67	159,38	91,60	133,24	149,89
	II	2 252,25	123,87	180,18	202,70	II	2 252,25	118,07	171,74	193,21	112,27	163,30	183,71	106,47	154,87	174,23	100,67	146,44	164,74	94,87	138,—	155,25	89,08	129,57	145,76
	III	1 628,—	89,54	130,24	146,52	III	1 628,—	84,46	122,85	138,20	79,48	115,61	130,06	74,59	108,50	122,06	69,80	101,53	114,22	65,11	94,70	106,54	60,50	88,01	99,01
	V	2 833,25	155,82	226,66	254,99	IV	2 298,—	123,48	179,62	202,07	120,59	175,40	197,33	117,69	171,18	192,58	114,79	166,97	187,84	111,89	162,75	183,09	108,99	158,54	178,35
	VI	2 865,50	157,60	229,24	257,89																				
7 442,99	I,IV	2 299,25	126,45	183,94	206,93	I	2 299,25	120,66	175,50	197,44	114,86	167,07	187,95	109,06	158,64	178,47	103,26	150,20	168,98	97,46	141,77	159,49	91,67	133,34	150,—
	II	2 253,50	123,94	180,28	202,81	II	2 253,50	118,14	171,84	193,32	112,34	163,41	183,83	106,54	154,98	174,35	100,75	146,54	164,86	94,94	138,10	155,36	89,15	129,67	145,88
	III	1 629,16	89,60	130,33	146,62	III	1 629,16	84,52	122,94	138,31	79,53	115,69	130,15	74,65	108,58	122,15	69,85	101,61	114,31	65,16	94,78	106,63	60,56	88,09	99,10
	V	2 834,50	155,89	226,76	255,10	IV	2 299,25	123,56	179,72	202,19	120,66	175,50	197,44	117,75	171,28	192,69	114,86	167,07	187,95	111,96	162,85	183,20	109,06	158,64	178,47
	VI	2 866,75	157,67	229,34	258,—																				
7 445,99	I,IV	2 300,50	126,52	184,04	207,04	I	2 300,50	120,72	175,60	197,55	114,93	167,17	188,06	109,13	158,74	178,58	103,33	150,30	169,09	97,53	141,87	159,60	91,74	133,44	150,12
	II	2 254,75	124,01	180,38	202,92	II	2 254,75	118,21	171,94	193,43	112,41	163,51	183,95	106,61	155,08	174,46	100,81	146,64	164,97	95,02	138,21	155,48	89,22	129,78	146,—
	III	1 630,16	89,65	130,41	146,71	III	1 630,16	84,58	123,02	138,40	79,60	115,78	130,25	74,70	108,66	122,24	69,91	101,69	114,40	65,22	94,86	106,72	60,61	88,16	99,18
	V	2 835,75	155,96	226,86	255,21	IV	2 300,50	123,63	179,82	202,30	120,72	175,60	197,55	117,83	171,39	192,81	114,93	167,17	188,06	112,03	162,96	183,33	109,13	158,74	178,58
	VI	2 868,—	157,74	229,44	258,12																				
7 448,99	I,IV	2 301,75	126,59	184,14	207,15	I	2 301,75	120,79	175,70	197,66	115,—	167,27	188,18	109,20	158,84	178,69	103,40	150,40	169,20	97,60	141,97	159,71	91,80	133,54	150,23
	II	2 256,—	124,08	180,48	203,04	II	2 256,—	118,28	172,04	193,55	112,48	163,61	184,06	106,68	155,18	174,57	100,88	146,74	165,08	95,09	138,31	155,60	89,29	129,88	146,11
	III	1 631,33	89,72	130,50	146,81	III	1 631,33	84,64	123,12	138,51	79,65	115,86	130,34	74,77	108,76	122,35	69,96	101,77	114,49	65,27	94,94	106,81	60,66	88,24	99,27
	V	2 837,08	156,03	226,96	255,33	IV	2 301,75	123,69	179,92	202,41	120,79	175,70	197,66	117,90	171,49	192,92	115,—	167,27	188,18	112,10	163,06	183,44	109,20	158,84	178,69
	VI	2 869,25	157,80	229,54	258,23																				
7 451,99	I,IV	2 303,—	126,66	184,24	207,27	I	2 303,—	120,86	175,80	197,78	115,06	167,37	188,29	109,27	158,94	178,80	103,47	150,50	169,31	97,67	142,07	159,83	91,87	133,64	150,34
	II	2 257,25	124,14	180,58	203,15	II	2 257,25	118,35	172,14	193,66	112,55	163,71	184,17	106,75	155,28	174,69	100,95	146,84	165,20	95,15	138,41	155,71	89,36	129,98	146,22
	III	1 632,50	89,78	130,60	146,92	III	1 632,50	84,70	123,20	138,60	79,71	115,94	130,43	74,82	108,84	122,44	70,03	101,86	114,59	65,33	95,02	106,90	60,72	88,32	99,36
	V	2 838,33	156,10	227,06	255,44	IV	2 303,—	123,76	180,02	202,52	120,86	175,80	197,78	117,97	171,59	193,04	115,06	167,37	188,29	112,17	163,16	183,55	109,27	158,94	178,80
	VI	2 870,50	157,87	229,64	258,34																				
7 454,99	I,IV	2 304,33	126,73	184,34	207,38	I	2 304,33	120,93	175,90	197,89	115,13	167,47	188,40	109,34	159,04	178,92	103,54	150,60	169,43	97,74	142,17	159,94	91,94	133,74	150,45
	II	2 258,50	124,21	180,68	203,26	II	2 258,50	118,41	172,24	193,77	112,62	163,81	184,28	106,82	155,38	174,80	101,02	146,94	165,31	95,22	138,51	155,82	89,43	130,08	146,34
	III	1 633,50	89,84	130,68	147,01	III	1 633,50	84,76	123,29	138,70	79,77	116,04	130,54	74,88	108,92	122,53	70,08	101,94	114,68	65,38	95,10	106,99	60,77	88,40	99,45
	V	2 839,58	156,17	227,16	255,56	IV	2 304,33	123,83	180,12	202,64	120,93	175,90	197,89	118,03	171,69	193,15	115,13	167,47	188,40	112,24	163,26	183,66	109,34	159,04	178,92
	VI	2 871,75	157,94	229,74	258,45																				
7 457,99	I,IV	2 305,58	126,80	184,44	207,50	I	2 305,58	121,—	176,01	198,01	115,21	167,58	188,52	109,41	159,14	179,03	103,61	150,70	169,54	97,81	142,27	160,05	92,01	133,84	150,57
	II	2 259,75	124,28	180,78	203,37	II	2 259,75	118,48	172,34	193,88	112,69	163,91	184,40	106,89	155,48	174,91	101,09	147,04	165,42	95,29	138,61	155,93	89,49	130,18	146,45
	III	1 634,66	89,90	130,77	147,11	III	1 634,66	84,81	123,37	138,79	79,83	116,12	130,63	74,93	109,—	122,62	70,14	102,02	114,77	65,44	95,18	107,08	60,83	88,48	99,54
	V	2 840,83	156,24	227,26	255,67	IV	2 305,58	123,90	180,22	202,75	121,—	176,01	198,01	118,10	171,79	193,26	115,21	167,58	188,52	112,31	163,36	183,78	109,41	159,14	179,03
	VI	2 873,—	158,01	229,84	258,57																				
7 460,99	I,IV	2 306,83	126,87	184,54	207,61	I	2 306,83	121,07	176,11	198,12	115,28	167,68	188,64	109,48	159,24	179,15	103,68	150,81	169,66	97,88	142,38	160,17	92,08	133,94	150,68
	II	2 261,—	124,35	180,88	203,49	II	2 261,—	118,55	172,44	194,—	112,75	164,01	184,51	106,96	155,58	175,02	101,16	147,14	165,53	95,36	138,71	156,05	89,56	130,28	146,56
	III	1 635,83	89,97	130,86	147,22	III	1 635,83	84,88	123,46	138,89	79,89	116,21	130,73	75,—	109,09	122,72	70,19	102,10	114,86	65,49	95,26	107,17	60,88	88,56	99,63
	V	2 842,08	156,31	227,36	255,78	IV	2 306,83	123,97	180,32	202,86	121,07	176,11	198,12	118,17	171,89	193,37	115,28	167,68	188,64	112,37	163,46	183,89	109,48	159,24	179,15
	VI	2 874,25	158,08	229,94	258,68																				
7 463,99	I,IV	2 308,08	126,94	184,64	207,72	I	2 308,08	121,14	176,21	198,23	115,34	167,78	188,75	109,55	159,34	179,26	103,75	150,91	169,77	97,95	142,48	160,29	92,15	134,04	150,80
	II	2 262,33	124,42	180,98	203,60	II	2 262,33	118,62	172,54	194,11	112,82	164,11	184,62	107,03	155,68	175,14	101,23	147,24	165,65	95,43	138,81	156,16	89,63	130,38	146,67
	III	1 636,83	90,02	130,94	147,31	III	1 636,83	84,94	123,56	139,—	79,95	116,29	130,82	75,05	109,17	122,81	70,25	102,18	114,95	65,55	95,34	107,26	60,94	88,64	99,72
	V	2 843,33	156,38	227,46	255,89	IV	2 308,08	124,04	180,42	202,97	121,14	176,21	198,23	118,24	171,99	193,49	115,34	167,78	188,75	112,44	163,56	184,—	109,55	159,34	179,26
	VI	2 875,58	158,15	230,04	258,80																				
7 466,99	I,IV	2 309,33	127,01	184,74	207,83	I	2 309,33	121,21	176,31	198,35	115,41	167,88	188,86	109,61	159,44	179,37	103,82	151,01	169,88	98,02	142,58	160,40	92,22	134,14	150,91
	II	2 263,58	124,49	181,08	203,72	II	2 263,58	118,69	172,65	194,23	112,90	164,22	184,74	107,10	155,78	175,25	101,30	147,34	165,76	95,50	138,91	156,27	89,70	130,48	146,79
	III	1 638,—	90,09	131,04	147,42	III	1 638,—	85,—	123,64	139,09	80,01	116,38	130,93	75,11	109,25	122,90	70,31	102,28	115,06	65,60	95,42	107,35	60,99	88,72	99,81
	V	2 844,58	156,45	227,56	256,01	IV	2 309,33	124,11	180,52	203,09	121,21	176,31	198,35	118,31	172,09	193,60	115,41	167,88	188,86	112,51	163,66	184,11	109,61	159,44	179,37
	VI	2 876,83	158,22	230,14	258,91																				
7 469,99	I,IV	2 310,58	127,08	184,84	207,95	I	2 310,58	121,28	176,41	198,46	115,48	167,98	188,97	109,68	159,54	179,48	103,89	151,11	170,—	98,09	142,68	160,51	92,29	134,24	151,02
	II	2 264,83	124,56	181,18	203,83	II	2 264,83	118,76	172,75	194,34	112,97	164,32	184,86	107,17	155,88	175,37	101,37	147,45	165,88	95,57	139,02	156,39	89,77	130,58	146,90
	III	1 639,16	90,15	131,13	147,52	III	1 639,16	85,06	123,73	139,19	80,07	116,46	131,02	75,17	109,34	123,01	70,37	102,36	115,15	65,66	95,50	107,44	61,05	88,80	99,90
	V	2 845,83	156,52	227,66	256,12	IV	2 310,58	124,18	180,63	203,21	121,28	176,41	198,46	118,38	172,20	193,72	115,48	167,98	188,97	112,58	163,76	184,23	109,68	159,54	179,48
	VI	2 878,08	158,29	230,24	259,02																				

*** Die ausgewiesenen Tabellenwerte sind amtlich. Siehe Erläuterungen auf der Umschlaginnenseite (U2).**

Abzüge an Lohnsteuer, Solidaritätszuschlag (SolZ) und Kirchensteuer (8%, 9%) in den Steuerklassen

Lohn/ Gehalt bis €*	I – VI					I, II, III, IV		mit Zahl der Kinderfreibeträge . . . 0,5			1			1,5			2			2,5			3		
		LSt	ohne Kinderfreibeträge SolZ	8%	9%		LSt	SolZ	8%	9%	SolZ	8%	9%	SolZ	8%	9%	SolZ	8%	9%	SolZ	8%	9%	SolZ	8%	9%
7 472,99	I,IV	2 311,83	127,15	184,94	208,06	I	2 311,83	121,35	176,51	198,57	115,55	168,08	189,09	109,75	159,64	179,60	103,95	151,21	170,11	98,16	142,78	160,62	92,36	134,34	151,13
	II	2 266,08	124,63	181,28	203,94	II	2 266,08	118,83	172,85	194,45	113,03	164,42	184,97	107,24	155,98	175,48	101,44	147,55	165,99	95,64	139,12	156,51	89,84	130,68	147,02
	III	1 640,33	90,21	131,22	147,62	III	1 640,33	85,12	123,81	139,28	80,13	116,56	131,13	75,23	109,42	123,10	70,42	102,44	115,24	65,71	95,58	107,53	61,10	88,88	99,99
	V	2 847,16	156,59	227,77	256,24	IV	2 311,83	124,25	180,73	203,32	121,35	176,51	198,57	118,45	172,30	193,83	115,55	168,08	189,09	112,65	163,86	184,34	109,75	159,64	179,60
	VI	2 879,33	158,36	230,34	259,13																				
7 475,99	I,IV	2 313,08	127,21	185,04	208,17	I	2 313,08	121,42	176,61	198,68	115,62	168,18	189,20	109,82	159,74	179,71	104,02	151,31	170,22	98,23	142,88	160,74	92,43	134,44	151,25
	II	2 267,33	124,70	181,38	204,05	II	2 267,33	118,90	172,95	194,57	113,10	164,52	185,08	107,30	156,08	175,59	101,51	147,65	166,10	95,71	139,22	156,62	89,91	130,78	147,13
	III	1 641,33	90,27	131,30	147,71	III	1 641,33	85,18	123,90	139,39	80,19	116,64	131,22	75,28	109,50	123,19	70,48	102,52	115,33	65,77	95,66	107,62	61,16	88,96	100,08
	V	2 848,41	156,66	227,87	256,35	IV	2 313,08	124,32	180,83	203,43	121,42	176,61	198,68	118,52	172,40	193,95	115,62	168,18	189,20	112,72	163,96	184,46	109,82	159,74	179,71
	VI	2 880,58	158,43	230,44	259,25																				
7 478,99	I,IV	2 314,33	127,28	185,14	208,28	I	2 314,33	121,49	176,71	198,80	115,69	168,28	189,31	109,89	159,84	179,82	104,09	151,41	170,33	98,29	142,98	160,85	92,50	134,54	151,36
	II	2 268,58	124,77	181,48	204,17	II	2 268,58	118,97	173,05	194,68	113,17	164,62	185,19	107,37	156,18	175,70	101,58	147,75	166,22	95,78	139,32	156,73	89,98	130,88	147,24
	III	1 642,50	90,33	131,40	147,82	III	1 642,50	85,24	123,98	139,48	80,24	116,72	131,31	75,35	109,60	123,30	70,53	102,60	115,42	65,82	95,74	107,71	61,21	89,04	100,17
	V	2 849,66	156,73	227,97	256,46	IV	2 314,33	124,39	180,93	203,54	121,49	176,71	198,80	118,59	172,50	194,06	115,69	168,28	189,31	112,79	164,06	184,57	109,89	159,84	179,82
	VI	2 881,83	158,50	230,54	259,36																				
7 481,99	I,IV	2 315,66	127,36	185,25	208,40	I	2 315,66	121,56	176,82	198,92	115,76	168,38	189,43	109,96	159,94	179,93	104,16	151,51	170,45	98,36	143,08	160,96	92,56	134,64	151,47
	II	2 269,83	124,84	181,58	204,28	II	2 269,83	119,04	173,15	194,79	113,24	164,72	185,31	107,44	156,28	175,82	101,64	147,85	166,33	95,85	139,42	156,84	90,05	130,98	147,35
	III	1 643,66	90,40	131,49	147,92	III	1 643,66	85,30	124,08	139,59	80,30	116,81	131,41	75,40	109,68	123,39	70,60	102,69	115,52	65,89	95,84	107,82	61,27	89,12	100,26
	V	2 850,91	156,80	228,07	256,58	IV	2 315,66	124,46	181,03	203,66	121,56	176,82	198,92	118,66	172,60	194,17	115,76	168,38	189,43	112,86	164,16	184,68	109,96	159,94	179,93
	VI	2 883,08	158,56	230,64	259,47																				
7 484,99	I,IV	2 316,91	127,43	185,35	208,52	I	2 316,91	121,63	176,92	199,03	115,83	168,48	189,54	110,03	160,05	180,05	104,23	151,62	170,57	98,44	143,18	161,08	92,63	134,74	151,58
	II	2 271,08	124,90	181,68	204,39	II	2 271,08	119,11	173,25	194,90	113,31	164,82	185,42	107,51	156,38	175,93	101,71	147,95	166,44	95,92	139,52	156,96	90,12	131,08	147,47
	III	1 644,66	90,45	131,57	148,01	III	1 644,66	85,36	124,17	139,69	80,36	116,89	131,50	75,46	109,76	123,48	70,65	102,77	115,61	65,94	95,92	107,91	61,32	89,20	100,35
	V	2 852,16	156,86	228,17	256,69	IV	2 316,91	124,52	181,13	203,77	121,63	176,92	199,03	118,73	172,70	194,28	115,83	168,48	189,54	112,93	164,26	184,79	110,03	160,05	180,05
	VI	2 884,33	158,63	230,74	259,58																				
7 487,99	I,IV	2 318,16	127,49	185,45	208,63	I	2 318,16	121,70	177,02	199,14	115,90	168,58	189,65	110,10	160,15	180,17	104,30	151,72	170,68	98,50	143,28	161,19	92,71	134,85	151,70
	II	2 272,33	124,97	181,78	204,50	II	2 272,33	119,18	173,35	195,02	113,38	164,92	185,53	107,58	156,48	176,04	101,78	148,05	166,55	95,98	139,62	157,07	90,19	131,18	147,58
	III	1 645,83	90,52	131,66	148,12	III	1 645,83	85,42	124,25	139,78	80,42	116,98	131,60	75,52	109,85	123,58	70,71	102,85	115,70	66,—	96,—	108,—	61,38	89,28	100,44
	V	2 853,41	156,93	228,27	256,80	IV	2 318,16	124,59	181,23	203,88	121,70	177,02	199,14	118,80	172,80	194,40	115,90	168,58	189,65	113,—	164,36	184,91	110,10	160,15	180,17
	VI	2 885,66	158,71	230,85	259,70																				
7 490,99	I,IV	2 319,41	127,56	185,55	208,74	I	2 319,41	121,77	177,12	199,26	115,97	168,68	189,77	110,17	160,25	180,28	104,37	151,82	170,79	98,57	143,38	161,30	92,78	134,95	151,82
	II	2 273,66	125,05	181,89	204,62	II	2 273,66	119,25	173,46	195,14	113,45	165,02	185,65	107,65	156,58	176,15	101,85	148,15	166,67	96,05	139,72	157,18	90,25	131,28	147,69
	III	1 647,—	90,58	131,76	148,23	III	1 647,—	85,48	124,34	139,88	80,48	117,06	131,69	75,57	109,93	123,67	70,76	102,93	115,79	66,05	96,08	108,09	61,43	89,36	100,53
	V	2 854,66	157,—	228,37	256,91	IV	2 319,41	124,66	181,33	203,99	121,77	177,12	199,26	118,86	172,90	194,51	115,97	168,68	189,77	113,07	164,46	185,02	110,17	160,25	180,28
	VI	2 886,91	158,78	230,95	259,82																				
7 493,99	I,IV	2 320,66	127,63	185,65	208,85	I	2 320,66	121,83	177,22	199,37	116,04	168,78	189,88	110,24	160,35	180,39	104,44	151,92	170,91	98,64	143,48	161,42	92,84	135,05	151,93
	II	2 274,91	125,12	181,99	204,74	II	2 274,91	119,32	173,56	195,25	113,52	165,12	185,76	107,72	156,69	176,27	101,92	148,26	166,79	96,13	139,82	157,30	90,32	131,38	147,80
	III	1 648,—	90,64	131,84	148,32	III	1 648,—	85,54	124,42	139,97	80,54	117,16	131,80	75,63	110,01	123,76	70,82	103,01	115,88	66,11	96,16	108,18	61,49	89,44	100,62
	V	2 855,91	157,07	228,47	257,03	IV	2 320,66	124,74	181,44	204,12	121,83	177,22	199,37	118,94	173,—	194,63	116,04	168,78	189,88	113,13	164,56	185,13	110,24	160,35	180,39
	VI	2 888,16	158,84	231,05	259,93																				
7 496,99	I,IV	2 321,91	127,70	185,75	208,97	I	2 321,91	121,90	177,32	199,48	116,10	168,88	189,99	110,31	160,45	180,50	104,51	152,02	171,02	98,71	143,58	161,53	92,91	135,15	152,04
	II	2 276,16	125,18	182,09	204,85	II	2 276,16	119,39	173,66	195,36	113,59	165,22	185,87	107,79	156,79	176,39	101,99	148,36	166,90	96,19	139,92	157,41	90,40	131,49	147,92
	III	1 649,16	90,70	131,93	148,42	III	1 649,16	85,60	124,52	140,08	80,60	117,24	131,89	75,69	110,10	123,86	70,88	103,10	115,99	66,16	96,24	108,27	61,54	89,52	100,71
	V	2 857,25	157,14	228,58	257,15	IV	2 321,91	124,80	181,54	204,23	121,90	177,32	199,48	119,01	173,10	194,74	116,10	168,88	189,99	113,21	164,67	185,25	110,31	160,45	180,50
	VI	2 889,41	158,91	231,15	260,04																				
7 499,99	I,IV	2 323,16	127,77	185,85	209,08	I	2 323,16	121,97	177,42	199,59	116,17	168,98	190,10	110,38	160,55	180,62	104,58	152,12	171,13	98,78	143,68	161,64	92,98	135,25	152,15
	II	2 277,41	125,25	182,19	204,96	II	2 277,41	119,46	173,76	195,48	113,66	165,32	185,99	107,86	156,89	176,50	102,06	148,46	167,01	96,26	140,02	157,52	90,47	131,59	148,04
	III	1 650,33	90,76	132,02	148,52	III	1 650,33	85,67	124,61	140,18	80,66	117,33	131,99	75,75	110,18	123,95	70,94	103,18	116,08	66,22	96,32	108,36	61,60	89,60	100,80
	V	2 858,50	157,21	228,68	257,26	IV	2 323,16	124,87	181,64	204,34	121,97	177,42	199,59	119,07	173,20	194,85	116,17	168,98	190,10	113,28	164,77	185,36	110,38	160,55	180,62
	VI	2 890,66	158,98	231,25	260,15																				
7 502,99	I,IV	2 324,41	127,84	185,95	209,19	I	2 324,41	122,04	177,52	199,71	116,24	169,08	190,22	110,44	160,65	180,73	104,65	152,22	171,24	98,85	143,78	161,75	93,05	135,35	152,27
	II	2 278,66	125,32	182,29	205,07	II	2 278,66	119,52	173,86	195,59	113,73	165,42	186,10	107,93	156,99	176,61	102,13	148,56	167,13	96,33	140,12	157,64	90,53	131,69	148,15
	III	1 651,50	90,83	132,12	148,63	III	1 651,50	85,72	124,69	140,27	80,72	117,41	132,08	75,80	110,26	124,04	70,99	103,26	116,17	66,27	96,40	108,45	61,65	89,68	100,89
	V	2 859,75	157,28	228,78	257,37	IV	2 324,41	124,94	181,74	204,45	122,04	177,52	199,71	119,14	173,30	194,96	116,24	169,08	190,22	113,35	164,87	185,48	110,44	160,65	180,73
	VI	2 891,91	159,05	231,35	260,27																				
7 505,99	I,IV	2 325,75	127,91	186,06	209,31	I	2 325,75	122,11	177,62	199,82	116,31	169,18	190,33	110,51	160,75	180,84	104,72	152,32	171,36	98,92	143,88	161,87	93,12	135,45	152,38
	II	2 279,91	125,39	182,39	205,19	II	2 279,91	119,59	173,96	195,70	113,79	165,52	186,21	108,—	157,09	176,72	102,20	148,66	167,24	96,40	140,22	157,75	90,60	131,79	148,26
	III	1 652,50	90,88	132,20	148,72	III	1 652,50	85,79	124,78	140,38	80,78	117,50	132,19	75,87	110,36	124,15	71,05	103,34	116,26	66,33	96,48	108,54	61,71	89,76	100,98
	V	2 861,—	157,35	228,88	257,49	IV	2 325,75	125,01	181,84	204,57	122,11	177,62	199,82	119,21	173,40	195,08	116,31	169,18	190,33	113,41	164,97	185,59	110,51	160,75	180,84
	VI	2 893,16	159,12	231,45	260,38																				
7 508,99	I,IV	2 327,—	127,98	186,16	209,43	I	2 327,—	122,18	177,72	199,94	116,38	169,29	190,45	110,59	160,86	180,96	104,79	152,42	171,47	98,99	143,98	161,98	93,19	135,55	152,49
	II	2 281,16	125,46	182,49	205,30	II	2 281,16	119,66	174,06	195,81	113,86	165,62	186,32	108,07	157,19	176,84	102,27	148,76	167,35	96,47	140,32	157,86	90,67	131,89	148,37
	III	1 653,66	90,95	132,29	148,82	III	1 653,66	85,84	124,86	140,47	80,84	117,58	132,28	75,92	110,44	124,24	71,11	103,44	116,37	66,38	96,56	108,63	61,76	89,84	101,07
	V	2 862,25	157,42	228,98	257,60	IV	2 327,—	125,08	181,94	204,68	122,18	177,72	199,94	119,28	173,50	195,19	116,38	169,29	190,45	113,48	165,07	185,70	110,59	160,86	180,96
	VI	2 894,41	159,19	231,55	260,49																				
7 511,99	I,IV	2 328,25	128,05	186,26	209,54	I	2 328,25	122,25	177,82	200,05	116,45	169,39	190,56	110,66	160,96	181,08	104,86	152,52	171,59	99,06	144,09	162,10	93,26	135,66	152,61
	II	2 282,41	125,53	182,59	205,41	II	2 282,41	119,73	174,16	195,93	113,93	165,72	186,44	108,13	157,29	176,95	102,34	148,86	167,46	96,54	140,42	157,97	90,74	131,99	148,49
	III	1 654,83	91,01	132,38	148,93	III	1 654,83	85,91	124,96	140,58	80,90	117,68	132,39	75,98	110,52	124,33	71,17	103,52	116,46	66,44	96,64	108,72	61,82	89,92	101,16
	V	2 863,50	157,49	229,08	257,71	IV	2 328,25	125,15	182,04	204,79	122,25	177,82	200,05	119,35	173,60	195,30	116,45	169,39	190,56	113,55	165,17	185,81	110,66	160,96	181,08
	VI	2 895,75	159,26	231,66	260,61																				
7 514,99	I,IV	2 329,50	128,12	186,36	209,65	I	2 329,50	122,32	177,92	200,16	116,52	169,49	190,67	110,72	161,06	181,19	104,93	152,62	171,70	99,13	144,19	162,21	93,33	135,76	152,73
	II	2 283,75	125,60	182,70	205,53	II	2 283,75	119,80	174,26	196,04	114,—	165,82	186,55	108,20	157,39	177,06	102,41	148,96	167,58	96,61	140,52	158,09	90,81	132,09	148,60
	III	1 655,83	91,07	132,46	149,02	III	1 655,83	85,97	125,05	140,68	80,96	117,76	132,48	76,04	110,61	124,43	71,22	103,60	116,55	66,50	96,73	108,82	61,87	90,—	101,25
	V	2 864,75	157,56	229,18	257,82	IV	2 329,50	125,22	182,14	204,90	122,32	177,92	200,16	119,42	173,70	195,41	116,52	169,49	190,67	113,62	165,27	185,93	110,72	161,06	181,19
	VI	2 897,—	159,33	231,76	260,73																				

* Die ausgewiesenen Tabellenwerte sind amtlich. Siehe Erläuterungen auf der Umschlaginnenseite (U2).

MONAT **7 515,–***

Abzüge an Lohnsteuer, Solidaritätszuschlag (SolZ) und Kirchensteuer (8%, 9%) in den Steuerklassen

Lohn/ Gehalt bis €*	I – VI					I, II, III, IV		mit Zahl der Kinderfreibeträge . . . 0,5			1			1,5			2			2,5			3		
		LSt	ohne Kinderfreibeträge SolZ	8%	9%		LSt	SolZ	8%	9%	SolZ	8%	9%	SolZ	8%	9%	SolZ	8%	9%	SolZ	8%	9%	SolZ	8%	9%
7 517,99	I,IV	2 330,75	128,19	186,46	209,76	I	2 330,75	122,39	178,02	200,27	116,59	169,59	190,79	110,79	161,16	181,30	104,99	152,72	171,81	99,20	144,29	162,32	93,40	135,86	152,84
	II	2 285,—	125,67	182,80	205,65	II	2 285,—	119,87	174,36	196,16	114,07	165,93	186,67	108,28	157,50	177,18	102,48	149,06	167,69	96,68	140,62	158,20	90,88	132,19	148,71
	III	1 657,—	91,13	132,56	149,13	III	1 657,—	86,02	125,13	140,77	81,01	117,84	132,57	76,10	110,69	124,52	71,28	103,68	116,64	66,55	96,81	108,91	61,92	90,06	101,32
	V	2 866,—	157,63	229,28	257,94	IV	2 330,75	125,29	182,24	205,02	122,39	178,02	200,27	119,49	173,80	195,53	116,59	169,59	190,79	113,69	165,37	186,04	110,79	161,16	181,30
	VI	2 898,25	159,40	231,86	260,84																				
7 520,99	I,IV	2 332,—	128,26	186,56	209,88	I	2 332,—	122,46	178,12	200,39	116,66	169,69	190,90	110,86	161,26	181,41	105,06	152,82	171,92	99,27	144,39	162,44	93,47	135,96	152,95
	II	2 286,25	125,74	182,90	205,76	II	2 286,25	119,94	174,46	196,27	114,14	166,03	186,78	108,35	157,60	177,30	102,55	149,16	167,81	96,75	140,73	158,32	90,95	132,30	148,83
	III	1 658,16	91,19	132,65	149,23	III	1 658,16	86,09	125,22	140,87	81,07	117,93	132,67	76,15	110,77	124,61	71,33	103,76	116,73	66,61	96,89	109,—	61,97	90,14	101,41
	V	2 867,25	157,69	229,38	258,05	IV	2 332,—	125,36	182,34	205,13	122,46	178,12	200,39	119,56	173,91	195,65	116,66	169,69	190,90	113,76	165,48	186,16	110,86	161,26	181,41
	VI	2 899,50	159,47	231,96	260,95																				
7 523,99	I,IV	2 333,25	128,32	186,66	209,99	I	2 333,25	122,53	178,22	200,50	116,73	169,79	191,01	110,93	161,36	181,53	105,13	152,92	172,04	99,33	144,49	162,55	93,54	136,06	153,06
	II	2 287,50	125,81	183,—	205,87	II	2 287,50	120,01	174,56	196,38	114,21	166,13	186,89	108,41	157,70	177,41	102,62	149,26	167,92	96,82	140,83	158,43	91,02	132,40	148,95
	III	1 659,33	91,26	132,74	149,33	III	1 659,33	86,14	125,30	140,96	81,13	118,01	132,76	76,22	110,86	124,72	71,39	103,85	116,83	66,66	96,97	109,09	62,03	90,22	101,50
	V	2 868,58	157,77	229,48	258,17	IV	2 333,25	125,43	182,44	205,25	122,53	178,22	200,50	119,63	174,01	195,76	116,73	169,79	191,01	113,83	165,58	186,27	110,93	161,36	181,53
	VI	2 900,75	159,54	232,06	261,06																				
7 526,99	I,IV	2 334,50	128,39	186,76	210,10	I	2 334,50	122,59	178,32	200,61	116,80	169,89	191,12	111,—	161,46	181,64	105,20	153,02	172,15	99,40	144,59	162,66	93,61	136,16	153,18
	II	2 288,75	125,88	183,10	205,98	II	2 288,75	120,08	174,66	196,49	114,28	166,23	187,01	108,48	157,80	177,52	102,68	149,36	168,03	96,89	140,93	158,54	91,09	132,50	149,06
	III	1 660,33	91,31	132,82	149,42	III	1 660,33	86,21	125,40	141,07	81,19	118,10	132,86	76,27	110,94	124,81	71,45	103,93	116,92	66,72	97,05	109,18	62,08	90,30	101,59
	V	2 869,83	157,84	229,58	258,28	IV	2 334,50	125,50	182,54	205,36	122,59	178,32	200,61	119,70	174,11	195,87	116,80	169,89	191,12	113,90	165,68	186,39	111,—	161,46	181,64
	VI	2 902,—	159,61	232,16	261,18																				
7 529,99	I,IV	2 335,83	128,47	186,86	210,22	I	2 335,83	122,66	178,42	200,72	116,87	169,99	191,24	111,07	161,56	181,75	105,27	153,12	172,26	99,47	144,69	162,77	93,67	136,26	153,29
	II	2 290,—	125,95	183,20	206,10	II	2 290,—	120,15	174,76	196,61	114,35	166,33	187,12	108,55	157,90	177,63	102,75	149,46	168,14	96,96	141,03	158,66	91,16	132,60	149,17
	III	1 661,50	91,38	132,92	149,53	III	1 661,50	86,27	125,49	141,17	81,25	118,18	132,95	76,34	111,04	124,92	71,50	104,01	117,01	66,77	97,13	109,27	62,14	90,38	101,68
	V	2 871,08	157,90	229,68	258,39	IV	2 335,83	125,56	182,64	205,47	122,66	178,42	200,72	119,77	174,21	195,98	116,87	169,99	191,24	113,97	165,78	186,50	111,07	161,56	181,75
	VI	2 903,25	159,67	232,26	261,29																				
7 532,99	I,IV	2 337,08	128,53	186,96	210,33	I	2 337,08	122,74	178,53	200,84	116,94	170,10	191,36	111,14	161,66	181,87	105,34	153,22	172,37	99,54	144,79	162,89	93,74	136,36	153,40
	II	2 291,25	126,01	183,30	206,21	II	2 291,25	120,22	174,86	196,72	114,42	166,43	187,23	108,62	158,—	177,75	102,82	149,56	168,26	97,02	141,13	158,77	91,23	132,70	149,28
	III	1 662,66	91,44	133,01	149,63	III	1 662,66	86,33	125,57	141,26	81,31	118,28	133,06	76,39	111,12	125,01	71,56	104,09	117,10	66,83	97,21	109,36	62,19	90,46	101,77
	V	2 872,33	157,97	229,78	258,50	IV	2 337,08	125,63	182,74	205,58	122,74	178,53	200,84	119,84	174,31	196,10	116,94	170,10	191,36	114,04	165,88	186,61	111,14	161,66	181,87
	VI	2 904,50	159,74	232,36	261,40																				
7 535,99	I,IV	2 338,33	128,60	187,06	210,44	I	2 338,33	122,81	178,63	200,96	117,01	170,20	191,47	111,21	161,76	181,98	105,41	153,33	172,49	99,61	144,90	163,01	93,82	136,46	153,52
	II	2 292,50	126,08	183,40	206,32	II	2 292,50	120,28	174,96	196,83	114,49	166,53	187,34	108,69	158,10	177,86	102,89	149,66	168,37	97,09	141,23	158,88	91,30	132,80	149,40
	III	1 663,83	91,51	133,10	149,74	III	1 663,83	86,39	125,66	141,37	81,37	118,36	133,15	76,45	111,20	125,10	71,62	104,18	117,20	66,88	97,29	109,45	62,25	90,54	101,86
	V	2 873,58	158,04	229,88	258,62	IV	2 338,33	125,70	182,84	205,70	122,81	178,63	200,96	119,90	174,41	196,21	117,01	170,20	191,47	114,11	165,98	186,72	111,21	161,76	181,98
	VI	2 905,75	159,81	232,46	261,51																				
7 538,99	I,IV	2 339,58	128,67	187,16	210,56	I	2 339,58	122,87	178,73	201,07	117,08	170,30	191,58	111,28	161,86	182,09	105,48	153,43	172,61	99,68	145,—	163,12	93,88	136,56	153,63
	II	2 293,83	126,16	183,50	206,44	II	2 293,83	120,35	175,06	196,94	114,56	166,63	187,46	108,76	158,20	177,97	102,96	149,76	168,48	97,16	141,33	158,99	91,36	132,90	149,51
	III	1 664,83	91,56	133,18	149,83	III	1 664,83	86,45	125,74	141,46	81,43	118,45	133,25	76,51	111,29	125,20	71,68	104,26	117,29	66,94	97,37	109,54	62,30	90,62	101,95
	V	2 874,83	158,11	229,98	258,73	IV	2 339,58	125,77	182,94	205,81	122,87	178,73	201,07	119,97	174,51	196,32	117,08	170,30	191,58	114,18	166,08	186,84	111,28	161,86	182,09
	VI	2 907,08	159,88	232,56	261,63																				
7 541,99	I,IV	2 340,83	128,74	187,26	210,67	I	2 340,83	122,94	178,83	201,18	117,15	170,40	191,70	111,35	161,96	182,21	105,55	153,53	172,72	99,75	145,10	163,23	93,95	136,66	153,74
	II	2 295,08	126,22	183,60	206,55	II	2 295,08	120,43	175,17	197,06	114,63	166,74	187,58	108,83	158,30	178,09	103,03	149,86	168,59	97,23	141,43	159,11	91,43	133,—	149,62
	III	1 666,—	91,63	133,28	149,94	III	1 666,—	86,51	125,84	141,57	81,49	118,53	133,34	76,56	111,37	125,29	71,73	104,34	117,38	67,—	97,46	109,64	62,36	90,70	102,04
	V	2 876,08	158,18	230,08	258,84	IV	2 340,83	125,84	183,04	205,92	122,94	178,83	201,18	120,04	174,61	196,43	117,15	170,40	191,70	114,24	166,18	186,95	111,35	161,96	182,21
	VI	2 908,33	159,95	232,66	261,74																				
7 544,99	I,IV	2 342,08	128,81	187,36	210,78	I	2 342,08	123,01	178,93	201,29	117,21	170,50	191,81	111,42	162,06	182,32	105,62	153,63	172,83	99,82	145,20	163,35	94,02	136,76	153,86
	II	2 296,33	126,29	183,70	206,66	II	2 296,33	120,50	175,27	197,18	114,70	166,84	187,69	108,90	158,40	178,20	103,10	149,97	168,71	97,30	141,54	159,23	91,51	133,10	149,74
	III	1 667,16	91,69	133,37	150,04	III	1 667,16	86,57	125,93	141,67	81,55	118,62	133,45	76,62	111,45	125,38	71,79	104,42	117,47	67,06	97,54	109,73	62,41	90,78	102,13
	V	2 877,33	158,25	230,18	258,95	IV	2 342,08	125,91	183,15	206,04	123,01	178,93	201,29	120,12	174,72	196,56	117,21	170,50	191,81	114,32	166,28	187,07	111,42	162,06	182,32
	VI	2 909,58	160,02	232,76	261,86																				
7 547,99	I,IV	2 343,33	128,88	187,46	210,89	I	2 343,33	123,08	179,03	201,41	117,28	170,60	191,92	111,48	162,16	182,43	105,69	153,73	172,94	99,89	145,30	163,46	94,09	136,86	153,97
	II	2 297,58	126,36	183,80	206,78	II	2 297,58	120,56	175,37	197,29	114,77	166,94	187,80	108,97	158,50	178,31	103,17	150,07	168,83	97,37	141,64	159,34	91,57	133,20	149,85
	III	1 668,16	91,74	133,45	150,13	III	1 668,16	86,63	126,01	141,76	81,61	118,70	133,54	76,68	111,54	125,48	71,85	104,52	117,58	67,11	97,62	109,82	62,47	90,86	102,22
	V	2 878,66	158,32	230,29	259,07	IV	2 343,33	125,98	183,25	206,15	123,08	179,03	201,41	120,18	174,82	196,67	117,28	170,60	191,92	114,39	166,38	187,18	111,48	162,16	182,43
	VI	2 910,83	160,09	232,86	261,97																				
7 550,99	I,IV	2 344,58	128,95	187,56	211,01	I	2 344,58	123,15	179,13	201,52	117,35	170,70	192,03	111,55	162,26	182,54	105,76	153,83	173,06	99,96	145,40	163,57	94,16	136,96	154,08
	II	2 298,83	126,43	183,90	206,89	II	2 298,83	120,63	175,47	197,40	114,84	167,04	187,92	109,04	158,60	178,43	103,24	150,17	168,94	97,44	141,74	159,45	91,64	133,30	149,96
	III	1 669,33	91,81	133,54	150,23	III	1 669,33	86,69	126,10	141,86	81,67	118,80	133,65	76,74	111,62	125,57	71,91	104,60	117,67	67,17	97,70	109,91	62,52	90,94	102,31
	V	2 879,91	158,39	230,39	259,19	IV	2 344,58	126,05	183,35	206,27	123,15	179,13	201,52	120,25	174,92	196,78	117,35	170,70	192,03	114,45	166,48	187,29	111,55	162,26	182,54
	VI	2 912,08	160,16	232,96	262,08																				
7 553,99	I,IV	2 345,83	129,02	187,66	211,12	I	2 345,83	123,22	179,23	201,63	117,42	170,80	192,15	111,62	162,36	182,66	105,82	153,93	173,17	100,03	145,50	163,68	94,23	137,06	154,19
	II	2 300,08	126,50	184,—	207,—	II	2 300,08	120,70	175,57	197,51	114,90	167,14	188,03	109,11	158,70	178,54	103,31	150,27	169,05	97,51	141,84	159,57	91,71	133,40	150,08
	III	1 670,50	91,87	133,64	150,34	III	1 670,50	86,75	126,18	141,95	81,73	118,88	133,74	76,79	111,70	125,66	71,96	104,68	117,76	67,22	97,78	110,—	62,58	91,02	102,40
	V	2 881,16	158,46	230,49	259,30	IV	2 345,83	126,12	183,45	206,38	123,22	179,23	201,63	120,32	175,02	196,89	117,42	170,80	192,15	114,52	166,58	187,40	111,62	162,36	182,66
	VI	2 913,33	160,23	233,06	262,19																				
7 556,99	I,IV	2 347,16	129,09	187,77	211,24	I	2 347,16	123,29	179,34	201,75	117,49	170,90	192,26	111,69	162,46	182,77	105,89	154,03	173,28	100,10	145,60	163,80	94,30	137,16	154,31
	II	2 301,33	126,57	184,10	207,11	II	2 301,33	120,77	175,67	197,63	114,97	167,24	188,14	109,17	158,80	178,65	103,38	150,37	169,16	97,58	141,94	159,68	91,78	133,50	150,19
	III	1 671,66	91,94	133,73	150,44	III	1 671,66	86,81	126,28	142,06	81,79	118,97	133,84	76,86	111,80	125,77	72,02	104,76	117,85	67,28	97,86	110,09	62,63	91,10	102,49
	V	2 882,41	158,53	230,59	259,41	IV	2 347,16	126,19	183,55	206,49	123,29	179,34	201,75	120,39	175,12	197,01	117,49	170,90	192,26	114,59	166,68	187,52	111,69	162,46	182,77
	VI	2 914,58	160,30	233,16	262,31																				
7 559,99	I,IV	2 348,41	129,16	187,87	211,35	I	2 348,41	123,36	179,44	201,87	117,56	171,—	192,38	111,76	162,57	182,89	105,97	154,14	173,40	100,17	145,70	163,91	94,37	137,26	154,42
	II	2 302,58	126,64	184,20	207,23	II	2 302,58	120,84	175,77	197,74	115,04	167,34	188,25	109,24	158,90	178,76	103,45	150,47	169,28	97,65	142,04	159,79	91,85	133,60	150,30
	III	1 672,66	91,99	133,81	150,53	III	1 672,66	86,88	126,37	142,16	81,84	119,05	133,93	76,91	111,88	125,86	72,07	104,84	117,94	67,33	97,94	110,18	62,69	91,18	102,58
	V	2 883,66	158,60	230,69	259,52	IV	2 348,41	126,26	183,65	206,60	123,36	179,44	201,87	120,46	175,22	197,12	117,56	171,—	192,38	114,66	166,78	187,63	111,76	162,57	182,89
	VI	2 915,83	160,37	233,26	262,42																				

* Die ausgewiesenen Tabellenwerte sind amtlich. Siehe Erläuterungen auf der Umschlaginnenseite (U2).

Abzüge an Lohnsteuer, Solidaritätszuschlag (SolZ) und Kirchensteuer (8%, 9%) in den Steuerklassen

Lohn/Gehalt bis €*	I – VI					I, II, III, IV		mit Zahl der Kinderfreibeträge . . . 0,5			1			1,5			2			2,5			3		
		LSt	ohne Kinderfreibeträge SolZ	8%	9%		LSt	SolZ	8%	9%	SolZ	8%	9%	SolZ	8%	9%	SolZ	8%	9%	SolZ	8%	9%	SolZ	8%	9%
7 562,99	I,IV	2 349,66	129,23	187,97	211,46	I	2 349,66	123,43	179,54	201,98	117,63	171,10	192,49	111,83	162,67	183,—	106,04	154,24	173,52	100,24	145,80	164,03	94,44	137,37	154,54
	II	2 303,83	126,71	184,30	207,34	II	2 303,83	120,91	175,87	197,85	115,11	167,44	188,37	109,31	159,—	178,88	103,51	150,57	169,39	97,72	142,14	159,90	91,92	133,70	150,41
	III	1 673,83	92,06	133,90	150,64	III	1 673,83	86,93	126,45	142,25	81,91	119,14	134,03	76,98	111,97	125,96	72,14	104,93	118,04	67,39	98,02	110,27	62,74	91,26	102,67
	V	2 884,91	158,67	230,79	259,64	IV	2 349,66	126,33	183,75	206,72	123,43	179,54	201,98	120,53	175,32	197,23	117,63	171,10	192,49	114,73	166,88	187,74	111,83	162,67	183,—
	VI	2 917,16	160,44	233,37	262,54																				
7 565,99	I,IV	2 350,91	129,30	188,07	211,58	I	2 350,91	123,50	179,64	202,09	117,70	171,20	192,60	111,90	162,77	183,11	106,10	154,34	173,63	100,31	145,90	164,14	94,51	137,47	154,65
	II	2 305,16	126,78	184,41	207,46	II	2 305,16	120,98	175,98	197,97	115,18	167,54	188,48	109,38	159,10	178,99	103,58	150,67	169,50	97,79	142,24	160,02	91,99	133,80	150,53
	III	1 675,—	92,12	134,—	150,75	III	1 675,—	87,—	126,54	142,36	81,96	119,22	134,12	77,03	112,05	126,05	72,19	105,01	118,13	67,44	98,10	110,36	62,80	91,34	102,76
	V	2 886,16	158,73	230,89	259,75	IV	2 350,91	126,39	183,85	206,83	123,50	179,64	202,09	120,60	175,42	197,34	117,70	171,20	192,60	114,80	166,98	187,85	111,90	162,77	183,11
	VI	2 918,41	160,51	233,47	262,65																				
7 568,99	I,IV	2 352,16	129,36	188,17	211,69	I	2 352,16	123,57	179,74	202,20	117,77	171,30	192,71	111,97	162,87	183,23	106,17	154,44	173,74	100,37	146,—	164,25	94,58	137,57	154,76
	II	2 306,41	126,85	184,51	207,57	II	2 306,41	121,05	176,08	198,09	115,25	167,64	188,60	109,45	159,21	179,11	103,66	150,78	169,62	97,86	142,34	160,13	92,06	133,90	150,64
	III	1 676,16	92,18	134,09	150,85	III	1 676,16	87,05	126,62	142,45	82,03	119,32	134,23	77,09	112,13	126,14	72,25	105,09	118,22	67,51	98,20	110,47	62,85	91,42	102,85
	V	2 887,41	158,80	230,99	259,86	IV	2 352,16	126,47	183,96	206,95	123,57	179,74	202,20	120,67	175,52	197,46	117,77	171,30	192,71	114,87	167,08	187,97	111,97	162,87	183,23
	VI	2 919,66	160,58	233,57	262,76																				
7 571,99	I,IV	2 353,41	129,43	188,27	211,80	I	2 353,41	123,64	179,84	202,32	117,84	171,40	192,83	112,04	162,97	183,34	106,24	154,54	173,85	100,44	146,10	164,36	94,65	137,67	154,88
	II	2 307,66	126,92	184,61	207,68	II	2 307,66	121,12	176,18	198,20	115,32	167,74	188,71	109,52	159,31	179,22	103,73	150,88	169,74	97,93	142,44	160,25	92,13	134,01	150,76
	III	1 677,16	92,24	134,17	150,94	III	1 677,16	87,12	126,72	142,56	82,08	119,40	134,32	77,15	112,22	126,25	72,30	105,17	118,31	67,56	98,28	110,56	62,91	91,50	102,94
	V	2 888,75	158,88	231,10	259,98	IV	2 353,41	126,54	184,06	207,06	123,64	179,84	202,32	120,74	175,62	197,57	117,84	171,40	192,83	114,94	167,19	188,09	112,04	162,97	183,34
	VI	2 920,91	160,65	233,67	262,88																				
7 574,99	I,IV	2 354,66	129,50	188,37	211,91	I	2 354,66	123,70	179,94	202,43	117,91	171,50	192,94	112,11	163,07	183,45	106,31	154,64	173,97	100,51	146,20	164,48	94,71	137,77	154,99
	II	2 308,91	126,99	184,71	207,80	II	2 308,91	121,19	176,28	198,31	115,39	167,84	188,82	109,59	159,41	179,33	103,79	150,98	169,85	98,—	142,54	160,36	92,20	134,11	150,87
	III	1 678,33	92,30	134,26	151,04	III	1 678,33	87,18	126,81	142,66	82,15	119,49	134,42	77,21	112,30	126,34	72,37	105,26	118,42	67,62	98,36	110,65	62,96	91,58	103,03
	V	2 890,—	158,95	231,20	260,10	IV	2 354,66	126,61	184,16	207,18	123,70	179,94	202,43	120,81	175,72	197,69	117,91	171,50	192,94	115,01	167,29	188,20	112,11	163,07	183,45
	VI	2 922,16	160,71	233,77	262,99																				
7 577,99	I,IV	2 355,91	129,57	188,47	212,03	I	2 355,91	123,77	180,04	202,54	117,97	171,60	193,05	112,18	163,17	183,56	106,38	154,74	174,08	100,58	146,30	164,59	94,78	137,87	155,10
	II	2 310,16	127,05	184,81	207,91	II	2 310,16	121,26	176,38	198,42	115,46	167,94	188,93	109,66	159,51	179,45	103,86	151,08	169,96	98,06	142,64	160,47	92,27	134,21	150,98
	III	1 679,50	92,37	134,36	151,15	III	1 679,50	87,23	126,89	142,75	82,20	119,57	134,51	77,26	112,38	126,43	72,42	105,34	118,51	67,67	98,44	110,74	63,02	91,66	103,12
	V	2 891,25	159,01	231,30	260,21	IV	2 355,91	126,67	184,26	207,29	123,77	180,04	202,54	120,88	175,82	197,80	117,97	171,60	193,05	115,08	167,39	188,31	112,18	163,17	183,56
	VI	2 923,41	160,78	233,87	263,10																				
7 580,99	I,IV	2 357,25	129,64	188,58	212,15	I	2 357,25	123,85	180,14	202,66	118,04	171,70	193,16	112,25	163,27	183,68	106,45	154,84	174,19	100,65	146,40	164,70	94,85	137,97	155,21
	II	2 311,41	127,12	184,91	208,02	II	2 311,41	121,33	176,48	198,54	115,53	168,04	189,05	109,73	159,61	179,56	103,93	151,18	170,07	98,13	142,74	160,58	92,34	134,31	151,10
	III	1 680,66	92,43	134,45	151,25	III	1 680,66	87,30	126,98	142,85	82,27	119,66	134,62	77,33	112,48	126,54	72,48	105,42	118,60	67,73	98,52	110,83	63,07	91,74	103,21
	V	2 892,50	159,08	231,40	260,32	IV	2 357,25	126,74	184,36	207,40	123,85	180,14	202,66	120,94	175,92	197,91	118,04	171,70	193,16	115,15	167,49	188,42	112,25	163,27	183,68
	VI	2 924,66	160,85	233,97	263,21																				
7 583,99	I,IV	2 358,50	129,71	188,68	212,26	I	2 358,50	123,91	180,24	202,77	118,12	171,81	193,28	112,32	163,38	183,80	106,52	154,94	174,31	100,72	146,50	164,81	94,92	138,07	155,33
	II	2 312,66	127,19	185,01	208,13	II	2 312,66	121,39	176,58	198,65	115,60	168,14	189,16	109,80	159,71	179,67	104,—	151,28	170,19	98,20	142,84	160,70	92,40	134,41	151,21
	III	1 681,66	92,49	134,53	151,34	III	1 681,66	87,36	127,08	142,96	82,32	119,74	134,71	77,38	112,56	126,63	72,54	105,52	118,71	67,78	98,60	110,92	63,13	91,82	103,30
	V	2 893,75	159,15	231,50	260,43	IV	2 358,50	126,81	184,46	207,51	123,91	180,24	202,77	121,01	176,02	198,02	118,12	171,81	193,28	115,22	167,59	188,54	112,32	163,38	183,80
	VI	2 925,91	160,92	234,07	263,33																				
7 586,99	I,IV	2 359,75	129,78	188,78	212,37	I	2 359,75	123,98	180,34	202,88	118,19	171,91	193,40	112,39	163,48	183,91	106,59	155,04	174,42	100,79	146,61	164,93	94,99	138,18	155,45
	II	2 313,91	127,26	185,11	208,25	II	2 313,91	121,46	176,68	198,76	115,66	168,24	189,27	109,87	159,81	179,78	104,07	151,38	170,30	98,27	142,94	160,81	92,47	134,51	151,32
	III	1 682,83	92,55	134,62	151,45	III	1 682,83	87,42	127,16	143,05	82,39	119,84	134,82	77,44	112,65	126,73	72,60	105,60	118,80	67,84	98,68	111,01	63,18	91,90	103,39
	V	2 895,—	159,22	231,60	260,55	IV	2 359,75	126,88	184,56	207,63	123,98	180,34	202,88	121,08	176,12	198,14	118,19	171,91	193,40	115,28	167,69	188,65	112,39	163,48	183,91
	VI	2 927,25	160,99	234,18	263,45																				
7 589,99	I,IV	2 361,—	129,85	188,88	212,49	I	2 361,—	124,05	180,44	203,—	118,25	172,01	193,51	112,46	163,58	184,02	106,66	155,14	174,53	100,86	146,71	165,05	95,06	138,28	155,56
	II	2 315,25	127,33	185,22	208,37	II	2 315,25	121,54	176,78	198,88	115,73	168,34	189,38	109,94	159,91	179,90	104,14	151,48	170,41	98,34	143,04	160,92	92,54	134,61	151,43
	III	1 684,—	92,62	134,72	151,56	III	1 684,—	87,48	127,25	143,15	82,44	119,92	134,91	77,50	112,73	126,82	72,65	105,68	118,89	67,89	98,76	111,10	63,24	91,98	103,48
	V	2 896,25	159,29	231,70	260,66	IV	2 361,—	126,95	184,66	207,74	124,05	180,44	203,—	121,15	176,22	198,25	118,25	172,01	193,51	115,35	167,79	188,76	112,46	163,58	184,02
	VI	2 928,50	161,06	234,28	263,56																				
7 592,99	I,IV	2 362,25	129,92	188,98	212,60	I	2 362,25	124,12	180,54	203,11	118,32	172,11	193,62	112,53	163,68	184,14	106,73	155,24	174,65	100,93	146,81	165,16	95,13	138,38	155,67
	II	2 316,50	127,40	185,32	208,48	II	2 316,50	121,60	176,88	198,99	115,81	168,45	189,50	110,01	160,02	180,02	104,21	151,58	170,53	98,41	143,14	161,03	92,61	134,71	151,55
	III	1 685,16	92,68	134,81	151,66	III	1 685,16	87,54	127,33	143,24	82,50	120,01	135,01	77,55	112,81	126,91	72,71	105,76	118,98	67,96	98,85	111,20	63,29	92,06	103,57
	V	2 897,50	159,36	231,80	260,77	IV	2 362,25	127,02	184,76	207,86	124,12	180,54	203,11	121,22	176,32	198,36	118,32	172,11	193,62	115,42	167,89	188,87	112,53	163,68	184,14
	VI	2 929,75	161,13	234,38	263,67																				
7 595,99	I,IV	2 363,50	129,99	189,08	212,71	I	2 363,50	124,19	180,64	203,22	118,39	172,21	193,73	112,59	163,78	184,25	106,80	155,34	174,76	101,—	146,91	165,27	95,20	138,48	155,79
	II	2 317,75	127,47	185,42	208,59	II	2 317,75	121,67	176,98	199,10	115,88	168,55	189,62	110,08	160,12	180,13	104,28	151,68	170,64	98,48	143,25	161,15	92,68	134,82	151,67
	III	1 686,16	92,73	134,89	151,75	III	1 686,16	87,60	127,42	143,35	82,56	120,09	135,10	77,62	112,90	127,01	72,77	105,85	119,08	68,01	98,93	111,29	63,35	92,14	103,66
	V	2 898,75	159,43	231,90	260,88	IV	2 363,50	127,09	184,86	207,97	124,19	180,64	203,22	121,29	176,43	198,48	118,39	172,21	193,73	115,50	168,—	189,—	112,59	163,78	184,25
	VI	2 931,—	161,20	234,48	263,79																				
7 598,99	I,IV	2 364,75	130,06	189,18	212,82	I	2 364,75	124,26	180,74	203,33	118,46	172,31	193,85	112,66	163,88	184,36	106,86	155,44	174,87	101,07	147,01	165,38	95,27	138,58	155,90
	II	2 319,—	127,54	185,52	208,71	II	2 319,—	121,74	177,08	199,22	115,94	168,65	189,73	110,15	160,22	180,24	104,35	151,78	170,75	98,55	143,35	161,27	92,75	134,92	151,78
	III	1 687,33	92,80	134,98	151,85	III	1 687,33	87,67	127,52	143,46	82,62	120,18	135,20	77,67	112,98	127,10	72,82	105,93	119,17	68,07	99,01	111,38	63,40	92,22	103,75
	V	2 900,08	159,50	232,—	261,—	IV	2 364,75	127,16	184,96	208,08	124,26	180,74	203,33	121,36	176,53	198,59	118,46	172,31	193,85	115,56	168,10	189,11	112,66	163,88	184,36
	VI	2 932,25	161,27	234,58	263,90																				
7 601,99	I,IV	2 366,—	130,13	189,28	212,94	I	2 366,—	124,33	180,84	203,45	118,53	172,41	193,96	112,73	163,98	184,47	106,93	155,54	174,98	101,14	147,11	165,50	95,34	138,68	156,01
	II	2 320,25	127,61	185,62	208,82	II	2 320,25	121,81	177,18	199,33	116,01	168,75	189,84	110,22	160,32	180,36	104,42	151,88	170,87	98,62	143,45	161,38	92,82	135,02	151,89
	III	1 688,50	92,86	135,08	151,96	III	1 688,50	87,72	127,60	143,55	82,68	120,26	135,29	77,73	113,06	127,19	72,88	106,01	119,26	68,12	99,09	111,47	63,46	92,30	103,84
	V	2 901,33	159,57	232,10	261,11	IV	2 366,—	127,23	185,06	208,19	124,33	180,84	203,45	121,43	176,63	198,71	118,53	172,41	193,96	115,63	168,20	189,22	112,73	163,98	184,47
	VI	2 933,50	161,34	234,68	264,01																				
7 604,99	I,IV	2 367,33	130,20	189,38	213,05	I	2 367,33	124,40	180,94	203,56	118,60	172,51	194,07	112,80	164,08	184,59	107,—	155,64	175,10	101,20	147,21	165,61	95,41	138,78	156,12
	II	2 321,50	127,68	185,72	208,93	II	2 321,50	121,88	177,28	199,44	116,08	168,85	189,95	110,28	160,42	180,47	104,49	151,98	170,98	98,69	143,55	161,49	92,89	135,12	152,01
	III	1 689,66	92,93	135,17	152,06	III	1 689,66	87,78	127,69	143,65	82,74	120,36	135,40	77,79	113,16	127,30	72,93	106,09	119,35	68,18	99,17	111,56	63,51	92,38	103,93
	V	2 902,58	159,64	232,20	261,23	IV	2 367,33	127,30	185,16	208,31	124,40	180,94	203,56	121,50	176,73	198,82	118,60	172,51	194,07	115,70	168,30	189,33	112,80	164,08	184,59
	VI	2 934,75	161,41	234,78	264,12																				

* Die ausgewiesenen Tabellenwerte sind amtlich. Siehe Erläuterungen auf der Umschlaginnenseite (U2).

MONAT 7 605,–*

Abzüge an Lohnsteuer, Solidaritätszuschlag (SolZ) und Kirchensteuer (8%, 9%) in den Steuerklassen

Lohn/ Gehalt bis €*	I – VI		ohne Kinderfreibeträge			I, II, III, IV		mit Zahl der Kinderfreibeträge . . . 0,5			1			1,5			2			2,5			3		
		LSt	SolZ	8%	9%		LSt	SolZ	8%	9%	SolZ	8%	9%	SolZ	8%	9%	SolZ	8%	9%	SolZ	8%	9%	SolZ	8%	9%
7 607,99	I,IV	2 368,58	130,27	189,48	213,17	I	2 368,58	124,47	181,05	203,68	118,67	172,62	194,19	112,87	164,18	184,70	107,07	155,74	175,21	101,27	147,31	165,72	95,48	138,88	156,2
	II	2 322,75	127,75	185,82	209,04	II	2 322,75	121,95	177,38	199,55	116,15	168,95	190,07	110,35	160,52	180,58	104,55	152,08	171,09	98,76	143,65	161,60	92,96	135,22	152,1
	III	1 690,66	92,98	135,25	152,15	III	1 690,66	87,85	127,78	143,75	82,80	120,44	135,49	77,85	113,24	127,39	73,—	106,18	119,45	68,23	99,25	111,65	63,57	92,46	104,0
	V	2 903,83	159,71	232,30	261,34	IV	2 368,58	127,37	185,26	208,42	124,47	181,05	203,68	121,57	176,83	198,93	118,67	172,62	194,19	115,77	168,40	189,45	112,87	164,18	184,7
	VI	2 936,—	161,48	234,88	264,24																				
7 610,99	I,IV	2 369,83	130,34	189,58	213,28	I	2 369,83	124,54	181,15	203,79	118,74	172,72	194,31	112,94	164,28	184,82	107,14	155,85	175,33	101,35	147,42	165,84	95,55	138,98	156,3
	II	2 324,—	127,82	185,92	209,16	II	2 324,—	122,02	177,48	199,67	116,22	169,05	190,18	110,42	160,62	180,69	104,62	152,18	171,20	98,83	143,75	161,72	93,03	135,32	152,2
	III	1 691,83	93,05	135,34	152,26	III	1 691,83	87,90	127,86	143,84	82,86	120,53	135,59	77,91	113,33	127,49	73,05	106,26	119,54	68,29	99,33	111,74	63,62	92,54	104,1
	V	2 905,08	159,77	232,40	261,45	IV	2 369,83	127,43	185,36	208,53	124,54	181,15	203,79	121,64	176,93	199,04	118,74	172,72	194,31	115,84	168,50	189,56	112,94	164,28	184,8
	VI	2 937,25	161,54	234,98	264,35																				
7 613,99	I,IV	2 371,08	130,40	189,68	213,39	I	2 371,08	124,61	181,25	203,90	118,81	172,82	194,42	113,01	164,38	184,93	107,21	155,95	175,44	101,42	147,52	165,96	95,62	139,08	156,4
	II	2 325,33	127,89	186,02	209,27	II	2 325,33	122,09	177,58	199,78	116,29	169,15	190,29	110,49	160,72	180,81	104,69	152,28	171,32	98,89	143,85	161,83	93,10	135,42	152,3
	III	1 693,—	93,11	135,44	152,37	III	1 693,—	87,97	127,96	143,95	82,92	120,61	135,68	77,97	113,41	127,58	73,11	106,34	119,63	68,35	99,42	111,85	63,68	92,62	104,2
	V	2 906,33	159,84	232,50	261,56	IV	2 371,08	127,50	185,46	208,64	124,61	181,25	203,90	121,71	177,03	199,16	118,81	172,82	194,42	115,91	168,60	189,67	113,01	164,38	184,9
	VI	2 938,58	161,62	235,08	264,47																				
7 616,99	I,IV	2 372,33	130,47	189,78	213,50	I	2 372,33	124,68	181,35	204,02	118,88	172,92	194,53	113,08	164,48	185,04	107,28	156,05	175,55	101,48	147,62	166,07	95,69	139,18	156,5
	II	2 326,58	127,96	186,12	209,39	II	2 326,58	122,16	177,69	199,90	116,36	169,26	190,41	110,56	160,82	180,92	104,76	152,38	171,43	98,96	143,95	161,94	93,17	135,52	152,4
	III	1 694,16	93,17	135,53	152,47	III	1 694,16	88,03	128,05	144,05	82,98	120,70	135,79	78,02	113,49	127,67	73,16	106,42	119,72	68,41	99,50	111,94	63,74	92,72	104,3
	V	2 907,58	159,91	232,60	261,68	IV	2 372,33	127,57	185,56	208,76	124,68	181,35	204,02	121,77	177,13	199,27	118,88	172,92	194,53	115,98	168,70	189,78	113,08	164,48	185,0
	VI	2 939,83	161,69	235,18	264,58																				
7 619,99	I,IV	2 373,58	130,54	189,88	213,62	I	2 373,58	124,74	181,45	204,13	118,95	173,02	194,64	113,15	164,58	185,15	107,35	156,15	175,67	101,55	147,72	166,18	95,75	139,28	156,6
	II	2 327,83	128,03	186,22	209,50	II	2 327,83	122,23	177,79	200,01	116,43	169,36	190,53	110,63	160,92	181,04	104,83	152,49	171,55	99,04	144,06	162,06	93,24	135,62	152,5
	III	1 695,33	93,24	135,62	152,57	III	1 695,33	88,09	128,13	144,14	83,04	120,78	135,88	78,09	113,58	127,78	73,23	106,52	119,83	68,46	99,58	112,03	63,80	92,80	104,4
	V	2 908,83	159,98	232,70	261,79	IV	2 373,58	127,65	185,67	208,88	124,74	181,45	204,13	121,85	177,24	199,39	118,95	173,02	194,64	116,05	168,80	189,90	113,15	164,58	185,1
	VI	2 941,08	161,75	235,28	264,69																				
7 622,99	I,IV	2 374,83	130,61	189,98	213,73	I	2 374,83	124,81	181,55	204,24	119,02	173,12	194,76	113,22	164,68	185,27	107,42	156,25	175,78	101,62	147,82	166,29	95,82	139,38	156,8
	II	2 329,08	128,09	186,32	209,61	II	2 329,08	122,30	177,89	200,12	116,50	169,46	190,64	110,70	161,02	181,15	104,90	152,59	171,66	99,11	144,16	162,18	93,31	135,72	152,6
	III	1 696,33	93,29	135,70	152,66	III	1 696,33	88,15	128,22	144,25	83,10	120,88	135,99	78,14	113,66	127,87	73,28	106,60	119,92	68,52	99,66	112,12	63,85	92,88	104,4
	V	2 910,16	160,05	232,81	261,91	IV	2 374,83	127,71	185,77	208,99	124,81	181,55	204,24	121,92	177,34	199,50	119,02	173,12	194,76	116,12	168,90	190,01	113,22	164,68	185,2
	VI	2 942,33	161,82	235,38	264,80																				
7 625,99	I,IV	2 376,08	130,68	190,08	213,84	I	2 376,08	124,88	181,65	204,35	119,08	173,22	194,87	113,29	164,78	185,38	107,49	156,35	175,89	101,69	147,92	166,41	95,89	139,48	156,9
	II	2 330,33	128,16	186,42	209,72	II	2 330,33	122,37	177,99	200,24	116,57	169,56	190,75	110,77	161,12	181,26	104,97	152,69	171,77	99,17	144,26	162,29	93,38	135,82	152,8
	III	1 697,50	93,36	135,80	152,77	III	1 697,50	88,22	128,32	144,36	83,16	120,96	136,08	78,21	113,76	127,98	73,34	106,68	120,01	68,57	99,74	112,21	63,91	92,96	104,5
	V	2 911,41	160,12	232,91	262,02	IV	2 376,08	127,78	185,87	209,10	124,88	181,65	204,35	121,99	177,44	199,62	119,08	173,22	194,87	116,19	169,—	190,13	113,29	164,78	185,3
	VI	2 943,58	161,89	235,48	264,92																				
7 628,99	I,IV	2 377,33	130,75	190,18	213,95	I	2 377,33	124,95	181,75	204,47	119,15	173,32	194,98	113,35	164,88	185,49	107,56	156,45	176,—	101,76	148,02	166,52	95,96	139,58	157,0
	II	2 331,58	128,23	186,52	209,84	II	2 331,58	122,43	178,09	200,35	116,64	169,66	190,86	110,84	161,22	181,37	105,04	152,79	171,89	99,24	144,36	162,40	93,44	135,92	152,9
	III	1 698,66	93,42	135,89	152,87	III	1 698,66	88,27	128,40	144,45	83,22	121,05	136,18	78,26	113,84	128,07	73,40	106,77	120,11	68,63	99,82	112,30	63,96	93,04	104,6
	V	2 912,66	160,19	233,01	262,13	IV	2 377,33	127,85	185,97	209,21	124,95	181,75	204,47	122,05	177,54	199,73	119,15	173,32	194,98	116,26	169,10	190,24	113,35	164,88	185,4
	VI	2 944,83	161,96	235,58	265,03																				
7 631,99	I,IV	2 378,66	130,82	190,29	214,07	I	2 378,66	125,02	181,86	204,59	119,23	173,42	195,10	113,42	164,98	185,60	107,63	156,55	176,12	101,83	148,12	166,63	96,03	139,68	157,1
	II	2 332,83	128,30	186,62	209,95	II	2 332,83	122,50	178,19	200,46	116,71	169,76	190,98	110,91	161,32	181,49	105,11	152,89	172,—	99,31	144,46	162,51	93,51	136,02	153,0
	III	1 699,83	93,49	135,98	152,98	III	1 699,83	88,33	128,49	144,55	83,27	121,13	136,27	78,32	113,92	128,16	73,46	106,85	120,20	68,69	99,92	112,41	64,02	93,12	104,7
	V	2 913,91	160,26	233,11	262,25	IV	2 378,66	127,92	186,07	209,33	125,02	181,86	204,59	122,12	177,64	199,84	119,23	173,42	195,10	116,32	169,20	190,35	113,42	164,98	185,6
	VI	2 946,08	162,03	235,68	265,14																				
7 634,99	I,IV	2 379,91	130,89	190,39	214,19	I	2 379,91	125,09	181,96	204,70	119,29	173,52	195,21	113,50	165,09	185,72	107,70	156,66	176,24	101,90	148,22	166,75	96,10	139,78	157,2
	II	2 334,08	128,37	186,72	210,06	II	2 334,08	122,57	178,29	200,57	116,77	169,86	191,09	110,98	161,42	181,60	105,18	152,99	172,11	99,38	144,56	162,63	93,58	136,12	153,1
	III	1 700,83	93,54	136,06	153,07	III	1 700,83	88,39	128,57	144,64	83,34	121,22	136,37	78,38	114,01	128,26	73,51	106,93	120,29	68,75	100,—	112,50	64,07	93,20	104,8
	V	2 915,16	160,33	233,21	262,36	IV	2 379,91	127,99	186,17	209,44	125,09	181,96	204,70	122,19	177,74	199,95	119,29	173,52	195,21	116,39	169,30	190,46	113,50	165,09	185,7
	VI	2 947,33	162,10	235,78	265,25																				
7 637,99	I,IV	2 381,16	130,96	190,49	214,30	I	2 381,16	125,16	182,06	204,81	119,36	173,62	195,32	113,57	165,19	185,84	107,77	156,76	176,35	101,97	148,32	166,86	96,17	139,89	157,3
	II	2 335,33	128,44	186,82	210,17	II	2 335,33	122,64	178,39	200,69	116,84	169,96	191,20	111,04	161,52	181,71	105,25	153,09	172,22	99,45	144,66	162,74	93,65	136,22	153,2
	III	1 702,—	93,61	136,16	153,18	III	1 702,—	88,45	128,66	144,74	83,40	121,32	136,48	78,43	114,09	128,35	73,57	107,01	120,38	68,80	100,08	112,59	64,13	93,28	104,9
	V	2 916,41	160,40	233,31	262,47	IV	2 381,16	128,06	186,27	209,55	125,16	182,06	204,81	122,26	177,84	200,07	119,36	173,62	195,32	116,46	169,40	190,58	113,57	165,19	185,8
	VI	2 948,66	162,17	235,89	265,37																				
7 640,99	I,IV	2 382,41	131,03	190,59	214,41	I	2 382,41	125,23	182,16	204,93	119,43	173,72	195,44	113,63	165,29	185,95	107,84	156,86	176,46	102,04	148,42	166,97	96,24	139,99	157,4
	II	2 336,66	128,51	186,93	210,29	II	2 336,66	122,71	178,50	200,81	116,92	170,06	191,32	111,11	161,62	181,82	105,32	153,19	172,34	99,52	144,76	162,85	93,72	136,32	153,3
	III	1 703,16	93,67	136,25	153,28	III	1 703,16	88,52	128,76	144,85	83,46	121,40	136,57	78,50	114,18	128,45	73,63	107,10	120,49	68,86	100,16	112,68	64,18	93,36	105,0
	V	2 917,66	160,47	233,41	262,58	IV	2 382,41	128,13	186,37	209,66	125,23	182,16	204,93	122,33	177,94	200,18	119,43	173,72	195,44	116,53	169,50	190,69	113,63	165,29	185,9
	VI	2 949,91	162,24	235,99	265,49																				
7 643,99	I,IV	2 383,66	131,10	190,69	214,52	I	2 383,66	125,30	182,26	205,04	119,50	173,82	195,55	113,70	165,39	186,06	107,91	156,96	176,58	102,11	148,52	167,09	96,31	140,09	157,6
	II	2 337,91	128,58	187,03	210,41	II	2 337,91	122,78	178,60	200,92	116,98	170,16	191,43	111,19	161,73	181,94	105,39	153,30	172,46	99,59	144,86	162,97	93,79	136,42	153,4
	III	1 704,33	93,73	136,34	153,38	III	1 704,33	88,57	128,84	144,94	83,52	121,49	136,67	78,55	114,26	128,54	73,69	107,18	120,58	68,91	100,24	112,77	64,24	93,44	105,1
	V	2 918,91	160,54	233,51	262,70	IV	2 383,66	128,20	186,48	209,79	125,30	182,26	205,04	122,40	178,04	200,30	119,50	173,82	195,55	116,60	169,60	190,80	113,70	165,39	186,0
	VI	2 951,16	162,31	236,09	265,60																				
7 646,99	I,IV	2 384,91	131,17	190,79	214,64	I	2 384,91	125,37	182,36	205,15	119,57	173,92	195,66	113,77	165,49	186,17	107,97	157,06	176,69	102,18	148,62	167,20	96,38	140,19	157,7
	II	2 339,16	128,65	187,13	210,52	II	2 339,16	122,85	178,70	201,03	117,05	170,26	191,54	111,26	161,83	182,06	105,46	153,40	172,57	99,66	144,96	163,08	93,86	136,53	153,5
	III	1 705,50	93,80	136,44	153,49	III	1 705,50	88,64	128,93	145,04	83,58	121,57	136,76	78,61	114,34	128,63	73,74	107,26	120,67	68,97	100,32	112,86	64,29	93,52	105,2
	V	2 920,25	160,61	233,62	262,82	IV	2 384,91	128,27	186,58	209,90	125,37	182,36	205,15	122,47	178,14	200,41	119,57	173,92	195,66	116,67	169,71	190,92	113,77	165,49	186,1
	VI	2 952,41	162,38	236,19	265,71																				
7 649,99	I,IV	2 386,16	131,23	190,89	214,75	I	2 386,16	125,44	182,46	205,26	119,64	174,02	195,77	113,84	165,59	186,29	108,04	157,16	176,80	102,24	148,72	167,31	96,45	140,29	157,8
	II	2 340,41	128,72	187,23	210,63	II	2 340,41	122,92	178,80	201,15	117,12	170,36	191,66	111,32	161,93	182,17	105,53	153,50	172,68	99,73	145,06	163,19	93,93	136,63	153,7
	III	1 706,50	93,85	136,52	153,58	III	1 706,50	88,70	129,02	145,15	83,64	121,66	136,87	78,67	114,44	128,74	73,81	107,36	120,78	69,02	100,40	112,95	64,35	93,60	105,3
	V	2 921,50	160,68	233,72	262,93	IV	2 386,16	128,34	186,68	210,01	125,44	182,46	205,26	122,54	178,24	200,52	119,64	174,02	195,77	116,74	169,81	191,03	113,84	165,59	186,2
	VI	2 953,66	162,45	236,29	265,82																				

* Die ausgewiesenen Tabellenwerte sind amtlich. Siehe Erläuterungen auf der Umschlaginnenseite (U2).

Abzüge an Lohnsteuer, Solidaritätszuschlag (SolZ) und Kirchensteuer (8%, 9%) in den Steuerklassen

Lohn/ Gehalt bis €*		I – VI	ohne Kinder-freibeträge			I, II, III, IV	mit Zahl der Kinderfreibeträge . . . 0,5			1			1,5			2			2,5			3		
		LSt	SolZ	8%	9%		LSt	SolZ	8%	9%	SolZ	8%	9%	SolZ	8%	9%	SolZ	8%	9%	SolZ	8%	9%	SolZ	8%	9%
7 652,99	I,IV	2 387,41	131,30	190,99	214,86	I	2 387,41	125,51	182,56	205,38	119,71	174,12	195,89	113,91	165,69	186,40	108,11	157,26	176,91	102,31	148,82	167,42	96,52	140,39	157,94
	II	2 341,66	128,79	187,33	210,74	II	2 341,66	122,99	178,90	201,26	117,19	170,46	191,77	111,39	162,03	182,28	105,60	153,60	172,80	99,80	145,16	163,31	94,—	136,73	153,82
	III	1 707,66	93,92	136,61	153,68	III	1 707,66	88,76	129,10	145,24	83,70	121,74	136,96	78,73	114,52	128,83	73,86	107,44	120,87	69,08	100,49	113,05	64,40	93,68	105,39
	V	2 922,75	160,75	233,82	263,04	IV	2 387,41	128,41	186,78	210,12	125,51	182,56	205,38	122,61	178,34	200,63	119,71	174,12	195,89	116,81	169,91	191,15	113,91	165,69	186,40
	VI	2 954,91	162,52	236,39	265,94																				
7 655,99	I,IV	2 388,75	131,38	191,10	214,98	I	2 388,75	125,58	182,66	205,49	119,78	174,22	196,—	113,98	165,79	186,51	108,18	157,36	177,03	102,38	148,92	167,54	96,58	140,49	158,05
	II	2 342,91	128,86	187,43	210,86	II	2 342,91	123,06	179,—	201,37	117,26	170,56	191,88	111,46	162,13	182,39	105,66	153,70	172,91	99,87	145,26	163,42	94,07	136,83	153,93
	III	1 708,83	93,98	136,70	153,79	III	1 708,83	88,82	129,20	145,35	83,76	121,84	137,07	78,79	114,61	128,93	73,92	107,52	120,96	69,14	100,57	113,14	64,46	93,76	105,48
	V	2 924,—	160,82	233,92	263,16	IV	2 388,75	128,48	186,88	210,24	125,58	182,66	205,49	122,68	178,44	200,75	119,78	174,22	196,—	116,88	170,01	191,26	113,98	165,79	186,51
	VI	2 956,16	162,58	236,49	266,05																				
7 658,99	I,IV	2 390,—	131,45	191,20	215,10	I	2 390,—	125,65	182,76	205,61	119,85	174,33	196,12	114,05	165,90	186,63	108,25	157,46	177,14	102,45	149,02	167,65	96,65	140,59	158,16
	II	2 344,16	128,92	187,53	210,97	II	2 344,16	123,13	179,10	201,48	117,33	170,66	191,99	111,53	162,23	182,51	105,73	153,80	173,02	99,93	145,36	163,53	94,14	136,93	154,04
	III	1 710,—	94,05	136,80	153,90	III	1 710,—	88,88	129,29	145,45	83,82	121,92	137,16	78,85	114,69	129,02	73,97	107,60	121,05	69,19	100,65	113,23	64,51	93,84	105,57
	V	2 925,25	160,88	234,02	263,27	IV	2 390,—	128,54	186,98	210,35	125,65	182,76	205,61	122,75	178,54	200,86	119,85	174,33	196,12	116,95	170,11	191,37	114,05	165,90	186,63
	VI	2 957,41	162,65	236,59	266,16																				
7 661,99	I,IV	2 391,25	131,51	191,30	215,21	I	2 391,25	125,72	182,86	205,72	119,92	174,43	196,23	114,12	166,—	186,75	108,32	157,56	177,26	102,52	149,13	167,77	96,73	140,70	158,28
	II	2 345,41	128,99	187,63	211,08	II	2 345,41	123,20	179,20	201,60	117,40	170,76	192,11	111,60	162,33	182,62	105,80	153,90	173,13	100,—	145,46	163,64	94,21	137,03	154,16
	III	1 711,—	94,10	136,88	153,99	III	1 711,—	88,94	129,37	145,54	83,88	122,01	137,26	78,91	114,78	129,13	74,03	107,69	121,15	69,25	100,73	113,32	64,57	93,92	105,66
	V	2 926,50	160,95	234,12	263,38	IV	2 391,25	128,61	187,08	210,46	125,72	182,86	205,72	122,81	178,64	200,97	119,92	174,43	196,23	117,02	170,21	191,48	114,12	166,—	186,75
	VI	2 958,75	162,73	236,70	266,28																				
7 664,99	I,IV	2 392,50	131,58	191,40	215,32	I	2 392,50	125,78	182,96	205,83	119,99	174,53	196,34	114,19	166,10	186,86	108,39	157,66	177,37	102,59	149,23	167,88	96,80	140,80	158,40
	II	2 346,75	129,07	187,74	211,20	II	2 346,75	123,27	179,30	201,71	117,47	170,86	192,22	111,67	162,43	182,73	105,87	154,—	173,25	100,07	145,56	163,76	94,27	137,13	154,27
	III	1 712,16	94,16	136,97	154,09	III	1 712,16	89,—	129,46	145,64	83,93	122,09	137,35	78,97	114,86	129,22	74,09	107,77	121,24	69,30	100,81	113,41	64,62	94,—	105,75
	V	2 927,75	161,02	234,22	263,49	IV	2 392,50	128,68	187,18	210,57	125,78	182,96	205,83	122,88	178,74	201,08	119,99	174,53	196,34	117,09	170,31	191,60	114,19	166,10	186,86
	VI	2 960,—	162,80	236,80	266,40																				
7 667,99	I,IV	2 393,75	131,65	191,50	215,43	I	2 393,75	125,85	183,06	205,94	120,06	174,63	196,46	114,26	166,20	186,97	108,46	157,76	177,48	102,66	149,33	167,99	96,86	140,90	158,51
	II	2 348,—	129,14	187,84	211,32	II	2 348,—	123,34	179,40	201,83	117,54	170,97	192,34	111,74	162,54	182,85	105,94	154,10	173,36	100,14	145,66	163,87	94,34	137,23	154,38
	III	1 713,33	94,23	137,06	154,19	III	1 713,33	89,07	129,56	145,75	84,—	122,18	137,45	79,02	114,94	129,31	74,14	107,85	121,33	69,37	100,90	113,51	64,68	94,08	105,84
	V	2 929,—	161,09	234,32	263,61	IV	2 393,75	128,75	187,28	210,69	125,85	183,06	205,94	122,95	178,84	201,20	120,06	174,63	196,46	117,15	170,41	191,71	114,26	166,20	186,97
	VI	2 961,25	162,86	236,90	266,51																				
7 670,99	I,IV	2 395,—	131,72	191,60	215,55	I	2 395,—	125,92	183,16	206,06	120,12	174,73	196,57	114,33	166,30	187,08	108,53	157,86	177,59	102,73	149,43	168,11	96,93	141,—	158,62
	II	2 349,25	129,20	187,94	211,43	II	2 349,25	123,41	179,50	201,94	117,61	171,07	192,45	111,81	162,64	182,97	106,01	154,20	173,48	100,21	145,77	163,99	94,42	137,34	154,50
	III	1 714,50	94,29	137,16	154,30	III	1 714,50	89,12	129,64	145,84	84,05	122,26	137,54	79,09	115,04	129,42	74,21	107,94	121,43	69,42	100,98	113,60	64,73	94,16	105,93
	V	2 930,25	161,16	234,42	263,72	IV	2 395,—	128,82	187,38	210,80	125,92	183,16	206,06	123,03	178,95	201,32	120,12	174,73	196,57	117,23	170,52	191,83	114,33	166,30	187,08
	VI	2 962,50	162,93	237,—	266,62																				
7 673,99	I,IV	2 396,25	131,79	191,70	215,66	I	2 396,25	125,99	183,26	206,17	120,19	174,83	196,68	114,40	166,40	187,20	108,60	157,96	177,71	102,80	149,53	168,22	97,—	141,10	158,73
	II	2 350,50	129,27	188,04	211,54	II	2 350,50	123,47	179,60	202,05	117,68	171,17	192,56	111,88	162,74	183,08	106,08	154,30	173,59	100,28	145,87	164,10	94,49	137,44	154,62
	III	1 715,66	94,36	137,25	154,40	III	1 715,66	89,19	129,73	145,94	84,12	122,36	137,65	79,14	115,12	129,51	74,26	108,02	121,52	69,48	101,06	113,69	64,79	94,24	106,02
	V	2 931,58	161,23	234,52	263,84	IV	2 396,25	128,89	187,48	210,92	125,99	183,26	206,17	123,09	179,05	201,43	120,19	174,83	196,68	117,30	170,62	191,94	114,40	166,40	187,20
	VI	2 963,75	163,—	237,10	266,73																				
7 676,99	I,IV	2 397,50	131,86	191,80	215,77	I	2 397,50	126,06	183,36	206,28	120,26	174,93	196,79	114,46	166,50	187,31	108,67	158,06	177,82	102,87	149,63	168,33	97,07	141,20	158,85
	II	2 351,75	129,34	188,14	211,65	II	2 351,75	123,54	179,70	202,16	117,75	171,27	192,68	111,95	162,84	183,19	106,15	154,40	173,70	100,35	145,97	164,21	94,55	137,54	154,73
	III	1 716,66	94,41	137,33	154,49	III	1 716,66	89,25	129,82	146,05	84,18	122,45	137,75	79,20	115,21	129,61	74,32	108,10	121,61	69,53	101,14	113,78	64,84	94,32	106,11
	V	2 932,83	161,30	234,62	263,95	IV	2 397,50	128,96	187,58	211,03	126,06	183,36	206,28	123,16	179,15	201,54	120,26	174,93	196,79	117,37	170,72	192,06	114,46	166,50	187,31
	VI	2 965,—	163,07	237,20	266,85																				
7 679,99	I,IV	2 398,83	131,93	191,90	215,89	I	2 398,83	126,13	183,46	206,39	120,33	175,03	196,91	114,53	166,60	187,42	108,73	158,16	177,93	102,94	149,73	168,44	97,14	141,30	158,96
	II	2 353,—	129,41	188,24	211,77	II	2 353,—	123,61	179,80	202,28	117,81	171,37	192,79	112,02	162,94	183,30	106,22	154,50	173,81	100,42	146,07	164,33	94,62	137,64	154,84
	III	1 717,83	94,48	137,42	154,60	III	1 717,83	89,31	129,90	146,14	84,24	122,53	137,84	79,26	115,29	129,70	74,37	108,18	121,70	69,59	101,22	113,87	64,90	94,40	106,20
	V	2 934,08	161,37	234,72	264,06	IV	2 398,83	129,03	187,68	211,14	126,13	183,46	206,39	123,23	179,25	201,65	120,33	175,03	196,91	117,43	170,82	192,17	114,53	166,60	187,42
	VI	2 966,25	163,14	237,30	266,96																				
7 682,99	I,IV	2 400,08	132,—	192,—	216,—	I	2 400,08	126,20	183,57	206,51	120,40	175,14	197,03	114,61	166,70	187,54	108,80	158,26	178,04	103,01	149,83	168,56	97,21	141,40	159,07
	II	2 354,25	129,48	188,34	211,88	II	2 354,25	123,68	179,90	202,39	117,88	171,47	192,90	112,09	163,04	183,42	106,29	154,60	173,93	100,49	146,17	164,44	94,69	137,74	154,95
	III	1 719,—	94,54	137,52	154,71	III	1 719,—	89,37	130,—	146,25	84,30	122,62	137,95	79,32	115,38	129,80	74,44	108,28	121,81	69,64	101,30	113,96	64,95	94,48	106,29
	V	2 935,33	161,44	234,82	264,17	IV	2 400,08	129,10	187,78	211,25	126,20	183,57	206,51	123,30	179,35	201,77	120,40	175,14	197,03	117,50	170,92	192,28	114,61	166,70	187,54
	VI	2 967,50	163,21	237,40	267,07																				
7 685,99	I,IV	2 401,33	132,07	192,10	216,11	I	2 401,33	126,27	183,67	206,63	120,47	175,24	197,14	114,67	166,80	187,65	108,88	158,37	178,16	103,08	149,94	168,68	97,28	141,50	159,19
	II	2 355,50	129,55	188,44	211,99	II	2 355,50	123,75	180,—	202,50	117,95	171,57	193,01	112,15	163,14	183,53	106,36	154,70	174,04	100,56	146,27	164,55	94,76	137,84	155,07
	III	1 720,16	94,60	137,61	154,81	III	1 720,16	89,43	130,09	146,35	84,36	122,70	138,04	79,38	115,46	129,89	74,49	108,36	121,90	69,71	101,40	114,07	65,01	94,56	106,38
	V	2 936,58	161,51	234,92	264,29	IV	2 401,33	129,17	187,88	211,37	126,27	183,67	206,63	123,37	179,45	201,88	120,47	175,24	197,14	117,57	171,02	192,39	114,67	166,80	187,65
	VI	2 968,75	163,28	237,50	267,18																				
7 688,99	I,IV	2 402,58	132,14	192,20	216,23	I	2 402,58	126,34	183,77	206,74	120,54	175,34	197,25	114,74	166,90	187,76	108,95	158,47	178,28	103,15	150,04	168,79	97,35	141,60	159,30
	II	2 356,83	129,62	188,54	212,11	II	2 356,83	123,82	180,10	202,61	118,02	171,67	193,13	112,22	163,24	183,64	106,42	154,80	174,15	100,63	146,37	164,66	94,83	137,94	155,18
	III	1 721,33	94,67	137,70	154,91	III	1 721,33	89,50	130,18	146,45	84,42	122,80	138,15	79,43	115,54	129,98	74,55	108,44	121,99	69,76	101,48	114,16	65,07	94,65	106,48
	V	2 937,83	161,58	235,02	264,40	IV	2 402,58	129,24	187,98	211,48	126,34	183,77	206,74	123,44	179,55	201,99	120,54	175,34	197,25	117,64	171,12	192,51	114,74	166,90	187,76
	VI	2 970,08	163,35	237,60	267,30																				
7 691,99	I,IV	2 403,83	132,21	192,30	216,34	I	2 403,83	126,41	183,87	206,85	120,61	175,44	197,37	114,81	167,—	187,88	109,01	158,57	178,39	103,22	150,14	168,90	97,42	141,70	159,41
	II	2 358,08	129,69	188,64	212,22	II	2 358,08	123,89	180,21	202,73	118,09	171,78	193,25	112,30	163,34	183,76	106,49	154,90	174,26	100,70	146,47	164,78	94,90	138,04	155,29
	III	1 722,33	94,72	137,78	155,—	III	1 722,33	89,55	130,26	146,54	84,48	122,88	138,24	79,50	115,64	130,09	74,61	108,53	122,09	69,82	101,56	114,25	65,12	94,73	106,57
	V	2 939,08	161,64	235,12	264,51	IV	2 403,83	129,30	188,08	211,59	126,41	183,87	206,85	123,51	179,65	202,10	120,61	175,44	197,37	117,71	171,22	192,62	114,81	167,—	187,88
	VI	2 971,33	163,42	237,70	267,41																				
7 694,99	I,IV	2 405,08	132,27	192,40	216,45	I	2 405,08	126,48	183,97	206,96	120,68	175,54	197,48	114,88	167,10	187,99	109,08	158,67	178,50	103,29	150,24	169,02	97,49	141,80	159,53
	II	2 359,33	129,76	188,74	212,33	II	2 359,33	123,96	180,31	202,85	118,16	171,88	193,36	112,36	163,44	183,87	106,57	155,01	174,38	100,77	146,58	164,90	94,97	138,14	155,41
	III	1 723,50	94,79	137,88	155,11	III	1 723,50	89,62	130,36	146,65	84,54	122,97	138,34	79,55	115,72	130,18	74,67	108,61	122,18	69,87	101,64	114,34	65,18	94,81	106,66
	V	2 940,33	161,71	235,22	264,62	IV	2 405,08	129,38	188,19	211,71	126,48	183,97	206,96	123,58	179,76	202,23	120,68	175,54	197,48	117,78	171,32	192,74	114,88	167,10	187,99
	VI	2 972,58	163,49	237,80	267,53																				

* Die ausgewiesenen Tabellenwerte sind amtlich. Siehe Erläuterungen auf der Umschlaginnenseite (U2).

MONAT 7 695,–*

Abzüge an Lohnsteuer, Solidaritätszuschlag (SolZ) und Kirchensteuer (8%, 9%) in den Steuerklassen

Lohn/ Gehalt bis €*		I – VI	ohne Kinderfreibeträge				I, II, III, IV	mit Zahl der Kinderfreibeträge . . . 0,5			1			1,5			2			2,5			3		
		LSt	SolZ	8%	9%		LSt	SolZ	8%	9%	SolZ	8%	9%	SolZ	8%	9%	SolZ	8%	9%	SolZ	8%	9%	SolZ	8%	9%
7 697,99	I,IV	2 406,33	132,34	192,50	216,56	I	2 406,33	126,55	184,07	207,08	120,75	175,64	197,59	114,95	167,20	188,10	109,15	158,77	178,61	103,35	150,34	169,13	97,56	141,90	159,6
	II	2 360,58	129,83	188,84	212,45	II	2 360,58	124,03	180,41	202,96	118,23	171,98	193,47	112,43	163,54	183,98	106,64	155,11	174,50	100,84	146,68	165,01	95,04	138,24	155,5
	III	1 724,66	94,85	137,97	155,21	III	1 724,66	89,68	130,45	146,75	84,59	123,05	138,43	79,62	115,81	130,28	74,72	108,69	122,27	69,93	101,72	114,43	65,23	94,89	106,7
	V	2 941,66	161,79	235,33	264,74	IV	2 406,33	129,45	188,29	211,82	126,55	184,07	207,08	123,65	179,86	202,34	120,75	175,64	197,59	117,85	171,42	192,85	114,95	167,20	188,1
	VI	2 973,83	163,56	237,90	267,64																				
7 700,99	I,IV	2 407,58	132,41	192,60	216,68	I	2 407,58	126,61	184,17	207,19	120,82	175,74	197,70	115,02	167,30	188,21	109,22	158,87	178,73	103,42	150,44	169,24	97,62	142,—	159,7
	II	2 361,83	129,90	188,94	212,56	II	2 361,83	124,10	180,51	203,07	118,30	172,08	193,59	112,50	163,64	184,10	106,70	155,21	174,61	100,91	146,78	165,12	95,11	138,34	155,6
	III	1 725,83	94,92	138,06	155,32	III	1 725,83	89,74	130,53	146,84	84,66	123,14	138,53	79,67	115,89	130,37	74,79	108,78	122,38	69,99	101,81	114,53	65,29	94,97	106,8
	V	2 942,91	161,86	235,43	264,86	IV	2 407,58	129,52	188,39	211,94	126,61	184,17	207,19	123,72	179,96	202,45	120,82	175,74	197,70	117,92	171,52	192,96	115,02	167,30	188,2
	VI	2 975,08	163,62	238,—	267,75																				
7 703,99	I,IV	2 408,83	132,48	192,70	216,79	I	2 408,83	126,68	184,27	207,30	120,89	175,84	197,82	115,09	167,40	188,33	109,29	158,97	178,84	103,49	150,54	169,35	97,69	142,10	159,8
	II	2 363,08	129,96	189,04	212,67	II	2 363,08	124,17	180,61	203,18	118,37	172,18	193,70	112,57	163,74	184,21	106,77	155,31	174,72	100,98	146,88	165,24	95,18	138,44	155,7
	III	1 727,—	94,98	138,16	155,43	III	1 727,—	89,80	130,62	146,95	84,72	123,24	138,64	79,74	115,98	130,48	74,84	108,86	122,47	70,05	101,89	114,62	65,34	95,05	106,9
	V	2 944,16	161,92	235,53	264,97	IV	2 408,83	129,58	188,49	212,05	126,68	184,27	207,30	123,79	180,06	202,56	120,89	175,84	197,82	117,99	171,62	193,07	115,09	167,40	188,3
	VI	2 976,33	163,69	238,10	267,86																				
7 706,99	I,IV	2 410,16	132,55	192,81	216,91	I	2 410,16	126,76	184,38	207,42	120,96	175,94	197,93	115,16	167,50	188,44	109,36	159,07	178,95	103,56	150,64	169,47	97,76	142,20	159,9
	II	2 364,33	130,03	189,14	212,78	II	2 364,33	124,24	180,71	203,30	118,44	172,28	193,81	112,64	163,84	184,32	106,84	155,41	174,83	101,04	146,98	165,35	95,25	138,54	155,8
	III	1 728,—	95,04	138,24	155,52	III	1 728,—	89,87	130,72	147,06	84,78	123,32	138,73	79,79	116,06	130,57	74,90	108,94	122,56	70,10	101,97	114,71	65,40	95,13	107,0
	V	2 945,41	161,99	235,63	265,08	IV	2 410,16	129,65	188,59	212,16	126,76	184,38	207,42	123,86	180,16	202,68	120,96	175,94	197,93	118,06	171,72	193,19	115,16	167,50	188,4
	VI	2 977,58	163,76	238,20	267,98																				
7 709,99	I,IV	2 411,41	132,62	192,91	217,02	I	2 411,41	126,83	184,48	207,54	121,03	176,04	198,05	115,23	167,61	188,56	109,43	159,18	179,07	103,63	150,74	169,58	97,83	142,30	160,0
	II	2 365,58	130,10	189,24	212,90	II	2 365,58	124,30	180,81	203,41	118,51	172,38	193,92	112,71	163,94	184,43	106,91	155,51	174,95	101,11	147,08	165,46	95,31	138,64	155,9
	III	1 729,16	95,10	138,33	155,62	III	1 729,16	89,92	130,80	147,15	84,84	123,41	138,83	79,85	116,14	130,66	74,96	109,04	122,67	70,16	102,05	114,80	65,45	95,21	107,1
	V	2 946,66	162,06	235,73	265,19	IV	2 411,41	129,72	188,69	212,27	126,83	184,48	207,54	123,92	180,26	202,79	121,03	176,04	198,05	118,13	171,82	193,30	115,23	167,61	188,5
	VI	2 978,83	163,83	238,30	268,09																				
7 712,99	I,IV	2 412,66	132,69	193,01	217,13	I	2 412,66	126,89	184,58	207,65	121,10	176,14	198,16	115,30	167,71	188,67	109,50	159,28	179,19	103,70	150,84	169,70	97,90	142,41	160,2
	II	2 366,83	130,17	189,34	213,01	II	2 366,83	124,37	180,91	203,52	118,58	172,48	194,04	112,78	164,04	184,55	106,98	155,61	175,06	101,18	147,18	165,57	95,38	138,74	156,0
	III	1 730,33	95,16	138,42	155,72	III	1 730,33	89,98	130,89	147,25	84,90	123,49	138,92	79,91	116,24	130,77	75,02	109,12	122,76	70,21	102,13	114,89	65,51	95,29	107,2
	V	2 947,91	162,13	235,83	265,31	IV	2 412,66	129,79	188,79	212,39	126,89	184,58	207,65	123,99	180,36	202,90	121,10	176,14	198,16	118,19	171,92	193,41	115,30	167,71	188,6
	VI	2 980,16	163,90	238,41	268,21																				
7 715,99	I,IV	2 413,91	132,76	193,11	217,25	I	2 413,91	126,96	184,68	207,76	121,16	176,24	198,27	115,37	167,81	188,78	109,57	159,38	179,30	103,77	150,94	169,81	97,97	142,51	160,3
	II	2 368,16	130,24	189,45	213,13	II	2 368,16	124,45	181,02	203,64	118,65	172,58	194,15	112,85	164,14	184,66	107,05	155,71	175,17	101,25	147,28	165,69	95,45	138,84	156,2
	III	1 731,50	95,23	138,52	155,83	III	1 731,50	90,05	130,98	147,35	84,96	123,58	139,03	79,97	116,32	130,86	75,07	109,20	122,85	70,27	102,21	114,98	65,56	95,37	107,2
	V	2 949,16	162,20	235,93	265,42	IV	2 413,91	129,86	188,89	212,50	126,96	184,68	207,76	124,06	180,46	203,01	121,16	176,24	198,27	118,26	172,02	193,52	115,37	167,81	188,7
	VI	2 981,41	163,97	238,51	268,32																				
7 718,99	I,IV	2 415,16	132,83	193,21	217,36	I	2 415,16	127,03	184,78	207,87	121,23	176,34	198,38	115,44	167,91	188,90	109,64	159,48	179,41	103,84	151,04	169,92	98,04	142,61	160,4
	II	2 369,41	130,31	189,55	213,24	II	2 369,41	124,52	181,12	203,76	118,72	172,68	194,27	112,92	164,25	184,78	107,12	155,82	175,29	101,32	147,38	165,80	95,52	138,94	156,3
	III	1 732,66	95,29	138,61	155,93	III	1 732,66	90,10	131,06	147,44	85,02	123,66	139,12	80,03	116,41	130,96	75,13	109,29	122,95	70,33	102,30	115,09	65,62	95,45	107,3
	V	2 950,41	162,27	236,03	265,53	IV	2 415,16	129,93	189,—	212,62	127,03	184,78	207,87	124,13	180,56	203,13	121,23	176,34	198,38	118,33	172,12	193,64	115,44	167,91	188,9
	VI	2 982,66	164,04	238,61	268,43																				
7 721,99	I,IV	2 416,41	132,90	193,31	217,47	I	2 416,41	127,10	184,88	207,99	121,30	176,44	198,50	115,50	168,01	189,01	109,71	159,58	179,52	103,91	151,14	170,03	98,11	142,71	160,5
	II	2 370,66	130,38	189,65	213,35	II	2 370,66	124,58	181,22	203,87	118,79	172,78	194,38	112,99	164,35	184,89	107,19	155,92	175,41	101,39	147,48	165,92	95,59	139,05	156,4
	III	1 733,83	95,36	138,70	156,04	III	1 733,83	90,17	131,16	147,55	85,08	123,76	139,23	80,08	116,49	131,05	75,19	109,37	123,04	70,39	102,38	115,18	65,67	95,53	107,4
	V	2 951,75	162,34	236,14	265,65	IV	2 416,41	130,—	189,10	212,73	127,10	184,88	207,99	124,20	180,66	203,24	121,30	176,44	198,50	118,41	172,23	193,76	115,50	168,01	189,0
	VI	2 983,91	164,11	238,71	268,55																				
7 724,99	I,IV	2 417,66	132,97	193,41	217,58	I	2 417,66	127,17	184,98	208,10	121,37	176,54	198,61	115,57	168,11	189,12	109,78	159,68	179,64	103,98	151,24	170,15	98,18	142,81	160,6
	II	2 371,91	130,45	189,75	213,47	II	2 371,91	124,65	181,32	203,98	118,85	172,88	194,49	113,06	164,45	185,—	107,26	156,02	175,52	101,46	147,58	166,03	95,66	139,15	156,5
	III	1 734,83	95,41	138,78	156,13	III	1 734,83	90,23	131,25	147,65	85,14	123,85	139,33	80,15	116,58	131,15	75,24	109,45	123,13	70,44	102,46	115,27	65,73	95,61	107,5
	V	2 953,—	162,41	236,24	265,77	IV	2 417,66	130,07	189,20	212,85	127,17	184,98	208,10	124,27	180,76	203,36	121,37	176,54	198,61	118,47	172,33	193,87	115,57	168,11	189,1
	VI	2 985,16	164,18	238,81	268,66																				
7 727,99	I,IV	2 418,91	133,04	193,51	217,70	I	2 418,91	127,24	185,08	208,21	121,44	176,64	198,72	115,64	168,21	189,23	109,84	159,78	179,75	104,05	151,34	170,26	98,25	142,91	160,7
	II	2 373,16	130,52	189,85	213,58	II	2 373,16	124,72	181,42	204,09	118,92	172,98	194,60	113,13	164,55	185,12	107,33	156,12	175,63	101,53	147,68	166,14	95,73	139,25	156,6
	III	1 736,—	95,48	138,88	156,24	III	1 736,—	90,29	131,33	147,74	85,20	123,93	139,42	80,20	116,66	131,24	75,31	109,54	123,23	70,50	102,54	115,36	65,78	95,69	107,6
	V	2 954,25	162,48	236,34	265,88	IV	2 418,91	130,14	189,30	212,96	127,24	185,08	208,21	124,34	180,86	203,47	121,44	176,64	198,72	118,54	172,43	193,98	115,64	168,21	189,2
	VI	2 986,41	164,25	238,91	268,77																				
7 730,99	I,IV	2 420,25	133,11	193,62	217,82	I	2 420,25	127,31	185,18	208,33	121,51	176,74	198,83	115,71	168,31	189,35	109,91	159,88	179,86	104,11	151,44	170,37	98,32	143,01	160,8
	II	2 374,41	130,59	189,95	213,69	II	2 374,41	124,79	181,52	204,21	118,99	173,08	194,72	113,19	164,66	185,23	107,40	156,22	175,74	101,60	147,78	166,25	95,80	139,35	156,7
	III	1 737,16	95,54	138,97	156,34	III	1 737,16	90,35	131,42	147,85	85,26	124,02	139,52	80,27	116,76	131,35	75,36	109,62	123,32	70,55	102,62	115,45	65,85	95,78	107,7
	V	2 955,50	162,55	236,44	265,99	IV	2 420,25	130,21	189,40	213,07	127,31	185,18	208,33	124,41	180,96	203,58	121,51	176,74	198,83	118,61	172,53	194,09	115,71	168,31	189,3
	VI	2 987,66	164,32	239,01	268,88																				
7 733,99	I,IV	2 421,50	133,18	193,72	217,93	I	2 421,50	127,38	185,28	208,44	121,58	176,85	198,95	115,78	168,42	189,47	109,99	159,98	179,98	104,18	151,54	170,48	98,39	143,11	161,—
	II	2 375,66	130,66	190,05	213,80	II	2 375,66	124,86	181,62	204,32	119,06	173,18	194,83	113,26	164,75	185,34	107,47	156,32	175,86	101,67	147,88	166,37	95,87	139,45	156,8
	III	1 738,33	95,60	139,06	156,44	III	1 738,33	90,42	131,52	147,96	85,32	124,10	139,61	80,32	116,84	131,44	75,42	109,70	123,41	70,62	102,72	115,56	65,90	95,86	107,8
	V	2 956,75	162,62	236,54	266,10	IV	2 421,50	130,28	189,50	213,18	127,38	185,28	208,44	124,48	181,06	203,69	121,58	176,85	198,95	118,68	172,63	194,21	115,78	168,42	189,4
	VI	2 988,91	164,39	239,11	269,—																				
7 736,99	I,IV	2 422,75	133,25	193,82	218,04	I	2 422,75	127,45	185,38	208,55	121,65	176,95	199,07	115,85	168,52	189,58	110,05	160,08	180,09	104,26	151,65	170,60	98,46	143,22	161,1
	II	2 376,91	130,73	190,15	213,92	II	2 376,91	124,93	181,72	204,43	119,13	173,28	194,94	113,33	164,85	185,45	107,53	156,42	175,97	101,74	147,98	166,48	95,94	139,55	156,9
	III	1 739,50	95,67	139,16	156,55	III	1 739,50	90,48	131,61	148,06	85,38	124,20	139,72	80,38	116,92	131,53	75,48	109,80	123,52	70,67	102,80	115,65	65,96	95,94	107,9
	V	2 958,—	162,69	236,64	266,22	IV	2 422,75	130,35	189,60	213,30	127,45	185,38	208,55	124,55	181,16	203,81	121,65	176,95	199,07	118,75	172,73	194,32	115,85	168,52	189,5
	VI	2 990,25	164,46	239,22	269,12																				
7 739,99	I,IV	2 424,—	133,32	193,92	218,16	I	2 424,—	127,52	185,48	208,67	121,72	177,05	199,18	115,92	168,62	189,69	110,12	160,18	180,20	104,33	151,75	170,72	98,53	143,32	161,2
	II	2 378,25	130,80	190,26	214,04	II	2 378,25	125,—	181,82	204,55	119,20	173,38	195,05	113,40	164,95	185,57	107,60	156,52	176,08	101,80	148,08	166,59	96,01	139,65	157,1
	III	1 740,66	95,73	139,25	156,65	III	1 740,66	90,53	131,69	148,15	85,44	124,28	139,81	80,44	117,01	131,63	75,54	109,88	123,61	70,73	102,88	115,74	66,01	96,02	108,0
	V	2 959,25	162,75	236,74	266,33	IV	2 424,—	130,41	189,70	213,41	127,52	185,48	208,67	124,62	181,26	203,92	121,72	177,05	199,18	118,82	172,83	194,43	115,92	168,62	189,6
	VI	2 991,50	164,53	239,32	269,23																				

* Die ausgewiesenen Tabellenwerte sind amtlich. Siehe Erläuterungen auf der Umschlaginnenseite (U2).

Lohn/ Gehalt bis €*		Abzüge an Lohnsteuer, Solidaritätszuschlag (SolZ) und Kirchensteuer (8%, 9%) in den Steuerklassen I – VI ohne Kinderfreibeträge LSt	SolZ	8%	9%	I, II, III, IV	LSt	mit Zahl der Kinderfreibeträge . . . 0,5 SolZ	8%	9%	1 SolZ	8%	9%	1,5 SolZ	8%	9%	2 SolZ	8%	9%	2,5 SolZ	8%	9%	3 SolZ	8%	9%
7 742,99	I,IV	2 425,25	133,38	194,02	218,27	I	2 425,25	127,59	185,58	208,78	121,79	177,15	199,29	115,99	168,72	189,81	110,19	160,28	180,32	104,39	151,85	170,83	98,60	143,42	161,34
	II	2 379,50	130,87	190,36	214,15	II	2 379,50	125,07	181,92	204,66	119,27	173,49	195,17	113,47	165,06	185,69	107,68	156,62	176,20	101,87	148,18	166,70	96,08	139,75	157,22
	III	1 741,66	95,79	139,33	156,74	III	1 741,66	90,60	131,78	148,25	85,50	124,37	139,91	80,50	117,09	131,72	75,59	109,96	123,70	70,78	102,96	115,83	66,07	96,10	108,11
	V	2 960,50	162,82	236,84	266,44	IV	2 425,25	130,49	189,80	213,53	127,59	185,58	208,78	124,68	181,36	204,03	121,79	177,15	199,29	118,89	172,93	194,54	115,99	168,72	189,81
	VI	2 992,75	164,60	239,42	269,34																				
7 745,99	I,IV	2 426,50	133,45	194,12	218,38	I	2 426,50	127,65	185,68	208,89	121,86	177,25	199,40	116,06	168,82	189,92	110,26	160,38	180,43	104,46	151,95	170,94	98,67	143,52	161,46
	II	2 380,75	130,94	190,46	214,26	II	2 380,75	125,14	182,02	204,77	119,34	173,59	195,29	113,54	165,16	185,80	107,74	156,72	176,31	101,95	148,29	166,82	96,15	139,86	157,34
	III	1 742,83	95,85	139,42	156,85	III	1 742,83	90,66	131,88	148,36	85,57	124,46	140,02	80,56	117,18	131,83	75,66	110,05	123,80	70,84	103,05	115,93	66,12	96,18	108,20
	V	2 961,75	162,89	236,94	266,55	IV	2 426,50	130,56	189,90	213,64	127,65	185,68	208,89	124,76	181,47	204,15	121,86	177,25	199,40	118,96	173,04	194,67	116,06	168,82	189,92
	VI	2 994,—	164,67	239,52	269,46																				
7 748,99	I,IV	2 427,75	133,52	194,22	218,49	I	2 427,75	127,72	185,78	209,—	121,93	177,35	199,52	116,13	168,92	190,03	110,33	160,48	180,54	104,53	152,05	171,05	98,73	143,62	161,57
	II	2 382,—	131,01	190,56	214,38	II	2 382,—	125,21	182,12	204,89	119,41	173,69	195,40	113,61	165,26	185,91	107,81	156,82	176,42	102,02	148,39	166,94	96,22	139,96	157,45
	III	1 744,—	95,92	139,52	156,96	III	1 744,—	90,72	131,96	148,45	85,62	124,54	140,11	80,62	117,26	131,92	75,71	110,13	123,89	70,90	103,13	116,02	66,18	96,26	108,29
	V	2 963,08	162,96	237,04	266,67	IV	2 427,75	130,62	190,—	213,75	127,72	185,78	209,—	124,83	181,57	204,26	121,93	177,35	199,52	119,03	173,14	194,78	116,13	168,92	190,03
	VI	2 995,25	164,73	239,62	269,57																				
7 751,99	I,IV	2 429,—	133,59	194,32	218,61	I	2 429,—	127,79	185,88	209,12	121,99	177,45	199,63	116,20	169,02	190,14	110,40	160,58	180,65	104,60	152,15	171,17	98,80	143,72	161,68
	II	2 383,25	131,07	190,66	214,49	II	2 383,25	125,28	182,22	205,—	119,48	173,79	195,51	113,68	165,36	186,03	107,88	156,92	176,54	102,08	148,49	167,05	96,29	140,06	157,56
	III	1 745,16	95,98	139,61	157,06	III	1 745,16	90,78	132,05	148,55	85,69	124,64	140,22	80,68	117,36	132,03	75,77	110,21	123,98	70,95	103,21	116,11	66,23	96,34	108,38
	V	2 964,33	163,03	237,14	266,78	IV	2 429,—	130,69	190,10	213,86	127,79	185,88	209,12	124,90	181,67	204,38	121,99	177,45	199,63	119,10	173,24	194,89	116,20	169,02	190,14
	VI	2 996,50	164,80	239,72	269,68																				
7 754,99	I,IV	2 430,33	133,66	194,42	218,72	I	2 430,33	127,86	185,98	209,23	122,06	177,55	199,74	116,27	169,12	190,26	110,47	160,68	180,77	104,67	152,25	171,28	98,87	143,82	161,79
	II	2 384,50	131,14	190,76	214,60	II	2 384,50	125,34	182,32	205,11	119,55	173,89	195,62	113,75	165,46	186,14	107,95	157,02	176,65	102,15	148,59	167,16	96,36	140,16	157,68
	III	1 746,33	96,04	139,70	157,16	III	1 746,33	90,85	132,14	148,66	85,74	124,72	140,31	80,74	117,44	132,12	75,83	110,30	124,09	71,01	103,29	116,20	66,29	96,42	108,47
	V	2 965,58	163,10	237,24	266,90	IV	2 430,33	130,76	190,20	213,98	127,86	185,98	209,23	124,96	181,77	204,49	122,06	177,55	199,74	119,17	173,34	195,—	116,27	169,12	190,26
	VI	2 997,75	164,87	239,82	269,79																				
7 757,99	I,IV	2 431,58	133,73	194,52	218,84	I	2 431,58	127,93	186,09	209,35	122,14	177,66	199,86	116,34	169,22	190,37	110,54	160,78	180,88	104,74	152,35	171,39	98,94	143,92	161,91
	II	2 385,75	131,21	190,86	214,71	II	2 385,75	125,41	182,42	205,22	119,62	173,99	195,74	113,82	165,56	186,25	108,02	157,12	176,76	102,22	148,69	167,27	96,42	140,26	157,79
	III	1 747,50	96,11	139,80	157,27	III	1 747,50	90,91	132,24	148,77	85,80	124,81	140,41	80,80	117,53	132,22	75,89	110,38	124,18	71,06	103,37	116,29	66,34	96,50	108,56
	V	2 966,83	163,17	237,34	267,01	IV	2 431,58	130,83	190,30	214,09	127,93	186,09	209,35	125,03	181,87	204,60	122,14	177,66	199,86	119,24	173,44	195,12	116,34	169,22	190,37
	VI	2 999,—	164,94	239,92	269,91																				
7 760,99	I,IV	2 432,83	133,80	194,62	218,95	I	2 432,83	128,—	186,19	209,46	122,21	177,76	199,98	116,41	169,32	190,49	110,61	160,89	181,—	104,81	152,46	171,51	99,01	144,02	162,02
	II	2 387,—	131,28	190,96	214,83	II	2 387,—	125,48	182,52	205,34	119,68	174,09	195,85	113,89	165,66	186,36	108,09	157,22	176,87	102,29	148,79	167,39	96,49	140,36	157,90
	III	1 748,50	96,16	139,88	157,36	III	1 748,50	90,97	132,32	148,86	85,87	124,90	140,51	80,85	117,61	132,31	75,94	110,46	124,27	71,13	103,46	116,39	66,40	96,58	108,65
	V	2 968,08	163,24	237,44	267,12	IV	2 432,83	130,90	190,40	214,20	128,—	186,19	209,46	125,10	181,97	204,71	122,21	177,76	199,98	119,30	173,54	195,23	116,41	169,32	190,49
	VI	3 000,25	165,01	240,02	270,02																				
7 763,99	I,IV	2 434,08	133,87	194,72	219,06	I	2 434,08	128,07	186,29	209,57	122,27	177,86	200,09	116,48	169,42	190,60	110,68	160,99	181,11	104,88	152,56	171,63	99,08	144,12	162,14
	II	2 388,33	131,35	191,06	214,94	II	2 388,33	125,55	182,62	205,45	119,75	174,19	195,96	113,96	165,76	186,48	108,16	157,32	176,99	102,36	148,89	167,50	96,56	140,46	158,01
	III	1 749,66	96,23	139,97	157,46	III	1 749,66	91,03	132,41	148,96	85,92	124,98	140,60	80,92	117,70	132,41	76,01	110,56	124,38	71,18	103,54	116,48	66,45	96,66	108,74
	V	2 969,33	163,31	237,54	267,23	IV	2 434,08	130,97	190,50	214,31	128,07	186,29	209,57	125,17	182,07	204,83	122,27	177,86	200,09	119,37	173,64	195,34	116,48	169,42	190,60
	VI	3 001,58	165,08	240,12	270,14																				
7 766,99	I,IV	2 435,33	133,94	194,82	219,17	I	2 435,33	128,14	186,39	209,69	122,34	177,96	200,20	116,54	169,52	190,71	110,75	161,09	181,22	104,95	152,66	171,74	99,15	144,22	162,25
	II	2 389,58	131,42	191,16	215,06	II	2 389,58	125,62	182,73	205,57	119,83	174,30	196,08	114,03	165,86	186,59	108,23	157,42	177,10	102,43	148,99	167,61	96,63	140,56	158,13
	III	1 750,83	96,29	140,06	157,57	III	1 750,83	91,09	132,50	149,06	85,99	125,08	140,71	80,97	117,78	132,50	76,06	110,64	124,47	71,24	103,62	116,57	66,52	96,76	108,85
	V	2 970,58	163,38	237,64	267,35	IV	2 435,33	131,04	190,60	214,43	128,14	186,39	209,69	125,24	182,17	204,94	122,34	177,96	200,20	119,44	173,74	195,45	116,54	169,52	190,71
	VI	3 002,83	165,15	240,22	270,25																				
7 769,99	I,IV	2 436,58	134,01	194,92	219,29	I	2 436,58	128,21	186,49	209,80	122,41	178,06	200,31	116,61	169,62	190,82	110,82	161,19	181,34	105,02	152,76	171,85	99,22	144,32	162,36
	II	2 390,83	131,49	191,26	215,17	II	2 390,83	125,69	182,83	205,68	119,90	174,40	196,20	114,10	165,96	186,71	108,30	157,53	177,22	102,50	149,10	167,73	96,70	140,66	158,24
	III	1 752,—	96,36	140,16	157,68	III	1 752,—	91,15	132,58	149,15	86,04	125,16	140,80	81,04	117,88	132,61	76,12	110,72	124,56	71,29	103,70	116,66	66,57	96,84	108,94
	V	2 971,83	163,45	237,74	267,46	IV	2 436,58	131,11	190,71	214,55	128,21	186,49	209,80	125,31	182,28	205,06	122,41	178,06	200,31	119,51	173,84	195,57	116,61	169,62	190,82
	VI	3 004,08	165,22	240,32	270,36																				
7 772,99	I,IV	2 437,83	134,08	195,02	219,40	I	2 437,83	128,28	186,59	209,91	122,48	178,16	200,43	116,68	169,72	190,94	110,88	161,29	181,45	105,09	152,86	171,96	99,29	144,42	162,47
	II	2 392,08	131,56	191,36	215,28	II	2 392,08	125,76	182,93	205,79	119,96	174,50	196,31	114,17	166,06	186,82	108,37	157,63	177,33	102,57	149,20	167,85	96,77	140,76	158,36
	III	1 753,16	96,42	140,25	157,78	III	1 753,16	91,21	132,68	149,26	86,11	125,25	140,90	81,09	117,96	132,70	76,18	110,81	124,66	71,36	103,80	116,77	66,63	96,92	109,03
	V	2 973,16	163,52	237,85	267,58	IV	2 437,83	131,18	190,81	214,66	128,28	186,59	209,91	125,38	182,38	205,17	122,48	178,16	200,43	119,58	173,94	195,68	116,68	169,72	190,94
	VI	3 005,33	165,29	240,42	270,47																				
7 775,99	I,IV	2 439,08	134,14	195,12	219,51	I	2 439,08	128,35	186,69	210,02	122,55	178,26	200,54	116,75	169,82	191,05	110,95	161,39	181,56	105,16	152,96	172,08	99,36	144,52	162,59
	II	2 393,33	131,63	191,46	215,39	II	2 393,33	125,83	183,03	205,91	120,03	174,60	196,42	114,23	166,16	186,93	108,44	157,73	177,44	102,64	149,30	167,96	96,84	140,86	158,47
	III	1 754,33	96,48	140,34	157,88	III	1 754,33	91,28	132,77	149,36	86,17	125,34	141,01	81,16	118,05	132,80	76,23	110,89	124,75	71,41	103,88	116,86	66,68	97,—	109,12
	V	2 974,41	163,59	237,95	267,69	IV	2 439,08	131,25	190,91	214,77	128,35	186,69	210,02	125,45	182,48	205,29	122,55	178,26	200,54	119,65	174,04	195,80	116,75	169,82	191,05
	VI	3 006,58	165,36	240,52	270,59																				
7 778,99	I,IV	2 440,33	134,21	195,22	219,62	I	2 440,33	128,42	186,79	210,14	122,62	178,36	200,65	116,82	169,92	191,16	111,02	161,49	181,67	105,22	153,06	172,19	99,43	144,62	162,70
	II	2 394,58	131,70	191,56	215,51	II	2 394,58	125,90	183,13	206,02	120,10	174,70	196,53	114,30	166,26	187,04	108,51	157,83	177,56	102,71	149,40	168,07	96,91	140,96	158,58
	III	1 755,33	96,54	140,42	157,97	III	1 755,33	91,34	132,86	149,47	86,23	125,42	141,10	81,21	118,13	132,89	76,29	110,97	124,84	71,47	103,96	116,95	66,74	97,08	109,21
	V	2 975,66	163,66	238,05	267,80	IV	2 440,33	131,32	191,01	214,88	128,42	186,79	210,14	125,52	182,58	205,40	122,62	178,36	200,65	119,72	174,14	195,91	116,82	169,92	191,16
	VI	3 007,83	165,43	240,62	270,70																				
7 781,99	I,IV	2 441,66	134,29	195,33	219,74	I	2 441,66	128,49	186,90	210,26	122,69	178,46	200,77	116,89	170,02	191,27	111,09	161,59	181,79	105,29	153,16	172,30	99,49	144,72	162,81
	II	2 395,83	131,77	191,66	215,62	II	2 395,83	125,97	183,23	206,13	120,17	174,80	196,65	114,37	166,36	187,16	108,57	157,93	177,67	102,78	149,50	168,18	96,98	141,06	158,69
	III	1 756,50	96,60	140,52	158,08	III	1 756,50	91,40	132,94	149,56	86,29	125,52	141,21	81,28	118,22	133,—	76,35	111,06	124,94	71,52	104,04	117,04	66,79	97,16	109,30
	V	2 976,91	163,73	238,15	267,92	IV	2 441,66	131,39	191,11	215,—	128,49	186,90	210,26	125,59	182,68	205,51	122,69	178,46	200,77	119,79	174,24	196,02	116,89	170,02	191,27
	VI	3 009,08	165,49	240,72	270,81																				
7 784,99	I,IV	2 442,91	134,36	195,43	219,86	I	2 442,91	128,56	187,—	210,37	122,76	178,56	200,88	116,96	170,13	191,39	111,16	161,70	181,91	105,37	153,26	172,42	99,56	144,82	162,92
	II	2 397,08	131,83	191,76	215,73	II	2 397,08	126,04	183,33	206,24	120,24	174,90	196,76	114,44	166,46	187,27	108,64	158,03	177,78	102,85	149,60	168,30	97,05	141,16	158,81
	III	1 757,66	96,67	140,61	158,18	III	1 757,66	91,46	133,04	149,67	86,35	125,60	141,30	81,33	118,30	133,09	76,41	111,14	125,03	71,58	104,12	117,13	66,85	97,24	109,39
	V	2 978,16	163,79	238,25	268,03	IV	2 442,91	131,45	191,21	215,11	128,56	187,—	210,37	125,66	182,78	205,62	122,76	178,56	200,88	119,86	174,34	196,13	116,96	170,13	191,39
	VI	3 010,33	165,56	240,82	270,92																				

* Die ausgewiesenen Tabellenwerte sind amtlich. Siehe Erläuterungen auf der Umschlaginnenseite (U2).

Abzüge an Lohnsteuer, Solidaritätszuschlag (SolZ) und Kirchensteuer (8%, 9%) in den Steuerklassen

Lohn/ Gehalt bis €*	I – VI		ohne Kinderfreibeträge			I, II, III, IV		mit Zahl der Kinderfreibeträge . . . 0,5			1			1,5			2			2,5			3		
		LSt	SolZ	8%	9%		LSt	SolZ	8%	9%	SolZ	8%	9%	SolZ	8%	9%	SolZ	8%	9%	SolZ	8%	9%	SolZ	8%	9%
7 787,99	I,IV	2 444,16	134,42	195,53	219,97	I	2 444,16	128,63	187,10	210,48	122,83	178,66	200,99	117,03	170,23	191,51	111,23	161,80	182,02	105,43	153,36	172,53	99,64	144,93	163,0
	II	2 398,33	131,90	191,86	215,84	II	2 398,33	126,11	183,43	206,36	120,31	175,—	196,87	114,51	166,56	187,38	108,71	158,13	177,89	102,91	149,70	168,41	97,12	141,26	158,9
	III	1 758,83	96,73	140,70	158,29	III	1 758,83	91,52	133,13	149,77	86,41	125,69	141,40	81,39	118,38	133,18	76,46	111,22	125,12	71,64	104,21	117,23	66,90	97,32	109,4
	V	2 979,41	163,86	238,35	268,14	IV	2 444,16	131,52	191,31	215,22	128,63	187,10	210,48	125,73	182,88	205,74	122,83	178,66	200,99	119,93	174,44	196,25	117,03	170,23	191,5
	VI	3 011,66	165,64	240,93	271,04																				
7 790,99	I,IV	2 445,41	134,49	195,63	220,08	I	2 445,41	128,70	187,20	210,60	122,90	178,76	201,11	117,10	170,33	191,62	111,30	161,90	182,13	105,50	153,46	172,64	99,71	145,03	163,1
	II	2 399,66	131,98	191,97	215,96	II	2 399,66	126,18	183,54	206,48	120,38	175,10	196,99	114,58	166,66	187,49	108,78	158,23	178,01	102,98	149,80	168,52	97,18	141,36	159,0
	III	1 760,—	96,80	140,80	158,40	III	1 760,—	91,58	133,21	149,86	86,47	125,78	141,50	81,45	118,48	133,29	76,53	111,32	125,23	71,70	104,29	117,32	66,96	97,40	109,5
	V	2 980,66	163,93	238,45	268,25	IV	2 445,41	131,59	191,41	215,33	128,70	187,20	210,60	125,79	182,98	205,85	122,90	178,76	201,11	120,—	174,54	196,36	117,10	170,33	191,6
	VI	3 012,91	165,71	241,03	271,16																				
7 793,99	I,IV	2 446,66	134,56	195,73	220,19	I	2 446,66	128,76	187,30	210,71	122,97	178,86	201,22	117,17	170,43	191,73	111,37	162,—	182,25	105,57	153,56	172,76	99,77	145,13	163,2
	II	2 400,91	132,05	192,07	216,08	II	2 400,91	126,25	183,64	206,59	120,45	175,20	197,10	114,65	166,77	187,61	108,85	158,34	178,13	103,06	149,90	168,64	97,25	141,46	159,1
	III	1 761,16	96,86	140,89	158,50	III	1 761,16	91,64	133,30	149,96	86,53	125,86	141,59	81,51	118,56	133,38	76,58	111,40	125,32	71,75	104,37	117,41	67,02	97,49	109,6
	V	2 981,91	164,—	238,55	268,37	IV	2 446,66	131,67	191,52	215,46	128,76	187,30	210,71	125,87	183,08	205,97	122,97	178,86	201,22	120,06	174,64	196,47	117,17	170,43	191,7
	VI	3 014,16	165,77	241,13	271,27																				
7 796,99	I,IV	2 447,91	134,63	195,83	220,31	I	2 447,91	128,83	187,40	210,82	123,03	178,96	201,33	117,24	170,53	191,84	111,44	162,10	182,36	105,64	153,66	172,87	99,84	145,23	163,3
	II	2 402,16	132,11	192,17	216,19	II	2 402,16	126,32	183,74	206,70	120,52	175,30	197,21	114,72	166,87	187,73	108,92	158,44	178,24	103,12	150,—	168,75	97,33	141,57	159,2
	III	1 762,33	96,92	140,98	158,60	III	1 762,33	91,71	133,40	150,07	86,59	125,96	141,70	81,57	118,65	133,48	76,64	111,48	125,41	71,81	104,45	117,50	67,08	97,57	109,7
	V	2 983,25	164,07	238,66	268,49	IV	2 447,91	131,73	191,62	215,57	128,83	187,40	210,82	125,94	183,18	206,08	123,03	178,96	201,33	120,14	174,75	196,59	117,24	170,53	191,8
	VI	3 015,41	165,84	241,23	271,38																				
7 799,99	I,IV	2 449,16	134,70	195,93	220,42	I	2 449,16	128,90	187,50	210,93	123,10	179,06	201,44	117,31	170,63	191,96	111,51	162,20	182,47	105,71	153,76	172,98	99,91	145,33	163,4
	II	2 403,41	132,18	192,27	216,30	II	2 403,41	126,39	183,84	206,82	120,59	175,40	197,33	114,79	166,97	187,84	108,99	158,54	178,35	103,19	150,10	168,86	97,40	141,67	159,3
	III	1 763,33	96,98	141,06	158,69	III	1 763,33	91,77	133,49	150,17	86,65	126,04	141,79	81,62	118,73	133,57	76,70	111,57	125,51	71,87	104,54	117,61	67,13	97,65	109,8
	V	2 984,50	164,14	238,76	268,60	IV	2 449,16	131,80	191,72	215,68	128,90	187,50	210,93	126,—	183,28	206,19	123,10	179,06	201,44	120,21	174,85	196,70	117,31	170,63	191,9
	VI	3 016,66	165,91	241,33	271,49																				
7 802,99	I,IV	2 450,41	134,77	196,03	220,53	I	2 450,41	128,97	187,60	211,05	123,17	179,16	201,56	117,37	170,73	192,07	111,58	162,30	182,58	105,78	153,86	173,09	99,98	145,43	163,6
	II	2 404,66	132,25	192,37	216,41	II	2 404,66	126,45	183,94	206,93	120,66	175,50	197,44	114,86	167,07	187,95	109,06	158,64	178,47	103,26	150,20	168,98	97,46	141,77	159,4
	III	1 764,50	97,04	141,16	158,80	III	1 764,50	91,83	133,57	150,26	86,71	126,13	141,89	81,69	118,82	133,67	76,76	111,65	125,60	71,93	104,62	117,70	67,19	97,73	109,9
	V	2 985,75	164,21	238,86	268,71	IV	2 450,41	131,87	191,82	215,79	128,97	187,60	211,05	126,07	183,38	206,30	123,17	179,16	201,56	120,28	174,95	196,82	117,37	170,73	192,0
	VI	3 017,91	165,98	241,43	271,61																				
7 805,99	I,IV	2 451,75	134,84	196,14	220,65	I	2 451,75	129,04	187,70	211,16	123,24	179,26	201,67	117,44	170,83	192,18	111,65	162,40	182,70	105,85	153,96	173,21	100,05	145,53	163,7
	II	2 405,91	132,32	192,47	216,53	II	2 405,91	126,52	184,04	207,04	120,72	175,60	197,55	114,93	167,17	188,06	109,13	158,74	178,58	103,33	150,30	169,09	97,53	141,87	159,6
	III	1 765,66	97,11	141,25	158,90	III	1 765,66	91,89	133,66	150,37	86,78	126,22	142,—	81,74	118,90	133,76	76,82	111,74	125,71	71,98	104,70	117,79	67,24	97,81	110,0
	V	2 987,—	164,28	238,96	268,83	IV	2 451,75	131,94	191,92	215,91	129,04	187,70	211,16	126,14	183,48	206,42	123,24	179,26	201,67	120,34	175,05	196,93	117,44	170,83	192,1
	VI	3 019,16	166,05	241,53	271,72																				
7 808,99	I,IV	2 453,—	134,91	196,24	220,77	I	2 453,—	129,11	187,80	211,28	123,31	179,37	201,79	117,52	170,94	192,30	111,72	162,50	182,81	105,92	154,06	173,32	100,12	145,63	163,8
	II	2 407,16	132,39	192,57	216,64	II	2 407,16	126,59	184,14	207,15	120,79	175,70	197,66	115,—	167,27	188,18	109,20	158,84	178,69	103,40	150,40	169,20	97,60	141,97	159,7
	III	1 766,83	97,17	141,34	159,01	III	1 766,83	91,96	133,76	150,48	86,83	126,30	142,09	81,81	119,—	133,87	76,88	111,82	125,80	72,04	104,78	117,88	67,30	97,89	110,1
	V	2 988,25	164,35	239,06	268,94	IV	2 453,—	132,01	192,02	216,02	129,11	187,80	211,28	126,21	183,58	206,53	123,31	179,37	201,79	120,41	175,15	197,04	117,52	170,94	192,3
	VI	3 020,41	166,12	241,63	271,83																				
7 811,99	I,IV	2 454,25	134,98	196,34	220,88	I	2 454,25	129,18	187,90	211,39	123,38	179,47	201,90	117,59	171,04	192,42	111,79	162,60	182,93	105,99	154,17	173,44	100,19	145,74	163,9
	II	2 408,41	132,46	192,67	216,75	II	2 408,41	126,66	184,24	207,27	120,86	175,80	197,78	115,06	167,37	188,29	109,27	158,94	178,80	103,47	150,50	169,31	97,67	142,07	159,8
	III	1 768,—	97,24	141,44	159,12	III	1 768,—	92,02	133,85	150,58	86,90	126,40	142,20	81,86	119,08	133,96	76,93	111,90	125,89	72,10	104,88	117,99	67,35	97,97	110,2
	V	2 989,50	164,42	239,16	269,05	IV	2 454,25	132,08	192,12	216,13	129,18	187,90	211,39	126,28	183,68	206,64	123,38	179,47	201,90	120,48	175,25	197,15	117,59	171,04	192,4
	VI	3 021,75	166,19	241,74	271,95																				
7 814,99	I,IV	2 455,50	135,05	196,44	220,99	I	2 455,50	129,25	188,—	211,50	123,45	179,57	202,01	117,65	171,14	192,53	111,86	162,70	183,04	106,06	154,27	173,55	100,26	145,84	164,0
	II	2 409,75	132,53	192,78	216,87	II	2 409,75	126,73	184,34	207,38	120,93	175,90	197,89	115,13	167,47	188,40	109,34	159,04	178,92	103,54	150,60	169,43	97,74	142,17	159,9
	III	1 769,16	97,30	141,53	159,22	III	1 769,16	92,07	133,93	150,67	86,95	126,48	142,29	81,93	119,17	134,06	77,—	112,—	126,—	72,16	104,96	118,08	67,41	98,05	110,3
	V	2 990,75	164,49	239,26	269,16	IV	2 455,50	132,15	192,22	216,24	129,25	188,—	211,50	126,35	183,78	206,75	123,45	179,57	202,01	120,55	175,35	197,27	117,65	171,14	192,5
	VI	3 023,—	166,26	241,84	272,07																				
7 817,99	I,IV	2 456,75	135,12	196,54	221,10	I	2 456,75	129,32	188,10	211,61	123,52	179,67	202,13	117,72	171,24	192,64	111,92	162,80	183,15	106,13	154,37	173,66	100,33	145,94	164,1
	II	2 411,—	132,60	192,88	216,99	II	2 411,—	126,80	184,44	207,50	121,—	176,01	198,01	115,21	167,58	188,52	109,41	159,14	179,03	103,61	150,70	169,54	97,81	142,27	160,0
	III	1 770,33	97,36	141,62	159,32	III	1 770,33	92,14	134,02	150,77	87,01	126,57	142,39	81,98	119,25	134,15	77,05	112,08	126,09	72,21	105,04	118,17	67,46	98,13	110,3
	V	2 992,—	164,56	239,36	269,28	IV	2 456,75	132,22	192,32	216,36	129,32	188,10	211,61	126,42	183,88	206,87	123,52	179,67	202,13	120,62	175,45	197,38	117,72	171,24	192,6
	VI	3 024,25	166,33	241,94	272,18																				
7 820,99	I,IV	2 458,—	135,19	196,64	221,22	I	2 458,—	129,39	188,20	211,73	123,59	179,77	202,24	117,79	171,34	192,75	111,99	162,90	183,26	106,20	154,47	173,78	100,40	146,04	164,2
	II	2 412,25	132,67	192,98	217,10	II	2 412,25	126,87	184,54	207,61	121,07	176,11	198,12	115,28	167,68	188,64	109,48	159,24	179,15	103,68	150,81	169,66	97,88	142,38	160,1
	III	1 771,33	97,42	141,70	159,41	III	1 771,33	92,20	134,12	150,88	87,08	126,66	142,49	82,05	119,34	134,26	77,11	112,16	126,18	72,27	105,12	118,26	67,53	98,22	110,5
	V	2 993,25	164,62	239,46	269,39	IV	2 458,—	132,29	192,42	216,47	129,39	188,20	211,73	126,49	183,99	206,99	123,59	179,77	202,24	120,69	175,56	197,50	117,79	171,34	192,7
	VI	3 025,50	166,40	242,04	272,29																				
7 823,99	I,IV	2 459,25	135,25	196,74	221,33	I	2 459,25	129,46	188,30	211,84	123,66	179,87	202,35	117,86	171,44	192,87	112,06	163,—	183,38	106,26	154,57	173,89	100,47	146,14	164,4
	II	2 413,50	132,74	193,08	217,21	II	2 413,50	126,94	184,64	207,72	121,14	176,21	198,23	115,34	167,78	188,75	109,55	159,34	179,26	103,75	150,91	169,77	97,95	142,48	160,2
	III	1 772,50	97,48	141,80	159,52	III	1 772,50	92,27	134,21	150,98	87,13	126,74	142,58	82,10	119,42	134,35	77,17	112,25	126,28	72,33	105,21	118,36	67,58	98,30	110,5
	V	2 994,58	164,70	239,56	269,51	IV	2 459,25	132,36	192,52	216,59	129,46	188,30	211,84	126,56	184,09	207,10	123,66	179,87	202,35	120,76	175,66	197,61	117,86	171,44	192,8
	VI	3 026,75	166,47	242,14	272,40																				
7 826,99	I,IV	2 460,50	135,32	196,84	221,44	I	2 460,50	129,52	188,40	211,95	123,73	179,97	202,46	117,93	171,54	192,98	112,13	163,10	183,49	106,33	154,67	174,—	100,54	146,24	164,5
	II	2 414,75	132,81	193,18	217,32	II	2 414,75	127,01	184,74	207,83	121,21	176,31	198,35	115,41	167,88	188,86	109,61	159,44	179,37	103,82	151,01	169,88	98,02	142,58	160,4
	III	1 773,66	97,55	141,89	159,62	III	1 773,66	92,32	134,29	151,07	87,20	126,84	142,69	82,17	119,52	134,46	77,22	112,33	126,37	72,38	105,29	118,45	67,64	98,38	110,6
	V	2 995,83	164,77	239,66	269,62	IV	2 460,50	132,43	192,62	216,70	129,52	188,40	211,95	126,63	184,19	207,21	123,73	179,97	202,46	120,83	175,76	197,73	117,93	171,54	192,9
	VI	3 028,—	166,54	242,24	272,52																				
7 829,99	I,IV	2 461,83	135,40	196,94	221,56	I	2 461,83	129,59	188,50	212,06	123,80	180,07	202,58	118,—	171,64	193,09	112,20	163,20	183,60	106,40	154,77	174,11	100,60	146,34	164,6
	II	2 416,—	132,88	193,28	217,44	II	2 416,—	127,08	184,84	207,95	121,28	176,41	198,46	115,48	167,98	188,97	109,68	159,54	179,48	103,89	151,11	170,—	98,09	142,68	160,5
	III	1 774,83	97,61	141,98	159,73	III	1 774,83	92,39	134,38	151,18	87,26	126,93	142,79	82,22	119,60	134,55	77,29	112,42	126,47	72,44	105,37	118,54	67,69	98,46	110,7
	V	2 997,08	164,83	239,76	269,73	IV	2 461,83	132,49	192,72	216,81	129,59	188,50	212,06	126,70	184,29	207,32	123,80	180,07	202,58	120,90	175,86	197,84	118,—	171,64	193,0
	VI	3 029,25	166,60	242,34	272,63																				

*** Die ausgewiesenen Tabellenwerte sind amtlich. Siehe Erläuterungen auf der Umschlaginnenseite (U2).**

Abzüge an Lohnsteuer, Solidaritätszuschlag (SolZ) und Kirchensteuer (8%, 9%) in den Steuerklassen

Lohn/ Gehalt bis €*	I – VI					I, II, III, IV		mit Zahl der Kinderfreibeträge . . . 0,5			1			1,5			2			2,5			3		
		LSt	ohne Kinderfreibeträge SolZ	8%	9%		LSt	SolZ	8%	9%	SolZ	8%	9%	SolZ	8%	9%	SolZ	8%	9%	SolZ	8%	9%	SolZ	8%	9%
7 832,99	I,IV	2 463,08	135,46	197,04	221,67	I	2 463,08	129,67	188,61	212,18	123,87	180,18	202,70	118,07	171,74	193,21	112,27	163,30	183,71	106,47	154,87	174,23	100,67	146,44	164,74
	II	2 417,25	132,94	193,38	217,55	II	2 417,25	127,15	184,94	208,06	121,35	176,51	198,57	115,55	168,08	189,09	109,75	159,64	179,60	103,95	151,21	170,11	98,16	142,78	160,62
	III	1 776,—	97,68	142,08	159,84	III	1 776,—	92,45	134,48	151,29	87,32	127,01	142,88	82,28	119,69	134,65	77,34	112,50	126,56	72,49	105,45	118,63	67,75	98,54	110,86
	V	2 998,33	164,90	239,86	269,84	IV	2 463,08	132,56	192,82	216,92	129,67	188,61	212,18	126,77	184,39	207,44	123,87	180,18	202,70	120,97	175,96	197,95	118,07	171,74	193,21
	VI	3 030,50	166,67	242,44	272,74																				
7 835,99	I,IV	2 464,33	135,53	197,14	221,78	I	2 464,33	129,74	188,71	212,30	123,94	180,28	202,81	118,14	171,84	193,32	112,34	163,41	183,83	106,54	154,98	174,35	100,75	146,54	164,86
	II	2 418,50	133,01	193,48	217,66	II	2 418,50	127,21	185,04	208,17	121,42	176,61	198,68	115,62	168,18	189,20	109,82	159,74	179,71	104,02	151,31	170,22	98,23	142,88	160,74
	III	1 777,16	97,74	142,17	159,94	III	1 777,16	92,51	134,57	151,39	87,38	127,10	142,99	82,34	119,77	134,74	77,40	112,58	126,65	72,56	105,54	118,73	67,80	98,62	110,95
	V	2 999,58	164,97	239,96	269,96	IV	2 464,33	132,63	192,92	217,04	129,74	188,71	212,30	126,83	184,49	207,55	123,94	180,28	202,81	121,04	176,06	198,06	118,14	171,84	193,32
	VI	3 031,75	166,74	242,54	272,85																				
7 838,99	I,IV	2 465,58	135,60	197,24	221,90	I	2 465,58	129,80	188,81	212,41	124,01	180,38	202,92	118,21	171,94	193,43	112,41	163,51	183,95	106,61	155,08	174,46	100,81	146,64	164,97
	II	2 419,83	133,09	193,58	217,78	II	2 419,83	127,28	185,14	208,28	121,49	176,71	198,80	115,69	168,28	189,31	109,89	159,84	179,82	104,09	151,41	170,33	98,29	142,98	160,85
	III	1 778,33	97,80	142,26	160,04	III	1 778,33	92,57	134,65	151,48	87,44	127,18	143,08	82,40	119,86	134,84	77,46	112,68	126,76	72,61	105,62	118,82	67,86	98,70	111,04
	V	3 000,83	165,04	240,06	270,07	IV	2 465,58	132,70	193,02	217,15	129,80	188,81	212,41	126,90	184,59	207,66	124,01	180,38	202,92	121,11	176,16	198,18	118,21	171,94	193,43
	VI	3 033,08	166,81	242,64	272,97																				
7 841,99	I,IV	2 466,83	135,67	197,34	222,01	I	2 466,83	129,87	188,91	212,52	124,08	180,48	203,04	118,28	172,04	193,55	112,48	163,61	184,06	106,68	155,18	174,57	100,88	146,74	165,08
	II	2 421,08	133,15	193,68	217,89	II	2 421,08	127,36	185,25	208,40	121,56	176,82	198,92	115,76	168,38	189,43	109,96	159,94	179,93	104,16	151,51	170,45	98,36	143,08	160,96
	III	1 779,50	97,87	142,36	160,15	III	1 779,50	92,63	134,74	151,58	87,50	127,28	143,19	82,46	119,94	134,93	77,52	112,76	126,85	72,67	105,70	118,91	67,92	98,80	111,15
	V	3 002,08	165,11	240,16	270,18	IV	2 466,83	132,77	193,12	217,26	129,87	188,91	212,52	126,97	184,69	207,77	124,08	180,48	203,04	121,17	176,26	198,29	118,28	172,04	193,55
	VI	3 034,33	166,88	242,74	273,08																				
7 844,99	I,IV	2 468,08	135,74	197,44	222,12	I	2 468,08	129,94	189,01	212,63	124,14	180,58	203,15	118,35	172,14	193,66	112,55	163,71	184,17	106,75	155,28	174,69	100,95	146,84	165,20
	II	2 422,33	133,22	193,78	218,—	II	2 422,33	127,43	185,35	208,52	121,63	176,92	199,03	115,83	168,48	189,54	110,03	160,05	180,05	104,23	151,62	170,57	98,44	143,18	161,08
	III	1 780,50	97,92	142,44	160,24	III	1 780,50	92,70	134,84	151,69	87,56	127,37	143,29	82,52	120,04	135,04	77,57	112,84	126,94	72,72	105,78	119,—	67,98	98,88	111,24
	V	3 003,33	165,18	240,26	270,29	IV	2 468,08	132,84	193,23	217,38	129,94	189,01	212,63	127,05	184,80	207,90	124,14	180,58	203,15	121,25	176,36	198,41	118,35	172,14	193,66
	VI	3 035,58	166,95	242,84	273,20																				
7 847,99	I,IV	2 469,33	135,81	197,54	222,23	I	2 469,33	130,01	189,11	212,75	124,21	180,68	203,26	118,41	172,24	193,77	112,62	163,81	184,28	106,82	155,38	174,80	101,02	146,94	165,31
	II	2 423,58	133,29	193,88	218,12	II	2 423,58	127,49	185,45	208,63	121,70	177,02	199,14	115,90	168,58	189,65	110,10	160,15	180,17	104,30	151,72	170,68	98,50	143,28	161,19
	III	1 781,66	97,99	142,53	160,34	III	1 781,66	92,76	134,93	151,79	87,62	127,45	143,38	82,58	120,12	135,13	77,64	112,93	127,04	72,79	105,88	119,11	68,03	98,96	111,33
	V	3 004,66	165,25	240,37	270,41	IV	2 469,33	132,91	193,33	217,49	130,01	189,11	212,75	127,11	184,90	208,01	124,21	180,68	203,26	121,32	176,46	198,52	118,41	172,24	193,77
	VI	3 036,83	167,02	242,94	273,31																				
7 850,99	I,IV	2 470,58	135,88	197,64	222,35	I	2 470,58	130,08	189,21	212,86	124,28	180,78	203,37	118,48	172,34	193,88	112,69	163,91	184,40	106,89	155,48	174,91	101,09	147,04	165,42
	II	2 424,83	133,36	193,98	218,23	II	2 424,83	127,56	185,55	208,74	121,77	177,12	199,26	115,97	168,68	189,77	110,17	160,25	180,28	104,37	151,82	170,79	98,57	143,38	161,30
	III	1 782,83	98,05	142,62	160,45	III	1 782,83	92,82	135,01	151,88	87,68	127,54	143,48	82,64	120,21	135,23	77,69	113,01	127,13	72,84	105,96	119,20	68,09	99,04	111,42
	V	3 005,91	165,32	240,47	270,53	IV	2 470,58	132,98	193,43	217,61	130,08	189,21	212,86	127,18	185,—	208,12	124,28	180,78	203,37	121,38	176,56	198,63	118,48	172,34	193,88
	VI	3 038,08	167,09	243,04	273,42																				
7 853,99	I,IV	2 471,83	135,95	197,74	222,46	I	2 471,83	130,15	189,31	212,97	124,35	180,88	203,49	118,55	172,44	194,—	112,75	164,01	184,51	106,96	155,58	175,02	101,16	147,14	165,53
	II	2 426,08	133,43	194,08	218,34	II	2 426,08	127,63	185,65	208,85	121,83	177,22	199,37	116,04	168,78	189,88	110,24	160,35	180,39	104,44	151,92	170,91	98,64	143,48	161,42
	III	1 784,—	98,12	142,72	160,56	III	1 784,—	92,88	135,10	151,99	87,75	127,64	143,59	82,70	120,29	135,32	77,76	113,10	127,24	72,90	106,04	119,29	68,14	99,12	111,51
	V	3 007,16	165,39	240,57	270,64	IV	2 471,83	133,05	193,53	217,72	130,15	189,31	212,97	127,25	185,10	208,23	124,35	180,88	203,49	121,45	176,66	198,74	118,55	172,44	194,—
	VI	3 039,33	167,16	243,14	273,53																				
7 856,99	I,IV	2 473,16	136,02	197,85	222,58	I	2 473,16	130,22	189,42	213,09	124,42	180,98	203,60	118,62	172,54	194,11	112,82	164,11	184,62	107,03	155,68	175,14	101,23	147,24	165,65
	II	2 427,33	133,50	194,18	218,45	II	2 427,33	127,70	185,75	208,97	121,90	177,32	199,48	116,10	168,88	189,99	110,31	160,45	180,50	104,51	152,02	171,02	98,71	143,58	161,53
	III	1 785,16	98,18	142,81	160,66	III	1 785,16	92,95	135,20	152,10	87,80	127,72	143,68	82,76	120,38	135,43	77,81	113,18	127,33	72,95	106,12	119,38	68,20	99,20	111,60
	V	3 008,41	165,46	240,67	270,75	IV	2 473,16	133,12	193,63	217,83	130,22	189,42	213,09	127,32	185,20	208,35	124,42	180,98	203,60	121,52	176,76	198,86	118,62	172,54	194,11
	VI	3 040,58	167,23	243,24	273,65																				
7 859,99	I,IV	2 474,41	136,09	197,95	222,69	I	2 474,41	130,29	189,52	213,21	124,49	181,08	203,72	118,69	172,65	194,23	112,90	164,22	184,74	107,10	155,78	175,25	101,30	147,34	165,76
	II	2 428,58	133,57	194,28	218,57	II	2 428,58	127,77	185,85	209,08	121,97	177,42	199,59	116,17	168,98	190,10	110,38	160,55	180,62	104,58	152,12	171,13	98,78	143,68	161,64
	III	1 786,33	98,24	142,90	160,76	III	1 786,33	93,01	135,29	152,20	87,87	127,81	143,78	82,82	120,46	135,52	77,87	113,26	127,42	73,02	106,21	119,48	68,25	99,28	111,69
	V	3 009,66	165,53	240,77	270,86	IV	2 474,41	133,19	193,73	217,94	130,29	189,52	213,21	127,39	185,30	208,46	124,49	181,08	203,72	121,59	176,86	198,97	118,69	172,65	194,23
	VI	3 041,83	167,30	243,34	273,76																				
7 862,99	I,IV	2 475,66	136,16	198,05	222,80	I	2 475,66	130,36	189,62	213,32	124,56	181,18	203,83	118,76	172,75	194,34	112,97	164,32	184,86	107,17	155,88	175,37	101,37	147,45	165,88
	II	2 429,83	133,64	194,38	218,68	II	2 429,83	127,84	185,95	209,19	122,04	177,52	199,71	116,24	169,08	190,22	110,44	160,65	180,73	104,65	152,22	171,24	98,85	143,78	161,75
	III	1 787,50	98,31	143,—	160,87	III	1 787,50	93,06	135,37	152,29	87,93	127,90	143,89	82,88	120,56	135,63	77,93	113,36	127,53	73,07	106,29	119,57	68,31	99,37	111,79
	V	3 010,91	165,60	240,87	270,98	IV	2 475,66	133,26	193,83	218,06	130,36	189,62	213,32	127,46	185,40	208,57	124,56	181,18	203,83	121,66	176,96	199,08	118,76	172,75	194,34
	VI	3 043,16	167,37	243,45	273,88																				
7 865,99	I,IV	2 476,91	136,23	198,15	222,92	I	2 476,91	130,43	189,72	213,43	124,63	181,28	203,94	118,83	172,85	194,45	113,03	164,42	184,97	107,24	155,98	175,48	101,44	147,55	165,99
	II	2 431,16	133,71	194,49	218,80	II	2 431,16	127,91	186,06	209,31	122,11	177,62	199,82	116,31	169,18	190,33	110,51	160,75	180,84	104,72	152,32	171,36	98,92	143,88	161,87
	III	1 788,66	98,37	143,09	160,97	III	1 788,66	93,13	135,46	152,39	87,99	127,98	143,98	82,94	120,64	135,72	77,99	113,44	127,62	73,13	106,37	119,66	68,37	99,45	111,88
	V	3 012,16	165,66	240,97	271,09	IV	2 476,91	133,32	193,93	218,17	130,43	189,72	213,43	127,53	185,50	208,68	124,63	181,28	203,94	121,73	177,06	199,19	118,83	172,85	194,45
	VI	3 044,41	167,44	243,55	273,99																				
7 868,99	I,IV	2 478,16	136,29	198,25	223,03	I	2 478,16	130,50	189,82	213,54	124,70	181,38	204,05	118,90	172,95	194,57	113,10	164,52	185,08	107,30	156,08	175,59	101,51	147,65	166,10
	II	2 432,41	133,78	194,59	218,91	II	2 432,41	127,98	186,16	209,43	122,18	177,72	199,94	116,38	169,29	190,45	110,59	160,86	180,96	104,79	152,42	171,47	98,99	143,98	161,98
	III	1 789,83	98,44	143,18	161,08	III	1 789,83	93,19	135,56	152,50	88,05	128,08	144,09	83,—	120,73	135,82	78,05	113,53	127,72	73,19	106,46	119,77	68,42	99,53	111,97
	V	3 013,41	165,73	241,07	271,20	IV	2 478,16	133,40	194,04	218,29	130,50	189,82	213,54	127,60	185,60	208,80	124,70	181,38	204,05	121,80	177,16	199,31	118,90	172,95	194,57
	VI	3 045,66	167,51	243,65	274,10																				
7 871,99	I,IV	2 479,41	136,36	198,35	223,14	I	2 479,41	130,57	189,92	213,66	124,77	181,48	204,17	118,97	173,05	194,68	113,17	164,62	185,19	107,37	156,18	175,70	101,58	147,75	166,22
	II	2 433,66	133,85	194,69	219,02	II	2 433,66	128,05	186,26	209,54	122,25	177,82	200,05	116,45	169,39	190,56	110,66	160,96	181,08	104,86	152,52	171,59	99,06	144,09	162,10
	III	1 790,83	98,49	143,26	161,17	III	1 790,83	93,26	135,65	152,60	88,11	128,16	144,18	83,06	120,82	135,92	78,10	113,61	127,81	73,25	106,54	119,86	68,48	99,61	112,06
	V	3 014,75	165,81	241,18	271,32	IV	2 479,41	133,47	194,14	218,40	130,57	189,92	213,66	127,67	185,70	208,91	124,77	181,48	204,17	121,87	177,27	199,43	118,97	173,05	194,68
	VI	3 046,91	167,58	243,75	274,22																				
7 874,99	I,IV	2 480,66	136,43	198,45	223,25	I	2 480,66	130,63	190,02	213,77	124,84	181,58	204,28	119,04	173,15	194,79	113,24	164,72	185,31	107,44	156,28	175,82	101,64	147,85	166,33
	II	2 434,91	133,92	194,79	219,14	II	2 434,91	128,12	186,36	209,65	122,32	177,92	200,16	116,52	169,49	190,67	110,72	161,06	181,19	104,93	152,62	171,70	99,13	144,19	162,21
	III	1 792,—	98,56	143,36	161,28	III	1 792,—	93,32	135,74	152,71	88,17	128,25	144,28	83,12	120,90	136,01	78,16	113,69	127,90	73,30	106,62	119,95	68,53	99,69	112,15
	V	3 016,—	165,88	241,28	271,44	IV	2 480,66	133,54	194,24	218,52	130,63	190,02	213,77	127,74	185,80	209,03	124,84	181,58	204,28	121,94	177,37	199,54	119,04	173,15	194,79
	VI	3 048,16	167,64	243,85	274,33																				

*** Die ausgewiesenen Tabellenwerte sind amtlich. Siehe Erläuterungen auf der Umschlaginnenseite (U2).**

MONAT 7 875,–*

Abzüge an Lohnsteuer, Solidaritätszuschlag (SolZ) und Kirchensteuer (8%, 9%) in den Steuerklassen

Lohn/ Gehalt bis €*	I – VI		ohne Kinderfreibeträge			I, II, III, IV		mit Zahl der Kinderfreibeträge . . . 0,5			1			1,5			2			2,5			3		
		LSt	SolZ	8%	9%		LSt	SolZ	8%	9%	SolZ	8%	9%	SolZ	8%	9%	SolZ	8%	9%	SolZ	8%	9%	SolZ	8%	9%
7 877,99	I,IV	2 481,91	136,50	198,55	223,37	I	2 481,91	130,70	190,12	213,88	124,90	181,68	204,39	119,11	173,25	194,90	113,31	164,82	185,42	107,51	156,38	175,93	101,71	147,95	166,44
	II	2 436,16	133,98	194,89	219,25	II	2 436,16	128,19	186,46	209,76	122,39	178,02	200,27	116,59	169,59	190,79	110,79	161,16	181,30	104,99	152,72	171,81	99,20	144,29	162,32
	III	1 793,16	98,62	143,45	161,38	III	1 793,16	93,38	135,82	152,80	88,23	128,34	144,38	83,18	121,–	136,12	78,22	113,78	128,–	73,36	106,70	120,04	68,59	99,77	112,24
	V	3 017,25	165,94	241,38	271,55	IV	2 481,91	133,60	194,34	218,63	130,70	190,12	213,88	127,81	185,90	209,14	124,90	181,68	204,39	122,01	177,47	199,65	119,11	173,25	194,90
	VI	3 049,41	167,71	243,95	274,44																				
7 880,99	I,IV	2 483,25	136,57	198,66	223,49	I	2 483,25	130,78	190,22	214,–	124,97	181,78	204,50	119,18	173,35	195,02	113,38	164,92	185,53	107,58	156,48	176,04	101,78	148,05	166,55
	II	2 437,41	134,05	194,99	219,36	II	2 437,41	128,26	186,56	209,88	122,46	178,12	200,39	116,66	169,69	190,90	110,86	161,26	181,41	105,06	152,82	171,92	99,27	144,39	162,44
	III	1 794,33	98,68	143,54	161,48	III	1 794,33	93,44	135,92	152,91	88,29	128,42	144,47	83,24	121,08	136,21	78,28	113,86	128,09	73,42	106,80	120,15	68,64	99,85	112,33
	V	3 018,50	166,01	241,48	271,66	IV	2 483,25	133,67	194,44	218,74	130,78	190,22	214,–	127,87	186,–	209,25	124,97	181,78	204,50	122,08	177,57	199,76	119,18	173,35	195,02
	VI	3 050,66	167,78	244,05	274,55																				
7 883,99	I,IV	2 484,50	136,64	198,76	223,60	I	2 484,50	130,84	190,32	214,11	125,05	181,89	204,62	119,25	173,46	195,14	113,45	165,02	185,65	107,65	156,58	176,15	101,85	148,15	166,67
	II	2 438,66	134,12	195,09	219,47	II	2 438,66	128,32	186,66	209,99	122,53	178,22	200,50	116,73	169,79	191,01	110,93	161,36	181,53	105,13	152,92	172,04	99,33	144,49	162,55
	III	1 795,50	98,75	143,64	161,59	III	1 795,50	93,50	136,01	153,01	88,35	128,52	144,58	83,30	121,17	136,31	78,34	113,96	128,20	73,48	106,88	120,24	68,71	99,94	112,43
	V	3 019,75	166,08	241,58	271,77	IV	2 484,50	133,74	194,54	218,85	130,84	190,32	214,11	127,94	186,10	209,36	125,05	181,89	204,62	122,15	177,67	199,88	119,25	173,46	195,14
	VI	3 051,91	167,85	244,15	274,67																				
7 886,99	I,IV	2 485,75	136,71	198,86	223,71	I	2 485,75	130,91	190,42	214,22	125,12	181,99	204,74	119,32	173,56	195,25	113,52	165,12	185,76	107,72	156,69	176,27	101,92	148,26	166,79
	II	2 439,91	134,19	195,19	219,59	II	2 439,91	128,39	186,76	210,10	122,59	178,32	200,61	116,80	169,89	191,12	111,–	161,46	181,64	105,20	153,02	172,15	99,40	144,59	162,66
	III	1 796,66	98,81	143,73	161,69	III	1 796,66	93,57	136,10	153,11	88,42	128,61	144,68	83,36	121,25	136,40	78,40	114,04	128,29	73,53	106,96	120,33	68,76	100,02	112,52
	V	3 021,–	166,15	241,68	271,89	IV	2 485,75	133,81	194,64	218,97	130,91	190,42	214,22	128,01	186,20	209,48	125,12	181,99	204,74	122,21	177,77	199,99	119,32	173,56	195,25
	VI	3 053,25	167,92	244,26	274,79																				
7 889,99	I,IV	2 487,–	136,78	198,96	223,83	I	2 487,–	130,98	190,52	214,34	125,18	182,09	204,85	119,39	173,66	195,36	113,59	165,22	185,87	107,79	156,79	176,39	101,99	148,36	166,90
	II	2 441,25	134,26	195,30	219,71	II	2 441,25	128,47	186,86	210,22	122,66	178,42	200,72	116,87	169,99	191,24	111,07	161,56	181,75	105,27	153,12	172,26	99,47	144,69	162,77
	III	1 797,83	98,88	143,82	161,80	III	1 797,83	93,62	136,18	153,20	88,47	128,69	144,77	83,42	121,34	136,51	78,45	114,12	128,38	73,59	107,04	120,42	68,82	100,10	112,61
	V	3 022,25	166,22	241,78	272,–	IV	2 487,–	133,88	194,74	219,08	130,98	190,52	214,34	128,08	186,30	209,59	125,18	182,09	204,85	122,28	177,87	200,10	119,39	173,66	195,36
	VI	3 054,50	167,99	244,36	274,90																				
7 892,99	I,IV	2 488,25	136,85	199,06	223,94	I	2 488,25	131,05	190,62	214,45	125,25	182,19	204,96	119,46	173,76	195,48	113,66	165,32	185,99	107,86	156,89	176,50	102,06	148,46	167,01
	II	2 442,50	134,33	195,40	219,82	II	2 442,50	128,53	186,96	210,33	122,74	178,53	200,84	116,94	170,10	191,36	111,14	161,66	181,87	105,34	153,22	172,37	99,54	144,79	162,89
	III	1 799,–	98,94	143,92	161,91	III	1 799,–	93,69	136,28	153,31	88,54	128,78	144,88	83,48	121,42	136,60	78,52	114,21	128,48	73,65	107,13	120,52	68,87	100,18	112,70
	V	3 023,50	166,29	241,88	272,11	IV	2 488,25	133,95	194,84	219,20	131,05	190,62	214,45	128,15	186,40	209,70	125,25	182,19	204,96	122,35	177,97	200,21	119,46	173,76	195,48
	VI	3 055,75	168,06	244,46	275,01																				
7 895,99	I,IV	2 489,50	136,92	199,16	224,05	I	2 489,50	131,12	190,72	214,56	125,32	182,29	205,07	119,52	173,86	195,59	113,73	165,42	186,10	107,93	156,99	176,61	102,13	148,56	167,13
	II	2 443,75	134,40	195,50	219,93	II	2 443,75	128,60	187,06	210,44	122,81	178,63	200,96	117,01	170,20	191,47	111,21	161,76	181,98	105,41	153,33	172,49	99,61	144,90	163,01
	III	1 800,16	99,–	144,01	162,01	III	1 800,16	93,75	136,37	153,41	88,60	128,88	144,99	83,54	121,52	136,71	78,57	114,29	128,57	73,70	107,21	120,61	68,93	100,26	112,79
	V	3 024,75	166,36	241,98	272,22	IV	2 489,50	134,02	194,94	219,31	131,12	190,72	214,56	128,22	186,51	209,82	125,32	182,29	205,07	122,43	178,08	200,34	119,52	173,86	195,59
	VI	3 057,–	168,13	244,56	275,13																				
7 898,99	I,IV	2 490,75	136,99	199,26	224,16	I	2 490,75	131,19	190,82	214,67	125,39	182,39	205,19	119,59	173,96	195,70	113,79	165,52	186,21	108,–	157,09	176,72	102,20	148,66	167,24
	II	2 445,–	134,47	195,60	220,05	II	2 445,–	128,67	187,16	210,56	122,87	178,73	201,07	117,08	170,30	191,58	111,28	161,86	182,09	105,48	153,43	172,61	99,68	145,–	163,12
	III	1 801,33	99,07	144,10	162,11	III	1 801,33	93,82	136,46	153,52	88,66	128,96	145,08	83,60	121,60	136,80	78,64	114,38	128,68	73,76	107,29	120,70	68,98	100,34	112,88
	V	3 026,08	166,43	242,08	272,34	IV	2 490,75	134,09	195,04	219,42	131,19	190,82	214,67	128,29	186,61	209,93	125,39	182,39	205,19	122,49	178,18	200,45	119,59	173,96	195,70
	VI	3 058,25	168,20	244,66	275,24																				
7 901,99	I,IV	2 492,–	137,06	199,36	224,28	I	2 492,–	131,26	190,92	214,79	125,46	182,49	205,30	119,66	174,06	195,81	113,86	165,62	186,32	108,07	157,19	176,84	102,27	148,76	167,35
	II	2 446,25	134,54	195,70	220,16	II	2 446,25	128,74	187,26	210,67	122,94	178,83	201,18	117,15	170,40	191,70	111,35	161,96	182,21	105,55	153,53	172,72	99,75	145,10	163,23
	III	1 802,33	99,12	144,18	162,20	III	1 802,33	93,88	136,56	153,63	88,72	129,05	145,18	83,66	121,69	136,90	78,69	114,46	128,77	73,82	107,38	120,80	69,05	100,44	112,99
	V	3 027,33	166,50	242,18	272,45	IV	2 492,–	134,16	195,14	219,53	131,26	190,92	214,79	128,36	186,71	210,05	125,46	182,49	205,30	122,56	178,28	200,56	119,66	174,06	195,81
	VI	3 059,50	168,27	244,76	275,35																				
7 904,99	I,IV	2 493,33	137,13	199,46	224,39	I	2 493,33	131,33	191,02	214,90	125,53	182,59	205,41	119,73	174,16	195,93	113,93	165,72	186,44	108,13	157,29	176,95	102,34	148,86	167,46
	II	2 447,50	134,61	195,80	220,27	II	2 447,50	128,81	187,36	210,78	123,01	178,93	201,29	117,21	170,50	191,81	111,42	162,06	182,32	105,62	153,63	172,83	99,82	145,20	163,35
	III	1 803,50	99,19	144,28	162,31	III	1 803,50	93,94	136,64	153,72	88,78	129,14	145,28	83,71	121,77	136,99	78,75	114,54	128,86	73,88	107,46	120,89	69,10	100,52	113,08
	V	3 028,58	166,57	242,28	272,57	IV	2 493,33	134,23	195,24	219,65	131,33	191,02	214,90	128,43	186,81	210,16	125,53	182,59	205,41	122,63	178,38	200,67	119,73	174,16	195,93
	VI	3 060,75	168,34	244,86	275,46																				
7 907,99	I,IV	2 494,58	137,20	199,56	224,51	I	2 494,58	131,40	191,13	215,02	125,60	182,70	205,53	119,80	174,26	196,04	114,–	165,82	186,55	108,20	157,39	177,06	102,41	148,96	167,58
	II	2 448,75	134,68	195,90	220,38	II	2 448,75	128,88	187,46	210,89	123,08	179,03	201,41	117,28	170,60	191,92	111,48	162,16	182,43	105,69	153,73	172,94	99,89	145,30	163,46
	III	1 804,66	99,25	144,37	162,41	III	1 804,66	94,–	136,73	153,82	88,84	129,22	145,37	83,78	121,86	137,09	78,81	114,64	128,97	73,93	107,54	120,98	69,16	100,60	113,17
	V	3 029,83	166,64	242,38	272,68	IV	2 494,58	134,30	195,34	219,76	131,40	191,13	215,02	128,50	186,91	210,27	125,60	182,70	205,53	122,70	178,48	200,79	119,80	174,26	196,04
	VI	3 062,–	168,41	244,96	275,58																				
7 910,99	I,IV	2 495,83	137,27	199,66	224,62	I	2 495,83	131,47	191,23	215,13	125,67	182,80	205,65	119,87	174,36	196,16	114,07	165,93	186,67	108,28	157,50	177,18	102,48	149,06	167,69
	II	2 450,–	134,75	196,–	220,50	II	2 450,–	128,95	187,56	211,01	123,15	179,13	201,52	117,35	170,70	192,03	111,55	162,26	182,54	105,76	153,83	173,06	99,96	145,40	163,57
	III	1 805,83	99,32	144,46	162,52	III	1 805,83	94,06	136,82	153,92	88,90	129,32	145,48	83,83	121,94	137,18	78,87	114,72	129,06	73,99	107,62	121,07	69,21	100,68	113,26
	V	3 031,08	166,70	242,48	272,79	IV	2 495,83	134,36	195,44	219,87	131,47	191,23	215,13	128,57	187,01	210,38	125,67	182,80	205,65	122,77	178,58	200,90	119,87	174,36	196,16
	VI	3 063,25	168,47	245,06	275,69																				
7 913,99	I,IV	2 497,08	137,33	199,76	224,73	I	2 497,08	131,54	191,33	215,24	125,74	182,90	205,76	119,94	174,46	196,27	114,14	166,03	186,78	108,35	157,60	177,30	102,55	149,16	167,81
	II	2 451,33	134,82	196,10	220,61	II	2 451,33	129,02	187,66	211,12	123,22	179,23	201,63	117,42	170,80	192,15	111,62	162,36	182,66	105,82	153,93	173,17	100,03	145,50	163,68
	III	1 807,–	99,38	144,56	162,63	III	1 807,–	94,13	136,92	154,03	88,97	129,41	145,58	83,90	122,04	137,29	78,93	114,81	129,16	74,05	107,72	121,18	69,27	100,76	113,35
	V	3 032,33	166,77	242,58	272,90	IV	2 497,08	134,43	195,54	219,98	131,54	191,33	215,24	128,64	187,11	210,50	125,74	182,90	205,76	122,84	178,68	201,01	119,94	174,46	196,27
	VI	3 064,58	168,55	245,16	275,81																				
7 916,99	I,IV	2 498,33	137,40	199,86	224,84	I	2 498,33	131,61	191,43	215,36	125,81	183,–	205,87	120,01	174,56	196,38	114,21	166,13	186,89	108,41	157,70	177,41	102,62	149,26	167,92
	II	2 452,58	134,89	196,20	220,73	II	2 452,58	129,09	187,77	211,24	123,29	179,34	201,75	117,49	170,90	192,26	111,69	162,46	182,77	105,89	154,03	173,28	100,10	145,60	163,80
	III	1 808,16	99,44	144,65	162,73	III	1 808,16	94,18	137,–	154,12	89,02	129,49	145,67	83,96	122,13	137,39	78,98	114,89	129,25	74,11	107,80	121,27	69,32	100,84	113,44
	V	3 033,58	166,84	242,68	273,02	IV	2 498,33	134,50	195,64	220,10	131,61	191,43	215,36	128,70	187,21	210,61	125,81	183,–	205,87	122,91	178,78	201,12	120,01	174,56	196,38
	VI	3 065,83	168,62	245,26	275,92																				
7 919,99	I,IV	2 499,58	137,47	199,96	224,96	I	2 499,58	131,67	191,53	215,47	125,88	183,10	205,98	120,08	174,66	196,49	114,28	166,23	187,01	108,48	157,80	177,52	102,68	149,36	168,03
	II	2 453,83	134,96	196,30	220,84	II	2 453,83	129,16	187,87	211,35	123,36	179,44	201,87	117,56	171,–	192,38	111,76	162,57	182,89	105,97	154,14	173,40	100,17	145,70	163,91
	III	1 809,33	99,51	144,74	162,83	III	1 809,33	94,25	137,09	154,22	89,09	129,58	145,78	84,02	122,21	137,48	79,05	114,98	129,35	74,16	107,88	121,36	69,39	100,93	113,54
	V	3 034,83	166,91	242,78	273,13	IV	2 499,58	134,58	195,75	220,22	131,67	191,53	215,47	128,78	187,32	210,73	125,88	183,10	205,98	122,98	178,88	201,24	120,08	174,66	196,49
	VI	3 067,08	168,68	245,36	276,03																				

* Die ausgewiesenen Tabellenwerte sind amtlich. Siehe Erläuterungen auf der Umschlaginnenseite (U2).

Abzüge an Lohnsteuer, Solidaritätszuschlag (SolZ) und Kirchensteuer (8%, 9%) in den Steuerklassen

Lohn/Gehalt bis €*	I – VI	LSt	ohne Kinderfreibeträge SolZ	8%	9%	I, II, III, IV	LSt	mit Zahl der Kinderfreibeträge … 0,5 SolZ	0,5 8%	0,5 9%	1 SolZ	1 8%	1 9%	1,5 SolZ	1,5 8%	1,5 9%	2 SolZ	2 8%	2 9%	2,5 SolZ	2,5 8%	2,5 9%	3 SolZ	3 8%	3 9%
7 922,99	I,IV	2 500,83	137,54	200,06	225,07	I	2 500,83	131,74	191,63	215,58	125,95	183,20	206,10	120,15	174,76	196,61	114,35	166,33	187,12	108,55	157,90	177,63	102,75	149,46	168,14
	II	2 455,08	135,02	196,40	220,95	II	2 455,08	129,23	187,97	211,46	123,43	179,54	201,98	117,63	171,10	192,49	111,83	162,67	183,—	106,04	154,24	173,52	100,24	145,80	164,03
	III	1 810,50	99,57	144,84	162,94	III	1 810,50	94,31	137,18	154,33	89,15	129,68	145,89	84,08	122,30	137,59	79,10	115,06	129,44	74,23	107,97	121,46	69,44	101,01	113,63
	V	3 036,16	166,98	242,89	273,25	IV	2 500,83	134,64	195,85	220,33	131,74	191,63	215,58	128,85	187,42	210,84	125,95	183,20	206,10	123,05	178,98	201,35	120,15	174,76	196,61
	VI	3 068,33	168,75	245,46	276,14																				
7 925,99	I,IV	2 502,08	137,61	200,16	225,18	I	2 502,08	131,81	191,73	215,69	126,01	183,30	206,21	120,22	174,86	196,72	114,42	166,43	187,23	108,62	158,—	177,75	102,82	149,56	168,26
	II	2 456,33	135,09	196,50	221,06	II	2 456,33	129,30	188,07	211,58	123,50	179,64	202,09	117,70	171,20	192,60	111,90	162,77	183,11	106,10	154,34	173,63	100,31	145,90	164,14
	III	1 811,66	99,64	144,93	163,04	III	1 811,66	94,38	137,28	154,44	89,21	129,76	145,98	84,14	122,38	137,68	79,16	115,14	129,53	74,28	108,05	121,55	69,50	101,09	113,72
	V	3 037,41	167,05	242,99	273,36	IV	2 502,08	134,71	195,95	220,44	131,81	191,73	215,69	128,92	187,52	210,96	126,01	183,30	206,21	123,12	179,08	201,47	120,22	174,86	196,72
	VI	3 069,58	168,82	245,56	276,26																				
7 928,99	I,IV	2 503,33	137,68	200,26	225,29	I	2 503,33	131,88	191,83	215,81	126,08	183,40	206,32	120,28	174,96	196,83	114,49	166,53	187,34	108,69	158,10	177,86	102,89	149,66	168,37
	II	2 457,58	135,16	196,60	221,18	II	2 457,58	129,36	188,17	211,69	123,57	179,74	202,20	117,77	171,30	192,71	111,97	162,87	183,23	106,17	154,44	173,74	100,37	146,—	164,25
	III	1 812,83	99,70	145,02	163,15	III	1 812,83	94,44	137,37	154,54	89,27	129,85	146,08	84,20	122,48	137,79	79,22	115,24	129,64	74,34	108,13	121,64	69,55	101,17	113,81
	V	3 038,66	167,12	243,09	273,47	IV	2 503,33	134,78	196,05	220,55	131,88	191,83	215,81	128,98	187,62	211,07	126,08	183,40	206,32	123,19	179,18	201,58	120,28	174,96	196,83
	VI	3 070,83	168,89	245,66	276,37																				
7 931,99	I,IV	2 504,66	137,75	200,37	225,41	I	2 504,66	131,95	191,94	215,93	126,16	183,50	206,44	120,35	175,06	196,94	114,56	166,63	187,46	108,76	158,20	177,97	102,96	149,76	168,48
	II	2 458,83	135,23	196,70	221,29	II	2 458,83	129,43	188,27	211,80	123,64	179,84	202,32	117,84	171,40	192,83	112,04	162,97	183,34	106,24	154,54	173,85	100,44	146,10	164,36
	III	1 814,—	99,77	145,12	163,26	III	1 814,—	94,49	137,45	154,63	89,33	129,94	146,18	84,26	122,56	137,88	79,28	115,32	129,73	74,40	108,22	121,75	69,61	101,25	113,90
	V	3 039,91	167,19	243,19	273,59	IV	2 504,66	134,85	196,15	220,67	131,95	191,94	215,93	129,05	187,72	211,18	126,16	183,50	206,44	123,25	179,28	201,69	120,35	175,06	196,94
	VI	3 072,08	168,96	245,76	276,48																				
7 934,99	I,IV	2 505,91	137,82	200,47	225,53	I	2 505,91	132,02	192,04	216,04	126,22	183,60	206,55	120,43	175,17	197,06	114,63	166,74	187,58	108,83	158,30	178,09	103,03	149,86	168,59
	II	2 460,08	135,30	196,80	221,40	II	2 460,08	129,50	188,37	211,91	123,70	179,92	202,43	117,91	171,50	192,94	112,11	163,07	183,45	106,31	154,64	173,97	100,51	146,20	164,48
	III	1 815,16	99,83	145,21	163,36	III	1 815,16	94,56	137,54	154,73	89,39	130,02	146,27	84,32	122,65	137,98	79,34	115,41	129,83	74,46	108,30	121,84	69,66	101,33	113,99
	V	3 041,16	167,26	243,29	273,70	IV	2 505,91	134,92	196,25	220,78	132,02	192,04	216,04	129,12	187,82	211,29	126,22	183,60	206,55	123,32	179,38	201,80	120,43	175,17	197,06
	VI	3 073,33	169,03	245,86	276,59																				
7 937,99	I,IV	2 507,16	137,89	200,57	225,64	I	2 507,16	132,09	192,14	216,15	126,29	183,70	206,66	120,50	175,27	197,18	114,70	166,84	187,69	108,90	158,40	178,20	103,10	149,97	168,71
	II	2 461,33	135,37	196,90	221,51	II	2 461,33	129,57	188,47	212,03	123,77	180,04	202,54	117,97	171,60	193,05	112,18	163,17	183,56	106,38	154,74	174,08	100,58	146,30	164,59
	III	1 816,33	99,89	145,30	163,46	III	1 816,33	94,62	137,64	154,84	89,45	130,12	146,38	84,37	122,73	138,07	79,40	115,49	129,92	74,51	108,38	121,93	69,73	101,42	114,10
	V	3 042,41	167,33	243,39	273,81	IV	2 507,16	134,99	196,35	220,89	132,09	192,14	216,15	129,19	187,92	211,41	126,29	183,70	206,66	123,39	179,48	201,92	120,50	175,27	197,18
	VI	3 074,66	169,10	245,97	276,71																				
7 940,99	I,IV	2 508,41	137,96	200,67	225,75	I	2 508,41	132,16	192,24	216,27	126,36	183,80	206,78	120,56	175,37	197,29	114,77	166,94	187,80	108,97	158,50	178,31	103,17	150,07	168,83
	II	2 462,66	135,44	197,01	221,63	II	2 462,66	129,64	188,58	212,15	123,85	180,14	202,66	118,04	171,70	193,16	112,25	163,27	183,68	106,45	154,84	174,19	100,65	146,40	164,70
	III	1 817,33	99,95	145,38	163,55	III	1 817,33	94,69	137,73	154,94	89,52	130,21	146,48	84,44	122,82	138,17	79,46	115,58	130,03	74,57	108,46	122,02	69,78	101,50	114,19
	V	3 043,66	167,40	243,49	273,92	IV	2 508,41	135,06	196,45	221,—	132,16	192,24	216,27	129,26	188,02	211,52	126,36	183,80	206,78	123,46	179,58	202,03	120,56	175,37	197,29
	VI	3 075,91	169,17	246,07	276,83																				
7 943,99	I,IV	2 509,66	138,03	200,77	225,86	I	2 509,66	132,23	192,34	216,38	126,43	183,90	206,89	120,63	175,47	197,40	114,84	167,04	187,92	109,04	158,60	178,43	103,24	150,17	168,94
	II	2 463,91	135,51	197,11	221,75	II	2 463,91	129,71	188,68	212,26	123,91	180,24	202,77	118,12	171,81	193,28	112,32	163,38	183,80	106,52	154,94	174,31	100,72	146,50	164,81
	III	1 818,50	100,01	145,48	163,66	III	1 818,50	94,75	137,82	155,05	89,57	130,29	146,57	84,49	122,90	138,26	79,52	115,66	130,12	74,63	108,56	122,13	69,84	101,58	114,28
	V	3 044,91	167,47	243,59	274,04	IV	2 509,66	135,13	196,56	221,13	132,23	192,34	216,38	129,33	188,12	211,64	126,43	183,90	206,89	123,53	179,68	202,14	120,63	175,47	197,40
	VI	3 077,16	169,24	246,17	276,94																				
7 946,99	I,IV	2 510,91	138,10	200,87	225,98	I	2 510,91	132,30	192,44	216,49	126,50	184,—	207,—	120,70	175,57	197,51	114,90	167,14	188,03	109,11	158,70	178,54	103,31	150,27	169,05
	II	2 465,16	135,58	197,21	221,86	II	2 465,16	129,78	188,78	212,37	123,98	180,34	202,88	118,19	171,91	193,40	112,39	163,48	183,91	106,59	155,04	174,42	100,79	146,61	164,93
	III	1 819,66	100,08	145,57	163,76	III	1 819,66	94,82	137,92	155,16	89,64	130,38	146,68	84,56	123,—	138,37	79,57	115,74	130,21	74,69	108,64	122,22	69,89	101,66	114,37
	V	3 046,25	167,54	243,70	274,16	IV	2 510,91	135,20	196,66	221,24	132,30	192,44	216,49	129,40	188,22	211,75	126,50	184,—	207,—	123,60	179,79	202,26	120,70	175,57	197,51
	VI	3 078,41	169,31	246,27	277,05																				
7 949,99	I,IV	2 512,16	138,16	200,97	226,09	I	2 512,16	132,37	192,54	216,60	126,57	184,10	207,11	120,77	175,67	197,63	114,97	167,24	188,14	109,17	158,80	178,65	103,38	150,37	169,16
	II	2 466,41	135,65	197,31	221,97	II	2 466,41	129,85	188,88	212,49	124,05	180,44	203,—	118,25	172,01	193,51	112,46	163,58	184,02	106,66	155,14	174,53	100,86	146,71	165,05
	III	1 820,83	100,14	145,66	163,87	III	1 820,83	94,87	138,—	155,25	89,70	130,48	146,79	84,62	123,09	138,47	79,64	115,84	130,32	74,74	108,72	122,31	69,95	101,74	114,46
	V	3 047,50	167,61	243,80	274,27	IV	2 512,16	135,27	196,76	221,35	132,37	192,54	216,60	129,47	188,32	211,86	126,57	184,10	207,11	123,67	179,89	202,37	120,77	175,67	197,63
	VI	3 079,66	169,38	246,37	277,16																				
7 952,99	I,IV	2 513,41	138,23	201,07	226,20	I	2 513,41	132,44	192,64	216,72	126,64	184,20	207,23	120,84	175,77	197,74	115,04	167,34	188,25	109,24	158,90	178,76	103,45	150,47	169,28
	II	2 467,66	135,72	197,41	222,08	II	2 467,66	129,92	188,98	212,60	124,12	180,54	203,11	118,32	172,11	193,62	112,53	163,68	184,14	106,73	155,24	174,65	100,93	146,81	165,16
	III	1 822,—	100,21	145,76	163,98	III	1 822,—	94,93	138,09	155,35	89,76	130,56	146,88	84,68	123,17	138,56	79,69	115,92	130,41	74,80	108,81	122,41	70,01	101,84	114,57
	V	3 048,75	167,68	243,90	274,38	IV	2 513,41	135,34	196,86	221,46	132,44	192,64	216,72	129,54	188,42	211,97	126,64	184,20	207,23	123,74	179,99	202,49	120,84	175,77	197,74
	VI	3 080,91	169,45	246,47	277,28																				
7 955,99	I,IV	2 514,75	138,31	201,18	226,32	I	2 514,75	132,51	192,74	216,83	126,71	184,30	207,34	120,91	175,87	197,85	115,11	167,44	188,37	109,31	159,—	178,88	103,51	150,57	169,39
	II	2 468,91	135,79	197,51	222,20	II	2 468,91	129,99	189,08	212,71	124,19	180,64	203,22	118,39	172,21	193,73	112,59	163,78	184,25	106,80	155,34	174,76	101,—	146,91	165,27
	III	1 823,16	100,27	145,85	164,08	III	1 823,16	95,—	138,18	155,45	89,82	130,65	146,98	84,74	123,26	138,67	79,75	116,01	130,51	74,86	108,89	122,50	70,07	101,92	114,66
	V	3 050,—	167,75	244,—	274,50	IV	2 514,75	135,41	196,96	221,58	132,51	192,74	216,83	129,61	188,52	212,09	126,71	184,30	207,34	123,81	180,09	202,60	120,91	175,87	197,85
	VI	3 082,16	169,51	246,57	277,39																				
7 958,99	I,IV	2 516,—	138,38	201,28	226,44	I	2 516,—	132,58	192,84	216,95	126,78	184,41	207,46	120,98	175,98	197,97	115,18	167,54	188,48	109,38	159,10	178,99	103,58	150,67	169,50
	II	2 470,16	135,85	197,61	222,31	II	2 470,16	130,06	189,18	212,82	124,26	180,74	203,33	118,46	172,31	193,85	112,66	163,88	184,36	106,86	155,44	174,87	101,07	147,01	165,38
	III	1 824,33	100,33	145,94	164,18	III	1 824,33	95,06	138,28	155,56	89,88	130,74	147,08	84,80	123,34	138,76	79,81	116,09	130,60	74,91	108,97	122,59	70,12	102,—	114,75
	V	3 051,25	167,81	244,10	274,61	IV	2 516,—	135,47	197,06	221,69	132,58	192,84	216,95	129,68	188,62	212,20	126,78	184,41	207,46	123,88	180,19	202,71	120,98	175,98	197,97
	VI	3 083,41	169,58	246,67	277,50																				
7 961,99	I,IV	2 517,25	138,44	201,38	226,55	I	2 517,25	132,65	192,94	217,06	126,85	184,51	207,57	121,05	176,08	198,09	115,25	167,64	188,60	109,45	159,21	179,11	103,66	150,78	169,62
	II	2 471,41	135,92	197,71	222,42	II	2 471,41	130,13	189,28	212,94	124,33	180,84	203,45	118,53	172,41	193,96	112,73	163,98	184,47	106,93	155,54	174,98	101,14	147,11	165,50
	III	1 825,50	100,40	146,04	164,29	III	1 825,50	95,13	138,37	155,66	89,95	130,84	147,19	84,86	123,44	138,87	79,87	116,18	130,70	74,98	109,06	122,69	70,18	102,08	114,84
	V	3 052,50	167,88	244,20	274,72	IV	2 517,25	135,54	197,16	221,80	132,65	192,94	217,06	129,74	188,72	212,31	126,85	184,51	207,57	123,95	180,29	202,82	121,05	176,08	198,09
	VI	3 084,75	169,66	246,78	277,62																				
7 964,99	I,IV	2 518,50	138,51	201,48	226,66	I	2 518,50	132,71	193,04	217,17	126,92	184,61	207,68	121,12	176,18	198,20	115,32	167,74	188,71	109,52	159,31	179,22	103,73	150,88	169,74
	II	2 472,75	136,—	197,82	222,54	II	2 472,75	130,20	189,38	213,05	124,40	180,94	203,56	118,60	172,51	194,07	112,80	164,08	184,59	107,—	155,64	175,10	101,20	147,21	165,61
	III	1 826,66	100,46	146,13	164,39	III	1 826,66	95,18	138,45	155,75	90,—	130,92	147,28	84,92	123,52	138,96	79,93	116,26	130,79	75,03	109,14	122,78	70,23	102,16	114,93
	V	3 053,75	167,95	244,30	274,83	IV	2 518,50	135,61	197,26	221,91	132,71	193,04	217,17	129,81	188,82	212,42	126,92	184,61	207,68	124,02	180,39	202,94	121,12	176,18	198,20
	VI	3 086,—	169,73	246,88	277,74																				

* Die ausgewiesenen Tabellenwerte sind amtlich. Siehe Erläuterungen auf der Umschlaginnenseite (U2).

Lohn/ Gehalt bis €*		I – VI	ohne Kinderfreibeträge				I, II, III, IV mit Zahl der Kinderfreibeträge . . .	0,5			1			1,5			2			2,5			3		
		LSt	SolZ	8%	9%		LSt	SolZ	8%	9%	SolZ	8%	9%	SolZ	8%	9%	SolZ	8%	9%	SolZ	8%	9%	SolZ	8%	9%
7 967,99	I,IV	2 519,75	138,58	201,58	226,77	I	2 519,75	132,78	193,14	217,28	126,99	184,71	207,80	121,19	176,28	198,31	115,39	167,84	188,82	109,59	159,41	179,33	103,79	150,98	169,8
	II	2 474,—	136,07	197,92	222,66	II	2 474,—	130,27	189,48	213,17	124,47	181,05	203,68	118,67	172,62	194,19	112,87	164,18	184,70	107,07	155,74	175,21	101,27	147,31	165,7
	III	1 827,83	100,53	146,22	164,50	III	1 827,83	95,25	138,54	155,86	90,07	131,01	147,38	84,98	123,61	139,06	79,98	116,34	130,88	75,09	109,22	122,87	70,29	102,25	115,0
	V	3 055,—	168,02	244,40	274,95	IV	2 519,75	135,68	197,36	222,03	132,78	193,14	217,28	129,88	188,92	212,54	126,99	184,71	207,80	124,08	180,49	203,05	121,19	176,28	198,3
	VI	3 087,25	169,79	246,98	277,85																				
7 970,99	I,IV	2 521,—	138,65	201,68	226,89	I	2 521,—	132,85	193,24	217,40	127,05	184,81	207,91	121,26	176,38	198,42	115,46	167,94	188,93	109,66	159,51	179,45	103,86	151,08	169,9
	II	2 475,25	136,13	198,02	222,77	II	2 475,25	130,34	189,58	213,28	124,54	181,15	203,79	118,74	172,72	194,31	112,94	164,28	184,82	107,14	155,85	175,33	101,35	147,42	165,8
	III	1 829,—	100,59	146,32	164,61	III	1 829,—	95,31	138,64	155,97	90,13	131,10	147,49	85,04	123,70	139,16	80,05	116,44	130,99	75,15	109,32	122,98	70,35	102,33	115,1
	V	3 056,25	168,09	244,50	275,06	IV	2 521,—	135,75	197,46	222,14	132,85	193,24	217,40	129,96	189,03	212,66	127,05	184,81	207,91	124,16	180,60	203,17	121,26	176,38	198,4
	VI	3 088,50	169,86	247,08	277,96																				
7 973,99	I,IV	2 522,25	138,72	201,78	227,—	I	2 522,25	132,92	193,34	217,51	127,12	184,91	208,02	121,33	176,48	198,54	115,53	168,04	189,05	109,73	159,61	179,56	103,93	151,18	170,0
	II	2 476,50	136,20	198,12	222,88	II	2 476,50	130,40	189,68	213,39	124,61	181,25	203,90	118,81	172,82	194,42	113,01	164,38	184,93	107,21	155,95	175,44	101,42	147,52	165,9
	III	1 830,16	100,65	146,41	164,71	III	1 830,16	95,37	138,73	156,07	90,19	131,18	147,58	85,10	123,78	139,25	80,10	116,52	131,08	75,21	109,40	123,07	70,40	102,41	115,2
	V	3 057,58	168,16	244,60	275,18	IV	2 522,25	135,82	197,56	222,26	132,92	193,34	217,51	130,02	189,13	212,77	127,12	184,91	208,02	124,23	180,70	203,28	121,33	176,48	198,5
	VI	3 089,75	169,93	247,18	278,07																				
7 976,99	I,IV	2 523,50	138,79	201,88	227,11	I	2 523,50	132,99	193,44	217,62	127,19	185,01	208,13	121,39	176,58	198,65	115,60	168,14	189,16	109,80	159,71	179,67	104,—	151,28	170,1
	II	2 477,75	136,27	198,22	222,99	II	2 477,75	130,47	189,78	213,50	124,68	181,35	204,02	118,88	172,92	194,53	113,08	164,48	185,04	107,28	156,05	175,55	101,48	147,62	166,0
	III	1 831,33	100,72	146,50	164,81	III	1 831,33	95,44	138,82	156,17	90,25	131,28	147,69	85,16	123,88	139,36	80,17	116,61	131,18	75,26	109,48	123,16	70,46	102,49	115,3
	V	3 058,83	168,23	244,70	275,29	IV	2 523,50	135,89	197,66	222,37	132,99	193,44	217,62	130,09	189,23	212,88	127,19	185,01	208,13	124,30	180,80	203,40	121,39	176,58	198,6
	VI	3 091,—	170,—	247,28	278,19																				
7 979,99	I,IV	2 524,83	138,86	201,98	227,23	I	2 524,83	133,06	193,54	217,73	127,26	185,11	208,25	121,46	176,68	198,76	115,66	168,24	189,27	109,87	159,81	179,78	104,07	151,38	170,3
	II	2 479,—	136,34	198,32	223,11	II	2 479,—	130,54	189,88	213,62	124,74	181,45	204,13	118,95	173,02	194,64	113,15	164,58	185,15	107,35	156,15	175,67	101,55	147,72	166,1
	III	1 832,50	100,78	146,60	164,92	III	1 832,50	95,49	138,90	156,26	90,31	131,37	147,79	85,22	123,96	139,45	80,22	116,69	131,27	75,33	109,57	123,26	70,51	102,57	115,3
	V	3 060,08	168,30	244,80	275,40	IV	2 524,83	135,96	197,76	222,48	133,06	193,54	217,73	130,16	189,33	212,99	127,26	185,11	208,25	124,36	180,90	203,51	121,46	176,68	198,7
	VI	3 092,25	170,07	247,38	278,30																				
7 982,99	I,IV	2 526,08	138,93	202,08	227,34	I	2 526,08	133,13	193,65	217,85	127,33	185,22	208,37	121,54	176,78	198,88	115,73	168,34	189,38	109,94	159,91	179,90	104,14	151,48	170,4
	II	2 480,25	136,41	198,42	223,22	II	2 480,25	130,61	189,98	213,73	124,81	181,55	204,24	119,02	173,12	194,76	113,22	164,68	185,27	107,42	156,25	175,78	101,62	147,82	166,2
	III	1 833,66	100,85	146,69	165,02	III	1 833,66	95,56	139,—	156,37	90,37	131,45	147,88	85,28	124,05	139,55	80,29	116,78	131,38	75,38	109,65	123,35	70,58	102,66	115,4
	V	3 061,33	168,37	244,90	275,51	IV	2 526,08	136,03	197,86	222,59	133,13	193,65	217,85	130,23	189,43	213,11	127,33	185,22	208,37	124,43	181,—	203,62	121,54	176,78	198,8
	VI	3 093,50	170,14	247,48	278,41																				
7 985,99	I,IV	2 527,33	139,—	202,18	227,45	I	2 527,33	133,20	193,75	217,97	127,40	185,32	208,48	121,60	176,88	198,99	115,81	168,45	189,50	110,01	160,02	180,02	104,21	151,58	170,5
	II	2 481,50	136,48	198,52	223,33	II	2 481,50	130,68	190,08	213,84	124,88	181,65	204,35	119,08	173,22	194,87	113,29	164,78	185,38	107,49	156,35	175,89	101,69	147,92	166,4
	III	1 834,83	100,91	146,78	165,13	III	1 834,83	95,62	139,09	156,47	90,43	131,54	147,98	85,34	124,13	139,64	80,34	116,86	131,47	75,44	109,73	123,44	70,63	102,74	115,5
	V	3 062,58	168,44	245,—	275,63	IV	2 527,33	136,10	197,96	222,71	133,20	193,75	217,97	130,30	189,53	213,22	127,40	185,32	208,48	124,50	181,10	203,73	121,60	176,88	198,9
	VI	3 094,75	170,21	247,58	278,52																				
7 988,99	I,IV	2 528,58	139,07	202,28	227,57	I	2 528,58	133,27	193,85	218,08	127,47	185,42	208,59	121,67	176,98	199,10	115,88	168,55	189,62	110,08	160,12	180,13	104,28	151,68	170,6
	II	2 482,83	136,55	198,62	223,45	II	2 482,83	130,75	190,18	213,95	124,95	181,75	204,47	119,15	173,32	194,98	113,35	164,88	185,49	107,56	156,45	176,—	101,76	148,02	166,5
	III	1 835,83	100,97	146,86	165,22	III	1 835,83	95,69	139,18	156,58	90,50	131,64	148,09	85,40	124,22	139,75	80,41	116,96	131,58	75,50	109,82	123,55	70,69	102,82	115,6
	V	3 063,83	168,51	245,10	275,74	IV	2 528,58	136,17	198,06	222,82	133,27	193,85	218,08	130,37	189,63	213,33	127,47	185,42	208,59	124,57	181,20	203,85	121,67	176,98	199,1
	VI	3 096,08	170,28	247,68	278,64																				
7 991,99	I,IV	2 529,83	139,14	202,38	227,68	I	2 529,83	133,34	193,95	218,19	127,54	185,52	208,71	121,74	177,08	199,22	115,94	168,65	189,73	110,15	160,22	180,24	104,35	151,78	170,7
	II	2 484,08	136,62	198,72	223,56	II	2 484,08	130,82	190,29	214,07	125,02	181,86	204,59	119,23	173,42	195,10	113,42	164,98	185,60	107,63	156,55	176,12	101,83	148,12	166,6
	III	1 837,—	101,03	146,96	165,33	III	1 837,—	95,75	139,28	156,69	90,56	131,73	148,19	85,47	124,32	139,86	80,46	117,04	131,67	75,56	109,90	123,64	70,74	102,90	115,7
	V	3 065,08	168,57	245,20	275,85	IV	2 529,83	136,23	198,16	222,93	133,34	193,95	218,19	130,44	189,73	213,44	127,54	185,52	208,71	124,64	181,30	203,96	121,74	177,08	199,2
	VI	3 097,33	170,35	247,78	278,75																				
7 994,99	I,IV	2 531,08	139,20	202,48	227,79	I	2 531,08	133,41	194,05	218,30	127,61	185,62	208,82	121,81	177,18	199,33	116,01	168,75	189,84	110,22	160,32	180,36	104,42	151,88	170,8
	II	2 485,33	136,69	198,82	223,67	II	2 485,33	130,89	190,39	214,19	125,09	181,96	204,70	119,29	173,52	195,21	113,50	165,09	185,72	107,70	156,66	176,24	101,90	148,22	166,7
	III	1 838,16	101,09	147,05	165,43	III	1 838,16	95,81	139,37	156,79	90,62	131,81	148,28	85,52	124,40	139,95	80,52	117,13	131,77	75,61	109,98	123,73	70,80	102,98	115,8
	V	3 066,33	168,64	245,30	275,96	IV	2 531,08	136,31	198,27	223,05	133,41	194,05	218,30	130,51	189,84	213,57	127,61	185,62	208,82	124,71	181,40	204,08	121,81	177,18	199,3
	VI	3 098,58	170,42	247,88	278,87																				
7 997,99	I,IV	2 532,33	139,27	202,58	227,90	I	2 532,33	133,48	194,15	218,42	127,68	185,72	208,93	121,88	177,28	199,44	116,08	168,85	189,95	110,28	160,42	180,47	104,49	151,98	170,9
	II	2 486,58	136,76	198,92	223,79	II	2 486,58	130,96	190,49	214,30	125,16	182,06	204,81	119,36	173,62	195,32	113,57	165,19	185,84	107,77	156,76	176,35	101,97	148,32	166,8
	III	1 839,33	101,16	147,14	165,53	III	1 839,33	95,87	139,45	156,88	90,68	131,90	148,39	85,58	124,49	140,05	80,58	117,21	131,86	75,68	110,08	123,84	70,86	103,08	115,9
	V	3 067,66	168,72	245,41	276,08	IV	2 532,33	136,38	198,37	223,16	133,48	194,15	218,42	130,58	189,94	213,68	127,68	185,72	208,93	124,78	181,50	204,19	121,88	177,28	199,4
	VI	3 099,83	170,49	247,98	278,98																				
8 000,99	I,IV	2 533,58	139,34	202,68	228,02	I	2 533,58	133,54	194,25	218,53	127,75	185,82	209,04	121,95	177,38	199,55	116,15	168,95	190,07	110,35	160,52	180,58	104,55	152,08	171,0
	II	2 487,83	136,83	199,02	223,90	II	2 487,83	131,03	190,59	214,41	125,23	182,16	204,93	119,43	173,72	195,44	113,63	165,29	185,95	107,84	156,86	176,46	102,04	148,42	166,9
	III	1 840,50	101,22	147,24	165,64	III	1 840,50	95,93	139,54	156,98	90,75	132,—	148,50	85,64	124,57	140,14	80,63	117,29	131,95	75,73	110,16	123,93	70,92	103,16	116,0
	V	3 068,91	168,79	245,51	276,20	IV	2 533,58	136,45	198,47	223,28	133,54	194,25	218,53	130,65	190,04	213,79	127,75	185,82	209,04	124,85	181,60	204,30	121,95	177,38	199,5
	VI	3 101,08	170,55	248,08	279,09																				
8 003,99	I,IV	2 534,83	139,41	202,78	228,13	I	2 534,83	133,61	194,35	218,64	127,82	185,92	209,16	122,02	177,48	199,67	116,22	169,05	190,18	110,42	160,62	180,69	104,62	152,18	171,2
	II	2 489,08	136,89	199,12	224,01	II	2 489,08	131,10	190,69	214,52	125,30	182,26	205,04	119,50	173,82	195,55	113,70	165,39	186,06	107,91	156,96	176,58	102,11	148,52	167,0
	III	1 841,66	101,29	147,33	165,74	III	1 841,66	96,—	139,64	157,09	90,80	132,08	148,59	85,70	124,66	140,24	80,70	117,38	132,05	75,79	110,24	124,02	70,97	103,24	116,1
	V	3 070,16	168,85	245,61	276,31	IV	2 534,83	136,51	198,57	223,39	133,61	194,35	218,64	130,72	190,14	213,90	127,82	185,92	209,16	124,92	181,70	204,41	122,02	177,48	199,6
	VI	3 102,33	170,62	248,18	279,20																				
8 006,99	I,IV	2 536,16	139,48	202,89	228,25	I	2 536,16	133,69	194,46	218,76	127,89	186,02	209,27	122,09	177,58	199,78	116,29	169,15	190,29	110,49	160,72	180,81	104,69	152,28	171,3
	II	2 490,33	136,96	199,22	224,12	II	2 490,33	131,17	190,79	214,64	125,37	182,36	205,15	119,57	173,92	195,66	113,77	165,49	186,17	107,97	157,06	176,69	102,18	148,62	167,2
	III	1 842,83	101,35	147,42	165,85	III	1 842,83	96,06	139,73	157,19	90,86	132,17	148,69	85,77	124,76	140,35	80,75	117,46	132,14	75,85	110,33	124,12	71,03	103,32	116,2
	V	3 071,41	168,92	245,71	276,42	IV	2 536,16	136,58	198,67	223,50	133,69	194,46	218,76	130,79	190,24	214,02	127,89	186,02	209,27	124,99	181,80	204,53	122,09	177,58	199,7
	VI	3 103,58	170,69	248,28	279,32																				
8 009,99	I,IV	2 537,41	139,55	202,99	228,36	I	2 537,41	133,76	194,56	218,88	127,96	186,12	209,39	122,16	177,69	199,90	116,36	169,26	190,41	110,56	160,82	180,92	104,76	152,38	171,4
	II	2 491,58	137,03	199,32	224,24	II	2 491,58	131,23	190,89	214,75	125,44	182,46	205,26	119,64	174,02	195,77	113,84	165,59	186,29	108,04	157,16	176,80	102,24	148,72	167,3
	III	1 844,—	101,42	147,52	165,96	III	1 844,—	96,13	139,82	157,30	90,93	132,26	148,79	85,82	124,84	140,44	80,82	117,56	132,25	75,90	110,41	124,21	71,08	103,40	116,3
	V	3 072,66	168,99	245,81	276,53	IV	2 537,41	136,65	198,77	223,61	133,76	194,56	218,88	130,85	190,34	214,13	127,96	186,12	209,39	125,06	181,90	204,64	122,16	177,69	199,9
	VI	3 104,83	170,76	248,38	279,43																				

Abzüge an Lohnsteuer, Solidaritätszuschlag (SolZ) und Kirchensteuer (8%, 9%) in den Steuerklassen

* Die ausgewiesenen Tabellenwerte sind amtlich. Siehe Erläuterungen auf der Umschlaginnenseite (U2).

Lohn/ Gehalt bis €*		Abzüge an Lohnsteuer, Solidaritätszuschlag (SolZ) und Kirchensteuer (8%, 9%) in den Steuerklassen I – VI ohne Kinderfreibeträge LSt	SolZ	8%	9%		I, II, III, IV LSt	mit Zahl der Kinderfreibeträge . . . 0,5 SolZ	0,5 8%	0,5 9%	1 SolZ	1 8%	1 9%	1,5 SolZ	1,5 8%	1,5 9%	2 SolZ	2 8%	2 9%	2,5 SolZ	2,5 8%	2,5 9%	3 SolZ	3 8%	3 9%
8 012,99	I,IV	2 538,66	139,62	203,09	228,47	I	2 538,66	133,82	194,66	218,99	128,03	186,22	209,50	122,23	177,79	200,01	116,43	169,36	190,53	110,63	160,92	181,04	104,83	152,49	171,55
	II	2 492,83	137,10	199,42	224,35	II	2 492,83	131,30	190,99	214,86	125,51	182,56	205,38	119,71	174,12	195,89	113,91	165,69	186,40	108,11	157,26	176,91	102,31	148,82	167,42
	III	1 845,16	101,48	147,61	166,06	III	1 845,16	96,19	139,92	157,41	90,98	132,34	148,88	85,89	124,93	140,54	80,87	117,64	132,34	75,96	110,49	124,30	71,15	103,49	116,42
	V	3 073,91	169,06	245,91	276,65	IV	2 538,66	136,72	198,87	223,73	133,82	194,66	218,99	130,92	190,44	214,24	128,03	186,22	209,50	125,12	182,—	204,75	122,23	177,79	200,01
	VI	3 106,16	170,83	248,49	279,55																				
8 015,99	I,IV	2 539,91	139,69	203,19	228,59	I	2 539,91	133,89	194,76	219,10	128,09	186,32	209,61	122,30	177,89	200,12	116,50	169,46	190,64	110,70	161,02	181,15	104,90	152,59	171,66
	II	2 494,16	137,17	199,53	224,47	II	2 494,16	131,38	191,10	214,98	125,58	182,66	205,49	119,78	174,22	196,—	113,98	165,79	186,51	108,18	157,36	177,03	102,38	148,92	167,54
	III	1 846,33	101,54	147,70	166,16	III	1 846,33	96,25	140,—	157,50	91,05	132,44	148,99	85,94	125,01	140,63	80,94	117,73	132,44	76,02	110,58	124,40	71,20	103,57	116,51
	V	3 075,16	169,13	246,01	276,76	IV	2 539,91	136,79	198,97	223,84	133,89	194,76	219,10	130,99	190,54	214,35	128,09	186,32	209,61	125,19	182,10	204,86	122,30	177,89	200,12
	VI	3 107,41	170,90	248,59	279,66																				
8 018,99	I,IV	2 541,16	139,76	203,29	228,70	I	2 541,16	133,96	194,86	219,21	128,16	186,42	209,72	122,37	177,99	200,24	116,57	169,56	190,75	110,77	161,12	181,26	104,97	152,69	171,77
	II	2 495,41	137,24	199,63	224,58	II	2 495,41	131,45	191,20	215,10	125,65	182,76	205,61	119,85	174,33	196,12	114,05	165,90	186,63	108,25	157,46	177,14	102,45	149,02	167,65
	III	1 847,50	101,61	147,80	166,27	III	1 847,50	96,31	140,09	157,60	91,11	132,53	149,09	86,01	125,10	140,74	80,99	117,81	132,53	76,08	110,66	124,49	71,26	103,65	116,60
	V	3 076,41	169,20	246,11	276,87	IV	2 541,16	136,86	199,08	223,96	133,96	194,86	219,21	131,06	190,64	214,47	128,16	186,42	209,72	125,26	182,20	204,98	122,37	177,99	200,24
	VI	3 108,66	170,97	248,69	279,77																				
8 021,99	I,IV	2 542,41	139,83	203,39	228,81	I	2 542,41	134,03	194,96	219,33	128,23	186,52	209,84	122,43	178,09	200,35	116,64	169,66	190,86	110,84	161,22	181,37	105,04	152,79	171,89
	II	2 496,66	137,31	199,73	224,69	II	2 496,66	131,51	191,30	215,21	125,72	182,86	205,72	119,92	174,43	196,23	114,12	166,—	186,75	108,32	157,56	177,26	102,52	149,13	167,77
	III	1 848,66	101,67	147,89	166,37	III	1 848,66	96,37	140,18	157,70	91,18	132,62	149,20	86,07	125,20	140,85	81,06	117,90	132,64	76,13	110,74	124,58	71,31	103,73	116,69
	V	3 077,75	169,27	246,22	276,99	IV	2 542,41	136,93	199,18	224,07	134,03	194,96	219,33	131,13	190,74	214,58	128,23	186,52	209,84	125,34	182,31	205,10	122,43	178,09	200,35
	VI	3 109,91	171,04	248,79	279,89																				
8 024,99	I,IV	2 543,66	139,90	203,49	228,92	I	2 543,66	134,10	195,06	219,44	128,30	186,62	209,95	122,50	178,19	200,46	116,71	169,76	190,98	110,91	161,32	181,49	105,11	152,89	172,—
	II	2 497,91	137,38	199,83	224,81	II	2 497,91	131,58	191,40	215,32	125,78	182,96	205,83	119,99	174,53	196,34	114,19	166,10	186,86	108,39	157,66	177,37	102,59	149,23	167,88
	III	1 849,83	101,74	147,98	166,48	III	1 849,83	96,44	140,28	157,81	91,23	132,70	149,29	86,13	125,28	140,94	81,11	117,98	132,73	76,20	110,84	124,69	71,38	103,82	116,80
	V	3 079,—	169,34	246,32	277,11	IV	2 543,66	137,—	199,28	224,19	134,10	195,06	219,44	131,20	190,84	214,70	128,30	186,62	209,95	125,40	182,41	205,21	122,50	178,19	200,46
	VI	3 111,16	171,11	248,89	280,—																				
8 027,99	I,IV	2 544,91	139,97	203,59	229,04	I	2 544,91	134,17	195,16	219,55	128,37	186,72	210,06	122,57	178,29	200,57	116,77	169,86	191,09	110,98	161,42	181,60	105,18	152,99	172,11
	II	2 499,16	137,45	199,93	224,92	II	2 499,16	131,65	191,50	215,43	125,85	183,06	205,94	120,06	174,63	196,46	114,26	166,20	186,97	108,46	157,76	177,48	102,66	149,33	167,99
	III	1 851,—	101,80	148,08	166,59	III	1 851,—	96,50	140,37	157,91	91,30	132,80	149,40	86,19	125,37	141,04	81,18	118,08	132,84	76,25	110,92	124,78	71,43	103,90	116,89
	V	3 080,25	169,41	246,42	277,22	IV	2 544,91	137,07	199,38	224,30	134,17	195,16	219,55	131,27	190,94	214,81	128,37	186,72	210,06	125,47	182,51	205,32	122,57	178,29	200,57
	VI	3 112,41	171,18	248,99	280,11																				
8 030,99	I,IV	2 546,25	140,04	203,70	229,16	I	2 546,25	134,24	195,26	219,67	128,44	186,82	210,17	122,64	178,39	200,69	116,84	169,96	191,20	111,04	161,52	181,71	105,25	153,09	172,22
	II	2 500,41	137,52	200,03	225,03	II	2 500,41	131,72	191,60	215,55	125,92	183,16	206,06	120,12	174,73	196,57	114,33	166,30	187,08	108,53	157,86	177,59	102,73	149,43	168,11
	III	1 852,16	101,86	148,17	166,69	III	1 852,16	96,57	140,46	158,02	91,36	132,89	149,50	86,24	125,45	141,13	81,23	118,16	132,93	76,31	111,—	124,87	71,49	103,98	116,98
	V	3 081,50	169,48	246,52	277,33	IV	2 546,25	137,14	199,48	224,41	134,24	195,26	219,67	131,34	191,04	214,92	128,44	186,82	210,17	125,54	182,61	205,43	122,64	178,39	200,69
	VI	3 113,66	171,25	249,09	280,22																				
8 033,99	I,IV	2 547,50	140,11	203,80	229,27	I	2 547,50	134,31	195,36	219,78	128,51	186,93	210,29	122,71	178,50	200,81	116,92	170,06	191,32	111,11	161,62	181,82	105,32	153,19	172,34
	II	2 501,66	137,59	200,13	225,14	II	2 501,66	131,79	191,70	215,66	125,99	183,26	206,17	120,19	174,83	196,68	114,40	166,40	187,20	108,60	157,96	177,71	102,80	149,53	168,22
	III	1 853,33	101,93	148,26	166,79	III	1 853,33	96,63	140,56	158,13	91,42	132,98	149,60	86,31	125,54	141,23	81,29	118,25	133,03	76,37	111,09	124,97	71,54	104,06	117,07
	V	3 082,75	169,55	246,62	277,44	IV	2 547,50	137,21	199,58	224,52	134,31	195,36	219,78	131,41	191,14	215,03	128,51	186,93	210,29	125,61	182,71	205,55	122,71	178,50	200,81
	VI	3 114,91	171,32	249,19	280,34																				
8 036,99	I,IV	2 548,75	140,18	203,90	229,38	I	2 548,75	134,38	195,46	219,89	128,58	187,03	210,41	122,78	178,60	200,92	116,98	170,16	191,43	111,19	161,73	181,94	105,39	153,30	172,46
	II	2 502,91	137,66	200,23	225,26	II	2 502,91	131,86	191,80	215,77	126,06	183,36	206,28	120,26	174,93	196,79	114,46	166,50	187,31	108,67	158,06	177,82	102,87	149,63	168,33
	III	1 854,50	101,99	148,36	166,90	III	1 854,50	96,69	140,64	158,22	91,48	133,06	149,69	86,37	125,64	141,34	81,35	118,33	133,12	76,43	111,17	125,06	71,61	104,16	117,18
	V	3 084,—	169,62	246,72	277,56	IV	2 548,75	137,28	199,68	224,64	134,38	195,46	219,89	131,48	191,24	215,15	128,58	187,03	210,41	125,68	182,81	205,66	122,78	178,60	200,92
	VI	3 116,25	171,39	249,30	280,46																				
8 039,99	I,IV	2 550,—	140,25	204,—	229,50	I	2 550,—	134,45	195,56	220,01	128,65	187,13	210,52	122,85	178,70	201,03	117,05	170,26	191,54	111,26	161,83	182,06	105,46	153,40	172,57
	II	2 504,25	137,73	200,34	225,38	II	2 504,25	131,93	191,90	215,89	126,13	183,46	206,39	120,33	175,03	196,91	114,53	166,60	187,42	108,73	158,16	177,93	102,94	149,73	168,44
	III	1 855,66	102,06	148,45	167,—	III	1 855,66	96,75	140,73	158,32	91,54	133,16	149,80	86,43	125,72	141,43	81,41	118,42	133,22	76,48	111,25	125,15	71,66	104,24	117,27
	V	3 085,25	169,68	246,82	277,67	IV	2 550,—	137,34	199,78	224,75	134,45	195,56	220,01	131,55	191,34	215,26	128,65	187,13	210,52	125,75	182,91	205,77	122,85	178,70	201,03
	VI	3 117,50	171,46	249,40	280,57																				
8 042,99	I,IV	2 551,25	140,31	204,10	229,61	I	2 551,25	134,52	195,66	220,12	128,72	187,23	210,63	122,92	178,80	201,15	117,12	170,36	191,66	111,32	161,93	182,17	105,53	153,50	172,68
	II	2 505,50	137,80	200,44	225,49	II	2 505,50	132,—	192,—	216,—	126,20	183,57	206,51	120,40	175,14	197,03	114,61	166,70	187,54	108,80	158,26	178,04	103,01	149,83	168,56
	III	1 856,83	102,12	148,54	167,11	III	1 856,83	96,81	140,82	158,42	91,61	133,25	149,90	86,49	125,81	141,53	81,47	118,50	133,31	76,55	111,34	125,26	71,72	104,32	117,36
	V	3 086,50	169,75	246,92	277,78	IV	2 551,25	137,42	199,88	224,87	134,52	195,66	220,12	131,61	191,44	215,37	128,72	187,23	210,63	125,82	183,01	205,88	122,92	178,80	201,15
	VI	3 118,75	171,53	249,50	280,68																				
8 045,99	I,IV	2 552,50	140,38	204,20	229,72	I	2 552,50	134,58	195,76	220,23	128,79	187,33	210,74	122,99	178,90	201,26	117,19	170,46	191,77	111,39	162,03	182,28	105,60	153,60	172,80
	II	2 506,75	137,87	200,54	225,60	II	2 506,75	132,07	192,10	216,11	126,27	183,67	206,63	120,47	175,24	197,14	114,67	166,80	187,65	108,88	158,37	178,16	103,08	149,94	168,68
	III	1 858,—	102,19	148,64	167,22	III	1 858,—	96,88	140,92	158,53	91,66	133,33	149,99	86,55	125,89	141,62	81,53	118,60	133,42	76,60	111,42	125,35	71,77	104,40	117,45
	V	3 087,75	169,82	247,02	277,89	IV	2 552,50	137,49	199,98	224,98	134,58	195,76	220,23	131,69	191,55	215,49	128,79	187,33	210,74	125,89	183,12	206,01	122,99	178,90	201,26
	VI	3 120,—	171,60	249,60	280,80																				
8 048,99	I,IV	2 553,75	140,45	204,30	229,83	I	2 553,75	134,65	195,86	220,34	128,86	187,43	210,86	123,06	179,—	201,37	117,26	170,56	191,88	111,46	162,13	182,39	105,66	153,70	172,91
	II	2 508,—	137,94	200,64	225,72	II	2 508,—	132,14	192,20	216,23	126,34	183,77	206,74	120,54	175,34	197,25	114,74	166,90	187,76	108,95	158,47	178,28	103,15	150,04	168,79
	III	1 859,16	102,25	148,73	167,32	III	1 859,16	96,94	141,01	158,63	91,73	133,42	150,10	86,61	125,98	141,73	81,59	118,68	133,51	76,67	111,52	125,46	71,83	104,48	117,54
	V	3 089,08	169,89	247,12	278,01	IV	2 553,75	137,55	200,08	225,09	134,65	195,86	220,34	131,76	191,65	215,60	128,86	187,43	210,86	125,96	183,22	206,12	123,06	179,—	201,37
	VI	3 121,25	171,66	249,70	280,91																				
8 051,99	I,IV	2 555,—	140,52	204,40	229,95	I	2 555,—	134,72	195,96	220,46	128,92	187,53	210,97	123,13	179,10	201,48	117,33	170,66	191,99	111,53	162,23	182,51	105,73	153,80	173,02
	II	2 509,25	138,—	200,74	225,83	II	2 509,25	132,21	192,30	216,34	126,41	183,87	206,85	120,61	175,44	197,37	114,81	167,—	187,88	109,01	158,57	178,39	103,22	150,14	168,90
	III	1 860,33	102,31	148,82	167,42	III	1 860,33	97,01	141,10	158,74	91,79	133,52	150,21	86,68	126,08	141,84	81,65	118,77	133,61	76,72	111,60	125,55	71,89	104,57	117,64
	V	3 090,33	169,96	247,22	278,12	IV	2 555,—	137,62	200,18	225,20	134,72	195,96	220,46	131,83	191,75	215,72	128,92	187,53	210,97	126,03	183,32	206,23	123,13	179,10	201,48
	VI	3 122,50	171,73	249,80	281,02																				
8 054,99	I,IV	2 556,33	140,59	204,50	230,06	I	2 556,33	134,79	196,06	220,57	128,99	187,63	211,08	123,20	179,20	201,60	117,40	170,76	192,11	111,60	162,33	182,62	105,80	153,90	173,13
	II	2 510,50	138,07	200,84	225,94	II	2 510,50	132,27	192,40	216,45	126,48	183,97	206,96	120,68	175,54	197,48	114,88	167,10	187,99	109,08	158,67	178,50	103,29	150,24	169,02
	III	1 861,50	102,38	148,92	167,53	III	1 861,50	97,07	141,20	158,85	91,85	133,61	150,31	86,73	126,16	141,93	81,71	118,85	133,70	76,78	111,68	125,64	71,94	104,65	117,73
	V	3 091,58	170,03	247,32	278,24	IV	2 556,33	137,69	200,28	225,32	134,79	196,06	220,57	131,89	191,85	215,83	128,99	187,63	211,08	126,10	183,42	206,34	123,20	179,20	201,60
	VI	3 123,75	171,80	249,90	281,13																				

* Die ausgewiesenen Tabellenwerte sind amtlich. Siehe Erläuterungen auf der Umschlaginnenseite (U2).

MONAT 8 055,–*

Lohn/ Gehalt bis €*		I – VI				I, II, III, IV																			
			ohne Kinder-freibeträge					mit Zahl der Kinderfreibeträge . . .																	
								0,5			1			1,5			2			2,5			3		
		LSt	SolZ	8%	9%		LSt	SolZ	8%	9%	SolZ	8%	9%	SolZ	8%	9%	SolZ	8%	9%	SolZ	8%	9%	SolZ	8%	9%
8 057,99	I,IV	2 557,58	140,66	204,60	230,18	I	2 557,58	134,86	196,17	220,69	129,07	187,74	211,20	123,27	179,30	201,71	117,47	170,86	192,22	111,67	162,43	182,73	105,87	154,—	173,25
	II	2 511,75	138,14	200,94	226,05	II	2 511,75	132,34	192,50	216,56	126,55	184,07	207,08	120,75	175,64	197,59	114,95	167,20	188,10	109,15	158,77	178,61	103,35	150,34	169,13
	III	1 862,66	102,44	149,01	167,63	III	1 862,66	97,13	141,28	158,94	91,91	133,69	150,40	86,79	126,25	142,03	81,77	118,94	133,81	76,84	111,77	125,74	72,—	104,73	117,82
	V	3 092,83	170,10	247,42	278,35	IV	2 557,58	137,76	200,38	225,43	134,86	196,17	220,69	131,96	191,95	215,94	129,07	187,74	211,20	126,17	183,52	206,46	123,27	179,30	201,71
	VI	3 125,—	171,87	250,—	281,25																				
8 060,99	I,IV	2 558,83	140,73	204,70	230,29	I	2 558,83	134,93	196,27	220,80	129,14	187,84	211,32	123,34	179,40	201,83	117,54	170,97	192,34	111,74	162,54	182,85	105,94	154,10	173,36
	II	2 513,—	138,21	201,04	226,17	II	2 513,—	132,41	192,60	216,68	126,61	184,17	207,19	120,82	175,74	197,70	115,02	167,30	188,21	109,22	158,87	178,73	103,42	150,44	169,24
	III	1 863,83	102,51	149,10	167,74	III	1 863,83	97,19	141,37	159,04	91,97	133,78	150,50	86,85	126,33	142,12	81,83	119,02	133,90	76,89	111,85	125,83	72,05	104,81	117,91
	V	3 094,08	170,17	247,52	278,46	IV	2 558,83	137,83	200,48	225,54	134,93	196,27	220,80	132,03	192,05	216,05	129,14	187,84	211,32	126,23	183,62	206,57	123,34	179,40	201,83
	VI	3 126,25	171,94	250,10	281,36																				
8 063,99	I,IV	2 560,08	140,80	204,80	230,40	I	2 560,08	135,—	196,37	220,91	129,20	187,94	211,43	123,41	179,50	201,94	117,61	171,07	192,45	111,81	162,64	182,97	106,01	154,20	173,48
	II	2 514,33	138,28	201,14	226,28	II	2 514,33	132,48	192,70	216,79	126,68	184,27	207,30	120,89	175,84	197,82	115,09	167,40	188,33	109,29	158,97	178,84	103,49	150,54	169,35
	III	1 865,—	102,57	149,20	167,85	III	1 865,—	97,25	141,46	159,14	92,04	133,88	150,61	86,91	126,42	142,22	81,89	119,12	134,01	76,95	111,93	125,92	72,12	104,90	118,01
	V	3 095,33	170,24	247,62	278,57	IV	2 560,08	137,90	200,58	225,65	135,—	196,37	220,91	132,10	192,15	216,17	129,20	187,94	211,43	126,30	183,72	206,68	123,41	179,50	201,94
	VI	3 127,58	172,01	250,20	281,48																				
8 066,99	I,IV	2 561,33	140,87	204,90	230,51	I	2 561,33	135,07	196,47	221,03	129,27	188,04	211,54	123,47	179,60	202,05	117,68	171,17	192,56	111,88	162,74	183,08	106,08	154,30	173,59
	II	2 515,58	138,35	201,24	226,40	II	2 515,58	132,55	192,81	216,91	126,76	184,38	207,42	120,96	175,94	197,93	115,16	167,50	188,44	109,36	159,07	178,95	103,56	150,64	169,47
	III	1 866,16	102,63	149,29	167,95	III	1 866,16	97,32	141,56	159,25	92,10	133,97	150,71	86,98	126,52	142,33	81,95	119,20	134,10	77,01	112,02	126,02	72,17	104,98	118,10
	V	3 096,58	170,31	247,72	278,69	IV	2 561,33	137,97	200,68	225,77	135,07	196,47	221,03	132,17	192,25	216,28	129,27	188,04	211,54	126,37	183,82	206,79	123,47	179,60	202,05
	VI	3 128,83	172,08	250,30	281,59																				
8 069,99	I,IV	2 562,58	140,94	205,—	230,63	I	2 562,58	135,14	196,57	221,14	129,34	188,14	211,65	123,54	179,70	202,16	117,75	171,27	192,68	111,95	162,84	183,19	106,15	154,40	173,70
	II	2 516,83	138,42	201,34	226,51	II	2 516,83	132,62	192,91	217,02	126,83	184,48	207,54	121,03	176,04	198,05	115,23	167,61	188,56	109,43	159,18	179,07	103,63	150,74	169,58
	III	1 867,33	102,70	149,38	168,05	III	1 867,33	97,38	141,65	159,35	92,16	134,05	150,80	87,03	126,60	142,42	82,01	119,29	134,20	77,07	112,10	126,11	72,23	105,06	118,19
	V	3 097,83	170,38	247,82	278,80	IV	2 562,58	138,04	200,79	225,89	135,14	196,57	221,14	132,24	192,36	216,40	129,34	188,14	211,65	126,44	183,92	206,91	123,54	179,70	202,16
	VI	3 130,08	172,15	250,40	281,70																				
8 072,99	I,IV	2 563,83	141,01	205,10	230,74	I	2 563,83	135,21	196,67	221,25	129,41	188,24	211,77	123,61	179,80	202,28	117,81	171,37	192,79	112,02	162,94	183,30	106,22	154,50	173,81
	II	2 518,08	138,49	201,44	226,62	II	2 518,08	132,69	193,01	217,13	126,89	184,58	207,65	121,10	176,14	198,16	115,30	167,71	188,67	109,50	159,28	179,19	103,70	150,84	169,70
	III	1 868,50	102,76	149,48	168,16	III	1 868,50	97,45	141,74	159,46	92,22	134,14	150,91	87,10	126,69	142,52	82,06	119,37	134,29	77,13	112,20	126,22	72,28	105,14	118,28
	V	3 099,16	170,45	247,93	278,92	IV	2 563,83	138,11	200,89	226,—	135,21	196,67	221,25	132,31	192,46	216,51	129,41	188,24	211,77	126,51	184,02	207,02	123,61	179,80	202,28
	VI	3 131,33	172,22	250,50	281,81																				
8 075,99	I,IV	2 565,08	141,07	205,20	230,85	I	2 565,08	135,28	196,77	221,36	129,48	188,34	211,88	123,68	179,90	202,39	117,88	171,47	192,90	112,09	163,04	183,42	106,29	154,60	173,93
	II	2 519,33	138,56	201,54	226,73	II	2 519,33	132,76	193,11	217,25	126,96	184,68	207,76	121,16	176,24	198,27	115,37	167,81	188,78	109,57	159,38	179,30	103,77	150,94	169,81
	III	1 869,66	102,83	149,57	168,26	III	1 869,66	97,51	141,84	159,57	92,29	134,24	151,02	87,16	126,78	142,63	82,13	119,46	134,39	77,19	112,28	126,31	72,35	105,24	118,39
	V	3 100,41	170,52	248,03	279,03	IV	2 565,08	138,18	200,99	226,11	135,28	196,77	221,36	132,38	192,56	216,63	129,48	188,34	211,88	126,58	184,12	207,14	123,68	179,90	202,39
	VI	3 132,58	172,29	250,60	281,93																				
8 078,99	I,IV	2 566,33	141,14	205,30	230,96	I	2 566,33	135,35	196,87	221,48	129,55	188,44	211,99	123,75	180,—	202,50	117,95	171,57	193,01	112,15	163,14	183,53	106,36	154,70	174,04
	II	2 520,58	138,63	201,64	226,85	II	2 520,58	132,83	193,21	217,36	127,03	184,78	207,87	121,23	176,34	198,38	115,44	167,91	188,90	109,64	159,48	179,41	103,84	151,04	169,92
	III	1 870,83	102,89	149,66	168,37	III	1 870,83	97,57	141,92	159,66	92,35	134,33	151,12	87,22	126,86	142,72	82,18	119,54	134,48	77,24	112,36	126,40	72,40	105,32	118,48
	V	3 101,66	170,59	248,13	279,14	IV	2 566,33	138,25	201,09	226,22	135,35	196,87	221,48	132,45	192,66	216,74	129,55	188,44	211,99	126,65	184,22	207,25	123,75	180,—	202,50
	VI	3 133,83	172,36	250,70	282,04																				
8 081,99	I,IV	2 567,66	141,22	205,41	231,08	I	2 567,66	135,42	196,98	221,60	129,62	188,54	212,11	123,82	180,10	202,61	118,02	171,67	193,13	112,22	163,24	183,64	106,42	154,80	174,15
	II	2 521,83	138,70	201,74	226,96	II	2 521,83	132,90	193,31	217,47	127,10	184,88	207,99	121,30	176,44	198,50	115,50	168,01	189,01	109,71	159,58	179,52	103,91	151,14	170,03
	III	1 872,—	102,96	149,76	168,48	III	1 872,—	97,63	142,01	159,76	92,40	134,41	151,21	87,28	126,96	142,83	82,25	119,64	134,59	77,31	112,45	126,50	72,46	105,40	118,57
	V	3 102,91	170,66	248,23	279,26	IV	2 567,66	138,32	201,19	226,34	135,42	196,98	221,60	132,52	192,76	216,85	129,62	188,54	212,11	126,72	184,32	207,36	123,82	180,10	202,61
	VI	3 135,08	172,42	250,80	282,15																				
8 084,99	I,IV	2 568,91	141,29	205,51	231,20	I	2 568,91	135,49	197,08	221,71	129,69	188,64	212,22	123,89	180,21	202,73	118,09	171,78	193,25	112,30	163,34	183,76	106,49	154,90	174,26
	II	2 523,08	138,76	201,84	227,07	II	2 523,08	132,97	193,41	217,58	127,17	184,98	208,10	121,37	176,54	198,61	115,57	168,11	189,12	109,78	159,68	179,64	103,98	151,24	170,15
	III	1 873,16	103,02	149,85	168,58	III	1 873,16	97,69	142,10	159,86	92,47	134,50	151,31	87,34	127,04	142,92	82,30	119,72	134,68	77,36	112,53	126,59	72,51	105,48	118,66
	V	3 104,16	170,72	248,33	279,37	IV	2 568,91	138,38	201,29	226,45	135,49	197,08	221,71	132,59	192,86	216,96	129,69	188,64	212,22	126,79	184,42	207,47	123,89	180,21	202,73
	VI	3 136,33	172,49	250,90	282,26																				
8 087,99	I,IV	2 570,16	141,35	205,61	231,31	I	2 570,16	135,56	197,18	221,82	129,76	188,74	212,33	123,96	180,31	202,85	118,16	171,88	193,36	112,36	163,44	183,87	106,57	155,01	174,38
	II	2 524,33	138,83	201,94	227,18	II	2 524,33	133,04	193,51	217,70	127,24	185,08	208,21	121,44	176,64	198,72	115,64	168,21	189,23	109,84	159,78	179,75	104,05	151,34	170,26
	III	1 874,33	103,08	149,94	168,68	III	1 874,33	97,76	142,20	159,97	92,53	134,60	151,42	87,40	127,13	143,02	82,37	119,81	134,78	77,42	112,61	126,68	72,58	105,57	118,76
	V	3 105,41	170,79	248,43	279,48	IV	2 570,16	138,45	201,39	226,56	135,56	197,18	221,82	132,66	192,96	217,08	129,76	188,74	212,33	126,86	184,52	207,59	123,96	180,31	202,85
	VI	3 137,66	172,57	251,01	282,38																				
8 090,99	I,IV	2 571,41	141,42	205,71	231,42	I	2 571,41	135,63	197,28	221,94	129,83	188,84	212,45	124,03	180,41	202,96	118,23	171,98	193,47	112,43	163,54	183,98	106,64	155,11	174,50
	II	2 525,66	138,91	202,05	227,30	II	2 525,66	133,11	193,62	217,82	127,31	185,18	208,33	121,51	176,74	198,83	115,71	168,31	189,35	109,91	159,88	179,86	104,11	151,44	170,37
	III	1 875,50	103,15	150,04	168,79	III	1 875,50	97,82	142,29	160,07	92,60	134,69	151,52	87,46	127,22	143,12	82,42	119,89	134,87	77,48	112,70	126,79	72,63	105,65	118,85
	V	3 106,66	170,86	248,53	279,59	IV	2 571,41	138,52	201,49	226,67	135,63	197,28	221,94	132,72	193,06	217,19	129,83	188,84	212,45	126,93	184,62	207,70	124,03	180,41	202,96
	VI	3 138,91	172,64	251,11	282,50																				
8 093,99	I,IV	2 572,66	141,49	205,81	231,53	I	2 572,66	135,69	197,38	222,05	129,90	188,94	212,56	124,10	180,51	203,07	118,30	172,08	193,59	112,50	163,64	184,10	106,70	155,21	174,61
	II	2 526,91	138,98	202,15	227,42	II	2 526,91	133,18	193,72	217,93	127,38	185,28	208,44	121,58	176,85	198,95	115,78	168,42	189,47	109,99	159,98	179,98	104,18	151,54	170,48
	III	1 876,66	103,21	150,13	168,89	III	1 876,66	97,89	142,38	160,18	92,65	134,77	151,61	87,52	127,30	143,21	82,49	119,98	134,98	77,54	112,78	126,88	72,69	105,73	118,94
	V	3 107,91	170,93	248,63	279,71	IV	2 572,66	138,60	201,60	226,80	135,69	197,38	222,05	132,80	193,16	217,31	129,90	188,94	212,56	126,99	184,72	207,81	124,10	180,51	203,07
	VI	3 140,16	172,70	251,21	282,61																				
8 096,99	I,IV	2 573,91	141,56	205,91	231,65	I	2 573,91	135,76	197,48	222,16	129,96	189,04	212,67	124,17	180,61	203,18	118,37	172,18	193,70	112,57	163,74	184,21	106,77	155,31	174,72
	II	2 528,16	139,04	202,25	227,53	II	2 528,16	133,25	193,82	218,04	127,45	185,38	208,55	121,65	176,95	199,07	115,85	168,52	189,58	110,05	160,08	180,09	104,26	151,65	170,60
	III	1 877,83	103,28	150,22	169,—	III	1 877,83	97,95	142,48	160,29	92,72	134,86	151,72	87,58	127,40	143,32	82,54	120,06	135,07	77,60	112,88	126,99	72,74	105,81	119,03
	V	3 109,25	171,—	248,74	279,83	IV	2 573,91	138,66	201,70	226,91	135,76	197,48	222,16	132,87	193,26	217,42	129,96	189,04	212,67	127,07	184,83	207,93	124,17	180,61	203,18
	VI	3 141,41	172,77	251,31	282,72																				
8 099,99	I,IV	2 575,16	141,63	206,01	231,76	I	2 575,16	135,83	197,58	222,27	130,03	189,14	212,78	124,24	180,71	203,30	118,44	172,28	193,81	112,64	163,84	184,32	106,84	155,41	174,83
	II	2 529,41	139,11	202,35	227,64	II	2 529,41	133,32	193,92	218,16	127,52	185,48	208,67	121,72	177,05	199,18	115,92	168,62	189,69	110,12	160,18	180,20	104,33	151,75	170,72
	III	1 879,—	103,34	150,32	169,11	III	1 879,—	98,01	142,57	160,39	92,78	134,96	151,83	87,65	127,49	143,42	82,61	120,16	135,18	77,66	112,96	127,08	72,81	105,90	119,14
	V	3 110,50	171,07	248,84	279,94	IV	2 575,16	138,73	201,80	227,02	135,83	197,58	222,27	132,93	193,36	217,53	130,03	189,14	212,78	127,14	184,93	208,04	124,24	180,71	203,30
	VI	3 142,66	172,84	251,41	282,83																				

Abzüge an Lohnsteuer, Solidaritätszuschlag (SolZ) und Kirchensteuer (8%, 9%) in den Steuerklassen

* Die ausgewiesenen Tabellenwerte sind amtlich. Siehe Erläuterungen auf der Umschlaginnenseite (U2).

8 144,99* MONAT

Lohn/ Gehalt bis €*	Abzüge an Lohnsteuer, Solidaritätszuschlag (SolZ) und Kirchensteuer (8%, 9%) in den Steuerklassen I – VI					Abzüge an Lohnsteuer, Solidaritätszuschlag (SolZ) und Kirchensteuer (8%, 9%) in den Steuerklassen I, II, III, IV																				
			ohne Kinderfreibeträge					mit Zahl der Kinderfreibeträge . . . 0,5			1			1,5			2			2,5			3		
		LSt	SolZ	8%	9%		LSt	SolZ	8%	9%	SolZ	8%	9%	SolZ	8%	9%	SolZ	8%	9%	SolZ	8%	9%	SolZ	8%	9%
8 102,99	I,IV	2 576,41	141,70	206,11	231,87	I	2 576,41	135,90	197,68	222,39	130,10	189,24	212,90	124,30	180,81	203,41	118,51	172,38	193,92	112,71	163,94	184,43	106,91	155,51	174,95
	II	2 530,66	139,18	202,45	227,75	II	2 530,66	133,38	194,02	218,27	127,59	185,58	208,78	121,79	177,15	199,29	115,99	168,72	189,81	110,19	160,28	180,32	104,39	151,85	170,83
	III	1 880,16	103,40	150,41	169,21	III	1 880,16	98,08	142,66	160,49	92,84	135,05	151,93	87,70	127,57	143,51	82,66	120,24	135,27	77,71	113,04	127,17	72,86	105,98	119,23
	V	3 111,75	171,14	248,94	280,05	IV	2 576,41	138,80	201,90	227,13	135,90	197,68	222,39	133,—	193,46	217,64	130,10	189,24	212,90	127,21	185,03	208,16	124,30	180,81	203,41
	VI	3 143,91	172,91	251,51	282,95																				
8 105,99	I,IV	2 577,75	141,77	206,22	231,99	I	2 577,75	135,97	197,78	222,50	130,17	189,34	213,01	124,37	180,91	203,52	118,58	172,48	194,04	112,78	164,04	184,55	106,98	155,61	175,06
	II	2 531,91	139,25	202,55	227,87	II	2 531,91	133,45	194,12	218,38	127,65	185,68	208,89	121,86	177,25	199,40	116,06	168,82	189,92	110,26	160,38	180,43	104,46	151,95	170,94
	III	1 881,33	103,47	150,50	169,31	III	1 881,33	98,13	142,74	160,58	92,90	135,13	152,02	87,77	127,66	143,62	82,72	120,33	135,37	77,77	113,13	127,27	72,92	106,06	119,32
	V	3 113,—	171,21	249,04	280,17	IV	2 577,75	138,87	202,—	227,25	135,97	197,78	222,50	133,07	193,56	217,76	130,17	189,34	213,01	127,27	185,13	208,27	124,37	180,91	203,52
	VI	3 145,16	172,98	251,61	283,06																				
8 108,99	I,IV	2 579,—	141,84	206,32	232,11	I	2 579,—	136,04	197,88	222,62	130,24	189,45	213,13	124,45	181,02	203,64	118,65	172,58	194,15	112,85	164,14	184,66	107,05	155,71	175,17
	II	2 533,16	139,32	202,65	227,98	II	2 533,16	133,52	194,22	218,49	127,72	185,78	209,—	121,93	177,35	199,52	116,13	168,92	190,03	110,33	160,48	180,54	104,53	152,05	171,05
	III	1 882,50	103,53	150,60	169,42	III	1 882,50	98,20	142,84	160,69	92,96	135,22	152,12	87,82	127,74	143,71	82,78	120,41	135,46	77,83	113,21	127,36	72,98	106,16	119,43
	V	3 114,25	171,28	249,14	280,28	IV	2 579,—	138,94	202,10	227,36	136,04	197,88	222,62	133,14	193,66	217,87	130,24	189,45	213,13	127,34	185,23	208,38	124,45	181,02	203,64
	VI	3 146,41	173,05	251,71	283,17																				
8 111,99	I,IV	2 580,25	141,91	206,42	232,22	I	2 580,25	136,11	197,98	222,73	130,31	189,55	213,24	124,52	181,12	203,76	118,72	172,68	194,27	112,92	164,25	184,78	107,12	155,82	175,29
	II	2 534,41	139,39	202,75	228,09	II	2 534,41	133,59	194,32	218,61	127,79	185,88	209,12	121,99	177,45	199,63	116,20	169,02	190,14	110,40	160,58	180,65	104,60	152,15	171,17
	III	1 883,66	103,60	150,69	169,52	III	1 883,66	98,26	142,93	160,79	93,03	135,32	152,23	87,89	127,84	143,82	82,84	120,50	135,56	77,89	113,30	127,46	73,04	106,24	119,52
	V	3 115,50	171,35	249,24	280,39	IV	2 580,25	139,01	202,20	227,47	136,11	197,98	222,73	133,21	193,76	217,98	130,31	189,55	213,24	127,41	185,33	208,49	124,52	181,12	203,76
	VI	3 147,75	173,12	251,82	283,29																				
8 114,99	I,IV	2 581,50	141,98	206,52	232,33	I	2 581,50	136,18	198,08	222,84	130,38	189,65	213,35	124,58	181,22	203,87	118,79	172,78	194,38	112,99	164,35	184,89	107,19	155,92	175,41
	II	2 535,75	139,46	202,86	228,21	II	2 535,75	133,66	194,42	218,72	127,86	185,98	209,23	122,06	177,55	199,74	116,27	169,12	190,26	110,47	160,68	180,77	104,67	152,25	171,28
	III	1 884,83	103,66	150,78	169,63	III	1 884,83	98,33	143,02	160,90	93,09	135,41	152,33	87,95	127,93	143,92	82,90	120,58	135,65	77,95	113,38	127,55	73,09	106,32	119,61
	V	3 116,75	171,42	249,34	280,50	IV	2 581,50	139,08	202,30	227,58	136,18	198,08	222,84	133,28	193,86	218,09	130,38	189,65	213,35	127,48	185,43	208,61	124,58	181,22	203,87
	VI	3 149,—	173,19	251,92	283,41																				
8 117,99	I,IV	2 582,75	142,05	206,62	232,44	I	2 582,75	136,25	198,18	222,95	130,45	189,75	213,47	124,65	181,32	203,98	118,85	172,88	194,49	113,06	164,45	185,—	107,26	156,02	175,52
	II	2 537,—	139,53	202,96	228,33	II	2 537,—	133,73	194,52	218,84	127,93	186,09	209,35	122,14	177,66	199,86	116,34	169,22	190,37	110,54	160,78	180,88	104,74	152,35	171,39
	III	1 886,—	103,73	150,88	169,74	III	1 886,—	98,39	143,12	161,01	93,15	135,49	152,42	88,—	128,01	144,01	82,96	120,68	135,76	78,—	113,46	127,64	73,15	106,40	119,70
	V	3 118,—	171,49	249,44	280,62	IV	2 582,75	139,15	202,40	227,70	136,25	198,18	222,95	133,35	193,96	218,21	130,45	189,75	213,47	127,55	185,53	208,72	124,65	181,32	203,98
	VI	3 150,25	173,26	252,02	283,52																				
8 120,99	I,IV	2 584,—	142,12	206,72	232,56	I	2 584,—	136,32	198,28	223,07	130,52	189,85	213,58	124,72	181,42	204,09	118,92	172,98	194,60	113,13	164,55	185,12	107,33	156,12	175,63
	II	2 538,25	139,60	203,06	228,44	II	2 538,25	133,80	194,62	218,95	128,—	186,19	209,46	122,21	177,76	199,98	116,41	169,32	190,49	110,61	160,89	181,—	104,81	152,46	171,51
	III	1 887,16	103,79	150,97	169,84	III	1 887,16	98,45	143,21	161,11	93,21	135,58	152,53	88,07	128,10	144,11	83,02	120,76	135,85	78,07	113,56	127,75	73,21	106,49	119,80
	V	3 119,25	171,55	249,54	280,73	IV	2 584,—	139,22	202,50	227,81	136,32	198,28	223,07	133,42	194,07	218,33	130,52	189,85	213,58	127,62	185,64	208,84	124,72	181,42	204,09
	VI	3 151,50	173,33	252,12	283,63																				
8 123,99	I,IV	2 585,25	142,18	206,82	232,67	I	2 585,25	136,39	198,38	223,18	130,59	189,95	213,69	124,79	181,52	204,21	118,99	173,08	194,72	113,19	164,65	185,23	107,40	156,22	175,74
	II	2 539,50	139,67	203,16	228,55	II	2 539,50	133,87	194,72	219,06	128,07	186,29	209,57	122,27	177,86	200,09	116,48	169,42	190,60	110,68	160,99	181,11	104,88	152,56	171,63
	III	1 888,33	103,85	151,06	169,94	III	1 888,33	98,52	143,30	161,21	93,28	135,68	152,64	88,13	128,20	144,22	83,08	120,85	135,95	78,12	113,64	127,84	73,26	106,57	119,89
	V	3 120,58	171,63	249,64	280,85	IV	2 585,25	139,29	202,60	227,93	136,39	198,38	223,18	133,49	194,17	218,44	130,59	189,95	213,69	127,69	185,74	208,95	124,79	181,52	204,21
	VI	3 152,75	173,40	252,22	283,74																				
8 126,99	I,IV	2 586,50	142,25	206,92	232,78	I	2 586,50	136,45	198,48	223,29	130,66	190,05	213,80	124,86	181,62	204,32	119,06	173,18	194,83	113,26	164,75	185,34	107,47	156,32	175,86
	II	2 540,75	139,74	203,26	228,66	II	2 540,75	133,94	194,82	219,17	128,14	186,39	209,69	122,34	177,96	200,20	116,54	169,52	190,71	110,75	161,09	181,22	104,95	152,66	171,74
	III	1 889,50	103,92	151,16	170,05	III	1 889,50	98,58	143,40	161,32	93,34	135,77	152,74	88,19	128,28	144,31	83,14	120,93	136,04	78,18	113,72	127,93	73,32	106,65	119,98
	V	3 121,83	171,70	249,74	280,96	IV	2 586,50	139,36	202,70	228,04	136,45	198,48	223,29	133,56	194,27	218,55	130,66	190,05	213,80	127,76	185,84	209,07	124,86	181,62	204,32
	VI	3 154,—	173,47	252,32	283,86																				
8 129,99	I,IV	2 587,83	142,33	207,02	232,90	I	2 587,83	136,52	198,58	223,40	130,73	190,15	213,92	124,93	181,72	204,43	119,13	173,28	194,94	113,33	164,85	185,45	107,53	156,42	175,97
	II	2 542,—	139,81	203,36	228,78	II	2 542,—	134,01	194,92	219,29	128,21	186,49	209,80	122,41	178,06	200,31	116,61	169,62	190,82	110,82	161,19	181,34	105,02	152,76	171,85
	III	1 890,66	103,98	151,25	170,15	III	1 890,66	98,65	143,49	161,42	93,40	135,86	152,84	88,25	128,37	144,41	83,20	121,02	136,15	78,24	113,81	128,03	73,37	106,73	120,07
	V	3 123,08	171,76	249,84	281,07	IV	2 587,83	139,42	202,80	228,15	136,52	198,58	223,40	133,63	194,37	218,66	130,73	190,15	213,92	127,83	185,94	209,18	124,93	181,72	204,43
	VI	3 155,25	173,53	252,42	283,97																				
8 132,99	I,IV	2 589,08	142,39	207,12	233,01	I	2 589,08	136,60	198,69	223,52	130,80	190,26	214,04	125,—	181,82	204,55	119,20	173,38	195,05	113,40	164,95	185,57	107,60	156,52	176,08
	II	2 543,25	139,87	203,46	228,89	II	2 543,25	134,08	195,02	219,40	128,28	186,59	209,91	122,48	178,16	200,43	116,68	169,72	190,94	110,88	161,29	181,45	105,09	152,86	171,96
	III	1 891,83	104,05	151,34	170,26	III	1 891,83	98,70	143,57	161,51	93,46	135,94	152,93	88,32	128,46	144,52	83,26	121,10	136,24	78,30	113,89	128,12	73,44	106,82	120,17
	V	3 124,33	171,83	249,94	281,18	IV	2 589,08	139,49	202,90	228,26	136,60	198,69	223,52	133,70	194,47	218,78	130,80	190,26	214,04	127,90	186,04	209,29	125,—	181,82	204,55
	VI	3 156,50	173,60	252,52	284,08																				
8 135,99	I,IV	2 590,33	142,46	207,22	233,12	I	2 590,33	136,67	198,79	223,64	130,87	190,36	214,15	125,07	181,92	204,66	119,27	173,49	195,17	113,47	165,06	185,69	107,68	156,62	176,20
	II	2 544,50	139,94	203,56	229,—	II	2 544,50	134,14	195,12	219,51	128,35	186,69	210,02	122,55	178,26	200,54	116,75	169,82	191,05	110,95	161,39	181,56	105,16	152,96	172,08
	III	1 893,—	104,11	151,44	170,37	III	1 893,—	98,77	143,66	161,62	93,52	136,04	153,04	88,37	128,54	144,61	83,32	121,20	136,35	78,36	113,98	128,23	73,49	106,90	120,26
	V	3 125,58	171,90	250,04	281,30	IV	2 590,33	139,56	203,—	228,38	136,67	198,79	223,64	133,76	194,57	218,89	130,87	190,36	214,15	127,97	186,14	209,40	125,07	181,92	204,66
	VI	3 157,75	173,67	252,62	284,19																				
8 138,99	I,IV	2 591,58	142,53	207,32	233,24	I	2 591,58	136,73	198,89	223,75	130,94	190,46	214,26	125,14	182,02	204,77	119,34	173,59	195,29	113,54	165,16	185,80	107,74	156,72	176,31
	II	2 545,83	140,02	203,66	229,12	II	2 545,83	134,21	195,22	219,62	128,42	186,79	210,14	122,62	178,36	200,65	116,82	169,92	191,16	111,02	161,49	181,67	105,22	153,06	172,19
	III	1 894,16	104,17	151,53	170,47	III	1 894,16	98,83	143,76	161,73	93,59	136,13	153,14	88,44	128,64	144,72	83,38	121,28	136,44	78,42	114,06	128,32	73,55	106,98	120,35
	V	3 126,83	171,97	250,14	281,41	IV	2 591,58	139,63	203,10	228,49	136,73	198,89	223,75	133,83	194,67	219,—	130,94	190,46	214,26	128,04	186,24	209,52	125,14	182,02	204,77
	VI	3 159,08	173,74	252,72	284,31																				
8 141,99	I,IV	2 592,83	142,60	207,42	233,35	I	2 592,83	136,80	198,99	223,86	131,01	190,56	214,38	125,21	182,12	204,89	119,41	173,69	195,40	113,61	165,26	185,91	107,81	156,82	176,42
	II	2 547,08	140,08	203,76	229,23	II	2 547,08	134,29	195,33	219,74	128,49	186,90	210,26	122,69	178,46	200,77	116,89	170,02	191,27	111,09	161,59	181,79	105,29	153,16	172,30
	III	1 895,33	104,24	151,62	170,57	III	1 895,33	98,89	143,85	161,83	93,65	136,22	153,25	88,50	128,73	144,82	83,44	121,37	136,54	78,48	114,16	128,43	73,61	107,08	120,46
	V	3 128,08	172,04	250,24	281,52	IV	2 592,83	139,70	203,20	228,60	136,80	198,99	223,86	133,90	194,77	219,11	131,01	190,56	214,38	128,10	186,34	209,63	125,21	182,12	204,89
	VI	3 160,33	173,81	252,82	284,42																				
8 144,99	I,IV	2 594,08	142,67	207,52	233,46	I	2 594,08	136,87	199,09	223,97	131,07	190,66	214,49	125,28	182,22	205,—	119,48	173,79	195,51	113,68	165,36	186,03	107,88	156,92	176,54
	II	2 548,33	140,15	203,86	229,34	II	2 548,33	134,36	195,43	219,86	128,56	187,—	210,37	122,76	178,56	200,88	116,96	170,13	191,39	111,16	161,70	181,91	105,37	153,26	172,42
	III	1 896,50	104,30	151,72	170,68	III	1 896,50	98,96	143,94	161,93	93,71	136,30	153,34	88,55	128,81	144,91	83,49	121,45	136,63	78,54	114,24	128,52	73,67	107,16	120,55
	V	3 129,33	172,11	250,34	281,63	IV	2 594,08	139,77	203,31	228,72	136,87	199,09	223,97	133,98	194,88	219,24	131,07	190,66	214,49	128,18	186,44	209,75	125,28	182,22	205,—
	VI	3 161,58	173,88	252,92	284,54																				

* Die ausgewiesenen Tabellenwerte sind amtlich. Siehe Erläuterungen auf der Umschlaginnenseite (U2).

Abzüge an Lohnsteuer, Solidaritätszuschlag (SolZ) und Kirchensteuer (8%, 9%) in den Steuerklassen

Lohn/ Gehalt bis €*	I – VI					I, II, III, IV		mit Zahl der Kinderfreibeträge . . .																	
			ohne Kinderfreibeträge					0,5			1			1,5			2			2,5			3		
		LSt	SolZ	8%	9%		LSt	SolZ	8%	9%	SolZ	8%	9%	SolZ	8%	9%	SolZ	8%	9%	SolZ	8%	9%	SolZ	8%	9%
8 147,99	I,IV	2 595,33	142,74	207,62	233,57	I	2 595,33	136,94	199,19	224,09	131,14	190,76	214,60	125,34	182,32	205,11	119,55	173,89	195,62	113,75	165,46	186,14	107,95	157,02	176,65
	II	2 549,58	140,22	203,96	229,46	II	2 549,58	134,42	195,53	219,97	128,63	187,10	210,48	122,83	178,66	200,99	117,03	170,23	191,51	111,23	161,80	182,02	105,43	153,36	172,53
	III	1 897,66	104,37	151,81	170,78	III	1 897,66	99,02	144,04	162,04	93,77	136,40	153,45	88,62	128,90	145,01	83,56	121,54	136,73	78,59	114,32	128,61	73,72	107,24	120,64
	V	3 130,66	172,18	250,45	281,75	IV	2 595,33	139,84	203,41	228,83	136,94	199,19	224,09	134,04	194,98	219,35	131,14	190,76	214,60	128,25	186,54	209,86	125,34	182,32	205,11
	VI	3 162,83	173,95	253,02	284,65																				
8 150,99	I,IV	2 596,58	142,81	207,72	233,69	I	2 596,58	137,01	199,29	224,20	131,21	190,86	214,71	125,41	182,42	205,22	119,62	173,99	195,74	113,82	165,56	186,25	108,02	157,12	176,76
	II	2 550,83	140,29	204,06	229,57	II	2 550,83	134,49	195,63	220,08	128,70	187,20	210,60	122,90	178,76	201,11	117,10	170,33	191,62	111,30	161,90	182,13	105,50	153,46	172,64
	III	1 898,83	104,43	151,90	170,89	III	1 898,83	99,09	144,13	162,14	93,83	136,49	153,55	88,68	129,—	145,12	83,61	121,62	136,82	78,65	114,41	128,71	73,78	107,32	120,73
	V	3 131,91	172,25	250,55	281,87	IV	2 596,58	139,91	203,51	228,95	137,01	199,29	224,20	134,11	195,08	219,46	131,21	190,86	214,71	128,31	186,64	209,97	125,41	182,42	205,22
	VI	3 164,08	174,02	253,12	284,76																				
8 153,99	I,IV	2 597,83	142,88	207,82	233,80	I	2 597,83	137,08	199,39	224,31	131,28	190,96	214,83	125,48	182,52	205,34	119,68	174,09	195,85	113,89	165,66	186,36	108,09	157,22	176,87
	II	2 552,08	140,36	204,16	229,68	II	2 552,08	134,56	195,73	220,19	128,76	187,30	210,71	122,97	178,86	201,22	117,17	170,43	191,73	111,37	162,—	182,25	105,57	153,56	172,76
	III	1 900,—	104,50	152,—	171,—	III	1 900,—	99,15	144,22	162,25	93,90	136,58	153,65	88,74	129,08	145,21	83,68	121,72	136,93	78,71	114,49	128,80	73,84	107,41	120,83
	V	3 133,16	172,32	250,65	281,98	IV	2 597,83	139,98	203,61	229,06	137,08	199,39	224,31	134,18	195,18	219,57	131,28	190,96	214,83	128,38	186,74	210,08	125,48	182,52	205,34
	VI	3 165,33	174,09	253,22	284,87																				
8 156,99	I,IV	2 599,16	142,95	207,93	233,92	I	2 599,16	137,15	199,50	224,43	131,35	191,06	214,94	125,55	182,62	205,45	119,75	174,19	195,96	113,96	165,76	186,48	108,16	157,32	176,99
	II	2 553,33	140,43	204,26	229,79	II	2 553,33	134,63	195,83	220,31	128,83	187,40	210,82	123,03	178,96	201,33	117,24	170,53	191,84	111,44	162,10	182,36	105,64	153,66	172,87
	III	1 901,16	104,56	152,09	171,10	III	1 901,16	99,22	144,32	162,36	93,96	136,68	153,76	88,80	129,17	145,31	83,74	121,81	137,03	78,77	114,58	128,90	73,90	107,49	120,92
	V	3 134,41	172,39	250,75	282,09	IV	2 599,16	140,05	203,71	229,17	137,15	199,50	224,43	134,25	195,28	219,69	131,35	191,06	214,94	128,45	186,84	210,20	125,55	182,62	205,45
	VI	3 166,58	174,16	253,32	284,99																				
8 159,99	I,IV	2 600,41	143,02	208,03	234,03	I	2 600,41	137,22	199,60	224,55	131,42	191,16	215,06	125,62	182,73	205,57	119,83	174,30	196,08	114,03	165,86	186,59	108,23	157,42	177,10
	II	2 554,58	140,50	204,36	229,91	II	2 554,58	134,70	195,93	220,42	128,90	187,50	210,93	123,10	179,06	201,44	117,31	170,63	191,96	111,51	162,20	182,47	105,71	153,76	172,98
	III	1 902,33	104,62	152,18	171,20	III	1 902,33	99,28	144,41	162,46	94,02	136,76	153,85	88,87	129,26	145,42	83,80	121,89	137,12	78,83	114,66	128,99	73,95	107,57	121,01
	V	3 135,66	172,46	250,85	282,20	IV	2 600,41	140,12	203,81	229,28	137,22	199,60	224,55	134,32	195,38	219,80	131,42	191,16	215,06	128,52	186,94	210,31	125,62	182,73	205,57
	VI	3 167,83	174,23	253,42	285,10																				
8 162,99	I,IV	2 601,66	143,09	208,13	234,14	I	2 601,66	137,29	199,70	224,66	131,49	191,26	215,17	125,69	182,83	205,68	119,90	174,40	196,20	114,10	165,96	186,71	108,30	157,53	177,22
	II	2 555,83	140,57	204,46	230,02	II	2 555,83	134,77	196,03	220,53	128,97	187,60	211,05	123,17	179,16	201,56	117,37	170,73	192,07	111,58	162,30	182,58	105,78	153,86	173,09
	III	1 903,50	104,69	152,28	171,31	III	1 903,50	99,34	144,50	162,56	94,08	136,85	153,95	88,92	129,34	145,51	83,86	121,98	137,23	78,88	114,74	129,08	74,02	107,66	121,12
	V	3 136,91	172,53	250,95	282,32	IV	2 601,66	140,19	203,91	229,40	137,29	199,70	224,66	134,39	195,48	219,91	131,49	191,26	215,17	128,59	187,04	210,42	125,69	182,83	205,68
	VI	3 169,16	174,30	253,53	285,22																				
8 165,99	I,IV	2 602,91	143,16	208,23	234,26	I	2 602,91	137,36	199,80	224,77	131,56	191,36	215,28	125,76	182,93	205,79	119,96	174,50	196,31	114,17	166,06	186,82	108,37	157,63	177,33
	II	2 557,16	140,64	204,57	230,14	II	2 557,16	134,84	196,14	220,65	129,04	187,70	211,16	123,24	179,26	201,67	117,44	170,83	192,18	111,65	162,40	182,70	105,85	153,96	173,21
	III	1 904,66	104,75	152,37	171,41	III	1 904,66	99,40	144,58	162,65	94,15	136,94	154,06	88,99	129,44	145,62	83,92	122,06	137,32	78,95	114,84	129,19	74,07	107,74	121,21
	V	3 138,16	172,59	251,05	282,43	IV	2 602,91	140,25	204,01	229,51	137,36	199,80	224,77	134,46	195,58	220,02	131,56	191,36	215,28	128,66	187,14	210,53	125,76	182,93	205,79
	VI	3 170,41	174,37	253,63	285,33																				
8 168,99	I,IV	2 604,16	143,22	208,33	234,37	I	2 604,16	137,43	199,90	224,88	131,63	191,46	215,39	125,83	183,03	205,91	120,03	174,60	196,42	114,23	166,16	186,93	108,44	157,73	177,44
	II	2 558,41	140,71	204,67	230,25	II	2 558,41	134,91	196,24	220,77	129,11	187,80	211,28	123,31	179,37	201,79	117,52	170,94	192,30	111,72	162,50	182,81	105,92	154,06	173,32
	III	1 905,83	104,82	152,46	171,52	III	1 905,83	99,46	144,68	162,76	94,21	137,04	154,17	89,05	129,53	145,72	83,98	122,16	137,43	79,—	114,92	129,28	74,13	107,82	121,30
	V	3 139,41	172,66	251,15	282,54	IV	2 604,16	140,33	204,12	229,63	137,43	199,90	224,88	134,53	195,68	220,14	131,63	191,46	215,39	128,73	187,24	210,65	125,83	183,03	205,91
	VI	3 171,66	174,44	253,73	285,44																				
8 171,99	I,IV	2 605,41	143,29	208,43	234,48	I	2 605,41	137,50	200,—	225,—	131,70	191,56	215,51	125,90	183,13	206,02	120,10	174,70	196,53	114,30	166,26	187,04	108,51	157,83	177,56
	II	2 559,66	140,78	204,77	230,36	II	2 559,66	134,98	196,34	220,88	129,18	187,90	211,39	123,38	179,47	201,90	117,59	171,04	192,42	111,79	162,60	182,93	105,99	154,17	173,44
	III	1 907,—	104,88	152,56	171,63	III	1 907,—	99,53	144,77	162,86	94,27	137,13	154,27	89,10	129,61	145,81	84,04	122,24	137,52	79,07	115,01	129,38	74,18	107,90	121,39
	V	3 140,75	172,74	251,26	282,66	IV	2 605,41	140,40	204,22	229,74	137,50	200,—	225,—	134,60	195,78	220,25	131,70	191,56	215,51	128,80	187,35	210,77	125,90	183,13	206,02
	VI	3 172,91	174,51	253,83	285,56																				
8 174,99	I,IV	2 606,66	143,36	208,53	234,59	I	2 606,66	137,56	200,10	225,11	131,77	191,66	215,62	125,97	183,23	206,13	120,17	174,80	196,65	114,37	166,36	187,16	108,57	157,93	177,67
	II	2 560,91	140,85	204,87	230,48	II	2 560,91	135,05	196,44	220,99	129,25	188,—	211,50	123,45	179,57	202,01	117,65	171,14	192,53	111,86	162,70	183,04	106,06	154,27	173,55
	III	1 908,16	104,94	152,65	171,73	III	1 908,16	99,59	144,86	162,97	94,33	137,21	154,36	89,17	129,70	145,91	84,10	122,33	137,62	79,12	115,09	129,47	74,25	108,—	121,50
	V	3 142,—	172,81	251,36	282,78	IV	2 606,66	140,47	204,32	229,86	137,56	200,10	225,11	134,67	195,88	220,37	131,77	191,66	215,62	128,87	187,45	210,88	125,97	183,23	206,13
	VI	3 174,16	174,57	253,93	285,67																				
8 177,99	I,IV	2 607,91	143,43	208,63	234,71	I	2 607,91	137,63	200,20	225,22	131,83	191,76	215,73	126,04	183,33	206,24	120,24	174,90	196,76	114,44	166,46	187,27	108,64	158,03	177,78
	II	2 562,16	140,91	204,97	230,59	II	2 562,16	135,12	196,54	221,10	129,32	188,10	211,61	123,52	179,67	202,13	117,72	171,24	192,64	111,92	162,80	183,15	106,13	154,37	173,66
	III	1 909,33	105,01	152,74	171,83	III	1 909,33	99,66	144,96	163,08	94,39	137,30	154,46	89,23	129,80	146,02	84,15	122,41	137,71	79,19	115,18	129,58	74,30	108,08	121,59
	V	3 143,25	172,87	251,46	282,89	IV	2 607,91	140,53	204,42	229,97	137,63	200,20	225,22	134,74	195,98	220,48	131,83	191,76	215,73	128,94	187,55	210,99	126,04	183,33	206,24
	VI	3 175,41	174,64	254,03	285,78																				
8 180,99	I,IV	2 609,25	143,50	208,74	234,83	I	2 609,25	137,71	200,30	225,34	131,90	191,86	215,84	126,11	183,43	206,36	120,31	175,—	196,87	114,51	166,56	187,38	108,71	158,13	177,89
	II	2 563,41	140,98	205,07	230,70	II	2 563,41	135,19	196,64	221,22	129,39	188,20	211,73	123,59	179,77	202,24	117,79	171,34	192,75	111,99	162,90	183,26	106,20	154,47	173,78
	III	1 910,50	105,07	152,84	171,94	III	1 910,50	99,72	145,05	163,18	94,46	137,40	154,57	89,29	129,88	146,11	84,22	122,50	137,81	79,24	115,26	129,67	74,36	108,16	121,68
	V	3 144,50	172,94	251,56	283,—	IV	2 609,25	140,60	204,52	230,08	137,71	200,30	225,34	134,80	196,08	220,59	131,90	191,86	215,84	129,01	187,65	211,10	126,11	183,43	206,36
	VI	3 176,66	174,71	254,13	285,89																				
8 183,99	I,IV	2 610,50	143,57	208,84	234,94	I	2 610,50	137,77	200,40	225,45	131,98	191,97	215,96	126,18	183,54	206,48	120,38	175,10	196,99	114,58	166,66	187,49	108,78	158,23	178,01
	II	2 564,66	141,05	205,17	230,81	II	2 564,66	135,25	196,74	221,33	129,46	188,30	211,84	123,66	179,87	202,35	117,86	171,44	192,87	112,06	163,—	183,38	106,26	154,57	173,89
	III	1 911,83	105,15	152,94	172,06	III	1 911,83	99,78	145,14	163,28	94,52	137,49	154,67	89,35	129,97	146,21	84,27	122,58	137,90	79,30	115,34	129,76	74,42	108,25	121,78
	V	3 145,75	173,01	251,66	283,11	IV	2 610,50	140,67	204,62	230,19	137,77	200,40	225,45	134,87	196,18	220,70	131,98	191,97	215,96	129,08	187,75	211,22	126,18	183,54	206,48
	VI	3 177,91	174,78	254,23	286,01																				
8 186,99	I,IV	2 611,75	143,64	208,94	235,05	I	2 611,75	137,84	200,50	225,56	132,05	192,07	216,08	126,25	183,64	206,59	120,45	175,20	197,10	114,65	166,77	187,61	108,85	158,34	178,13
	II	2 565,91	141,12	205,27	230,93	II	2 565,91	135,32	196,84	221,44	129,52	188,40	211,95	123,73	179,97	202,46	117,93	171,54	192,98	112,13	163,10	183,49	106,33	154,67	174,—
	III	1 913,—	105,21	153,04	172,17	III	1 913,—	99,85	145,24	163,39	94,59	137,58	154,78	89,42	130,06	146,32	84,34	122,68	138,01	79,36	115,44	129,87	74,47	108,33	121,87
	V	3 147,—	173,08	251,76	283,23	IV	2 611,75	140,74	204,72	230,31	137,84	200,50	225,56	134,94	196,28	220,82	132,05	192,07	216,08	129,14	187,85	211,33	126,25	183,64	206,59
	VI	3 179,25	174,85	254,34	286,13																				
8 189,99	I,IV	2 613,—	143,71	209,04	235,17	I	2 613,—	137,91	200,60	225,68	132,11	192,17	216,19	126,32	183,74	206,70	120,52	175,30	197,21	114,72	166,87	187,73	108,92	158,44	178,24
	II	2 567,25	141,19	205,38	231,05	II	2 567,25	135,40	196,94	221,56	129,59	188,50	212,06	123,80	180,07	202,58	118,—	171,64	193,09	112,20	163,20	183,60	106,40	154,77	174,11
	III	1 914,16	105,27	153,13	172,27	III	1 914,16	99,91	145,33	163,49	94,64	137,66	154,87	89,47	130,14	146,41	84,40	122,77	138,11	79,42	115,52	129,96	74,53	108,41	121,96
	V	3 148,25	173,15	251,86	283,34	IV	2 613,—	140,81	204,82	230,42	137,91	200,60	225,68	135,01	196,38	220,93	132,11	192,17	216,19	129,21	187,95	211,44	126,32	183,74	206,70
	VI	3 180,50	174,92	254,44	286,24																				

* Die ausgewiesenen Tabellenwerte sind amtlich. Siehe Erläuterungen auf der Umschlaginnenseite (U2).

Abzüge an Lohnsteuer, Solidaritätszuschlag (SolZ) und Kirchensteuer (8%, 9%) in den Steuerklassen

Lohn/Gehalt bis €*	I – VI		ohne Kinderfreibeträge			I, II, III, IV		mit Zahl der Kinderfreibeträge . . . 0,5			1			1,5			2			2,5			3		
		LSt	SolZ	8%	9%		LSt	SolZ	8%	9%	SolZ	8%	9%	SolZ	8%	9%	SolZ	8%	9%	SolZ	8%	9%	SolZ	8%	9%
8 192,99	I,IV	2 614,25	143,78	209,14	235,28	I	2 614,25	137,98	200,70	225,79	132,18	192,27	216,30	126,39	183,84	206,82	120,59	175,40	197,33	114,79	166,97	187,84	108,99	158,54	178,35
	II	2 568,50	141,26	205,48	231,16	II	2 568,50	135,46	197,04	221,67	129,67	188,61	212,18	123,87	180,18	202,70	118,07	171,74	193,21	112,27	163,30	183,71	106,47	154,87	174,23
	III	1 915,33	105,34	153,22	172,37	III	1 915,33	99,98	145,42	163,60	94,71	137,76	154,98	89,54	130,24	146,52	84,46	122,85	138,20	79,48	115,61	130,06	74,59	108,50	122,06
	V	3 149,50	173,22	251,96	283,45	IV	2 614,25	140,88	204,92	230,54	137,98	200,70	225,79	135,08	196,48	221,04	132,18	192,27	216,30	129,28	188,05	211,55	126,39	183,84	206,82
	VI	3 181,75	174,99	254,54	286,35																				
8 195,99	I,IV	2 615,50	143,85	209,24	235,39	I	2 615,50	138,05	200,80	225,90	132,25	192,37	216,41	126,45	183,94	206,93	120,66	175,50	197,44	114,86	167,07	187,95	109,06	158,64	178,47
	II	2 569,75	141,33	205,58	231,27	II	2 569,75	135,53	197,14	221,78	129,74	188,71	212,30	123,94	180,28	202,81	118,14	171,84	193,32	112,34	163,41	183,83	106,54	154,98	174,35
	III	1 916,50	105,40	153,32	172,48	III	1 916,50	100,04	145,52	163,71	94,77	137,85	155,08	89,60	130,33	146,62	84,52	122,94	138,31	79,53	115,69	130,15	74,65	108,58	122,15
	V	3 150,75	173,29	252,06	283,56	IV	2 615,50	140,95	205,02	230,65	138,05	200,80	225,90	135,15	196,59	221,16	132,25	192,37	216,41	129,36	188,16	211,68	126,45	183,94	206,93
	VI	3 183,—	175,06	254,64	286,47																				
8 198,99	I,IV	2 616,75	143,92	209,34	235,50	I	2 616,75	138,12	200,90	226,01	132,32	192,47	216,53	126,52	184,04	207,04	120,72	175,60	197,55	114,93	167,17	188,06	109,13	158,74	178,58
	II	2 571,—	141,40	205,68	231,39	II	2 571,—	135,60	197,24	221,90	129,80	188,81	212,41	124,01	180,38	202,92	118,21	171,94	193,43	112,41	163,51	183,95	106,61	155,08	174,46
	III	1 917,66	105,47	153,41	172,58	III	1 917,66	100,10	145,61	163,81	94,83	137,94	155,18	89,65	130,41	146,71	84,58	123,02	138,40	79,60	115,78	130,25	74,70	108,66	122,24
	V	3 152,08	173,36	252,16	283,68	IV	2 616,75	141,02	205,12	230,76	138,12	200,90	226,01	135,22	196,69	221,27	132,32	192,47	216,53	129,42	188,26	211,79	126,52	184,04	207,04
	VI	3 184,25	175,13	254,74	286,58																				
8 201,99	I,IV	2 618,—	143,99	209,44	235,62	I	2 618,—	138,19	201,—	226,13	132,39	192,57	216,64	126,59	184,14	207,15	120,79	175,70	197,66	115,—	167,27	188,18	109,20	158,84	178,69
	II	2 572,25	141,47	205,78	231,50	II	2 572,25	135,67	197,34	222,01	129,87	188,91	212,52	124,08	180,48	203,04	118,28	172,04	193,55	112,48	163,61	184,06	106,68	155,18	174,57
	III	1 918,83	105,53	153,50	172,69	III	1 918,83	100,17	145,70	163,91	94,90	138,04	155,29	89,72	130,50	146,81	84,64	123,12	138,51	79,65	115,86	130,34	74,77	108,76	122,35
	V	3 153,33	173,43	252,26	283,79	IV	2 618,—	141,09	205,22	230,87	138,19	201,—	226,13	135,29	196,79	221,39	132,39	192,57	216,64	129,49	188,36	211,90	126,59	184,14	207,15
	VI	3 185,50	175,20	254,84	286,69																				
8 204,99	I,IV	2 619,33	144,06	209,54	235,73	I	2 619,33	138,26	201,10	226,24	132,46	192,67	216,75	126,66	184,24	207,27	120,86	175,80	197,78	115,06	167,37	188,29	109,27	158,94	178,80
	II	2 573,50	141,54	205,88	231,61	II	2 573,50	135,74	197,44	222,12	129,94	189,01	212,63	124,14	180,58	203,15	118,35	172,14	193,66	112,55	163,71	184,17	106,75	155,28	174,69
	III	1 920,—	105,60	153,60	172,80	III	1 920,—	100,22	145,78	164,—	94,95	138,12	155,38	89,78	130,60	146,92	84,70	123,20	138,60	79,71	115,94	130,43	74,82	108,84	122,44
	V	3 154,58	173,50	252,36	283,91	IV	2 619,33	141,16	205,32	230,99	138,26	201,10	226,24	135,36	196,89	221,50	132,46	192,67	216,75	129,56	188,46	212,01	126,66	184,24	207,27
	VI	3 186,75	175,27	254,94	286,80																				
8 207,99	I,IV	2 620,58	144,13	209,64	235,85	I	2 620,58	138,33	201,21	226,36	132,53	192,78	216,87	126,73	184,34	207,38	120,93	175,90	197,89	115,13	167,47	188,40	109,34	159,04	178,92
	II	2 574,75	141,61	205,98	231,72	II	2 574,75	135,81	197,54	222,23	130,01	189,11	212,75	124,21	180,68	203,26	118,41	172,24	193,77	112,62	163,81	184,28	106,82	155,38	174,80
	III	1 921,16	105,66	153,69	172,90	III	1 921,16	100,29	145,88	164,11	95,02	138,21	155,48	89,84	130,68	147,01	84,76	123,29	138,70	79,77	116,04	130,54	74,88	108,92	122,53
	V	3 155,83	173,57	252,46	284,02	IV	2 620,58	141,23	205,42	231,10	138,33	201,21	226,36	135,43	196,99	221,61	132,53	192,78	216,87	129,63	188,56	212,13	126,73	184,34	207,38
	VI	3 188,—	175,34	255,04	286,92																				
8 210,99	I,IV	2 621,83	144,20	209,74	235,96	I	2 621,83	138,40	201,31	226,47	132,60	192,88	216,99	126,80	184,44	207,50	121,—	176,01	198,01	115,21	167,58	188,52	109,41	159,14	179,03
	II	2 576,—	141,68	206,08	231,84	II	2 576,—	135,88	197,64	222,35	130,08	189,21	212,86	124,28	180,78	203,37	118,48	172,34	193,88	112,69	163,91	184,40	106,89	155,48	174,91
	III	1 922,33	105,72	153,78	173,—	III	1 922,33	100,35	145,97	164,21	95,08	138,30	155,59	89,90	130,77	147,11	84,81	123,37	138,79	79,83	116,12	130,63	74,93	109,—	122,62
	V	3 157,08	173,63	252,56	284,13	IV	2 621,83	141,29	205,52	231,21	138,40	201,31	226,47	135,50	197,09	221,72	132,60	192,88	216,99	129,70	188,66	212,24	126,80	184,44	207,50
	VI	3 189,25	175,40	255,14	287,03																				
8 213,99	I,IV	2 623,08	144,26	209,84	236,07	I	2 623,08	138,47	201,41	226,58	132,67	192,98	217,10	126,87	184,54	207,61	121,07	176,11	198,12	115,28	167,68	188,64	109,48	159,24	179,15
	II	2 577,33	141,75	206,18	231,95	II	2 577,33	135,95	197,74	222,46	130,15	189,31	212,97	124,35	180,88	203,49	118,55	172,44	194,—	112,75	164,01	184,51	106,96	155,58	175,02
	III	1 923,50	105,79	153,88	173,11	III	1 923,50	100,42	146,06	164,32	95,15	138,40	155,70	89,97	130,86	147,22	84,88	123,46	138,89	79,89	116,21	130,73	75,—	109,09	122,72
	V	3 158,33	173,70	252,66	284,24	IV	2 623,08	141,36	205,62	231,32	138,47	201,41	226,58	135,57	197,19	221,84	132,67	192,98	217,10	129,77	188,76	212,35	126,87	184,54	207,61
	VI	3 190,58	175,48	255,25	287,15																				
8 216,99	I,IV	2 624,33	144,33	209,94	236,18	I	2 624,33	138,54	201,51	226,70	132,74	193,08	217,21	126,94	184,64	207,72	121,14	176,21	198,23	115,34	167,78	188,75	109,55	159,34	179,26
	II	2 578,58	141,82	206,28	232,07	II	2 578,58	136,02	197,85	222,58	130,22	189,42	213,09	124,42	180,98	203,60	118,62	172,54	194,11	112,82	164,11	184,62	107,03	155,68	175,14
	III	1 924,66	105,85	153,97	173,21	III	1 924,66	100,48	146,16	164,43	95,21	138,49	155,80	90,02	130,94	147,31	84,94	123,56	139,—	79,95	116,29	130,82	75,05	109,17	122,81
	V	3 159,58	173,77	252,76	284,36	IV	2 624,33	141,43	205,72	231,44	138,54	201,51	226,70	135,63	197,29	221,95	132,74	193,08	217,21	129,84	188,86	212,46	126,94	184,64	207,72
	VI	3 191,83	175,55	255,34	287,26																				
8 219,99	I,IV	2 625,58	144,40	210,04	236,30	I	2 625,58	138,60	201,61	226,81	132,81	193,18	217,32	127,01	184,74	207,83	121,21	176,31	198,35	115,41	167,88	188,86	109,61	159,44	179,37
	II	2 579,83	141,89	206,38	232,18	II	2 579,83	136,09	197,95	222,69	130,29	189,52	213,21	124,49	181,08	203,72	118,69	172,65	194,23	112,90	164,22	184,74	107,10	155,78	175,25
	III	1 925,83	105,92	154,06	173,32	III	1 925,83	100,54	146,25	164,53	95,26	138,57	155,89	90,09	131,04	147,42	85,—	123,64	139,09	80,01	116,38	130,93	75,11	109,25	122,90
	V	3 160,83	173,84	252,86	284,47	IV	2 625,58	141,51	205,83	231,56	138,60	201,61	226,81	135,71	197,40	222,07	132,81	193,18	217,32	129,91	188,96	212,58	127,01	184,74	207,83
	VI	3 193,08	175,61	255,44	287,37																				
8 222,99	I,IV	2 626,83	144,47	210,14	236,41	I	2 626,83	138,67	201,71	226,92	132,88	193,28	217,44	127,08	184,84	207,95	121,28	176,41	198,46	115,48	167,98	188,97	109,68	159,54	179,48
	II	2 581,08	141,95	206,48	232,29	II	2 581,08	136,16	198,05	222,80	130,36	189,62	213,32	124,56	181,18	203,83	118,76	172,75	194,34	112,97	164,32	184,86	107,17	155,88	175,37
	III	1 927,—	105,98	154,16	173,43	III	1 927,—	100,61	146,34	164,63	95,33	138,66	155,99	90,15	131,13	147,52	85,06	123,73	139,19	80,07	116,46	131,02	75,17	109,34	123,01
	V	3 162,16	173,91	252,97	284,59	IV	2 626,83	141,57	205,93	231,67	138,67	201,71	226,92	135,78	197,50	222,18	132,88	193,28	217,44	129,98	189,06	212,69	127,08	184,84	207,95
	VI	3 194,33	175,68	255,54	287,48																				
8 225,99	I,IV	2 628,08	144,54	210,24	236,52	I	2 628,08	138,74	201,81	227,03	132,94	193,38	217,55	127,15	184,94	208,06	121,35	176,51	198,57	115,55	168,08	189,09	109,75	159,64	179,60
	II	2 582,33	142,02	206,58	232,40	II	2 582,33	136,23	198,15	222,92	130,43	189,72	213,43	124,63	181,28	203,94	118,83	172,85	194,45	113,03	164,42	184,97	107,24	155,98	175,48
	III	1 928,16	106,04	154,25	173,53	III	1 928,16	100,67	146,44	164,74	95,39	138,76	156,10	90,21	131,22	147,62	85,12	123,81	139,28	80,13	116,56	131,13	75,23	109,42	123,10
	V	3 163,41	173,98	253,07	284,70	IV	2 628,08	141,64	206,03	231,78	138,74	201,81	227,03	135,85	197,60	222,30	132,94	193,38	217,55	130,05	189,16	212,81	127,15	184,94	208,06
	VI	3 195,58	175,75	255,64	287,60																				
8 228,99	I,IV	2 629,33	144,61	210,34	236,63	I	2 629,33	138,81	201,91	227,15	133,01	193,48	217,66	127,21	185,04	208,17	121,42	176,61	198,68	115,62	168,18	189,20	109,82	159,74	179,71
	II	2 583,58	142,09	206,68	232,52	II	2 583,58	136,29	198,25	223,03	130,50	189,82	213,54	124,70	181,38	204,05	118,90	172,95	194,57	113,10	164,52	185,08	107,30	156,08	175,59
	III	1 929,33	106,11	154,34	173,63	III	1 929,33	100,74	146,53	164,84	95,46	138,85	156,20	90,27	131,30	147,71	85,18	123,90	139,39	80,19	116,64	131,22	75,28	109,50	123,19
	V	3 164,66	174,05	253,17	284,81	IV	2 629,33	141,71	206,13	231,89	138,81	201,91	227,15	135,91	197,70	222,41	133,01	193,48	217,66	130,12	189,26	212,92	127,21	185,04	208,17
	VI	3 196,83	175,82	255,74	287,71																				
8 231,99	I,IV	2 630,66	144,68	210,45	236,75	I	2 630,66	138,88	202,02	227,27	133,09	193,58	217,78	127,28	185,14	208,28	121,49	176,71	198,80	115,69	168,28	189,31	109,89	159,84	179,82
	II	2 584,83	142,16	206,78	232,63	II	2 584,83	136,36	198,35	223,14	130,57	189,92	213,66	124,77	181,48	204,17	118,97	173,05	194,68	113,17	164,62	185,19	107,37	156,18	175,70
	III	1 930,66	106,18	154,45	173,75	III	1 930,66	100,80	146,62	164,95	95,52	138,94	156,31	90,33	131,40	147,82	85,24	123,98	139,48	80,24	116,72	131,31	75,35	109,60	123,30
	V	3 165,91	174,12	253,27	284,93	IV	2 630,66	141,78	206,23	232,01	138,88	202,02	227,27	135,98	197,80	222,52	133,09	193,58	217,78	130,18	189,36	213,03	127,28	185,14	208,28
	VI	3 198,08	175,89	255,84	287,82																				
8 234,99	I,IV	2 631,91	144,75	210,55	236,87	I	2 631,91	138,95	202,12	227,38	133,15	193,68	217,89	127,36	185,25	208,40	121,56	176,82	198,92	115,76	168,38	189,43	109,96	159,94	179,93
	II	2 586,08	142,23	206,88	232,74	II	2 586,08	136,43	198,45	223,25	130,63	190,02	213,77	124,84	181,58	204,28	119,04	173,15	194,79	113,24	164,72	185,31	107,44	156,28	175,82
	III	1 931,83	106,25	154,54	173,86	III	1 931,83	100,87	146,72	165,06	95,59	139,04	156,42	90,40	131,49	147,92	85,30	124,08	139,59	80,30	116,81	131,41	75,40	109,68	123,39
	V	3 167,16	174,19	253,37	285,04	IV	2 631,91	141,85	206,33	232,12	138,95	202,12	227,38	136,05	197,90	222,63	133,15	193,68	217,89	130,25	189,46	213,14	127,36	185,25	208,40
	VI	3 199,33	175,96	255,94	287,93																				

*** Die ausgewiesenen Tabellenwerte sind amtlich. Siehe Erläuterungen auf der Umschlaginnenseite (U2).**

Abzüge an Lohnsteuer, Solidaritätszuschlag (SolZ) und Kirchensteuer (8%, 9%) in den Steuerklassen

Lohn/ Gehalt bis €*	I – VI					I, II, III, IV		mit Zahl der Kinderfreibeträge . . .																		
			ohne Kinder-freibeträge					0,5			1			1,5			2			2,5			3			
		LSt	SolZ	8%	9%		LSt	SolZ	8%	9%	SolZ	8%	9%	SolZ	8%	9%	SolZ	8%	9%	SolZ	8%	9%	SolZ	8%	9%
8 237,99	I,IV	2 633,16	144,82	210,65	236,98	I	2 633,16	139,02	202,22	227,49	133,22	193,78	218,—	127,43	185,35	208,52	121,63	176,92	199,03	115,83	168,48	189,54	110,03	160,05	180,05
	II	2 587,33	142,30	206,98	232,85	II	2 587,33	136,50	198,55	223,37	130,70	190,12	213,88	124,90	181,68	204,39	119,11	173,25	194,90	113,31	164,82	185,42	107,51	156,38	175,93
	III	1 933,—	106,31	154,64	173,97	III	1 933,—	100,93	146,81	165,16	95,64	139,12	156,51	90,45	131,57	148,01	85,36	124,17	139,69	80,36	116,89	131,50	75,46	109,76	123,48
	V	3 168,41	174,26	253,47	285,15	IV	2 633,16	141,92	206,43	232,23	139,02	202,22	227,49	136,12	198,—	222,75	133,22	193,78	218,—	130,32	189,56	213,26	127,43	185,35	208,52
	VI	3 200,66	176,03	256,05	288,05																				
8 240,99	I,IV	2 634,41	144,89	210,75	237,09	I	2 634,41	139,09	202,32	227,61	133,29	193,88	218,12	127,49	185,45	208,63	121,70	177,02	199,14	115,90	168,58	189,65	110,10	160,15	180,17
	II	2 588,66	142,37	207,09	232,97	II	2 588,66	136,57	198,66	223,49	130,78	190,22	214,—	124,97	181,78	204,50	119,18	173,35	195,02	113,38	164,92	185,53	107,58	156,48	176,04
	III	1 934,16	106,37	154,73	174,07	III	1 934,16	100,99	146,90	165,26	95,70	139,21	156,61	90,52	131,66	148,12	85,42	124,25	139,78	80,42	116,98	131,60	75,52	109,85	123,58
	V	3 169,66	174,33	253,57	285,26	IV	2 634,41	141,99	206,53	232,34	139,09	202,32	227,61	136,19	198,10	222,86	133,29	193,88	218,12	130,39	189,66	213,37	127,49	185,45	208,63
	VI	3 201,91	176,10	256,15	288,17																				
8 243,99	I,IV	2 635,66	144,96	210,85	237,20	I	2 635,66	139,16	202,42	227,72	133,36	193,98	218,23	127,56	185,55	208,74	121,77	177,12	199,26	115,97	168,68	189,77	110,17	160,25	180,28
	II	2 589,91	142,44	207,19	233,09	II	2 589,91	136,64	198,76	223,60	130,84	190,32	214,11	125,05	181,89	204,62	119,25	173,46	195,14	113,45	165,02	185,65	107,65	156,58	176,15
	III	1 935,33	106,44	154,82	174,17	III	1 935,33	101,06	147,—	165,37	95,77	139,30	156,71	90,58	131,76	148,23	85,48	124,34	139,88	80,48	117,06	131,69	75,57	109,93	123,67
	V	3 170,91	174,40	253,67	285,38	IV	2 635,66	142,06	206,64	232,47	139,16	202,42	227,72	136,26	198,20	222,98	133,36	193,98	218,23	130,46	189,76	213,48	127,56	185,55	208,74
	VI	3 203,16	176,17	256,25	288,28																				
8 246,99	I,IV	2 636,91	145,03	210,95	237,32	I	2 636,91	139,23	202,52	227,83	133,43	194,08	218,34	127,63	185,65	208,85	121,83	177,22	199,37	116,04	168,78	189,88	110,24	160,35	180,39
	II	2 591,16	142,51	207,29	233,20	II	2 591,16	136,71	198,86	223,71	130,91	190,42	214,22	125,12	181,99	204,74	119,32	173,56	195,25	113,52	165,12	185,76	107,72	156,69	176,27
	III	1 936,50	106,50	154,92	174,28	III	1 936,50	101,12	147,09	165,47	95,83	139,40	156,82	90,64	131,84	148,32	85,54	124,42	139,97	80,54	117,16	131,80	75,63	110,01	123,76
	V	3 172,25	174,47	253,78	285,50	IV	2 636,91	142,13	206,74	232,58	139,23	202,52	227,83	136,33	198,30	223,09	133,43	194,08	218,34	130,53	189,87	213,60	127,63	185,65	208,85
	VI	3 204,41	176,24	256,35	288,39																				
8 249,99	I,IV	2 638,16	145,09	211,05	237,43	I	2 638,16	139,30	202,62	227,94	133,50	194,18	218,45	127,70	185,75	208,97	121,90	177,32	199,48	116,10	168,88	189,99	110,31	160,45	180,50
	II	2 592,41	142,58	207,39	233,31	II	2 592,41	136,78	198,96	223,83	130,98	190,52	214,34	125,18	182,09	204,85	119,39	173,66	195,36	113,59	165,22	185,87	107,79	156,79	176,39
	III	1 937,66	106,57	155,01	174,38	III	1 937,66	101,19	147,18	165,58	95,90	139,49	156,92	90,70	131,93	148,42	85,60	124,52	140,08	80,60	117,24	131,89	75,69	110,10	123,86
	V	3 173,50	174,54	253,88	285,61	IV	2 638,16	142,20	206,84	232,69	139,30	202,62	227,94	136,40	198,40	223,20	133,50	194,18	218,45	130,60	189,97	213,71	127,70	185,75	208,97
	VI	3 205,66	176,31	256,45	288,50																				
8 252,99	I,IV	2 639,41	145,16	211,15	237,54	I	2 639,41	139,37	202,72	228,06	133,57	194,28	218,57	127,77	185,85	209,08	121,97	177,42	199,59	116,17	168,98	190,10	110,38	160,55	180,62
	II	2 593,66	142,65	207,49	233,42	II	2 593,66	136,85	199,06	223,94	131,05	190,62	214,45	125,25	182,19	204,96	119,46	173,76	195,48	113,66	165,32	185,99	107,86	156,89	176,50
	III	1 938,83	106,63	155,10	174,49	III	1 938,83	101,25	147,28	165,69	95,96	139,58	157,03	90,76	132,02	148,52	85,67	124,61	140,18	80,66	117,33	131,99	75,75	110,18	123,95
	V	3 174,75	174,61	253,98	285,72	IV	2 639,41	142,27	206,94	232,80	139,37	202,72	228,06	136,47	198,50	223,31	133,57	194,28	218,57	130,67	190,07	213,83	127,77	185,85	209,08
	VI	3 206,91	176,38	256,55	288,62																				
8 255,99	I,IV	2 640,75	145,24	211,26	237,66	I	2 640,75	139,44	202,82	228,17	133,64	194,38	218,68	127,84	185,95	209,19	122,04	177,52	199,71	116,24	169,08	190,22	110,44	160,65	180,73
	II	2 594,91	142,72	207,59	233,54	II	2 594,91	136,92	199,16	224,05	131,12	190,72	214,56	125,32	182,29	205,07	119,52	173,86	195,59	113,73	165,42	186,10	107,93	156,99	176,61
	III	1 940,—	106,70	155,20	174,60	III	1 940,—	101,31	147,37	165,79	96,02	139,66	157,12	90,83	132,12	148,63	85,72	124,69	140,27	80,72	117,41	132,08	75,80	110,26	124,04
	V	3 176,—	174,68	254,08	285,84	IV	2 640,75	142,34	207,04	232,92	139,44	202,82	228,17	136,54	198,60	223,43	133,64	194,38	218,68	130,74	190,17	213,94	127,84	185,95	209,19
	VI	3 208,16	176,44	256,65	288,73																				
8 258,99	I,IV	2 642,—	145,31	211,36	237,78	I	2 642,—	139,51	202,92	228,29	133,71	194,49	218,80	127,91	186,06	209,31	122,11	177,62	199,82	116,31	169,18	190,33	110,51	160,75	180,84
	II	2 596,16	142,78	207,69	233,65	II	2 596,16	136,99	199,26	224,16	131,19	190,82	214,67	125,39	182,39	205,19	119,59	173,96	195,70	113,79	165,52	186,21	108,—	157,09	176,72
	III	1 941,16	106,76	155,29	174,70	III	1 941,16	101,38	147,46	165,89	96,08	139,76	157,23	90,88	132,20	148,72	85,79	124,78	140,38	80,78	117,50	132,19	75,87	110,36	124,15
	V	3 177,25	174,74	254,18	285,95	IV	2 642,—	142,40	207,14	233,03	139,51	202,92	228,29	136,61	198,70	223,54	133,71	194,49	218,80	130,81	190,27	214,05	127,91	186,06	209,31
	VI	3 209,41	176,51	256,75	288,84																				
8 261,99	I,IV	2 643,25	145,37	211,46	237,89	I	2 643,25	139,58	203,02	228,40	133,78	194,59	218,91	127,98	186,16	209,43	122,18	177,72	199,94	116,38	169,29	190,45	110,59	160,86	180,96
	II	2 597,41	142,85	207,79	233,76	II	2 597,41	137,06	199,36	224,28	131,26	190,92	214,79	125,46	182,49	205,30	119,66	174,06	195,81	113,86	165,62	186,32	108,07	157,19	176,84
	III	1 942,33	106,82	155,38	174,80	III	1 942,33	101,44	147,56	166,—	96,14	139,85	157,33	90,95	132,29	148,82	85,84	124,86	140,47	80,84	117,58	132,28	75,92	110,44	124,24
	V	3 178,50	174,81	254,28	286,06	IV	2 643,25	142,47	207,24	233,14	139,58	203,02	228,40	136,67	198,80	223,65	133,78	194,59	218,91	130,88	190,37	214,16	127,98	186,16	209,43
	VI	3 210,75	176,59	256,86	288,96																				
8 264,99	I,IV	2 644,50	145,44	211,56	238,—	I	2 644,50	139,64	203,12	228,51	133,85	194,69	219,02	128,05	186,26	209,54	122,25	177,82	200,05	116,45	169,39	190,56	110,66	160,96	181,08
	II	2 598,75	142,93	207,90	233,88	II	2 598,75	137,13	199,46	224,39	131,33	191,02	214,90	125,53	182,59	205,41	119,73	174,16	195,93	113,93	165,72	186,44	108,13	157,29	176,95
	III	1 943,50	106,89	155,48	174,91	III	1 943,50	101,50	147,64	166,09	96,21	139,94	157,43	91,01	132,38	148,93	85,91	124,96	140,58	80,90	117,68	132,39	75,98	110,52	124,33
	V	3 179,75	174,88	254,38	286,17	IV	2 644,50	142,54	207,34	233,25	139,64	203,12	228,51	136,74	198,90	223,76	133,85	194,69	219,02	130,95	190,47	214,28	128,05	186,26	209,54
	VI	3 212,—	176,66	256,96	289,08																				
8 267,99	I,IV	2 645,75	145,51	211,66	238,11	I	2 645,75	139,71	203,22	228,62	133,92	194,79	219,14	128,12	186,36	209,65	122,32	177,92	200,16	116,52	169,49	190,67	110,72	161,06	181,19
	II	2 600,—	143,—	208,—	234,—	II	2 600,—	137,20	199,56	224,51	131,40	191,13	215,02	125,60	182,70	205,53	119,80	174,26	196,04	114,—	165,82	186,55	108,20	157,39	177,06
	III	1 944,83	106,96	155,58	175,03	III	1 944,83	101,56	147,73	166,19	96,27	140,04	157,54	91,07	132,46	149,02	85,97	125,05	140,68	80,96	117,76	132,48	76,04	110,61	124,43
	V	3 181,—	174,95	254,48	286,29	IV	2 645,75	142,61	207,44	233,37	139,71	203,22	228,62	136,81	199,—	223,88	133,92	194,79	219,14	131,01	190,57	214,39	128,12	186,36	209,65
	VI	3 213,25	176,72	257,06	289,19																				
8 270,99	I,IV	2 647,—	145,58	211,76	238,23	I	2 647,—	139,78	203,32	228,74	133,98	194,89	219,25	128,19	186,46	209,76	122,39	178,02	200,27	116,59	169,59	190,79	110,79	161,16	181,30
	II	2 601,25	143,06	208,10	234,11	II	2 601,25	137,27	199,66	224,62	131,47	191,23	215,13	125,67	182,80	205,65	119,87	174,36	196,16	114,07	165,93	186,67	108,28	157,50	177,18
	III	1 946,—	107,03	155,68	175,14	III	1 946,—	101,63	147,82	166,30	96,34	140,13	157,64	91,13	132,56	149,13	86,02	125,13	140,77	81,01	117,84	132,57	76,10	110,69	124,52
	V	3 182,25	175,02	254,58	286,40	IV	2 647,—	142,68	207,54	233,48	139,78	203,32	228,74	136,89	199,11	224,—	133,98	194,89	219,25	131,09	190,68	214,51	128,19	186,46	209,76
	VI	3 214,50	176,79	257,16	289,30																				
8 273,99	I,IV	2 648,25	145,65	211,86	238,34	I	2 648,25	139,85	203,42	228,85	134,05	194,99	219,36	128,26	186,56	209,88	122,46	178,12	200,39	116,66	169,69	190,90	110,86	161,26	181,41
	II	2 602,50	143,13	208,20	234,22	II	2 602,50	137,33	199,76	224,73	131,54	191,33	215,24	125,74	182,90	205,76	119,94	174,46	196,27	114,14	166,03	186,78	108,35	157,60	177,30
	III	1 947,16	107,09	155,77	175,24	III	1 947,16	101,69	147,92	166,41	96,39	140,21	157,73	91,19	132,65	149,23	86,09	125,22	140,87	81,07	117,93	132,67	76,15	110,77	124,61
	V	3 183,58	175,09	254,68	286,52	IV	2 648,25	142,75	207,64	233,60	139,85	203,42	228,85	136,95	199,21	224,11	134,05	194,99	219,36	131,16	190,78	214,62	128,26	186,56	209,88
	VI	3 215,75	176,86	257,26	289,41																				
8 276,99	I,IV	2 649,50	145,72	211,96	238,45	I	2 649,50	139,92	203,52	228,96	134,12	195,09	219,47	128,32	186,66	209,99	122,53	178,22	200,50	116,73	169,79	191,01	110,93	161,36	181,53
	II	2 603,75	143,20	208,30	234,33	II	2 603,75	137,40	199,86	224,84	131,61	191,43	215,36	125,81	183,—	205,87	120,01	174,56	196,38	114,21	166,13	186,89	108,41	157,70	177,41
	III	1 948,33	107,15	155,86	175,34	III	1 948,33	101,75	148,01	166,51	96,46	140,30	157,84	91,26	132,74	149,33	86,14	125,30	140,96	81,13	118,01	132,76	76,22	110,86	124,72
	V	3 184,83	175,16	254,78	286,63	IV	2 649,50	142,82	207,74	233,71	139,92	203,52	228,96	137,02	199,31	224,22	134,12	195,09	219,47	131,23	190,88	214,74	128,32	186,66	209,99
	VI	3 217,—	176,93	257,36	289,53																				
8 279,99	I,IV	2 650,83	145,79	212,06	238,57	I	2 650,83	139,99	203,62	229,07	134,19	195,19	219,59	128,39	186,76	210,10	122,59	178,32	200,61	116,80	169,89	191,12	111,—	161,46	181,64
	II	2 605,—	143,27	208,40	234,45	II	2 605,—	137,47	199,96	224,96	131,67	191,53	215,47	125,88	183,10	205,98	120,08	174,66	196,49	114,28	166,23	187,01	108,48	157,80	177,52
	III	1 949,50	107,22	155,96	175,45	III	1 949,50	101,82	148,10	166,61	96,52	140,40	157,95	91,31	132,82	149,42	86,21	125,40	141,07	81,19	118,10	132,86	76,27	110,94	124,81
	V	3 186,08	175,23	254,88	286,74	IV	2 650,83	142,89	207,84	233,82	139,99	203,62	229,07	137,09	199,41	224,33	134,19	195,19	219,59	131,29	190,98	214,85	128,39	186,76	210,10
	VI	3 218,25	177,—	257,46	289,64																				

* Die ausgewiesenen Tabellenwerte sind amtlich. Siehe Erläuterungen auf der Umschlaginnenseite (U2).

Lohn/ Gehalt bis €*	Abzüge an Lohnsteuer, Solidaritätszuschlag (SolZ) und Kirchensteuer (8%, 9%) in den Steuerklassen I – VI					I, II, III, IV		mit Zahl der Kinderfreibeträge . . . 0,5			1			1,5			2			2,5			3		
		LSt	ohne Kinderfreibeträge SolZ	8%	9%		LSt	SolZ	8%	9%	SolZ	8%	9%	SolZ	8%	9%	SolZ	8%	9%	SolZ	8%	9%	SolZ	8%	9%
8 282,99	I,IV	2 652,08	145,86	212,16	238,68	I	2 652,08	140,06	203,73	229,19	134,26	195,30	219,71	128,47	186,86	210,22	122,66	178,42	200,72	116,87	169,99	191,24	111,07	161,56	181,75
	II	2 606,25	143,34	208,50	234,56	II	2 606,25	137,54	200,06	225,07	131,74	191,63	215,58	125,95	183,20	206,10	120,15	174,76	196,61	114,35	166,33	187,12	108,55	157,90	177,63
	III	1 950,66	107,28	156,05	175,55	III	1 950,66	101,88	148,20	166,72	96,58	140,49	158,05	91,38	132,92	149,53	86,27	125,49	141,17	81,25	118,18	132,95	76,34	111,04	124,92
	V	3 187,33	175,30	254,98	286,85	IV	2 652,08	142,96	207,94	233,93	140,06	203,73	229,19	137,16	199,51	224,45	134,26	195,30	219,71	131,36	191,08	214,96	128,47	186,86	210,22
	VI	3 219,50	177,07	257,56	289,75																				
8 285,99	I,IV	2 653,33	145,93	212,26	238,79	I	2 653,33	140,13	203,83	229,31	134,33	195,40	219,82	128,53	186,96	210,33	122,74	178,53	200,84	116,94	170,10	191,36	111,14	161,66	181,87
	II	2 607,50	143,41	208,60	234,67	II	2 607,50	137,61	200,16	225,18	131,81	191,73	215,69	126,01	183,30	206,21	120,22	174,86	196,72	114,42	166,43	187,23	108,62	158,—	177,75
	III	1 951,83	107,35	156,14	175,66	III	1 951,83	101,95	148,29	166,82	96,65	140,58	158,15	91,44	133,01	149,63	86,33	125,57	141,26	81,31	118,28	133,06	76,39	111,12	125,01
	V	3 188,58	175,37	255,08	286,97	IV	2 653,33	143,03	208,04	234,05	140,13	203,83	229,31	137,23	199,61	224,56	134,33	195,40	219,82	131,43	191,18	215,07	128,53	186,96	210,33
	VI	3 220,75	177,14	257,66	289,86																				
8 288,99	I,IV	2 654,58	146,—	212,36	238,91	I	2 654,58	140,20	203,93	229,42	134,40	195,50	219,93	128,60	187,06	210,44	122,81	178,63	200,96	117,01	170,20	191,47	111,21	161,76	181,98
	II	2 608,83	143,48	208,70	234,79	II	2 608,83	137,68	200,26	225,29	131,88	191,83	215,81	126,08	183,40	206,32	120,28	174,96	196,83	114,49	166,53	187,34	108,69	158,10	177,86
	III	1 953,—	107,41	156,24	175,77	III	1 953,—	102,01	148,38	166,93	96,71	140,68	158,26	91,51	133,10	149,74	86,39	125,66	141,37	81,37	118,36	133,15	76,45	111,20	125,10
	V	3 189,83	175,44	255,18	287,08	IV	2 654,58	143,10	208,14	234,16	140,20	203,93	229,42	137,30	199,71	224,67	134,40	195,50	219,93	131,50	191,28	215,19	128,60	187,06	210,44
	VI	3 222,08	177,21	257,76	289,98																				
8 291,99	I,IV	2 655,83	146,07	212,46	239,02	I	2 655,83	140,27	204,03	229,53	134,47	195,60	220,05	128,67	187,16	210,56	122,87	178,73	201,07	117,08	170,30	191,58	111,28	161,86	182,09
	II	2 610,08	143,55	208,80	234,90	II	2 610,08	137,75	200,37	225,41	131,95	191,94	215,93	126,16	183,50	206,44	120,35	175,06	196,94	114,56	166,63	187,46	108,76	158,20	177,97
	III	1 954,16	107,47	156,33	175,87	III	1 954,16	102,08	148,48	167,04	96,78	140,77	158,36	91,56	133,18	149,83	86,45	125,74	141,46	81,43	118,45	133,25	76,51	111,29	125,20
	V	3 191,08	175,50	255,28	287,19	IV	2 655,83	143,16	208,24	234,27	140,27	204,03	229,53	137,37	199,81	224,78	134,47	195,60	220,05	131,57	191,38	215,30	128,67	187,16	210,56
	VI	3 223,33	177,28	257,86	290,09																				
8 294,99	I,IV	2 657,08	146,13	212,56	239,13	I	2 657,08	140,34	204,13	229,64	134,54	195,70	220,16	128,74	187,26	210,67	122,94	178,83	201,18	117,15	170,40	191,70	111,35	161,96	182,21
	II	2 611,33	143,62	208,90	235,01	II	2 611,33	137,82	200,47	225,53	132,02	192,04	216,04	126,22	183,60	206,55	120,43	175,17	197,06	114,63	166,74	187,58	108,83	158,30	178,09
	III	1 955,33	107,54	156,42	175,97	III	1 955,33	102,14	148,57	167,14	96,83	140,85	158,45	91,63	133,28	149,94	86,51	125,84	141,57	81,49	118,53	133,34	76,56	111,37	125,29
	V	3 192,33	175,57	255,38	287,30	IV	2 657,08	143,24	208,35	234,39	140,34	204,13	229,64	137,44	199,92	224,91	134,54	195,70	220,16	131,64	191,48	215,42	128,74	187,26	210,67
	VI	3 224,58	177,35	257,96	290,21																				
8 297,99	I,IV	2 658,33	146,20	212,66	239,24	I	2 658,33	140,41	204,23	229,76	134,61	195,80	220,27	128,81	187,36	210,78	123,01	178,93	201,29	117,21	170,50	191,81	111,42	162,06	182,32
	II	2 612,58	143,69	209,—	235,13	II	2 612,58	137,89	200,57	225,64	132,09	192,14	216,15	126,29	183,70	206,66	120,50	175,27	197,18	114,70	166,84	187,69	108,90	158,40	178,20
	III	1 956,50	107,60	156,52	176,08	III	1 956,50	102,20	148,66	167,24	96,90	140,94	158,56	91,69	133,37	150,04	86,57	125,93	141,67	81,55	118,62	133,45	76,62	111,45	125,38
	V	3 193,66	175,65	255,49	287,42	IV	2 658,33	143,31	208,45	234,50	140,41	204,23	229,76	137,51	200,02	225,02	134,61	195,80	220,27	131,71	191,58	215,53	128,81	187,36	210,78
	VI	3 225,83	177,42	258,06	290,32																				
8 300,99	I,IV	2 659,58	146,27	212,76	239,36	I	2 659,58	140,47	204,33	229,87	134,68	195,90	220,38	128,88	187,46	210,89	123,08	179,03	201,41	117,28	170,60	191,92	111,48	162,16	182,43
	II	2 613,83	143,76	209,10	235,24	II	2 613,83	137,96	200,67	225,75	132,16	192,24	216,27	126,36	183,80	206,78	120,56	175,37	197,29	114,77	166,94	187,80	108,97	158,50	178,31
	III	1 957,83	107,68	156,62	176,20	III	1 957,83	102,27	148,76	167,35	96,96	141,04	158,67	91,74	133,45	150,13	86,63	126,01	141,76	81,61	118,70	133,54	76,68	111,54	125,48
	V	3 194,91	175,72	255,59	287,54	IV	2 659,58	143,38	208,55	234,62	140,47	204,33	229,87	137,58	200,12	225,13	134,68	195,90	220,38	131,78	191,68	215,64	128,88	187,46	210,89
	VI	3 227,08	177,48	258,16	290,43																				
8 303,99	I,IV	2 660,83	146,34	212,86	239,47	I	2 660,83	140,54	204,43	229,98	134,75	196,—	220,50	128,95	187,56	211,01	123,15	179,13	201,52	117,35	170,70	192,03	111,55	162,26	182,54
	II	2 615,08	143,82	209,20	235,35	II	2 615,08	138,03	200,77	225,86	132,23	192,34	216,38	126,43	183,90	206,89	120,63	175,47	197,40	114,84	167,04	187,92	109,04	158,60	178,43
	III	1 959,—	107,74	156,72	176,31	III	1 959,—	102,33	148,85	167,45	97,02	141,13	158,77	91,81	133,54	150,23	86,69	126,10	141,86	81,67	118,80	133,65	76,74	111,62	125,57
	V	3 196,16	175,78	255,69	287,65	IV	2 660,83	143,44	208,65	234,73	140,54	204,43	229,98	137,65	200,22	225,24	134,75	196,—	220,50	131,85	191,78	215,75	128,95	187,56	211,01
	VI	3 228,33	177,55	258,26	290,54																				
8 306,99	I,IV	2 662,16	146,41	212,97	239,59	I	2 662,16	140,62	204,54	230,10	134,82	196,10	220,61	129,02	187,66	211,12	123,22	179,23	201,63	117,42	170,80	192,15	111,62	162,36	182,66
	II	2 616,33	143,89	209,30	235,46	II	2 616,33	138,10	200,87	225,98	132,30	192,44	216,49	126,50	184,—	207,—	120,70	175,57	197,51	114,90	167,14	188,03	109,11	158,70	178,54
	III	1 960,16	107,80	156,81	176,41	III	1 960,16	102,40	148,94	167,56	97,09	141,22	158,87	91,87	133,64	150,34	86,75	126,18	141,95	81,73	118,88	133,74	76,79	111,70	125,66
	V	3 197,41	175,85	255,79	287,76	IV	2 662,16	143,51	208,75	234,84	140,62	204,54	230,10	137,72	200,32	225,36	134,82	196,10	220,61	131,92	191,88	215,87	129,02	187,66	211,12
	VI	3 229,58	177,62	258,36	290,66																				
8 309,99	I,IV	2 663,41	146,48	213,07	239,70	I	2 663,41	140,69	204,64	230,22	134,89	196,20	220,73	129,09	187,77	211,24	123,29	179,34	201,75	117,49	170,90	192,26	111,69	162,46	182,77
	II	2 617,58	143,96	209,40	235,58	II	2 617,58	138,16	200,97	226,09	132,37	192,54	216,60	126,57	184,10	207,11	120,77	175,67	197,63	114,97	167,24	188,14	109,17	158,80	178,65
	III	1 961,33	107,87	156,90	176,51	III	1 961,33	102,46	149,04	167,67	97,15	141,32	158,98	91,94	133,73	150,44	86,81	126,28	142,06	81,79	118,97	133,84	76,86	111,80	125,77
	V	3 198,66	175,92	255,89	287,87	IV	2 663,41	143,58	208,85	234,95	140,69	204,64	230,22	137,78	200,42	225,47	134,89	196,20	220,73	131,99	191,98	215,98	129,09	187,77	211,24
	VI	3 230,83	177,69	258,46	290,77																				
8 312,99	I,IV	2 664,66	146,55	213,17	239,81	I	2 664,66	140,75	204,74	230,33	134,96	196,30	220,84	129,16	187,87	211,35	123,36	179,44	201,87	117,56	171,—	192,38	111,76	162,57	182,89
	II	2 618,83	144,03	209,50	235,69	II	2 618,83	138,23	201,07	226,20	132,44	192,64	216,72	126,64	184,20	207,23	120,84	175,77	197,74	115,04	167,34	188,25	109,24	158,90	178,76
	III	1 962,50	107,93	157,—	176,62	III	1 962,50	102,52	149,13	167,77	97,22	141,41	159,08	91,99	133,81	150,53	86,88	126,37	142,16	81,84	119,05	133,93	76,91	111,88	125,86
	V	3 199,91	175,99	255,99	287,99	IV	2 664,66	143,65	208,95	235,07	140,75	204,74	230,33	137,85	200,52	225,58	134,96	196,30	220,84	132,05	192,08	216,09	129,16	187,87	211,35
	VI	3 232,16	177,76	258,57	290,89																				
8 315,99	I,IV	2 665,91	146,62	213,27	239,93	I	2 665,91	140,82	204,84	230,44	135,02	196,40	220,95	129,23	187,97	211,46	123,43	179,54	201,98	117,63	171,10	192,49	111,83	162,67	183,—
	II	2 620,16	144,10	209,61	235,81	II	2 620,16	138,31	201,18	226,32	132,51	192,74	216,83	126,71	184,30	207,34	120,91	175,87	197,85	115,11	167,44	188,37	109,31	159,—	178,88
	III	1 963,66	108,—	157,09	176,72	III	1 963,66	102,59	149,22	167,87	97,27	141,49	159,17	92,06	133,90	150,64	86,93	126,45	142,25	81,91	119,14	134,04	76,98	111,97	125,96
	V	3 201,16	176,06	256,09	288,10	IV	2 665,91	143,72	209,05	235,18	140,82	204,84	230,44	137,92	200,62	225,69	135,02	196,40	220,95	132,12	192,18	216,20	129,23	187,97	211,46
	VI	3 233,41	177,83	258,67	291,—																				
8 318,99	I,IV	2 667,16	146,69	213,37	240,04	I	2 667,16	140,89	204,94	230,55	135,09	196,50	221,06	129,30	188,07	211,58	123,50	179,64	202,09	117,70	171,20	192,60	111,90	162,77	183,11
	II	2 621,41	144,17	209,71	235,92	II	2 621,41	138,38	201,28	226,44	132,58	192,84	216,95	126,78	184,41	207,46	120,98	175,98	197,97	115,18	167,54	188,49	109,38	159,10	178,99
	III	1 964,83	108,06	157,18	176,83	III	1 964,83	102,65	149,32	167,98	97,34	141,58	159,28	92,12	134,—	150,75	87,—	126,54	142,36	81,96	119,22	134,12	77,03	112,05	126,05
	V	3 202,41	176,13	256,19	288,21	IV	2 667,16	143,79	209,16	235,30	140,89	204,94	230,55	137,99	200,72	225,81	135,09	196,50	221,06	132,19	192,28	216,32	129,30	188,07	211,58
	VI	3 234,66	177,90	258,77	291,11																				
8 321,99	I,IV	2 668,41	146,76	213,47	240,15	I	2 668,41	140,96	205,04	230,67	135,16	196,60	221,18	129,36	188,17	211,69	123,57	179,74	202,20	117,77	171,30	192,71	111,97	162,87	183,23
	II	2 622,66	144,24	209,81	236,03	II	2 622,66	138,44	201,38	226,55	132,65	192,94	217,06	126,85	184,51	207,57	121,05	176,08	198,09	115,25	167,64	188,60	109,45	159,21	179,11
	III	1 966,—	108,13	157,28	176,94	III	1 966,—	102,72	149,41	168,08	97,40	141,68	159,39	92,18	134,09	150,85	87,05	126,62	142,45	82,03	119,32	134,23	77,09	112,13	126,14
	V	3 203,75	176,20	256,30	288,33	IV	2 668,41	143,86	209,26	235,41	140,96	205,04	230,67	138,06	200,82	225,92	135,16	196,60	221,18	132,27	192,39	216,44	129,36	188,17	211,69
	VI	3 235,91	177,97	258,87	291,23																				
8 324,99	I,IV	2 669,66	146,83	213,57	240,26	I	2 669,66	141,03	205,14	230,78	135,23	196,70	221,29	129,43	188,27	211,80	123,64	179,84	202,32	117,84	171,40	192,83	112,04	162,97	183,34
	II	2 623,91	144,31	209,91	236,15	II	2 623,91	138,51	201,48	226,66	132,71	193,04	217,17	126,92	184,61	207,68	121,12	176,18	198,20	115,32	167,74	188,71	109,52	159,31	179,22
	III	1 967,16	108,19	157,37	177,04	III	1 967,16	102,78	149,50	168,19	97,46	141,77	159,49	92,24	134,17	150,94	87,12	126,72	142,56	82,08	119,40	134,32	77,15	112,22	126,25
	V	3 205,—	176,27	256,40	288,45	IV	2 669,66	143,93	209,36	235,53	141,03	205,14	230,78	138,13	200,92	226,04	135,23	196,70	221,29	132,33	192,49	216,55	129,43	188,27	211,80
	VI	3 237,16	178,04	258,97	291,34																				

*** Die ausgewiesenen Tabellenwerte sind amtlich. Siehe Erläuterungen auf der Umschlaginnenseite (U2).**

MONAT 8 325,–*

Abzüge an Lohnsteuer, Solidaritätszuschlag (SolZ) und Kirchensteuer (8%, 9%) in den Steuerklassen

Lohn/Gehalt bis €*	I – VI		ohne Kinderfreibeträge			I, II, III, IV		mit Zahl der Kinderfreibeträge . . . 0,5			1			1,5			2			2,5			3		
		LSt	SolZ	8%	9%		LSt	SolZ	8%	9%	SolZ	8%	9%	SolZ	8%	9%	SolZ	8%	9%	SolZ	8%	9%	SolZ	8%	9%
8 327,99	I,IV	2 670,91	146,90	213,67	240,38	I	2 670,91	141,10	205,24	230,89	135,30	196,80	221,40	129,50	188,37	211,91	123,70	179,94	202,43	117,91	171,50	192,94	112,11	163,07	183,45
	II	2 625,16	144,38	210,01	236,26	II	2 625,16	138,58	201,58	226,77	132,78	193,14	217,28	126,99	184,71	207,80	121,19	176,28	198,31	115,39	167,84	188,82	109,59	159,41	179,33
	III	1 968,50	108,26	157,48	177,16	III	1 968,50	102,85	149,60	168,30	97,53	141,86	159,59	92,30	134,26	151,04	87,18	126,81	142,66	82,15	119,49	134,42	77,21	112,30	126,34
	V	3 206,25	176,34	256,50	288,56	IV	2 670,91	144,–	209,46	235,64	141,10	205,24	230,89	138,20	201,02	226,15	135,30	196,80	221,40	132,40	192,59	216,66	129,50	188,37	211,91
	VI	3 238,41	178,11	259,07	291,45																				
8 330,99	I,IV	2 672,25	146,97	213,78	240,50	I	2 672,25	141,17	205,34	231,01	135,37	196,90	221,51	129,57	188,47	212,03	123,77	180,04	202,54	117,97	171,60	193,05	112,18	163,17	183,56
	II	2 626,41	144,45	210,11	236,37	II	2 626,41	138,65	201,68	226,89	132,85	193,24	217,40	127,05	184,81	207,91	121,26	176,38	198,42	115,46	167,94	188,93	109,66	159,51	179,45
	III	1 969,66	108,33	157,57	177,26	III	1 969,66	102,91	149,69	168,40	97,59	141,96	159,70	92,37	134,36	151,15	87,23	126,89	142,75	82,20	119,57	134,51	77,26	112,38	126,43
	V	3 207,50	176,41	256,60	288,67	IV	2 672,25	144,07	209,56	235,75	141,17	205,34	231,01	138,27	201,12	226,26	135,37	196,90	221,51	132,47	192,69	216,77	129,57	188,47	212,03
	VI	3 239,66	178,18	259,17	291,56																				
8 333,99	I,IV	2 673,50	147,04	213,88	240,61	I	2 673,50	141,24	205,44	231,12	135,44	197,01	221,63	129,64	188,58	212,15	123,85	180,14	202,66	118,04	171,70	193,16	112,25	163,27	183,68
	II	2 627,66	144,52	210,21	236,48	II	2 627,66	138,72	201,78	227,–	132,92	193,34	217,51	127,12	184,91	208,02	121,33	176,48	198,54	115,53	168,04	189,05	109,73	159,61	179,56
	III	1 970,83	108,39	157,66	177,37	III	1 970,83	102,97	149,78	168,50	97,66	142,05	159,80	92,43	134,45	151,25	87,30	126,98	142,85	82,27	119,66	134,62	77,33	112,48	126,54
	V	3 208,75	176,48	256,70	288,78	IV	2 673,50	144,14	209,66	235,86	141,24	205,44	231,12	138,34	201,22	226,37	135,44	197,01	221,63	132,54	192,79	216,89	129,64	188,58	212,15
	VI	3 240,91	178,25	259,27	291,68																				
8 336,99	I,IV	2 674,75	147,11	213,98	240,72	I	2 674,75	141,31	205,54	231,23	135,51	197,11	221,75	129,71	188,68	212,26	123,91	180,24	202,77	118,12	171,81	193,28	112,32	163,38	183,80
	II	2 628,91	144,59	210,31	236,60	II	2 628,91	138,79	201,88	227,11	132,99	193,44	217,62	127,19	185,01	208,13	121,39	176,58	198,65	115,60	168,14	189,16	109,80	159,71	179,67
	III	1 972,–	108,46	157,76	177,48	III	1 972,–	103,04	149,88	168,61	97,72	142,14	159,91	92,49	134,53	151,34	87,36	127,08	142,96	82,32	119,74	134,71	77,38	112,56	126,63
	V	3 210,–	176,55	256,80	288,90	IV	2 674,75	144,21	209,76	235,98	141,31	205,54	231,23	138,41	201,32	226,49	135,51	197,11	221,75	132,61	192,89	217,–	129,71	188,68	212,26
	VI	3 242,25	178,32	259,38	291,80																				
8 339,99	I,IV	2 676,–	147,18	214,08	240,84	I	2 676,–	141,38	205,64	231,35	135,58	197,21	221,86	129,78	188,78	212,37	123,98	180,34	202,88	118,19	171,91	193,40	112,39	163,48	183,91
	II	2 630,25	144,66	210,42	236,72	II	2 630,25	138,86	201,98	227,23	133,06	193,54	217,73	127,26	185,11	208,25	121,46	176,68	198,76	115,66	168,24	189,27	109,87	159,81	179,78
	III	1 973,16	108,52	157,85	177,58	III	1 973,16	103,10	149,97	168,71	97,78	142,22	160,–	92,55	134,62	151,45	87,42	127,16	143,05	82,39	119,84	134,82	77,44	112,65	126,73
	V	3 211,25	176,61	256,90	289,01	IV	2 676,–	144,27	209,86	236,09	141,38	205,64	231,35	138,48	201,42	226,60	135,58	197,21	221,86	132,68	192,99	217,11	129,78	188,78	212,37
	VI	3 243,50	178,39	259,48	291,91																				
8 342,99	I,IV	2 677,25	147,24	214,18	240,95	I	2 677,25	141,45	205,74	231,46	135,65	197,31	221,97	129,85	188,88	212,49	124,05	180,44	203,–	118,25	172,01	193,51	112,46	163,58	184,02
	II	2 631,50	144,73	210,52	236,83	II	2 631,50	138,93	202,08	227,34	133,13	193,65	217,85	127,33	185,22	208,37	121,54	176,78	198,88	115,73	168,34	189,38	109,94	159,91	179,90
	III	1 974,33	108,58	157,94	177,68	III	1 974,33	103,17	150,06	168,82	97,84	142,32	160,11	92,62	134,72	151,56	87,48	127,25	143,15	82,44	119,92	134,91	77,50	112,73	126,82
	V	3 212,50	176,68	257,–	289,12	IV	2 677,25	144,35	209,96	236,21	141,45	205,74	231,46	138,54	201,52	226,71	135,65	197,31	221,97	132,75	193,09	217,22	129,85	188,88	212,49
	VI	3 244,75	178,46	259,58	292,02																				
8 345,99	I,IV	2 678,50	147,31	214,28	241,06	I	2 678,50	141,51	205,84	231,57	135,72	197,41	222,08	129,92	188,98	212,60	124,12	180,54	203,11	118,32	172,11	193,62	112,53	163,68	184,14
	II	2 632,75	144,80	210,62	236,94	II	2 632,75	139,–	202,18	227,45	133,20	193,75	217,97	127,40	185,32	208,48	121,60	176,88	198,99	115,81	168,45	189,50	110,01	160,02	180,02
	III	1 975,50	108,65	158,04	177,79	III	1 975,50	103,23	150,16	168,93	97,90	142,41	160,21	92,68	134,81	151,66	87,54	127,33	143,24	82,50	120,01	135,01	77,55	112,81	126,91
	V	3 213,75	176,75	257,10	289,23	IV	2 678,50	144,42	210,06	236,32	141,51	205,84	231,57	138,62	201,63	226,83	135,72	197,41	222,08	132,82	193,20	217,35	129,92	188,98	212,60
	VI	3 246,–	178,53	259,68	292,14																				
8 348,99	I,IV	2 679,75	147,38	214,38	241,17	I	2 679,75	141,58	205,94	231,68	135,79	197,51	222,20	129,99	189,08	212,71	124,19	180,64	203,22	118,39	172,21	193,73	112,59	163,78	184,25
	II	2 634,–	144,87	210,72	237,06	II	2 634,–	139,07	202,28	227,57	133,27	193,85	218,08	127,47	185,42	208,59	121,67	176,98	199,10	115,88	168,55	189,62	110,08	160,12	180,13
	III	1 976,66	108,71	158,13	177,89	III	1 976,66	103,29	150,25	169,03	97,97	142,50	160,31	92,73	134,89	151,75	87,60	127,42	143,35	82,56	120,09	135,10	77,62	112,90	127,01
	V	3 215,08	176,82	257,20	289,35	IV	2 679,75	144,48	210,16	236,43	141,58	205,94	231,68	138,69	201,73	226,94	135,79	197,51	222,20	132,89	193,30	217,46	129,99	189,08	212,71
	VI	3 247,25	178,59	259,78	292,25																				
8 351,99	I,IV	2 681,–	147,45	214,48	241,29	I	2 681,–	141,65	206,04	231,80	135,85	197,61	222,31	130,06	189,18	212,82	124,26	180,74	203,33	118,46	172,31	193,85	112,66	163,88	184,36
	II	2 635,25	144,93	210,82	237,17	II	2 635,25	139,14	202,38	227,68	133,34	193,95	218,19	127,54	185,52	208,71	121,74	177,08	199,22	115,94	168,65	189,73	110,15	160,22	180,24
	III	1 978,–	108,79	158,24	178,02	III	1 978,–	103,36	150,34	169,13	98,03	142,60	160,42	92,80	134,98	151,85	87,67	127,52	143,46	82,62	120,18	135,20	77,67	112,98	127,10
	V	3 216,33	176,89	257,30	289,46	IV	2 681,–	144,55	210,26	236,54	141,65	206,04	231,80	138,76	201,83	227,06	135,85	197,61	222,31	132,96	193,40	217,57	130,06	189,18	212,82
	VI	3 248,50	178,66	259,88	292,36																				
8 354,99	I,IV	2 682,33	147,52	214,58	241,40	I	2 682,33	141,72	206,14	231,91	135,92	197,71	222,42	130,13	189,28	212,94	124,33	180,84	203,45	118,53	172,41	193,96	112,73	163,98	184,47
	II	2 636,50	145,–	210,92	237,28	II	2 636,50	139,20	202,48	227,79	133,41	194,05	218,30	127,61	185,62	208,82	121,81	177,18	199,33	116,01	168,75	189,84	110,22	160,32	180,36
	III	1 979,16	108,85	158,33	178,12	III	1 979,16	103,42	150,44	169,24	98,10	142,69	160,52	92,86	135,08	151,96	87,72	127,60	143,55	82,68	120,26	135,29	77,73	113,06	127,19
	V	3 217,58	176,96	257,40	289,58	IV	2 682,33	144,62	210,36	236,66	141,72	206,14	231,91	138,82	201,93	227,17	135,92	197,71	222,42	133,03	193,50	217,68	130,13	189,28	212,94
	VI	3 249,75	178,73	259,98	292,47																				
8 357,99	I,IV	2 683,58	147,59	214,68	241,52	I	2 683,58	141,79	206,25	232,03	136,–	197,82	222,54	130,20	189,38	213,05	124,40	180,94	203,56	118,60	172,51	194,07	112,80	164,08	184,59
	II	2 637,75	145,07	211,02	237,39	II	2 637,75	139,27	202,58	227,90	133,48	194,15	218,42	127,68	185,72	208,93	121,88	177,28	199,44	116,08	168,85	189,95	110,28	160,42	180,47
	III	1 980,33	108,91	158,42	178,22	III	1 980,33	103,49	150,53	169,34	98,16	142,78	160,63	92,93	135,17	152,06	87,78	127,69	143,65	82,74	120,36	135,40	77,79	113,16	127,30
	V	3 218,83	177,03	257,50	289,69	IV	2 683,58	144,69	210,46	236,77	141,79	206,25	232,03	138,89	202,03	227,28	136,–	197,82	222,54	133,10	193,60	217,80	130,20	189,38	213,05
	VI	3 251,–	178,80	260,08	292,59																				
8 360,99	I,IV	2 684,83	147,66	214,78	241,63	I	2 684,83	141,86	206,35	232,14	136,07	197,92	222,66	130,27	189,48	213,17	124,47	181,05	203,68	118,67	172,62	194,19	112,87	164,18	184,70
	II	2 639,–	145,14	211,12	237,51	II	2 639,–	139,34	202,68	228,02	133,54	194,25	218,53	127,75	185,82	209,04	121,95	177,38	199,55	116,15	168,95	190,07	110,35	160,52	180,58
	III	1 981,50	108,98	158,52	178,33	III	1 981,50	103,55	150,62	169,45	98,23	142,88	160,74	92,98	135,25	152,15	87,85	127,78	143,75	82,80	120,44	135,49	77,85	113,24	127,39
	V	3 220,08	177,10	257,60	289,80	IV	2 684,83	144,76	210,56	236,88	141,86	206,35	232,14	138,96	202,13	227,39	136,07	197,92	222,66	133,16	193,70	217,91	130,27	189,48	213,17
	VI	3 252,25	178,87	260,18	292,70																				
8 363,99	I,IV	2 686,08	147,73	214,88	241,74	I	2 686,08	141,93	206,45	232,25	136,13	198,02	222,77	130,34	189,58	213,28	124,54	181,15	203,79	118,74	172,72	194,31	112,94	164,28	184,82
	II	2 640,33	145,21	211,22	237,62	II	2 640,33	139,41	202,78	228,13	133,61	194,35	218,64	127,82	185,92	209,16	122,02	177,48	199,67	116,22	169,05	190,18	110,42	160,62	180,69
	III	1 982,66	109,04	158,61	178,43	III	1 982,66	103,62	150,72	169,56	98,28	142,96	160,83	93,05	135,34	152,26	87,90	127,86	143,84	82,86	120,53	135,59	77,91	113,33	127,49
	V	3 221,33	177,17	257,70	289,91	IV	2 686,08	144,83	210,66	236,99	141,93	206,45	232,25	139,03	202,23	227,51	136,13	198,02	222,77	133,23	193,80	218,02	130,34	189,58	213,28
	VI	3 253,58	178,94	260,28	292,82																				
8 366,99	I,IV	2 687,33	147,80	214,98	241,85	I	2 687,33	142,–	206,55	232,37	136,20	198,12	222,88	130,40	189,68	213,39	124,61	181,25	203,90	118,81	172,82	194,42	113,01	164,38	184,93
	II	2 641,58	145,28	211,32	237,74	II	2 641,58	139,48	202,89	228,25	133,69	194,46	218,76	127,89	186,02	209,27	122,09	177,58	199,78	116,29	169,15	190,29	110,49	160,72	180,81
	III	1 983,83	109,11	158,70	178,54	III	1 983,83	103,68	150,81	169,66	98,34	143,05	160,93	93,11	135,44	152,37	87,97	127,96	143,95	82,92	120,61	135,68	77,97	113,41	127,58
	V	3 222,58	177,24	257,80	290,03	IV	2 687,33	144,90	210,76	237,11	142,–	206,55	232,37	139,10	202,33	227,62	136,20	198,12	222,88	133,30	193,90	218,13	130,40	189,68	213,39
	VI	3 254,83	179,01	260,38	292,93																				
8 369,99	I,IV	2 688,58	147,87	215,08	241,97	I	2 688,58	142,07	206,65	232,48	136,27	198,22	222,99	130,47	189,78	213,50	124,68	181,35	204,02	118,88	172,92	194,53	113,08	164,48	185,04
	II	2 642,83	145,35	211,42	237,85	II	2 642,83	139,55	202,99	228,36	133,76	194,56	218,88	127,96	186,12	209,39	122,16	177,69	199,90	116,36	169,26	190,41	110,56	160,82	180,92
	III	1 985,–	109,17	158,80	178,65	III	1 985,–	103,74	150,90	169,76	98,41	143,14	161,03	93,17	135,53	152,47	88,03	128,05	144,05	82,98	120,70	135,79	78,02	113,49	127,67
	V	3 223,83	177,31	257,90	290,14	IV	2 688,58	144,97	210,87	237,23	142,07	206,65	232,48	139,17	202,44	227,74	136,27	198,22	222,99	133,37	194,–	218,25	130,47	189,78	213,50
	VI	3 256,08	179,08	260,48	293,04																				

* Die ausgewiesenen Tabellenwerte sind amtlich. Siehe Erläuterungen auf der Umschlaginnenseite (U2).

Abzüge an Lohnsteuer, Solidaritätszuschlag (SolZ) und Kirchensteuer (8%, 9%) in den Steuerklassen

Lohn/ Gehalt bis €*	I – VI					I, II, III, IV																			
			ohne Kinderfreibeträge					mit Zahl der Kinderfreibeträge . . .																	
								0,5			1			1,5			2			2,5			3		
		LSt	SolZ	8%	9%		LSt	SolZ	8%	9%	SolZ	8%	9%	SolZ	8%	9%	SolZ	8%	9%	SolZ	8%	9%	SolZ	8%	9%
8 372,99	I,IV	2 689,83	147,94	215,18	242,08	I	2 689,83	142,14	206,75	232,59	136,34	198,32	223,11	130,54	189,88	213,62	124,74	181,45	204,13	118,95	173,02	194,64	113,15	164,58	185,15
	II	2 644,08	145,42	211,52	237,96	II	2 644,08	139,62	203,09	228,47	133,82	194,66	218,99	128,03	186,22	209,50	122,23	177,79	200,01	116,43	169,36	190,53	110,63	160,92	181,04
	III	1 986,33	109,24	158,90	178,76	III	1 986,33	103,81	151,—	169,87	98,47	143,24	161,14	93,24	135,62	152,57	88,09	128,13	144,14	83,04	120,78	135,88	78,09	113,58	127,78
	V	3 225,16	177,38	258,01	290,26	IV	2 689,83	145,04	210,97	237,34	142,14	206,75	232,59	139,24	202,54	227,85	136,34	198,32	223,11	133,44	194,10	218,36	130,54	189,88	213,62
	VI	3 257,33	179,15	260,58	293,15																				
8 375,99	I,IV	2 691,08	148,—	215,28	242,19	I	2 691,08	142,21	206,85	232,70	136,41	198,42	223,22	130,61	189,98	213,73	124,81	181,55	204,24	119,02	173,12	194,76	113,22	164,68	185,27
	II	2 645,33	145,49	211,62	238,07	II	2 645,33	139,69	203,19	228,59	133,89	194,76	219,10	128,09	186,32	209,61	122,30	177,89	200,12	116,50	169,46	190,64	110,70	161,02	181,15
	III	1 987,50	109,31	159,—	178,87	III	1 987,50	103,87	151,09	169,97	98,54	143,33	161,24	93,29	135,70	152,66	88,15	128,22	144,25	83,10	120,88	135,99	78,14	113,66	127,87
	V	3 226,41	177,45	258,11	290,37	IV	2 691,08	145,11	211,07	237,45	142,21	206,85	232,70	139,31	202,64	227,97	136,41	198,42	223,22	133,51	194,20	218,48	130,61	189,98	213,73
	VI	3 258,58	179,22	260,68	293,27																				
8 378,99	I,IV	2 692,33	148,07	215,38	242,30	I	2 692,33	142,28	206,95	232,82	136,48	198,52	223,33	130,68	190,08	213,84	124,88	181,65	204,35	119,08	173,22	194,87	113,29	164,78	185,38
	II	2 646,58	145,56	211,72	238,19	II	2 646,58	139,76	203,29	228,70	133,96	194,86	219,21	128,16	186,42	209,72	122,37	177,99	200,24	116,57	169,56	190,75	110,77	161,12	181,26
	III	1 988,66	109,37	159,09	178,97	III	1 988,66	103,94	151,18	170,08	98,60	143,42	161,35	93,36	135,80	152,77	88,22	128,32	144,36	83,16	120,96	136,08	78,21	113,76	127,98
	V	3 227,66	177,52	258,21	290,48	IV	2 692,33	145,18	211,17	237,56	142,28	206,95	232,82	139,38	202,74	228,08	136,48	198,52	223,33	133,58	194,30	218,59	130,68	190,08	213,84
	VI	3 259,83	179,29	260,78	293,38																				
8 381,99	I,IV	2 693,66	148,15	215,49	242,42	I	2 693,66	142,35	207,06	232,94	136,55	198,62	223,45	130,75	190,18	213,95	124,95	181,75	204,47	119,15	173,32	194,98	113,35	164,88	185,49
	II	2 647,83	145,63	211,82	238,30	II	2 647,83	139,83	203,39	228,81	134,03	194,96	219,33	128,23	186,52	209,84	122,43	178,09	200,35	116,64	169,66	190,86	110,84	161,22	181,37
	III	1 989,83	109,44	159,18	179,08	III	1 989,83	104,—	151,28	170,19	98,67	143,52	161,46	93,42	135,89	152,87	88,27	128,40	144,45	83,22	121,05	136,18	78,26	113,84	128,07
	V	3 228,91	177,59	258,31	290,60	IV	2 693,66	145,25	211,27	237,68	142,35	207,06	232,94	139,45	202,84	228,19	136,55	198,62	223,45	133,65	194,40	218,70	130,75	190,18	213,95
	VI	3 261,08	179,35	260,88	293,49																				
8 384,99	I,IV	2 694,91	148,22	215,59	242,54	I	2 694,91	142,42	207,16	233,05	136,62	198,72	223,56	130,82	190,29	214,07	125,02	181,86	204,59	119,23	173,42	195,10	113,42	164,98	185,60
	II	2 649,08	145,69	211,92	238,41	II	2 649,08	139,90	203,49	228,92	134,10	195,06	219,44	128,30	186,62	209,95	122,50	178,19	200,46	116,71	169,76	190,98	110,91	161,32	181,49
	III	1 991,—	109,50	159,28	179,19	III	1 991,—	104,06	151,37	170,29	98,73	143,61	161,56	93,49	135,98	152,98	88,33	128,49	144,55	83,27	121,13	136,27	78,32	113,92	128,16
	V	3 230,16	177,65	258,41	290,71	IV	2 694,91	145,31	211,37	237,79	142,42	207,16	233,05	139,52	202,94	228,30	136,62	198,72	223,56	133,72	194,50	218,81	130,82	190,29	214,07
	VI	3 262,33	179,42	260,98	293,60																				
8 387,99	I,IV	2 696,16	148,28	215,69	242,65	I	2 696,16	142,49	207,26	233,16	136,69	198,82	223,67	130,89	190,39	214,19	125,09	181,96	204,70	119,29	173,52	195,21	113,50	165,09	185,72
	II	2 650,33	145,76	212,02	238,52	II	2 650,33	139,97	203,59	229,04	134,17	195,16	219,55	128,37	186,72	210,06	122,57	178,29	200,57	116,77	169,86	191,09	110,98	161,42	181,60
	III	1 992,16	109,56	159,37	179,29	III	1 992,16	104,13	151,46	170,39	98,79	143,70	161,66	93,54	136,06	153,07	88,39	128,57	144,64	83,34	121,22	136,37	78,38	114,01	128,26
	V	3 231,41	177,72	258,51	290,82	IV	2 696,16	145,38	211,47	237,90	142,49	207,26	233,16	139,59	203,04	228,42	136,69	198,82	223,67	133,79	194,60	218,93	130,89	190,39	214,19
	VI	3 263,66	179,50	261,09	293,72																				
8 390,99	I,IV	2 697,41	148,35	215,79	242,76	I	2 697,41	142,56	207,36	233,28	136,76	198,92	223,79	130,96	190,49	214,30	125,16	182,06	204,81	119,36	173,62	195,32	113,57	165,19	185,84
	II	2 651,66	145,84	212,13	238,64	II	2 651,66	140,04	203,70	229,16	134,24	195,26	219,67	128,44	186,82	210,17	122,64	178,39	200,69	116,84	169,96	191,20	111,04	161,52	181,71
	III	1 993,33	109,63	159,46	179,39	III	1 993,33	104,19	151,56	170,50	98,86	143,80	161,77	93,61	136,16	153,18	88,45	128,66	144,74	83,40	121,32	136,48	78,43	114,09	128,35
	V	3 232,66	177,79	258,61	290,93	IV	2 697,41	145,45	211,57	238,01	142,56	207,36	233,28	139,65	203,14	228,53	136,76	198,92	223,79	133,86	194,70	219,04	130,96	190,49	214,30
	VI	3 264,91	179,57	261,19	293,84																				
8 393,99	I,IV	2 698,66	148,42	215,89	242,87	I	2 698,66	142,62	207,46	233,39	136,83	199,02	223,90	131,03	190,59	214,41	125,23	182,16	204,93	119,43	173,72	195,44	113,63	165,29	185,95
	II	2 652,91	145,91	212,23	238,76	II	2 652,91	140,11	203,80	229,27	134,31	195,36	219,78	128,51	186,93	210,29	122,71	178,50	200,81	116,92	170,06	191,32	111,11	161,62	181,82
	III	1 994,66	109,70	159,57	179,51	III	1 994,66	104,26	151,65	170,60	98,91	143,88	161,86	93,67	136,25	153,28	88,52	128,76	144,85	83,46	121,40	136,57	78,50	114,18	128,45
	V	3 233,91	177,86	258,71	291,05	IV	2 698,66	145,53	211,68	238,14	142,62	207,46	233,39	139,73	203,24	228,65	136,83	199,02	223,90	133,92	194,80	219,15	131,03	190,59	214,41
	VI	3 266,16	179,63	261,29	293,95																				
8 396,99	I,IV	2 699,91	148,49	215,99	242,99	I	2 699,91	142,69	207,56	233,50	136,89	199,12	224,01	131,10	190,69	214,52	125,30	182,26	205,04	119,50	173,82	195,55	113,70	165,39	186,06
	II	2 654,16	145,97	212,33	238,87	II	2 654,16	140,18	203,90	229,38	134,38	195,46	219,89	128,58	187,03	210,41	122,78	178,60	200,92	116,98	170,16	191,43	111,19	161,73	181,94
	III	1 995,83	109,77	159,66	179,62	III	1 995,83	104,32	151,74	170,71	98,98	143,97	161,96	93,73	136,34	153,38	88,57	128,84	144,94	83,52	121,49	136,67	78,55	114,26	128,54
	V	3 235,25	177,93	258,82	291,17	IV	2 699,91	145,59	211,78	238,25	142,69	207,56	233,50	139,80	203,34	228,76	136,89	199,12	224,01	134,—	194,91	219,27	131,10	190,69	214,52
	VI	3 267,41	179,70	261,39	294,06																				
8 399,99	I,IV	2 701,16	148,56	216,09	243,10	I	2 701,16	142,76	207,66	233,61	136,96	199,22	224,12	131,17	190,79	214,64	125,37	182,36	205,15	119,57	173,92	195,66	113,77	165,49	186,17
	II	2 655,41	146,04	212,43	238,98	II	2 655,41	140,25	204,—	229,50	134,45	195,56	220,01	128,65	187,13	210,52	122,85	178,70	201,03	117,05	170,26	191,54	111,26	161,83	182,06
	III	1 997,—	109,83	159,76	179,73	III	1 997,—	104,39	151,84	170,82	99,04	144,06	162,07	93,80	136,44	153,49	88,64	128,93	145,04	83,58	121,57	136,76	78,61	114,34	128,63
	V	3 236,50	178,—	258,92	291,28	IV	2 701,16	145,66	211,88	238,36	142,76	207,66	233,61	139,86	203,44	228,87	136,96	199,22	224,12	134,07	195,01	219,38	131,17	190,79	214,64
	VI	3 268,66	179,77	261,49	294,17																				
8 402,99	I,IV	2 702,41	148,63	216,19	243,21	I	2 702,41	142,83	207,76	233,73	137,03	199,32	224,24	131,23	190,89	214,75	125,44	182,46	205,26	119,64	174,02	195,77	113,84	165,59	186,29
	II	2 656,66	146,11	212,53	239,09	II	2 656,66	140,31	204,10	229,61	134,52	195,66	220,12	128,72	187,23	210,63	122,92	178,80	201,15	117,12	170,36	191,66	111,32	161,93	182,17
	III	1 998,16	109,89	159,85	179,83	III	1 998,16	104,45	151,93	170,92	99,11	144,16	162,18	93,85	136,52	153,58	88,70	129,02	145,15	83,64	121,66	136,87	78,67	114,44	128,74
	V	3 237,75	178,07	259,02	291,39	IV	2 702,41	145,73	211,98	238,47	142,83	207,76	233,73	139,93	203,54	228,98	137,03	199,32	224,24	134,14	195,11	219,50	131,23	190,89	214,75
	VI	3 269,91	179,84	261,59	294,29																				
8 405,99	I,IV	2 703,75	148,70	216,30	243,33	I	2 703,75	142,90	207,86	233,84	137,10	199,42	224,35	131,30	190,99	214,86	125,51	182,56	205,38	119,71	174,12	195,89	113,91	165,69	186,40
	II	2 657,91	146,18	212,63	239,21	II	2 657,91	140,38	204,20	229,72	134,58	195,76	220,23	128,79	187,33	210,74	122,99	178,90	201,26	117,19	170,46	191,77	111,39	162,03	182,28
	III	1 999,33	109,96	159,94	179,93	III	1 999,33	104,51	152,02	171,02	99,17	144,25	162,28	93,92	136,61	153,68	88,76	129,10	145,24	83,70	121,74	136,96	78,73	114,52	128,83
	V	3 239,—	178,14	259,12	291,51	IV	2 703,75	145,80	212,08	238,59	142,90	207,86	233,84	140,—	203,64	229,10	137,10	199,42	224,35	134,20	195,21	219,61	131,30	190,99	214,86
	VI	3 271,16	179,91	261,69	294,40																				
8 408,99	I,IV	2 705,—	148,77	216,40	243,45	I	2 705,—	142,97	207,96	233,96	137,17	199,53	224,47	131,38	191,10	214,98	125,58	182,66	205,49	119,78	174,22	196,—	113,98	165,79	186,51
	II	2 659,16	146,25	212,73	239,32	II	2 659,16	140,45	204,30	229,83	134,65	195,86	220,34	128,86	187,43	210,86	123,06	179,—	201,37	117,26	170,56	191,88	111,46	162,13	182,39
	III	2 000,50	110,02	160,04	180,04	III	2 000,50	104,59	152,13	171,14	99,23	144,34	162,38	93,98	136,70	153,79	88,82	129,20	145,35	83,76	121,84	137,07	78,79	114,61	128,93
	V	3 240,25	178,21	259,22	291,62	IV	2 705,—	145,87	212,18	238,70	142,97	207,96	233,96	140,07	203,74	229,21	137,17	199,53	224,47	134,27	195,31	219,72	131,38	191,10	214,98
	VI	3 272,41	179,98	261,79	294,51																				
8 411,99	I,IV	2 706,25	148,84	216,50	243,56	I	2 706,25	143,04	208,06	234,07	137,24	199,63	224,58	131,45	191,20	215,10	125,65	182,76	205,61	119,85	174,33	196,12	114,05	165,90	186,63
	II	2 660,41	146,32	212,83	239,43	II	2 660,41	140,52	204,40	229,95	134,72	195,96	220,46	128,92	187,53	210,97	123,13	179,10	201,48	117,33	170,66	191,99	111,53	162,23	182,51
	III	2 001,83	110,10	160,14	180,16	III	2 001,83	104,65	152,22	171,25	99,30	144,44	162,49	94,05	136,80	153,90	88,88	129,29	145,45	83,82	121,92	137,16	78,85	114,69	129,02
	V	3 241,50	178,28	259,32	291,73	IV	2 706,25	145,94	212,28	238,81	143,04	208,06	234,07	140,14	203,84	229,32	137,24	199,63	224,58	134,34	195,41	219,83	131,45	191,20	215,10
	VI	3 273,75	180,05	261,90	294,63																				
8 414,99	I,IV	2 707,50	148,91	216,60	243,67	I	2 707,50	143,11	208,16	234,18	137,31	199,73	224,69	131,51	191,30	215,21	125,72	182,86	205,72	119,92	174,43	196,23	114,12	166,—	186,75
	II	2 661,75	146,39	212,94	239,55	II	2 661,75	140,59	204,50	230,06	134,79	196,06	220,57	128,99	187,63	211,08	123,20	179,20	201,60	117,40	170,76	192,11	111,60	162,33	182,62
	III	2 003,—	110,16	160,24	180,27	III	2 003,—	104,72	152,32	171,36	99,36	144,53	162,59	94,10	136,88	153,99	88,94	129,37	145,54	83,88	122,01	137,26	78,91	114,78	129,13
	V	3 242,75	178,35	259,42	291,84	IV	2 707,50	146,01	212,38	238,92	143,11	208,16	234,18	140,21	203,94	229,43	137,31	199,73	224,69	134,41	195,51	219,95	131,51	191,30	215,21
	VI	3 275,—	180,12	262,—	294,75																				

* Die ausgewiesenen Tabellenwerte sind amtlich. Siehe Erläuterungen auf der Umschlaginnenseite (U2).

Abzüge an Lohnsteuer, Solidaritätszuschlag (SolZ) und Kirchensteuer (8%, 9%) in den Steuerklassen

Lohn/ Gehalt bis €*	I – VI	LSt	SolZ	8%	9%	I, II, III, IV	LSt	0,5 SolZ	0,5 8%	0,5 9%	1 SolZ	1 8%	1 9%	1,5 SolZ	1,5 8%	1,5 9%	2 SolZ	2 8%	2 9%	2,5 SolZ	2,5 8%	2,5 9%	3 SolZ	3 8%	3 9%
			ohne Kinderfreibeträge					mit Zahl der Kinderfreibeträge ...																	
8 417,99	I,IV	2 708,75	148,98	216,70	243,78	I	2 708,75	143,18	208,26	234,29	137,38	199,83	224,81	131,58	191,40	215,32	125,78	182,96	205,83	119,99	174,53	196,34	114,19	166,10	186,86
	II	2 663,—	146,46	213,04	239,67	II	2 663,—	140,66	204,60	230,18	134,86	196,17	220,69	129,07	187,74	211,20	123,27	179,30	201,71	117,47	170,86	192,22	111,67	162,43	182,73
	III	2 004,16	110,22	160,33	180,37	III	2 004,16	104,78	152,41	171,46	99,43	144,62	162,70	94,16	136,97	154,09	89,—	129,46	145,64	83,93	122,09	137,35	78,97	114,86	129,22
	V	3 244,—	178,42	259,52	291,96	IV	2 708,75	146,08	212,48	239,04	143,18	208,26	234,29	140,28	204,04	229,55	137,38	199,83	224,81	134,48	195,61	220,06	131,58	191,40	215,32
	VI	3 276,25	180,19	262,10	294,86																				
8 420,99	I,IV	2 710,—	149,05	216,80	243,90	I	2 710,—	143,25	208,36	234,41	137,45	199,93	224,92	131,65	191,50	215,43	125,85	183,06	205,94	120,06	174,63	196,46	114,26	166,20	186,97
	II	2 664,25	146,53	213,14	239,78	II	2 664,25	140,73	204,70	230,29	134,93	196,27	220,80	129,14	187,84	211,32	123,34	179,40	201,83	117,54	170,97	192,34	111,74	162,54	182,85
	III	2 005,33	110,29	160,42	180,47	III	2 005,33	104,84	152,50	171,56	99,49	144,72	162,81	94,23	137,06	154,19	89,07	129,56	145,75	84,—	122,18	137,45	79,02	114,94	129,31
	V	3 245,25	178,48	259,62	292,07	IV	2 710,—	146,15	212,58	239,15	143,25	208,36	234,41	140,35	204,15	229,67	137,45	199,93	224,92	134,55	195,72	220,18	131,65	191,50	215,43
	VI	3 277,50	180,26	262,20	294,97																				
8 423,99	I,IV	2 711,25	149,11	216,90	244,01	I	2 711,25	143,32	208,46	234,52	137,52	200,03	225,03	131,72	191,60	215,55	125,92	183,16	206,06	120,12	174,73	196,57	114,33	166,30	187,08
	II	2 665,50	146,60	213,24	239,89	II	2 665,50	140,80	204,80	230,40	135,—	196,37	220,91	129,20	187,94	211,43	123,41	179,50	201,94	117,61	171,07	192,45	111,81	162,64	182,97
	III	2 006,50	110,35	160,52	180,58	III	2 006,50	104,91	152,60	171,67	99,55	144,81	162,91	94,29	137,16	154,30	89,12	129,64	145,84	84,05	122,26	137,54	79,09	115,04	129,42
	V	3 246,58	178,56	259,72	292,19	IV	2 711,25	146,22	212,68	239,27	143,32	208,46	234,52	140,42	204,25	229,78	137,52	200,03	225,03	134,62	195,82	220,29	131,72	191,60	215,55
	VI	3 278,75	180,33	262,30	295,08																				
8 426,99	I,IV	2 712,50	149,18	217,—	244,12	I	2 712,50	143,38	208,56	234,63	137,59	200,13	225,14	131,79	191,70	215,66	125,99	183,26	206,17	120,19	174,83	196,68	114,40	166,40	187,20
	II	2 666,75	146,67	213,34	240,—	II	2 666,75	140,87	204,90	230,51	135,07	196,47	221,03	129,27	188,04	211,54	123,47	179,60	202,05	117,68	171,17	192,56	111,88	162,74	183,08
	III	2 007,66	110,42	160,61	180,68	III	2 007,66	104,97	152,69	171,77	99,61	144,89	163,—	94,36	137,25	154,40	89,19	129,73	145,94	84,12	122,36	137,65	79,14	115,12	129,51
	V	3 247,83	178,63	259,82	292,30	IV	2 712,50	146,29	212,78	239,38	143,38	208,56	234,63	140,49	204,35	229,89	137,59	200,13	225,14	134,69	195,92	220,41	131,79	191,70	215,66
	VI	3 280,—	180,40	262,40	295,20																				
8 429,99	I,IV	2 713,83	149,26	217,10	244,24	I	2 713,83	143,45	208,66	234,74	137,66	200,23	225,26	131,86	191,80	215,77	126,06	183,36	206,28	120,26	174,93	196,79	114,46	166,50	187,31
	II	2 668,—	146,74	213,44	240,12	II	2 668,—	140,94	205,—	230,63	135,14	196,57	221,14	129,34	188,14	211,65	123,54	179,70	202,16	117,75	171,27	192,68	111,95	162,84	183,19
	III	2 009,—	110,49	160,72	180,81	III	2 009,—	105,04	152,78	171,88	99,67	144,98	163,10	94,41	137,33	154,49	89,25	129,82	146,05	84,18	122,45	137,75	79,20	115,21	129,61
	V	3 249,08	178,69	259,92	292,41	IV	2 713,83	146,35	212,88	239,49	143,45	208,66	234,74	140,56	204,45	230,—	137,66	200,23	225,26	134,76	196,02	220,52	131,86	191,80	215,77
	VI	3 281,25	180,46	262,50	295,31																				
8 432,99	I,IV	2 715,08	149,32	217,20	244,35	I	2 715,08	143,53	208,77	234,86	137,73	200,34	225,38	131,93	191,90	215,89	126,13	183,46	206,39	120,33	175,03	196,91	114,53	166,60	187,42
	II	2 669,25	146,80	213,54	240,23	II	2 669,25	141,01	205,10	230,74	135,21	196,67	221,25	129,41	188,24	211,77	123,61	179,80	202,28	117,81	171,37	192,79	112,02	162,94	183,30
	III	2 010,16	110,55	160,81	180,91	III	2 010,16	105,10	152,88	171,99	99,74	145,08	163,21	94,48	137,42	154,60	89,31	129,90	146,14	84,24	122,53	137,84	79,26	115,29	129,70
	V	3 250,33	178,76	260,02	292,52	IV	2 715,08	146,42	212,98	239,60	143,53	208,77	234,86	140,63	204,55	230,12	137,73	200,34	225,38	134,83	196,12	220,63	131,93	191,90	215,89
	VI	3 282,50	180,53	262,60	295,42																				
8 435,99	I,IV	2 716,33	149,39	217,30	244,46	I	2 716,33	143,60	208,87	234,98	137,80	200,44	225,49	132,—	192,—	216,—	126,20	183,57	206,51	120,40	175,14	197,03	114,61	166,70	187,54
	II	2 670,50	146,87	213,64	240,34	II	2 670,50	141,07	205,20	230,85	135,28	196,77	221,36	129,48	188,34	211,88	123,68	179,90	202,39	117,88	171,47	192,90	112,09	163,04	183,42
	III	2 011,33	110,62	160,90	181,01	III	2 011,33	105,16	152,97	172,09	99,80	145,17	163,31	94,54	137,52	154,71	89,37	130,—	146,25	84,30	122,62	137,95	79,32	115,38	129,80
	V	3 251,58	178,83	260,12	292,64	IV	2 716,33	146,49	213,08	239,72	143,60	208,87	234,98	140,69	204,65	230,23	137,80	200,44	225,49	134,90	196,22	220,74	132,—	192,—	216,—
	VI	3 283,75	180,60	262,70	295,53																				
8 438,99	I,IV	2 717,58	149,46	217,40	244,58	I	2 717,58	143,66	208,97	235,09	137,87	200,54	225,60	132,07	192,10	216,11	126,27	183,67	206,63	120,47	175,24	197,14	114,67	166,80	187,65
	II	2 671,83	146,95	213,74	240,46	II	2 671,83	141,14	205,30	230,96	135,35	196,87	221,48	129,55	188,44	211,99	123,75	180,—	202,50	117,95	171,57	193,01	112,15	163,14	183,53
	III	2 012,50	110,68	161,—	181,12	III	2 012,50	105,23	153,06	172,19	99,87	145,26	163,42	94,60	137,61	154,81	89,43	130,09	146,35	84,36	122,70	138,04	79,38	115,46	129,89
	V	3 252,83	178,90	260,22	292,75	IV	2 717,58	146,56	213,18	239,83	143,66	208,97	235,09	140,76	204,75	230,34	137,87	200,54	225,60	134,97	196,32	220,86	132,07	192,10	216,11
	VI	3 285,08	180,67	262,80	295,65																				
8 441,99	I,IV	2 718,83	149,53	217,50	244,69	I	2 718,83	143,73	209,07	235,20	137,94	200,64	225,72	132,14	192,20	216,23	126,34	183,77	206,74	120,54	175,34	197,25	114,74	166,90	187,76
	II	2 673,08	147,01	213,84	240,57	II	2 673,08	141,22	205,41	231,08	135,42	196,98	221,60	129,62	188,54	212,11	123,82	180,10	202,61	118,02	171,67	193,13	112,22	163,24	183,64
	III	2 013,66	110,75	161,09	181,22	III	2 013,66	105,29	153,16	172,30	99,93	145,36	163,53	94,67	137,70	154,91	89,50	130,18	146,45	84,42	122,80	138,15	79,43	115,54	129,98
	V	3 254,08	178,97	260,32	292,86	IV	2 718,83	146,63	213,28	239,94	143,73	209,07	235,20	140,83	204,85	230,45	137,94	200,64	225,72	135,03	196,42	220,97	132,14	192,20	216,23
	VI	3 286,33	180,74	262,90	295,76																				
8 444,99	I,IV	2 720,08	149,60	217,60	244,80	I	2 720,08	143,80	209,17	235,31	138,—	200,74	225,83	132,21	192,30	216,34	126,41	183,87	206,85	120,61	175,44	197,37	114,81	167,—	187,88
	II	2 674,33	147,08	213,94	240,68	II	2 674,33	141,29	205,51	231,20	135,49	197,08	221,71	129,69	188,64	212,22	123,89	180,21	202,73	118,09	171,78	193,25	112,30	163,34	183,76
	III	2 014,83	110,81	161,18	181,33	III	2 014,83	105,36	153,25	172,40	99,99	145,45	163,63	94,72	137,78	155,—	89,55	130,26	146,54	84,48	122,88	138,24	79,50	115,64	130,09
	V	3 255,33	179,04	260,42	292,97	IV	2 720,08	146,70	213,39	240,06	143,80	209,17	235,31	140,91	204,96	230,58	138,—	200,74	225,83	135,11	196,52	221,09	132,21	192,30	216,34
	VI	3 287,58	180,81	263,—	295,88																				
8 447,99	I,IV	2 721,33	149,67	217,70	244,91	I	2 721,33	143,87	209,27	235,43	138,07	200,84	225,94	132,27	192,40	216,45	126,48	183,97	206,96	120,68	175,54	197,48	114,88	167,10	187,99
	II	2 675,58	147,15	214,04	240,80	II	2 675,58	141,35	205,61	231,31	135,56	197,18	221,82	129,76	188,74	212,33	123,96	180,31	202,85	118,16	171,88	193,36	112,36	163,44	183,87
	III	2 016,16	110,88	161,29	181,45	III	2 016,16	105,42	153,34	172,51	100,06	145,54	163,73	94,79	137,88	155,11	89,62	130,36	146,65	84,54	122,97	138,34	79,55	115,72	130,18
	V	3 256,66	179,11	260,53	293,09	IV	2 721,33	146,77	213,49	240,17	143,87	209,27	235,43	140,97	205,06	230,69	138,07	200,84	225,94	135,18	196,62	221,20	132,27	192,40	216,45
	VI	3 288,83	180,88	263,10	295,99																				
8 450,99	I,IV	2 722,58	149,74	217,80	245,03	I	2 722,58	143,94	209,37	235,54	138,14	200,94	226,05	132,34	192,50	216,56	126,55	184,07	207,08	120,75	175,64	197,59	114,95	167,20	188,10
	II	2 676,83	147,22	214,14	240,91	II	2 676,83	141,42	205,71	231,42	135,63	197,28	221,94	129,83	188,84	212,45	124,03	180,41	202,96	118,23	171,98	193,47	112,43	163,54	183,98
	III	2 017,33	110,95	161,38	181,55	III	2 017,33	105,49	153,44	172,62	100,12	145,64	163,84	94,85	137,97	155,21	89,68	130,45	146,75	84,59	123,05	138,43	79,62	115,81	130,28
	V	3 257,91	179,18	260,63	293,21	IV	2 722,58	146,84	213,59	240,29	143,94	209,37	235,54	141,04	205,16	230,80	138,14	200,94	226,05	135,24	196,72	221,31	132,34	192,50	216,56
	VI	3 290,08	180,95	263,20	296,10																				
8 453,99	I,IV	2 723,83	149,81	217,90	245,14	I	2 723,83	144,01	209,47	235,65	138,21	201,04	226,17	132,41	192,60	216,68	126,61	184,17	207,19	120,82	175,74	197,70	115,02	167,30	188,21
	II	2 678,08	147,29	214,24	241,02	II	2 678,08	141,49	205,81	231,53	135,69	197,38	222,05	129,90	188,94	212,56	124,10	180,51	203,07	118,30	172,08	193,59	112,50	163,64	184,10
	III	2 018,50	111,01	161,48	181,66	III	2 018,50	105,55	153,53	172,72	100,19	145,73	163,94	94,92	138,06	155,32	89,74	130,53	146,84	84,66	123,14	138,53	79,67	115,89	130,37
	V	3 259,16	179,25	260,73	293,32	IV	2 723,83	146,91	213,69	240,40	144,01	209,47	235,65	141,11	205,26	230,91	138,21	201,04	226,17	135,31	196,82	221,42	132,41	192,60	216,68
	VI	3 291,33	181,02	263,30	296,21																				
8 456,99	I,IV	2 725,16	149,88	218,01	245,26	I	2 725,16	144,08	209,58	235,77	138,28	201,14	226,28	132,48	192,70	216,79	126,68	184,27	207,30	120,89	175,84	197,82	115,09	167,40	188,33
	II	2 679,33	147,36	214,34	241,13	II	2 679,33	141,56	205,91	231,65	135,76	197,48	222,16	129,96	189,04	212,67	124,17	180,61	203,18	118,37	172,18	193,70	112,57	163,74	184,21
	III	2 019,66	111,08	161,57	181,76	III	2 019,66	105,61	153,62	172,82	100,25	145,82	164,05	94,98	138,16	155,43	89,80	130,62	146,95	84,72	123,24	138,64	79,74	115,98	130,48
	V	3 260,41	179,32	260,83	293,43	IV	2 725,16	146,98	213,79	240,51	144,08	209,58	235,77	141,18	205,36	231,03	138,28	201,14	226,28	135,38	196,92	221,54	132,48	192,70	216,79
	VI	3 292,58	181,09	263,40	296,33																				
8 459,99	I,IV	2 726,41	149,95	218,11	245,37	I	2 726,41	144,15	209,68	235,89	138,35	201,24	226,40	132,55	192,81	216,91	126,76	184,38	207,42	120,96	175,94	197,93	115,16	167,50	188,44
	II	2 680,58	147,43	214,44	241,25	II	2 680,58	141,63	206,01	231,76	135,83	197,58	222,27	130,03	189,14	212,78	124,24	180,71	203,30	118,44	172,28	193,81	112,64	163,84	184,32
	III	2 020,83	111,14	161,66	181,87	III	2 020,83	105,68	153,72	172,93	100,32	145,92	164,16	95,04	138,24	155,52	89,87	130,72	147,06	84,78	123,32	138,73	79,79	116,06	130,57
	V	3 261,66	179,39	260,93	293,54	IV	2 726,41	147,05	213,89	240,62	144,15	209,68	235,89	141,25	205,46	231,14	138,35	201,24	226,40	135,45	197,02	221,65	132,55	192,81	216,91
	VI	3 293,83	181,16	263,50	296,44																				

* Die ausgewiesenen Tabellenwerte sind amtlich. Siehe Erläuterungen auf der Umschlaginnenseite (U2).

Abzüge an Lohnsteuer, Solidaritätszuschlag (SolZ) und Kirchensteuer (8%, 9%) in den Steuerklassen

Lohn/ Gehalt bis €*	I – VI		ohne Kinderfreibeträge			I, II, III, IV		mit Zahl der Kinderfreibeträge . . . 0,5			1			1,5			2			2,5			3		
		LSt	SolZ	8%	9%		LSt	SolZ	8%	9%	SolZ	8%	9%	SolZ	8%	9%	SolZ	8%	9%	SolZ	8%	9%	SolZ	8%	9%
8 462,99	I,IV	2 727,66	150,02	218,21	245,48	I	2 727,66	144,22	209,78	236,—	138,42	201,34	226,51	132,62	192,91	217,02	126,83	184,48	207,54	121,03	176,04	198,05	115,23	167,61	188,56
	II	2 681,83	147,50	214,54	241,36	II	2 681,83	141,70	206,11	231,87	135,90	197,68	222,39	130,10	189,24	212,90	124,30	180,81	203,41	118,51	172,38	193,92	112,71	163,94	184,43
	III	2 022,16	111,21	161,77	181,99	III	2 022,16	105,74	153,81	173,03	100,38	146,01	164,26	95,10	138,33	155,62	89,92	130,80	147,15	84,84	123,41	138,83	79,85	116,14	130,66
	V	3 262,91	179,46	261,03	293,66	IV	2 727,66	147,12	213,99	240,74	144,22	209,78	236,—	141,32	205,56	231,25	138,42	201,34	226,51	135,52	197,12	221,76	132,62	192,91	217,02
	VI	3 295,16	181,23	263,61	296,56																				
8 465,99	I,IV	2 728,91	150,09	218,31	245,60	I	2 728,91	144,29	209,88	236,11	138,49	201,44	226,62	132,69	193,01	217,13	126,89	184,58	207,65	121,10	176,14	198,16	115,30	167,71	188,67
	II	2 683,16	147,57	214,65	241,48	II	2 683,16	141,77	206,22	231,99	135,97	197,78	222,50	130,17	189,34	213,01	124,37	180,91	203,52	118,58	172,48	194,04	112,78	164,04	184,55
	III	2 023,33	111,28	161,86	182,09	III	2 023,33	105,81	153,90	173,14	100,44	146,10	164,36	95,16	138,42	155,72	89,98	130,89	147,25	84,90	123,49	138,92	79,91	116,24	130,77
	V	3 264,16	179,52	261,13	293,77	IV	2 728,91	147,18	214,09	240,85	144,29	209,88	236,11	141,39	205,66	231,36	138,49	201,44	226,62	135,59	197,22	221,87	132,69	193,01	217,13
	VI	3 296,41	181,30	263,71	296,67																				
8 468,99	I,IV	2 730,16	150,15	218,41	245,71	I	2 730,16	144,36	209,98	236,22	138,56	201,54	226,73	132,76	193,11	217,25	126,96	184,68	207,76	121,16	176,24	198,27	115,37	167,81	188,78
	II	2 684,41	147,64	214,75	241,59	II	2 684,41	141,84	206,32	232,11	136,04	197,88	222,62	130,24	189,45	213,13	124,45	181,02	203,64	118,65	172,58	194,15	112,85	164,14	184,66
	III	2 024,50	111,34	161,96	182,20	III	2 024,50	105,88	154,01	173,26	100,51	146,20	164,47	95,23	138,52	155,83	90,05	130,98	147,35	84,96	123,58	139,03	79,97	116,32	130,86
	V	3 265,41	179,59	261,23	293,88	IV	2 730,16	147,26	214,20	240,97	144,36	209,98	236,22	141,46	205,76	231,48	138,56	201,54	226,73	135,66	197,32	221,99	132,76	193,11	217,25
	VI	3 297,66	181,37	263,81	296,78																				
8 471,99	I,IV	2 731,41	150,22	218,51	245,82	I	2 731,41	144,43	210,08	236,34	138,63	201,64	226,85	132,83	193,21	217,36	127,03	184,78	207,87	121,23	176,34	198,38	115,44	167,91	188,90
	II	2 685,66	147,71	214,85	241,70	II	2 685,66	141,91	206,42	232,22	136,11	197,98	222,73	130,31	189,55	213,24	124,52	181,12	203,76	118,72	172,68	194,27	112,92	164,25	184,78
	III	2 025,66	111,41	162,05	182,30	III	2 025,66	105,94	154,10	173,36	100,56	146,28	164,56	95,29	138,61	155,93	90,10	131,06	147,44	85,02	123,66	139,12	80,03	116,41	130,96
	V	3 266,75	179,67	261,34	294,—	IV	2 731,41	147,33	214,30	241,08	144,43	210,08	236,34	141,53	205,86	231,59	138,63	201,64	226,85	135,73	197,43	222,11	132,83	193,21	217,36
	VI	3 298,91	181,44	263,91	296,90																				
8 474,99	I,IV	2 732,66	150,29	218,61	245,93	I	2 732,66	144,49	210,18	236,45	138,70	201,74	226,96	132,90	193,31	217,47	127,10	184,88	207,99	121,30	176,44	198,50	115,50	168,01	189,01
	II	2 686,91	147,78	214,95	241,82	II	2 686,91	141,98	206,52	232,33	136,18	198,08	222,84	130,38	189,65	213,35	124,58	181,22	203,87	118,79	172,78	194,38	112,99	164,35	184,89
	III	2 026,83	111,47	162,14	182,41	III	2 026,83	106,01	154,20	173,47	100,63	146,37	164,66	95,36	138,70	156,04	90,17	131,16	147,55	85,08	123,76	139,23	80,08	116,49	131,05
	V	3 268,—	179,74	261,44	294,12	IV	2 732,66	147,40	214,40	241,20	144,49	210,18	236,45	141,60	205,96	231,71	138,70	201,74	226,96	135,80	197,53	222,22	132,90	193,31	217,47
	VI	3 300,16	181,50	264,01	297,01																				
8 477,99	I,IV	2 733,91	150,36	218,71	246,05	I	2 733,91	144,56	210,28	236,56	138,76	201,84	227,07	132,97	193,41	217,58	127,17	184,98	208,10	121,37	176,54	198,61	115,57	168,11	189,12
	II	2 688,16	147,84	215,05	241,93	II	2 688,16	142,05	206,62	232,44	136,25	198,18	222,95	130,45	189,75	213,47	124,65	181,32	203,98	118,85	172,88	194,49	113,06	164,45	185,—
	III	2 028,—	111,54	162,24	182,52	III	2 028,—	106,07	154,29	173,57	100,69	146,46	164,77	95,41	138,78	156,13	90,23	131,25	147,65	85,14	123,85	139,33	80,15	116,58	131,15
	V	3 269,25	179,80	261,54	294,23	IV	2 733,91	147,46	214,50	241,31	144,56	210,28	236,56	141,67	206,06	231,82	138,76	201,84	227,07	135,87	197,63	222,33	132,97	193,41	217,58
	VI	3 301,41	181,57	264,11	297,12																				
8 480,99	I,IV	2 735,25	150,43	218,82	246,17	I	2 735,25	144,64	210,38	236,68	138,83	201,94	227,18	133,04	193,51	217,70	127,24	185,08	208,21	121,44	176,64	198,72	115,64	168,21	189,23
	II	2 689,41	147,91	215,15	242,04	II	2 689,41	142,12	206,72	232,56	136,32	198,28	223,07	130,52	189,85	213,58	124,72	181,42	204,09	118,92	172,98	194,60	113,13	164,55	185,12
	III	2 029,33	111,61	162,34	182,63	III	2 029,33	106,14	154,38	173,68	100,76	146,56	164,88	95,48	138,88	156,24	90,29	131,33	147,74	85,20	123,93	139,42	80,20	116,66	131,24
	V	3 270,50	179,87	261,64	294,34	IV	2 735,25	147,53	214,60	241,42	144,64	210,38	236,68	141,73	206,16	231,93	138,83	201,94	227,18	135,94	197,73	222,44	133,04	193,51	217,70
	VI	3 302,66	181,64	264,21	297,23																				
8 483,99	I,IV	2 736,50	150,50	218,92	246,28	I	2 736,50	144,70	210,48	236,79	138,91	202,05	227,30	133,11	193,62	217,82	127,31	185,18	208,33	121,51	176,74	198,83	115,71	168,31	189,35
	II	2 690,66	147,98	215,25	242,15	II	2 690,66	142,18	206,82	232,67	136,39	198,38	223,18	130,59	189,95	213,69	124,79	181,52	204,21	118,99	173,08	194,72	113,19	164,65	185,23
	III	2 030,50	111,67	162,44	182,74	III	2 030,50	106,20	154,48	173,79	100,82	146,65	164,98	95,54	138,97	156,34	90,35	131,42	147,85	85,26	124,02	139,52	80,27	116,76	131,35
	V	3 271,75	179,94	261,74	294,45	IV	2 736,50	147,60	214,70	241,53	144,70	210,48	236,79	141,80	206,26	232,04	138,91	202,05	227,30	136,01	197,83	222,56	133,11	193,62	217,82
	VI	3 303,91	181,71	264,31	297,35																				
8 486,99	I,IV	2 737,75	150,57	219,02	246,39	I	2 737,75	144,77	210,58	236,90	138,98	202,15	227,42	133,18	193,72	217,93	127,38	185,28	208,44	121,58	176,85	198,95	115,78	168,42	189,47
	II	2 691,91	148,05	215,35	242,27	II	2 691,91	142,25	206,92	232,78	136,45	198,48	223,29	130,66	190,05	213,80	124,86	181,62	204,32	119,06	173,18	194,83	113,26	164,75	185,34
	III	2 031,66	111,74	162,53	182,84	III	2 031,66	106,26	154,57	173,89	100,88	146,74	165,08	95,60	139,06	156,44	90,42	131,52	147,96	85,32	124,10	139,61	80,32	116,84	131,44
	V	3 273,—	180,01	261,84	294,57	IV	2 737,75	147,67	214,80	241,65	144,77	210,58	236,90	141,87	206,36	232,16	138,98	202,15	227,42	136,07	197,93	222,67	133,18	193,72	217,93
	VI	3 305,25	181,78	264,42	297,47																				
8 489,99	I,IV	2 739,—	150,64	219,12	246,51	I	2 739,—	144,84	210,68	237,02	139,04	202,25	227,53	133,25	193,82	218,04	127,45	185,38	208,55	121,65	176,95	199,07	115,85	168,52	189,58
	II	2 693,25	148,12	215,46	242,39	II	2 693,25	142,33	207,02	232,90	136,52	198,58	223,40	130,73	190,15	213,92	124,93	181,72	204,43	119,13	173,28	194,94	113,33	164,85	185,45
	III	2 032,83	111,80	162,62	182,95	III	2 032,83	106,33	154,66	173,99	100,95	146,84	165,19	95,67	139,16	156,55	90,48	131,61	148,06	85,38	124,20	139,72	80,38	116,92	131,53
	V	3 274,25	180,08	261,94	294,68	IV	2 739,—	147,74	214,90	241,76	144,84	210,68	237,02	141,94	206,46	232,27	139,04	202,25	227,53	136,14	198,03	222,78	133,25	193,82	218,04
	VI	3 306,50	181,85	264,52	297,58																				
8 492,99	I,IV	2 740,25	150,71	219,22	246,62	I	2 740,25	144,91	210,78	237,13	139,11	202,35	227,64	133,32	193,92	218,16	127,52	185,48	208,67	121,72	177,05	199,18	115,92	168,62	189,69
	II	2 694,50	148,19	215,56	242,50	II	2 694,50	142,39	207,12	233,01	136,60	198,69	223,52	130,80	190,26	214,04	125,—	181,82	204,55	119,20	173,38	195,05	113,40	164,95	185,57
	III	2 034,—	111,87	162,72	183,06	III	2 034,—	106,39	154,76	174,10	101,01	146,93	165,29	95,73	139,25	156,65	90,53	131,69	148,15	85,44	124,28	139,81	80,44	117,01	131,63
	V	3 275,50	180,15	262,04	294,79	IV	2 740,25	147,81	215,—	241,88	144,91	210,78	237,13	142,01	206,56	232,38	139,11	202,35	227,64	136,21	198,13	222,89	133,32	193,92	218,16
	VI	3 307,75	181,92	264,62	297,69																				
8 495,99	I,IV	2 741,50	150,78	219,32	246,73	I	2 741,50	144,98	210,88	237,24	139,18	202,45	227,75	133,38	194,02	218,27	127,59	185,58	208,78	121,79	177,15	199,29	115,99	168,72	189,81
	II	2 695,75	148,26	215,66	242,61	II	2 695,75	142,46	207,22	233,12	136,67	198,79	223,64	130,87	190,36	214,15	125,07	181,92	204,66	119,27	173,49	195,17	113,47	165,06	185,69
	III	2 035,33	111,94	162,82	183,17	III	2 035,33	106,46	154,85	174,20	101,08	147,02	165,40	95,79	139,33	156,74	90,60	131,78	148,25	85,50	124,37	139,91	80,50	117,09	131,72
	V	3 276,75	180,22	262,14	294,90	IV	2 741,50	147,88	215,10	241,99	144,98	210,88	237,24	142,08	206,67	232,50	139,18	202,45	227,75	136,29	198,24	223,02	133,38	194,02	218,27
	VI	3 309,—	181,99	264,72	297,81																				
8 498,99	I,IV	2 742,75	150,85	219,42	246,84	I	2 742,75	145,05	210,98	237,35	139,25	202,55	227,87	133,45	194,12	218,38	127,65	185,68	208,89	121,86	177,25	199,40	116,06	168,82	189,92
	II	2 697,—	148,33	215,76	242,73	II	2 697,—	142,53	207,32	233,24	136,73	198,89	223,75	130,94	190,46	214,26	125,14	182,02	204,77	119,34	173,59	195,29	113,54	165,16	185,80
	III	2 036,50	112,—	162,92	183,28	III	2 036,50	106,52	154,94	174,31	101,14	147,12	165,51	95,85	139,42	156,85	90,66	131,88	148,36	85,57	124,46	140,02	80,56	117,18	131,83
	V	3 278,08	180,29	262,24	295,02	IV	2 742,75	147,95	215,20	242,10	145,05	210,98	237,35	142,15	206,77	232,61	139,25	202,55	227,87	136,35	198,34	223,13	133,45	194,12	218,38
	VI	3 310,25	182,06	264,82	297,92																				
8 501,99	I,IV	2 744,—	150,92	219,52	246,96	I	2 744,—	145,12	211,08	237,47	139,32	202,65	227,98	133,52	194,22	218,49	127,72	185,78	209,—	121,93	177,35	199,52	116,13	168,92	190,03
	II	2 698,25	148,40	215,86	242,84	II	2 698,25	142,60	207,42	233,35	136,80	198,99	223,86	131,01	190,56	214,38	125,21	182,12	204,89	119,41	173,69	195,40	113,61	165,26	185,91
	III	2 037,66	112,07	163,01	183,38	III	2 037,66	106,59	155,04	174,42	101,20	147,21	165,61	95,92	139,52	156,96	90,72	131,96	148,45	85,62	124,54	140,11	80,62	117,26	131,92
	V	3 279,33	180,36	262,34	295,13	IV	2 744,—	148,02	215,30	242,21	145,12	211,08	237,47	142,22	206,87	232,73	139,32	202,65	227,98	136,42	198,44	223,24	133,52	194,22	218,49
	VI	3 311,50	182,13	264,92	298,03																				
8 504,99	I,IV	2 745,33	150,99	219,62	247,07	I	2 745,33	145,19	211,18	237,58	139,39	202,75	228,09	133,59	194,32	218,61	127,79	185,88	209,12	121,99	177,45	199,63	116,20	169,02	190,14
	II	2 699,50	148,47	215,96	242,95	II	2 699,50	142,67	207,52	233,46	136,87	199,09	223,97	131,07	190,66	214,49	125,28	182,22	205,—	119,48	173,79	195,51	113,68	165,36	186,03
	III	2 038,83	112,13	163,10	183,49	III	2 038,83	106,65	155,13	174,52	101,27	147,30	165,71	95,98	139,61	157,06	90,78	132,05	148,55	85,69	124,64	140,22	80,68	117,36	132,03
	V	3 280,58	180,43	262,44	295,25	IV	2 745,33	148,09	215,40	242,33	145,19	211,18	237,58	142,29	206,97	232,84	139,39	202,75	228,09	136,49	198,54	223,35	133,59	194,32	218,61
	VI	3 312,75	182,20	265,02	298,14																				

* Die ausgewiesenen Tabellenwerte sind amtlich. Siehe Erläuterungen auf der Umschlaginnenseite (U2).

Lohn/ Gehalt bis €*	Abzüge an Lohnsteuer, Solidaritätszuschlag (SolZ) und Kirchensteuer (8%, 9%) in den Steuerklassen I – VI					I, II, III, IV mit Zahl der Kinderfreibeträge . . .																			
			ohne Kinderfreibeträge					0,5			1			1,5			2			2,5			3		
		LSt	SolZ	8%	9%		LSt	SolZ	8%	9%	SolZ	8%	9%	SolZ	8%	9%	SolZ	8%	9%	SolZ	8%	9%	SolZ	8%	9%
8 507,99	I,IV	2 746,58	151,06	219,72	247,19	I	2 746,58	145,26	211,29	237,70	139,46	202,86	228,21	133,66	194,42	218,72	127,86	185,98	209,23	122,06	177,55	199,74	116,27	169,12	190,26
	II	2 700,75	148,54	216,06	243,06	II	2 700,75	142,74	207,62	233,57	136,94	199,19	224,09	131,14	190,76	214,60	125,34	182,32	205,11	119,55	173,89	195,62	113,75	165,46	186,14
	III	2 040,—	112,20	163,20	183,60	III	2 040,—	106,72	155,24	174,64	101,33	147,40	165,82	96,04	139,70	157,16	90,85	132,14	148,66	85,74	124,72	140,31	80,74	117,44	132,12
	V	3 281,83	180,50	262,54	295,36	IV	2 746,58	148,16	215,50	242,44	145,26	211,29	237,70	142,36	207,07	232,95	139,46	202,86	228,21	136,56	198,64	223,47	133,66	194,42	218,72
	VI	3 314,—	182,27	265,12	298,26																				
8 510,99	I,IV	2 747,83	151,13	219,82	247,30	I	2 747,83	145,33	211,39	237,81	139,53	202,96	228,33	133,73	194,52	218,84	127,93	186,09	209,35	122,14	177,66	199,86	116,34	169,22	190,37
	II	2 702,—	148,61	216,16	243,18	II	2 702,—	142,81	207,72	233,69	137,01	199,29	224,20	131,21	190,86	214,71	125,41	182,42	205,22	119,62	173,99	195,74	113,82	165,56	186,25
	III	2 041,33	112,27	163,30	183,71	III	2 041,33	106,79	155,33	174,74	101,40	147,49	165,92	96,11	139,80	157,27	90,91	132,24	148,77	85,80	124,81	140,41	80,80	117,53	132,22
	V	3 283,08	180,56	262,64	295,47	IV	2 747,83	148,22	215,60	242,55	145,33	211,39	237,81	142,43	207,17	233,06	139,53	202,96	228,33	136,63	198,74	223,58	133,73	194,52	218,84
	VI	3 315,25	182,33	265,22	298,37																				
8 513,99	I,IV	2 749,08	151,19	219,92	247,41	I	2 749,08	145,40	211,49	237,92	139,60	203,06	228,44	133,80	194,62	218,95	128,—	186,19	209,46	122,21	177,76	199,98	116,41	169,32	190,49
	II	2 703,33	148,68	216,26	243,29	II	2 703,33	142,88	207,82	233,80	137,08	199,39	224,31	131,28	190,96	214,83	125,48	182,52	205,34	119,68	174,09	195,85	113,89	165,66	186,36
	III	2 042,50	112,33	163,40	183,82	III	2 042,50	106,85	155,42	174,85	101,46	147,58	166,03	96,16	139,88	157,36	90,97	132,32	148,86	85,87	124,90	140,51	80,85	117,61	132,31
	V	3 284,33	180,63	262,74	295,58	IV	2 749,08	148,29	215,70	242,66	145,40	211,49	237,92	142,50	207,27	233,18	139,60	203,06	228,44	136,70	198,84	223,69	133,80	194,62	218,95
	VI	3 316,58	182,41	265,32	298,49																				
8 516,99	I,IV	2 750,33	151,26	220,02	247,52	I	2 750,33	145,47	211,59	238,04	139,67	203,16	228,55	133,87	194,72	219,06	128,07	186,29	209,57	122,27	177,86	200,09	116,48	169,42	190,60
	II	2 704,58	148,75	216,36	243,41	II	2 704,58	142,95	207,93	233,92	137,15	199,50	224,43	131,35	191,06	214,94	125,55	182,62	205,45	119,75	174,19	195,96	113,96	165,76	186,48
	III	2 043,66	112,40	163,49	183,92	III	2 043,66	106,92	155,52	174,96	101,53	147,68	166,14	96,23	139,97	157,46	91,03	132,41	148,96	85,92	124,98	140,60	80,92	117,70	132,41
	V	3 285,58	180,70	262,84	295,70	IV	2 750,33	148,36	215,80	242,78	145,47	211,59	238,04	142,56	207,37	233,29	139,67	203,16	228,55	136,77	198,94	223,80	133,87	194,72	219,06
	VI	3 317,83	182,48	265,42	298,60																				
8 519,99	I,IV	2 751,58	151,33	220,12	247,64	I	2 751,58	145,53	211,69	238,15	139,74	203,26	228,66	133,94	194,82	219,17	128,14	186,39	209,69	122,34	177,96	200,20	116,54	169,52	190,71
	II	2 705,83	148,82	216,46	243,52	II	2 705,83	143,02	208,03	234,03	137,22	199,60	224,55	131,42	191,16	215,06	125,62	182,73	205,57	119,83	174,30	196,08	114,03	165,86	186,59
	III	2 044,83	112,46	163,58	184,03	III	2 044,83	106,98	155,61	175,06	101,59	147,77	166,24	96,29	140,06	157,57	91,09	132,50	149,06	85,99	125,08	140,71	80,97	117,78	132,50
	V	3 286,83	180,77	262,94	295,81	IV	2 751,58	148,44	215,91	242,90	145,53	211,69	238,15	142,64	207,48	233,41	139,74	203,26	228,66	136,84	199,04	223,92	133,94	194,82	219,17
	VI	3 319,08	182,54	265,52	298,71																				
8 522,99	I,IV	2 752,83	151,40	220,22	247,75	I	2 752,83	145,60	211,79	238,26	139,81	203,36	228,78	134,01	194,92	219,29	128,21	186,49	209,80	122,41	178,06	200,31	116,61	169,62	190,82
	II	2 707,08	148,88	216,56	243,63	II	2 707,08	143,09	208,13	234,14	137,29	199,70	224,66	131,49	191,26	215,17	125,69	182,83	205,68	119,90	174,40	196,20	114,10	165,96	186,71
	III	2 046,16	112,53	163,69	184,15	III	2 046,16	107,04	155,70	175,16	101,65	147,86	166,34	96,36	140,16	157,68	91,15	132,58	149,15	86,04	125,16	140,80	81,04	117,88	132,61
	V	3 288,16	180,84	263,05	295,93	IV	2 752,83	148,50	216,01	243,01	145,60	211,79	238,26	142,71	207,58	233,52	139,81	203,36	228,78	136,91	199,14	224,03	134,01	194,92	219,29
	VI	3 320,33	182,61	265,62	298,82																				
8 525,99	I,IV	2 754,08	151,47	220,32	247,86	I	2 754,08	145,67	211,89	238,37	139,87	203,46	228,89	134,08	195,02	219,40	128,28	186,59	209,91	122,48	178,16	200,43	116,68	169,72	190,94
	II	2 708,33	148,95	216,66	243,74	II	2 708,33	143,16	208,23	234,26	137,36	199,80	224,77	131,56	191,36	215,28	125,76	182,93	205,79	119,96	174,50	196,31	114,17	166,06	186,82
	III	2 047,33	112,60	163,78	184,25	III	2 047,33	107,11	155,80	175,27	101,72	147,96	166,45	96,42	140,25	157,78	91,21	132,68	149,26	86,11	125,25	140,90	81,09	117,96	132,70
	V	3 289,41	180,91	263,15	296,04	IV	2 754,08	148,57	216,11	243,12	145,67	211,89	238,37	142,78	207,68	233,64	139,87	203,46	228,89	136,98	199,24	224,15	134,08	195,02	219,40
	VI	3 321,58	182,68	265,72	298,94																				
8 528,99	I,IV	2 755,33	151,54	220,42	247,97	I	2 755,33	145,74	211,99	238,49	139,94	203,56	229,—	134,14	195,12	219,51	128,35	186,69	210,02	122,55	178,26	200,54	116,75	169,82	191,05
	II	2 709,58	149,02	216,76	243,86	II	2 709,58	143,22	208,33	234,37	137,43	199,90	224,88	131,63	191,46	215,39	125,83	183,03	205,91	120,03	174,60	196,42	114,23	166,16	186,93
	III	2 048,50	112,66	163,88	184,36	III	2 048,50	107,17	155,89	175,37	101,78	148,05	166,55	96,48	140,34	157,88	91,28	132,77	149,36	86,17	125,34	141,01	81,16	118,05	132,80
	V	3 290,66	180,98	263,25	296,15	IV	2 755,33	148,64	216,21	243,23	145,74	211,99	238,49	142,84	207,78	233,75	139,94	203,56	229,—	137,05	199,34	224,26	134,14	195,12	219,51
	VI	3 322,83	182,75	265,82	299,05																				
8 531,99	I,IV	2 756,66	151,61	220,53	248,09	I	2 756,66	145,81	212,10	238,61	140,02	203,66	229,12	134,21	195,22	219,62	128,42	186,79	210,14	122,62	178,36	200,65	116,82	169,92	191,16
	II	2 710,83	149,09	216,86	243,97	II	2 710,83	143,29	208,43	234,48	137,50	200,—	225,—	131,70	191,56	215,51	125,90	183,13	206,02	120,10	174,70	196,53	114,30	166,26	187,04
	III	2 049,66	112,73	163,97	184,46	III	2 049,66	107,24	155,98	175,48	101,85	148,14	166,66	96,54	140,42	157,97	91,34	132,86	149,47	86,23	125,42	141,10	81,21	118,13	132,89
	V	3 291,91	181,05	263,35	296,27	IV	2 756,66	148,71	216,31	243,35	145,81	212,10	238,61	142,91	207,88	233,86	140,02	203,66	229,12	137,11	199,44	224,37	134,21	195,22	219,62
	VI	3 324,08	182,82	265,92	299,16																				
8 534,99	I,IV	2 757,91	151,68	220,63	248,21	I	2 757,91	145,88	212,20	238,72	140,08	203,76	229,23	134,29	195,33	219,74	128,49	186,90	210,26	122,69	178,46	200,77	116,89	170,02	191,27
	II	2 712,08	149,16	216,96	244,08	II	2 712,08	143,36	208,53	234,59	137,56	200,10	225,11	131,77	191,66	215,62	125,97	183,23	206,13	120,17	174,80	196,65	114,37	166,36	187,16
	III	2 050,83	112,79	164,06	184,57	III	2 050,83	107,30	156,08	175,59	101,91	148,24	166,77	96,60	140,52	158,08	91,40	132,94	149,56	86,29	125,52	141,21	81,28	118,22	133,—
	V	3 293,16	181,12	263,45	296,38	IV	2 757,91	148,78	216,41	243,46	145,88	212,20	238,72	142,98	207,98	233,97	140,08	203,76	229,23	137,18	199,54	224,48	134,29	195,33	219,74
	VI	3 325,33	182,89	266,02	299,27																				
8 537,99	I,IV	2 759,16	151,75	220,73	248,32	I	2 759,16	145,95	212,30	238,83	140,15	203,86	229,34	134,36	195,43	219,86	128,56	187,—	210,37	122,76	178,56	200,88	116,96	170,13	191,39
	II	2 713,33	149,23	217,06	244,19	II	2 713,33	143,43	208,63	234,71	137,63	200,20	225,22	131,83	191,76	215,73	126,04	183,33	206,24	120,24	174,90	196,76	114,44	166,46	187,27
	III	2 052,16	112,86	164,17	184,69	III	2 052,16	107,36	156,17	175,69	101,97	148,33	166,87	96,67	140,61	158,18	91,46	133,04	149,67	86,35	125,60	141,30	81,33	118,30	133,09
	V	3 294,41	181,19	263,55	296,49	IV	2 759,16	148,85	216,51	243,57	145,95	212,30	238,83	143,05	208,08	234,09	140,15	203,86	229,34	137,25	199,64	224,60	134,36	195,43	219,86
	VI	3 326,66	182,96	266,13	299,39																				
8 540,99	I,IV	2 760,41	151,82	220,83	248,43	I	2 760,41	146,02	212,40	238,95	140,22	203,96	229,46	134,42	195,53	219,97	128,63	187,10	210,48	122,83	178,66	200,99	117,03	170,23	191,51
	II	2 714,66	149,30	217,17	244,31	II	2 714,66	143,50	208,74	234,83	137,71	200,30	225,34	131,90	191,87	215,84	126,11	183,43	206,36	120,31	175,—	196,87	114,51	166,56	187,38
	III	2 053,33	112,93	164,26	184,79	III	2 053,33	107,44	156,28	175,81	102,04	148,42	166,97	96,73	140,70	158,29	91,52	133,13	149,77	86,41	125,69	141,40	81,39	118,38	133,18
	V	3 295,66	181,26	263,65	296,60	IV	2 760,41	148,92	216,61	243,68	146,02	212,40	238,95	143,12	208,18	234,20	140,22	203,96	229,46	137,32	199,74	224,71	134,42	195,53	219,97
	VI	3 327,91	183,03	266,23	299,51																				
8 543,99	I,IV	2 761,66	151,89	220,93	248,54	I	2 761,66	146,09	212,50	239,06	140,29	204,06	229,57	134,49	195,63	220,08	128,70	187,20	210,60	122,90	178,76	201,11	117,10	170,33	191,62
	II	2 715,91	149,37	217,27	244,43	II	2 715,91	143,57	208,84	234,94	137,77	200,40	225,45	131,98	191,97	215,96	126,18	183,54	206,48	120,38	175,10	196,99	114,58	166,66	187,49
	III	2 054,50	112,99	164,36	184,90	III	2 054,50	107,50	156,37	175,91	102,10	148,52	167,08	96,80	140,80	158,40	91,58	133,21	149,86	86,47	125,78	141,50	81,45	118,48	133,29
	V	3 296,91	181,33	263,75	296,72	IV	2 761,66	148,99	216,72	243,81	146,09	212,50	239,06	143,19	208,28	234,32	140,29	204,06	229,57	137,39	199,84	224,82	134,49	195,63	220,08
	VI	3 329,16	183,10	266,33	299,62																				
8 546,99	I,IV	2 762,91	151,96	221,03	248,66	I	2 762,91	146,16	212,60	239,17	140,36	204,16	229,68	134,56	195,73	220,19	128,76	187,30	210,71	122,97	178,86	201,22	117,17	170,43	191,73
	II	2 717,16	149,44	217,37	244,54	II	2 717,16	143,64	208,94	235,05	137,84	200,50	225,56	132,05	192,07	216,08	126,25	183,64	206,59	120,45	175,20	197,10	114,65	166,77	187,61
	III	2 055,66	113,06	164,45	185,—	III	2 055,66	107,57	156,46	176,02	102,17	148,61	167,18	96,86	140,89	158,50	91,64	133,30	149,96	86,53	125,86	141,59	81,51	118,56	133,38
	V	3 298,25	181,40	263,86	296,84	IV	2 762,91	149,06	216,82	243,92	146,16	212,60	239,17	143,26	208,38	234,43	140,36	204,16	229,68	137,46	199,95	224,94	134,56	195,73	220,19
	VI	3 330,41	183,17	266,43	299,73																				
8 549,99	I,IV	2 764,16	152,02	221,13	248,77	I	2 764,16	146,23	212,70	239,28	140,43	204,26	229,79	134,63	195,83	220,31	128,83	187,40	210,82	123,03	178,96	201,33	117,24	170,53	191,84
	II	2 718,41	149,51	217,47	244,65	II	2 718,41	143,71	209,04	235,17	137,91	200,60	225,68	132,11	192,17	216,19	126,32	183,74	206,70	120,52	175,30	197,21	114,72	166,87	187,73
	III	2 057,—	113,13	164,56	185,13	III	2 057,—	107,63	156,56	176,13	102,23	148,70	167,29	96,92	140,98	158,60	91,71	133,40	150,07	86,59	125,96	141,70	81,57	118,65	133,48
	V	3 299,50	181,47	263,96	296,95	IV	2 764,16	149,13	216,92	244,03	146,23	212,70	239,28	143,33	208,48	234,54	140,43	204,26	229,79	137,53	200,05	225,05	134,63	195,83	220,31
	VI	3 331,66	183,24	266,53	299,84																				

* Die ausgewiesenen Tabellenwerte sind amtlich. Siehe Erläuterungen auf der Umschlaginnenseite (U2).

Lohn/ Gehalt bis €*		Abzüge an Lohnsteuer, Solidaritätszuschlag (SolZ) und Kirchensteuer (8%, 9%) in den Steuerklassen I – VI					I, II, III, IV																			
			ohne Kinder-freibeträge					mit Zahl der Kinderfreibeträge . . . 0,5			1			1,5			2			2,5			3		
		LSt	SolZ	8%	9%		LSt	SolZ	8%	9%	SolZ	8%	9%	SolZ	8%	9%	SolZ	8%	9%	SolZ	8%	9%	SolZ	8%	9%
8 552,99	I,IV	2 765,41	152,09	221,23	248,88	I	2 765,41	146,30	212,80	239,40	140,50	204,36	229,91	134,70	195,93	220,42	128,90	187,50	210,93	123,10	179,06	201,44	117,31	170,63	191,96
	II	2 719,66	149,58	217,57	244,76	II	2 719,66	143,78	209,14	235,28	137,98	200,70	225,79	132,18	192,27	216,30	126,39	183,84	206,82	120,59	175,40	197,33	114,79	166,97	187,84
	III	2 058,16	113,19	164,65	185,23	III	2 058,16	107,69	156,65	176,23	102,29	148,78	167,38	96,98	141,06	158,69	91,77	133,49	150,17	86,65	126,04	141,79	81,62	118,73	133,57
	V	3 300,75	181,54	264,06	297,06	IV	2 765,41	149,20	217,02	244,14	146,30	212,80	239,40	143,40	208,58	234,65	140,50	204,36	229,91	137,60	200,15	225,17	134,70	195,93	220,42
	VI	3 332,91	183,31	266,63	299,96																				
8 555,99	I,IV	2 766,75	152,17	221,34	249,—	I	2 766,75	146,37	212,90	239,51	140,57	204,46	230,02	134,77	196,03	220,53	128,97	187,60	211,05	123,17	179,16	201,56	117,37	170,73	192,07
	II	2 720,91	149,65	217,67	244,88	II	2 720,91	143,85	209,24	235,39	138,05	200,80	225,90	132,25	192,37	216,41	126,45	183,94	206,93	120,66	175,50	197,44	114,86	167,07	187,95
	III	2 059,33	113,26	164,74	185,33	III	2 059,33	107,76	156,74	176,33	102,35	148,88	167,49	97,04	141,16	158,80	91,83	133,57	150,26	86,71	126,13	141,89	81,69	118,82	133,67
	V	3 302,—	181,61	264,16	297,18	IV	2 766,75	149,27	217,12	244,26	146,37	212,90	239,51	143,47	208,68	234,77	140,57	204,46	230,02	137,67	200,25	225,28	134,77	196,03	220,53
	VI	3 334,16	183,37	266,73	300,07																				
8 558,99	I,IV	2 768,—	152,24	221,44	249,12	I	2 768,—	146,44	213,—	239,63	140,64	204,57	230,14	134,84	196,14	220,65	129,04	187,70	211,16	123,24	179,26	201,67	117,44	170,83	192,18
	II	2 722,16	149,71	217,77	244,99	II	2 722,16	143,92	209,34	235,50	138,12	200,90	226,01	132,32	192,47	216,53	126,52	184,04	207,04	120,72	175,60	197,55	114,93	167,17	188,06
	III	2 060,50	113,32	164,84	185,44	III	2 060,50	107,82	156,84	176,44	102,41	148,97	167,59	97,11	141,25	158,90	91,89	133,66	150,37	86,78	126,22	142,—	81,74	118,90	133,76
	V	3 303,25	181,67	264,26	297,29	IV	2 768,—	149,33	217,22	244,37	146,44	213,—	239,63	143,54	208,78	234,88	140,64	204,57	230,14	137,74	200,35	225,39	134,84	196,14	220,65
	VI	3 335,41	183,44	266,83	300,18																				
8 561,99	I,IV	2 769,25	152,30	221,54	249,23	I	2 769,25	146,51	213,10	239,74	140,71	204,67	230,25	134,91	196,24	220,77	129,11	187,80	211,28	123,31	179,37	201,79	117,52	170,94	192,30
	II	2 723,41	149,78	217,87	245,10	II	2 723,41	143,99	209,44	235,62	138,19	201,—	226,13	132,39	192,57	216,64	126,59	184,14	207,15	120,79	175,70	197,66	115,—	167,27	188,18
	III	2 061,66	113,39	164,93	185,54	III	2 061,66	107,89	156,93	176,54	102,48	149,06	167,69	97,17	141,34	159,01	91,96	133,76	150,48	86,83	126,30	142,09	81,81	119,—	133,87
	V	3 304,50	181,74	264,36	297,40	IV	2 769,25	149,40	217,32	244,48	146,51	213,10	239,74	143,60	208,88	234,99	140,71	204,67	230,25	137,81	200,45	225,50	134,91	196,24	220,77
	VI	3 336,75	183,52	266,94	300,30																				
8 564,99	I,IV	2 770,50	152,37	221,64	249,34	I	2 770,50	146,57	213,20	239,85	140,78	204,77	230,36	134,98	196,34	220,88	129,18	187,90	211,39	123,38	179,47	201,90	117,59	171,04	192,42
	II	2 724,75	149,86	217,98	245,22	II	2 724,75	144,06	209,54	235,73	138,26	201,10	226,24	132,46	192,67	216,75	126,66	184,24	207,27	120,86	175,80	197,78	115,06	167,37	188,29
	III	2 063,—	113,46	165,04	185,67	III	2 063,—	107,95	157,02	176,65	102,54	149,16	167,80	97,24	141,44	159,12	92,02	133,85	150,58	86,90	126,40	142,20	81,86	119,08	133,96
	V	3 305,75	181,81	264,46	297,51	IV	2 770,50	149,47	217,42	244,59	146,57	213,20	239,85	143,67	208,98	235,10	140,78	204,77	230,36	137,88	200,55	225,62	134,98	196,34	220,88
	VI	3 338,—	183,59	267,04	300,42																				
8 567,99	I,IV	2 771,75	152,44	221,74	249,45	I	2 771,75	146,64	213,30	239,96	140,85	204,87	230,48	135,05	196,44	220,99	129,25	188,—	211,50	123,45	179,57	202,01	117,65	171,14	192,53
	II	2 726,—	149,93	218,08	245,34	II	2 726,—	144,13	209,64	235,85	138,33	201,21	226,36	132,53	192,78	216,87	126,73	184,34	207,38	120,93	175,90	197,89	115,13	167,47	188,40
	III	2 064,16	113,52	165,13	185,77	III	2 064,16	108,02	157,13	176,77	102,61	149,25	167,90	97,30	141,53	159,22	92,07	133,93	150,67	86,95	126,48	142,29	81,93	119,17	134,06
	V	3 307,—	181,88	264,56	297,63	IV	2 771,75	149,54	217,52	244,71	146,64	213,30	239,96	143,74	209,08	235,22	140,85	204,87	230,48	137,94	200,65	225,73	135,05	196,44	220,99
	VI	3 339,25	183,65	267,14	300,53																				
8 570,99	I,IV	2 773,—	152,51	221,84	249,57	I	2 773,—	146,71	213,40	240,08	140,91	204,97	230,59	135,12	196,54	221,10	129,32	188,10	211,61	123,52	179,67	202,13	117,72	171,24	192,64
	II	2 727,25	149,99	218,18	245,45	II	2 727,25	144,20	209,74	235,96	138,40	201,31	226,47	132,60	192,88	216,99	126,80	184,44	207,50	121,—	176,01	198,01	115,21	167,58	188,52
	III	2 065,33	113,59	165,22	185,87	III	2 065,33	108,09	157,22	176,87	102,67	149,34	168,01	97,36	141,62	159,32	92,14	134,02	150,77	87,01	126,57	142,39	81,98	119,25	134,15
	V	3 308,25	181,95	264,66	297,74	IV	2 773,—	149,61	217,62	244,82	146,71	213,40	240,08	143,82	209,19	235,34	140,91	204,97	230,59	138,02	200,76	225,85	135,12	196,54	221,10
	VI	3 340,50	183,72	267,24	300,64																				
8 573,99	I,IV	2 774,25	152,58	221,94	249,68	I	2 774,25	146,78	213,50	240,19	140,98	205,07	230,70	135,19	196,64	221,22	129,39	188,20	211,73	123,59	179,77	202,24	117,79	171,34	192,75
	II	2 728,50	150,06	218,28	245,56	II	2 728,50	144,26	209,84	236,07	138,47	201,41	226,58	132,67	192,98	217,10	126,87	184,54	207,61	121,07	176,11	198,12	115,28	167,68	188,64
	III	2 066,50	113,65	165,32	185,98	III	2 066,50	108,15	157,32	176,98	102,74	149,44	168,12	97,42	141,70	159,41	92,20	134,12	150,88	87,08	126,66	142,49	82,05	119,34	134,26
	V	3 309,58	182,02	264,76	297,86	IV	2 774,25	149,68	217,72	244,94	146,78	213,50	240,19	143,88	209,29	235,45	140,98	205,07	230,70	138,09	200,86	225,96	135,19	196,64	221,22
	VI	3 341,75	183,79	267,34	300,75																				
8 576,99	I,IV	2 775,50	152,65	222,04	249,79	I	2 775,50	146,85	213,60	240,30	141,05	205,17	230,81	135,25	196,74	221,33	129,46	188,30	211,84	123,66	179,87	202,35	117,86	171,44	192,87
	II	2 729,75	150,13	218,38	245,67	II	2 729,75	144,33	209,94	236,18	138,54	201,51	226,70	132,74	193,08	217,21	126,94	184,64	207,72	121,14	176,21	198,23	115,34	167,78	188,75
	III	2 067,83	113,73	165,42	186,10	III	2 067,83	108,22	157,41	177,08	102,80	149,53	168,22	97,48	141,80	159,52	92,27	134,21	150,98	87,13	126,74	142,58	82,10	119,42	134,35
	V	3 310,83	182,09	264,86	297,97	IV	2 775,50	149,75	217,82	245,05	146,85	213,60	240,30	143,95	209,39	235,56	141,05	205,17	230,81	138,16	200,96	226,08	135,25	196,74	221,33
	VI	3 343,—	183,86	267,44	300,87																				
8 579,99	I,IV	2 776,83	152,72	222,14	249,91	I	2 776,83	146,92	213,70	240,41	141,12	205,27	230,93	135,32	196,84	221,44	129,52	188,40	211,95	123,73	179,97	202,46	117,93	171,54	192,98
	II	2 731,—	150,20	218,48	245,79	II	2 731,—	144,40	210,04	236,30	138,60	201,61	226,81	132,81	193,18	217,33	127,01	184,74	207,83	121,21	176,31	198,35	115,41	167,88	188,86
	III	2 069,—	113,79	165,52	186,21	III	2 069,—	108,28	157,50	177,19	102,86	149,62	168,32	97,55	141,89	159,62	92,32	134,29	151,07	87,20	126,84	142,69	82,17	119,52	134,46
	V	3 312,08	182,16	264,96	298,08	IV	2 776,83	149,82	217,92	245,16	146,92	213,70	240,41	144,02	209,49	235,67	141,12	205,27	230,93	138,22	201,06	226,19	135,32	196,84	221,44
	VI	3 344,25	183,93	267,54	300,98																				
8 582,99	I,IV	2 778,08	152,79	222,24	250,02	I	2 778,08	146,99	213,81	240,53	141,19	205,38	231,05	135,40	196,94	221,56	129,59	188,50	212,06	123,80	180,07	202,58	118,—	171,64	193,09
	II	2 732,25	150,27	218,58	245,90	II	2 732,25	144,47	210,14	236,41	138,67	201,71	226,92	132,88	193,28	217,44	127,08	184,84	207,95	121,28	176,41	198,46	115,48	167,98	188,97
	III	2 070,16	113,85	165,61	186,31	III	2 070,16	108,35	157,60	177,30	102,93	149,72	168,43	97,61	141,98	159,73	92,39	134,38	151,18	87,26	126,93	142,79	82,22	119,60	134,55
	V	3 313,33	182,23	265,06	298,19	IV	2 778,08	149,89	218,02	245,27	146,99	213,81	240,53	144,09	209,59	235,79	141,19	205,38	231,05	138,29	201,16	226,30	135,40	196,94	221,56
	VI	3 345,50	184,—	267,64	301,09																				
8 585,99	I,IV	2 779,33	152,86	222,34	250,13	I	2 779,33	147,06	213,91	240,65	141,26	205,48	231,16	135,46	197,04	221,67	129,67	188,61	212,18	123,87	180,18	202,70	118,07	171,74	193,21
	II	2 733,50	150,34	218,68	246,01	II	2 733,50	144,54	210,24	236,52	138,74	201,81	227,03	132,94	193,38	217,55	127,15	184,94	208,06	121,35	176,51	198,57	115,55	168,08	189,09
	III	2 071,33	113,92	165,70	186,41	III	2 071,33	108,41	157,69	177,40	102,99	149,81	168,53	97,68	142,08	159,84	92,45	134,48	151,29	87,32	127,01	142,88	82,28	119,69	134,65
	V	3 314,58	182,30	265,16	298,31	IV	2 779,33	149,96	218,12	245,39	147,06	213,91	240,65	144,16	209,69	235,90	141,26	205,48	231,16	138,36	201,26	226,41	135,46	197,04	221,67
	VI	3 346,75	184,07	267,74	301,20																				
8 588,99	I,IV	2 780,58	152,93	222,44	250,25	I	2 780,58	147,13	214,01	240,76	141,33	205,58	231,27	135,53	197,14	221,78	129,74	188,71	212,30	123,94	180,28	202,81	118,14	171,84	193,32
	II	2 734,83	150,41	218,78	246,13	II	2 734,83	144,61	210,34	236,63	138,81	201,91	227,15	133,01	193,48	217,66	127,21	185,04	208,17	121,42	176,61	198,68	115,62	168,18	189,20
	III	2 072,66	113,99	165,81	186,53	III	2 072,66	108,47	157,78	177,50	103,06	149,90	168,64	97,74	142,17	159,94	92,51	134,57	151,39	87,38	127,10	142,99	82,34	119,77	134,74
	V	3 315,83	182,37	265,26	298,42	IV	2 780,58	150,03	218,22	245,50	147,13	214,01	240,76	144,23	209,79	236,01	141,33	205,58	231,27	138,43	201,36	226,53	135,53	197,14	221,78
	VI	3 348,08	184,14	267,84	301,32																				
8 591,99	I,IV	2 781,83	153,—	222,54	250,36	I	2 781,83	147,20	214,11	240,87	141,40	205,68	231,39	135,60	197,24	221,90	129,80	188,81	212,41	124,01	180,38	202,92	118,21	171,94	193,43
	II	2 736,08	150,48	218,88	246,24	II	2 736,08	144,68	210,45	236,75	138,88	202,02	227,27	133,09	193,58	217,78	127,28	185,14	208,28	121,49	176,71	198,80	115,69	168,28	189,31
	III	2 073,83	114,06	165,90	186,64	III	2 073,83	108,54	157,88	177,61	103,12	150,—	168,75	97,80	142,26	160,04	92,57	134,65	151,48	87,44	127,18	143,08	82,40	119,86	134,84
	V	3 317,08	182,43	265,36	298,53	IV	2 781,83	150,09	218,32	245,61	147,20	214,11	240,87	144,30	209,89	236,12	141,40	205,68	231,39	138,50	201,46	226,64	135,60	197,24	221,90
	VI	3 349,33	184,21	267,94	301,43																				
8 594,99	I,IV	2 783,08	153,06	222,64	250,47	I	2 783,08	147,27	214,21	240,98	141,47	205,78	231,50	135,67	197,34	222,01	129,87	188,91	212,52	124,08	180,48	203,04	118,28	172,04	193,55
	II	2 737,33	150,55	218,98	246,35	II	2 737,33	144,75	210,55	236,87	138,95	202,12	227,38	133,15	193,68	217,89	127,36	185,25	208,40	121,56	176,82	198,92	115,76	168,38	189,43
	III	2 075,—	114,12	166,—	186,75	III	2 075,—	108,61	157,98	177,73	103,18	150,09	168,85	97,87	142,36	160,15	92,63	134,74	151,58	87,50	127,28	143,19	82,46	119,94	134,93
	V	3 318,33	182,50	265,46	298,64	IV	2 783,08	150,17	218,43	245,73	147,27	214,21	240,98	144,37	210,—	236,25	141,47	205,78	231,50	138,57	201,56	226,76	135,67	197,34	222,01
	VI	3 350,58	184,28	268,04	301,55																				

* Die ausgewiesenen Tabellenwerte sind amtlich. Siehe Erläuterungen auf der Umschlaginnenseite (U2).

MONAT 8 595,–*

Lohn/ Gehalt bis €*	Abzüge an Lohnsteuer, Solidaritätszuschlag (SolZ) und Kirchensteuer (8%, 9%) in den Steuerklassen I – VI	LSt	ohne Kinderfreibeträge SolZ	8%	9%	I, II, III, IV	LSt	mit Zahl der Kinderfreibeträge . . . 0,5 SolZ	8%	9%	1 SolZ	8%	9%	1,5 SolZ	8%	9%	2 SolZ	8%	9%	2,5 SolZ	8%	9%	3 SolZ	8%	9%
8 597,99	I,IV	2 784,33	153,13	222,74	250,58	I	2 784,33	147,34	214,31	241,10	141,54	205,88	231,61	135,74	197,44	222,12	129,94	189,01	212,63	124,14	180,58	203,15	118,35	172,14	193,66
	II	2 738,58	150,62	219,08	246,47	II	2 738,58	144,82	210,65	236,98	139,02	202,22	227,49	133,22	193,78	218,—	127,43	185,35	208,52	121,63	176,92	199,03	115,83	168,48	189,54
	III	2 076,16	114,18	166,09	186,85	III	2 076,16	108,68	158,08	177,84	103,25	150,18	168,95	97,92	142,44	160,24	92,70	134,84	151,69	87,56	127,37	143,29	82,52	120,04	135,04
	V	3 319,66	182,58	265,57	298,76	IV	2 784,33	150,24	218,53	245,84	147,34	214,31	241,10	144,44	210,10	236,36	141,54	205,88	231,61	138,64	201,66	226,87	135,74	197,44	222,12
	VI	3 351,83	184,35	268,14	301,66																				
8 600,99	I,IV	2 785,58	153,20	222,84	250,70	I	2 785,58	147,40	214,41	241,21	141,61	205,98	231,72	135,81	197,54	222,23	130,01	189,11	212,75	124,21	180,68	203,26	118,41	172,24	193,77
	II	2 739,83	150,69	219,18	246,58	II	2 739,83	144,89	210,75	237,09	139,09	202,32	227,61	133,29	193,88	218,12	127,49	185,45	208,63	121,70	177,02	199,14	115,90	168,58	189,65
	III	2 077,50	114,26	166,20	186,97	III	2 077,50	108,74	158,17	177,94	103,31	150,28	169,06	97,99	142,53	160,34	92,76	134,93	151,79	87,62	127,45	143,38	82,58	120,12	135,13
	V	3 320,91	182,65	265,67	298,88	IV	2 785,58	150,31	218,63	245,96	147,40	214,41	241,21	144,51	210,20	236,47	141,61	205,98	231,72	138,71	201,76	226,98	135,81	197,54	222,23
	VI	3 353,08	184,41	268,24	301,77																				
8 603,99	I,IV	2 786,83	153,27	222,94	250,81	I	2 786,83	147,47	214,51	241,32	141,68	206,08	231,84	135,88	197,64	222,35	130,08	189,21	212,86	124,28	180,78	203,37	118,48	172,34	193,88
	II	2 741,08	150,75	219,28	246,69	II	2 741,08	144,96	210,85	237,20	139,16	202,42	227,72	133,36	193,98	218,23	127,56	185,55	208,74	121,77	177,12	199,26	115,97	168,68	189,77
	III	2 078,66	114,32	166,29	187,07	III	2 078,66	108,80	158,26	178,04	103,38	150,37	169,16	98,05	142,62	160,45	92,82	135,01	151,88	87,68	127,54	143,48	82,64	120,21	135,23
	V	3 322,16	182,71	265,77	298,99	IV	2 786,83	150,37	218,73	246,07	147,47	214,51	241,32	144,58	210,30	236,58	141,68	206,08	231,84	138,78	201,86	227,09	135,88	197,64	222,35
	VI	3 354,33	184,48	268,34	301,88																				
8 606,99	I,IV	2 788,16	153,34	223,05	250,93	I	2 788,16	147,55	214,62	241,44	141,75	206,18	231,95	135,95	197,74	222,46	130,15	189,31	212,97	124,35	180,88	203,49	118,55	172,44	194,—
	II	2 742,33	150,82	219,38	246,80	II	2 742,33	145,03	210,95	237,32	139,23	202,52	227,83	133,43	194,08	218,34	127,63	185,65	208,85	121,83	177,22	199,37	116,04	168,78	189,88
	III	2 079,83	114,39	166,38	187,18	III	2 079,83	108,87	158,36	178,15	103,44	150,46	169,27	98,12	142,72	160,56	92,88	135,10	151,99	87,75	127,64	143,59	82,70	120,29	135,32
	V	3 323,41	182,78	265,87	299,10	IV	2 788,16	150,44	218,83	246,18	147,55	214,62	241,44	144,65	210,40	236,70	141,75	206,18	231,95	138,85	201,96	227,21	135,95	197,74	222,46
	VI	3 355,58	184,55	268,44	302,—																				
8 609,99	I,IV	2 789,41	153,41	223,15	251,04	I	2 789,41	147,62	214,72	241,56	141,82	206,28	232,07	136,02	197,85	222,58	130,22	189,42	213,09	124,42	180,98	203,60	118,62	172,54	194,11
	II	2 743,58	150,89	219,48	246,92	II	2 743,58	145,09	211,05	237,43	139,30	202,62	227,94	133,50	194,18	218,45	127,70	185,75	208,97	121,90	177,32	199,48	116,10	168,88	189,99
	III	2 081,—	114,45	166,48	187,29	III	2 081,—	108,93	158,45	178,25	103,51	150,56	169,38	98,18	142,81	160,66	92,95	135,20	152,10	87,80	127,72	143,68	82,76	120,38	135,43
	V	3 324,66	182,85	265,97	299,21	IV	2 789,41	150,51	218,93	246,29	147,62	214,72	241,56	144,71	210,50	236,81	141,82	206,28	232,07	138,92	202,06	227,32	136,02	197,85	222,58
	VI	3 356,83	184,62	268,54	302,11																				
8 612,99	I,IV	2 790,66	153,48	223,25	251,15	I	2 790,66	147,68	214,82	241,67	141,89	206,38	232,18	136,09	197,95	222,69	130,29	189,52	213,21	124,49	181,08	203,72	118,69	172,65	194,23
	II	2 744,83	150,96	219,58	247,03	II	2 744,83	145,16	211,15	237,54	139,37	202,72	228,06	133,57	194,28	218,57	127,77	185,85	209,08	121,97	177,42	199,59	116,17	168,98	190,10
	III	2 082,33	114,52	166,58	187,40	III	2 082,33	109,—	158,54	178,36	103,57	150,65	169,48	98,24	142,90	160,76	93,01	135,29	152,20	87,87	127,81	143,78	82,82	120,46	135,52
	V	3 325,91	182,92	266,07	299,33	IV	2 790,66	150,58	219,03	246,41	147,68	214,82	241,67	144,78	210,60	236,92	141,89	206,38	232,18	138,98	202,16	227,43	136,09	197,95	222,69
	VI	3 358,16	184,69	268,65	302,23																				
8 615,99	I,IV	2 791,91	153,55	223,35	251,27	I	2 791,91	147,75	214,92	241,78	141,95	206,48	232,29	136,16	198,05	222,80	130,36	189,62	213,32	124,56	181,18	203,83	118,76	172,75	194,34
	II	2 746,16	151,03	219,69	247,15	II	2 746,16	145,24	211,26	237,66	139,44	202,82	228,17	133,64	194,38	218,68	127,84	185,95	209,19	122,04	177,52	199,71	116,24	169,08	190,22
	III	2 083,50	114,59	166,68	187,51	III	2 083,50	109,07	158,65	178,48	103,63	150,74	169,58	98,31	143,—	160,87	93,06	135,37	152,29	87,93	127,90	143,89	82,88	120,56	135,63
	V	3 327,16	182,99	266,17	299,44	IV	2 791,91	150,65	219,13	246,52	147,75	214,92	241,78	144,85	210,70	237,03	141,95	206,48	232,29	139,05	202,26	227,54	136,16	198,05	222,80
	VI	3 359,41	184,76	268,75	302,34																				
8 618,99	I,IV	2 793,16	153,62	223,45	251,38	I	2 793,16	147,82	215,02	241,89	142,02	206,58	232,40	136,23	198,15	222,92	130,43	189,72	213,43	124,63	181,28	203,94	118,83	172,85	194,45
	II	2 747,41	151,10	219,79	247,26	II	2 747,41	145,31	211,36	237,78	139,51	202,92	228,29	133,71	194,49	218,80	127,91	186,06	209,31	122,11	177,62	199,82	116,31	169,18	190,33
	III	2 084,66	114,65	166,77	187,61	III	2 084,66	109,13	158,74	178,58	103,70	150,84	169,69	98,37	143,09	160,97	93,13	135,46	152,39	87,99	127,98	143,98	82,94	120,64	135,72
	V	3 328,41	183,06	266,27	299,55	IV	2 793,16	150,72	219,24	246,64	147,82	215,02	241,89	144,92	210,80	237,15	142,02	206,58	232,40	139,12	202,36	227,66	136,23	198,15	222,92
	VI	3 360,66	184,83	268,85	302,45																				
8 621,99	I,IV	2 794,41	153,69	223,55	251,49	I	2 794,41	147,89	215,12	242,01	142,09	206,68	232,52	136,29	198,25	223,03	130,50	189,82	213,54	124,70	181,38	204,05	118,90	172,95	194,57
	II	2 748,66	151,17	219,89	247,37	II	2 748,66	145,37	211,46	237,89	139,58	203,02	228,40	133,78	194,59	218,91	127,98	186,16	209,43	122,18	177,72	199,94	116,38	169,29	190,45
	III	2 086,—	114,73	166,88	187,74	III	2 086,—	109,20	158,84	178,69	103,77	150,94	169,81	98,44	143,18	161,08	93,19	135,56	152,50	88,05	128,08	144,09	83,—	120,73	135,82
	V	3 329,75	183,13	266,38	299,67	IV	2 794,41	150,79	219,34	246,75	147,89	215,12	242,01	144,99	210,90	237,26	142,09	206,68	232,52	139,20	202,47	227,78	136,29	198,25	223,03
	VI	3 361,91	184,90	268,95	302,57																				
8 624,99	I,IV	2 795,66	153,76	223,65	251,60	I	2 795,66	147,96	215,22	242,12	142,16	206,78	232,63	136,36	198,35	223,14	130,57	189,92	213,66	124,77	181,48	204,17	118,97	173,05	194,68
	II	2 749,91	151,24	219,99	247,49	II	2 749,91	145,44	211,56	238,—	139,64	203,12	228,51	133,85	194,69	219,02	128,05	186,26	209,54	122,25	177,82	200,05	116,45	169,39	190,56
	III	2 087,16	114,79	166,97	187,84	III	2 087,16	109,26	158,93	178,79	103,84	151,04	169,92	98,49	143,26	161,17	93,26	135,65	152,60	88,11	128,16	144,18	83,06	120,82	135,92
	V	3 331,—	183,20	266,48	299,79	IV	2 795,66	150,86	219,44	246,87	147,96	215,22	242,12	145,06	211,—	237,38	142,16	206,78	232,63	139,26	202,57	227,89	136,36	198,35	223,14
	VI	3 363,16	184,97	269,05	302,68																				
8 627,99	I,IV	2 796,91	153,83	223,75	251,72	I	2 796,91	148,03	215,32	242,23	142,23	206,88	232,74	136,43	198,45	223,25	130,63	190,02	213,77	124,84	181,58	204,28	119,04	173,15	194,79
	II	2 751,16	151,31	220,09	247,60	II	2 751,16	145,51	211,66	238,11	139,71	203,22	228,62	133,92	194,79	219,14	128,12	186,36	209,65	122,32	177,92	200,16	116,52	169,49	190,67
	III	2 088,33	114,85	167,06	187,94	III	2 088,33	109,33	159,02	178,90	103,90	151,13	170,02	98,56	143,36	161,28	93,32	135,74	152,71	88,17	128,25	144,28	83,12	120,90	136,01
	V	3 332,25	183,27	266,58	299,90	IV	2 796,91	150,93	219,54	246,98	148,03	215,32	242,23	145,13	211,10	237,49	142,23	206,88	232,74	139,33	202,67	228,—	136,43	198,45	223,25
	VI	3 364,41	185,04	269,15	302,79																				
8 630,99	I,IV	2 798,25	153,90	223,86	251,84	I	2 798,25	148,10	215,42	242,35	142,30	206,98	232,85	136,50	198,55	223,37	130,70	190,12	213,88	124,90	181,68	204,39	119,11	173,25	194,90
	II	2 752,41	151,38	220,19	247,71	II	2 752,41	145,58	211,76	238,23	139,78	203,32	228,74	133,98	194,89	219,25	128,19	186,46	209,76	122,39	178,02	200,27	116,59	169,59	190,79
	III	2 089,50	114,92	167,16	188,05	III	2 089,50	109,39	159,12	179,01	103,96	151,22	170,12	98,62	143,45	161,38	93,38	135,82	152,80	88,23	128,34	144,38	83,18	121,—	136,12
	V	3 333,50	183,34	266,68	300,01	IV	2 798,25	151,—	219,64	247,09	148,10	215,42	242,35	145,20	211,20	237,60	142,30	206,98	232,85	139,40	202,77	228,11	136,50	198,55	223,37
	VI	3 365,66	185,11	269,25	302,90																				
8 633,99	I,IV	2 799,50	153,97	223,96	251,95	I	2 799,50	148,17	215,52	242,46	142,37	207,09	232,97	136,57	198,66	223,49	130,78	190,22	214,—	124,97	181,78	204,50	119,18	173,35	195,02
	II	2 753,66	151,45	220,29	247,82	II	2 753,66	145,65	211,86	238,34	139,85	203,42	228,85	134,05	194,99	219,36	128,26	186,56	209,88	122,46	178,12	200,39	116,66	169,69	190,90
	III	2 090,83	114,99	167,26	188,17	III	2 090,83	109,45	159,21	179,11	104,03	151,32	170,23	98,68	143,54	161,48	93,44	135,92	152,91	88,29	128,42	144,47	83,24	121,08	136,21
	V	3 334,75	183,41	266,78	300,12	IV	2 799,50	151,07	219,74	247,20	148,17	215,52	242,46	145,27	211,30	237,71	142,37	207,09	232,97	139,47	202,87	228,23	136,57	198,66	223,49
	VI	3 366,91	185,18	269,35	303,02																				
8 636,99	I,IV	2 800,75	154,04	224,06	252,06	I	2 800,75	148,24	215,62	242,57	142,44	207,19	233,09	136,64	198,76	223,60	130,84	190,32	214,11	125,05	181,89	204,62	119,25	173,46	195,14
	II	2 754,91	151,52	220,39	247,94	II	2 754,91	145,72	211,96	238,45	139,92	203,52	228,96	134,12	195,09	219,47	128,32	186,66	209,99	122,53	178,22	200,50	116,73	169,79	191,01
	III	2 092,—	115,06	167,36	188,28	III	2 092,—	109,53	159,32	179,23	104,09	151,41	170,33	98,75	143,64	161,59	93,50	136,01	153,01	88,35	128,52	144,58	83,30	121,17	136,31
	V	3 336,—	183,48	266,88	300,24	IV	2 800,75	151,14	219,84	247,32	148,24	215,62	242,57	145,34	211,40	237,83	142,44	207,19	233,09	139,54	202,97	228,34	136,64	198,76	223,60
	VI	3 368,25	185,25	269,46	303,14																				
8 639,99	I,IV	2 802,—	154,11	224,16	252,18	I	2 802,—	148,31	215,72	242,69	142,51	207,29	233,20	136,71	198,86	223,71	130,91	190,42	214,22	125,12	181,99	204,74	119,32	173,56	195,25
	II	2 756,25	151,59	220,50	248,06	II	2 756,25	145,79	212,06	238,57	139,99	203,62	229,07	134,19	195,19	219,59	128,39	186,76	210,10	122,59	178,32	200,61	116,80	169,89	191,12
	III	2 093,16	115,12	167,45	188,38	III	2 093,16	109,59	159,41	179,33	104,16	151,50	170,44	98,81	143,73	161,69	93,57	136,10	153,11	88,42	128,61	144,68	83,36	121,25	136,40
	V	3 337,25	183,54	266,98	300,35	IV	2 802,—	151,20	219,94	247,43	148,31	215,72	242,69	145,41	211,50	237,94	142,51	207,29	233,20	139,61	203,07	228,45	136,71	198,86	223,71
	VI	3 369,50	185,32	269,56	303,25																				

* **Die ausgewiesenen Tabellenwerte sind amtlich. Siehe Erläuterungen auf der Umschlaginnenseite (U2).**

Abzüge an Lohnsteuer, Solidaritätszuschlag (SolZ) und Kirchensteuer (8%, 9%) in den Steuerklassen

Lohn/ Gehalt bis €*	I – VI	LSt	ohne Kinderfreibeträge SolZ	8%	9%	I, II, III, IV	LSt	0,5 SolZ	8%	9%	1 SolZ	8%	9%	1,5 SolZ	8%	9%	2 SolZ	8%	9%	2,5 SolZ	8%	9%	3 SolZ	8%	9%
8 642,99	I,IV	2 803,25	154,17	224,26	252,29	I	2 803,25	148,38	215,82	242,80	142,58	207,39	233,31	136,78	198,96	223,83	130,98	190,52	214,34	125,18	182,09	204,85	119,39	173,66	195,36
	II	2 757,50	151,66	220,60	248,17	II	2 757,50	145,86	212,16	238,68	140,06	203,73	229,19	134,26	195,30	219,71	128,47	186,86	210,22	122,66	178,42	200,72	116,87	169,99	191,24
	III	2 094,33	115,18	167,54	188,48	III	2 094,33	109,66	159,50	179,44	104,22	151,60	170,55	98,88	143,82	161,80	93,62	136,18	153,20	88,47	128,69	144,77	83,42	121,34	136,51
	V	3 338,50	183,61	267,08	300,46	IV	2 803,25	151,28	220,04	247,55	148,38	215,82	242,80	145,47	211,60	238,05	142,58	207,39	233,31	139,68	203,17	228,56	136,78	198,96	223,83
	VI	3 370,75	185,39	269,66	303,36																				
8 645,99	I,IV	2 804,50	154,24	224,36	252,40	I	2 804,50	148,44	215,92	242,91	142,65	207,49	233,42	136,85	199,06	223,94	131,05	190,62	214,45	125,25	182,19	204,96	119,46	173,76	195,48
	II	2 758,75	151,73	220,70	248,28	II	2 758,75	145,93	212,26	238,79	140,13	203,83	229,31	134,33	195,40	219,82	128,53	186,96	210,33	122,74	178,53	200,84	116,94	170,10	191,36
	III	2 095,66	115,26	167,65	188,60	III	2 095,66	109,72	159,60	179,55	104,28	151,69	170,65	98,94	143,92	161,91	93,69	136,28	153,31	88,54	128,78	144,88	83,48	121,42	136,60
	V	3 339,75	183,68	267,18	300,57	IV	2 804,50	151,35	220,14	247,66	148,44	215,92	242,91	145,55	211,71	238,17	142,65	207,49	233,42	139,75	203,28	228,69	136,85	199,06	223,94
	VI	3 372,—	185,46	269,76	303,48																				
8 648,99	I,IV	2 805,75	154,31	224,46	252,51	I	2 805,75	148,51	216,02	243,02	142,72	207,59	233,54	136,92	199,16	224,05	131,12	190,72	214,56	125,32	182,29	205,07	119,52	173,86	195,59
	II	2 760,—	151,80	220,80	248,40	II	2 760,—	146,—	212,36	238,91	140,20	203,93	229,42	134,40	195,50	219,93	128,60	187,06	210,44	122,81	178,63	200,96	117,01	170,20	191,47
	III	2 096,83	115,32	167,74	188,71	III	2 096,83	109,78	159,69	179,65	104,35	151,78	170,75	99,—	144,01	162,01	93,75	136,37	153,41	88,60	128,88	144,99	83,54	121,52	136,71
	V	3 341,08	183,75	267,28	300,69	IV	2 805,75	151,41	220,24	247,77	148,51	216,02	243,02	145,62	211,81	238,28	142,72	207,59	233,54	139,82	203,38	228,80	136,92	199,16	224,05
	VI	3 373,25	185,52	269,86	303,59																				
8 651,99	I,IV	2 807,—	154,38	224,56	252,63	I	2 807,—	148,58	216,12	243,14	142,78	207,69	233,65	136,99	199,26	224,16	131,19	190,82	214,67	125,39	182,39	205,19	119,59	173,96	195,70
	II	2 761,25	151,86	220,90	248,51	II	2 761,25	146,07	212,46	239,02	140,27	204,03	229,53	134,47	195,60	220,05	128,67	187,16	210,56	122,87	178,73	201,07	117,08	170,30	191,58
	III	2 098,—	115,39	167,84	188,82	III	2 098,—	109,85	159,78	179,75	104,41	151,88	170,86	99,07	144,10	162,11	93,82	136,46	153,52	88,66	128,96	145,08	83,60	121,60	136,80
	V	3 342,33	183,82	267,38	300,80	IV	2 807,—	151,48	220,34	247,88	148,58	216,12	243,14	145,69	211,91	238,40	142,78	207,69	233,65	139,89	203,48	228,91	136,99	199,26	224,16
	VI	3 374,50	185,59	269,96	303,70																				
8 654,99	I,IV	2 808,33	154,45	224,66	252,74	I	2 808,33	148,65	216,22	243,25	142,85	207,79	233,76	137,06	199,36	224,28	131,26	190,92	214,79	125,46	182,49	205,30	119,66	174,06	195,81
	II	2 762,50	151,93	221,—	248,62	II	2 762,50	146,13	212,56	239,13	140,34	204,13	229,64	134,54	195,70	220,16	128,74	187,26	210,67	122,94	178,83	201,18	117,15	170,40	191,70
	III	2 099,33	115,46	167,94	188,93	III	2 099,33	109,91	159,88	179,86	104,48	151,97	170,96	99,12	144,18	162,20	93,88	136,56	153,63	88,72	129,05	145,18	83,66	121,69	136,90
	V	3 343,58	183,89	267,48	300,92	IV	2 808,33	151,55	220,44	248,—	148,65	216,22	243,25	145,75	212,01	238,51	142,85	207,79	233,76	139,96	203,58	229,02	137,06	199,36	224,28
	VI	3 375,75	185,66	270,06	303,81																				
8 657,99	I,IV	2 809,58	154,52	224,76	252,86	I	2 809,58	148,72	216,33	243,37	142,93	207,90	233,88	137,13	199,46	224,39	131,33	191,02	214,90	125,53	182,59	205,41	119,73	174,16	195,93
	II	2 763,75	152,—	221,10	248,73	II	2 763,75	146,20	212,66	239,24	140,41	204,23	229,76	134,61	195,80	220,27	128,81	187,36	210,78	123,01	178,93	201,29	117,21	170,50	191,81
	III	2 100,50	115,52	168,04	189,04	III	2 100,50	109,99	159,98	179,98	104,54	152,06	171,07	99,19	144,28	162,31	93,94	136,64	153,72	88,78	129,14	145,28	83,71	121,77	136,99
	V	3 344,83	183,96	267,58	301,03	IV	2 809,58	151,62	220,54	248,11	148,72	216,33	243,37	145,82	212,11	238,62	142,93	207,90	233,88	140,03	203,68	229,14	137,13	199,46	224,39
	VI	3 377,—	185,73	270,16	303,93																				
8 660,99	I,IV	2 810,83	154,59	224,86	252,97	I	2 810,83	148,79	216,43	243,48	143,—	208,—	234,—	137,20	199,56	224,51	131,40	191,13	215,02	125,60	182,70	205,53	119,80	174,26	196,04
	II	2 765,—	152,07	221,20	248,85	II	2 765,—	146,27	212,76	239,36	140,47	204,33	229,87	134,68	195,90	220,38	128,88	187,46	210,89	123,08	179,03	201,41	117,28	170,60	191,92
	III	2 101,66	115,59	168,13	189,14	III	2 101,66	110,05	160,08	180,09	104,61	152,16	171,18	99,25	144,37	162,41	94,—	136,73	153,82	88,84	129,22	145,37	83,78	121,86	137,09
	V	3 346,08	184,03	267,68	301,14	IV	2 810,83	151,69	220,64	248,22	148,79	216,43	243,48	145,89	212,21	238,73	143,—	208,—	234,—	140,09	203,78	229,25	137,20	199,56	224,51
	VI	3 378,25	185,80	270,26	304,04																				
8 663,99	I,IV	2 812,08	154,66	224,96	253,08	I	2 812,08	148,86	216,53	243,59	143,06	208,10	234,11	137,27	199,66	224,62	131,47	191,23	215,13	125,67	182,80	205,65	119,87	174,36	196,16
	II	2 766,33	152,14	221,30	248,96	II	2 766,33	146,34	212,86	239,47	140,54	204,43	229,98	134,75	196,—	220,50	128,95	187,56	211,01	123,15	179,13	201,52	117,35	170,70	192,03
	III	2 102,83	115,65	168,22	189,25	III	2 102,83	110,11	160,17	180,19	104,67	152,25	171,28	99,32	144,46	162,52	94,06	136,82	153,92	88,90	129,32	145,48	83,83	121,94	137,18
	V	3 347,33	184,10	267,78	301,25	IV	2 812,08	151,76	220,74	248,33	148,86	216,53	243,59	145,96	212,31	238,85	143,06	208,10	234,11	140,16	203,88	229,36	137,27	199,66	224,62
	VI	3 379,58	185,87	270,36	304,16																				
8 666,99	I,IV	2 813,33	154,73	225,06	253,19	I	2 813,33	148,93	216,63	243,71	143,13	208,20	234,22	137,33	199,76	224,73	131,54	191,33	215,24	125,74	182,90	205,76	119,94	174,46	196,27
	II	2 767,58	152,21	221,40	249,08	II	2 767,58	146,41	212,97	239,59	140,62	204,54	230,10	134,82	196,10	220,61	129,02	187,66	211,12	123,22	179,23	201,63	117,42	170,80	192,15
	III	2 104,16	115,72	168,33	189,37	III	2 104,16	110,18	160,26	180,29	104,73	152,34	171,38	99,38	144,56	162,63	94,13	136,92	154,03	88,97	129,41	145,58	83,90	122,04	137,29
	V	3 348,58	184,17	267,88	301,37	IV	2 813,33	151,83	220,84	248,45	148,93	216,63	243,71	146,03	212,41	238,96	143,13	208,20	234,22	140,23	203,98	229,47	137,33	199,76	224,73
	VI	3 380,83	185,94	270,46	304,27																				
8 669,99	I,IV	2 814,58	154,80	225,16	253,31	I	2 814,58	149,—	216,73	243,82	143,20	208,30	234,33	137,40	199,86	224,84	131,61	191,43	215,36	125,81	183,—	205,87	120,01	174,56	196,38
	II	2 768,83	152,28	221,50	249,19	II	2 768,83	146,48	213,07	239,70	140,69	204,64	230,22	134,89	196,20	220,73	129,09	187,77	211,24	123,29	179,34	201,75	117,49	170,90	192,26
	III	2 105,33	115,79	168,42	189,47	III	2 105,33	110,24	160,36	180,40	104,80	152,44	171,49	99,44	144,65	162,73	94,18	137,—	154,12	89,02	129,49	145,67	83,96	122,13	137,39
	V	3 349,83	184,24	267,98	301,48	IV	2 814,58	151,90	220,95	248,57	149,—	216,73	243,82	146,10	212,52	239,08	143,20	208,30	234,33	140,30	204,08	229,59	137,40	199,86	224,84
	VI	3 382,08	186,01	270,56	304,38																				
8 672,99	I,IV	2 815,83	154,87	225,26	253,42	I	2 815,83	149,07	216,83	243,93	143,27	208,40	234,45	137,47	199,96	224,96	131,67	191,53	215,47	125,88	183,10	205,98	120,08	174,66	196,49
	II	2 770,08	152,35	221,60	249,30	II	2 770,08	146,55	213,17	239,81	140,75	204,74	230,33	134,96	196,30	220,84	129,16	187,87	211,35	123,36	179,44	201,87	117,56	171,—	192,38
	III	2 106,50	115,85	168,52	189,58	III	2 106,50	110,31	160,45	180,50	104,86	152,53	171,59	99,51	144,74	162,83	94,25	137,09	154,22	89,09	129,58	145,78	84,02	122,21	137,48
	V	3 351,16	184,31	268,09	301,60	IV	2 815,83	151,97	221,05	248,68	149,07	216,83	243,93	146,17	212,62	239,19	143,27	208,40	234,45	140,37	204,18	229,70	137,47	199,96	224,96
	VI	3 383,33	186,08	270,66	304,49																				
8 675,99	I,IV	2 817,08	154,93	225,36	253,53	I	2 817,08	149,14	216,93	244,04	143,34	208,50	234,56	137,54	200,06	225,07	131,74	191,63	215,58	125,95	183,20	206,10	120,15	174,76	196,61
	II	2 771,33	152,42	221,70	249,41	II	2 771,33	146,62	213,27	239,93	140,82	204,84	230,44	135,02	196,40	220,95	129,23	187,97	211,46	123,43	179,54	201,98	117,63	171,10	192,49
	III	2 107,83	115,93	168,62	189,70	III	2 107,83	110,38	160,56	180,63	104,93	152,62	171,70	99,57	144,84	162,94	94,31	137,18	154,33	89,15	129,68	145,89	84,08	122,30	137,59
	V	3 352,41	184,38	268,19	301,71	IV	2 817,08	152,04	221,15	248,79	149,14	216,93	244,04	146,24	212,72	239,31	143,34	208,50	234,56	140,44	204,28	229,82	137,54	200,06	225,07
	VI	3 384,58	186,15	270,76	304,61																				
8 678,99	I,IV	2 818,33	155,—	225,46	253,64	I	2 818,33	149,21	217,03	244,16	143,41	208,60	234,67	137,61	200,16	225,18	131,81	191,73	215,69	126,01	183,30	206,21	120,22	174,86	196,72
	II	2 772,58	152,49	221,80	249,53	II	2 772,58	146,69	213,37	240,04	140,89	204,94	230,55	135,09	196,50	221,06	129,30	188,07	211,58	123,50	179,64	202,09	117,70	171,20	192,60
	III	2 109,—	115,99	168,72	189,81	III	2 109,—	110,44	160,65	180,73	104,99	152,72	171,81	99,64	144,93	163,04	94,38	137,28	154,44	89,21	129,76	145,98	84,14	122,38	137,68
	V	3 353,66	184,45	268,29	301,82	IV	2 818,33	152,11	221,25	248,90	149,21	217,03	244,16	146,31	212,82	239,42	143,41	208,60	234,67	140,51	204,38	229,93	137,61	200,16	225,18
	VI	3 385,83	186,22	270,86	304,72																				
8 681,99	I,IV	2 819,66	155,08	225,57	253,76	I	2 819,66	149,28	217,14	244,28	143,48	208,70	234,79	137,68	200,26	225,29	131,88	191,83	215,81	126,08	183,40	206,32	120,28	174,96	196,83
	II	2 773,83	152,56	221,90	249,64	II	2 773,83	146,76	213,47	240,15	140,96	205,04	230,67	135,16	196,60	221,18	129,36	188,17	211,69	123,57	179,74	202,20	117,77	171,30	192,71
	III	2 110,16	116,05	168,81	189,91	III	2 110,16	110,51	160,74	180,83	105,05	152,81	171,91	99,70	145,02	163,15	94,44	137,37	154,54	89,27	129,85	146,08	84,20	122,48	137,79
	V	3 354,91	184,52	268,39	301,94	IV	2 819,66	152,18	221,35	249,02	149,28	217,14	244,28	146,38	212,92	239,53	143,48	208,70	234,79	140,58	204,48	230,04	137,68	200,26	225,29
	VI	3 387,08	186,28	270,96	304,83																				
8 684,99	I,IV	2 820,91	155,15	225,67	253,88	I	2 820,91	149,35	217,24	244,39	143,55	208,80	234,90	137,75	200,37	225,41	131,95	191,94	215,93	126,16	183,50	206,44	120,35	175,06	196,94
	II	2 775,08	152,62	222,—	249,75	II	2 775,08	146,83	213,57	240,26	141,03	205,14	230,78	135,23	196,70	221,29	129,43	188,27	211,80	123,64	179,84	202,32	117,84	171,40	192,83
	III	2 111,33	116,12	168,90	190,01	III	2 111,33	110,57	160,84	180,94	105,12	152,90	172,01	99,77	145,12	163,26	94,49	137,45	154,63	89,33	129,94	146,18	84,26	122,56	137,88
	V	3 356,16	184,58	268,49	302,05	IV	2 820,91	152,24	221,45	249,13	149,35	217,24	244,39	146,45	213,02	239,64	143,55	208,80	234,90	140,65	204,58	230,15	137,75	200,37	225,41
	VI	3 388,33	186,35	271,06	304,94																				

(I, II, III, IV: mit Zahl der Kinderfreibeträge . . .)

* Die ausgewiesenen Tabellenwerte sind amtlich. Siehe Erläuterungen auf der Umschlaginnenseite (U2).

MONAT 8 685,–*

Abzüge an Lohnsteuer, Solidaritätszuschlag (SolZ) und Kirchensteuer (8%, 9%) in den Steuerklassen

Lohn/ Gehalt bis €*	I – VI					I, II, III, IV																			
			ohne Kinderfreibeträge					mit Zahl der Kinderfreibeträge . . .																	
								0,5			1			1,5			2			2,5			3		
		LSt	SolZ	8%	9%		LSt	SolZ	8%	9%	SolZ	8%	9%	SolZ	8%	9%	SolZ	8%	9%	SolZ	8%	9%	SolZ	8%	9%
8 687,99	I,IV	2 822,16	155,21	225,77	253,99	I	2 822,16	149,42	217,34	244,50	143,62	208,90	235,01	137,82	200,47	225,53	132,02	192,04	216,04	126,22	183,60	206,55	120,43	175,17	197,06
	II	2 776,33	152,69	222,10	249,86	II	2 776,33	146,90	213,67	240,38	141,10	205,24	230,89	135,30	196,80	221,40	129,50	188,37	211,91	123,70	179,94	202,43	117,91	171,50	192,94
	III	2 112,66	116,19	169,01	190,13	III	2 112,66	110,64	160,93	181,04	105,18	153,—	172,12	99,83	145,21	163,36	94,56	137,54	154,73	89,39	130,02	146,27	84,32	122,65	137,98
	V	3 357,41	184,65	268,59	302,16	IV	2 822,16	152,31	221,55	249,24	149,42	217,34	244,50	146,52	213,12	239,76	143,62	208,90	235,01	140,72	204,68	230,27	137,82	200,47	225,53
	VI	3 389,66	186,43	271,17	305,06																				
8 690,99	I,IV	2 823,41	155,28	225,87	254,10	I	2 823,41	149,49	217,44	244,62	143,69	209,—	235,13	137,89	200,57	225,64	132,09	192,14	216,15	126,29	183,70	206,66	120,50	175,27	197,18
	II	2 777,66	152,77	222,21	249,98	II	2 777,66	146,97	213,78	240,50	141,17	205,34	231,01	135,37	196,90	221,51	129,57	188,47	212,03	123,77	180,04	202,54	117,97	171,60	193,05
	III	2 113,83	116,26	169,10	190,24	III	2 113,83	110,70	161,02	181,15	105,25	153,09	172,22	99,89	145,30	163,46	94,62	137,64	154,84	89,45	130,12	146,38	84,37	122,73	138,07
	V	3 358,66	184,72	268,69	302,27	IV	2 823,41	152,38	221,65	249,35	149,49	217,44	244,62	146,58	213,22	239,87	143,69	209,—	235,13	140,79	204,78	230,38	137,89	200,57	225,64
	VI	3 390,91	186,50	271,27	305,18																				
8 693,99	I,IV	2 824,66	155,35	225,97	254,21	I	2 824,66	149,55	217,54	244,73	143,76	209,10	235,24	137,96	200,67	225,75	132,16	192,24	216,27	126,36	183,80	206,78	120,56	175,37	197,29
	II	2 778,91	152,84	222,31	250,10	II	2 778,91	147,04	213,88	240,61	141,24	205,44	231,12	135,44	197,01	221,63	129,64	188,58	212,15	123,85	180,14	202,66	118,04	171,70	193,16
	III	2 115,—	116,32	169,20	190,35	III	2 115,—	110,77	161,13	181,27	105,31	153,18	172,33	99,95	145,38	163,55	94,69	137,73	154,94	89,52	130,21	146,48	84,44	122,82	138,17
	V	3 359,91	184,79	268,79	302,39	IV	2 824,66	152,46	221,76	249,48	149,55	217,54	244,73	146,66	213,32	239,99	143,76	209,10	235,24	140,85	204,88	230,49	137,96	200,67	225,75
	VI	3 392,16	186,56	271,37	305,29																				
8 696,99	I,IV	2 825,91	155,42	226,07	254,33	I	2 825,91	149,62	217,64	244,84	143,82	209,20	235,35	138,03	200,77	225,86	132,23	192,34	216,38	126,43	183,90	206,89	120,63	175,47	197,40
	II	2 780,16	152,90	222,41	250,21	II	2 780,16	147,11	213,98	240,72	141,31	205,54	231,23	135,51	197,11	221,75	129,71	188,68	212,26	123,91	180,24	202,77	118,12	171,81	193,28
	III	2 116,33	116,39	169,30	190,46	III	2 116,33	110,84	161,22	181,37	105,38	153,28	172,44	100,01	145,48	163,66	94,75	137,82	155,05	89,57	130,29	146,57	84,49	122,90	138,26
	V	3 361,25	184,86	268,90	302,51	IV	2 825,91	152,52	221,86	249,59	149,62	217,64	244,84	146,73	213,42	240,10	143,82	209,20	235,35	140,93	204,99	230,61	138,03	200,77	225,86
	VI	3 393,41	186,63	271,47	305,40																				
8 699,99	I,IV	2 827,16	155,49	226,17	254,44	I	2 827,16	149,69	217,74	244,95	143,89	209,30	235,46	138,10	200,87	225,98	132,30	192,44	216,49	126,50	184,—	207,—	120,70	175,57	197,51
	II	2 781,41	152,97	222,51	250,32	II	2 781,41	147,18	214,08	240,84	141,38	205,64	231,35	135,58	197,21	221,86	129,78	188,78	212,37	123,98	180,34	202,88	118,19	171,91	193,40
	III	2 117,50	116,46	169,40	190,57	III	2 117,50	110,90	161,32	181,48	105,44	153,37	172,54	100,08	145,57	163,76	94,82	137,92	155,16	89,64	130,38	146,68	84,56	123,—	138,37
	V	3 362,50	184,93	269,—	302,62	IV	2 827,16	152,59	221,96	249,70	149,69	217,74	244,95	146,79	213,52	240,21	143,89	209,30	235,46	141,—	205,09	230,72	138,10	200,87	225,98
	VI	3 394,66	186,70	271,57	305,51																				
8 702,99	I,IV	2 828,41	155,56	226,27	254,55	I	2 828,41	149,76	217,84	245,07	143,96	209,40	235,58	138,16	200,97	226,09	132,37	192,54	216,60	126,57	184,10	207,11	120,77	175,67	197,63
	II	2 782,66	153,04	222,61	250,43	II	2 782,66	147,24	214,18	240,95	141,45	205,74	231,46	135,65	197,31	221,97	129,85	188,88	212,49	124,05	180,44	203,—	118,25	172,01	193,51
	III	2 118,66	116,52	169,49	190,67	III	2 118,66	110,97	161,41	181,58	105,51	153,48	172,66	100,14	145,66	163,87	94,87	138,—	155,25	89,70	130,48	146,79	84,62	123,09	138,47
	V	3 363,75	185,—	269,10	302,73	IV	2 828,41	152,66	222,06	249,81	149,76	217,84	245,07	146,86	213,62	240,32	143,96	209,40	235,58	141,07	205,19	230,84	138,16	200,97	226,09
	VI	3 395,91	186,77	271,67	305,63																				
8 705,99	I,IV	2 829,75	155,63	226,38	254,67	I	2 829,75	149,83	217,94	245,18	144,03	209,50	235,69	138,23	201,07	226,20	132,44	192,64	216,72	126,64	184,20	207,23	120,84	175,77	197,74
	II	2 783,91	153,11	222,71	250,55	II	2 783,91	147,31	214,28	241,06	141,51	205,84	231,57	135,72	197,41	222,08	129,92	188,98	212,60	124,12	180,54	203,11	118,32	172,11	193,62
	III	2 120,—	116,60	169,60	190,80	III	2 120,—	111,03	161,50	181,69	105,58	153,57	172,76	100,21	145,76	163,98	94,93	138,09	155,35	89,76	130,56	146,88	84,68	123,17	138,56
	V	3 365,—	185,07	269,20	302,85	IV	2 829,75	152,73	222,16	249,93	149,83	217,94	245,18	146,93	213,72	240,44	144,03	209,50	235,69	141,13	205,29	230,95	138,23	201,07	226,20
	VI	3 397,16	186,84	271,77	305,74																				
8 708,99	I,IV	2 831,—	155,70	226,48	254,79	I	2 831,—	149,90	218,04	245,30	144,10	209,61	235,81	138,31	201,18	226,32	132,51	192,74	216,83	126,71	184,30	207,34	120,91	175,87	197,85
	II	2 785,16	153,18	222,81	250,66	II	2 785,16	147,38	214,38	241,17	141,58	205,94	231,68	135,79	197,51	222,20	129,99	189,08	212,71	124,19	180,64	203,22	118,39	172,21	193,73
	III	2 121,16	116,66	169,69	190,90	III	2 121,16	111,10	161,61	181,81	105,64	153,66	172,87	100,27	145,85	164,08	95,—	138,18	155,45	89,82	130,65	146,98	84,74	123,26	138,67
	V	3 366,25	185,14	269,30	302,96	IV	2 831,—	152,80	222,26	250,04	149,90	218,04	245,30	147,—	213,82	240,55	144,10	209,61	235,81	141,20	205,39	231,06	138,31	201,18	226,32
	VI	3 398,41	186,91	271,87	305,85																				
8 711,99	I,IV	2 832,25	155,77	226,58	254,90	I	2 832,25	149,97	218,14	245,41	144,17	209,71	235,92	138,38	201,28	226,44	132,58	192,84	216,95	126,78	184,41	207,46	120,98	175,98	197,97
	II	2 786,41	153,25	222,91	250,77	II	2 786,41	147,45	214,48	241,29	141,65	206,04	231,80	135,85	197,61	222,31	130,06	189,18	212,82	124,26	180,74	203,33	118,46	172,31	193,85
	III	2 122,33	116,72	169,78	191,—	III	2 122,33	111,17	161,70	181,91	105,71	153,76	172,98	100,33	145,94	164,18	95,06	138,28	155,56	89,88	130,74	147,08	84,80	123,34	138,76
	V	3 367,50	185,21	269,40	303,07	IV	2 832,25	152,87	222,36	250,15	149,97	218,14	245,41	147,07	213,92	240,66	144,17	209,71	235,92	141,27	205,49	231,17	138,38	201,28	226,44
	VI	3 399,75	186,98	271,98	305,97																				
8 714,99	I,IV	2 833,50	155,84	226,68	255,01	I	2 833,50	150,04	218,24	245,52	144,24	209,81	236,03	138,44	201,38	226,55	132,65	192,94	217,06	126,85	184,51	207,57	121,05	176,08	198,09
	II	2 787,75	153,32	223,02	250,89	II	2 787,75	147,52	214,58	241,40	141,72	206,14	231,91	135,92	197,71	222,42	130,13	189,28	212,94	124,33	180,84	203,45	118,53	172,41	193,96
	III	2 123,50	116,79	169,88	191,11	III	2 123,50	111,23	161,80	182,02	105,77	153,85	173,08	100,40	146,04	164,29	95,13	138,37	155,66	89,95	130,84	147,19	84,86	123,44	138,87
	V	3 368,75	185,28	269,50	303,18	IV	2 833,50	152,94	222,46	250,26	150,04	218,24	245,52	147,14	214,02	240,77	144,24	209,81	236,03	141,34	205,59	231,29	138,44	201,38	226,55
	VI	3 401,—	187,05	272,08	306,09																				
8 717,99	I,IV	2 834,75	155,91	226,78	255,12	I	2 834,75	150,11	218,34	245,63	144,31	209,91	236,15	138,51	201,48	226,66	132,71	193,04	217,17	126,92	184,61	207,68	121,12	176,18	198,20
	II	2 789,—	153,39	223,12	251,01	II	2 789,—	147,59	214,68	241,52	141,79	206,25	232,03	136,—	197,82	222,54	130,20	189,38	213,05	124,40	180,94	203,56	118,60	172,51	194,07
	III	2 124,83	116,86	169,98	191,23	III	2 124,83	111,30	161,89	182,12	105,83	153,94	173,18	100,46	146,13	164,39	95,18	138,45	155,75	90,—	130,92	147,28	84,92	123,52	138,96
	V	3 370,—	185,35	269,60	303,30	IV	2 834,75	153,01	222,56	250,38	150,11	218,34	245,63	147,21	214,12	240,89	144,31	209,91	236,15	141,41	205,69	231,40	138,51	201,48	226,66
	VI	3 402,25	187,12	272,18	306,20																				
8 720,99	I,IV	2 836,—	155,98	226,88	255,24	I	2 836,—	150,18	218,44	245,75	144,38	210,01	236,26	138,58	201,58	226,77	132,78	193,14	217,28	126,99	184,71	207,80	121,19	176,28	198,31
	II	2 790,25	153,46	223,22	251,12	II	2 790,25	147,66	214,78	241,63	141,86	206,35	232,14	136,07	197,92	222,66	130,27	189,48	213,17	124,47	181,05	203,68	118,67	172,62	194,19
	III	2 126,—	116,93	170,08	191,34	III	2 126,—	111,36	161,98	182,23	105,90	154,04	173,29	100,53	146,22	164,50	95,25	138,54	155,86	90,07	131,01	147,38	84,98	123,61	139,06
	V	3 371,25	185,41	269,70	303,41	IV	2 836,—	153,08	222,66	250,49	150,18	218,44	245,75	147,28	214,23	241,01	144,38	210,01	236,26	141,48	205,80	231,52	138,58	201,58	226,77
	VI	3 403,50	187,19	272,28	306,31																				
8 723,99	I,IV	2 837,25	156,04	226,98	255,35	I	2 837,25	150,25	218,54	245,86	144,45	210,11	236,37	138,65	201,68	226,89	132,85	193,24	217,40	127,05	184,81	207,91	121,26	176,38	198,42
	II	2 791,50	153,53	223,32	251,23	II	2 791,50	147,73	214,88	241,74	141,93	206,45	232,25	136,13	198,02	222,77	130,34	189,58	213,28	124,54	181,15	203,79	118,74	172,72	194,31
	III	2 127,16	116,99	170,17	191,44	III	2 127,16	111,43	162,08	182,34	105,96	154,13	173,39	100,59	146,32	164,61	95,31	138,64	155,97	90,13	131,10	147,49	85,04	123,70	139,16
	V	3 372,58	185,49	269,80	303,53	IV	2 837,25	153,15	222,76	250,61	150,25	218,54	245,86	147,35	214,33	241,12	144,45	210,11	236,37	141,55	205,90	231,63	138,65	201,68	226,89
	VI	3 404,75	187,26	272,38	306,42																				
8 726,99	I,IV	2 838,50	156,11	227,08	255,46	I	2 838,50	150,31	218,64	245,97	144,52	210,21	236,48	138,72	201,78	227,—	132,92	193,34	217,51	127,12	184,91	208,02	121,33	176,48	198,54
	II	2 792,75	153,60	223,42	251,34	II	2 792,75	147,80	214,98	241,85	142,—	206,55	232,37	136,20	198,12	222,88	130,40	189,68	213,39	124,61	181,25	203,90	118,81	172,82	194,42
	III	2 128,50	117,06	170,28	191,56	III	2 128,50	111,50	162,18	182,45	106,03	154,22	173,50	100,65	146,41	164,71	95,37	138,73	156,07	90,19	131,18	147,58	85,10	123,78	139,25
	V	3 373,83	185,56	269,90	303,64	IV	2 838,50	153,22	222,86	250,72	150,31	218,64	245,97	147,42	214,43	241,23	144,52	210,21	236,48	141,62	206,—	231,75	138,72	201,78	227,—
	VI	3 406,—	187,33	272,48	306,54																				
8 729,99	I,IV	2 839,83	156,19	227,18	255,58	I	2 839,83	150,38	218,74	246,08	144,59	210,31	236,60	138,79	201,88	227,11	132,99	193,44	217,62	127,19	185,01	208,13	121,39	176,58	198,65
	II	2 794,—	153,67	223,52	251,46	II	2 794,—	147,87	215,08	241,97	142,07	206,65	232,48	136,27	198,22	222,99	130,47	189,78	213,50	124,68	181,35	204,02	118,88	172,92	194,53
	III	2 129,66	117,13	170,37	191,66	III	2 129,66	111,56	162,28	182,56	106,09	154,32	173,61	100,72	146,50	164,81	95,44	138,82	156,17	90,25	131,28	147,69	85,16	123,88	139,36
	V	3 375,08	185,62	270,—	303,75	IV	2 839,83	153,28	222,96	250,83	150,38	218,74	246,08	147,49	214,53	241,34	144,59	210,31	236,60	141,69	206,10	231,86	138,79	201,88	227,11
	VI	3 407,25	187,39	272,58	306,65																				

* Die ausgewiesenen Tabellenwerte sind amtlich. Siehe Erläuterungen auf der Umschlaginnenseite (U2).

Abzüge an Lohnsteuer, Solidaritätszuschlag (SolZ) und Kirchensteuer (8%, 9%) in den Steuerklassen

Lohn/ Gehalt bis €*	I – VI		ohne Kinderfreibeträge			I, II, III, IV		mit Zahl der Kinderfreibeträge . . . 0,5			1			1,5			2			2,5			3		
		LSt	SolZ	8%	9%		LSt	SolZ	8%	9%	SolZ	8%	9%	SolZ	8%	9%	SolZ	8%	9%	SolZ	8%	9%	SolZ	8%	9%
8 732,99	I,IV	2 841,08	156,25	227,28	255,69	I	2 841,08	150,46	218,85	246,20	144,66	210,42	236,72	138,86	201,98	227,23	133,06	193,54	217,73	127,26	185,11	208,25	121,46	176,68	198,76
	II	2 795,25	153,73	223,62	251,57	II	2 795,25	147,94	215,18	242,08	142,14	206,75	232,59	136,34	198,32	223,11	130,54	189,88	213,62	124,74	181,45	204,13	118,95	173,02	194,64
	III	2 130,83	117,19	170,46	191,77	III	2 130,83	111,63	162,37	182,66	106,15	154,41	173,71	100,78	146,60	164,92	95,49	138,90	156,26	90,31	131,37	147,79	85,22	123,96	139,45
	V	3 376,33	185,69	270,10	303,86	IV	2 841,08	153,35	223,06	250,94	150,46	218,85	246,20	147,56	214,63	241,46	144,66	210,42	236,72	141,76	206,20	231,97	138,86	201,98	227,23
	VI	3 408,50	187,46	272,68	306,76																				
8 735,99	I,IV	2 842,33	156,32	227,38	255,80	I	2 842,33	150,53	218,95	246,32	144,73	210,52	236,83	138,93	202,08	227,34	133,13	193,65	217,85	127,33	185,22	208,37	121,54	176,78	198,88
	II	2 796,50	153,80	223,72	251,68	II	2 796,50	148,—	215,28	242,19	142,21	206,85	232,70	136,41	198,42	223,22	130,61	189,98	213,73	124,81	181,55	204,24	119,02	173,12	194,76
	III	2 132,16	117,26	170,57	191,89	III	2 132,16	111,69	162,46	182,77	106,22	154,50	173,81	100,85	146,69	165,02	95,56	139,—	156,37	90,37	131,45	147,88	85,28	124,05	139,55
	V	3 377,58	185,76	270,20	303,98	IV	2 842,33	153,42	223,16	251,06	150,53	218,95	246,32	147,62	214,73	241,57	144,73	210,52	236,83	141,83	206,30	232,08	138,93	202,08	227,34
	VI	3 409,75	187,53	272,78	306,87																				
8 738,99	I,IV	2 843,58	156,39	227,48	255,92	I	2 843,58	150,59	219,05	246,43	144,80	210,62	236,94	139,—	202,18	227,45	133,20	193,75	217,97	127,40	185,32	208,48	121,60	176,88	198,99
	II	2 797,83	153,88	223,82	251,80	II	2 797,83	148,07	215,38	242,30	142,28	206,95	232,82	136,48	198,52	223,33	130,68	190,08	213,84	124,88	181,65	204,35	119,08	173,22	194,87
	III	2 133,33	117,33	170,66	191,99	III	2 133,33	111,76	162,56	182,88	106,28	154,60	173,92	100,91	146,78	165,13	95,62	139,09	156,47	90,43	131,54	147,98	85,34	124,13	139,64
	V	3 378,83	185,83	270,30	304,09	IV	2 843,58	153,49	223,26	251,17	150,59	219,05	246,43	147,69	214,83	241,68	144,80	210,62	236,94	141,90	206,40	232,20	139,—	202,18	227,45
	VI	3 411,08	187,60	272,88	306,99																				
8 741,99	I,IV	2 844,83	156,46	227,58	256,03	I	2 844,83	150,66	219,15	246,54	144,87	210,72	237,06	139,07	202,28	227,57	133,27	193,85	218,08	127,47	185,42	208,59	121,67	176,98	199,10
	II	2 799,08	153,94	223,92	251,91	II	2 799,08	148,15	215,49	242,42	142,35	207,06	232,94	136,55	198,62	223,45	130,75	190,18	213,95	124,95	181,75	204,47	119,15	173,32	194,98
	III	2 134,50	117,39	170,76	192,10	III	2 134,50	111,83	162,66	182,99	106,35	154,69	174,02	100,97	146,86	165,22	95,69	139,18	156,58	90,50	131,64	148,09	85,40	124,22	139,75
	V	3 380,08	185,90	270,40	304,20	IV	2 844,83	153,56	223,36	251,28	150,66	219,15	246,54	147,76	214,93	241,79	144,87	210,72	237,06	141,96	206,50	232,31	139,07	202,28	227,57
	VI	3 412,33	187,67	272,98	307,10																				
8 744,99	I,IV	2 846,08	156,53	227,68	256,14	I	2 846,08	150,73	219,25	246,65	144,93	210,82	237,17	139,14	202,38	227,68	133,34	193,95	218,19	127,54	185,52	208,71	121,74	177,08	199,22
	II	2 800,33	154,01	224,02	252,02	II	2 800,33	148,22	215,59	242,54	142,42	207,16	233,05	136,62	198,72	223,56	130,82	190,29	214,07	125,02	181,86	204,59	119,23	173,42	195,10
	III	2 135,83	117,47	170,86	192,22	III	2 135,83	111,89	162,76	183,10	106,41	154,78	174,13	101,03	146,96	165,33	95,75	139,28	156,69	90,56	131,73	148,19	85,47	124,32	139,86
	V	3 381,33	185,97	270,50	304,31	IV	2 846,08	153,63	223,47	251,40	150,73	219,25	246,65	147,84	215,04	241,92	144,93	210,82	237,17	142,04	206,60	232,43	139,14	202,38	227,68
	VI	3 413,58	187,74	273,08	307,22																				
8 747,99	I,IV	2 847,33	156,60	227,78	256,25	I	2 847,33	150,80	219,35	246,77	145,—	210,92	237,28	139,20	202,48	227,79	133,41	194,05	218,30	127,61	185,62	208,82	121,81	177,18	199,33
	II	2 801,58	154,08	224,12	252,14	II	2 801,58	148,28	215,69	242,65	142,49	207,26	233,16	136,69	198,82	223,67	130,89	190,39	214,19	125,09	181,96	204,70	119,29	173,52	195,21
	III	2 137,—	117,53	170,96	192,33	III	2 137,—	111,96	162,85	183,20	106,48	154,89	174,25	101,09	147,05	165,43	95,81	139,37	156,79	90,62	131,81	148,28	85,52	124,40	139,95
	V	3 382,66	186,04	270,61	304,43	IV	2 847,33	153,70	223,57	251,51	150,80	219,35	246,77	147,90	215,14	242,03	145,—	210,92	237,28	142,11	206,70	232,54	139,20	202,48	227,79
	VI	3 414,83	187,81	273,18	307,33																				
8 750,99	I,IV	2 848,58	156,67	227,88	256,37	I	2 848,58	150,87	219,45	246,88	145,07	211,02	237,39	139,27	202,58	227,90	133,48	194,15	218,42	127,68	185,72	208,93	121,88	177,28	199,44
	II	2 802,83	154,15	224,22	252,25	II	2 802,83	148,35	215,79	242,76	142,56	207,36	233,28	136,76	198,92	223,79	130,96	190,49	214,30	125,16	182,06	204,81	119,36	173,62	195,32
	III	2 138,16	117,59	171,05	192,43	III	2 138,16	112,02	162,94	183,31	106,55	154,98	174,35	101,16	147,14	165,53	95,87	139,45	156,88	90,68	131,90	148,39	85,58	124,49	140,05
	V	3 383,91	186,11	270,71	304,55	IV	2 848,58	153,77	223,67	251,63	150,87	219,45	246,88	147,97	215,24	242,14	145,07	211,02	237,39	142,17	206,80	232,65	139,27	202,58	227,90
	VI	3 416,08	187,88	273,28	307,44																				
8 753,99	I,IV	2 849,83	156,74	227,98	256,48	I	2 849,83	150,94	219,55	246,99	145,14	211,12	237,51	139,34	202,68	228,02	133,54	194,25	218,53	127,75	185,82	209,04	121,95	177,38	199,55
	II	2 804,08	154,22	224,32	252,36	II	2 804,08	148,42	215,89	242,87	142,62	207,46	233,39	136,83	199,02	223,90	131,03	190,59	214,41	125,23	182,16	204,93	119,43	173,72	195,44
	III	2 139,50	117,67	171,16	192,55	III	2 139,50	112,09	163,04	183,42	106,61	155,08	174,46	101,22	147,24	165,64	95,93	139,54	156,98	90,75	132,—	148,50	85,64	124,57	140,14
	V	3 385,16	186,18	270,81	304,66	IV	2 849,83	153,84	223,77	251,74	150,94	219,55	246,99	148,04	215,34	242,25	145,14	211,12	237,51	142,24	206,90	232,76	139,34	202,68	228,02
	VI	3 417,33	187,95	273,38	307,55																				
8 756,99	I,IV	2 851,16	156,81	228,09	256,60	I	2 851,16	151,01	219,66	247,11	145,21	211,22	237,62	139,41	202,78	228,13	133,61	194,35	218,64	127,82	185,92	209,16	122,02	177,48	199,67
	II	2 805,33	154,29	224,42	252,47	II	2 805,33	148,49	215,99	242,99	142,69	207,56	233,50	136,89	199,12	224,01	131,10	190,69	214,52	125,30	182,26	205,04	119,50	173,82	195,55
	III	2 140,66	117,73	171,25	192,65	III	2 140,66	112,16	163,14	183,53	106,68	155,17	174,56	101,29	147,33	165,74	96,—	139,64	157,09	90,80	132,08	148,59	85,70	124,66	140,24
	V	3 386,41	186,25	270,91	304,77	IV	2 851,16	153,91	223,87	251,85	151,01	219,66	247,11	148,11	215,44	242,37	145,21	211,22	237,62	142,31	207,—	232,88	139,41	202,78	228,13
	VI	3 418,58	188,02	273,48	307,67																				
8 759,99	I,IV	2 852,41	156,88	228,19	256,71	I	2 852,41	151,08	219,76	247,23	145,28	211,32	237,74	139,48	202,89	228,25	133,69	194,46	218,76	127,89	186,02	209,27	122,09	177,58	199,78
	II	2 806,58	154,36	224,52	252,59	II	2 806,58	148,56	216,09	243,10	142,76	207,66	233,61	136,96	199,22	224,12	131,17	190,79	214,64	125,37	182,36	205,15	119,57	173,92	195,66
	III	2 141,83	117,80	171,34	192,76	III	2 141,83	112,22	163,24	183,64	106,74	155,26	174,67	101,35	147,42	165,85	96,06	139,73	157,19	90,86	132,17	148,69	85,77	124,76	140,35
	V	3 387,66	186,32	271,01	304,88	IV	2 852,41	153,98	223,97	251,96	151,08	219,76	247,23	148,18	215,54	242,48	145,28	211,32	237,74	142,38	207,10	232,99	139,48	202,89	228,25
	VI	3 419,83	188,09	273,58	307,78																				
8 762,99	I,IV	2 853,66	156,95	228,29	256,82	I	2 853,66	151,15	219,86	247,34	145,35	211,42	237,85	139,55	202,99	228,36	133,76	194,56	218,88	127,96	186,12	209,39	122,16	177,69	199,90
	II	2 807,83	154,43	224,62	252,70	II	2 807,83	148,63	216,19	243,21	142,83	207,76	233,73	137,03	199,32	224,24	131,23	190,89	214,75	125,44	182,46	205,26	119,64	174,02	195,77
	III	2 143,16	117,87	171,45	192,88	III	2 143,16	112,29	163,33	183,74	106,81	155,36	174,78	101,42	147,52	165,96	96,13	139,82	157,30	90,93	132,26	148,79	85,82	124,84	140,44
	V	3 388,91	186,39	271,11	305,—	IV	2 853,66	154,05	224,07	252,08	151,15	219,86	247,34	148,25	215,64	242,59	145,35	211,42	237,85	142,45	207,20	233,10	139,55	202,99	228,36
	VI	3 421,16	188,16	273,69	307,90																				
8 765,99	I,IV	2 854,91	157,02	228,39	256,94	I	2 854,91	151,22	219,96	247,45	145,42	211,52	237,96	139,62	203,09	228,47	133,82	194,66	218,99	128,03	186,22	209,50	122,23	177,79	200,01
	II	2 809,16	154,50	224,73	252,82	II	2 809,16	148,70	216,30	243,33	142,90	207,86	233,84	137,10	199,42	224,35	131,30	190,99	214,86	125,51	182,56	205,38	119,71	174,12	195,89
	III	2 144,33	117,93	171,54	192,98	III	2 144,33	112,35	163,42	183,85	106,87	155,45	174,88	101,48	147,61	166,06	96,19	139,92	157,41	90,98	132,34	148,88	85,89	124,93	140,54
	V	3 390,16	186,45	271,21	305,11	IV	2 854,91	154,11	224,17	252,19	151,22	219,96	247,45	148,32	215,74	242,70	145,42	211,52	237,96	142,52	207,30	233,21	139,62	203,09	228,47
	VI	3 422,41	188,23	273,79	308,01																				
8 768,99	I,IV	2 856,16	157,08	228,49	257,05	I	2 856,16	151,29	220,06	247,56	145,49	211,62	238,07	139,69	203,19	228,59	133,89	194,76	219,10	128,09	186,32	209,61	122,30	177,89	200,12
	II	2 810,41	154,57	224,83	252,93	II	2 810,41	148,77	216,40	243,45	142,97	207,96	233,96	137,17	199,53	224,47	131,38	191,10	214,98	125,58	182,66	205,49	119,78	174,22	196,—
	III	2 145,50	118,—	171,64	193,09	III	2 145,50	112,42	163,53	183,97	106,93	155,54	174,98	101,54	147,70	166,16	96,25	140,—	157,50	91,05	132,44	148,99	85,94	125,01	140,63
	V	3 391,41	186,52	271,31	305,22	IV	2 856,16	154,19	224,28	252,31	151,29	220,06	247,56	148,39	215,84	242,82	145,49	211,62	238,07	142,59	207,40	233,33	139,69	203,19	228,59
	VI	3 423,66	188,30	273,89	308,12																				
8 771,99	I,IV	2 857,41	157,15	228,59	257,16	I	2 857,41	151,36	220,16	247,68	145,56	211,72	238,19	139,76	203,29	228,70	133,96	194,86	219,21	128,16	186,42	209,72	122,37	177,99	200,24
	II	2 811,66	154,64	224,93	253,04	II	2 811,66	148,84	216,50	243,56	143,04	208,06	234,07	137,24	199,63	224,58	131,45	191,20	215,10	125,65	182,76	205,61	119,85	174,33	196,12
	III	2 146,83	118,07	171,74	193,21	III	2 146,83	112,49	163,62	184,07	107,—	155,64	175,09	101,61	147,80	166,27	96,31	140,09	157,60	91,11	132,53	149,09	86,01	125,10	140,74
	V	3 392,75	186,60	271,42	305,34	IV	2 857,41	154,26	224,38	252,42	151,36	220,16	247,68	148,46	215,94	242,93	145,56	211,72	238,19	142,66	207,51	233,45	139,76	203,29	228,70
	VI	3 424,91	188,37	273,99	308,24																				
8 774,99	I,IV	2 858,66	157,22	228,69	257,27	I	2 858,66	151,42	220,26	247,79	145,63	211,82	238,30	139,83	203,39	228,81	134,03	194,96	219,33	128,23	186,52	209,84	122,43	178,09	200,35
	II	2 812,91	154,71	225,03	253,16	II	2 812,91	148,91	216,60	243,67	143,11	208,16	234,18	137,31	199,73	224,69	131,51	191,30	215,21	125,72	182,86	205,72	119,92	174,43	196,23
	III	2 148,—	118,14	171,84	193,32	III	2 148,—	112,55	163,72	184,18	107,06	155,73	175,19	101,67	147,89	166,37	96,37	140,18	157,70	91,18	132,62	149,20	86,07	125,20	140,85
	V	3 394,—	186,67	271,52	305,46	IV	2 858,66	154,33	224,48	252,54	151,42	220,26	247,79	148,53	216,04	243,05	145,63	211,82	238,30	142,73	207,61	233,56	139,83	203,39	228,81
	VI	3 426,16	188,43	274,09	308,35																				

* Die ausgewiesenen Tabellenwerte sind amtlich. Siehe Erläuterungen auf der Umschlaginnenseite (U2).

MONAT 8 775,–*

Abzüge an Lohnsteuer, Solidaritätszuschlag (SolZ) und Kirchensteuer (8%, 9%) in den Steuerklassen

Lohn/ Gehalt bis €*	I – VI	LSt	ohne Kinderfreibeträge SolZ	8%	9%	I, II, III, IV	LSt	mit Zahl der Kinderfreibeträge ... 0,5 SolZ	0,5 8%	0,5 9%	1 SolZ	1 8%	1 9%	1,5 SolZ	1,5 8%	1,5 9%	2 SolZ	2 8%	2 9%	2,5 SolZ	2,5 8%	2,5 9%	3 SolZ	3 8%	3 9%
8 777,99	I,IV	2 859,91	157,29	228,79	257,39	I	2 859,91	151,49	220,36	247,90	145,69	211,92	238,41	139,90	203,49	228,92	134,10	195,06	219,44	128,30	186,62	209,95	122,50	178,19	200,46
	II	2 814,16	154,77	225,13	253,27	II	2 814,16	148,98	216,70	243,78	143,18	208,26	234,29	137,38	199,83	224,81	131,58	191,40	215,32	125,78	182,96	205,83	119,99	174,53	196,34
	III	2 149,16	118,20	171,93	193,42	III	2 149,16	112,62	163,81	184,28	107,13	155,82	175,30	101,74	147,98	166,48	96,44	140,28	157,81	91,23	132,70	149,29	86,13	125,28	140,94
	V	3 395,25	186,73	271,62	305,57	IV	2 859,91	154,39	224,58	252,65	151,49	220,36	247,90	148,60	216,14	243,16	145,69	211,92	238,41	142,80	207,71	233,67	139,90	203,49	228,92
	VI	3 427,41	188,50	274,19	308,46																				
8 780,99	I,IV	2 861,25	157,36	228,90	257,51	I	2 861,25	151,57	220,46	248,02	145,76	212,02	238,52	139,97	203,59	229,04	134,17	195,16	219,55	128,37	186,72	210,06	122,57	178,29	200,57
	II	2 815,41	154,84	225,23	253,38	II	2 815,41	149,05	216,80	243,90	143,25	208,36	234,41	137,45	199,93	224,92	131,65	191,50	215,43	125,85	183,06	205,94	120,06	174,63	196,46
	III	2 150,50	118,27	172,04	193,54	III	2 150,50	112,68	163,90	184,39	107,20	155,93	175,42	101,80	148,08	166,59	96,50	140,37	157,91	91,30	132,80	149,40	86,19	125,37	141,04
	V	3 396,50	186,80	271,72	305,68	IV	2 861,25	154,46	224,68	252,76	151,57	220,46	248,02	148,66	216,24	243,27	145,76	212,02	238,52	142,87	207,81	233,78	139,97	203,59	229,04
	VI	3 428,66	188,57	274,29	308,57																				
8 783,99	I,IV	2 862,50	157,43	229,—	257,62	I	2 862,50	151,63	220,56	248,13	145,84	212,13	238,64	140,04	203,70	229,16	134,24	195,26	219,67	128,44	186,82	210,17	122,64	178,39	200,69
	II	2 816,66	154,91	225,33	253,49	II	2 816,66	149,11	216,90	244,01	143,32	208,46	234,52	137,52	200,03	225,03	131,72	191,60	215,55	125,92	183,16	206,06	120,12	174,73	196,57
	III	2 151,66	118,34	172,13	193,64	III	2 151,66	112,75	164,01	184,51	107,26	156,02	175,52	101,86	148,17	166,69	96,57	140,46	158,02	91,36	132,89	149,50	86,24	125,45	141,13
	V	3 397,75	186,87	271,82	305,79	IV	2 862,50	154,53	224,78	252,87	151,63	220,56	248,13	148,73	216,34	243,38	145,84	212,13	238,64	142,94	207,91	233,90	140,04	203,70	229,16
	VI	3 429,91	188,64	274,39	308,69																				
8 786,99	I,IV	2 863,75	157,50	229,10	257,73	I	2 863,75	151,70	220,66	248,24	145,91	212,23	238,76	140,11	203,80	229,27	134,31	195,36	219,78	128,51	186,93	210,29	122,71	178,50	200,81
	II	2 817,91	154,98	225,43	253,61	II	2 817,91	149,18	217,—	244,12	143,38	208,56	234,63	137,59	200,13	225,14	131,79	191,70	215,66	125,99	183,26	206,17	120,19	174,83	196,68
	III	2 152,83	118,40	172,22	193,75	III	2 152,83	112,82	164,10	184,61	107,33	156,12	175,63	101,93	148,26	166,79	96,63	140,56	158,13	91,42	132,98	149,60	86,31	125,54	141,23
	V	3 399,—	186,94	271,92	305,91	IV	2 863,75	154,60	224,88	252,99	151,70	220,66	248,24	148,80	216,44	243,50	145,91	212,23	238,76	143,—	208,01	234,01	140,11	203,80	229,27
	VI	3 431,25	188,71	274,50	308,81																				
8 789,99	I,IV	2 865,—	157,57	229,20	257,85	I	2 865,—	151,77	220,76	248,36	145,97	212,33	238,87	140,18	203,90	229,38	134,38	195,46	219,89	128,58	187,03	210,41	122,78	178,60	200,92
	II	2 819,25	155,05	225,54	253,73	II	2 819,25	149,26	217,10	244,24	143,45	208,66	234,74	137,66	200,23	225,26	131,86	191,80	215,77	126,06	183,36	206,28	120,26	174,93	196,79
	III	2 154,16	118,47	172,33	193,87	III	2 154,16	112,88	164,20	184,72	107,39	156,21	175,73	101,99	148,36	166,90	96,69	140,64	158,22	91,48	133,06	149,69	86,37	125,64	141,34
	V	3 400,25	187,01	272,02	306,02	IV	2 865,—	154,67	224,98	253,10	151,77	220,76	248,36	148,87	216,54	243,61	145,97	212,33	238,87	143,07	208,11	234,12	140,18	203,90	229,38
	VI	3 432,50	188,78	274,60	308,92																				
8 792,99	I,IV	2 866,25	157,64	229,30	257,96	I	2 866,25	151,84	220,86	248,47	146,04	212,43	238,98	140,25	204,—	229,50	134,45	195,56	220,01	128,65	187,13	210,52	122,85	178,70	201,03
	II	2 820,50	155,12	225,64	253,84	II	2 820,50	149,32	217,20	244,35	143,53	208,77	234,86	137,73	200,34	225,38	131,93	191,90	215,89	126,13	183,46	206,39	120,33	175,03	196,91
	III	2 155,33	118,54	172,42	193,97	III	2 155,33	112,95	164,29	184,82	107,46	156,30	175,84	102,06	148,45	167,—	96,75	140,73	158,32	91,54	133,16	149,80	86,43	125,72	141,43
	V	3 401,50	187,08	272,12	306,13	IV	2 866,25	154,74	225,08	253,22	151,84	220,86	248,47	148,94	216,64	243,72	146,04	212,43	238,98	143,14	208,21	234,23	140,25	204,—	229,50
	VI	3 433,75	188,85	274,70	309,03																				
8 795,99	I,IV	2 867,50	157,71	229,40	258,07	I	2 867,50	151,91	220,96	248,58	146,11	212,53	239,09	140,31	204,10	229,61	134,52	195,66	220,12	128,72	187,23	210,63	122,92	178,80	201,15
	II	2 821,75	155,19	225,74	253,95	II	2 821,75	149,39	217,30	244,46	143,60	208,87	234,98	137,80	200,44	225,49	132,—	192,—	216,—	126,20	183,57	206,51	120,40	175,14	197,03
	III	2 156,50	118,60	172,52	194,08	III	2 156,50	113,02	164,40	184,95	107,52	156,40	175,95	102,12	148,54	167,11	96,81	140,82	158,42	91,61	133,25	149,90	86,49	125,81	141,53
	V	3 402,75	187,15	272,22	306,24	IV	2 867,50	154,81	225,18	253,33	151,91	220,96	248,58	149,01	216,75	243,84	146,11	212,53	239,09	143,22	208,32	234,36	140,31	204,10	229,61
	VI	3 435,—	188,92	274,80	309,15																				
8 798,99	I,IV	2 868,75	157,78	229,50	258,18	I	2 868,75	151,98	221,06	248,69	146,18	212,63	239,21	140,38	204,20	229,72	134,58	195,76	220,23	128,79	187,33	210,74	122,99	178,90	201,26
	II	2 823,—	155,26	225,84	254,07	II	2 823,—	149,46	217,40	244,58	143,66	208,97	235,09	137,87	200,54	225,60	132,07	192,10	216,11	126,27	183,67	206,63	120,47	175,24	197,14
	III	2 157,83	118,68	172,62	194,20	III	2 157,83	113,08	164,49	185,05	107,58	156,49	176,05	102,19	148,64	167,22	96,88	140,92	158,53	91,66	133,33	149,99	86,55	125,89	141,62
	V	3 404,08	187,22	272,32	306,36	IV	2 868,75	154,88	225,28	253,44	151,98	221,06	248,69	149,08	216,85	243,95	146,18	212,63	239,21	143,28	208,42	234,47	140,38	204,20	229,72
	VI	3 436,25	188,99	274,90	309,26																				
8 801,99	I,IV	2 870,—	157,85	229,60	258,30	I	2 870,—	152,05	221,16	248,81	146,25	212,73	239,32	140,45	204,30	229,83	134,65	195,86	220,34	128,86	187,43	210,86	123,06	179,—	201,37
	II	2 824,25	155,33	225,94	254,18	II	2 824,25	149,53	217,50	244,69	143,73	209,07	235,20	137,94	200,64	225,72	132,14	192,20	216,23	126,34	183,77	206,74	120,54	175,34	197,25
	III	2 159,—	118,74	172,72	194,31	III	2 159,—	113,15	164,58	185,15	107,65	156,58	176,15	102,25	148,73	167,32	96,94	141,01	158,63	91,73	133,42	150,10	86,61	125,98	141,73
	V	3 405,33	187,29	272,42	306,47	IV	2 870,—	154,95	225,38	253,55	152,05	221,16	248,81	149,15	216,95	244,07	146,25	212,73	239,32	143,35	208,52	234,58	140,45	204,30	229,83
	VI	3 437,50	189,06	275,—	309,37																				
8 804,99	I,IV	2 871,33	157,92	229,70	258,41	I	2 871,33	152,12	221,26	248,92	146,32	212,83	239,43	140,52	204,40	229,95	134,72	195,96	220,46	128,92	187,53	210,97	123,13	179,10	201,48
	II	2 825,50	155,40	226,04	254,29	II	2 825,50	149,60	217,60	244,80	143,80	209,17	235,31	138,—	200,74	225,83	132,21	192,30	216,34	126,41	183,87	206,85	120,61	175,44	197,37
	III	2 160,16	118,80	172,81	194,41	III	2 160,16	113,21	164,68	185,26	107,71	156,68	176,26	102,31	148,82	167,42	97,01	141,10	158,74	91,79	133,52	150,21	86,68	126,08	141,84
	V	3 406,58	187,36	272,52	306,59	IV	2 871,33	155,02	225,48	253,67	152,12	221,26	248,92	149,22	217,05	244,18	146,32	212,83	239,43	143,42	208,62	234,69	140,52	204,40	229,95
	VI	3 438,75	189,13	275,10	309,48																				
8 807,99	I,IV	2 872,58	157,99	229,80	258,53	I	2 872,58	152,19	221,37	249,04	146,39	212,94	239,55	140,59	204,50	230,06	134,79	196,06	220,57	128,99	187,63	211,08	123,20	179,20	201,60
	II	2 826,75	155,47	226,14	254,40	II	2 826,75	149,67	217,70	244,91	143,87	209,27	235,43	138,07	200,84	225,94	132,27	192,40	216,45	126,48	183,97	206,96	120,68	175,54	197,48
	III	2 161,50	118,88	172,92	194,53	III	2 161,50	113,28	164,77	185,36	107,78	156,77	176,36	102,38	148,92	167,53	97,07	141,20	158,85	91,85	133,61	150,31	86,73	126,16	141,93
	V	3 407,83	187,43	272,62	306,70	IV	2 872,58	155,09	225,58	253,78	152,19	221,37	249,04	149,29	217,15	244,29	146,39	212,94	239,55	143,49	208,72	234,81	140,59	204,50	230,06
	VI	3 440,—	189,20	275,20	309,60																				
8 810,99	I,IV	2 873,83	158,06	229,90	258,64	I	2 873,83	152,26	221,47	249,15	146,46	213,04	239,67	140,66	204,60	230,18	134,86	196,17	220,69	129,07	187,74	211,20	123,27	179,30	201,71
	II	2 828,—	155,54	226,24	254,52	II	2 828,—	149,74	217,80	245,03	143,94	209,37	235,54	138,14	200,94	226,05	132,34	192,50	216,56	126,55	184,07	207,08	120,75	175,64	197,59
	III	2 162,66	118,94	173,01	194,63	III	2 162,66	113,35	164,88	185,49	107,85	156,88	176,49	102,44	149,01	167,63	97,13	141,28	158,94	91,91	133,69	150,40	86,79	126,25	142,03
	V	3 409,08	187,49	272,72	306,81	IV	2 873,83	155,15	225,68	253,89	152,26	221,47	249,15	149,36	217,25	244,40	146,46	213,04	239,67	143,56	208,82	234,92	140,66	204,60	230,18
	VI	3 441,25	189,26	275,30	309,71																				
8 813,99	I,IV	2 875,08	158,12	230,—	258,75	I	2 875,08	152,33	221,57	249,26	146,53	213,14	239,78	140,73	204,70	230,29	134,93	196,27	220,80	129,14	187,84	211,32	123,34	179,40	201,83
	II	2 829,33	155,61	226,34	254,63	II	2 829,33	149,81	217,90	245,14	144,01	209,47	235,65	138,21	201,04	226,17	132,41	192,60	216,68	126,61	184,17	207,19	120,82	175,74	197,70
	III	2 164,—	119,02	173,12	194,76	III	2 164,—	113,41	164,97	185,59	107,91	156,97	176,59	102,51	149,10	167,74	97,19	141,37	159,04	91,97	133,78	150,50	86,85	126,33	142,12
	V	3 410,33	187,56	272,82	306,92	IV	2 875,08	155,22	225,78	254,—	152,33	221,57	249,26	149,43	217,35	244,52	146,53	213,14	239,78	143,63	208,92	235,03	140,73	204,70	230,29
	VI	3 442,58	189,34	275,40	309,83																				
8 816,99	I,IV	2 876,33	158,19	230,10	258,86	I	2 876,33	152,40	221,67	249,38	146,60	213,24	239,89	140,80	204,80	230,40	135,—	196,37	220,91	129,20	187,94	211,43	123,41	179,50	201,94
	II	2 830,58	155,68	226,44	254,75	II	2 830,58	149,88	218,01	245,26	144,08	209,58	235,77	138,28	201,14	226,28	132,48	192,70	216,79	126,68	184,27	207,30	120,89	175,84	197,82
	III	2 165,16	119,08	173,21	194,86	III	2 165,16	113,48	165,06	185,69	107,98	157,06	176,69	102,57	149,20	167,85	97,25	141,46	159,14	92,04	133,88	150,61	86,91	126,42	142,22
	V	3 411,58	187,63	272,92	307,04	IV	2 876,33	155,29	225,88	254,12	152,40	221,67	249,38	149,49	217,45	244,63	146,60	213,24	239,89	143,70	209,02	235,14	140,80	204,80	230,40
	VI	3 443,83	189,41	275,50	309,94																				
8 819,99	I,IV	2 877,58	158,26	230,20	258,98	I	2 877,58	152,46	221,77	249,49	146,67	213,34	240,—	140,87	204,90	230,51	135,07	196,47	221,03	129,27	188,04	211,54	123,47	179,60	202,05
	II	2 831,83	155,75	226,54	254,86	II	2 831,83	149,95	218,11	245,37	144,15	209,68	235,89	138,35	201,24	226,40	132,55	192,81	216,91	126,76	184,38	207,42	120,96	175,94	197,93
	III	2 166,33	119,14	173,30	194,96	III	2 166,33	113,54	165,16	185,80	108,04	157,16	176,80	102,63	149,29	167,95	97,32	141,56	159,25	92,10	133,97	150,71	86,98	126,52	142,33
	V	3 412,83	187,70	273,02	307,15	IV	2 877,58	155,37	225,99	254,24	152,46	221,77	249,49	149,57	217,56	244,75	146,67	213,34	240,—	143,77	209,12	235,26	140,87	204,90	230,51
	VI	3 445,08	189,47	275,60	310,05																				

* Die ausgewiesenen Tabellenwerte sind amtlich. Siehe Erläuterungen auf der Umschlaginnenseite (U2).

Abzüge an Lohnsteuer, Solidaritätszuschlag (SolZ) und Kirchensteuer (8%, 9%) in den Steuerklassen

Lohn/ Gehalt bis €*	I – VI					I, II, III, IV		mit Zahl der Kinderfreibeträge . . . 0,5			1			1,5			2			2,5			3		
		LSt	ohne Kinderfreibeträge SolZ	8%	9%		LSt	SolZ	8%	9%	SolZ	8%	9%	SolZ	8%	9%	SolZ	8%	9%	SolZ	8%	9%	SolZ	8%	9%
8 822,99	I,IV	2 878,83	158,33	230,30	259,09	I	2 878,83	152,53	221,87	249,60	146,74	213,44	240,12	140,94	205,—	230,63	135,14	196,57	221,14	129,34	188,14	211,65	123,54	179,70	202,16
	II	2 833,08	155,81	226,64	254,97	II	2 833,08	150,02	218,21	245,48	144,22	209,78	236,—	138,42	201,34	226,51	132,62	192,91	217,02	126,83	184,48	207,54	121,03	176,04	198,05
	III	2 167,66	119,22	173,41	195,08	III	2 167,66	113,62	165,26	185,92	108,11	157,25	176,90	102,70	149,38	168,05	97,38	141,65	159,35	92,16	134,05	150,80	87,03	126,60	142,42
	V	3 414,16	187,77	273,13	307,27	IV	2 878,83	155,43	226,09	254,35	152,53	221,87	249,60	149,64	217,66	244,86	146,74	213,44	240,12	143,84	209,22	235,37	140,94	205,—	230,63
	VI	3 446,33	189,54	275,70	310,16																				
8 825,99	I,IV	2 880,08	158,40	230,40	259,20	I	2 880,08	152,60	221,97	249,71	146,80	213,54	240,23	141,01	205,10	230,74	135,21	196,67	221,25	129,41	188,24	211,77	123,61	179,80	202,28
	II	2 834,33	155,88	226,74	255,08	II	2 834,33	150,09	218,31	245,60	144,29	209,88	236,11	138,49	201,44	226,62	132,69	193,01	217,13	126,89	184,58	207,65	121,10	176,14	198,16
	III	2 168,83	119,28	173,50	195,19	III	2 168,83	113,68	165,36	186,03	108,17	157,34	177,01	102,76	149,48	168,16	97,45	141,74	159,46	92,22	134,14	150,91	87,10	126,69	142,52
	V	3 415,41	187,84	273,23	307,38	IV	2 880,08	155,50	226,19	254,46	152,60	221,97	249,71	149,71	217,76	244,98	146,80	213,54	240,23	143,91	209,32	235,49	141,01	205,10	230,74
	VI	3 447,58	189,61	275,80	310,28																				
8 828,99	I,IV	2 881,33	158,47	230,50	259,31	I	2 881,33	152,67	222,07	249,83	146,87	213,64	240,34	141,07	205,20	230,85	135,28	196,77	221,36	129,48	188,34	211,88	123,68	179,90	202,39
	II	2 835,58	155,95	226,84	255,20	II	2 835,58	150,15	218,41	245,71	144,36	209,98	236,22	138,56	201,54	226,73	132,76	193,11	217,25	126,96	184,68	207,76	121,16	176,24	198,27
	III	2 170,—	119,35	173,60	195,30	III	2 170,—	113,74	165,45	186,13	108,24	157,44	177,12	102,83	149,57	168,26	97,51	141,84	159,57	92,29	134,24	151,02	87,16	126,78	142,63
	V	3 416,66	187,91	273,33	307,49	IV	2 881,33	155,57	226,29	254,57	152,67	222,07	249,83	149,77	217,86	245,09	146,87	213,64	240,34	143,98	209,42	235,60	141,07	205,20	230,85
	VI	3 448,83	189,68	275,90	310,39																				
8 831,99	I,IV	2 882,66	158,54	230,61	259,43	I	2 882,66	152,74	222,18	249,95	146,95	213,74	240,46	141,14	205,30	230,96	135,35	196,87	221,48	129,55	188,44	211,99	123,75	180,—	202,50
	II	2 836,83	156,02	226,94	255,31	II	2 836,83	150,22	218,51	245,82	144,43	210,08	236,34	138,63	201,64	226,85	132,83	193,21	217,36	127,03	184,78	207,87	121,23	176,34	198,38
	III	2 171,33	119,42	173,70	195,41	III	2 171,33	113,81	165,54	186,23	108,30	157,53	177,22	102,89	149,66	168,37	97,57	141,92	159,66	92,35	134,33	151,12	87,22	126,86	142,72
	V	3 417,91	187,98	273,43	307,61	IV	2 882,66	155,64	226,39	254,69	152,74	222,18	249,95	149,84	217,96	245,20	146,95	213,74	240,46	144,04	209,52	235,71	141,14	205,30	230,96
	VI	3 450,08	189,75	276,—	310,50																				
8 834,99	I,IV	2 883,91	158,61	230,71	259,55	I	2 883,91	152,81	222,28	250,06	147,01	213,84	240,57	141,22	205,41	231,08	135,42	196,98	221,60	129,62	188,54	212,11	123,82	180,10	202,61
	II	2 838,08	156,09	227,04	255,42	II	2 838,08	150,29	218,61	245,93	144,49	210,18	236,45	138,70	201,74	226,96	132,90	193,31	217,47	127,10	184,88	207,99	121,30	176,44	198,50
	III	2 172,50	119,48	173,80	195,52	III	2 172,50	113,88	165,65	186,35	108,36	157,62	177,32	102,96	149,76	168,48	97,63	142,01	159,76	92,40	134,41	151,21	87,28	126,96	142,83
	V	3 419,16	188,05	273,53	307,72	IV	2 883,91	155,71	226,49	254,80	152,81	222,28	250,06	149,91	218,06	245,31	147,01	213,84	240,57	144,11	209,62	235,82	141,22	205,41	231,08
	VI	3 451,33	189,82	276,10	310,61																				
8 837,99	I,IV	2 885,16	158,68	230,81	259,66	I	2 885,16	152,88	222,38	250,17	147,08	213,94	240,68	141,29	205,51	231,20	135,49	197,08	221,71	129,69	188,64	212,22	123,89	180,21	202,73
	II	2 839,33	156,16	227,14	255,53	II	2 839,33	150,36	218,71	246,05	144,56	210,28	236,56	138,76	201,84	227,07	132,97	193,41	217,58	127,17	184,98	208,10	121,37	176,54	198,61
	III	2 173,66	119,55	173,89	195,62	III	2 173,66	113,95	165,74	186,46	108,44	157,73	177,44	103,02	149,85	168,58	97,69	142,10	159,86	92,47	134,50	151,31	87,34	127,04	142,92
	V	3 420,41	188,12	273,63	307,83	IV	2 885,16	155,78	226,59	254,91	152,88	222,38	250,17	149,98	218,16	245,43	147,08	213,94	240,68	144,18	209,72	235,94	141,29	205,51	231,20
	VI	3 452,66	189,89	276,21	310,73																				
8 840,99	I,IV	2 886,41	158,75	230,91	259,77	I	2 886,41	152,95	222,48	250,29	147,15	214,04	240,80	141,35	205,61	231,31	135,56	197,18	221,82	129,76	188,74	212,33	123,96	180,31	202,85
	II	2 840,66	156,23	227,25	255,65	II	2 840,66	150,43	218,82	246,17	144,64	210,38	236,68	138,83	201,94	227,18	133,04	193,51	217,70	127,24	185,08	208,21	121,44	176,64	198,72
	III	2 175,—	119,62	174,—	195,75	III	2 175,—	114,01	165,84	186,57	108,50	157,82	177,55	103,08	149,94	168,68	97,76	142,20	159,97	92,53	134,60	151,42	87,40	127,13	143,02
	V	3 421,66	188,19	273,73	307,94	IV	2 886,41	155,85	226,69	255,02	152,95	222,48	250,29	150,05	218,26	245,54	147,15	214,04	240,80	144,25	209,82	236,05	141,35	205,61	231,31
	VI	3 453,91	189,96	276,31	310,85																				
8 843,99	I,IV	2 887,66	158,82	231,01	259,88	I	2 887,66	153,02	222,58	250,40	147,22	214,14	240,91	141,42	205,71	231,42	135,63	197,28	221,94	129,83	188,84	212,45	124,03	180,41	202,96
	II	2 841,91	156,30	227,35	255,77	II	2 841,91	150,50	218,92	246,28	144,70	210,48	236,79	138,91	202,05	227,30	133,11	193,62	217,82	127,31	185,18	208,33	121,51	176,74	198,83
	III	2 176,16	119,68	174,09	195,85	III	2 176,16	114,07	165,93	186,67	108,57	157,92	177,66	103,15	150,04	168,79	97,82	142,29	160,07	92,60	134,69	151,52	87,46	127,22	143,12
	V	3 422,91	188,26	273,83	308,06	IV	2 887,66	155,92	226,80	255,15	153,02	222,58	250,40	150,12	218,36	245,66	147,22	214,14	240,91	144,32	209,92	236,16	141,42	205,71	231,42
	VI	3 455,16	190,03	276,41	310,96																				
8 846,99	I,IV	2 888,91	158,89	231,11	260,—	I	2 888,91	153,09	222,68	250,51	147,29	214,24	241,02	141,49	205,81	231,53	135,69	197,38	222,05	129,90	188,94	212,56	124,10	180,51	203,07
	II	2 843,16	156,37	227,45	255,88	II	2 843,16	150,57	219,02	246,39	144,77	210,58	236,90	138,98	202,15	227,42	133,18	193,72	217,93	127,38	185,28	208,44	121,58	176,85	198,95
	III	2 177,50	119,76	174,20	195,97	III	2 177,50	114,15	166,04	186,79	108,63	158,01	177,76	103,21	150,13	168,89	97,89	142,38	160,18	92,65	134,77	151,61	87,52	127,30	143,21
	V	3 424,25	188,33	273,94	308,18	IV	2 888,91	155,99	226,90	255,26	153,09	222,68	250,51	150,19	218,46	245,77	147,29	214,24	241,02	144,39	210,03	236,28	141,49	205,81	231,53
	VI	3 456,41	190,10	276,51	311,07																				
8 849,99	I,IV	2 890,16	158,95	231,21	260,11	I	2 890,16	153,16	222,78	250,62	147,36	214,34	241,13	141,56	205,91	231,65	135,76	197,48	222,16	129,96	189,04	212,67	124,17	180,61	203,18
	II	2 844,41	156,44	227,55	255,99	II	2 844,41	150,64	219,12	246,51	144,84	210,68	237,02	139,04	202,25	227,53	133,25	193,82	218,04	127,45	185,38	208,55	121,65	176,95	199,07
	III	2 178,66	119,82	174,29	196,07	III	2 178,66	114,21	166,13	186,89	108,69	158,10	177,86	103,28	150,22	169,—	97,95	142,48	160,29	92,72	134,86	151,72	87,58	127,40	143,32
	V	3 425,50	188,40	274,04	308,29	IV	2 890,16	156,06	227,—	255,37	153,16	222,78	250,62	150,26	218,56	245,88	147,36	214,34	241,13	144,46	210,13	236,39	141,56	205,91	231,65
	VI	3 457,66	190,17	276,61	311,18																				
8 852,99	I,IV	2 891,41	159,02	231,31	260,22	I	2 891,41	153,23	222,88	250,74	147,43	214,44	241,25	141,63	206,01	231,76	135,83	197,58	222,27	130,03	189,14	212,78	124,24	180,71	203,30
	II	2 845,66	156,51	227,65	256,10	II	2 845,66	150,71	219,22	246,62	144,91	210,78	237,13	139,11	202,35	227,64	133,32	193,92	218,16	127,52	185,48	208,67	121,72	177,05	199,18
	III	2 179,83	119,89	174,38	196,18	III	2 179,83	114,28	166,22	187,—	108,76	158,20	177,97	103,34	150,32	169,11	98,01	142,57	160,39	92,78	134,96	151,83	87,65	127,49	143,42
	V	3 426,75	188,47	274,14	308,40	IV	2 891,41	156,13	227,10	255,48	153,23	222,88	250,74	150,33	218,66	245,99	147,43	214,44	241,25	144,53	210,23	236,51	141,63	206,01	231,76
	VI	3 458,91	190,24	276,71	311,30																				
8 855,99	I,IV	2 892,75	159,10	231,42	260,34	I	2 892,75	153,30	222,98	250,85	147,50	214,54	241,36	141,70	206,11	231,87	135,90	197,68	222,39	130,10	189,24	212,90	124,30	180,81	203,41
	II	2 846,91	156,58	227,75	256,22	II	2 846,91	150,78	219,32	246,73	144,98	210,88	237,24	139,18	202,45	227,75	133,38	194,02	218,27	127,59	185,58	208,78	121,79	177,15	199,29
	III	2 181,16	119,96	174,49	196,30	III	2 181,16	114,34	166,32	187,11	108,82	158,29	178,07	103,40	150,41	169,21	98,08	142,66	160,49	92,84	135,05	151,93	87,70	127,57	143,51
	V	3 428,—	188,54	274,24	308,52	IV	2 892,75	156,20	227,20	255,60	153,30	222,98	250,85	150,40	218,76	246,11	147,50	214,54	241,36	144,60	210,33	236,62	141,70	206,11	231,87
	VI	3 460,16	190,30	276,81	311,41																				
8 858,99	I,IV	2 894,—	159,17	231,52	260,46	I	2 894,—	153,37	223,08	250,97	147,57	214,65	241,48	141,77	206,22	231,99	135,97	197,78	222,50	130,17	189,34	213,01	124,37	180,91	203,52
	II	2 848,16	156,64	227,85	256,33	II	2 848,16	150,85	219,42	246,84	145,05	210,98	237,35	139,25	202,55	227,87	133,45	194,12	218,38	127,65	185,68	208,89	121,86	177,25	199,40
	III	2 182,33	120,02	174,58	196,40	III	2 182,33	114,41	166,42	187,22	108,90	158,40	178,20	103,47	150,50	169,31	98,13	142,74	160,58	92,90	135,13	152,02	87,77	127,66	143,62
	V	3 429,25	188,60	274,34	308,63	IV	2 894,—	156,26	227,30	255,71	153,37	223,08	250,97	150,47	218,86	246,22	147,57	214,65	241,48	144,67	210,43	236,73	141,77	206,22	231,99
	VI	3 461,41	190,37	276,91	311,52																				
8 861,99	I,IV	2 895,25	159,23	231,62	260,57	I	2 895,25	153,44	223,18	251,08	147,64	214,75	241,59	141,84	206,32	232,11	136,04	197,88	222,62	130,24	189,45	213,13	124,45	181,02	203,64
	II	2 849,41	156,71	227,95	256,44	II	2 849,41	150,92	219,52	246,96	145,12	211,08	237,47	139,32	202,65	227,98	133,52	194,22	218,49	127,72	185,78	209,—	121,93	177,35	199,52
	III	2 183,50	120,09	174,68	196,51	III	2 183,50	114,48	166,52	187,33	108,96	158,49	178,30	103,53	150,60	169,42	98,20	142,84	160,69	92,96	135,22	152,12	87,82	127,74	143,71
	V	3 430,50	188,67	274,44	308,74	IV	2 895,25	156,33	227,40	255,82	153,44	223,18	251,08	150,53	218,96	246,33	147,64	214,75	241,59	144,74	210,53	236,84	141,84	206,32	232,11
	VI	3 462,75	190,45	277,02	311,64																				
8 864,99	I,IV	2 896,50	159,30	231,72	260,68	I	2 896,50	153,50	223,28	251,19	147,71	214,85	241,70	141,91	206,42	232,22	136,11	197,98	222,73	130,31	189,55	213,24	124,52	181,12	203,76
	II	2 850,75	156,79	228,06	256,56	II	2 850,75	150,99	219,62	247,07	145,19	211,18	237,58	139,39	202,75	228,09	133,59	194,32	218,61	127,79	185,88	209,12	121,99	177,45	199,63
	III	2 184,83	120,16	174,78	196,63	III	2 184,83	114,54	166,61	187,43	109,02	158,58	178,40	103,60	150,69	169,52	98,26	142,93	160,79	93,03	135,32	152,23	87,89	127,84	143,82
	V	3 431,75	188,74	274,54	308,85	IV	2 896,50	156,40	227,50	255,93	153,50	223,28	251,19	150,60	219,06	246,44	147,71	214,85	241,70	144,81	210,63	236,96	141,91	206,42	232,22
	VI	3 464,—	190,52	277,12	311,76																				

* Die ausgewiesenen Tabellenwerte sind amtlich. Siehe Erläuterungen auf der Umschlaginnenseite (U2).

MONAT 8 865,–*

Abzüge an Lohnsteuer, Solidaritätszuschlag (SolZ) und Kirchensteuer (8%, 9%) in den Steuerklassen

Lohn/ Gehalt bis €*	I – VI					I, II, III, IV		mit Zahl der Kinderfreibeträge . . .																	
			ohne Kinderfreibeträge					0,5			1			1,5			2			2,5			3		
		LSt	SolZ	8%	9%		LSt	SolZ	8%	9%	SolZ	8%	9%	SolZ	8%	9%	SolZ	8%	9%	SolZ	8%	9%	SolZ	8%	9%
8 867,99	I,IV	2 897,75	159,37	231,82	260,79	I	2 897,75	153,57	223,38	251,30	147,78	214,95	241,82	141,98	206,52	232,33	136,18	198,08	222,84	130,38	189,65	213,35	124,58	181,22	203,87
	II	2 852,—	156,86	228,16	256,68	II	2 852,—	151,06	219,72	247,19	145,26	211,29	237,70	139,46	202,86	228,21	133,66	194,42	218,72	127,86	185,98	209,23	122,06	177,55	199,74
	III	2 186,—	120,23	174,88	196,74	III	2 186,—	114,61	166,70	187,54	109,09	158,68	178,51	103,66	150,78	169,63	98,33	143,02	160,90	93,09	135,41	152,33	87,95	127,93	143,92
	V	3 433,—	188,81	274,64	308,97	IV	2 897,75	156,47	227,60	256,05	153,57	223,38	251,30	150,67	219,16	246,56	147,78	214,95	241,82	144,87	210,73	237,07	141,98	206,52	232,33
	VI	3 465,25	190,58	277,22	311,87																				
8 870,99	I,IV	2 899,—	159,44	231,92	260,91	I	2 899,—	153,64	223,48	251,42	147,84	215,05	241,93	142,05	206,62	232,44	136,25	198,18	222,95	130,45	189,75	213,47	124,65	181,32	203,98
	II	2 853,25	156,92	228,26	256,79	II	2 853,25	151,13	219,82	247,30	145,33	211,39	237,81	139,53	202,96	228,33	133,73	194,52	218,84	127,93	186,09	209,35	122,14	177,66	199,86
	III	2 187,33	120,30	174,98	196,85	III	2 187,33	114,68	166,81	187,66	109,15	158,77	178,61	103,73	150,88	169,74	98,39	143,12	161,01	93,15	135,49	152,42	88,—	128,01	144,01
	V	3 434,25	188,88	274,74	309,08	IV	2 899,—	156,54	227,70	256,16	153,64	223,48	251,42	150,75	219,27	246,68	147,84	215,05	241,93	144,95	210,84	237,19	142,05	206,62	232,44
	VI	3 466,50	190,65	277,32	311,98																				
8 873,99	I,IV	2 900,25	159,51	232,02	261,02	I	2 900,25	153,71	223,58	251,53	147,91	215,15	242,04	142,12	206,72	232,56	136,32	198,28	223,07	130,52	189,85	213,58	124,72	181,42	204,09
	II	2 854,50	156,99	228,36	256,90	II	2 854,50	151,19	219,92	247,41	145,40	211,49	237,92	139,60	203,06	228,44	133,80	194,62	218,95	128,—	186,19	209,46	122,21	177,76	199,98
	III	2 188,50	120,36	175,08	196,96	III	2 188,50	114,74	166,90	187,76	109,22	158,86	178,72	103,79	150,97	169,84	98,45	143,21	161,11	93,21	135,58	152,53	88,07	128,10	144,11
	V	3 435,58	188,95	274,84	309,20	IV	2 900,25	156,61	227,80	256,28	153,71	223,58	251,53	150,81	219,37	246,79	147,91	215,15	242,04	145,02	210,94	237,30	142,12	206,72	232,56
	VI	3 467,75	190,72	277,42	312,09																				
8 876,99	I,IV	2 901,50	159,58	232,12	261,13	I	2 901,50	153,78	223,68	251,64	147,98	215,25	242,15	142,18	206,82	232,67	136,39	198,38	223,18	130,59	189,95	213,69	124,79	181,52	204,21
	II	2 855,75	157,06	228,46	257,01	II	2 855,75	151,26	220,02	247,52	145,47	211,59	238,04	139,67	203,16	228,55	133,87	194,72	219,06	128,07	186,29	209,57	122,27	177,86	200,09
	III	2 189,66	120,43	175,17	197,06	III	2 189,66	114,81	167,—	187,87	109,28	158,96	178,83	103,85	151,06	169,94	98,52	143,30	161,21	93,28	135,68	152,64	88,13	128,20	144,22
	V	3 436,83	189,02	274,94	309,31	IV	2 901,50	156,68	227,90	256,39	153,78	223,68	251,64	150,88	219,47	246,90	147,98	215,25	242,15	145,09	211,04	237,42	142,18	206,82	232,67
	VI	3 469,—	190,79	277,52	312,21																				
8 879,99	I,IV	2 902,83	159,65	232,22	261,25	I	2 902,83	153,85	223,78	251,75	148,05	215,35	242,27	142,25	206,92	232,78	136,45	198,48	223,29	130,66	190,05	213,80	124,86	181,62	204,32
	II	2 857,—	157,13	228,56	257,13	II	2 857,—	151,33	220,12	247,64	145,53	211,69	238,15	139,74	203,26	228,66	133,94	194,82	219,17	128,14	186,39	209,69	122,34	177,96	200,20
	III	2 191,—	120,50	175,28	197,19	III	2 191,—	114,87	167,09	187,97	109,34	159,05	178,93	103,92	151,16	170,05	98,58	143,40	161,32	93,34	135,77	152,74	88,19	128,28	144,31
	V	3 438,08	189,09	275,04	309,42	IV	2 902,83	156,75	228,—	256,50	153,85	223,78	251,75	150,95	219,57	247,01	148,05	215,35	242,27	145,15	211,14	237,53	142,25	206,92	232,78
	VI	3 470,25	190,86	277,62	312,32																				
8 882,99	I,IV	2 904,08	159,72	232,32	261,36	I	2 904,08	153,92	223,89	251,87	148,12	215,46	242,39	142,33	207,02	232,90	136,52	198,58	223,40	130,73	190,15	213,92	124,93	181,72	204,43
	II	2 858,25	157,20	228,66	257,24	II	2 858,25	151,40	220,22	247,75	145,60	211,79	238,26	139,81	203,36	228,78	134,01	194,92	219,29	128,21	186,49	209,80	122,41	178,06	200,31
	III	2 192,16	120,56	175,37	197,29	III	2 192,16	114,95	167,20	188,10	109,42	159,16	179,05	103,98	151,25	170,15	98,65	143,49	161,42	93,40	135,86	152,84	88,25	128,37	144,41
	V	3 439,33	189,16	275,14	309,53	IV	2 904,08	156,82	228,10	256,61	153,92	223,89	251,87	151,02	219,67	247,13	148,12	215,46	242,39	145,22	211,24	237,64	142,33	207,02	232,90
	VI	3 471,50	190,93	277,72	312,43																				
8 885,99	I,IV	2 905,33	159,79	232,42	261,47	I	2 905,33	153,99	223,99	251,99	148,19	215,56	242,50	142,39	207,12	233,01	136,60	198,69	223,52	130,80	190,26	214,04	125,—	181,82	204,55
	II	2 859,50	157,27	228,76	257,35	II	2 859,50	151,47	220,32	247,86	145,67	211,89	238,37	139,87	203,46	228,89	134,08	195,02	219,40	128,28	186,59	209,91	122,48	178,16	200,43
	III	2 193,50	120,64	175,48	197,41	III	2 193,50	115,01	167,29	188,20	109,48	159,25	179,15	104,05	151,34	170,26	98,70	143,57	161,51	93,46	135,94	152,93	88,32	128,46	144,52
	V	3 440,58	189,23	275,24	309,65	IV	2 905,33	156,89	228,20	256,73	153,99	223,99	251,99	151,09	219,77	247,24	148,19	215,56	242,50	145,29	211,34	237,75	142,39	207,12	233,01
	VI	3 472,75	191,—	277,82	312,54																				
8 888,99	I,IV	2 906,58	159,86	232,52	261,59	I	2 906,58	154,06	224,09	252,10	148,26	215,66	242,61	142,46	207,22	233,12	136,67	198,79	223,64	130,87	190,36	214,15	125,07	181,92	204,66
	II	2 860,83	157,34	228,86	257,47	II	2 860,83	151,54	220,42	247,97	145,74	211,99	238,49	139,94	203,56	229,—	134,14	195,12	219,51	128,35	186,69	210,02	122,55	178,26	200,54
	III	2 194,66	120,70	175,57	197,51	III	2 194,66	115,07	167,38	188,30	109,55	159,34	179,26	104,11	151,44	170,37	98,77	143,66	161,62	93,52	136,04	153,04	88,37	128,54	144,61
	V	3 441,83	189,30	275,34	309,76	IV	2 906,58	156,96	228,30	256,84	154,06	224,09	252,10	151,16	219,87	247,35	148,26	215,66	242,61	145,36	211,44	237,87	142,46	207,22	233,12
	VI	3 474,08	191,07	277,92	312,66																				
8 891,99	I,IV	2 907,83	159,93	232,62	261,70	I	2 907,83	154,13	224,19	252,21	148,33	215,76	242,73	142,53	207,32	233,24	136,73	198,89	223,75	130,94	190,46	214,26	125,14	182,02	204,77
	II	2 862,08	157,41	228,96	257,58	II	2 862,08	151,61	220,53	248,09	145,81	212,10	238,61	140,02	203,66	229,12	134,21	195,22	219,62	128,42	186,79	210,14	122,62	178,36	200,65
	III	2 195,83	120,77	175,66	197,62	III	2 195,83	115,15	167,49	188,42	109,61	159,44	179,37	104,17	151,53	170,47	98,83	143,76	161,73	93,59	136,13	153,14	88,44	128,64	144,72
	V	3 443,08	189,36	275,44	309,87	IV	2 907,83	157,02	228,40	256,95	154,13	224,19	252,21	151,23	219,97	247,46	148,33	215,76	242,73	145,43	211,54	237,98	142,53	207,32	233,24
	VI	3 475,33	191,14	278,02	312,77																				
8 894,99	I,IV	2 909,08	159,99	232,72	261,81	I	2 909,08	154,20	224,29	252,32	148,40	215,86	242,84	142,60	207,42	233,35	136,80	198,99	223,86	131,01	190,56	214,38	125,21	182,12	204,89
	II	2 863,33	157,48	229,06	257,69	II	2 863,33	151,68	220,63	248,21	145,88	212,20	238,72	140,08	203,76	229,23	134,29	195,33	219,74	128,49	186,90	210,26	122,69	178,46	200,77
	III	2 197,16	120,84	175,77	197,74	III	2 197,16	115,21	167,58	188,53	109,67	159,53	179,47	104,24	151,62	170,57	98,89	143,85	161,83	93,65	136,22	153,25	88,50	128,73	144,82
	V	3 444,33	189,43	275,54	309,98	IV	2 909,08	157,10	228,51	257,07	154,20	224,29	252,32	151,30	220,08	247,59	148,40	215,86	242,84	145,50	211,64	238,10	142,60	207,42	233,35
	VI	3 476,58	191,21	278,12	312,89																				
8 897,99	I,IV	2 910,33	160,06	232,82	261,92	I	2 910,33	154,27	224,39	252,44	148,47	215,96	242,95	142,67	207,52	233,46	136,87	199,09	223,97	131,07	190,66	214,49	125,28	182,22	205,—
	II	2 864,58	157,55	229,16	257,81	II	2 864,58	151,75	220,73	248,32	145,95	212,30	238,83	140,15	203,86	229,34	134,36	195,43	219,86	128,56	187,—	210,37	122,76	178,56	200,88
	III	2 198,33	120,90	175,86	197,84	III	2 198,33	115,28	167,68	188,64	109,74	159,62	179,57	104,30	151,72	170,68	98,96	143,94	161,93	93,71	136,30	153,34	88,55	128,81	144,91
	V	3 445,66	189,51	275,65	310,10	IV	2 910,33	157,17	228,61	257,18	154,27	224,39	252,44	151,37	220,18	247,70	148,47	215,96	242,95	145,57	211,74	238,21	142,67	207,52	233,46
	VI	3 477,83	191,28	278,22	313,—																				
8 900,99	I,IV	2 911,58	160,13	232,92	262,04	I	2 911,58	154,33	224,49	252,55	148,54	216,06	243,06	142,74	207,62	233,57	136,94	199,19	224,09	131,14	190,76	214,60	125,34	182,32	205,11
	II	2 865,83	157,62	229,26	257,92	II	2 865,83	151,82	220,83	248,43	146,02	212,40	238,95	140,22	203,96	229,46	134,42	195,53	219,97	128,63	187,10	210,48	122,83	178,66	200,99
	III	2 199,66	120,98	175,97	197,96	III	2 199,66	115,34	167,77	188,74	109,81	159,73	179,69	104,37	151,81	170,78	99,02	144,04	162,04	93,77	136,40	153,45	88,62	128,90	145,01
	V	3 446,91	189,58	275,75	310,22	IV	2 911,58	157,24	228,71	257,30	154,33	224,49	252,55	151,44	220,28	247,81	148,54	216,06	243,06	145,64	211,84	238,32	142,74	207,62	233,57
	VI	3 479,08	191,34	278,32	313,11																				
8 903,99	I,IV	2 912,83	160,20	233,02	262,15	I	2 912,83	154,40	224,59	252,66	148,61	216,16	243,18	142,81	207,72	233,69	137,01	199,29	224,20	131,21	190,86	214,71	125,41	182,42	205,22
	II	2 867,08	157,68	229,36	258,03	II	2 867,08	151,89	220,93	248,54	146,09	212,50	239,06	140,29	204,06	229,57	134,49	195,63	220,08	128,70	187,20	210,60	122,90	178,76	201,11
	III	2 200,83	121,04	176,06	198,07	III	2 200,83	115,41	167,88	188,86	109,88	159,82	179,80	104,43	151,90	170,89	99,09	144,13	162,14	93,83	136,49	153,55	88,68	129,—	145,12
	V	3 448,16	189,64	275,85	310,33	IV	2 912,83	157,30	228,81	257,41	154,40	224,59	252,66	151,51	220,38	247,92	148,61	216,16	243,18	145,71	211,94	238,43	142,81	207,72	233,69
	VI	3 480,33	191,41	278,42	313,22																				
8 906,99	I,IV	2 914,16	160,27	233,13	262,27	I	2 914,16	154,48	224,70	252,78	148,68	216,26	243,29	142,88	207,82	233,80	137,08	199,39	224,31	131,28	190,96	214,83	125,48	182,52	205,34
	II	2 868,33	157,75	229,46	258,14	II	2 868,33	151,96	221,03	248,66	146,16	212,60	239,17	140,36	204,16	229,68	134,56	195,73	220,19	128,76	187,30	210,71	122,97	178,86	201,22
	III	2 202,—	121,11	176,16	198,18	III	2 202,—	115,48	167,97	188,96	109,94	159,92	179,91	104,50	152,—	171,—	99,15	144,22	162,25	93,90	136,58	153,65	88,74	129,08	145,21
	V	3 449,41	189,71	275,95	310,44	IV	2 914,16	157,37	228,91	257,52	154,48	224,70	252,78	151,58	220,48	248,04	148,68	216,26	243,29	145,78	212,04	238,55	142,88	207,82	233,80
	VI	3 481,58	191,48	278,52	313,34																				
8 909,99	I,IV	2 915,41	160,34	233,23	262,38	I	2 915,41	154,55	224,80	252,90	148,75	216,36	243,41	142,95	207,93	233,92	137,15	199,50	224,43	131,35	191,06	214,94	125,55	182,62	205,45
	II	2 869,58	157,82	229,56	258,26	II	2 869,58	152,02	221,13	248,77	146,23	212,70	239,28	140,43	204,26	229,79	134,63	195,83	220,31	128,83	187,40	210,82	123,03	178,96	201,33
	III	2 203,33	121,18	176,26	198,29	III	2 203,33	115,54	168,06	189,07	110,—	160,01	180,01	104,56	152,09	171,10	99,22	144,32	162,36	93,96	136,68	153,76	88,80	129,17	145,31
	V	3 450,66	189,78	276,05	310,55	IV	2 915,41	157,44	229,01	257,63	154,55	224,80	252,90	151,64	220,58	248,15	148,75	216,36	243,41	145,85	212,14	238,66	142,95	207,93	233,92
	VI	3 482,83	191,55	278,62	313,45																				

*** Die ausgewiesenen Tabellenwerte sind amtlich. Siehe Erläuterungen auf der Umschlaginnenseite (U2).**

Lohn/ Gehalt bis €*	Abzüge an Lohnsteuer, Solidaritätszuschlag (SolZ) und Kirchensteuer (8%, 9%) in den Steuerklassen: I – VI					I, II, III, IV																			
		ohne Kinderfreibeträge						mit Zahl der Kinderfreibeträge . . . 0,5			1			1,5			2			2,5			3		
		LSt	SolZ	8%	9%		LSt	SolZ	8%	9%	SolZ	8%	9%	SolZ	8%	9%	SolZ	8%	9%	SolZ	8%	9%	SolZ	8%	9%
8 912,99	I,IV	2 916,66	160,41	233,33	262,49	I	2 916,66	154,61	224,90	253,01	148,82	216,46	243,52	143,02	208,03	234,03	137,22	199,60	224,55	131,42	191,16	215,06	125,62	182,73	205,57
	II	2 870,83	157,89	229,66	258,37	II	2 870,83	152,09	221,23	248,88	146,30	212,80	239,40	140,50	204,36	229,91	134,70	195,93	220,42	128,90	187,50	210,93	123,10	179,06	201,44
	III	2 204,50	121,24	176,36	198,40	III	2 204,50	115,61	168,17	189,19	110,07	160,10	180,11	104,62	152,18	171,20	99,28	144,41	162,46	94,02	136,76	153,85	88,87	129,26	145,42
	V	3 451,91	189,85	276,15	310,67	IV	2 916,66	157,51	229,11	257,75	154,61	224,90	253,01	151,71	220,68	248,26	148,82	216,46	243,52	145,91	212,24	238,77	143,02	208,03	234,03
	VI	3 484,16	191,62	278,73	313,57																				
8 915,99	I,IV	2 917,91	160,48	233,43	262,61	I	2 917,91	154,68	225,—	253,12	148,88	216,56	243,63	143,09	208,13	234,14	137,29	199,70	224,66	131,49	191,26	215,17	125,69	182,83	205,68
	II	2 872,16	157,96	229,77	258,49	II	2 872,16	152,17	221,34	249,—	146,37	212,90	239,51	140,57	204,46	230,02	134,77	196,03	220,53	128,97	187,60	211,05	123,17	179,16	201,56
	III	2 205,83	121,32	176,46	198,52	III	2 205,83	115,68	168,26	189,29	110,13	160,20	180,22	104,69	152,28	171,31	99,34	144,50	162,56	94,08	136,85	153,95	88,92	129,34	145,51
	V	3 453,16	189,92	276,25	310,78	IV	2 917,91	157,58	229,21	257,86	154,68	225,—	253,12	151,78	220,78	248,37	148,88	216,56	243,63	145,98	212,34	238,88	143,09	208,13	234,14
	VI	3 485,41	191,69	278,83	313,68																				
8 918,99	I,IV	2 919,16	160,55	233,53	262,72	I	2 919,16	154,75	225,10	253,23	148,95	216,66	243,74	143,16	208,23	234,26	137,36	199,80	224,77	131,56	191,36	215,28	125,76	182,93	205,79
	II	2 873,41	158,03	229,87	258,60	II	2 873,41	152,24	221,44	249,12	146,44	213,—	239,63	140,64	204,57	230,14	134,84	196,14	220,65	129,04	187,70	211,16	123,24	179,26	201,67
	III	2 207,—	121,38	176,56	198,63	III	2 207,—	115,74	168,36	189,40	110,20	160,29	180,32	104,75	152,37	171,41	99,40	144,58	162,65	94,15	136,94	154,06	88,99	129,44	145,62
	V	3 454,41	189,99	276,35	310,89	IV	2 919,16	157,65	229,32	257,98	154,75	225,10	253,23	151,85	220,88	248,49	148,95	216,66	243,74	146,05	212,44	239,—	143,16	208,23	234,26
	VI	3 486,66	191,76	278,93	313,79																				
8 921,99	I,IV	2 920,41	160,62	233,63	262,83	I	2 920,41	154,82	225,20	253,35	149,02	216,76	243,86	143,22	208,33	234,37	137,43	199,90	224,88	131,63	191,46	215,39	125,83	183,03	205,91
	II	2 874,66	158,10	229,97	258,71	II	2 874,66	152,30	221,54	249,23	146,51	213,10	239,74	140,71	204,67	230,25	134,91	196,24	220,77	129,11	187,80	211,28	123,31	179,37	201,79
	III	2 208,16	121,44	176,65	198,73	III	2 208,16	115,81	168,45	189,50	110,27	160,40	180,45	104,82	152,46	171,52	99,46	144,68	162,76	94,21	137,04	154,17	89,05	129,53	145,72
	V	3 455,75	190,06	276,46	311,01	IV	2 920,41	157,72	229,42	258,09	154,82	225,20	253,35	151,92	220,98	248,60	149,02	216,76	243,86	146,13	212,55	239,12	143,22	208,33	234,37
	VI	3 487,91	191,83	279,03	313,91																				
8 924,99	I,IV	2 921,66	160,69	233,73	262,94	I	2 921,66	154,89	225,30	253,46	149,09	216,86	243,97	143,29	208,43	234,48	137,50	200,—	225,—	131,70	191,56	215,51	125,90	183,13	206,02
	II	2 875,91	158,17	230,07	258,83	II	2 875,91	152,37	221,64	249,34	146,57	213,20	239,85	140,78	204,77	230,36	134,98	196,34	220,88	129,18	187,90	211,39	123,38	179,47	201,90
	III	2 209,50	121,52	176,76	198,85	III	2 209,50	115,88	168,56	189,63	110,33	160,49	180,55	104,88	152,56	171,63	99,53	144,77	162,86	94,27	137,13	154,27	89,10	129,61	145,81
	V	3 457,—	190,13	276,56	311,13	IV	2 921,66	157,79	229,52	258,21	154,89	225,30	253,46	151,99	221,08	248,72	149,09	216,86	243,97	146,19	212,65	239,23	143,29	208,43	234,48
	VI	3 489,16	191,90	279,13	314,02																				
8 927,99	I,IV	2 922,91	160,76	233,83	263,06	I	2 922,91	154,96	225,40	253,57	149,16	216,96	244,08	143,36	208,53	234,59	137,56	200,10	225,11	131,77	191,66	215,62	125,97	183,23	206,13
	II	2 877,16	158,24	230,17	258,94	II	2 877,16	152,44	221,74	249,45	146,64	213,30	239,96	140,85	204,87	230,48	135,05	196,44	220,99	129,25	188,—	211,50	123,45	179,57	202,01
	III	2 210,66	121,58	176,85	198,95	III	2 210,66	115,94	168,65	189,73	110,40	160,58	180,65	104,94	152,65	171,73	99,59	144,86	162,97	94,33	137,21	154,36	89,17	129,70	145,91
	V	3 458,25	190,20	276,66	311,24	IV	2 922,91	157,86	229,62	258,32	154,96	225,40	253,57	152,06	221,18	248,83	149,16	216,96	244,08	146,26	212,75	239,34	143,36	208,53	234,59
	VI	3 490,41	191,97	279,23	314,13																				
8 930,99	I,IV	2 924,25	160,83	233,94	263,18	I	2 924,25	155,03	225,50	253,69	149,23	217,06	244,19	143,43	208,63	234,71	137,63	200,20	225,22	131,83	191,76	215,73	126,04	183,33	206,24
	II	2 878,41	158,31	230,27	259,05	II	2 878,41	152,51	221,84	249,57	146,71	213,40	240,08	140,91	204,97	230,59	135,12	196,54	221,10	129,32	188,10	211,61	123,52	179,67	202,13
	III	2 212,—	121,66	176,96	199,08	III	2 212,—	116,01	168,74	189,83	110,46	160,68	180,76	105,01	152,74	171,83	99,66	144,96	163,08	94,39	137,30	154,46	89,23	129,80	146,02
	V	3 459,50	190,27	276,76	311,35	IV	2 924,25	157,93	229,72	258,43	155,03	225,50	253,69	152,13	221,28	248,94	149,23	217,06	244,19	146,33	212,85	239,45	143,43	208,63	234,71
	VI	3 491,66	192,04	279,33	314,24																				
8 933,99	I,IV	2 925,50	160,90	234,04	263,29	I	2 925,50	155,10	225,60	253,80	149,30	217,17	244,31	143,50	208,74	234,83	137,71	200,30	225,34	131,90	191,86	215,84	126,11	183,43	206,36
	II	2 879,66	158,38	230,37	259,16	II	2 879,66	152,58	221,94	249,68	146,78	213,50	240,19	140,98	205,07	230,70	135,19	196,64	221,22	129,39	188,20	211,73	123,59	179,77	202,24
	III	2 213,16	121,72	177,05	199,18	III	2 213,16	116,08	168,85	189,95	110,53	160,77	180,86	105,07	152,84	171,94	99,72	145,05	163,18	94,46	137,40	154,57	89,29	129,88	146,11
	V	3 460,75	190,34	276,86	311,46	IV	2 925,50	158,—	229,82	258,54	155,10	225,60	253,80	152,20	221,38	249,05	149,30	217,17	244,31	146,40	212,95	239,57	143,50	208,74	234,83
	VI	3 492,91	192,11	279,43	314,36																				
8 936,99	I,IV	2 926,75	160,97	234,14	263,40	I	2 926,75	155,17	225,70	253,91	149,37	217,27	244,43	143,57	208,84	234,94	137,77	200,40	225,45	131,98	191,97	215,96	126,18	183,54	206,48
	II	2 880,91	158,45	230,47	259,28	II	2 880,91	152,65	222,04	249,79	146,85	213,60	240,30	141,05	205,17	230,81	135,25	196,74	221,33	129,46	188,30	211,84	123,66	179,87	202,35
	III	2 214,50	121,79	177,16	199,30	III	2 214,50	116,15	168,94	190,06	110,60	160,88	180,99	105,15	152,94	172,06	99,78	145,14	163,28	94,52	137,49	154,67	89,35	129,97	146,21
	V	3 462,—	190,41	276,96	311,58	IV	2 926,75	158,07	229,92	258,66	155,17	225,70	253,91	152,27	221,48	249,17	149,37	217,27	244,43	146,47	213,05	239,68	143,57	208,84	234,94
	VI	3 494,25	192,18	279,54	314,48																				
8 939,99	I,IV	2 928,—	161,04	234,24	263,52	I	2 928,—	155,24	225,80	254,03	149,44	217,37	244,54	143,64	208,94	235,05	137,84	200,50	225,56	132,05	192,07	216,08	126,25	183,64	206,59
	II	2 882,25	158,52	230,58	259,40	II	2 882,25	152,72	222,14	249,91	146,92	213,70	240,41	141,12	205,27	230,93	135,32	196,84	221,44	129,52	188,40	211,95	123,73	179,97	202,46
	III	2 215,66	121,86	177,25	199,40	III	2 215,66	116,21	169,04	190,17	110,66	160,97	181,09	105,21	153,04	172,17	99,85	145,24	163,39	94,59	137,58	154,78	89,42	130,06	146,32
	V	3 463,25	190,47	277,06	311,69	IV	2 928,—	158,13	230,02	258,77	155,24	225,80	254,03	152,34	221,58	249,28	149,44	217,37	244,54	146,54	213,15	239,79	143,64	208,94	235,05
	VI	3 495,50	192,25	279,64	314,59																				
8 942,99	I,IV	2 929,25	161,10	234,34	263,63	I	2 929,25	155,31	225,90	254,14	149,51	217,47	244,65	143,71	209,04	235,17	137,91	200,60	225,68	132,11	192,17	216,19	126,32	183,74	206,70
	II	2 883,50	158,59	230,68	259,51	II	2 883,50	152,79	222,24	250,02	146,99	213,81	240,53	141,19	205,38	231,05	135,40	196,94	221,56	129,59	188,50	212,06	123,80	180,07	202,58
	III	2 216,83	121,92	177,34	199,51	III	2 216,83	116,27	169,13	190,27	110,73	161,06	181,19	105,27	153,13	172,27	99,91	145,33	163,49	94,64	137,66	154,87	89,47	130,14	146,41
	V	3 464,50	190,54	277,16	311,80	IV	2 929,25	158,21	230,12	258,89	155,31	225,90	254,14	152,40	221,68	249,39	149,51	217,47	244,65	146,61	213,25	239,90	143,71	209,04	235,17
	VI	3 496,75	192,32	279,74	314,70																				
8 945,99	I,IV	2 930,50	161,17	234,44	263,74	I	2 930,50	155,37	226,—	254,25	149,58	217,57	244,76	143,78	209,14	235,28	137,98	200,70	225,79	132,18	192,27	216,30	126,39	183,84	206,82
	II	2 884,75	158,66	230,78	259,62	II	2 884,75	152,86	222,34	250,13	147,06	213,91	240,65	141,26	205,48	231,16	135,46	197,04	221,67	129,67	188,61	212,18	123,87	180,18	202,70
	III	2 218,16	121,99	177,45	199,63	III	2 218,16	116,35	169,24	190,39	110,79	161,16	181,30	105,34	153,22	172,37	99,98	145,42	163,60	94,71	137,76	154,98	89,54	130,24	146,52
	V	3 465,75	190,61	277,26	311,91	IV	2 930,50	158,28	230,22	259,—	155,37	226,—	254,25	152,48	221,79	249,51	149,58	217,57	244,76	146,68	213,36	240,03	143,78	209,14	235,28
	VI	3 498,—	192,39	279,84	314,82																				
8 948,99	I,IV	2 931,75	161,24	234,54	263,85	I	2 931,75	155,44	226,10	254,36	149,65	217,67	244,88	143,85	209,24	235,39	138,05	200,80	225,90	132,25	192,37	216,41	126,45	183,94	206,93
	II	2 886,—	158,73	230,88	259,74	II	2 886,—	152,93	222,44	250,25	147,13	214,01	240,76	141,33	205,58	231,27	135,53	197,14	221,78	129,74	188,71	212,30	123,94	180,28	202,81
	III	2 219,33	122,06	177,54	199,73	III	2 219,33	116,41	169,33	190,49	110,86	161,25	181,40	105,40	153,32	172,48	100,04	145,52	163,71	94,77	137,85	155,08	89,60	130,33	146,62
	V	3 467,08	190,68	277,36	312,03	IV	2 931,75	158,34	230,32	259,11	155,44	226,10	254,36	152,55	221,89	249,62	149,65	217,67	244,88	146,75	213,46	240,14	143,85	209,24	235,39
	VI	3 499,25	192,45	279,94	314,93																				
8 951,99	I,IV	2 933,—	161,31	234,64	263,97	I	2 933,—	155,51	226,20	254,48	149,71	217,77	244,99	143,92	209,34	235,50	138,12	200,90	226,01	132,32	192,47	216,53	126,52	184,04	207,04
	II	2 887,25	158,79	230,98	259,85	II	2 887,25	153,—	222,54	250,36	147,20	214,11	240,87	141,40	205,68	231,39	135,60	197,24	221,90	129,80	188,81	212,41	124,01	180,38	202,92
	III	2 220,66	122,13	177,65	199,85	III	2 220,66	116,48	169,42	190,60	110,92	161,34	181,51	105,47	153,41	172,58	100,10	145,61	163,81	94,83	137,94	155,18	89,65	130,41	146,71
	V	3 468,33	190,75	277,46	312,14	IV	2 933,—	158,41	230,42	259,22	155,51	226,20	254,48	152,62	221,99	249,74	149,71	217,77	244,99	146,82	213,56	240,25	143,92	209,34	235,50
	VI	3 500,50	192,52	280,04	315,04																				
8 954,99	I,IV	2 934,33	161,38	234,74	264,08	I	2 934,33	155,58	226,30	254,59	149,78	217,87	245,10	143,99	209,44	235,62	138,19	201,—	226,13	132,39	192,57	216,64	126,59	184,14	207,15
	II	2 888,50	158,86	231,08	259,96	II	2 888,50	153,06	222,64	250,47	147,27	214,21	240,98	141,47	205,78	231,50	135,67	197,34	222,01	129,87	188,91	212,52	124,08	180,48	203,04
	III	2 221,83	122,20	177,74	199,96	III	2 221,83	116,55	169,53	190,72	110,99	161,45	181,63	105,53	153,50	172,69	100,17	145,70	163,91	94,90	138,04	155,29	89,72	130,50	146,81
	V	3 469,58	190,82	277,56	312,26	IV	2 934,33	158,48	230,52	259,34	155,58	226,30	254,59	152,68	222,09	249,85	149,78	217,87	245,10	146,89	213,66	240,36	143,99	209,44	235,62
	VI	3 501,75	192,59	280,14	315,15																				

* Die ausgewiesenen Tabellenwerte sind amtlich. Siehe Erläuterungen auf der Umschlaginnenseite (U2).

MONAT **8 955,–***

Lohn/ Gehalt bis €*	I – VI		ohne Kinderfreibeträge			I, II, III, IV		mit Zahl der Kinderfreibeträge . . . 0,5			1			1,5			2			2,5			3		
		LSt	SolZ	8%	9%		LSt	SolZ	8%	9%	SolZ	8%	9%	SolZ	8%	9%	SolZ	8%	9%	SolZ	8%	9%	SolZ	8%	9%
8 957,99	I,IV	2 935,58	161,45	234,84	264,20	I	2 935,58	155,65	226,41	254,71	149,86	217,98	245,22	144,06	209,54	235,73	138,26	201,10	226,24	132,46	192,67	216,75	126,66	184,24	207,27
	II	2 889,75	158,93	231,18	260,07	II	2 889,75	153,13	222,74	250,58	147,34	214,31	241,10	141,54	205,88	231,61	135,74	197,44	222,12	129,94	189,01	212,63	124,14	180,58	203,15
	III	2 223,16	122,27	177,85	200,08	III	2 223,16	116,61	169,62	190,82	111,06	161,54	181,73	105,60	153,60	172,80	100,22	145,78	164,—	94,95	138,12	155,38	89,78	130,60	146,92
	V	3 470,83	190,89	277,66	312,37	IV	2 935,58	158,55	230,62	259,45	155,65	226,41	254,71	152,75	222,19	249,96	149,86	217,98	245,22	146,96	213,76	240,48	144,06	209,54	235,73
	VI	3 503,—	192,66	280,24	315,27																				
8 960,99	I,IV	2 936,83	161,52	234,94	264,31	I	2 936,83	155,72	226,51	254,82	149,93	218,08	245,34	144,13	209,64	235,85	138,33	201,21	226,36	132,53	192,78	216,87	126,73	184,34	207,38
	II	2 891,—	159,—	231,28	260,19	II	2 891,—	153,20	222,84	250,70	147,40	214,41	241,21	141,61	205,98	231,72	135,81	197,54	222,23	130,01	189,11	212,75	124,21	180,68	203,26
	III	2 224,33	122,33	177,94	200,18	III	2 224,33	116,68	169,72	190,93	111,12	161,64	181,84	105,66	153,69	172,90	100,29	145,88	164,11	95,02	138,21	155,48	89,84	130,68	147,01
	V	3 472,08	190,96	277,76	312,48	IV	2 936,83	158,62	230,72	259,56	155,72	226,51	254,82	152,82	222,29	250,07	149,93	218,08	245,34	147,02	213,86	240,59	144,13	209,64	235,85
	VI	3 504,25	192,73	280,34	315,38																				
8 963,99	I,IV	2 938,08	161,59	235,04	264,42	I	2 938,08	155,79	226,61	254,93	149,99	218,18	245,45	144,20	209,74	235,96	138,40	201,31	226,47	132,60	192,88	216,99	126,80	184,44	207,50
	II	2 892,33	159,07	231,38	260,30	II	2 892,33	153,27	222,94	250,81	147,47	214,51	241,32	141,68	206,08	231,84	135,88	197,64	222,35	130,08	189,21	212,86	124,28	180,78	203,37
	III	2 225,50	122,40	178,04	200,29	III	2 225,50	116,75	169,82	191,05	111,19	161,73	181,94	105,72	153,78	173,—	100,35	145,97	164,21	95,08	138,30	155,59	89,90	130,77	147,11
	V	3 473,33	191,03	277,86	312,59	IV	2 938,08	158,69	230,82	259,67	155,79	226,61	254,93	152,89	222,39	250,19	149,99	218,18	245,45	147,09	213,96	240,70	144,20	209,74	235,96
	VI	3 505,58	192,80	280,44	315,50																				
8 966,99	I,IV	2 939,33	161,66	235,14	264,53	I	2 939,33	155,86	226,71	255,05	150,06	218,28	245,56	144,26	209,84	236,07	138,47	201,41	226,58	132,67	192,98	217,10	126,87	184,54	207,61
	II	2 893,58	159,14	231,48	260,42	II	2 893,58	153,34	223,05	250,93	147,55	214,62	241,44	141,75	206,18	231,95	135,95	197,74	222,46	130,15	189,31	212,97	124,35	180,88	203,49
	III	2 226,83	122,47	178,14	200,41	III	2 226,83	116,82	169,92	191,16	111,25	161,82	182,05	105,79	153,88	173,11	100,42	146,06	164,32	95,15	138,40	155,70	89,97	130,86	147,22
	V	3 474,58	191,10	277,96	312,71	IV	2 939,33	158,76	230,92	259,79	155,86	226,71	255,05	152,96	222,49	250,30	150,06	218,28	245,56	147,16	214,06	240,81	144,26	209,84	236,07
	VI	3 506,83	192,87	280,54	315,61																				
8 969,99	I,IV	2 940,58	161,73	235,24	264,65	I	2 940,58	155,93	226,81	255,16	150,13	218,38	245,67	144,33	209,94	236,18	138,54	201,51	226,70	132,74	193,08	217,21	126,94	184,64	207,72
	II	2 894,83	159,21	231,58	260,53	II	2 894,83	153,41	223,15	251,04	147,62	214,72	241,56	141,82	206,28	232,07	136,02	197,85	222,58	130,22	189,42	213,09	124,42	180,98	203,60
	III	2 228,—	122,54	178,24	200,52	III	2 228,—	116,88	170,01	191,26	111,32	161,92	182,16	105,85	153,97	173,21	100,48	146,16	164,43	95,21	138,49	155,80	90,02	130,94	147,31
	V	3 475,83	191,17	278,06	312,82	IV	2 940,58	158,83	231,03	259,91	155,93	226,81	255,16	153,03	222,60	250,42	150,13	218,38	245,67	147,23	214,16	240,93	144,33	209,94	236,18
	VI	3 508,08	192,94	280,64	315,72																				
8 972,99	I,IV	2 941,83	161,80	235,34	264,76	I	2 941,83	156,—	226,91	255,27	150,20	218,48	245,79	144,40	210,04	236,30	138,60	201,61	226,81	132,81	193,18	217,32	127,01	184,74	207,83
	II	2 896,08	159,28	231,68	260,64	II	2 896,08	153,48	223,25	251,15	147,68	214,82	241,67	141,89	206,38	232,18	136,09	197,95	222,69	130,29	189,52	213,21	124,49	181,08	203,72
	III	2 229,33	122,61	178,34	200,63	III	2 229,33	116,95	170,12	191,38	111,39	162,02	182,27	105,92	154,06	173,32	100,54	146,25	164,53	95,26	138,57	155,89	90,09	131,04	147,42
	V	3 477,16	191,24	278,17	312,94	IV	2 941,83	158,90	231,13	260,02	156,—	226,91	255,27	153,10	222,70	250,53	150,20	218,48	245,79	147,30	214,26	241,04	144,40	210,04	236,30
	VI	3 509,33	193,01	280,74	315,83																				
8 975,99	I,IV	2 943,08	161,86	235,44	264,87	I	2 943,08	156,07	227,01	255,38	150,27	218,58	245,90	144,47	210,14	236,41	138,67	201,71	226,92	132,88	193,28	217,44	127,08	184,84	207,95
	II	2 897,33	159,35	231,78	260,75	II	2 897,33	153,55	223,35	251,27	147,75	214,92	241,78	141,95	206,48	232,29	136,16	198,05	222,80	130,36	189,62	213,32	124,56	181,18	203,83
	III	2 230,50	122,67	178,44	200,74	III	2 230,50	117,02	170,21	191,48	111,45	162,12	182,38	105,98	154,16	173,43	100,61	146,34	164,63	95,33	138,66	155,99	90,15	131,13	147,52
	V	3 478,41	191,31	278,27	313,05	IV	2 943,08	158,97	231,23	260,13	156,07	227,01	255,38	153,17	222,80	250,65	150,27	218,58	245,90	147,37	214,36	241,16	144,47	210,14	236,41
	VI	3 510,58	193,08	280,84	315,95																				
8 978,99	I,IV	2 944,33	161,93	235,54	264,98	I	2 944,33	156,14	227,11	255,50	150,34	218,68	246,01	144,54	210,24	236,52	138,74	201,81	227,03	132,94	193,38	217,55	127,15	184,94	208,06
	II	2 898,58	159,42	231,88	260,87	II	2 898,58	153,62	223,45	251,38	147,82	215,02	241,89	142,02	206,58	232,40	136,23	198,15	222,92	130,43	189,72	213,43	124,63	181,28	203,94
	III	2 231,83	122,75	178,54	200,86	III	2 231,83	117,08	170,30	191,59	111,52	162,21	182,48	106,04	154,25	173,53	100,67	146,44	164,74	95,39	138,76	156,10	90,21	131,22	147,62
	V	3 479,66	191,38	278,37	313,16	IV	2 944,33	159,04	231,33	260,24	156,14	227,11	255,50	153,24	222,90	250,76	150,34	218,68	246,01	147,44	214,46	241,27	144,54	210,24	236,52
	VI	3 511,83	193,15	280,94	316,06																				
8 981,99	I,IV	2 945,66	162,01	235,65	265,10	I	2 945,66	156,21	227,22	255,62	150,41	218,78	246,13	144,61	210,34	236,63	138,81	201,91	227,15	133,01	193,48	217,66	127,21	185,04	208,17
	II	2 899,83	159,49	231,98	260,98	II	2 899,83	153,69	223,55	251,49	147,89	215,12	242,01	142,09	206,68	232,52	136,29	198,25	223,03	130,50	189,82	213,54	124,70	181,38	204,05
	III	2 233,—	122,81	178,64	200,97	III	2 233,—	117,15	170,40	191,70	111,58	162,30	182,59	106,11	154,34	173,63	100,74	146,53	164,84	95,46	138,85	156,20	90,27	131,30	147,71
	V	3 480,91	191,45	278,47	313,28	IV	2 945,66	159,11	231,43	260,36	156,21	227,22	255,62	153,31	223,—	250,87	150,41	218,78	246,13	147,51	214,56	241,38	144,61	210,34	236,63
	VI	3 513,08	193,21	281,04	316,17																				
8 984,99	I,IV	2 946,91	162,08	235,75	265,22	I	2 946,91	156,28	227,32	255,73	150,48	218,88	246,24	144,68	210,45	236,75	138,88	202,02	227,27	133,09	193,58	217,78	127,28	185,14	208,28
	II	2 901,08	159,55	232,08	261,09	II	2 901,08	153,76	223,65	251,60	147,96	215,22	242,12	142,16	206,78	232,63	136,36	198,35	223,14	130,57	189,92	213,66	124,77	181,48	204,17
	III	2 234,16	122,87	178,73	201,07	III	2 234,16	117,22	170,50	191,81	111,65	162,40	182,70	106,18	154,45	173,75	100,80	146,62	164,95	95,52	138,94	156,31	90,33	131,40	147,82
	V	3 482,16	191,51	278,57	313,39	IV	2 946,91	159,17	231,53	260,47	156,28	227,32	255,73	153,38	223,10	250,98	150,48	218,88	246,24	147,58	214,66	241,49	144,68	210,45	236,75
	VI	3 514,33	193,28	281,14	316,28																				
8 987,99	I,IV	2 948,16	162,14	235,85	265,33	I	2 948,16	156,35	227,42	255,84	150,55	218,98	246,35	144,75	210,55	236,87	138,95	202,12	227,38	133,15	193,68	217,89	127,36	185,25	208,40
	II	2 902,33	159,62	232,18	261,20	II	2 902,33	153,83	223,75	251,72	148,03	215,32	242,23	142,23	206,88	232,74	136,43	198,45	223,25	130,63	190,02	213,77	124,84	181,58	204,28
	III	2 235,50	122,95	178,84	201,19	III	2 235,50	117,28	170,60	191,92	111,72	162,50	182,81	106,25	154,54	173,86	100,87	146,72	165,06	95,59	139,04	156,42	90,40	131,49	147,92
	V	3 483,41	191,58	278,67	313,50	IV	2 948,16	159,24	231,63	260,58	156,35	227,42	255,84	153,45	223,20	251,10	150,55	218,98	246,35	147,65	214,76	241,61	144,75	210,55	236,87
	VI	3 515,66	193,36	281,25	316,40																				
8 990,99	I,IV	2 949,41	162,21	235,95	265,44	I	2 949,41	156,42	227,52	255,96	150,62	219,08	246,47	144,82	210,65	236,98	139,02	202,22	227,49	133,22	193,78	218,—	127,43	185,35	208,52
	II	2 903,66	159,70	232,29	261,32	II	2 903,66	153,90	223,86	251,84	148,10	215,42	242,35	142,30	206,98	232,85	136,50	198,55	223,37	130,70	190,12	213,88	124,90	181,68	204,39
	III	2 236,66	123,01	178,93	201,29	III	2 236,66	117,35	170,69	192,02	111,78	162,60	182,92	106,31	154,64	173,97	100,93	146,81	165,16	95,64	139,12	156,51	90,45	131,57	148,01
	V	3 484,66	191,65	278,77	313,61	IV	2 949,41	159,31	231,73	260,69	156,42	227,52	255,96	153,51	223,30	251,21	150,62	219,08	246,47	147,72	214,86	241,72	144,82	210,65	236,98
	VI	3 516,91	193,43	281,35	316,52																				
8 993,99	I,IV	2 950,66	162,28	236,05	265,55	I	2 950,66	156,48	227,62	256,07	150,69	219,18	246,58	144,89	210,75	237,09	139,09	202,32	227,61	133,29	193,88	218,12	127,49	185,45	208,63
	II	2 904,91	159,77	232,39	261,44	II	2 904,91	153,97	223,96	251,95	148,17	215,52	242,46	142,37	207,09	232,97	136,57	198,66	223,49	130,78	190,22	214,—	124,97	181,78	204,50
	III	2 238,—	123,09	179,04	201,42	III	2 238,—	117,42	170,80	192,15	111,85	162,69	183,02	106,37	154,73	174,07	100,99	146,90	165,26	95,70	139,21	156,61	90,52	131,66	148,12
	V	3 485,91	191,72	278,87	313,73	IV	2 950,66	159,39	231,84	260,82	156,48	227,62	256,07	153,59	223,40	251,33	150,69	219,18	246,58	147,78	214,96	241,83	144,89	210,75	237,09
	VI	3 518,16	193,49	281,45	316,63																				
8 996,99	I,IV	2 951,91	162,35	236,15	265,67	I	2 951,91	156,55	227,72	256,18	150,75	219,28	246,69	144,96	210,85	237,20	139,16	202,42	227,72	133,36	193,98	218,23	127,56	185,55	208,74
	II	2 906,16	159,83	232,49	261,55	II	2 906,16	154,04	224,06	252,06	148,24	215,62	242,57	142,44	207,19	233,09	136,64	198,76	223,60	130,84	190,32	214,11	125,05	181,89	204,62
	III	2 239,16	123,15	179,13	201,52	III	2 239,16	117,48	170,89	192,25	111,91	162,78	183,13	106,44	154,82	174,17	101,06	147,—	165,37	95,77	139,30	156,71	90,58	131,76	148,23
	V	3 487,25	191,79	278,98	313,85	IV	2 951,91	159,45	231,94	260,93	156,55	227,72	256,18	153,66	223,50	251,44	150,75	219,28	246,69	147,86	215,07	241,95	144,96	210,85	237,20
	VI	3 519,41	193,56	281,55	316,74																				
8 999,99	I,IV	2 953,16	162,42	236,25	265,78	I	2 953,16	156,62	227,82	256,29	150,82	219,38	246,80	145,03	210,95	237,32	139,23	202,52	227,83	133,43	194,08	218,34	127,63	185,65	208,85
	II	2 907,41	159,90	232,59	261,66	II	2 907,41	154,11	224,16	252,18	148,31	215,72	242,69	142,51	207,29	233,20	136,71	198,86	223,71	130,91	190,42	214,22	125,12	181,99	204,74
	III	2 240,50	123,22	179,24	201,64	III	2 240,50	117,55	170,98	192,35	111,98	162,88	183,24	106,50	154,92	174,28	101,12	147,09	165,47	95,83	139,40	156,82	90,64	131,84	148,32
	V	3 488,50	191,86	279,08	313,96	IV	2 953,16	159,52	232,04	261,04	156,62	227,82	256,29	153,72	223,60	251,55	150,82	219,38	246,80	147,93	215,17	242,06	145,03	210,95	237,32
	VI	3 520,66	193,63	281,65	316,85																				

Abzüge an Lohnsteuer, Solidaritätszuschlag (SolZ) und Kirchensteuer (8%, 9%) in den Steuerklassen

* Die ausgewiesenen Tabellenwerte sind amtlich. Siehe Erläuterungen auf der Umschlaginnenseite (U2).

Lohn/ Gehalt bis €*	Abzüge an Lohnsteuer, Solidaritätszuschlag (SolZ) und Kirchensteuer (8%, 9%) in den Steuerklassen I – VI					I, II, III, IV		mit Zahl der Kinderfreibeträge . . . 0,5			1			1,5			2			2,5			3		
			ohne Kinderfreibeträge																						
		LSt	SolZ	8%	9%		LSt	SolZ	8%	9%	SolZ	8%	9%	SolZ	8%	9%	SolZ	8%	9%	SolZ	8%	9%	SolZ	8%	9%
9 002,99	I,IV	2 954,41	162,49	236,35	265,89	I	2 954,41	156,69	227,92	256,41	150,89	219,48	246,92	145,09	211,05	237,43	139,30	202,62	227,94	133,50	194,18	218,45	127,70	185,75	208,97
	II	2 908,66	159,97	232,69	261,77	II	2 908,66	154,17	224,26	252,29	148,38	215,82	242,80	142,58	207,39	233,31	136,78	198,96	223,83	130,98	190,52	214,34	125,18	182,09	204,85
	III	2 241,66	123,29	179,33	201,74	III	2 241,66	117,62	171,09	192,47	112,05	162,98	183,35	106,57	155,01	174,38	101,19	147,18	165,58	95,90	139,49	156,92	90,70	131,93	148,42
	V	3 489,75	191,93	279,18	314,07	IV	2 954,41	159,59	232,14	261,15	156,69	227,92	256,41	153,79	223,70	251,66	150,89	219,48	246,92	148,—	215,27	242,18	145,09	211,05	237,43
	VI	3 521,91	193,70	281,75	316,97																				
9 005,99	I,IV	2 955,75	162,56	236,46	266,01	I	2 955,75	156,76	228,02	256,52	150,96	219,58	247,03	145,16	211,15	237,54	139,37	202,72	228,06	133,57	194,28	218,57	127,77	185,85	209,08
	II	2 909,91	160,04	232,79	261,89	II	2 909,91	154,24	224,36	252,40	148,44	215,92	242,91	142,65	207,49	233,42	136,85	199,06	223,94	131,05	190,62	214,45	125,25	182,19	204,96
	III	2 243,—	123,36	179,44	201,87	III	2 243,—	117,69	171,18	192,58	112,11	163,08	183,46	106,63	155,10	174,49	101,25	147,28	165,69	95,96	139,58	157,03	90,76	132,02	148,52
	V	3 491,—	192,—	279,28	314,19	IV	2 955,75	159,66	232,24	261,27	156,76	228,02	256,52	153,86	223,80	251,78	150,96	219,58	247,03	148,06	215,37	242,29	145,16	211,15	237,54
	VI	3 523,16	193,77	281,85	317,08																				
9 008,99	I,IV	2 957,—	162,63	236,56	266,13	I	2 957,—	156,83	228,12	256,64	151,03	219,69	247,15	145,24	211,26	237,66	139,44	202,82	228,17	133,64	194,38	218,68	127,84	185,95	209,19
	II	2 911,16	160,11	232,89	262,—	II	2 911,16	154,31	224,46	252,51	148,51	216,02	243,02	142,72	207,59	233,54	136,92	199,16	224,05	131,12	190,72	214,56	125,32	182,29	205,07
	III	2 244,16	123,42	179,53	201,97	III	2 244,16	117,75	171,28	192,69	112,18	163,17	183,56	106,70	155,20	174,60	101,31	147,37	165,79	96,02	139,66	157,12	90,83	132,12	148,63
	V	3 492,25	192,07	279,38	314,30	IV	2 957,—	159,73	232,34	261,38	156,83	228,12	256,64	153,93	223,90	251,89	151,03	219,69	247,15	148,13	215,47	242,40	145,24	211,26	237,66
	VI	3 524,41	193,84	281,95	317,19																				
9 011,99	I,IV	2 958,25	162,70	236,66	266,24	I	2 958,25	156,90	228,22	256,75	151,10	219,79	247,26	145,31	211,36	237,78	139,51	202,92	228,29	133,71	194,49	218,80	127,91	186,06	209,31
	II	2 912,41	160,18	232,99	262,11	II	2 912,41	154,38	224,56	252,63	148,58	216,12	243,14	142,78	207,69	233,65	136,99	199,26	224,16	131,19	190,82	214,67	125,39	182,39	205,19
	III	2 245,50	123,50	179,64	202,09	III	2 245,50	117,82	171,38	192,80	112,24	163,26	183,67	106,76	155,29	174,70	101,38	147,46	165,89	96,08	139,76	157,23	90,88	132,20	148,72
	V	3 493,50	192,14	279,48	314,41	IV	2 958,25	159,80	232,44	261,49	156,90	228,22	256,75	154,—	224,—	252,—	151,10	219,79	247,26	148,20	215,57	242,51	145,31	211,36	237,78
	VI	3 525,75	193,91	282,06	317,31																				
9 014,99	I,IV	2 959,50	162,77	236,76	266,35	I	2 959,50	156,97	228,32	256,86	151,17	219,89	247,37	145,37	211,46	237,89	139,58	203,02	228,40	133,78	194,59	218,91	127,98	186,16	209,43
	II	2 913,75	160,25	233,10	262,23	II	2 913,75	154,45	224,66	252,74	148,65	216,22	243,25	142,85	207,79	233,76	137,06	199,36	224,28	131,26	190,92	214,79	125,46	182,49	205,30
	III	2 246,66	123,56	179,73	202,19	III	2 246,66	117,89	171,48	192,91	112,31	163,37	183,79	106,82	155,38	174,80	101,44	147,56	166,—	96,14	139,85	157,33	90,95	132,29	148,82
	V	3 494,75	192,21	279,58	314,52	IV	2 959,50	159,87	232,54	261,60	156,97	228,32	256,86	154,07	224,10	252,11	151,17	219,89	247,37	148,27	215,67	242,63	145,37	211,46	237,89
	VI	3 527,—	193,98	282,16	317,43																				
9 017,99	I,IV	2 960,75	162,84	236,86	266,46	I	2 960,75	157,04	228,42	256,97	151,24	219,99	247,49	145,44	211,56	238,—	139,64	203,12	228,51	133,85	194,69	219,02	128,05	186,26	209,54
	II	2 915,—	160,32	233,20	262,35	II	2 915,—	154,52	224,76	252,86	148,72	216,33	243,37	142,93	207,90	233,88	137,13	199,46	224,39	131,33	191,02	214,90	125,53	182,59	205,41
	III	2 247,83	123,63	179,82	202,30	III	2 247,83	117,95	171,57	193,01	112,38	163,46	183,89	106,89	155,48	174,91	101,50	147,64	166,09	96,21	139,94	157,43	91,01	132,38	148,93
	V	3 496,—	192,28	279,68	314,64	IV	2 960,75	159,94	232,64	261,72	157,04	228,42	256,97	154,14	224,20	252,23	151,24	219,99	247,49	148,34	215,77	242,74	145,44	211,56	238,—
	VI	3 528,25	194,05	282,26	317,54																				
9 020,99	I,IV	2 962,—	162,91	236,96	266,58	I	2 962,—	157,11	228,52	257,09	151,31	220,09	247,60	145,51	211,66	238,11	139,71	203,22	228,62	133,92	194,79	219,14	128,12	186,36	209,65
	II	2 916,25	160,39	233,30	262,46	II	2 916,25	154,59	224,86	252,97	148,79	216,43	243,48	143,—	208,—	234,—	137,20	199,56	224,51	131,40	191,13	215,02	125,60	182,70	205,53
	III	2 249,16	123,70	179,93	202,42	III	2 249,16	118,03	171,68	193,14	112,44	163,56	184,—	106,96	155,58	175,03	101,56	147,73	166,19	96,27	140,04	157,54	91,07	132,46	149,02
	V	3 497,25	192,34	279,78	314,75	IV	2 962,—	160,01	232,74	261,83	157,11	228,52	257,09	154,21	224,31	252,35	151,31	220,09	247,60	148,41	215,88	242,86	145,51	211,66	238,11
	VI	3 529,50	194,12	282,36	317,65																				
9 023,99	I,IV	2 963,25	162,97	237,06	266,69	I	2 963,25	157,18	228,62	257,20	151,38	220,19	247,71	145,58	211,76	238,23	139,78	203,32	228,74	133,98	194,89	219,25	128,19	186,46	209,76
	II	2 917,50	160,46	233,40	262,57	II	2 917,50	154,66	224,96	253,08	148,86	216,53	243,59	143,06	208,10	234,11	137,27	199,66	224,62	131,47	191,23	215,13	125,67	182,80	205,65
	III	2 250,33	123,76	180,02	202,52	III	2 250,33	118,09	171,77	193,24	112,51	163,65	184,10	107,03	155,68	175,14	101,63	147,82	166,30	96,34	140,13	157,64	91,13	132,56	149,13
	V	3 498,58	192,42	279,88	314,87	IV	2 963,25	160,08	232,84	261,95	157,18	228,62	257,20	154,28	224,41	252,46	151,38	220,19	247,71	148,48	215,98	242,97	145,58	211,76	238,23
	VI	3 530,75	194,19	282,46	317,76																				
9 026,99	I,IV	2 964,50	163,04	237,16	266,80	I	2 964,50	157,24	228,72	257,31	151,45	220,29	247,82	145,65	211,86	238,34	139,85	203,42	228,85	134,05	194,99	219,36	128,26	186,56	209,88
	II	2 918,75	160,53	233,50	262,68	II	2 918,75	154,73	225,06	253,19	148,93	216,63	243,71	143,13	208,20	234,22	137,33	199,76	224,73	131,54	191,33	215,24	125,74	182,90	205,76
	III	2 251,66	123,84	180,13	202,64	III	2 251,66	118,15	171,86	193,34	112,57	163,74	184,21	107,09	155,77	175,24	101,69	147,92	166,41	96,39	140,21	157,73	91,19	132,65	149,23
	V	3 499,83	192,49	279,98	314,98	IV	2 964,50	160,15	232,94	262,06	157,24	228,72	257,31	154,35	224,51	252,57	151,45	220,29	247,82	148,55	216,08	243,09	145,65	211,86	238,34
	VI	3 532,—	194,26	282,56	317,88																				
9 029,99	I,IV	2 965,83	163,12	237,26	266,92	I	2 965,83	157,31	228,82	257,42	151,52	220,39	247,94	145,72	211,96	238,45	139,92	203,52	228,96	134,12	195,09	219,47	128,32	186,66	209,99
	II	2 920,—	160,60	233,60	262,80	II	2 920,—	154,80	225,16	253,31	149,—	216,73	243,82	143,20	208,30	234,33	137,40	199,86	224,84	131,61	191,43	215,36	125,81	183,—	205,87
	III	2 252,83	123,90	180,22	202,75	III	2 252,83	118,23	171,97	193,46	112,64	163,85	184,33	107,15	155,86	175,34	101,75	148,01	166,51	96,46	140,30	157,84	91,26	132,74	149,33
	V	3 501,08	192,55	280,08	315,09	IV	2 965,83	160,21	233,04	262,17	157,31	228,82	257,42	154,42	224,61	252,68	151,52	220,39	247,94	148,62	216,18	243,20	145,72	211,96	238,45
	VI	3 533,25	194,32	282,66	317,99																				
9 032,99	I,IV	2 967,08	163,18	237,36	267,03	I	2 967,08	157,39	228,93	257,54	151,59	220,50	248,06	145,79	212,06	238,57	139,99	203,62	229,07	134,19	195,19	219,59	128,39	186,76	210,10
	II	2 921,25	160,66	233,70	262,91	II	2 921,25	154,87	225,26	253,42	149,07	216,83	243,93	143,27	208,40	234,45	137,47	199,96	224,96	131,67	191,53	215,47	125,88	183,10	205,98
	III	2 254,16	123,97	180,33	202,87	III	2 254,16	118,29	172,06	193,57	112,71	163,94	184,43	107,22	155,96	175,45	101,82	148,10	166,61	96,52	140,40	157,95	91,31	132,82	149,42
	V	3 502,33	192,62	280,18	315,20	IV	2 967,08	160,28	233,14	262,28	157,39	228,93	257,54	154,49	224,71	252,80	151,59	220,50	248,06	148,69	216,28	243,31	145,79	212,06	238,57
	VI	3 534,50	194,39	282,76	318,10																				
9 035,99	I,IV	2 968,33	163,25	237,46	267,14	I	2 968,33	157,46	229,03	257,66	151,66	220,60	248,17	145,86	212,16	238,68	140,06	203,73	229,19	134,26	195,30	219,71	128,47	186,86	210,22
	II	2 922,50	160,73	233,80	263,02	II	2 922,50	154,93	225,36	253,53	149,14	216,93	244,04	143,34	208,50	234,56	137,54	200,06	225,07	131,74	191,63	215,58	125,95	183,20	206,10
	III	2 255,33	124,04	180,42	202,97	III	2 255,33	118,36	172,16	193,68	112,77	164,04	184,54	107,28	156,05	175,55	101,88	148,20	166,72	96,58	140,49	158,05	91,38	132,92	149,53
	V	3 503,58	192,69	280,28	315,31	IV	2 968,33	160,35	233,24	262,40	157,46	229,03	257,66	154,55	224,81	252,91	151,66	220,60	248,17	148,76	216,38	243,42	145,86	212,16	238,68
	VI	3 535,75	194,46	282,86	318,21																				
9 038,99	I,IV	2 969,58	163,32	237,56	267,26	I	2 969,58	157,52	229,13	257,77	151,73	220,70	248,28	145,93	212,26	238,79	140,13	203,83	229,31	134,33	195,40	219,82	128,53	186,96	210,33
	II	2 923,83	160,81	233,90	263,14	II	2 923,83	155,—	225,46	253,64	149,21	217,03	244,16	143,41	208,60	234,67	137,61	200,16	225,18	131,81	191,73	215,69	126,01	183,30	206,21
	III	2 256,66	124,11	180,53	203,09	III	2 256,66	118,43	172,26	193,79	112,84	164,13	184,64	107,35	156,14	175,66	101,95	148,29	166,82	96,65	140,58	158,15	91,44	133,01	149,63
	V	3 504,83	192,76	280,38	315,43	IV	2 969,58	160,42	233,34	262,51	157,52	229,13	257,77	154,62	224,91	253,02	151,73	220,70	248,28	148,83	216,48	243,54	145,93	212,26	238,79
	VI	3 537,08	194,53	282,96	318,33																				
9 041,99	I,IV	2 970,83	163,39	237,66	267,37	I	2 970,83	157,59	229,23	257,88	151,80	220,80	248,40	146,—	212,36	238,91	140,20	203,93	229,42	134,40	195,50	219,93	128,60	187,06	210,44
	II	2 925,08	160,87	234,—	263,25	II	2 925,08	155,08	225,57	253,76	149,28	217,14	244,28	143,48	208,70	234,79	137,68	200,26	225,29	131,88	191,83	215,81	126,08	183,40	206,32
	III	2 257,83	124,18	180,62	203,20	III	2 257,83	118,49	172,36	193,90	112,90	164,22	184,75	107,41	156,24	175,77	102,01	148,38	166,93	96,71	140,68	158,26	91,51	133,10	149,74
	V	3 506,08	192,83	280,48	315,54	IV	2 970,83	160,49	233,44	262,62	157,59	229,23	257,88	154,69	225,01	253,13	151,80	220,80	248,40	148,89	216,58	243,65	146,—	212,36	238,91
	VI	3 538,33	194,60	283,06	318,44																				
9 044,99	I,IV	2 972,08	163,46	237,76	267,48	I	2 972,08	157,66	229,33	257,99	151,86	220,90	248,51	146,07	212,46	239,02	140,27	204,03	229,53	134,47	195,60	220,05	128,67	187,16	210,56
	II	2 926,33	160,94	234,10	263,36	II	2 926,33	155,15	225,67	253,88	149,35	217,24	244,39	143,55	208,80	234,90	137,75	200,37	225,41	131,95	191,94	215,93	126,16	183,50	206,44
	III	2 259,16	124,25	180,73	203,32	III	2 259,16	118,56	172,45	194,—	112,97	164,33	184,87	107,47	156,33	175,87	102,08	148,48	167,04	96,78	140,77	158,36	91,56	133,18	149,83
	V	3 507,33	192,90	280,58	315,65	IV	2 972,08	160,56	233,55	262,74	157,66	229,33	257,99	154,77	225,12	253,26	151,86	220,90	248,51	148,97	216,68	243,77	146,07	212,46	239,02
	VI	3 539,58	194,67	283,16	318,56																				

* Die ausgewiesenen Tabellenwerte sind amtlich. Siehe Erläuterungen auf der Umschlaginnenseite (U2).

Abzüge an Lohnsteuer, Solidaritätszuschlag (SolZ) und Kirchensteuer (8%, 9%) in den Steuerklassen

Lohn/Gehalt bis €*	I – VI	LSt	SolZ (ohne Kinderfreibeträge)	8%	9%	I, II, III, IV	LSt	0,5 SolZ	0,5 8%	0,5 9%	1 SolZ	1 8%	1 9%	1,5 SolZ	1,5 8%	1,5 9%	2 SolZ	2 8%	2 9%	2,5 SolZ	2,5 8%	2,5 9%	3 SolZ	3 8%	3 9%
9 047,99	I,IV	2 973,33	163,53	237,86	267,59	I	2 973,33	157,73	229,43	258,11	151,93	221,—	248,62	146,13	212,56	239,13	140,34	204,13	229,64	134,54	195,70	220,16	128,74	187,26	210,67
	II	2 927,58	161,01	234,20	263,48	II	2 927,58	155,21	225,77	253,99	149,42	217,34	244,50	143,62	208,90	235,01	137,82	200,47	225,53	132,02	192,04	216,04	126,22	183,60	206,55
	III	2 260,33	124,31	180,82	203,42	III	2 260,33	118,63	172,56	194,13	113,04	164,42	184,97	107,54	156,42	175,97	102,14	148,57	167,14	96,83	140,85	158,45	91,63	133,28	149,94
	V	3 508,66	192,97	280,69	315,77	IV	2 973,33	160,63	233,65	262,85	157,73	229,43	258,11	154,83	225,22	253,37	151,93	221,—	248,62	149,04	216,78	243,88	146,13	212,56	239,13
	VI	3 540,83	194,74	283,26	318,67																				
9 050,99	I,IV	2 974,58	163,60	237,96	267,71	I	2 974,58	157,80	229,53	258,22	152,—	221,10	248,73	146,20	212,66	239,24	140,41	204,23	229,76	134,61	195,80	220,27	128,81	187,36	210,78
	II	2 928,83	161,08	234,30	263,59	II	2 928,83	155,28	225,87	254,10	149,49	217,44	244,62	143,69	209,—	235,13	137,89	200,57	225,64	132,09	192,14	216,15	126,29	183,70	206,66
	III	2 261,66	124,39	180,93	203,54	III	2 261,66	118,69	172,65	194,23	113,10	164,52	185,08	107,60	156,52	176,08	102,20	148,66	167,24	96,90	140,94	158,56	91,69	133,37	150,04
	V	3 509,91	193,04	280,79	315,89	IV	2 974,58	160,70	233,75	262,97	157,80	229,53	258,22	154,90	225,32	253,48	152,—	221,10	248,73	149,10	216,88	243,99	146,20	212,66	239,24
	VI	3 542,08	194,81	283,36	318,78																				
9 053,99	I,IV	2 975,83	163,67	238,06	267,82	I	2 975,83	157,87	229,63	258,33	152,07	221,20	248,85	146,27	212,76	239,36	140,47	204,33	229,87	134,68	195,90	220,38	128,88	187,46	210,89
	II	2 930,08	161,15	234,40	263,70	II	2 930,08	155,35	225,97	254,21	149,55	217,54	244,73	143,76	209,10	235,24	137,96	200,67	225,75	132,16	192,24	216,27	126,36	183,80	206,78
	III	2 262,83	124,45	181,02	203,65	III	2 262,83	118,77	172,76	194,35	113,17	164,61	185,18	107,68	156,62	176,20	102,27	148,76	167,35	96,96	141,04	158,67	91,74	133,45	150,13
	V	3 511,16	193,11	280,89	316,—	IV	2 975,83	160,77	233,85	263,08	157,87	229,63	258,33	154,97	225,42	253,59	152,07	221,20	248,85	149,17	216,98	244,10	146,27	212,76	239,36
	VI	3 543,33	194,88	283,46	318,89																				
9 056,99	I,IV	2 977,16	163,74	238,17	267,94	I	2 977,16	157,94	229,74	258,45	152,14	221,30	248,96	146,34	212,86	239,47	140,54	204,43	229,98	134,75	196,—	220,50	128,95	187,56	211,01
	II	2 931,33	161,22	234,50	263,81	II	2 931,33	155,42	226,07	254,33	149,62	217,64	244,84	143,82	209,20	235,35	138,03	200,77	225,86	132,23	192,34	216,38	126,43	183,90	206,89
	III	2 264,16	124,52	181,13	203,77	III	2 264,16	118,83	172,85	194,45	113,24	164,72	185,31	107,74	156,72	176,31	102,33	148,85	167,45	97,02	141,13	158,77	91,81	133,54	150,23
	V	3 512,41	193,18	280,99	316,11	IV	2 977,16	160,84	233,95	263,19	157,94	229,74	258,45	155,04	225,52	253,71	152,14	221,30	248,96	149,24	217,08	244,22	146,34	212,86	239,47
	VI	3 544,58	194,95	283,56	319,01																				
9 059,99	I,IV	2 978,41	163,81	238,27	268,05	I	2 978,41	158,01	229,84	258,57	152,21	221,40	249,08	146,41	212,97	239,59	140,62	204,54	230,10	134,82	196,10	220,61	129,02	187,66	211,12
	II	2 932,58	161,29	234,60	263,93	II	2 932,58	155,49	226,17	254,44	149,69	217,74	244,95	143,89	209,30	235,46	138,10	200,87	225,98	132,30	192,44	216,49	126,50	184,—	207,—
	III	2 265,33	124,59	181,22	203,87	III	2 265,33	118,90	172,94	194,56	113,30	164,81	185,41	107,80	156,81	176,41	102,40	148,94	167,56	97,09	141,22	158,87	91,87	133,64	150,34
	V	3 513,66	193,25	281,09	316,22	IV	2 978,41	160,91	234,05	263,30	158,01	229,84	258,57	155,11	225,62	253,82	152,21	221,40	249,08	149,31	217,18	244,33	146,41	212,97	239,59
	VI	3 545,83	195,02	283,66	319,12																				
9 062,99	I,IV	2 979,66	163,88	238,37	268,16	I	2 979,66	158,08	229,94	258,68	152,28	221,50	249,19	146,48	213,07	239,70	140,69	204,64	230,22	134,89	196,20	220,73	129,09	187,77	211,24
	II	2 933,83	161,36	234,70	264,04	II	2 933,83	155,56	226,27	254,55	149,76	217,84	245,07	143,96	209,40	235,58	138,16	200,97	226,09	132,37	192,54	216,60	126,57	184,10	207,11
	III	2 266,66	124,66	181,33	203,99	III	2 266,66	118,97	173,05	194,68	113,37	164,90	185,51	107,87	156,90	176,51	102,46	149,04	167,67	97,15	141,32	158,98	91,94	133,73	150,44
	V	3 514,91	193,32	281,19	316,34	IV	2 979,66	160,98	234,15	263,42	158,08	229,94	258,68	155,18	225,72	253,93	152,28	221,50	249,19	149,38	217,28	244,44	146,48	213,07	239,70
	VI	3 547,16	195,09	283,77	319,24																				
9 065,99	I,IV	2 980,91	163,95	238,47	268,28	I	2 980,91	158,15	230,04	258,79	152,35	221,60	249,30	146,55	213,17	239,81	140,75	204,74	230,33	134,96	196,30	220,84	129,16	187,87	211,35
	II	2 935,16	161,43	234,81	264,16	II	2 935,16	155,63	226,38	254,67	149,83	217,94	245,18	144,03	209,50	235,69	138,23	201,07	226,20	132,44	192,64	216,72	126,64	184,20	207,23
	III	2 267,83	124,73	181,42	204,10	III	2 267,83	119,03	173,14	194,78	113,43	165,—	185,62	107,93	157,—	176,62	102,52	149,13	167,77	97,22	141,41	159,08	91,99	133,81	150,53
	V	3 516,16	193,38	281,29	316,45	IV	2 980,91	161,04	234,25	263,53	158,15	230,04	258,79	155,25	225,82	254,04	152,35	221,60	249,30	149,45	217,38	244,55	146,55	213,17	239,81
	VI	3 548,41	195,16	283,87	319,35																				
9 068,99	I,IV	2 982,16	164,01	238,57	268,39	I	2 982,16	158,22	230,14	258,90	152,42	221,70	249,41	146,62	213,27	239,93	140,82	204,84	230,44	135,02	196,40	220,95	129,23	187,97	211,46
	II	2 936,41	161,50	234,91	264,27	II	2 936,41	155,70	226,48	254,79	149,90	218,04	245,30	144,10	209,61	235,81	138,31	201,18	226,32	132,51	192,74	216,83	126,71	184,30	207,34
	III	2 269,16	124,80	181,53	204,22	III	2 269,16	119,10	173,24	194,89	113,51	165,10	185,74	108,—	157,09	176,72	102,59	149,22	167,87	97,27	141,49	159,17	92,06	133,90	150,64
	V	3 517,41	193,45	281,39	316,56	IV	2 982,16	161,12	234,36	263,65	158,22	230,14	258,90	155,32	225,92	254,16	152,42	221,70	249,41	149,52	217,48	244,67	146,62	213,27	239,93
	VI	3 549,66	195,23	283,97	319,46																				
9 071,99	I,IV	2 983,41	164,08	238,67	268,50	I	2 983,41	158,29	230,24	259,02	152,49	221,80	249,53	146,69	213,37	240,04	140,89	204,94	230,55	135,09	196,50	221,06	129,30	188,07	211,58
	II	2 937,66	161,57	235,01	264,38	II	2 937,66	155,77	226,58	254,90	149,97	218,14	245,41	144,17	209,71	235,92	138,38	201,28	226,44	132,58	192,84	216,95	126,78	184,41	207,46
	III	2 270,33	124,86	181,62	204,32	III	2 270,33	119,17	173,34	195,01	113,57	165,20	185,85	108,06	157,18	176,83	102,65	149,32	167,98	97,34	141,58	159,28	92,12	134,—	150,75
	V	3 518,75	193,53	281,50	316,68	IV	2 983,41	161,19	234,46	263,76	158,29	230,24	259,02	155,39	226,02	254,27	152,49	221,80	249,53	149,59	217,59	244,79	146,69	213,37	240,04
	VI	3 550,91	195,30	284,07	319,58																				
9 074,99	I,IV	2 984,66	164,15	238,77	268,61	I	2 984,66	158,35	230,34	259,13	152,56	221,90	249,64	146,76	213,47	240,15	140,96	205,04	230,67	135,16	196,60	221,18	129,36	188,17	211,69
	II	2 938,91	161,64	235,11	264,50	II	2 938,91	155,84	226,68	255,01	150,04	218,24	245,52	144,24	209,81	236,03	138,44	201,38	226,55	132,65	192,94	217,06	126,85	184,51	207,57
	III	2 271,50	124,93	181,72	204,43	III	2 271,50	119,24	173,44	195,12	113,63	165,29	185,95	108,13	157,28	176,94	102,72	149,41	168,08	97,40	141,68	159,39	92,18	134,09	150,85
	V	3 520,—	193,60	281,60	316,80	IV	2 984,66	161,26	234,56	263,88	158,35	230,34	259,13	155,46	226,12	254,39	152,56	221,90	249,64	149,66	217,69	244,90	146,76	213,47	240,15
	VI	3 552,16	195,36	284,17	319,69																				
9 077,99	I,IV	2 985,91	164,22	238,87	268,73	I	2 985,91	158,42	230,44	259,24	152,62	222,—	249,75	146,83	213,57	240,26	141,03	205,14	230,78	135,23	196,70	221,29	129,43	188,27	211,80
	II	2 940,16	161,70	235,21	264,61	II	2 940,16	155,91	226,78	255,12	150,11	218,34	245,63	144,31	209,91	236,15	138,51	201,48	226,66	132,71	193,04	217,17	126,92	184,61	207,68
	III	2 272,83	125,—	181,82	204,55	III	2 272,83	119,30	173,53	195,22	113,70	165,38	186,05	108,19	157,37	177,04	102,78	149,50	168,19	97,46	141,77	159,49	92,24	134,17	150,94
	V	3 521,25	193,66	281,70	316,91	IV	2 985,91	161,32	234,66	263,99	158,42	230,44	259,24	155,53	226,22	254,50	152,62	222,—	249,75	149,73	217,79	245,01	146,83	213,57	240,26
	VI	3 553,41	195,43	284,27	319,80																				
9 080,99	I,IV	2 987,25	164,29	238,98	268,85	I	2 987,25	158,50	230,54	259,36	152,69	222,10	249,86	146,90	213,67	240,38	141,10	205,24	230,89	135,30	196,80	221,40	129,50	188,37	211,91
	II	2 941,41	161,77	235,31	264,72	II	2 941,41	155,98	226,88	255,24	150,18	218,44	245,75	144,38	210,01	236,26	138,58	201,58	226,77	132,78	193,14	217,28	126,99	184,71	207,80
	III	2 274,—	125,07	181,92	204,66	III	2 274,—	119,37	173,64	195,34	113,77	165,49	186,17	108,26	157,48	177,16	102,85	149,60	168,30	97,53	141,86	159,59	92,30	134,26	151,04
	V	3 522,50	193,73	281,80	317,02	IV	2 987,25	161,39	234,76	264,10	158,50	230,54	259,36	155,59	226,32	254,61	152,69	222,10	249,86	149,80	217,89	245,12	146,90	213,67	240,38
	VI	3 554,66	195,50	284,37	319,91																				
9 083,99	I,IV	2 988,50	164,36	239,08	268,96	I	2 988,50	158,56	230,64	259,47	152,77	222,21	249,98	146,97	213,78	240,50	141,17	205,34	231,01	135,37	196,90	221,51	129,57	188,47	212,03
	II	2 942,66	161,84	235,41	264,83	II	2 942,66	156,04	226,98	255,35	150,25	218,54	245,86	144,45	210,11	236,37	138,65	201,68	226,89	132,85	193,24	217,40	127,05	184,81	207,91
	III	2 275,33	125,14	182,02	204,77	III	2 275,33	119,44	173,73	195,44	113,84	165,58	186,28	108,33	157,57	177,26	102,91	149,69	168,40	97,59	141,96	159,70	92,37	134,36	151,15
	V	3 523,75	193,81	281,90	317,13	IV	2 988,50	161,46	234,86	264,21	158,56	230,64	259,47	155,66	226,42	254,72	152,77	222,21	249,98	149,87	217,99	245,24	146,97	213,78	240,50
	VI	3 555,91	195,57	284,47	320,03																				
9 086,99	I,IV	2 989,75	164,43	239,18	269,07	I	2 989,75	158,63	230,74	259,58	152,84	222,31	250,10	147,04	213,88	240,61	141,24	205,44	231,12	135,44	197,01	221,63	129,64	188,58	212,15
	II	2 943,91	161,91	235,51	264,95	II	2 943,91	156,11	227,08	255,46	150,31	218,64	245,97	144,52	210,21	236,48	138,72	201,78	227,—	132,92	193,34	217,51	127,12	184,91	208,02
	III	2 276,50	125,20	182,12	204,88	III	2 276,50	119,51	173,84	195,57	113,90	165,68	186,39	108,39	157,66	177,37	102,97	149,78	168,50	97,66	142,05	159,80	92,43	134,45	151,25
	V	3 525,—	193,87	282,—	317,25	IV	2 989,75	161,53	234,96	264,33	158,63	230,74	259,58	155,73	226,52	254,84	152,84	222,31	250,10	149,93	218,09	245,35	147,04	213,88	240,61
	VI	3 557,25	195,64	284,58	320,15																				
9 089,99	I,IV	2 991,—	164,50	239,28	269,19	I	2 991,—	158,70	230,84	259,70	152,90	222,41	250,21	147,11	213,98	240,72	141,31	205,54	231,23	135,51	197,11	221,75	129,71	188,68	212,26
	II	2 945,25	161,98	235,62	265,07	II	2 945,25	156,19	227,18	255,58	150,38	218,74	246,08	144,59	210,31	236,60	138,79	201,88	227,11	132,99	193,44	217,62	127,19	185,01	208,13
	III	2 277,83	125,28	182,22	205,—	III	2 277,83	119,57	173,93	195,67	113,96	165,77	186,49	108,46	157,76	177,48	103,04	149,88	168,61	97,72	142,14	159,91	92,49	134,53	151,34
	V	3 526,25	193,94	282,10	317,36	IV	2 991,—	161,60	235,06	264,44	158,70	230,84	259,70	155,80	226,62	254,95	152,90	222,41	250,21	150,—	218,19	245,46	147,11	213,98	240,72
	VI	3 558,50	195,71	284,68	320,26																				

* Die ausgewiesenen Tabellenwerte sind amtlich. Siehe Erläuterungen auf der Umschlaginnenseite (U2).

Abzüge an Lohnsteuer, Solidaritätszuschlag (SolZ) und Kirchensteuer (8%, 9%) in den Steuerklassen

Lohn/ Gehalt bis €*	I – VI		ohne Kinderfreibeträge			I, II, III, IV		mit Zahl der Kinderfreibeträge . . . 0,5			1			1,5			2			2,5			3		
		LSt	SolZ	8%	9%		LSt	SolZ	8%	9%	SolZ	8%	9%	SolZ	8%	9%	SolZ	8%	9%	SolZ	8%	9%	SolZ	8%	9%
9 092,99	I,IV	2 992,25	164,57	239,38	269,30	I	2 992,25	158,77	230,94	259,81	152,97	222,51	250,32	147,18	214,08	240,84	141,38	205,64	231,35	135,58	197,21	221,86	129,78	188,78	212,37
	II	2 946,50	162,05	235,72	265,18	II	2 946,50	156,25	227,28	255,69	150,46	218,85	246,20	144,66	210,42	236,72	138,86	201,98	227,23	133,06	193,54	217,73	127,26	185,11	208,25
	III	2 279,—	125,34	182,32	205,11	III	2 279,—	119,64	174,02	195,77	114,04	165,88	186,61	108,52	157,85	177,58	103,10	149,97	168,71	97,78	142,22	160,—	92,55	134,62	151,45
	V	3 527,50	194,01	282,20	317,47	IV	2 992,25	161,67	235,16	264,56	158,77	230,94	259,81	155,87	226,72	255,06	152,97	222,51	250,32	150,07	218,29	245,57	147,18	214,08	240,84
	VI	3 559,75	195,78	284,78	320,37																				
9 095,99	I,IV	2 993,50	164,64	239,48	269,41	I	2 993,50	158,84	231,04	259,92	153,04	222,61	250,43	147,24	214,18	240,95	141,45	205,74	231,46	135,65	197,31	221,97	129,85	188,88	212,49
	II	2 947,75	162,12	235,82	265,29	II	2 947,75	156,32	227,38	255,80	150,53	218,95	246,32	144,73	210,52	236,83	138,93	202,08	227,34	133,13	193,65	217,85	127,33	185,22	208,37
	III	2 280,33	125,41	182,42	205,22	III	2 280,33	119,71	174,13	195,89	114,10	165,97	186,71	108,58	157,94	177,68	103,17	150,06	168,82	97,84	142,32	160,11	92,62	134,72	151,56
	V	3 528,75	194,08	282,30	317,58	IV	2 993,50	161,74	235,26	264,67	158,84	231,04	259,92	155,94	226,83	255,18	153,04	222,61	250,43	150,15	218,40	245,70	147,24	214,18	240,95
	VI	3 561,—	195,85	284,88	320,49																				
9 098,99	I,IV	2 994,75	164,71	239,58	269,52	I	2 994,75	158,91	231,14	260,03	153,11	222,71	250,55	147,31	214,28	241,06	141,51	205,84	231,57	135,72	197,41	222,08	129,92	188,98	212,60
	II	2 949,—	162,19	235,92	265,41	II	2 949,—	156,39	227,48	255,92	150,59	219,05	246,43	144,80	210,62	236,94	139,—	202,18	227,45	133,20	193,75	217,97	127,40	185,32	208,48
	III	2 281,50	125,48	182,52	205,33	III	2 281,50	119,78	174,22	196,—	114,17	166,06	186,82	108,65	158,04	177,79	103,23	150,16	168,93	97,90	142,41	160,21	92,68	134,81	151,66
	V	3 530,08	194,15	282,40	317,70	IV	2 994,75	161,81	235,36	264,78	158,91	231,14	260,03	156,01	226,93	255,29	153,11	222,71	250,55	150,21	218,50	245,81	147,31	214,28	241,06
	VI	3 562,25	195,92	284,98	320,60																				
9 101,99	I,IV	2 996,—	164,78	239,68	269,64	I	2 996,—	158,98	231,24	260,15	153,18	222,81	250,66	147,38	214,38	241,17	141,58	205,94	231,68	135,79	197,51	222,20	129,99	189,08	212,71
	II	2 950,25	162,26	236,02	265,52	II	2 950,25	156,46	227,58	256,03	150,66	219,15	246,54	144,87	210,72	237,06	139,07	202,28	227,57	133,27	193,85	218,08	127,47	185,42	208,59
	III	2 282,83	125,55	182,62	205,45	III	2 282,83	119,84	174,32	196,11	114,23	166,16	186,93	108,71	158,13	177,89	103,29	150,25	169,03	97,97	142,50	160,31	92,73	134,89	151,75
	V	3 531,33	194,22	282,50	317,81	IV	2 996,—	161,88	235,46	264,89	158,98	231,24	260,15	156,08	227,03	255,41	153,18	222,81	250,66	150,28	218,60	245,92	147,38	214,38	241,17
	VI	3 563,50	195,99	285,08	320,71																				
9 104,99	I,IV	2 997,33	164,85	239,78	269,75	I	2 997,33	159,05	231,34	260,26	153,25	222,91	250,77	147,45	214,48	241,29	141,65	206,04	231,80	135,85	197,61	222,31	130,06	189,18	212,82
	II	2 951,50	162,33	236,12	265,63	II	2 951,50	156,53	227,68	256,14	150,73	219,25	246,65	144,93	210,82	237,17	139,14	202,38	227,68	133,34	193,95	218,19	127,54	185,52	208,71
	III	2 284,—	125,62	182,72	205,56	III	2 284,—	119,91	174,42	196,22	114,30	166,26	187,04	108,79	158,24	178,02	103,36	150,34	169,13	98,03	142,60	160,42	92,80	134,98	151,85
	V	3 532,58	194,29	282,60	317,93	IV	2 997,33	161,95	235,56	265,01	159,05	231,34	260,26	156,15	227,13	255,52	153,25	222,91	250,77	150,35	218,70	246,03	147,45	214,48	241,29
	VI	3 564,75	196,06	285,18	320,82																				
9 107,99	I,IV	2 998,58	164,92	239,88	269,87	I	2 998,58	159,12	231,45	260,38	153,32	223,02	250,89	147,52	214,58	241,40	141,72	206,14	231,91	135,92	197,71	222,42	130,13	189,28	212,94
	II	2 952,75	162,40	236,22	265,74	II	2 952,75	156,60	227,78	256,25	150,80	219,35	246,77	145,—	210,92	237,28	139,20	202,48	227,79	133,41	194,05	218,30	127,61	185,62	208,82
	III	2 285,33	125,69	182,82	205,67	III	2 285,33	119,98	174,52	196,33	114,37	166,36	187,15	108,85	158,33	178,12	103,42	150,44	169,24	98,10	142,69	160,52	92,86	135,08	151,96
	V	3 533,83	194,36	282,70	318,04	IV	2 998,58	162,02	235,66	265,12	159,12	231,45	260,38	156,22	227,23	255,63	153,32	223,02	250,89	150,42	218,80	246,15	147,52	214,58	241,40
	VI	3 566,—	196,13	285,28	320,94																				
9 110,99	I,IV	2 999,83	164,99	239,98	269,98	I	2 999,83	159,19	231,55	260,49	153,39	223,12	251,01	147,59	214,68	241,52	141,79	206,25	232,03	136,—	197,82	222,54	130,20	189,38	213,05
	II	2 954,—	162,47	236,32	265,86	II	2 954,—	156,67	227,88	256,37	150,87	219,45	246,88	145,07	211,02	237,39	139,27	202,58	227,90	133,48	194,15	218,42	127,68	185,72	208,93
	III	2 286,50	125,75	182,92	205,78	III	2 286,50	120,05	174,62	196,45	114,43	166,45	187,25	108,91	158,42	178,22	103,49	150,53	169,34	98,16	142,78	160,63	92,93	135,17	152,06
	V	3 535,08	194,42	282,80	318,15	IV	2 999,83	162,08	235,76	265,23	159,19	231,55	260,49	156,29	227,33	255,74	153,39	223,12	251,01	150,49	218,90	246,26	147,59	214,68	241,52
	VI	3 567,25	196,19	285,38	321,05																				
9 113,99	I,IV	3 001,08	165,05	240,08	270,09	I	3 001,08	159,26	231,65	260,60	153,46	223,22	251,12	147,66	214,78	241,63	141,86	206,35	232,14	136,07	197,92	222,66	130,27	189,48	213,17
	II	2 955,33	162,54	236,42	265,97	II	2 955,33	156,74	227,98	256,48	150,94	219,55	246,99	145,14	211,12	237,51	139,34	202,68	228,02	133,54	194,25	218,53	127,75	185,82	209,04
	III	2 287,83	125,83	183,02	205,90	III	2 287,83	120,12	174,72	196,56	114,50	166,54	187,36	108,98	158,52	178,33	103,55	150,62	169,45	98,23	142,88	160,74	92,98	135,25	152,15
	V	3 536,33	194,49	282,90	318,26	IV	3 001,08	162,15	235,86	265,34	159,26	231,65	260,60	156,36	227,43	255,86	153,46	223,22	251,12	150,56	219,—	246,37	147,66	214,78	241,63
	VI	3 568,58	196,27	285,48	321,17																				
9 116,99	I,IV	3 002,33	165,12	240,18	270,20	I	3 002,33	159,33	231,75	260,72	153,53	223,32	251,23	147,73	214,88	241,74	141,93	206,45	232,25	136,13	198,02	222,77	130,34	189,58	213,28
	II	2 956,58	162,61	236,52	266,09	II	2 956,58	156,81	228,09	256,60	151,01	219,66	247,11	145,21	211,22	237,62	139,41	202,78	228,13	133,61	194,35	218,64	127,82	185,92	209,16
	III	2 289,—	125,89	183,12	206,01	III	2 289,—	120,18	174,81	196,66	114,57	166,65	187,48	109,04	158,61	178,43	103,62	150,72	169,56	98,28	142,96	160,83	93,05	135,34	152,26
	V	3 537,58	194,56	283,—	318,38	IV	3 002,33	162,22	235,96	265,46	159,33	231,75	260,72	156,42	227,53	255,97	153,53	223,32	251,23	150,63	219,10	246,48	147,73	214,88	241,74
	VI	3 569,83	196,34	285,58	321,28																				
9 119,99	I,IV	3 003,58	165,19	240,28	270,32	I	3 003,58	159,39	231,85	260,83	153,60	223,42	251,34	147,80	214,98	241,85	142,—	206,55	232,37	136,20	198,12	222,88	130,40	189,68	213,39
	II	2 957,83	162,68	236,62	266,20	II	2 957,83	156,88	228,19	256,71	151,08	219,76	247,23	145,28	211,32	237,74	139,48	202,89	228,25	133,69	194,46	218,76	127,89	186,02	209,27
	III	2 290,33	125,96	183,22	206,12	III	2 290,33	120,25	174,92	196,78	114,63	166,74	187,58	109,11	158,70	178,54	103,68	150,81	169,66	98,34	143,05	160,93	93,11	135,44	152,37
	V	3 538,83	194,63	283,10	318,49	IV	3 003,58	162,30	236,07	265,58	159,39	231,85	260,83	156,50	227,64	256,09	153,60	223,42	251,34	150,70	219,20	246,60	147,80	214,98	241,85
	VI	3 571,08	196,40	285,68	321,39																				
9 122,99	I,IV	3 004,83	165,26	240,38	270,43	I	3 004,83	159,46	231,95	260,94	153,67	223,52	251,46	147,87	215,08	241,97	142,07	206,65	232,48	136,27	198,22	222,99	130,47	189,78	213,50
	II	2 959,08	162,74	236,72	266,31	II	2 959,08	156,95	228,29	256,82	151,15	219,86	247,34	145,35	211,42	237,85	139,55	202,99	228,36	133,76	194,56	218,88	127,96	186,12	209,39
	III	2 291,66	126,04	183,33	206,24	III	2 291,66	120,32	175,01	196,88	114,70	166,84	187,69	109,17	158,80	178,65	103,74	150,90	169,76	98,41	143,14	161,03	93,17	135,53	152,47
	V	3 540,16	194,70	283,21	318,61	IV	3 004,83	162,36	236,17	265,69	159,46	231,95	260,94	156,57	227,74	256,20	153,67	223,52	251,46	150,77	219,30	246,71	147,87	215,08	241,97
	VI	3 572,33	196,47	285,78	321,50																				
9 125,99	I,IV	3 006,08	165,33	240,48	270,54	I	3 006,08	159,53	232,05	261,05	153,73	223,62	251,57	147,94	215,18	242,08	142,14	206,75	232,59	136,34	198,32	223,11	130,54	189,88	213,62
	II	2 960,33	162,81	236,82	266,42	II	2 960,33	157,02	228,39	256,94	151,22	219,96	247,45	145,42	211,52	237,96	139,62	203,09	228,47	133,82	194,66	218,99	128,03	186,22	209,50
	III	2 292,83	126,10	183,42	206,35	III	2 292,83	120,39	175,12	197,01	114,76	166,93	187,79	109,24	158,90	178,76	103,81	151,—	169,87	98,47	143,24	161,14	93,24	135,62	152,57
	V	3 541,41	194,77	283,31	318,72	IV	3 006,08	162,43	236,27	265,80	159,53	232,05	261,05	156,64	227,84	256,32	153,73	223,62	251,57	150,84	219,40	246,83	147,94	215,18	242,08
	VI	3 573,58	196,54	285,88	321,62																				
9 128,99	I,IV	3 007,33	165,40	240,58	270,65	I	3 007,33	159,60	232,15	261,17	153,80	223,72	251,68	148,—	215,28	242,19	142,21	206,85	232,70	136,41	198,42	223,22	130,61	189,98	213,73
	II	2 961,58	162,88	236,92	266,54	II	2 961,58	157,08	228,49	257,05	151,29	220,06	247,56	145,49	211,62	238,07	139,69	203,19	228,59	133,89	194,76	219,10	128,09	186,32	209,61
	III	2 294,16	126,17	183,53	206,47	III	2 294,16	120,45	175,21	197,11	114,84	167,04	187,92	109,31	159,—	178,87	103,87	151,09	169,97	98,54	143,33	161,24	93,29	135,70	152,66
	V	3 542,66	194,84	283,41	318,83	IV	3 007,33	162,50	236,37	265,91	159,60	232,15	261,17	156,70	227,94	256,43	153,80	223,72	251,68	150,91	219,50	246,94	148,—	215,28	242,19
	VI	3 574,83	196,61	285,98	321,73																				
9 131,99	I,IV	3 008,66	165,47	240,69	270,77	I	3 008,66	159,67	232,26	261,29	153,88	223,82	251,80	148,07	215,38	242,30	142,28	206,95	232,82	136,48	198,52	223,33	130,68	190,08	213,84
	II	2 962,83	162,95	237,02	266,65	II	2 962,83	157,15	228,59	257,16	151,36	220,16	247,68	145,56	211,72	238,19	139,76	203,29	228,70	133,96	194,86	219,21	128,16	186,42	209,72
	III	2 295,33	126,24	183,62	206,57	III	2 295,33	120,52	175,30	197,21	114,90	167,13	188,02	109,37	159,09	178,97	103,94	151,18	170,08	98,60	143,42	161,35	93,36	135,80	152,77
	V	3 543,91	194,91	283,51	318,95	IV	3 008,66	162,57	236,47	266,03	159,67	232,26	261,29	156,77	228,04	256,54	153,88	223,82	251,80	150,97	219,60	247,05	148,07	215,38	242,30
	VI	3 576,08	196,68	286,08	321,84																				
9 134,99	I,IV	3 009,91	165,54	240,79	270,89	I	3 009,91	159,74	232,36	261,40	153,94	223,92	251,91	148,15	215,49	242,42	142,35	207,06	232,94	136,55	198,62	223,45	130,75	190,18	213,95
	II	2 964,08	163,02	237,12	266,76	II	2 964,08	157,22	228,69	257,27	151,42	220,26	247,79	145,63	211,82	238,30	139,83	203,39	228,81	134,03	194,96	219,33	128,23	186,52	209,84
	III	2 296,66	126,31	183,73	206,69	III	2 296,66	120,59	175,41	197,33	114,96	167,22	188,12	109,44	159,18	179,08	104,—	151,28	170,19	98,67	143,52	161,46	93,42	135,89	152,87
	V	3 545,16	194,98	283,61	319,06	IV	3 009,91	162,64	236,57	266,14	159,74	232,36	261,40	156,84	228,14	256,65	153,94	223,92	251,91	151,04	219,70	247,16	148,15	215,49	242,42
	VI	3 577,33	196,75	286,18	321,95																				

* Die ausgewiesenen Tabellenwerte sind amtlich. Siehe Erläuterungen auf der Umschlaginnenseite (U2).

Abzüge an Lohnsteuer, Solidaritätszuschlag (SolZ) und Kirchensteuer (8%, 9%) in den Steuerklassen

Lohn/ Gehalt bis €*	I – VI		ohne Kinderfreibeträge			I, II, III, IV		mit Zahl der Kinderfreibeträge . . . 0,5			1			1,5			2			2,5			3		
		LSt	SolZ	8%	9%		LSt	SolZ	8%	9%	SolZ	8%	9%	SolZ	8%	9%	SolZ	8%	9%	SolZ	8%	9%	SolZ	8%	9%
9 137,99	I,IV	3 011,16	165,61	240,89	271,—	I	3 011,16	159,81	232,46	261,51	154,01	224,02	252,02	148,22	215,59	242,54	142,42	207,16	233,05	136,62	198,72	223,56	130,82	190,29	214,07
	II	2 965,33	163,09	237,22	266,87	II	2 965,33	157,29	228,79	257,39	151,49	220,36	247,90	145,69	211,92	238,41	139,90	203,49	228,92	134,10	195,06	219,44	128,30	186,62	209,95
	III	2 297,83	126,38	183,82	206,80	III	2 297,83	120,66	175,50	197,44	115,03	167,32	188,23	109,50	159,28	179,19	104,06	151,37	170,29	98,73	143,61	161,56	93,49	135,98	152,98
	V	3 546,41	195,05	283,71	319,17	IV	3 011,16	162,71	236,67	266,25	159,81	232,46	261,51	156,91	228,24	256,77	154,01	224,02	252,02	151,11	219,80	247,28	148,22	215,59	242,54
	VI	3 578,66	196,82	286,29	322,07																				
9 140,99	I,IV	3 012,41	165,68	240,99	271,11	I	3 012,41	159,88	232,56	261,63	154,08	224,12	252,14	148,28	215,69	242,65	142,49	207,26	233,16	136,69	198,82	223,67	130,89	190,39	214,19
	II	2 966,66	163,16	237,33	266,99	II	2 966,66	157,36	228,90	257,51	151,57	220,46	248,02	145,76	212,02	238,52	139,97	203,59	229,04	134,17	195,16	219,55	128,37	186,72	210,06
	III	2 299,16	126,45	183,93	206,92	III	2 299,16	120,72	175,60	197,55	115,10	167,42	188,35	109,56	159,37	179,29	104,13	151,46	170,39	98,79	143,70	161,66	93,54	136,06	153,07
	V	3 547,66	195,12	283,81	319,28	IV	3 012,41	162,78	236,77	266,36	159,88	232,56	261,63	156,98	228,34	256,88	154,08	224,12	252,14	151,18	219,90	247,39	148,28	215,69	242,65
	VI	3 579,91	196,89	286,39	322,19																				
9 143,99	I,IV	3 013,66	165,75	241,09	271,22	I	3 013,66	159,95	232,66	261,74	154,15	224,22	252,25	148,35	215,79	242,76	142,56	207,36	233,28	136,76	198,92	223,79	130,96	190,49	214,30
	II	2 967,91	163,23	237,43	267,11	II	2 967,91	157,43	229,—	257,62	151,63	220,56	248,13	145,84	212,13	238,64	140,04	203,70	229,16	134,24	195,26	219,67	128,44	186,82	210,17
	III	2 300,33	126,51	184,02	207,02	III	2 300,33	120,79	175,70	197,66	115,17	167,52	188,46	109,63	159,46	179,39	104,19	151,56	170,50	98,86	143,80	161,77	93,61	136,16	153,18
	V	3 548,91	195,19	283,91	319,40	IV	3 013,66	162,85	236,88	266,49	159,95	232,66	261,74	157,05	228,44	257,—	154,15	224,22	252,25	151,25	220,—	247,50	148,35	215,79	242,76
	VI	3 581,16	196,96	286,49	322,30																				
9 146,99	I,IV	3 014,91	165,82	241,19	271,34	I	3 014,91	160,02	232,76	261,85	154,22	224,32	252,36	148,42	215,89	242,87	142,62	207,46	233,39	136,83	199,02	223,90	131,03	190,59	214,41
	II	2 969,16	163,30	237,53	267,22	II	2 969,16	157,50	229,10	257,73	151,70	220,66	248,24	145,91	212,23	238,76	140,11	203,80	229,27	134,31	195,36	219,78	128,51	186,93	210,29
	III	2 301,66	126,59	184,13	207,14	III	2 301,66	120,86	175,80	197,77	115,23	167,61	188,56	109,70	159,57	179,51	104,26	151,65	170,60	98,91	143,88	161,86	93,67	136,25	153,28
	V	3 550,25	195,26	284,02	319,52	IV	3 014,91	162,92	236,98	266,60	160,02	232,76	261,85	157,12	228,54	257,11	154,22	224,32	252,36	151,32	220,11	247,62	148,42	215,89	242,87
	VI	3 582,41	197,03	286,59	322,41																				
9 149,99	I,IV	3 016,16	165,88	241,29	271,45	I	3 016,16	160,09	232,86	261,96	154,29	224,42	252,47	148,49	215,99	242,99	142,69	207,56	233,50	136,89	199,12	224,01	131,10	190,69	214,52
	II	2 970,41	163,37	237,63	267,33	II	2 970,41	157,57	229,20	257,85	151,77	220,76	248,36	145,97	212,33	238,87	140,18	203,90	229,38	134,38	195,46	219,89	128,58	187,03	210,41
	III	2 302,83	126,65	184,22	207,25	III	2 302,83	120,93	175,90	197,89	115,30	167,72	188,68	109,77	159,66	179,62	104,32	151,74	170,71	98,98	143,97	161,96	93,73	136,34	153,38
	V	3 551,50	195,33	284,12	319,63	IV	3 016,16	162,99	237,08	266,71	160,09	232,86	261,96	157,19	228,64	257,22	154,29	224,42	252,47	151,39	220,21	247,73	148,49	215,99	242,99
	VI	3 583,66	197,10	286,69	322,52																				
9 152,99	I,IV	3 017,41	165,95	241,39	271,56	I	3 017,41	160,16	232,96	262,08	154,36	224,52	252,59	148,56	216,09	243,10	142,76	207,66	233,61	136,96	199,22	224,12	131,17	190,79	214,64
	II	2 971,66	163,44	237,73	267,44	II	2 971,66	157,64	229,30	257,96	151,84	220,86	248,47	146,04	212,43	238,98	140,25	204,—	229,50	134,45	195,56	220,01	128,65	187,13	210,52
	III	2 304,16	126,72	184,33	207,37	III	2 304,16	121,—	176,—	198,—	115,37	167,81	188,78	109,83	159,76	179,73	104,39	151,84	170,82	99,04	144,06	162,07	93,80	136,44	153,49
	V	3 552,75	195,40	284,22	319,74	IV	3 017,41	163,06	237,18	266,82	160,16	232,96	262,08	157,26	228,74	257,33	154,36	224,52	252,59	151,46	220,31	247,85	148,56	216,09	243,10
	VI	3 584,91	197,17	286,79	322,64																				
9 155,99	I,IV	3 018,75	166,03	241,50	271,68	I	3 018,75	160,23	233,06	262,19	154,43	224,62	252,70	148,63	216,19	243,21	142,83	207,76	233,73	137,03	199,32	224,24	131,23	190,89	214,75
	II	2 972,91	163,51	237,83	267,56	II	2 972,91	157,71	229,40	258,07	151,91	220,96	248,58	146,11	212,53	239,09	140,31	204,10	229,61	134,52	195,66	220,12	128,72	187,23	210,63
	III	2 305,33	126,79	184,42	207,47	III	2 305,33	121,06	176,09	198,10	115,43	167,90	188,89	109,89	159,85	179,83	104,45	151,93	170,92	99,11	144,16	162,18	93,85	136,52	153,58
	V	3 554,—	195,47	284,32	319,86	IV	3 018,75	163,13	237,28	266,94	160,23	233,06	262,19	157,33	228,84	257,45	154,43	224,62	252,70	151,53	220,41	247,96	148,63	216,19	243,21
	VI	3 586,16	197,23	286,89	322,75																				
9 158,99	I,IV	3 020,—	166,10	241,60	271,80	I	3 020,—	160,30	233,16	262,31	154,50	224,73	252,82	148,70	216,30	243,33	142,90	207,86	233,84	137,10	199,42	224,35	131,30	190,99	214,86
	II	2 974,16	163,57	237,93	267,67	II	2 974,16	157,78	229,50	258,18	151,98	221,06	248,69	146,18	212,63	239,21	140,38	204,20	229,72	134,58	195,76	220,23	128,79	187,33	210,74
	III	2 306,66	126,86	184,53	207,59	III	2 306,66	121,13	176,20	198,22	115,50	168,—	189,—	109,96	159,94	179,93	104,51	152,02	171,02	99,17	144,25	162,28	93,92	136,61	153,68
	V	3 555,25	195,53	284,42	319,97	IV	3 020,—	163,19	237,38	267,05	160,30	233,16	262,31	157,40	228,94	257,56	154,50	224,73	252,82	151,60	220,51	248,07	148,70	216,30	243,33
	VI	3 587,41	197,30	286,99	322,86																				
9 161,99	I,IV	3 021,25	166,16	241,70	271,91	I	3 021,25	160,37	233,26	262,42	154,57	224,83	252,93	148,77	216,40	243,45	142,97	207,96	233,96	137,17	199,53	224,47	131,38	191,10	214,98
	II	2 975,41	163,64	238,03	267,78	II	2 975,41	157,85	229,60	258,30	152,05	221,16	248,81	146,25	212,73	239,32	140,45	204,30	229,83	134,65	195,86	220,34	128,86	187,43	210,86
	III	2 307,83	126,93	184,62	207,70	III	2 307,83	121,20	176,29	198,32	115,57	168,10	189,11	110,02	160,04	180,04	104,59	152,13	171,14	99,23	144,34	162,38	93,98	136,70	153,79
	V	3 556,50	195,60	284,52	320,08	IV	3 021,25	163,26	237,48	267,16	160,37	233,26	262,42	157,46	229,04	257,67	154,57	224,83	252,93	151,67	220,61	248,18	148,77	216,40	243,45
	VI	3 588,75	197,38	287,10	322,98																				
9 164,99	I,IV	3 022,50	166,23	241,80	272,02	I	3 022,50	160,43	233,36	262,53	154,64	224,93	253,04	148,84	216,50	243,56	143,04	208,06	234,07	137,24	199,63	224,58	131,45	191,20	215,1
	II	2 976,75	163,72	238,14	267,90	II	2 976,75	157,92	229,70	258,41	152,12	221,26	248,92	146,32	212,83	239,43	140,52	204,40	229,95	134,72	195,96	220,46	128,92	187,53	210,9
	III	2 309,16	127,—	184,73	207,82	III	2 309,16	121,27	176,40	198,45	115,63	168,20	189,22	110,10	160,14	180,16	104,65	152,22	171,25	99,30	144,44	162,49	94,05	136,80	153,9
	V	3 557,75	195,67	284,62	320,19	IV	3 022,50	163,33	237,58	267,27	160,43	233,36	262,53	157,53	229,14	257,78	154,64	224,93	253,04	151,74	220,71	248,30	148,84	216,50	243,5
	VI	3 590,—	197,45	287,20	323,10																				
9 167,99	I,IV	3 023,75	166,30	241,90	272,13	I	3 023,75	160,50	233,46	262,64	154,71	225,03	253,16	148,91	216,60	243,67	143,11	208,16	234,18	137,31	199,73	224,69	131,51	191,30	215,2
	II	2 978,—	163,79	238,24	268,02	II	2 978,—	157,99	229,80	258,53	152,19	221,37	249,04	146,39	212,94	239,55	140,59	204,50	230,06	134,79	196,06	220,57	128,99	187,63	211,0
	III	2 310,33	127,06	184,82	207,92	III	2 310,33	121,33	176,49	198,55	115,70	168,29	189,32	110,16	160,24	180,27	104,72	152,32	171,36	99,36	144,53	162,59	94,10	136,88	153,9
	V	3 559,—	195,74	284,72	320,31	IV	3 023,75	163,40	237,68	267,39	160,50	233,46	262,64	157,60	229,24	257,90	154,71	225,03	253,16	151,80	220,81	248,41	148,91	216,60	243,6
	VI	3 591,25	197,51	287,30	323,21																				
9 170,99	I,IV	3 025,—	166,37	242,—	272,25	I	3 025,—	160,57	233,56	262,76	154,77	225,13	253,27	148,98	216,70	243,78	143,18	208,26	234,29	137,38	199,83	224,81	131,58	191,40	215,3
	II	2 979,25	163,85	238,34	268,13	II	2 979,25	158,06	229,90	258,64	152,26	221,47	249,15	146,46	213,04	239,67	140,66	204,60	230,18	134,86	196,17	220,69	129,07	187,74	211,2
	III	2 311,66	127,14	184,93	208,04	III	2 311,66	121,41	176,60	198,67	115,77	168,40	189,45	110,22	160,33	180,37	104,78	152,41	171,46	99,43	144,62	162,70	94,16	136,97	154,0
	V	3 560,25	195,81	284,82	320,42	IV	3 025,—	163,47	237,78	267,50	160,57	233,56	262,76	157,68	229,35	258,02	154,77	225,13	253,27	151,88	220,92	248,53	148,98	216,70	243,7
	VI	3 592,50	197,58	287,40	323,32																				
9 173,99	I,IV	3 026,25	166,44	242,10	272,36	I	3 026,25	160,64	233,66	262,87	154,84	225,23	253,38	149,05	216,80	243,90	143,25	208,36	234,41	137,45	199,93	224,92	131,65	191,50	215,4
	II	2 980,50	163,92	238,44	268,24	II	2 980,50	158,12	230,—	258,75	152,33	221,57	249,26	146,53	213,14	239,78	140,73	204,70	230,29	134,93	196,27	220,80	129,14	187,84	211,3
	III	2 312,83	127,20	185,02	208,15	III	2 312,83	121,47	176,69	198,77	115,83	168,49	189,55	110,29	160,42	180,47	104,84	152,50	171,56	99,49	144,72	162,81	94,23	137,06	154,1
	V	3 561,58	195,88	284,92	320,54	IV	3 026,25	163,54	237,88	267,62	160,64	233,66	262,87	157,74	229,45	258,13	154,84	225,23	253,38	151,95	221,02	248,64	149,05	216,80	243,9
	VI	3 593,75	197,65	287,50	323,43																				
9 176,99	I,IV	3 027,50	166,51	242,20	272,47	I	3 027,50	160,71	233,76	262,98	154,91	225,33	253,49	149,11	216,90	244,01	143,32	208,46	234,52	137,52	200,03	225,03	131,72	191,60	215,5
	II	2 981,75	163,99	238,54	268,35	II	2 981,75	158,19	230,10	258,86	152,40	221,67	249,38	146,60	213,24	239,89	140,80	204,80	230,40	135,—	196,37	220,91	129,20	187,94	211,4
	III	2 314,16	127,27	185,13	208,27	III	2 314,16	121,54	176,78	198,88	115,90	168,58	189,65	110,35	160,52	180,58	104,91	152,60	171,67	99,55	144,81	162,91	94,29	137,16	154,3
	V	3 562,83	195,95	285,02	320,65	IV	3 027,50	163,61	237,98	267,73	160,71	233,76	262,98	157,81	229,55	258,24	154,91	225,33	253,49	152,02	221,12	248,76	149,11	216,90	244,0
	VI	3 595,—	197,72	287,60	323,55																				
9 179,99	I,IV	3 028,83	166,58	242,30	272,59	I	3 028,83	160,78	233,86	263,09	154,98	225,43	253,61	149,18	217,—	244,12	143,38	208,56	234,63	137,59	200,13	225,14	131,79	191,70	215,6
	II	2 983,—	164,06	238,64	268,47	II	2 983,—	158,26	230,20	258,98	152,46	221,77	249,49	146,67	213,34	240,—	140,87	204,90	230,51	135,07	196,47	221,03	129,27	188,04	211,5
	III	2 315,50	127,35	185,24	208,39	III	2 315,50	121,61	176,89	199,—	115,96	168,68	189,76	110,42	160,61	180,68	104,97	152,69	171,77	99,61	144,89	163,—	94,36	137,25	154,4
	V	3 564,08	196,02	285,12	320,76	IV	3 028,83	163,68	238,08	267,84	160,78	233,86	263,09	157,88	229,65	258,35	154,98	225,43	253,61	152,08	221,22	248,87	149,18	217,—	244,1
	VI	3 596,25	197,79	287,70	323,66																				

* Die ausgewiesenen Tabellenwerte sind amtlich. Siehe Erläuterungen auf der Umschlaginnenseite (U2).

Lohn/ Gehalt bis €*		I – VI LSt	ohne Kinderfreibeträge SolZ	8%	9%	I, II, III, IV	LSt	mit Zahl der Kinderfreibeträge . . . 0,5 SolZ	8%	9%	1 SolZ	8%	9%	1,5 SolZ	8%	9%	2 SolZ	8%	9%	2,5 SolZ	8%	9%	3 SolZ	8%	9%
	I,IV	3 030,08	166,65	242,40	272,70	I	3 030,08	160,85	233,97	263,21	155,05	225,54	253,73	149,26	217,10	244,24	143,45	208,66	234,74	137,66	200,23	225,26	131,86	191,80	215,77
	II	2 984,25	164,13	238,74	268,58	II	2 984,25	158,33	230,30	259,09	152,53	221,87	249,60	146,74	213,44	240,12	140,94	205,—	230,63	135,14	196,57	221,14	129,34	188,14	211,65
9 182,99	III	2 316,66	127,41	185,33	208,49	III	2 316,66	121,67	176,98	199,10	116,04	168,78	189,88	110,49	160,72	180,81	105,04	152,78	171,88	99,67	144,98	163,10	94,41	137,33	154,49
	V	3 565,33	196,09	285,22	320,87	IV	3 030,08	163,75	238,18	267,95	160,85	233,97	263,21	157,95	229,75	258,47	155,05	225,54	253,73	152,15	221,32	248,98	149,26	217,10	244,24
	VI	3 597,50	197,86	287,80	323,77																				
	I,IV	3 031,33	166,72	242,50	272,81	I	3 031,33	160,92	234,07	263,33	155,12	225,64	253,84	149,32	217,20	244,35	143,53	208,77	234,86	137,73	200,34	225,38	131,93	191,90	215,89
	II	2 985,50	164,20	238,84	268,69	II	2 985,50	158,40	230,40	259,20	152,60	221,97	249,71	146,80	213,54	240,23	141,01	205,10	230,74	135,21	196,67	221,25	129,41	188,24	211,77
9 185,99	III	2 318,—	127,49	185,44	208,62	III	2 318,—	121,75	177,09	199,22	116,10	168,88	189,99	110,55	160,81	180,91	105,10	152,88	171,99	99,74	145,08	163,21	94,48	137,42	154,60
	V	3 566,58	196,16	285,32	320,99	IV	3 031,33	163,82	238,28	268,07	160,92	234,07	263,33	158,02	229,85	258,58	155,12	225,64	253,84	152,22	221,42	249,09	149,32	217,20	244,35
	VI	3 598,75	197,93	287,90	323,88																				
	I,IV	3 032,58	166,79	242,60	272,93	I	3 032,58	160,99	234,17	263,44	155,19	225,74	253,95	149,39	217,30	244,46	143,60	208,87	234,98	137,80	200,44	225,49	132,—	192,—	216,—
	II	2 986,83	164,27	238,94	268,81	II	2 986,83	158,47	230,50	259,31	152,67	222,07	249,83	146,87	213,64	240,34	141,07	205,20	230,85	135,28	196,77	221,36	129,48	188,34	211,88
9 188,99	III	2 319,16	127,55	185,53	208,72	III	2 319,16	121,81	177,18	199,33	116,16	168,97	190,09	110,62	160,90	181,01	105,16	152,97	172,09	99,80	145,17	163,31	94,54	137,52	154,71
	V	3 567,83	196,23	285,42	321,10	IV	3 032,58	163,89	238,38	268,18	160,99	234,17	263,44	158,09	229,95	258,69	155,19	225,74	253,95	152,29	221,52	249,21	149,39	217,30	244,46
	VI	3 600,08	198,—	288,—	324,—																				
	I,IV	3 033,83	166,86	242,70	273,04	I	3 033,83	161,06	234,27	263,55	155,26	225,84	254,07	149,46	217,40	244,58	143,66	208,97	235,09	137,87	200,54	225,60	132,07	192,10	216,11
	II	2 988,08	164,34	239,04	268,92	II	2 988,08	158,54	230,61	259,43	152,74	222,18	249,95	146,95	213,74	240,46	141,14	205,30	230,96	135,35	196,87	221,48	129,55	188,44	211,99
9 191,99	III	2 320,50	127,62	185,64	208,84	III	2 320,50	121,88	177,28	199,44	116,24	169,08	190,21	110,68	161,—	181,12	105,23	153,06	172,19	99,87	145,26	163,42	94,60	137,61	154,81
	V	3 569,08	196,29	285,52	321,21	IV	3 033,83	163,95	238,48	268,29	161,06	234,27	263,55	158,16	230,05	258,80	155,26	225,84	254,07	152,36	221,62	249,32	149,46	217,40	244,58
	VI	3 601,33	198,07	288,10	324,11																				
	I,IV	3 035,08	166,92	242,80	273,15	I	3 035,08	161,13	234,37	263,66	155,33	225,94	254,18	149,53	217,50	244,69	143,73	209,07	235,20	137,94	200,64	225,72	132,14	192,20	216,23
	II	2 989,33	164,41	239,14	269,03	II	2 989,33	158,61	230,71	259,55	152,81	222,28	250,06	147,01	213,84	240,57	141,22	205,41	231,08	135,42	196,98	221,60	129,62	188,54	212,11
9 194,99	III	2 321,66	127,69	185,73	208,94	III	2 321,66	121,95	177,38	199,55	116,30	169,17	190,31	110,75	161,09	181,22	105,29	153,16	172,30	99,93	145,36	163,53	94,67	137,70	154,91
	V	3 570,33	196,36	285,62	321,32	IV	3 035,08	164,03	238,59	268,41	161,13	234,37	263,66	158,23	230,16	258,93	155,33	225,94	254,18	152,43	221,72	249,44	149,53	217,50	244,69
	VI	3 602,58	198,14	288,20	324,23																				
	I,IV	3 036,33	166,99	242,90	273,26	I	3 036,33	161,20	234,47	263,78	155,40	226,04	254,29	149,60	217,60	244,80	143,80	209,17	235,31	138,—	200,74	225,83	132,21	192,30	216,34
	II	2 990,58	164,48	239,24	269,15	II	2 990,58	158,68	230,81	259,66	152,88	222,38	250,17	147,08	213,94	240,68	141,29	205,51	231,20	135,49	197,08	221,71	129,69	188,64	212,22
9 197,99	III	2 323,—	127,76	185,84	209,07	III	2 323,—	122,01	177,48	199,66	116,37	169,26	190,42	110,81	161,18	181,33	105,36	153,25	172,40	99,99	145,45	163,63	94,72	137,78	155,—
	V	3 571,66	196,44	285,73	321,44	IV	3 036,33	164,10	238,69	268,52	161,20	234,47	263,78	158,30	230,26	259,04	155,40	226,04	254,29	152,50	221,82	249,55	149,60	217,60	244,80
	VI	3 603,83	198,21	288,30	324,34																				
	I,IV	3 037,58	167,06	243,—	273,38	I	3 037,58	161,26	234,57	263,89	155,47	226,14	254,40	149,67	217,70	244,91	143,87	209,27	235,43	138,07	200,84	225,94	132,27	192,40	216,45
	II	2 991,83	164,55	239,34	269,26	II	2 991,83	158,75	230,91	259,77	152,95	222,48	250,29	147,15	214,04	240,80	141,35	205,61	231,31	135,56	197,18	221,82	129,76	188,74	212,33
9 200,99	III	2 324,16	127,82	185,93	209,17	III	2 324,16	122,09	177,58	199,78	116,43	169,36	190,53	110,88	161,29	181,45	105,42	153,34	172,51	100,06	145,54	163,73	94,79	137,88	155,11
	V	3 572,91	196,51	285,83	321,56	IV	3 037,58	164,17	238,79	268,64	161,26	234,57	263,89	158,37	230,36	259,15	155,47	226,14	254,40	152,57	221,92	249,66	149,67	217,70	244,91
	VI	3 605,08	198,27	288,40	324,45																				
	I,IV	3 038,83	167,13	243,10	273,49	I	3 038,83	161,33	234,67	264,—	155,54	226,24	254,52	149,74	217,80	245,03	143,94	209,37	235,54	138,14	200,94	226,05	132,34	192,50	216,56
	II	2 993,08	164,61	239,44	269,37	II	2 993,08	158,82	231,01	259,88	153,02	222,58	250,40	147,22	214,14	240,91	141,42	205,71	231,42	135,63	197,28	221,94	129,83	188,84	212,45
9 203,99	III	2 325,50	127,90	186,04	209,29	III	2 325,50	122,15	177,68	199,89	116,50	169,46	190,64	110,95	161,38	181,55	105,49	153,44	172,62	100,12	145,64	163,84	94,85	137,97	155,21
	V	3 574,16	196,57	285,93	321,67	IV	3 038,83	164,23	238,89	268,75	161,33	234,67	264,—	158,44	230,46	259,26	155,54	226,24	254,52	152,64	222,02	249,77	149,74	217,80	245,03
	VI	3 606,33	198,34	288,50	324,56																				
	I,IV	3 040,16	167,20	243,21	273,61	I	3 040,16	161,41	234,78	264,12	155,61	226,34	254,63	149,81	217,90	245,14	144,01	209,47	235,65	138,21	201,04	226,17	132,41	192,60	216,68
	II	2 994,33	164,68	239,54	269,48	II	2 994,33	158,89	231,11	260,—	153,09	222,68	250,51	147,29	214,24	241,02	141,49	205,81	231,53	135,69	197,38	222,05	129,90	188,94	212,56
9 206,99	III	2 326,66	127,96	186,13	209,39	III	2 326,66	122,22	177,78	200,—	116,57	169,56	190,75	111,01	161,48	181,66	105,55	153,53	172,72	100,19	145,73	163,94	94,92	138,06	155,32
	V	3 575,41	196,64	286,03	321,78	IV	3 040,16	164,30	238,99	268,86	161,41	234,78	264,12	158,51	230,56	259,38	155,61	226,34	254,63	152,71	222,12	249,89	149,81	217,90	245,14
	VI	3 607,58	198,41	288,60	324,68																				
	I,IV	3 041,41	167,27	243,31	273,72	I	3 041,41	161,48	234,88	264,24	155,68	226,44	254,75	149,88	218,01	245,26	144,08	209,58	235,77	138,28	201,14	226,28	132,48	192,70	216,79
	II	2 995,58	164,75	239,64	269,60	II	2 995,58	158,95	231,21	260,11	153,16	222,78	250,62	147,36	214,34	241,13	141,56	205,91	231,65	135,76	197,48	222,16	129,96	189,04	212,67
9 209,99	III	2 328,—	128,04	186,24	209,52	III	2 328,—	122,29	177,88	200,11	116,63	169,65	190,85	111,08	161,57	181,76	105,61	153,62	172,82	100,25	145,82	164,05	94,98	138,16	155,43
	V	3 576,66	196,71	286,13	321,89	IV	3 041,41	164,37	239,09	268,97	161,48	234,88	264,24	158,57	230,66	259,49	155,68	226,44	254,75	152,78	222,22	250,—	149,88	218,01	245,26
	VI	3 608,83	198,48	288,70	324,79																				
	I,IV	3 042,66	167,34	243,41	273,83	I	3 042,66	161,54	234,98	264,35	155,75	226,54	254,86	149,95	218,11	245,37	144,15	209,68	235,89	138,35	201,24	226,40	132,55	192,81	216,91
	II	2 996,83	164,82	239,74	269,71	II	2 996,83	159,02	231,31	260,22	153,23	222,88	250,74	147,43	214,44	241,25	141,63	206,01	231,76	135,83	197,58	222,27	130,03	189,14	212,78
9 212,99	III	2 329,33	128,11	186,34	209,63	III	2 329,33	122,35	177,97	200,21	116,71	169,76	190,98	111,14	161,66	181,87	105,68	153,72	172,93	100,32	145,92	164,16	95,04	138,24	155,52
	V	3 577,91	196,78	286,23	322,01	IV	3 042,66	164,44	239,19	269,09	161,54	234,98	264,35	158,64	230,76	259,60	155,75	226,54	254,86	152,84	222,32	250,11	149,95	218,11	245,37
	VI	3 610,16	198,55	288,81	324,91																				
	I,IV	3 043,91	167,41	243,51	273,95	I	3 043,91	161,61	235,08	264,46	155,81	226,64	254,97	150,02	218,21	245,48	144,22	209,78	236,—	138,42	201,34	226,51	132,62	192,91	217,02
	II	2 998,16	164,89	239,85	269,83	II	2 998,16	159,10	231,42	260,34	153,30	222,98	250,85	147,50	214,54	241,36	141,70	206,11	231,87	135,90	197,68	222,39	130,10	189,24	212,90
9 215,99	III	2 330,50	128,17	186,44	209,74	III	2 330,50	122,43	178,08	200,34	116,77	169,85	191,08	111,21	161,77	181,99	105,74	153,81	173,03	100,38	146,01	164,26	95,10	138,33	155,62
	V	3 579,16	196,85	286,33	322,12	IV	3 043,91	164,51	239,29	269,20	161,61	235,08	264,46	158,71	230,86	259,71	155,81	226,64	254,97	152,91	222,42	250,22	150,02	218,21	245,48
	VI	3 611,41	198,62	288,91	325,02																				
	I,IV	3 045,16	167,48	243,61	274,06	I	3 045,16	161,68	235,18	264,57	155,88	226,74	255,08	150,09	218,31	245,60	144,29	209,88	236,11	138,49	201,44	226,62	132,69	193,01	217,13
	II	2 999,41	164,96	239,95	269,94	II	2 999,41	159,17	231,52	260,46	153,37	223,08	250,97	147,57	214,65	241,48	141,77	206,22	231,99	135,97	197,78	222,50	130,17	189,34	213,01
9 218,99	III	2 331,83	128,25	186,54	209,86	III	2 331,83	122,49	178,17	200,44	116,83	169,94	191,18	111,28	161,86	182,09	105,81	153,90	173,14	100,44	146,10	164,36	95,16	138,42	155,72
	V	3 580,41	196,92	286,43	322,23	IV	3 045,16	164,58	239,40	269,32	161,68	235,18	264,57	158,78	230,96	259,83	155,88	226,74	255,08	152,98	222,52	250,34	150,09	218,31	245,60
	VI	3 612,66	198,69	289,01	325,13																				
	I,IV	3 046,41	167,55	243,71	274,17	I	3 046,41	161,75	235,28	264,69	155,95	226,84	255,20	150,15	218,41	245,71	144,36	209,98	236,22	138,56	201,54	226,73	132,76	193,11	217,25
	II	3 000,66	165,03	240,05	270,05	II	3 000,66	159,23	231,62	260,57	153,44	223,18	251,08	147,64	214,75	241,59	141,84	206,32	232,11	136,04	197,88	222,62	130,24	189,45	213,13
9 221,99	III	2 333,16	128,32	186,65	209,98	III	2 333,16	122,56	178,28	200,56	116,91	170,05	191,30	111,34	161,96	182,20	105,88	154,01	173,26	100,51	146,20	164,47	95,23	138,52	155,83
	V	3 581,75	196,99	286,54	322,35	IV	3 046,41	164,65	239,50	269,43	161,75	235,28	264,69	158,85	231,06	259,94	155,95	226,84	255,20	153,06	222,63	250,46	150,15	218,41	245,71
	VI	3 613,91	198,76	289,11	325,25																				
	I,IV	3 047,66	167,62	243,81	274,28	I	3 047,66	161,82	235,38	264,80	156,02	226,94	255,31	150,22	218,51	245,82	144,43	210,08	236,34	138,63	201,64	226,85	132,83	193,21	217,36
	II	3 001,91	165,10	240,15	270,17	II	3 001,91	159,30	231,72	260,68	153,50	223,28	251,19	147,71	214,85	241,70	141,91	206,42	232,22	136,11	197,98	222,73	130,31	189,55	213,24
9 224,99	III	2 334,33	128,38	186,74	210,08	III	2 334,33	122,63	178,37	200,66	116,97	170,14	191,41	111,41	162,05	182,30	105,94	154,10	173,36	100,56	146,28	164,56	95,29	138,61	155,93
	V	3 583,—	197,06	286,64	322,47	IV	3 047,66	164,72	239,60	269,55	161,82	235,38	264,80	158,92	231,16	260,06	156,02	226,94	255,31	153,12	222,73	250,57	150,22	218,51	245,82
	VI	3 615,16	198,83	289,21	325,36																				

Abzüge an Lohnsteuer, Solidaritätszuschlag (SolZ) und Kirchensteuer (8%, 9%) in den Steuerklassen

* Die ausgewiesenen Tabellenwerte sind amtlich. Siehe Erläuterungen auf der Umschlaginnenseite (U2).

Abzüge an Lohnsteuer, Solidaritätszuschlag (SolZ) und Kirchensteuer (8%, 9%) in den Steuerklassen

Lohn/ Gehalt bis €*	I – VI					I, II, III, IV																			
			ohne Kinderfreibeträge					mit Zahl der Kinderfreibeträge . . . 0,5			1			1,5			2			2,5			3		
		LSt	SolZ	8%	9%		LSt	SolZ	8%	9%	SolZ	8%	9%	SolZ	8%	9%	SolZ	8%	9%	SolZ	8%	9%	SolZ	8%	9%
9 227,99	I,IV	3 048,91	167,69	243,91	274,40	I	3 048,91	161,89	235,48	264,91	156,09	227,04	255,42	150,29	218,61	245,93	144,49	210,18	236,45	138,70	201,74	226,96	132,90	193,31	217,47
	II	3 003,16	165,17	240,25	270,28	II	3 003,16	159,37	231,82	260,79	153,57	223,38	251,30	147,78	214,95	241,82	141,98	206,52	232,33	136,18	198,08	222,84	130,38	189,65	213,35
	III	2 335,66	128,46	186,85	210,20	III	2 335,66	122,70	178,48	200,79	117,04	170,24	191,52	111,47	162,14	182,41	106,01	154,20	173,47	100,63	146,37	164,66	95,36	138,70	156,04
	V	3 584,25	197,13	286,74	322,58	IV	3 048,91	164,79	239,70	269,66	161,89	235,48	264,91	158,99	231,26	260,17	156,09	227,04	255,42	153,19	222,83	250,68	150,29	218,61	245,93
	VI	3 616,41	198,90	289,31	325,47																				
9 230,99	I,IV	3 050,25	167,76	244,02	274,52	I	3 050,25	161,96	235,58	265,03	156,16	227,14	255,53	150,36	218,71	246,05	144,56	210,28	236,56	138,76	201,84	227,07	132,97	193,41	217,58
	II	3 004,41	165,24	240,35	270,39	II	3 004,41	159,44	231,92	260,91	153,64	223,48	251,42	147,84	215,05	241,93	142,05	206,62	232,44	136,25	198,18	222,95	130,45	189,75	213,47
	III	2 336,83	128,52	186,94	210,31	III	2 336,83	122,76	178,57	200,89	117,11	170,34	191,63	111,54	162,24	182,52	106,07	154,29	173,57	100,69	146,46	164,77	95,41	138,78	156,13
	V	3 585,50	197,20	286,84	322,69	IV	3 050,25	164,86	239,80	269,77	161,96	235,58	265,03	159,06	231,36	260,28	156,16	227,14	255,53	153,26	222,93	250,79	150,36	218,71	246,05
	VI	3 617,66	198,97	289,41	325,58																				
9 233,99	I,IV	3 051,50	167,83	244,12	274,63	I	3 051,50	162,03	235,68	265,14	156,23	227,25	255,65	150,43	218,82	246,17	144,64	210,38	236,68	138,83	201,94	227,18	133,04	193,51	217,70
	II	3 005,66	165,31	240,45	270,50	II	3 005,66	159,51	232,02	261,02	153,71	223,58	251,53	147,91	215,15	242,04	142,12	206,72	232,56	136,32	198,28	223,07	130,52	189,85	213,58
	III	2 338,16	128,59	187,05	210,43	III	2 338,16	122,84	178,68	201,01	117,17	170,44	191,74	111,61	162,34	182,63	106,14	154,38	173,68	100,76	146,56	164,88	95,48	138,88	156,24
	V	3 586,75	197,27	286,94	322,80	IV	3 051,50	164,93	239,90	269,88	162,03	235,68	265,14	159,13	231,46	260,39	156,23	227,25	255,65	153,33	223,03	250,91	150,43	218,82	246,17
	VI	3 618,91	199,04	289,51	325,70																				
9 236,99	I,IV	3 052,75	167,90	244,22	274,74	I	3 052,75	162,10	235,78	265,25	156,30	227,35	255,77	150,50	218,92	246,28	144,70	210,48	236,79	138,91	202,05	227,30	133,11	193,62	217,82
	II	3 006,91	165,38	240,55	270,62	II	3 006,91	159,58	232,12	261,13	153,78	223,68	251,64	147,98	215,25	242,15	142,18	206,82	232,67	136,39	198,38	223,18	130,59	189,95	213,69
	III	2 339,33	128,66	187,14	210,53	III	2 339,33	122,90	178,77	201,11	117,24	170,53	191,84	111,67	162,44	182,74	106,20	154,48	173,79	100,82	146,65	164,98	95,54	138,97	156,34
	V	3 588,–	197,34	287,04	322,92	IV	3 052,75	165,–	240,–	270,–	162,10	235,78	265,25	159,20	231,56	260,51	156,30	227,35	255,77	153,40	223,13	251,02	150,50	218,92	246,28
	VI	3 620,25	199,11	289,62	325,82																				
9 239,99	I,IV	3 054,–	167,97	244,32	274,86	I	3 054,–	162,17	235,88	265,37	156,37	227,45	255,88	150,57	219,02	246,39	144,77	210,58	236,90	138,98	202,15	227,42	133,18	193,72	217,93
	II	3 008,25	165,45	240,66	270,74	II	3 008,25	159,65	232,22	261,25	153,85	223,78	251,75	148,05	215,35	242,27	142,25	206,92	232,78	136,45	198,48	223,29	130,66	190,05	213,80
	III	2 340,66	128,73	187,25	210,65	III	2 340,66	122,97	178,86	201,22	117,31	170,64	191,97	111,74	162,53	182,84	106,26	154,57	173,89	100,88	146,74	165,08	95,60	139,06	156,44
	V	3 589,25	197,40	287,14	323,03	IV	3 054,–	165,06	240,10	270,11	162,17	235,88	265,37	159,27	231,66	260,62	156,37	227,45	255,88	153,47	223,23	251,13	150,57	219,02	246,39
	VI	3 621,50	199,18	289,72	325,93																				
9 242,99	I,IV	3 055,25	168,03	244,42	274,97	I	3 055,25	162,24	235,98	265,48	156,44	227,55	255,99	150,64	219,12	246,51	144,84	210,68	237,02	139,04	202,25	227,53	133,25	193,82	218,04
	II	3 009,50	165,52	240,76	270,85	II	3 009,50	159,72	232,32	261,36	153,92	223,89	251,87	148,12	215,46	242,39	142,33	207,02	232,90	136,52	198,58	223,40	130,73	190,15	213,92
	III	2 342,–	128,81	187,36	210,78	III	2 342,–	123,04	178,97	201,34	117,37	170,73	192,07	111,80	162,62	182,95	106,33	154,66	173,99	100,95	146,84	165,19	95,67	139,16	156,55
	V	3 590,50	197,47	287,24	323,14	IV	3 055,25	165,14	240,20	270,23	162,24	235,98	265,48	159,33	231,76	260,73	156,44	227,55	255,99	153,54	223,33	251,24	150,64	219,12	246,51
	VI	3 622,75	199,25	289,82	326,04																				
9 245,99	I,IV	3 056,50	168,10	244,52	275,08	I	3 056,50	162,30	236,08	265,59	156,51	227,65	256,10	150,71	219,22	246,62	144,91	210,78	237,13	139,11	202,35	227,64	133,32	193,92	218,16
	II	3 010,75	165,59	240,86	270,96	II	3 010,75	159,79	232,42	261,47	153,99	223,99	251,99	148,19	215,56	242,50	142,39	207,12	233,01	136,60	198,69	223,52	130,80	190,26	214,04
	III	2 343,16	128,87	187,45	210,88	III	2 343,16	123,10	179,06	201,44	117,44	170,82	192,17	111,87	162,72	183,06	106,39	154,76	174,10	101,01	146,93	165,29	95,73	139,25	156,65
	V	3 591,75	197,54	287,34	323,25	IV	3 056,50	165,21	240,30	270,34	162,30	236,08	265,59	159,41	231,87	260,85	156,51	227,65	256,10	153,61	223,44	251,37	150,71	219,22	246,62
	VI	3 624,–	199,32	289,92	326,16																				
9 248,99	I,IV	3 057,75	168,17	244,62	275,19	I	3 057,75	162,37	236,18	265,70	156,58	227,75	256,22	150,78	219,32	246,73	144,98	210,88	237,24	139,18	202,45	227,75	133,38	194,02	218,27
	II	3 012,–	165,66	240,96	271,08	II	3 012,–	159,86	232,52	261,59	154,06	224,09	252,10	148,26	215,66	242,61	142,46	207,22	233,12	136,67	198,79	223,64	130,87	190,36	214,15
	III	2 344,50	128,94	187,56	211,–	III	2 344,50	123,18	179,17	201,56	117,51	170,93	192,29	111,94	162,82	183,17	106,46	154,85	174,20	101,08	147,02	165,40	95,79	139,33	156,74
	V	3 593,08	197,61	287,44	323,37	IV	3 057,75	165,27	240,40	270,45	162,37	236,18	265,70	159,48	231,97	260,96	156,58	227,75	256,22	153,68	223,54	251,48	150,78	219,32	246,73
	VI	3 625,25	199,38	290,02	326,27																				
9 251,99	I,IV	3 059,–	168,24	244,72	275,31	I	3 059,–	162,44	236,28	265,82	156,64	227,85	256,33	150,85	219,42	246,84	145,05	210,98	237,35	139,25	202,55	227,87	133,45	194,12	218,38
	II	3 013,25	165,72	241,06	271,19	II	3 013,25	159,93	232,62	261,70	154,13	224,19	252,21	148,33	215,76	242,73	142,53	207,32	233,24	136,73	198,89	223,75	130,94	190,46	214,26
	III	2 345,66	129,01	187,65	211,10	III	2 345,66	123,24	179,26	201,67	117,58	171,02	192,40	112,–	162,92	183,28	106,52	154,94	174,31	101,14	147,12	165,51	95,85	139,42	156,85
	V	3 594,33	197,68	287,54	323,48	IV	3 059,–	165,34	240,50	270,56	162,44	236,28	265,82	159,55	232,07	261,08	156,64	227,85	256,33	153,75	223,64	251,59	150,85	219,42	246,84
	VI	3 626,50	199,45	290,12	326,38																				
9 254,99	I,IV	3 060,33	168,31	244,82	275,42	I	3 060,33	162,51	236,38	265,93	156,71	227,95	256,44	150,92	219,52	246,96	145,12	211,08	237,47	139,32	202,65	227,98	133,52	194,22	218,49
	II	3 014,50	165,79	241,16	271,30	II	3 014,50	159,99	232,72	261,81	154,20	224,29	252,32	148,40	215,86	242,84	142,60	207,42	233,35	136,80	198,99	223,86	131,01	190,56	214,38
	III	2 347,–	129,08	187,76	211,23	III	2 347,–	123,31	179,37	201,79	117,64	171,12	192,51	112,07	163,01	183,38	106,59	155,04	174,42	101,20	147,21	165,61	95,92	139,52	156,96
	V	3 595,58	197,75	287,64	323,60	IV	3 060,33	165,41	240,60	270,68	162,51	236,38	265,93	159,61	232,17	261,19	156,71	227,95	256,44	153,82	223,74	251,70	150,92	219,52	246,96
	VI	3 627,75	199,52	290,22	326,49																				
9 257,99	I,IV	3 061,58	168,38	244,92	275,54	I	3 061,58	162,58	236,49	266,05	156,79	228,06	256,56	150,99	219,62	247,07	145,19	211,18	237,58	139,39	202,75	228,09	133,59	194,32	218,61
	II	3 015,75	165,86	241,26	271,41	II	3 015,75	160,06	232,82	261,92	154,27	224,39	252,44	148,47	215,96	242,95	142,67	207,52	233,46	136,87	199,09	223,97	131,07	190,66	214,49
	III	2 348,16	129,14	187,85	211,33	III	2 348,16	123,38	179,46	201,89	117,71	171,22	192,62	112,13	163,10	183,49	106,65	155,13	174,52	101,27	147,30	165,71	95,98	139,61	157,06
	V	3 596,83	197,82	287,74	323,71	IV	3 061,58	165,48	240,70	270,79	162,58	236,49	266,05	159,68	232,27	261,30	156,79	228,06	256,56	153,89	223,84	251,82	150,99	219,62	247,07
	VI	3 629,–	199,59	290,32	326,61																				
9 260,99	I,IV	3 062,83	168,45	245,02	275,65	I	3 062,83	162,65	236,59	266,16	156,86	228,16	256,68	151,06	219,72	247,19	145,26	211,29	237,70	139,46	202,86	228,21	133,66	194,42	218,72
	II	3 017,–	165,93	241,36	271,53	II	3 017,–	160,13	232,92	262,04	154,33	224,49	252,55	148,54	216,06	243,06	142,74	207,62	233,57	136,94	199,19	224,09	131,14	190,76	214,60
	III	2 349,50	129,22	187,96	211,45	III	2 349,50	123,45	179,57	202,01	117,78	171,32	192,73	112,20	163,20	183,60	106,72	155,24	174,64	101,33	147,40	165,82	96,04	139,70	157,16
	V	3 598,08	197,89	287,84	323,82	IV	3 062,83	165,55	240,80	270,90	162,65	236,59	266,16	159,75	232,37	261,41	156,86	228,16	256,68	153,95	223,94	251,93	151,06	219,72	247,19
	VI	3 630,25	199,66	290,42	326,72																				
9 263,99	I,IV	3 064,08	168,52	245,12	275,76	I	3 064,08	162,72	236,69	266,27	156,92	228,26	256,79	151,13	219,82	247,30	145,33	211,39	237,81	139,53	202,96	228,33	133,73	194,52	218,84
	II	3 018,33	166,–	241,46	271,64	II	3 018,33	160,20	233,02	262,15	154,40	224,59	252,66	148,61	216,16	243,18	142,81	207,72	233,69	137,01	199,29	224,20	131,21	190,86	214,71
	III	2 350,66	129,28	188,05	211,55	III	2 350,66	123,52	179,66	202,12	117,84	171,41	192,83	112,27	163,30	183,71	106,79	155,33	174,74	101,40	147,49	165,92	96,11	139,80	157,27
	V	3 599,33	197,96	287,94	323,93	IV	3 064,08	165,62	240,90	271,01	162,72	236,69	266,27	159,82	232,47	261,53	156,92	228,26	256,79	154,02	224,04	252,04	151,13	219,82	247,30
	VI	3 631,58	199,73	290,52	326,84																				
9 266,99	I,IV	3 065,33	168,59	245,22	275,87	I	3 065,33	162,79	236,79	266,39	156,99	228,36	256,90	151,19	219,92	247,41	145,40	211,49	237,92	139,60	203,06	228,44	133,80	194,62	218,95
	II	3 019,58	166,07	241,56	271,76	II	3 019,58	160,27	233,13	262,27	154,48	224,70	252,78	148,68	216,26	243,29	142,88	207,82	233,80	137,08	199,39	224,31	131,28	190,96	214,83
	III	2 352,–	129,36	188,16	211,68	III	2 352,–	123,58	179,76	202,23	117,92	171,52	192,96	112,33	163,40	183,82	106,85	155,42	174,85	101,46	147,58	166,03	96,16	139,88	157,38
	V	3 600,58	198,03	288,04	324,05	IV	3 065,33	165,69	241,–	271,13	162,79	236,79	266,39	159,89	232,57	261,64	156,99	228,36	256,90	154,09	224,14	252,15	151,19	219,92	247,41
	VI	3 632,83	199,80	290,62	326,95																				
9 269,99	I,IV	3 066,58	168,66	245,32	275,99	I	3 066,58	162,86	236,89	266,50	157,06	228,46	257,01	151,26	220,02	247,52	145,47	211,59	238,04	139,67	203,16	228,55	133,87	194,72	219,06
	II	3 020,83	166,14	241,66	271,87	II	3 020,83	160,34	233,23	262,38	154,55	224,80	252,90	148,75	216,36	243,41	142,95	207,93	233,92	137,15	199,50	224,43	131,35	191,06	214,94
	III	2 353,33	129,43	188,26	211,79	III	2 353,33	123,65	179,86	202,34	117,98	171,61	193,06	112,40	163,49	183,92	106,92	155,52	174,96	101,53	147,68	166,14	96,23	139,97	157,49
	V	3 601,83	198,10	288,14	324,16	IV	3 066,58	165,76	241,11	271,25	162,86	236,89	266,50	159,96	232,68	261,76	157,06	228,46	257,01	154,16	224,24	252,27	151,26	220,02	247,52
	VI	3 634,08	199,87	290,72	327,06																				

*** Die ausgewiesenen Tabellenwerte sind amtlich. Siehe Erläuterungen auf der Umschlaginnenseite (U2).**

Lohn/ Gehalt bis €*	Abzüge an Lohnsteuer, Solidaritätszuschlag (SolZ) und Kirchensteuer (8%, 9%) in den Steuerklassen I – VI					I, II, III, IV		mit Zahl der Kinderfreibeträge . . . 0,5			1			1,5			2			2,5			3		
		LSt	ohne Kinderfreibeträge SolZ	8%	9%		LSt	SolZ	8%	9%	SolZ	8%	9%	SolZ	8%	9%	SolZ	8%	9%	SolZ	8%	9%	SolZ	8%	9%
9 272,99	I,IV	3 067,83	168,73	245,42	276,10	I	3 067,83	162,93	236,99	266,61	157,13	228,56	257,13	151,33	220,12	247,64	145,53	211,69	238,15	139,74	203,26	228,66	133,94	194,82	219,17
	II	3 022,08	166,21	241,76	271,98	II	3 022,08	160,41	233,33	262,49	154,61	224,90	253,01	148,82	216,46	243,52	143,02	208,03	234,03	137,22	199,60	224,55	131,42	191,16	215,06
	III	2 354,50	129,49	188,36	211,90	III	2 354,50	123,72	179,96	202,45	118,04	171,70	193,16	112,46	163,58	184,03	106,98	155,61	175,06	101,59	147,77	166,24	96,29	140,06	157,57
	V	3 603,16	198,17	288,25	324,28	IV	3 067,83	165,83	241,21	271,36	162,93	236,99	266,61	160,03	232,78	261,87	157,13	228,56	257,13	154,23	224,34	252,38	151,33	220,12	247,64
	VI	3 635,33	199,94	290,82	327,17																				
9 275,99	I,IV	3 069,08	168,79	245,52	276,21	I	3 069,08	163,—	237,09	266,72	157,20	228,66	257,24	151,40	220,22	247,75	145,60	211,79	238,26	139,81	203,36	228,78	134,01	194,92	219,29
	II	3 023,33	166,28	241,86	272,09	II	3 023,33	160,48	233,43	262,61	154,68	225,—	253,12	148,88	216,56	243,63	143,09	208,13	234,14	137,29	199,70	224,66	131,49	191,26	215,17
	III	2 355,83	129,57	188,46	212,02	III	2 355,83	123,79	180,06	202,57	118,12	171,81	193,28	112,53	163,69	184,15	107,04	155,70	175,16	101,65	147,86	166,34	96,36	140,16	157,68
	V	3 604,41	198,24	288,35	324,39	IV	3 069,08	165,90	241,31	271,47	163,—	237,09	266,72	160,10	232,88	261,99	157,20	228,66	257,24	154,30	224,44	252,50	151,40	220,22	247,75
	VI	3 636,58	200,01	290,92	327,29																				
9 278,99	I,IV	3 070,33	168,86	245,62	276,32	I	3 070,33	163,07	237,19	266,84	157,27	228,76	257,35	151,47	220,32	247,86	145,67	211,89	238,37	139,87	203,46	228,89	134,08	195,02	219,40
	II	3 024,58	166,35	241,96	272,21	II	3 024,58	160,55	233,53	262,72	154,75	225,10	253,23	148,95	216,66	243,74	143,16	208,23	234,26	137,36	199,80	224,77	131,56	191,36	215,28
	III	2 357,—	129,63	188,56	212,13	III	2 357,—	123,86	180,16	202,68	118,18	171,90	193,39	112,60	163,78	184,25	107,11	155,80	175,27	101,72	147,96	166,45	96,42	140,25	157,78
	V	3 605,66	198,31	288,45	324,50	IV	3 070,33	165,97	241,41	271,58	163,07	237,19	266,84	160,17	232,98	262,10	157,27	228,76	257,35	154,37	224,54	252,61	151,47	220,32	247,86
	VI	3 637,83	200,08	291,02	327,40																				
9 281,99	I,IV	3 071,66	168,94	245,73	276,44	I	3 071,66	163,14	237,30	266,96	157,34	228,86	257,47	151,54	220,42	247,97	145,74	211,99	238,49	139,94	203,56	229,—	134,14	195,12	219,51
	II	3 025,83	166,42	242,06	272,32	II	3 025,83	160,62	233,63	262,83	154,82	225,20	253,35	149,02	216,76	243,86	143,22	208,33	234,37	137,43	199,90	224,88	131,63	191,46	215,39
	III	2 358,33	129,70	188,66	212,24	III	2 358,33	123,93	180,26	202,79	118,25	172,—	193,50	112,66	163,88	184,36	107,17	155,89	175,37	101,78	148,05	166,55	96,48	140,34	157,88
	V	3 606,91	198,38	288,55	324,62	IV	3 071,66	166,04	241,51	271,70	163,14	237,30	266,96	160,24	233,08	262,21	157,34	228,86	257,47	154,44	224,64	252,72	151,54	220,42	247,97
	VI	3 639,08	200,14	291,12	327,51																				
9 284,99	I,IV	3 072,91	169,01	245,83	276,56	I	3 072,91	163,21	237,40	267,07	157,41	228,96	257,58	151,61	220,53	248,09	145,81	212,10	238,61	140,02	203,66	229,12	134,21	195,22	219,62
	II	3 027,08	166,48	242,16	272,43	II	3 027,08	160,69	233,73	262,94	154,89	225,30	253,46	149,09	216,86	243,97	143,29	208,43	234,48	137,50	200,—	225,—	131,70	191,56	215,51
	III	2 359,50	129,77	188,76	212,35	III	2 359,50	123,99	180,36	202,90	118,32	172,10	193,61	112,73	163,97	184,46	107,24	155,98	175,48	101,85	148,14	166,66	96,54	140,42	157,97
	V	3 608,16	198,44	288,65	324,73	IV	3 072,91	166,10	241,61	271,81	163,21	237,40	267,07	160,31	233,18	262,32	157,41	228,96	257,58	154,51	224,74	252,83	151,61	220,53	248,09
	VI	3 640,33	200,21	291,22	327,62																				
9 287,99	I,IV	3 074,16	169,07	245,93	276,67	I	3 074,16	163,28	237,50	267,18	157,48	229,06	257,69	151,68	220,63	248,21	145,88	212,20	238,72	140,08	203,76	229,23	134,29	195,33	219,74
	II	3 028,33	166,55	242,26	272,54	II	3 028,33	160,76	233,83	263,06	154,96	225,40	253,57	149,16	216,96	244,08	143,36	208,53	234,59	137,56	200,10	225,11	131,77	191,66	215,62
	III	2 360,83	129,84	188,86	212,47	III	2 360,83	124,07	180,46	203,02	118,38	172,20	193,72	112,79	164,06	184,57	107,30	156,08	175,59	101,91	148,24	166,77	96,60	140,52	158,08
	V	3 609,41	198,51	288,75	324,84	IV	3 074,16	166,17	241,71	271,92	163,28	237,50	267,18	160,38	233,28	262,44	157,48	229,06	257,69	154,58	224,84	252,95	151,68	220,63	248,21
	VI	3 641,66	200,29	291,33	327,74																				
9 290,99	I,IV	3 075,41	169,14	246,03	276,78	I	3 075,41	163,35	237,60	267,30	157,55	229,16	257,81	151,75	220,73	248,32	145,95	212,30	238,83	140,15	203,86	229,34	134,36	195,43	219,86
	II	3 029,66	166,63	242,37	272,66	II	3 029,66	160,83	233,94	263,18	155,03	225,50	253,69	149,23	217,06	244,19	143,43	208,63	234,71	137,63	200,20	225,22	131,83	191,76	215,73
	III	2 362,—	129,91	188,96	212,58	III	2 362,—	124,13	180,56	203,13	118,45	172,29	193,82	112,86	164,17	184,69	107,36	156,17	175,69	101,97	148,33	166,87	96,67	140,61	158,18
	V	3 610,66	198,58	288,85	324,95	IV	3 075,41	166,24	241,81	272,03	163,35	237,60	267,30	160,44	233,38	262,55	157,55	229,16	257,81	154,65	224,94	253,06	151,75	220,73	248,32
	VI	3 642,91	200,36	291,43	327,86																				
9 293,99	I,IV	3 076,66	169,21	246,13	276,89	I	3 076,66	163,41	237,70	267,41	157,62	229,26	257,92	151,82	220,83	248,43	146,02	212,40	238,95	140,22	203,96	229,46	134,42	195,53	219,97
	II	3 030,91	166,70	242,47	272,78	II	3 030,91	160,90	234,04	263,29	155,10	225,60	253,80	149,30	217,17	244,31	143,50	208,74	234,83	137,71	200,30	225,34	131,90	191,86	215,84
	III	2 363,33	129,98	189,06	212,69	III	2 363,33	124,20	180,66	203,24	118,52	172,40	193,95	112,93	164,26	184,79	107,44	156,28	175,81	102,04	148,42	166,97	96,73	140,70	158,29
	V	3 611,91	198,65	288,95	325,07	IV	3 076,66	166,32	241,92	272,16	163,41	237,70	267,41	160,52	233,48	262,67	157,62	229,26	257,92	154,71	225,04	253,17	151,82	220,83	248,43
	VI	3 644,16	200,42	291,53	327,97																				
9 296,99	I,IV	3 077,91	169,28	246,23	277,01	I	3 077,91	163,48	237,80	267,52	157,68	229,36	258,03	151,89	220,93	248,54	146,09	212,50	239,06	140,29	204,06	229,57	134,49	195,63	220,08
	II	3 032,16	166,76	242,57	272,89	II	3 032,16	160,97	234,14	263,40	155,17	225,70	253,91	149,37	217,27	244,43	143,57	208,84	234,94	137,77	200,40	225,45	131,98	191,97	215,96
	III	2 364,66	130,05	189,17	212,81	III	2 364,66	124,27	180,76	203,35	118,58	172,49	194,05	112,99	164,36	184,90	107,50	156,37	175,91	102,10	148,52	167,08	96,80	140,80	158,40
	V	3 613,25	198,72	289,06	325,19	IV	3 077,91	166,38	242,02	272,27	163,48	237,80	267,52	160,59	233,58	262,78	157,68	229,36	258,03	154,79	225,15	253,29	151,89	220,93	248,54
	VI	3 645,41	200,49	291,63	328,08																				
9 299,99	I,IV	3 079,16	169,35	246,33	277,12	I	3 079,16	163,55	237,90	267,63	157,75	229,46	258,14	151,96	221,03	248,66	146,16	212,60	239,17	140,36	204,16	229,68	134,56	195,73	220,19
	II	3 033,41	166,83	242,67	273,—	II	3 033,41	161,04	234,24	263,52	155,24	225,80	254,03	149,44	217,37	244,54	143,64	208,94	235,05	137,84	200,50	225,56	132,05	192,07	216,08
	III	2 365,83	130,12	189,26	212,92	III	2 365,83	124,34	180,86	203,47	118,65	172,58	194,15	113,06	164,45	185,—	107,57	156,46	176,02	102,17	148,61	167,18	96,86	140,89	158,50
	V	3 614,50	198,79	289,16	325,30	IV	3 079,16	166,45	242,12	272,38	163,55	237,90	267,63	160,65	233,68	262,89	157,75	229,46	258,14	154,86	225,25	253,40	151,96	221,03	248,66
	VI	3 646,66	200,56	291,73	328,19																				
9 302,99	I,IV	3 080,41	169,42	246,43	277,23	I	3 080,41	163,62	238,—	267,75	157,82	229,56	258,26	152,02	221,13	248,77	146,23	212,70	239,28	140,43	204,26	229,79	134,63	195,83	220,31
	II	3 034,66	166,90	242,77	273,11	II	3 034,66	161,10	234,34	263,63	155,31	225,90	254,14	149,51	217,47	244,65	143,71	209,04	235,17	137,91	200,60	225,68	132,11	192,17	216,19
	III	2 367,16	130,19	189,37	213,04	III	2 367,16	124,41	180,96	203,58	118,72	172,69	194,27	113,13	164,56	185,13	107,63	156,56	176,13	102,23	148,70	167,29	96,92	140,98	158,60
	V	3 615,75	198,86	289,26	325,41	IV	3 080,41	166,52	242,22	272,49	163,62	238,—	267,75	160,72	233,78	263,—	157,82	229,56	258,26	154,93	225,35	253,52	152,02	221,13	248,77
	VI	3 647,91	200,63	291,83	328,31																				
9 305,99	I,IV	3 081,75	169,49	246,54	277,35	I	3 081,75	163,69	238,10	267,86	157,89	229,66	258,37	152,09	221,23	248,88	146,30	212,80	239,40	140,50	204,36	229,91	134,70	195,93	220,42
	II	3 035,91	166,97	242,87	273,23	II	3 035,91	161,17	234,44	263,74	155,37	226,—	254,25	149,58	217,57	244,76	143,78	209,14	235,28	137,98	200,70	225,79	132,18	192,27	216,30
	III	2 368,33	130,25	189,46	213,14	III	2 368,33	124,48	181,06	203,69	118,79	172,78	194,38	113,19	164,65	185,23	107,69	156,65	176,23	102,29	148,78	167,38	96,98	141,06	158,69
	V	3 617,—	198,93	289,36	325,53	IV	3 081,75	166,59	242,32	272,61	163,69	238,10	267,86	160,79	233,88	263,12	157,89	229,66	258,37	154,99	225,45	253,63	152,09	221,23	248,88
	VI	3 649,16	200,70	291,93	328,42																				
9 308,99	I,IV	3 083,—	169,56	246,64	277,47	I	3 083,—	163,76	238,20	267,98	157,96	229,77	258,49	152,17	221,34	249,—	146,37	212,90	239,51	140,57	204,46	230,02	134,77	196,03	220,53
	II	3 037,16	167,04	242,97	273,34	II	3 037,16	161,24	234,54	263,85	155,44	226,10	254,36	149,65	217,67	244,88	143,85	209,24	235,39	138,05	200,80	225,90	132,25	192,37	216,41
	III	2 369,66	130,33	189,57	213,26	III	2 369,66	124,54	181,16	203,80	118,85	172,88	194,49	113,26	164,74	185,33	107,76	156,74	176,33	102,35	148,88	167,49	97,04	141,16	158,80
	V	3 618,25	199,—	289,46	325,64	IV	3 083,—	166,66	242,42	272,72	163,76	238,20	267,98	160,86	233,98	263,23	157,96	229,77	258,49	155,06	225,55	253,74	152,17	221,34	249,—
	VI	3 650,41	200,77	292,03	328,53																				
9 311,99	I,IV	3 084,25	169,63	246,74	277,58	I	3 084,25	163,83	238,30	268,09	158,03	229,87	258,60	152,24	221,44	249,12	146,44	213,—	239,63	140,64	204,57	230,14	134,84	196,14	220,65
	II	3 038,41	167,11	243,07	273,45	II	3 038,41	161,31	234,64	263,97	155,51	226,20	254,48	149,71	217,77	244,99	143,92	209,34	235,50	138,12	200,90	226,01	132,32	192,47	216,53
	III	2 370,83	130,39	189,66	213,37	III	2 370,83	124,62	181,26	203,92	118,92	172,98	194,60	113,32	164,84	185,44	107,82	156,84	176,44	102,41	148,97	167,59	97,11	141,25	158,90
	V	3 619,50	199,07	289,56	325,75	IV	3 084,25	166,73	242,52	272,83	163,83	238,30	268,09	160,93	234,08	263,34	158,03	229,87	258,60	155,13	225,65	253,85	152,24	221,44	249,12
	VI	3 651,75	200,84	292,14	328,65																				
9 314,99	I,IV	3 085,50	169,70	246,84	277,69	I	3 085,50	163,90	238,40	268,20	158,10	229,97	258,71	152,30	221,54	249,23	146,51	213,10	239,74	140,71	204,67	230,25	134,91	196,24	220,77
	II	3 039,75	167,18	243,18	273,57	II	3 039,75	161,38	234,74	264,08	155,58	226,30	254,59	149,78	217,87	245,10	143,99	209,44	235,62	138,19	201,—	226,13	132,39	192,57	216,64
	III	2 372,16	130,46	189,77	213,49	III	2 372,16	124,68	181,36	204,03	118,99	173,08	194,71	113,39	164,93	185,54	107,89	156,93	176,54	102,48	149,06	167,69	97,17	141,34	159,01
	V	3 620,75	199,14	289,66	325,86	IV	3 085,50	166,80	242,62	272,94	163,90	238,40	268,20	161,—	234,18	263,45	158,10	229,97	258,71	155,20	225,75	253,97	152,30	221,54	249,23
	VI	3 653,—	200,91	292,24	328,77																				

* Die ausgewiesenen Tabellenwerte sind amtlich. Siehe Erläuterungen auf der Umschlaginnenseite (U2).

Abzüge an Lohnsteuer, Solidaritätszuschlag (SolZ) und Kirchensteuer (8%, 9%) in den Steuerklassen

Lohn/Gehalt bis €*	I – VI	LSt	ohne Kinderfreibeträge SolZ	8%	9%	I, II, III, IV	LSt	mit Zahl der Kinderfreibeträge . . . 0,5 SolZ	0,5 8%	0,5 9%	1 SolZ	1 8%	1 9%	1,5 SolZ	1,5 8%	1,5 9%	2 SolZ	2 8%	2 9%	2,5 SolZ	2,5 8%	2,5 9%	3 SolZ	3 8%	3 9%
9 317,99	I,IV	3 086,75	169,77	246,94	277,80	I	3 086,75	163,97	238,50	268,31	158,17	230,07	258,83	152,37	221,64	249,34	146,57	213,20	239,85	140,78	204,77	230,36	134,98	196,34	220,88
	II	3 041,—	167,25	243,28	273,69	II	3 041,—	161,45	234,84	264,20	155,65	226,41	254,71	149,86	217,98	245,22	144,06	209,54	235,73	138,26	201,10	226,24	132,46	192,67	216,75
	III	2 373,50	130,54	189,88	213,61	III	2 373,50	124,75	181,46	204,14	119,05	173,17	194,81	113,46	165,04	185,67	107,95	157,02	176,65	102,54	149,16	167,80	97,24	141,44	159,12
	V	3 622,—	199,21	289,76	325,98	IV	3 086,75	166,87	242,72	273,06	163,97	238,50	268,31	161,07	234,28	263,57	158,17	230,07	258,83	155,27	225,85	254,08	152,37	221,64	249,34
	VI	3 654,25	200,98	292,34	328,88																				
9 320,99	I,IV	3 088,—	169,84	247,04	277,92	I	3 088,—	164,04	238,60	268,43	158,24	230,17	258,94	152,44	221,74	249,45	146,64	213,30	239,96	140,85	204,87	230,48	135,05	196,44	220,99
	II	3 042,25	167,32	243,38	273,80	II	3 042,25	161,52	234,94	264,31	155,72	226,51	254,82	149,93	218,08	245,34	144,13	209,64	235,85	138,33	201,21	226,36	132,53	192,78	216,87
	III	2 374,66	130,60	189,97	213,71	III	2 374,66	124,82	181,56	204,25	119,13	173,28	194,94	113,52	165,13	185,77	108,02	157,13	176,77	102,61	149,25	167,90	97,30	141,53	159,22
	V	3 623,25	199,27	289,86	326,09	IV	3 088,—	166,94	242,82	273,17	164,04	238,60	268,43	161,14	234,39	263,69	158,24	230,17	258,94	155,34	225,96	254,20	152,44	221,74	249,45
	VI	3 655,50	201,05	292,44	328,99																				
9 323,99	I,IV	3 089,25	169,90	247,14	278,03	I	3 089,25	164,11	238,70	268,54	158,31	230,27	259,05	152,51	221,84	249,57	146,71	213,40	240,08	140,91	204,97	230,59	135,12	196,54	221,10
	II	3 043,50	167,39	243,48	273,91	II	3 043,50	161,59	235,04	264,42	155,79	226,61	254,93	149,99	218,18	245,45	144,20	209,74	235,96	138,40	201,31	226,47	132,60	192,88	216,99
	III	2 376,—	130,68	190,08	213,84	III	2 376,—	124,89	181,66	204,37	119,19	173,37	195,04	113,59	165,22	185,87	108,09	157,22	176,87	102,67	149,34	168,01	97,36	141,62	159,32
	V	3 624,58	199,35	289,96	326,21	IV	3 089,25	167,01	242,92	273,29	164,11	238,70	268,54	161,21	234,49	263,80	158,31	230,27	259,05	155,41	226,06	254,31	152,51	221,84	249,57
	VI	3 656,75	201,12	292,54	329,10																				
9 326,99	I,IV	3 090,50	169,97	247,24	278,14	I	3 090,50	164,17	238,80	268,65	158,38	230,37	259,16	152,58	221,94	249,68	146,78	213,50	240,19	140,98	205,07	230,70	135,19	196,64	221,22
	II	3 044,75	167,46	243,58	274,02	II	3 044,75	161,66	235,14	264,53	155,86	226,71	255,05	150,06	218,28	245,56	144,26	209,84	236,07	138,47	201,41	226,58	132,67	192,98	217,10
	III	2 377,16	130,74	190,17	213,94	III	2 377,16	124,96	181,76	204,48	119,26	173,48	195,16	113,65	165,32	185,98	108,15	157,32	176,98	102,74	149,44	168,12	97,42	141,70	159,41
	V	3 625,83	199,42	290,06	326,32	IV	3 090,50	167,08	243,02	273,40	164,17	238,80	268,65	161,28	234,59	263,91	158,38	230,37	259,16	155,48	226,16	254,43	152,58	221,94	249,68
	VI	3 658,—	201,19	292,64	329,22																				
9 329,99	I,IV	3 091,83	170,05	247,34	278,26	I	3 091,83	164,24	238,90	268,76	158,45	230,47	259,28	152,65	222,04	249,79	146,85	213,60	240,30	141,05	205,17	230,81	135,25	196,74	221,33
	II	3 046,—	167,53	243,68	274,14	II	3 046,—	161,73	235,24	264,65	155,93	226,81	255,16	150,13	218,38	245,67	144,33	209,94	236,18	138,54	201,51	226,70	132,74	193,08	217,21
	III	2 378,50	130,81	190,28	214,06	III	2 378,50	125,02	181,85	204,58	119,33	173,57	195,26	113,73	165,42	186,10	108,22	157,41	177,08	102,80	149,53	168,22	97,48	141,80	159,52
	V	3 627,08	199,48	290,16	326,43	IV	3 091,83	167,14	243,12	273,51	164,24	238,90	268,76	161,35	234,69	264,02	158,45	230,47	259,28	155,55	226,26	254,54	152,65	222,04	249,79
	VI	3 659,25	201,25	292,74	329,33																				
9 332,99	I,IV	3 093,08	170,11	247,44	278,37	I	3 093,08	164,32	239,01	268,88	158,52	230,58	259,40	152,72	222,14	249,91	146,92	213,70	240,41	141,12	205,27	230,93	135,32	196,84	221,44
	II	3 047,25	167,59	243,78	274,25	II	3 047,25	161,80	235,34	264,76	156,—	226,91	255,27	150,20	218,48	245,79	144,40	210,04	236,30	138,60	201,61	226,81	132,81	193,18	217,32
	III	2 379,66	130,88	190,37	214,16	III	2 379,66	125,09	181,96	204,70	119,39	173,66	195,37	113,79	165,52	186,21	108,28	157,50	177,19	102,86	149,62	168,32	97,55	141,89	159,62
	V	3 628,33	199,55	290,26	326,54	IV	3 093,08	167,21	243,22	273,62	164,32	239,01	268,88	161,42	234,79	264,14	158,52	230,58	259,40	155,62	226,36	254,65	152,72	222,14	249,91
	VI	3 660,50	201,32	292,84	329,44																				
9 335,99	I,IV	3 094,33	170,18	247,54	278,48	I	3 094,33	164,39	239,11	269,—	158,59	230,68	259,51	152,79	222,24	250,02	146,99	213,81	240,53	141,19	205,38	231,05	135,40	196,94	221,56
	II	3 048,50	167,66	243,88	274,36	II	3 048,50	161,86	235,44	264,87	156,07	227,01	255,38	150,27	218,58	245,90	144,47	210,14	236,41	138,67	201,71	226,92	132,88	193,28	217,44
	III	2 381,—	130,95	190,48	214,29	III	2 381,—	125,16	182,05	204,80	119,46	173,77	195,49	113,85	165,61	186,31	108,35	157,60	177,30	102,93	149,72	168,43	97,61	141,98	159,73
	V	3 629,58	199,62	290,36	326,66	IV	3 094,33	167,28	243,32	273,74	164,39	239,11	269,—	161,48	234,89	264,25	158,59	230,68	259,51	155,69	226,46	254,76	152,79	222,24	250,02
	VI	3 661,75	201,39	292,94	329,55																				
9 338,99	I,IV	3 095,58	170,25	247,64	278,60	I	3 095,58	164,45	239,21	269,11	158,66	230,78	259,62	152,86	222,34	250,13	147,06	213,91	240,65	141,26	205,48	231,16	135,46	197,04	221,67
	II	3 049,83	167,74	243,98	274,48	II	3 049,83	161,93	235,54	264,98	156,14	227,11	255,50	150,34	218,68	246,01	144,54	210,24	236,52	138,74	201,81	227,03	132,94	193,38	217,55
	III	2 382,16	131,01	190,57	214,39	III	2 382,16	125,23	182,16	204,93	119,53	173,86	195,59	113,92	165,70	186,41	108,41	157,69	177,40	102,99	149,81	168,53	97,68	142,08	159,84
	V	3 630,83	199,69	290,46	326,77	IV	3 095,58	167,35	243,42	273,85	164,45	239,21	269,11	161,55	234,99	264,36	158,66	230,78	259,62	155,76	226,56	254,88	152,86	222,34	250,13
	VI	3 663,08	201,46	293,04	329,67																				
9 341,99	I,IV	3 096,83	170,32	247,74	278,71	I	3 096,83	164,52	239,31	269,22	158,73	230,88	259,74	152,93	222,44	250,25	147,13	214,01	240,76	141,33	205,58	231,27	135,53	197,14	221,78
	II	3 051,08	167,80	244,08	274,59	II	3 051,08	162,01	235,65	265,10	156,21	227,22	255,62	150,41	218,78	246,13	144,61	210,34	236,63	138,81	201,91	227,15	133,01	193,48	217,66
	III	2 383,50	131,09	190,68	214,51	III	2 383,50	125,29	182,25	205,03	119,59	173,96	195,70	113,99	165,81	186,53	108,47	157,78	177,50	103,06	149,90	168,64	97,74	142,17	159,94
	V	3 632,08	199,76	290,56	326,88	IV	3 096,83	167,42	243,52	273,96	164,52	239,31	269,22	161,62	235,09	264,47	158,73	230,88	259,74	155,82	226,66	254,99	152,93	222,44	250,25
	VI	3 664,33	201,53	293,14	329,78																				
9 344,99	I,IV	3 098,08	170,39	247,84	278,82	I	3 098,08	164,59	239,41	269,33	158,79	230,98	259,85	153,—	222,54	250,36	147,20	214,11	240,87	141,40	205,68	231,39	135,60	197,24	221,90
	II	3 052,33	167,87	244,18	274,70	II	3 052,33	162,08	235,75	265,22	156,28	227,32	255,73	150,48	218,88	246,24	144,68	210,45	236,75	138,88	202,02	227,27	133,09	193,58	217,78
	III	2 384,83	131,16	190,78	214,63	III	2 384,83	125,37	182,36	205,15	119,67	174,06	195,82	114,06	165,90	186,64	108,54	157,88	177,61	103,12	150,—	168,75	97,80	142,26	160,04
	V	3 633,33	199,83	290,66	326,99	IV	3 098,08	167,49	243,63	274,08	164,59	239,41	269,33	161,70	235,20	264,60	158,79	230,98	259,85	155,90	226,76	255,11	153,—	222,54	250,36
	VI	3 665,58	201,60	293,24	329,90																				
9 347,99	I,IV	3 099,33	170,46	247,94	278,93	I	3 099,33	164,66	239,51	269,45	158,86	231,08	259,96	153,06	222,64	250,47	147,27	214,21	240,98	141,47	205,78	231,50	135,67	197,34	222,01
	II	3 053,58	167,94	244,28	274,82	II	3 053,58	162,14	235,85	265,33	156,35	227,42	255,84	150,55	218,98	246,35	144,75	210,55	236,87	138,95	202,12	227,38	133,15	193,68	217,89
	III	2 386,—	131,23	190,88	214,74	III	2 386,—	125,43	182,45	205,25	119,73	174,16	195,93	114,12	166,—	186,75	108,61	157,98	177,73	103,18	150,09	168,85	97,87	142,36	160,15
	V	3 634,66	199,90	290,77	327,11	IV	3 099,33	167,56	243,73	274,19	164,66	239,51	269,45	161,76	235,30	264,71	158,86	231,08	259,96	155,97	226,86	255,22	153,06	222,64	250,47
	VI	3 666,83	201,67	293,34	330,01																				
9 350,99	I,IV	3 100,58	170,53	248,04	279,05	I	3 100,58	164,73	239,61	269,56	158,93	231,18	260,07	153,13	222,74	250,58	147,34	214,31	241,10	141,54	205,88	231,61	135,74	197,44	222,12
	II	3 054,83	168,01	244,38	274,93	II	3 054,83	162,21	235,95	265,44	156,42	227,52	255,96	150,62	219,08	246,47	144,82	210,65	236,98	139,02	202,22	227,49	133,22	193,78	218,—
	III	2 387,33	131,30	190,98	214,85	III	2 387,33	125,51	182,56	205,38	119,80	174,26	196,04	114,18	166,09	186,85	108,68	158,08	177,84	103,25	150,18	168,95	97,92	142,44	160,24
	V	3 635,91	199,97	290,87	327,23	IV	3 100,58	167,63	243,83	274,31	164,73	239,61	269,56	161,83	235,40	264,82	158,93	231,18	260,07	156,03	226,96	255,33	153,13	222,74	250,58
	VI	3 668,08	201,74	293,44	330,12																				
9 353,99	I,IV	3 101,83	170,60	248,14	279,16	I	3 101,83	164,80	239,71	269,67	159,—	231,28	260,19	153,20	222,84	250,70	147,40	214,41	241,21	141,61	205,98	231,72	135,81	197,54	222,23
	II	3 056,08	168,08	244,48	275,04	II	3 056,08	162,28	236,05	265,55	156,48	227,62	256,07	150,69	219,18	246,58	144,89	210,75	237,09	139,09	202,32	227,61	133,29	193,88	218,12
	III	2 388,50	131,36	191,08	214,96	III	2 388,50	125,57	182,65	205,48	119,87	174,36	196,15	114,26	166,20	186,97	108,74	158,17	177,94	103,31	150,28	169,06	97,99	142,53	160,34
	V	3 637,16	200,04	290,97	327,34	IV	3 101,83	167,70	243,93	274,42	164,80	239,71	269,67	161,90	235,50	264,93	159,—	231,28	260,19	156,10	227,06	255,44	153,20	222,84	250,70
	VI	3 669,33	201,81	293,54	330,23																				
9 356,99	I,IV	3 103,16	170,67	248,25	279,28	I	3 103,16	164,87	239,82	269,79	159,07	231,38	260,30	153,27	222,94	250,81	147,47	214,51	241,32	141,68	206,08	231,84	135,88	197,64	222,35
	II	3 057,33	168,15	244,58	275,15	II	3 057,33	162,35	236,15	265,67	156,55	227,72	256,18	150,75	219,28	246,69	144,96	210,85	237,20	139,16	202,42	227,72	133,36	193,98	218,23
	III	2 389,83	131,44	191,18	215,08	III	2 389,83	125,64	182,76	205,60	119,93	174,45	196,25	114,32	166,29	187,07	108,80	158,26	178,04	103,38	150,37	169,16	98,05	142,62	160,45
	V	3 638,41	200,11	291,07	327,45	IV	3 103,16	167,77	244,03	274,53	164,87	239,82	269,79	161,97	235,60	265,05	159,07	231,38	260,30	156,17	227,16	255,56	153,27	222,94	250,81
	VI	3 670,58	201,88	293,64	330,35																				
9 359,99	I,IV	3 104,41	170,74	248,35	279,39	I	3 104,41	164,94	239,92	269,91	159,14	231,48	260,42	153,34	223,05	250,93	147,55	214,62	241,44	141,75	206,18	231,95	135,95	197,74	222,46
	II	3 058,58	168,22	244,68	275,27	II	3 058,58	162,42	236,25	265,78	156,62	227,82	256,29	150,82	219,38	246,80	145,03	210,95	237,32	139,23	202,52	227,84	133,43	194,08	218,34
	III	2 391,—	131,50	191,28	215,19	III	2 391,—	125,71	182,85	205,70	120,01	174,56	196,38	114,39	166,38	187,18	108,87	158,36	178,15	103,44	150,46	169,27	98,12	142,72	160,56
	V	3 639,66	200,18	291,17	327,56	IV	3 104,41	167,84	244,13	274,64	164,94	239,92	269,91	162,04	235,70	265,16	159,14	231,48	260,42	156,24	227,26	255,67	153,34	223,05	250,93
	VI	3 671,83	201,95	293,74	330,46																				

* Die ausgewiesenen Tabellenwerte sind amtlich. Siehe Erläuterungen auf der Umschlaginnenseite (U2).

Abzüge an Lohnsteuer, Solidaritätszuschlag (SolZ) und Kirchensteuer (8%, 9%) in den Steuerklassen

Lohn/ Gehalt bis €*	I – VI		ohne Kinder-freibeträge			I, II, III, IV		mit Zahl der Kinderfreibeträge . . . 0,5			1			1,5			2			2,5			3		
		LSt	SolZ	8%	9%		LSt	SolZ	8%	9%	SolZ	8%	9%	SolZ	8%	9%	SolZ	8%	9%	SolZ	8%	9%	SolZ	8%	9%
9 362,99	I,IV	3 105,66	170,81	248,45	279,50	I	3 105,66	165,01	240,02	270,02	159,21	231,58	260,53	153,41	223,15	251,04	147,62	214,72	241,56	141,82	206,28	232,07	136,02	197,85	222,58
	II	3 059,83	168,29	244,78	275,38	II	3 059,83	162,49	236,35	265,89	156,69	227,92	256,41	150,89	219,48	246,92	145,09	211,05	237,43	139,30	202,62	227,94	133,50	194,18	218,45
	III	2 392,33	131,57	191,38	215,30	III	2 392,33	125,78	182,96	205,83	120,07	174,65	196,48	114,45	166,48	187,29	108,93	158,45	178,25	103,51	150,56	169,38	98,18	142,81	160,66
	V	3 640,91	200,25	291,27	327,68	IV	3 105,66	167,91	244,23	274,76	165,01	240,02	270,02	162,11	235,80	265,27	159,21	231,58	260,53	156,31	227,36	255,78	153,41	223,15	251,04
	VI	3 673,16	202,02	293,85	330,58																				
9 365,99	I,IV	3 106,91	170,88	248,55	279,62	I	3 106,91	165,08	240,12	270,13	159,28	231,68	260,64	153,48	223,25	251,15	147,68	214,82	241,67	141,89	206,38	232,18	136,09	197,95	222,69
	II	3 061,16	168,36	244,89	275,50	II	3 061,16	162,56	236,46	266,01	156,76	228,02	256,52	150,96	219,58	247,03	145,16	211,15	237,54	139,37	202,72	228,06	133,57	194,28	218,57
	III	2 393,50	131,64	191,48	215,41	III	2 393,50	125,84	183,05	205,93	120,13	174,74	196,58	114,52	166,58	187,40	109,—	158,54	178,36	103,57	150,65	169,48	98,24	142,90	160,76
	V	3 642,16	200,31	291,37	327,79	IV	3 106,91	167,97	244,33	274,87	165,08	240,12	270,13	162,18	235,90	265,38	159,28	231,68	260,64	156,38	227,46	255,89	153,48	223,25	251,15
	VI	3 674,41	202,09	293,95	330,69																				
9 368,99	I,IV	3 108,16	170,94	248,65	279,73	I	3 108,16	165,15	240,22	270,24	159,35	231,78	260,75	153,55	223,35	251,27	147,75	214,92	241,78	141,95	206,48	232,29	136,16	198,05	222,80
	II	3 062,41	168,43	244,99	275,61	II	3 062,41	162,63	236,56	266,13	156,83	228,12	256,64	151,03	219,69	247,15	145,24	211,26	237,66	139,44	202,82	228,17	133,64	194,38	218,68
	III	2 394,83	131,71	191,58	215,53	III	2 394,83	125,92	183,16	206,05	120,21	174,85	196,70	114,59	166,68	187,51	109,07	158,65	178,48	103,63	150,74	169,58	98,31	143,—	160,87
	V	3 643,41	200,38	291,47	327,90	IV	3 108,16	168,05	244,44	274,99	165,15	240,22	270,24	162,25	236,—	265,50	159,35	231,78	260,75	156,45	227,56	256,01	153,55	223,35	251,27
	VI	3 675,66	202,16	294,05	330,80																				
9 371,99	I,IV	3 109,41	171,01	248,75	279,84	I	3 109,41	165,22	240,32	270,36	159,42	231,88	260,87	153,62	223,45	251,38	147,82	215,02	241,89	142,02	206,58	232,40	136,23	198,15	222,92
	II	3 063,66	168,50	245,09	275,72	II	3 063,66	162,70	236,66	266,24	156,90	228,22	256,75	151,10	219,79	247,26	145,31	211,36	237,78	139,51	202,92	228,29	133,71	194,49	218,80
	III	2 396,16	131,78	191,69	215,65	III	2 396,16	125,99	183,26	206,17	120,27	174,94	196,81	114,65	166,77	187,61	109,13	158,74	178,58	103,70	150,84	169,69	98,37	143,09	160,97
	V	3 644,75	200,46	291,58	328,02	IV	3 109,41	168,12	244,54	275,10	165,22	240,32	270,36	162,32	236,10	265,61	159,42	231,88	260,87	156,52	227,67	256,13	153,62	223,45	251,38
	VI	3 676,91	202,23	294,15	330,92																				
9 374,99	I,IV	3 110,66	171,08	248,85	279,95	I	3 110,66	165,28	240,42	270,47	159,49	231,98	260,98	153,69	223,55	251,49	147,89	215,12	242,01	142,09	206,68	232,52	136,29	198,25	223,03
	II	3 064,91	168,57	245,19	275,84	II	3 064,91	162,77	236,76	266,35	156,97	228,32	256,86	151,17	219,89	247,37	145,37	211,46	237,89	139,58	203,02	228,40	133,78	194,59	218,91
	III	2 397,33	131,85	191,78	215,75	III	2 397,33	126,06	183,36	206,28	120,34	175,05	196,93	114,73	166,88	187,74	109,20	158,84	178,69	103,77	150,94	169,81	98,44	143,18	161,08
	V	3 646,—	200,53	291,68	328,14	IV	3 110,66	168,19	244,64	275,22	165,28	240,42	270,47	162,39	236,20	265,73	159,49	231,98	260,98	156,59	227,77	256,24	153,69	223,55	251,49
	VI	3 678,16	202,29	294,25	331,03																				
9 377,99	I,IV	3 111,91	171,15	248,95	280,07	I	3 111,91	165,35	240,52	270,58	159,55	232,08	261,09	153,76	223,65	251,60	147,96	215,22	242,12	142,16	206,78	232,63	136,36	198,35	223,14
	II	3 066,16	168,63	245,29	275,95	II	3 066,16	162,84	236,86	266,46	157,04	228,42	256,97	151,24	219,99	247,49	145,44	211,56	238,—	139,64	203,12	228,51	133,85	194,69	219,02
	III	2 398,66	131,92	191,89	215,87	III	2 398,66	126,13	183,46	206,39	120,41	175,14	197,03	114,79	166,97	187,84	109,26	158,93	178,79	103,84	151,04	169,92	98,49	143,26	161,17
	V	3 647,25	200,59	291,78	328,25	IV	3 111,91	168,25	244,74	275,33	165,35	240,52	270,58	162,46	236,30	265,84	159,55	232,08	261,09	156,66	227,87	256,35	153,76	223,65	251,60
	VI	3 679,41	202,36	294,35	331,14																				
9 380,99	I,IV	3 113,25	171,22	249,06	280,19	I	3 113,25	165,43	240,62	270,70	159,62	232,18	261,20	153,83	223,75	251,72	148,03	215,32	242,23	142,23	206,88	232,74	136,43	198,45	223,25
	II	3 067,41	168,70	245,39	276,06	II	3 067,41	162,91	236,96	266,58	157,11	228,52	257,09	151,31	220,09	247,60	145,51	211,66	238,11	139,71	203,22	228,62	133,92	194,79	219,14
	III	2 399,83	131,99	191,98	215,98	III	2 399,83	126,19	183,56	206,50	120,47	175,24	197,14	114,85	167,06	187,94	109,33	159,02	178,90	103,90	151,13	170,02	98,56	143,36	161,28
	V	3 648,50	200,66	291,88	328,36	IV	3 113,25	168,32	244,84	275,44	165,43	240,62	270,70	162,52	236,40	265,95	159,62	232,18	261,20	156,73	227,97	256,46	153,83	223,75	251,72
	VI	3 680,66	202,43	294,45	331,25																				
9 383,99	I,IV	3 114,50	171,29	249,16	280,30	I	3 114,50	165,49	240,72	270,81	159,70	232,29	261,32	153,90	223,86	251,84	148,10	215,42	242,35	142,30	206,98	232,85	136,50	198,55	223,37
	II	3 068,66	168,77	245,49	276,17	II	3 068,66	162,97	237,06	266,69	157,18	228,62	257,20	151,38	220,19	247,71	145,58	211,76	238,23	139,78	203,32	228,74	133,98	194,89	219,25
	III	2 401,16	132,06	192,09	216,10	III	2 401,16	126,27	183,66	206,62	120,55	175,34	197,26	114,92	167,16	188,05	109,39	159,12	179,01	103,96	151,22	170,12	98,62	143,45	161,38
	V	3 649,75	200,73	291,98	328,47	IV	3 114,50	168,39	244,94	275,55	165,49	240,72	270,81	162,59	236,50	266,06	159,70	232,29	261,32	156,80	228,07	256,58	153,90	223,86	251,84
	VI	3 681,91	202,50	294,55	331,37																				
9 386,99	I,IV	3 115,75	171,36	249,26	280,41	I	3 115,75	165,56	240,82	270,92	159,77	232,39	261,44	153,97	223,96	251,95	148,17	215,52	242,46	142,37	207,09	232,97	136,57	198,66	223,49
	II	3 069,91	168,84	245,59	276,29	II	3 069,91	163,04	237,16	266,80	157,24	228,72	257,31	151,45	220,29	247,82	145,65	211,86	238,34	139,85	203,42	228,85	134,05	194,99	219,36
	III	2 402,33	132,12	192,18	216,20	III	2 402,33	126,33	183,76	206,73	120,61	175,44	197,37	114,99	167,26	188,17	109,45	159,21	179,11	104,03	151,32	170,23	98,68	143,54	161,48
	V	3 651,—	200,80	292,08	328,59	IV	3 115,75	168,46	245,04	275,67	165,56	240,82	270,92	162,66	236,60	266,18	159,77	232,39	261,44	156,86	228,17	256,69	153,97	223,96	251,95
	VI	3 683,25	202,57	294,66	331,49																				
9 389,99	I,IV	3 117,—	171,43	249,36	280,53	I	3 117,—	165,63	240,92	271,04	159,83	232,49	261,55	154,04	224,06	252,06	148,24	215,62	242,57	142,44	207,19	233,09	136,64	198,76	223,60
	II	3 071,25	168,91	245,70	276,41	II	3 071,25	163,12	237,26	266,92	157,31	228,82	257,42	151,52	220,39	247,94	145,72	211,96	238,45	139,92	203,52	228,96	134,12	195,09	219,47
	III	2 403,66	132,20	192,29	216,32	III	2 403,66	126,40	183,86	206,84	120,68	175,54	197,48	115,06	167,36	188,28	109,53	159,32	179,23	104,09	151,41	170,33	98,75	143,64	161,59
	V	3 652,25	200,87	292,18	328,70	IV	3 117,—	168,53	245,14	275,78	165,63	240,92	271,04	162,73	236,70	266,29	159,83	232,49	261,55	156,93	228,27	256,80	154,04	224,06	252,06
	VI	3 684,50	202,64	294,76	331,60																				
9 392,99	I,IV	3 118,25	171,50	249,46	280,64	I	3 118,25	165,70	241,02	271,15	159,90	232,59	261,66	154,11	224,16	252,18	148,31	215,72	242,69	142,51	207,29	233,20	136,71	198,86	223,71
	II	3 072,50	168,98	245,80	276,52	II	3 072,50	163,18	237,36	267,03	157,39	228,93	257,54	151,59	220,50	248,06	145,79	212,06	238,57	139,99	203,62	229,07	134,19	195,19	219,59
	III	2 405,—	132,27	192,40	216,45	III	2 405,—	126,47	183,96	206,95	120,75	175,64	197,59	115,12	167,45	188,38	109,59	159,41	179,33	104,16	151,50	170,44	98,81	143,73	161,69
	V	3 653,50	200,94	292,28	328,81	IV	3 118,25	168,60	245,24	275,90	165,70	241,02	271,15	162,80	236,80	266,40	159,90	232,59	261,66	157,—	228,37	256,91	154,11	224,16	252,18
	VI	3 685,75	202,71	294,86	331,71																				
9 395,99	I,IV	3 119,50	171,57	249,56	280,75	I	3 119,50	165,77	241,12	271,26	159,97	232,69	261,77	154,17	224,26	252,29	148,38	215,82	242,80	142,58	207,39	233,31	136,78	198,96	223,83
	II	3 073,75	169,05	245,90	276,63	II	3 073,75	163,25	237,46	267,14	157,46	229,03	257,66	151,66	220,60	248,17	145,86	212,16	238,68	140,06	203,73	229,19	134,26	195,30	219,71
	III	2 406,16	132,33	192,49	216,55	III	2 406,16	126,54	184,06	207,07	120,81	175,73	197,69	115,18	167,54	188,48	109,66	159,50	179,44	104,22	151,60	170,55	98,88	143,82	161,80
	V	3 654,75	201,01	292,38	328,92	IV	3 119,50	168,67	245,34	276,01	165,77	241,12	271,26	162,87	236,91	266,52	159,97	232,69	261,77	157,08	228,48	257,04	154,17	224,26	252,29
	VI	3 687,—	202,78	294,96	331,83																				
9 398,99	I,IV	3 120,75	171,64	249,66	280,86	I	3 120,75	165,84	241,22	271,37	160,04	232,79	261,89	154,24	224,36	252,40	148,44	215,92	242,91	142,65	207,49	233,42	136,85	199,06	223,94
	II	3 075,—	169,12	246,—	276,75	II	3 075,—	163,32	237,56	267,26	157,52	229,13	257,77	151,73	220,70	248,29	145,93	212,26	238,79	140,13	203,83	229,31	134,33	195,40	219,82
	III	2 407,50	132,41	192,60	216,67	III	2 407,50	126,61	184,16	207,18	120,89	175,84	197,82	115,26	167,65	188,60	109,72	159,60	179,55	104,28	151,69	170,65	98,94	143,92	161,91
	V	3 656,08	201,08	292,48	329,04	IV	3 120,75	168,74	245,44	276,12	165,84	241,22	271,37	162,94	237,01	266,63	160,04	232,79	261,89	157,14	228,58	257,15	154,24	224,36	252,40
	VI	3 688,25	202,85	295,06	331,94																				
9 401,99	I,IV	3 122,—	171,71	249,76	280,98	I	3 122,—	165,91	241,32	271,49	160,11	232,89	262,—	154,31	224,46	252,51	148,51	216,02	243,02	142,72	207,59	233,54	136,92	199,16	224,05
	II	3 076,25	169,19	246,10	276,86	II	3 076,25	163,39	237,66	267,37	157,59	229,23	257,88	151,80	220,80	248,40	146,—	212,36	238,91	140,20	203,93	229,42	134,40	195,50	219,93
	III	2 408,66	132,47	192,69	216,77	III	2 408,66	126,68	184,26	207,29	120,95	175,93	197,92	115,32	167,74	188,71	109,78	159,69	179,65	104,35	151,78	170,75	99,—	144,01	162,01
	V	3 657,33	201,15	292,58	329,15	IV	3 122,—	168,81	245,54	276,23	165,91	241,32	271,49	163,01	237,11	266,75	160,11	232,89	262,—	157,21	228,68	257,26	154,31	224,46	252,51
	VI	3 689,50	202,92	295,16	332,05																				
9 404,99	I,IV	3 123,33	171,78	249,86	281,09	I	3 123,33	165,98	241,42	271,60	160,18	232,99	262,11	154,38	224,56	252,63	148,58	216,12	243,14	142,78	207,69	233,65	136,99	199,26	224,16
	II	3 077,50	169,26	246,20	276,97	II	3 077,50	163,46	237,76	267,48	157,66	229,33	257,99	151,86	220,90	248,51	146,07	212,46	239,02	140,27	204,03	229,53	134,47	195,60	220,05
	III	2 410,—	132,55	192,80	216,90	III	2 410,—	126,74	184,36	207,40	121,02	176,04	198,04	115,39	167,84	188,82	109,85	159,78	179,75	104,41	151,88	170,86	99,07	144,10	162,11
	V	3 658,58	201,22	292,68	329,27	IV	3 123,33	168,88	245,64	276,35	165,98	241,42	271,60	163,08	237,21	266,86	160,18	232,99	262,11	157,28	228,78	257,37	154,38	224,56	252,63
	VI	3 690,75	202,99	295,26	332,16																				

* Die ausgewiesenen Tabellenwerte sind amtlich. Siehe Erläuterungen auf der Umschlaginnenseite (U2).

Abzüge an Lohnsteuer, Solidaritätszuschlag (SolZ) und Kirchensteuer (8%, 9%) in den Steuerklassen

Lohn/ Gehalt bis €*	I – VI					I, II, III, IV mit Zahl der Kinderfreibeträge . . .																			
			ohne Kinderfreibeträge					0,5			1			1,5			2			2,5			3		
		LSt	SolZ	8%	9%		LSt	SolZ	8%	9%	SolZ	8%	9%	SolZ	8%	9%	SolZ	8%	9%	SolZ	8%	9%	SolZ	8%	9%
9 407,99	I,IV	3 124,58	171,85	249,96	281,21	I	3 124,58	166,05	241,53	271,72	160,25	233,10	262,23	154,45	224,66	252,74	148,65	216,22	243,25	142,85	207,79	233,76	137,06	199,36	224,28
	II	3 078,75	169,33	246,30	277,08	II	3 078,75	163,53	237,86	267,59	157,73	229,43	258,11	151,93	221,—	248,62	146,13	212,56	239,13	140,34	204,13	229,64	134,54	195,70	220,16
	III	2 411,16	132,61	192,89	217,—	III	2 411,16	126,82	184,46	207,52	121,09	176,13	198,14	115,46	167,94	188,93	109,91	159,88	179,86	104,48	151,97	170,96	99,12	144,18	162,20
	V	3 659,83	201,29	292,78	329,38	IV	3 124,58	168,95	245,74	276,46	166,05	241,53	271,72	163,15	237,31	266,97	160,25	233,10	262,23	157,35	228,88	257,49	154,45	224,66	252,74
	VI	3 692,—	203,06	295,36	332,28																				
9 410,99	I,IV	3 125,83	171,92	250,06	281,32	I	3 125,83	166,12	241,63	271,83	160,32	233,20	262,35	154,52	224,76	252,86	148,72	216,33	243,37	142,93	207,90	233,88	137,13	199,46	224,39
	II	3 080,—	169,40	246,40	277,20	II	3 080,—	163,60	237,96	267,71	157,80	229,53	258,22	152,—	221,10	248,73	146,20	212,66	239,24	140,41	204,23	229,76	134,61	195,80	220,27
	III	2 412,50	132,68	193,—	217,12	III	2 412,50	126,88	184,56	207,63	121,15	176,22	198,25	115,52	168,04	189,04	109,99	159,98	179,98	104,54	152,06	171,07	99,19	144,28	162,31
	V	3 661,08	201,35	292,88	329,49	IV	3 125,83	169,01	245,84	276,57	166,12	241,63	271,83	163,22	237,41	267,08	160,32	233,20	262,35	157,42	228,98	257,60	154,52	224,76	252,86
	VI	3 693,25	203,12	295,46	332,39																				
9 413,99	I,IV	3 127,08	171,98	250,16	281,43	I	3 127,08	166,19	241,73	271,94	160,39	233,30	262,46	154,59	224,86	252,97	148,79	216,43	243,48	143,—	208,—	234,—	137,20	199,56	224,51
	II	3 081,33	169,47	246,50	277,31	II	3 081,33	163,67	238,06	267,82	157,87	229,63	258,33	152,07	221,20	248,85	146,27	212,76	239,36	140,47	204,33	229,87	134,68	195,90	220,38
	III	2 413,66	132,75	193,09	217,22	III	2 413,66	126,95	184,66	207,74	121,22	176,33	198,37	115,59	168,13	189,14	110,05	160,08	180,09	104,61	152,16	171,18	99,25	144,37	162,41
	V	3 662,33	201,42	292,98	329,60	IV	3 127,08	169,08	245,94	276,68	166,19	241,73	271,94	163,29	237,51	267,20	160,39	233,30	262,46	157,49	229,08	257,71	154,59	224,86	252,97
	VI	3 694,58	203,20	295,56	332,51																				
9 416,99	I,IV	3 128,33	172,05	250,26	281,54	I	3 128,33	166,26	241,83	272,06	160,46	233,40	262,57	154,66	224,96	253,08	148,86	216,53	243,59	143,06	208,10	234,11	137,27	199,66	224,62
	II	3 082,58	169,54	246,60	277,43	II	3 082,58	163,74	238,17	267,94	157,94	229,74	258,45	152,14	221,30	248,96	146,34	212,86	239,47	140,54	204,43	229,98	134,75	196,—	220,50
	III	2 415,—	132,82	193,20	217,35	III	2 415,—	127,02	184,76	207,85	121,29	176,42	198,47	115,65	168,22	189,25	110,11	160,17	180,19	104,67	152,25	171,28	99,32	144,46	162,52
	V	3 663,58	201,49	293,08	329,72	IV	3 128,33	169,15	246,04	276,80	166,26	241,83	272,06	163,35	237,61	267,31	160,46	233,40	262,57	157,56	229,18	257,82	154,66	224,96	253,08
	VI	3 695,83	203,27	295,66	332,62																				
9 419,99	I,IV	3 129,58	172,12	250,36	281,66	I	3 129,58	166,32	241,93	272,17	160,53	233,50	262,68	154,73	225,06	253,19	148,93	216,63	243,71	143,13	208,20	234,22	137,33	199,76	224,73
	II	3 083,83	169,61	246,70	277,54	II	3 083,83	163,81	238,27	268,05	158,01	229,84	258,57	152,21	221,40	249,08	146,41	212,97	239,59	140,62	204,54	230,10	134,82	196,10	220,61
	III	2 416,33	132,89	193,30	217,46	III	2 416,33	127,09	184,86	207,97	121,36	176,53	198,59	115,72	168,33	189,37	110,18	160,26	180,29	104,73	152,34	171,38	99,38	144,56	162,63
	V	3 664,83	201,56	293,18	329,83	IV	3 129,58	169,23	246,15	276,92	166,32	241,93	272,17	163,43	237,72	267,43	160,53	233,50	262,68	157,63	229,28	257,94	154,73	225,06	253,19
	VI	3 697,08	203,33	295,76	332,73																				
9 422,99	I,IV	3 130,83	172,19	250,46	281,77	I	3 130,83	166,39	242,03	272,28	160,60	233,60	262,80	154,80	225,16	253,31	149,—	216,73	243,82	143,20	208,30	234,33	137,40	199,86	224,84
	II	3 085,08	169,67	246,80	277,65	II	3 085,08	163,88	238,37	268,16	158,08	229,94	258,68	152,28	221,50	249,19	146,48	213,07	239,70	140,69	204,64	230,22	134,89	196,20	220,73
	III	2 417,50	132,96	193,40	217,57	III	2 417,50	127,16	184,96	208,08	121,43	176,62	198,70	115,79	168,42	189,47	110,24	160,36	180,40	104,80	152,44	171,49	99,44	144,65	162,73
	V	3 666,16	201,63	293,29	329,95	IV	3 130,83	169,29	246,25	277,03	166,39	242,03	272,28	163,50	237,82	267,54	160,60	233,60	262,80	157,70	229,38	258,05	154,80	225,16	253,31
	VI	3 698,33	203,40	295,86	332,84																				
9 425,99	I,IV	3 132,08	172,26	250,56	281,88	I	3 132,08	166,46	242,13	272,39	160,66	233,70	262,91	154,87	225,26	253,42	149,07	216,83	243,93	143,27	208,40	234,45	137,47	199,96	224,96
	II	3 086,33	169,74	246,90	277,76	II	3 086,33	163,95	238,47	268,28	158,15	230,04	258,79	152,35	221,60	249,30	146,55	213,17	239,81	140,75	204,74	230,33	134,96	196,30	220,84
	III	2 418,83	133,03	193,50	217,69	III	2 418,83	127,23	185,06	208,19	121,49	176,72	198,81	115,85	168,52	189,58	110,31	160,45	180,50	104,86	152,53	171,59	99,51	144,74	162,83
	V	3 667,41	201,70	293,39	330,06	IV	3 132,08	169,36	246,35	277,14	166,46	242,13	272,39	163,57	237,92	267,66	160,66	233,70	262,91	157,77	229,48	258,17	154,87	225,26	253,42
	VI	3 699,58	203,47	295,96	332,96																				
9 428,99	I,IV	3 133,33	172,33	250,66	281,99	I	3 133,33	166,53	242,23	272,51	160,73	233,80	263,02	154,93	225,36	253,53	149,14	216,93	244,04	143,34	208,50	234,56	137,54	200,06	225,07
	II	3 087,58	169,81	247,—	277,88	II	3 087,58	164,01	238,57	268,39	158,22	230,14	258,90	152,42	221,70	249,41	146,62	213,27	239,93	140,82	204,84	230,44	135,02	196,40	220,95
	III	2 420,—	133,10	193,60	217,80	III	2 420,—	127,30	185,17	208,31	121,56	176,82	198,92	115,93	168,62	189,70	110,38	160,56	180,63	104,93	152,62	171,70	99,57	144,84	162,94
	V	3 668,66	201,77	293,49	330,17	IV	3 133,33	169,43	246,45	277,25	166,53	242,23	272,51	163,63	238,02	267,77	160,73	233,80	263,02	157,84	229,58	258,28	154,93	225,36	253,53
	VI	3 700,83	203,54	296,06	333,07																				
9 431,99	I,IV	3 134,66	172,40	250,77	282,11	I	3 134,66	166,60	242,34	272,63	160,81	233,90	263,14	155,—	225,46	253,64	149,21	217,03	244,16	143,41	208,60	234,67	137,61	200,16	225,18
	II	3 088,83	169,88	247,10	277,99	II	3 088,83	164,08	238,67	268,50	158,29	230,24	259,02	152,49	221,80	249,53	146,69	213,37	240,04	140,89	204,94	230,55	135,09	196,50	221,06
	III	2 421,33	133,17	193,70	217,91	III	2 421,33	127,37	185,26	208,42	121,63	176,92	199,03	115,99	168,72	189,81	110,44	160,65	180,73	104,99	152,72	171,81	99,64	144,93	163,04
	V	3 669,91	201,84	293,59	330,29	IV	3 134,66	169,50	246,55	277,37	166,60	242,34	272,63	163,70	238,12	267,88	160,81	233,90	263,14	157,90	229,68	258,39	155,—	225,46	253,64
	VI	3 702,08	203,61	296,16	333,18																				
9 434,99	I,IV	3 135,91	172,47	250,87	282,23	I	3 135,91	166,67	242,44	272,74	160,87	234,—	263,25	155,08	225,57	253,76	149,28	217,14	244,28	143,48	208,70	234,79	137,68	200,26	225,29
	II	3 090,08	169,95	247,20	278,10	II	3 090,08	164,15	238,77	268,61	158,35	230,34	259,13	152,56	221,90	249,64	146,76	213,47	240,15	140,96	205,04	230,67	135,16	196,60	221,18
	III	2 422,50	133,23	193,80	218,02	III	2 422,50	127,44	185,37	208,54	121,70	177,02	199,15	116,05	168,81	189,91	110,51	160,74	180,83	105,05	152,81	171,91	99,70	145,02	163,15
	V	3 671,16	201,91	293,69	330,40	IV	3 135,91	169,57	246,65	277,48	166,67	242,44	272,74	163,77	238,22	267,99	160,87	234,—	263,25	157,97	229,78	258,50	155,08	225,57	253,76
	VI	3 703,33	203,68	296,26	333,29																				
9 437,99	I,IV	3 137,16	172,54	250,97	282,34	I	3 137,16	166,74	242,54	272,85	160,94	234,10	263,36	155,15	225,67	253,88	149,35	217,24	244,39	143,55	208,80	234,90	137,75	200,37	225,41
	II	3 091,33	170,02	247,30	278,21	II	3 091,33	164,22	238,87	268,73	158,42	230,44	259,24	152,62	222,—	249,75	146,83	213,57	240,26	141,03	205,14	230,78	135,23	196,70	221,29
	III	2 423,83	133,31	193,90	218,14	III	2 423,83	127,50	185,46	208,64	121,77	177,12	199,26	116,12	168,90	190,01	110,57	160,84	180,94	105,12	152,90	172,01	99,77	145,12	163,26
	V	3 672,41	201,98	293,79	330,51	IV	3 137,16	169,64	246,75	277,59	166,74	242,54	272,85	163,84	238,32	268,11	160,94	234,10	263,36	158,04	229,88	258,62	155,15	225,67	253,88
	VI	3 704,66	203,75	296,37	333,41																				
9 440,99	I,IV	3 138,41	172,61	251,07	282,45	I	3 138,41	166,81	242,64	272,97	161,01	234,20	263,48	155,21	225,77	253,99	149,42	217,34	244,50	143,62	208,90	235,01	137,82	200,47	225,53
	II	3 092,66	170,09	247,41	278,33	II	3 092,66	164,29	238,98	268,85	158,50	230,54	259,36	152,69	222,10	249,86	146,90	213,67	240,38	141,10	205,24	230,89	135,30	196,80	221,40
	III	2 425,—	133,37	194,—	218,25	III	2 425,—	127,58	185,57	208,76	121,84	177,22	199,37	116,19	169,01	190,13	110,64	160,93	181,04	105,18	153,—	172,12	99,83	145,21	163,36
	V	3 673,66	202,05	293,89	330,62	IV	3 138,41	169,71	246,85	277,70	166,81	242,64	272,97	163,91	238,42	268,22	161,01	234,20	263,48	158,11	229,98	258,73	155,21	225,77	253,99
	VI	3 705,91	203,82	296,47	333,53																				
9 443,99	I,IV	3 139,66	172,68	251,17	282,56	I	3 139,66	166,88	242,74	273,08	161,08	234,30	263,59	155,28	225,87	254,10	149,49	217,44	244,62	143,69	209,—	235,13	137,89	200,57	225,64
	II	3 093,91	170,16	247,51	278,45	II	3 093,91	164,36	239,08	268,96	158,56	230,64	259,47	152,77	222,21	249,98	146,97	213,78	240,50	141,17	205,34	231,01	135,37	196,90	221,51
	III	2 426,33	133,44	194,10	218,36	III	2 426,33	127,64	185,66	208,87	121,90	177,32	199,48	116,26	169,10	190,24	110,70	161,02	181,15	105,25	153,09	172,22	99,89	145,30	163,46
	V	3 674,91	202,12	293,99	330,74	IV	3 139,66	169,78	246,96	277,83	166,88	242,74	273,08	163,98	238,52	268,34	161,08	234,30	263,59	158,18	230,08	258,84	155,28	225,87	254,10
	VI	3 707,16	203,89	296,57	333,64																				
9 446,99	I,IV	3 140,91	172,75	251,27	282,68	I	3 140,91	166,95	242,84	273,19	161,15	234,40	263,70	155,35	225,97	254,21	149,55	217,54	244,73	143,76	209,10	235,24	137,96	200,67	225,75
	II	3 095,16	170,23	247,61	278,56	II	3 095,16	164,43	239,18	269,07	158,63	230,74	259,58	152,84	222,31	250,10	147,04	213,88	240,61	141,24	205,44	231,12	135,44	197,01	221,63
	III	2 427,66	133,52	194,21	218,48	III	2 427,66	127,71	185,77	208,99	121,97	177,41	199,58	116,32	169,20	190,35	110,77	161,13	181,27	105,31	153,18	172,33	99,95	145,38	163,55
	V	3 676,25	202,19	294,10	330,86	IV	3 140,91	169,85	247,06	277,94	166,95	242,84	273,19	164,05	238,62	268,45	161,15	234,40	263,70	158,25	230,19	258,96	155,35	225,97	254,21
	VI	3 708,41	203,96	296,67	333,75																				
9 449,99	I,IV	3 142,16	172,81	251,37	282,79	I	3 142,16	167,02	242,94	273,30	161,22	234,50	263,81	155,42	226,07	254,33	149,62	217,64	244,84	143,82	209,20	235,35	138,03	200,77	225,86
	II	3 096,41	170,30	247,71	278,67	II	3 096,41	164,50	239,28	269,19	158,70	230,84	259,70	152,90	222,41	250,21	147,11	213,98	240,72	141,31	205,54	231,23	135,51	197,11	221,75
	III	2 428,83	133,58	194,30	218,59	III	2 428,83	127,78	185,86	209,09	122,04	177,52	199,71	116,39	169,30	190,46	110,84	161,22	181,37	105,38	153,28	172,44	100,01	145,48	163,66
	V	3 677,50	202,26	294,20	330,97	IV	3 142,16	169,92	247,16	278,05	167,02	242,94	273,30	164,12	238,72	268,56	161,22	234,50	263,81	158,32	230,29	259,07	155,42	226,07	254,33
	VI	3 709,66	204,03	296,77	333,86																				

* Die ausgewiesenen Tabellenwerte sind amtlich. Siehe Erläuterungen auf der Umschlaginnenseite (U2).

Abzüge an Lohnsteuer, Solidaritätszuschlag (SolZ) und Kirchensteuer (8%, 9%) in den Steuerklassen

Lohn/ Gehalt bis €*	I – VI					I, II, III, IV		mit Zahl der Kinderfreibeträge . . . 0,5			1			1,5			2			2,5			3		
		LSt	ohne Kinderfreibeträge SolZ	8%	9%		LSt	SolZ	8%	9%	SolZ	8%	9%	SolZ	8%	9%	SolZ	8%	9%	SolZ	8%	9%	SolZ	8%	9%
9 452,99	I,IV	3 143,41	172,88	251,47	282,90	I	3 143,41	167,09	243,04	273,42	161,29	234,60	263,93	155,49	226,17	254,44	149,69	217,74	244,95	143,89	209,30	235,46	138,10	200,87	225,98
	II	3 097,66	170,37	247,81	278,78	II	3 097,66	164,57	239,38	269,30	158,77	230,94	259,81	152,97	222,51	250,32	147,18	214,08	240,84	141,38	205,64	231,35	135,58	197,21	221,86
	III	2 430,16	133,65	194,41	218,71	III	2 430,16	127,85	185,97	209,21	122,10	177,61	199,81	116,46	169,40	190,57	110,90	161,32	181,48	105,44	153,37	172,54	100,08	145,57	163,76
	V	3 678,75	202,33	294,30	331,08	IV	3 143,41	169,99	247,26	278,16	167,09	243,04	273,42	164,19	238,82	268,67	161,29	234,60	263,93	158,39	230,39	259,19	155,49	226,17	254,44
	VI	3 710,91	204,10	296,87	333,98																				
9 455,99	I,IV	3 144,75	172,96	251,58	283,02	I	3 144,75	167,16	243,14	273,53	161,36	234,70	264,04	155,56	226,27	254,55	149,76	217,84	245,07	143,96	209,40	235,58	138,16	200,97	226,09
	II	3 098,91	170,44	247,91	278,90	II	3 098,91	164,64	239,48	269,41	158,84	231,04	259,92	153,04	222,61	250,43	147,24	214,18	240,95	141,45	205,74	231,46	135,65	197,31	221,97
	III	2 431,33	133,72	194,50	218,81	III	2 431,33	127,92	186,06	209,32	122,18	177,72	199,93	116,52	169,49	190,67	110,97	161,41	181,58	105,51	153,48	172,66	100,14	145,66	163,87
	V	3 680,—	202,40	294,40	331,20	IV	3 144,75	170,06	247,36	278,28	167,16	243,14	273,53	164,26	238,92	268,79	161,36	234,70	264,04	158,46	230,49	259,30	155,56	226,27	254,55
	VI	3 712,16	204,16	296,97	334,09																				
9 458,99	I,IV	3 146,—	173,03	251,68	283,14	I	3 146,—	167,23	243,24	273,65	161,43	234,81	264,16	155,63	226,38	254,67	149,83	217,94	245,18	144,03	209,50	235,69	138,23	201,07	226,20
	II	3 100,16	170,50	248,01	279,01	II	3 100,16	164,71	239,58	269,52	158,91	231,14	260,03	153,11	222,71	250,55	147,31	214,28	241,06	141,51	205,84	231,57	135,72	197,41	222,08
	III	2 432,66	133,79	194,61	218,93	III	2 432,66	127,99	186,17	209,44	122,24	177,81	200,03	116,60	169,60	190,80	111,03	161,50	181,69	105,58	153,57	172,76	100,21	145,76	163,98
	V	3 681,25	202,46	294,50	331,31	IV	3 146,—	170,12	247,46	278,39	167,23	243,24	273,65	164,33	239,02	268,90	161,43	234,81	264,16	158,53	230,59	259,41	155,63	226,38	254,67
	VI	3 713,41	204,23	297,07	334,20																				
9 461,99	I,IV	3 147,25	173,09	251,78	283,25	I	3 147,25	167,30	243,34	273,76	161,50	234,91	264,27	155,70	226,48	254,79	149,90	218,04	245,30	144,10	209,61	235,81	138,31	201,18	226,32
	II	3 101,41	170,57	248,11	279,12	II	3 101,41	164,78	239,68	269,64	158,98	231,24	260,15	153,18	222,81	250,66	147,38	214,38	241,17	141,58	205,94	231,68	135,79	197,51	222,20
	III	2 433,83	133,86	194,70	219,04	III	2 433,83	128,06	186,28	209,56	122,31	177,90	200,14	116,66	169,69	190,90	111,10	161,61	181,81	105,64	153,66	172,87	100,27	145,85	164,08
	V	3 682,50	202,53	294,60	331,42	IV	3 147,25	170,19	247,56	278,50	167,30	243,34	273,76	164,39	239,12	269,01	161,50	234,91	264,27	158,60	230,69	259,52	155,70	226,48	254,79
	VI	3 714,75	204,31	297,18	334,32																				
9 464,99	I,IV	3 148,50	173,16	251,88	283,36	I	3 148,50	167,36	243,44	273,87	161,57	235,01	264,38	155,77	226,58	254,90	149,97	218,14	245,41	144,17	209,71	235,92	138,38	201,28	226,44
	II	3 102,75	170,65	248,22	279,24	II	3 102,75	164,85	239,78	269,75	159,05	231,34	260,26	153,25	222,91	250,77	147,45	214,48	241,29	141,65	206,04	231,80	135,85	197,61	222,31
	III	2 435,16	133,93	194,81	219,16	III	2 435,16	128,13	186,37	209,66	122,38	178,01	200,26	116,72	169,78	191,—	111,17	161,70	181,91	105,71	153,76	172,98	100,33	145,94	164,18
	V	3 683,75	202,60	294,70	331,53	IV	3 148,50	170,26	247,66	278,61	167,36	243,44	273,87	164,46	239,22	269,12	161,57	235,01	264,38	158,67	230,79	259,64	155,77	226,58	254,90
	VI	3 716,—	204,38	297,28	334,44																				
9 467,99	I,IV	3 149,75	173,23	251,98	283,47	I	3 149,75	167,43	243,54	273,98	161,64	235,11	264,50	155,84	226,68	255,01	150,04	218,24	245,52	144,24	209,81	236,03	138,44	201,38	226,55
	II	3 104,—	170,72	248,32	279,36	II	3 104,—	164,92	239,88	269,87	159,12	231,45	260,38	153,32	223,02	250,89	147,52	214,58	241,40	141,72	206,14	231,91	135,92	197,71	222,42
	III	2 436,50	134,—	194,92	219,28	III	2 436,50	128,20	186,48	209,79	122,44	178,10	200,36	116,79	169,88	191,11	111,23	161,80	182,02	105,77	153,85	173,08	100,40	146,04	164,29
	V	3 685,—	202,67	294,80	331,65	IV	3 149,75	170,33	247,76	278,73	167,43	243,54	273,98	164,53	239,32	269,24	161,64	235,11	264,50	158,73	230,89	259,75	155,84	226,68	255,01
	VI	3 717,25	204,44	297,38	334,55																				
9 470,99	I,IV	3 151,—	173,30	252,08	283,59	I	3 151,—	167,50	243,64	274,10	161,70	235,21	264,61	155,91	226,78	255,12	150,11	218,34	245,63	144,31	209,91	236,15	138,51	201,48	226,66
	II	3 105,25	170,78	248,42	279,47	II	3 105,25	164,99	239,98	269,98	159,19	231,55	260,49	153,39	223,12	251,01	147,59	214,68	241,52	141,79	206,25	232,03	136,—	197,82	222,54
	III	2 437,66	134,07	195,01	219,38	III	2 437,66	128,27	186,58	209,90	122,52	178,21	200,48	116,86	169,98	191,23	111,30	161,89	182,12	105,83	153,94	173,18	100,46	146,13	164,39
	V	3 686,25	202,74	294,90	331,76	IV	3 151,—	170,40	247,86	278,84	167,50	243,64	274,10	164,61	239,43	269,36	161,70	235,21	264,61	158,81	231,—	259,87	155,91	226,78	255,12
	VI	3 718,50	204,51	297,48	334,66																				
9 473,99	I,IV	3 152,25	173,37	252,18	283,70	I	3 152,25	167,57	243,74	274,21	161,77	235,31	264,72	155,98	226,88	255,24	150,18	218,44	245,75	144,38	210,01	236,26	138,58	201,58	226,77
	II	3 106,50	170,85	248,52	279,58	II	3 106,50	165,05	240,08	270,09	159,26	231,65	260,60	153,46	223,22	251,12	147,66	214,78	241,63	141,86	206,35	232,14	136,07	197,92	222,66
	III	2 439,—	134,14	195,12	219,51	III	2 439,—	128,34	186,68	210,01	122,58	178,30	200,59	116,93	170,08	191,34	111,36	161,98	182,23	105,90	154,04	173,29	100,53	146,22	164,50
	V	3 687,58	202,81	295,—	331,88	IV	3 152,25	170,47	247,96	278,96	167,57	243,74	274,21	164,67	239,53	269,47	161,77	235,31	264,72	158,88	231,10	259,98	155,98	226,88	255,24
	VI	3 719,75	204,58	297,58	334,77																				
9 476,99	I,IV	3 153,50	173,44	252,28	283,81	I	3 153,50	167,64	243,84	274,32	161,84	235,41	264,83	156,04	226,98	255,35	150,25	218,54	245,86	144,45	210,11	236,37	138,65	201,68	226,89
	II	3 107,75	170,92	248,62	279,69	II	3 107,75	165,12	240,18	270,20	159,33	231,75	260,72	153,53	223,32	251,23	147,73	214,88	241,74	141,93	206,45	232,25	136,13	198,02	222,77
	III	2 440,16	134,20	195,21	219,61	III	2 440,16	128,41	186,78	210,13	122,65	178,41	200,71	116,99	170,17	191,44	111,43	162,08	182,34	105,96	154,13	173,39	100,59	146,32	164,61
	V	3 688,83	202,88	295,10	331,99	IV	3 153,50	170,54	248,06	279,07	167,64	243,84	274,32	164,74	239,63	269,58	161,84	235,41	264,83	158,95	231,20	260,10	156,04	226,98	255,35
	VI	3 721,—	204,65	297,68	334,89																				
9 479,99	I,IV	3 154,83	173,51	252,38	283,93	I	3 154,83	167,71	243,94	274,43	161,91	235,51	264,95	156,11	227,08	255,46	150,31	218,64	245,97	144,52	210,21	236,48	138,72	201,78	227,—
	II	3 109,—	170,99	248,72	279,81	II	3 109,—	165,19	240,28	270,32	159,39	231,85	260,83	153,60	223,42	251,34	147,80	214,98	241,85	142,—	206,55	232,37	136,20	198,12	222,88
	III	2 441,50	134,28	195,32	219,73	III	2 441,50	128,48	186,88	210,24	122,72	178,50	200,81	117,06	170,28	191,56	111,50	162,18	182,45	106,03	154,22	173,50	100,65	146,41	164,71
	V	3 690,08	202,95	295,20	332,10	IV	3 154,83	170,61	248,16	279,18	167,71	243,94	274,43	164,81	239,73	269,69	161,91	235,51	264,95	159,01	231,30	260,21	156,11	227,08	255,46
	VI	3 722,25	204,72	297,78	335,—																				
9 482,99	I,IV	3 156,08	173,58	252,48	284,04	I	3 156,08	167,78	244,05	274,55	161,98	235,62	265,07	156,19	227,18	255,58	150,38	218,74	246,08	144,59	210,31	236,60	138,79	201,88	227,11
	II	3 110,25	171,06	248,82	279,92	II	3 110,25	165,26	240,38	270,43	159,46	231,95	260,94	153,67	223,52	251,46	147,87	215,08	241,97	142,07	206,65	232,48	136,27	198,22	222,99
	III	2 442,66	134,34	195,41	219,83	III	2 442,66	128,55	186,98	210,35	122,79	178,61	200,93	117,13	170,37	191,66	111,56	162,28	182,56	106,09	154,32	173,61	100,72	146,50	164,81
	V	3 691,33	203,02	295,30	332,21	IV	3 156,08	170,68	248,26	279,29	167,78	244,05	274,55	164,88	239,83	269,81	161,98	235,62	265,07	159,08	231,40	260,32	156,19	227,18	255,58
	VI	3 723,50	204,79	297,88	335,11																				
9 485,99	I,IV	3 157,33	173,65	252,58	284,15	I	3 157,33	167,85	244,15	274,67	162,05	235,72	265,18	156,25	227,28	255,69	150,46	218,85	246,20	144,66	210,42	236,72	138,86	201,98	227,23
	II	3 111,50	171,13	248,92	280,03	II	3 111,50	165,33	240,48	270,54	159,53	232,05	261,05	153,73	223,62	251,57	147,94	215,18	242,08	142,14	206,75	232,59	136,34	198,32	223,11
	III	2 444,—	134,42	195,52	219,96	III	2 444,—	128,61	187,08	210,46	122,86	178,70	201,04	117,19	170,46	191,77	111,63	162,37	182,66	106,15	154,41	173,71	100,78	146,60	164,92
	V	3 692,58	203,09	295,40	332,33	IV	3 157,33	170,75	248,36	279,41	167,85	244,15	274,67	164,95	239,93	269,92	162,05	235,72	265,18	159,15	231,50	260,43	156,25	227,28	255,69
	VI	3 724,75	204,86	297,98	335,22																				
9 488,99	I,IV	3 158,58	173,72	252,68	284,27	I	3 158,58	167,92	244,25	274,78	162,12	235,82	265,29	156,32	227,38	255,80	150,53	218,95	246,32	144,73	210,52	236,83	138,93	202,08	227,34
	II	3 112,83	171,20	249,02	280,15	II	3 112,83	165,40	240,58	270,65	159,60	232,15	261,17	153,80	223,72	251,68	148,—	215,28	242,19	142,21	206,85	232,70	136,41	198,42	223,22
	III	2 445,16	134,48	195,61	220,06	III	2 445,16	128,69	187,18	210,58	122,92	178,80	201,15	117,26	170,57	191,89	111,69	162,46	182,77	106,22	154,50	173,81	100,85	146,69	165,02
	V	3 693,83	203,16	295,50	332,44	IV	3 158,58	170,82	248,46	279,52	167,92	244,25	274,78	165,02	240,03	270,03	162,12	235,82	265,29	159,22	231,60	260,55	156,32	227,38	255,80
	VI	3 726,08	204,93	298,08	335,34																				
9 491,99	I,IV	3 159,83	173,79	252,78	284,38	I	3 159,83	167,99	244,35	274,89	162,19	235,92	265,41	156,39	227,48	255,92	150,59	219,05	246,43	144,80	210,62	236,94	139,—	202,18	227,45
	II	3 114,08	171,27	249,12	280,26	II	3 114,08	165,47	240,69	270,77	159,67	232,26	261,29	153,88	223,82	251,80	148,07	215,38	242,30	142,28	206,95	232,82	136,48	198,52	223,33
	III	2 446,50	134,55	195,72	220,18	III	2 446,50	128,75	187,28	210,69	122,99	178,90	201,26	117,33	170,66	191,99	111,76	162,56	182,88	106,28	154,60	173,92	100,91	146,78	165,13
	V	3 695,08	203,22	295,60	332,55	IV	3 159,83	170,88	248,56	279,63	167,99	244,35	274,89	165,09	240,13	270,14	162,19	235,92	265,41	159,29	231,70	260,66	156,39	227,48	255,92
	VI	3 727,33	205,—	298,18	335,45																				
9 494,99	I,IV	3 161,08	173,85	252,88	284,49	I	3 161,08	168,06	244,45	275,—	162,26	236,02	265,52	156,46	227,58	256,03	150,66	219,15	246,54	144,87	210,72	237,06	139,07	202,28	227,57
	II	3 115,33	171,34	249,22	280,37	II	3 115,33	165,54	240,79	270,89	159,74	232,36	261,40	153,94	223,92	251,91	148,15	215,49	242,42	142,35	207,06	232,94	136,55	198,62	223,45
	III	2 447,83	134,63	195,82	220,30	III	2 447,83	128,82	187,38	210,80	123,06	179,—	201,37	117,39	170,76	192,10	111,83	162,66	182,99	106,35	154,69	174,02	100,97	146,86	165,22
	V	3 696,33	203,29	295,70	332,66	IV	3 161,08	170,96	248,67	279,75	168,06	244,45	275,—	165,16	240,24	270,27	162,26	236,02	265,52	159,36	231,80	260,78	156,46	227,58	256,03
	VI	3 728,58	205,07	298,28	335,57																				

* Die ausgewiesenen Tabellenwerte sind amtlich. Siehe Erläuterungen auf der Umschlaginnenseite (U2).

MONAT 9 495,–*

Abzüge an Lohnsteuer, Solidaritätszuschlag (SolZ) und Kirchensteuer (8%, 9%) in den Steuerklassen

Lohn/ Gehalt bis €*	I – VI					I, II, III, IV																			
			ohne Kinderfreibeträge					mit Zahl der Kinderfreibeträge . . .																	
								0,5			1			1,5			2			2,5			3		
		LSt	SolZ	8%	9%		LSt	SolZ	8%	9%	SolZ	8%	9%	SolZ	8%	9%	SolZ	8%	9%	SolZ	8%	9%	SolZ	8%	9%
9 497,99	I,IV	3 162,33	173,92	252,98	284,60	I	3 162,33	168,13	244,55	275,12	162,33	236,12	265,63	156,53	227,68	256,14	150,73	219,25	246,65	144,93	210,82	237,17	139,14	202,38	227,68
	II	3 116,58	171,41	249,32	280,49	II	3 116,58	165,61	240,89	271,–	159,81	232,46	261,51	154,01	224,02	252,02	148,22	215,59	242,54	142,42	207,16	233,05	136,62	198,72	223,56
	III	2 449,–	134,69	195,92	220,41	III	2 449,–	128,90	187,49	210,92	123,13	179,10	201,49	117,47	170,86	192,22	111,89	162,76	183,10	106,41	154,78	174,13	101,03	146,96	165,33
	V	3 697,66	203,37	295,81	332,78	IV	3 162,33	171,03	248,77	279,86	168,13	244,55	275,12	165,23	240,34	270,38	162,33	236,12	265,63	159,43	231,90	260,89	156,53	227,68	256,14
	VI	3 729,83	205,14	298,38	335,68																				
9 500,99	I,IV	3 163,58	173,99	253,08	284,72	I	3 163,58	168,19	244,65	275,23	162,40	236,22	265,74	156,60	227,78	256,25	150,80	219,35	246,77	145,–	210,92	237,28	139,20	202,48	227,79
	II	3 117,83	171,48	249,42	280,60	II	3 117,83	165,68	240,99	271,11	159,88	232,56	261,63	154,08	224,12	252,14	148,28	215,69	242,65	142,49	207,26	233,16	136,69	198,82	223,67
	III	2 450,33	134,76	196,02	220,52	III	2 450,33	128,96	187,58	211,03	123,20	179,20	201,60	117,53	170,96	192,33	111,96	162,85	183,20	106,48	154,89	174,25	101,09	147,05	165,43
	V	3 698,91	203,44	295,91	332,90	IV	3 163,58	171,10	248,87	279,98	168,19	244,65	275,23	165,30	240,44	270,49	162,40	236,22	265,74	159,50	232,–	261,–	156,60	227,78	256,25
	VI	3 731,08	205,20	298,48	335,79																				
9 503,99	I,IV	3 164,83	174,06	253,18	284,83	I	3 164,83	168,26	244,75	275,34	162,47	236,32	265,86	156,67	227,88	256,37	150,87	219,45	246,88	145,07	211,02	237,39	139,27	202,58	227,90
	II	3 119,08	171,54	249,52	280,71	II	3 119,08	165,75	241,09	271,22	159,95	232,66	261,74	154,15	224,22	252,25	148,35	215,79	242,76	142,56	207,36	233,28	136,76	198,92	223,79
	III	2 451,50	134,83	196,12	220,63	III	2 451,50	129,03	187,69	211,15	123,27	179,30	201,71	117,59	171,05	192,43	112,02	162,94	183,31	106,55	154,98	174,35	101,16	147,14	165,53
	V	3 700,16	203,50	296,01	333,01	IV	3 164,83	171,16	248,97	280,09	168,26	244,75	275,34	165,37	240,54	270,60	162,47	236,32	265,86	159,57	232,10	261,11	156,67	227,88	256,37
	VI	3 732,33	205,27	298,58	335,90																				
9 506,99	I,IV	3 166,16	174,13	253,29	284,95	I	3 166,16	168,34	244,86	275,46	162,54	236,42	265,97	156,74	227,98	256,48	150,94	219,55	246,99	145,14	211,12	237,51	139,34	202,68	228,02
	II	3 120,33	171,61	249,62	280,82	II	3 120,33	165,82	241,19	271,34	160,02	232,76	261,85	154,22	224,32	252,36	148,42	215,89	242,87	142,62	207,46	233,39	136,83	199,02	223,90
	III	2 452,83	134,90	196,22	220,75	III	2 452,83	129,10	187,78	211,25	123,33	179,40	201,82	117,67	171,16	192,55	112,09	163,04	183,42	106,61	155,08	174,46	101,22	147,24	165,64
	V	3 701,41	203,57	296,11	333,12	IV	3 166,16	171,23	249,07	280,20	168,34	244,86	275,46	165,44	240,64	270,72	162,54	236,42	265,97	159,64	232,20	261,23	156,74	227,98	256,48
	VI	3 733,58	205,34	298,68	336,02																				
9 509,99	I,IV	3 167,41	174,20	253,39	285,06	I	3 167,41	168,41	244,96	275,58	162,61	236,52	266,09	156,81	228,09	256,60	151,01	219,66	247,11	145,21	211,22	237,62	139,41	202,78	228,13
	II	3 121,58	171,68	249,72	280,94	II	3 121,58	165,88	241,29	271,45	160,09	232,86	261,96	154,29	224,42	252,47	148,49	215,99	242,99	142,69	207,56	233,50	136,89	199,12	224,01
	III	2 454,–	134,97	196,32	220,86	III	2 454,–	129,17	187,89	211,37	123,41	179,50	201,94	117,73	171,25	192,65	112,16	163,14	183,53	106,68	155,17	174,56	101,29	147,33	165,74
	V	3 702,66	203,64	296,21	333,23	IV	3 167,41	171,30	249,17	280,31	168,41	244,96	275,58	165,50	240,74	270,83	162,61	236,52	266,09	159,71	232,30	261,34	156,81	228,09	256,60
	VI	3 734,83	205,41	298,78	336,13																				
9 512,99	I,IV	3 168,66	174,27	253,49	285,17	I	3 168,66	168,47	245,06	275,69	162,68	236,62	266,20	156,88	228,19	256,71	151,08	219,76	247,23	145,28	211,32	237,74	139,48	202,89	228,25
	II	3 122,83	171,75	249,82	281,05	II	3 122,83	165,95	241,39	271,56	160,16	232,96	262,08	154,36	224,52	252,59	148,56	216,09	243,10	142,76	207,66	233,61	136,96	199,22	224,12
	III	2 455,33	135,04	196,42	220,97	III	2 455,33	129,24	187,98	211,48	123,47	179,60	202,05	117,80	171,34	192,76	112,22	163,24	183,64	106,74	155,26	174,67	101,35	147,42	165,85
	V	3 703,91	203,71	296,31	333,35	IV	3 168,66	171,37	249,27	280,43	168,47	245,06	275,69	165,57	240,84	270,94	162,68	236,62	266,20	159,77	232,40	261,45	156,88	228,19	256,71
	VI	3 736,16	205,48	298,89	336,25																				
9 515,99	I,IV	3 169,91	174,34	253,59	285,29	I	3 169,91	168,54	245,16	275,80	162,74	236,72	266,31	156,95	228,29	256,82	151,15	219,86	247,34	145,35	211,42	237,85	139,55	202,99	228,36
	II	3 124,16	171,82	249,93	281,17	II	3 124,16	166,03	241,50	271,68	160,23	233,06	262,19	154,43	224,62	252,70	148,63	216,19	243,21	142,83	207,76	233,73	137,03	199,32	224,24
	III	2 456,50	135,10	196,52	221,08	III	2 456,50	129,31	188,09	211,60	123,54	179,70	202,16	117,87	171,45	192,88	112,29	163,33	183,74	106,81	155,36	174,78	101,42	147,52	165,96
	V	3 705,16	203,78	296,41	333,46	IV	3 169,91	171,44	249,37	280,54	168,54	245,16	275,80	165,64	240,94	271,05	162,74	236,72	266,31	159,84	232,50	261,56	156,95	228,29	256,82
	VI	3 737,41	205,55	298,99	336,36																				
9 518,99	I,IV	3 171,16	174,41	253,69	285,40	I	3 171,16	168,61	245,26	275,91	162,81	236,82	266,42	157,02	228,39	256,94	151,22	219,96	247,45	145,42	211,52	237,96	139,62	203,09	228,47
	II	3 125,41	171,89	250,03	281,28	II	3 125,41	166,10	241,60	271,80	160,30	233,16	262,31	154,50	224,73	252,82	148,70	216,30	243,33	142,90	207,86	233,84	137,10	199,42	224,35
	III	2 457,83	135,18	196,62	221,20	III	2 457,83	129,38	188,20	211,72	123,61	179,80	202,27	117,93	171,54	192,98	112,35	163,42	183,85	106,87	155,45	174,88	101,48	147,61	166,06
	V	3 706,41	203,85	296,51	333,57	IV	3 171,16	171,51	249,48	280,66	168,61	245,26	275,91	165,71	241,04	271,17	162,81	236,82	266,42	159,91	232,60	261,68	157,02	228,39	256,94
	VI	3 738,66	205,62	299,09	336,47																				
9 521,99	I,IV	3 172,41	174,48	253,79	285,51	I	3 172,41	168,68	245,36	276,03	162,88	236,92	266,54	157,08	228,49	257,05	151,29	220,06	247,56	145,49	211,62	238,07	139,69	203,19	228,59
	II	3 126,66	171,96	250,13	281,39	II	3 126,66	166,16	241,70	271,91	160,37	233,26	262,42	154,57	224,83	252,93	148,77	216,40	243,45	142,97	207,96	233,96	137,17	199,53	224,47
	III	2 459,16	135,25	196,73	221,32	III	2 459,16	129,45	188,29	211,82	123,67	179,89	202,37	118,–	171,64	193,09	112,42	163,53	183,97	106,93	155,54	174,98	101,54	147,70	166,16
	V	3 707,75	203,92	296,62	333,69	IV	3 172,41	171,58	249,58	280,77	168,68	245,36	276,03	165,78	241,14	271,28	162,88	236,92	266,54	159,99	232,71	261,80	157,08	228,49	257,05
	VI	3 739,[illegible]	205,69	299,19	336,59																				
9 524,99	I,IV	3 173,66	174,55	253,89	285,62	I	3 173,66	168,75	245,46	276,14	162,95	237,02	266,65	157,15	228,59	257,16	151,36	220,16	247,68	145,56	211,72	238,19	139,76	203,29	228,70
	II	3 127,91	172,03	250,23	281,51	II	3 127,91	166,23	241,80	272,02	160,43	233,36	262,53	154,64	224,93	253,04	148,84	216,50	243,56	143,04	208,06	234,07	137,24	199,63	224,58
	III	2 460,33	135,31	196,82	221,42	III	2 460,33	129,52	188,40	211,95	123,75	180,–	202,50	118,07	171,74	193,21	112,49	163,62	184,07	107,–	155,64	175,09	101,61	147,80	166,27
	V	3 709,–	203,99	296,72	333,81	IV	3 173,66	171,65	249,68	280,89	168,75	245,46	276,14	165,85	241,24	271,40	162,95	237,02	266,65	160,05	232,81	261,91	157,15	228,59	257,16
	VI	3 741,16	205,76	299,29	336,70																				
9 527,99	I,IV	3 174,91	174,62	253,99	285,74	I	3 174,91	168,82	245,56	276,25	163,02	237,12	266,76	157,22	228,69	257,27	151,42	220,26	247,79	145,63	211,82	238,30	139,83	203,39	228,81
	II	3 129,16	172,10	250,33	281,62	II	3 129,16	166,30	241,90	272,13	160,50	233,46	262,64	154,71	225,03	253,16	148,91	216,60	243,67	143,11	208,16	234,18	137,31	199,73	224,69
	III	2 461,66	135,39	196,93	221,54	III	2 461,66	129,58	188,49	212,05	123,81	180,09	202,60	118,14	171,84	193,32	112,55	163,72	184,18	107,06	155,73	175,19	101,67	147,89	166,37
	V	3 710,25	204,06	296,82	333,92	IV	3 174,91	171,72	249,78	281,–	168,82	245,56	276,25	165,92	241,34	271,51	163,02	237,12	266,76	160,12	232,91	262,02	157,22	228,69	257,27
	VI	3 742,41	205,83	299,39	336,81																				
9 530,99	I,IV	3 176,25	174,69	254,10	285,86	I	3 176,25	168,89	245,66	276,37	163,09	237,22	266,87	157,29	228,79	257,39	151,49	220,36	247,90	145,69	211,92	238,41	139,90	203,49	228,92
	II	3 130,41	172,17	250,43	281,73	II	3 130,41	166,37	242,–	272,25	160,57	233,56	262,76	154,77	225,13	253,27	148,98	216,70	243,78	143,18	208,26	234,29	137,38	199,83	224,81
	III	2 462,83	135,45	197,02	221,65	III	2 462,83	129,66	188,60	212,17	123,88	180,20	202,72	118,20	171,93	193,42	112,62	163,81	184,28	107,13	155,82	175,30	101,74	147,98	166,48
	V	3 711,50	204,13	296,92	334,03	IV	3 176,25	171,79	249,88	281,11	168,89	245,66	276,37	165,99	241,44	271,62	163,09	237,22	266,87	160,19	233,01	262,13	157,29	228,79	257,39
	VI	3 743,66	205,90	299,49	336,92																				
9 533,99	I,IV	3 177,50	174,76	254,20	285,97	I	3 177,50	168,96	245,76	276,48	163,16	237,33	266,99	157,36	228,90	257,51	151,57	220,46	248,02	145,76	212,02	238,52	139,97	203,59	229,04
	II	3 131,66	172,24	250,53	281,84	II	3 131,66	166,44	242,10	272,36	160,64	233,66	262,87	154,84	225,23	253,38	149,05	216,80	243,90	143,25	208,36	234,41	137,45	199,93	224,92
	III	2 464,16	135,52	197,13	221,77	III	2 464,16	129,72	188,69	212,27	123,95	180,29	202,82	118,27	172,04	193,54	112,68	163,90	184,39	107,20	155,93	175,42	101,80	148,08	166,59
	V	3 712,75	204,20	297,02	334,14	IV	3 177,50	171,86	249,98	281,22	168,96	245,76	276,48	166,06	241,54	271,73	163,16	237,33	266,99	160,26	233,11	262,25	157,36	228,90	257,51
	VI	3 744,91	205,97	299,59	337,04																				
9 536,99	I,IV	3 178,75	174,83	254,30	286,08	I	3 178,75	169,03	245,86	276,59	163,23	237,43	267,11	157,43	229,–	257,62	151,63	220,56	248,13	145,84	212,13	238,64	140,04	203,70	229,16
	II	3 132,91	172,31	250,63	281,96	II	3 132,91	166,51	242,20	272,47	160,71	233,76	262,98	154,91	225,33	253,49	149,11	216,90	244,01	143,32	208,46	234,52	137,52	200,03	225,03
	III	2 465,33	135,59	197,22	221,87	III	2 465,33	129,80	188,80	212,40	124,02	180,40	202,95	118,34	172,13	193,64	112,75	164,01	184,51	107,26	156,02	175,52	101,86	148,17	166,69
	V	3 714,–	204,27	297,12	334,26	IV	3 178,75	171,93	250,08	281,34	169,03	245,86	276,59	166,13	241,64	271,85	163,23	237,43	267,11	160,33	233,21	262,36	157,43	229,–	257,62
	VI	3 746,25	206,04	299,70	337,16																				
9 539,99	I,IV	3 180,–	174,90	254,40	286,20	I	3 180,–	169,10	245,96	276,71	163,30	237,53	267,22	157,50	229,10	257,73	151,70	220,66	248,24	145,91	212,23	238,76	140,11	203,80	229,27
	II	3 134,25	172,38	250,74	282,08	II	3 134,25	166,58	242,30	272,59	160,78	233,86	263,09	154,98	225,43	253,61	149,18	217,–	244,12	143,38	208,56	234,63	137,59	200,13	225,14
	III	2 466,66	135,66	197,33	221,99	III	2 466,66	129,86	188,89	212,50	124,08	180,49	203,05	118,40	172,22	193,75	112,82	164,10	184,61	107,33	156,12	175,63	101,93	148,26	166,79
	V	3 715,25	204,33	297,22	334,37	IV	3 180,–	171,99	250,18	281,45	169,10	245,96	276,71	166,20	241,74	271,96	163,30	237,53	267,22	160,40	233,31	262,47	157,50	229,10	257,73
	VI	3 747,50	206,11	299,80	337,27																				

* Die ausgewiesenen Tabellenwerte sind amtlich. Siehe Erläuterungen auf der Umschlaginnenseite (U2).

Abzüge an Lohnsteuer, Solidaritätszuschlag (SolZ) und Kirchensteuer (8%, 9%) in den Steuerklassen

Lohn/ Gehalt bis €*		I – VI	ohne Kinderfreibeträge				I, II, III, IV	mit Zahl der Kinderfreibeträge . . . 0,5			1			1,5			2			2,5			3		
		LSt	SolZ	8%	9%		LSt	SolZ	8%	9%	SolZ	8%	9%	SolZ	8%	9%	SolZ	8%	9%	SolZ	8%	9%	SolZ	8%	9%
9 542,99	I,IV	3 181,25	174,96	254,50	286,31	I	3 181,25	169,17	246,06	276,82	163,37	237,63	267,33	157,57	229,20	257,85	151,77	220,76	248,36	145,97	212,33	238,87	140,18	203,90	229,38
	II	3 135,50	172,45	250,84	282,19	II	3 135,50	166,65	242,40	272,70	160,85	233,97	263,21	155,05	225,54	253,73	149,26	217,10	244,24	143,45	208,66	234,74	137,66	200,23	225,26
	III	2 468,—	135,74	197,44	222,12	III	2 468,—	129,93	189,—	212,62	124,16	180,60	203,17	118,47	172,33	193,87	112,88	164,20	184,72	107,39	156,21	175,73	101,99	148,36	166,90
	V	3 716,50	204,40	297,32	334,48	IV	3 181,25	172,07	250,28	281,57	169,17	246,06	276,82	166,26	241,84	272,07	163,37	237,63	267,33	160,47	233,41	262,58	157,57	229,20	257,85
	VI	3 748,75	206,18	299,90	337,38																				
9 545,99	I,IV	3 182,50	175,03	254,60	286,42	I	3 182,50	169,23	246,16	276,93	163,44	237,73	267,44	157,64	229,30	257,96	151,84	220,86	248,47	146,04	212,43	238,98	140,25	204,—	229,50
	II	3 136,75	172,52	250,94	282,30	II	3 136,75	166,72	242,50	272,81	160,92	234,07	263,33	155,12	225,64	253,84	149,32	217,20	244,35	143,53	208,77	234,86	137,73	200,34	225,38
	III	2 469,16	135,80	197,53	222,22	III	2 469,16	130,01	189,10	212,74	124,22	180,69	203,27	118,54	172,42	193,97	112,95	164,29	184,82	107,46	156,30	175,84	102,06	148,45	167,—
	V	3 717,75	204,47	297,42	334,59	IV	3 182,50	172,14	250,38	281,68	169,23	246,16	276,93	166,34	241,95	272,19	163,44	237,73	267,44	160,54	233,52	262,71	157,64	229,30	257,96
	VI	3 750,—	206,25	300,—	337,50																				
9 548,99	I,IV	3 183,75	175,10	254,70	286,53	I	3 183,75	169,30	246,26	277,04	163,51	237,83	267,56	157,71	229,40	258,07	151,91	220,96	248,58	146,11	212,53	239,09	140,31	204,10	229,61
	II	3 138,—	172,59	251,04	282,42	II	3 138,—	166,79	242,60	272,93	160,99	234,17	263,44	155,19	225,74	253,95	149,39	217,30	244,46	143,60	208,87	234,98	137,80	200,44	225,49
	III	2 470,50	135,87	197,64	222,34	III	2 470,50	130,07	189,20	212,85	124,30	180,80	203,40	118,60	172,52	194,08	113,02	164,40	184,95	107,52	156,40	175,95	102,12	148,54	167,11
	V	3 719,08	204,54	297,52	334,71	IV	3 183,75	172,20	250,48	281,79	169,30	246,26	277,04	166,41	242,05	272,30	163,51	237,83	267,56	160,61	233,62	262,82	157,71	229,40	258,07
	VI	3 751,25	206,31	300,10	337,61																				
9 551,99	I,IV	3 185,—	175,17	254,80	286,65	I	3 185,—	169,37	246,36	277,16	163,57	237,93	267,67	157,78	229,50	258,18	151,98	221,06	248,69	146,18	212,63	239,21	140,38	204,20	229,72
	II	3 139,25	172,65	251,14	282,53	II	3 139,25	166,86	242,70	273,04	161,06	234,27	263,55	155,26	225,84	254,07	149,46	217,40	244,58	143,66	208,97	235,09	137,87	200,54	225,60
	III	2 471,66	135,94	197,73	222,44	III	2 471,66	130,14	189,30	212,96	124,36	180,89	203,50	118,68	172,62	194,20	113,08	164,49	185,05	107,58	156,49	176,05	102,19	148,64	167,22
	V	3 720,33	204,61	297,62	334,82	IV	3 185,—	172,27	250,58	281,90	169,37	246,36	277,16	166,48	242,15	272,42	163,57	237,93	267,67	160,68	233,72	262,93	157,78	229,50	258,18
	VI	3 752,50	206,38	300,20	337,72																				
9 554,99	I,IV	3 186,33	175,24	254,90	286,76	I	3 186,33	169,44	246,46	277,27	163,64	238,03	267,78	157,85	229,60	258,30	152,05	221,16	248,81	146,25	212,73	239,32	140,45	204,30	229,83
	II	3 140,50	172,72	251,24	282,64	II	3 140,50	166,92	242,80	273,15	161,13	234,37	263,66	155,33	225,94	254,18	149,53	217,50	244,69	143,73	209,07	235,20	137,94	200,64	225,72
	III	2 473,—	136,01	197,84	222,57	III	2 473,—	130,21	189,40	213,07	124,43	181,—	203,62	118,74	172,72	194,31	113,15	164,58	185,15	107,65	156,58	176,15	102,25	148,73	167,32
	V	3 721,58	204,68	297,72	334,94	IV	3 186,33	172,34	250,68	282,02	169,44	246,46	277,27	166,54	242,25	272,53	163,64	238,03	267,78	160,75	233,82	263,04	157,85	229,60	258,30
	VI	3 753,75	206,45	300,30	337,83																				
9 557,99	I,IV	3 187,58	175,31	255,—	286,88	I	3 187,58	169,51	246,57	277,39	163,72	238,14	267,90	157,92	229,70	258,41	152,12	221,26	248,92	146,32	212,83	239,43	140,52	204,40	229,95
	II	3 141,75	172,79	251,34	282,75	II	3 141,75	166,99	242,90	273,26	161,20	234,47	263,78	155,40	226,04	254,29	149,60	217,60	244,80	143,80	209,17	235,31	138,—	200,74	225,83
	III	2 474,16	136,07	197,93	222,67	III	2 474,16	130,28	189,50	213,19	124,50	181,09	203,72	118,80	172,81	194,41	113,21	164,68	185,26	107,71	156,68	176,26	102,31	148,82	167,42
	V	3 722,83	204,75	297,82	335,05	IV	3 187,58	172,41	250,78	282,13	169,51	246,57	277,39	166,61	242,35	272,64	163,72	238,14	267,90	160,82	233,92	263,16	157,92	229,70	258,41
	VI	3 755,—	206,52	300,40	337,95																				
9 560,99	I,IV	3 188,83	175,38	255,10	286,99	I	3 188,83	169,58	246,67	277,50	163,79	238,24	268,02	157,99	229,80	258,53	152,19	221,37	249,04	146,39	212,94	239,55	140,59	204,50	230,06
	II	3 143,—	172,86	251,44	282,87	II	3 143,—	167,06	243,—	273,38	161,26	234,57	263,89	155,47	226,14	254,40	149,67	217,70	244,91	143,87	209,27	235,43	138,07	200,84	225,94
	III	2 475,50	136,15	198,04	222,79	III	2 475,50	130,35	189,60	213,30	124,57	181,20	203,85	118,88	172,92	194,53	113,28	164,77	185,36	107,78	156,77	176,36	102,38	148,92	167,53
	V	3 724,08	204,82	297,92	335,16	IV	3 188,83	172,48	250,88	282,24	169,58	246,67	277,50	166,68	242,45	272,75	163,79	238,24	268,02	160,88	234,02	263,27	157,99	229,80	258,53
	VI	3 756,25	206,59	300,50	338,06																				
9 563,99	I,IV	3 190,08	175,45	255,20	287,10	I	3 190,08	169,65	246,77	277,61	163,85	238,34	268,13	158,06	229,90	258,64	152,26	221,47	249,15	146,46	213,04	239,67	140,66	204,60	230,18
	II	3 144,33	172,93	251,54	282,98	II	3 144,33	167,13	243,10	273,49	161,33	234,67	264,—	155,54	226,24	254,52	149,74	217,80	245,03	143,94	209,37	235,54	138,14	200,94	226,05
	III	2 476,66	136,21	198,13	222,89	III	2 476,66	130,42	189,70	213,41	124,63	181,29	203,95	118,94	173,01	194,63	113,35	164,88	185,49	107,85	156,88	176,49	102,44	149,01	167,63
	V	3 725,33	204,89	298,02	335,27	IV	3 190,08	172,55	250,98	282,35	169,65	246,77	277,61	166,75	242,55	272,87	163,85	238,34	268,13	160,95	234,12	263,38	158,06	229,90	258,64
	VI	3 757,58	206,66	300,60	338,18																				
9 566,99	I,IV	3 191,33	175,52	255,30	287,21	I	3 191,33	169,72	246,87	277,73	163,92	238,44	268,24	158,12	230,—	258,75	152,33	221,57	249,26	146,53	213,14	239,78	140,73	204,70	230,29
	II	3 145,58	173,—	251,64	283,10	II	3 145,58	167,20	243,21	273,61	161,41	234,78	264,12	155,61	226,34	254,63	149,81	217,90	245,14	144,01	209,47	235,65	138,21	201,04	226,17
	III	2 478,—	136,29	198,24	223,02	III	2 478,—	130,48	189,80	213,52	124,71	181,40	204,07	119,02	173,12	194,76	113,41	164,97	185,59	107,91	156,97	176,59	102,51	149,10	167,74
	V	3 726,58	204,96	298,12	335,39	IV	3 191,33	172,62	251,08	282,47	169,72	246,87	277,73	166,82	242,65	272,98	163,92	238,44	268,24	161,02	234,22	263,49	158,12	230,—	258,75
	VI	3 758,83	206,73	300,70	338,29																				
9 569,99	I,IV	3 192,58	175,59	255,40	287,33	I	3 192,58	169,79	246,97	277,84	163,99	238,54	268,35	158,19	230,10	258,86	152,40	221,67	249,38	146,60	213,24	239,89	140,80	204,80	230,40
	II	3 146,83	173,07	251,74	283,21	II	3 146,83	167,27	243,31	273,72	161,48	234,88	264,24	155,68	226,44	254,75	149,88	218,01	245,26	144,08	209,58	235,77	138,28	201,14	226,28
	III	2 479,33	136,36	198,34	223,13	III	2 479,33	130,56	189,90	213,64	124,77	181,49	204,17	119,08	173,21	194,86	113,48	165,06	185,69	107,98	157,06	176,69	102,57	149,20	167,85
	V	3 727,83	205,03	298,22	335,50	IV	3 192,58	172,69	251,19	282,59	169,79	246,97	277,84	166,89	242,76	273,10	163,99	238,54	268,35	161,09	234,32	263,61	158,19	230,10	258,86
	VI	3 760,08	206,80	300,80	338,40																				
9 572,99	I,IV	3 193,83	175,66	255,50	287,44	I	3 193,83	169,86	247,07	277,95	164,06	238,64	268,47	158,26	230,20	258,98	152,46	221,77	249,49	146,67	213,34	240,—	140,87	204,90	230,51
	II	3 148,08	173,14	251,84	283,32	II	3 148,08	167,34	243,41	273,83	161,54	234,98	264,35	155,75	226,54	254,86	149,95	218,11	245,37	144,15	209,68	235,89	138,35	201,24	226,40
	III	2 480,50	136,42	198,44	223,24	III	2 480,50	130,63	190,01	213,76	124,85	181,60	204,30	119,14	173,30	194,96	113,54	165,16	185,80	108,04	157,16	176,80	102,63	149,29	167,95
	V	3 729,16	205,10	298,33	335,62	IV	3 193,83	172,76	251,29	282,70	169,86	247,07	277,95	166,96	242,86	273,21	164,06	238,64	268,47	161,16	234,42	263,72	158,26	230,20	258,98
	VI	3 761,33	206,87	300,90	338,51																				
9 575,99	I,IV	3 195,08	175,72	255,60	287,55	I	3 195,08	169,93	247,17	278,06	164,13	238,74	268,58	158,33	230,30	259,09	152,53	221,87	249,60	146,74	213,44	240,12	140,94	205,—	230,63
	II	3 149,33	173,21	251,94	283,43	II	3 149,33	167,41	243,51	273,95	161,61	235,08	264,46	155,81	226,64	254,97	150,02	218,21	245,48	144,22	209,78	236,—	138,42	201,34	226,51
	III	2 481,83	136,50	198,54	223,36	III	2 481,83	130,69	190,10	213,86	124,91	181,69	204,40	119,22	173,41	195,08	113,62	165,26	185,92	108,11	157,25	176,90	102,70	149,38	168,05
	V	3 730,41	205,17	298,43	335,73	IV	3 195,08	172,83	251,39	282,81	169,93	247,17	278,06	167,03	242,96	273,33	164,13	238,74	268,58	161,23	234,52	263,84	158,33	230,30	259,09
	VI	3 762,58	206,94	301,—	338,63																				
9 578,99	I,IV	3 196,33	175,79	255,70	287,66	I	3 196,33	170,—	247,27	278,18	164,20	238,84	268,69	158,40	230,40	259,20	152,60	221,97	249,71	146,80	213,54	240,23	141,01	205,10	230,74
	II	3 150,58	173,28	252,04	283,55	II	3 150,58	167,48	243,61	274,06	161,68	235,18	264,57	155,88	226,74	255,08	150,09	218,31	245,60	144,29	209,88	236,11	138,49	201,44	226,62
	III	2 483,—	136,56	198,64	223,47	III	2 483,—	130,77	190,21	213,98	124,97	181,78	204,50	119,28	173,50	195,19	113,68	165,36	186,03	108,17	157,34	177,01	102,76	149,48	168,16
	V	3 731,66	205,24	298,53	335,84	IV	3 196,33	172,90	251,49	282,92	170,—	247,27	278,18	167,10	243,06	273,44	164,20	238,84	268,69	161,30	234,62	263,95	158,40	230,40	259,20
	VI	3 763,83	207,01	301,10	338,74																				
9 581,99	I,IV	3 197,66	175,87	255,81	287,78	I	3 197,66	170,07	247,38	278,30	164,27	238,94	268,81	158,47	230,50	259,31	152,67	222,07	249,83	146,87	213,64	240,34	141,07	205,20	230,85
	II	3 151,83	173,35	252,14	283,66	II	3 151,83	167,55	243,71	274,17	161,75	235,28	264,69	155,95	226,84	255,20	150,15	218,41	245,71	144,36	209,98	236,22	138,56	201,54	226,73
	III	2 484,33	136,63	198,74	223,58	III	2 484,33	130,83	190,30	214,09	125,05	181,89	204,62	119,35	173,60	195,30	113,74	165,45	186,13	108,24	157,44	177,12	102,83	149,57	168,26
	V	3 732,91	205,31	298,63	335,96	IV	3 197,66	172,97	251,59	283,04	170,07	247,38	278,30	167,17	243,16	273,55	164,27	238,94	268,81	161,37	234,72	264,06	158,47	230,50	259,31
	VI	3 765,08	207,07	301,20	338,85																				
9 584,99	I,IV	3 198,91	175,94	255,91	287,90	I	3 198,91	170,14	247,48	278,41	164,34	239,04	268,92	158,54	230,61	259,43	152,74	222,18	249,95	146,95	213,74	240,46	141,14	205,30	230,96
	II	3 153,08	173,41	252,24	283,77	II	3 153,08	167,62	243,81	274,28	161,82	235,38	264,80	156,02	226,94	255,31	150,22	218,51	245,82	144,43	210,08	236,34	138,63	201,64	226,85
	III	2 485,50	136,70	198,84	223,69	III	2 485,50	130,90	190,41	214,21	125,11	181,98	204,73	119,42	173,70	195,41	113,81	165,54	186,23	108,30	157,53	177,22	102,89	149,66	168,37
	V	3 734,16	205,37	298,73	336,07	IV	3 198,91	173,03	251,69	283,15	170,14	247,48	278,41	167,24	243,26	273,66	164,34	239,04	268,92	161,44	234,82	264,17	158,54	230,61	259,43
	VI	3 766,33	207,14	301,30	338,96																				

* Die ausgewiesenen Tabellenwerte sind amtlich. Siehe Erläuterungen auf der Umschlaginnenseite (U2).

MONAT 9 585,–*

Lohn/ Gehalt bis €*	I – VI	LSt	ohne Kinderfreibeträge SolZ	8%	9%	I, II, III, IV	LSt	0,5 SolZ	0,5 8%	0,5 9%	1 SolZ	1 8%	1 9%	1,5 SolZ	1,5 8%	1,5 9%	2 SolZ	2 8%	2 9%	2,5 SolZ	2,5 8%	2,5 9%	3 SolZ	3 8%	3 9%
9 587,99	I,IV	3 200,16	176,—	256,01	288,01	I	3 200,16	170,21	247,58	278,52	164,41	239,14	269,03	158,61	230,71	259,55	152,81	222,28	250,06	147,01	213,84	240,57	141,22	205,41	231,08
	II	3 154,33	173,48	252,34	283,88	II	3 154,33	167,69	243,91	274,40	161,89	235,48	264,91	156,09	227,04	255,42	150,29	218,61	245,93	144,49	210,18	236,45	138,70	201,74	226,96
	III	2 486,83	136,77	198,94	223,81	III	2 486,83	130,97	190,50	214,31	125,18	182,09	204,85	119,48	173,80	195,52	113,88	165,65	186,35	108,36	157,62	177,32	102,96	149,76	168,48
	V	3 735,41	205,44	298,83	336,18	IV	3 200,16	173,10	251,79	283,26	170,21	247,58	278,52	167,31	243,36	273,78	164,41	239,14	269,03	161,51	234,92	264,29	158,61	230,71	259,55
	VI	3 767,66	207,22	301,41	339,08																				
9 590,99	I,IV	3 201,41	176,07	256,11	288,12	I	3 201,41	170,28	247,68	278,64	164,48	239,24	269,15	158,68	230,81	259,66	152,88	222,38	250,17	147,08	213,94	240,68	141,29	205,51	231,20
	II	3 155,66	173,56	252,45	284,—	II	3 155,66	167,76	244,02	274,52	161,96	235,58	265,03	156,16	227,14	255,53	150,36	218,71	246,05	144,56	210,28	236,56	138,76	201,84	227,07
	III	2 488,—	136,84	199,04	223,92	III	2 488,—	131,04	190,61	214,43	125,25	182,18	204,95	119,55	173,89	195,62	113,95	165,74	186,46	108,44	157,73	177,44	103,02	149,85	168,58
	V	3 736,66	205,51	298,93	336,29	IV	3 201,41	173,17	251,89	283,37	170,28	247,68	278,64	167,37	243,46	273,89	164,48	239,24	269,15	161,58	235,02	264,40	158,68	230,81	259,66
	VI	3 768,91	207,29	301,51	339,20																				
9 593,99	I,IV	3 202,66	176,14	256,21	288,23	I	3 202,66	170,34	247,78	278,75	164,55	239,34	269,26	158,75	230,91	259,77	152,95	222,48	250,29	147,15	214,04	240,80	141,35	205,61	231,31
	II	3 156,91	173,63	252,55	284,12	II	3 156,91	167,83	244,12	274,63	162,03	235,68	265,14	156,23	227,25	255,65	150,43	218,82	246,17	144,64	210,38	236,68	138,83	201,94	227,18
	III	2 489,33	136,91	199,14	224,03	III	2 489,33	131,12	190,72	214,56	125,32	182,29	205,07	119,62	174,—	195,75	114,01	165,84	186,57	108,50	157,82	177,55	103,08	149,94	168,68
	V	3 737,91	205,58	299,03	336,41	IV	3 202,66	173,25	252,—	283,50	170,34	247,78	278,75	167,45	243,56	274,01	164,55	239,34	269,26	161,64	235,12	264,51	158,75	230,91	259,77
	VI	3 770,16	207,35	301,61	339,31																				
9 596,99	I,IV	3 203,91	176,21	256,31	288,35	I	3 203,91	170,41	247,88	278,86	164,61	239,44	269,37	158,82	231,01	259,88	153,02	222,58	250,40	147,22	214,14	240,91	141,42	205,71	231,42
	II	3 158,16	173,69	252,65	284,23	II	3 158,16	167,90	244,22	274,74	162,10	235,78	265,25	156,30	227,35	255,77	150,50	218,92	246,28	144,70	210,48	236,79	138,91	202,05	227,30
	III	2 490,66	136,98	199,25	224,15	III	2 490,66	131,18	190,81	214,66	125,39	182,38	205,18	119,68	174,09	195,85	114,07	165,93	186,67	108,57	157,92	177,66	103,15	150,04	168,79
	V	3 739,25	205,65	299,14	336,53	IV	3 203,91	173,31	252,10	283,61	170,41	247,88	278,86	167,52	243,66	274,12	164,61	239,44	269,37	161,72	235,23	264,63	158,82	231,01	259,88
	VI	3 771,41	207,42	301,71	339,42																				
9 599,99	I,IV	3 205,16	176,28	256,41	288,46	I	3 205,16	170,48	247,98	278,97	164,68	239,54	269,48	158,89	231,11	260,—	153,09	222,68	250,51	147,29	214,24	241,02	141,49	205,81	231,53
	II	3 159,41	173,76	252,75	284,34	II	3 159,41	167,97	244,32	274,86	162,17	235,88	265,37	156,37	227,45	255,88	150,57	219,02	246,39	144,77	210,58	236,90	138,98	202,15	227,42
	III	2 491,83	137,05	199,34	224,26	III	2 491,83	131,25	190,92	214,78	125,46	182,49	205,30	119,76	174,20	195,97	114,15	166,04	186,79	108,63	158,01	177,76	103,21	150,13	168,89
	V	3 740,50	205,72	299,24	336,64	IV	3 205,16	173,38	252,20	283,72	170,48	247,98	278,97	167,58	243,76	274,23	164,68	239,54	269,48	161,79	235,33	264,74	158,89	231,11	260,—
	VI	3 772,66	207,49	301,81	339,53																				
9 602,99	I,IV	3 206,41	176,35	256,51	288,57	I	3 206,41	170,55	248,08	279,09	164,75	239,64	269,60	158,95	231,21	260,11	153,16	222,78	250,62	147,36	214,34	241,13	141,56	205,91	231,65
	II	3 160,66	173,83	252,85	284,45	II	3 160,66	168,03	244,42	274,97	162,24	235,98	265,48	156,44	227,55	255,99	150,64	219,12	246,51	144,84	210,68	237,02	139,04	202,25	227,53
	III	2 493,16	137,12	199,45	224,38	III	2 493,16	131,32	191,01	214,88	125,52	182,58	205,40	119,82	174,29	196,07	114,21	166,13	186,89	108,69	158,10	177,86	103,28	150,22	169,—
	V	3 741,75	205,79	299,34	336,75	IV	3 206,41	173,45	252,30	283,83	170,55	248,08	279,09	167,65	243,86	274,34	164,75	239,64	269,60	161,86	235,43	264,86	158,95	231,21	260,11
	VI	3 773,91	207,56	301,91	339,65																				
9 605,99	I,IV	3 207,75	176,42	256,62	288,69	I	3 207,75	170,62	248,18	279,20	164,82	239,74	269,71	159,02	231,31	260,22	153,23	222,88	250,74	147,43	214,44	241,25	141,63	206,01	231,76
	II	3 161,91	173,90	252,95	284,57	II	3 161,91	168,10	244,52	275,08	162,30	236,08	265,59	156,51	227,65	256,10	150,71	219,22	246,62	144,91	210,78	237,13	139,11	202,35	227,64
	III	2 494,33	137,18	199,54	224,48	III	2 494,33	131,39	191,12	215,01	125,60	182,69	205,52	119,89	174,38	196,18	114,28	166,22	187,—	108,76	158,20	177,97	103,34	150,32	169,11
	V	3 743,—	205,86	299,44	336,87	IV	3 207,75	173,52	252,40	283,95	170,62	248,18	279,20	167,72	243,96	274,46	164,82	239,74	269,71	161,92	235,53	264,97	159,02	231,31	260,22
	VI	3 775,16	207,63	302,01	339,76																				
9 608,99	I,IV	3 209,—	176,49	256,72	288,81	I	3 209,—	170,69	248,28	279,32	164,89	239,85	269,83	159,10	231,42	260,34	153,30	222,98	250,85	147,50	214,54	241,36	141,70	206,11	231,87
	II	3 163,16	173,97	253,05	284,68	II	3 163,16	168,17	244,62	275,19	162,37	236,18	265,70	156,58	227,75	256,22	150,78	219,32	246,73	144,98	210,88	237,24	139,18	202,45	227,75
	III	2 495,66	137,26	199,65	224,60	III	2 495,66	131,45	191,21	215,11	125,66	182,78	205,63	119,96	174,49	196,30	114,34	166,32	187,11	108,82	158,29	178,07	103,40	150,41	169,21
	V	3 744,25	205,93	299,54	336,98	IV	3 209,—	173,59	252,50	284,06	170,69	248,28	279,32	167,79	244,06	274,57	164,89	239,85	269,83	161,99	235,63	265,08	159,10	231,42	260,34
	VI	3 776,41	207,70	302,11	339,87																				
9 611,99	I,IV	3 210,25	176,56	256,82	288,92	I	3 210,25	170,76	248,38	279,43	164,96	239,95	269,94	159,17	231,52	260,46	153,37	223,08	250,97	147,57	214,65	241,48	141,77	206,22	231,99
	II	3 164,41	174,04	253,15	284,79	II	3 164,41	168,24	244,72	275,31	162,44	236,28	265,82	156,64	227,85	256,33	150,85	219,42	246,84	145,05	210,98	237,35	139,25	202,55	227,87
	III	2 496,83	137,32	199,74	224,71	III	2 496,83	131,53	191,32	215,23	125,73	182,89	205,75	120,02	174,58	196,40	114,41	166,42	187,22	108,90	158,40	178,20	103,47	150,50	169,31
	V	3 745,50	206,—	299,64	337,09	IV	3 210,25	173,66	252,60	284,17	170,76	248,38	279,43	167,86	244,16	274,68	164,96	239,95	269,94	162,06	235,73	265,19	159,17	231,52	260,46
	VI	3 777,75	207,77	302,22	339,99																				
9 614,99	I,IV	3 211,50	176,63	256,92	289,03	I	3 211,50	170,83	248,48	279,54	165,03	240,05	270,05	159,23	231,62	260,57	153,44	223,18	251,08	147,64	214,75	241,59	141,84	206,32	232,11
	II	3 165,75	174,11	253,26	284,91	II	3 165,75	168,31	244,82	275,42	162,51	236,38	265,93	156,71	227,95	256,44	150,92	219,52	246,96	145,12	211,08	237,47	139,32	202,65	227,98
	III	2 498,16	137,39	199,85	224,83	III	2 498,16	131,59	191,41	215,33	125,80	182,98	205,85	120,09	174,68	196,51	114,48	166,52	187,33	108,96	158,49	178,30	103,53	150,60	169,42
	V	3 746,75	206,07	299,74	337,20	IV	3 211,50	173,73	252,70	284,28	170,83	248,48	279,54	167,93	244,26	274,79	165,03	240,05	270,05	162,13	235,83	265,31	159,23	231,62	260,57
	VI	3 779,—	207,84	302,32	340,11																				
9 617,99	I,IV	3 212,75	176,70	257,02	289,14	I	3 212,75	170,90	248,58	279,65	165,10	240,15	270,17	159,30	231,72	260,68	153,50	223,28	251,19	147,71	214,85	241,70	141,91	206,42	232,22
	II	3 167,—	174,18	253,36	285,03	II	3 167,—	168,38	244,92	275,54	162,58	236,49	266,05	156,79	228,06	256,56	150,99	219,62	247,07	145,19	211,18	237,58	139,39	202,75	228,09
	III	2 499,50	137,47	199,96	224,95	III	2 499,50	131,67	191,52	215,46	125,87	183,09	205,97	120,16	174,78	196,63	114,54	166,61	187,43	109,02	158,58	178,40	103,60	150,69	169,52
	V	3 748,—	206,14	299,84	337,32	IV	3 212,75	173,80	252,80	284,40	170,90	248,58	279,65	168,—	244,36	274,91	165,10	240,15	270,17	162,20	235,93	265,42	159,30	231,72	260,68
	VI	3 780,25	207,91	302,42	340,22																				
9 620,99	I,IV	3 214,—	176,77	257,12	289,26	I	3 214,—	170,97	248,68	279,77	165,17	240,25	270,28	159,37	231,82	260,79	153,57	223,38	251,30	147,78	214,95	241,82	141,98	206,52	232,33
	II	3 168,25	174,25	253,46	285,14	II	3 168,25	168,45	245,02	275,65	162,65	236,59	266,16	156,86	228,16	256,68	151,06	219,72	247,19	145,26	211,29	237,70	139,46	202,86	228,21
	III	2 500,66	137,53	200,05	225,05	III	2 500,66	131,74	191,62	215,57	125,94	183,18	206,08	120,23	174,88	196,74	114,61	166,70	187,54	109,09	158,68	178,51	103,66	150,78	169,63
	V	3 749,25	206,20	299,94	337,43	IV	3 214,—	173,87	252,90	284,51	170,97	248,68	279,77	168,07	244,47	275,03	165,17	240,25	270,28	162,27	236,04	265,54	159,37	231,82	260,79
	VI	3 781,50	207,98	302,52	340,33																				
9 623,99	I,IV	3 215,25	176,83	257,22	289,37	I	3 215,25	171,04	248,78	279,88	165,24	240,35	270,39	159,44	231,92	260,91	153,64	223,48	251,42	147,84	215,05	241,93	142,05	206,62	232,44
	II	3 169,50	174,32	253,56	285,25	II	3 169,50	168,52	245,12	275,76	162,72	236,69	266,27	156,92	228,26	256,79	151,13	219,82	247,30	145,33	211,39	237,81	139,53	202,96	228,33
	III	2 502,—	137,61	200,16	225,18	III	2 502,—	131,80	191,72	215,68	126,01	183,29	206,20	120,30	174,98	196,85	114,68	166,81	187,66	109,15	158,77	178,61	103,73	150,88	169,74
	V	3 750,58	206,28	300,04	337,55	IV	3 215,25	173,94	253,—	284,63	171,04	248,78	279,88	168,14	244,57	275,14	165,24	240,35	270,39	162,34	236,14	265,65	159,44	231,92	260,91
	VI	3 782,75	208,05	302,62	340,44																				
9 626,99	I,IV	3 216,50	176,90	257,32	289,48	I	3 216,50	171,10	248,88	279,99	165,31	240,45	270,50	159,51	232,02	261,02	153,71	223,58	251,53	147,91	215,15	242,04	142,12	206,72	232,56
	II	3 170,75	174,39	253,66	285,36	II	3 170,75	168,59	245,22	275,87	162,79	236,79	266,39	156,99	228,36	256,90	151,19	219,92	247,41	145,40	211,49	237,92	139,60	203,06	228,44
	III	2 503,16	137,67	200,25	225,28	III	2 503,16	131,88	191,82	215,80	126,08	183,40	206,32	120,36	175,08	196,96	114,74	166,90	187,76	109,22	158,86	178,72	103,79	150,97	169,84
	V	3 751,83	206,35	300,14	337,66	IV	3 216,50	174,01	253,10	284,74	171,10	248,88	279,99	168,21	244,67	275,25	165,31	240,45	270,50	162,41	236,24	265,77	159,51	232,02	261,02
	VI	3 784,—	208,12	302,72	340,56																				
9 629,99	I,IV	3 217,83	176,98	257,42	289,60	I	3 217,83	171,17	248,98	280,10	165,38	240,55	270,62	159,58	232,12	261,13	153,78	223,68	251,64	147,98	215,25	242,15	142,18	206,82	232,67
	II	3 172,—	174,46	253,76	285,48	II	3 172,—	168,66	245,32	275,99	162,86	236,89	266,50	157,06	228,46	257,01	151,26	220,02	247,52	145,47	211,59	238,04	139,67	203,16	228,55
	III	2 504,50	137,74	200,36	225,40	III	2 504,50	131,94	191,92	215,91	126,15	183,49	206,42	120,43	175,17	197,06	114,81	167,—	187,87	109,28	158,96	178,83	103,85	151,06	169,94
	V	3 753,08	206,41	300,24	337,77	IV	3 217,83	174,07	253,20	284,85	171,17	248,98	280,10	168,28	244,77	275,36	165,38	240,55	270,62	162,48	236,34	265,88	159,58	232,12	261,13
	VI	3 785,25	208,18	302,82	340,67																				

Abzüge an Lohnsteuer, Solidaritätszuschlag (SolZ) und Kirchensteuer (8%, 9%) in den Steuerklassen; mit Zahl der Kinderfreibeträge . . .

* Die ausgewiesenen Tabellenwerte sind amtlich. Siehe Erläuterungen auf der Umschlaginnenseite (U2).

Abzüge an Lohnsteuer, Solidaritätszuschlag (SolZ) und Kirchensteuer (8%, 9%) in den Steuerklassen

Lohn/ Gehalt bis €*	I – VI	LSt	SolZ	8%	9%	I, II, III, IV	LSt	0,5 SolZ	0,5 8%	0,5 9%	1 SolZ	1 8%	1 9%	1,5 SolZ	1,5 8%	1,5 9%	2 SolZ	2 8%	2 9%	2,5 SolZ	2,5 8%	2,5 9%	3 SolZ	3 8%	3 9%
			ohne Kinderfreibeträge					mit Zahl der Kinderfreibeträge . . .																	
9 632,99	I,IV	3 219,08	177,04	257,52	289,71	I	3 219,08	171,25	249,09	280,22	165,45	240,66	270,74	159,65	232,22	261,25	153,85	223,78	251,75	148,05	215,35	242,27	142,25	206,92	232,78
	II	3 173,25	174,52	253,86	285,59	II	3 173,25	168,73	245,42	276,10	162,93	236,99	266,61	157,13	228,56	257,13	151,33	220,12	247,64	145,53	211,69	238,15	139,74	203,26	228,66
	III	2 505,66	137,81	200,45	225,50	III	2 505,66	132,01	192,02	216,02	126,22	183,60	206,55	120,50	175,28	197,19	114,87	167,09	187,97	109,34	159,05	178,93	103,92	151,16	170,05
	V	3 754,33	206,48	300,34	337,88	IV	3 219,08	174,14	253,30	284,96	171,25	249,09	280,22	168,35	244,87	275,48	165,45	240,66	270,74	162,55	236,44	265,99	159,65	232,22	261,25
	VI	3 786,50	208,25	302,92	340,78																				
9 635,99	I,IV	3 220,33	177,11	257,62	289,82	I	3 220,33	171,32	249,19	280,34	165,52	240,76	270,85	159,72	232,32	261,36	153,92	223,89	251,87	148,12	215,46	242,39	142,33	207,02	232,90
	II	3 174,50	174,59	253,96	285,70	II	3 174,50	168,79	245,52	276,21	163,—	237,09	266,72	157,20	228,66	257,24	151,40	220,22	247,75	145,60	211,79	238,26	139,81	203,36	228,78
	III	2 507,—	137,88	200,56	225,63	III	2 507,—	132,08	192,12	216,13	126,28	183,69	206,65	120,56	175,37	197,29	114,95	167,20	188,10	109,42	159,16	179,05	103,98	151,25	170,15
	V	3 755,58	206,55	300,44	338,—	IV	3 220,33	174,21	253,40	285,08	171,32	249,19	280,34	168,41	244,97	275,59	165,52	240,76	270,85	162,62	236,54	266,10	159,72	232,32	261,36
	VI	3 787,75	208,32	303,02	340,89																				
9 638,99	I,IV	3 221,58	177,18	257,72	289,94	I	3 221,58	171,38	249,29	280,45	165,59	240,86	270,96	159,79	232,42	261,47	153,99	223,99	251,99	148,19	215,56	242,50	142,39	207,12	233,01
	II	3 175,83	174,67	254,06	285,82	II	3 175,83	168,86	245,62	276,32	163,07	237,19	266,84	157,27	228,76	257,35	151,47	220,32	247,86	145,67	211,89	238,37	139,87	203,46	228,89
	III	2 508,16	137,94	200,65	225,73	III	2 508,16	132,15	192,22	216,25	126,36	183,80	206,77	120,64	175,48	197,41	115,01	167,29	188,20	109,48	159,25	179,15	104,05	151,34	170,26
	V	3 756,83	206,62	300,54	338,11	IV	3 221,58	174,28	253,50	285,19	171,38	249,29	280,45	168,48	245,07	275,70	165,59	240,86	270,96	162,69	236,64	266,22	159,79	232,42	261,47
	VI	3 789,08	208,39	303,12	341,01																				
9 641,99	I,IV	3 222,83	177,25	257,82	290,05	I	3 222,83	171,45	249,39	280,56	165,66	240,96	271,08	159,86	232,52	261,59	154,06	224,09	252,10	148,26	215,66	242,61	142,46	207,22	233,12
	II	3 177,08	174,73	254,16	285,93	II	3 177,08	168,94	245,73	276,44	163,14	237,30	266,96	157,34	228,86	257,47	151,54	220,42	247,97	145,74	211,99	238,49	139,94	203,56	229,—
	III	2 509,50	138,02	200,76	225,85	III	2 509,50	132,22	192,32	216,36	126,42	183,89	206,87	120,70	175,57	197,51	115,07	167,38	188,30	109,55	159,34	179,26	104,11	151,44	170,37
	V	3 758,08	206,69	300,64	338,22	IV	3 222,83	174,35	253,60	285,30	171,45	249,39	280,56	168,55	245,17	275,81	165,66	240,96	271,08	162,75	236,74	266,33	159,86	232,52	261,59
	VI	3 790,33	208,46	303,22	341,12																				
9 644,99	I,IV	3 224,08	177,32	257,92	290,16	I	3 224,08	171,52	249,49	280,67	165,72	241,06	271,19	159,93	232,62	261,70	154,13	224,19	252,21	148,33	215,76	242,73	142,53	207,32	233,24
	II	3 178,33	174,80	254,26	286,04	II	3 178,33	169,01	245,83	276,56	163,21	237,40	267,07	157,41	228,96	257,58	151,61	220,53	248,09	145,81	212,10	238,61	140,02	203,66	229,12
	III	2 510,83	138,09	200,86	225,97	III	2 510,83	132,29	192,42	216,47	126,50	184,—	207,—	120,77	175,66	197,62	115,15	167,49	188,42	109,61	159,44	179,37	104,17	151,53	170,47
	V	3 759,33	206,76	300,74	338,33	IV	3 224,08	174,42	253,71	285,42	171,52	249,49	280,67	168,63	245,28	275,94	165,72	241,06	271,19	162,83	236,84	266,45	159,93	232,62	261,70
	VI	3 791,58	208,53	303,32	341,24																				
9 647,99	I,IV	3 225,33	177,39	258,02	290,27	I	3 225,33	171,59	249,59	280,79	165,79	241,16	271,30	159,99	232,72	261,81	154,20	224,29	252,32	148,40	215,86	242,84	142,60	207,42	233,35
	II	3 179,58	174,87	254,36	286,16	II	3 179,58	169,07	245,93	276,67	163,28	237,50	267,18	157,48	229,06	257,69	151,68	220,63	248,21	145,88	212,20	238,72	140,08	203,76	229,23
	III	2 512,—	138,16	200,96	226,08	III	2 512,—	132,36	192,53	216,59	126,56	184,09	207,10	120,84	175,77	197,74	115,21	167,58	188,53	109,67	159,53	179,47	104,24	151,62	170,57
	V	3 760,66	206,83	300,85	338,45	IV	3 225,33	174,49	253,81	285,53	171,59	249,59	280,79	168,69	245,38	276,05	165,79	241,16	271,30	162,90	236,94	266,56	159,99	232,72	261,81
	VI	3 792,83	208,60	303,42	341,35																				
9 650,99	I,IV	3 226,58	177,46	258,12	290,39	I	3 226,58	171,66	249,69	280,90	165,86	241,26	271,41	160,06	232,82	261,92	154,27	224,39	252,44	148,47	215,96	242,95	142,67	207,52	233,46
	II	3 180,83	174,94	254,46	286,27	II	3 180,83	169,14	246,03	276,78	163,35	237,60	267,30	157,55	229,16	257,81	151,75	220,73	248,32	145,95	212,30	238,83	140,15	203,86	229,34
	III	2 513,33	138,23	201,06	226,19	III	2 513,33	132,43	192,62	216,70	126,63	184,20	207,22	120,90	175,86	197,84	115,28	167,68	188,64	109,74	159,62	179,57	104,30	151,72	170,68
	V	3 761,91	206,90	300,95	338,57	IV	3 226,58	174,56	253,91	285,65	171,66	249,69	280,90	168,76	245,48	276,16	165,86	241,26	271,41	162,96	237,04	266,67	160,06	232,82	261,92
	VI	3 794,08	208,67	303,52	341,46																				
9 653,99	I,IV	3 227,83	177,53	258,22	290,50	I	3 227,83	171,73	249,79	281,01	165,93	241,36	271,53	160,13	232,92	262,04	154,33	224,49	252,55	148,54	216,06	243,06	142,74	207,62	233,57
	II	3 182,08	175,01	254,56	286,38	II	3 182,08	169,21	246,13	276,89	163,41	237,70	267,41	157,62	229,26	257,92	151,82	220,83	248,43	146,02	212,40	238,95	140,22	203,96	229,46
	III	2 514,50	138,29	201,16	226,30	III	2 514,50	132,50	192,73	216,82	126,70	184,29	207,32	120,98	175,97	197,96	115,34	167,77	188,74	109,81	159,73	179,69	104,37	151,81	170,78
	V	3 763,16	206,97	301,05	338,68	IV	3 227,83	174,63	254,01	285,76	171,73	249,79	281,01	168,83	245,58	276,27	165,93	241,36	271,53	163,03	237,14	266,78	160,13	232,92	262,04
	VI	3 795,33	208,74	303,62	341,57																				
9 656,99	I,IV	3 229,16	177,60	258,33	290,62	I	3 229,16	171,80	249,90	281,13	166,—	241,46	271,64	160,20	233,02	262,15	154,40	224,59	252,66	148,61	216,16	243,18	142,81	207,72	233,69
	II	3 183,33	175,08	254,66	286,49	II	3 183,33	169,28	246,23	277,01	163,48	237,80	267,52	157,68	229,36	258,03	151,89	220,93	248,54	146,09	212,50	239,06	140,29	204,06	229,57
	III	2 515,83	138,37	201,26	226,42	III	2 515,83	132,56	192,82	216,92	126,77	184,40	207,45	121,04	176,06	198,07	115,41	167,88	188,86	109,88	159,82	179,80	104,43	151,90	170,89
	V	3 764,41	207,04	301,15	338,79	IV	3 229,16	174,70	254,11	285,87	171,80	249,90	281,13	168,90	245,68	276,39	166,—	241,46	271,64	163,10	237,24	266,90	160,20	233,02	262,15
	VI	3 796,58	208,81	303,72	341,69																				
9 659,99	I,IV	3 230,41	177,67	258,43	290,73	I	3 230,41	171,87	250,—	281,25	166,07	241,56	271,76	160,27	233,13	262,27	154,48	224,70	252,78	148,68	216,26	243,29	142,88	207,82	233,80
	II	3 184,58	175,15	254,76	286,61	II	3 184,58	169,35	246,33	277,12	163,55	237,90	267,63	157,75	229,46	258,14	151,96	221,03	248,66	146,16	212,60	239,17	140,36	204,16	229,68
	III	2 517,—	138,43	201,36	226,53	III	2 517,—	132,64	192,93	217,04	126,83	184,49	207,55	121,11	176,16	198,18	115,48	167,97	188,96	109,94	159,92	179,91	104,50	152,—	171,—
	V	3 765,66	207,11	301,25	338,90	IV	3 230,41	174,77	254,21	285,98	171,87	250,—	281,25	168,97	245,78	276,50	166,07	241,56	271,76	163,17	237,34	267,01	160,27	233,13	262,27
	VI	3 797,83	208,88	303,82	341,80																				
9 662,99	I,IV	3 231,66	177,74	258,53	290,84	I	3 231,66	171,94	250,10	281,36	166,14	241,66	271,87	160,34	233,23	262,38	154,55	224,80	252,90	148,75	216,36	243,41	142,95	207,93	233,92
	II	3 185,83	175,22	254,86	286,72	II	3 185,83	169,42	246,43	277,23	163,62	238,—	267,75	157,82	229,56	258,26	152,02	221,13	248,77	146,23	212,70	239,28	140,43	204,26	229,79
	III	2 518,33	138,50	201,46	226,64	III	2 518,33	132,70	193,02	217,15	126,91	184,60	207,67	121,18	176,26	198,29	115,54	168,06	189,07	110,—	160,01	180,01	104,56	152,09	171,10
	V	3 766,91	207,18	301,35	339,02	IV	3 231,66	174,84	254,31	286,10	171,94	250,10	281,36	169,04	245,88	276,61	166,14	241,66	271,87	163,24	237,44	267,12	160,34	233,23	262,38
	VI	3 799,16	208,95	303,93	341,92																				
9 665,99	I,IV	3 232,91	177,81	258,63	290,96	I	3 232,91	172,01	250,20	281,47	166,21	241,76	271,98	160,41	233,33	262,49	154,61	224,90	253,01	148,82	216,46	243,52	143,02	208,03	234,03
	II	3 187,16	175,29	254,97	286,84	II	3 187,16	169,49	246,54	277,35	163,69	238,10	267,86	157,89	229,66	258,37	152,09	221,23	248,88	146,30	212,80	239,40	140,50	204,36	229,91
	III	2 519,50	138,57	201,56	226,75	III	2 519,50	132,77	193,13	217,27	126,97	184,69	207,77	121,24	176,36	198,40	115,61	168,17	189,19	110,07	160,10	180,11	104,62	152,18	171,20
	V	3 768,16	207,24	301,45	339,13	IV	3 232,91	174,90	254,41	286,21	172,01	250,20	281,47	169,11	245,98	276,72	166,21	241,76	271,98	163,31	237,54	267,23	160,41	233,33	262,49
	VI	3 800,41	209,02	304,03	342,03																				
9 668,99	I,IV	3 234,16	177,87	258,73	291,07	I	3 234,16	172,08	250,30	281,58	166,28	241,86	272,09	160,48	233,43	262,61	154,68	225,—	253,12	148,88	216,56	243,63	143,09	208,13	234,14
	II	3 188,41	175,36	255,07	286,95	II	3 188,41	169,56	246,64	277,47	163,76	238,20	267,98	157,96	229,77	258,49	152,17	221,34	249,—	146,37	212,90	239,51	140,57	204,46	230,02
	III	2 520,83	138,64	201,66	226,87	III	2 520,83	132,85	193,24	217,39	127,05	184,80	207,90	121,32	176,46	198,52	115,68	168,26	189,29	110,13	160,20	180,22	104,69	152,28	171,31
	V	3 769,41	207,31	301,55	339,24	IV	3 234,16	174,98	254,52	286,33	172,08	250,30	281,58	169,18	246,08	276,84	166,28	241,86	272,09	163,38	237,64	267,35	160,48	233,43	262,61
	VI	3 801,66	209,09	304,13	342,14																				
9 671,99	I,IV	3 235,41	177,94	258,83	291,18	I	3 235,41	172,15	250,40	281,70	166,35	241,96	272,21	160,55	233,53	262,72	154,75	225,10	253,23	148,95	216,66	243,74	143,16	208,23	234,26
	II	3 189,66	175,43	255,17	287,06	II	3 189,66	169,63	246,74	277,58	163,83	238,30	268,09	158,03	229,87	258,60	152,24	221,44	249,12	146,44	213,—	239,63	140,64	204,57	230,14
	III	2 522,16	138,71	201,77	226,99	III	2 522,16	132,91	193,33	217,49	127,11	184,89	208,—	121,38	176,56	198,63	115,74	168,36	189,40	110,20	160,29	180,32	104,75	152,37	171,41
	V	3 770,75	207,39	301,66	339,36	IV	3 235,41	175,05	254,62	286,44	172,15	250,40	281,70	169,25	246,18	276,95	166,35	241,96	272,21	163,45	237,75	267,47	160,55	233,53	262,72
	VI	3 802,91	209,16	304,23	342,26																				
9 674,99	I,IV	3 236,66	178,01	258,93	291,29	I	3 236,66	172,21	250,50	281,81	166,42	242,06	272,32	160,62	233,63	262,83	154,82	225,20	253,35	149,02	216,76	243,86	143,22	208,33	234,37
	II	3 190,91	175,50	255,27	287,18	II	3 190,91	169,70	246,84	277,69	163,90	238,40	268,20	158,10	229,97	258,71	152,30	221,54	249,23	146,51	213,10	239,74	140,71	204,67	230,25
	III	2 523,33	138,78	201,86	227,09	III	2 523,33	132,99	193,44	217,62	127,18	185,—	208,12	121,44	176,65	198,73	115,81	168,45	189,50	110,27	160,40	180,45	104,82	152,46	171,52
	V	3 772,—	207,46	301,76	339,48	IV	3 236,66	175,12	254,72	286,56	172,21	250,50	281,81	169,32	246,28	277,07	166,42	242,06	272,32	163,52	237,85	267,58	160,62	233,63	262,83
	VI	3 804,16	209,22	304,33	342,37																				

*** Die ausgewiesenen Tabellenwerte sind amtlich. Siehe Erläuterungen auf der Umschlaginnenseite (U2).**

MONAT 9 675,–*

Lohn/ Gehalt bis €*	Abzüge an Lohnsteuer, Solidaritätszuschlag (SolZ) und Kirchensteuer (8%, 9%) in den Steuerklassen																								
	I – VI					I, II, III, IV																			
			ohne Kinderfreibeträge					mit Zahl der Kinderfreibeträge . . .																	
								0,5			1			1,5			2			2,5			3		
		LSt	SolZ	8%	9%		LSt	SolZ	8%	9%	SolZ	8%	9%	SolZ	8%	9%	SolZ	8%	9%	SolZ	8%	9%	SolZ	8%	9%
9 677,99	I,IV	3 237,91	178,08	259,03	291,41	I	3 237,91	172,28	250,60	281,92	166,48	242,16	272,43	160,69	233,73	262,94	154,89	225,30	253,46	149,09	216,86	243,97	143,29	208,43	234,48
	II	3 192,16	175,56	255,37	287,29	II	3 192,16	169,77	246,94	277,80	163,97	238,50	268,31	158,17	230,07	258,83	152,37	221,64	249,34	146,57	213,20	239,85	140,78	204,77	230,36
	III	2 524,66	138,85	201,97	227,21	III	2 524,66	133,05	193,53	217,72	127,25	185,09	208,22	121,52	176,76	198,85	115,88	168,56	189,63	110,33	160,49	180,55	104,88	152,56	171,63
	V	3 773,25	207,52	301,86	339,59	IV	3 237,91	175,18	254,82	286,67	172,28	250,60	281,92	169,39	246,38	277,18	166,48	242,16	272,43	163,59	237,95	267,69	160,69	233,73	262,94
	VI	3 805,41	209,29	304,43	342,48																				
9 680,99	I,IV	3 239,25	178,15	259,14	291,53	I	3 239,25	172,36	250,70	282,04	166,55	242,26	272,54	160,76	233,83	263,06	154,96	225,40	253,57	149,16	216,96	244,08	143,36	208,53	234,59
	II	3 193,41	175,63	255,47	287,40	II	3 193,41	169,84	247,04	277,92	164,04	238,60	268,43	158,24	230,17	258,94	152,44	221,74	249,45	146,64	213,30	239,96	140,85	204,87	230,48
	III	2 525,83	138,92	202,06	227,32	III	2 525,83	133,12	193,64	217,84	127,32	185,20	208,35	121,58	176,85	198,95	115,94	168,65	189,73	110,40	160,58	180,65	104,94	152,65	171,73
	V	3 774,50	207,59	301,96	339,70	IV	3 239,25	175,25	254,92	286,78	172,36	250,70	282,04	169,45	246,48	277,29	166,55	242,26	272,54	163,66	238,05	267,80	160,76	233,83	263,06
	VI	3 806,66	209,36	304,53	342,59																				
9 683,99	I,IV	3 240,50	178,22	259,24	291,64	I	3 240,50	172,42	250,80	282,15	166,63	242,37	272,66	160,83	233,94	263,18	155,03	225,50	253,69	149,23	217,06	244,19	143,43	208,63	234,71
	II	3 194,66	175,70	255,57	287,51	II	3 194,66	169,90	247,14	278,03	164,11	238,70	268,54	158,31	230,27	259,05	152,51	221,84	249,57	146,71	213,40	240,08	140,91	204,97	230,59
	III	2 527,16	138,99	202,17	227,44	III	2 527,16	133,19	193,73	217,94	127,39	185,30	208,46	121,66	176,96	199,08	116,01	168,74	189,83	110,46	160,68	180,76	105,01	152,74	171,83
	V	3 775,75	207,66	302,06	339,81	IV	3 240,50	175,32	255,02	286,89	172,42	250,80	282,15	169,52	246,58	277,40	166,63	242,37	272,66	163,73	238,15	267,92	160,83	233,94	263,18
	VI	3 807,91	209,43	304,63	342,71																				
9 686,99	I,IV	3 241,75	178,29	259,34	291,75	I	3 241,75	172,49	250,90	282,26	166,70	242,47	272,78	160,90	234,04	263,29	155,10	225,60	253,80	149,30	217,17	244,31	143,50	208,74	234,83
	II	3 195,91	175,77	255,67	287,63	II	3 195,91	169,97	247,24	278,14	164,17	238,80	268,65	158,38	230,37	259,16	152,58	221,94	249,68	146,78	213,50	240,19	140,98	205,07	230,70
	III	2 528,33	139,05	202,26	227,54	III	2 528,33	133,26	193,84	218,07	127,46	185,40	208,57	121,72	177,05	199,18	116,08	168,85	189,95	110,53	160,77	180,86	105,07	152,84	171,94
	V	3 777,–	207,73	302,16	339,93	IV	3 241,75	175,39	255,12	287,01	172,49	250,90	282,26	169,59	246,68	277,52	166,70	242,47	272,78	163,79	238,25	268,03	160,90	234,04	263,29
	VI	3 809,25	209,50	304,74	342,83																				
9 689,99	I,IV	3 243,–	178,36	259,44	291,87	I	3 243,–	172,56	251,–	282,38	166,76	242,57	272,89	160,97	234,14	263,40	155,17	225,70	253,91	149,37	217,27	244,43	143,57	208,84	234,94
	II	3 197,25	175,84	255,78	287,75	II	3 197,25	170,05	247,34	278,26	164,24	238,90	268,76	158,45	230,47	259,28	152,65	222,04	249,79	146,85	213,60	240,30	141,05	205,17	230,81
	III	2 529,66	139,13	202,37	227,66	III	2 529,66	133,32	193,93	218,17	127,53	185,50	208,69	121,79	177,16	199,30	116,15	168,94	190,06	110,60	160,88	180,99	105,15	152,94	172,06
	V	3 778,25	207,80	302,26	340,04	IV	3 243,–	175,46	255,22	287,12	172,56	251,–	282,38	169,66	246,78	277,63	166,76	242,57	272,89	163,86	238,35	268,14	160,97	234,14	263,40
	VI	3 810,50	209,57	304,84	342,94																				
9 692,99	I,IV	3 244,25	178,43	259,54	291,98	I	3 244,25	172,63	251,10	282,49	166,83	242,67	273,–	161,04	234,24	263,52	155,24	225,80	254,03	149,44	217,37	244,54	143,64	208,94	235,05
	II	3 198,50	175,91	255,88	287,86	II	3 198,50	170,11	247,44	278,37	164,32	239,01	268,88	158,52	230,58	259,40	152,72	222,14	249,91	146,92	213,70	240,41	141,12	205,27	230,93
	III	2 531,–	139,20	202,48	227,79	III	2 531,–	133,40	194,04	218,29	127,60	185,60	208,80	121,86	177,25	199,40	116,21	169,04	190,17	110,66	160,97	181,09	105,21	153,04	172,17
	V	3 779,50	207,87	302,36	340,15	IV	3 244,25	175,53	255,32	287,24	172,63	251,10	282,49	169,73	246,88	277,74	166,83	242,67	273,–	163,93	238,45	268,25	161,04	234,24	263,52
	VI	3 811,75	209,64	304,94	343,05																				
9 695,99	I,IV	3 245,50	178,50	259,64	292,09	I	3 245,50	172,70	251,20	282,60	166,90	242,77	273,11	161,10	234,34	263,63	155,31	225,90	254,14	149,51	217,47	244,65	143,71	209,04	235,17
	II	3 199,75	175,98	255,98	287,97	II	3 199,75	170,18	247,54	278,48	164,39	239,11	269,–	158,59	230,68	259,51	152,79	222,24	250,02	146,99	213,81	240,53	141,19	205,38	231,05
	III	2 532,16	139,26	202,57	227,89	III	2 532,16	133,47	194,14	218,41	127,67	185,70	208,91	121,92	177,34	199,51	116,27	169,13	190,27	110,73	161,06	181,19	105,27	153,13	172,27
	V	3 780,75	207,94	302,46	340,26	IV	3 245,50	175,60	255,42	287,35	172,70	251,20	282,60	169,80	246,99	277,86	166,90	242,77	273,11	164,01	238,56	268,38	161,10	234,34	263,63
	VI	3 813,–	209,71	305,04	343,17																				
9 698,99	I,IV	3 246,75	178,57	259,74	292,20	I	3 246,75	172,77	251,30	282,71	166,97	242,87	273,23	161,17	234,44	263,74	155,37	226,–	254,25	149,58	217,57	244,76	143,78	209,14	235,28
	II	3 201,–	176,05	256,08	288,09	II	3 201,–	170,25	247,64	278,60	164,45	239,21	269,11	158,66	230,78	259,62	152,86	222,34	250,13	147,06	213,91	240,65	141,26	205,48	231,16
	III	2 533,50	139,34	202,68	228,01	III	2 533,50	133,54	194,24	218,52	127,73	185,80	209,02	121,99	177,45	199,63	116,35	169,24	190,39	110,79	161,16	181,30	105,34	153,22	172,37
	V	3 782,08	208,01	302,56	340,38	IV	3 246,75	175,67	255,52	287,46	172,77	251,30	282,71	169,87	247,09	277,97	166,97	242,87	273,23	164,07	238,66	268,49	161,17	234,44	263,74
	VI	3 814,25	209,78	305,14	343,28																				
9 701,99	I,IV	3 248,–	178,64	259,84	292,32	I	3 248,–	172,84	251,40	282,83	167,04	242,97	273,34	161,24	234,54	263,85	155,44	226,10	254,36	149,65	217,67	244,88	143,85	209,24	235,39
	II	3 202,25	176,12	256,18	288,20	II	3 202,25	170,32	247,74	278,71	164,52	239,31	269,22	158,73	230,88	259,74	152,93	222,44	250,25	147,13	214,01	240,76	141,33	205,58	231,27
	III	2 534,66	139,40	202,77	228,11	III	2 534,66	133,61	194,34	218,63	127,81	185,90	209,14	122,06	177,54	199,73	116,41	169,33	190,49	110,86	161,25	181,40	105,40	153,32	172,48
	V	3 783,33	208,08	302,66	340,49	IV	3 248,–	175,74	255,62	287,57	172,84	251,40	282,83	169,94	247,19	278,09	167,04	242,97	273,34	164,14	238,76	268,60	161,24	234,54	263,85
	VI	3 815,50	209,85	305,24	343,39																				
9 704,99	I,IV	3 249,33	178,71	259,94	292,43	I	3 249,33	172,91	251,50	282,94	167,11	243,07	273,45	161,31	234,64	263,97	155,51	226,20	254,48	149,71	217,77	244,99	143,92	209,34	235,50
	II	3 203,50	176,19	256,28	288,31	II	3 203,50	170,39	247,84	278,82	164,59	239,41	269,33	158,79	230,98	259,85	153,–	222,54	250,36	147,20	214,11	240,87	141,40	205,68	231,39
	III	2 536,–	139,48	202,88	228,24	III	2 536,–	133,67	194,44	218,74	127,87	186,–	209,25	122,13	177,65	199,85	116,48	169,42	190,60	110,92	161,34	181,51	105,47	153,41	172,58
	V	3 784,58	208,15	302,76	340,61	IV	3 249,33	175,81	255,72	287,69	172,91	251,50	282,94	170,01	247,29	278,20	167,11	243,07	273,45	164,21	238,86	268,71	161,31	234,64	263,97
	VI	3 816,75	209,92	305,34	343,50																				
9 707,99	I,IV	3 250,58	178,78	260,04	292,55	I	3 250,58	172,98	251,61	283,06	167,18	243,18	273,57	161,38	234,74	264,08	155,58	226,30	254,59	149,78	217,87	245,10	143,99	209,44	235,62
	II	3 204,75	176,26	256,38	288,42	II	3 204,75	170,46	247,94	278,93	164,66	239,51	269,45	158,86	231,08	259,96	153,06	222,64	250,47	147,27	214,21	240,98	141,47	205,78	231,50
	III	2 537,16	139,54	202,97	228,34	III	2 537,16	133,75	194,54	218,86	127,94	186,10	209,36	122,20	177,74	199,96	116,55	169,53	190,72	110,99	161,45	181,63	105,53	153,50	172,69
	V	3 785,83	208,22	302,86	340,72	IV	3 250,58	175,88	255,82	287,80	172,98	251,61	283,06	170,08	247,39	278,31	167,18	243,18	273,57	164,28	238,96	268,83	161,38	234,74	264,08
	VI	3 818,–	209,99	305,44	343,62																				
9 710,99	I,IV	3 251,83	178,85	260,14	292,66	I	3 251,83	173,05	251,71	283,17	167,25	243,28	273,69	161,45	234,84	264,20	155,65	226,41	254,71	149,86	217,98	245,22	144,06	209,54	235,73
	II	3 206,–	176,33	256,48	288,54	II	3 206,–	170,53	248,04	279,05	164,73	239,61	269,56	158,93	231,18	260,07	153,13	222,74	250,58	147,34	214,31	241,10	141,54	205,88	231,61
	III	2 538,50	139,61	203,08	228,46	III	2 538,50	133,81	194,64	218,97	128,01	186,20	209,47	122,27	177,85	200,08	116,61	169,62	190,82	111,06	161,54	181,73	105,60	153,60	172,80
	V	3 787,08	208,28	302,96	340,83	IV	3 251,83	175,94	255,92	287,91	173,05	251,71	283,17	170,15	247,49	278,42	167,25	243,28	273,69	164,35	239,06	268,94	161,45	234,84	264,20
	VI	3 819,25	210,05	305,54	343,73																				
9 713,99	I,IV	3 253,08	178,91	260,24	292,77	I	3 253,08	173,12	251,81	283,28	167,32	243,38	273,80	161,52	234,94	264,31	155,72	226,51	254,82	149,93	218,08	245,34	144,13	209,64	235,85
	II	3 207,33	176,40	256,58	288,65	II	3 207,33	170,60	248,14	279,16	164,80	239,71	269,67	159,–	231,28	260,19	153,20	222,84	250,70	147,40	214,41	241,21	141,61	205,98	231,72
	III	2 539,66	139,68	203,17	228,56	III	2 539,66	133,88	194,74	219,08	128,08	186,30	209,59	122,33	177,94	200,18	116,68	169,72	190,93	111,12	161,64	181,84	105,66	153,69	172,90
	V	3 788,33	208,35	303,06	340,94	IV	3 253,08	176,01	256,02	288,02	173,12	251,81	283,28	170,22	247,59	278,54	167,32	243,38	273,80	164,42	239,16	269,05	161,52	234,94	264,31
	VI	3 820,58	210,13	305,64	343,85																				
9 716,99	I,IV	3 254,33	178,98	260,34	292,88	I	3 254,33	173,19	251,91	283,40	167,39	243,48	273,91	161,59	235,04	264,42	155,79	226,61	254,93	149,99	218,18	245,45	144,20	209,74	235,96
	II	3 208,58	176,47	256,68	288,77	II	3 208,58	170,67	248,25	279,28	164,87	239,82	269,79	159,07	231,38	260,30	153,27	222,94	250,81	147,47	214,51	241,32	141,68	206,08	231,84
	III	2 541,–	139,75	203,28	228,69	III	2 541,–	133,95	194,84	219,19	128,15	186,41	209,71	122,40	178,04	200,29	116,75	169,82	191,05	111,19	161,73	181,94	105,72	153,78	173,–
	V	3 789,58	208,42	303,16	341,06	IV	3 254,33	176,08	256,12	288,14	173,19	251,91	283,40	170,28	247,69	278,65	167,39	243,48	273,91	164,49	239,26	269,16	161,59	235,04	264,42
	VI	3 821,83	210,20	305,74	343,96																				
9 719,99	I,IV	3 255,58	179,05	260,44	293,–	I	3 255,58	173,25	252,01	283,51	167,46	243,58	274,02	161,66	235,14	264,53	155,86	226,71	255,05	150,06	218,28	245,56	144,26	209,84	236,07
	II	3 209,83	176,54	256,78	288,88	II	3 209,83	170,74	248,35	279,39	164,94	239,92	269,91	159,14	231,48	260,42	153,34	223,05	250,93	147,55	214,62	241,44	141,75	206,18	231,95
	III	2 542,33	139,82	203,38	228,80	III	2 542,33	134,02	194,94	219,31	128,22	186,50	209,81	122,47	178,14	200,41	116,82	169,92	191,16	111,25	161,82	182,05	105,79	153,88	173,11
	V	3 790,83	208,49	303,26	341,17	IV	3 255,58	176,16	256,23	288,26	173,25	252,01	283,51	170,36	247,80	278,77	167,46	243,58	274,02	164,56	239,36	269,28	161,66	235,14	264,53
	VI	3 823,08	210,26	305,84	344,07																				

* Die ausgewiesenen Tabellenwerte sind amtlich. Siehe Erläuterungen auf der Umschlaginnenseite (U2).

Lohn/ Gehalt bis €*		I – VI LSt	I – VI ohne Kinderfreibeträge SolZ	8%	9%	I, II, III, IV	LSt	0,5 SolZ	8%	9%	1 SolZ	8%	9%	1,5 SolZ	8%	9%	2 SolZ	8%	9%	2,5 SolZ	8%	9%	3 SolZ	8%	9%
			Abzüge an Lohnsteuer, Solidaritätszuschlag (SolZ) und Kirchensteuer (8%, 9%) in den Steuerklassen					mit Zahl der Kinderfreibeträge . . .																	
9 722,99	I,IV	3 256,83	179,12	260,54	293,11	I	3 256,83	173,32	252,11	283,62	167,53	243,68	274,14	161,73	235,24	264,65	155,93	226,81	255,16	150,13	218,38	245,67	144,33	209,94	236,18
	II	3 211,08	176,60	256,88	288,99	II	3 211,08	170,81	248,45	279,50	165,01	240,02	270,02	159,21	231,58	260,53	153,41	223,15	251,04	147,62	214,72	241,56	141,82	206,28	232,07
	III	2 543,50	139,89	203,48	228,91	III	2 543,50	134,09	195,05	219,43	128,29	186,61	209,93	122,54	178,24	200,52	116,88	170,01	191,26	111,32	161,92	182,16	105,85	153,97	173,21
	V	3 792,16	208,56	303,37	341,29	IV	3 256,83	176,22	256,33	288,37	173,32	252,11	283,62	170,43	247,90	278,88	167,53	243,68	274,14	164,63	239,46	269,39	161,73	235,24	264,65
	VI	3 824,33	210,33	305,94	344,18																				
9 725,99	I,IV	3 258,08	179,19	260,64	293,22	I	3 258,08	173,39	252,21	283,73	167,59	243,78	274,25	161,80	235,34	264,76	156,—	226,91	255,27	150,20	218,48	245,79	144,40	210,04	236,30
	II	3 212,33	176,67	256,98	289,10	II	3 212,33	170,88	248,55	279,62	165,08	240,12	270,13	159,28	231,68	260,64	153,48	223,25	251,15	147,68	214,82	241,67	141,89	206,38	232,18
	III	2 544,83	139,96	203,58	229,03	III	2 544,83	134,16	195,14	219,53	128,37	186,72	210,06	122,61	178,34	200,63	116,95	170,12	191,38	111,39	162,02	182,27	105,92	154,06	173,32
	V	3 793,41	208,63	303,47	341,40	IV	3 258,08	176,29	256,43	288,48	173,39	252,21	283,73	170,50	248,—	279,—	167,59	243,78	274,25	164,70	239,56	269,51	161,80	235,34	264,76
	VI	3 825,58	210,40	306,04	344,30																				
9 728,99	I,IV	3 259,33	179,26	260,74	293,33	I	3 259,33	173,46	252,31	283,85	167,66	243,88	274,36	161,86	235,44	264,87	156,07	227,01	255,38	150,27	218,58	245,90	144,47	210,14	236,41
	II	3 213,58	176,74	257,08	289,22	II	3 213,58	170,94	248,65	279,73	165,15	240,22	270,24	159,35	231,78	260,75	153,55	223,35	251,27	147,75	214,92	241,78	141,95	206,48	232,29
	III	2 546,—	140,03	203,68	229,14	III	2 546,—	134,23	195,25	219,65	128,43	186,81	210,16	122,67	178,44	200,74	117,02	170,21	191,48	111,45	162,12	182,38	105,98	154,16	173,43
	V	3 794,66	208,70	303,57	341,51	IV	3 259,33	176,36	256,53	288,59	173,46	252,31	283,85	170,56	248,10	279,11	167,66	243,88	274,36	164,77	239,66	269,62	161,86	235,44	264,87
	VI	3 826,83	210,47	306,14	344,41																				
9 731,99	I,IV	3 260,66	179,33	260,85	293,45	I	3 260,66	173,53	252,42	283,97	167,74	243,98	274,48	161,93	235,54	264,98	156,14	227,11	255,50	150,34	218,68	246,01	144,54	210,24	236,52
	II	3 214,83	176,81	257,18	289,33	II	3 214,83	171,01	248,75	279,84	165,22	240,32	270,36	159,42	231,88	260,87	153,62	223,45	251,38	147,82	215,02	241,89	142,02	206,58	232,40
	III	2 547,33	140,10	203,78	229,25	III	2 547,33	134,30	195,34	219,76	128,50	186,92	210,28	122,75	178,54	200,86	117,08	170,30	191,59	111,52	162,21	182,48	106,04	154,25	173,53
	V	3 795,91	208,77	303,67	341,63	IV	3 260,66	176,43	256,63	288,71	173,53	252,42	283,97	170,63	248,20	279,22	167,74	243,98	274,48	164,83	239,76	269,73	161,93	235,54	264,98
	VI	3 828,08	210,54	306,24	344,52																				
9 734,99	I,IV	3 261,91	179,40	260,95	293,57	I	3 261,91	173,60	252,52	284,08	167,80	244,08	274,59	162,01	235,65	265,10	156,21	227,22	255,62	150,41	218,78	246,13	144,61	210,34	236,63
	II	3 216,08	176,88	257,28	289,44	II	3 216,08	171,08	248,85	279,95	165,28	240,42	270,47	159,49	231,98	260,98	153,69	223,55	251,49	147,89	215,12	242,01	142,09	206,68	232,52
	III	2 548,50	140,16	203,88	229,36	III	2 548,50	134,37	195,45	219,88	128,57	187,01	210,38	122,81	178,64	200,97	117,15	170,40	191,70	111,58	162,30	182,59	106,11	154,34	173,63
	V	3 797,16	208,84	303,77	341,74	IV	3 261,91	176,50	256,73	288,82	173,60	252,52	284,08	170,70	248,30	279,33	167,80	244,08	274,59	164,90	239,86	269,84	162,01	235,65	265,10
	VI	3 829,33	210,61	306,34	344,63																				
9 737,99	I,IV	3 263,16	179,47	261,05	293,68	I	3 263,16	173,67	252,62	284,19	167,87	244,18	274,70	162,08	235,75	265,22	156,28	227,32	255,73	150,48	218,88	246,24	144,68	210,45	236,75
	II	3 217,33	176,95	257,38	289,55	II	3 217,33	171,15	248,95	280,07	165,35	240,52	270,58	159,55	232,08	261,09	153,76	223,65	251,60	147,96	215,22	242,12	142,16	206,78	232,63
	III	2 549,83	140,24	203,98	229,48	III	2 549,83	134,43	195,54	219,98	128,64	187,12	210,51	122,87	178,73	201,07	117,22	170,50	191,81	111,65	162,40	182,70	106,18	154,45	173,75
	V	3 798,41	208,91	303,87	341,85	IV	3 263,16	176,57	256,83	288,93	173,67	252,62	284,19	170,77	248,40	279,45	167,87	244,18	274,70	164,97	239,96	269,96	162,08	235,75	265,22
	VI	3 830,66	210,68	306,45	344,75																				
9 740,99	I,IV	3 264,41	179,54	261,15	293,79	I	3 264,41	173,74	252,72	284,31	167,94	244,28	274,82	162,14	235,85	265,33	156,35	227,42	255,84	150,55	218,98	246,35	144,75	210,55	236,87
	II	3 218,66	177,02	257,49	289,67	II	3 218,66	171,22	249,06	280,19	165,43	240,62	270,70	159,62	232,18	261,20	153,83	223,75	251,72	148,03	215,32	242,23	142,23	206,88	232,74
	III	2 551,—	140,30	204,08	229,59	III	2 551,—	134,51	195,65	220,10	128,70	187,21	210,61	122,95	178,84	201,19	117,28	170,60	191,92	111,72	162,50	182,81	106,25	154,54	173,86
	V	3 799,66	208,98	303,97	341,96	IV	3 264,41	176,64	256,93	289,04	173,74	252,72	284,31	170,84	248,50	279,56	167,94	244,28	274,82	165,04	240,06	270,07	162,14	235,85	265,33
	VI	3 831,91	210,75	306,55	344,87																				
9 743,99	I,IV	3 265,66	179,61	261,25	293,90	I	3 265,66	173,81	252,82	284,42	168,01	244,38	274,93	162,21	235,95	265,44	156,42	227,52	255,96	150,62	219,08	246,47	144,82	210,65	236,98
	II	3 219,91	177,09	257,59	289,79	II	3 219,91	171,29	249,16	280,30	165,49	240,72	270,81	159,70	232,29	261,32	153,90	223,86	251,84	148,10	215,42	242,35	142,30	206,98	232,85
	III	2 552,33	140,37	204,18	229,70	III	2 552,33	134,58	195,76	220,23	128,78	187,32	210,73	123,01	178,93	201,29	117,35	170,69	192,02	111,78	162,60	182,92	106,31	154,64	173,97
	V	3 800,91	209,05	304,07	342,08	IV	3 265,66	176,71	257,04	289,17	173,81	252,82	284,42	170,91	248,60	279,68	168,01	244,38	274,93	165,11	240,16	270,18	162,21	235,95	265,44
	VI	3 833,16	210,82	306,65	344,98																				
9 746,99	I,IV	3 266,91	179,68	261,35	294,02	I	3 266,91	173,88	252,92	284,53	168,08	244,48	275,04	162,28	236,05	265,55	156,48	227,62	256,07	150,69	219,18	246,58	144,89	210,75	237,09
	II	3 221,16	177,16	257,69	289,90	II	3 221,16	171,36	249,26	280,41	165,56	240,82	270,92	159,77	232,39	261,44	153,97	223,96	251,95	148,17	215,52	242,46	142,37	207,09	232,97
	III	2 553,66	140,45	204,29	229,82	III	2 553,66	134,64	195,85	220,33	128,85	187,42	210,85	123,09	179,04	201,42	117,42	170,80	192,15	111,85	162,69	183,02	106,37	154,73	174,07
	V	3 802,25	209,12	304,18	342,20	IV	3 266,91	176,78	257,14	289,28	173,88	252,92	284,53	170,98	248,70	279,79	168,08	244,48	275,04	165,18	240,27	270,30	162,28	236,05	265,55
	VI	3 834,41	210,89	306,75	345,09																				
9 749,99	I,IV	3 268,16	179,74	261,45	294,13	I	3 268,16	173,95	253,02	284,64	168,15	244,58	275,15	162,35	236,15	265,67	156,55	227,72	256,18	150,75	219,28	246,69	144,96	210,85	237,20
	II	3 222,41	177,23	257,79	290,01	II	3 222,41	171,43	249,36	280,53	165,63	240,92	271,04	159,83	232,49	261,55	154,04	224,06	252,06	148,24	215,62	242,57	142,44	207,19	233,09
	III	2 554,83	140,51	204,38	229,93	III	2 554,83	134,72	195,96	220,45	128,92	187,52	210,96	123,15	179,13	201,52	117,48	170,89	192,25	111,91	162,78	183,13	106,44	154,82	174,17
	V	3 803,50	209,19	304,28	342,31	IV	3 268,16	176,85	257,24	289,39	173,95	253,02	284,64	171,05	248,80	279,90	168,15	244,58	275,15	165,25	240,37	270,41	162,35	236,15	265,67
	VI	3 835,66	210,96	306,85	345,20																				
9 752,99	I,IV	3 269,41	179,81	261,55	294,24	I	3 269,41	174,02	253,12	284,76	168,22	244,68	275,27	162,42	236,25	265,78	156,62	227,82	256,29	150,82	219,38	246,80	145,03	210,95	237,32
	II	3 223,66	177,30	257,89	290,12	II	3 223,66	171,50	249,46	280,64	165,70	241,02	271,15	159,90	232,59	261,66	154,11	224,16	252,18	148,31	215,72	242,69	142,51	207,29	233,20
	III	2 556,16	140,58	204,49	230,05	III	2 556,16	134,78	196,05	220,55	128,99	187,62	211,07	123,22	179,24	201,64	117,55	170,98	192,35	111,98	162,88	183,24	106,50	154,92	174,28
	V	3 804,75	209,26	304,38	342,42	IV	3 269,41	176,92	257,34	289,50	174,02	253,12	284,76	171,12	248,90	280,01	168,22	244,68	275,27	165,32	240,47	270,53	162,42	236,25	265,78
	VI	3 836,91	211,03	306,95	345,32																				
9 755,99	I,IV	3 270,75	179,89	261,66	294,36	I	3 270,75	174,09	253,22	284,87	168,29	244,78	275,38	162,49	236,35	265,89	156,69	227,92	256,41	150,89	219,48	246,92	145,09	211,05	237,43
	II	3 224,91	177,37	257,99	290,24	II	3 224,91	171,57	249,56	280,75	165,77	241,12	271,26	159,97	232,69	261,77	154,17	224,26	252,29	148,38	215,82	242,80	142,58	207,39	233,31
	III	2 557,33	140,65	204,58	230,15	III	2 557,33	134,86	196,16	220,68	129,05	187,72	211,18	123,29	179,33	201,74	117,62	171,09	192,47	112,05	162,98	183,35	106,57	155,01	174,38
	V	3 806,—	209,33	304,48	342,54	IV	3 270,75	176,99	257,44	289,62	174,09	253,22	284,87	171,19	249,—	280,13	168,29	244,78	275,38	165,39	240,57	270,64	162,49	236,35	265,89
	VI	3 838,16	211,09	307,05	345,43																				
9 758,99	I,IV	3 272,—	179,96	261,76	294,48	I	3 272,—	174,16	253,32	284,99	168,36	244,89	275,50	162,56	236,46	266,01	156,76	228,02	256,52	150,96	219,58	247,03	145,16	211,15	237,54
	II	3 226,16	177,43	258,09	290,35	II	3 226,16	171,64	249,66	280,86	165,84	241,22	271,37	160,04	232,79	261,89	154,24	224,36	252,40	148,44	215,92	242,91	142,65	207,49	233,42
	III	2 558,66	140,72	204,69	230,27	III	2 558,66	134,92	196,25	220,78	129,13	187,82	211,30	123,36	179,44	201,87	117,69	171,18	192,58	112,11	163,08	183,46	106,63	155,10	174,49
	V	3 807,25	209,39	304,58	342,65	IV	3 272,—	177,05	257,54	289,73	174,16	253,32	284,99	171,26	249,10	280,24	168,36	244,89	275,50	165,46	240,67	270,75	162,56	236,46	266,01
	VI	3 839,41	211,16	307,15	345,54																				
9 761,99	I,IV	3 273,25	180,02	261,86	294,59	I	3 273,25	174,23	253,42	285,10	168,43	244,99	275,61	162,63	236,56	266,13	156,83	228,12	256,64	151,03	219,69	247,15	145,24	211,26	237,66
	II	3 227,41	177,50	258,19	290,46	II	3 227,41	171,71	249,76	280,98	165,91	241,32	271,49	160,11	232,89	262,—	154,31	224,46	252,51	148,51	216,02	243,02	142,72	207,59	233,54
	III	2 559,83	140,79	204,78	230,38	III	2 559,83	134,99	196,36	220,90	129,19	187,92	211,41	123,42	179,53	201,97	117,75	171,28	192,69	112,18	163,17	183,56	106,70	155,20	174,60
	V	3 808,50	209,46	304,68	342,76	IV	3 273,25	177,12	257,64	289,84	174,23	253,42	285,10	171,32	249,20	280,35	168,43	244,99	275,61	165,53	240,77	270,86	162,63	236,56	266,13
	VI	3 840,75	211,24	307,26	345,66																				
9 764,99	I,IV	3 274,50	180,09	261,96	294,70	I	3 274,50	174,29	253,52	285,21	168,50	245,09	275,72	162,70	236,66	266,24	156,90	228,22	256,75	151,10	219,79	247,26	145,31	211,36	237,78
	II	3 228,75	177,58	258,30	290,58	II	3 228,75	171,78	249,86	281,09	165,98	241,42	271,60	160,18	232,99	262,11	154,38	224,56	252,63	148,58	216,12	243,14	142,78	207,69	233,65
	III	2 561,16	140,86	204,89	230,50	III	2 561,16	135,06	196,45	221,—	129,26	188,02	211,52	123,50	179,64	202,09	117,82	171,38	192,80	112,24	163,26	183,67	106,76	155,29	174,70
	V	3 809,75	209,53	304,78	342,87	IV	3 274,50	177,19	257,74	289,95	174,29	253,52	285,21	171,39	249,30	280,46	168,50	245,09	275,72	165,60	240,87	270,98	162,70	236,66	266,24
	VI	3 842,—	211,31	307,36	345,78																				

*** Die ausgewiesenen Tabellenwerte sind amtlich. Siehe Erläuterungen auf der Umschlaginnenseite (U2).**

MONAT 9 765,–*

Abzüge an Lohnsteuer, Solidaritätszuschlag (SolZ) und Kirchensteuer (8%, 9%) in den Steuerklassen

Lohn/ Gehalt bis €*	I – VI	LSt	ohne Kinderfreibeträge SolZ	8%	9%	I, II, III, IV	LSt	mit Zahl der Kinderfreibeträge ... 0,5 SolZ	8%	9%	1 SolZ	8%	9%	1,5 SolZ	8%	9%	2 SolZ	8%	9%	2,5 SolZ	8%	9%	3 SolZ	8%	9%
9 767,99	I,IV	3 275,75	180,16	262,06	294,81	I	3 275,75	174,36	253,62	285,32	168,57	245,19	275,84	162,77	236,76	266,35	156,97	228,32	256,86	151,17	219,89	247,37	145,37	211,46	237,89
	II	3 230,—	177,65	258,40	290,70	II	3 230,—	171,85	249,96	281,21	166,05	241,53	271,72	160,25	233,10	262,23	154,45	224,66	252,74	148,65	216,22	243,25	142,85	207,79	233,76
	III	2 562,50	140,93	205,—	230,62	III	2 562,50	135,13	196,56	221,13	129,33	188,12	211,63	123,56	179,73	202,19	117,89	171,48	192,91	112,31	163,37	183,79	106,82	155,38	174,80
	V	3 811,—	209,60	304,88	342,99	IV	3 275,75	177,26	257,84	290,07	174,36	253,62	285,32	171,46	249,40	280,58	168,57	245,19	275,84	165,66	240,97	271,09	162,77	236,76	266,35
	VI	3 843,25	211,37	307,46	345,89																				
9 770,99	I,IV	3 277,—	180,23	262,16	294,93	I	3 277,—	174,43	253,72	285,44	168,63	245,29	275,95	162,84	236,86	266,46	157,04	228,42	256,97	151,24	219,99	247,49	145,44	211,56	238,—
	II	3 231,25	177,71	258,50	290,81	II	3 231,25	171,92	250,06	281,32	166,12	241,63	271,83	160,32	233,20	262,35	154,52	224,76	252,86	148,72	216,33	243,37	142,93	207,90	233,88
	III	2 563,66	141,—	205,09	230,72	III	2 563,66	135,20	196,66	221,24	129,40	188,22	211,75	123,63	179,82	202,30	117,95	171,57	193,01	112,38	163,46	183,89	106,89	155,48	174,91
	V	3 812,25	209,67	304,98	343,10	IV	3 277,—	177,33	257,94	290,18	174,43	253,72	285,44	171,54	249,51	280,70	168,63	245,29	275,95	165,74	241,08	271,21	162,84	236,86	266,46
	VI	3 844,50	211,44	307,56	346,—																				
9 773,99	I,IV	3 278,25	180,30	262,26	295,04	I	3 278,25	174,50	253,82	285,55	168,70	245,39	276,06	162,91	236,96	266,58	157,11	228,52	257,09	151,31	220,09	247,60	145,51	211,66	238,11
	II	3 232,50	177,78	258,60	290,92	II	3 232,50	171,98	250,16	281,43	166,19	241,73	271,94	160,39	233,30	262,46	154,59	224,86	252,97	148,79	216,43	243,48	143,—	208,—	234,—
	III	2 565,—	141,07	205,20	230,85	III	2 565,—	135,27	196,76	221,35	129,47	188,33	211,87	123,70	179,93	202,42	118,03	171,68	193,14	112,44	163,56	184,—	106,96	155,58	175,03
	V	3 813,58	209,74	305,08	343,22	IV	3 278,25	177,40	258,04	290,30	174,50	253,82	285,55	171,60	249,61	280,81	168,70	245,39	276,06	165,81	241,18	271,32	162,91	236,96	266,58
	VI	3 845,75	211,51	307,66	346,11																				
9 776,99	I,IV	3 279,50	180,37	262,36	295,15	I	3 279,50	174,57	253,92	285,66	168,77	245,49	276,17	162,97	237,06	266,69	157,18	228,62	257,20	151,38	220,19	247,71	145,58	211,76	238,23
	II	3 233,75	177,85	258,70	291,03	II	3 233,75	172,05	250,26	281,54	166,26	241,83	272,06	160,46	233,40	262,57	154,66	224,96	253,08	148,86	216,53	243,59	143,06	208,10	234,11
	III	2 566,16	141,13	205,29	230,95	III	2 566,16	135,34	196,86	221,47	129,54	188,42	211,97	123,76	180,02	202,52	118,09	171,77	193,24	112,51	163,65	184,10	107,03	155,68	175,14
	V	3 814,83	209,81	305,18	343,33	IV	3 279,50	177,47	258,14	290,41	174,57	253,92	285,66	171,67	249,71	280,92	168,77	245,49	276,17	165,88	241,28	271,44	162,97	237,06	266,69
	VI	3 847,—	211,58	307,76	346,23																				
9 779,99	I,IV	3 280,83	180,44	262,46	295,27	I	3 280,83	174,64	254,02	285,77	168,84	245,59	276,29	163,04	237,16	266,80	157,24	228,72	257,31	151,45	220,29	247,82	145,65	211,86	238,34
	II	3 235,—	177,92	258,80	291,15	II	3 235,—	172,12	250,36	281,66	166,32	241,93	272,17	160,53	233,50	262,68	154,73	225,06	253,19	148,93	216,63	243,71	143,13	208,20	234,22
	III	2 567,50	141,21	205,40	231,07	III	2 567,50	135,41	196,96	221,58	129,61	188,53	212,09	123,84	180,13	202,64	118,15	171,86	193,34	112,57	163,74	184,21	107,09	155,77	175,24
	V	3 816,08	209,88	305,28	343,44	IV	3 280,83	177,54	258,24	290,52	174,64	254,02	285,77	171,74	249,81	281,03	168,84	245,59	276,29	165,94	241,38	271,55	163,04	237,16	266,80
	VI	3 848,25	211,65	307,86	346,34																				
9 782,99	I,IV	3 282,08	180,51	262,56	295,38	I	3 282,08	174,71	254,13	285,89	168,91	245,70	276,41	163,12	237,26	266,92	157,31	228,82	257,42	151,52	220,39	247,94	145,72	211,96	238,45
	II	3 236,25	177,99	258,90	291,26	II	3 236,25	172,19	250,46	281,77	166,39	242,03	272,28	160,60	233,60	262,80	154,80	225,16	253,31	149,—	216,73	243,82	143,20	208,30	234,33
	III	2 568,66	141,27	205,49	231,17	III	2 568,66	135,48	197,06	221,69	129,68	188,62	212,20	123,90	180,22	202,75	118,23	171,97	193,46	112,64	163,85	184,33	107,15	155,86	175,34
	V	3 817,33	209,95	305,38	343,55	IV	3 282,08	177,61	258,34	290,63	174,71	254,13	285,89	171,81	249,91	281,15	168,91	245,70	276,41	166,01	241,48	271,66	163,12	237,26	266,92
	VI	3 849,50	211,72	307,96	346,45																				
9 785,99	I,IV	3 283,33	180,58	262,66	295,49	I	3 283,33	174,78	254,23	286,01	168,98	245,80	276,52	163,18	237,36	267,03	157,39	228,93	257,54	151,59	220,50	248,06	145,79	212,06	238,57
	II	3 237,50	178,06	259,—	291,37	II	3 237,50	172,26	250,56	281,88	166,46	242,13	272,39	160,66	233,70	262,91	154,87	225,26	253,42	149,07	216,83	243,93	143,27	208,40	234,45
	III	2 570,—	141,35	205,60	231,30	III	2 570,—	135,54	197,16	221,80	129,75	188,73	212,32	123,97	180,33	202,87	118,29	172,06	193,57	112,71	163,94	184,43	107,22	155,96	175,45
	V	3 818,58	210,02	305,48	343,67	IV	3 283,33	177,68	258,44	290,75	174,78	254,23	286,01	171,88	250,01	281,26	168,98	245,80	276,52	166,08	241,58	271,77	163,18	237,36	267,03
	VI	3 850,75	211,79	308,06	346,56																				
9 788,99	I,IV	3 284,58	180,65	262,76	295,61	I	3 284,58	174,85	254,33	286,12	169,05	245,90	276,63	163,25	237,46	267,14	157,46	229,03	257,66	151,66	220,60	248,17	145,86	212,16	238,68
	II	3 238,83	178,13	259,10	291,49	II	3 238,83	172,33	250,66	281,99	166,53	242,23	272,51	160,73	233,80	263,02	154,93	225,36	253,53	149,14	216,93	244,04	143,34	208,50	234,56
	III	2 571,16	141,41	205,69	231,40	III	2 571,16	135,62	197,26	221,92	129,81	188,82	212,42	124,04	180,42	202,97	118,36	172,16	193,68	112,77	164,04	184,54	107,28	156,05	175,55
	V	3 819,83	210,09	305,58	343,78	IV	3 284,58	177,75	258,54	290,86	174,85	254,33	286,12	171,95	250,11	281,37	169,05	245,90	276,63	166,15	241,68	271,89	163,25	237,46	267,14
	VI	3 852,08	211,86	308,16	346,68																				
9 791,99	I,IV	3 285,83	180,72	262,86	295,72	I	3 285,83	174,92	254,43	286,23	169,12	246,—	276,75	163,32	237,56	267,26	157,52	229,13	257,77	151,73	220,70	248,28	145,93	212,26	238,79
	II	3 240,08	178,20	259,20	291,60	II	3 240,08	172,40	250,77	282,11	166,60	242,34	272,63	160,81	233,90	263,14	155,—	225,46	253,64	149,21	217,03	244,16	143,41	208,60	234,67
	III	2 572,50	141,48	205,80	231,52	III	2 572,50	135,68	197,36	222,03	129,89	188,93	212,54	124,11	180,53	203,09	118,43	172,26	193,79	112,84	164,13	184,64	107,35	156,14	175,66
	V	3 821,08	210,15	305,68	343,89	IV	3 285,83	177,81	258,64	290,97	174,92	254,43	286,23	172,02	250,21	281,48	169,12	246,—	276,75	166,22	241,78	272,—	163,32	237,56	267,26
	VI	3 853,33	211,93	308,26	346,79																				
9 794,99	I,IV	3 287,08	180,78	262,96	295,83	I	3 287,08	174,99	254,53	286,34	169,19	246,10	276,86	163,39	237,66	267,37	157,59	229,23	257,88	151,80	220,80	248,40	146,—	212,36	238,91
	II	3 241,33	178,27	259,30	291,71	II	3 241,33	172,47	250,87	282,23	166,67	242,44	272,74	160,87	234,—	263,25	155,08	225,57	253,76	149,28	217,14	244,28	143,48	208,70	234,79
	III	2 573,83	141,56	205,90	231,64	III	2 573,83	135,75	197,46	222,14	129,96	189,04	212,67	124,18	180,62	203,20	118,49	172,36	193,90	112,90	164,22	184,75	107,41	156,24	175,77
	V	3 822,33	210,22	305,78	344,—	IV	3 287,08	177,89	258,75	291,09	174,99	254,53	286,34	172,09	250,32	281,61	169,19	246,10	276,86	166,29	241,88	272,12	163,39	237,66	267,37
	VI	3 854,58	212,—	308,36	346,91																				
9 797,99	I,IV	3 288,33	180,85	263,06	295,94	I	3 288,33	175,06	254,63	286,46	169,26	246,20	276,97	163,46	237,76	267,48	157,66	229,33	257,99	151,86	220,90	248,51	146,07	212,46	239,02
	II	3 242,58	178,34	259,40	291,83	II	3 242,58	172,54	250,97	282,34	166,74	242,54	272,85	160,94	234,10	263,36	155,15	225,67	253,88	149,35	217,24	244,39	143,55	208,80	234,90
	III	2 575,—	141,62	206,—	231,75	III	2 575,—	135,83	197,57	222,26	130,02	189,13	212,77	124,25	180,73	203,32	118,56	172,45	194,—	112,97	164,33	184,87	107,47	156,33	175,87
	V	3 823,66	210,30	305,89	344,12	IV	3 288,33	177,96	258,85	291,20	175,06	254,63	286,46	172,16	250,42	281,72	169,26	246,20	276,97	166,36	241,98	272,23	163,46	237,76	267,48
	VI	3 855,83	212,07	308,46	347,02																				
9 800,99	I,IV	3 289,58	180,92	263,16	296,06	I	3 289,58	175,12	254,73	286,57	169,33	246,30	277,08	163,53	237,86	267,59	157,73	229,43	258,11	151,93	221,—	248,62	146,13	212,56	239,13
	II	3 243,83	178,41	259,50	291,94	II	3 243,83	172,61	251,07	282,45	166,81	242,64	272,97	161,01	234,20	263,48	155,21	225,77	253,99	149,42	217,34	244,50	143,62	208,90	235,01
	III	2 576,33	141,69	206,10	231,86	III	2 576,33	135,89	197,66	222,37	130,10	189,24	212,89	124,31	180,82	203,42	118,63	172,56	194,13	113,04	164,42	184,97	107,54	156,42	175,97
	V	3 824,91	210,37	305,99	344,24	IV	3 289,58	178,03	258,95	291,32	175,12	254,73	286,57	172,23	250,52	281,83	169,33	246,30	277,08	166,43	242,08	272,34	163,53	237,86	267,59
	VI	3 857,08	212,13	308,56	347,13																				
9 803,99	I,IV	3 290,83	180,99	263,26	296,17	I	3 290,83	175,19	254,83	286,68	169,40	246,40	277,20	163,60	237,96	267,71	157,80	229,53	258,22	152,—	221,10	248,73	146,20	212,66	239,24
	II	3 245,08	178,47	259,60	292,05	II	3 245,08	172,68	251,17	282,56	166,88	242,74	273,08	161,08	234,30	263,59	155,28	225,87	254,10	149,49	217,44	244,62	143,69	209,—	235,13
	III	2 577,50	141,76	206,20	231,97	III	2 577,50	135,96	197,77	222,49	130,16	189,33	212,99	124,39	180,93	203,54	118,69	172,65	194,23	113,10	164,52	185,08	107,60	156,52	176,08
	V	3 826,16	210,43	306,09	344,35	IV	3 290,83	178,09	259,05	291,43	175,19	254,83	286,68	172,30	250,62	281,94	169,40	246,40	277,20	166,50	242,18	272,45	163,60	237,96	267,71
	VI	3 858,33	212,20	308,66	347,24																				
9 806,99	I,IV	3 292,16	181,06	263,37	296,29	I	3 292,16	175,27	254,94	286,80	169,47	246,50	277,31	163,67	238,06	267,82	157,87	229,63	258,33	152,07	221,20	248,85	146,27	212,76	239,36
	II	3 246,33	178,54	259,70	292,16	II	3 246,33	172,75	251,27	282,68	166,95	242,84	273,19	161,15	234,40	263,70	155,35	225,97	254,21	149,55	217,54	244,73	143,76	209,10	235,24
	III	2 578,83	141,83	206,30	232,09	III	2 578,83	136,03	197,86	222,59	130,24	189,44	213,12	124,45	181,02	203,65	118,77	172,76	194,35	113,17	164,61	185,18	107,68	156,62	176,20
	V	3 827,41	210,50	306,19	344,46	IV	3 292,16	178,16	259,15	291,54	175,27	254,94	286,80	172,37	250,72	282,06	169,47	246,50	277,31	166,57	242,28	272,57	163,67	238,06	267,82
	VI	3 859,58	212,27	308,76	347,36																				
9 809,99	I,IV	3 293,41	181,13	263,47	296,40	I	3 293,41	175,34	255,04	286,92	169,54	246,60	277,43	163,74	238,17	267,94	157,94	229,74	258,45	152,14	221,30	248,96	146,34	212,86	239,47
	II	3 247,58	178,61	259,80	292,28	II	3 247,58	172,81	251,37	282,79	167,02	242,94	273,30	161,22	234,50	263,81	155,42	226,07	254,33	149,62	217,64	244,84	143,82	209,20	235,35
	III	2 580,—	141,90	206,40	232,20	III	2 580,—	136,10	197,97	222,71	130,30	189,53	213,22	124,52	181,13	203,77	118,83	172,85	194,45	113,24	164,72	185,31	107,74	156,72	176,31
	V	3 828,66	210,57	306,29	344,57	IV	3 293,41	178,23	259,25	291,65	175,34	255,04	286,92	172,43	250,82	282,17	169,54	246,60	277,43	166,64	242,38	272,68	163,74	238,17	267,94
	VI	3 860,83	212,34	308,86	347,47																				

* Die ausgewiesenen Tabellenwerte sind amtlich. Siehe Erläuterungen auf der Umschlaginnenseite (U2).

Abzüge an Lohnsteuer, Solidaritätszuschlag (SolZ) und Kirchensteuer (8%, 9%) in den Steuerklassen

Lohn/ Gehalt bis €*	I – VI	LSt	ohne Kinderfreibeträge SolZ	8%	9%	I, II, III, IV	LSt	0,5 SolZ	0,5 8%	0,5 9%	1 SolZ	1 8%	1 9%	1,5 SolZ	1,5 8%	1,5 9%	2 SolZ	2 8%	2 9%	2,5 SolZ	2,5 8%	2,5 9%	3 SolZ	3 8%	3 9%
9 812,99	I,IV	3 294,66	181,20	263,57	296,51	I	3 294,66	175,40	255,14	287,03	169,61	246,70	277,54	163,81	238,27	268,05	158,01	229,84	258,57	152,21	221,40	249,08	146,41	212,97	239,59
	II	3 248,83	178,68	259,90	292,39	II	3 248,83	172,88	251,47	282,90	167,09	243,04	273,42	161,29	234,60	263,93	155,49	226,17	254,44	149,69	217,74	244,95	143,89	209,30	235,46
	III	2 581,33	141,97	206,50	232,31	III	2 581,33	136,17	198,06	222,82	130,37	189,64	213,34	124,59	181,22	203,87	118,90	172,94	194,56	113,30	164,81	185,41	107,80	156,81	176,41
	V	3 829,91	210,64	306,39	344,69	IV	3 294,66	178,30	259,35	291,77	175,40	255,14	287,03	172,50	250,92	282,28	169,61	246,70	277,54	166,70	242,48	272,79	163,81	238,27	268,05
	VI	3 862,16	212,41	308,97	347,59																				
9 815,99	I,IV	3 295,91	181,27	263,67	296,63	I	3 295,91	175,47	255,24	287,14	169,67	246,80	277,65	163,88	238,37	268,16	158,08	229,94	258,68	152,28	221,50	249,19	146,48	213,07	239,70
	II	3 250,16	178,75	260,01	292,51	II	3 250,16	172,96	251,58	283,02	167,16	243,14	273,53	161,36	234,70	264,04	155,56	226,27	254,55	149,76	217,84	245,07	143,96	209,40	235,58
	III	2 582,50	142,03	206,60	232,42	III	2 582,50	136,24	198,17	222,94	130,44	189,73	213,44	124,66	181,33	203,99	118,97	173,05	194,68	113,37	164,90	185,51	107,87	156,90	176,51
	V	3 831,16	210,71	306,49	344,80	IV	3 295,91	178,37	259,45	291,88	175,47	255,24	287,14	172,57	251,02	282,39	169,67	246,80	277,65	166,77	242,58	272,90	163,88	238,37	268,16
	VI	3 863,41	212,48	309,07	347,70																				
9 818,99	I,IV	3 297,16	181,34	263,77	296,74	I	3 297,16	175,54	255,34	287,25	169,74	246,90	277,76	163,95	238,47	268,28	158,15	230,04	258,79	152,35	221,60	249,30	146,55	213,17	239,81
	II	3 251,41	178,82	260,11	292,62	II	3 251,41	173,03	251,68	283,14	167,23	243,24	273,65	161,43	234,81	264,16	155,63	226,38	254,67	149,83	217,94	245,18	144,03	209,50	235,69
	III	2 583,83	142,11	206,70	232,54	III	2 583,83	136,31	198,28	223,06	130,51	189,84	213,57	124,73	181,42	204,10	119,03	173,14	194,78	113,43	165,—	185,62	107,93	157,—	176,62
	V	3 832,41	210,78	306,59	344,91	IV	3 297,16	178,44	259,56	292,—	175,54	255,34	287,25	172,64	251,12	282,51	169,74	246,90	277,76	166,84	242,68	273,02	163,95	238,47	268,28
	VI	3 864,66	212,55	309,17	347,81																				
9 821,99	I,IV	3 298,41	181,41	263,87	296,85	I	3 298,41	175,61	255,44	287,37	169,81	247,—	277,88	164,01	238,57	268,39	158,22	230,14	258,90	152,42	221,70	249,41	146,62	213,27	239,93
	II	3 252,66	178,89	260,21	292,73	II	3 252,66	173,09	251,78	283,25	167,30	243,34	273,76	161,50	234,91	264,27	155,70	226,48	254,79	149,90	218,04	245,30	144,10	209,61	235,81
	III	2 585,16	142,18	206,81	232,66	III	2 585,16	136,38	198,37	223,16	130,58	189,94	213,68	124,80	181,53	204,22	119,10	173,24	194,89	113,51	165,10	185,74	108,—	157,09	176,72
	V	3 833,75	210,85	306,70	345,03	IV	3 298,41	178,51	259,66	292,11	175,61	255,44	287,37	172,71	251,22	282,62	169,81	247,—	277,88	166,92	242,79	273,14	164,01	238,57	268,39
	VI	3 865,91	212,62	309,27	347,93																				
9 824,99	I,IV	3 299,66	181,48	263,97	296,96	I	3 299,66	175,68	255,54	287,48	169,88	247,10	277,99	164,08	238,67	268,50	158,29	230,24	259,02	152,49	221,80	249,53	146,69	213,37	240,04
	II	3 253,91	178,96	260,31	292,85	II	3 253,91	173,16	251,88	283,36	167,36	243,44	273,87	161,57	235,01	264,38	155,77	226,58	254,90	149,97	218,14	245,41	144,17	209,71	235,92
	III	2 586,33	142,24	206,90	232,76	III	2 586,33	136,45	198,48	223,29	130,65	190,04	213,79	124,86	181,62	204,32	119,17	173,34	195,01	113,57	165,20	185,85	108,06	157,18	176,83
	V	3 835,—	210,92	306,80	345,15	IV	3 299,66	178,58	259,76	292,23	175,68	255,54	287,48	172,78	251,32	282,74	169,88	247,10	277,99	166,98	242,89	273,25	164,08	238,67	268,50
	VI	3 867,16	212,69	309,37	348,04																				
9 827,99	I,IV	3 300,91	181,55	264,07	297,08	I	3 300,91	175,75	255,64	287,59	169,95	247,20	278,10	164,15	238,77	268,61	158,35	230,34	259,13	152,56	221,90	249,64	146,76	213,47	240,15
	II	3 255,16	179,03	260,41	292,96	II	3 255,16	173,23	251,98	283,47	167,43	243,54	273,98	161,64	235,11	264,50	155,84	226,68	255,01	150,04	218,24	245,52	144,24	209,81	236,03
	III	2 587,66	142,32	207,01	232,88	III	2 587,66	136,51	198,57	223,39	130,72	190,14	213,91	124,93	181,72	204,43	119,24	173,44	195,12	113,63	165,29	185,95	108,13	157,28	176,94
	V	3 836,25	210,99	306,90	345,26	IV	3 300,91	178,65	259,86	292,34	175,75	255,64	287,59	172,85	251,42	282,85	169,95	247,20	278,10	167,05	242,99	273,36	164,15	238,77	268,61
	VI	3 868,41	212,76	309,47	348,15																				
9 830,99	I,IV	3 302,25	181,62	264,18	297,20	I	3 302,25	175,82	255,74	287,71	170,02	247,30	278,21	164,22	238,87	268,73	158,42	230,44	259,24	152,62	222,—	249,75	146,83	213,57	240,26
	II	3 256,41	179,10	260,51	293,07	II	3 256,41	173,30	252,08	283,59	167,50	243,64	274,10	161,70	235,21	264,61	155,91	226,78	255,12	150,11	218,34	245,63	144,31	209,91	236,15
	III	2 588,83	142,38	207,10	232,99	III	2 588,83	136,59	198,68	223,51	130,79	190,24	214,02	125,—	181,82	204,55	119,30	173,53	195,22	113,70	165,38	186,05	108,19	157,37	177,04
	V	3 837,50	211,06	307,—	345,37	IV	3 302,25	178,72	259,96	292,45	175,82	255,74	287,71	172,92	251,52	282,96	170,02	247,30	278,21	167,12	243,09	273,47	164,22	238,87	268,73
	VI	3 869,66	212,83	309,57	348,26																				
9 833,99	I,IV	3 303,50	181,69	264,28	297,31	I	3 303,50	175,89	255,84	287,82	170,09	247,41	278,33	164,29	238,98	268,85	158,50	230,54	259,36	152,69	222,10	249,86	146,90	213,67	240,38
	II	3 257,66	179,17	260,61	293,18	II	3 257,66	173,37	252,18	283,70	167,57	243,74	274,21	161,77	235,31	264,72	155,98	226,88	255,24	150,18	218,44	245,75	144,38	210,01	236,26
	III	2 590,16	142,45	207,21	233,11	III	2 590,16	136,65	198,77	223,61	130,86	190,34	214,13	125,07	181,92	204,66	119,37	173,64	195,34	113,77	165,49	186,17	108,26	157,48	177,16
	V	3 838,75	211,13	307,10	345,48	IV	3 303,50	178,79	260,06	292,56	175,89	255,84	287,82	172,99	251,62	283,07	170,09	247,41	278,33	167,19	243,19	273,59	164,29	238,98	268,85
	VI	3 870,91	212,90	309,67	348,38																				
9 836,99	I,IV	3 304,75	181,76	264,38	297,42	I	3 304,75	175,96	255,94	287,93	170,16	247,51	278,45	164,36	239,08	268,96	158,56	230,64	259,47	152,77	222,21	249,98	146,97	213,78	240,50
	II	3 258,91	179,24	260,71	293,30	II	3 258,91	173,44	252,28	283,81	167,64	243,84	274,32	161,84	235,41	264,83	156,04	226,98	255,35	150,25	218,54	245,86	144,45	210,11	236,37
	III	2 591,33	142,52	207,30	233,21	III	2 591,33	136,73	198,88	223,74	130,92	190,44	214,24	125,14	182,02	204,77	119,44	173,73	195,44	113,84	165,58	186,28	108,33	157,57	177,26
	V	3 840,—	211,20	307,20	345,60	IV	3 304,75	178,86	260,16	292,68	175,96	255,94	287,93	173,06	251,72	283,19	170,16	247,51	278,45	167,26	243,29	273,70	164,36	239,08	268,96
	VI	3 872,25	212,97	309,78	348,50																				
9 839,99	I,IV	3 306,—	181,83	264,48	297,54	I	3 306,—	176,03	256,04	288,05	170,23	247,61	278,56	164,43	239,18	269,07	158,63	230,74	259,58	152,84	222,31	250,10	147,04	213,88	240,61
	II	3 260,25	179,31	260,82	293,42	II	3 260,25	173,51	252,38	283,93	167,71	243,94	274,43	161,91	235,51	264,95	156,11	227,08	255,46	150,31	218,64	245,97	144,52	210,21	236,48
	III	2 592,66	142,59	207,41	233,33	III	2 592,66	136,79	198,97	223,84	131,—	190,54	214,36	125,20	182,12	204,88	119,51	173,84	195,57	113,90	165,68	186,39	108,39	157,66	177,37
	V	3 841,25	211,26	307,30	345,71	IV	3 306,—	178,92	260,26	292,79	176,03	256,04	288,05	173,13	251,82	283,30	170,23	247,61	278,56	167,33	243,39	273,81	164,43	239,18	269,07
	VI	3 873,50	213,04	309,88	348,61																				
9 842,99	I,IV	3 307,25	181,89	264,58	297,65	I	3 307,25	176,10	256,14	288,16	170,30	247,71	278,67	164,50	239,28	269,19	158,70	230,84	259,70	152,90	222,41	250,21	147,11	213,98	240,72
	II	3 261,50	179,38	260,92	293,53	II	3 261,50	173,58	252,48	284,04	167,78	244,05	274,55	161,98	235,62	265,07	156,19	227,18	255,58	150,38	218,74	246,08	144,59	210,31	236,60
	III	2 594,—	142,67	207,52	233,46	III	2 594,—	136,86	199,08	223,96	131,06	190,64	214,47	125,28	182,22	205,—	119,57	173,93	195,67	113,96	165,77	186,49	108,46	157,76	177,48
	V	3 842,50	211,33	307,40	345,82	IV	3 307,25	179,—	260,36	292,91	176,10	256,14	288,16	173,19	251,92	283,41	170,30	247,71	278,67	167,40	243,49	273,92	164,50	239,28	269,19
	VI	3 874,75	213,11	309,98	348,72																				
9 845,99	I,IV	3 308,50	181,96	264,68	297,76	I	3 308,50	176,16	256,24	288,27	170,37	247,81	278,78	164,57	239,38	269,30	158,77	230,94	259,81	152,97	222,51	250,32	147,18	214,08	240,84
	II	3 262,75	179,45	261,02	293,64	II	3 262,75	173,65	252,58	284,15	167,85	244,15	274,67	162,05	235,72	265,18	156,25	227,28	255,69	150,46	218,85	246,20	144,66	210,42	236,72
	III	2 595,16	142,73	207,61	233,56	III	2 595,16	136,94	199,18	224,08	131,13	190,74	214,58	125,34	182,32	205,11	119,64	174,02	195,77	114,04	165,88	186,61	108,52	157,85	177,58
	V	3 843,75	211,40	307,50	345,93	IV	3 308,50	179,07	260,46	293,02	176,16	256,24	288,27	173,27	252,03	283,53	170,37	247,81	278,78	167,47	243,60	274,05	164,57	239,38	269,30
	VI	3 876,—	213,18	310,08	348,84																				
9 848,99	I,IV	3 309,75	182,03	264,78	297,87	I	3 309,75	176,23	256,34	288,38	170,44	247,91	278,90	164,64	239,48	269,41	158,84	231,04	259,92	153,04	222,61	250,43	147,24	214,18	240,95
	II	3 264,—	179,52	261,12	293,76	II	3 264,—	173,72	252,68	284,27	167,92	244,25	274,78	162,12	235,82	265,29	156,32	227,38	255,80	150,53	218,95	246,32	144,73	210,52	236,83
	III	2 596,50	142,80	207,72	233,68	III	2 596,50	137,—	199,28	224,19	131,21	190,85	214,70	125,41	182,42	205,22	119,71	174,13	195,89	114,10	165,97	186,71	108,58	157,94	177,68
	V	3 845,08	211,47	307,60	346,05	IV	3 309,75	179,13	260,56	293,13	176,23	256,34	288,38	173,34	252,13	283,64	170,44	247,91	278,90	167,54	243,70	274,16	164,64	239,48	269,41
	VI	3 877,25	213,24	310,18	348,95																				
9 851,99	I,IV	3 311,—	182,10	264,88	297,99	I	3 311,—	176,30	256,44	288,50	170,50	248,01	279,01	164,71	239,58	269,52	158,91	231,14	260,03	153,11	222,71	250,55	147,31	214,28	241,06
	II	3 265,25	179,58	261,22	293,87	II	3 265,25	173,79	252,78	284,38	167,99	244,35	274,89	162,19	235,92	265,41	156,39	227,48	255,92	150,59	219,05	246,43	144,80	210,62	236,94
	III	2 597,66	142,87	207,81	233,78	III	2 597,66	137,07	199,38	224,30	131,27	190,94	214,81	125,48	182,52	205,33	119,78	174,22	196,—	114,17	166,06	186,82	108,65	158,04	177,79
	V	3 846,33	211,54	307,70	346,16	IV	3 311,—	179,20	260,66	293,24	176,30	256,44	288,50	173,41	252,23	283,76	170,50	248,01	279,01	167,61	243,80	274,27	164,71	239,58	269,52
	VI	3 878,50	213,31	310,28	349,06																				
9 854,99	I,IV	3 312,33	182,17	264,98	298,10	I	3 312,33	176,37	256,54	288,61	170,57	248,11	279,12	164,78	239,68	269,64	158,98	231,24	260,15	153,18	222,81	250,66	147,38	214,38	241,17
	II	3 266,50	179,65	261,32	293,98	II	3 266,50	173,85	252,88	284,49	168,06	244,45	275,—	162,26	236,02	265,52	156,46	227,58	256,03	150,66	219,15	246,54	144,87	210,72	237,06
	III	2 599,—	142,94	207,92	233,91	III	2 599,—	137,14	199,48	224,41	131,34	191,05	214,93	125,55	182,62	205,45	119,84	174,32	196,11	114,23	166,16	186,93	108,71	158,13	177,89
	V	3 847,58	211,61	307,80	346,28	IV	3 312,33	179,27	260,76	293,36	176,37	256,54	288,61	173,47	252,33	283,87	170,57	248,11	279,12	167,68	243,90	274,38	164,78	239,68	269,64
	VI	3 879,75	213,38	310,38	349,17																				

* Die ausgewiesenen Tabellenwerte sind amtlich. Siehe Erläuterungen auf der Umschlaginnenseite (U2).

MONAT 9 855,–*

Abzüge an Lohnsteuer, Solidaritätszuschlag (SolZ) und Kirchensteuer (8%, 9%) in den Steuerklassen

Lohn/ Gehalt bis €*		I – VI	ohne Kinderfreibeträge				I, II, III, IV	mit Zahl der Kinderfreibeträge . . . 0,5			1			1,5			2			2,5			3		
		LSt	SolZ	8%	9%		LSt	SolZ	8%	9%	SolZ	8%	9%	SolZ	8%	9%	SolZ	8%	9%	SolZ	8%	9%	SolZ	8%	9%
9 857,99	I,IV	3 313,58	182,24	265,08	298,22	I	3 313,58	176,44	256,65	288,73	170,65	248,22	279,24	164,85	239,78	269,75	159,05	231,34	260,26	153,25	222,91	250,77	147,45	214,48	241,29
	II	3 267,75	179,72	261,42	294,09	II	3 267,75	173,92	252,98	284,60	168,13	244,55	275,12	162,33	236,12	265,63	156,53	227,68	256,14	150,73	219,25	246,65	144,93	210,82	237,17
	III	2 600,16	143,–	208,01	234,01	III	2 600,16	137,21	199,58	224,53	131,41	191,14	215,03	125,62	182,72	205,56	119,91	174,42	196,22	114,30	166,26	187,04	108,79	158,24	178,02
	V	3 848,83	211,68	307,90	346,39	IV	3 313,58	179,34	260,86	293,47	176,44	256,65	288,73	173,54	252,43	283,98	170,65	248,22	279,24	167,75	244,–	274,50	164,85	239,78	269,75
	VI	3 881,–	213,45	310,48	349,29																				
9 860,99	I,IV	3 314,83	182,31	265,18	298,33	I	3 314,83	176,51	256,75	288,84	170,72	248,32	279,36	164,92	239,88	269,87	159,12	231,45	260,38	153,32	223,02	250,89	147,52	214,58	241,40
	II	3 269,–	179,79	261,52	294,21	II	3 269,–	173,99	253,08	284,72	168,19	244,65	275,23	162,40	236,22	265,74	156,60	227,78	256,25	150,80	219,35	246,77	145,–	210,92	237,28
	III	2 601,50	143,08	208,12	234,13	III	2 601,50	137,28	199,68	224,64	131,48	191,25	215,15	125,69	182,82	205,67	119,98	174,52	196,33	114,37	166,36	187,15	108,85	158,33	178,12
	V	3 850,08	211,75	308,–	346,50	IV	3 314,83	179,41	260,96	293,58	176,51	256,75	288,84	173,61	252,53	284,09	170,72	248,32	279,36	167,81	244,10	274,61	164,92	239,88	269,87
	VI	3 882,25	213,52	310,58	349,40																				
9 863,99	I,IV	3 316,08	182,38	265,28	298,44	I	3 316,08	176,58	256,85	288,95	170,78	248,42	279,47	164,99	239,98	269,98	159,19	231,55	260,49	153,39	223,12	251,01	147,59	214,68	241,52
	II	3 270,33	179,86	261,62	294,32	II	3 270,33	174,06	253,18	284,83	168,26	244,75	275,34	162,47	236,32	265,86	156,67	227,88	256,37	150,87	219,45	246,88	145,07	211,02	237,39
	III	2 602,66	143,14	208,21	234,23	III	2 602,66	137,35	199,78	224,75	131,55	191,34	215,26	125,75	182,92	205,78	120,05	174,62	196,45	114,43	166,45	187,25	108,91	158,42	178,22
	V	3 851,33	211,82	308,10	346,61	IV	3 316,08	179,48	261,06	293,69	176,58	256,85	288,95	173,68	252,63	284,21	170,78	248,42	279,47	167,88	244,20	274,72	164,99	239,98	269,98
	VI	3 883,58	213,59	310,68	349,52																				
9 866,99	I,IV	3 317,33	182,45	265,38	298,55	I	3 317,33	176,65	256,95	289,07	170,85	248,52	279,58	165,05	240,08	270,09	159,26	231,65	260,60	153,46	223,22	251,12	147,66	214,78	241,63
	II	3 271,58	179,93	261,72	294,44	II	3 271,58	174,13	253,29	284,95	168,34	244,86	275,46	162,54	236,42	265,97	156,74	227,98	256,48	150,94	219,55	246,99	145,14	211,12	237,51
	III	2 604,–	143,22	208,32	234,36	III	2 604,–	137,41	199,88	224,86	131,62	191,45	215,38	125,83	183,02	205,90	120,12	174,72	196,56	114,50	166,54	187,36	108,98	158,52	178,33
	V	3 852,58	211,89	308,20	346,73	IV	3 317,33	179,55	261,16	293,81	176,65	256,95	289,07	173,75	252,73	284,32	170,85	248,52	279,58	167,95	244,30	274,83	165,05	240,08	270,09
	VI	3 884,83	213,66	310,78	349,63																				
9 869,99	I,IV	3 318,58	182,52	265,48	298,67	I	3 318,58	176,72	257,05	289,18	170,92	248,62	279,69	165,12	240,18	270,20	159,33	231,75	260,72	153,53	223,32	251,23	147,73	214,88	241,74
	II	3 272,83	180,–	261,82	294,55	II	3 272,83	174,20	253,39	285,06	168,41	244,96	275,58	162,61	236,52	266,09	156,81	228,09	256,60	151,01	219,66	247,11	145,21	211,22	237,62
	III	2 605,33	143,29	208,42	234,47	III	2 605,33	137,49	199,98	224,98	131,69	191,56	215,50	125,89	183,12	206,01	120,18	174,81	196,66	114,57	166,65	187,48	109,04	158,61	178,43
	V	3 853,83	211,96	308,30	346,84	IV	3 318,58	179,62	261,27	293,93	176,72	257,05	289,18	173,82	252,84	284,44	170,92	248,62	279,69	168,02	244,40	274,95	165,12	240,18	270,20
	VI	3 886,08	213,73	310,88	349,74																				
9 872,99	I,IV	3 319,83	182,59	265,58	298,78	I	3 319,83	176,79	257,15	289,29	170,99	248,72	279,81	165,19	240,28	270,32	159,39	231,85	260,83	153,60	223,42	251,34	147,80	214,98	241,85
	II	3 274,08	180,07	261,92	294,66	II	3 274,08	174,27	253,49	285,17	168,47	245,06	275,69	162,68	236,62	266,20	156,88	228,19	256,71	151,08	219,76	247,23	145,28	211,32	237,74
	III	2 606,50	143,35	208,52	234,58	III	2 606,50	137,56	200,09	225,10	131,76	191,65	215,60	125,96	183,22	206,12	120,25	174,92	196,78	114,63	166,74	187,58	109,11	158,70	178,54
	V	3 855,16	212,03	308,41	346,96	IV	3 319,83	179,69	261,37	294,04	176,79	257,15	289,29	173,89	252,94	284,55	170,99	248,72	279,81	168,09	244,50	275,06	165,19	240,28	270,32
	VI	3 887,33	213,80	310,98	349,85																				
9 875,99	I,IV	3 321,08	182,65	265,68	298,89	I	3 321,08	176,86	257,25	289,40	171,06	248,82	279,92	165,26	240,38	270,43	159,46	231,95	260,94	153,67	223,52	251,46	147,87	215,08	241,97
	II	3 275,33	180,14	262,02	294,77	II	3 275,33	174,34	253,59	285,29	168,54	245,16	275,80	162,74	236,72	266,31	156,95	228,29	256,82	151,15	219,86	247,34	145,35	211,42	237,85
	III	2 607,83	143,43	208,62	234,70	III	2 607,83	137,62	200,18	225,20	131,83	191,76	215,73	126,04	183,33	206,24	120,32	175,01	196,88	114,70	166,84	187,69	109,17	158,80	178,65
	V	3 856,41	212,10	308,51	347,07	IV	3 321,08	179,76	261,47	294,15	176,86	257,25	289,40	173,96	253,04	284,67	171,06	248,82	279,92	168,16	244,60	275,18	165,26	240,38	270,43
	VI	3 888,58	213,87	311,08	349,97																				
9 878,99	I,IV	3 322,33	182,72	265,78	299,–	I	3 322,33	176,93	257,35	289,52	171,13	248,92	280,03	165,33	240,48	270,54	159,53	232,05	261,05	153,73	223,62	251,57	147,94	215,18	242,08
	II	3 276,58	180,21	262,12	294,89	II	3 276,58	174,41	253,69	285,40	168,61	245,26	275,91	162,81	236,82	266,42	157,02	228,39	256,94	151,22	219,96	247,45	145,42	211,52	237,96
	III	2 609,–	143,49	208,72	234,81	III	2 609,–	137,70	200,29	225,32	131,89	191,85	215,83	126,10	183,42	206,35	120,39	175,12	197,01	114,76	166,93	187,79	109,24	158,90	178,76
	V	3 857,66	212,17	308,61	347,18	IV	3 322,33	179,83	261,57	294,26	176,93	257,35	289,52	174,03	253,14	284,78	171,13	248,92	280,03	168,23	244,70	275,29	165,33	240,48	270,54
	VI	3 889,83	213,94	311,18	350,08																				
9 881,99	I,IV	3 323,66	182,80	265,89	299,12	I	3 323,66	177,–	257,46	289,64	171,20	249,02	280,15	165,40	240,58	270,65	159,60	232,15	261,17	153,80	223,72	251,68	148,–	215,28	242,1
	II	3 277,83	180,28	262,22	295,–	II	3 277,83	174,48	253,79	285,51	168,68	245,36	276,03	162,88	236,92	266,54	157,08	228,49	257,05	151,29	220,06	247,56	145,49	211,62	238,07
	III	2 610,33	143,56	208,82	234,92	III	2 610,33	137,76	200,38	225,43	131,97	191,96	215,95	126,17	183,53	206,47	120,45	175,21	197,11	114,84	167,04	187,92	109,31	159,–	178,87
	V	3 858,91	212,24	308,71	347,30	IV	3 323,66	179,90	261,67	294,38	177,–	257,46	289,64	174,10	253,24	284,89	171,20	249,02	280,15	168,30	244,80	275,40	165,40	240,58	270,65
	VI	3 891,08	214,–	311,28	350,19																				
9 884,99	I,IV	3 324,91	182,87	265,99	299,24	I	3 324,91	177,07	257,56	289,75	171,27	249,12	280,26	165,47	240,69	270,77	159,67	232,26	261,29	153,88	223,82	251,80	148,07	215,38	242,3
	II	3 279,08	180,34	262,32	295,11	II	3 279,08	174,55	253,89	285,62	168,75	245,46	276,14	162,95	237,02	266,65	157,15	228,59	257,16	151,36	220,16	247,68	145,56	211,72	238,1
	III	2 611,50	143,63	208,92	235,03	III	2 611,50	137,83	200,49	225,55	132,03	192,05	216,05	126,24	183,62	206,57	120,52	175,30	197,21	114,90	167,13	188,02	109,37	159,09	178,9
	V	3 860,16	212,30	308,81	347,41	IV	3 324,91	179,96	261,77	294,49	177,07	257,56	289,75	174,17	253,34	285,–	171,27	249,12	280,26	168,37	244,90	275,51	165,47	240,69	270,7
	VI	3 892,33	214,07	311,38	350,30																				
9 887,99	I,IV	3 326,16	182,93	266,09	299,35	I	3 326,16	177,14	257,66	289,86	171,34	249,22	280,37	165,54	240,79	270,89	159,74	232,36	261,40	153,94	223,92	251,91	148,15	215,49	242,4
	II	3 280,33	180,41	262,42	295,22	II	3 280,33	174,62	253,99	285,74	168,82	245,56	276,25	163,02	237,12	266,76	157,22	228,69	257,27	151,42	220,26	247,79	145,63	211,82	238,3
	III	2 612,83	143,70	209,02	235,15	III	2 612,83	137,90	200,58	225,65	132,11	192,16	216,18	126,31	183,73	206,69	120,59	175,41	197,33	114,96	167,22	188,12	109,44	159,18	179,0
	V	3 861,41	212,37	308,91	347,52	IV	3 326,16	180,03	261,87	294,60	177,14	257,66	289,86	174,24	253,44	285,12	171,34	249,22	280,37	168,44	245,–	275,63	165,54	240,79	270,8
	VI	3 893,66	214,15	311,49	350,42																				
9 890,99	I,IV	3 327,41	183,–	266,19	299,46	I	3 327,41	177,21	257,76	289,98	171,41	249,32	280,49	165,61	240,89	271,–	159,81	232,46	261,51	154,01	224,02	252,02	148,22	215,59	242,5
	II	3 281,66	180,49	262,53	295,34	II	3 281,66	174,69	254,10	285,86	168,89	245,66	276,37	163,09	237,22	266,87	157,29	228,79	257,39	151,49	220,36	247,90	145,69	211,92	238,4
	III	2 614,–	143,77	209,12	235,26	III	2 614,–	137,97	200,69	225,77	132,17	192,25	216,28	126,38	183,82	206,80	120,66	175,50	197,44	115,03	167,32	188,23	109,50	159,28	179,1
	V	3 862,66	212,44	309,01	347,63	IV	3 327,41	180,10	261,97	294,71	177,21	257,76	289,98	174,30	253,54	285,23	171,41	249,32	280,49	168,51	245,10	275,74	165,61	240,89	271,–
	VI	3 894,91	214,22	311,59	350,54																				
9 893,99	I,IV	3 328,66	183,07	266,29	299,57	I	3 328,66	177,27	257,86	290,09	171,48	249,42	280,60	165,68	240,99	271,11	159,88	232,56	261,63	154,08	224,12	252,14	148,28	215,69	242,6
	II	3 282,91	180,56	262,63	295,46	II	3 282,91	174,76	254,20	285,97	168,96	245,76	276,48	163,16	237,33	266,99	157,36	228,90	257,51	151,57	220,46	248,02	145,76	212,02	238,5
	III	2 615,33	143,84	209,22	235,37	III	2 615,33	138,05	200,80	225,90	132,24	192,36	216,40	126,45	183,93	206,92	120,72	175,60	197,55	115,10	167,42	188,35	109,56	159,37	179,2
	V	3 863,91	212,51	309,11	347,75	IV	3 328,66	180,18	262,08	294,84	177,27	257,86	290,09	174,38	253,64	285,35	171,48	249,42	280,60	168,57	245,20	275,85	165,68	240,99	271,1
	VI	3 896,16	214,28	311,69	350,65																				
9 896,99	I,IV	3 329,91	183,14	266,39	299,69	I	3 329,91	177,34	257,96	290,20	171,54	249,52	280,71	165,75	241,09	271,22	159,95	232,66	261,74	154,15	224,22	252,25	148,35	215,79	242,7
	II	3 284,16	180,62	262,73	295,57	II	3 284,16	174,83	254,30	286,08	169,03	245,86	276,59	163,23	237,43	267,11	157,43	229,–	257,62	151,63	220,56	248,13	145,84	212,13	238,6
	III	2 616,66	143,91	209,33	235,49	III	2 616,66	138,11	200,89	226,–	132,32	192,46	216,52	126,51	184,02	207,02	120,79	175,70	197,66	115,17	167,52	188,46	109,63	159,46	179,3
	V	3 865,25	212,58	309,22	347,87	IV	3 329,91	180,24	262,18	294,95	177,34	257,96	290,20	174,45	253,74	285,46	171,54	249,52	280,71	168,65	245,31	275,97	165,75	241,09	271,2
	VI	3 897,41	214,35	311,79	350,76																				
9 899,99	I,IV	3 331,16	183,21	266,49	299,80	I	3 331,16	177,41	258,06	290,31	171,61	249,62	280,82	165,82	241,19	271,34	160,02	232,76	261,85	154,22	224,32	252,36	148,42	215,89	242,8
	II	3 285,41	180,69	262,83	295,68	II	3 285,41	174,90	254,40	286,20	169,10	245,96	276,71	163,30	237,53	267,22	157,50	229,10	257,73	151,70	220,66	248,24	145,91	212,23	238,7
	III	2 617,83	143,98	209,42	235,60	III	2 617,83	138,18	201,–	226,12	132,38	192,56	216,63	126,59	184,13	207,14	120,86	175,80	197,77	115,23	167,61	188,56	109,70	159,57	179,5
	V	3 866,50	212,65	309,32	347,98	IV	3 331,16	180,31	262,28	295,06	177,41	258,06	290,31	174,51	253,84	285,57	171,61	249,62	280,82	168,72	245,41	276,08	165,82	241,19	271,3
	VI	3 898,66	214,42	311,89	350,87																				

* Die ausgewiesenen Tabellenwerte sind amtlich. Siehe Erläuterungen auf der Umschlaginnenseite (U2).

Lohn/ Gehalt bis €*	Abzüge an Lohnsteuer, Solidaritätszuschlag (SolZ) und Kirchensteuer (8%, 9%) in den Steuerklassen: I – VI					I, II, III, IV		mit Zahl der Kinderfreibeträge . . . 0,5			1			1,5			2			2,5			3		
		LSt	ohne Kinderfreibeträge SolZ	8%	9%		LSt	SolZ	8%	9%	SolZ	8%	9%	SolZ	8%	9%	SolZ	8%	9%	SolZ	8%	9%	SolZ	8%	9%
9 902,99	I,IV	3 332,41	183,28	266,59	299,91	I	3 332,41	177,48	258,16	290,43	171,68	249,72	280,94	165,88	241,29	271,45	160,09	232,86	261,96	154,29	224,42	252,47	148,49	215,99	242,99
	II	3 286,66	180,76	262,93	295,79	II	3 286,66	174,96	254,50	286,31	169,17	246,06	276,82	163,37	237,63	267,33	157,57	229,20	257,85	151,77	220,76	248,36	145,97	212,33	238,87
	III	2 619,16	144,05	209,53	235,72	III	2 619,16	138,25	201,09	226,22	132,45	192,66	216,74	126,65	184,22	207,25	120,93	175,90	197,89	115,30	167,72	188,68	109,77	159,66	179,62
	V	3 867,75	212,72	309,42	348,09	IV	3 332,41	180,38	262,38	295,17	177,48	258,16	290,43	174,58	253,94	285,68	171,68	249,72	280,94	168,79	245,51	276,20	165,88	241,29	271,45
	VI	3 899,91	214,49	311,99	350,99																				
9 905,99	I,IV	3 333,75	183,35	266,70	300,03	I	3 333,75	177,55	258,26	290,54	171,75	249,82	281,05	165,95	241,39	271,56	160,16	232,96	262,08	154,36	224,52	252,59	148,56	216,09	243,10
	II	3 287,91	180,83	263,03	295,91	II	3 287,91	175,03	254,60	286,42	169,23	246,16	276,93	163,44	237,73	267,44	157,64	229,30	257,96	151,84	220,86	248,47	146,04	212,43	238,98
	III	2 620,33	144,11	209,62	235,82	III	2 620,33	138,32	201,20	226,35	132,52	192,76	216,85	126,72	184,33	207,37	121,—	176,—	198,—	115,37	167,81	188,78	109,83	159,76	179,73
	V	3 869,—	212,79	309,52	348,21	IV	3 333,75	180,45	262,48	295,29	177,55	258,26	290,54	174,65	254,04	285,80	171,75	249,82	281,05	168,85	245,61	276,31	165,95	241,39	271,56
	VI	3 901,16	214,56	312,09	351,10																				
9 908,99	I,IV	3 335,—	183,42	266,80	300,15	I	3 335,—	177,62	258,36	290,66	171,82	249,93	281,17	166,03	241,50	271,68	160,23	233,06	262,19	154,43	224,62	252,70	148,63	216,19	243,21
	II	3 289,16	180,90	263,13	296,02	II	3 289,16	175,10	254,70	286,53	169,30	246,26	277,04	163,51	237,83	267,56	157,71	229,40	258,07	151,91	220,96	248,58	146,11	212,53	239,09
	III	2 621,66	144,19	209,73	235,94	III	2 621,66	138,38	201,29	226,45	132,59	192,86	216,97	126,79	184,42	207,47	121,06	176,09	198,10	115,43	167,90	188,89	109,89	159,85	179,83
	V	3 870,25	212,86	309,62	348,32	IV	3 335,—	180,52	262,58	295,40	177,62	258,36	290,66	174,72	254,14	285,91	171,82	249,93	281,17	168,92	245,71	276,42	166,03	241,50	271,68
	VI	3 902,41	214,63	312,19	351,21																				
9 911,99	I,IV	3 336,25	183,49	266,90	300,26	I	3 336,25	177,69	258,46	290,77	171,89	250,03	281,28	166,10	241,60	271,80	160,30	233,16	262,31	154,50	224,73	252,82	148,70	216,30	243,33
	II	3 290,41	180,97	263,23	296,13	II	3 290,41	175,17	254,80	286,65	169,37	246,36	277,16	163,57	237,93	267,67	157,78	229,50	258,18	151,98	221,06	248,69	146,18	212,63	239,21
	III	2 622,83	144,25	209,82	236,05	III	2 622,83	138,46	201,40	226,57	132,66	192,96	217,08	126,86	184,53	207,59	121,13	176,20	198,22	115,50	168,—	189,—	109,96	159,94	179,93
	V	3 871,50	212,93	309,72	348,43	IV	3 336,25	180,59	262,68	295,51	177,69	258,46	290,77	174,79	254,24	286,02	171,89	250,03	281,28	168,99	245,81	276,53	166,10	241,60	271,80
	VI	3 903,75	214,70	312,30	351,33																				
9 914,99	I,IV	3 337,50	183,56	267,—	300,37	I	3 337,50	177,76	258,56	290,88	171,96	250,13	281,39	166,16	241,70	271,91	160,37	233,26	262,42	154,57	224,83	252,93	148,77	216,40	243,45
	II	3 291,75	181,04	263,34	296,25	II	3 291,75	175,24	254,90	286,76	169,44	246,46	277,27	163,64	238,03	267,78	157,85	229,60	258,30	152,05	221,16	248,81	146,25	212,73	239,32
	III	2 624,16	144,32	209,93	236,17	III	2 624,16	138,52	201,49	226,67	132,73	193,06	217,19	126,93	184,62	207,70	121,20	176,29	198,32	115,57	168,10	189,11	110,02	160,04	180,04
	V	3 872,75	213,—	309,82	348,54	IV	3 337,50	180,66	262,78	295,62	177,76	258,56	290,88	174,86	254,34	286,13	171,96	250,13	281,39	169,06	245,91	276,65	166,16	241,70	271,91
	VI	3 905,—	214,77	312,40	351,45																				
9 917,99	I,IV	3 338,75	183,63	267,10	300,48	I	3 338,75	177,83	258,66	290,99	172,03	250,23	281,51	166,23	241,80	272,02	160,43	233,36	262,53	154,64	224,93	253,04	148,84	216,50	243,56
	II	3 293,—	181,11	263,44	296,37	II	3 293,—	175,31	255,—	286,88	169,51	246,57	277,39	163,72	238,14	267,90	157,92	229,70	258,41	152,12	221,26	248,92	146,32	212,83	239,43
	III	2 625,50	144,40	210,04	236,29	III	2 625,50	138,60	201,60	226,80	132,79	193,16	217,30	127,—	184,73	207,82	121,27	176,40	198,45	115,63	168,20	189,22	110,10	160,14	180,16
	V	3 874,—	213,07	309,92	348,66	IV	3 338,75	180,73	262,88	295,74	177,83	258,66	290,99	174,93	254,44	286,25	172,03	250,23	281,51	169,13	246,01	276,76	166,23	241,80	272,02
	VI	3 906,25	214,84	312,50	351,56																				
9 920,99	I,IV	3 340,—	183,70	267,20	300,60	I	3 340,—	177,90	258,76	291,11	172,10	250,33	281,62	166,30	241,90	272,13	160,50	233,46	262,64	154,71	225,03	253,16	148,91	216,60	243,67
	II	3 294,25	181,18	263,54	296,48	II	3 294,25	175,38	255,10	286,99	169,58	246,67	277,50	163,79	238,24	268,02	157,99	229,80	258,53	152,19	221,37	249,04	146,39	212,94	239,55
	III	2 626,66	144,46	210,13	236,39	III	2 626,66	138,67	201,70	226,91	132,87	193,26	217,42	127,06	184,82	207,92	121,33	176,49	198,55	115,70	168,29	189,32	110,16	160,24	180,27
	V	3 875,25	213,13	310,02	348,77	IV	3 340,—	180,80	262,98	295,85	177,90	258,76	291,11	175,—	254,55	286,37	172,10	250,33	281,62	169,20	246,12	276,88	166,30	241,90	272,13
	VI	3 907,50	214,91	312,60	351,67																				
9 923,99	I,IV	3 341,25	183,76	267,30	300,71	I	3 341,25	177,97	258,86	291,22	172,17	250,43	281,73	166,37	242,—	272,25	160,57	233,56	262,76	154,77	225,13	253,27	148,98	216,70	243,78
	II	3 295,50	181,25	263,64	296,59	II	3 295,50	175,45	255,20	287,10	169,65	246,77	277,61	163,85	238,34	268,13	158,06	229,90	258,64	152,26	221,47	249,15	146,46	213,04	239,67
	III	2 628,—	144,54	210,24	236,52	III	2 628,—	138,73	201,80	227,02	132,94	193,37	217,54	127,14	184,93	208,04	121,41	176,60	198,67	115,77	168,40	189,45	110,22	160,33	180,37
	V	3 876,58	213,21	310,12	348,89	IV	3 341,25	180,87	263,08	295,97	177,97	258,86	291,22	175,07	254,65	286,48	172,17	250,43	281,73	169,27	246,22	276,99	166,37	242,—	272,25
	VI	3 908,75	214,98	312,70	351,78																				
9 926,99	I,IV	3 342,50	183,83	267,40	300,82	I	3 342,50	178,03	258,96	291,33	172,24	250,53	281,84	166,44	242,10	272,36	160,64	233,66	262,87	154,84	225,23	253,38	149,05	216,80	243,90
	II	3 296,75	181,32	263,74	296,70	II	3 296,75	175,52	255,30	287,21	169,72	246,87	277,73	163,92	238,44	268,24	158,12	230,—	258,75	152,33	221,57	249,26	146,53	213,14	239,78
	III	2 629,16	144,60	210,33	236,62	III	2 629,16	138,81	201,90	227,14	133,—	193,46	217,64	127,20	185,02	208,15	121,47	176,69	198,77	115,83	168,49	189,55	110,29	160,42	180,47
	V	3 877,83	213,28	310,22	349,—	IV	3 342,50	180,94	263,18	296,08	178,03	258,96	291,33	175,14	254,75	286,59	172,24	250,53	281,84	169,34	246,32	277,11	166,44	242,10	272,36
	VI	3 910,—	215,05	312,80	351,90																				
9 929,99	I,IV	3 343,83	183,91	267,50	300,94	I	3 343,83	178,10	259,06	291,44	172,31	250,63	281,96	166,51	242,20	272,47	160,71	233,76	262,98	154,91	225,33	253,49	149,11	216,90	244,01
	II	3 298,—	181,39	263,84	296,82	II	3 298,—	175,59	255,40	287,33	169,79	246,97	277,84	163,99	238,54	268,35	158,19	230,10	258,86	152,40	221,67	249,38	146,60	213,24	239,89
	III	2 630,50	144,67	210,44	236,74	III	2 630,50	138,87	202,—	227,25	133,08	193,57	217,76	127,27	185,13	208,27	121,54	176,78	198,88	115,90	168,58	189,65	110,35	160,52	180,58
	V	3 879,08	213,34	310,32	349,11	IV	3 343,83	181,—	263,28	296,19	178,10	259,06	291,44	175,21	254,85	286,70	172,31	250,63	281,96	169,41	246,42	277,22	166,51	242,20	272,47
	VI	3 911,25	215,11	312,90	352,01																				
9 932,99	I,IV	3 345,08	183,97	267,60	301,05	I	3 345,08	178,18	259,17	291,56	172,38	250,74	282,08	166,58	242,30	272,59	160,78	233,86	263,09	154,98	225,43	253,61	149,18	217,—	244,12
	II	3 299,25	181,45	263,94	296,93	II	3 299,25	175,66	255,50	287,44	169,86	247,07	277,95	164,06	238,64	268,47	158,26	230,20	258,98	152,46	221,77	249,49	146,67	213,34	240,—
	III	2 631,66	144,74	210,53	236,84	III	2 631,66	138,94	202,10	227,36	133,14	193,66	217,87	127,35	185,24	208,39	121,61	176,89	199,—	115,96	168,68	189,76	110,42	160,61	180,68
	V	3 880,33	213,41	310,42	349,22	IV	3 345,08	181,07	263,38	296,30	178,18	259,17	291,56	175,28	254,95	286,82	172,38	250,74	282,08	169,48	246,52	277,33	166,58	242,30	272,59
	VI	3 912,50	215,18	313,—	352,12																				
9 935,99	I,IV	3 346,33	184,04	267,70	301,16	I	3 346,33	178,25	259,27	291,68	172,45	250,84	282,19	166,65	242,40	272,70	160,85	233,97	263,21	155,05	225,54	253,73	149,26	217,10	244,24
	II	3 300,50	181,52	264,04	297,04	II	3 300,50	175,72	255,60	287,55	169,93	247,17	278,06	164,13	238,74	268,58	158,33	230,30	259,09	152,53	221,87	249,60	146,74	213,44	240,12
	III	2 633,—	144,81	210,64	236,97	III	2 633,—	139,01	202,20	227,47	133,21	193,77	217,99	127,41	185,33	208,49	121,67	176,98	199,10	116,04	168,78	189,88	110,49	160,72	180,81
	V	3 881,58	213,48	310,52	349,34	IV	3 346,33	181,14	263,48	296,42	178,25	259,27	291,68	175,34	255,05	286,93	172,45	250,84	282,19	169,55	246,62	277,44	166,65	242,40	272,70
	VI	3 913,75	215,25	313,10	352,23																				
9 938,99	I,IV	3 347,58	184,11	267,80	301,28	I	3 347,58	178,31	259,37	291,79	172,52	250,94	282,30	166,72	242,50	272,81	160,92	234,07	263,33	155,12	225,64	253,84	149,32	217,20	244,35
	II	3 301,83	181,60	264,14	297,16	II	3 301,83	175,79	255,70	287,66	170,—	247,27	278,18	164,20	238,84	268,69	158,40	230,40	259,20	152,60	221,97	249,71	146,80	213,54	240,23
	III	2 634,16	144,87	210,73	237,07	III	2 634,16	139,08	202,30	227,59	133,28	193,86	218,09	127,49	185,44	208,62	121,75	177,09	199,22	116,10	168,88	189,99	110,55	160,81	180,91
	V	3 882,83	213,55	310,62	349,45	IV	3 347,58	181,21	263,58	296,53	178,31	259,37	291,79	175,41	255,15	287,04	172,52	250,94	282,30	169,62	246,72	277,56	166,72	242,50	272,81
	VI	3 915,08	215,32	313,20	352,35																				
9 941,99	I,IV	3 348,83	184,18	267,90	301,39	I	3 348,83	178,38	259,47	291,90	172,59	251,04	282,42	166,79	242,60	272,93	160,99	234,17	263,44	155,19	225,74	253,95	149,39	217,30	244,46
	II	3 303,08	181,66	264,24	297,27	II	3 303,08	175,87	255,81	287,78	170,07	247,38	278,30	164,27	238,94	268,81	158,47	230,50	259,31	152,67	222,07	249,83	146,87	213,64	240,34
	III	2 635,50	144,95	210,84	237,19	III	2 635,50	139,15	202,40	227,70	133,35	193,97	218,21	127,55	185,53	208,72	121,81	177,18	199,33	116,16	168,97	190,09	110,62	160,90	181,01
	V	3 884,08	213,62	310,72	349,56	IV	3 348,83	181,28	263,68	296,64	178,38	259,47	291,90	175,48	255,25	287,15	172,59	251,04	282,42	169,68	246,82	277,67	166,79	242,60	272,93
	VI	3 916,33	215,39	313,30	352,46																				
9 944,99	I,IV	3 350,08	184,25	268,—	301,50	I	3 350,08	178,45	259,57	292,01	172,65	251,14	282,53	166,86	242,70	273,04	161,06	234,27	263,55	155,26	225,84	254,07	149,46	217,40	244,58
	II	3 304,33	181,73	264,34	297,38	II	3 304,33	175,94	255,91	287,90	170,14	247,48	278,41	164,34	239,04	268,92	158,54	230,61	259,43	152,74	222,18	249,95	146,95	213,74	240,46
	III	2 636,83	145,02	210,94	237,31	III	2 636,83	139,22	202,50	227,81	133,43	194,08	218,34	127,62	185,64	208,84	121,88	177,28	199,44	116,24	169,08	190,21	110,68	161,—	181,12
	V	3 885,33	213,69	310,82	349,67	IV	3 350,08	181,35	263,79	296,76	178,45	259,57	292,01	175,56	255,36	287,28	172,65	251,14	282,53	169,76	246,92	277,79	166,86	242,70	273,04
	VI	3 917,58	215,46	313,40	352,58																				

* **Die ausgewiesenen Tabellenwerte sind amtlich. Siehe Erläuterungen auf der Umschlaginnenseite (U2).**

MONAT **9 945,–***

Abzüge an Lohnsteuer, Solidaritätszuschlag (SolZ) und Kirchensteuer (8%, 9%) in den Steuerklassen

Lohn/ Gehalt bis €*	I – VI		ohne Kinderfreibeträge			I, II, III, IV		mit Zahl der Kinderfreibeträge . . . 0,5			1			1,5			2			2,5			3		
		LSt	SolZ	8%	9%		LSt	SolZ	8%	9%	SolZ	8%	9%	SolZ	8%	9%	SolZ	8%	9%	SolZ	8%	9%	SolZ	8%	9%
9 947,99	I,IV	3 351,33	184,32	268,10	301,61	I	3 351,33	178,52	259,67	292,13	172,72	251,24	282,64	166,92	242,80	273,15	161,13	234,37	263,66	155,33	225,94	254,18	149,53	217,50	244,69
	II	3 305,58	181,80	264,44	297,50	II	3 305,58	176,—	256,01	288,01	170,21	247,58	278,52	164,41	239,14	269,03	158,61	230,71	259,55	152,81	222,28	250,06	147,01	213,84	240,57
	III	2 638,—	145,09	211,04	237,42	III	2 638,—	139,29	202,61	227,93	133,49	194,17	218,44	127,69	185,73	208,94	121,95	177,38	199,55	116,30	169,17	190,31	110,75	161,09	181,22
	V	3 886,66	213,76	310,93	349,79	IV	3 351,33	181,42	263,89	296,87	178,52	259,67	292,13	175,62	255,46	287,39	172,72	251,24	282,64	169,83	247,02	277,90	166,92	242,80	273,15
	VI	3 918,83	215,53	313,50	352,69																				
9 950,99	I,IV	3 352,58	184,39	268,20	301,73	I	3 352,58	178,59	259,77	292,24	172,79	251,34	282,75	166,99	242,90	273,26	161,20	234,47	263,78	155,40	226,04	254,29	149,60	217,60	244,80
	II	3 306,83	181,87	264,54	297,61	II	3 306,83	176,07	256,11	288,12	170,28	247,68	278,64	164,48	239,24	269,15	158,68	230,81	259,66	152,88	222,38	250,17	147,08	213,94	240,68
	III	2 639,33	145,16	211,14	237,53	III	2 639,33	139,36	202,70	228,04	133,56	194,28	218,56	127,76	185,84	209,07	122,01	177,48	199,66	116,37	169,26	190,42	110,81	161,18	181,33
	V	3 887,91	213,83	311,03	349,91	IV	3 352,58	181,49	263,99	296,99	178,59	259,77	292,24	175,69	255,56	287,50	172,79	251,34	282,75	169,89	247,12	278,01	166,99	242,90	273,26
	VI	3 920,08	215,60	313,60	352,80																				
9 953,99	I,IV	3 353,83	184,46	268,30	301,84	I	3 353,83	178,66	259,87	292,35	172,86	251,44	282,87	167,06	243,—	273,38	161,26	234,57	263,89	155,47	226,14	254,40	149,67	217,70	244,91
	II	3 308,08	181,94	264,64	297,72	II	3 308,08	176,14	256,21	288,23	170,34	247,78	278,75	164,55	239,34	269,26	158,75	230,91	259,77	152,95	222,48	250,29	147,15	214,04	240,80
	III	2 640,50	145,22	211,24	237,64	III	2 640,50	139,43	202,81	228,16	133,63	194,37	218,66	127,82	185,93	209,17	122,09	177,58	199,78	116,43	169,36	190,53	110,88	161,29	181,45
	V	3 889,16	213,90	311,13	350,02	IV	3 353,83	181,56	264,09	297,10	178,66	259,87	292,35	175,76	255,66	287,61	172,86	251,44	282,87	169,96	247,22	278,12	167,06	243,—	273,38
	VI	3 921,33	215,67	313,70	352,91																				
9 956,99	I,IV	3 355,16	184,53	268,41	301,96	I	3 355,16	178,73	259,98	292,47	172,93	251,54	282,98	167,13	243,10	273,49	161,33	234,67	264,—	155,54	226,24	254,52	149,74	217,80	245,03
	II	3 309,33	182,01	264,74	297,83	II	3 309,33	176,21	256,31	288,35	170,41	247,88	278,86	164,61	239,44	269,37	158,82	231,01	259,88	153,02	222,58	250,40	147,22	214,14	240,91
	III	2 641,83	145,30	211,34	237,76	III	2 641,83	139,49	202,90	228,26	133,70	194,48	218,79	127,90	186,04	209,29	122,15	177,68	199,89	116,50	169,46	190,64	110,95	161,38	181,55
	V	3 890,41	213,97	311,23	350,13	IV	3 355,16	181,63	264,19	297,21	178,73	259,98	292,47	175,83	255,76	287,73	172,93	251,54	282,98	170,03	247,32	278,24	167,13	243,10	273,49
	VI	3 922,58	215,74	313,80	353,03																				
9 959,99	I,IV	3 356,41	184,60	268,51	302,07	I	3 356,41	178,80	260,08	292,59	173,—	251,64	283,10	167,20	243,21	273,61	161,41	234,78	264,12	155,61	226,34	254,63	149,81	217,90	245,14
	II	3 310,58	182,08	264,84	297,95	II	3 310,58	176,28	256,41	288,46	170,48	247,98	278,97	164,68	239,54	269,48	158,89	231,11	260,—	153,09	222,68	250,51	147,29	214,24	241,02
	III	2 643,—	145,36	211,44	237,87	III	2 643,—	139,57	203,01	228,38	133,76	194,57	218,89	127,96	186,13	209,39	122,22	177,78	200,—	116,57	169,56	190,75	111,01	161,48	181,66
	V	3 891,66	214,04	311,33	350,24	IV	3 356,41	181,70	264,29	297,32	178,80	260,08	292,59	175,90	255,86	287,84	173,—	251,64	283,10	170,10	247,42	278,35	167,20	243,21	273,61
	VI	3 923,83	215,81	313,90	353,14																				
9 962,99	I,IV	3 357,66	184,67	268,61	302,18	I	3 357,66	178,87	260,18	292,70	173,07	251,74	283,21	167,27	243,31	273,72	161,48	234,88	264,24	155,68	226,44	254,75	149,88	218,01	245,26
	II	3 311,83	182,15	264,94	298,06	II	3 311,83	176,35	256,51	288,57	170,55	248,08	279,09	164,75	239,64	269,60	158,95	231,21	260,11	153,16	222,78	250,62	147,36	214,34	241,13
	III	2 644,33	145,43	211,54	237,98	III	2 644,33	139,63	203,10	228,49	133,84	194,68	219,01	128,04	186,24	209,52	122,29	177,88	200,11	116,63	169,65	190,85	111,08	161,57	181,76
	V	3 892,91	214,11	311,43	350,36	IV	3 357,66	181,77	264,39	297,44	178,87	260,18	292,70	175,97	255,96	287,95	173,07	251,74	283,21	170,17	247,52	278,46	167,27	243,31	273,72
	VI	3 925,16	215,88	314,01	353,26																				
9 965,99	I,IV	3 358,91	184,74	268,71	302,30	I	3 358,91	178,94	260,28	292,81	173,14	251,84	283,32	167,34	243,41	273,83	161,54	234,98	264,35	155,75	226,54	254,86	149,95	218,11	245,37
	II	3 313,16	182,22	265,05	298,18	II	3 313,16	176,42	256,62	288,69	170,62	248,18	279,20	164,82	239,74	269,71	159,02	231,31	260,22	153,23	222,88	250,74	147,43	214,44	241,25
	III	2 645,50	145,50	211,64	238,09	III	2 645,50	139,70	203,21	228,61	133,90	194,77	219,11	128,11	186,34	209,63	122,35	177,97	200,21	116,71	169,76	190,98	111,14	161,66	181,87
	V	3 894,16	214,17	311,53	350,47	IV	3 358,91	181,83	264,49	297,55	178,94	260,28	292,81	176,04	256,06	288,06	173,14	251,84	283,32	170,24	247,62	278,57	167,34	243,41	273,83
	VI	3 926,41	215,95	314,11	353,37																				
9 968,99	I,IV	3 360,16	184,80	268,81	302,41	I	3 360,16	179,01	260,38	292,92	173,21	251,94	283,43	167,41	243,51	273,95	161,61	235,08	264,46	155,81	226,64	254,97	150,02	218,21	245,48
	II	3 314,41	182,29	265,15	298,29	II	3 314,41	176,49	256,72	288,81	170,69	248,28	279,32	164,89	239,85	269,83	159,10	231,42	260,34	153,30	222,98	250,85	147,50	214,54	241,36
	III	2 646,83	145,57	211,74	238,21	III	2 646,83	139,78	203,32	228,73	133,98	194,88	219,24	128,17	186,44	209,74	122,43	178,08	200,34	116,77	169,85	191,08	111,21	161,77	181,99
	V	3 895,41	214,24	311,63	350,58	IV	3 360,16	181,91	264,60	297,67	179,01	260,38	292,92	176,11	256,16	288,18	173,21	251,94	283,43	170,31	247,72	278,69	167,41	243,51	273,95
	VI	3 927,66	216,02	314,21	353,48																				
9 971,99	I,IV	3 361,41	184,87	268,91	302,52	I	3 361,41	179,08	260,48	293,04	173,28	252,04	283,55	167,48	243,61	274,06	161,68	235,18	264,57	155,88	226,74	255,08	150,09	218,31	245,60
	II	3 315,66	182,36	265,25	298,40	II	3 315,66	176,56	256,82	288,92	170,76	248,38	279,43	164,96	239,95	269,94	159,17	231,52	260,46	153,37	223,08	250,97	147,57	214,65	241,48
	III	2 648,16	145,64	211,85	238,33	III	2 648,16	139,84	203,41	228,83	134,05	194,98	219,35	128,25	186,54	209,86	122,49	178,17	200,44	116,83	169,94	191,18	111,28	161,86	182,09
	V	3 896,75	214,32	311,74	350,70	IV	3 361,41	181,98	264,70	297,78	179,08	260,48	293,04	176,18	256,26	288,29	173,28	252,04	283,55	170,38	247,83	278,81	167,48	243,61	274,06
	VI	3 928,91	216,09	314,31	353,60																				
9 974,99	I,IV	3 362,66	184,94	269,01	302,63	I	3 362,66	179,14	260,58	293,15	173,35	252,14	283,66	167,55	243,71	274,17	161,75	235,28	264,69	155,95	226,84	255,20	150,15	218,41	245,71
	II	3 316,91	182,43	265,35	298,52	II	3 316,91	176,63	256,92	289,03	170,83	248,48	279,54	165,03	240,05	270,05	159,23	231,62	260,57	153,44	223,18	251,08	147,64	214,75	241,59
	III	2 649,33	145,71	211,94	238,43	III	2 649,33	139,92	203,52	228,96	134,11	195,08	219,46	128,32	186,65	209,98	122,56	178,28	200,56	116,91	170,05	191,30	111,34	161,96	182,20
	V	3 898,—	214,39	311,84	350,82	IV	3 362,66	182,05	264,80	297,90	179,14	260,58	293,15	176,25	256,36	288,41	173,35	252,14	283,66	170,45	247,93	278,92	167,55	243,71	274,17
	VI	3 930,16	216,15	314,41	353,71																				
9 977,99	I,IV	3 363,91	185,01	269,11	302,75	I	3 363,91	179,21	260,68	293,26	173,41	252,24	283,77	167,62	243,81	274,28	161,82	235,38	264,80	156,02	226,94	255,31	150,22	218,51	245,82
	II	3 318,16	182,49	265,45	298,63	II	3 318,16	176,70	257,02	289,14	170,90	248,58	279,65	165,10	240,15	270,17	159,30	231,72	260,68	153,50	223,28	251,19	147,71	214,85	241,70
	III	2 650,66	145,78	212,05	238,55	III	2 650,66	139,98	203,61	229,06	134,19	195,18	219,58	128,38	186,74	210,08	122,63	178,37	200,66	116,97	170,14	191,41	111,41	162,05	182,30
	V	3 899,25	214,45	311,94	350,93	IV	3 363,91	182,11	264,90	298,01	179,21	260,68	293,26	176,32	256,46	288,52	173,41	252,24	283,77	170,52	248,03	279,03	167,62	243,81	274,28
	VI	3 931,41	216,22	314,51	353,82																				
9 980,99	I,IV	3 365,25	185,08	269,22	302,87	I	3 365,25	179,29	260,78	293,38	173,48	252,34	283,88	167,69	243,91	274,40	161,89	235,48	264,91	156,09	227,04	255,42	150,29	218,61	245,93
	II	3 319,41	182,56	265,55	298,74	II	3 319,41	176,77	257,12	289,26	170,97	248,68	279,77	165,17	240,25	270,28	159,37	231,82	260,79	153,57	223,38	251,30	147,78	214,95	241,82
	III	2 651,83	145,85	212,14	238,66	III	2 651,83	140,05	203,72	229,18	134,25	195,28	219,69	128,46	186,85	210,20	122,70	178,48	200,79	117,04	170,24	191,52	111,47	162,14	182,41
	V	3 900,50	214,52	312,04	351,04	IV	3 365,25	182,18	265,—	298,12	179,29	260,78	293,38	176,38	256,56	288,63	173,48	252,34	283,88	170,59	248,13	279,14	167,69	243,91	274,40
	VI	3 932,66	216,29	314,61	353,93																				
9 983,99	I,IV	3 366,50	185,15	269,32	302,98	I	3 366,50	179,35	260,88	293,49	173,56	252,45	284,—	167,76	244,02	274,52	161,96	235,58	265,03	156,16	227,14	255,53	150,36	218,71	246,05
	II	3 320,66	182,63	265,65	298,85	II	3 320,66	176,83	257,22	289,37	171,04	248,78	279,88	165,24	240,35	270,39	159,44	231,92	260,91	153,64	223,48	251,42	147,84	215,05	241,93
	III	2 653,16	145,92	212,25	238,78	III	2 653,16	140,12	203,81	229,28	134,32	195,38	219,80	128,52	186,94	210,31	122,76	178,57	200,89	117,11	170,34	191,63	111,54	162,24	182,52
	V	3 901,75	214,59	312,14	351,15	IV	3 366,50	182,25	265,10	298,23	179,35	260,88	293,49	176,45	256,66	288,74	173,56	252,45	284,—	170,66	248,23	279,26	167,76	244,02	274,52
	VI	3 933,91	216,36	314,71	354,05																				
9 986,99	I,IV	3 367,75	185,22	269,42	303,09	I	3 367,75	179,42	260,98	293,60	173,63	252,55	284,12	167,83	244,12	274,63	162,03	235,68	265,14	156,23	227,25	255,65	150,43	218,82	246,17
	II	3 321,91	182,70	265,75	298,97	II	3 321,91	176,90	257,32	289,48	171,10	248,88	279,99	165,31	240,45	270,50	159,51	232,02	261,02	153,71	223,58	251,53	147,91	215,15	242,04
	III	2 654,33	145,98	212,34	238,88	III	2 654,33	140,19	203,92	229,41	134,39	195,48	219,91	128,59	187,05	210,43	122,84	178,68	201,01	117,17	170,44	191,74	111,61	162,34	182,63
	V	3 903,—	214,66	312,24	351,27	IV	3 367,75	182,32	265,20	298,35	179,42	260,98	293,60	176,52	256,76	288,86	173,63	252,55	284,12	170,72	248,33	279,37	167,83	244,12	274,63
	VI	3 935,25	216,43	314,82	354,17																				
9 989,99	I,IV	3 369,—	185,29	269,52	303,21	I	3 369,—	179,49	261,08	293,72	173,69	252,65	284,23	167,90	244,22	274,74	162,10	235,78	265,25	156,30	227,35	255,77	150,50	218,92	246,28
	II	3 323,25	182,77	265,86	299,09	II	3 323,25	176,98	257,42	289,60	171,17	248,98	280,10	165,38	240,55	270,62	159,58	232,12	261,13	153,78	223,68	251,64	147,98	215,25	242,15
	III	2 655,66	146,06	212,45	239,—	III	2 655,66	140,25	204,01	229,51	134,46	195,58	220,03	128,66	187,14	210,53	122,90	178,77	201,11	117,24	170,53	191,84	111,67	162,44	182,7
	V	3 904,25	214,73	312,34	351,38	IV	3 369,—	182,39	265,30	298,46	179,49	261,08	293,72	176,59	256,86	288,97	173,69	252,65	284,23	170,79	248,43	279,48	167,90	244,22	274,7
	VI	3 936,50	216,50	314,92	354,28																				

* Die ausgewiesenen Tabellenwerte sind amtlich. Siehe Erläuterungen auf der Umschlaginnenseite (U2).

Lohn/ Gehalt bis €*	Abzüge an Lohnsteuer, Solidaritätszuschlag (SolZ) und Kirchensteuer (8%, 9%) in den Steuerklassen I – VI					I, II, III, IV		mit Zahl der Kinderfreibeträge . . . 0,5			1			1,5			2			2,5			3		
		LSt	ohne Kinderfreibeträge SolZ	8%	9%		LSt	SolZ	8%	9%	SolZ	8%	9%	SolZ	8%	9%	SolZ	8%	9%	SolZ	8%	9%	SolZ	8%	9%
9 992,99	I,IV	3 370,25	185,36	269,62	303,32	I	3 370,25	179,56	261,18	293,83	173,76	252,75	284,34	167,97	244,32	274,86	162,17	235,88	265,37	156,37	227,45	255,88	150,57	219,02	246,39
	II	3 324,50	182,84	265,96	299,20	II	3 324,50	177,04	257,52	289,71	171,25	249,09	280,22	165,45	240,66	270,74	159,65	232,22	261,25	153,85	223,78	251,75	148,05	215,35	242,27
	III	2 657,—	146,13	212,56	239,13	III	2 657,—	140,33	204,12	229,63	134,53	195,68	220,14	128,73	187,25	210,65	122,97	178,86	201,22	117,31	170,64	191,97	111,74	162,53	182,84
	V	3 905,50	214,80	312,44	351,49	IV	3 370,25	182,46	265,40	298,58	179,56	261,18	293,83	176,66	256,96	289,08	173,76	252,75	284,34	170,86	248,53	279,59	167,97	244,32	274,86
	VI	3 937,75	216,57	315,02	354,39																				
9 995,99	I,IV	3 371,50	185,43	269,72	303,43	I	3 371,50	179,63	261,28	293,94	173,83	252,85	284,45	168,03	244,42	274,97	162,24	235,98	265,48	156,44	227,55	255,99	150,64	219,12	246,51
	II	3 325,75	182,91	266,06	299,31	II	3 325,75	177,11	257,62	289,82	171,32	249,19	280,34	165,52	240,76	270,85	159,72	232,32	261,36	153,92	223,89	251,87	148,12	215,46	242,39
	III	2 658,16	146,19	212,65	239,23	III	2 658,16	140,40	204,22	229,75	134,60	195,78	220,25	128,81	187,36	210,78	123,04	178,97	201,34	117,37	170,73	192,07	111,80	162,62	182,95
	V	3 906,75	214,87	312,54	351,60	IV	3 371,50	182,53	265,50	298,69	179,63	261,28	293,94	176,73	257,07	289,20	173,83	252,85	284,45	170,94	248,64	279,72	168,03	244,42	274,97
	VI	3 939,—	216,64	315,12	354,51																				
9 998,99	I,IV	3 372,75	185,50	269,82	303,54	I	3 372,75	179,70	261,38	294,05	173,90	252,95	284,57	168,10	244,52	275,08	162,30	236,08	265,59	156,51	227,65	256,10	150,71	219,22	246,62
	II	3 327,—	182,98	266,16	299,43	II	3 327,—	177,18	257,72	289,94	171,38	249,29	280,45	165,59	240,86	270,96	159,79	232,42	261,47	153,99	223,99	251,99	148,19	215,56	242,50
	III	2 659,50	146,27	212,76	239,35	III	2 659,50	140,47	204,32	229,86	134,67	195,89	220,37	128,87	187,45	210,88	123,10	179,06	201,44	117,44	170,82	192,17	111,87	162,72	183,06
	V	3 908,08	214,94	312,64	351,72	IV	3 372,75	182,60	265,60	298,80	179,70	261,38	294,05	176,80	257,17	289,31	173,90	252,95	284,57	171,—	248,74	279,83	168,10	244,52	275,08
	VI	3 940,25	216,71	315,22	354,62																				
10 001,99	I,IV	3 374,—	185,57	269,92	303,66	I	3 374,—	179,77	261,48	294,17	173,97	253,05	284,68	168,17	244,62	275,19	162,37	236,18	265,70	156,58	227,75	256,22	150,78	219,32	246,73
	II	3 328,25	183,05	266,26	299,54	II	3 328,25	177,25	257,82	290,05	171,45	249,39	280,56	165,66	240,96	271,08	159,86	232,52	261,59	154,06	224,09	252,10	148,26	215,66	242,61
	III	2 660,66	146,33	212,85	239,45	III	2 660,66	140,54	204,42	229,97	134,74	195,98	220,48	128,94	187,56	211,—	123,18	179,17	201,56	117,51	170,93	192,29	111,94	162,82	183,17
	V	3 909,33	215,01	312,74	351,83	IV	3 374,—	182,67	265,70	298,91	179,77	261,48	294,17	176,87	257,27	289,43	173,97	253,05	284,68	171,07	248,84	279,94	168,17	244,62	275,19
	VI	3 941,50	216,78	315,32	354,73																				
10 004,99	I,IV	3 375,33	185,64	270,02	303,77	I	3 375,33	179,84	261,58	294,28	174,04	253,15	284,79	168,24	244,72	275,31	162,44	236,28	265,82	156,64	227,85	256,33	150,85	219,42	246,84
	II	3 329,50	183,12	266,36	299,65	II	3 329,50	177,32	257,92	290,16	171,52	249,49	280,67	165,72	241,06	271,19	159,93	232,62	261,70	154,13	224,19	252,21	148,33	215,76	242,73
	III	2 662,—	146,41	212,96	239,58	III	2 662,—	140,60	204,52	230,08	134,81	196,09	220,60	129,01	187,65	211,10	123,24	179,26	201,67	117,58	171,02	192,40	112,—	162,92	183,28
	V	3 910,58	215,08	312,84	351,95	IV	3 375,33	182,74	265,80	299,03	179,84	261,58	294,28	176,94	257,37	289,54	174,04	253,15	284,79	171,14	248,94	280,05	168,24	244,72	275,31
	VI	3 942,75	216,85	315,42	354,84																				
10 007,99	I,IV	3 376,58	185,71	270,12	303,89	I	3 376,58	179,91	261,69	294,40	174,11	253,26	284,91	168,31	244,82	275,42	162,51	236,38	265,93	156,71	227,95	256,44	150,92	219,52	246,96
	II	3 330,75	183,19	266,46	299,76	II	3 330,75	177,39	258,02	290,27	171,59	249,59	280,79	165,79	241,16	271,30	159,99	232,72	261,81	154,20	224,29	252,32	148,40	215,86	242,84
	III	2 663,16	146,47	213,05	239,68	III	2 663,16	140,68	204,62	230,20	134,87	196,18	220,70	129,08	187,76	211,23	123,31	179,37	201,79	117,64	171,12	192,51	112,07	163,01	183,38
	V	3 911,83	215,15	312,94	352,06	IV	3 376,58	182,81	265,90	299,14	179,91	261,69	294,40	177,01	257,47	289,65	174,11	253,26	284,91	171,21	249,04	280,17	168,31	244,82	275,42
	VI	3 944,—	216,92	315,52	354,96																				
10 010,99	I,IV	3 377,83	185,78	270,22	304,—	I	3 377,83	179,98	261,79	294,51	174,18	253,36	285,03	168,38	244,92	275,54	162,58	236,49	266,05	156,79	228,06	256,56	150,99	219,62	247,07
	II	3 332,—	183,26	266,56	299,88	II	3 332,—	177,46	258,12	290,39	171,66	249,69	280,90	165,86	241,26	271,41	160,06	232,82	261,92	154,27	224,39	252,44	148,47	215,96	242,95
	III	2 664,50	146,54	213,16	239,80	III	2 664,50	140,74	204,72	230,31	134,95	196,29	220,82	129,14	187,85	211,33	123,38	179,46	201,89	117,71	171,22	192,62	112,13	163,10	183,49
	V	3 913,08	215,21	313,04	352,17	IV	3 377,83	182,87	266,—	299,25	179,98	261,79	294,51	177,08	257,57	289,76	174,18	253,36	285,03	171,28	249,14	280,28	168,38	244,92	275,54
	VI	3 945,25	216,98	315,62	355,07																				
10 013,99	I,IV	3 379,08	185,84	270,32	304,11	I	3 379,08	180,05	261,89	294,62	174,25	253,46	285,14	168,45	245,02	275,65	162,65	236,59	266,16	156,86	228,16	256,68	151,06	219,72	247,19
	II	3 333,33	183,33	266,66	299,99	II	3 333,33	177,53	258,22	290,50	171,73	249,79	281,01	165,93	241,36	271,53	160,13	232,92	262,04	154,33	224,49	252,55	148,54	216,06	243,06
	III	2 665,66	146,61	213,25	239,90	III	2 665,66	140,81	204,82	230,42	135,01	196,38	220,93	129,22	187,96	211,45	123,45	179,57	202,01	117,78	171,32	192,73	112,20	163,20	183,60
	V	3 914,33	215,28	313,14	352,28	IV	3 379,08	182,94	266,10	299,36	180,05	261,89	294,62	177,15	257,67	289,88	174,25	253,46	285,14	171,35	249,24	280,39	168,45	245,02	275,65
	VI	3 946,58	217,06	315,72	355,19																				
10 016,99	I,IV	3 380,33	185,91	270,42	304,22	I	3 380,33	180,12	261,99	294,74	174,32	253,56	285,25	168,52	245,12	275,76	162,72	236,69	266,27	156,92	228,26	256,79	151,13	219,82	247,30
	II	3 334,58	183,40	266,76	300,11	II	3 334,58	177,60	258,33	290,62	171,80	249,90	281,13	166,—	241,46	271,64	160,20	233,02	262,15	154,40	224,59	252,66	148,61	216,16	243,18
	III	2 667,—	146,68	213,36	240,03	III	2 667,—	140,88	204,92	230,53	135,08	196,49	221,05	129,28	188,05	211,55	123,52	179,66	202,12	117,84	171,41	192,83	112,27	163,30	183,71
	V	3 915,58	215,35	313,24	352,40	IV	3 380,33	183,01	266,20	299,48	180,12	261,99	294,74	177,21	257,77	289,99	174,32	253,56	285,25	171,42	249,34	280,50	168,52	245,12	275,76
	VI	3 947,83	217,13	315,82	355,30																				
10 019,99	I,IV	3 381,58	185,98	270,52	304,34	I	3 381,58	180,18	262,09	294,85	174,39	253,66	285,36	168,59	245,22	275,87	162,79	236,79	266,39	156,99	228,36	256,90	151,19	219,92	247,41
	II	3 335,83	183,47	266,86	300,22	II	3 335,83	177,67	258,43	290,73	171,87	250,—	281,25	166,07	241,56	271,76	160,27	233,13	262,27	154,48	224,70	252,78	148,68	216,26	243,29
	III	2 668,33	146,75	213,46	240,14	III	2 668,33	140,95	205,02	230,65	135,16	196,60	221,17	129,36	188,16	211,68	123,58	179,76	202,23	117,92	171,52	192,96	112,33	163,40	183,82
	V	3 916,83	215,42	313,34	352,51	IV	3 381,58	183,09	266,31	299,60	180,18	262,09	294,85	177,29	257,88	290,11	174,39	253,66	285,36	171,49	249,44	280,62	168,59	245,22	275,87
	VI	3 949,08	217,19	315,92	355,41																				
10 022,99	I,IV	3 382,83	186,05	270,62	304,45	I	3 382,83	180,25	262,19	294,96	174,46	253,76	285,48	168,66	245,32	275,99	162,86	236,89	266,50	157,06	228,46	257,01	151,26	220,02	247,52
	II	3 337,08	183,53	266,96	300,33	II	3 337,08	177,74	258,53	290,84	171,94	250,10	281,36	166,14	241,66	271,87	160,34	233,23	262,38	154,55	224,80	252,90	148,75	216,36	243,41
	III	2 669,50	146,82	213,56	240,25	III	2 669,50	141,02	205,13	230,77	135,22	196,69	221,27	129,43	188,26	211,79	123,65	179,86	202,34	117,98	171,61	193,06	112,40	163,49	183,92
	V	3 918,16	215,49	313,45	352,63	IV	3 382,83	183,15	266,41	299,71	180,25	262,19	294,96	177,36	257,98	290,22	174,46	253,76	285,48	171,56	249,54	280,73	168,66	245,32	275,99
	VI	3 950,33	217,26	316,02	355,52																				
10 025,99	I,IV	3 384,08	186,12	270,72	304,56	I	3 384,08	180,32	262,29	295,07	174,52	253,86	285,59	168,73	245,42	276,10	162,93	236,99	266,61	157,13	228,56	257,13	151,33	220,12	247,64
	II	3 338,33	183,60	267,06	300,44	II	3 338,33	177,81	258,63	290,96	172,01	250,20	281,47	166,21	241,76	271,98	160,41	233,33	262,49	154,61	224,90	253,01	148,82	216,46	243,52
	III	2 670,83	146,89	213,66	240,37	III	2 670,83	141,09	205,22	230,87	135,30	196,80	221,40	129,49	188,36	211,90	123,72	179,96	202,45	118,04	171,70	193,16	112,46	163,58	184,03
	V	3 919,41	215,56	313,55	352,74	IV	3 384,08	183,22	266,51	299,82	180,32	262,29	295,07	177,43	258,08	290,34	174,52	253,86	285,59	171,63	249,64	280,85	168,73	245,42	276,10
	VI	3 951,58	217,33	316,12	355,64																				
10 028,99	I,IV	3 385,33	186,19	270,82	304,67	I	3 385,33	180,39	262,39	295,19	174,59	253,96	285,70	168,79	245,52	276,21	163,—	237,09	266,72	157,20	228,66	257,24	151,40	220,22	247,75
	II	3 339,58	183,67	267,16	300,56	II	3 339,58	177,87	258,73	291,07	172,08	250,30	281,58	166,28	241,86	272,09	160,48	233,43	262,61	154,68	225,—	253,12	148,88	216,56	243,63
	III	2 672,—	146,96	213,76	240,48	III	2 672,—	141,16	205,33	230,99	135,36	196,89	221,50	129,57	188,46	212,02	123,79	180,06	202,57	118,12	171,81	193,28	112,53	163,69	184,15
	V	3 920,66	215,63	313,65	352,85	IV	3 385,33	183,29	266,61	299,93	180,39	262,39	295,19	177,49	258,18	290,45	174,59	253,96	285,70	171,70	249,74	280,96	168,79	245,52	276,21
	VI	3 952,83	217,40	316,22	355,75																				
10 031,99	I,IV	3 386,66	186,26	270,93	304,79	I	3 386,66	180,46	262,50	295,31	174,67	254,06	285,82	168,86	245,62	276,32	163,07	237,19	266,84	157,27	228,76	257,35	151,47	220,32	247,86
	II	3 340,83	183,74	267,26	300,67	II	3 340,83	177,94	258,83	291,18	172,15	250,40	281,70	166,35	241,96	272,21	160,55	233,53	262,72	154,75	225,10	253,23	148,95	216,66	243,74
	III	2 673,33	147,03	213,86	240,59	III	2 673,33	141,23	205,42	231,10	135,43	197,—	221,62	129,63	188,56	212,13	123,86	180,16	202,68	118,18	171,90	193,39	112,60	163,78	184,25
	V	3 921,91	215,70	313,75	352,97	IV	3 386,66	183,36	266,71	300,05	180,46	262,50	295,31	177,56	258,28	290,56	174,67	254,06	285,82	171,76	249,84	281,07	168,86	245,62	276,32
	VI	3 954,08	217,47	316,32	355,86																				
10 034,99	I,IV	3 387,91	186,33	271,03	304,91	I	3 387,91	180,53	262,60	295,42	174,73	254,16	285,93	168,94	245,73	276,44	163,14	237,30	266,96	157,34	228,86	257,47	151,54	220,42	247,97
	II	3 342,08	183,81	267,36	300,78	II	3 342,08	178,01	258,93	291,29	172,21	250,50	281,81	166,42	242,06	272,32	160,62	233,63	262,83	154,82	225,20	253,35	149,02	216,76	243,86
	III	2 674,50	147,09	213,96	240,70	III	2 674,50	141,30	205,53	231,22	135,50	197,09	221,72	129,70	188,66	212,24	123,93	180,26	202,79	118,25	172,—	193,50	112,66	163,88	184,36
	V	3 923,16	215,77	313,85	353,08	IV	3 387,91	183,43	266,81	300,16	180,53	262,60	295,42	177,63	258,38	290,67	174,73	254,16	285,93	171,83	249,94	281,18	168,94	245,73	276,44
	VI	3 955,33	217,54	316,42	355,97																				

*** Die ausgewiesenen Tabellenwerte sind amtlich. Siehe Erläuterungen auf der Umschlaginnenseite (U2).**

MONAT 10 035,–*

Lohn/ Gehalt bis €*		Abzüge an Lohnsteuer, Solidaritätszuschlag (SolZ) und Kirchensteuer (8%, 9%) in den Steuerklassen I – VI				I, II, III, IV																			
			ohne Kinderfreibeträge					mit Zahl der Kinderfreibeträge . . . 0,5			1			1,5			2			2,5			3		
		LSt	SolZ	8%	9%		LSt	SolZ	8%	9%	SolZ	8%	9%	SolZ	8%	9%	SolZ	8%	9%	SolZ	8%	9%	SolZ	8%	9%
10 037,99	I,IV	3 389,16	186,40	271,13	305,02	I	3 389,16	180,60	262,70	295,53	174,80	254,26	286,04	169,01	245,83	276,56	163,21	237,40	267,07	157,41	228,96	257,58	151,61	220,53	248,09
	II	3 343,33	183,88	267,46	300,89	II	3 343,33	178,08	259,03	291,41	172,28	250,60	281,92	166,48	242,16	272,43	160,69	233,73	262,94	154,89	225,30	253,46	149,09	216,86	243,97
	III	2 675,83	147,17	214,06	240,82	III	2 675,83	141,36	205,62	231,32	135,57	197,20	221,85	129,77	188,76	212,35	123,99	180,36	202,90	118,32	172,10	193,61	112,73	163,97	184,46
	V	3 924,41	215,84	313,95	353,19	IV	3 389,16	183,50	266,91	300,27	180,60	262,70	295,53	177,70	258,48	290,79	174,80	254,26	286,04	171,90	250,04	281,30	169,01	245,83	276,56
	VI	3 956,66	217,61	316,53	356,09																				
10 040,99	I,IV	3 390,41	186,47	271,23	305,13	I	3 390,41	180,67	262,80	295,65	174,87	254,36	286,16	169,07	245,93	276,67	163,28	237,50	267,18	157,48	229,06	257,69	151,68	220,63	248,21
	II	3 344,66	183,95	267,57	301,01	II	3 344,66	178,15	259,14	291,53	172,36	250,70	282,04	166,55	242,26	272,54	160,76	233,83	263,06	154,96	225,40	253,57	149,16	216,96	244,08
	III	2 677,—	147,23	214,16	240,93	III	2 677,—	141,44	205,73	231,44	135,63	197,29	221,95	129,84	188,86	212,47	124,07	180,46	203,02	118,38	172,20	193,72	112,79	164,06	184,57
	V	3 925,66	215,91	314,05	353,30	IV	3 390,41	183,57	267,01	300,38	180,67	262,80	295,65	177,77	258,58	290,90	174,87	254,36	286,16	171,97	250,14	281,41	169,07	245,93	276,67
	VI	3 957,91	217,68	316,63	356,21																				
10 043,99	I,IV	3 391,66	186,54	271,33	305,24	I	3 391,66	180,74	262,90	295,76	174,94	254,46	286,27	169,14	246,03	276,78	163,35	237,60	267,30	157,55	229,16	257,81	151,75	220,73	248,32
	II	3 345,91	184,02	267,67	301,13	II	3 345,91	178,22	259,24	291,64	172,42	250,80	282,15	166,63	242,37	272,66	160,83	233,94	263,18	155,03	225,50	253,69	149,23	217,06	244,19
	III	2 678,33	147,30	214,26	241,04	III	2 678,33	141,51	205,84	231,57	135,71	197,40	222,07	129,91	188,96	212,58	124,13	180,56	203,13	118,45	172,29	193,82	112,86	164,17	184,69
	V	3 926,91	215,98	314,15	353,42	IV	3 391,66	183,64	267,12	300,51	180,74	262,90	295,76	177,84	258,68	291,02	174,94	254,46	286,27	172,04	250,24	281,52	169,14	246,03	276,78
	VI	3 959,16	217,75	316,73	356,32																				
10 046,99	I,IV	3 392,91	186,61	271,43	305,36	I	3 392,91	180,81	263,—	295,87	175,01	254,56	286,38	169,21	246,13	276,89	163,41	237,70	267,41	157,62	229,26	257,92	151,82	220,83	248,43
	II	3 347,16	184,09	267,77	301,24	II	3 347,16	178,29	259,34	291,75	172,49	250,90	282,26	166,70	242,47	272,78	160,90	234,04	263,29	155,10	225,60	253,80	149,30	217,17	244,31
	III	2 679,66	147,38	214,37	241,16	III	2 679,66	141,57	205,93	231,67	135,78	197,50	222,19	129,98	189,06	212,69	124,20	180,66	203,24	118,52	172,40	193,95	112,93	164,26	184,79
	V	3 928,25	216,05	314,26	353,54	IV	3 392,91	183,71	267,22	300,62	180,81	263,—	295,87	177,91	258,78	291,13	175,01	254,56	286,38	172,11	250,35	281,64	169,21	246,13	276,89
	VI	3 960,41	217,82	316,83	356,43																				
10 049,99	I,IV	3 394,16	186,67	271,53	305,47	I	3 394,16	180,88	263,10	295,98	175,08	254,66	286,49	169,28	246,23	277,01	163,48	237,80	267,52	157,68	229,36	258,03	151,89	220,93	248,54
	II	3 348,41	184,16	267,87	301,35	II	3 348,41	178,36	259,44	291,87	172,56	251,—	282,38	166,76	242,57	272,89	160,97	234,14	263,40	155,17	225,70	253,91	149,37	217,27	244,43
	III	2 680,83	147,44	214,46	241,27	III	2 680,83	141,65	206,04	231,79	135,85	197,60	222,30	130,05	189,17	212,81	124,27	180,76	203,35	118,58	172,49	194,05	112,99	164,36	184,90
	V	3 929,50	216,12	314,36	353,65	IV	3 394,16	183,78	267,32	300,73	180,88	263,10	295,98	177,98	258,88	291,24	175,08	254,66	286,49	172,18	250,45	281,75	169,28	246,23	277,01
	VI	3 961,66	217,89	316,93	356,54																				
10 052,99	I,IV	3 395,41	186,74	271,63	305,58	I	3 395,41	180,95	263,20	296,10	175,15	254,76	286,61	169,35	246,33	277,12	163,55	237,90	267,63	157,75	229,46	258,14	151,96	221,03	248,66
	II	3 349,66	184,23	267,97	301,46	II	3 349,66	178,43	259,54	291,98	172,63	251,10	282,49	166,83	242,67	273,—	161,04	234,24	263,52	155,24	225,80	254,03	149,44	217,37	244,54
	III	2 682,16	147,51	214,57	241,39	III	2 682,16	141,71	206,13	231,89	135,92	197,70	222,41	130,12	189,26	212,92	124,34	180,86	203,47	118,65	172,58	194,15	113,06	164,45	185,—
	V	3 930,75	216,19	314,46	353,76	IV	3 395,41	183,85	267,42	300,84	180,95	263,20	296,10	178,05	258,98	291,35	175,15	254,76	286,61	172,25	250,55	281,87	169,35	246,33	277,12
	VI	3 962,91	217,96	317,03	356,66																				
10 055,99	I,IV	3 396,75	186,82	271,74	305,70	I	3 396,75	181,02	263,30	296,21	175,22	254,86	286,72	169,42	246,43	277,23	163,62	238,—	267,75	157,82	229,56	258,26	152,02	221,13	248,77
	II	3 350,91	184,30	268,07	301,58	II	3 350,91	178,50	259,64	292,09	172,70	251,20	282,60	166,90	242,77	273,11	161,10	234,34	263,63	155,31	225,90	254,14	149,51	217,47	244,65
	III	2 683,33	147,58	214,66	241,49	III	2 683,33	141,79	206,24	232,02	135,98	197,80	222,52	130,19	189,37	213,04	124,41	180,96	203,58	118,72	172,69	194,27	113,13	164,56	185,13
	V	3 932,—	216,26	314,56	353,88	IV	3 396,75	183,92	267,52	300,96	181,02	263,30	296,21	178,12	259,08	291,47	175,22	254,86	286,72	172,32	250,65	281,98	169,42	246,43	277,23
	VI	3 964,16	218,02	317,13	356,77																				
10 058,99	I,IV	3 398,—	186,89	271,84	305,82	I	3 398,—	181,09	263,40	296,33	175,29	254,97	286,84	169,49	246,54	277,35	163,69	238,10	267,86	157,89	229,66	258,37	152,09	221,23	248,88
	II	3 352,16	184,36	268,17	301,69	II	3 352,16	178,57	259,74	292,20	172,77	251,30	282,71	166,97	242,87	273,23	161,17	234,44	263,74	155,37	226,—	254,25	149,58	217,57	244,76
	III	2 684,66	147,65	214,77	241,61	III	2 684,66	141,85	206,33	232,12	136,06	197,90	222,64	130,25	189,46	213,14	124,48	181,06	203,69	118,79	172,78	194,38	113,19	164,65	185,23
	V	3 933,25	216,32	314,66	353,99	IV	3 398,—	183,98	267,62	301,07	181,09	263,40	296,33	178,19	259,18	291,58	175,29	254,97	286,84	172,39	250,75	282,09	169,49	246,54	277,35
	VI	3 965,41	218,09	317,23	356,88																				
10 061,99	I,IV	3 399,25	186,95	271,94	305,93	I	3 399,25	181,16	263,50	296,44	175,36	255,07	286,95	169,56	246,64	277,47	163,76	238,20	267,98	157,96	229,77	258,49	152,17	221,34	249,—
	II	3 353,41	184,43	268,27	301,80	II	3 353,41	178,64	259,84	292,32	172,84	251,40	282,83	167,04	242,97	273,34	161,24	234,54	263,85	155,44	226,10	254,36	149,65	217,67	244,88
	III	2 685,83	147,72	214,86	241,72	III	2 685,83	141,92	206,44	232,24	136,12	198,—	222,75	130,33	189,57	213,26	124,54	181,16	203,80	118,85	172,88	194,49	113,26	164,74	185,33
	V	3 934,50	216,39	314,76	354,10	IV	3 399,25	184,05	267,72	301,18	181,16	263,50	296,44	178,25	259,28	291,69	175,36	255,07	286,95	172,46	250,85	282,20	169,56	246,64	277,47
	VI	3 966,75	218,17	317,34	357,—																				
10 064,99	I,IV	3 400,50	187,02	272,04	306,04	I	3 400,50	181,22	263,60	296,55	175,43	255,17	287,06	169,63	246,74	277,58	163,83	238,30	268,09	158,03	229,87	258,60	152,24	221,44	249,12
	II	3 354,75	184,51	268,38	301,92	II	3 354,75	178,71	259,94	292,43	172,91	251,50	282,94	167,11	243,07	273,45	161,31	234,64	263,97	155,51	226,20	254,48	149,71	217,77	244,99
	III	2 687,16	147,79	214,97	241,84	III	2 687,16	141,99	206,53	232,34	136,19	198,10	222,86	130,39	189,66	213,37	124,62	181,26	203,92	118,92	172,98	194,60	113,32	164,84	185,44
	V	3 935,75	216,46	314,86	354,21	IV	3 400,50	184,12	267,82	301,29	181,22	263,60	296,55	178,32	259,38	291,80	175,43	255,17	287,06	172,53	250,95	282,32	169,63	246,74	277,58
	VI	3 968,—	218,24	317,44	357,12																				
10 067,99	I,IV	3 401,75	187,09	272,14	306,15	I	3 401,75	181,29	263,70	296,66	175,50	255,27	287,18	169,70	246,84	277,69	163,90	238,40	268,20	158,10	229,97	258,71	152,30	221,54	249,23
	II	3 356,—	184,58	268,48	302,04	II	3 356,—	178,78	260,04	292,55	172,98	251,61	283,06	167,18	243,18	273,57	161,38	234,74	264,08	155,58	226,30	254,59	149,78	217,87	245,10
	III	2 688,50	147,86	215,08	241,96	III	2 688,50	142,06	206,64	232,47	136,26	198,20	222,97	130,46	189,77	213,49	124,68	181,36	204,03	118,99	173,08	194,71	113,39	164,93	185,54
	V	3 937,—	216,53	314,96	354,33	IV	3 401,75	184,19	267,92	301,41	181,29	263,70	296,66	178,39	259,48	291,92	175,50	255,27	287,18	172,59	251,05	282,43	169,70	246,84	277,69
	VI	3 969,25	218,30	317,54	357,23																				
10 070,99	I,IV	3 403,—	187,16	272,24	306,27	I	3 403,—	181,36	263,80	296,78	175,56	255,37	287,29	169,77	246,94	277,80	163,97	238,50	268,31	158,17	230,07	258,83	152,37	221,64	249,34
	II	3 357,25	184,64	268,58	302,15	II	3 357,25	178,85	260,14	292,66	173,05	251,71	283,17	167,25	243,28	273,69	161,45	234,84	264,20	155,65	226,41	254,71	149,86	217,98	245,22
	III	2 689,66	147,93	215,17	242,06	III	2 689,66	142,13	206,74	232,58	136,33	198,30	223,09	130,54	189,88	213,61	124,75	181,46	204,14	119,05	173,17	194,81	113,46	165,04	185,67
	V	3 938,25	216,60	315,06	354,44	IV	3 403,—	184,26	268,02	301,52	181,36	263,80	296,78	178,47	259,59	292,04	175,56	255,37	287,29	172,67	251,16	282,55	169,77	246,94	277,80
	VI	3 970,50	218,37	317,64	357,34																				
10 073,99	I,IV	3 404,25	187,23	272,34	306,38	I	3 404,25	181,43	263,90	296,89	175,63	255,47	287,40	169,84	247,04	277,92	164,04	238,60	268,43	158,24	230,17	258,94	152,44	221,74	249,45
	II	3 358,50	184,71	268,68	302,26	II	3 358,50	178,91	260,24	292,77	173,12	251,81	283,28	167,32	243,38	273,80	161,52	234,94	264,31	155,72	226,51	254,82	149,93	218,08	245,34
	III	2 691,—	148,—	215,28	242,19	III	2 691,—	142,20	206,84	232,69	136,40	198,41	223,21	130,60	189,97	213,71	124,82	181,56	204,25	119,13	173,28	194,94	113,52	165,13	185,77
	V	3 939,58	216,67	315,16	354,56	IV	3 404,25	184,33	268,12	301,64	181,43	263,90	296,89	178,53	259,69	292,15	175,63	255,47	287,40	172,74	251,26	282,66	169,84	247,04	277,92
	VI	3 971,75	218,44	317,74	357,45																				
10 076,99	I,IV	3 405,50	187,30	272,44	306,49	I	3 405,50	181,50	264,—	297,—	175,70	255,57	287,51	169,90	247,14	278,03	164,11	238,70	268,54	158,31	230,27	259,05	152,51	221,84	249,57
	II	3 359,75	184,78	268,78	302,37	II	3 359,75	178,98	260,34	292,88	173,19	251,91	283,40	167,39	243,48	273,91	161,59	235,04	264,42	155,79	226,61	254,93	149,99	218,18	245,45
	III	2 692,16	148,06	215,37	242,29	III	2 692,16	142,27	206,94	232,81	136,47	198,50	223,31	130,68	190,08	213,84	124,89	181,66	204,37	119,19	173,37	195,04	113,59	165,22	185,87
	V	3 940,83	216,74	315,26	354,67	IV	3 405,50	184,40	268,22	301,75	181,50	264,—	297,—	178,60	259,79	292,26	175,70	255,57	287,51	172,81	251,36	282,78	169,90	247,14	278,03
	VI	3 973,—	218,51	317,84	357,57																				
10 079,99	I,IV	3 406,83	187,37	272,54	306,61	I	3 406,83	181,57	264,10	297,11	175,77	255,67	287,63	169,97	247,24	278,14	164,17	238,80	268,65	158,38	230,37	259,16	152,58	221,94	249,68
	II	3 361,—	184,85	268,88	302,49	II	3 361,—	179,05	260,44	293,—	173,25	252,01	283,51	167,46	243,58	274,02	161,66	235,14	264,53	155,86	226,71	255,05	150,06	218,28	245,56
	III	2 693,50	148,14	215,48	242,41	III	2 693,50	142,34	207,04	232,92	136,54	198,61	223,43	130,74	190,17	213,94	124,96	181,76	204,48	119,26	173,48	195,16	113,65	165,32	185,98
	V	3 942,08	216,81	315,36	354,78	IV	3 406,83	184,47	268,32	301,86	181,57	264,10	297,11	178,67	259,89	292,37	175,77	255,67	287,63	172,87	251,46	282,89	169,97	247,24	278,14
	VI	3 974,25	218,58	317,94	357,68																				

* Die ausgewiesenen Tabellenwerte sind amtlich. Siehe Erläuterungen auf der Umschlaginnenseite (U2).

Abzüge an Lohnsteuer, Solidaritätszuschlag (SolZ) und Kirchensteuer (8%, 9%) in den Steuerklassen

Lohn/Gehalt bis €*	I – VI					I, II, III, IV		mit Zahl der Kinderfreibeträge . . . 0,5			1			1,5			2			2,5			3		
		LSt	ohne Kinderfreibeträge SolZ	8%	9%		LSt	SolZ	8%	9%	SolZ	8%	9%	SolZ	8%	9%	SolZ	8%	9%	SolZ	8%	9%	SolZ	8%	9%
10 082,99	I,IV	3 408,08	187,44	272,64	306,72	I	3 408,08	181,64	264,21	297,23	175,84	255,78	287,75	170,05	247,34	278,26	164,24	238,90	268,76	158,45	230,47	259,28	152,65	222,04	249,79
	II	3 362,25	184,92	268,98	302,60	II	3 362,25	179,12	260,54	293,11	173,32	252,11	283,62	167,53	243,68	274,14	161,73	235,24	264,65	155,93	226,81	255,16	150,13	218,38	245,67
	III	2 694,66	148,20	215,57	242,51	III	2 694,66	142,41	207,14	233,03	136,61	198,70	223,54	130,81	190,28	214,06	125,02	181,85	204,58	119,33	173,57	195,26	113,73	165,42	186,10
	V	3 943,33	216,88	315,46	354,89	IV	3 408,08	184,54	268,42	301,97	181,64	264,21	297,23	178,74	259,99	292,49	175,84	255,78	287,75	172,94	251,56	283,—	170,05	247,34	278,26
	VI	3 975,50	218,65	318,04	357,79																				
10 085,99	I,IV	3 409,33	187,51	272,74	306,83	I	3 409,33	181,71	264,31	297,35	175,91	255,88	287,86	170,11	247,44	278,37	164,32	239,01	268,88	158,52	230,58	259,40	152,72	222,14	249,91
	II	3 363,50	184,99	269,08	302,71	II	3 363,50	179,19	260,64	293,22	173,39	252,21	283,73	167,59	243,78	274,25	161,80	235,34	264,76	156,—	226,91	255,27	150,20	218,48	245,79
	III	2 696,—	148,28	215,68	242,64	III	2 696,—	142,47	207,24	233,14	136,68	198,81	223,66	130,88	190,37	214,16	125,09	181,96	204,70	119,39	173,66	195,37	113,79	165,52	186,21
	V	3 944,58	216,95	315,56	355,01	IV	3 409,33	184,61	268,52	302,09	181,71	264,31	297,35	178,81	260,09	292,60	175,91	255,88	287,86	173,01	251,66	283,11	170,11	247,44	278,37
	VI	3 976,75	218,72	318,14	357,90																				
10 088,99	I,IV	3 410,58	187,58	272,84	306,95	I	3 410,58	181,78	264,41	297,46	175,98	255,98	287,97	170,18	247,54	278,48	164,39	239,11	269,—	158,59	230,68	259,51	152,79	222,24	250,02
	II	3 364,83	185,06	269,18	302,83	II	3 364,83	179,26	260,74	293,33	173,46	252,31	283,85	167,66	243,88	274,36	161,86	235,44	264,87	156,07	227,01	255,38	150,27	218,58	245,90
	III	2 697,16	148,34	215,77	242,74	III	2 697,16	142,55	207,34	233,26	136,74	198,90	223,76	130,95	190,48	214,29	125,16	182,05	204,80	119,46	173,77	195,49	113,85	165,61	186,31
	V	3 945,83	217,02	315,66	355,12	IV	3 410,58	184,68	268,62	302,20	181,78	264,41	297,46	178,88	260,19	292,71	175,98	255,98	287,97	173,08	251,76	283,23	170,18	247,54	278,48
	VI	3 978,08	218,79	318,24	358,02																				
10 091,99	I,IV	3 411,83	187,65	272,94	307,06	I	3 411,83	181,85	264,51	297,57	176,05	256,08	288,09	170,25	247,64	278,60	164,45	239,21	269,11	158,66	230,78	259,62	152,86	222,34	250,13
	II	3 366,08	185,13	269,28	302,94	II	3 366,08	179,33	260,85	293,45	173,53	252,42	283,97	167,74	243,98	274,48	161,93	235,54	264,98	156,14	227,11	255,50	150,34	218,68	246,01
	III	2 698,50	148,41	215,88	242,86	III	2 698,50	142,61	207,44	233,37	136,82	199,01	223,88	131,01	190,57	214,39	125,23	182,16	204,93	119,53	173,86	195,59	113,92	165,70	186,41
	V	3 947,08	217,08	315,76	355,23	IV	3 411,83	184,74	268,72	302,31	181,85	264,51	297,57	178,95	260,29	292,82	176,05	256,08	288,09	173,15	251,86	283,34	170,25	247,64	278,60
	VI	3 979,33	218,86	318,34	358,13																				
10 094,99	I,IV	3 413,08	187,71	273,04	307,17	I	3 413,08	181,92	264,61	297,68	176,12	256,18	288,20	170,32	247,74	278,71	164,52	239,31	269,22	158,73	230,88	259,74	152,93	222,44	250,25
	II	3 367,33	185,20	269,38	303,05	II	3 367,33	179,40	260,95	293,57	173,60	252,52	284,08	167,80	244,08	274,59	162,01	235,65	265,10	156,21	227,22	255,62	150,41	218,78	246,13
	III	2 699,83	148,49	215,98	242,98	III	2 699,83	142,68	207,54	233,48	136,89	199,12	224,01	131,09	190,68	214,51	125,29	182,25	205,03	119,59	173,96	195,70	113,99	165,81	186,53
	V	3 948,33	217,15	315,86	355,34	IV	3 413,08	184,82	268,83	302,43	181,92	264,61	297,68	179,02	260,40	292,95	176,12	256,18	288,20	173,22	251,96	283,46	170,32	247,74	278,71
	VI	3 980,58	218,93	318,44	358,25																				
10 097,99	I,IV	3 414,33	187,78	273,14	307,28	I	3 414,33	181,99	264,71	297,80	176,19	256,28	288,31	170,39	247,84	278,82	164,59	239,41	269,33	158,79	230,98	259,85	153,—	222,54	250,36
	II	3 368,58	185,27	269,48	303,17	II	3 368,58	179,47	261,05	293,68	173,67	252,62	284,19	167,87	244,18	274,70	162,08	235,75	265,22	156,28	227,32	255,73	150,48	218,88	246,24
	III	2 701,—	148,55	216,08	243,09	III	2 701,—	142,76	207,65	233,60	136,95	199,21	224,11	131,16	190,78	214,63	125,37	182,36	205,15	119,67	174,06	195,82	114,06	165,90	186,64
	V	3 949,66	217,23	315,97	355,46	IV	3 414,33	184,89	268,93	302,54	181,99	264,71	297,80	179,09	260,50	293,06	176,19	256,28	288,31	173,29	252,06	283,57	170,39	247,84	278,82
	VI	3 981,83	219,—	318,54	358,36																				
10 100,99	I,IV	3 415,58	187,85	273,24	307,40	I	3 415,58	182,05	264,81	297,91	176,26	256,38	288,42	170,46	247,94	278,93	164,66	239,51	269,45	158,86	231,08	259,96	153,06	222,64	250,47
	II	3 369,83	185,34	269,58	303,28	II	3 369,83	179,54	261,15	293,79	173,74	252,72	284,31	167,94	244,28	274,82	162,14	235,85	265,33	156,35	227,42	255,84	150,55	218,98	246,35
	III	2 702,33	148,62	216,18	243,20	III	2 702,33	142,82	207,74	233,71	137,03	199,32	224,23	131,23	190,88	214,74	125,43	182,45	205,25	119,73	174,16	195,93	114,12	166,—	186,75
	V	3 950,91	217,30	316,07	355,58	IV	3 415,58	184,96	269,03	302,66	182,05	264,81	297,91	179,16	260,60	293,17	176,26	256,38	288,42	173,36	252,16	283,68	170,46	247,94	278,93
	VI	3 983,08	219,06	318,64	358,47																				
10 103,99	I,IV	3 416,83	187,92	273,34	307,51	I	3 416,83	182,12	264,91	298,02	176,33	256,48	288,54	170,53	248,04	279,05	164,73	239,61	269,56	158,93	231,18	260,07	153,13	222,74	250,58
	II	3 371,08	185,40	269,68	303,39	II	3 371,08	179,61	261,25	293,90	173,81	252,82	284,42	168,01	244,38	274,93	162,21	235,95	265,44	156,42	227,52	255,96	150,62	219,08	246,47
	III	2 703,50	148,69	216,28	243,31	III	2 703,50	142,89	207,85	233,83	137,09	199,41	224,33	131,30	190,98	214,85	125,51	182,56	205,38	119,80	174,26	196,04	114,18	166,09	186,85
	V	3 952,16	217,36	316,17	355,69	IV	3 416,83	185,02	269,13	302,77	182,12	264,91	298,02	179,23	260,70	293,28	176,33	256,48	288,54	173,43	252,26	283,79	170,53	248,04	279,05
	VI	3 984,33	219,13	318,74	358,58																				
10 106,99	I,IV	3 418,16	187,99	273,45	307,63	I	3 418,16	182,20	265,02	298,14	176,40	256,58	288,65	170,60	248,14	279,16	164,80	239,71	269,67	159,—	231,28	260,19	153,20	222,84	250,70
	II	3 372,33	185,47	269,78	303,50	II	3 372,33	179,68	261,35	294,02	173,88	252,92	284,53	168,08	244,48	275,04	162,28	236,05	265,55	156,48	227,62	256,07	150,69	219,18	246,58
	III	2 704,83	148,76	216,38	243,43	III	2 704,83	142,96	207,94	233,93	137,17	199,52	224,46	131,36	191,08	214,96	125,57	182,65	205,48	119,87	174,36	196,15	114,26	166,20	186,97
	V	3 953,41	217,43	316,27	355,80	IV	3 418,16	185,09	269,23	302,88	182,20	265,02	298,14	179,30	260,80	293,40	176,40	256,58	288,65	173,50	252,36	283,91	170,60	248,14	279,16
	VI	3 985,58	219,20	318,84	358,70																				
10 109,99	I,IV	3 419,41	188,06	273,55	307,74	I	3 419,41	182,27	265,12	298,26	176,47	256,68	288,77	170,67	248,25	279,28	164,87	239,82	269,79	159,07	231,38	260,30	153,27	222,94	250,81
	II	3 373,58	185,54	269,88	303,62	II	3 373,58	179,74	261,45	294,13	173,95	253,02	284,64	168,15	244,58	275,15	162,35	236,15	265,67	156,55	227,72	256,18	150,75	219,28	246,69
	III	2 706,—	148,83	216,48	243,54	III	2 706,—	143,03	208,05	234,05	137,23	199,61	224,56	131,44	191,18	215,08	125,64	182,76	205,60	119,93	174,45	196,25	114,32	166,29	187,07
	V	3 954,66	217,50	316,37	355,91	IV	3 419,41	185,16	269,33	302,99	182,27	265,12	298,26	179,36	260,90	293,51	176,47	256,68	288,77	173,57	252,46	284,02	170,67	248,25	279,28
	VI	3 986,83	219,27	318,94	358,81																				
10 112,99	I,IV	3 420,66	188,13	273,65	307,85	I	3 420,66	182,33	265,22	298,37	176,54	256,78	288,88	170,74	248,35	279,39	164,94	239,92	269,91	159,14	231,48	260,42	153,34	223,05	250,93
	II	3 374,83	185,61	269,98	303,73	II	3 374,83	179,81	261,55	294,24	174,02	253,12	284,76	168,22	244,68	275,27	162,42	236,25	265,78	156,62	227,82	256,29	150,82	219,38	246,80
	III	2 707,33	148,90	216,58	243,65	III	2 707,33	143,10	208,14	234,16	137,30	199,72	224,68	131,50	191,28	215,19	125,71	182,85	205,70	120,01	174,56	196,38	114,39	166,38	187,18
	V	3 955,91	217,57	316,47	356,03	IV	3 420,66	185,23	269,43	303,11	182,33	265,22	298,37	179,43	261,—	293,62	176,54	256,78	288,88	173,63	252,56	284,13	170,74	248,35	279,39
	VI	3 988,16	219,34	319,05	358,93																				
10 115,99	I,IV	3 421,91	188,20	273,75	307,97	I	3 421,91	182,40	265,32	298,48	176,60	256,88	288,99	170,81	248,45	279,50	165,01	240,02	270,02	159,21	231,58	260,53	153,41	223,15	251,04
	II	3 376,16	185,68	270,09	303,85	II	3 376,16	179,89	261,66	294,36	174,09	253,22	284,87	168,29	244,78	275,38	162,49	236,35	265,89	156,69	227,92	256,41	150,89	219,48	246,92
	III	2 708,50	148,96	216,68	243,76	III	2 708,50	143,17	208,25	234,28	137,37	199,81	224,78	131,57	191,38	215,30	125,78	182,96	205,83	120,07	174,65	196,48	114,45	166,48	187,29
	V	3 957,16	217,64	316,57	356,14	IV	3 421,91	185,30	269,53	303,22	182,40	265,32	298,48	179,50	261,10	293,73	176,60	256,88	288,99	173,70	252,66	284,24	170,81	248,45	279,50
	VI	3 989,41	219,41	319,15	359,04																				
10 118,99	I,IV	3 423,16	188,27	273,85	308,08	I	3 423,16	182,47	265,42	298,59	176,67	256,98	289,10	170,88	248,55	279,62	165,08	240,12	270,13	159,28	231,68	260,64	153,48	223,25	251,15
	II	3 377,41	185,75	270,19	303,96	II	3 377,41	179,96	261,76	294,48	174,16	253,32	284,99	168,36	244,89	275,50	162,56	236,46	266,01	156,76	228,02	256,52	150,96	219,58	247,03
	III	2 709,83	149,04	216,78	243,88	III	2 709,83	143,24	208,36	234,40	137,44	199,92	224,91	131,64	191,48	215,41	125,84	183,05	205,93	120,13	174,74	196,58	114,52	166,58	187,40
	V	3 958,41	217,71	316,67	356,25	IV	3 423,16	185,37	269,64	303,34	182,47	265,42	298,59	179,57	261,20	293,85	176,67	256,98	289,10	173,77	252,76	284,36	170,88	248,55	279,62
	VI	3 990,66	219,48	319,25	359,15																				
10 121,99	I,IV	3 424,41	188,34	273,95	308,19	I	3 424,41	182,54	265,52	298,71	176,74	257,08	289,22	170,94	248,65	279,73	165,15	240,22	270,24	159,35	231,78	260,75	153,55	223,35	251,27
	II	3 378,66	185,82	270,29	304,07	II	3 378,66	180,02	261,86	294,59	174,23	253,42	285,10	168,43	244,99	275,61	162,63	236,56	266,13	156,83	228,12	256,64	151,03	219,69	247,15
	III	2 711,16	149,11	216,89	244,—	III	2 711,16	143,31	208,45	234,50	137,51	200,02	225,02	131,71	191,58	215,53	125,92	183,16	206,05	120,21	174,85	196,70	114,59	166,68	187,51
	V	3 959,75	217,78	316,78	356,37	IV	3 424,41	185,44	269,74	303,45	182,54	265,52	298,71	179,64	261,30	293,96	176,74	257,08	289,22	173,85	252,87	284,48	170,94	248,65	279,73
	VI	3 991,91	219,55	319,35	359,27																				
10 124,99	I,IV	3 425,66	188,41	274,05	308,30	I	3 425,66	182,61	265,62	298,82	176,81	257,18	289,33	171,01	248,75	279,84	165,22	240,32	270,36	159,42	231,88	260,87	153,62	223,45	251,38
	II	3 379,91	185,89	270,39	304,19	II	3 379,91	180,09	261,96	294,70	174,29	253,52	285,21	168,50	245,09	275,72	162,70	236,66	266,24	156,90	228,22	256,75	151,10	219,79	247,26
	III	2 712,33	149,17	216,98	244,10	III	2 712,33	143,38	208,56	234,63	137,58	200,12	225,13	131,78	191,69	215,65	125,99	183,26	206,17	120,27	174,94	196,81	114,65	166,77	187,61
	V	3 961,—	217,85	316,88	356,49	IV	3 425,66	185,51	269,84	303,57	182,61	265,62	298,82	179,71	261,40	294,08	176,81	257,18	289,33	173,91	252,97	284,59	171,01	248,75	279,84
	VI	3 993,16	219,62	319,45	359,38																				

* **Die ausgewiesenen Tabellenwerte sind amtlich. Siehe Erläuterungen auf der Umschlaginnenseite (U2).**

MONAT 10 125,–*

Lohn/ Gehalt bis €*	Abzüge an Lohnsteuer, Solidaritätszuschlag (SolZ) und Kirchensteuer (8%, 9%) in den Steuerklassen I – VI					I, II, III, IV	mit Zahl der Kinderfreibeträge . . .																		
			ohne Kinderfreibeträge					0,5			1			1,5			2			2,5			3	
		LSt	SolZ	8%	9%		LSt	SolZ	8%	9%	SolZ	8%	9%	SolZ	8%	9%	SolZ	8%	9%	SolZ	8%	9%	SolZ	8%	9%
10 127,99	I,IV	3 426,91	188,48	274,15	308,42	I	3 426,91	182,68	265,72	298,93	176,88	257,28	289,44	171,08	248,85	279,95	165,28	240,42	270,47	159,49	231,98	260,98	153,69	223,55	251,49
	II	3 381,16	185,96	270,49	304,30	II	3 381,16	180,16	262,06	294,81	174,36	253,62	285,32	168,57	245,19	275,84	162,77	236,76	266,35	156,97	228,32	256,86	151,17	219,89	247,37
	III	2 713,66	149,25	217,09	244,22	III	2 713,66	143,44	208,65	234,73	137,65	200,22	225,25	131,85	191,78	215,75	126,06	183,36	206,28	120,34	175,05	196,93	114,73	166,88	187,74
	V	3 962,25	217,92	316,98	356,60	IV	3 426,91	185,58	269,94	303,68	182,68	265,72	298,93	179,78	261,50	294,19	176,88	257,28	289,44	173,98	253,07	284,70	171,08	248,85	279,95
	VI	3 994,41	219,69	319,55	359,49																				
10 130,99	I,IV	3 428,25	188,55	274,26	308,54	I	3 428,25	182,75	265,82	299,05	176,95	257,38	289,55	171,15	248,95	280,07	165,35	240,52	270,58	159,55	232,08	261,09	153,76	223,65	251,60
	II	3 382,41	186,03	270,59	304,41	II	3 382,41	180,23	262,16	294,93	174,43	253,72	285,44	168,63	245,29	275,95	162,84	236,86	266,46	157,04	228,42	256,97	151,24	219,99	247,49
	III	2 714,83	149,31	217,18	244,33	III	2 714,83	143,52	208,76	234,85	137,72	200,32	225,36	131,92	191,89	215,87	126,13	183,46	206,39	120,41	175,14	197,03	114,79	166,97	187,84
	V	3 963,50	217,99	317,08	356,71	IV	3 428,25	185,65	270,04	303,79	182,75	265,82	299,05	179,85	261,60	294,30	176,95	257,38	289,55	174,05	253,17	284,81	171,15	248,95	280,07
	VI	3 995,66	219,76	319,65	359,60																				
10 133,99	I,IV	3 429,50	188,62	274,36	308,65	I	3 429,50	182,82	265,92	299,16	177,02	257,49	289,67	171,22	249,06	280,19	165,43	240,62	270,70	159,62	232,18	261,20	153,83	223,75	251,72
	II	3 383,66	186,10	270,69	304,52	II	3 383,66	180,30	262,26	295,04	174,50	253,82	285,55	168,70	245,39	276,06	162,91	236,96	266,58	157,11	228,52	257,09	151,31	220,09	247,60
	III	2 716,16	149,38	217,29	244,45	III	2 716,16	143,58	208,85	234,95	137,79	200,42	225,47	131,99	191,98	215,98	126,19	183,56	206,50	120,47	175,24	197,14	114,85	167,06	187,94
	V	3 964,75	218,06	317,18	356,82	IV	3 429,50	185,72	270,14	303,90	182,82	265,92	299,16	179,92	261,70	294,41	177,02	257,49	289,67	174,12	253,27	284,93	171,22	249,06	280,19
	VI	3 996,91	219,83	319,75	359,72																				
10 136,99	I,IV	3 430,75	188,69	274,46	308,76	I	3 430,75	182,89	266,02	299,27	177,09	257,59	289,79	171,29	249,16	280,30	165,49	240,72	270,81	159,70	232,29	261,32	153,90	223,86	251,84
	II	3 384,91	186,17	270,79	304,64	II	3 384,91	180,37	262,36	295,15	174,57	253,92	285,66	168,77	245,49	276,17	162,97	237,06	266,69	157,18	228,62	257,20	151,38	220,19	247,71
	III	2 717,33	149,45	217,38	244,55	III	2 717,33	143,66	208,96	235,08	137,85	200,52	225,58	132,06	192,09	216,10	126,27	183,66	206,62	120,55	175,34	197,26	114,92	167,16	188,05
	V	3 966,—	218,13	317,28	356,94	IV	3 430,75	185,79	270,24	304,02	182,89	266,02	299,27	179,99	261,80	294,53	177,09	257,59	289,79	174,19	253,37	285,04	171,29	249,16	280,30
	VI	3 998,25	219,90	319,86	359,84																				
10 139,99	I,IV	3 432,—	188,76	274,56	308,88	I	3 432,—	182,96	266,12	299,39	177,16	257,69	289,90	171,36	249,26	280,41	165,56	240,82	270,92	159,77	232,39	261,44	153,97	223,96	251,95
	II	3 386,25	186,24	270,90	304,76	II	3 386,25	180,44	262,46	295,27	174,64	254,02	285,77	168,84	245,59	276,29	163,04	237,16	266,80	157,24	228,72	257,31	151,45	220,29	247,82
	III	2 718,66	149,52	217,49	244,67	III	2 718,66	143,72	209,05	235,18	137,93	200,62	225,70	132,12	192,18	216,20	126,33	183,76	206,73	120,61	175,44	197,37	114,99	167,26	188,17
	V	3 967,25	218,19	317,38	357,05	IV	3 432,—	185,85	270,34	304,13	182,96	266,12	299,39	180,06	261,90	294,64	177,16	257,69	289,90	174,26	253,47	285,15	171,36	249,26	280,41
	VI	3 999,50	219,97	319,96	359,95																				
10 142,99	I,IV	3 433,25	188,82	274,66	308,99	I	3 433,25	183,03	266,22	299,50	177,23	257,79	290,01	171,43	249,36	280,53	165,63	240,92	271,04	159,83	232,49	261,55	154,04	224,06	252,06
	II	3 387,50	186,31	271,—	304,87	II	3 387,50	180,51	262,56	295,38	174,71	254,13	285,89	168,91	245,70	276,41	163,12	237,26	266,92	157,31	228,82	257,42	151,52	220,39	247,94
	III	2 720,—	149,60	217,60	244,80	III	2 720,—	143,79	209,16	235,30	137,99	200,72	225,81	132,20	192,29	216,32	126,40	183,86	206,84	120,68	175,54	197,48	115,06	167,36	188,28
	V	3 968,50	218,26	317,48	357,16	IV	3 433,25	185,93	270,44	304,25	183,03	266,22	299,50	180,12	262,—	294,75	177,23	257,79	290,01	174,33	253,57	285,26	171,43	249,36	280,53
	VI	4 000,75	220,04	320,06	360,06																				
10 145,99	I,IV	3 434,50	188,89	274,76	309,10	I	3 434,50	183,09	266,32	299,61	177,30	257,89	290,12	171,50	249,46	280,64	165,70	241,02	271,15	159,90	232,59	261,66	154,11	224,16	252,18
	II	3 388,75	186,38	271,10	304,98	II	3 388,75	180,58	262,66	295,49	174,78	254,23	286,01	168,98	245,80	276,52	163,18	237,36	267,03	157,39	228,93	257,54	151,59	220,50	248,06
	III	2 721,16	149,66	217,69	244,90	III	2 721,16	143,87	209,26	235,42	138,06	200,82	225,92	132,27	192,40	216,45	126,47	183,96	206,95	120,75	175,64	197,59	115,12	167,45	188,38
	V	3 969,75	218,33	317,58	357,27	IV	3 434,50	186,—	270,54	304,36	183,09	266,32	299,61	180,20	262,11	294,87	177,30	257,89	290,12	174,40	253,68	285,39	171,50	249,46	280,64
	VI	4 002,—	220,11	320,16	360,18																				
10 148,99	I,IV	3 435,75	188,96	274,86	309,21	I	3 435,75	183,16	266,42	299,72	177,37	257,99	290,24	171,57	249,56	280,75	165,77	241,12	271,26	159,97	232,69	261,77	154,17	224,26	252,29
	II	3 390,—	186,45	271,20	305,10	II	3 390,—	180,65	262,76	295,61	174,85	254,33	286,12	169,05	245,90	276,63	163,25	237,46	267,14	157,46	229,03	257,66	151,66	220,60	248,17
	III	2 722,50	149,73	217,80	245,02	III	2 722,50	143,93	209,36	235,53	138,14	200,93	226,04	132,33	192,49	216,55	126,54	184,06	207,07	120,81	175,73	197,69	115,18	167,54	188,48
	V	3 971,08	218,40	317,68	357,39	IV	3 435,75	186,06	270,64	304,47	183,16	266,42	299,72	180,27	262,21	294,98	177,37	257,99	290,24	174,47	253,78	285,50	171,57	249,56	280,75
	VI	4 003,25	220,17	320,26	360,29																				
10 151,99	I,IV	3 437,—	189,03	274,96	309,33	I	3 437,—	183,23	266,52	299,84	177,43	258,09	290,35	171,64	249,66	280,86	165,84	241,22	271,37	160,04	232,79	261,89	154,24	224,36	252,40
	II	3 391,25	186,51	271,30	305,21	II	3 391,25	180,72	262,86	295,72	174,92	254,43	286,23	169,12	246,—	276,75	163,32	237,56	267,26	157,52	229,13	257,77	151,73	220,70	248,28
	III	2 723,66	149,80	217,89	245,12	III	2 723,66	144,—	209,46	235,64	138,20	201,02	226,15	132,41	192,60	216,67	126,61	184,16	207,18	120,89	175,84	197,82	115,26	167,65	188,60
	V	3 972,33	218,47	317,78	357,50	IV	3 437,—	186,13	270,74	304,58	183,23	266,52	299,84	180,34	262,31	295,10	177,43	258,09	290,35	174,54	253,88	285,61	171,64	249,66	280,86
	VI	4 004,50	220,24	320,36	360,40																				
10 154,99	I,IV	3 438,33	189,10	275,06	309,44	I	3 438,33	183,30	266,62	299,95	177,50	258,19	290,46	171,71	249,76	280,98	165,91	241,32	271,49	160,11	232,89	262,—	154,31	224,46	252,51
	II	3 392,50	186,58	271,40	305,32	II	3 392,50	180,78	262,96	295,83	174,99	254,53	286,34	169,19	246,10	276,86	163,39	237,66	267,37	157,59	229,23	257,88	151,80	220,80	248,40
	III	2 725,—	149,87	218,—	245,25	III	2 725,—	144,07	209,56	235,75	138,27	201,13	226,27	132,47	192,69	216,77	126,68	184,26	207,29	120,95	175,93	197,92	115,32	167,74	188,71
	V	3 973,58	218,54	317,88	357,62	IV	3 438,33	186,20	270,84	304,70	183,30	266,62	299,95	180,40	262,41	295,21	177,50	258,19	290,46	174,61	253,98	285,72	171,71	249,76	280,98
	VI	4 005,75	220,31	320,46	360,51																				
10 157,99	I,IV	3 439,58	189,17	275,16	309,56	I	3 439,58	183,37	266,73	300,07	177,58	258,30	290,58	171,78	249,86	281,09	165,98	241,42	271,60	160,18	232,99	262,11	154,38	224,56	252,63
	II	3 393,75	186,65	271,50	305,43	II	3 393,75	180,85	263,06	295,94	175,06	254,63	286,46	169,26	246,20	276,97	163,46	237,76	267,48	157,66	229,33	257,99	151,86	220,90	248,51
	III	2 726,16	149,93	218,09	245,35	III	2 726,16	144,14	209,66	235,87	138,34	201,22	226,37	132,55	192,80	216,90	126,74	184,36	207,40	121,02	176,04	198,04	115,39	167,84	188,82
	V	3 974,83	218,61	317,98	357,73	IV	3 439,58	186,27	270,94	304,81	183,37	266,73	300,07	180,47	262,51	295,32	177,58	258,30	290,58	174,68	254,08	285,84	171,78	249,86	281,09
	VI	4 007,—	220,38	320,56	360,63																				
10 160,99	I,IV	3 440,83	189,24	275,26	309,67	I	3 440,83	183,44	266,83	300,18	177,65	258,40	290,70	171,85	249,96	281,21	166,05	241,53	271,72	160,25	233,10	262,23	154,45	224,66	252,74
	II	3 395,—	186,72	271,60	305,55	II	3 395,—	180,92	263,16	296,06	175,12	254,73	286,57	169,33	246,30	277,08	163,53	237,86	267,59	157,73	229,43	258,11	151,93	221,—	248,62
	III	2 727,50	150,01	218,20	245,47	III	2 727,50	144,21	209,76	235,98	138,41	201,33	226,49	132,61	192,89	217,—	126,82	184,46	207,52	121,09	176,13	198,14	115,46	167,94	188,93
	V	3 976,08	218,68	318,08	357,84	IV	3 440,83	186,34	271,04	304,92	183,44	266,83	300,18	180,54	262,61	295,43	177,65	258,40	290,70	174,74	254,18	285,95	171,85	249,96	281,21
	VI	4 008,25	220,45	320,66	360,74																				
10 163,99	I,IV	3 442,08	189,31	275,36	309,78	I	3 442,08	183,51	266,93	300,29	177,71	258,50	290,81	171,92	250,06	281,32	166,12	241,63	271,83	160,32	233,20	262,35	154,52	224,76	252,86
	II	3 396,33	186,79	271,70	305,66	II	3 396,33	180,99	263,26	296,17	175,19	254,83	286,68	169,40	246,40	277,20	163,60	237,96	267,71	157,80	229,53	258,22	152,—	221,10	248,73
	III	2 728,66	150,07	218,29	245,57	III	2 728,66	144,28	209,86	236,09	138,48	201,42	226,60	132,68	193,—	217,12	126,88	184,56	207,63	121,15	176,22	198,25	115,52	168,04	189,04
	V	3 977,33	218,75	318,18	357,95	IV	3 442,08	186,41	271,14	305,03	183,51	266,93	300,29	180,61	262,71	295,55	177,71	258,50	290,81	174,81	254,28	286,06	171,92	250,06	281,32
	VI	4 009,58	220,52	320,76	360,86																				
10 166,99	I,IV	3 443,33	189,38	275,46	309,89	I	3 443,33	183,58	267,03	300,41	177,78	258,60	290,92	171,98	250,16	281,43	166,19	241,73	271,94	160,39	233,30	262,46	154,59	224,86	252,97
	II	3 397,58	186,86	271,80	305,78	II	3 397,58	181,06	263,37	296,29	175,27	254,94	286,80	169,47	246,50	277,31	163,67	238,06	267,82	157,87	229,63	258,34	152,07	221,20	248,85
	III	2 730,—	150,15	218,40	245,70	III	2 730,—	144,34	209,96	236,20	138,55	201,53	226,72	132,75	193,09	217,22	126,95	184,66	207,74	121,22	176,33	198,37	115,59	168,13	189,14
	V	3 978,58	218,82	318,28	358,07	IV	3 443,33	186,48	271,24	305,15	183,58	267,03	300,41	180,68	262,81	295,66	177,78	258,60	290,92	174,88	254,38	286,17	171,98	250,16	281,43
	VI	4 010,83	220,59	320,86	360,97																				
10 169,99	I,IV	3 444,58	189,45	275,56	310,01	I	3 444,58	183,65	267,13	300,52	177,85	258,70	291,03	172,05	250,26	281,54	166,26	241,83	272,06	160,46	233,40	262,57	154,66	224,96	253,08
	II	3 398,83	186,93	271,90	305,89	II	3 398,83	181,13	263,47	296,40	175,34	255,04	286,92	169,54	246,60	277,43	163,74	238,17	267,94	157,94	229,74	258,45	152,14	221,30	248,96
	III	2 731,33	150,22	218,50	245,81	III	2 731,33	144,42	210,06	236,32	138,62	201,64	226,84	132,82	193,20	217,35	127,02	184,76	207,85	121,29	176,42	198,47	115,65	168,22	189,25
	V	3 979,83	218,89	318,38	358,18	IV	3 444,58	186,55	271,35	305,27	183,65	267,13	300,52	180,75	262,92	295,78	177,85	258,70	291,03	174,95	254,48	286,29	172,05	250,26	281,54
	VI	4 012,08	220,66	320,96	361,08																				

* Die ausgewiesenen Tabellenwerte sind amtlich. Siehe Erläuterungen auf der Umschlaginnenseite (U2).

Abzüge an Lohnsteuer, Solidaritätszuschlag (SolZ) und Kirchensteuer (8%, 9%) in den Steuerklassen

Lohn/ Gehalt bis €*	I – VI	LSt	SolZ (ohne Kinderfreibeträge)	8%	9%	I, II, III, IV	LSt	0,5 SolZ	0,5 8%	0,5 9%	1 SolZ	1 8%	1 9%	1,5 SolZ	1,5 8%	1,5 9%	2 SolZ	2 8%	2 9%	2,5 SolZ	2,5 8%	2,5 9%	3 SolZ	3 8%	3 9%
10 172,99	I,IV	3 445,83	189,52	275,66	310,12	I	3 445,83	183,72	267,23	300,63	177,92	258,80	291,15	172,12	250,36	281,66	166,32	241,93	272,17	160,53	233,50	262,68	154,73	225,06	253,19
	II	3 400,08	187,—	272,—	306,—	II	3 400,08	181,20	263,57	296,51	175,40	255,14	287,03	169,61	246,70	277,54	163,81	238,27	268,05	158,01	229,84	258,57	152,21	221,40	249,08
	III	2 732,50	150,28	218,60	245,92	III	2 732,50	144,49	210,17	236,44	138,69	201,73	226,94	132,89	193,30	217,46	127,09	184,86	207,97	121,36	176,53	198,59	115,72	168,33	189,37
	V	3 981,16	218,96	318,49	358,30	IV	3 445,83	186,62	271,45	305,38	183,72	267,23	300,63	180,82	263,02	295,89	177,92	258,80	291,15	175,02	254,58	286,40	172,12	250,36	281,66
	VI	4 013,33	220,73	321,06	361,19																				
10 175,99	I,IV	3 447,08	189,58	275,76	310,23	I	3 447,08	183,79	267,33	300,74	177,99	258,90	291,26	172,19	250,46	281,77	166,39	242,03	272,28	160,60	233,60	262,80	154,80	225,16	253,31
	II	3 401,33	187,07	272,10	306,11	II	3 401,33	181,27	263,67	296,63	175,47	255,24	287,14	169,67	246,80	277,65	163,88	238,37	268,16	158,08	229,94	258,68	152,28	221,50	249,19
	III	2 733,83	150,36	218,70	246,04	III	2 733,83	144,55	210,26	236,54	138,76	201,84	227,07	132,96	193,40	217,57	127,16	184,96	208,08	121,43	176,62	198,70	115,79	168,42	189,47
	V	3 982,41	219,03	318,59	358,41	IV	3 447,08	186,69	271,55	305,49	183,79	267,33	300,74	180,89	263,12	296,01	177,99	258,90	291,26	175,09	254,68	286,52	172,19	250,46	281,77
	VI	4 014,58	220,80	321,16	361,31																				
10 178,99	I,IV	3 448,33	189,65	275,86	310,34	I	3 448,33	183,86	267,43	300,86	178,06	259,—	291,37	172,26	250,56	281,88	166,46	242,13	272,39	160,66	233,70	262,91	154,87	225,26	253,42
	II	3 402,58	187,14	272,20	306,23	II	3 402,58	181,34	263,77	296,74	175,54	255,34	287,25	169,74	246,90	277,76	163,95	238,47	268,28	158,15	230,04	258,79	152,35	221,60	249,30
	III	2 735,—	150,42	218,80	246,15	III	2 735,—	144,63	210,37	236,66	138,82	201,93	227,17	133,03	193,50	217,69	127,23	185,06	208,19	121,49	176,72	198,81	115,85	168,52	189,58
	V	3 983,66	219,10	318,69	358,52	IV	3 448,33	186,76	271,65	305,60	183,86	267,43	300,86	180,96	263,22	296,12	178,06	259,—	291,37	175,16	254,78	286,63	172,26	250,56	281,88
	VI	4 015,83	220,87	321,26	361,42																				
10 181,99	I,IV	3 449,66	189,73	275,97	310,46	I	3 449,66	183,93	267,54	300,98	178,13	259,10	291,49	172,33	250,66	281,99	166,53	242,23	272,51	160,73	233,80	263,02	154,93	225,36	253,53
	II	3 403,83	187,21	272,30	306,34	II	3 403,83	181,41	263,87	296,85	175,61	255,44	287,37	169,81	247,—	277,88	164,01	238,57	268,39	158,22	230,14	258,90	152,42	221,70	249,41
	III	2 736,33	150,49	218,90	246,26	III	2 736,33	144,69	210,46	236,77	138,90	202,04	227,29	133,10	193,60	217,80	127,30	185,17	208,31	121,56	176,82	198,92	115,93	168,62	189,70
	V	3 984,91	219,17	318,79	358,64	IV	3 449,66	186,83	271,75	305,72	183,93	267,54	300,98	181,03	263,32	296,23	178,13	259,10	291,49	175,23	254,88	286,74	172,33	250,66	281,99
	VI	4 017,08	220,93	321,36	361,53																				
10 184,99	I,IV	3 450,91	189,80	276,07	310,58	I	3 450,91	184,—	267,64	301,09	178,20	259,20	291,60	172,40	250,77	282,11	166,60	242,34	272,63	160,81	233,90	263,14	155,—	225,46	253,64
	II	3 405,08	187,27	272,40	306,45	II	3 405,08	181,48	263,97	296,96	175,68	255,54	287,48	169,88	247,10	277,99	164,08	238,67	268,50	158,29	230,24	259,02	152,49	221,80	249,53
	III	2 737,50	150,56	219,—	246,37	III	2 737,50	144,76	210,57	236,89	138,96	202,13	227,39	133,17	193,70	217,91	127,37	185,26	208,42	121,63	176,92	199,03	115,99	168,72	189,81
	V	3 986,16	219,23	318,89	358,75	IV	3 450,91	186,89	271,85	305,83	184,—	267,64	301,09	181,10	263,42	296,34	178,20	259,20	291,60	175,30	254,98	286,85	172,40	250,77	282,11
	VI	4 018,33	221,—	321,46	361,64																				
10 187,99	I,IV	3 452,16	189,86	276,17	310,69	I	3 452,16	184,07	267,74	301,20	178,27	259,30	291,71	172,47	250,87	282,23	166,67	242,44	272,74	160,87	234,—	263,25	155,08	225,57	253,76
	II	3 406,33	187,34	272,50	306,56	II	3 406,33	181,55	264,07	297,08	175,75	255,64	287,59	169,95	247,20	278,10	164,15	238,77	268,61	158,35	230,34	259,13	152,56	221,90	249,64
	III	2 738,83	150,63	219,10	246,49	III	2 738,83	144,83	210,66	236,99	139,04	202,24	227,52	133,23	193,80	218,02	127,44	185,37	208,54	121,70	177,02	199,15	116,05	168,81	189,91
	V	3 987,41	219,30	318,99	358,86	IV	3 452,16	186,96	271,95	305,94	184,07	267,74	301,20	181,17	263,52	296,46	178,27	259,30	291,71	175,37	255,08	286,97	172,47	250,87	282,23
	VI	4 019,66	221,08	321,57	361,76																				
10 190,99	I,IV	3 453,41	189,93	276,27	310,80	I	3 453,41	184,14	267,84	301,32	178,34	259,40	291,83	172,54	250,97	282,34	166,74	242,54	272,85	160,94	234,10	263,36	155,15	225,67	253,88
	II	3 407,66	187,42	272,61	306,68	II	3 407,66	181,62	264,18	297,20	175,82	255,74	287,71	170,02	247,30	278,21	164,22	238,87	268,73	158,42	230,44	259,24	152,62	222,—	249,75
	III	2 740,—	150,70	219,20	246,60	III	2 740,—	144,90	210,77	237,11	139,10	202,33	227,62	133,31	193,90	218,14	127,50	185,46	208,64	121,77	177,12	199,26	116,12	168,90	190,01
	V	3 988,66	219,37	319,09	358,97	IV	3 453,41	187,03	272,05	306,05	184,14	267,84	301,32	181,23	263,62	296,57	178,34	259,40	291,83	175,44	255,18	287,08	172,54	250,97	282,34
	VI	4 020,91	221,15	321,67	361,88																				
10 193,99	I,IV	3 454,66	190,—	276,37	310,91	I	3 454,66	184,20	267,94	301,43	178,41	259,50	291,94	172,61	251,07	282,45	166,81	242,64	272,97	161,01	234,20	263,48	155,21	225,77	253,99
	II	3 408,91	187,49	272,71	306,80	II	3 408,91	181,69	264,28	297,31	175,89	255,84	287,82	170,09	247,41	278,33	164,29	238,98	268,85	158,50	230,54	259,36	152,69	222,10	249,86
	III	2 741,33	150,77	219,30	246,71	III	2 741,33	144,98	210,88	237,24	139,17	202,44	227,74	133,37	194,—	218,25	127,58	185,57	208,76	121,84	177,22	199,37	116,19	169,01	190,13
	V	3 989,91	219,44	319,19	359,09	IV	3 454,66	187,11	272,16	306,18	184,20	267,94	301,43	181,31	263,72	296,69	178,41	259,50	291,94	175,50	255,28	287,19	172,61	251,07	282,45
	VI	4 022,16	221,21	321,77	361,99																				
10 196,99	I,IV	3 455,91	190,07	276,47	311,03	I	3 455,91	184,27	268,04	301,54	178,47	259,60	292,05	172,68	251,17	282,56	166,88	242,74	273,08	161,08	234,30	263,59	155,28	225,87	254,10
	II	3 410,16	187,55	272,81	306,91	II	3 410,16	181,76	264,38	297,42	175,96	255,94	287,93	170,16	247,51	278,45	164,36	239,08	268,96	158,56	230,64	259,47	152,77	222,21	249,98
	III	2 742,66	150,84	219,41	246,83	III	2 742,66	145,04	210,97	237,34	139,25	202,54	227,86	133,44	194,10	218,36	127,64	185,66	208,87	121,90	177,32	199,48	116,26	169,10	190,24
	V	3 991,25	219,51	319,30	359,21	IV	3 455,91	187,17	272,26	306,29	184,27	268,04	301,54	181,38	263,82	296,80	178,47	259,60	292,05	175,58	255,39	287,31	172,68	251,17	282,56
	VI	4 023,41	221,28	321,87	362,10																				
10 199,99	I,IV	3 457,16	190,14	276,57	311,14	I	3 457,16	184,34	268,14	301,65	178,54	259,70	292,16	172,75	251,27	282,68	166,95	242,84	273,19	161,15	234,40	263,70	155,35	225,97	254,21
	II	3 411,41	187,62	272,91	307,02	II	3 411,41	181,83	264,48	297,54	176,03	256,04	288,05	170,23	247,61	278,56	164,43	239,18	269,07	158,63	230,74	259,58	152,84	222,31	250,10
	III	2 743,83	150,91	219,50	246,94	III	2 743,83	145,11	211,08	237,46	139,31	202,64	227,97	133,52	194,21	218,48	127,71	185,77	208,99	121,97	177,41	199,58	116,32	169,20	190,35
	V	3 992,50	219,58	319,40	359,32	IV	3 457,16	187,24	272,36	306,40	184,34	268,14	301,65	181,44	263,92	296,91	178,54	259,70	292,16	175,65	255,49	287,42	172,75	251,27	282,68
	VI	4 024,66	221,35	321,97	362,21																				
10 202,99	I,IV	3 458,41	190,21	276,67	311,25	I	3 458,41	184,41	268,24	301,77	178,61	259,80	292,28	172,81	251,37	282,79	167,02	242,94	273,30	161,22	234,50	263,81	155,42	226,07	254,33
	II	3 412,66	187,69	273,01	307,13	II	3 412,66	181,89	264,58	297,65	176,10	256,14	288,16	170,30	247,71	278,67	164,50	239,28	269,19	158,70	230,84	259,70	152,90	222,41	250,21
	III	2 745,16	150,98	219,61	247,06	III	2 745,16	145,18	211,17	237,56	139,38	202,74	228,08	133,58	194,30	218,59	127,78	185,86	209,09	122,04	177,52	199,71	116,39	169,30	190,46
	V	3 993,75	219,65	319,50	359,43	IV	3 458,41	187,31	272,46	306,51	184,41	268,24	301,77	181,51	264,02	297,02	178,61	259,80	292,28	175,72	255,59	287,54	172,81	251,37	282,79
	VI	4 025,91	221,42	322,07	362,33																				
10 205,99	I,IV	3 459,75	190,28	276,78	311,37	I	3 459,75	184,48	268,34	301,88	178,68	259,90	292,39	172,88	251,47	282,90	167,09	243,04	273,42	161,29	234,60	263,93	155,49	226,17	254,44
	II	3 413,91	187,76	273,11	307,25	II	3 413,91	181,96	264,68	297,76	176,16	256,24	288,27	170,37	247,81	278,78	164,57	239,38	269,30	158,77	230,94	259,81	152,97	222,51	250,32
	III	2 746,33	151,04	219,70	247,16	III	2 746,33	145,25	211,28	237,69	139,45	202,84	228,19	133,65	194,41	218,71	127,85	185,97	209,21	122,10	177,61	199,81	116,46	169,40	190,57
	V	3 995,—	219,72	319,60	359,55	IV	3 459,75	187,38	272,56	306,63	184,48	268,34	301,88	181,58	264,12	297,14	178,68	259,90	292,39	175,78	255,69	287,65	172,88	251,47	282,90
	VI	4 027,16	221,49	322,17	362,44																				
10 208,99	I,IV	3 461,—	190,35	276,88	311,49	I	3 461,—	184,55	268,44	302,—	178,75	260,01	292,51	172,96	251,58	283,02	167,16	243,14	273,53	161,36	234,70	264,04	155,56	226,27	254,55
	II	3 415,16	187,83	273,21	307,36	II	3 415,16	182,03	264,78	297,87	176,23	256,34	288,38	170,44	247,91	278,90	164,64	239,48	269,41	158,84	231,04	259,92	153,04	222,61	250,43
	III	2 747,66	151,12	219,81	247,28	III	2 747,66	145,31	211,37	237,79	139,52	202,94	228,31	133,72	194,50	218,81	127,92	186,06	209,32	122,18	177,72	199,93	116,52	169,49	190,67
	V	3 996,25	219,79	319,70	359,66	IV	3 461,—	187,45	272,66	306,74	184,55	268,44	302,—	181,65	264,22	297,25	178,75	260,01	292,51	175,85	255,79	287,76	172,96	251,58	283,02
	VI	4 028,41	221,56	322,27	362,55																				
10 211,99	I,IV	3 462,25	190,42	276,98	311,60	I	3 462,25	184,62	268,54	302,11	178,82	260,11	292,62	173,03	251,68	283,14	167,23	243,24	273,65	161,43	234,81	264,16	155,63	226,38	254,67
	II	3 416,41	187,90	273,31	307,47	II	3 416,41	182,10	264,88	297,99	176,30	256,44	288,50	170,50	248,01	279,01	164,71	239,58	269,52	158,91	231,14	260,03	153,11	222,71	250,55
	III	2 748,83	151,18	219,90	247,39	III	2 748,83	145,39	211,48	237,91	139,59	203,04	228,42	133,79	194,61	218,93	127,99	186,17	209,44	122,24	177,81	200,03	116,60	169,60	190,80
	V	3 997,50	219,86	319,80	359,77	IV	3 462,25	187,52	272,76	306,85	184,62	268,54	302,11	181,72	264,32	297,36	178,82	260,11	292,62	175,92	255,89	287,87	173,03	251,68	283,14
	VI	4 029,75	221,63	322,38	362,67																				
10 214,99	I,IV	3 463,50	190,49	277,08	311,71	I	3 463,50	184,69	268,64	302,22	178,89	260,21	292,73	173,09	251,78	283,25	167,30	243,34	273,76	161,50	234,91	264,27	155,70	226,48	254,79
	II	3 417,75	187,97	273,42	307,59	II	3 417,75	182,17	264,98	298,10	176,37	256,54	288,61	170,57	248,11	279,12	164,78	239,68	269,64	158,98	231,24	260,15	153,18	222,81	250,66
	III	2 750,16	151,25	220,01	247,51	III	2 750,16	145,45	211,57	238,01	139,66	203,14	228,53	133,86	194,70	219,04	128,06	186,28	209,56	122,31	177,90	200,14	116,66	169,69	190,90
	V	3 998,75	219,93	319,90	359,88	IV	3 463,50	187,59	272,86	306,96	184,69	268,64	302,22	181,79	264,42	297,47	178,89	260,21	292,73	175,99	255,99	287,99	173,09	251,78	283,25
	VI	4 031,—	221,70	322,48	362,79																				

(I, II, III, IV: mit Zahl der Kinderfreibeträge . . .)

* Die ausgewiesenen Tabellenwerte sind amtlich. Siehe Erläuterungen auf der Umschlaginnenseite (U2).

MONAT 10 215,–*

Lohn/ Gehalt bis €*	Abzüge an Lohnsteuer, Solidaritätszuschlag (SolZ) und Kirchensteuer (8%, 9%) in den Steuerklassen I – VI					I, II, III, IV																			
			ohne Kinderfreibeträge					mit Zahl der Kinderfreibeträge . . . 0,5			1			1,5			2			2,5			3		
		LSt	SolZ	8%	9%		LSt	SolZ	8%	9%	SolZ	8%	9%	SolZ	8%	9%	SolZ	8%	9%	SolZ	8%	9%	SolZ	8%	9%
10 217,99	I,IV	3 464,75	190,56	277,18	311,82	I	3 464,75	184,76	268,74	302,33	178,96	260,31	292,85	173,16	251,88	283,36	167,36	243,44	273,87	161,57	235,01	264,38	155,77	226,58	254,90
	II	3 419,—	188,04	273,52	307,71	II	3 419,—	182,24	265,08	298,22	176,44	256,65	288,73	170,65	248,22	279,24	164,85	239,78	269,75	159,05	231,34	260,26	153,25	222,91	250,77
	III	2 751,50	151,33	220,12	247,63	III	2 751,50	145,53	211,68	238,14	139,72	203,24	228,64	133,93	194,81	219,16	128,13	186,37	209,66	122,38	178,01	200,26	116,72	169,78	191,—
	V	4 000,—	220,—	320,—	360,—	IV	3 464,75	187,66	272,96	307,08	184,76	268,74	302,33	181,86	264,52	297,59	178,96	260,31	292,85	176,06	256,09	288,10	173,16	251,88	283,36
	VI	4 032,25	221,77	322,58	362,90																				
10 220,99	I,IV	3 466,—	190,63	277,28	311,94	I	3 466,—	184,83	268,84	302,45	179,03	260,41	292,96	173,23	251,98	283,47	167,43	243,54	273,98	161,64	235,11	264,50	155,84	226,68	255,01
	II	3 420,25	188,11	273,62	307,82	II	3 420,25	182,31	265,18	298,33	176,51	256,75	288,84	170,72	248,32	279,36	164,92	239,88	269,87	159,12	231,45	260,38	153,32	223,02	250,89
	III	2 752,66	151,39	220,21	247,73	III	2 752,66	145,60	211,78	238,25	139,80	203,34	228,76	134,—	194,92	219,28	128,20	186,48	209,79	122,44	178,10	200,36	116,79	169,88	191,11
	V	4 001,25	220,06	320,10	360,11	IV	3 466,—	187,73	273,06	307,19	184,83	268,84	302,45	181,93	264,63	297,71	179,03	260,41	292,96	176,13	256,20	288,22	173,23	251,98	283,47
	VI	4 033,50	221,84	322,68	363,01																				
10 223,99	I,IV	3 467,25	190,69	277,38	312,05	I	3 467,25	184,90	268,94	302,56	179,10	260,51	293,07	173,30	252,08	283,59	167,50	243,64	274,10	161,70	235,21	264,61	155,91	226,78	255,12
	II	3 421,50	188,18	273,72	307,93	II	3 421,50	182,38	265,28	298,44	176,58	256,85	288,95	170,78	248,42	279,47	164,99	239,98	269,98	159,19	231,55	260,49	153,39	223,12	251,01
	III	2 754,—	151,47	220,32	247,86	III	2 754,—	145,66	211,88	238,36	139,87	203,45	228,88	134,07	195,01	219,38	128,27	186,58	209,90	122,52	178,21	200,48	116,86	169,98	191,23
	V	4 002,58	220,14	320,20	360,23	IV	3 467,25	187,80	273,16	307,31	184,90	268,94	302,56	182,—	264,73	297,82	179,10	260,51	293,07	176,20	256,30	288,33	173,30	252,08	283,59
	VI	4 034,75	221,91	322,78	363,12																				
10 226,99	I,IV	3 468,50	190,76	277,48	312,16	I	3 468,50	184,96	269,04	302,67	179,17	260,61	293,18	173,37	252,18	283,70	167,57	243,74	274,21	161,77	235,31	264,72	155,98	226,88	255,24
	II	3 422,75	188,25	273,82	308,04	II	3 422,75	182,45	265,38	298,55	176,65	256,95	289,07	170,85	248,52	279,58	165,03	240,08	270,09	159,26	231,65	260,60	153,46	223,22	251,12
	III	2 755,16	151,53	220,41	247,96	III	2 755,16	145,74	211,98	238,48	139,93	203,54	228,98	134,14	195,12	219,51	128,34	186,68	210,01	122,58	178,30	200,59	116,93	170,08	191,34
	V	4 003,83	220,21	320,30	360,34	IV	3 468,50	187,87	273,26	307,42	184,96	269,04	302,67	182,07	264,83	297,93	179,17	260,61	293,18	176,27	256,40	288,45	173,37	252,18	283,70
	VI	4 036,—	221,98	322,88	363,24																				
10 229,99	I,IV	3 469,83	190,84	277,58	312,28	I	3 469,83	185,03	269,14	302,78	179,24	260,71	293,30	173,44	252,28	283,81	167,64	243,84	274,32	161,84	235,41	264,83	156,04	226,98	255,35
	II	3 424,—	188,32	273,92	308,16	II	3 424,—	182,52	265,48	298,67	176,72	257,05	289,18	170,92	248,62	279,69	165,12	240,18	270,20	159,33	231,75	260,72	153,53	223,32	251,23
	III	2 756,50	151,60	220,52	248,08	III	2 756,50	145,80	212,08	238,59	140,01	203,65	229,10	134,20	195,21	219,61	128,41	186,78	210,13	122,65	178,41	200,71	116,99	170,17	191,44
	V	4 005,08	220,27	320,40	360,45	IV	3 469,83	187,93	273,36	307,53	185,03	269,14	302,78	182,14	264,93	298,04	179,24	260,71	293,30	176,34	256,50	288,56	173,44	252,28	283,81
	VI	4 037,25	222,04	322,98	363,35																				
10 232,99	I,IV	3 471,08	190,90	277,68	312,39	I	3 471,08	185,11	269,25	302,90	179,31	260,82	293,42	173,51	252,38	283,93	167,71	243,94	274,43	161,91	235,51	264,95	156,11	227,08	255,46
	II	3 425,25	188,38	274,02	308,27	II	3 425,25	182,59	265,58	298,78	176,79	257,15	289,29	170,99	248,72	279,81	165,19	240,28	270,32	159,39	231,85	260,83	153,60	223,42	251,34
	III	2 757,66	151,67	220,61	248,18	III	2 757,66	145,87	212,18	238,70	140,07	203,74	229,21	134,28	195,32	219,73	128,48	186,88	210,24	122,72	178,50	200,81	117,06	170,28	191,56
	V	4 006,33	220,34	320,50	360,56	IV	3 471,08	188,—	273,46	307,64	185,11	269,25	302,90	182,21	265,03	298,16	179,31	260,82	293,42	176,41	256,60	288,67	173,51	252,38	283,93
	VI	4 038,50	222,11	323,08	363,46																				
10 235,99	I,IV	3 472,33	190,97	277,78	312,50	I	3 472,33	185,18	269,35	303,02	179,38	260,92	293,53	173,58	252,48	284,04	167,78	244,05	274,55	161,98	235,62	265,07	156,19	227,18	255,58
	II	3 426,50	188,45	274,12	308,38	II	3 426,50	182,65	265,68	298,89	176,86	257,25	289,40	171,06	248,82	279,92	165,26	240,38	270,43	159,46	231,95	260,94	153,67	223,52	251,46
	III	2 759,—	151,74	220,72	248,31	III	2 759,—	145,94	212,28	238,81	140,14	203,85	229,33	134,34	195,41	219,83	128,55	186,98	210,35	122,79	178,61	200,93	117,13	170,37	191,66
	V	4 007,58	220,41	320,60	360,68	IV	3 472,33	188,07	273,56	307,76	185,18	269,35	303,02	182,27	265,13	298,27	179,38	260,92	293,53	176,48	256,70	288,78	173,58	252,48	284,04
	VI	4 039,75	222,18	323,18	363,57																				
10 238,99	I,IV	3 473,58	191,04	277,88	312,62	I	3 473,58	185,24	269,45	303,13	179,45	261,02	293,64	173,65	252,58	284,15	167,85	244,15	274,67	162,05	235,72	265,18	156,25	227,28	255,69
	II	3 427,83	188,53	274,22	308,50	II	3 427,83	182,72	265,78	299,—	176,93	257,35	289,52	171,13	248,92	280,03	165,33	240,48	270,54	159,53	232,05	261,05	153,73	223,62	251,57
	III	2 760,16	151,80	220,81	248,41	III	2 760,16	146,01	212,38	238,93	140,21	203,94	229,43	134,42	195,52	219,96	128,61	187,08	210,46	122,86	178,70	201,04	117,19	170,46	191,77
	V	4 008,83	220,48	320,70	360,79	IV	3 473,58	188,14	273,66	307,87	185,24	269,45	303,13	182,34	265,23	298,38	179,45	261,02	293,64	176,55	256,80	288,90	173,65	252,58	284,15
	VI	4 041,08	222,25	323,28	363,69																				
10 241,99	I,IV	3 474,83	191,11	277,98	312,73	I	3 474,83	185,31	269,55	303,24	179,52	261,12	293,76	173,72	252,68	284,27	167,92	244,25	274,78	162,12	235,82	265,29	156,32	227,38	255,80
	II	3 429,08	188,59	274,32	308,61	II	3 429,08	182,80	265,89	299,12	177,—	257,46	289,64	171,20	249,02	280,15	165,40	240,58	270,65	159,60	232,15	261,17	153,80	223,72	251,68
	III	2 761,50	151,88	220,92	248,53	III	2 761,50	146,08	212,48	239,04	140,28	204,05	229,55	134,48	195,61	220,06	128,69	187,18	210,58	122,92	178,80	201,15	117,26	170,57	191,89
	V	4 010,08	220,55	320,80	360,90	IV	3 474,83	188,21	273,76	307,98	185,31	269,55	303,24	182,41	265,33	298,49	179,52	261,12	293,76	176,61	256,90	289,01	173,72	252,68	284,27
	VI	4 042,33	222,32	323,38	363,80																				
10 244,99	I,IV	3 476,08	191,18	278,08	312,84	I	3 476,08	185,38	269,65	303,35	179,58	261,22	293,87	173,79	252,78	284,38	167,99	244,35	274,89	162,19	235,92	265,41	156,39	227,48	255,92
	II	3 430,33	188,66	274,42	308,72	II	3 430,33	182,87	265,99	299,24	177,07	257,56	289,75	171,27	249,12	280,26	165,47	240,69	270,77	159,67	232,26	261,29	153,88	223,82	251,80
	III	2 762,83	151,95	221,02	248,65	III	2 762,83	146,15	212,58	239,15	140,36	204,16	229,68	134,55	195,72	220,18	128,75	187,28	210,69	122,99	178,90	201,26	117,33	170,66	191,99
	V	4 011,33	220,62	320,90	361,01	IV	3 476,08	188,28	273,87	308,10	185,38	269,65	303,35	182,49	265,44	298,62	179,58	261,22	293,87	176,69	257,—	289,13	173,79	252,78	284,38
	VI	4 043,58	222,39	323,48	363,92																				
10 247,99	I,IV	3 477,33	191,25	278,18	312,95	I	3 477,33	185,45	269,75	303,47	179,65	261,32	293,98	173,85	252,88	284,49	168,06	244,45	275,—	162,26	236,02	265,52	156,46	227,58	256,03
	II	3 431,58	188,73	274,52	308,84	II	3 431,58	182,93	266,09	299,35	177,14	257,66	289,86	171,34	249,22	280,37	165,54	240,79	270,89	159,74	232,36	261,40	153,94	223,92	251,91
	III	2 764,—	152,02	221,12	248,76	III	2 764,—	146,22	212,69	239,27	140,42	204,25	229,78	134,63	195,82	220,30	128,82	187,38	210,80	123,06	179,—	201,37	117,39	170,76	192,10
	V	4 012,66	220,69	321,01	361,13	IV	3 477,33	188,35	273,97	308,21	185,45	269,75	303,47	182,55	265,54	298,73	179,65	261,32	293,98	176,76	257,10	289,24	173,85	252,88	284,49
	VI	4 044,83	222,46	323,58	364,03																				
10 250,99	I,IV	3 478,58	191,32	278,28	313,07	I	3 478,58	185,52	269,85	303,58	179,72	261,42	294,09	173,92	252,98	284,60	168,13	244,55	275,12	162,33	236,12	265,63	156,53	227,68	256,14
	II	3 432,83	188,80	274,62	308,95	II	3 432,83	183,—	266,19	299,46	177,21	257,76	289,98	171,41	249,32	280,49	165,61	240,89	271,—	159,81	232,46	261,51	154,01	224,02	252,02
	III	2 765,33	152,09	221,22	248,87	III	2 765,33	146,29	212,78	239,38	140,49	204,36	229,90	134,69	195,92	220,41	128,90	187,49	210,92	123,13	179,10	201,49	117,47	170,86	192,22
	V	4 013,91	220,76	321,11	361,25	IV	3 478,58	188,42	274,07	308,33	185,52	269,85	303,58	182,62	265,64	298,84	179,72	261,42	294,09	176,82	257,20	289,35	173,92	252,98	284,60
	VI	4 046,08	222,53	323,68	364,14																				
10 253,99	I,IV	3 479,83	191,39	278,38	313,18	I	3 479,83	185,59	269,95	303,69	179,79	261,52	294,21	173,99	253,08	284,72	168,19	244,65	275,23	162,40	236,22	265,74	156,60	227,78	256,25
	II	3 434,08	188,87	274,72	309,06	II	3 434,08	183,07	266,29	299,57	177,27	257,86	290,09	171,48	249,42	280,60	165,68	240,99	271,11	159,88	232,56	261,63	154,08	224,12	252,14
	III	2 766,50	152,15	221,32	248,98	III	2 766,50	146,36	212,89	239,50	140,56	204,45	230,—	134,76	196,02	220,52	128,96	187,58	211,03	123,20	179,20	201,60	117,53	170,96	192,33
	V	4 015,16	220,83	321,21	361,36	IV	3 479,83	188,49	274,17	308,44	185,59	269,95	303,69	182,69	265,74	298,95	179,79	261,52	294,21	176,89	257,30	289,46	173,99	253,08	284,72
	VI	4 047,33	222,60	323,78	364,25																				
10 256,99	I,IV	3 481,16	191,46	278,49	313,30	I	3 481,16	185,66	270,06	303,81	179,86	261,62	294,32	174,06	253,18	284,83	168,26	244,75	275,34	162,47	236,32	265,86	156,67	227,88	256,37
	II	3 435,33	188,94	274,82	309,17	II	3 435,33	183,14	266,39	299,69	177,34	257,96	290,20	171,54	249,52	280,71	165,75	241,09	271,22	159,95	232,66	261,74	154,15	224,22	252,25
	III	2 767,83	152,23	221,42	249,10	III	2 767,83	146,42	212,98	239,60	140,63	204,56	230,13	134,83	196,12	220,63	129,03	187,69	211,15	123,27	179,30	201,71	117,59	171,05	192,43
	V	4 016,41	220,90	321,31	361,47	IV	3 481,16	188,56	274,27	308,55	185,66	270,06	303,81	182,76	265,84	299,07	179,86	261,62	294,32	176,96	257,40	289,58	174,06	253,18	284,83
	VI	4 048,58	222,67	323,88	364,37																				
10 259,99	I,IV	3 482,41	191,53	278,59	313,41	I	3 482,41	185,73	270,16	303,93	179,93	261,72	294,44	174,13	253,29	284,95	168,34	244,86	275,46	162,54	236,42	265,97	156,74	227,98	256,48
	II	3 436,58	189,01	274,92	309,29	II	3 436,58	183,21	266,49	299,80	177,41	258,06	290,31	171,61	249,62	280,82	165,82	241,19	271,34	160,02	232,76	261,85	154,22	224,32	252,36
	III	2 769,—	152,29	221,52	249,21	III	2 769,—	146,50	213,09	239,72	140,69	204,65	230,23	134,90	196,22	220,75	129,10	187,78	211,25	123,33	179,40	201,82	117,67	171,16	192,55
	V	4 017,66	220,97	321,41	361,58	IV	3 482,41	188,63	274,37	308,66	185,73	270,16	303,93	182,83	265,94	299,18	179,93	261,72	294,44	177,03	257,50	289,69	174,13	253,29	284,95
	VI	4 049,83	222,74	323,98	364,48																				

* Die ausgewiesenen Tabellenwerte sind amtlich. Siehe Erläuterungen auf der Umschlaginnenseite (U2).

Abzüge an Lohnsteuer, Solidaritätszuschlag (SolZ) und Kirchensteuer (8%, 9%) in den Steuerklassen

Lohn/ Gehalt bis €*	I – VI		ohne Kinder-freibeträge			I, II, III, IV		mit Zahl der Kinderfreibeträge . . . 0,5			1			1,5			2			2,5			3		
		LSt	SolZ	8%	9%		LSt	SolZ	8%	9%	SolZ	8%	9%	SolZ	8%	9%	SolZ	8%	9%	SolZ	8%	9%	SolZ	8%	9%
10 262,99	I,IV	3 483,66	191,60	278,69	313,52	I	3 483,66	185,80	270,26	304,04	180,—	261,82	294,55	174,20	253,39	285,06	168,41	244,96	275,58	162,61	236,52	266,09	156,81	228,09	256,60
	II	3 437,83	189,08	275,02	309,40	II	3 437,83	183,28	266,59	299,91	177,48	258,16	290,43	171,68	249,72	280,94	165,88	241,29	271,45	160,09	232,86	261,96	154,29	224,42	252,47
	III	2 770,33	152,36	221,62	249,32	III	2 770,33	146,56	213,18	239,83	140,77	204,76	230,35	134,97	196,32	220,86	129,17	187,89	211,37	123,41	179,50	201,94	117,73	171,25	192,65
	V	4 018,91	221,04	321,51	361,70	IV	3 483,66	188,70	274,47	308,78	185,80	270,26	304,04	182,90	266,04	299,29	180,—	261,82	294,55	177,10	257,60	289,80	174,20	253,39	285,06
	VI	4 051,16	222,81	324,09	364,60																				
10 265,99	I,IV	3 484,91	191,67	278,79	313,64	I	3 484,91	185,87	270,36	304,15	180,07	261,92	294,66	174,27	253,49	285,17	168,47	245,06	275,69	162,68	236,62	266,20	156,88	228,19	256,71
	II	3 439,16	189,15	275,13	309,52	II	3 439,16	183,35	266,70	300,03	177,55	258,26	290,54	171,75	249,82	281,05	165,95	241,39	271,56	160,16	232,96	262,08	154,36	224,52	252,59
	III	2 771,50	152,43	221,72	249,43	III	2 771,50	146,63	213,29	239,95	140,83	204,85	230,45	135,04	196,42	220,97	129,24	187,98	211,48	123,47	179,60	202,05	117,80	171,34	192,76
	V	4 020,16	221,10	321,61	361,81	IV	3 484,91	188,76	274,57	308,89	185,87	270,36	304,15	182,97	266,14	299,40	180,07	261,92	294,66	177,17	257,70	289,91	174,27	253,49	285,17
	VI	4 052,41	222,88	324,19	364,71																				
10 268,99	I,IV	3 486,16	191,73	278,89	313,75	I	3 486,16	185,94	270,46	304,26	180,14	262,02	294,77	174,34	253,59	285,29	168,54	245,16	275,80	162,74	236,72	266,31	156,95	228,29	256,82
	II	3 440,41	189,22	275,23	309,63	II	3 440,41	183,42	266,80	300,15	177,62	258,36	290,66	171,82	249,93	281,17	166,03	241,50	271,68	160,23	233,06	262,19	154,43	224,62	252,70
	III	2 772,83	152,50	221,82	249,55	III	2 772,83	146,71	213,40	240,07	140,91	204,96	230,58	135,10	196,52	221,08	129,31	188,09	211,60	123,54	179,70	202,16	117,87	171,45	192,88
	V	4 021,41	221,17	321,71	361,92	IV	3 486,16	188,84	274,68	309,01	185,94	270,46	304,26	183,04	266,24	299,52	180,14	262,02	294,77	177,24	257,80	290,03	174,34	253,59	285,29
	VI	4 053,66	222,95	324,29	364,82																				
10 271,99	I,IV	3 487,41	191,80	278,99	313,86	I	3 487,41	186,01	270,56	304,38	180,21	262,12	294,89	174,41	253,69	285,40	168,61	245,26	275,91	162,81	236,82	266,42	157,02	228,39	256,94
	II	3 441,66	189,29	275,33	309,74	II	3 441,66	183,49	266,90	300,26	177,69	258,46	290,77	171,89	250,03	281,28	166,10	241,60	271,80	160,30	233,16	262,31	154,50	224,73	252,82
	III	2 774,16	152,57	221,93	249,67	III	2 774,16	146,77	213,49	240,17	140,98	205,06	230,69	135,18	196,62	221,20	129,38	188,20	211,72	123,61	179,80	202,27	117,93	171,54	192,98
	V	4 022,75	221,25	321,82	362,04	IV	3 487,41	188,91	274,78	309,12	186,01	270,56	304,38	183,11	266,34	299,63	180,21	262,12	294,89	177,31	257,91	290,15	174,41	253,69	285,40
	VI	4 054,91	223,02	324,39	364,94																				
10 274,99	I,IV	3 488,66	191,87	279,09	313,97	I	3 488,66	186,07	270,66	304,49	180,28	262,22	295,—	174,48	253,79	285,51	168,68	245,36	276,03	162,88	236,92	266,54	157,08	228,49	257,05
	II	3 442,91	189,36	275,43	309,86	II	3 442,91	183,56	267,—	300,37	177,76	258,56	290,88	171,96	250,13	281,39	166,16	241,70	271,91	160,37	233,26	262,42	154,57	224,83	252,93
	III	2 775,33	152,64	222,02	249,77	III	2 775,33	146,85	213,60	240,30	141,04	205,16	230,80	135,25	196,73	221,32	129,45	188,29	211,82	123,67	179,89	202,37	118,—	171,64	193,09
	V	4 024,—	221,32	321,92	362,16	IV	3 488,66	188,98	274,88	309,24	186,07	270,66	304,49	183,18	266,44	299,75	180,28	262,22	295,—	177,38	258,01	290,26	174,48	253,79	285,51
	VI	4 056,16	223,08	324,49	365,05																				
10 277,99	I,IV	3 489,91	191,94	279,19	314,09	I	3 489,91	186,14	270,76	304,60	180,34	262,32	295,11	174,55	253,89	285,62	168,75	245,46	276,14	162,95	237,02	266,65	157,15	228,59	257,16
	II	3 444,16	189,42	275,53	309,97	II	3 444,16	183,63	267,10	300,48	177,83	258,66	290,99	172,03	250,23	281,51	166,23	241,80	272,02	160,43	233,36	262,53	154,64	224,93	253,04
	III	2 776,66	152,71	222,13	249,89	III	2 776,66	146,91	213,69	240,40	141,12	205,26	230,92	135,31	196,82	221,42	129,52	188,40	211,95	123,75	180,—	202,50	118,07	171,74	193,21
	V	4 025,25	221,38	322,02	362,27	IV	3 489,91	189,04	274,98	309,35	186,14	270,76	304,60	183,25	266,54	299,86	180,34	262,32	295,11	177,45	258,11	290,37	174,55	253,89	285,62
	VI	4 057,41	223,15	324,59	365,16																				
10 280,99	I,IV	3 491,25	192,01	279,30	314,21	I	3 491,25	186,22	270,86	304,72	180,41	262,42	295,22	174,62	253,99	285,74	168,82	245,56	276,25	163,02	237,12	266,76	157,22	228,69	257,27
	II	3 445,41	189,49	275,63	310,08	II	3 445,41	183,70	267,20	300,60	177,90	258,76	291,11	172,10	250,33	281,62	166,30	241,90	272,13	160,50	233,46	262,64	154,71	225,03	253,16
	III	2 777,83	152,78	222,22	250,—	III	2 777,83	146,98	213,80	240,52	141,18	205,36	231,03	135,39	196,93	221,54	129,58	188,49	212,05	123,81	180,09	202,60	118,14	171,84	193,32
	V	4 026,50	221,45	322,12	362,38	IV	3 491,25	189,11	275,06	309,46	186,22	270,86	304,72	183,31	266,64	299,97	180,41	262,42	295,22	177,52	258,21	290,48	174,62	253,99	285,74
	VI	4 058,66	223,22	324,69	365,27																				
10 283,99	I,IV	3 492,50	192,08	279,40	314,32	I	3 492,50	186,28	270,96	304,83	180,49	262,53	295,34	174,69	254,10	285,86	168,89	245,66	276,37	163,09	237,22	266,87	157,29	228,79	257,39
	II	3 446,66	189,56	275,73	310,19	II	3 446,66	183,76	267,30	300,71	177,97	258,86	291,22	172,17	250,43	281,73	166,37	242,—	272,25	160,57	233,56	262,76	154,77	225,13	253,27
	III	2 779,16	152,85	222,33	250,12	III	2 779,16	147,05	213,89	240,62	141,25	205,46	231,14	135,45	197,02	221,65	129,66	188,60	212,17	123,88	180,20	202,72	118,20	171,93	193,42
	V	4 027,75	221,52	322,22	362,49	IV	3 492,50	189,18	275,18	309,57	186,28	270,96	304,83	183,38	266,74	300,08	180,49	262,53	295,34	177,59	258,31	290,60	174,69	254,10	285,86
	VI	4 059,91	223,29	324,79	365,39																				
10 286,99	I,IV	3 493,75	192,15	279,50	314,43	I	3 493,75	186,35	271,06	304,94	180,56	262,63	295,46	174,76	254,20	285,97	168,96	245,76	276,48	163,16	237,33	266,99	157,36	228,90	257,51
	II	3 447,91	189,63	275,83	310,31	II	3 447,91	183,83	267,40	300,82	178,03	258,96	291,33	172,24	250,53	281,84	166,44	242,10	272,36	160,64	233,66	262,87	154,84	225,23	253,38
	III	2 780,33	152,91	222,42	250,22	III	2 780,33	147,12	214,—	240,75	141,32	205,56	231,25	135,52	197,13	221,77	129,72	188,69	212,27	123,95	180,29	202,82	118,27	172,04	193,54
	V	4 029,—	221,59	322,32	362,61	IV	3 493,75	189,25	275,28	309,69	186,35	271,06	304,94	183,45	266,84	300,20	180,56	262,63	295,46	177,65	258,41	290,71	174,76	254,20	285,97
	VI	4 061,25	223,36	324,90	365,51																				
10 289,99	I,IV	3 495,—	192,22	279,60	314,55	I	3 495,—	186,42	271,16	305,06	180,62	262,73	295,57	174,83	254,30	286,08	169,03	245,86	276,59	163,23	237,43	267,11	157,43	229,—	257,62
	II	3 449,25	189,70	275,94	310,43	II	3 449,25	183,91	267,50	300,94	178,10	259,06	291,44	172,31	250,63	281,96	166,51	242,20	272,47	160,71	233,76	262,98	154,91	225,33	253,49
	III	2 781,66	152,99	222,53	250,34	III	2 781,66	147,18	214,09	240,85	141,39	205,66	231,37	135,59	197,22	221,87	129,80	188,80	212,40	124,02	180,40	202,95	118,34	172,13	193,64
	V	4 030,25	221,66	322,42	362,72	IV	3 495,—	189,32	275,38	309,80	186,42	271,16	305,06	183,52	266,94	300,31	180,62	262,73	295,57	177,72	258,51	290,82	174,83	254,30	286,08
	VI	4 062,50	223,43	325,—	365,62																				
10 292,99	I,IV	3 496,25	192,29	279,70	314,66	I	3 496,25	186,49	271,26	305,17	180,69	262,83	295,68	174,90	254,40	286,20	169,10	245,96	276,71	163,30	237,53	267,22	157,50	229,10	257,73
	II	3 450,50	189,77	276,04	310,54	II	3 450,50	183,97	267,60	301,05	178,18	259,17	291,56	172,38	250,74	282,08	166,58	242,30	272,59	160,78	233,86	263,09	154,98	225,43	253,61
	III	2 783,—	153,06	222,64	250,47	III	2 783,—	147,26	214,20	240,97	141,46	205,76	231,48	135,66	197,33	221,99	129,86	188,89	212,50	124,08	180,49	203,05	118,40	172,22	193,75
	V	4 031,50	221,73	322,52	362,83	IV	3 496,25	189,39	275,48	309,92	186,49	271,26	305,17	183,59	267,04	300,42	180,69	262,83	295,68	177,79	258,61	290,93	174,90	254,40	286,20
	VI	4 063,75	223,50	325,10	365,73																				
10 295,99	I,IV	3 497,50	192,36	279,80	314,77	I	3 497,50	186,56	271,36	305,28	180,76	262,93	295,79	174,96	254,50	286,31	169,17	246,06	276,82	163,37	237,63	267,33	157,57	229,20	257,85
	II	3 451,75	189,84	276,14	310,65	II	3 451,75	184,04	267,70	301,16	178,25	259,27	291,68	172,45	250,84	282,19	166,65	242,40	272,70	160,85	233,97	263,21	155,05	225,54	253,73
	III	2 784,16	153,12	222,73	250,57	III	2 784,16	147,33	214,30	241,09	141,53	205,86	231,59	135,74	197,44	222,12	129,93	189,—	212,62	124,16	180,60	203,17	118,47	172,33	193,87
	V	4 032,75	221,80	322,62	362,94	IV	3 497,50	189,46	275,58	310,03	186,56	271,36	305,28	183,66	267,15	300,54	180,76	262,93	295,79	177,87	258,72	291,06	174,96	254,50	286,31
	VI	4 065,—	223,57	325,20	365,85																				
10 298,99	I,IV	3 498,75	192,43	279,90	314,88	I	3 498,75	186,63	271,46	305,39	180,83	263,03	295,91	175,03	254,60	286,42	169,23	246,16	276,93	163,44	237,73	267,44	157,64	229,30	257,96
	II	3 453,—	189,91	276,24	310,77	II	3 453,—	184,11	267,80	301,28	178,31	259,37	291,79	172,52	250,94	282,30	166,72	242,50	272,81	160,92	234,07	263,33	155,12	225,64	253,84
	III	2 785,50	153,20	222,84	250,69	III	2 785,50	147,40	214,41	241,20	141,60	205,97	231,71	135,80	197,53	222,22	130,01	189,10	212,74	124,22	180,69	203,27	118,54	172,42	193,97
	V	4 034,08	221,87	322,72	363,06	IV	3 498,75	189,53	275,68	310,14	186,63	271,46	305,39	183,73	267,25	300,65	180,83	263,03	295,91	177,93	258,82	291,17	175,03	254,60	286,42
	VI	4 066,25	223,64	325,30	365,96																				
10 301,99	I,IV	3 500,—	192,50	280,—	315,—	I	3 500,—	186,70	271,56	305,51	180,90	263,13	296,02	175,10	254,70	286,53	169,30	246,26	277,04	163,51	237,83	267,56	157,71	229,40	258,07
	II	3 454,25	189,98	276,34	310,88	II	3 454,25	184,18	267,90	301,39	178,38	259,47	291,90	172,59	251,04	282,42	166,79	242,60	272,93	160,99	234,17	263,44	155,19	225,74	253,95
	III	2 786,66	153,26	222,93	250,79	III	2 786,66	147,47	214,50	241,31	141,67	206,06	231,82	135,87	197,64	222,34	130,07	189,20	212,85	124,30	180,80	203,40	118,60	172,52	194,08
	V	4 035,33	221,94	322,82	363,17	IV	3 500,—	189,60	275,78	310,25	186,70	271,56	305,51	183,80	267,35	300,77	180,90	263,13	296,02	178,—	258,92	291,28	175,10	254,70	286,53
	VI	4 067,50	223,71	325,40	366,07																				
10 304,99	I,IV	3 501,33	192,57	280,10	315,11	I	3 501,33	186,77	271,66	305,62	180,97	263,23	296,13	175,17	254,80	286,65	169,37	246,36	277,16	163,57	237,93	267,67	157,78	229,50	258,18
	II	3 455,50	190,05	276,44	310,99	II	3 455,50	184,25	268,—	301,50	178,45	259,57	292,01	172,65	251,14	282,53	166,86	242,70	273,04	161,06	234,27	263,55	155,26	225,84	254,07
	III	2 788,—	153,34	223,04	250,92	III	2 788,—	147,53	214,60	241,42	141,74	206,17	231,94	135,94	197,73	222,44	130,14	189,30	212,96	124,36	180,89	203,50	118,68	172,62	194,20
	V	4 036,58	222,01	322,92	363,29	IV	3 501,33	189,67	275,88	310,37	186,77	271,66	305,62	183,87	267,45	300,88	180,97	263,23	296,13	178,07	259,02	291,39	175,17	254,80	286,65
	VI	4 068,75	223,78	325,50	366,18																				

* Die ausgewiesenen Tabellenwerte sind amtlich. Siehe Erläuterungen auf der Umschlaginnenseite (U2).

MONAT 10 305,–*

Lohn/ Gehalt bis €*	Abzüge an Lohnsteuer, Solidaritätszuschlag (SolZ) und Kirchensteuer (8%, 9%) in den Steuerklassen: I – VI					I, II, III, IV		mit Zahl der Kinderfreibeträge . . . 0,5			1			1,5			2			2,5			3		
		LSt	ohne Kinderfreibeträge SolZ	8%	9%		LSt	SolZ	8%	9%	SolZ	8%	9%	SolZ	8%	9%	SolZ	8%	9%	SolZ	8%	9%	SolZ	8%	9%
10 307,99	I,IV	3 502,58	192,64	280,20	315,23	I	3 502,58	186,84	271,77	305,74	181,04	263,34	296,25	175,24	254,90	286,76	169,44	246,46	277,27	163,64	238,03	267,78	157,85	229,60	258,30
	II	3 456,75	190,12	276,54	311,10	II	3 456,75	184,32	268,10	301,61	178,52	259,67	292,13	172,72	251,24	282,64	166,92	242,80	273,15	161,13	234,37	263,66	155,33	225,94	254,18
	III	2 789,16	153,40	223,13	251,02	III	2 789,16	147,61	214,70	241,54	141,80	206,26	232,04	136,01	197,84	222,57	130,21	189,40	213,07	124,43	181,—	203,62	118,74	172,72	194,31
	V	4 037,83	222,08	323,02	363,40	IV	3 502,58	189,74	275,98	310,48	186,84	271,77	305,74	183,94	267,55	300,99	181,04	263,34	296,25	178,14	259,12	291,51	175,24	254,90	286,76
	VI	4 070,—	223,85	325,60	366,30																				
10 310,99	I,IV	3 503,83	192,71	280,30	315,34	I	3 503,83	186,91	271,87	305,85	181,11	263,44	296,37	175,31	255,—	286,88	169,51	246,57	277,39	163,72	238,14	267,90	157,92	229,70	258,41
	II	3 458,—	190,19	276,64	311,22	II	3 458,—	184,39	268,20	301,73	178,59	259,77	292,24	172,79	251,34	282,75	166,99	242,90	273,26	161,20	234,47	263,78	155,40	226,04	254,29
	III	2 790,50	153,47	223,24	251,14	III	2 790,50	147,67	214,80	241,65	141,88	206,37	232,16	136,07	197,93	222,67	130,28	189,50	213,19	124,50	181,09	203,72	118,80	172,81	194,41
	V	4 039,08	222,14	323,12	363,51	IV	3 503,83	189,80	276,08	310,59	186,91	271,87	305,85	184,01	267,65	301,10	181,11	263,44	296,37	178,21	259,22	291,62	175,31	255,—	286,88
	VI	4 071,25	223,91	325,70	366,41																				
10 313,99	I,IV	3 505,08	192,77	280,40	315,45	I	3 505,08	186,98	271,97	305,96	181,18	263,54	296,48	175,38	255,10	286,99	169,58	246,67	277,50	163,79	238,24	268,02	157,99	229,80	258,53
	II	3 459,33	190,26	276,74	311,33	II	3 459,33	184,46	268,30	301,84	178,66	259,87	292,35	172,86	251,44	282,87	167,06	243,—	273,38	161,26	234,57	263,89	155,47	226,14	254,40
	III	2 791,66	153,54	223,33	251,24	III	2 791,66	147,74	214,90	241,76	141,94	206,46	232,27	136,15	198,04	222,79	130,35	189,60	213,30	124,57	181,20	203,85	118,88	172,92	194,53
	V	4 040,33	222,21	323,22	363,62	IV	3 505,08	189,87	276,18	310,70	186,98	271,97	305,96	184,08	267,75	301,22	181,18	263,54	296,48	178,28	259,32	291,73	175,38	255,10	286,99
	VI	4 072,58	223,99	325,80	366,53																				
10 316,99	I,IV	3 506,33	192,84	280,50	315,56	I	3 506,33	187,05	272,07	306,08	181,25	263,64	296,59	175,45	255,20	287,10	169,65	246,77	277,61	163,85	238,34	268,13	158,06	229,90	258,64
	II	3 460,58	190,33	276,84	311,45	II	3 460,58	184,53	268,41	301,96	178,73	259,98	292,47	172,93	251,54	282,98	167,13	243,10	273,49	161,33	234,67	264,—	155,54	226,24	254,52
	III	2 793,—	153,61	223,44	251,37	III	2 793,—	147,81	215,—	241,87	142,01	206,57	232,39	136,21	198,13	222,89	130,42	189,70	213,41	124,63	181,29	203,95	118,94	173,01	194,63
	V	4 041,58	222,28	323,32	363,74	IV	3 506,33	189,94	276,28	310,82	187,05	272,07	306,08	184,14	267,85	301,33	181,25	263,64	296,59	178,35	259,42	291,84	175,45	255,20	287,10
	VI	4 073,83	224,06	325,90	366,64																				
10 319,99	I,IV	3 507,58	192,91	280,60	315,68	I	3 507,58	187,11	272,17	306,19	181,32	263,74	296,70	175,52	255,30	287,21	169,72	246,87	277,73	163,92	238,44	268,24	158,12	230,—	258,75
	II	3 461,83	190,40	276,94	311,56	II	3 461,83	184,60	268,51	302,07	178,80	260,08	292,59	173,—	251,64	283,10	167,20	243,21	273,61	161,41	234,78	264,12	155,61	226,34	254,63
	III	2 794,33	153,68	223,54	251,48	III	2 794,33	147,88	215,10	241,99	142,09	206,68	232,51	136,29	198,24	223,02	130,48	189,80	213,52	124,71	181,40	204,07	119,02	173,12	194,76
	V	4 042,83	222,35	323,42	363,85	IV	3 507,58	190,02	276,39	310,94	187,11	272,17	306,19	184,22	267,96	301,45	181,32	263,74	296,70	178,42	259,52	291,96	175,52	255,30	287,21
	VI	4 075,08	224,12	326,—	366,75																				
10 322,99	I,IV	3 508,83	192,98	280,70	315,79	I	3 508,83	187,18	272,27	306,30	181,39	263,84	296,82	175,59	255,40	287,33	169,79	246,97	277,84	163,99	238,54	268,35	158,19	230,10	258,86
	II	3 463,08	190,46	277,04	311,67	II	3 463,08	184,67	268,61	302,18	178,87	260,18	292,70	173,07	251,74	283,21	167,27	243,31	273,72	161,48	234,88	264,24	155,68	226,44	254,75
	III	2 795,50	153,75	223,64	251,59	III	2 795,50	147,95	215,21	242,11	142,15	206,77	232,61	136,36	198,34	223,13	130,56	189,90	213,64	124,77	181,49	204,17	119,08	173,21	194,86
	V	4 044,16	222,42	323,53	363,97	IV	3 508,83	190,08	276,49	311,05	187,18	272,27	306,30	184,29	268,06	301,56	181,39	263,84	296,82	178,49	259,62	292,07	175,59	255,40	287,33
	VI	4 076,33	224,19	326,10	366,86																				
10 325,99	I,IV	3 510,08	193,05	280,80	315,90	I	3 510,08	187,25	272,37	306,41	181,45	263,94	296,93	175,66	255,50	287,44	169,86	247,07	277,95	164,06	238,64	268,47	158,26	230,20	258,98
	II	3 464,33	190,53	277,14	311,78	II	3 464,33	184,74	268,71	302,30	178,94	260,28	292,81	173,14	251,84	283,32	167,34	243,41	273,83	161,54	234,98	264,35	155,75	226,54	254,86
	III	2 796,83	153,82	223,74	251,71	III	2 796,83	148,02	215,30	242,21	142,23	206,88	232,74	136,42	198,44	223,24	130,63	190,01	213,76	124,85	181,60	204,30	119,14	173,30	194,96
	V	4 045,41	222,49	323,63	364,08	IV	3 510,08	190,15	276,59	311,16	187,25	272,37	306,41	184,36	268,16	301,68	181,45	263,94	296,93	178,56	259,72	292,19	175,66	255,50	287,44
	VI	4 077,58	224,26	326,20	366,98																				
10 328,99	I,IV	3 511,33	193,12	280,90	316,01	I	3 511,33	187,32	272,47	306,53	181,52	264,04	297,04	175,72	255,60	287,55	169,93	247,17	278,06	164,13	238,74	268,58	158,33	230,30	259,09
	II	3 465,58	190,60	277,24	311,90	II	3 465,58	184,80	268,81	302,41	179,01	260,38	292,92	173,21	251,94	283,43	167,41	243,51	273,95	161,61	235,08	264,46	155,81	226,64	254,97
	III	2 798,—	153,89	223,84	251,82	III	2 798,—	148,09	215,41	242,33	142,29	206,97	232,84	136,50	198,54	223,36	130,69	190,10	213,86	124,91	181,69	204,40	119,22	173,41	195,08
	V	4 046,66	222,56	323,73	364,19	IV	3 511,33	190,22	276,69	311,27	187,32	272,47	306,53	184,42	268,26	301,79	181,52	264,04	297,04	178,63	259,82	292,30	175,72	255,60	287,55
	VI	4 078,83	224,33	326,30	367,09																				
10 331,99	I,IV	3 512,66	193,19	281,01	316,13	I	3 512,66	187,39	272,58	306,65	181,60	264,14	297,16	175,79	255,70	287,66	170,—	247,27	278,18	164,20	238,84	268,69	158,40	230,40	259,20
	II	3 466,83	190,67	277,34	312,01	II	3 466,83	184,87	268,91	302,52	179,08	260,48	293,04	173,28	252,04	283,55	167,48	243,61	274,06	161,68	235,18	264,57	155,88	226,74	255,08
	III	2 799,33	153,96	223,94	251,93	III	2 799,33	148,16	215,50	242,44	142,36	207,08	232,96	136,56	198,64	223,47	130,77	190,21	213,98	124,97	181,78	204,50	119,28	173,50	195,19
	V	4 047,91	222,63	323,83	364,31	IV	3 512,66	190,29	276,79	311,39	187,39	272,58	306,65	184,49	268,36	301,90	181,60	264,14	297,16	178,69	259,92	292,41	175,79	255,70	287,66
	VI	4 080,08	224,40	326,40	367,20																				
10 334,99	I,IV	3 513,91	193,26	281,11	316,25	I	3 513,91	187,46	272,68	306,76	181,66	264,24	297,27	175,87	255,81	287,78	170,07	247,38	278,30	164,27	238,94	268,81	158,47	230,50	259,31
	II	3 468,08	190,74	277,44	312,12	II	3 468,08	184,94	269,01	302,63	179,14	260,58	293,15	173,35	252,14	283,66	167,55	243,71	274,17	161,75	235,28	264,69	155,95	226,84	255,20
	III	2 800,50	154,02	224,04	252,04	III	2 800,50	148,23	215,61	242,56	142,43	207,17	233,06	136,63	198,74	223,58	130,83	190,30	214,09	125,05	181,89	204,62	119,35	173,60	195,30
	V	4 049,16	222,70	323,93	364,42	IV	3 513,91	190,36	276,89	311,50	187,46	272,68	306,76	184,56	268,46	302,01	181,66	264,24	297,27	178,76	260,02	292,52	175,87	255,81	287,78
	VI	4 081,33	224,47	326,50	367,31																				
10 337,99	I,IV	3 515,16	193,33	281,21	316,36	I	3 515,16	187,53	272,78	306,87	181,73	264,34	297,38	175,94	255,91	287,90	170,14	247,48	278,41	164,34	239,04	268,92	158,54	230,61	259,43
	II	3 469,33	190,81	277,54	312,23	II	3 469,33	185,01	269,11	302,75	179,21	260,68	293,26	173,41	252,24	283,77	167,62	243,81	274,28	161,82	235,38	264,80	156,02	226,94	255,31
	III	2 801,83	154,10	224,14	252,16	III	2 801,83	148,29	215,70	242,66	142,50	207,28	233,19	136,70	198,84	223,69	130,90	190,41	214,21	125,11	181,98	204,73	119,42	173,70	195,41
	V	4 050,41	222,77	324,03	364,53	IV	3 515,16	190,43	276,99	311,61	187,53	272,78	306,87	184,63	268,56	302,13	181,73	264,34	297,38	178,83	260,12	292,64	175,94	255,91	287,90
	VI	4 082,66	224,54	326,61	367,44																				
10 340,99	I,IV	3 516,41	193,40	281,31	316,47	I	3 516,41	187,60	272,88	306,99	181,80	264,44	297,50	176,—	256,01	288,01	170,21	247,58	278,52	164,41	239,14	269,03	158,61	230,71	259,5
	II	3 470,66	190,88	277,65	312,35	II	3 470,66	185,08	269,22	302,87	179,29	260,78	293,38	173,48	252,34	283,88	167,69	243,91	274,40	161,89	235,48	264,91	156,09	227,04	255,4
	III	2 803,—	154,16	224,24	252,27	III	2 803,—	148,37	215,81	242,78	142,56	207,37	233,29	136,77	198,94	223,81	130,97	190,50	214,31	125,18	182,09	204,85	119,48	173,80	195,5
	V	4 051,66	222,84	324,13	364,64	IV	3 516,41	190,50	277,09	311,72	187,60	272,88	306,99	184,70	268,66	302,24	181,80	264,44	297,50	178,90	260,22	292,75	176,—	256,01	288,0
	VI	4 083,91	224,61	326,71	367,55																				
10 343,99	I,IV	3 517,66	193,47	281,41	316,58	I	3 517,66	187,67	272,98	307,10	181,87	264,54	297,61	176,07	256,11	288,12	170,28	247,68	278,64	164,48	239,24	269,15	158,68	230,81	259,6
	II	3 471,91	190,95	277,75	312,47	II	3 471,91	185,15	269,32	302,98	179,35	260,88	293,49	173,56	252,45	284,—	167,76	244,02	274,52	161,96	235,58	265,03	156,16	227,14	255,5
	III	2 804,33	154,23	224,34	252,38	III	2 804,33	148,44	215,92	242,91	142,64	207,48	233,41	136,84	199,04	223,92	131,04	190,61	214,43	125,25	182,18	204,95	119,55	173,89	195,6
	V	4 052,91	222,91	324,23	364,76	IV	3 517,66	190,57	277,20	311,85	187,67	272,98	307,10	184,77	268,76	302,36	181,87	264,54	297,61	178,97	260,32	292,86	176,07	256,11	288,1
	VI	4 085,16	224,68	326,81	367,66																				
10 346,99	I,IV	3 518,91	193,54	281,51	316,70	I	3 518,91	187,74	273,08	307,21	181,94	264,64	297,72	176,14	256,21	288,23	170,34	247,78	278,75	164,55	239,34	269,26	158,75	230,91	259,7
	II	3 473,16	191,02	277,85	312,58	II	3 473,16	185,22	269,42	303,09	179,42	260,98	293,60	173,63	252,55	284,12	167,83	244,12	274,63	162,03	235,68	265,14	156,23	227,25	255,6
	III	2 805,66	154,31	224,45	252,50	III	2 805,66	148,50	216,01	243,01	142,71	207,58	233,53	136,91	199,14	224,03	131,12	190,72	214,56	125,32	182,29	205,07	119,62	174,—	195,7
	V	4 054,25	222,98	324,34	364,88	IV	3 518,91	190,64	277,30	311,96	187,74	273,08	307,21	184,84	268,86	302,47	181,94	264,64	297,72	179,04	260,43	292,98	176,14	256,21	288,2
	VI	4 086,41	224,75	326,91	367,77																				
10 349,99	I,IV	3 520,16	193,60	281,61	316,81	I	3 520,16	187,81	273,18	307,32	182,01	264,74	297,83	176,21	256,31	288,35	170,41	247,88	278,86	164,61	239,44	269,37	158,82	231,01	259,8
	II	3 474,41	191,09	277,95	312,69	II	3 474,41	185,29	269,52	303,21	179,49	261,08	293,72	173,69	252,65	284,23	167,90	244,22	274,74	162,10	235,78	265,25	156,30	227,35	255,7
	III	2 806,83	154,37	224,54	252,61	III	2 806,83	148,58	216,12	243,13	142,78	207,68	233,64	136,98	199,25	224,15	131,18	190,81	214,66	125,39	182,38	205,18	119,68	174,09	195,8
	V	4 055,50	223,05	324,44	364,99	IV	3 520,16	190,71	277,40	312,07	187,81	273,18	307,32	184,91	268,96	302,58	182,01	264,74	297,83	179,11	260,53	293,09	176,21	256,31	288,3
	VI	4 087,66	224,82	327,01	367,88																				

* Die ausgewiesenen Tabellenwerte sind amtlich. Siehe Erläuterungen auf der Umschlaginnenseite (U2).

Lohn/ Gehalt bis €*	Abzüge an Lohnsteuer, Solidaritätszuschlag (SolZ) und Kirchensteuer (8%, 9%) in den Steuerklassen: I – VI, ohne Kinderfreibeträge					I, II, III, IV		mit Zahl der Kinderfreibeträge . . . 0,5			1			1,5			2			2,5			3		
		LSt	SolZ	8%	9%		LSt	SolZ	8%	9%	SolZ	8%	9%	SolZ	8%	9%	SolZ	8%	9%	SolZ	8%	9%	SolZ	8%	9%
10 352,99	I,IV	3 521,41	193,67	281,71	316,92	I	3 521,41	187,88	273,28	307,44	182,08	264,84	297,95	176,28	256,41	288,46	170,48	247,98	278,97	164,68	239,54	269,48	158,89	231,11	260,—
	II	3 475,66	191,16	278,05	312,80	II	3 475,66	185,36	269,62	303,32	179,56	261,18	293,83	173,76	252,75	284,34	167,97	244,32	274,86	162,17	235,88	265,37	156,37	227,45	255,88
	III	2 808,16	154,44	224,65	252,73	III	2 808,16	148,64	216,21	243,23	142,85	207,78	233,75	137,05	199,34	224,26	131,25	190,92	214,78	125,46	182,49	205,30	119,76	174,20	195,97
	V	4 056,75	223,12	324,54	365,10	IV	3 521,41	190,78	277,50	312,18	187,88	273,28	307,44	184,98	269,06	302,69	182,08	264,84	297,95	179,18	260,63	293,21	176,28	256,41	288,46
	VI	4 088,91	224,89	327,11	368,—																				
10 355,99	I,IV	3 522,75	193,75	281,82	317,04	I	3 522,75	187,95	273,38	307,55	182,15	264,94	298,06	176,35	256,51	288,57	170,55	248,08	279,09	164,75	239,64	269,60	158,95	231,21	260,11
	II	3 476,91	191,23	278,15	312,92	II	3 476,91	185,43	269,72	303,43	179,63	261,28	293,94	173,83	252,85	284,45	168,03	244,42	274,97	162,24	235,98	265,48	156,44	227,55	255,99
	III	2 809,33	154,51	224,74	252,83	III	2 809,33	148,72	216,32	243,36	142,91	207,88	233,86	137,12	199,45	224,38	131,32	191,01	214,88	125,52	182,58	205,40	119,82	174,29	196,07
	V	4 058,—	223,19	324,64	365,22	IV	3 522,75	190,85	277,60	312,30	187,95	273,38	307,55	185,05	269,16	302,81	182,15	264,94	298,06	179,25	260,73	293,32	176,35	256,51	288,57
	VI	4 090,16	224,95	327,21	368,11																				
10 358,99	I,IV	3 524,—	193,82	281,92	317,16	I	3 524,—	188,02	273,48	307,67	182,22	265,05	298,18	176,42	256,62	288,69	170,62	248,18	279,20	164,82	239,74	269,71	159,02	231,31	260,22
	II	3 478,16	191,29	278,25	313,03	II	3 478,16	185,50	269,82	303,54	179,70	261,38	294,05	173,90	252,95	284,57	168,10	244,52	275,08	162,30	236,08	265,59	156,51	227,65	256,10
	III	2 810,66	154,58	224,85	252,95	III	2 810,66	148,78	216,41	243,46	142,99	207,98	233,98	137,18	199,54	224,48	131,39	191,12	215,01	125,60	182,69	205,52	119,89	174,38	196,18
	V	4 059,25	223,25	324,74	365,33	IV	3 524,—	190,91	277,70	312,41	188,02	273,48	307,67	185,12	269,26	302,92	182,22	265,05	298,18	179,32	260,83	293,43	176,42	256,62	288,69
	VI	4 091,41	225,02	327,31	368,22																				
10 361,99	I,IV	3 525,25	193,88	282,02	317,27	I	3 525,25	188,09	273,58	307,78	182,29	265,15	298,29	176,49	256,72	288,81	170,69	248,28	279,32	164,89	239,85	269,83	159,10	231,42	260,34
	II	3 479,41	191,36	278,35	313,14	II	3 479,41	185,57	269,92	303,66	179,77	261,48	294,17	173,97	253,05	284,68	168,17	244,62	275,19	162,37	236,18	265,70	156,58	227,75	256,22
	III	2 811,83	154,65	224,94	253,06	III	2 811,83	148,85	216,52	243,58	143,05	208,08	234,09	137,26	199,65	224,60	131,45	191,21	215,11	125,66	182,78	205,63	119,96	174,49	196,30
	V	4 060,50	223,32	324,84	365,44	IV	3 525,25	190,98	277,80	312,52	188,09	273,58	307,78	185,18	269,36	303,03	182,29	265,15	298,29	179,39	260,93	293,54	176,49	256,72	288,81
	VI	4 092,75	225,10	327,42	368,34																				
10 364,99	I,IV	3 526,50	193,95	282,12	317,38	I	3 526,50	188,15	273,68	307,89	182,36	265,25	298,40	176,56	256,82	288,92	170,76	248,38	279,43	164,96	239,95	269,94	159,17	231,52	260,46
	II	3 480,75	191,44	278,46	313,26	II	3 480,75	185,64	270,02	303,77	179,84	261,58	294,28	174,04	253,15	284,79	168,24	244,72	275,31	162,44	236,28	265,82	156,64	227,85	256,33
	III	2 813,16	154,72	225,05	253,18	III	2 813,16	148,92	216,61	243,68	143,12	208,18	234,20	137,32	199,74	224,71	131,53	191,32	215,23	125,73	182,89	205,75	120,02	174,58	196,40
	V	4 061,75	223,39	324,94	365,55	IV	3 526,50	191,05	277,90	312,63	188,15	273,68	307,89	185,25	269,46	303,14	182,36	265,25	298,40	179,46	261,03	293,66	176,56	256,82	288,92
	VI	4 094,—	225,17	327,52	368,46																				
10 367,99	I,IV	3 527,75	194,02	282,22	317,49	I	3 527,75	188,22	273,78	308,—	182,43	265,35	298,52	176,63	256,92	289,03	170,83	248,48	279,54	165,03	240,05	270,05	159,23	231,62	260,57
	II	3 482,—	191,51	278,56	313,38	II	3 482,—	185,71	270,12	303,89	179,91	261,69	294,40	174,11	253,26	284,91	168,31	244,82	275,42	162,51	236,38	265,93	156,71	227,95	256,44
	III	2 814,50	154,79	225,16	253,30	III	2 814,50	148,99	216,72	243,81	143,19	208,28	234,31	137,39	199,85	224,83	131,59	191,41	215,33	125,80	182,98	205,85	120,09	174,68	196,51
	V	4 063,—	223,46	325,04	365,67	IV	3 527,75	191,12	278,—	312,75	188,22	273,78	308,—	185,32	269,56	303,26	182,43	265,35	298,52	179,52	261,13	293,77	176,63	256,92	289,03
	VI	4 095,25	225,23	327,62	368,57																				
10 370,99	I,IV	3 529,—	194,09	282,32	317,61	I	3 529,—	188,29	273,88	308,12	182,49	265,45	298,63	176,70	257,02	289,14	170,90	248,58	279,65	165,10	240,15	270,17	159,30	231,72	260,68
	II	3 483,25	191,57	278,66	313,49	II	3 483,25	185,78	270,22	304,—	179,98	261,79	294,51	174,18	253,36	285,03	168,38	244,92	275,54	162,58	236,49	266,05	156,79	228,06	256,56
	III	2 815,66	154,86	225,25	253,40	III	2 815,66	149,06	216,82	243,92	143,26	208,38	234,43	137,47	199,96	224,95	131,67	191,52	215,46	125,87	183,09	205,97	120,16	174,78	196,63
	V	4 064,25	223,53	325,14	365,78	IV	3 529,—	191,19	278,10	312,86	188,29	273,88	308,12	185,40	269,67	303,38	182,49	265,45	298,63	179,60	261,24	293,89	176,70	257,02	289,14
	VI	4 096,50	225,30	327,72	368,68																				
10 373,99	I,IV	3 530,25	194,16	282,42	317,72	I	3 530,25	188,36	273,98	308,23	182,56	265,55	298,74	176,77	257,12	289,26	170,97	248,68	279,77	165,17	240,25	270,28	159,37	231,82	260,79
	II	3 484,50	191,64	278,76	313,60	II	3 484,50	185,84	270,32	304,11	180,05	261,89	294,62	174,25	253,46	285,14	168,45	245,02	275,65	162,65	236,59	266,16	156,86	228,16	256,68
	III	2 817,—	154,93	225,36	253,53	III	2 817,—	149,13	216,92	244,03	143,33	208,49	234,55	137,53	200,05	225,05	131,74	191,62	215,57	125,94	183,18	206,08	120,23	174,88	196,74
	V	4 065,58	223,60	325,24	365,90	IV	3 530,25	191,26	278,20	312,98	188,36	273,98	308,23	185,46	269,77	303,49	182,56	265,55	298,74	179,67	261,34	294,—	176,77	257,12	289,26
	VI	4 097,75	225,37	327,82	368,79																				
10 376,99	I,IV	3 531,50	194,23	282,52	317,83	I	3 531,50	188,43	274,08	308,34	182,63	265,65	298,85	176,83	257,22	289,37	171,04	248,78	279,88	165,24	240,35	270,39	159,44	231,92	260,91
	II	3 485,75	191,71	278,86	313,71	II	3 485,75	185,91	270,42	304,22	180,12	261,99	294,74	174,32	253,56	285,25	168,52	245,12	275,76	162,72	236,69	266,27	156,92	228,26	256,79
	III	2 818,16	154,99	225,45	253,63	III	2 818,16	149,20	217,02	244,15	143,40	208,58	234,65	137,61	200,16	225,18	131,80	191,72	215,68	126,01	183,29	206,20	120,30	174,98	196,85
	V	4 066,83	223,67	325,34	366,01	IV	3 531,50	191,33	278,30	313,09	188,43	274,08	308,34	185,53	269,87	303,60	182,63	265,65	298,85	179,74	261,44	294,12	176,83	257,22	289,37
	VI	4 099,—	225,44	327,92	368,91																				
10 379,99	I,IV	3 532,83	194,30	282,62	317,95	I	3 532,83	188,50	274,18	308,45	182,70	265,75	298,97	176,90	257,32	289,48	171,10	248,88	279,99	165,31	240,45	270,50	159,51	232,02	261,02
	II	3 487,—	191,78	278,96	313,83	II	3 487,—	185,98	270,52	304,34	180,18	262,09	294,85	174,39	253,66	285,36	168,59	245,22	275,87	162,79	236,79	266,39	156,99	228,36	256,90
	III	2 819,50	155,07	225,56	253,75	III	2 819,50	149,27	217,12	244,26	143,47	208,69	234,77	137,67	200,25	225,28	131,88	191,82	215,80	126,08	183,40	206,32	120,36	175,08	196,96
	V	4 068,08	223,74	325,44	366,12	IV	3 532,83	191,40	278,40	313,20	188,50	274,18	308,45	185,60	269,97	303,71	182,70	265,75	298,97	179,80	261,54	294,23	176,90	257,32	289,48
	VI	4 100,25	225,51	328,02	369,02																				
10 382,99	I,IV	3 534,08	194,37	282,72	318,06	I	3 534,08	188,57	274,29	308,57	182,77	265,86	299,09	176,98	257,42	289,60	171,17	248,98	280,10	165,38	240,55	270,62	159,58	232,12	261,13
	II	3 488,25	191,85	279,06	313,94	II	3 488,25	186,05	270,62	304,45	180,25	262,19	294,96	174,46	253,76	285,48	168,66	245,32	275,99	162,86	236,89	266,50	157,06	228,46	257,01
	III	2 820,66	155,13	225,65	253,85	III	2 820,66	149,34	217,22	244,37	143,54	208,78	234,88	137,74	200,36	225,40	131,94	191,92	215,91	126,15	183,49	206,42	120,43	175,17	197,06
	V	4 069,33	223,81	325,54	366,23	IV	3 534,08	191,47	278,50	313,31	188,57	274,29	308,57	185,67	270,07	303,83	182,77	265,86	299,09	179,87	261,64	294,34	176,98	257,42	289,60
	VI	4 101,50	225,58	328,12	369,13																				
10 385,99	I,IV	3 535,33	194,44	282,82	318,17	I	3 535,33	188,64	274,39	308,69	182,84	265,96	299,20	177,04	257,52	289,71	171,25	249,09	280,22	165,45	240,66	270,74	159,65	232,22	261,25
	II	3 489,50	191,92	279,16	314,05	II	3 489,50	186,12	270,72	304,56	180,32	262,29	295,07	174,52	253,86	285,59	168,73	245,42	276,10	162,93	236,99	266,61	157,13	228,56	257,13
	III	2 822,—	155,21	225,76	253,98	III	2 822,—	149,40	217,32	244,48	143,61	208,89	235,—	137,81	200,45	225,50	132,01	192,02	216,02	126,22	183,60	206,55	120,50	175,28	197,19
	V	4 070,58	223,88	325,64	366,35	IV	3 535,33	191,54	278,60	313,43	188,64	274,39	308,69	185,74	270,17	303,94	182,84	265,96	299,20	179,94	261,74	294,45	177,04	257,52	289,71
	VI	4 102,75	225,65	328,22	369,24																				
10 388,99	I,IV	3 536,58	194,51	282,92	318,29	I	3 536,58	188,71	274,49	308,80	182,91	266,06	299,31	177,11	257,62	289,82	171,32	249,19	280,34	165,52	240,76	270,85	159,72	232,32	261,36
	II	3 490,83	191,99	279,26	314,17	II	3 490,83	186,19	270,82	304,67	180,39	262,39	295,19	174,59	253,96	285,70	168,79	245,52	276,21	163,—	237,09	266,72	157,20	228,66	257,24
	III	2 823,16	155,27	225,85	254,08	III	2 823,16	149,48	217,42	244,60	143,67	208,98	235,10	137,88	200,56	225,63	132,08	192,12	216,13	126,28	183,69	206,65	120,56	175,37	197,29
	V	4 071,83	223,95	325,74	366,46	IV	3 536,58	191,61	278,70	313,54	188,71	274,49	308,80	185,81	270,27	304,05	182,91	266,06	299,31	180,01	261,84	294,57	177,11	257,62	289,82
	VI	4 104,08	225,72	328,32	369,36																				
10 391,99	I,IV	3 537,83	194,58	283,02	318,40	I	3 537,83	188,78	274,59	308,91	182,98	266,16	299,43	177,18	257,72	289,94	171,38	249,29	280,45	165,59	240,86	270,96	159,79	232,42	261,47
	II	3 492,08	192,06	279,36	314,28	II	3 492,08	186,26	270,93	304,79	180,46	262,50	295,31	174,67	254,06	285,82	168,86	245,62	276,32	163,07	237,19	266,84	157,27	228,76	257,35
	III	2 824,50	155,34	225,96	254,20	III	2 824,50	149,54	217,52	244,71	143,75	209,09	235,22	137,94	200,65	225,73	132,15	192,22	216,25	126,36	183,80	206,77	120,64	175,48	197,41
	V	4 073,08	224,01	325,84	366,57	IV	3 537,83	191,67	278,80	313,65	188,78	274,59	308,91	185,88	270,37	304,16	182,98	266,16	299,43	180,08	261,94	294,68	177,18	257,72	289,94
	VI	4 105,33	225,79	328,42	369,47																				
10 394,99	I,IV	3 539,08	194,64	283,12	318,51	I	3 539,08	188,85	274,69	309,02	183,05	266,26	299,54	177,25	257,82	290,05	171,45	249,39	280,56	165,66	240,96	271,08	159,86	232,52	261,59
	II	3 493,33	192,13	279,46	314,39	II	3 493,33	186,33	271,03	304,91	180,53	262,60	295,42	174,73	254,16	285,93	168,94	245,73	276,44	163,14	237,30	266,96	157,34	228,86	257,47
	III	2 825,83	155,42	226,06	254,32	III	2 825,83	149,61	217,62	244,82	143,82	209,20	235,35	138,02	200,76	225,85	132,22	192,32	216,36	126,42	183,89	206,87	120,70	175,57	197,51
	V	4 074,33	224,08	325,94	366,68	IV	3 539,08	191,75	278,91	313,77	188,85	274,69	309,02	185,95	270,48	304,29	183,05	266,26	299,54	180,15	262,04	294,80	177,25	257,82	290,05
	VI	4 106,58	225,86	328,52	369,59																				

* **Die ausgewiesenen Tabellenwerte sind amtlich. Siehe Erläuterungen auf der Umschlaginnenseite (U2).**

MONAT 10 395,–*

Abzüge an Lohnsteuer, Solidaritätszuschlag (SolZ) und Kirchensteuer (8%, 9%) in den Steuerklassen

Lohn/ Gehalt bis €*	I – VI					I, II, III, IV																			
			ohne Kinder-freibeträge					mit Zahl der Kinderfreibeträge . . .																	
								0,5			1			1,5			2			2,5			3		
		LSt	SolZ	8%	9%		LSt	SolZ	8%	9%	SolZ	8%	9%	SolZ	8%	9%	SolZ	8%	9%	SolZ	8%	9%	SolZ	8%	9%
10 397,99	I,IV	3 540,33	194,71	283,22	318,62	I	3 540,33	188,92	274,79	309,14	183,12	266,36	299,65	177,32	257,92	290,16	171,52	249,49	280,67	165,72	241,06	271,19	159,93	232,62	261,70
	II	3 494,58	192,20	279,56	314,51	II	3 494,58	186,40	271,13	305,02	180,60	262,70	295,53	174,80	254,26	286,04	169,01	245,83	276,56	163,21	237,40	267,07	157,41	228,96	257,58
	III	2 827,–	155,48	226,16	254,43	III	2 827,–	149,69	217,73	244,94	143,88	209,29	235,45	138,09	200,86	225,97	132,29	192,42	216,47	126,50	184,–	207,–	120,77	175,66	197,62
	V	4 075,66	224,16	326,05	366,80	IV	3 540,33	191,82	279,01	313,88	188,92	274,79	309,14	186,02	270,58	304,40	183,12	266,36	299,65	180,22	262,14	294,91	177,32	257,92	290,16
	VI	4 107,83	225,93	328,62	369,70																				
10 400,99	I,IV	3 541,58	194,78	283,32	318,74	I	3 541,58	188,98	274,89	309,25	183,19	266,46	299,76	177,39	258,02	290,27	171,59	249,59	280,79	165,79	241,16	271,30	159,99	232,72	261,81
	II	3 495,83	192,27	279,66	314,62	II	3 495,83	186,47	271,23	305,13	180,67	262,80	295,65	174,87	254,36	286,16	169,07	245,93	276,67	163,28	237,50	267,18	157,48	229,06	257,69
	III	2 828,33	155,55	226,26	254,54	III	2 828,33	149,75	217,82	245,05	143,96	209,40	235,57	138,16	200,96	226,08	132,36	192,53	216,59	126,56	184,09	207,10	120,84	175,77	197,74
	V	4 076,91	224,23	326,15	366,92	IV	3 541,58	191,89	279,11	314,–	188,98	274,89	309,25	186,09	270,68	304,51	183,19	266,46	299,76	180,29	262,24	295,02	177,39	258,02	290,27
	VI	4 109,08	225,99	328,72	369,81																				
10 403,99	I,IV	3 542,83	194,85	283,42	318,85	I	3 542,83	189,05	274,99	309,36	183,26	266,56	299,88	177,46	258,12	290,39	171,66	249,69	280,90	165,86	241,26	271,41	160,06	232,82	261,92
	II	3 497,08	192,33	279,76	314,73	II	3 497,08	186,54	271,33	305,24	180,74	262,90	295,76	174,94	254,46	286,27	169,14	246,03	276,78	163,35	237,60	267,30	157,55	229,16	257,81
	III	2 829,50	155,62	226,36	254,65	III	2 829,50	149,82	217,93	245,17	144,02	209,49	235,67	138,23	201,06	226,19	132,43	192,62	216,70	126,63	184,20	207,22	120,90	175,86	197,84
	V	4 078,16	224,29	326,25	367,03	IV	3 542,83	191,95	279,21	314,11	189,05	274,99	309,36	186,16	270,78	304,62	183,26	266,56	299,88	180,36	262,34	295,13	177,46	258,12	290,39
	VI	4 110,33	226,06	328,82	369,92																				
10 406,99	I,IV	3 544,16	194,92	283,53	318,97	I	3 544,16	189,13	275,10	309,48	183,33	266,66	299,99	177,53	258,22	290,50	171,73	249,79	281,01	165,93	241,36	271,53	160,13	232,92	262,04
	II	3 498,33	192,40	279,86	314,84	II	3 498,33	186,61	271,43	305,36	180,81	263,–	295,87	175,01	254,56	286,38	169,21	246,13	276,89	163,41	237,70	267,41	157,62	229,26	257,92
	III	2 830,83	155,69	226,46	254,77	III	2 830,83	149,89	218,02	245,27	144,10	209,60	235,80	138,29	201,16	226,30	132,50	192,73	216,82	126,70	184,29	207,32	120,98	175,97	197,96
	V	4 079,41	224,36	326,35	367,14	IV	3 544,16	192,02	279,31	314,22	189,13	275,10	309,48	186,23	270,88	304,74	183,33	266,66	299,99	180,43	262,44	295,25	177,53	258,22	290,50
	VI	4 111,58	226,13	328,92	370,04																				
10 409,99	I,IV	3 545,41	194,99	283,63	319,08	I	3 545,41	189,20	275,20	309,60	183,40	266,76	300,11	177,60	258,33	290,62	171,80	249,90	281,13	166,–	241,46	271,64	160,20	233,02	262,15
	II	3 499,58	192,47	279,96	314,96	II	3 499,58	186,67	271,53	305,47	180,88	263,10	295,98	175,08	254,66	286,49	169,28	246,23	277,01	163,48	237,80	267,52	157,68	229,36	258,03
	III	2 832,–	155,76	226,56	254,88	III	2 832,–	149,96	218,13	245,39	144,16	209,69	235,90	138,37	201,26	226,42	132,56	192,82	216,92	126,77	184,40	207,45	121,04	176,06	198,07
	V	4 080,66	224,43	326,45	367,25	IV	3 545,41	192,09	279,41	314,33	189,20	275,20	309,60	186,29	270,98	304,85	183,40	266,76	300,11	180,50	262,54	295,36	177,60	258,33	290,62
	VI	4 112,83	226,20	329,02	370,15																				
10 412,99	I,IV	3 546,66	195,06	283,73	319,19	I	3 546,66	189,26	275,30	309,71	183,47	266,86	300,22	177,67	258,43	290,73	171,87	250,–	281,25	166,07	241,56	271,76	160,27	233,13	262,27
	II	3 500,83	192,54	280,06	315,07	II	3 500,83	186,74	271,63	305,58	180,95	263,20	296,10	175,15	254,76	286,61	169,35	246,33	277,12	163,55	237,90	267,63	157,75	229,46	258,14
	III	2 833,33	155,83	226,66	254,99	III	2 833,33	150,03	218,22	245,50	144,23	209,80	236,02	138,43	201,36	226,53	132,64	192,93	217,04	126,83	184,49	207,55	121,11	176,16	198,18
	V	4 081,91	224,50	326,55	367,37	IV	3 546,66	192,16	279,51	314,45	189,26	275,30	309,71	186,36	271,08	304,96	183,47	266,86	300,22	180,56	262,64	295,47	177,67	258,43	290,73
	VI	4 114,16	226,27	329,13	370,27																				
10 415,99	I,IV	3 547,91	195,13	283,83	319,31	I	3 547,91	189,33	275,40	309,82	183,53	266,96	300,33	177,74	258,53	290,84	171,94	250,10	281,36	166,14	241,66	271,87	160,34	233,23	262,38
	II	3 502,16	192,61	280,17	315,19	II	3 502,16	186,82	271,74	305,70	181,02	263,30	296,21	175,22	254,86	286,72	169,42	246,43	277,23	163,62	238,–	267,75	157,82	229,56	258,26
	III	2 834,50	155,89	226,76	255,10	III	2 834,50	150,10	218,33	245,62	144,30	209,89	236,12	138,50	201,46	226,64	132,70	193,02	217,15	126,91	184,60	207,67	121,18	176,26	198,29
	V	4 083,16	224,57	326,65	367,48	IV	3 547,91	192,23	279,61	314,56	189,33	275,40	309,82	186,43	271,18	305,07	183,53	266,96	300,33	180,63	262,74	295,58	177,74	258,53	290,84
	VI	4 115,41	226,34	329,23	370,38																				
10 418,99	I,IV	3 549,16	195,20	283,93	319,42	I	3 549,16	189,40	275,50	309,93	183,60	267,06	300,44	177,81	258,63	290,96	172,01	250,20	281,47	166,21	241,76	271,98	160,41	233,33	262,49
	II	3 503,41	192,68	280,27	315,30	II	3 503,41	186,89	271,84	305,82	181,09	263,40	296,33	175,29	254,97	286,84	169,49	246,54	277,35	163,69	238,10	267,86	157,89	229,66	258,37
	III	2 835,83	155,97	226,86	255,22	III	2 835,83	150,17	218,44	245,74	144,37	210,–	236,25	138,57	201,56	226,75	132,77	193,13	217,27	126,97	184,69	207,77	121,24	176,36	198,40
	V	4 084,41	224,64	326,75	367,59	IV	3 549,16	192,30	279,72	314,68	189,40	275,50	309,93	186,50	271,28	305,19	183,60	267,06	300,44	180,70	262,84	295,70	177,81	258,63	290,96
	VI	4 116,66	226,41	329,33	370,49																				
10 421,99	I,IV	3 550,41	195,27	284,03	319,53	I	3 550,41	189,47	275,60	310,05	183,67	267,16	300,56	177,87	258,73	291,07	172,08	250,30	281,58	166,28	241,86	272,09	160,48	233,43	262,61
	II	3 504,66	192,75	280,37	315,41	II	3 504,66	186,95	271,94	305,93	181,16	263,50	296,44	175,36	255,07	286,95	169,56	246,64	277,47	163,76	238,20	267,98	157,96	229,77	258,49
	III	2 837,16	156,04	226,97	255,34	III	2 837,16	150,24	218,53	245,84	144,44	210,10	236,36	138,64	201,66	226,87	132,85	193,24	217,39	127,05	184,80	207,90	121,32	176,46	198,52
	V	4 085,75	224,71	326,86	367,71	IV	3 550,41	192,37	279,82	314,79	189,47	275,60	310,05	186,57	271,38	305,30	183,67	267,16	300,56	180,78	262,95	295,82	177,87	258,73	291,07
	VI	4 117,91	226,48	329,43	370,61																				
10 424,99	I,IV	3 551,66	195,34	284,13	319,64	I	3 551,66	189,54	275,70	310,16	183,74	267,26	300,67	177,94	258,83	291,18	172,15	250,40	281,70	166,35	241,96	272,21	160,55	233,53	262,72
	II	3 505,91	192,82	280,47	315,53	II	3 505,91	187,02	272,04	306,04	181,22	263,60	296,55	175,43	255,17	287,06	169,63	246,74	277,58	163,83	238,30	268,09	158,03	229,87	258,60
	III	2 838,33	156,10	227,06	255,44	III	2 838,33	150,31	218,64	245,97	144,51	210,20	236,47	138,71	201,77	226,99	132,91	193,33	217,49	127,11	184,89	208,–	121,38	176,56	198,63
	V	4 087,–	224,78	326,96	367,83	IV	3 551,66	192,44	279,92	314,91	189,54	275,70	310,16	186,64	271,48	305,42	183,74	267,26	300,67	180,84	263,05	295,93	177,94	258,83	291,18
	VI	4 119,16	226,55	329,53	370,72																				
10 427,99	I,IV	3 552,91	195,41	284,23	319,76	I	3 552,91	189,61	275,80	310,27	183,81	267,36	300,78	178,01	258,93	291,29	172,21	250,50	281,81	166,42	242,06	272,32	160,62	233,63	262,83
	II	3 507,16	192,89	280,57	315,64	II	3 507,16	187,09	272,14	306,15	181,29	263,70	296,66	175,50	255,27	287,18	169,70	246,84	277,69	163,90	238,40	268,20	158,10	229,97	258,71
	III	2 839,66	156,18	227,17	255,56	III	2 839,66	150,37	218,73	246,07	144,58	210,30	236,59	138,78	201,86	227,09	132,99	193,44	217,62	127,18	185,–	208,12	121,44	176,65	198,73
	V	4 088,25	224,85	327,06	367,94	IV	3 552,91	192,51	280,02	315,02	189,61	275,80	310,27	186,71	271,58	305,53	183,81	267,36	300,78	180,91	263,15	296,04	178,01	258,93	291,29
	VI	4 120,41	226,62	329,63	370,83																				
10 430,99	I,IV	3 554,25	195,48	284,34	319,88	I	3 554,25	189,68	275,90	310,39	183,88	267,46	300,89	178,08	259,03	291,41	172,28	250,60	281,92	166,48	242,16	272,43	160,69	233,73	262,94
	II	3 508,41	192,96	280,67	315,75	II	3 508,41	187,16	272,24	306,27	181,36	263,80	296,78	175,56	255,37	287,29	169,77	246,94	277,80	163,97	238,50	268,31	158,17	230,07	258,8
	III	2 840,83	156,24	227,26	255,67	III	2 840,83	150,45	218,84	246,19	144,65	210,40	236,70	138,85	201,97	227,21	133,05	193,53	217,72	127,25	185,09	208,22	121,52	176,76	198,85
	V	4 089,50	224,92	327,16	368,05	IV	3 554,25	192,58	280,12	315,13	189,68	275,90	310,39	186,78	271,68	305,64	183,88	267,46	300,89	180,98	263,25	296,15	178,08	259,03	291,4
	VI	4 121,66	226,69	329,73	370,94																				
10 433,99	I,IV	3 555,50	195,55	284,44	319,99	I	3 555,50	189,75	276,–	310,50	183,95	267,57	301,01	178,15	259,14	291,53	172,36	250,70	282,04	166,55	242,26	272,54	160,76	233,83	263,0
	II	3 509,66	193,03	280,77	315,86	II	3 509,66	187,23	272,34	306,38	181,43	263,90	296,89	175,63	255,47	287,40	169,84	247,04	277,92	164,04	238,60	268,43	158,24	230,17	258,9
	III	2 842,16	156,31	227,37	255,79	III	2 842,16	150,51	218,93	246,29	144,72	210,50	236,81	138,92	202,06	227,32	133,12	193,64	217,84	127,32	185,20	208,35	121,58	176,85	198,9
	V	4 090,75	224,99	327,26	368,16	IV	3 555,50	192,65	280,22	315,24	189,75	276,–	310,50	186,85	271,78	305,75	183,95	267,57	301,01	181,05	263,35	296,27	178,15	259,14	291,5
	VI	4 122,91	226,76	329,83	371,06																				
10 436,99	I,IV	3 556,75	195,62	284,54	320,10	I	3 556,75	189,82	276,10	310,61	184,02	267,67	301,13	178,22	259,24	291,64	172,42	250,80	282,15	166,63	242,37	272,66	160,83	233,94	263,1
	II	3 510,91	193,10	280,87	315,98	II	3 510,91	187,30	272,44	306,49	181,50	264,–	297,–	175,70	255,57	287,51	169,90	247,14	278,03	164,11	238,70	268,54	158,31	230,27	259,0
	III	2 843,33	156,38	227,46	255,89	III	2 843,33	150,59	219,04	246,42	144,78	210,60	236,92	138,99	202,17	227,44	133,19	193,73	217,94	127,39	185,30	208,46	121,66	176,96	199,0
	V	4 092,–	225,06	327,36	368,28	IV	3 556,75	192,72	280,32	315,36	189,82	276,10	310,61	186,92	271,88	305,87	184,02	267,67	301,13	181,12	263,45	296,38	178,22	259,24	291,6
	VI	4 124,25	226,83	329,94	371,18																				
10 439,99	I,IV	3 558,–	195,69	284,64	320,22	I	3 558,–	189,89	276,20	310,73	184,09	267,77	301,24	178,29	259,34	291,75	172,49	250,90	282,26	166,70	242,47	272,78	160,90	234,04	263,2
	II	3 512,25	193,17	280,98	316,10	II	3 512,25	187,37	272,54	306,61	181,57	264,10	297,11	175,77	255,67	287,63	169,97	247,24	278,14	164,17	238,80	268,65	158,38	230,37	259,1
	III	2 844,66	156,45	227,57	256,01	III	2 844,66	150,65	219,13	246,52	144,86	210,70	237,04	139,05	202,26	227,54	133,26	193,84	218,07	127,46	185,40	208,57	121,72	177,05	199,1
	V	4 093,25	225,12	327,46	368,39	IV	3 558,–	192,78	280,42	315,47	189,89	276,20	310,73	186,99	271,98	305,98	184,09	267,77	301,24	181,19	263,55	296,49	178,29	259,34	291,7
	VI	4 125,50	226,90	330,04	371,29																				

*** Die ausgewiesenen Tabellenwerte sind amtlich. Siehe Erläuterungen auf der Umschlaginnenseite (U2).**

Abzüge an Lohnsteuer, Solidaritätszuschlag (SolZ) und Kirchensteuer (8%, 9%) in den Steuerklassen

Lohn/ Gehalt bis €*	I – VI					I, II, III, IV		mit Zahl der Kinderfreibeträge . . . 0,5			1			1,5			2			2,5			3		
		LSt	ohne Kinderfreibeträge SolZ	8%	9%		LSt	SolZ	8%	9%	SolZ	8%	9%	SolZ	8%	9%	SolZ	8%	9%	SolZ	8%	9%	SolZ	8%	9%
10 442,99	I,IV	3 559,25	195,75	284,74	320,33	I	3 559,25	189,96	276,30	310,84	184,16	267,87	301,35	178,36	259,44	291,87	172,56	251,—	282,38	166,76	242,57	272,89	160,97	234,14	263,40
	II	3 513,50	193,24	281,08	316,21	II	3 513,50	187,44	272,64	306,72	181,64	264,21	297,23	175,84	255,78	287,75	170,05	247,34	278,26	164,24	238,90	268,76	158,45	230,47	259,28
	III	2 846,—	156,53	227,68	256,14	III	2 846,—	150,72	219,24	246,64	144,92	210,80	237,15	139,13	202,37	227,66	133,32	193,93	218,17	127,53	185,50	208,69	121,79	177,16	199,30
	V	4 094,50	225,19	327,56	368,50	IV	3 559,25	192,86	280,52	315,59	189,96	276,30	310,84	187,05	272,08	306,09	184,16	267,87	301,35	181,26	263,65	296,60	178,36	259,44	291,87
	VI	4 126,75	226,97	330,14	371,40																				
10 445,99	I,IV	3 560,50	195,82	284,84	320,44	I	3 560,50	190,02	276,40	310,95	184,23	267,97	301,46	178,43	259,54	291,98	172,63	251,10	282,49	166,83	242,67	273,—	161,04	234,24	263,52
	II	3 514,75	193,31	281,18	316,32	II	3 514,75	187,51	272,74	306,83	181,71	264,31	297,35	175,91	255,88	287,86	170,11	247,44	278,37	164,32	239,01	268,88	158,52	230,58	259,40
	III	2 847,16	156,59	227,77	256,24	III	2 847,16	150,80	219,34	246,76	144,99	210,90	237,26	139,20	202,48	227,79	133,40	194,04	218,29	127,60	185,60	208,80	121,86	177,25	199,40
	V	4 095,75	225,26	327,66	368,61	IV	3 560,50	192,93	280,62	315,70	190,02	276,40	310,95	187,13	272,19	306,21	184,23	267,97	301,46	181,33	263,76	296,73	178,43	259,54	291,98
	VI	4 128,—	227,04	330,24	371,52																				
10 448,99	I,IV	3 561,75	195,89	284,94	320,55	I	3 561,75	190,09	276,50	311,06	184,30	268,07	301,58	178,50	259,64	292,09	172,70	251,20	282,60	166,90	242,77	273,11	161,10	234,34	263,63
	II	3 516,—	193,38	281,28	316,44	II	3 516,—	187,58	272,84	306,95	181,78	264,41	297,46	175,98	255,98	287,97	170,18	247,54	278,48	164,39	239,11	269,—	158,59	230,68	259,51
	III	2 848,50	156,66	227,88	256,36	III	2 848,50	150,86	219,44	246,87	145,07	211,01	237,38	139,26	202,57	227,89	133,47	194,14	218,41	127,67	185,70	208,91	121,92	177,34	199,51
	V	4 097,08	225,33	327,76	368,73	IV	3 561,75	192,99	280,72	315,81	190,09	276,50	311,06	187,20	272,29	306,32	184,30	268,07	301,58	181,40	263,86	296,84	178,50	259,64	292,09
	VI	4 129,25	227,10	330,34	371,63																				
10 451,99	I,IV	3 563,—	195,96	285,04	320,67	I	3 563,—	190,16	276,60	311,18	184,36	268,17	301,69	178,57	259,74	292,20	172,77	251,30	282,71	166,97	242,87	273,23	161,17	234,44	263,74
	II	3 517,25	193,44	281,38	316,55	II	3 517,25	187,65	272,94	307,06	181,85	264,51	297,57	176,05	256,08	288,09	170,25	247,64	278,60	164,45	239,21	269,11	158,66	230,78	259,62
	III	2 849,66	156,73	227,97	256,46	III	2 849,66	150,93	219,54	246,98	145,13	211,10	237,49	139,34	202,68	228,01	133,54	194,24	218,52	127,73	185,80	209,02	121,99	177,45	199,63
	V	4 098,33	225,40	327,86	368,84	IV	3 563,—	193,06	280,82	315,92	190,16	276,60	311,18	187,27	272,39	306,44	184,36	268,17	301,69	181,47	263,96	296,95	178,57	259,74	292,20
	VI	4 130,50	227,17	330,44	371,74																				
10 454,99	I,IV	3 564,33	196,03	285,14	320,78	I	3 564,33	190,23	276,70	311,29	184,43	268,27	301,80	178,64	259,84	292,32	172,84	251,40	282,83	167,04	242,97	273,34	161,24	234,54	263,85
	II	3 518,50	193,51	281,48	316,66	II	3 518,50	187,71	273,04	307,17	181,92	264,61	297,68	176,12	256,18	288,20	170,32	247,74	278,71	164,52	239,31	269,22	158,73	230,88	259,74
	III	2 851,—	156,80	228,08	256,59	III	2 851,—	151,—	219,64	247,09	145,20	211,21	237,61	139,40	202,77	228,11	133,61	194,34	218,63	127,81	185,90	209,14	122,06	177,54	199,73
	V	4 099,58	225,47	327,96	368,96	IV	3 564,33	193,13	280,92	316,04	190,23	276,70	311,29	187,33	272,49	306,55	184,43	268,27	301,80	181,54	264,06	297,06	178,64	259,84	292,32
	VI	4 131,75	227,24	330,54	371,85																				
10 457,99	I,IV	3 565,58	196,10	285,24	320,90	I	3 565,58	190,30	276,81	311,41	184,51	268,38	301,92	178,71	259,94	292,43	172,91	251,50	282,94	167,11	243,07	273,45	161,31	234,64	263,97
	II	3 519,75	193,58	281,58	316,77	II	3 519,75	187,78	273,14	307,28	181,99	264,71	297,80	176,19	256,28	288,31	170,39	247,84	278,82	164,59	239,41	269,33	158,79	230,98	259,85
	III	2 852,16	156,86	228,17	256,69	III	2 852,16	151,07	219,74	247,21	145,27	211,30	237,71	139,48	202,88	228,24	133,67	194,44	218,74	127,87	186,—	209,25	122,13	177,65	199,85
	V	4 100,83	225,54	328,06	369,07	IV	3 565,58	193,20	281,02	316,15	190,30	276,81	311,41	187,40	272,59	306,66	184,51	268,38	301,92	181,61	264,16	297,18	178,71	259,94	292,43
	VI	4 133,—	227,31	330,64	371,97																				
10 460,99	I,IV	3 566,83	196,17	285,34	321,01	I	3 566,83	190,37	276,91	311,52	184,58	268,48	302,04	178,78	260,04	292,55	172,98	251,61	283,06	167,18	243,18	273,57	161,38	234,74	264,08
	II	3 521,—	193,65	281,68	316,89	II	3 521,—	187,85	273,24	307,40	182,05	264,81	297,91	176,26	256,38	288,42	170,46	247,94	278,93	164,66	239,51	269,45	158,86	231,08	259,96
	III	2 853,50	156,94	228,28	256,81	III	2 853,50	151,14	219,84	247,32	145,34	211,41	237,83	139,54	202,97	228,34	133,75	194,54	218,86	127,94	186,10	209,36	122,20	177,74	199,96
	V	4 102,08	225,61	328,16	369,18	IV	3 566,83	193,27	281,12	316,26	190,37	276,91	311,52	187,47	272,69	306,77	184,58	268,48	302,04	181,67	264,26	297,29	178,78	260,04	292,55
	VI	4 134,25	227,38	330,74	372,08																				
10 463,99	I,IV	3 568,08	196,24	285,44	321,12	I	3 568,08	190,44	277,01	311,63	184,64	268,58	302,15	178,85	260,14	292,66	173,05	251,71	283,17	167,25	243,28	273,69	161,45	234,84	264,20
	II	3 522,33	193,72	281,78	317,—	II	3 522,33	187,92	273,34	307,51	182,12	264,91	298,02	176,33	256,48	288,54	170,53	248,04	279,05	164,73	239,61	269,56	158,93	231,18	260,07
	III	2 854,66	157,—	228,37	256,91	III	2 854,66	151,21	219,94	247,43	145,41	211,50	237,94	139,61	203,08	228,46	133,81	194,64	218,97	128,01	186,20	209,47	122,27	177,85	200,08
	V	4 103,33	225,68	328,26	369,29	IV	3 568,08	193,34	281,22	316,37	190,44	277,01	311,63	187,54	272,79	306,89	184,64	268,58	302,15	181,74	264,36	297,40	178,85	260,14	292,66
	VI	4 135,58	227,45	330,84	372,20																				
10 466,99	I,IV	3 569,33	196,31	285,54	321,23	I	3 569,33	190,51	277,11	311,75	184,71	268,68	302,26	178,91	260,24	292,77	173,12	251,81	283,28	167,32	243,38	273,80	161,52	234,94	264,31
	II	3 523,58	193,79	281,88	317,12	II	3 523,58	187,99	273,45	307,63	182,20	265,02	298,14	176,40	256,58	288,65	170,60	248,14	279,16	164,80	239,71	269,67	159,—	231,28	260,19
	III	2 856,—	157,08	228,48	257,04	III	2 856,—	151,27	220,04	247,54	145,48	211,61	238,06	139,68	203,17	228,56	133,88	194,74	219,08	128,08	186,30	209,59	122,33	177,94	200,18
	V	4 104,58	225,75	328,36	369,41	IV	3 569,33	193,41	281,32	316,49	190,51	277,11	311,75	187,61	272,89	307,—	184,71	268,68	302,26	181,81	264,46	297,51	178,91	260,24	292,77
	VI	4 136,83	227,52	330,94	372,31																				
10 469,99	I,IV	3 570,58	196,38	285,64	321,35	I	3 570,58	190,58	277,21	311,86	184,78	268,78	302,37	178,98	260,34	292,88	173,19	251,91	283,40	167,39	243,48	273,91	161,59	235,04	264,42
	II	3 524,83	193,86	281,98	317,23	II	3 524,83	188,06	273,55	307,74	182,27	265,12	298,26	176,47	256,68	288,77	170,67	248,25	279,28	164,87	239,82	269,79	159,07	231,38	260,30
	III	2 857,33	157,15	228,58	257,15	III	2 857,33	151,35	220,14	247,66	145,55	211,72	238,18	139,75	203,28	228,69	133,95	194,84	219,19	128,15	186,41	209,71	122,40	178,04	200,29
	V	4 105,83	225,82	328,46	369,52	IV	3 570,58	193,48	281,43	316,61	190,58	277,21	311,86	187,68	273,—	307,12	184,78	268,78	302,37	181,88	264,56	297,63	178,98	260,34	292,88
	VI	4 138,08	227,59	331,04	372,42																				
10 472,99	I,IV	3 571,83	196,45	285,74	321,46	I	3 571,83	190,65	277,31	311,97	184,85	268,88	302,49	179,05	260,44	293,—	173,25	252,01	283,51	167,46	243,58	274,02	161,66	235,14	264,53
	II	3 526,08	193,93	282,08	317,34	II	3 526,08	188,13	273,65	307,85	182,33	265,22	298,37	176,54	256,78	288,88	170,74	248,35	279,39	164,94	239,92	269,91	159,14	231,48	260,42
	III	2 858,50	157,21	228,68	257,26	III	2 858,50	151,42	220,25	247,78	145,62	211,81	238,28	139,82	203,38	228,80	134,02	194,94	219,31	128,22	186,50	209,81	122,47	178,14	200,41
	V	4 107,16	225,89	328,57	369,64	IV	3 571,83	193,55	281,53	316,72	190,65	277,31	311,97	187,75	273,10	307,23	184,85	268,88	302,49	181,95	264,66	297,74	179,05	260,44	293,—
	VI	4 139,33	227,66	331,14	372,53																				
10 475,99	I,IV	3 573,08	196,51	285,84	321,57	I	3 573,08	190,72	277,41	312,08	184,92	268,98	302,60	179,12	260,54	293,11	173,32	252,11	283,62	167,53	243,68	274,14	161,73	235,24	264,65
	II	3 527,33	194,—	282,18	317,45	II	3 527,33	188,20	273,75	307,97	182,40	265,32	298,48	176,60	256,88	288,99	170,81	248,45	279,50	165,01	240,02	270,02	159,21	231,58	260,53
	III	2 859,83	157,29	228,78	257,38	III	2 859,83	151,48	220,34	247,88	145,69	211,92	238,41	139,89	203,48	228,91	134,09	195,05	219,43	128,29	186,61	209,93	122,54	178,24	200,52
	V	4 108,41	225,96	328,67	369,75	IV	3 573,08	193,62	281,63	316,83	190,72	277,41	312,08	187,82	273,20	307,35	184,92	268,98	302,60	182,02	264,76	297,86	179,12	260,54	293,11
	VI	4 140,58	227,73	331,24	372,65																				
10 478,99	I,IV	3 574,33	196,58	285,94	321,68	I	3 574,33	190,79	277,51	312,20	184,99	269,08	302,71	179,19	260,64	293,22	173,39	252,21	283,73	167,59	243,78	274,25	161,80	235,34	264,76
	II	3 528,58	194,07	282,28	317,57	II	3 528,58	188,27	273,85	308,08	182,47	265,42	298,59	176,67	256,98	289,10	170,88	248,55	279,62	165,08	240,12	270,13	159,28	231,68	260,64
	III	2 861,—	157,35	228,88	257,49	III	2 861,—	151,56	220,45	248,—	145,75	212,01	238,51	139,96	203,58	229,03	134,16	195,14	219,53	128,37	186,72	210,06	122,61	178,34	200,63
	V	4 109,66	226,03	328,77	369,86	IV	3 574,33	193,69	281,73	316,94	190,79	277,51	312,20	187,89	273,30	307,46	184,99	269,08	302,71	182,09	264,86	297,97	179,19	260,64	293,22
	VI	4 141,83	227,80	331,34	372,76																				
10 481,99	I,IV	3 575,66	196,66	286,05	321,80	I	3 575,66	190,86	277,62	312,32	185,06	269,18	302,83	179,26	260,74	293,33	173,46	252,31	283,85	167,66	243,88	274,36	161,86	235,44	264,87
	II	3 529,83	194,14	282,38	317,68	II	3 529,83	188,34	273,95	308,19	182,54	265,52	298,71	176,74	257,08	289,22	170,94	248,65	279,73	165,15	240,22	270,24	159,35	231,78	260,75
	III	2 862,33	157,42	228,98	257,60	III	2 862,33	151,62	220,54	248,11	145,83	212,12	238,63	140,03	203,68	229,14	134,23	195,25	219,65	128,43	186,81	210,16	122,67	178,44	200,74
	V	4 110,91	226,10	328,87	369,98	IV	3 575,66	193,76	281,83	317,06	190,86	277,62	312,32	187,96	273,40	307,57	185,06	269,18	302,83	182,16	264,96	298,08	179,26	260,74	293,33
	VI	4 143,08	227,86	331,44	372,87																				
10 484,99	I,IV	3 576,91	196,73	286,15	321,92	I	3 576,91	190,93	277,72	312,43	185,13	269,28	302,94	179,33	260,85	293,45	173,53	252,42	283,97	167,74	243,98	274,48	161,93	235,54	264,98
	II	3 531,08	194,20	282,48	317,79	II	3 531,08	188,41	274,05	308,30	182,61	265,62	298,82	176,81	257,18	289,33	171,01	248,75	279,84	165,22	240,32	270,36	159,42	231,88	260,87
	III	2 863,50	157,49	229,08	257,71	III	2 863,50	151,69	220,65	248,23	145,89	212,21	238,73	140,10	203,78	229,25	134,30	195,34	219,76	128,50	186,92	210,28	122,75	178,54	200,86
	V	4 112,16	226,16	328,97	370,09	IV	3 576,91	193,82	281,93	317,17	190,93	277,72	312,43	188,03	273,50	307,68	185,13	269,28	302,94	182,23	265,06	298,19	179,33	260,85	293,45
	VI	4 144,33	227,93	331,54	372,98																				

* Die ausgewiesenen Tabellenwerte sind amtlich. Siehe Erläuterungen auf der Umschlaginnenseite (U2).

MONAT 10 485,–*

Abzüge an Lohnsteuer, Solidaritätszuschlag (SolZ) und Kirchensteuer (8%, 9%) in den Steuerklassen

Lohn/ Gehalt bis €*	I – VI		ohne Kinderfreibeträge			I, II, III, IV		mit Zahl der Kinderfreibeträge . . . 0,5			1			1,5			2			2,5			3		
		LSt	SolZ	8%	9%		LSt	SolZ	8%	9%	SolZ	8%	9%	SolZ	8%	9%	SolZ	8%	9%	SolZ	8%	9%	SolZ	8%	9%
10 487,99	I,IV	3 578,16	196,79	286,25	322,03	I	3 578,16	191,–	277,82	312,54	185,20	269,38	303,05	179,40	260,95	293,57	173,60	252,52	284,08	167,80	244,08	274,59	162,01	235,65	265,10
	II	3 532,33	194,27	282,58	317,90	II	3 532,33	188,48	274,15	308,42	182,68	265,72	298,93	176,88	257,28	289,44	171,08	248,85	279,95	165,28	240,42	270,47	159,49	231,98	260,98
	III	2 864,83	157,56	229,18	257,83	III	2 864,83	151,76	220,74	248,33	145,97	212,32	238,86	140,16	203,88	229,36	134,37	195,45	219,88	128,57	187,01	210,38	122,81	178,64	200,97
	V	4 113,41	226,23	329,07	370,20	IV	3 578,16	193,89	282,03	317,28	191,–	277,82	312,54	188,10	273,60	307,80	185,20	269,38	303,05	182,30	265,16	298,31	179,40	260,95	293,57
	VI	4 145,66	228,01	331,65	373,10																				
10 490,99	I,IV	3 579,41	196,86	286,35	322,14	I	3 579,41	191,07	277,92	312,66	185,27	269,48	303,17	179,47	261,05	293,68	173,67	252,62	284,19	167,87	244,18	274,70	162,08	235,75	265,22
	II	3 533,66	194,35	282,69	318,02	II	3 533,66	188,55	274,26	308,54	182,75	265,82	299,05	176,95	257,38	289,55	171,15	248,95	280,07	165,35	240,52	270,58	159,55	232,08	261,09
	III	2 866,–	157,63	229,28	257,94	III	2 866,–	151,83	220,85	248,45	146,03	212,41	238,96	140,24	203,98	229,48	134,43	195,54	219,98	128,64	187,12	210,51	122,87	178,73	201,07
	V	4 114,66	226,30	329,17	370,31	IV	3 579,41	193,96	282,13	317,39	191,07	277,92	312,66	188,16	273,70	307,91	185,27	269,48	303,17	182,37	265,26	298,42	179,47	261,05	293,68
	VI	4 146,91	228,08	331,75	373,22																				
10 493,99	I,IV	3 580,66	196,93	286,45	322,25	I	3 580,66	191,13	278,02	312,77	185,34	269,58	303,28	179,54	261,15	293,79	173,74	252,72	284,31	167,94	244,28	274,82	162,14	235,85	265,33
	II	3 534,91	194,42	282,79	318,14	II	3 534,91	188,62	274,36	308,65	182,82	265,92	299,16	177,02	257,49	289,67	171,22	249,06	280,19	165,43	240,62	270,70	159,62	232,18	261,20
	III	2 867,33	157,70	229,38	258,05	III	2 867,33	151,91	220,96	248,58	146,10	212,52	239,08	140,30	204,08	229,59	134,51	195,65	220,10	128,70	187,21	210,61	122,95	178,84	201,19
	V	4 115,91	226,37	329,27	370,43	IV	3 580,66	194,04	282,24	317,52	191,13	278,02	312,77	188,24	273,80	308,03	185,34	269,58	303,28	182,43	265,36	298,53	179,54	261,15	293,79
	VI	4 148,16	228,14	331,85	373,33																				
10 496,99	I,IV	3 581,91	197,–	286,55	322,37	I	3 581,91	191,20	278,12	312,88	185,40	269,68	303,39	179,61	261,25	293,90	173,81	252,82	284,42	168,01	244,38	274,93	162,21	235,95	265,44
	II	3 536,16	194,48	282,89	318,25	II	3 536,16	188,69	274,46	308,76	182,89	266,02	299,27	177,09	257,59	289,79	171,29	249,16	280,30	165,49	240,72	270,81	159,70	232,29	261,32
	III	2 868,66	157,77	229,49	258,17	III	2 868,66	151,97	221,05	248,68	146,18	212,62	239,20	140,37	204,18	229,70	134,58	195,76	220,23	128,78	187,32	210,73	123,01	178,93	201,29
	V	4 117,25	226,44	329,38	370,55	IV	3 581,91	194,10	282,34	317,63	191,20	278,12	312,88	188,31	273,90	308,14	185,40	269,68	303,39	182,51	265,47	298,65	179,61	261,25	293,90
	VI	4 149,41	228,21	331,95	373,44																				
10 499,99	I,IV	3 583,16	197,07	286,65	322,48	I	3 583,16	191,27	278,22	312,99	185,47	269,78	303,50	179,68	261,35	294,02	173,88	252,92	284,53	168,08	244,48	275,04	162,28	236,05	265,55
	II	3 537,41	194,55	282,99	318,36	II	3 537,41	188,76	274,56	308,88	182,96	266,12	299,39	177,16	257,69	289,90	171,36	249,26	280,41	165,56	240,82	270,92	159,77	232,39	261,44
	III	2 869,83	157,84	229,58	258,28	III	2 869,83	152,04	221,16	248,80	146,24	212,72	239,31	140,45	204,29	229,82	134,64	195,85	220,33	128,85	187,42	210,85	123,09	179,04	201,42
	V	4 118,50	226,51	329,48	370,66	IV	3 583,16	194,17	282,44	317,74	191,27	278,22	312,99	188,37	274,–	308,25	185,47	269,78	303,50	182,58	265,57	298,76	179,68	261,35	294,02
	VI	4 150,66	228,28	332,05	373,55																				
10 502,99	I,IV	3 584,41	197,14	286,75	322,59	I	3 584,41	191,34	278,32	313,11	185,54	269,88	303,62	179,74	261,45	294,13	173,95	253,02	284,64	168,15	244,58	275,15	162,35	236,15	265,67
	II	3 538,66	194,62	283,09	318,47	II	3 538,66	188,82	274,66	308,99	183,03	266,22	299,50	177,23	257,79	290,01	171,43	249,36	280,53	165,63	240,92	271,04	159,83	232,49	261,55
	III	2 871,16	157,91	229,69	258,40	III	2 871,16	152,11	221,25	248,90	146,31	212,82	239,42	140,51	204,38	229,93	134,72	195,96	220,45	128,92	187,52	210,96	123,15	179,13	201,52
	V	4 119,75	226,58	329,58	370,77	IV	3 584,41	194,24	282,54	317,85	191,34	278,32	313,11	188,44	274,10	308,36	185,54	269,88	303,62	182,65	265,67	298,88	179,74	261,45	294,13
	VI	4 151,91	228,35	332,15	373,67																				
10 505,99	I,IV	3 585,75	197,21	286,86	322,71	I	3 585,75	191,41	278,42	313,22	185,61	269,98	303,73	179,81	261,55	294,24	174,02	253,12	284,76	168,22	244,68	275,27	162,42	236,25	265,78
	II	3 539,91	194,69	283,19	318,59	II	3 539,91	188,89	274,76	309,10	183,09	266,32	299,61	177,30	257,89	290,12	171,50	249,46	280,64	165,70	241,02	271,15	159,90	232,59	261,66
	III	2 872,33	157,97	229,78	258,50	III	2 872,33	152,18	221,36	249,03	146,38	212,92	239,53	140,58	204,49	230,05	134,78	196,05	220,55	128,99	187,62	211,07	123,22	179,24	201,64
	V	4 121,–	226,65	329,68	370,89	IV	3 585,75	194,31	282,64	317,97	191,41	278,42	313,22	188,51	274,20	308,48	185,61	269,98	303,73	182,71	265,77	298,99	179,81	261,55	294,24
	VI	4 153,16	228,42	332,25	373,78																				
10 508,99	I,IV	3 587,–	197,28	286,96	322,83	I	3 587,–	191,48	278,52	313,34	185,68	270,09	303,85	179,89	261,66	294,36	174,09	253,22	284,87	168,29	244,78	275,38	162,49	236,35	265,89
	II	3 541,16	194,76	283,29	318,70	II	3 541,16	188,96	274,86	309,21	183,16	266,42	299,72	177,37	257,99	290,24	171,57	249,56	280,75	165,77	241,12	271,26	159,97	232,69	261,77
	III	2 873,66	158,05	229,89	258,62	III	2 873,66	152,24	221,45	249,13	146,45	213,02	239,65	140,65	204,58	230,15	134,86	196,16	220,68	129,05	187,72	211,18	123,29	179,33	201,74
	V	4 122,25	226,72	329,78	371,–	IV	3 587,–	194,38	282,74	318,08	191,48	278,52	313,34	188,58	274,30	308,59	185,68	270,09	303,85	182,78	265,87	299,10	179,89	261,66	294,36
	VI	4 154,41	228,49	332,35	373,89																				
10 511,99	I,IV	3 588,25	197,35	287,06	322,94	I	3 588,25	191,55	278,62	313,45	185,75	270,19	303,96	179,96	261,76	294,48	174,16	253,32	284,99	168,36	244,89	275,50	162,56	236,46	266,01
	II	3 542,41	194,83	283,39	318,81	II	3 542,41	189,03	274,96	309,33	183,23	266,52	299,84	177,43	258,09	290,35	171,64	249,66	280,86	165,84	241,22	271,37	160,04	232,79	261,89
	III	2 874,83	158,11	229,98	258,73	III	2 874,83	152,32	221,56	249,25	146,52	213,12	239,76	140,72	204,69	230,27	134,92	196,25	220,78	129,13	187,82	211,30	123,36	179,44	201,87
	V	4 123,50	226,79	329,88	371,11	IV	3 588,25	194,45	282,84	318,19	191,55	278,62	313,45	188,65	274,40	308,70	185,75	270,19	303,96	182,85	265,97	299,21	179,96	261,76	294,48
	VI	4 155,75	228,56	332,46	374,01																				
10 514,99	I,IV	3 589,50	197,42	287,16	323,05	I	3 589,50	191,62	278,72	313,56	185,82	270,29	304,07	180,02	261,86	294,59	174,23	253,42	285,10	168,43	244,99	275,61	162,63	236,56	266,13
	II	3 543,75	194,90	283,50	318,93	II	3 543,75	189,10	275,06	309,44	183,30	266,62	299,95	177,50	258,19	290,46	171,71	249,76	280,98	165,91	241,32	271,49	160,11	232,89	262,–
	III	2 876,16	158,18	230,09	258,85	III	2 876,16	152,38	221,65	249,35	146,59	213,22	239,87	140,79	204,78	230,38	134,99	196,36	220,90	129,19	187,92	211,41	123,42	179,53	201,97
	V	4 124,75	226,86	329,98	371,22	IV	3 589,50	194,52	282,94	318,30	191,62	278,72	313,56	188,72	274,50	308,81	185,82	270,29	304,07	182,92	266,07	299,33	180,02	261,86	294,59
	VI	4 157,–	228,63	332,56	374,13																				
10 517,99	I,IV	3 590,75	197,49	287,26	323,16	I	3 590,75	191,69	278,82	313,67	185,89	270,39	304,19	180,09	261,96	294,70	174,29	253,52	285,21	168,50	245,09	275,72	162,70	236,66	266,24
	II	3 545,–	194,97	283,60	319,05	II	3 545,–	189,17	275,16	309,56	183,37	266,73	300,07	177,58	258,30	290,58	171,78	249,86	281,09	165,98	241,42	271,60	160,18	232,99	262,11
	III	2 877,50	158,26	230,20	258,97	III	2 877,50	152,46	221,76	249,48	146,65	213,32	239,98	140,86	204,89	230,50	135,06	196,45	221,–	129,26	188,02	211,52	123,50	179,64	202,09
	V	4 126,–	226,93	330,08	371,34	IV	3 590,75	194,59	283,04	318,42	191,69	278,82	313,67	188,79	274,60	308,93	185,89	270,39	304,19	182,99	266,17	299,44	180,09	261,96	294,70
	VI	4 158,25	228,70	332,66	374,24																				
10 520,99	I,IV	3 592,–	197,56	287,36	323,28	I	3 592,–	191,76	278,92	313,79	185,96	270,49	304,30	180,16	262,06	294,81	174,36	253,62	285,32	168,57	245,19	275,84	162,77	236,76	266,35
	II	3 546,25	195,04	283,70	319,16	II	3 546,25	189,24	275,26	309,67	183,44	266,83	300,18	177,65	258,40	290,70	171,85	249,96	281,21	166,05	241,53	271,72	160,25	233,10	262,23
	III	2 878,66	158,32	230,29	259,07	III	2 878,66	152,53	221,86	249,59	146,73	213,42	240,10	140,93	205,–	230,62	135,13	196,56	221,13	129,33	188,12	211,63	123,56	179,73	202,19
	V	4 127,25	226,99	330,18	371,45	IV	3 592,–	194,66	283,14	318,53	191,76	278,92	313,79	188,86	274,71	309,05	185,96	270,49	304,30	183,06	266,28	299,56	180,16	262,06	294,81
	VI	4 159,50	228,77	332,76	374,35																				
10 523,99	I,IV	3 593,25	197,62	287,46	323,39	I	3 593,25	191,83	279,02	313,90	186,03	270,59	304,41	180,23	262,16	294,93	174,43	253,72	285,44	168,63	245,29	275,95	162,84	236,86	266,46
	II	3 547,50	195,11	283,80	319,27	II	3 547,50	189,31	275,36	309,78	183,51	266,93	300,29	177,71	258,50	290,81	171,92	250,06	281,32	166,12	241,63	271,83	160,32	233,20	262,35
	III	2 880,–	158,40	230,40	259,20	III	2 880,–	152,59	221,96	249,70	146,80	213,53	240,22	141,–	205,09	230,72	135,20	196,66	221,24	129,40	188,22	211,75	123,63	179,82	202,30
	V	4 128,58	227,07	330,28	371,57	IV	3 593,25	194,73	283,24	318,65	191,83	279,02	313,90	188,93	274,81	309,16	186,03	270,59	304,41	183,13	266,38	299,67	180,23	262,16	294,93
	VI	4 160,75	228,84	332,86	374,46																				
10 526,99	I,IV	3 594,50	197,69	287,56	323,50	I	3 594,50	191,89	279,12	314,01	186,10	270,69	304,52	180,30	262,26	295,04	174,50	253,82	285,55	168,70	245,39	276,06	162,91	236,96	266,58
	II	3 548,75	195,18	283,90	319,38	II	3 548,75	189,38	275,46	309,89	183,58	267,03	300,41	177,78	258,60	290,92	171,98	250,16	281,43	166,19	241,73	271,94	160,39	233,30	262,46
	III	2 881,16	158,46	230,49	259,30	III	2 881,16	152,67	222,06	249,82	146,86	213,62	240,32	141,07	205,20	230,85	135,27	196,76	221,35	129,47	188,33	211,87	123,70	179,93	202,42
	V	4 129,83	227,14	330,38	371,68	IV	3 594,50	194,80	283,34	318,76	191,89	279,12	314,01	189,–	274,91	309,27	186,10	270,69	304,52	183,20	266,48	299,79	180,30	262,26	295,04
	VI	4 162,–	228,91	332,96	374,58																				
10 529,99	I,IV	3 595,83	197,77	287,66	323,62	I	3 595,83	191,96	279,22	314,12	186,17	270,79	304,64	180,37	262,36	295,15	174,57	253,92	285,66	168,77	245,49	276,17	162,97	237,06	266,6[illegible]
	II	3 550,–	195,25	284,–	319,50	II	3 550,–	189,45	275,56	310,01	183,65	267,13	300,52	177,85	258,70	291,03	172,05	250,26	281,54	166,26	241,83	272,06	160,46	233,40	262,5[illegible]
	III	2 882,50	158,53	230,60	259,42	III	2 882,50	152,73	222,16	249,93	146,94	213,73	240,44	141,13	205,29	230,95	135,34	196,86	221,47	129,54	188,42	211,97	123,76	180,02	202,5[illegible]
	V	4 131,08	227,20	330,48	371,79	IV	3 595,83	194,86	283,44	318,87	191,96	279,22	314,12	189,07	275,01	309,38	186,17	270,79	304,64	183,27	266,58	299,90	180,37	262,36	295,1[illegible]
	VI	4 163,25	228,97	333,06	374,69																				

* Die ausgewiesenen Tabellenwerte sind amtlich. Siehe Erläuterungen auf der Umschlaginnenseite (U2).

Abzüge an Lohnsteuer, Solidaritätszuschlag (SolZ) und Kirchensteuer (8%, 9%) in den Steuerklassen

Lohn/ Gehalt bis €*	I – VI					I, II, III, IV		mit Zahl der Kinderfreibeträge . . .																	
			ohne Kinderfreibeträge					0,5			1			1,5			2			2,5			3		
		LSt	SolZ	8%	9%		LSt	SolZ	8%	9%	SolZ	8%	9%	SolZ	8%	9%	SolZ	8%	9%	SolZ	8%	9%	SolZ	8%	9%
10 532,99	I,IV	3 597,08	197,83	287,76	323,73	I	3 597,08	192,04	279,33	314,24	186,24	270,90	304,76	180,44	262,46	295,27	174,64	254,02	285,77	168,84	245,59	276,29	163,04	237,16	266,80
	II	3 551,25	195,31	284,10	319,61	II	3 551,25	189,52	275,66	310,12	183,72	267,23	300,63	177,92	258,80	291,15	172,12	250,36	281,66	166,32	241,93	272,17	160,53	233,50	262,68
	III	2 883,66	158,60	230,69	259,52	III	2 883,66	152,80	222,26	250,04	147,—	213,82	240,55	141,21	205,40	231,07	135,41	196,96	221,58	129,61	188,53	212,09	123,84	180,13	202,64
	V	4 132,33	227,27	330,58	371,90	IV	3 597,08	194,93	283,54	318,98	192,04	279,33	314,24	189,14	275,11	309,50	186,24	270,90	304,76	183,34	266,68	300,01	180,44	262,46	295,27
	VI	4 164,50	229,04	333,16	374,80																				
10 535,99	I,IV	3 598,33	197,90	287,86	323,84	I	3 598,33	192,11	279,43	314,36	186,31	271,—	304,87	180,51	262,56	295,38	174,71	254,13	285,89	168,91	245,70	276,41	163,12	237,26	266,92
	II	3 552,50	195,38	284,20	319,72	II	3 552,50	189,58	275,76	310,23	183,79	267,33	300,74	177,99	258,90	291,26	172,19	250,46	281,77	166,39	242,03	272,28	160,60	233,60	262,80
	III	2 885,—	158,67	230,80	259,65	III	2 885,—	152,87	222,36	250,15	147,07	213,93	240,67	141,27	205,49	231,17	135,48	197,06	221,69	129,68	188,62	212,20	123,90	180,22	202,75
	V	4 133,58	227,34	330,68	372,02	IV	3 598,33	195,—	283,64	319,10	192,11	279,43	314,36	189,20	275,21	309,61	186,31	271,—	304,87	183,41	266,78	300,12	180,51	262,56	295,38
	VI	4 165,75	229,11	333,26	374,91																				
10 538,99	I,IV	3 599,58	197,97	287,96	323,96	I	3 599,58	192,17	279,53	314,47	186,38	271,10	304,98	180,58	262,66	295,49	174,78	254,23	286,01	168,98	245,80	276,52	163,18	237,36	267,03
	II	3 553,83	195,46	284,30	319,84	II	3 553,83	189,65	275,86	310,34	183,86	267,43	300,86	178,06	259,—	291,37	172,26	250,56	281,88	166,46	242,13	272,39	160,66	233,70	262,91
	III	2 886,16	158,73	230,89	259,75	III	2 886,16	152,94	222,46	250,27	147,14	214,02	240,77	141,35	205,60	231,30	135,54	197,16	221,80	129,75	188,73	212,32	123,97	180,33	202,87
	V	4 134,83	227,41	330,78	372,13	IV	3 599,58	195,07	283,74	319,21	192,17	279,53	314,47	189,27	275,31	309,72	186,38	271,10	304,98	183,48	266,88	300,24	180,58	262,66	295,49
	VI	4 167,08	229,18	333,36	375,03																				
10 541,99	I,IV	3 600,83	198,04	288,06	324,07	I	3 600,83	192,24	279,63	314,58	186,45	271,20	305,10	180,65	262,76	295,61	174,85	254,33	286,12	169,05	245,90	276,63	163,25	237,46	267,14
	II	3 555,08	195,52	284,40	319,95	II	3 555,08	189,73	275,97	310,46	183,93	267,54	300,98	178,13	259,10	291,49	172,33	250,66	281,99	166,53	242,23	272,51	160,73	233,80	263,02
	III	2 887,50	158,81	231,—	259,87	III	2 887,50	153,01	222,56	250,38	147,21	214,13	240,89	141,41	205,69	231,40	135,62	197,26	221,92	129,81	188,82	212,42	124,04	180,42	202,97
	V	4 136,08	227,48	330,88	372,24	IV	3 600,83	195,14	283,84	319,32	192,24	279,63	314,58	189,34	275,41	309,83	186,45	271,20	305,10	183,54	266,98	300,35	180,65	262,76	295,61
	VI	4 168,33	229,25	333,46	375,14																				
10 544,99	I,IV	3 602,08	198,11	288,16	324,18	I	3 602,08	192,31	279,73	314,69	186,51	271,30	305,21	180,72	262,86	295,72	174,92	254,43	286,23	169,12	246,—	276,75	163,32	237,56	267,26
	II	3 556,33	195,59	284,50	320,06	II	3 556,33	189,80	276,07	310,58	184,—	267,64	301,09	178,20	259,20	291,60	172,40	250,77	282,11	166,60	242,34	272,63	160,81	233,90	263,14
	III	2 888,83	158,88	231,10	259,99	III	2 888,83	153,08	222,66	250,49	147,29	214,24	241,02	141,48	205,80	231,52	135,68	197,36	222,03	129,89	188,93	212,54	124,11	180,53	203,09
	V	4 137,33	227,55	330,98	372,35	IV	3 602,08	195,21	283,95	319,44	192,31	279,73	314,69	189,42	275,52	309,96	186,51	271,30	305,21	183,62	267,08	300,47	180,72	262,86	295,72
	VI	4 169,58	229,32	333,56	375,26																				
10 547,99	I,IV	3 603,33	198,18	288,26	324,29	I	3 603,33	192,38	279,83	314,81	186,58	271,40	305,32	180,78	262,96	295,83	174,99	254,53	286,34	169,19	246,10	276,86	163,39	237,66	267,37
	II	3 557,58	195,66	284,60	320,18	II	3 557,58	189,86	276,17	310,69	184,07	267,74	301,20	178,27	259,30	291,71	172,47	250,87	282,23	166,67	242,44	272,74	160,87	234,—	263,25
	III	2 890,—	158,95	231,20	260,10	III	2 890,—	153,15	222,77	250,61	147,35	214,33	241,12	141,56	205,90	231,64	135,75	197,46	222,14	129,96	189,04	212,67	124,18	180,62	203,20
	V	4 138,66	227,62	331,09	372,47	IV	3 603,33	195,28	284,05	319,55	192,38	279,83	314,81	189,48	275,62	310,07	186,58	271,40	305,32	183,69	267,18	300,58	180,78	262,96	295,83
	VI	4 170,83	229,39	333,66	375,37																				
10 550,99	I,IV	3 604,58	198,25	288,36	324,41	I	3 604,58	192,45	279,93	314,92	186,65	271,50	305,43	180,85	263,06	295,94	175,06	254,63	286,46	169,26	246,20	276,97	163,46	237,76	267,48
	II	3 558,83	195,73	284,70	320,29	II	3 558,83	189,93	276,27	310,80	184,14	267,84	301,32	178,34	259,40	291,83	172,54	250,97	282,34	166,74	242,54	272,85	160,94	234,10	263,36
	III	2 891,33	159,02	231,30	260,21	III	2 891,33	153,22	222,86	250,72	147,42	214,44	241,24	141,62	206,—	231,75	135,83	197,57	222,26	130,02	189,13	212,77	124,25	180,73	203,32
	V	4 139,91	227,69	331,19	372,59	IV	3 604,58	195,35	284,15	319,67	192,45	279,93	314,92	189,55	275,72	310,18	186,65	271,50	305,43	183,75	267,28	300,69	180,85	263,06	295,94
	VI	4 172,08	229,46	333,76	375,48																				
10 553,99	I,IV	3 605,83	198,32	288,46	324,52	I	3 605,83	192,52	280,03	315,03	186,72	271,60	305,55	180,92	263,16	296,06	175,12	254,73	286,57	169,33	246,30	277,08	163,53	237,86	267,59
	II	3 560,08	195,80	284,80	320,40	II	3 560,08	190,—	276,37	310,91	184,20	267,94	301,43	178,41	259,50	291,94	172,61	251,07	282,45	166,81	242,64	272,97	161,01	234,20	263,48
	III	2 892,50	159,08	231,40	260,32	III	2 892,50	153,29	222,97	250,84	147,49	214,53	241,34	141,69	206,10	231,86	135,89	197,66	222,37	130,10	189,24	212,89	124,31	180,82	203,42
	V	4 141,16	227,76	331,29	372,70	IV	3 605,83	195,42	284,25	319,78	192,52	280,03	315,03	189,62	275,82	310,29	186,72	271,60	305,55	183,82	267,38	300,80	180,92	263,16	296,06
	VI	4 173,33	229,53	333,86	375,59																				
10 556,99	I,IV	3 607,16	198,39	288,57	324,64	I	3 607,16	192,59	280,14	315,15	186,79	271,70	305,66	180,99	263,26	296,17	175,19	254,83	286,68	169,40	246,40	277,20	163,60	237,96	267,71
	II	3 561,33	195,87	284,90	320,51	II	3 561,33	190,07	276,47	311,03	184,27	268,04	301,54	178,47	259,60	292,05	172,68	251,17	282,56	166,88	242,74	273,08	161,08	234,30	263,59
	III	2 893,83	159,16	231,50	260,44	III	2 893,83	153,35	223,06	250,94	147,56	214,64	241,47	141,76	206,20	231,97	135,96	197,77	222,49	130,16	189,33	212,99	124,39	180,93	203,54
	V	4 142,41	227,83	331,39	372,81	IV	3 607,16	195,49	284,35	319,89	192,59	280,14	315,15	189,69	275,92	310,41	186,79	271,70	305,66	183,89	267,48	300,92	180,99	263,26	296,17
	VI	4 174,58	229,60	333,96	375,71																				
10 559,99	I,IV	3 608,41	198,46	288,67	324,75	I	3 608,41	192,66	280,24	315,27	186,86	271,80	305,78	181,06	263,37	296,29	175,27	254,94	286,80	169,47	246,50	277,31	163,67	238,06	267,82
	II	3 562,58	195,94	285,—	320,63	II	3 562,58	190,14	276,57	311,14	184,34	268,14	301,65	178,54	259,70	292,16	172,75	251,27	282,68	166,95	242,84	273,19	161,15	234,40	263,70
	III	2 895,—	159,22	231,60	260,55	III	2 895,—	153,43	223,17	251,06	147,62	214,73	241,57	141,83	206,30	232,09	136,03	197,86	222,59	130,24	189,44	213,12	124,45	181,02	203,65
	V	4 143,66	227,90	331,49	372,92	IV	3 608,41	195,56	284,45	320,—	192,66	280,24	315,27	189,76	276,02	310,52	186,86	271,80	305,78	183,96	267,58	301,03	181,06	263,37	296,29
	VI	4 175,83	229,67	334,06	375,82																				
10 562,99	I,IV	3 609,66	198,53	288,77	324,86	I	3 609,66	192,73	280,34	315,38	186,93	271,90	305,89	181,13	263,47	296,40	175,34	255,04	286,92	169,54	246,60	277,43	163,74	238,17	267,94
	II	3 563,83	196,01	285,10	320,74	II	3 563,83	190,21	276,67	311,25	184,41	268,24	301,77	178,61	259,80	292,28	172,81	251,37	282,79	167,02	242,94	273,30	161,22	234,50	263,81
	III	2 896,33	159,29	231,70	260,66	III	2 896,33	153,49	223,26	251,17	147,70	214,84	241,69	141,90	206,40	232,20	136,10	197,97	222,71	130,30	189,53	213,22	124,52	181,13	203,77
	V	4 144,91	227,97	331,59	373,04	IV	3 609,66	195,63	284,55	320,12	192,73	280,34	315,38	189,83	276,12	310,63	186,93	271,90	305,89	184,03	267,68	301,14	181,13	263,47	296,40
	VI	4 177,16	229,74	334,17	375,94																				
10 565,99	I,IV	3 610,91	198,60	288,87	324,98	I	3 610,91	192,80	280,44	315,49	187,—	272,—	306,—	181,20	263,57	296,51	175,40	255,14	287,03	169,61	246,70	277,54	163,81	238,27	268,05
	II	3 565,16	196,08	285,21	320,86	II	3 565,16	190,28	276,78	311,37	184,48	268,34	301,88	178,68	259,90	292,39	172,88	251,47	282,90	167,09	243,04	273,42	161,29	234,60	263,93
	III	2 897,50	159,36	231,80	260,77	III	2 897,50	153,56	223,37	251,29	147,76	214,93	241,79	141,97	206,50	232,31	136,17	198,06	222,82	130,37	189,64	213,34	124,59	181,22	203,87
	V	4 146,16	228,03	331,69	373,15	IV	3 610,91	195,69	284,65	320,23	192,80	280,44	315,49	189,90	276,22	310,74	187,—	272,—	306,—	184,10	267,78	301,25	181,20	263,57	296,51
	VI	4 178,41	229,81	334,27	376,05																				
10 568,99	I,IV	3 612,16	198,66	288,97	325,09	I	3 612,16	192,87	280,54	315,60	187,07	272,10	306,11	181,27	263,67	296,63	175,47	255,24	287,14	169,67	246,80	277,65	163,88	238,37	268,16
	II	3 566,41	196,15	285,31	320,97	II	3 566,41	190,35	276,88	311,49	184,55	268,44	302,—	178,75	260,01	292,51	172,96	251,58	283,02	167,16	243,14	273,53	161,36	234,70	264,04
	III	2 898,83	159,43	231,90	260,89	III	2 898,83	153,64	223,48	251,41	147,84	215,04	241,92	142,03	206,60	232,42	136,24	198,17	222,94	130,44	189,73	213,44	124,66	181,33	203,99
	V	4 147,41	228,10	331,79	373,26	IV	3 612,16	195,77	284,76	320,35	192,87	280,54	315,60	189,97	276,32	310,86	187,07	272,10	306,11	184,17	267,88	301,37	181,27	263,67	296,63
	VI	4 179,66	229,88	334,37	376,16																				
10 571,99	I,IV	3 613,41	198,73	289,07	325,20	I	3 613,41	192,94	280,64	315,72	187,14	272,20	306,23	181,34	263,77	296,74	175,54	255,34	287,25	169,74	246,90	277,76	163,95	238,47	268,28
	II	3 567,66	196,22	285,41	321,08	II	3 567,66	190,42	276,98	311,60	184,62	268,54	302,11	178,82	260,11	292,62	173,03	251,68	283,14	167,23	243,24	273,65	161,43	234,81	264,16
	III	2 900,16	159,50	232,01	261,01	III	2 900,16	153,70	223,57	251,51	147,91	215,14	242,03	142,11	206,70	232,54	136,31	198,28	223,06	130,51	189,84	213,57	124,73	181,42	204,10
	V	4 148,75	228,18	331,90	373,38	IV	3 613,41	195,84	284,86	320,46	192,94	280,64	315,72	190,04	276,42	310,97	187,14	272,20	306,23	184,24	267,99	301,49	181,34	263,77	296,74
	VI	4 180,91	229,95	334,47	376,28																				
10 574,99	I,IV	3 614,66	198,80	289,17	325,31	I	3 614,66	193,—	280,74	315,83	187,21	272,30	306,34	181,41	263,87	296,85	175,61	255,44	287,37	169,81	247,—	277,88	164,01	238,57	268,39
	II	3 568,91	196,29	285,51	321,20	II	3 568,91	190,49	277,08	311,71	184,69	268,64	302,22	178,89	260,21	292,73	173,09	251,78	283,25	167,30	243,34	273,76	161,50	234,91	264,27
	III	2 901,33	159,57	232,10	261,11	III	2 901,33	153,78	223,68	251,64	147,97	215,24	242,14	142,18	206,81	232,66	136,38	198,37	223,16	130,58	189,94	213,68	124,80	181,53	204,22
	V	4 150,—	228,25	332,—	373,50	IV	3 614,66	195,91	284,96	320,58	193,—	280,74	315,83	190,11	276,52	311,09	187,21	272,30	306,34	184,31	268,09	301,60	181,41	263,87	296,85
	VI	4 182,16	230,01	334,57	376,39																				

*** Die ausgewiesenen Tabellenwerte sind amtlich. Siehe Erläuterungen auf der Umschlaginnenseite (U2).**

MONAT 10 575,–*

Lohn/ Gehalt bis €*		I – VI	ohne Kinderfreibeträge			I, II, III, IV		mit Zahl der Kinderfreibeträge . . . 0,5			1			1,5			2			2,5			3		
		LSt	SolZ	8%	9%		LSt	SolZ	8%	9%	SolZ	8%	9%	SolZ	8%	9%	SolZ	8%	9%	SolZ	8%	9%	SolZ	8%	9%
10 577,99	I,IV	3 615,91	198,87	289,27	325,43	I	3 615,91	193,07	280,84	315,94	187,27	272,40	306,45	181,48	263,97	296,96	175,68	255,54	287,48	169,88	247,10	277,99	164,08	238,67	268,50
	II	3 570,16	196,35	285,61	321,31	II	3 570,16	190,56	277,18	311,82	184,76	268,74	302,33	178,96	260,31	292,85	173,16	251,88	283,36	167,36	243,44	273,87	161,57	235,01	264,38
	III	2 902,66	159,64	232,21	261,23	III	2 902,66	153,84	223,77	251,74	148,05	215,34	242,26	142,24	206,90	232,76	136,45	198,48	223,29	130,65	190,04	213,79	124,86	181,62	204,32
	V	4 151,25	228,31	332,10	373,61	IV	3 615,91	195,97	285,06	320,69	193,07	280,84	315,94	190,18	276,62	311,20	187,27	272,40	306,45	184,38	268,19	301,71	181,48	263,97	296,96
	VI	4 183,41	230,08	334,67	376,50																				
10 580,99	I,IV	3 617,25	198,94	289,38	325,55	I	3 617,25	193,15	280,94	316,06	187,34	272,50	306,56	181,55	264,07	297,08	175,75	255,64	287,59	169,95	247,20	278,10	164,15	238,77	268,61
	II	3 571,41	196,42	285,71	321,42	II	3 571,41	190,63	277,28	311,94	184,83	268,84	302,45	179,03	260,41	292,96	173,23	251,98	283,47	167,43	243,54	273,98	161,64	235,11	264,50
	III	2 903,83	159,71	232,30	261,34	III	2 903,83	153,91	223,88	251,86	148,11	215,44	242,37	142,32	207,01	232,88	136,51	198,57	223,39	130,72	190,14	213,91	124,93	181,72	204,43
	V	4 152,50	228,38	332,20	373,72	IV	3 617,25	196,04	285,16	320,80	193,15	280,94	316,06	190,24	276,72	311,31	187,34	272,50	306,56	184,45	268,29	301,82	181,55	264,07	297,08
	VI	4 184,66	230,15	334,77	376,61																				
10 583,99	I,IV	3 618,50	199,01	289,48	325,66	I	3 618,50	193,21	281,04	316,17	187,42	272,61	306,68	181,62	264,18	297,20	175,82	255,74	287,71	170,02	247,30	278,21	164,22	238,87	268,73
	II	3 572,66	196,49	285,81	321,53	II	3 572,66	190,69	277,38	312,05	184,90	268,94	302,56	179,10	260,51	293,07	173,30	252,08	283,59	167,50	243,64	274,10	161,70	235,21	264,61
	III	2 905,16	159,78	232,41	261,46	III	2 905,16	153,98	223,97	251,96	148,18	215,54	242,48	142,38	207,10	232,99	136,59	198,68	223,51	130,79	190,24	214,02	125,–	181,82	204,55
	V	4 153,75	228,45	332,30	373,83	IV	3 618,50	196,11	285,26	320,91	193,21	281,04	316,17	190,31	276,82	311,42	187,42	272,61	306,68	184,52	268,39	301,94	181,62	264,18	297,20
	VI	4 185,91	230,22	334,87	376,73																				
10 586,99	I,IV	3 619,75	199,08	289,58	325,77	I	3 619,75	193,28	281,14	316,28	187,49	272,71	306,80	181,69	264,28	297,31	175,89	255,84	287,82	170,09	247,41	278,33	164,29	238,98	268,85
	II	3 573,91	196,56	285,91	321,65	II	3 573,91	190,76	277,48	312,16	184,96	269,04	302,67	179,17	260,61	293,18	173,37	252,18	283,70	167,57	243,74	274,21	161,77	235,31	264,72
	III	2 906,33	159,84	232,50	261,56	III	2 906,33	154,05	224,08	252,09	148,25	215,64	242,59	142,45	207,21	233,11	136,65	198,77	223,61	130,86	190,34	214,13	125,07	181,92	204,66
	V	4 155,–	228,52	332,40	373,95	IV	3 619,75	196,18	285,36	321,03	193,28	281,14	316,28	190,38	276,92	311,54	187,49	272,71	306,80	184,58	268,49	302,05	181,69	264,28	297,31
	VI	4 187,25	230,29	334,98	376,85																				
10 589,99	I,IV	3 621,–	199,15	289,68	325,89	I	3 621,–	193,35	281,24	316,40	187,55	272,81	306,91	181,76	264,38	297,42	175,96	255,94	287,93	170,16	247,51	278,45	164,36	239,08	268,96
	II	3 575,25	196,63	286,02	321,77	II	3 575,25	190,84	277,58	312,28	185,03	269,14	302,78	179,24	260,71	293,30	173,44	252,28	283,81	167,64	243,84	274,32	161,84	235,41	264,83
	III	2 907,66	159,92	232,61	261,68	III	2 907,66	154,11	224,17	252,19	148,32	215,74	242,71	142,52	207,30	233,21	136,73	198,88	223,74	130,92	190,44	214,24	125,14	182,02	204,77
	V	4 156,25	228,59	332,50	374,06	IV	3 621,–	196,25	285,46	321,14	193,35	281,24	316,40	190,45	277,02	311,65	187,55	272,81	306,91	184,65	268,59	302,16	181,76	264,38	297,42
	VI	4 188,50	230,36	335,08	376,96																				
10 592,99	I,IV	3 622,25	199,22	289,78	326,–	I	3 622,25	193,42	281,34	316,51	187,62	272,91	307,02	181,83	264,48	297,54	176,03	256,04	288,05	170,23	247,61	278,56	164,43	239,18	269,07
	II	3 576,50	196,70	286,12	321,88	II	3 576,50	190,90	277,68	312,39	185,11	269,25	302,90	179,31	260,82	293,42	173,51	252,38	283,93	167,71	243,94	274,43	161,91	235,51	264,95
	III	2 909,–	159,99	232,72	261,81	III	2 909,–	154,19	224,28	252,31	148,39	215,84	242,82	142,59	207,41	233,33	136,79	198,97	223,84	131,–	190,54	214,36	125,20	182,12	204,88
	V	4 157,50	228,66	332,60	374,17	IV	3 622,25	196,32	285,56	321,26	193,42	281,34	316,51	190,52	277,12	311,76	187,62	272,91	307,02	184,72	268,69	302,27	181,83	264,48	297,54
	VI	4 189,75	230,43	335,18	377,07																				
10 595,99	I,IV	3 623,50	199,29	289,88	326,11	I	3 623,50	193,49	281,44	316,62	187,69	273,01	307,13	181,89	264,58	297,65	176,10	256,14	288,16	170,30	247,71	278,67	164,50	239,28	269,19
	II	3 577,75	196,77	286,22	321,99	II	3 577,75	190,97	277,78	312,50	185,18	269,35	303,02	179,38	260,92	293,53	173,58	252,48	284,04	167,78	244,05	274,55	161,98	235,62	265,07
	III	2 910,16	160,05	232,81	261,91	III	2 910,16	154,26	224,38	252,43	148,46	215,94	242,93	142,67	207,52	233,46	136,86	199,08	223,96	131,06	190,64	214,47	125,28	182,22	205,–
	V	4 158,75	228,73	332,70	374,28	IV	3 623,50	196,39	285,66	321,37	193,49	281,44	316,62	190,59	277,23	311,88	187,69	273,01	307,13	184,80	268,80	302,40	181,89	264,58	297,65
	VI	4 191,–	230,50	335,28	377,19																				
10 598,99	I,IV	3 624,75	199,36	289,98	326,22	I	3 624,75	193,56	281,54	316,73	187,76	273,11	307,25	181,96	264,68	297,76	176,16	256,24	288,27	170,37	247,81	278,78	164,57	239,38	269,30
	II	3 579,–	196,84	286,32	322,11	II	3 579,–	191,04	277,88	312,62	185,24	269,45	303,13	179,45	261,02	293,64	173,65	252,58	284,15	167,85	244,15	274,67	162,05	235,72	265,18
	III	2 911,50	160,13	232,92	262,03	III	2 911,50	154,33	224,48	252,54	148,53	216,05	243,05	142,73	207,61	233,56	136,94	199,18	224,08	131,13	190,74	214,58	125,34	182,32	205,11
	V	4 160,08	228,80	332,80	374,40	IV	3 624,75	196,46	285,76	321,48	193,56	281,54	316,73	190,66	277,33	311,99	187,76	273,11	307,25	184,86	268,90	302,51	181,96	264,68	297,76
	VI	4 192,25	230,57	335,38	377,30																				
10 601,99	I,IV	3 626,–	199,43	290,08	326,34	I	3 626,–	193,63	281,64	316,85	187,83	273,21	307,36	182,03	264,78	297,87	176,23	256,34	288,38	170,44	247,91	278,90	164,64	239,48	269,41
	II	3 580,25	196,91	286,42	322,22	II	3 580,25	191,11	277,98	312,73	185,31	269,55	303,24	179,52	261,12	293,76	173,72	252,68	284,27	167,92	244,25	274,78	162,12	235,82	265,29
	III	2 912,66	160,19	233,01	262,13	III	2 912,66	154,40	224,58	252,65	148,60	216,14	243,16	142,80	207,72	233,68	137,–	199,28	224,19	131,21	190,85	214,70	125,41	182,42	205,22
	V	4 161,33	228,87	332,90	374,51	IV	3 626,–	196,53	285,86	321,59	193,63	281,64	316,85	190,73	277,43	312,11	187,83	273,21	307,36	184,93	269,–	302,62	182,03	264,78	297,87
	VI	4 193,50	230,64	335,48	377,41																				
10 604,99	I,IV	3 627,33	199,50	290,18	326,45	I	3 627,33	193,70	281,74	316,96	187,90	273,31	307,47	182,10	264,88	297,99	176,30	256,44	288,50	170,50	248,01	279,01	164,71	239,58	269,52
	II	3 581,50	196,98	286,52	322,33	II	3 581,50	191,18	278,08	312,84	185,38	269,65	303,35	179,58	261,22	293,87	173,79	252,78	284,38	167,99	244,35	274,89	162,19	235,92	265,41
	III	2 914,–	160,27	233,12	262,26	III	2 914,–	154,46	224,68	252,76	148,67	216,25	243,28	142,87	207,81	233,78	137,07	199,38	224,30	131,27	190,94	214,81	125,48	182,52	205,33
	V	4 162,58	228,94	333,–	374,63	IV	3 627,33	196,60	285,96	321,71	193,70	281,74	316,96	190,80	277,53	312,22	187,90	273,31	307,47	185,–	269,10	302,73	182,10	264,88	297,99
	VI	4 194,75	230,71	335,58	377,52																				
10 607,99	I,IV	3 628,58	199,57	290,28	326,57	I	3 628,58	193,77	281,85	317,08	187,97	273,42	307,59	182,17	264,98	298,10	176,37	256,54	288,61	170,57	248,11	279,12	164,78	239,68	269,64
	II	3 582,75	197,05	286,62	322,44	II	3 582,75	191,25	278,18	312,95	185,45	269,75	303,47	179,65	261,32	293,98	173,85	252,88	284,49	168,06	244,45	275,–	162,26	236,02	265,52
	III	2 915,16	160,33	233,21	262,36	III	2 915,16	154,54	224,78	252,88	148,73	216,34	243,38	142,94	207,92	233,91	137,14	199,48	224,41	131,34	191,05	214,93	125,55	182,62	205,45
	V	4 163,83	229,01	333,10	374,74	IV	3 628,58	196,67	286,06	321,82	193,77	281,85	317,08	190,87	277,63	312,33	187,97	273,42	307,59	185,07	269,20	302,85	182,17	264,98	298,10
	VI	4 196,–	230,78	335,68	377,64																				
10 610,99	I,IV	3 629,83	199,64	290,38	326,68	I	3 629,83	193,84	281,95	317,19	188,04	273,52	307,71	182,24	265,08	298,22	176,44	256,65	288,73	170,65	248,22	279,24	164,85	239,78	269,75
	II	3 584,–	197,12	286,72	322,56	II	3 584,–	191,32	278,28	313,07	185,52	269,85	303,58	179,72	261,42	294,09	173,92	252,98	284,60	168,13	244,55	275,12	162,33	236,12	265,63
	III	2 916,50	160,40	233,32	262,48	III	2 916,50	154,60	224,88	252,99	148,81	216,45	243,50	143,–	208,01	234,01	137,21	199,58	224,53	131,41	191,14	215,03	125,62	182,72	205,56
	V	4 165,08	229,07	333,20	374,85	IV	3 629,83	196,73	286,16	321,93	193,84	281,95	317,19	190,94	277,73	312,44	188,04	273,52	307,71	185,14	269,30	302,96	182,24	265,08	298,22
	VI	4 197,25	230,84	335,78	377,75																				
10 613,99	I,IV	3 631,08	199,70	290,48	326,79	I	3 631,08	193,91	282,05	317,30	188,11	273,62	307,82	182,31	265,18	298,33	176,51	256,75	288,84	170,72	248,32	279,36	164,92	239,88	269,87
	II	3 585,33	197,19	286,82	322,67	II	3 585,33	191,39	278,38	313,18	185,59	269,95	303,69	179,79	261,52	294,21	173,99	253,08	284,72	168,19	244,65	275,23	162,40	236,22	265,74
	III	2 917,66	160,47	233,41	262,58	III	2 917,66	154,67	224,98	253,10	148,87	216,54	243,61	143,08	208,12	234,13	137,28	199,68	224,64	131,48	191,25	215,15	125,69	182,82	205,67
	V	4 166,33	229,14	333,30	374,96	IV	3 631,08	196,80	286,26	322,04	193,91	282,05	317,30	191,01	277,83	312,56	188,11	273,62	307,82	185,21	269,40	303,07	182,31	265,18	298,33
	VI	4 198,58	230,92	335,88	377,87																				
10 616,99	I,IV	3 632,33	199,77	290,58	326,90	I	3 632,33	193,98	282,15	317,42	188,18	273,72	307,93	182,38	265,28	298,44	176,58	256,85	288,95	170,78	248,42	279,47	164,99	239,98	269,98
	II	3 586,58	197,26	286,92	322,79	II	3 586,58	191,46	278,49	313,30	185,66	270,06	303,81	179,86	261,62	294,32	174,06	253,18	284,83	168,26	244,75	275,34	162,47	236,32	265,86
	III	2 919,–	160,54	233,52	262,71	III	2 919,–	154,74	225,08	253,21	148,94	216,65	243,73	143,14	208,21	234,23	137,35	199,78	224,75	131,55	191,34	215,26	125,75	182,92	205,78
	V	4 167,58	229,21	333,40	375,08	IV	3 632,33	196,87	286,36	322,16	193,98	282,15	317,42	191,07	277,93	312,67	188,18	273,72	307,93	185,28	269,50	303,18	182,38	265,28	298,44
	VI	4 199,83	230,99	335,98	377,98																				
10 619,99	I,IV	3 633,58	199,84	290,68	327,02	I	3 633,58	194,04	282,25	317,53	188,25	273,82	308,04	182,45	265,38	298,55	176,65	256,95	289,07	170,85	248,52	279,58	165,05	240,08	270,0[illegible]
	II	3 587,83	197,33	287,02	322,90	II	3 587,83	191,53	278,59	313,41	185,73	270,16	303,93	179,93	261,72	294,44	174,13	253,29	284,95	168,34	244,86	275,46	162,54	236,42	265,9[illegible]
	III	2 920,33	160,61	233,62	262,82	III	2 920,33	154,81	225,18	253,33	149,02	216,76	243,85	143,22	208,32	234,36	137,41	199,88	224,86	131,62	191,45	215,38	125,83	183,02	205,9[illegible]
	V	4 168,83	229,28	333,50	375,19	IV	3 633,58	196,95	286,47	322,28	194,04	282,25	317,53	191,15	278,04	312,79	188,25	273,82	308,04	185,35	269,60	303,30	182,45	265,38	298,5[illegible]
	VI	4 201,08	231,05	336,08	378,09																				

Abzüge an Lohnsteuer, Solidaritätszuschlag (SolZ) und Kirchensteuer (8%, 9%) in den Steuerklassen

* Die ausgewiesenen Tabellenwerte sind amtlich. Siehe Erläuterungen auf der Umschlaginnenseite (U2).

Abzüge an Lohnsteuer, Solidaritätszuschlag (SolZ) und Kirchensteuer (8%, 9%) in den Steuerklassen

Lohn/ Gehalt bis €*	I – VI		ohne Kinder-freibeträge			I, II, III, IV		mit Zahl der Kinderfreibeträge . . . 0,5			1			1,5			2			2,5			3		
		LSt	SolZ	8%	9%		LSt	SolZ	8%	9%	SolZ	8%	9%	SolZ	8%	9%	SolZ	8%	9%	SolZ	8%	9%	SolZ	8%	9%
10 622,99	I,IV	3 634,83	199,91	290,78	327,13	I	3 634,83	194,11	282,35	317,64	188,32	273,92	308,16	182,52	265,48	298,67	176,72	257,05	289,18	170,92	248,62	279,69	165,12	240,18	270,20
	II	3 589,08	197,39	287,12	323,01	II	3 589,08	191,60	278,69	313,52	185,80	270,26	304,04	180,—	261,82	294,55	174,20	253,39	285,06	168,41	244,96	275,58	162,61	236,52	266,09
	III	2 921,50	160,68	233,72	262,93	III	2 921,50	154,88	225,29	253,45	149,08	216,85	243,95	143,29	208,42	234,47	137,49	199,98	224,98	131,69	191,56	215,50	125,89	183,12	206,01
	V	4 170,16	229,35	333,61	375,31	IV	3 634,83	197,01	286,57	322,39	194,11	282,35	317,64	191,22	278,14	312,90	188,32	273,92	308,16	185,42	269,70	303,41	182,52	265,48	298,67
	VI	4 202,33	231,12	336,18	378,20																				
10 625,99	I,IV	3 636,08	199,98	290,88	327,24	I	3 636,08	194,18	282,45	317,75	188,38	274,02	308,27	182,59	265,58	298,78	176,79	257,15	289,29	170,99	248,72	279,81	165,19	240,28	270,32
	II	3 590,33	197,46	287,22	323,12	II	3 590,33	191,67	278,79	313,64	185,87	270,36	304,15	180,07	261,92	294,66	174,27	253,49	285,17	168,47	245,06	275,69	162,68	236,62	266,20
	III	2 922,83	160,75	233,82	263,05	III	2 922,83	154,95	225,38	253,55	149,16	216,96	244,08	143,35	208,52	234,58	137,56	200,09	225,10	131,76	191,65	215,60	125,96	183,22	206,12
	V	4 171,41	229,42	333,71	375,42	IV	3 636,08	197,08	286,67	322,50	194,18	282,45	317,75	191,29	278,24	313,02	188,38	274,02	308,27	185,49	269,80	303,53	182,59	265,58	298,78
	VI	4 203,58	231,19	336,28	378,32																				
10 628,99	I,IV	3 637,33	200,05	290,98	327,35	I	3 637,33	194,25	282,55	317,87	188,45	274,12	308,38	182,65	265,68	298,89	176,86	257,25	289,40	171,06	248,82	279,92	165,26	240,38	270,43
	II	3 591,58	197,53	287,32	323,24	II	3 591,58	191,73	278,89	313,75	185,94	270,46	304,26	180,14	262,02	294,77	174,34	253,59	285,29	168,54	245,16	275,80	162,74	236,72	266,31
	III	2 924,—	160,82	233,92	263,16	III	2 924,—	155,02	225,49	253,67	149,22	217,05	244,18	143,43	208,62	234,70	137,62	200,18	225,20	131,83	191,76	215,73	126,04	183,33	206,24
	V	4 172,66	229,49	333,81	375,53	IV	3 637,33	197,15	286,77	322,61	194,25	282,55	317,87	191,35	278,34	313,13	188,45	274,12	308,38	185,56	269,90	303,64	182,65	265,68	298,89
	VI	4 204,83	231,26	336,38	378,43																				
10 631,99	I,IV	3 638,66	200,12	291,09	327,47	I	3 638,66	194,32	282,66	317,99	188,53	274,22	308,50	182,72	265,78	299,—	176,93	257,35	289,52	171,13	248,92	280,03	165,33	240,48	270,54
	II	3 592,83	197,60	287,42	323,35	II	3 592,83	191,80	278,99	313,86	186,01	270,56	304,38	180,21	262,12	294,89	174,41	253,69	285,40	168,61	245,26	275,91	162,81	236,82	266,42
	III	2 925,33	160,89	234,02	263,27	III	2 925,33	155,09	225,58	253,78	149,29	217,16	244,30	143,49	208,72	234,81	137,70	200,29	225,32	131,89	191,85	215,83	126,10	183,42	206,35
	V	4 173,91	229,56	333,91	375,65	IV	3 638,66	197,22	286,87	322,73	194,32	282,66	317,99	191,42	278,44	313,24	188,53	274,22	308,50	185,62	270,—	303,75	182,72	265,78	299,—
	VI	4 206,08	231,33	336,48	378,54																				
10 634,99	I,IV	3 639,91	200,19	291,19	327,59	I	3 639,91	194,39	282,76	318,10	188,59	274,32	308,61	182,80	265,89	299,12	177,—	257,46	289,64	171,20	249,02	280,15	165,40	240,58	270,65
	II	3 594,08	197,67	287,52	323,46	II	3 594,08	191,87	279,09	313,97	186,07	270,66	304,49	180,28	262,22	295,—	174,48	253,79	285,51	168,68	245,36	276,03	162,88	236,92	266,54
	III	2 926,50	160,95	234,12	263,38	III	2 926,50	155,16	225,69	253,90	149,36	217,25	244,40	143,56	208,82	234,92	137,76	200,38	225,43	131,97	191,96	215,95	126,17	183,53	206,47
	V	4 175,16	229,63	334,01	375,76	IV	3 639,91	197,29	286,97	322,84	194,39	282,76	318,10	191,49	278,54	313,35	188,59	274,32	308,61	185,69	270,10	303,86	182,80	265,89	299,12
	VI	4 207,33	231,40	336,58	378,65																				
10 637,99	I,IV	3 641,16	200,26	291,29	327,70	I	3 641,16	194,46	282,86	318,21	188,66	274,42	308,72	182,87	265,99	299,24	177,07	257,56	289,75	171,27	249,12	280,26	165,47	240,69	270,77
	II	3 595,33	197,74	287,62	323,57	II	3 595,33	191,94	279,19	314,09	186,14	270,76	304,60	180,34	262,32	295,11	174,55	253,89	285,62	168,75	245,46	276,14	162,95	237,02	266,65
	III	2 927,83	161,03	234,22	263,50	III	2 927,83	155,22	225,78	254,—	149,43	217,36	244,53	143,63	208,92	235,03	137,83	200,49	225,55	132,03	192,05	216,05	126,24	183,62	206,57
	V	4 176,41	229,70	334,11	375,87	IV	3 641,16	197,36	287,07	322,95	194,46	282,86	318,21	191,56	278,64	313,47	188,66	274,42	308,72	185,76	270,20	303,98	182,87	265,99	299,24
	VI	4 208,66	231,47	336,69	378,77																				
10 640,99	I,IV	3 642,41	200,33	291,39	327,81	I	3 642,41	194,53	282,96	318,33	188,73	274,52	308,84	182,93	266,09	299,35	177,14	257,66	289,86	171,34	249,22	280,37	165,54	240,79	270,89
	II	3 596,66	197,81	287,73	323,69	II	3 596,66	192,01	279,30	314,21	186,22	270,86	304,72	180,41	262,42	295,22	174,62	253,99	285,74	168,82	245,56	276,25	163,02	237,12	266,76
	III	2 929,—	161,09	234,32	263,61	III	2 929,—	155,30	225,89	254,12	149,49	217,45	244,63	143,70	209,02	235,15	137,90	200,58	225,65	132,11	192,16	216,18	126,31	183,73	206,69
	V	4 177,66	229,77	334,21	375,98	IV	3 642,41	197,43	287,17	323,06	194,53	282,96	318,33	191,63	278,74	313,58	188,73	274,52	308,84	185,83	270,30	304,09	182,93	266,09	299,35
	VI	4 209,91	231,54	336,79	378,89																				
10 643,99	I,IV	3 643,66	200,40	291,49	327,92	I	3 643,66	194,60	283,06	318,44	188,80	274,62	308,95	183,—	266,19	299,46	177,21	257,76	289,98	171,41	249,32	280,49	165,61	240,89	271,—
	II	3 597,91	197,88	287,83	323,81	II	3 597,91	192,08	279,40	314,32	186,28	270,96	304,83	180,49	262,53	295,34	174,69	254,10	285,86	168,89	245,66	276,37	163,09	237,22	266,87
	III	2 930,33	161,16	234,42	263,72	III	2 930,33	155,37	226,—	254,25	149,57	217,56	244,75	143,77	209,12	235,26	137,97	200,69	225,77	132,17	192,25	216,28	126,38	183,82	206,80
	V	4 178,91	229,84	334,31	376,10	IV	3 643,66	197,50	287,28	323,19	194,60	283,06	318,44	191,70	278,84	313,70	188,80	274,62	308,95	185,90	270,40	304,20	183,—	266,19	299,46
	VI	4 211,16	231,61	336,89	379,—																				
10 646,99	I,IV	3 644,91	200,47	291,59	328,04	I	3 644,91	194,67	283,16	318,55	188,87	274,72	309,06	183,07	266,29	299,57	177,27	257,86	290,09	171,48	249,42	280,60	165,68	240,99	271,11
	II	3 599,16	197,95	287,93	323,92	II	3 599,16	192,15	279,50	314,43	186,35	271,06	304,94	180,56	262,63	295,46	174,76	254,20	285,97	168,96	245,76	276,48	163,16	237,33	266,99
	III	2 931,66	161,24	234,53	263,84	III	2 931,66	155,43	226,09	254,35	149,64	217,66	244,87	143,84	209,22	235,37	138,05	200,80	225,90	132,24	192,36	216,40	126,45	183,93	206,92
	V	4 180,25	229,91	334,42	376,22	IV	3 644,91	197,57	287,38	323,30	194,67	283,16	318,55	191,77	278,94	313,81	188,87	274,72	309,06	185,97	270,51	304,32	183,07	266,29	299,57
	VI	4 212,41	231,68	336,99	379,11																				
10 649,99	I,IV	3 646,16	200,53	291,69	328,15	I	3 646,16	194,74	283,26	318,66	188,94	274,82	309,17	183,14	266,39	299,69	177,34	257,96	290,20	171,54	249,52	280,71	165,75	241,09	271,22
	II	3 600,41	198,02	288,03	324,03	II	3 600,41	192,22	279,60	314,55	186,42	271,16	305,06	180,62	262,73	295,57	174,83	254,30	286,08	169,03	245,86	276,59	163,23	237,43	267,11
	III	2 932,83	161,30	234,62	263,95	III	2 932,83	155,51	226,20	254,47	149,71	217,76	244,98	143,91	209,33	235,49	138,11	200,89	226,—	132,32	192,46	216,52	126,51	184,02	207,02
	V	4 181,50	229,98	334,52	376,33	IV	3 646,16	197,64	287,48	323,41	194,74	283,26	318,66	191,84	279,04	313,92	188,94	274,82	309,17	186,04	270,61	304,43	183,14	266,39	299,69
	VI	4 213,66	231,75	337,09	379,22																				
10 652,99	I,IV	3 647,41	200,60	291,79	328,26	I	3 647,41	194,81	283,36	318,78	189,01	274,92	309,29	183,21	266,49	299,80	177,41	258,06	290,31	171,61	249,62	280,82	165,82	241,19	271,34
	II	3 601,66	198,09	288,13	324,14	II	3 601,66	192,29	279,70	314,66	186,49	271,26	305,17	180,69	262,83	295,68	174,90	254,40	286,20	169,10	245,96	276,71	163,30	237,53	267,22
	III	2 934,16	161,37	234,73	264,07	III	2 934,16	155,57	226,29	254,57	149,78	217,86	245,09	143,98	209,42	235,60	138,18	201,—	226,12	132,38	192,56	216,63	126,59	184,13	207,14
	V	4 182,75	230,05	334,62	376,44	IV	3 647,41	197,71	287,58	323,52	194,81	283,36	318,78	191,91	279,14	314,03	189,01	274,92	309,29	186,11	270,71	304,55	183,21	266,49	299,80
	VI	4 214,91	231,82	337,19	379,34																				
10 655,99	I,IV	3 648,75	200,68	291,90	328,38	I	3 648,75	194,88	283,46	318,89	189,08	275,02	309,40	183,28	266,59	299,91	177,48	258,16	290,43	171,68	249,72	280,94	165,88	241,29	271,45
	II	3 602,91	198,16	288,23	324,26	II	3 602,91	192,36	279,80	314,77	186,56	271,36	305,28	180,76	262,93	295,79	174,96	254,50	286,31	169,17	246,06	276,82	163,37	237,63	267,33
	III	2 935,33	161,44	234,82	264,17	III	2 935,33	155,65	226,40	254,70	149,84	217,96	245,20	144,05	209,53	235,72	138,25	201,09	226,22	132,45	192,66	216,74	126,65	184,22	207,25
	V	4 184,—	230,12	334,72	376,56	IV	3 648,75	197,78	287,68	323,64	194,88	283,46	318,89	191,98	279,24	314,15	189,08	275,02	309,40	186,18	270,81	304,66	183,28	266,59	299,91
	VI	4 216,16	231,88	337,29	379,45																				
10 658,99	I,IV	3 650,—	200,75	292,—	328,50	I	3 650,—	194,95	283,56	319,01	189,15	275,13	309,52	183,35	266,70	300,03	177,55	258,26	290,54	171,75	249,82	281,05	165,95	241,39	271,56
	II	3 604,16	198,22	288,33	324,37	II	3 604,16	192,43	279,90	314,88	186,63	271,46	305,39	180,83	263,03	295,91	175,03	254,60	286,42	169,23	246,16	276,93	163,44	237,73	267,44
	III	2 936,66	161,51	234,93	264,29	III	2 936,66	155,71	226,49	254,80	149,92	218,06	245,32	144,11	209,62	235,82	138,32	201,20	226,35	132,52	192,76	216,85	126,72	184,33	207,37
	V	4 185,25	230,18	334,82	376,67	IV	3 650,—	197,84	287,78	323,75	194,95	283,56	319,01	192,05	279,34	314,26	189,15	275,13	309,52	186,25	270,91	304,77	183,35	266,70	300,03
	VI	4 217,41	231,95	337,39	379,56																				
10 661,99	I,IV	3 651,25	200,81	292,10	328,61	I	3 651,25	195,02	283,66	319,12	189,22	275,23	309,63	183,42	266,80	300,15	177,62	258,36	290,66	171,82	249,93	281,17	166,03	241,50	271,68
	II	3 605,41	198,29	288,43	324,48	II	3 605,41	192,50	280,—	315,—	186,70	271,56	305,51	180,90	263,13	296,02	175,10	254,70	286,53	169,30	246,26	277,04	163,51	237,83	267,56
	III	2 937,83	161,58	235,02	264,40	III	2 937,83	155,78	226,60	254,92	149,98	218,16	245,43	144,19	209,73	235,94	138,38	201,29	226,45	132,59	192,86	216,97	126,79	184,42	207,47
	V	4 186,50	230,25	334,92	376,78	IV	3 651,25	197,91	287,88	323,86	195,02	283,66	319,12	192,11	279,44	314,37	189,22	275,23	309,63	186,32	271,01	304,88	183,42	266,80	300,15
	VI	4 218,75	232,03	337,50	379,68																				
10 664,99	I,IV	3 652,50	200,88	292,20	328,72	I	3 652,50	195,08	283,76	319,23	189,29	275,33	309,74	183,49	266,90	300,26	177,69	258,46	290,77	171,89	250,03	281,28	166,10	241,60	271,80
	II	3 606,75	198,37	288,54	324,60	II	3 606,75	192,57	280,10	315,11	186,77	271,66	305,62	180,97	263,23	296,13	175,17	254,80	286,65	169,37	246,36	277,16	163,57	237,93	267,67
	III	2 939,16	161,65	235,13	264,52	III	2 939,16	155,85	226,69	255,02	150,05	218,26	245,54	144,25	209,82	236,05	138,46	201,40	226,57	132,66	192,96	217,08	126,86	184,53	207,59
	V	4 187,75	230,32	335,02	376,89	IV	3 652,50	197,98	287,98	323,97	195,08	283,76	319,23	192,18	279,54	314,48	189,29	275,33	309,74	186,39	271,11	305,—	183,49	266,90	300,26
	VI	4 220,—	232,10	337,60	379,80																				

* Die ausgewiesenen Tabellenwerte sind amtlich. Siehe Erläuterungen auf der Umschlaginnenseite (U2).

MONAT 10 665,–*

Abzüge an Lohnsteuer, Solidaritätszuschlag (SolZ) und Kirchensteuer (8%, 9%) in den Steuerklassen

Lohn/ Gehalt bis €*	I – VI					I, II, III, IV																			
			ohne Kinderfreibeträge					mit Zahl der Kinderfreibeträge . . .																	
								0,5			1			1,5			2			2,5			3		
		LSt	SolZ	8%	9%		LSt	SolZ	8%	9%	SolZ	8%	9%	SolZ	8%	9%	SolZ	8%	9%	SolZ	8%	9%	SolZ	8%	9%
10 667,99	I,IV	3 653,75	200,95	292,30	328,83	I	3 653,75	195,15	283,86	319,34	189,36	275,43	309,86	183,56	267,—	300,37	177,76	258,56	290,88	171,96	250,13	281,39	166,16	241,70	271,91
	II	3 608,—	198,44	288,64	324,72	II	3 608,—	192,64	280,20	315,23	186,84	271,77	305,74	181,04	263,34	296,25	175,24	254,90	286,76	169,44	246,46	277,27	163,64	238,03	267,78
	III	2 940,50	161,72	235,24	264,64	III	2 940,50	155,92	226,80	255,15	150,12	218,36	245,65	144,32	209,93	236,17	138,52	201,49	226,67	132,73	193,06	217,19	126,93	184,62	207,70
	V	4 189,—	230,39	335,12	377,01	IV	3 653,75	198,05	288,08	324,09	195,15	283,86	319,34	192,25	279,64	314,60	189,36	275,43	309,86	186,45	271,21	305,11	183,56	267,—	300,37
	VI	4 221,25	232,16	337,70	379,91																				
10 670,99	I,IV	3 655,—	201,02	292,40	328,95	I	3 655,—	195,22	283,96	319,46	189,42	275,53	309,97	183,63	267,10	300,48	177,83	258,66	290,99	172,03	250,23	281,51	166,23	241,80	272,02
	II	3 609,25	198,50	288,74	324,83	II	3 609,25	192,71	280,30	315,34	186,91	271,87	305,85	181,11	263,44	296,37	175,31	255,—	286,88	169,51	246,57	277,39	163,72	238,14	267,90
	III	2 941,66	161,79	235,33	264,74	III	2 941,66	155,99	226,90	255,26	150,19	218,46	245,77	144,40	210,04	236,29	138,60	201,60	226,80	132,79	193,16	217,30	127,—	184,73	207,82
	V	4 190,25	230,46	335,22	377,12	IV	3 655,—	198,12	288,18	324,20	195,22	283,96	319,46	192,33	279,75	314,72	189,42	275,53	309,97	186,53	271,32	305,23	183,63	267,10	300,48
	VI	4 222,50	232,23	337,80	380,02																				
10 673,99	I,IV	3 656,25	201,09	292,50	329,06	I	3 656,25	195,29	284,06	319,57	189,49	275,63	310,08	183,70	267,20	300,60	177,90	258,76	291,11	172,10	250,33	281,62	166,30	241,90	272,13
	II	3 610,50	198,57	288,84	324,94	II	3 610,50	192,77	280,40	315,45	186,98	271,97	305,96	181,18	263,54	296,48	175,38	255,10	286,99	169,58	246,67	277,50	163,79	238,24	268,02
	III	2 943,—	161,86	235,44	264,87	III	2 943,—	156,06	227,—	255,37	150,26	218,57	245,89	144,46	210,13	236,39	138,67	201,70	226,91	132,87	193,26	217,42	127,06	184,82	207,92
	V	4 191,58	230,53	335,32	377,24	IV	3 656,25	198,19	288,28	324,32	195,29	284,06	319,57	192,39	279,85	314,83	189,49	275,63	310,08	186,60	271,42	305,34	183,70	267,20	300,60
	VI	4 223,75	232,30	337,90	380,13																				
10 676,99	I,IV	3 657,50	201,16	292,60	329,17	I	3 657,50	195,36	284,16	319,68	189,56	275,73	310,19	183,76	267,30	300,71	177,97	258,86	291,22	172,17	250,43	281,73	166,37	242,—	272,25
	II	3 611,75	198,64	288,94	325,05	II	3 611,75	192,84	280,50	315,56	187,05	272,07	306,08	181,25	263,64	296,59	175,45	255,20	287,10	169,65	246,77	277,61	163,85	238,34	268,13
	III	2 944,16	161,92	235,53	264,97	III	2 944,16	156,13	227,10	255,49	150,33	218,66	245,99	144,54	210,24	236,52	138,73	201,80	227,02	132,94	193,37	217,54	127,14	184,93	208,04
	V	4 192,83	230,60	335,42	377,35	IV	3 657,50	198,26	288,38	324,43	195,36	284,16	319,68	192,46	279,95	314,94	189,56	275,73	310,19	186,67	271,52	305,46	183,76	267,30	300,71
	VI	4 225,—	232,37	338,—	380,25																				
10 679,99	I,IV	3 658,83	201,23	292,70	329,29	I	3 658,83	195,43	284,26	319,79	189,63	275,83	310,31	183,83	267,40	300,82	178,03	258,96	291,33	172,24	250,53	281,84	166,44	242,10	272,36
	II	3 613,—	198,71	289,04	325,17	II	3 613,—	192,91	280,60	315,68	187,11	272,17	306,19	181,32	263,74	296,70	175,52	255,30	287,21	169,72	246,87	277,73	163,92	238,44	268,24
	III	2 945,50	162,—	235,64	265,09	III	2 945,50	156,20	227,20	255,60	150,40	218,77	246,11	144,60	210,33	236,62	138,81	201,90	227,14	133,—	193,46	217,64	127,20	185,02	208,15
	V	4 194,08	230,67	335,52	377,46	IV	3 658,83	198,33	288,48	324,54	195,43	284,26	319,79	192,53	280,05	315,05	189,63	275,83	310,31	186,73	271,62	305,57	183,83	267,40	300,82
	VI	4 226,25	232,44	338,10	380,36																				
10 682,99	I,IV	3 660,08	201,30	292,80	329,40	I	3 660,08	195,50	284,37	319,91	189,70	275,94	310,43	183,91	267,50	300,94	178,10	259,06	291,44	172,31	250,63	281,96	166,51	242,20	272,47
	II	3 614,25	198,78	289,14	325,28	II	3 614,25	192,98	280,70	315,79	187,18	272,27	306,30	181,39	263,84	296,82	175,59	255,40	287,33	169,79	246,97	277,84	163,99	238,54	268,35
	III	2 946,66	162,06	235,73	265,19	III	2 946,66	156,27	227,30	255,71	150,47	218,86	246,22	144,67	210,44	236,74	138,87	202,—	227,25	133,08	193,57	217,76	127,27	185,13	208,27
	V	4 195,33	230,74	335,62	377,57	IV	3 660,08	198,40	288,58	324,65	195,50	284,37	319,91	192,60	280,15	315,17	189,70	275,94	310,43	186,80	271,72	305,68	183,91	267,50	300,94
	VI	4 227,50	232,51	338,20	380,47																				
10 685,99	I,IV	3 661,33	201,37	292,90	329,51	I	3 661,33	195,57	284,47	320,03	189,77	276,04	310,54	183,97	267,60	301,05	178,18	259,17	291,56	172,38	250,74	282,08	166,58	242,30	272,59
	II	3 615,50	198,85	289,24	325,39	II	3 615,50	193,05	280,80	315,90	187,25	272,37	306,41	181,45	263,94	296,93	175,66	255,50	287,44	169,86	247,07	277,95	164,06	238,64	268,47
	III	2 948,—	162,14	235,84	265,32	III	2 948,—	156,33	227,40	255,82	150,54	218,97	246,34	144,74	210,53	236,84	138,94	202,10	227,36	133,14	193,66	217,87	127,35	185,24	208,39
	V	4 196,58	230,81	335,72	377,69	IV	3 661,33	198,47	288,68	324,77	195,57	284,47	320,03	192,67	280,25	315,28	189,77	276,04	310,54	186,87	271,82	305,79	183,97	267,60	301,05
	VI	4 228,75	232,58	338,30	380,58																				
10 688,99	I,IV	3 662,58	201,44	293,—	329,63	I	3 662,58	195,64	284,57	320,14	189,84	276,14	310,65	184,04	267,70	301,16	178,25	259,27	291,68	172,45	250,84	282,19	166,65	242,40	272,70
	II	3 616,83	198,92	289,34	325,51	II	3 616,83	193,12	280,90	316,01	187,32	272,47	306,53	181,52	264,04	297,04	175,72	255,60	287,55	169,93	247,17	278,06	164,13	238,74	268,58
	III	2 949,16	162,20	235,93	265,42	III	2 949,16	156,41	227,50	255,94	150,60	219,06	246,44	144,81	210,64	236,97	139,01	202,20	227,47	133,21	193,77	217,99	127,41	185,33	208,49
	V	4 197,83	230,88	335,82	377,80	IV	3 662,58	198,54	288,78	324,88	195,64	284,57	320,14	192,74	280,35	315,39	189,84	276,14	310,65	186,94	271,92	305,91	184,04	267,70	301,16
	VI	4 230,08	232,65	338,40	380,70																				
10 691,99	I,IV	3 663,83	201,51	293,10	329,74	I	3 663,83	195,71	284,67	320,25	189,91	276,24	310,77	184,11	267,80	301,28	178,31	259,37	291,79	172,52	250,94	282,30	166,72	242,50	272,81
	II	3 618,08	198,99	289,44	325,62	II	3 618,08	193,19	281,01	316,13	187,39	272,58	306,65	181,60	264,14	297,16	175,79	255,70	287,66	170,—	247,27	278,18	164,20	238,84	268,69
	III	2 950,50	162,27	236,04	265,54	III	2 950,50	156,47	227,60	256,05	150,68	219,17	246,56	144,87	210,73	237,07	139,08	202,30	227,59	133,28	193,86	218,09	127,49	185,44	208,62
	V	4 199,08	230,94	335,92	377,91	IV	3 663,83	198,60	288,88	324,99	195,71	284,67	320,25	192,81	280,45	315,50	189,91	276,24	310,77	187,01	272,02	306,02	184,11	267,80	301,28
	VI	4 231,33	232,72	338,50	380,81																				
10 694,99	I,IV	3 665,08	201,57	293,20	329,85	I	3 665,08	195,78	284,77	320,36	189,98	276,34	310,88	184,18	267,90	301,39	178,38	259,47	291,90	172,59	251,04	282,42	166,79	242,60	272,93
	II	3 619,33	199,06	289,54	325,73	II	3 619,33	193,26	281,11	316,25	187,46	272,68	306,76	181,66	264,24	297,27	175,87	255,81	287,78	170,07	247,38	278,30	164,27	238,94	268,81
	III	2 951,83	162,35	236,14	265,66	III	2 951,83	156,54	227,70	256,16	150,75	219,28	246,69	144,95	210,84	237,19	139,15	202,40	227,70	133,35	193,97	218,21	127,55	185,53	208,72
	V	4 200,33	231,01	336,02	378,02	IV	3 665,08	198,68	288,99	325,11	195,78	284,77	320,36	192,88	280,56	315,63	189,98	276,34	310,88	187,08	272,12	306,14	184,18	267,90	301,39
	VI	4 232,58	232,79	338,60	380,93																				
10 697,99	I,IV	3 666,33	201,64	293,30	329,96	I	3 666,33	195,85	284,87	320,48	190,05	276,44	310,99	184,25	268,—	301,50	178,45	259,57	292,01	172,65	251,14	282,53	166,86	242,70	273,04
	II	3 620,58	199,13	289,64	325,85	II	3 620,58	193,33	281,21	316,36	187,53	272,78	306,87	181,73	264,34	297,38	175,94	255,91	287,90	170,14	247,48	278,41	164,34	239,04	268,92
	III	2 953,—	162,41	236,24	265,77	III	2 953,—	156,62	227,81	256,28	150,81	219,37	246,79	145,02	210,94	237,31	139,22	202,50	227,81	133,43	194,08	218,34	127,62	185,64	208,84
	V	4 201,66	231,09	336,13	378,14	IV	3 666,33	198,75	289,09	325,22	195,85	284,87	320,48	192,95	280,66	315,74	190,05	276,44	310,99	187,15	272,22	306,25	184,25	268,—	301,50
	VI	4 233,83	232,86	338,70	381,04																				
10 700,99	I,IV	3 667,58	201,71	293,40	330,08	I	3 667,58	195,91	284,97	320,59	190,12	276,54	311,10	184,32	268,10	301,61	178,52	259,67	292,13	172,72	251,24	282,64	166,92	242,80	273,15
	II	3 621,83	199,20	289,74	325,96	II	3 621,83	193,40	281,31	316,47	187,60	272,88	306,99	181,80	264,44	297,50	176,—	256,01	288,01	170,21	247,58	278,52	164,41	239,14	269,03
	III	2 954,33	162,48	236,34	265,88	III	2 954,33	156,68	227,90	256,39	150,89	219,48	246,91	145,09	211,04	237,42	139,29	202,61	227,93	133,49	194,17	218,44	127,69	185,73	208,94
	V	4 202,91	231,16	336,23	378,26	IV	3 667,58	198,82	289,19	325,34	195,91	284,97	320,59	193,02	280,76	315,85	190,12	276,54	311,10	187,22	272,32	306,36	184,32	268,10	301,61
	VI	4 235,08	232,92	338,80	381,15																				
10 703,99	I,IV	3 668,83	201,78	293,50	330,19	I	3 668,83	195,98	285,07	320,70	190,19	276,64	311,22	184,39	268,20	301,73	178,59	259,77	292,24	172,79	251,34	282,75	166,99	242,90	273,26
	II	3 623,08	199,26	289,84	326,07	II	3 623,08	193,47	281,41	316,58	187,67	272,98	307,10	181,87	264,54	297,61	176,07	256,11	288,12	170,28	247,68	278,64	164,48	239,24	269,15
	III	2 955,50	162,55	236,44	265,99	III	2 955,50	156,75	228,01	256,51	150,95	219,57	247,01	145,16	211,14	237,53	139,36	202,70	228,04	133,56	194,28	218,56	127,76	185,84	209,07
	V	4 204,16	231,22	336,33	378,37	IV	3 668,83	198,88	289,29	325,45	195,98	285,07	320,70	193,09	280,86	315,96	190,19	276,64	311,22	187,29	272,42	306,47	184,39	268,20	301,73
	VI	4 236,33	232,99	338,90	381,26																				
10 706,99	I,IV	3 670,16	201,85	293,61	330,31	I	3 670,16	196,06	285,18	320,82	190,26	276,74	311,33	184,46	268,30	301,84	178,66	259,87	292,35	172,86	251,44	282,87	167,06	243,—	273,38
	II	3 624,33	199,33	289,94	326,18	II	3 624,33	193,54	281,51	316,70	187,74	273,08	307,21	181,94	264,64	297,72	176,14	256,21	288,23	170,34	247,78	278,75	164,55	239,34	269,26
	III	2 956,83	162,62	236,54	266,11	III	2 956,83	156,82	228,10	256,61	151,03	219,68	247,14	145,22	211,24	237,64	139,43	202,81	228,16	133,63	194,37	218,66	127,82	185,93	209,17
	V	4 205,41	231,29	336,43	378,48	IV	3 670,16	198,95	289,39	325,56	196,06	285,18	320,82	193,16	280,96	316,08	190,26	276,74	311,33	187,36	272,52	306,59	184,46	268,30	301,84
	VI	4 237,58	233,06	339,—	381,38																				
10 709,99	I,IV	3 671,41	201,92	293,71	330,42	I	3 671,41	196,13	285,28	320,94	190,33	276,84	311,45	184,53	268,41	301,96	178,73	259,98	292,47	172,93	251,54	282,98	167,13	243,10	273,49
	II	3 625,58	199,40	290,04	326,30	II	3 625,58	193,60	281,61	316,81	187,81	273,18	307,32	182,01	264,74	297,83	176,21	256,31	288,35	170,41	247,88	278,86	164,61	239,44	269,37
	III	2 958,—	162,69	236,64	266,22	III	2 958,—	156,89	228,21	256,73	151,09	219,77	247,24	145,30	211,34	237,76	139,49	202,90	228,26	133,70	194,48	218,79	127,90	186,04	209,29
	V	4 206,66	231,36	336,53	378,59	IV	3 671,41	199,02	289,49	325,67	196,13	285,28	320,94	193,22	281,06	316,19	190,33	276,84	311,45	187,43	272,62	306,70	184,53	268,41	301,96
	VI	4 238,83	233,13	339,10	381,49																				

* Die ausgewiesenen Tabellenwerte sind amtlich. Siehe Erläuterungen auf der Umschlaginnenseite (U2).

Abzüge an Lohnsteuer, Solidaritätszuschlag (SolZ) und Kirchensteuer (8%, 9%) in den Steuerklassen

Lohn/ Gehalt bis €*	I – VI	LSt	ohne Kinderfreibeträge SolZ	8%	9%	I, II, III, IV	LSt	mit Zahl der Kinderfreibeträge … 0,5 SolZ	8%	9%	1 SolZ	8%	9%	1,5 SolZ	8%	9%	2 SolZ	8%	9%	2,5 SolZ	8%	9%	3 SolZ	8%	9%
10 712,99	I,IV	3 672,66	201,99	293,81	330,53	I	3 672,66	196,19	285,38	321,05	190,40	276,94	311,56	184,60	268,51	302,07	178,80	260,08	292,59	173,—	251,64	283,10	167,20	243,21	273,61
	II	3 626,83	199,47	290,14	326,41	II	3 626,83	193,67	281,71	316,92	187,88	273,28	307,44	182,08	264,84	297,95	176,28	256,41	288,46	170,48	247,98	278,97	164,68	239,54	269,48
	III	2 959,33	162,76	236,74	266,33	III	2 959,33	156,96	228,30	256,84	151,16	219,88	247,36	145,36	211,44	237,87	139,57	203,01	228,38	133,76	194,57	218,89	127,96	186,13	209,39
	V	4 207,91	231,43	336,63	378,71	IV	3 672,66	199,09	289,59	325,79	196,19	285,38	321,05	193,29	281,16	316,30	190,40	276,94	311,56	187,49	272,72	306,81	184,60	268,51	302,07
	VI	4 240,16	233,20	339,21	381,61																				
10 715,99	I,IV	3 673,91	202,06	293,91	330,65	I	3 673,91	196,26	285,48	321,16	190,46	277,04	311,67	184,67	268,61	302,18	178,87	260,18	292,70	173,07	251,74	283,21	167,27	243,31	273,72
	II	3 628,16	199,54	290,25	326,53	II	3 628,16	193,75	281,82	317,04	187,95	273,38	307,55	182,15	264,94	298,06	176,35	256,51	288,57	170,55	248,08	279,09	164,75	239,64	269,60
	III	2 960,50	162,82	236,84	266,44	III	2 960,50	157,03	228,41	256,96	151,23	219,97	247,46	145,43	211,54	237,98	139,63	203,10	228,49	133,84	194,68	219,01	128,04	186,24	209,52
	V	4 209,16	231,50	336,73	378,82	IV	3 673,91	199,16	289,69	325,90	196,26	285,48	321,16	193,36	281,26	316,41	190,46	277,04	311,67	187,56	272,82	306,92	184,67	268,61	302,18
	VI	4 241,41	233,27	339,31	381,72																				
10 718,99	I,IV	3 675,16	202,13	294,01	330,76	I	3 675,16	196,33	285,58	321,27	190,53	277,14	311,78	184,74	268,71	302,30	178,94	260,28	292,81	173,14	251,84	283,32	167,34	243,41	273,83
	II	3 629,41	199,61	290,35	326,64	II	3 629,41	193,82	281,92	317,16	188,02	273,48	307,67	182,22	265,05	298,18	176,42	256,62	288,69	170,62	248,18	279,20	164,82	239,74	269,71
	III	2 961,83	162,90	236,94	266,56	III	2 961,83	157,10	228,52	257,08	151,30	220,08	247,59	145,50	211,64	238,09	139,70	203,21	228,61	133,90	194,77	219,11	128,11	186,34	209,63
	V	4 210,41	231,57	336,83	378,93	IV	3 675,16	199,23	289,80	326,02	196,33	285,58	321,27	193,43	281,36	316,53	190,53	277,14	311,78	187,63	272,92	307,04	184,74	268,71	302,30
	VI	4 242,66	233,34	339,41	381,83																				
10 721,99	I,IV	3 676,41	202,20	294,11	330,87	I	3 676,41	196,40	285,68	321,39	190,60	277,24	311,90	184,80	268,81	302,41	179,01	260,38	292,92	173,21	251,94	283,43	167,41	243,51	273,95
	II	3 630,66	199,68	290,45	326,75	II	3 630,66	193,88	282,02	317,27	188,09	273,58	307,78	182,29	265,15	298,29	176,49	256,72	288,81	170,69	248,28	279,32	164,89	239,85	269,83
	III	2 963,16	162,97	237,05	266,68	III	2 963,16	157,17	228,61	257,18	151,37	220,18	247,70	145,57	211,74	238,21	139,78	203,32	228,73	133,98	194,88	219,24	128,17	186,44	209,74
	V	4 211,75	231,64	336,94	379,05	IV	3 676,41	199,30	289,90	326,13	196,40	285,68	321,39	193,50	281,46	316,64	190,60	277,24	311,90	187,71	273,03	307,16	184,80	268,81	302,41
	VI	4 243,91	233,41	339,51	381,95																				
10 724,99	I,IV	3 677,66	202,27	294,21	330,98	I	3 677,66	196,47	285,78	321,50	190,67	277,34	312,01	184,87	268,91	302,52	179,08	260,48	293,04	173,28	252,04	283,55	167,48	243,61	274,06
	II	3 631,91	199,75	290,55	326,87	II	3 631,91	193,95	282,12	317,38	188,15	273,68	307,89	182,36	265,25	298,40	176,56	256,82	288,92	170,76	248,38	279,43	164,96	239,95	269,94
	III	2 964,33	163,03	237,14	266,78	III	2 964,33	157,24	228,72	257,31	151,44	220,28	247,81	145,64	211,85	238,33	139,84	203,41	228,83	134,05	194,98	219,35	128,25	186,54	209,86
	V	4 213,—	231,71	337,04	379,17	IV	3 677,66	199,37	290,—	326,25	196,47	285,78	321,50	193,57	281,56	316,76	190,67	277,34	312,01	187,77	273,13	307,27	184,87	268,91	302,52
	VI	4 245,16	233,48	339,61	382,06																				
10 727,99	I,IV	3 678,91	202,34	294,31	331,10	I	3 678,91	196,54	285,88	321,61	190,74	277,44	312,12	184,94	269,01	302,63	179,14	260,58	293,15	173,35	252,14	283,66	167,55	243,71	274,17
	II	3 633,16	199,82	290,65	326,98	II	3 633,16	194,02	282,22	317,49	188,22	273,78	308,—	182,43	265,35	298,52	176,62	256,92	289,03	170,83	248,48	279,54	165,03	240,05	270,05
	III	2 965,66	163,11	237,25	266,90	III	2 965,66	157,30	228,81	257,41	151,51	220,38	247,93	145,71	211,94	238,43	139,92	203,52	228,96	134,11	195,08	219,46	128,32	186,65	209,98
	V	4 214,25	231,78	337,14	379,28	IV	3 678,91	199,44	290,10	326,36	196,54	285,88	321,61	193,64	281,66	316,87	190,74	277,44	312,12	187,84	273,23	307,38	184,94	269,01	302,63
	VI	4 246,41	233,55	339,71	382,17																				
10 730,99	I,IV	3 680,25	202,41	294,42	331,22	I	3 680,25	196,61	285,98	321,73	190,81	277,54	312,23	185,01	269,11	302,75	179,21	260,68	293,26	173,41	252,24	283,77	167,62	243,81	274,28
	II	3 634,41	199,89	290,75	327,09	II	3 634,41	194,09	282,32	317,61	188,29	273,88	308,12	182,49	265,45	298,63	176,70	257,02	289,14	170,90	248,58	279,65	165,10	240,15	270,17
	III	2 966,83	163,17	237,34	267,01	III	2 966,83	157,38	228,92	257,53	151,58	220,48	248,04	145,78	212,05	238,55	139,98	203,61	229,06	134,19	195,18	219,58	128,38	186,74	210,08
	V	4 215,50	231,85	337,24	379,39	IV	3 680,25	199,51	290,20	326,47	196,61	285,98	321,73	193,71	281,76	316,98	190,81	277,54	312,23	187,91	273,33	307,49	185,01	269,11	302,75
	VI	4 247,66	233,62	339,81	382,28																				
10 733,99	I,IV	3 681,50	202,48	294,52	331,33	I	3 681,50	196,68	286,08	321,84	190,88	277,65	312,35	185,08	269,22	302,87	179,29	260,78	293,38	173,48	252,34	283,88	167,69	243,91	274,40
	II	3 635,66	199,96	290,85	327,20	II	3 635,66	194,16	282,42	317,72	188,36	273,98	308,23	182,56	265,55	298,74	176,77	257,12	289,26	170,97	248,68	279,77	165,17	240,25	270,28
	III	2 968,16	163,24	237,45	267,13	III	2 968,16	157,44	229,01	257,63	151,65	220,58	248,15	145,85	212,14	238,66	140,05	203,72	229,18	134,25	195,28	219,69	128,46	186,85	210,20
	V	4 216,75	231,92	337,34	379,50	IV	3 681,50	199,58	290,30	326,58	196,68	286,08	321,84	193,78	281,86	317,09	190,88	277,65	312,35	187,98	273,43	307,61	185,08	269,22	302,87
	VI	4 248,91	233,69	339,91	382,40																				
10 736,99	I,IV	3 682,75	202,55	294,62	331,44	I	3 682,75	196,75	286,18	321,95	190,95	277,75	312,47	185,15	269,32	302,98	179,35	260,88	293,49	173,56	252,45	284,—	167,76	244,02	274,52
	II	3 636,91	200,03	290,95	327,32	II	3 636,91	194,23	282,52	317,83	188,43	274,08	308,34	182,63	265,65	298,85	176,83	257,22	289,37	171,04	248,78	279,88	165,24	240,35	270,39
	III	2 969,33	163,31	237,54	267,23	III	2 969,33	157,52	229,12	257,76	151,71	220,68	248,26	145,92	212,25	238,78	140,12	203,81	229,28	134,32	195,38	219,80	128,52	186,94	210,31
	V	4 218,—	231,99	337,44	379,62	IV	3 682,75	199,65	290,40	326,70	196,75	286,18	321,95	193,85	281,96	317,21	190,95	277,75	312,47	188,05	273,53	307,72	185,15	269,32	302,98
	VI	4 250,25	233,76	340,02	382,52																				
10 739,99	I,IV	3 684,—	202,62	294,72	331,56	I	3 684,—	196,82	286,28	322,07	191,02	277,85	312,58	185,22	269,42	303,09	179,42	260,98	293,60	173,63	252,55	284,12	167,83	244,12	274,63
	II	3 638,25	200,10	291,06	327,44	II	3 638,25	194,30	282,62	317,95	188,50	274,18	308,45	182,70	265,75	298,97	176,90	257,32	289,48	171,10	248,88	279,99	165,31	240,45	270,50
	III	2 970,66	163,38	237,65	267,35	III	2 970,66	157,58	229,21	257,86	151,79	220,78	248,38	145,98	212,34	238,88	140,19	203,92	229,41	134,39	195,48	219,91	128,59	187,05	210,43
	V	4 219,25	232,05	337,54	379,73	IV	3 684,—	199,71	290,50	326,81	196,82	286,28	322,07	193,92	282,06	317,32	191,02	277,85	312,58	188,12	273,63	307,83	185,22	269,42	303,09
	VI	4 251,50	233,83	340,12	382,63																				
10 742,99	I,IV	3 685,25	202,68	294,82	331,67	I	3 685,25	196,89	286,38	322,18	191,09	277,95	312,69	185,29	269,52	303,21	179,49	261,08	293,72	173,69	252,65	284,23	167,90	244,22	274,74
	II	3 639,50	200,17	291,16	327,55	II	3 639,50	194,37	282,72	318,06	188,57	274,29	308,57	182,77	265,86	299,09	176,98	257,42	289,60	171,17	248,98	280,10	165,38	240,55	270,62
	III	2 972,—	163,46	237,76	267,48	III	2 972,—	157,65	229,32	257,98	151,85	220,88	248,49	146,06	212,45	239,—	140,25	204,01	229,51	134,46	195,58	220,03	128,66	187,14	210,53
	V	4 220,50	232,12	337,64	379,84	IV	3 685,25	199,79	290,60	326,93	196,89	286,38	322,18	193,98	282,16	317,43	191,09	277,95	312,69	188,19	273,73	307,94	185,29	269,52	303,21
	VI	4 252,75	233,90	340,22	382,74																				
10 745,99	I,IV	3 686,50	202,75	294,92	331,78	I	3 686,50	196,95	286,48	322,29	191,16	278,05	312,80	185,36	269,62	303,32	179,56	261,18	293,83	173,76	252,75	284,34	167,97	244,32	274,86
	II	3 640,75	200,24	291,26	327,66	II	3 640,75	194,44	282,82	318,17	188,64	274,39	308,69	182,84	265,96	299,20	177,04	257,52	289,71	171,25	249,09	280,22	165,45	240,66	270,74
	III	2 973,16	163,52	237,85	267,58	III	2 973,16	157,73	229,42	258,10	151,92	220,98	248,60	146,13	212,56	239,13	140,33	204,12	229,63	134,53	195,68	220,14	128,73	187,25	210,65
	V	4 221,75	232,19	337,74	379,95	IV	3 686,50	199,86	290,70	327,04	196,95	286,48	322,29	194,06	282,27	317,55	191,16	278,05	312,80	188,26	273,84	308,07	185,36	269,62	303,32
	VI	4 254,—	233,97	340,32	382,86																				
10 748,99	I,IV	3 687,75	202,82	295,02	331,89	I	3 687,75	197,02	286,58	322,40	191,23	278,15	312,92	185,43	269,72	303,43	179,63	261,28	293,94	173,83	252,85	284,45	168,03	244,42	274,97
	II	3 642,—	200,31	291,36	327,78	II	3 642,—	194,51	282,92	318,29	188,71	274,49	308,80	182,91	266,06	299,31	177,11	257,62	289,82	171,32	249,19	280,34	165,52	240,76	270,85
	III	2 974,50	163,59	237,96	267,70	III	2 974,50	157,79	229,52	258,21	152,—	221,09	248,72	146,19	212,65	239,23	140,40	204,22	229,75	134,60	195,78	220,25	128,81	187,36	210,78
	V	4 223,08	232,26	337,84	380,07	IV	3 687,75	199,92	290,80	327,15	197,02	286,58	322,40	194,13	282,37	317,66	191,23	278,15	312,92	188,33	273,94	308,18	185,43	269,72	303,43
	VI	4 255,25	234,03	340,42	382,97																				
10 751,99	I,IV	3 689,—	202,89	295,12	332,01	I	3 689,—	197,09	286,68	322,52	191,29	278,25	313,03	185,50	269,82	303,54	179,70	261,38	294,05	173,90	252,95	284,57	168,10	244,52	275,08
	II	3 643,25	200,37	291,46	327,89	II	3 643,25	194,58	283,02	318,40	188,78	274,59	308,91	182,98	266,16	299,43	177,18	257,72	289,94	171,38	249,29	280,45	165,59	240,86	270,96
	III	2 975,66	163,66	238,05	267,80	III	2 975,66	157,86	229,62	258,32	152,06	221,18	248,83	146,27	212,76	239,35	140,47	204,32	229,86	134,67	195,89	220,37	128,87	187,45	210,88
	V	4 224,33	232,33	337,94	380,18	IV	3 689,—	199,99	290,90	327,26	197,09	286,68	322,52	194,20	282,47	317,78	191,29	278,25	313,03	188,40	274,04	308,29	185,50	269,82	303,54
	VI	4 256,50	234,10	340,52	383,08																				
10 754,99	I,IV	3 690,33	202,96	295,22	332,12	I	3 690,33	197,16	286,78	322,63	191,36	278,35	313,14	185,57	269,92	303,66	179,77	261,48	294,17	173,97	253,05	284,68	168,17	244,62	275,19
	II	3 644,50	200,44	291,56	328,—	II	3 644,50	194,64	283,12	318,51	188,85	274,69	309,02	183,05	266,26	299,54	177,25	257,82	290,05	171,45	249,39	280,56	165,66	240,96	271,08
	III	2 977,—	163,73	238,16	267,93	III	2 977,—	157,93	229,72	258,43	152,13	221,29	248,95	146,33	212,85	239,45	140,54	204,42	229,97	134,74	195,98	220,48	128,94	187,56	211,—
	V	4 225,58	232,40	338,04	380,30	IV	3 690,33	200,06	291,—	327,38	197,16	286,78	322,63	194,26	282,57	317,89	191,36	278,35	313,14	188,47	274,14	308,40	185,57	269,92	303,66
	VI	4 257,75	234,17	340,62	383,19																				

*** Die ausgewiesenen Tabellenwerte sind amtlich. Siehe Erläuterungen auf der Umschlaginnenseite (U2).**

Abzüge an Lohnsteuer, Solidaritätszuschlag (SolZ) und Kirchensteuer (8%, 9%) in den Steuerklassen

Lohn/ Gehalt bis €*		I – VI				I, II, III, IV		mit Zahl der Kinderfreibeträge . . . 0,5			1			1,5			2			2,5			3		
		LSt	ohne Kinderfreibeträge SolZ	8%	9%		LSt	SolZ	8%	9%	SolZ	8%	9%	SolZ	8%	9%	SolZ	8%	9%	SolZ	8%	9%	SolZ	8%	9%
10 757,99	I,IV	3 691,58	203,03	295,32	332,24	I	3 691,58	197,23	286,89	322,75	191,44	278,46	313,26	185,64	270,02	303,77	179,84	261,58	294,28	174,04	253,15	284,79	168,24	244,72	275,31
	II	3 645,75	200,51	291,66	328,11	II	3 645,75	194,71	283,22	318,62	188,92	274,79	309,14	183,12	266,36	299,65	177,32	257,92	290,16	171,52	249,49	280,67	165,72	241,06	271,19
	III	2 978,16	163,79	238,25	268,03	III	2 978,16	158,—	229,82	258,55	152,20	221,38	249,05	146,41	212,96	239,58	140,60	204,52	230,08	134,81	196,09	220,60	129,01	187,65	211,10
	V	4 226,83	232,47	338,14	380,41	IV	3 691,58	200,13	291,10	327,49	197,23	286,89	322,75	194,33	282,67	318,—	191,44	278,46	313,26	188,54	274,24	308,52	185,64	270,02	303,77
	VI	4 259,—	234,24	340,72	383,31																				
10 760,99	I,IV	3 692,83	203,10	295,42	332,35	I	3 692,83	197,30	286,99	322,86	191,51	278,56	313,38	185,71	270,12	303,89	179,91	261,69	294,40	174,11	253,26	284,91	168,31	244,82	275,42
	II	3 647,—	200,58	291,76	328,23	II	3 647,—	194,78	283,32	318,74	188,98	274,89	309,25	183,19	266,46	299,76	177,39	258,02	290,27	171,59	249,59	280,79	165,79	241,16	271,30
	III	2 979,50	163,87	238,36	268,15	III	2 979,50	158,07	229,92	258,66	152,27	221,49	249,17	146,47	213,05	239,68	140,68	204,62	230,20	134,87	196,18	220,70	129,08	187,76	211,23
	V	4 228,08	232,54	338,24	380,52	IV	3 692,83	200,20	291,20	327,60	197,30	286,99	322,86	194,40	282,77	318,11	191,51	278,56	313,38	188,60	274,34	308,63	185,71	270,12	303,89
	VI	4 260,25	234,31	340,82	383,42																				
10 763,99	I,IV	3 694,08	203,17	295,52	332,46	I	3 694,08	197,37	287,09	322,97	191,57	278,66	313,49	185,78	270,22	304,—	179,98	261,79	294,51	174,18	253,36	285,03	168,38	244,92	275,54
	II	3 648,33	200,65	291,86	328,34	II	3 648,33	194,85	283,42	318,85	189,05	274,99	309,36	183,26	266,56	299,88	177,46	258,12	290,39	171,66	249,69	280,90	165,86	241,26	271,41
	III	2 980,66	163,93	238,45	268,25	III	2 980,66	158,14	230,02	258,77	152,34	221,58	249,28	146,54	213,16	239,80	140,74	204,72	230,31	134,95	196,29	220,82	129,14	187,85	211,33
	V	4 229,33	232,61	338,34	380,63	IV	3 694,08	200,27	291,30	327,71	197,37	287,09	322,97	194,47	282,87	318,23	191,57	278,66	313,49	188,67	274,44	308,74	185,78	270,22	304,—
	VI	4 261,58	234,38	340,92	383,54																				
10 766,99	I,IV	3 695,33	203,24	295,62	332,57	I	3 695,33	197,44	287,19	323,09	191,64	278,76	313,60	185,84	270,32	304,11	180,05	261,89	294,62	174,25	253,46	285,14	168,45	245,02	275,65
	II	3 649,58	200,72	291,96	328,46	II	3 649,58	194,92	283,53	318,97	189,13	275,10	309,48	183,33	266,66	299,99	177,53	258,22	290,50	171,73	249,79	281,01	165,93	241,36	271,53
	III	2 982,—	164,01	238,56	268,38	III	2 982,—	158,20	230,12	258,88	152,41	221,69	249,40	146,61	213,25	239,90	140,81	204,82	230,42	135,01	196,38	220,93	129,22	187,96	211,45
	V	4 230,58	232,68	338,44	380,75	IV	3 695,33	200,34	291,40	327,83	197,44	287,19	323,09	194,54	282,97	318,34	191,64	278,76	313,60	188,74	274,54	308,85	185,84	270,32	304,11
	VI	4 262,83	234,45	341,02	383,65																				
10 769,99	I,IV	3 696,58	203,31	295,72	332,69	I	3 696,58	197,51	287,29	323,20	191,71	278,86	313,71	185,91	270,42	304,22	180,12	261,99	294,74	174,32	253,56	285,25	168,52	245,12	275,76
	II	3 650,83	200,79	292,06	328,57	II	3 650,83	194,99	283,63	319,08	189,20	275,20	309,60	183,40	266,76	300,11	177,60	258,33	290,62	171,80	249,90	281,13	166,—	241,46	271,64
	III	2 983,33	164,08	238,66	268,49	III	2 983,33	158,28	230,22	259,—	152,48	221,80	249,52	146,68	213,36	240,03	140,88	204,92	230,53	135,08	196,49	221,05	129,28	188,05	211,55
	V	4 231,83	232,75	338,54	380,86	IV	3 696,58	200,41	291,51	327,95	197,51	287,29	323,20	194,61	283,08	318,46	191,71	278,86	313,71	188,81	274,64	308,97	185,91	270,42	304,22
	VI	4 264,08	234,52	341,12	383,76																				
10 772,99	I,IV	3 697,83	203,38	295,82	332,80	I	3 697,83	197,58	287,39	323,31	191,78	278,96	313,83	185,98	270,52	304,34	180,18	262,09	294,85	174,39	253,66	285,36	168,59	245,22	275,87
	II	3 652,08	200,86	292,16	328,68	II	3 652,08	195,06	283,73	319,19	189,26	275,30	309,71	183,47	266,86	300,22	177,67	258,43	290,73	171,87	250,—	281,25	166,07	241,56	271,76
	III	2 984,50	164,14	238,76	268,60	III	2 984,50	158,35	230,33	259,12	152,55	221,89	249,62	146,75	213,46	240,14	140,95	205,02	230,65	135,16	196,60	221,17	129,36	188,16	211,68
	V	4 233,16	232,82	338,65	380,98	IV	3 697,83	200,48	291,61	328,06	197,58	287,39	323,31	194,68	283,18	318,57	191,78	278,96	313,83	188,88	274,74	309,08	185,98	270,52	304,34
	VI	4 265,33	234,59	341,22	383,87																				
10 775,99	I,IV	3 699,08	203,44	295,92	332,91	I	3 699,08	197,65	287,49	323,42	191,85	279,06	313,94	186,05	270,62	304,45	180,25	262,19	294,96	174,46	253,76	285,48	168,66	245,32	275,99
	II	3 653,33	200,93	292,26	328,79	II	3 653,33	195,13	283,83	319,31	189,33	275,40	309,82	183,53	266,96	300,33	177,74	258,53	290,84	171,94	250,10	281,36	166,14	241,66	271,87
	III	2 985,83	164,22	238,86	268,72	III	2 985,83	158,41	230,42	259,22	152,62	222,—	249,75	146,82	213,56	240,25	141,02	205,13	230,77	135,22	196,69	221,27	129,43	188,26	211,79
	V	4 234,41	232,89	338,75	381,09	IV	3 699,08	200,55	291,71	328,17	197,65	287,49	323,42	194,75	283,28	318,69	191,85	279,06	313,94	188,95	274,84	309,20	186,05	270,62	304,45
	VI	4 266,58	234,66	341,32	383,99																				
10 778,99	I,IV	3 700,33	203,51	296,02	333,02	I	3 700,33	197,72	287,59	323,54	191,92	279,16	314,05	186,12	270,72	304,56	180,32	262,29	295,07	174,52	253,86	285,59	168,73	245,42	276,10
	II	3 654,58	201,—	292,36	328,91	II	3 654,58	195,20	283,93	319,42	189,40	275,50	309,93	183,60	267,06	300,44	177,81	258,63	290,96	172,01	250,20	281,47	166,21	241,76	271,98
	III	2 987,—	164,28	238,96	268,83	III	2 987,—	158,49	230,53	259,34	152,68	222,09	249,85	146,89	213,66	240,37	141,09	205,22	230,87	135,30	196,80	221,40	129,49	188,36	211,90
	V	4 235,66	232,96	338,85	381,20	IV	3 700,33	200,62	291,81	328,28	197,72	287,59	323,54	194,82	283,38	318,80	191,92	279,16	314,05	189,02	274,94	309,31	186,12	270,72	304,56
	VI	4 267,83	234,73	341,42	384,10																				
10 781,99	I,IV	3 701,66	203,59	296,13	333,14	I	3 701,66	197,79	287,70	323,66	191,99	279,26	314,17	186,19	270,82	304,67	180,39	262,39	295,19	174,59	253,96	285,70	168,79	245,52	276,21
	II	3 655,83	201,07	292,46	329,02	II	3 655,83	195,27	284,03	319,53	189,47	275,60	310,05	183,67	267,16	300,56	177,87	258,73	291,07	172,08	250,30	281,58	166,28	241,86	272,09
	III	2 988,33	164,35	239,06	268,94	III	2 988,33	158,55	230,62	259,45	152,76	222,20	249,97	146,96	213,76	240,48	141,16	205,33	230,99	135,36	196,89	221,50	129,57	188,46	212,02
	V	4 236,91	233,03	338,95	381,32	IV	3 701,66	200,69	291,91	328,40	197,79	287,70	323,66	194,89	283,48	318,91	191,99	279,26	314,17	189,09	275,04	309,42	186,19	270,82	304,67
	VI	4 269,08	234,79	341,52	384,21																				
10 784,99	I,IV	3 702,91	203,66	296,23	333,26	I	3 702,91	197,86	287,80	323,77	192,06	279,36	314,28	186,26	270,93	304,79	180,46	262,50	295,31	174,67	254,06	285,82	168,86	245,62	276,32
	II	3 657,08	201,13	292,56	329,13	II	3 657,08	195,34	284,13	319,64	189,54	275,70	310,16	183,74	267,26	300,67	177,94	258,83	291,18	172,15	250,40	281,70	166,35	241,96	272,21
	III	2 989,50	164,42	239,16	269,05	III	2 989,50	158,62	230,73	259,57	152,82	222,29	250,07	147,03	213,86	240,59	141,23	205,42	231,10	135,43	197,—	221,62	129,63	188,56	212,13
	V	4 238,16	233,09	339,05	381,43	IV	3 702,91	200,75	292,01	328,51	197,86	287,80	323,77	194,96	283,58	319,02	192,06	279,36	314,28	189,16	275,14	309,53	186,26	270,93	304,79
	VI	4 270,33	234,86	341,62	384,32																				
10 787,99	I,IV	3 704,16	203,72	296,33	333,37	I	3 704,16	197,93	287,90	323,88	192,13	279,46	314,39	186,33	271,03	304,91	180,53	262,60	295,42	174,73	254,16	285,93	168,94	245,73	276,44
	II	3 658,33	201,20	292,66	329,24	II	3 658,33	195,41	284,23	319,76	189,61	275,80	310,27	183,81	267,36	300,78	178,01	258,93	291,29	172,21	250,50	281,81	166,42	242,06	272,32
	III	2 990,83	164,49	239,26	269,17	III	2 990,83	158,69	230,82	259,67	152,90	222,40	250,20	147,09	213,96	240,70	141,30	205,53	231,22	135,50	197,09	221,72	129,70	188,66	212,24
	V	4 239,41	233,16	339,15	381,54	IV	3 704,16	200,82	292,11	328,62	197,93	287,90	323,88	195,03	283,68	319,14	192,13	279,46	314,39	189,23	275,24	309,65	186,33	271,03	304,91
	VI	4 271,66	234,94	341,73	384,44																				
10 790,99	I,IV	3 705,41	203,79	296,43	333,48	I	3 705,41	198,—	288,—	324,—	192,20	279,56	314,51	186,40	271,13	305,02	180,60	262,70	295,53	174,80	254,26	286,04	169,01	245,83	276,56
	II	3 659,66	201,28	292,77	329,36	II	3 659,66	195,48	284,34	319,88	189,68	275,90	310,39	183,88	267,46	300,89	178,08	259,03	291,41	172,28	250,60	281,92	166,48	242,16	272,43
	III	2 992,—	164,56	239,36	269,28	III	2 992,—	158,76	230,93	259,79	152,96	222,49	250,30	147,17	214,06	240,82	141,36	205,62	231,32	135,57	197,20	221,85	129,77	188,76	212,35
	V	4 240,66	233,23	339,25	381,65	IV	3 705,41	200,89	292,21	328,73	198,—	288,—	324,—	195,09	283,78	319,25	192,20	279,56	314,51	189,30	275,34	309,76	186,40	271,13	305,02
	VI	4 272,91	235,01	341,83	384,56																				
10 793,99	I,IV	3 706,66	203,86	296,53	333,59	I	3 706,66	198,06	288,10	324,11	192,27	279,66	314,62	186,47	271,23	305,13	180,67	262,80	295,65	174,87	254,36	286,16	169,07	245,93	276,67
	II	3 660,91	201,35	292,87	329,48	II	3 660,91	195,55	284,44	319,99	189,75	276,—	310,50	183,95	267,57	301,01	178,15	259,14	291,53	172,36	250,70	282,04	166,55	242,26	272,54
	III	2 993,33	164,63	239,46	269,39	III	2 993,33	158,84	231,04	259,92	153,03	222,60	250,42	147,23	214,16	240,93	141,44	205,73	231,44	135,63	197,29	221,95	129,84	188,86	212,47
	V	4 241,91	233,30	339,35	381,77	IV	3 706,66	200,97	292,32	328,86	198,06	288,10	324,11	195,17	283,88	319,37	192,27	279,66	314,62	189,36	275,44	309,87	186,47	271,23	305,13
	VI	4 274,16	235,07	341,93	384,67																				
10 796,99	I,IV	3 707,91	203,93	296,63	333,71	I	3 707,91	198,13	288,20	324,22	192,33	279,76	314,73	186,54	271,33	305,24	180,74	262,90	295,76	174,94	254,46	286,27	169,14	246,03	276,78
	II	3 662,16	201,41	292,97	329,59	II	3 662,16	195,62	284,54	320,10	189,82	276,10	310,61	184,02	267,67	301,13	178,22	259,24	291,64	172,42	250,80	282,15	166,63	242,37	272,66
	III	2 994,66	164,70	239,57	269,51	III	2 994,66	158,90	231,13	260,02	153,11	222,70	250,54	147,30	214,26	241,04	141,51	205,84	231,57	135,71	197,40	222,07	129,91	188,96	212,58
	V	4 243,25	233,37	339,46	381,89	IV	3 707,91	201,03	292,42	328,97	198,13	288,20	324,22	195,24	283,98	319,48	192,33	279,76	314,73	189,44	275,55	309,99	186,54	271,33	305,24
	VI	4 275,41	235,14	342,03	384,78																				
10 799,99	I,IV	3 709,16	204,—	296,73	333,82	I	3 709,16	198,20	288,30	324,33	192,40	279,86	314,84	186,61	271,43	305,36	180,81	263,—	295,87	175,01	254,56	286,38	169,21	246,13	276,89
	II	3 663,41	201,48	293,07	329,70	II	3 663,41	195,69	284,64	320,22	189,89	276,20	310,73	184,09	267,77	301,24	178,29	259,34	291,75	172,49	250,90	282,26	166,70	242,47	272,78
	III	2 995,83	164,77	239,66	269,62	III	2 995,83	158,97	231,24	260,14	153,17	222,80	250,65	147,38	214,37	241,16	141,57	205,93	231,67	135,78	197,50	222,19	129,98	189,06	212,69
	V	4 244,50	233,44	339,56	382,—	IV	3 709,16	201,10	292,52	329,08	198,20	288,30	324,33	195,30	284,08	319,59	192,40	279,86	314,84	189,51	275,65	310,10	186,61	271,43	305,36
	VI	4 276,66	235,21	342,13	384,89																				

* Die ausgewiesenen Tabellenwerte sind amtlich. Siehe Erläuterungen auf der Umschlaginnenseite (U2).

Abzüge an Lohnsteuer, Solidaritätszuschlag (SolZ) und Kirchensteuer (8%, 9%) in den Steuerklassen

Lohn/ Gehalt bis €*	I – VI	ohne Kinderfreibeträge				I, II, III, IV	mit Zahl der Kinderfreibeträge . . . 0,5			1			1,5			2			2,5			3		
		LSt	SolZ	8%	9%		LSt	SolZ	8%	9%	SolZ	8%	9%	SolZ	8%	9%	SolZ	8%	9%	SolZ	8%	9%	SolZ	8%	9%
10 802,99	I,IV	3 710,41	204,07	296,83	333,93	I	3 710,41	198,27	288,40	324,45	192,47	279,96	314,96	186,67	271,53	305,47	180,88	263,10	295,98	175,08	254,66	286,49	169,28	246,23	277,01
	II	3 664,66	201,55	293,17	329,81	II	3 664,66	195,75	284,74	320,33	189,96	276,30	310,84	184,16	267,87	301,35	178,36	259,44	291,87	172,56	251,—	282,38	166,76	242,57	272,89
	III	2 997,16	164,84	239,77	269,74	III	2 997,16	159,04	231,33	260,24	153,24	222,90	250,76	147,44	214,46	241,27	141,65	206,04	231,79	135,85	197,60	222,30	130,05	189,17	212,81
	V	4 245,75	233,51	339,66	382,11	IV	3 710,41	201,17	292,62	329,19	198,27	288,40	324,45	195,37	284,18	319,70	192,47	279,96	314,96	189,58	275,75	310,22	186,67	271,53	305,47
	VI	4 277,91	235,28	342,23	385,01																				
10 805,99	I,IV	3 711,75	204,14	296,94	334,05	I	3 711,75	198,34	288,50	324,56	192,54	280,06	315,07	186,74	271,63	305,58	180,95	263,20	296,10	175,15	254,76	286,61	169,35	246,33	277,12
	II	3 665,91	201,62	293,27	329,93	II	3 665,91	195,82	284,84	320,44	190,02	276,40	310,95	184,23	267,97	301,46	178,43	259,54	291,98	172,63	251,10	282,49	166,83	242,67	273,—
	III	2 998,33	164,90	239,86	269,84	III	2 998,33	159,11	231,44	260,37	153,31	223,—	250,87	147,51	214,57	241,39	141,71	206,13	231,89	135,92	197,70	222,41	130,12	189,26	212,92
	V	4 247,—	233,58	339,76	382,23	IV	3 711,75	201,24	292,72	329,31	198,34	288,50	324,56	195,44	284,28	319,82	192,54	280,06	315,07	189,64	275,85	310,33	186,74	271,63	305,58
	VI	4 279,16	235,35	342,33	385,12																				
10 808,99	I,IV	3 713,—	204,21	297,04	334,17	I	3 713,—	198,41	288,60	324,68	192,61	280,17	315,19	186,82	271,74	305,70	181,02	263,30	296,21	175,22	254,86	286,72	169,42	246,43	277,23
	II	3 667,16	201,69	293,37	330,04	II	3 667,16	195,89	284,94	320,55	190,09	276,50	311,06	184,30	268,07	301,58	178,50	259,64	292,09	172,70	251,20	282,60	166,90	242,77	273,11
	III	2 999,66	164,98	239,97	269,96	III	2 999,66	159,17	231,53	260,47	153,38	223,10	250,99	147,58	214,66	241,49	141,79	206,24	232,02	135,98	197,80	222,52	130,19	189,37	213,04
	V	4 248,25	233,65	339,86	382,34	IV	3 713,—	201,31	292,82	329,42	198,41	288,60	324,68	195,51	284,38	319,93	192,61	280,17	315,19	189,71	275,95	310,44	186,82	271,74	305,70
	VI	4 280,41	235,42	342,43	385,23																				
10 811,99	I,IV	3 714,25	204,28	297,14	334,28	I	3 714,25	198,48	288,70	324,79	192,68	280,27	315,30	186,89	271,84	305,82	181,09	263,40	296,33	175,29	254,97	286,84	169,49	246,54	277,35
	II	3 668,41	201,76	293,47	330,15	II	3 668,41	195,96	285,04	320,67	190,16	276,60	311,18	184,36	268,17	301,69	178,57	259,74	292,20	172,77	251,30	282,71	166,97	242,87	273,23
	III	3 000,83	165,04	240,06	270,07	III	3 000,83	159,25	231,64	260,59	153,45	223,20	251,10	147,65	214,77	241,61	141,85	206,33	232,12	136,06	197,90	222,64	130,25	189,46	213,14
	V	4 249,50	233,72	339,96	382,45	IV	3 714,25	201,38	292,92	329,53	198,48	288,70	324,79	195,58	284,48	320,04	192,68	280,27	315,30	189,78	276,05	310,55	186,89	271,84	305,82
	VI	4 281,75	235,49	342,54	385,35																				
10 814,99	I,IV	3 715,50	204,35	297,24	334,39	I	3 715,50	198,55	288,80	324,90	192,75	280,37	315,41	186,95	271,94	305,93	181,16	263,50	296,44	175,36	255,07	286,95	169,56	246,64	277,47
	II	3 669,75	201,83	293,58	330,27	II	3 669,75	196,03	285,14	320,78	190,23	276,70	311,29	184,43	268,27	301,80	178,64	259,84	292,32	172,84	251,40	282,83	167,04	242,97	273,34
	III	3 002,16	165,11	240,17	270,19	III	3 002,16	159,31	231,73	260,69	153,52	223,30	251,21	147,72	214,86	241,72	141,92	206,44	232,24	136,12	198,—	222,75	130,33	189,57	213,26
	V	4 250,75	233,79	340,06	382,56	IV	3 715,50	201,45	293,02	329,64	198,55	288,80	324,90	195,65	284,58	320,15	192,75	280,37	315,41	189,85	276,15	310,67	186,95	271,94	305,93
	VI	4 283,—	235,56	342,64	385,47																				
10 817,99	I,IV	3 716,75	204,42	297,34	334,50	I	3 716,75	198,62	288,90	325,01	192,82	280,47	315,53	187,02	272,04	306,04	181,22	263,60	296,55	175,43	255,17	287,06	169,63	246,74	277,58
	II	3 671,—	201,90	293,68	330,39	II	3 671,—	196,10	285,24	320,90	190,30	276,81	311,41	184,51	268,38	301,92	178,71	259,94	292,43	172,91	251,50	282,94	167,11	243,07	273,45
	III	3 003,50	165,19	240,28	270,31	III	3 003,50	159,39	231,84	260,82	153,58	223,40	251,32	147,79	214,97	241,84	141,99	206,53	232,34	136,19	198,10	222,86	130,39	189,66	213,37
	V	4 252,—	233,86	340,16	382,68	IV	3 716,75	201,52	293,12	329,76	198,62	288,90	325,01	195,72	284,68	320,27	192,82	280,47	315,53	189,92	276,25	310,78	187,02	272,04	306,04
	VI	4 284,25	235,63	342,74	385,58																				
10 820,99	I,IV	3 718,—	204,49	297,44	334,62	I	3 718,—	198,69	289,—	325,13	192,89	280,57	315,64	187,09	272,14	306,15	181,29	263,70	296,66	175,50	255,27	287,18	169,70	246,84	277,69
	II	3 672,25	201,97	293,78	330,50	II	3 672,25	196,17	285,34	321,01	190,37	276,91	311,52	184,58	268,48	302,04	178,78	260,04	292,55	172,98	251,61	283,06	167,18	243,18	273,57
	III	3 004,66	165,25	240,37	270,41	III	3 004,66	159,46	231,94	260,93	153,66	223,50	251,44	147,86	215,08	241,96	142,06	206,64	232,47	136,26	198,20	222,97	130,46	189,77	213,49
	V	4 253,25	233,92	340,26	382,79	IV	3 718,—	201,59	293,22	329,87	198,69	289,—	325,13	195,79	284,79	320,39	192,89	280,57	315,64	189,99	276,36	310,90	187,09	272,14	306,15
	VI	4 285,50	235,70	342,84	385,69																				
10 823,99	I,IV	3 719,25	204,55	297,54	334,73	I	3 719,25	198,76	289,10	325,24	192,96	280,67	315,75	187,16	272,24	306,27	181,36	263,80	296,78	175,56	255,37	287,29	169,77	246,94	277,80
	II	3 673,50	202,04	293,88	330,61	II	3 673,50	196,24	285,44	321,12	190,44	277,01	311,63	184,64	268,58	302,15	178,85	260,14	292,66	173,05	251,71	283,17	167,25	243,28	273,69
	III	3 006,—	165,33	240,48	270,54	III	3 006,—	159,52	232,04	261,04	153,73	223,61	251,56	147,93	215,17	242,06	142,13	206,74	232,58	136,33	198,30	223,09	130,54	189,88	213,61
	V	4 254,58	234,—	340,36	382,91	IV	3 719,25	201,66	293,32	329,99	198,76	289,10	325,24	195,86	284,89	320,50	192,96	280,67	315,75	190,06	276,46	311,01	187,16	272,24	306,27
	VI	4 286,75	235,77	342,94	385,80																				
10 826,99	I,IV	3 720,50	204,62	297,64	334,84	I	3 720,50	198,82	289,20	325,35	193,03	280,77	315,86	187,23	272,34	306,38	181,43	263,90	296,89	175,63	255,47	287,40	169,84	247,04	277,92
	II	3 674,75	202,11	293,98	330,72	II	3 674,75	196,31	285,54	321,23	190,51	277,11	311,75	184,71	268,68	302,26	178,91	260,24	292,77	173,12	251,81	283,28	167,32	243,38	273,80
	III	3 007,16	165,39	240,57	270,64	III	3 007,16	159,60	232,14	261,16	153,79	223,70	251,66	148,—	215,28	242,19	142,20	206,84	232,69	136,40	198,41	223,21	130,60	189,97	213,71
	V	4 255,83	234,07	340,46	383,02	IV	3 720,50	201,73	293,42	330,10	198,82	289,20	325,35	195,93	284,99	320,61	193,03	280,77	315,86	190,13	276,56	311,13	187,23	272,34	306,38
	VI	4 288,—	235,84	343,04	385,92																				
10 829,99	I,IV	3 721,83	204,70	297,74	334,96	I	3 721,83	198,89	289,30	325,46	193,10	280,87	315,98	187,30	272,44	306,49	181,50	264,—	297,—	175,70	255,57	287,51	169,90	247,14	278,03
	II	3 676,—	202,18	294,08	330,84	II	3 676,—	196,38	285,64	321,35	190,58	277,21	311,86	184,78	268,78	302,37	178,98	260,34	292,88	173,19	251,91	283,40	167,39	243,48	273,91
	III	3 008,50	165,46	240,68	270,76	III	3 008,50	159,66	232,24	261,27	153,87	223,81	251,78	148,06	215,37	242,29	142,27	206,94	232,81	136,47	198,50	223,31	130,68	190,08	213,84
	V	4 257,08	234,13	340,56	383,13	IV	3 721,83	201,79	293,52	330,21	198,89	289,30	325,46	196,—	285,09	320,72	193,10	280,87	315,98	190,20	276,66	311,24	187,30	272,44	306,49
	VI	4 289,25	235,90	343,14	386,03																				
10 832,99	I,IV	3 723,08	204,76	297,84	335,07	I	3 723,08	198,97	289,41	325,58	193,17	280,98	316,10	187,37	272,54	306,61	181,57	264,10	297,11	175,77	255,67	287,63	169,97	247,24	278,14
	II	3 677,25	202,24	294,18	330,95	II	3 677,25	196,45	285,74	321,46	190,65	277,31	311,97	184,85	268,88	302,49	179,05	260,44	293,—	173,25	252,01	283,51	167,46	243,58	274,02
	III	3 009,66	165,53	240,77	270,86	III	3 009,66	159,73	232,34	261,38	153,93	223,90	251,89	148,14	215,48	242,41	142,34	207,04	232,92	136,54	198,61	223,43	130,74	190,17	213,94
	V	4 258,33	234,20	340,66	383,24	IV	3 723,08	201,86	293,62	330,32	198,97	289,41	325,58	196,07	285,19	320,84	193,17	280,98	316,10	190,27	276,76	311,35	187,37	272,54	306,61
	VI	4 290,50	235,97	343,24	386,14																				
10 835,99	I,IV	3 724,33	204,83	297,94	335,18	I	3 724,33	199,04	289,51	325,70	193,24	281,08	316,21	187,44	272,64	306,72	181,64	264,21	297,23	175,84	255,78	287,75	170,05	247,34	278,26
	II	3 678,50	202,31	294,28	331,06	II	3 678,50	196,51	285,84	321,57	190,72	277,41	312,08	184,92	268,98	302,60	179,12	260,54	293,11	173,32	252,11	283,62	167,53	243,68	274,14
	III	3 011,—	165,60	240,88	270,99	III	3 011,—	159,80	232,44	261,49	154,—	224,01	252,01	148,20	215,57	242,51	142,41	207,14	233,03	136,61	198,70	223,54	130,81	190,28	214,06
	V	4 259,58	234,27	340,76	383,36	IV	3 724,33	201,93	293,72	330,44	199,04	289,51	325,70	196,13	285,29	320,95	193,24	281,08	316,21	190,34	276,86	311,46	187,44	272,64	306,72
	VI	4 291,75	236,04	343,34	386,25																				
10 838,99	I,IV	3 725,58	204,90	298,04	335,30	I	3 725,58	199,10	289,61	325,81	193,31	281,18	316,32	187,51	272,74	306,83	181,71	264,31	297,35	175,91	255,88	287,86	170,11	247,44	278,37
	II	3 679,83	202,39	294,38	331,18	II	3 679,83	196,58	285,94	321,68	190,79	277,51	312,20	184,99	269,08	302,71	179,19	260,64	293,22	173,39	252,21	283,73	167,59	243,78	274,25
	III	3 012,16	165,66	240,97	271,09	III	3 012,16	159,87	232,54	261,61	154,07	224,10	252,11	148,28	215,68	242,64	142,47	207,24	233,14	136,68	198,81	223,66	130,88	190,37	214,16
	V	4 260,83	234,34	340,86	383,47	IV	3 725,58	202,—	293,82	330,55	199,10	289,61	325,81	196,20	285,39	321,06	193,31	281,18	316,32	190,41	276,96	311,58	187,51	272,74	306,83
	VI	4 293,08	236,11	343,44	386,37																				
10 841,99	I,IV	3 726,83	204,97	298,14	335,41	I	3 726,83	199,17	289,71	325,92	193,38	281,28	316,44	187,58	272,84	306,95	181,78	264,41	297,46	175,98	255,98	287,97	170,18	247,54	278,48
	II	3 681,08	202,45	294,48	331,29	II	3 681,08	196,66	286,05	321,80	190,86	277,62	312,32	185,06	269,18	302,83	179,26	260,74	293,33	173,46	252,31	283,85	167,66	243,88	274,36
	III	3 013,50	165,74	241,08	271,21	III	3 013,50	159,94	232,64	261,72	154,14	224,21	252,23	148,34	215,77	242,74	142,55	207,34	233,26	136,74	198,90	223,76	130,95	190,48	214,29
	V	4 262,08	234,41	340,96	383,58	IV	3 726,83	202,07	293,92	330,66	199,17	289,71	325,92	196,27	285,49	321,17	193,38	281,28	316,44	190,47	277,06	311,69	187,58	272,84	306,95
	VI	4 294,33	236,18	343,54	386,48																				
10 844,99	I,IV	3 728,08	205,04	298,24	335,52	I	3 728,08	199,24	289,81	326,03	193,44	281,38	316,55	187,65	272,94	307,06	181,85	264,51	297,57	176,05	256,08	288,09	170,25	247,64	278,60
	II	3 682,33	202,52	294,58	331,40	II	3 682,33	196,73	286,15	321,92	190,93	277,72	312,43	185,13	269,28	302,94	179,33	260,85	293,45	173,53	252,42	283,97	167,74	243,98	274,48
	III	3 014,83	165,81	241,18	271,33	III	3 014,83	160,01	232,74	261,83	154,22	224,32	252,36	148,41	215,88	242,86	142,61	207,44	233,37	136,82	199,01	223,88	131,01	190,57	214,39
	V	4 263,33	234,48	341,06	383,69	IV	3 728,08	202,14	294,03	330,78	199,24	289,81	326,03	196,35	285,60	321,30	193,44	281,38	316,55	190,55	277,16	311,81	187,65	272,94	307,06
	VI	4 295,58	236,25	343,64	386,60																				

* Die ausgewiesenen Tabellenwerte sind amtlich. Siehe Erläuterungen auf der Umschlaginnenseite (U2).

MONAT 10 845,–*

Lohn/ Gehalt bis €*	I – VI					I, II, III, IV		mit Zahl der Kinderfreibeträge . . . 0,5			1			1,5			2			2,5			3		
		LSt	ohne Kinderfreibeträge SolZ	8%	9%		LSt	SolZ	8%	9%	SolZ	8%	9%	SolZ	8%	9%	SolZ	8%	9%	SolZ	8%	9%	SolZ	8%	9%
10 847,99	I,IV	3 729,33	205,11	298,34	335,63	I	3 729,33	199,31	289,91	326,15	193,51	281,48	316,66	187,71	273,04	307,17	181,92	264,61	297,68	176,12	256,18	288,20	170,32	247,74	278,71
	II	3 683,58	202,59	294,68	331,52	II	3 683,58	196,79	286,25	322,03	191,—	277,82	312,54	185,20	269,38	303,05	179,40	260,95	293,57	173,60	252,52	284,08	167,80	244,08	274,59
	III	3 016,—	165,88	241,28	271,44	III	3 016,—	160,08	232,85	261,95	154,28	224,41	252,46	148,49	215,98	242,98	142,68	207,54	233,48	136,89	199,12	224,01	131,09	190,68	214,51
	V	4 264,66	234,55	341,17	383,81	IV	3 729,33	202,21	294,13	330,89	199,31	289,91	326,15	196,41	285,70	321,41	193,51	281,48	316,66	190,62	277,26	311,92	187,71	273,04	307,17
	VI	4 296,83	236,32	343,74	386,71																				
10 850,99	I,IV	3 730,58	205,18	298,44	335,75	I	3 730,58	199,38	290,01	326,26	193,58	281,58	316,77	187,78	273,14	307,28	181,99	264,71	297,80	176,19	256,28	288,31	170,39	247,84	278,82
	II	3 684,83	202,66	294,78	331,63	II	3 684,83	196,86	286,35	322,14	191,07	277,92	312,66	185,27	269,48	303,17	179,47	261,05	293,68	173,67	252,62	284,19	167,87	244,18	274,70
	III	3 017,33	165,95	241,38	271,55	III	3 017,33	160,15	232,94	262,06	154,35	224,52	252,58	148,55	216,08	243,09	142,76	207,65	233,60	136,95	199,21	224,11	131,16	190,78	214,63
	V	4 265,91	234,62	341,27	383,93	IV	3 730,58	202,28	294,23	331,01	199,38	290,01	326,26	196,48	285,80	321,52	193,58	281,58	316,77	190,68	277,36	312,03	187,78	273,14	307,28
	VI	4 298,08	236,39	343,84	386,82																				
10 853,99	I,IV	3 731,83	205,25	298,54	335,86	I	3 731,83	199,45	290,11	326,37	193,65	281,68	316,89	187,85	273,24	307,40	182,05	264,81	297,91	176,26	256,38	288,42	170,46	247,94	278,93
	II	3 686,08	202,73	294,88	331,74	II	3 686,08	196,93	286,45	322,25	191,13	278,02	312,77	185,34	269,58	303,28	179,54	261,15	293,79	173,74	252,72	284,31	167,94	244,28	274,82
	III	3 018,50	166,01	241,48	271,66	III	3 018,50	160,22	233,05	262,18	154,42	224,61	252,68	148,62	216,18	243,20	142,82	207,74	233,71	137,03	199,32	224,23	131,23	190,88	214,74
	V	4 267,16	234,69	341,37	384,04	IV	3 731,83	202,35	294,33	331,12	199,45	290,11	326,37	196,55	285,90	321,63	193,65	281,68	316,89	190,75	277,46	312,14	187,85	273,24	307,40
	VI	4 299,33	236,46	343,94	386,93																				
10 856,99	I,IV	3 733,16	205,32	298,65	335,98	I	3 733,16	199,52	290,22	326,49	193,72	281,78	317,—	187,92	273,34	307,51	182,12	264,91	298,02	176,33	256,48	288,54	170,53	248,04	279,05
	II	3 687,33	202,80	294,98	331,85	II	3 687,33	197,—	286,55	322,37	191,20	278,12	312,88	185,40	269,68	303,39	179,61	261,25	293,90	173,81	252,82	284,42	168,01	244,38	274,93
	III	3 019,83	166,09	241,58	271,78	III	3 019,83	160,28	233,14	262,28	154,49	224,72	252,81	148,69	216,28	243,31	142,89	207,85	233,83	137,09	199,41	224,33	131,30	190,98	214,85
	V	4 268,41	234,76	341,47	384,15	IV	3 733,16	202,42	294,43	331,23	199,52	290,22	326,49	196,62	286,—	321,75	193,72	281,78	317,—	190,82	277,56	312,26	187,92	273,34	307,51
	VI	4 300,58	236,53	344,04	387,05																				
10 859,99	I,IV	3 734,41	205,39	298,75	336,09	I	3 734,41	199,59	290,32	326,61	193,79	281,88	317,12	187,99	273,45	307,63	182,20	265,02	298,14	176,40	256,58	288,65	170,60	248,14	279,16
	II	3 688,58	202,87	295,08	331,97	II	3 688,58	197,07	286,65	322,48	191,27	278,22	312,99	185,47	269,78	303,50	179,68	261,35	294,02	173,88	252,92	284,53	168,08	244,48	275,04
	III	3 021,—	166,15	241,68	271,89	III	3 021,—	160,36	233,25	262,40	154,55	224,81	252,91	148,76	216,38	243,43	142,96	207,94	233,93	137,17	199,52	224,46	131,36	191,08	214,96
	V	4 269,66	234,83	341,57	384,26	IV	3 734,41	202,49	294,53	331,34	199,59	290,32	326,61	196,69	286,10	321,86	193,79	281,88	317,12	190,89	277,66	312,37	187,99	273,45	307,63
	VI	4 301,83	236,60	344,14	387,16																				
10 862,99	I,IV	3 735,66	205,46	298,85	336,20	I	3 735,66	199,66	290,42	326,72	193,86	281,98	317,23	188,06	273,55	307,74	182,27	265,12	298,26	176,47	256,68	288,77	170,67	248,25	279,28
	II	3 689,83	202,94	295,18	332,08	II	3 689,83	197,14	286,75	322,59	191,34	278,32	313,11	185,54	269,88	303,62	179,74	261,45	294,13	173,95	253,02	284,64	168,15	244,58	275,15
	III	3 022,33	166,22	241,78	272,—	III	3 022,33	160,42	233,34	262,51	154,63	224,92	253,03	148,83	216,48	243,54	143,03	208,05	234,05	137,23	199,61	224,56	131,44	191,18	215,08
	V	4 270,91	234,90	341,67	384,38	IV	3 735,66	202,56	294,63	331,46	199,66	290,42	326,72	196,76	286,20	321,97	193,86	281,98	317,23	190,96	277,76	312,48	188,06	273,55	307,74
	VI	4 303,16	236,67	344,25	387,28																				
10 865,99	I,IV	3 736,91	205,53	298,95	336,32	I	3 736,91	199,73	290,52	326,83	193,93	282,08	317,34	188,13	273,65	307,85	182,33	265,22	298,37	176,54	256,78	288,88	170,74	248,35	279,39
	II	3 691,16	203,01	295,29	332,20	II	3 691,16	197,21	286,86	322,71	191,41	278,42	313,22	185,61	269,98	303,73	179,81	261,55	294,24	174,02	253,12	284,76	168,22	244,68	275,27
	III	3 023,50	166,29	241,88	272,11	III	3 023,50	160,49	233,45	262,63	154,69	225,01	253,13	148,90	216,58	243,65	143,10	208,14	234,16	137,30	199,72	224,68	131,50	191,28	215,19
	V	4 272,16	234,96	341,77	384,49	IV	3 736,91	202,62	294,73	331,57	199,73	290,52	326,83	196,83	286,30	322,08	193,93	282,08	317,34	191,03	277,86	312,59	188,13	273,65	307,85
	VI	4 304,41	236,74	344,35	387,39																				
10 868,99	I,IV	3 738,16	205,59	299,05	336,43	I	3 738,16	199,80	290,62	326,94	194,—	282,18	317,45	188,20	273,75	307,97	182,40	265,32	298,48	176,60	256,88	288,99	170,81	248,45	279,50
	II	3 692,41	203,08	295,39	332,31	II	3 692,41	197,28	286,96	322,83	191,48	278,52	313,34	185,68	270,09	303,85	179,89	261,66	294,36	174,09	253,22	284,87	168,29	244,78	275,38
	III	3 024,83	166,36	241,98	272,23	III	3 024,83	160,57	233,56	262,75	154,77	225,12	253,26	148,96	216,68	243,76	143,17	208,25	234,28	137,37	199,81	224,78	131,57	191,38	215,30
	V	4 273,41	235,03	341,87	384,60	IV	3 738,16	202,70	294,84	331,69	199,80	290,62	326,94	196,90	286,40	322,20	194,—	282,18	317,45	191,10	277,96	312,71	188,20	273,75	307,97
	VI	4 305,66	236,81	344,45	387,50																				
10 871,99	I,IV	3 739,41	205,66	299,15	336,54	I	3 739,41	199,87	290,72	327,06	194,07	282,28	317,57	188,27	273,85	308,08	182,47	265,42	298,59	176,67	256,98	289,10	170,88	248,55	279,62
	II	3 693,66	203,15	295,49	332,42	II	3 693,66	197,35	287,06	322,94	191,55	278,62	313,45	185,75	270,19	303,96	179,96	261,76	294,48	174,16	253,32	284,99	168,36	244,89	275,50
	III	3 026,16	166,43	242,09	272,35	III	3 026,16	160,63	233,65	262,85	154,84	225,22	253,37	149,04	216,78	243,88	143,24	208,36	234,40	137,44	199,92	224,91	131,64	191,48	215,41
	V	4 274,75	235,11	341,98	384,72	IV	3 739,41	202,77	294,94	331,80	199,87	290,72	327,06	196,97	286,50	322,31	194,07	282,28	317,57	191,17	278,07	312,83	188,27	273,85	308,08
	VI	4 306,91	236,88	344,55	387,62																				
10 874,99	I,IV	3 740,66	205,73	299,25	336,65	I	3 740,66	199,93	290,82	327,17	194,14	282,38	317,68	188,34	273,95	308,19	182,54	265,52	298,71	176,74	257,08	289,22	170,94	248,65	279,73
	II	3 694,91	203,22	295,59	332,54	II	3 694,91	197,42	287,16	323,05	191,62	278,72	313,56	185,82	270,29	304,07	180,02	261,86	294,59	174,23	253,42	285,10	168,43	244,99	275,61
	III	3 027,33	166,50	242,18	272,45	III	3 027,33	160,71	233,76	262,98	154,90	225,32	253,48	149,11	216,89	244,—	143,31	208,45	234,50	137,51	200,02	225,02	131,71	191,58	215,53
	V	4 276,—	235,18	342,08	384,84	IV	3 740,66	202,84	295,04	331,92	199,93	290,82	327,17	197,04	286,60	322,43	194,14	282,38	317,68	191,24	278,17	312,94	188,34	273,95	308,19
	VI	4 308,16	236,94	344,65	387,73																				
10 877,99	I,IV	3 741,91	205,80	299,35	336,77	I	3 741,91	200,—	290,92	327,28	194,20	282,48	317,79	188,41	274,05	308,30	182,61	265,62	298,82	176,81	257,18	289,33	171,01	248,75	279,84
	II	3 696,16	203,28	295,69	332,65	II	3 696,16	197,49	287,26	323,16	191,69	278,82	313,67	185,89	270,39	304,19	180,09	261,96	294,70	174,29	253,52	285,21	168,50	245,09	275,72
	III	3 028,66	166,57	242,29	272,57	III	3 028,66	160,77	233,85	263,08	154,98	225,42	253,60	149,17	216,98	244,10	143,38	208,56	234,63	137,58	200,12	225,13	131,78	191,69	215,65
	V	4 277,25	235,24	342,18	384,95	IV	3 741,91	202,90	295,14	332,03	200,—	290,92	327,28	197,11	286,70	322,54	194,20	282,48	317,79	191,31	278,27	313,05	188,41	274,05	308,30
	VI	4 309,41	237,01	344,75	387,84																				
10 880,99	I,IV	3 743,25	205,87	299,46	336,89	I	3 743,25	200,08	291,02	327,40	194,27	282,58	317,90	188,48	274,15	308,42	182,68	265,72	298,93	176,88	257,28	289,44	171,08	248,85	279,95
	II	3 697,41	203,35	295,79	332,76	II	3 697,41	197,56	287,36	323,28	191,76	278,92	313,79	185,96	270,49	304,30	180,16	262,06	294,81	174,36	253,62	285,32	168,57	245,19	275,84
	III	3 029,83	166,64	242,38	272,68	III	3 029,83	160,84	233,96	263,20	155,04	225,52	253,71	149,25	217,09	244,22	143,44	208,65	234,73	137,65	200,22	225,25	131,85	191,78	215,75
	V	4 278,50	235,31	342,28	385,06	IV	3 743,25	202,97	295,24	332,14	200,08	291,02	327,40	197,17	286,80	322,65	194,27	282,58	317,90	191,38	278,37	313,16	188,48	274,15	308,42
	VI	4 310,66	237,08	344,85	387,95																				
10 883,99	I,IV	3 744,50	205,94	299,56	337,—	I	3 744,50	200,14	291,12	327,51	194,35	282,69	318,02	188,55	274,26	308,54	182,75	265,82	299,05	176,95	257,38	289,55	171,15	248,95	280,07
	II	3 698,66	203,42	295,89	332,87	II	3 698,66	197,62	287,46	323,39	191,83	279,02	313,90	186,03	270,59	304,41	180,23	262,16	294,93	174,43	253,72	285,44	168,63	245,29	275,95
	III	3 031,16	166,71	242,49	272,80	III	3 031,16	160,91	234,05	263,30	155,11	225,62	253,82	149,31	217,18	244,33	143,52	208,76	234,85	137,72	200,32	225,36	131,92	191,89	215,87
	V	4 279,75	235,38	342,38	385,17	IV	3 744,50	203,04	295,34	332,25	200,14	291,12	327,51	197,24	286,90	322,76	194,35	282,69	318,02	191,45	278,47	313,28	188,55	274,26	308,54
	VI	4 311,91	237,15	344,95	388,07																				
10 886,99	I,IV	3 745,75	206,01	299,66	337,11	I	3 745,75	200,21	291,22	327,62	194,42	282,79	318,14	188,62	274,36	308,65	182,82	265,92	299,16	177,02	257,49	289,67	171,22	249,06	280,19
	II	3 699,91	203,49	295,99	332,99	II	3 699,91	197,69	287,56	323,50	191,89	279,12	314,01	186,10	270,69	304,52	180,30	262,26	295,04	174,50	253,82	285,55	168,70	245,39	276,06
	III	3 032,33	166,77	242,58	272,90	III	3 032,33	160,98	234,16	263,43	155,18	225,72	253,93	149,38	217,29	244,45	143,58	208,85	234,95	137,79	200,42	225,47	131,99	191,98	215,98
	V	4 281,—	235,45	342,48	385,29	IV	3 745,75	203,11	295,44	332,37	200,21	291,22	327,62	197,31	287,—	322,88	194,42	282,79	318,14	191,51	278,57	313,39	188,62	274,36	308,65
	VI	4 313,25	237,22	345,06	388,19																				
10 889,99	I,IV	3 747,—	206,08	299,76	337,23	I	3 747,—	200,28	291,32	327,74	194,48	282,89	318,25	188,69	274,46	308,76	182,89	266,02	299,27	177,09	257,59	289,79	171,29	249,16	280,30
	II	3 701,25	203,56	296,10	333,11	II	3 701,25	197,77	287,66	323,62	191,96	279,22	314,12	186,17	270,79	304,64	180,37	262,36	295,15	174,57	253,92	285,66	168,77	245,49	276,17
	III	3 033,66	166,85	242,69	273,02	III	3 033,66	161,04	234,25	263,53	155,25	225,82	254,05	149,45	217,38	244,55	143,66	208,96	235,08	137,85	200,52	225,58	132,06	192,09	216,10
	V	4 282,25	235,52	342,58	385,40	IV	3 747,—	203,18	295,54	332,48	200,28	291,32	327,74	197,38	287,10	322,99	194,48	282,89	318,25	191,58	278,67	313,50	188,69	274,46	308,76
	VI	4 314,50	237,29	345,16	388,30																				

Abzüge an Lohnsteuer, Solidaritätszuschlag (SolZ) und Kirchensteuer (8%, 9%) in den Steuerklassen

* Die ausgewiesenen Tabellenwerte sind amtlich. Siehe Erläuterungen auf der Umschlaginnenseite (U2).

Lohn/ Gehalt bis €*		Abzüge an Lohnsteuer, Solidaritätszuschlag (SolZ) und Kirchensteuer (8%, 9%) in den Steuerklassen																							
		I – VI				I, II, III, IV																			
			ohne Kinderfreibeträge					mit Zahl der Kinderfreibeträge . . .																	
								0,5			1			1,5			2			2,5			3		
		LSt	SolZ	8%	9%		LSt	SolZ	8%	9%	SolZ	8%	9%	SolZ	8%	9%	SolZ	8%	9%	SolZ	8%	9%	SolZ	8%	9%
10 892,99	I,IV	3 748,25	206,15	299,86	337,34	I	3 748,25	200,35	291,42	327,85	194,55	282,99	318,36	188,76	274,56	308,88	182,96	266,12	299,39	177,16	257,69	289,90	171,36	249,26	280,41
	II	3 702,50	203,63	296,20	333,22	II	3 702,50	197,83	287,76	323,73	192,04	279,33	314,24	186,24	270,90	304,76	180,44	262,46	295,27	174,64	254,02	285,77	168,84	245,59	276,29
	III	3 035,—	166,92	242,80	273,15	III	3 035,—	161,12	234,36	263,65	155,32	225,92	254,16	149,52	217,49	244,67	143,72	209,05	235,18	137,93	200,62	225,70	132,12	192,18	216,20
	V	4 283,50	235,59	342,68	385,51	IV	3 748,25	203,25	295,64	332,60	200,35	291,42	327,85	197,45	287,20	323,10	194,55	282,99	318,36	191,65	278,77	313,61	188,76	274,56	308,88
	VI	4 315,75	237,36	345,26	388,41																				
10 895,99	I,IV	3 749,50	206,22	299,96	337,45	I	3 749,50	200,42	291,52	327,96	194,62	283,09	318,47	188,82	274,66	308,99	183,03	266,22	299,50	177,23	257,79	290,01	171,43	249,36	280,53
	II	3 703,75	203,70	296,30	333,33	II	3 703,75	197,90	287,86	323,84	192,11	279,43	314,36	186,31	271,—	304,87	180,51	262,56	295,38	174,71	254,13	285,89	168,91	245,70	276,41
	III	3 036,16	166,98	242,89	273,25	III	3 036,16	161,19	234,46	263,77	155,39	226,02	254,27	149,60	217,60	244,80	143,79	209,16	235,30	137,99	200,72	225,81	132,20	192,29	216,32
	V	4 284,75	235,66	342,78	385,62	IV	3 749,50	203,32	295,74	332,71	200,42	291,52	327,96	197,52	287,31	323,22	194,62	283,09	318,47	191,73	278,88	313,74	188,82	274,66	308,99
	VI	4 317,—	237,43	345,36	388,53																				
10 898,99	I,IV	3 750,75	206,29	300,06	337,56	I	3 750,75	200,49	291,62	328,07	194,69	283,19	318,59	188,89	274,76	309,10	183,09	266,32	299,61	177,30	257,89	290,12	171,50	249,46	280,64
	II	3 705,—	203,77	296,40	333,45	II	3 705,—	197,97	287,96	323,96	192,17	279,53	314,47	186,38	271,10	304,98	180,58	262,66	295,49	174,78	254,23	286,01	168,98	245,80	276,52
	III	3 037,50	167,06	243,—	273,37	III	3 037,50	161,26	234,56	263,88	155,46	226,13	254,39	149,66	217,69	244,90	143,87	209,26	235,42	138,06	200,82	225,92	132,27	192,40	216,45
	V	4 286,08	235,73	342,88	385,74	IV	3 750,75	203,39	295,84	332,82	200,49	291,62	328,07	197,59	287,41	323,33	194,69	283,19	318,59	191,79	278,98	313,85	188,89	274,76	309,10
	VI	4 318,25	237,50	345,46	388,64																				
10 901,99	I,IV	3 752,—	206,36	300,16	337,68	I	3 752,—	200,56	291,72	328,19	194,76	283,29	318,70	188,96	274,86	309,21	183,16	266,42	299,72	177,37	257,99	290,24	171,57	249,56	280,75
	II	3 706,25	203,84	296,50	333,56	II	3 706,25	198,04	288,06	324,07	192,24	279,63	314,58	186,45	271,20	305,10	180,65	262,76	295,61	174,85	254,33	286,12	169,05	245,90	276,63
	III	3 038,66	167,12	243,09	273,47	III	3 038,66	161,33	234,66	263,99	155,52	226,22	254,50	149,73	217,80	245,02	143,93	209,36	235,53	138,14	200,93	226,04	132,33	192,49	216,55
	V	4 287,33	235,80	342,98	385,85	IV	3 752,—	203,46	295,94	332,93	200,56	291,72	328,19	197,66	287,51	323,45	194,76	283,29	318,70	191,86	279,08	313,96	188,96	274,86	309,21
	VI	4 319,50	237,57	345,56	388,75																				
10 904,99	I,IV	3 753,33	206,43	300,26	337,79	I	3 753,33	200,63	291,82	328,30	194,83	283,39	318,81	189,03	274,96	309,33	183,23	266,52	299,84	177,43	258,09	290,35	171,64	249,66	280,86
	II	3 707,50	203,91	296,60	333,67	II	3 707,50	198,11	288,16	324,18	192,31	279,73	314,69	186,51	271,30	305,21	180,72	262,86	295,72	174,92	254,43	286,23	169,12	246,—	276,75
	III	3 040,—	167,20	243,20	273,60	III	3 040,—	161,39	234,76	264,10	155,60	226,33	254,62	149,80	217,89	245,12	144,—	209,46	235,64	138,20	201,02	226,15	132,41	192,60	216,67
	V	4 288,58	235,87	343,08	385,97	IV	3 753,33	203,53	296,04	333,05	200,63	291,82	328,30	197,73	287,61	323,56	194,83	283,39	318,81	191,93	279,18	314,07	189,03	274,96	309,33
	VI	4 320,75	237,64	345,66	388,86																				
10 907,99	I,IV	3 754,58	206,50	300,36	337,91	I	3 754,58	200,70	291,93	328,42	194,90	283,50	318,93	189,10	275,06	309,44	183,30	266,62	299,95	177,50	258,19	290,46	171,71	249,76	280,98
	II	3 708,75	203,98	296,70	333,78	II	3 708,75	198,18	288,26	324,29	192,38	279,83	314,81	186,58	271,40	305,32	180,78	262,96	295,83	174,99	254,53	286,34	169,19	246,10	276,86
	III	3 041,16	167,26	243,29	273,70	III	3 041,16	161,47	234,86	264,22	155,66	226,42	254,72	149,87	218,—	245,25	144,07	209,56	235,75	138,27	201,13	226,27	132,47	192,69	216,77
	V	4 289,83	235,94	343,18	386,08	IV	3 754,58	203,60	296,14	333,16	200,70	291,93	328,42	197,80	287,71	323,67	194,90	283,50	318,93	192,—	279,28	314,19	189,10	275,06	309,44
	VI	4 322,—	237,71	345,76	388,98																				
10 910,99	I,IV	3 755,83	206,57	300,46	338,02	I	3 755,83	200,77	292,03	328,53	194,97	283,60	319,05	189,17	275,16	309,56	183,37	266,73	300,07	177,58	258,30	290,58	171,78	249,86	281,09
	II	3 710,—	204,05	296,80	333,90	II	3 710,—	198,25	288,36	324,41	192,45	279,93	314,92	186,65	271,50	305,43	180,85	263,06	295,94	175,06	254,63	286,46	169,26	246,20	276,97
	III	3 042,50	167,33	243,40	273,82	III	3 042,50	161,53	234,96	264,33	155,74	226,53	254,84	149,93	218,09	245,35	144,14	209,66	235,87	138,34	201,22	226,37	132,55	192,80	216,90
	V	4 291,08	236,—	343,28	386,19	IV	3 755,83	203,66	296,24	333,27	200,77	292,03	328,53	197,87	287,81	323,78	194,97	283,60	319,05	192,07	279,38	314,30	189,17	275,16	309,56
	VI	4 323,25	237,77	345,86	389,09																				
10 913,99	I,IV	3 757,08	206,63	300,56	338,13	I	3 757,08	200,84	292,13	328,64	195,04	283,70	319,16	189,24	275,26	309,67	183,44	266,83	300,18	177,65	258,40	290,70	171,85	249,96	281,21
	II	3 711,33	204,12	296,90	334,01	II	3 711,33	198,32	288,46	324,52	192,52	280,03	315,03	186,72	271,60	305,55	180,92	263,16	296,06	175,12	254,73	286,57	169,33	246,30	277,08
	III	3 043,66	167,40	243,49	273,92	III	3 043,66	161,60	235,06	264,44	155,80	226,62	254,95	150,01	218,20	245,47	144,21	209,76	235,98	138,41	201,33	226,49	132,61	192,89	217,—
	V	4 292,33	236,07	343,38	386,30	IV	3 757,08	203,73	296,34	333,38	200,84	292,13	328,64	197,94	287,91	323,90	195,04	283,70	319,16	192,14	279,48	314,41	189,24	275,26	309,67
	VI	4 324,58	237,85	345,96	389,21																				
10 916,99	I,IV	3 758,33	206,70	300,66	338,24	I	3 758,33	200,91	292,23	328,76	195,11	283,80	319,27	189,31	275,36	309,78	183,51	266,93	300,29	177,71	258,50	290,81	171,92	250,06	281,32
	II	3 712,58	204,19	297,—	334,13	II	3 712,58	198,39	288,57	324,64	192,59	280,14	315,15	186,79	271,70	305,66	180,99	263,26	296,17	175,19	254,83	286,68	169,40	246,40	277,20
	III	3 045,—	167,47	243,60	274,05	III	3 045,—	161,67	235,16	264,55	155,87	226,73	255,07	150,07	218,29	245,57	144,28	209,86	236,09	138,48	201,42	226,60	132,68	193,—	217,12
	V	4 293,58	236,14	343,48	386,42	IV	3 758,33	203,80	296,44	333,50	200,91	292,23	328,76	198,—	288,01	324,01	195,11	283,80	319,27	192,21	279,58	314,52	189,31	275,36	309,78
	VI	4 325,83	237,92	346,06	389,32																				
10 919,99	I,IV	3 759,58	206,77	300,76	338,36	I	3 759,58	200,97	292,33	328,87	195,18	283,90	319,38	189,38	275,46	309,89	183,58	267,03	300,41	177,78	258,60	290,92	171,98	250,16	281,43
	II	3 713,83	204,26	297,10	334,24	II	3 713,83	198,46	288,67	324,75	192,66	280,24	315,27	186,86	271,80	305,78	181,06	263,37	296,29	175,27	254,94	286,80	169,47	246,50	277,31
	III	3 046,33	167,54	243,70	274,16	III	3 046,33	161,74	235,26	264,67	155,95	226,84	255,19	150,15	218,40	245,70	144,34	209,96	236,20	138,55	201,53	226,72	132,75	193,09	217,22
	V	4 294,83	236,21	343,58	386,53	IV	3 759,58	203,88	296,55	333,62	200,97	292,33	328,87	198,08	288,12	324,13	195,18	283,90	319,38	192,28	279,68	314,64	189,38	275,46	309,89
	VI	4 327,08	237,98	346,16	389,43																				
10 922,99	I,IV	3 760,83	206,84	300,86	338,47	I	3 760,83	201,04	292,43	328,98	195,25	284,—	319,50	189,45	275,56	310,01	183,65	267,13	300,52	177,85	258,70	291,03	172,05	250,26	281,54
	II	3 715,08	204,32	297,20	334,35	II	3 715,08	198,53	288,77	324,86	192,73	280,34	315,38	186,93	271,90	305,89	181,13	263,47	296,40	175,34	255,04	286,92	169,54	246,60	277,43
	III	3 047,50	167,61	243,80	274,27	III	3 047,50	161,81	235,37	264,79	156,01	226,93	255,29	150,22	218,50	245,81	144,42	210,06	236,32	138,62	201,64	226,84	132,82	193,20	217,35
	V	4 296,16	236,28	343,69	386,65	IV	3 760,83	203,94	296,65	333,73	201,04	292,43	328,98	198,15	288,22	324,24	195,25	284,—	319,50	192,35	279,78	314,75	189,45	275,56	310,01
	VI	4 328,33	238,05	346,26	389,54																				
10 925,99	I,IV	3 762,08	206,91	300,96	338,58	I	3 762,08	201,11	292,53	329,09	195,31	284,10	319,61	189,52	275,66	310,12	183,72	267,23	300,63	177,92	258,80	291,15	172,12	250,36	281,66
	II	3 716,33	204,39	297,30	334,46	II	3 716,33	198,60	288,87	324,98	192,80	280,44	315,49	187,—	272,—	306,—	181,20	263,57	296,51	175,40	255,14	287,03	169,61	246,70	277,54
	III	3 048,83	167,68	243,90	274,39	III	3 048,83	161,88	235,46	264,89	156,09	227,04	255,42	150,28	218,60	245,92	144,49	210,17	236,44	138,69	201,73	226,94	132,89	193,30	217,46
	V	4 297,41	236,35	343,79	386,76	IV	3 762,08	204,01	296,75	333,84	201,11	292,53	329,09	198,22	288,32	324,36	195,31	284,10	319,61	192,42	279,88	314,87	189,52	275,66	310,12
	VI	4 329,58	238,12	346,36	389,66																				
10 928,99	I,IV	3 763,33	206,98	301,06	338,69	I	3 763,33	201,18	292,63	329,21	195,38	284,20	319,72	189,58	275,76	310,23	183,79	267,33	300,74	177,99	258,90	291,26	172,19	250,46	281,77
	II	3 717,58	204,46	297,40	334,58	II	3 717,58	198,66	288,97	325,09	192,87	280,54	315,60	187,07	272,10	306,11	181,27	263,67	296,63	175,47	255,24	287,14	169,67	246,80	277,65
	III	3 050,—	167,75	244,—	274,50	III	3 050,—	161,95	235,57	265,01	156,15	227,13	255,52	150,36	218,70	246,04	144,55	210,26	236,54	138,76	201,84	227,07	132,96	193,40	217,57
	V	4 298,66	236,42	343,89	386,87	IV	3 763,33	204,08	296,85	333,95	201,18	292,63	329,21	198,28	288,42	324,47	195,38	284,20	319,72	192,49	279,98	314,98	189,58	275,76	310,23
	VI	4 330,83	238,19	346,46	389,77																				
10 931,99	I,IV	3 764,66	207,05	301,17	338,81	I	3 764,66	201,25	292,74	329,33	195,46	284,30	319,84	189,65	275,86	310,34	183,86	267,43	300,86	178,06	259,—	291,37	172,26	250,56	281,88
	II	3 718,83	204,53	297,50	334,69	II	3 718,83	198,73	289,07	325,20	192,94	280,64	315,72	187,14	272,20	306,23	181,34	263,77	296,74	175,54	255,34	287,25	169,74	246,90	277,76
	III	3 051,33	167,82	244,10	274,61	III	3 051,33	162,02	235,66	265,12	156,22	227,24	255,64	150,42	218,80	246,15	144,63	210,37	236,66	138,82	201,93	227,17	133,03	193,50	217,69
	V	4 299,91	236,49	343,99	386,99	IV	3 764,66	204,15	296,95	334,07	201,25	292,74	329,33	198,35	288,52	324,58	195,46	284,30	319,84	192,55	280,08	315,09	189,65	275,86	310,34
	VI	4 332,08	238,26	346,56	389,88																				
10 934,99	I,IV	3 765,91	207,12	301,27	338,93	I	3 765,91	201,32	292,84	329,44	195,52	284,40	319,95	189,73	275,97	310,46	183,93	267,54	300,98	178,13	259,10	291,49	172,33	250,66	281,99
	II	3 720,08	204,60	297,60	334,80	II	3 720,08	198,80	289,17	325,31	193,—	280,74	315,83	187,21	272,30	306,34	181,41	263,87	296,85	175,61	255,44	287,37	169,81	247,—	277,88
	III	3 052,50	167,88	244,20	274,72	III	3 052,50	162,09	235,77	265,24	156,29	227,33	255,74	150,49	218,90	246,26	144,69	210,46	236,77	138,90	202,04	227,29	133,10	193,60	217,80
	V	4 301,16	236,56	344,09	387,10	IV	3 765,91	204,22	297,05	334,18	201,32	292,84	329,44	198,42	288,62	324,69	195,52	284,40	319,95	192,62	280,18	315,20	189,73	275,97	310,46
	VI	4 333,33	238,33	346,66	389,99																				

*** Die ausgewiesenen Tabellenwerte sind amtlich. Siehe Erläuterungen auf der Umschlaginnenseite (U2).**

Abzüge an Lohnsteuer, Solidaritätszuschlag (SolZ) und Kirchensteuer (8%, 9%) in den Steuerklassen

Lohn/Gehalt bis €*	I – VI	LSt	ohne Kinderfreibeträge SolZ	8%	9%	I, II, III, IV	LSt	mit Zahl der Kinderfreibeträge . . . 0,5 SolZ	8%	9%	1 SolZ	8%	9%	1,5 SolZ	8%	9%	2 SolZ	8%	9%	2,5 SolZ	8%	9%	3 SolZ	8%	9%
10 937,99	I,IV	3 767,16	207,19	301,37	339,04	I	3 767,16	201,39	292,94	329,55	195,59	284,50	320,06	189,80	276,07	310,58	184,—	267,64	301,09	178,20	259,20	291,60	172,40	250,77	282,11
	II	3 721,33	204,67	297,70	334,91	II	3 721,33	198,87	289,27	325,43	193,07	280,84	315,94	187,27	272,40	306,45	181,48	263,97	296,96	175,68	255,54	287,48	169,88	247,10	277,99
	III	3 053,83	167,96	244,30	274,84	III	3 053,83	162,15	235,86	265,34	156,36	227,44	255,87	150,56	219,—	246,37	144,76	210,57	236,89	138,96	202,13	227,39	133,17	193,70	217,91
	V	4 302,41	236,63	344,19	387,21	IV	3 767,16	204,29	297,15	334,29	201,39	292,94	329,55	198,49	288,72	324,81	195,59	284,50	320,06	192,69	280,28	315,32	189,80	276,07	310,58
	VI	4 334,66	238,40	346,77	390,11																				
10 940,99	I,IV	3 768,41	207,26	301,47	339,15	I	3 768,41	201,46	293,04	329,67	195,66	284,60	320,18	189,86	276,17	310,69	184,07	267,74	301,20	178,27	259,30	291,71	172,47	250,87	282,23
	II	3 722,66	204,74	297,81	335,03	II	3 722,66	198,94	289,38	325,55	193,15	280,94	316,06	187,34	272,50	306,56	181,55	264,07	297,08	175,75	255,64	287,59	169,95	247,20	278,10
	III	3 055,—	168,02	244,40	274,95	III	3 055,—	162,23	235,97	265,46	156,42	227,53	255,97	150,63	219,10	246,49	144,83	210,66	236,99	139,04	202,24	227,52	133,23	193,80	218,02
	V	4 303,66	236,70	344,29	387,32	IV	3 768,41	204,36	297,25	334,40	201,46	293,04	329,67	198,56	288,82	324,92	195,66	284,60	320,18	192,76	280,38	315,43	189,86	276,17	310,69
	VI	4 335,91	238,47	346,87	390,23																				
10 943,99	I,IV	3 769,66	207,33	301,57	339,26	I	3 769,66	201,53	293,14	329,78	195,73	284,70	320,29	189,93	276,27	310,80	184,14	267,84	301,32	178,34	259,40	291,83	172,54	250,97	282,34
	II	3 723,91	204,81	297,91	335,15	II	3 723,91	199,01	289,48	325,66	193,21	281,04	316,17	187,42	272,61	306,68	181,62	264,18	297,20	175,82	255,74	287,71	170,02	247,30	278,21
	III	3 056,33	168,09	244,50	275,06	III	3 056,33	162,30	236,08	265,59	156,50	227,64	256,09	150,70	219,20	246,60	144,90	210,77	237,11	139,10	202,33	227,62	133,31	193,90	218,14
	V	4 304,91	236,77	344,39	387,44	IV	3 769,66	204,43	297,36	334,53	201,53	293,14	329,78	198,63	288,92	325,04	195,73	284,70	320,29	192,83	280,48	315,54	189,93	276,27	310,80
	VI	4 337,16	238,54	346,97	390,34																				
10 946,99	I,IV	3 770,91	207,40	301,67	339,38	I	3 770,91	201,60	293,24	329,89	195,80	284,80	320,40	190,—	276,37	310,91	184,20	267,94	301,43	178,41	259,50	291,94	172,61	251,07	282,45
	II	3 725,16	204,88	298,01	335,26	II	3 725,16	199,08	289,58	325,77	193,28	281,14	316,28	187,49	272,71	306,80	181,69	264,28	297,31	175,89	255,84	287,82	170,09	247,41	278,33
	III	3 057,66	168,17	244,61	275,18	III	3 057,66	162,36	236,17	265,69	156,57	227,74	256,21	150,77	219,30	246,71	144,98	210,88	237,24	139,17	202,44	227,74	133,37	194,—	218,25
	V	4 306,25	236,84	344,50	387,56	IV	3 770,91	204,50	297,46	334,64	201,60	293,24	329,89	198,70	289,02	325,15	195,80	284,80	320,40	192,90	280,59	315,66	190,—	276,37	310,91
	VI	4 338,41	238,61	347,07	390,45																				
10 949,99	I,IV	3 772,16	207,46	301,77	339,49	I	3 772,16	201,67	293,34	330,—	195,87	284,90	320,51	190,07	276,47	311,03	184,27	268,04	301,54	178,47	259,60	292,05	172,68	251,17	282,56
	II	3 726,41	204,95	298,11	335,37	II	3 726,41	199,15	289,68	325,89	193,35	281,24	316,40	187,55	272,81	306,91	181,76	264,38	297,42	175,96	255,94	287,93	170,16	247,51	278,45
	III	3 058,83	168,23	244,70	275,29	III	3 058,83	162,44	236,28	265,81	156,64	227,84	256,32	150,84	219,41	246,83	145,04	210,97	237,34	139,25	202,54	227,86	133,44	194,10	218,36
	V	4 307,50	236,91	344,60	387,67	IV	3 772,16	204,57	297,56	334,75	201,67	293,34	330,—	198,77	289,12	325,26	195,87	284,90	320,51	192,97	280,69	315,77	190,07	276,47	311,03
	VI	4 339,66	238,68	347,17	390,56																				
10 952,99	I,IV	3 773,41	207,53	301,87	339,60	I	3 773,41	201,74	293,44	330,12	195,94	285,—	320,63	190,14	276,57	311,14	184,34	268,14	301,65	178,54	259,70	292,16	172,75	251,27	282,68
	II	3 727,66	205,02	298,21	335,48	II	3 727,66	199,22	289,78	326,—	193,42	281,34	316,51	187,62	272,91	307,02	181,83	264,48	297,54	176,03	256,04	288,05	170,23	247,61	278,56
	III	3 060,16	168,30	244,81	275,41	III	3 060,16	162,50	236,37	265,91	156,71	227,94	256,43	150,91	219,50	246,94	145,11	211,08	237,46	139,31	202,64	227,97	133,52	194,21	218,48
	V	4 308,75	236,98	344,70	387,78	IV	3 773,41	204,64	297,66	334,86	201,74	293,44	330,12	198,84	289,22	325,37	195,94	285,—	320,63	193,04	280,79	315,89	190,14	276,57	311,14
	VI	4 340,91	238,75	347,27	390,68																				
10 955,99	I,IV	3 774,75	207,61	301,98	339,72	I	3 774,75	201,81	293,54	330,23	196,01	285,10	320,74	190,21	276,67	311,25	184,41	268,24	301,77	178,61	259,80	292,28	172,81	251,37	282,79
	II	3 728,91	205,09	298,31	335,60	II	3 728,91	199,29	289,88	326,11	193,49	281,44	316,62	187,69	273,01	307,13	181,89	264,58	297,65	176,10	256,14	288,16	170,30	247,71	278,67
	III	3 061,33	168,37	244,90	275,51	III	3 061,33	162,58	236,48	266,04	156,77	228,04	256,54	150,98	219,61	247,06	145,18	211,17	237,56	139,38	202,74	228,08	133,58	194,30	218,59
	V	4 310,—	237,05	344,80	387,90	IV	3 774,75	204,71	297,76	334,98	201,81	293,54	330,23	198,91	289,32	325,49	196,01	285,10	320,74	193,11	280,89	316,—	190,21	276,67	311,25
	VI	4 342,16	238,81	347,37	390,79																				
10 958,99	I,IV	3 776,—	207,68	302,08	339,84	I	3 776,—	201,88	293,64	330,35	196,08	285,21	320,86	190,28	276,78	311,37	184,48	268,34	301,88	178,68	259,90	292,39	172,88	251,47	282,90
	II	3 730,16	205,15	298,41	335,71	II	3 730,16	199,36	289,98	326,22	193,56	281,54	316,73	187,76	273,11	307,25	181,96	264,68	297,76	176,16	256,24	288,27	170,37	247,81	278,78
	III	3 062,66	168,44	245,01	275,63	III	3 062,66	162,64	236,57	266,14	156,85	228,14	256,66	151,04	219,70	247,16	145,25	211,28	237,69	139,45	202,84	228,19	133,65	194,41	218,71
	V	4 311,25	237,11	344,90	388,01	IV	3 776,—	204,77	297,86	335,09	201,88	293,64	330,35	198,98	289,42	325,60	196,08	285,21	320,86	193,18	280,99	316,11	190,28	276,78	311,37
	VI	4 343,41	238,88	347,47	390,90																				
10 961,99	I,IV	3 777,25	207,74	302,18	339,95	I	3 777,25	201,95	293,74	330,46	196,15	285,31	320,97	190,35	276,88	311,49	184,55	268,44	302,—	178,75	260,01	292,51	172,96	251,58	283,02
	II	3 731,41	205,22	298,51	335,82	II	3 731,41	199,43	290,08	326,34	193,63	281,64	316,85	187,83	273,21	307,36	182,03	264,78	297,87	176,23	256,34	288,38	170,44	247,91	278,90
	III	3 063,83	168,51	245,10	275,74	III	3 063,83	162,71	236,68	266,26	156,91	228,24	256,77	151,12	219,81	247,28	145,31	211,37	237,79	139,52	202,94	228,31	133,72	194,50	218,81
	V	4 312,50	237,18	345,—	388,12	IV	3 777,25	204,84	297,96	335,20	201,95	293,74	330,46	199,04	289,52	325,71	196,15	285,31	320,97	193,25	281,09	316,22	190,35	276,88	311,49
	VI	4 344,75	238,96	347,58	391,02																				
10 964,99	I,IV	3 778,50	207,81	302,28	340,06	I	3 778,50	202,01	293,84	330,57	196,22	285,41	321,08	190,42	276,98	311,60	184,62	268,54	302,11	178,82	260,11	292,62	173,03	251,68	283,14
	II	3 732,75	205,30	298,62	335,94	II	3 732,75	199,50	290,18	326,45	193,70	281,74	316,96	187,90	273,31	307,47	182,10	264,88	297,99	176,30	256,44	288,50	170,50	248,01	279,01
	III	3 065,16	168,58	245,21	275,86	III	3 065,16	162,78	236,77	266,36	156,98	228,34	256,88	151,18	219,90	247,39	145,39	211,48	237,91	139,59	203,04	228,42	133,79	194,61	218,93
	V	4 313,75	237,25	345,10	388,23	IV	3 778,50	204,91	298,06	335,31	202,01	293,84	330,57	199,11	289,62	325,82	196,22	285,41	321,08	193,32	281,19	316,34	190,42	276,98	311,60
	VI	4 346,—	239,03	347,68	391,14																				
10 967,99	I,IV	3 779,75	207,88	302,38	340,17	I	3 779,75	202,08	293,94	330,68	196,29	285,51	321,20	190,49	277,08	311,71	184,69	268,64	302,22	178,89	260,21	292,73	173,09	251,78	283,25
	II	3 734,—	205,37	298,72	336,06	II	3 734,—	199,57	290,28	326,57	193,77	281,85	317,08	187,97	273,42	307,59	182,17	264,98	298,10	176,37	256,54	288,61	170,57	248,11	279,12
	III	3 066,50	168,65	245,32	275,98	III	3 066,50	162,85	236,88	266,49	157,05	228,44	256,99	151,25	220,01	247,51	145,45	211,57	238,01	139,66	203,14	228,53	133,86	194,70	219,04
	V	4 315,—	237,32	345,20	388,35	IV	3 779,75	204,98	298,16	335,43	202,08	293,94	330,68	199,18	289,72	325,94	196,29	285,51	321,20	193,38	281,29	316,45	190,49	277,08	311,71
	VI	4 347,25	239,09	347,78	391,25																				
10 970,99	I,IV	3 781,—	207,95	302,48	340,29	I	3 781,—	202,15	294,04	330,80	196,35	285,61	321,31	190,56	277,18	311,82	184,76	268,74	302,33	178,96	260,31	292,85	173,16	251,88	283,36
	II	3 735,25	205,43	298,82	336,17	II	3 735,25	199,64	290,38	326,68	193,84	281,95	317,19	188,04	273,52	307,71	182,24	265,08	298,22	176,44	256,65	288,73	170,65	248,22	279,24
	III	3 067,66	168,72	245,41	276,08	III	3 067,66	162,92	236,98	266,60	157,12	228,54	257,11	151,33	220,12	247,63	145,53	211,68	238,14	139,72	203,24	228,64	133,93	194,81	219,16
	V	4 316,25	237,39	345,30	388,46	IV	3 781,—	205,05	298,26	335,54	202,15	294,04	330,80	199,26	289,83	326,06	196,35	285,61	321,31	193,46	281,40	316,57	190,56	277,18	311,82
	VI	4 348,50	239,16	347,88	391,36																				
10 973,99	I,IV	3 782,25	208,02	302,58	340,40	I	3 782,25	202,22	294,14	330,91	196,42	285,71	321,42	190,63	277,28	311,94	184,83	268,84	302,45	179,03	260,41	292,96	173,23	251,98	283,47
	II	3 736,50	205,50	298,92	336,28	II	3 736,50	199,70	290,48	326,79	193,91	282,05	317,30	188,11	273,62	307,82	182,31	265,18	298,33	176,51	256,75	288,84	170,72	248,32	279,36
	III	3 069,—	168,79	245,52	276,21	III	3 069,—	162,99	237,08	266,71	157,19	228,65	257,23	151,39	220,21	247,73	145,60	211,78	238,25	139,80	203,34	228,76	134,—	194,92	219,28
	V	4 317,58	237,46	345,40	388,58	IV	3 782,25	205,12	298,36	335,66	202,22	294,14	330,91	199,32	289,93	326,17	196,42	285,71	321,42	193,53	281,50	316,68	190,63	277,28	311,94
	VI	4 349,75	239,23	347,98	391,47																				
10 976,99	I,IV	3 783,50	208,09	302,68	340,51	I	3 783,50	202,29	294,24	331,02	196,49	285,81	321,53	190,69	277,38	312,05	184,90	268,94	302,56	179,10	260,51	293,07	173,30	252,08	283,59
	II	3 737,75	205,57	299,02	336,39	II	3 737,75	199,77	290,58	326,90	193,98	282,15	317,42	188,18	273,72	307,93	182,38	265,28	298,44	176,58	256,85	288,95	170,78	248,42	279,47
	III	3 070,16	168,85	245,61	276,31	III	3 070,16	163,06	237,18	266,83	157,26	228,74	257,33	151,47	220,32	247,86	145,66	211,88	238,36	139,87	203,45	228,88	134,07	195,01	219,38
	V	4 318,83	237,53	345,50	388,69	IV	3 783,50	205,19	298,46	335,77	202,29	294,24	331,02	199,39	290,03	326,28	196,49	285,81	321,53	193,60	281,60	316,80	190,69	277,38	312,05
	VI	4 351,—	239,30	348,08	391,59																				
10 979,99	I,IV	3 784,83	208,16	302,78	340,63	I	3 784,83	202,36	294,34	331,13	196,56	285,91	321,65	190,76	277,48	312,16	184,96	269,04	302,67	179,17	260,61	293,18	173,37	252,18	283,70
	II	3 739,—	205,64	299,12	336,51	II	3 739,—	199,84	290,68	327,02	194,04	282,24	317,53	188,25	273,82	308,04	182,45	265,38	298,55	176,65	256,95	289,07	170,85	248,52	279,58
	III	3 071,50	168,93	245,72	276,43	III	3 071,50	163,13	237,28	266,94	157,33	228,85	257,45	151,53	220,41	247,96	145,74	211,98	238,48	139,93	203,54	228,98	134,14	195,12	219,51
	V	4 320,08	237,60	345,60	388,80	IV	3 784,83	205,26	298,56	335,88	202,36	294,34	331,13	199,46	290,13	326,39	196,56	285,91	321,65	193,66	281,70	316,91	190,76	277,48	312,16
	VI	4 352,25	239,37	348,18	391,70																				

*** Die ausgewiesenen Tabellenwerte sind amtlich. Siehe Erläuterungen auf der Umschlaginnenseite (U2).**

Abzüge an Lohnsteuer, Solidaritätszuschlag (SolZ) und Kirchensteuer (8%, 9%) in den Steuerklassen

Lohn/ Gehalt bis €*	I – VI	LSt	ohne Kinderfreibeträge SolZ	8%	9%	I, II, III, IV	LSt	0,5 SolZ	8%	9%	1 SolZ	8%	9%	1,5 SolZ	8%	9%	2 SolZ	8%	9%	2,5 SolZ	8%	9%	3 SolZ	8%	9%
10 982,99	I,IV	3 786,08	208,23	302,88	340,74	I	3 786,08	202,43	294,45	331,25	196,63	286,02	321,77	190,84	277,58	312,28	185,03	269,14	302,78	179,24	260,71	293,30	173,44	252,28	283,81
	II	3 740,25	205,71	299,22	336,62	II	3 740,25	199,91	290,78	327,13	194,11	282,35	317,64	188,32	273,92	308,16	182,52	265,48	298,67	176,72	257,05	289,18	170,92	248,62	279,69
	III	3 072,66	168,99	245,81	276,53	III	3 072,66	163,20	237,38	267,05	157,40	228,94	257,56	151,60	220,52	248,08	145,80	212,08	238,59	140,01	203,65	229,10	134,20	195,21	219,61
	V	4 321,33	237,67	345,70	388,91	IV	3 786,08	205,33	298,66	335,99	202,43	294,45	331,25	199,53	290,23	326,51	196,63	286,02	321,77	193,73	281,80	317,02	190,84	277,58	312,28
	VI	4 353,50	239,44	348,28	391,81																				
10 985,99	I,IV	3 787,33	208,30	302,98	340,85	I	3 787,33	202,50	294,55	331,37	196,70	286,12	321,88	190,90	277,68	312,39	185,11	269,25	302,90	179,31	260,82	293,42	173,51	252,38	283,93
	II	3 741,50	205,78	299,32	336,73	II	3 741,50	199,98	290,88	327,24	194,18	282,45	317,75	188,38	274,02	308,27	182,59	265,58	298,78	176,79	257,15	289,29	170,99	248,72	279,81
	III	3 074,—	169,07	245,92	276,66	III	3 074,—	163,26	237,48	267,16	157,47	229,05	257,68	151,67	220,61	248,18	145,87	212,18	238,70	140,07	203,74	229,21	134,28	195,32	219,73
	V	4 322,58	237,74	345,80	389,03	IV	3 787,33	205,40	298,76	336,11	202,50	294,55	331,37	199,60	290,33	326,62	196,70	286,12	321,88	193,80	281,90	317,13	190,90	277,68	312,39
	VI	4 354,75	239,51	348,38	391,92																				
10 988,99	I,IV	3 788,58	208,37	303,08	340,97	I	3 788,58	202,57	294,65	331,48	196,77	286,22	321,99	190,97	277,78	312,50	185,18	269,35	303,02	179,38	260,92	293,53	173,58	252,48	284,04
	II	3 742,83	205,85	299,42	336,85	II	3 742,83	200,05	290,98	327,35	194,25	282,55	317,87	188,45	274,12	308,38	182,65	265,68	298,89	176,86	257,25	289,40	171,06	248,82	279,92
	III	3 075,16	169,13	246,01	276,76	III	3 075,16	163,34	237,58	267,28	157,53	229,14	257,78	151,74	220,72	248,31	145,94	212,28	238,81	140,14	203,85	229,33	134,34	195,41	219,83
	V	4 323,83	237,81	345,90	389,14	IV	3 788,58	205,47	298,86	336,22	202,57	294,65	331,48	199,67	290,43	326,73	196,77	286,22	321,99	193,87	282,—	317,25	190,97	277,78	312,50
	VI	4 356,08	239,58	348,48	392,04																				
10 991,99	I,IV	3 789,83	208,44	303,18	341,08	I	3 789,83	202,64	294,75	331,59	196,84	286,32	322,11	191,04	277,88	312,62	185,24	269,45	303,13	179,45	261,02	293,64	173,65	252,58	284,15
	II	3 744,08	205,92	299,52	336,96	II	3 744,08	200,12	291,09	327,47	194,32	282,66	317,99	188,53	274,22	308,50	182,72	265,78	299,—	176,93	257,35	289,52	171,13	248,92	280,03
	III	3 076,50	169,20	246,12	276,88	III	3 076,50	163,40	237,68	267,39	157,61	229,25	257,90	151,80	220,81	248,41	146,01	212,38	238,93	140,21	203,94	229,43	134,42	195,52	219,96
	V	4 325,08	237,87	346,—	389,25	IV	3 789,83	205,53	298,96	336,33	202,64	294,75	331,59	199,74	290,53	326,84	196,84	286,32	322,11	193,94	282,10	317,36	191,04	277,88	312,62
	VI	4 357,33	239,65	348,58	392,15																				
10 994,99	I,IV	3 791,08	208,50	303,28	341,19	I	3 791,08	202,71	294,85	331,70	196,91	286,42	322,22	191,11	277,98	312,73	185,31	269,55	303,24	179,52	261,12	293,76	173,72	252,68	284,27
	II	3 745,33	205,99	299,62	337,07	II	3 745,33	200,19	291,19	327,59	194,39	282,76	318,10	188,59	274,32	308,61	182,80	265,89	299,12	177,—	257,46	289,64	171,20	249,02	280,15
	III	3 077,83	169,28	246,22	277,—	III	3 077,83	163,47	237,78	267,50	157,68	229,36	258,03	151,88	220,92	248,53	146,08	212,48	239,04	140,28	204,05	229,55	134,48	195,61	220,06
	V	4 326,33	237,94	346,10	389,36	IV	3 791,08	205,61	299,07	336,45	202,71	294,85	331,70	199,81	290,64	326,97	196,91	286,42	322,22	194,01	282,20	317,48	191,11	277,98	312,73
	VI	4 358,58	239,72	348,68	392,27																				
10 997,99	I,IV	3 792,33	208,57	303,38	341,30	I	3 792,33	202,78	294,95	331,82	196,98	286,52	322,33	191,18	278,08	312,84	185,38	269,65	303,35	179,58	261,22	293,87	173,79	252,78	284,38
	II	3 746,58	206,06	299,72	337,19	II	3 746,58	200,26	291,29	327,70	194,46	282,86	318,21	188,66	274,42	308,72	182,87	265,99	299,24	177,07	257,56	289,75	171,27	249,12	280,26
	III	3 079,—	169,34	246,32	277,11	III	3 079,—	163,55	237,89	267,62	157,74	229,45	258,13	151,95	221,02	248,65	146,15	212,58	239,15	140,36	204,16	229,68	134,55	195,72	220,18
	V	4 327,66	238,02	346,21	389,48	IV	3 792,33	205,68	299,17	336,56	202,78	294,95	331,82	199,88	290,74	327,08	196,98	286,52	322,33	194,08	282,30	317,59	191,18	278,08	312,84
	VI	4 359,83	239,79	348,78	392,38																				
11 000,99	I,IV	3 793,58	208,64	303,48	341,42	I	3 793,58	202,84	295,05	331,93	197,05	286,62	322,44	191,25	278,18	312,95	185,45	269,75	303,47	179,65	261,32	293,98	173,85	252,88	284,49
	II	3 747,83	206,13	299,82	337,30	II	3 747,83	200,33	291,39	327,81	194,53	282,96	318,33	188,73	274,52	308,84	182,93	266,09	299,35	177,14	257,66	289,86	171,34	249,22	280,37
	III	3 080,33	169,41	246,42	277,22	III	3 080,33	163,61	237,98	267,73	157,82	229,56	258,25	152,02	221,12	248,76	146,22	212,69	239,27	140,42	204,25	229,78	134,63	195,82	220,30
	V	4 328,91	238,09	346,31	389,60	IV	3 793,58	205,75	299,27	336,68	202,84	295,05	331,93	199,95	290,84	327,19	197,05	286,62	322,44	194,15	282,40	317,70	191,25	278,18	312,95
	VI	4 361,08	239,85	348,88	392,49																				
11 003,99	I,IV	3 794,83	208,71	303,58	341,53	I	3 794,83	202,91	295,15	332,04	197,12	286,72	322,56	191,32	278,28	313,07	185,52	269,85	303,58	179,72	261,42	294,09	173,92	252,98	284,60
	II	3 749,08	206,19	299,92	337,41	II	3 749,08	200,40	291,49	327,92	194,60	283,06	318,44	188,80	274,62	308,95	183,—	266,19	299,46	177,21	257,76	289,98	171,41	249,32	280,49
	III	3 081,50	169,48	246,52	277,33	III	3 081,50	163,68	238,09	267,85	157,88	229,65	258,35	152,09	221,22	248,87	146,29	212,78	239,38	140,49	204,36	229,90	134,69	195,92	220,41
	V	4 330,16	238,15	346,41	389,71	IV	3 794,83	205,81	299,37	336,79	202,91	295,15	332,04	200,02	290,94	327,30	197,12	286,72	322,56	194,22	282,50	317,81	191,32	278,28	313,07
	VI	4 362,33	239,92	348,98	392,60																				
11 006,99	I,IV	3 796,16	208,78	303,69	341,65	I	3 796,16	202,99	295,26	332,16	197,19	286,82	322,67	191,39	278,38	313,18	185,59	269,95	303,69	179,79	261,52	294,21	173,99	253,08	284,72
	II	3 750,33	206,26	300,02	337,52	II	3 750,33	200,47	291,59	328,04	194,67	283,16	318,55	188,87	274,72	309,06	183,07	266,29	299,57	177,27	257,86	290,09	171,48	249,42	280,60
	III	3 082,83	169,55	246,62	277,45	III	3 082,83	163,75	238,18	267,95	157,96	229,76	258,48	152,15	221,32	248,98	146,36	212,89	239,50	140,56	204,45	230,—	134,76	196,02	220,52
	V	4 331,41	238,22	346,51	389,82	IV	3 796,16	205,88	299,47	336,90	202,99	295,26	332,16	200,09	291,04	327,42	197,19	286,82	322,67	194,29	282,60	317,93	191,39	278,38	313,18
	VI	4 363,58	239,99	349,08	392,72																				
11 009,99	I,IV	3 797,41	208,85	303,79	341,76	I	3 797,41	203,06	295,36	332,28	197,26	286,92	322,79	191,46	278,49	313,30	185,66	270,06	303,81	179,86	261,62	294,32	174,06	253,18	284,83
	II	3 751,58	206,33	300,12	337,64	II	3 751,58	200,53	291,69	328,15	194,74	283,26	318,66	188,94	274,82	309,17	183,14	266,39	299,69	177,34	257,96	290,20	171,54	249,52	280,71
	III	3 084,—	169,62	246,72	277,56	III	3 084,—	163,82	238,29	268,07	158,02	229,85	258,58	152,23	221,42	249,10	146,42	212,98	239,60	140,63	204,56	230,13	134,83	196,12	220,63
	V	4 332,66	238,29	346,61	389,93	IV	3 797,41	205,95	299,57	337,01	203,06	295,36	332,28	200,15	291,14	327,53	197,26	286,92	322,79	194,36	282,70	318,04	191,46	278,49	313,30
	VI	4 364,83	240,06	349,18	392,83																				
11 012,99	I,IV	3 798,66	208,92	303,89	341,87	I	3 798,66	203,12	295,46	332,39	197,33	287,02	322,90	191,53	278,59	313,41	185,73	270,16	303,93	179,93	261,72	294,44	174,13	253,29	284,95
	II	3 752,83	206,40	300,22	337,75	II	3 752,83	200,60	291,79	328,26	194,81	283,36	318,78	189,01	274,92	309,29	183,21	266,49	299,80	177,41	258,06	290,31	171,61	249,62	280,82
	III	3 085,33	169,69	246,82	277,67	III	3 085,33	163,89	238,38	268,18	158,09	229,96	258,70	152,29	221,52	249,21	146,50	213,09	239,72	140,69	204,65	230,23	134,90	196,22	220,75
	V	4 333,91	238,36	346,71	390,05	IV	3 798,66	206,02	299,67	337,13	203,12	295,46	332,39	200,22	291,24	327,64	197,33	287,02	322,90	194,42	282,80	318,15	191,53	278,59	313,41
	VI	4 366,16	240,13	349,29	392,95																				
11 015,99	I,IV	3 799,91	208,99	303,99	341,99	I	3 799,91	203,19	295,56	332,50	197,39	287,12	323,01	191,60	278,69	313,52	185,80	270,26	304,04	180,—	261,82	294,55	174,20	253,39	285,06
	II	3 754,16	206,47	300,33	337,87	II	3 754,16	200,68	291,90	328,38	194,88	283,46	318,89	189,08	275,02	309,40	183,28	266,59	299,91	177,48	258,16	290,43	171,68	249,72	280,94
	III	3 086,50	169,75	246,92	277,78	III	3 086,50	163,96	238,49	268,30	158,16	230,05	258,80	152,36	221,62	249,32	146,56	213,18	239,83	140,77	204,76	230,35	134,97	196,32	220,86
	V	4 335,16	238,43	346,81	390,16	IV	3 799,91	206,09	299,77	337,24	203,19	295,56	332,50	200,29	291,34	327,75	197,39	287,12	323,01	194,49	282,90	318,26	191,60	278,69	313,52
	VI	4 367,41	240,20	349,39	393,06																				
11 018,99	I,IV	3 801,16	209,06	304,09	342,10	I	3 801,16	203,26	295,66	332,61	197,46	287,22	323,12	191,67	278,79	313,64	185,87	270,36	304,15	180,07	261,92	294,66	174,27	253,49	285,17
	II	3 755,41	206,54	300,43	337,98	II	3 755,41	200,75	292,—	328,50	194,95	283,56	319,01	189,15	275,13	309,52	183,35	266,70	300,03	177,55	258,26	290,54	171,75	249,82	281,05
	III	3 087,83	169,83	247,02	277,90	III	3 087,83	164,03	238,60	268,42	158,23	230,16	258,93	152,43	221,72	249,43	146,63	213,29	239,95	140,83	204,85	230,45	135,04	196,42	220,97
	V	4 336,41	238,50	346,91	390,27	IV	3 801,16	206,16	299,88	337,36	203,26	295,66	332,61	200,36	291,44	327,87	197,46	287,22	323,12	194,56	283,—	318,38	191,67	278,79	313,64
	VI	4 368,66	240,27	349,49	393,17																				
11 021,99	I,IV	3 802,41	209,13	304,19	342,21	I	3 802,41	203,33	295,76	332,73	197,53	287,32	323,24	191,73	278,89	313,75	185,94	270,46	304,26	180,14	262,02	294,77	174,34	253,59	285,29
	II	3 756,66	206,61	300,53	338,09	II	3 756,66	200,81	292,10	328,61	195,02	283,66	319,12	189,22	275,23	309,63	183,42	266,80	300,15	177,62	258,36	290,66	171,82	249,93	281,17
	III	3 089,16	169,90	247,13	278,02	III	3 089,16	164,10	238,69	268,52	158,30	230,26	259,04	152,50	221,82	249,55	146,71	213,40	240,07	140,91	204,96	230,58	135,10	196,52	221,08
	V	4 337,75	238,57	347,02	390,39	IV	3 802,41	206,23	299,98	337,47	203,33	295,76	332,73	200,43	291,54	327,98	197,53	287,32	323,24	194,64	283,11	318,50	191,73	278,89	313,75
	VI	4 369,91	240,34	349,59	393,29																				
11 024,99	I,IV	3 803,66	209,20	304,29	342,32	I	3 803,66	203,40	295,86	332,84	197,60	287,42	323,35	191,80	278,99	313,86	186,01	270,56	304,38	180,21	262,12	294,89	174,41	253,69	285,40
	II	3 757,91	206,68	300,63	338,21	II	3 757,91	200,88	292,20	328,72	195,08	283,76	319,23	189,29	275,33	309,74	183,49	266,90	300,26	177,69	258,46	290,77	171,89	250,03	281,28
	III	3 090,33	169,96	247,22	278,12	III	3 090,33	164,17	238,80	268,65	158,37	230,36	259,15	152,57	221,93	249,67	146,77	213,49	240,17	140,98	205,06	230,69	135,18	196,62	221,20
	V	4 339,—	238,64	347,12	390,51	IV	3 803,66	206,30	300,08	337,59	203,40	295,86	332,84	200,50	291,64	328,10	197,60	287,42	323,35	194,70	283,21	318,61	191,80	278,99	313,86
	VI	4 371,16	240,41	349,69	393,40																				

(Spaltengruppen 0,5 bis 3: mit Zahl der Kinderfreibeträge . . .)

* Die ausgewiesenen Tabellenwerte sind amtlich. Siehe Erläuterungen auf der Umschlaginnenseite (U2).

Lohn/Gehalt bis €*		I – VI LSt	I – VI ohne Kinderfreibeträge SolZ	8%	9%		I, II, III, IV LSt	mit Zahl der Kinderfreibeträge … 0,5 SolZ	0,5 8%	0,5 9%	1 SolZ	1 8%	1 9%	1,5 SolZ	1,5 8%	1,5 9%	2 SolZ	2 8%	2 9%	2,5 SolZ	2,5 8%	2,5 9%	3 SolZ	3 8%	3 9%
11 027,99	I,IV	3 804,91	209,27	304,39	342,44	I	3 804,91	203,47	295,96	332,95	197,67	287,52	323,46	191,87	279,09	313,97	186,07	270,66	304,49	180,28	262,22	295,—	174,48	253,79	285,51
	II	3 759,16	206,75	300,73	338,32	II	3 759,16	200,95	292,30	328,83	195,15	283,86	319,34	189,36	275,43	309,86	183,56	267,—	300,37	177,76	258,56	290,88	171,96	250,13	281,39
	III	3 091,66	170,04	247,33	278,24	III	3 091,66	164,23	238,89	268,75	158,44	230,46	259,27	152,64	222,02	249,77	146,85	213,60	240,30	141,04	205,16	230,80	135,25	196,73	221,32
	V	4 340,25	238,71	347,22	390,62	IV	3 804,91	206,37	300,18	337,70	203,47	295,96	332,95	200,57	291,74	328,21	197,67	287,52	323,46	194,77	283,31	318,72	191,87	279,09	313,97
	VI	4 372,41	240,48	349,79	393,51																				
11 030,99	I,IV	3 806,25	209,34	304,50	342,56	I	3 806,25	203,54	296,06	333,07	197,74	287,62	323,57	191,94	279,19	314,09	186,14	270,76	304,60	180,34	262,32	295,11	174,55	253,89	285,62
	II	3 760,41	206,82	300,83	338,43	II	3 760,41	201,02	292,40	328,95	195,22	283,96	319,46	189,42	275,53	309,97	183,63	267,10	300,48	177,83	258,66	290,99	172,03	250,23	281,51
	III	3 092,83	170,10	247,42	278,35	III	3 092,83	164,31	239,—	268,87	158,51	230,56	259,38	152,71	222,13	249,89	146,91	213,69	240,40	141,12	205,26	230,92	135,31	196,82	221,42
	V	4 341,50	238,78	347,32	390,73	IV	3 806,25	206,44	300,28	337,81	203,54	296,06	333,07	200,64	291,84	328,32	197,74	287,62	323,57	194,84	283,41	318,83	191,94	279,19	314,09
	VI	4 373,66	240,55	349,89	393,62																				
11 033,99	I,IV	3 807,50	209,41	304,60	342,67	I	3 807,50	203,61	296,16	333,18	197,81	287,73	323,69	192,01	279,30	314,21	186,22	270,86	304,72	180,41	262,42	295,22	174,62	253,99	285,74
	II	3 761,66	206,89	300,93	338,54	II	3 761,66	201,09	292,50	329,06	195,29	284,06	319,57	189,49	275,63	310,08	183,70	267,20	300,60	177,90	258,76	291,11	172,10	250,33	281,62
	III	3 094,16	170,17	247,53	278,47	III	3 094,16	164,37	239,09	268,97	158,58	230,66	259,49	152,78	222,22	250,—	146,98	213,80	240,52	141,18	205,36	231,03	135,39	196,93	221,54
	V	4 342,75	238,85	347,42	390,84	IV	3 807,50	206,51	300,38	337,92	203,61	296,16	333,18	200,71	291,94	328,43	197,81	287,73	323,69	194,91	283,51	318,95	192,01	279,30	314,21
	VI	4 374,91	240,62	349,99	393,74																				
11 036,99	I,IV	3 808,75	209,48	304,70	342,78	I	3 808,75	203,68	296,26	333,29	197,88	287,83	323,81	192,08	279,40	314,32	186,28	270,96	304,83	180,49	262,53	295,34	174,69	254,10	285,86
	II	3 762,91	206,96	301,03	338,66	II	3 762,91	201,16	292,60	329,17	195,36	284,16	319,68	189,56	275,73	310,19	183,76	267,30	300,71	177,97	258,86	291,22	172,17	250,43	281,73
	III	3 095,33	170,24	247,62	278,57	III	3 095,33	164,45	239,20	269,10	158,64	230,76	259,60	152,85	222,33	250,12	147,05	213,89	240,62	141,25	205,46	231,14	135,45	197,02	221,65
	V	4 344,—	238,92	347,52	390,96	IV	3 808,75	206,58	300,48	338,04	203,68	296,26	333,29	200,78	292,04	328,55	197,88	287,83	323,81	194,98	283,61	319,06	192,08	279,40	314,32
	VI	4 376,25	240,69	350,10	393,86																				
11 039,99	I,IV	3 810,—	209,55	304,80	342,90	I	3 810,—	203,75	296,36	333,41	197,95	287,93	323,92	192,15	279,50	314,43	186,35	271,06	304,94	180,56	262,63	295,46	174,76	254,20	285,97
	II	3 764,25	207,03	301,14	338,78	II	3 764,25	201,23	292,70	329,29	195,43	284,26	319,79	189,63	275,83	310,31	183,83	267,40	300,82	178,03	258,96	291,33	172,24	250,53	281,84
	III	3 096,66	170,31	247,73	278,69	III	3 096,66	164,51	239,29	269,20	158,72	230,86	259,72	152,91	222,42	250,22	147,12	214,—	240,75	141,32	205,56	231,25	135,52	197,13	221,77
	V	4 345,25	238,98	347,62	391,07	IV	3 810,—	206,64	300,58	338,15	203,75	296,36	333,41	200,85	292,14	328,66	197,95	287,93	323,92	195,05	283,71	319,17	192,15	279,50	314,43
	VI	4 377,50	240,76	350,20	393,97																				
11 042,99	I,IV	3 811,25	209,61	304,90	343,01	I	3 811,25	203,82	296,46	333,52	198,02	288,03	324,03	192,22	279,60	314,55	186,42	271,16	305,06	180,62	262,73	295,57	174,83	254,30	286,08
	II	3 765,50	207,10	301,24	338,89	II	3 765,50	201,30	292,80	329,40	195,50	284,37	319,91	189,70	275,94	310,43	183,91	267,50	300,94	178,10	259,06	291,44	172,31	250,63	281,96
	III	3 098,—	170,39	247,84	278,82	III	3 098,—	164,58	239,40	269,32	158,78	230,96	259,83	152,99	222,53	250,34	147,18	214,09	240,85	141,39	205,66	231,37	135,59	197,22	221,87
	V	4 346,50	239,05	347,72	391,18	IV	3 811,25	206,72	300,68	338,27	203,82	296,46	333,52	200,91	292,24	328,77	198,02	288,03	324,03	195,12	283,81	319,28	192,22	279,60	314,55
	VI	4 378,75	240,83	350,30	394,08																				
11 045,99	I,IV	3 812,50	209,68	305,—	343,12	I	3 812,50	203,88	296,56	333,63	198,09	288,13	324,14	192,29	279,70	314,66	186,49	271,26	305,17	180,69	262,83	295,68	174,90	254,40	286,20
	II	3 766,75	207,17	301,34	339,—	II	3 766,75	201,37	292,90	329,51	195,57	284,47	320,03	189,77	276,04	310,54	183,97	267,60	301,05	178,18	259,17	291,56	172,38	250,74	282,08
	III	3 099,16	170,45	247,93	278,92	III	3 099,16	164,66	239,50	269,44	158,85	231,06	259,94	153,06	222,64	250,47	147,26	214,20	240,97	141,46	205,76	231,48	135,66	197,33	221,99
	V	4 347,75	239,12	347,82	391,29	IV	3 812,50	206,79	300,78	338,38	203,88	296,56	333,63	200,99	292,35	328,89	198,09	288,13	324,14	195,19	283,92	319,41	192,29	279,70	314,66
	VI	4 380,—	240,90	350,40	394,20																				
11 048,99	I,IV	3 813,75	209,75	305,10	343,23	I	3 813,75	203,95	296,66	333,74	198,16	288,23	324,26	192,36	279,80	314,77	186,56	271,36	305,28	180,76	262,93	295,79	174,96	254,50	286,31
	II	3 768,—	207,24	301,44	339,12	II	3 768,—	201,44	293,—	329,63	195,64	284,57	320,14	189,84	276,14	310,65	184,04	267,70	301,16	178,25	259,27	291,68	172,45	250,84	282,19
	III	3 100,50	170,52	248,04	279,04	III	3 100,50	164,72	239,60	269,55	158,93	231,17	260,06	153,12	222,73	250,57	147,33	214,30	241,09	141,53	205,86	231,59	135,74	197,44	222,12
	V	4 349,08	239,19	347,92	391,41	IV	3 813,75	206,85	300,88	338,49	203,95	296,66	333,74	201,06	292,45	329,—	198,16	288,23	324,26	195,26	284,02	319,52	192,36	279,80	314,77
	VI	4 381,25	240,96	350,50	394,31																				
11 051,99	I,IV	3 815,—	209,82	305,20	343,35	I	3 815,—	204,02	296,76	333,86	198,22	288,33	324,37	192,43	279,90	314,88	186,63	271,46	305,39	180,83	263,03	295,91	175,03	254,60	286,42
	II	3 769,25	207,30	301,54	339,23	II	3 769,25	201,51	293,10	329,74	195,71	284,67	320,25	189,91	276,24	310,77	184,11	267,80	301,28	178,31	259,37	291,79	172,52	250,94	282,30
	III	3 101,66	170,59	248,13	279,14	III	3 101,66	164,79	239,70	269,66	158,99	231,26	260,17	153,20	222,84	250,69	147,40	214,40	241,20	141,60	205,97	231,71	135,80	197,53	222,22
	V	4 350,33	239,26	348,02	391,52	IV	3 815,—	206,92	300,98	338,60	204,02	296,76	333,86	201,13	292,55	329,12	198,22	288,33	324,37	195,33	284,12	319,63	192,43	279,90	314,88
	VI	4 382,50	241,03	350,60	394,42																				
11 054,99	I,IV	3 816,33	209,89	305,30	343,46	I	3 816,33	204,09	296,86	333,97	198,29	288,43	324,48	192,50	280,—	315,—	186,70	271,56	305,51	180,90	263,13	296,02	175,10	254,70	286,53
	II	3 770,50	207,37	301,64	339,34	II	3 770,50	201,57	293,20	329,85	195,78	284,77	320,36	189,98	276,34	310,88	184,18	267,90	301,39	178,38	259,47	291,90	172,59	251,04	282,42
	III	3 103,—	170,66	248,24	279,27	III	3 103,—	164,86	239,80	269,77	159,06	231,37	260,29	153,26	222,93	250,79	147,47	214,50	241,31	141,67	206,06	231,82	135,87	197,64	222,34
	V	4 351,58	239,33	348,12	391,64	IV	3 816,33	206,99	301,08	338,72	204,09	296,86	333,97	201,19	292,65	329,23	198,29	288,43	324,48	195,40	284,22	319,74	192,50	280,—	315,—
	VI	4 383,75	241,10	350,70	394,53																				
11 057,99	I,IV	3 817,58	209,96	305,40	343,58	I	3 817,58	204,16	296,97	334,09	198,37	288,54	324,60	192,57	280,10	315,11	186,77	271,66	305,62	180,97	263,23	296,13	175,17	254,80	286,65
	II	3 771,75	207,44	301,74	339,45	II	3 771,75	201,64	293,30	329,96	195,85	284,87	320,48	190,05	276,44	310,99	184,25	268,—	301,50	178,45	259,57	292,01	172,65	251,14	282,53
	III	3 104,16	170,72	248,33	279,37	III	3 104,16	164,93	239,90	269,89	159,13	231,46	260,39	153,34	223,04	250,92	147,53	214,60	241,42	141,74	206,17	231,94	135,94	197,73	222,44
	V	4 352,83	239,40	348,22	391,75	IV	3 817,58	207,06	301,18	338,83	204,16	296,97	334,09	201,26	292,75	329,34	198,37	288,54	324,60	195,47	284,32	319,86	192,57	280,10	315,11
	VI	4 385,—	241,17	350,80	394,65																				
11 060,99	I,IV	3 818,83	210,03	305,50	343,69	I	3 818,83	204,23	297,07	334,20	198,44	288,64	324,72	192,64	280,20	315,23	186,84	271,77	305,74	181,04	263,34	296,25	175,24	254,90	286,76
	II	3 773,—	207,51	301,84	339,57	II	3 773,—	201,71	293,40	330,08	195,91	284,97	320,59	190,12	276,54	311,10	184,32	268,10	301,61	178,52	259,67	292,13	172,72	251,24	282,64
	III	3 105,50	170,80	248,44	279,49	III	3 105,50	165,—	240,—	270,—	159,20	231,57	260,51	153,40	223,13	251,02	147,61	214,70	241,54	141,80	206,26	232,04	136,01	197,84	222,57
	V	4 354,08	239,47	348,32	391,86	IV	3 818,83	207,13	301,28	338,94	204,23	297,07	334,20	201,33	292,85	329,45	198,44	288,64	324,72	195,53	284,42	319,97	192,64	280,20	315,23
	VI	4 386,25	241,24	350,90	394,76																				
11 063,99	I,IV	3 820,08	210,10	305,60	343,80	I	3 820,08	204,30	297,17	334,31	198,50	288,74	324,83	192,71	280,30	315,34	186,91	271,87	305,85	181,11	263,44	296,37	175,31	255,—	286,88
	II	3 774,33	207,58	301,94	339,68	II	3 774,33	201,78	293,50	330,19	195,98	285,07	320,70	190,19	276,64	311,22	184,39	268,20	301,73	178,59	259,77	292,24	172,79	251,34	282,75
	III	3 106,66	170,86	248,53	279,59	III	3 106,66	165,07	240,10	270,11	159,27	231,66	260,62	153,47	223,24	251,14	147,67	214,80	241,65	141,88	206,37	232,16	136,07	197,93	222,67
	V	4 355,33	239,54	348,42	391,97	IV	3 820,08	207,20	301,38	339,05	204,30	297,17	334,31	201,40	292,95	329,57	198,50	288,74	324,83	195,60	284,52	320,08	192,71	280,30	315,34
	VI	4 387,58	241,31	351,—	394,88																				
11 066,99	I,IV	3 821,33	210,17	305,70	343,91	I	3 821,33	204,37	297,27	334,43	198,57	288,84	324,94	192,77	280,40	315,45	186,98	271,97	305,96	181,18	263,54	296,48	175,38	255,10	286,99
	II	3 775,58	207,65	302,04	339,80	II	3 775,58	201,85	293,61	330,31	196,06	285,18	320,82	190,26	276,74	311,33	184,46	268,30	301,84	178,66	259,87	292,35	172,86	251,44	282,87
	III	3 108,—	170,94	248,64	279,72	III	3 108,—	165,13	240,20	270,22	159,34	231,77	260,74	153,54	223,33	251,24	147,74	214,90	241,76	141,94	206,46	232,27	136,15	198,04	222,79
	V	4 356,58	239,61	348,52	392,09	IV	3 821,33	207,27	301,48	339,17	204,37	297,27	334,43	201,47	293,05	329,68	198,57	288,84	324,94	195,67	284,62	320,19	192,77	280,40	315,45
	VI	4 388,83	241,38	351,10	394,99																				
11 069,99	I,IV	3 822,58	210,24	305,80	344,03	I	3 822,58	204,44	297,37	334,54	198,64	288,94	325,05	192,84	280,50	315,56	187,05	272,07	306,08	181,25	263,64	296,59	175,45	255,20	287,10
	II	3 776,83	207,72	302,14	339,91	II	3 776,83	201,92	293,71	330,42	196,13	285,28	320,94	190,33	276,84	311,45	184,53	268,41	301,96	178,73	259,98	292,48	172,93	251,54	282,98
	III	3 109,33	171,01	248,74	279,83	III	3 109,33	165,21	240,30	270,34	159,41	231,88	260,86	153,61	223,44	251,37	147,81	215,—	241,87	142,01	206,57	232,39	136,21	198,13	222,89
	V	4 357,83	239,68	348,62	392,20	IV	3 822,58	207,34	301,59	339,29	204,44	297,37	334,54	201,54	293,16	329,80	198,64	288,94	325,05	195,74	284,72	320,31	192,84	280,50	315,56
	VI	4 390,08	241,45	351,20	395,10																				

Abzüge an Lohnsteuer, Solidaritätszuschlag (SolZ) und Kirchensteuer (8%, 9%) in den Steuerklassen

* Die ausgewiesenen Tabellenwerte sind amtlich. Siehe Erläuterungen auf der Umschlaginnenseite (U2).

Lohn/ Gehalt bis €*		Abzüge an Lohnsteuer, Solidaritätszuschlag (SolZ) und Kirchensteuer (8%, 9%) in den Steuerklassen I – VI ohne Kinderfreibeträge LSt	SolZ	8%	9%	I, II, III, IV	LSt	mit Zahl der Kinderfreibeträge . . . 0,5 SolZ	0,5 8%	0,5 9%	1 SolZ	1 8%	1 9%	1,5 SolZ	1,5 8%	1,5 9%	2 SolZ	2 8%	2 9%	2,5 SolZ	2,5 8%	2,5 9%	3 SolZ	3 8%	3 9%
11 072,99	I,IV	3 823,83	210,31	305,90	344,14	I	3 823,83	204,51	297,47	334,65	198,71	289,04	325,17	192,91	280,60	315,68	187,11	272,17	306,19	181,32	263,74	296,70	175,52	255,30	287,21
	II	3 778,08	207,79	302,24	340,02	II	3 778,08	201,99	293,81	330,53	196,19	285,38	321,05	190,40	276,94	311,56	184,60	268,51	302,07	178,80	260,08	292,59	173,—	251,64	283,10
	III	3 110,50	171,07	248,84	279,94	III	3 110,50	165,28	240,41	270,46	159,48	231,97	260,96	153,68	223,54	251,48	147,88	215,10	241,99	142,09	206,68	232,51	136,29	198,24	223,02
	V	4 359,16	239,75	348,73	392,32	IV	3 823,83	207,41	301,69	339,40	204,51	297,47	334,65	201,61	293,26	329,91	198,71	289,04	325,17	195,81	284,82	320,42	192,91	280,60	315,68
	VI	4 391,33	241,52	351,30	395,21																				
11 075,99	I,IV	3 825,08	210,37	306,—	344,25	I	3 825,08	204,58	297,57	334,76	198,78	289,14	325,28	192,98	280,70	315,79	187,18	272,27	306,30	181,39	263,84	296,82	175,59	255,40	287,33
	II	3 779,33	207,86	302,34	340,13	II	3 779,33	202,06	293,91	330,65	196,26	285,48	321,16	190,46	277,04	311,67	184,67	268,61	302,18	178,87	260,18	292,70	173,07	251,74	283,21
	III	3 111,83	171,15	248,94	280,06	III	3 111,83	165,34	240,50	270,56	159,55	232,08	261,09	153,75	223,64	251,59	147,95	215,21	242,11	142,15	206,77	232,61	136,36	198,34	223,13
	V	4 360,41	239,82	348,83	392,43	IV	3 825,08	207,48	301,79	339,51	204,58	297,57	334,76	201,68	293,36	330,03	198,78	289,14	325,28	195,88	284,92	320,54	192,98	280,70	315,79
	VI	4 392,58	241,59	351,40	395,33																				
11 078,99	I,IV	3 826,33	210,44	306,10	344,36	I	3 826,33	204,65	297,67	334,88	198,85	289,24	325,39	193,05	280,80	315,90	187,25	272,37	306,41	181,45	263,94	296,93	175,66	255,50	287,44
	II	3 780,58	207,93	302,44	340,25	II	3 780,58	202,13	294,01	330,76	196,33	285,58	321,27	190,53	277,14	311,78	184,74	268,71	302,30	178,94	260,28	292,81	173,14	251,84	283,32
	III	3 113,—	171,21	249,04	280,17	III	3 113,—	165,42	240,61	270,68	159,61	232,17	261,19	153,82	223,74	251,71	148,02	215,30	242,21	142,23	206,88	232,74	136,42	198,44	223,24
	V	4 361,66	239,89	348,93	392,54	IV	3 826,33	207,55	301,89	339,62	204,65	297,67	334,88	201,75	293,46	330,14	198,85	289,24	325,39	195,95	285,02	320,65	193,05	280,80	315,90
	VI	4 393,83	241,66	351,50	395,44																				
11 081,99	I,IV	3 827,66	210,52	306,21	344,48	I	3 827,66	204,72	297,78	335,—	198,92	289,34	325,51	193,12	280,90	316,01	187,32	272,47	306,53	181,52	264,04	297,04	175,72	255,60	287,55
	II	3 781,83	208,—	302,54	340,36	II	3 781,83	202,20	294,11	330,87	196,40	285,68	321,39	190,60	277,24	311,90	184,80	268,81	302,41	179,01	260,38	292,92	173,21	251,94	283,43
	III	3 114,33	171,28	249,14	280,28	III	3 114,33	165,48	240,70	270,79	159,69	232,28	261,31	153,89	223,84	251,82	148,09	215,41	242,33	142,29	206,97	232,84	136,50	198,54	223,36
	V	4 362,91	239,96	349,03	392,66	IV	3 827,66	207,62	301,99	339,74	204,72	297,78	335,—	201,82	293,56	330,25	198,92	289,34	325,51	196,02	285,12	320,76	193,12	280,90	316,01
	VI	4 395,08	241,72	351,60	395,55																				
11 084,99	I,IV	3 828,91	210,59	306,31	344,60	I	3 828,91	204,79	297,88	335,11	198,99	289,44	325,62	193,19	281,01	316,13	187,39	272,58	306,65	181,60	264,14	297,16	175,79	255,70	287,66
	II	3 783,08	208,06	302,64	340,47	II	3 783,08	202,27	294,21	330,98	196,47	285,78	321,50	190,67	277,34	312,01	184,87	268,91	302,52	179,08	260,48	293,04	173,28	252,04	283,55
	III	3 115,50	171,35	249,24	280,39	III	3 115,50	165,55	240,81	270,91	159,75	232,37	261,41	153,96	223,94	251,93	148,16	215,50	242,44	142,36	207,08	232,96	136,56	198,64	223,47
	V	4 364,16	240,02	349,13	392,77	IV	3 828,91	207,68	302,09	339,85	204,79	297,88	335,11	201,89	293,66	330,36	198,99	289,44	325,62	196,09	285,22	320,87	193,19	281,01	316,13
	VI	4 396,33	241,79	351,70	395,66																				
11 087,99	I,IV	3 830,16	210,65	306,41	344,71	I	3 830,16	204,86	297,98	335,22	199,06	289,54	325,73	193,26	281,11	316,25	187,46	272,68	306,76	181,66	264,24	297,27	175,87	255,81	287,78
	II	3 784,33	208,13	302,74	340,58	II	3 784,33	202,34	294,31	331,10	196,54	285,88	321,61	190,74	277,44	312,12	184,94	269,01	302,63	179,14	260,58	293,15	173,35	252,14	283,66
	III	3 116,83	171,42	249,34	280,51	III	3 116,83	165,62	240,90	271,01	159,83	232,48	261,54	154,02	224,04	252,04	148,23	215,61	242,56	142,43	207,17	233,06	136,63	198,74	223,58
	V	4 365,41	240,09	349,23	392,88	IV	3 830,16	207,75	302,19	339,96	204,86	297,98	335,22	201,96	293,76	330,48	199,06	289,54	325,73	196,16	285,32	320,99	193,26	281,11	316,25
	VI	4 397,66	241,87	351,81	395,78																				
11 090,99	I,IV	3 831,41	210,72	306,51	344,82	I	3 831,41	204,93	298,08	335,34	199,13	289,64	325,85	193,33	281,21	316,36	187,53	272,78	306,87	181,73	264,34	297,38	175,94	255,91	287,90
	II	3 785,66	208,21	302,85	340,70	II	3 785,66	202,41	294,42	331,22	196,61	285,98	321,73	190,81	277,54	312,23	185,01	269,11	302,75	179,21	260,68	293,26	173,41	252,24	283,77
	III	3 118,—	171,49	249,44	280,62	III	3 118,—	165,69	241,01	271,13	159,89	232,57	261,64	154,10	224,14	252,16	148,29	215,70	242,66	142,50	207,28	233,19	136,70	198,84	223,69
	V	4 366,66	240,16	349,33	392,99	IV	3 831,41	207,82	302,29	340,07	204,93	298,08	335,34	202,02	293,86	330,59	199,13	289,64	325,85	196,23	285,42	321,10	193,33	281,21	316,36
	VI	4 398,91	241,94	351,91	395,90																				
11 093,99	I,IV	3 832,66	210,79	306,61	344,93	I	3 832,66	204,99	298,18	335,45	199,20	289,74	325,96	193,40	281,31	316,47	187,60	272,88	306,99	181,80	264,44	297,50	176,—	256,01	288,01
	II	3 786,91	208,28	302,95	340,82	II	3 786,91	202,48	294,52	331,33	196,68	286,08	321,84	190,88	277,65	312,35	185,08	269,22	302,87	179,29	260,78	293,38	173,48	252,34	283,88
	III	3 119,33	171,56	249,54	280,73	III	3 119,33	165,77	241,12	271,26	159,96	232,68	261,76	154,16	224,24	252,27	148,37	215,81	242,78	142,56	207,37	233,29	136,77	198,94	223,81
	V	4 367,91	240,23	349,43	393,11	IV	3 832,66	207,90	302,40	340,20	204,99	298,18	335,45	202,10	293,96	330,71	199,20	289,74	325,96	196,29	285,52	321,21	193,40	281,31	316,47
	VI	4 400,16	242,—	352,01	396,01																				
11 096,99	I,IV	3 833,91	210,86	306,71	345,05	I	3 833,91	205,06	298,28	335,56	199,26	289,84	326,07	193,47	281,41	316,58	187,67	272,98	307,10	181,87	264,54	297,61	176,07	256,11	288,12
	II	3 788,16	208,34	303,05	340,93	II	3 788,16	202,55	294,62	331,44	196,75	286,18	321,95	190,95	277,75	312,47	185,15	269,32	302,98	179,35	260,88	293,49	173,56	252,45	284,—
	III	3 120,66	171,63	249,65	280,85	III	3 120,66	165,83	241,21	271,36	160,04	232,78	261,88	154,23	224,34	252,38	148,44	215,92	242,91	142,64	207,48	233,41	136,84	199,04	223,92
	V	4 369,25	240,30	349,54	393,23	IV	3 833,91	207,96	302,50	340,31	205,06	298,28	335,56	202,17	294,06	330,82	199,26	289,84	326,07	196,37	285,63	321,33	193,47	281,41	316,58
	VI	4 401,41	242,07	352,11	396,12																				
11 099,99	I,IV	3 835,16	210,93	306,81	345,16	I	3 835,16	205,13	298,38	335,67	199,33	289,94	326,18	193,54	281,51	316,70	187,74	273,08	307,21	181,94	264,64	297,72	176,14	256,21	288,23
	II	3 789,41	208,41	303,15	341,04	II	3 789,41	202,62	294,72	331,56	196,82	286,28	322,07	191,02	277,85	312,58	185,22	269,42	303,09	179,42	260,98	293,60	173,63	252,55	284,12
	III	3 121,83	171,70	249,74	280,96	III	3 121,83	165,90	241,32	271,48	160,10	232,88	261,99	154,31	224,45	252,50	148,50	216,01	243,01	142,71	207,58	233,53	136,91	199,14	224,03
	V	4 370,50	240,37	349,64	393,34	IV	3 835,16	208,03	302,60	340,42	205,13	298,38	335,67	202,23	294,16	330,93	199,33	289,94	326,18	196,44	285,73	321,44	193,54	281,51	316,70
	VI	4 402,66	242,14	352,21	396,23																				
11 102,99	I,IV	3 836,41	211,—	306,91	345,27	I	3 836,41	205,20	298,48	335,79	199,40	290,04	326,30	193,60	281,61	316,81	187,81	273,18	307,32	182,01	264,74	297,83	176,21	256,31	288,35
	II	3 790,66	208,48	303,25	341,15	II	3 790,66	202,68	294,82	331,67	196,89	286,38	322,18	191,09	277,95	312,69	185,29	269,52	303,21	179,49	261,08	293,72	173,69	252,65	284,23
	III	3 123,16	171,77	249,85	281,08	III	3 123,16	165,97	241,41	271,58	160,17	232,98	262,10	154,37	224,54	252,61	148,58	216,12	243,13	142,78	207,68	233,64	136,98	199,25	224,15
	V	4 371,75	240,44	349,74	393,45	IV	3 836,41	208,10	302,70	340,53	205,20	298,48	335,79	202,30	294,26	331,04	199,40	290,04	326,30	196,51	285,83	321,56	193,60	281,61	316,81
	VI	4 403,91	242,21	352,31	396,35																				
11 105,99	I,IV	3 837,75	211,07	307,02	345,39	I	3 837,75	205,27	298,58	335,90	199,47	290,14	326,41	193,67	281,71	316,92	187,88	273,28	307,44	182,08	264,84	297,95	176,28	256,41	288,46
	II	3 791,91	208,55	303,35	341,27	II	3 791,91	202,75	294,92	331,78	196,95	286,48	322,29	191,16	278,05	312,80	185,36	269,62	303,32	179,56	261,18	293,83	173,76	252,75	284,34
	III	3 124,33	171,83	249,94	281,18	III	3 124,33	166,04	241,52	271,71	160,24	233,08	262,21	154,44	224,65	252,73	148,64	216,21	243,23	142,85	207,78	233,75	137,05	199,34	224,26
	V	4 373,—	240,51	349,84	393,57	IV	3 837,75	208,17	302,80	340,65	205,27	298,58	335,90	202,37	294,36	331,16	199,47	290,14	326,41	196,57	285,93	321,67	193,67	281,71	316,92
	VI	4 405,16	242,28	352,41	396,46																				
11 108,99	I,IV	3 839,—	211,14	307,12	345,51	I	3 839,—	205,34	298,68	336,02	199,54	290,25	326,53	193,75	281,82	317,04	187,95	273,38	307,55	182,15	264,94	298,06	176,35	256,51	288,57
	II	3 793,16	208,62	303,45	341,38	II	3 793,16	202,82	295,02	331,89	197,02	286,58	322,40	191,23	278,15	312,92	185,43	269,72	303,43	179,63	261,28	293,94	173,83	252,85	284,45
	III	3 125,66	171,91	250,05	281,30	III	3 125,66	166,10	241,61	271,81	160,31	233,18	262,33	154,51	224,74	252,83	148,72	216,32	243,36	142,91	207,88	233,86	137,12	199,45	224,38
	V	4 374,25	240,58	349,94	393,68	IV	3 839,—	208,24	302,90	340,76	205,34	298,68	336,02	202,44	294,46	331,27	199,54	290,25	326,53	196,64	286,03	321,78	193,75	281,82	317,04
	VI	4 406,41	242,35	352,51	396,57																				
11 111,99	I,IV	3 840,25	211,21	307,22	345,62	I	3 840,25	205,41	298,78	336,13	199,61	290,35	326,64	193,82	281,92	317,16	188,02	273,48	307,67	182,22	265,05	298,18	176,42	256,62	288,69
	II	3 794,41	208,69	303,55	341,49	II	3 794,41	202,89	295,12	332,01	197,09	286,68	322,52	191,29	278,25	313,03	185,50	269,82	303,54	179,70	261,38	294,05	173,90	252,95	284,57
	III	3 126,83	171,97	250,14	281,41	III	3 126,83	166,18	241,72	271,93	160,38	233,28	262,44	154,58	224,85	252,95	148,78	216,41	243,46	142,99	207,98	233,98	137,18	199,54	224,48
	V	4 375,50	240,65	350,04	393,79	IV	3 840,25	208,31	303,—	340,87	205,41	298,78	336,13	202,51	294,56	331,38	199,61	290,35	326,64	196,71	286,13	321,89	193,82	281,92	317,16
	VI	4 407,75	242,42	352,62	396,69																				
11 114,99	I,IV	3 841,50	211,28	307,32	345,73	I	3 841,50	205,48	298,88	336,24	199,68	290,45	326,75	193,88	282,02	317,27	188,09	273,58	307,78	182,29	265,15	298,29	176,49	256,72	288,81
	II	3 795,75	208,76	303,66	341,61	II	3 795,75	202,96	295,22	332,12	197,16	286,78	322,63	191,36	278,35	313,14	185,57	269,92	303,66	179,77	261,48	294,17	173,97	253,05	284,68
	III	3 128,16	172,04	250,25	281,53	III	3 128,16	166,24	241,81	272,03	160,45	233,38	262,55	154,65	224,94	253,06	148,85	216,52	243,58	143,05	208,08	234,09	137,26	199,65	224,60
	V	4 376,75	240,72	350,14	393,90	IV	3 841,50	208,38	303,10	340,98	205,48	298,88	336,24	202,58	294,66	331,49	199,68	290,45	326,75	196,78	286,23	322,01	193,88	282,02	317,27
	VI	4 409,—	242,49	352,72	396,81																				

*** Die ausgewiesenen Tabellenwerte sind amtlich. Siehe Erläuterungen auf der Umschlaginnenseite (U2).**

MONAT 11 115,–*

Lohn/ Gehalt bis €*		Abzüge an Lohnsteuer, Solidaritätszuschlag (SolZ) und Kirchensteuer (8%, 9%) in den Steuerklassen I – VI					I, II, III, IV																		
			ohne Kinderfreibeträge					mit Zahl der Kinderfreibeträge . . . 0,5			1			1,5			2			2,5			3		
		LSt	SolZ	8%	9%		LSt	SolZ	8%	9%	SolZ	8%	9%	SolZ	8%	9%	SolZ	8%	9%	SolZ	8%	9%	SolZ	8%	9%
11 117,99	I,IV	3 842,75	211,35	307,42	345,84	I	3 842,75	205,55	298,98	336,35	199,75	290,55	326,87	193,95	282,12	317,38	188,15	273,68	307,89	182,36	265,25	298,40	176,56	256,82	288,92
	II	3 797,—	208,83	303,76	341,73	II	3 797,—	203,03	295,32	332,24	197,23	286,89	322,75	191,44	278,46	313,26	185,64	270,02	303,77	179,84	261,58	294,28	174,04	253,15	284,79
	III	3 129,50	172,12	250,36	281,65	III	3 129,50	166,32	241,92	272,16	160,51	233,48	262,66	154,72	225,05	253,18	148,92	216,61	243,68	143,12	208,18	234,20	137,32	199,74	224,71
	V	4 378,—	240,79	350,24	394,02	IV	3 842,75	208,45	303,20	341,10	205,55	298,98	336,35	202,65	294,76	331,61	199,75	290,55	326,87	196,85	286,33	322,12	193,95	282,12	317,38
	VI	4 410,25	242,56	352,82	396,92																				
11 120,99	I,IV	3 844,—	211,42	307,52	345,96	I	3 844,—	205,62	299,08	336,47	199,82	290,65	326,98	194,02	282,22	317,49	188,22	273,78	308,—	182,43	265,35	298,52	176,63	256,92	289,03
	II	3 798,25	208,90	303,86	341,84	II	3 798,25	203,10	295,42	332,35	197,30	286,99	322,86	191,51	278,56	313,38	185,71	270,12	303,89	179,91	261,69	294,40	174,11	253,26	284,91
	III	3 130,66	172,18	250,45	281,75	III	3 130,66	166,39	242,02	272,27	160,59	233,58	262,78	154,79	225,16	253,30	148,99	216,72	243,81	143,19	208,28	234,31	137,39	199,85	224,83
	V	4 379,25	240,85	350,34	394,13	IV	3 844,—	208,52	303,30	341,21	205,62	299,08	336,47	202,72	294,87	331,73	199,82	290,65	326,98	196,92	286,44	322,24	194,02	282,22	317,49
	VI	4 411,50	242,63	352,92	397,03																				
11 123,99	I,IV	3 845,25	211,48	307,62	346,07	I	3 845,25	205,69	299,18	336,58	199,89	290,75	327,09	194,09	282,32	317,61	188,29	273,88	308,12	182,49	265,45	298,63	176,70	257,02	289,14
	II	3 799,50	208,97	303,96	341,95	II	3 799,50	203,17	295,52	332,46	197,37	287,09	322,97	191,57	278,66	313,49	185,78	270,22	304,—	179,98	261,79	294,51	174,18	253,36	285,03
	III	3 132,—	172,26	250,56	281,88	III	3 132,—	166,45	242,12	272,38	160,66	233,69	262,90	154,86	225,25	253,40	149,06	216,82	243,92	143,26	208,38	234,43	137,47	199,96	224,95
	V	4 380,58	240,93	350,44	394,25	IV	3 845,25	208,59	303,40	341,33	205,69	299,18	336,58	202,79	294,97	331,84	199,89	290,75	327,09	196,99	286,54	322,35	194,09	282,32	317,61
	VI	4 412,70	242,70	353,02	397,14																				
11 126,99	I,IV	3 846,50	211,55	307,72	346,18	I	3 846,50	205,75	299,28	336,69	199,96	290,85	327,20	194,16	282,42	317,72	188,36	273,98	308,23	182,56	265,55	298,74	176,77	257,12	289,26
	II	3 800,75	209,04	304,06	342,06	II	3 800,75	203,24	295,62	332,57	197,44	287,19	323,09	191,64	278,76	313,60	185,84	270,32	304,11	180,05	261,89	294,62	174,25	253,46	285,14
	III	3 133,16	172,32	250,65	281,98	III	3 133,16	166,53	242,22	272,50	160,72	233,78	263,—	154,93	225,36	253,53	149,13	216,92	244,03	143,33	208,49	234,55	137,53	200,05	225,05
	V	4 381,83	241,—	350,54	394,36	IV	3 846,50	208,66	303,50	341,44	205,75	299,28	336,69	202,86	295,07	331,95	199,96	290,85	327,20	197,06	286,64	322,47	194,16	282,42	317,72
	VI	4 414,—	242,77	353,12	397,26																				
11 129,99	I,IV	3 847,83	211,63	307,82	346,30	I	3 847,83	205,82	299,38	336,80	200,03	290,95	327,32	194,23	282,52	317,83	188,43	274,08	308,34	182,63	265,65	298,85	176,83	257,22	289,37
	II	3 802,—	209,11	304,16	342,18	II	3 802,—	203,31	295,72	332,69	197,51	287,29	323,20	191,71	278,86	313,71	185,91	270,42	304,22	180,12	261,99	294,74	174,32	253,56	285,25
	III	3 134,50	172,39	250,76	282,10	III	3 134,50	166,59	242,32	272,61	160,80	233,89	263,12	154,99	225,45	253,63	149,20	217,02	244,15	143,40	208,58	234,65	137,61	200,16	225,18
	V	4 383,08	241,06	350,64	394,47	IV	3 847,83	208,72	303,60	341,55	205,82	299,38	336,80	202,93	295,17	332,06	200,03	290,95	327,32	197,13	286,74	322,58	194,23	282,52	317,83
	VI	4 415,25	242,83	353,22	397,37																				
11 132,99	I,IV	3 849,08	211,69	307,92	346,41	I	3 849,08	205,90	299,49	336,92	200,10	291,06	327,44	194,30	282,62	317,95	188,50	274,18	308,45	182,70	265,75	298,97	176,90	257,32	289,48
	II	3 803,25	209,17	304,26	342,29	II	3 803,25	203,38	295,82	332,80	197,58	287,39	323,31	191,78	278,96	313,83	185,98	270,52	304,34	180,18	262,09	294,85	174,39	253,66	285,36
	III	3 135,66	172,46	250,85	282,20	III	3 135,66	166,66	242,42	272,72	160,86	233,98	263,23	155,07	225,56	253,75	149,27	217,12	244,26	143,47	208,69	234,77	137,67	200,25	225,28
	V	4 384,33	241,13	350,74	394,58	IV	3 849,08	208,79	303,70	341,66	205,90	299,49	336,92	203,—	295,27	332,18	200,10	291,06	327,44	197,20	286,84	322,69	194,30	282,62	317,95
	VI	4 416,50	242,90	353,32	397,48																				
11 135,99	I,IV	3 850,33	211,76	308,02	346,52	I	3 850,33	205,97	299,59	337,04	200,17	291,16	327,55	194,37	282,72	318,06	188,57	274,29	308,57	182,77	265,86	299,09	176,98	257,42	289,60
	II	3 804,50	209,24	304,36	342,40	II	3 804,50	203,44	295,92	332,91	197,65	287,49	323,42	191,85	279,06	313,94	186,05	270,62	304,45	180,25	262,19	294,96	174,46	253,76	285,48
	III	3 137,—	172,53	250,96	282,33	III	3 137,—	166,73	242,52	272,83	160,93	234,09	263,35	155,13	225,65	253,85	149,34	217,22	244,37	143,54	208,78	234,88	137,74	200,36	225,40
	V	4 385,58	241,20	350,84	394,70	IV	3 850,33	208,86	303,80	341,78	205,97	299,59	337,04	203,06	295,37	332,29	200,17	291,16	327,55	197,27	286,94	322,80	194,37	282,72	318,06
	VI	4 417,75	242,97	353,42	397,59																				
11 138,99	I,IV	3 851,58	211,83	308,12	346,64	I	3 851,58	206,03	299,69	337,15	200,24	291,26	327,66	194,44	282,82	318,17	188,64	274,39	308,69	182,84	265,96	299,20	177,04	257,52	289,71
	II	3 805,83	209,32	304,46	342,52	II	3 805,83	203,51	296,02	333,02	197,72	287,59	323,54	191,92	279,16	314,05	186,12	270,72	304,56	180,32	262,29	295,07	174,52	253,86	285,59
	III	3 138,16	172,59	251,05	282,43	III	3 138,16	166,80	242,62	272,95	161,—	234,18	263,45	155,21	225,76	253,98	149,40	217,32	244,48	143,61	208,89	235,—	137,81	200,45	225,50
	V	4 386,83	241,27	350,94	394,81	IV	3 851,58	208,93	303,90	341,89	206,03	299,69	337,15	203,13	295,47	332,40	200,24	291,26	327,66	197,34	287,04	322,92	194,44	282,82	318,17
	VI	4 419,08	243,04	353,52	397,71																				
11 141,99	I,IV	3 852,83	211,90	308,22	346,75	I	3 852,83	206,10	299,79	337,26	200,31	291,36	327,78	194,51	282,92	318,29	188,71	274,49	308,80	182,91	266,06	299,31	177,11	257,62	289,82
	II	3 807,08	209,38	304,56	342,63	II	3 807,08	203,59	296,13	333,14	197,79	287,70	323,66	191,99	279,26	314,17	186,19	270,82	304,67	180,39	262,39	295,19	174,59	253,96	285,70
	III	3 139,50	172,67	251,16	282,55	III	3 139,50	166,87	242,72	273,06	161,07	234,29	263,57	155,27	225,85	254,08	149,48	217,42	244,60	143,67	208,98	235,10	137,88	200,56	225,63
	V	4 388,08	241,34	351,04	394,92	IV	3 852,83	209,—	304,—	342,—	206,10	299,79	337,26	203,20	295,57	332,51	200,31	291,36	327,78	197,40	287,14	323,03	194,51	282,92	318,29
	VI	4 420,33	243,11	353,62	397,82																				
11 144,99	I,IV	3 854,08	211,97	308,32	346,86	I	3 854,08	206,17	299,89	337,37	200,37	291,46	327,89	194,58	283,02	318,40	188,78	274,59	308,91	182,98	266,16	299,43	177,18	257,72	289,94
	II	3 808,33	209,45	304,66	342,74	II	3 808,33	203,66	296,23	333,26	197,86	287,80	323,77	192,06	279,36	314,28	186,26	270,93	304,79	180,46	262,50	295,31	174,67	254,06	285,82
	III	3 140,83	172,74	251,26	282,67	III	3 140,83	166,94	242,82	273,17	161,15	234,40	263,70	155,34	225,96	254,20	149,54	217,52	244,71	143,75	209,09	235,22	137,94	200,65	225,73
	V	4 389,33	241,41	351,14	395,03	IV	3 854,08	209,07	304,11	342,12	206,17	299,89	337,37	203,28	295,68	332,64	200,37	291,46	327,89	197,48	287,24	323,15	194,58	283,02	318,40
	VI	4 421,58	243,18	353,72	397,94																				
11 147,99	I,IV	3 855,33	212,04	308,42	346,97	I	3 855,33	206,24	299,99	337,49	200,44	291,56	328,—	194,64	283,12	318,51	188,85	274,69	309,02	183,05	266,26	299,54	177,25	257,82	290,05
	II	3 809,58	209,52	304,76	342,86	II	3 809,58	203,72	296,33	333,37	197,93	287,90	323,88	192,13	279,46	314,39	186,33	271,03	304,91	180,53	262,60	295,42	174,73	254,16	285,93
	III	3 142,—	172,81	251,36	282,78	III	3 142,—	167,01	242,93	273,29	161,21	234,49	263,80	155,42	226,06	254,32	149,61	217,62	244,82	143,82	209,20	235,35	138,02	200,76	225,85
	V	4 390,66	241,48	351,25	395,15	IV	3 855,33	209,14	304,21	342,23	206,24	299,99	337,49	203,34	295,78	332,75	200,44	291,56	328,—	197,55	287,34	323,26	194,64	283,12	318,51
	VI	4 422,83	243,25	353,82	398,05																				
11 150,99	I,IV	3 856,58	212,11	308,52	347,09	I	3 856,58	206,31	300,09	337,60	200,51	291,66	328,11	194,71	283,22	318,62	188,92	274,79	309,14	183,12	266,36	299,65	177,32	257,92	290,16
	II	3 810,83	209,59	304,86	342,97	II	3 810,83	203,79	296,43	333,48	198,—	288,—	324,—	192,20	279,56	314,51	186,40	271,13	305,02	180,60	262,70	295,53	174,80	254,26	286,04
	III	3 143,33	172,88	251,46	282,89	III	3 143,33	167,08	243,02	273,40	161,28	234,60	263,92	155,48	226,16	254,43	149,69	217,73	244,94	143,88	209,29	235,45	138,09	200,86	225,97
	V	4 391,91	241,55	351,35	395,27	IV	3 856,58	209,21	304,31	342,35	206,31	300,09	337,60	203,41	295,88	332,86	200,51	291,66	328,11	197,61	287,44	323,37	194,71	283,22	318,62
	VI	4 424,08	243,32	353,92	398,16																				
11 153,99	I,IV	3 857,83	212,18	308,62	347,20	I	3 857,83	206,38	300,19	337,71	200,58	291,76	328,23	194,78	283,32	318,74	188,98	274,89	309,25	183,19	266,46	299,76	177,39	258,02	290,27
	II	3 812,08	209,66	304,96	343,08	II	3 812,08	203,86	296,53	333,59	198,06	288,10	324,11	192,27	279,66	314,62	186,47	271,23	305,13	180,67	262,80	295,65	174,87	254,36	286,16
	III	3 144,50	172,94	251,56	283,—	III	3 144,50	167,15	243,13	273,52	161,35	234,69	264,02	155,55	226,26	254,54	149,75	217,82	245,05	143,96	209,40	235,57	138,16	200,96	226,08
	V	4 393,16	241,62	351,45	395,38	IV	3 857,83	209,28	304,41	342,46	206,38	300,19	337,71	203,48	295,98	332,97	200,58	291,76	328,23	197,68	287,54	323,48	194,78	283,32	318,74
	VI	4 425,33	243,39	354,02	398,27																				
11 156,99	I,IV	3 859,16	212,25	308,73	347,32	I	3 859,16	206,45	300,30	337,83	200,65	291,86	328,34	194,85	283,42	318,85	189,05	274,99	309,36	183,26	266,56	299,88	177,46	258,12	290,3[illegible]
	II	3 813,33	209,73	305,06	343,19	II	3 813,33	203,93	296,63	333,71	198,13	288,20	324,22	192,33	279,76	314,73	186,54	271,33	305,24	180,74	262,90	295,76	174,94	254,46	286,2[illegible]
	III	3 145,83	173,02	251,66	283,12	III	3 145,83	167,21	243,22	273,62	161,42	234,80	264,15	155,62	226,36	254,65	149,82	217,93	245,17	144,02	209,49	235,67	138,23	201,06	226,1[illegible]
	V	4 394,41	241,69	351,55	395,49	IV	3 859,16	209,35	304,51	342,57	206,45	300,30	337,83	203,55	296,08	333,09	200,65	291,86	328,34	197,75	287,64	323,60	194,85	283,42	318,8[illegible]
	VI	4 426,58	243,46	354,12	398,39																				
11 159,99	I,IV	3 860,41	212,32	308,83	347,43	I	3 860,41	206,52	300,40	337,95	200,72	291,96	328,46	194,92	283,53	318,97	189,13	275,10	309,48	183,33	266,66	299,99	177,53	258,22	290,5[illegible]
	II	3 814,58	209,80	305,16	343,31	II	3 814,58	204,—	296,73	333,82	198,20	288,30	324,33	192,40	279,86	314,84	186,61	271,43	305,36	180,81	263,—	295,87	175,01	254,56	286,3[illegible]
	III	3 147,—	173,08	251,76	283,23	III	3 147,—	167,29	243,33	273,74	161,48	234,89	264,25	155,69	226,46	254,77	149,89	218,02	245,27	144,10	209,60	235,80	138,29	201,16	226,3[illegible]
	V	4 395,66	241,76	351,65	395,60	IV	3 860,41	209,42	304,61	342,68	206,52	300,40	337,95	203,62	296,18	333,20	200,72	291,96	328,46	197,82	287,74	323,71	194,92	283,53	318,9[illegible]
	VI	4 427,83	243,53	354,22	398,50																				

* Die ausgewiesenen Tabellenwerte sind amtlich. Siehe Erläuterungen auf der Umschlaginnenseite (U2).

Abzüge an Lohnsteuer, Solidaritätszuschlag (SolZ) und Kirchensteuer (8%, 9%) in den Steuerklassen

Lohn/ Gehalt bis €*	I – VI					I, II, III, IV		mit Zahl der Kinderfreibeträge . . . 0,5			1			1,5			2			2,5			3		
		LSt	ohne Kinderfreibeträge SolZ	8%	9%		LSt	SolZ	8%	9%	SolZ	8%	9%	SolZ	8%	9%	SolZ	8%	9%	SolZ	8%	9%	SolZ	8%	9%
11 162,99	I,IV	3 861,66	212,39	308,93	347,54	I	3 861,66	206,59	300,50	338,06	200,79	292,06	328,57	194,99	283,63	319,08	189,20	275,20	309,60	183,40	266,76	300,11	177,60	258,33	290,62
	II	3 815,83	209,87	305,26	343,42	II	3 815,83	204,07	296,83	333,93	198,27	288,40	324,45	192,47	279,96	314,96	186,67	271,53	305,47	180,88	263,10	295,98	175,08	254,66	286,49
	III	3 148,33	173,15	251,86	283,34	III	3 148,33	167,35	243,42	273,85	161,56	235,—	264,37	155,76	226,56	254,88	149,96	218,13	245,39	144,16	209,69	235,90	138,37	201,26	226,42
	V	4 396,91	241,83	351,75	395,72	IV	3 861,66	209,49	304,71	342,80	206,59	300,50	338,06	203,69	296,28	333,31	200,79	292,06	328,57	197,89	287,84	323,82	194,99	283,63	319,08
	VI	4 429,16	243,60	354,33	398,62																				
11 165,99	I,IV	3 862,91	212,46	309,03	347,66	I	3 862,91	206,66	300,60	338,17	200,86	292,16	328,68	195,06	283,73	319,19	189,26	275,30	309,71	183,47	266,86	300,22	177,67	258,43	290,73
	II	3 817,16	209,94	305,37	343,54	II	3 817,16	204,14	296,94	334,05	198,34	288,50	324,56	192,54	280,06	315,07	186,74	271,63	305,58	180,95	263,20	296,10	175,15	254,76	286,61
	III	3 149,50	173,22	251,96	283,45	III	3 149,50	167,42	243,53	273,97	161,62	235,09	264,47	155,83	226,66	254,99	150,03	218,22	245,50	144,23	209,80	236,02	138,43	201,36	226,53
	V	4 398,16	241,89	351,85	395,83	IV	3 862,91	209,55	304,81	342,91	206,66	300,60	338,17	203,76	296,38	333,42	200,86	292,16	328,68	197,96	287,94	323,93	195,06	283,73	319,19
	VI	4 430,41	243,67	354,43	398,73																				
11 168,99	I,IV	3 864,16	212,52	309,13	347,77	I	3 864,16	206,73	300,70	338,28	200,93	292,26	328,79	195,13	283,83	319,31	189,33	275,40	309,82	183,53	266,96	300,33	177,74	258,53	290,84
	II	3 818,41	210,01	305,47	343,65	II	3 818,41	204,21	297,04	334,17	198,41	288,60	324,68	192,61	280,17	315,19	186,82	271,74	305,70	181,02	263,30	296,21	175,22	254,86	286,72
	III	3 150,83	173,29	252,06	283,57	III	3 150,83	167,50	243,64	274,09	161,70	235,20	264,60	155,89	226,76	255,10	150,10	218,33	245,62	144,30	209,89	236,12	138,50	201,46	226,64
	V	4 399,41	241,96	351,95	395,94	IV	3 864,16	209,63	304,92	343,03	206,73	300,70	338,28	203,83	296,48	333,54	200,93	292,26	328,79	198,03	288,04	324,05	195,13	283,83	319,31
	VI	4 431,66	243,74	354,53	398,84																				
11 171,99	I,IV	3 865,41	212,59	309,23	347,88	I	3 865,41	206,80	300,80	338,40	201,—	292,36	328,91	195,20	283,93	319,42	189,40	275,50	309,93	183,60	267,06	300,44	177,81	258,63	290,96
	II	3 819,66	210,08	305,57	343,76	II	3 819,66	204,28	297,14	334,28	198,48	288,70	324,79	192,68	280,27	315,30	186,89	271,84	305,82	181,09	263,40	296,33	175,29	254,97	286,84
	III	3 152,16	173,36	252,17	283,69	III	3 152,16	167,56	243,73	274,19	161,77	235,30	264,71	155,97	226,86	255,22	150,17	218,44	245,74	144,37	210,—	236,25	138,57	201,56	226,75
	V	4 400,75	242,04	352,06	396,06	IV	3 865,41	209,70	305,02	343,14	206,80	300,80	338,40	203,90	296,58	333,65	201,—	292,36	328,91	198,10	288,15	324,17	195,20	283,93	319,42
	VI	4 432,91	243,81	354,63	398,96																				
11 174,99	I,IV	3 866,66	212,66	309,33	347,99	I	3 866,66	206,86	300,90	338,51	201,07	292,46	329,02	195,27	284,03	319,53	189,47	275,60	310,05	183,67	267,16	300,56	177,87	258,73	291,07
	II	3 820,91	210,15	305,67	343,88	II	3 820,91	204,35	297,24	334,39	198,55	288,80	324,90	192,75	280,37	315,41	186,95	271,94	305,93	181,16	263,50	296,44	175,36	255,07	286,95
	III	3 153,33	173,43	252,26	283,79	III	3 153,33	167,64	243,84	274,32	161,83	235,40	264,82	156,04	226,97	255,34	150,24	218,53	245,84	144,44	210,10	236,36	138,64	201,66	226,87
	V	4 402,—	242,11	352,16	396,18	IV	3 866,66	209,77	305,12	343,26	206,86	300,90	338,51	203,97	296,68	333,77	201,07	292,46	329,02	198,17	288,25	324,28	195,27	284,03	319,53
	VI	4 434,16	243,87	354,73	399,07																				
11 177,99	I,IV	3 867,91	212,73	309,43	348,11	I	3 867,91	206,93	301,—	338,62	201,13	292,56	329,13	195,34	284,13	319,64	189,54	275,70	310,16	183,74	267,26	300,67	177,94	258,83	291,18
	II	3 822,16	210,21	305,77	343,99	II	3 822,16	204,42	297,34	334,50	198,62	288,90	325,01	192,82	280,47	315,53	187,02	272,04	306,04	181,22	263,60	296,55	175,43	255,17	287,06
	III	3 154,66	173,50	252,37	283,91	III	3 154,66	167,70	243,93	274,42	161,91	235,50	264,94	156,10	227,06	255,44	150,31	218,64	245,97	144,51	210,20	236,47	138,71	201,77	226,99
	V	4 403,25	242,17	352,26	396,29	IV	3 867,91	209,83	305,22	343,37	206,93	301,—	338,62	204,04	296,78	333,88	201,13	292,56	329,13	198,24	288,35	324,39	195,34	284,13	319,64
	VI	4 435,41	243,94	354,83	399,18																				
11 180,99	I,IV	3 869,25	212,80	309,54	348,23	I	3 869,25	207,01	301,10	338,74	201,20	292,66	329,24	195,41	284,23	319,76	189,61	275,80	310,27	183,81	267,36	300,78	178,01	258,93	291,29
	II	3 823,41	210,28	305,87	344,10	II	3 823,41	204,49	297,44	334,62	198,69	289,—	325,13	192,89	280,57	315,64	187,09	272,14	306,15	181,29	263,70	296,66	175,50	255,27	287,18
	III	3 155,83	173,57	252,46	284,02	III	3 155,83	167,77	244,04	274,54	161,97	235,60	265,05	156,18	227,17	255,56	150,37	218,73	246,07	144,58	210,30	236,59	138,78	201,86	227,09
	V	4 404,50	242,24	352,36	396,40	IV	3 869,25	209,90	305,32	343,48	207,01	301,10	338,74	204,10	296,88	333,99	201,20	292,66	329,24	198,31	288,45	324,50	195,41	284,23	319,76
	VI	4 436,66	244,01	354,93	399,29																				
11 183,99	I,IV	3 870,50	212,87	309,64	348,34	I	3 870,50	207,07	301,20	338,85	201,28	292,77	329,36	195,48	284,34	319,88	189,68	275,90	310,39	183,88	267,46	300,89	178,08	259,03	291,41
	II	3 824,66	210,35	305,97	344,21	II	3 824,66	204,55	297,54	334,73	198,76	289,10	325,24	192,96	280,67	315,75	187,16	272,24	306,27	181,36	263,80	296,78	175,56	255,37	287,29
	III	3 157,16	173,64	252,57	284,14	III	3 157,16	167,84	244,13	274,64	162,04	235,70	265,16	156,24	227,26	255,67	150,45	218,84	246,19	144,65	210,40	236,70	138,85	201,97	227,21
	V	4 405,75	242,31	352,46	396,51	IV	3 870,50	209,97	305,42	343,59	207,07	301,20	338,85	204,17	296,98	334,10	201,28	292,77	329,36	198,38	288,55	324,62	195,48	284,34	319,88
	VI	4 437,91	244,08	355,03	399,41																				
11 186,99	I,IV	3 871,75	212,94	309,74	348,45	I	3 871,75	207,14	301,30	338,96	201,35	292,87	329,48	195,55	284,44	319,99	189,75	276,—	310,50	183,95	267,57	301,01	178,15	259,14	291,53
	II	3 825,91	210,42	306,07	344,33	II	3 825,91	204,62	297,64	334,84	198,82	289,20	325,35	193,03	280,77	315,86	187,23	272,34	306,38	181,43	263,90	296,89	175,63	255,47	287,40
	III	3 158,33	173,70	252,66	284,24	III	3 158,33	167,91	244,24	274,77	162,11	235,80	265,27	156,31	227,37	255,79	150,51	218,93	246,29	144,72	210,50	236,81	138,92	202,06	227,32
	V	4 407,—	242,38	352,56	396,63	IV	3 871,75	210,04	305,52	343,71	207,14	301,30	338,96	204,24	297,08	334,22	201,35	292,87	329,48	198,44	288,65	324,73	195,55	284,44	319,99
	VI	4 439,25	244,15	355,14	399,53																				
11 189,99	I,IV	3 873,—	213,01	309,84	348,57	I	3 873,—	207,21	301,40	339,08	201,41	292,97	329,59	195,62	284,54	320,10	189,82	276,10	310,61	184,02	267,67	301,13	178,22	259,24	291,64
	II	3 827,25	210,49	306,18	344,45	II	3 827,25	204,70	297,74	334,96	198,89	289,30	325,46	193,10	280,87	315,98	187,30	272,44	306,49	181,50	264,—	297,—	175,70	255,57	287,51
	III	3 159,66	173,78	252,77	284,36	III	3 159,66	167,97	244,33	274,87	162,18	235,90	265,39	156,38	227,46	255,89	150,59	219,04	246,42	144,78	210,60	236,92	138,99	202,17	227,44
	V	4 408,25	242,45	352,66	396,74	IV	3 873,—	210,11	305,62	343,82	207,21	301,40	339,08	204,31	297,18	334,33	201,41	292,97	329,59	198,51	288,75	324,84	195,62	284,54	320,10
	VI	4 440,50	244,22	355,24	399,64																				
11 192,99	I,IV	3 874,25	213,08	309,94	348,68	I	3 874,25	207,28	301,50	339,19	201,48	293,07	329,70	195,69	284,64	320,22	189,89	276,20	310,73	184,09	267,77	301,24	178,29	259,34	291,75
	II	3 828,50	210,56	306,28	344,56	II	3 828,50	204,76	297,84	335,07	198,97	289,41	325,58	193,17	280,98	316,10	187,37	272,54	306,61	181,57	264,10	297,11	175,77	255,67	287,63
	III	3 161,—	173,85	252,88	284,49	III	3 161,—	168,05	244,44	274,99	162,25	236,—	265,50	156,45	227,57	256,01	150,65	219,13	246,52	144,86	210,70	237,04	139,05	202,26	227,54
	V	4 409,50	242,52	352,76	396,85	IV	3 874,25	210,18	305,72	343,94	207,28	301,50	339,19	204,38	297,28	334,44	201,48	293,07	329,70	198,58	288,85	324,95	195,69	284,64	320,22
	VI	4 441,75	244,29	355,34	399,75																				
11 195,99	I,IV	3 875,50	213,15	310,04	348,79	I	3 875,50	207,35	301,60	339,30	201,55	293,17	329,81	195,75	284,74	320,33	189,96	276,30	310,84	184,16	267,87	301,35	178,36	259,44	291,87
	II	3 829,75	210,63	306,38	344,67	II	3 829,75	204,83	297,94	335,18	199,04	289,51	325,70	193,24	281,08	316,21	187,44	272,64	306,72	181,64	264,21	297,23	175,84	255,78	287,75
	III	3 162,16	173,91	252,97	284,59	III	3 162,16	168,12	244,54	275,11	162,32	236,10	265,61	156,53	227,68	256,14	150,72	219,24	246,64	144,92	210,80	237,15	139,13	202,37	227,66
	V	4 410,75	242,59	352,86	396,96	IV	3 875,50	210,25	305,82	344,05	207,35	301,60	339,30	204,45	297,39	334,56	201,55	293,17	329,81	198,66	288,96	325,08	195,75	284,74	320,33
	VI	4 443,—	244,36	355,44	399,87																				
11 198,99	I,IV	3 876,75	213,22	310,14	348,90	I	3 876,75	207,42	301,70	339,41	201,62	293,27	329,93	195,82	284,84	320,44	190,02	276,40	310,95	184,23	267,97	301,46	178,43	259,54	291,98
	II	3 831,—	210,70	306,48	344,79	II	3 831,—	204,90	298,04	335,30	199,10	289,61	325,81	193,31	281,18	316,32	187,51	272,74	306,83	181,71	264,31	297,35	175,91	255,88	287,86
	III	3 163,50	173,99	253,08	284,71	III	3 163,50	168,19	244,64	275,22	162,39	236,21	265,73	156,59	227,77	256,24	150,80	219,34	246,76	144,99	210,90	237,26	139,20	202,48	227,79
	V	4 412,08	242,66	352,96	397,08	IV	3 876,75	210,32	305,92	344,16	207,42	301,70	339,41	204,52	297,49	334,67	201,62	293,27	329,93	198,72	289,06	325,19	195,82	284,84	320,44
	VI	4 444,25	244,43	355,54	399,98																				
11 201,99	I,IV	3 878,—	213,29	310,24	349,02	I	3 878,—	207,49	301,80	339,53	201,69	293,37	330,04	195,89	284,94	320,55	190,09	276,50	311,06	184,30	268,07	301,58	178,50	259,64	292,09
	II	3 832,25	210,77	306,58	344,90	II	3 832,25	204,97	298,14	335,41	199,17	289,71	325,92	193,38	281,28	316,44	187,58	272,84	306,95	181,78	264,41	297,46	175,98	255,98	287,97
	III	3 164,66	174,05	253,17	284,81	III	3 164,66	168,26	244,74	275,33	162,46	236,30	265,84	156,66	227,88	256,36	150,86	219,44	246,87	145,07	211,01	237,38	139,26	202,57	227,89
	V	4 413,33	242,73	353,06	397,19	IV	3 878,—	210,39	306,02	344,27	207,49	301,80	339,53	204,59	297,59	334,79	201,69	293,37	330,04	198,79	289,16	325,30	195,89	284,94	320,55
	VI	4 445,50	244,50	355,64	400,09																				
11 204,99	I,IV	3 879,33	213,36	310,34	349,13	I	3 879,33	207,56	301,90	339,64	201,76	293,47	330,15	195,96	285,04	320,67	190,16	276,60	311,18	184,36	268,17	301,69	178,57	259,74	292,20
	II	3 833,50	210,84	306,68	345,01	II	3 833,50	205,04	298,24	335,52	199,24	289,81	326,03	193,44	281,38	316,55	187,65	272,94	307,06	181,85	264,51	297,57	176,05	256,08	288,09
	III	3 166,—	174,13	253,28	284,94	III	3 166,—	168,32	244,84	275,44	162,53	236,41	265,96	156,73	227,97	256,46	150,93	219,54	246,98	145,13	211,10	237,49	139,34	202,68	228,01
	V	4 414,58	242,80	353,16	397,31	IV	3 879,33	210,46	306,12	344,39	207,56	301,90	339,64	204,66	297,69	334,90	201,76	293,47	330,15	198,86	289,26	325,41	195,96	285,04	320,67
	VI	4 446,75	244,57	355,74	400,20																				

*** Die ausgewiesenen Tabellenwerte sind amtlich. Siehe Erläuterungen auf der Umschlaginnenseite (U2).**

MONAT 11 205,–*

Lohn/ Gehalt bis €*	Abzüge an Lohnsteuer, Solidaritätszuschlag (SolZ) und Kirchensteuer (8%, 9%) in den Steuerklassen I – VI					I, II, III, IV mit Zahl der Kinderfreibeträge . . .																			
			ohne Kinderfreibeträge					0,5			1			1,5			2			2,5			3		
		LSt	SolZ	8%	9%		LSt	SolZ	8%	9%	SolZ	8%	9%	SolZ	8%	9%	SolZ	8%	9%	SolZ	8%	9%	SolZ	8%	9%
11 207,99	I,IV	3 880,58	213,43	310,44	349,25	I	3 880,58	207,63	302,01	339,76	201,83	293,58	330,27	196,03	285,14	320,78	190,23	276,70	311,29	184,43	268,27	301,80	178,64	259,84	292,32
	II	3 834,75	210,91	306,78	345,12	II	3 834,75	205,11	298,34	335,63	199,31	289,91	326,15	193,51	281,48	316,66	187,71	273,04	307,17	181,92	264,61	297,68	176,12	256,18	288,20
	III	3 167,16	174,19	253,37	285,04	III	3 167,16	168,40	244,94	275,56	162,59	236,50	266,06	156,80	228,08	256,59	151,—	219,64	247,09	145,20	211,21	237,61	139,40	202,77	228,11
	V	4 415,83	242,87	353,26	397,42	IV	3 880,58	210,53	306,22	344,50	207,63	302,01	339,76	204,73	297,79	335,01	201,83	293,58	330,27	198,93	289,36	325,53	196,03	285,14	320,78
	VI	4 448,—	244,64	355,84	400,32																				
11 210,99	I,IV	3 881,83	213,50	310,54	349,36	I	3 881,83	207,70	302,11	339,87	201,90	293,68	330,39	196,10	285,24	320,90	190,30	276,81	311,41	184,51	268,38	301,92	178,71	259,94	292,43
	II	3 836,—	210,98	306,88	345,24	II	3 836,—	205,18	298,44	335,75	199,38	290,01	326,26	193,58	281,58	316,77	187,78	273,14	307,28	181,99	264,71	297,80	176,19	256,28	288,31
	III	3 168,50	174,26	253,48	285,16	III	3 168,50	168,46	245,04	275,67	162,67	236,61	266,18	156,86	228,17	256,69	151,07	219,74	247,21	145,27	211,30	237,71	139,48	202,88	228,24
	V	4 417,08	242,93	353,36	397,53	IV	3 881,83	210,59	306,32	344,61	207,70	302,11	339,87	204,80	297,89	335,12	201,90	293,68	330,39	199,—	289,46	325,64	196,10	285,24	320,90
	VI	4 449,25	244,70	355,94	400,43																				
11 213,99	I,IV	3 883,08	213,56	310,64	349,47	I	3 883,08	207,77	302,21	339,98	201,97	293,78	330,50	196,17	285,34	321,01	190,37	276,91	311,52	184,58	268,48	302,04	178,78	260,04	292,55
	II	3 837,33	211,05	306,98	345,35	II	3 837,33	205,25	298,54	335,86	199,45	290,11	326,37	193,65	281,68	316,89	187,85	273,24	307,40	182,05	264,81	297,91	176,26	256,38	288,42
	III	3 169,66	174,33	253,57	285,26	III	3 169,66	168,53	245,14	275,78	162,73	236,70	266,29	156,94	228,28	256,81	151,14	219,84	247,32	145,34	211,41	237,83	139,54	202,97	228,34
	V	4 418,33	243,—	353,46	397,64	IV	3 883,08	210,66	306,42	344,72	207,77	302,21	339,98	204,87	297,99	335,24	201,97	293,78	330,50	199,07	289,56	325,75	196,17	285,34	321,01
	VI	4 450,58	244,78	356,04	400,55																				
11 216,99	I,IV	3 884,33	213,63	310,74	349,58	I	3 884,33	207,84	302,31	340,10	202,04	293,88	330,61	196,24	285,44	321,12	190,44	277,01	311,63	184,64	268,58	302,15	178,85	260,14	292,66
	II	3 838,58	211,12	307,08	345,47	II	3 838,58	205,32	298,65	335,98	199,52	290,22	326,49	193,72	281,78	317,—	187,92	273,34	307,51	182,12	264,91	298,02	176,33	256,48	288,54
	III	3 171,—	174,40	253,68	285,39	III	3 171,—	168,60	245,24	275,89	162,80	236,81	266,41	157,—	228,37	256,91	151,21	219,94	247,43	145,41	211,50	237,94	139,61	203,08	228,46
	V	4 419,58	243,07	353,56	397,76	IV	3 884,33	210,73	306,52	344,84	207,84	302,31	340,10	204,93	298,09	335,35	202,04	293,88	330,61	199,14	289,66	325,86	196,24	285,44	321,12
	VI	4 451,83	244,85	356,14	400,66																				
11 219,99	I,IV	3 885,58	213,70	310,84	349,70	I	3 885,58	207,90	302,41	340,21	202,11	293,98	330,72	196,31	285,54	321,23	190,51	277,11	311,75	184,71	268,68	302,26	178,91	260,24	292,77
	II	3 839,83	211,19	307,18	345,58	II	3 839,83	205,39	298,75	336,09	199,59	290,32	326,61	193,79	281,88	317,12	187,99	273,45	307,63	182,20	265,02	298,14	176,40	256,58	288,65
	III	3 172,33	174,47	253,78	285,50	III	3 172,33	168,67	245,34	276,01	162,88	236,92	266,53	157,08	228,48	257,04	151,27	220,04	247,54	145,48	211,61	238,06	139,68	203,17	228,56
	V	4 420,83	243,14	353,66	397,87	IV	3 885,58	210,81	306,63	344,96	207,90	302,41	340,21	205,01	298,20	335,47	202,11	293,98	330,72	199,21	289,76	325,98	196,31	285,54	321,23
	VI	4 453,08	244,91	356,24	400,77																				
11 222,99	I,IV	3 886,83	213,77	310,94	349,81	I	3 886,83	207,97	302,51	340,32	202,18	294,08	330,84	196,38	285,64	321,35	190,58	277,21	311,86	184,78	268,78	302,37	178,98	260,34	292,88
	II	3 841,08	211,25	307,28	345,69	II	3 841,08	205,46	298,85	336,20	199,66	290,42	326,72	193,86	281,98	317,23	188,06	273,55	307,74	182,27	265,12	298,26	176,47	256,68	288,77
	III	3 173,50	174,54	253,88	285,61	III	3 173,50	168,74	245,45	276,13	162,94	237,01	266,63	157,15	228,58	257,15	151,35	220,14	247,66	145,55	211,72	238,18	139,75	203,28	228,69
	V	4 422,16	243,21	353,77	397,99	IV	3 886,83	210,87	306,73	345,07	207,97	302,51	340,32	205,08	298,30	335,58	202,18	294,08	330,84	199,28	289,86	326,09	196,38	285,64	321,35
	VI	4 454,33	244,98	356,34	400,88																				
11 225,99	I,IV	3 888,08	213,84	311,04	349,92	I	3 888,08	208,04	302,61	340,43	202,24	294,18	330,95	196,45	285,74	321,46	190,65	277,31	311,97	184,85	268,88	302,49	179,05	260,44	293,—
	II	3 842,33	211,32	307,38	345,80	II	3 842,33	205,53	298,95	336,32	199,73	290,52	326,83	193,93	282,08	317,34	188,13	273,65	307,85	182,33	265,22	298,37	176,54	256,78	288,88
	III	3 174,83	174,61	253,98	285,73	III	3 174,83	168,81	245,54	276,23	163,02	237,12	266,76	157,21	228,68	257,26	151,42	220,25	247,78	145,62	211,81	238,28	139,82	203,38	228,80
	V	4 423,41	243,28	353,87	398,10	IV	3 888,08	210,94	306,83	345,18	208,04	302,61	340,43	205,15	298,40	335,70	202,24	294,18	330,95	199,35	289,96	326,21	196,45	285,74	321,46
	VI	4 455,58	245,05	356,44	401,—																				
11 228,99	I,IV	3 889,33	213,91	311,14	350,03	I	3 889,33	208,11	302,71	340,55	202,31	294,28	331,06	196,51	285,84	321,57	190,72	277,41	312,08	184,92	268,98	302,60	179,12	260,54	293,11
	II	3 843,58	211,39	307,48	345,92	II	3 843,58	205,59	299,05	336,43	199,80	290,62	326,94	194,—	282,18	317,45	188,20	273,75	307,97	182,40	265,32	298,48	176,60	256,88	288,99
	III	3 176,—	174,68	254,08	285,84	III	3 176,—	168,88	245,65	276,35	163,08	237,21	266,86	157,29	228,78	257,38	151,48	220,34	247,88	145,69	211,92	238,41	139,89	203,48	228,91
	V	4 424,66	243,35	353,97	398,21	IV	3 889,33	211,01	306,93	345,29	208,11	302,71	340,55	205,21	298,50	335,81	202,31	294,28	331,06	199,42	290,06	326,32	196,51	285,84	321,57
	VI	4 456,83	245,12	356,54	401,11																				
11 231,99	I,IV	3 890,66	213,98	311,25	350,15	I	3 890,66	208,18	302,82	340,67	202,39	294,38	331,18	196,58	285,94	321,68	190,79	277,51	312,20	184,99	269,08	302,71	179,19	260,64	293,22
	II	3 844,83	211,46	307,58	346,03	II	3 844,83	205,66	299,15	336,54	199,87	290,72	327,06	194,07	282,28	317,57	188,27	273,85	308,08	182,47	265,42	298,59	176,67	256,98	289,10
	III	3 177,33	174,75	254,18	285,95	III	3 177,33	168,95	245,74	276,46	163,15	237,32	266,98	157,35	228,88	257,49	151,56	220,45	248,—	145,75	212,01	238,51	139,96	203,58	229,03
	V	4 425,91	243,42	354,07	398,33	IV	3 890,66	211,08	307,03	345,41	208,18	302,82	340,67	205,28	298,60	335,92	202,39	294,38	331,18	199,48	290,16	326,43	196,58	285,94	321,68
	VI	4 458,08	245,19	356,64	401,22																				
11 234,99	I,IV	3 891,91	214,05	311,35	350,27	I	3 891,91	208,25	302,92	340,78	202,45	294,48	331,29	196,66	286,05	321,80	190,86	277,62	312,32	185,06	269,18	302,83	179,26	260,74	293,33
	II	3 846,08	211,53	307,68	346,14	II	3 846,08	205,73	299,25	336,65	199,93	290,82	327,17	194,14	282,38	317,68	188,34	273,95	308,19	182,54	265,52	298,71	176,74	257,08	289,22
	III	3 178,50	174,81	254,28	286,06	III	3 178,50	169,02	245,85	276,58	163,22	237,41	267,08	157,42	228,98	257,60	151,62	220,54	248,11	145,83	212,12	238,63	140,03	203,68	229,14
	V	4 427,16	243,49	354,17	398,44	IV	3 891,91	211,15	307,13	345,52	208,25	302,92	340,78	205,35	298,70	336,03	202,45	294,48	331,29	199,55	290,26	326,54	196,66	286,05	321,80
	VI	4 459,33	245,26	356,74	401,33																				
11 237,99	I,IV	3 893,16	214,12	311,45	350,38	I	3 893,16	208,32	303,02	340,89	202,52	294,58	331,40	196,73	286,15	321,92	190,93	277,72	312,43	185,13	269,28	302,94	179,33	260,85	293,45
	II	3 847,33	211,60	307,78	346,25	II	3 847,33	205,80	299,35	336,77	200,—	290,92	327,28	194,20	282,48	317,79	188,41	274,05	308,30	182,61	265,62	298,82	176,81	257,18	289,33
	III	3 179,83	174,89	254,38	286,18	III	3 179,83	169,08	245,94	276,68	163,29	237,52	267,21	157,49	229,08	257,71	151,69	220,65	248,23	145,89	212,21	238,73	140,10	203,78	229,25
	V	4 428,41	243,56	354,27	398,55	IV	3 893,16	211,22	307,23	345,63	208,32	303,02	340,89	205,42	298,80	336,15	202,52	294,58	331,40	199,62	290,36	326,66	196,73	286,15	321,92
	VI	4 460,66	245,33	356,85	401,45																				
11 240,99	I,IV	3 894,41	214,19	311,55	350,49	I	3 894,41	208,39	303,12	341,01	202,59	294,68	331,52	196,79	286,25	322,03	191,—	277,82	312,54	185,20	269,38	303,05	179,40	260,95	293,57
	II	3 848,66	211,67	307,89	346,37	II	3 848,66	205,87	299,46	336,89	200,08	291,02	327,40	194,27	282,58	317,90	188,48	274,15	308,42	182,68	265,72	298,93	176,88	257,28	289,44
	III	3 181,—	174,95	254,48	286,29	III	3 181,—	169,16	246,05	276,80	163,35	237,61	267,31	157,56	229,18	257,83	151,76	220,74	248,33	145,97	212,32	238,86	140,16	203,88	229,36
	V	4 429,66	243,63	354,37	398,66	IV	3 894,41	211,29	307,33	345,74	208,39	303,12	341,01	205,49	298,90	336,26	202,59	294,68	331,52	199,69	290,46	326,77	196,79	286,25	322,03
	VI	4 461,91	245,40	356,95	401,57																				
11 243,99	I,IV	3 895,66	214,26	311,65	350,60	I	3 895,66	208,46	303,22	341,12	202,66	294,78	331,63	196,86	286,35	322,14	191,07	277,92	312,66	185,27	269,48	303,17	179,47	261,05	293,68
	II	3 849,91	211,74	307,99	346,49	II	3 849,91	205,94	299,56	337,—	200,14	291,12	327,51	194,35	282,69	318,02	188,55	274,26	308,54	182,75	265,82	299,05	176,95	257,38	289,55
	III	3 182,33	175,02	254,58	286,40	III	3 182,33	169,23	246,16	276,93	163,43	237,72	267,43	157,63	229,28	257,94	151,83	220,85	248,45	146,03	212,41	238,96	140,24	203,98	229,48
	V	4 430,91	243,70	354,47	398,78	IV	3 895,66	211,36	307,44	345,87	208,46	303,22	341,12	205,56	299,—	336,38	202,66	294,78	331,63	199,76	290,56	326,88	196,86	286,35	322,14
	VI	4 463,16	245,47	357,05	401,68																				
11 246,99	I,IV	3 896,91	214,33	311,75	350,72	I	3 896,91	208,53	303,32	341,23	202,73	294,88	331,74	196,93	286,45	322,25	191,13	278,02	312,77	185,34	269,58	303,28	179,54	261,15	293,79
	II	3 851,16	211,81	308,09	346,60	II	3 851,16	206,01	299,66	337,11	200,21	291,22	327,62	194,42	282,79	318,14	188,62	274,36	308,65	182,82	265,92	299,16	177,02	257,49	289,67
	III	3 183,66	175,10	254,69	286,52	III	3 183,66	169,29	246,25	277,03	163,50	237,82	267,55	157,70	229,38	258,05	151,91	220,96	248,58	146,10	212,52	239,08	140,30	204,08	229,59
	V	4 432,25	243,77	354,58	398,90	IV	3 896,91	211,43	307,54	345,98	208,53	303,32	341,23	205,63	299,10	336,49	202,73	294,88	331,74	199,83	290,67	327,—	196,93	286,45	322,25
	VI	4 464,41	245,54	357,15	401,79																				
11 249,99	I,IV	3 898,16	214,39	311,85	350,83	I	3 898,16	208,60	303,42	341,34	202,80	294,98	331,85	197,—	286,55	322,37	191,20	278,12	312,88	185,40	269,68	303,39	179,61	261,25	293,90
	II	3 852,41	211,88	308,19	346,71	II	3 852,41	206,08	299,76	337,23	200,28	291,32	327,74	194,48	282,89	318,25	188,69	274,46	308,76	182,89	266,02	299,27	177,09	257,59	289,79
	III	3 184,83	175,16	254,78	286,63	III	3 184,83	169,37	246,36	277,15	163,57	237,92	267,66	157,77	229,49	258,17	151,97	221,05	248,68	146,18	212,62	239,20	140,37	204,18	229,70
	V	4 433,50	243,84	354,68	399,01	IV	3 898,16	211,50	307,64	346,09	208,60	303,42	341,34	205,70	299,20	336,60	202,80	294,98	331,85	199,90	290,77	327,11	197,—	286,55	322,37
	VI	4 465,66	245,61	357,25	401,90																				

* Die ausgewiesenen Tabellenwerte sind amtlich. Siehe Erläuterungen auf der Umschlaginnenseite (U2).